카를 힐티(1833~1909) 스위스의 철학자·작가·법학자

▲ 스위스 장크트 갈렌주 베르덴베 르크 성

◀ 카를 힐티의 생가

독일, 괴팅겐대학교   힐티는 이곳에서 법률학을 전공, 철학·역사 강의를 들었다.

독일, 하이델베르크대학교   법률 연구에 전념한다. 박사학위(1854) 취득 후 런던·파리 유학

▲헤이그, 국제중
재재판소 전경

1909년, 힐티는
국제중재재판소
스위스 위원으로
임명되었다.

◀국제중재재판소
법정

〈악몽〉 헨리 푸젤리. 1791. "…다시 말해 불면에 뭔가 목적이 있지 않은지 자신에게 묻고 평소보다 잘 들리는 내면의
목소리에 귀 기울이고 갖가지 사념을 물리치는 것이 좋다. '어찌하여 잠 못 이루는가'라는 질문은 사실 큰 축복이 될
수도 있다."

〈단테와 베아트리체, 산타 트리니타 다리에서 만남〉 헨리 홀리데이. 1883.
베아트리체가 말했다. "당신은 눈이 밝고 빛나야 할 마지막 구원의 순간이 가까이 와 있어요. 거기서 구원의 나라에

들어가기 전에 하계를 내려다보며 내가 얼마나 많은 세계를 이끌어 왔는지 보세요. 그것은 이 둥근 대지 속을 즐겁게 찾아오는 승리의 무리를 만났을 때 당신의 마음이 기쁨으로 넘치기 때문이에요." –《신곡》천국편

'노동은 피곤한 것이다. 피곤할 때 쉬는 것보다 더 빨리 피로를 회복시켜주는 것이 있다. 그것은 노동을 하는 것이다.'
힐티는 티치아노가 여든이 넘어서까지 계속 그림을 그릴 수 있었던 것은 그가 피곤해지면 다른 소재의 그림을 그려 피로를 빨리 회복했기 때문이라고 말한다. 즉 풍경화를 그리다 지치면 누드화를 그리는 방식이다.

카이저 빌헬름 2세(1859~1941, 재위 1888~1918) 독일 황제 겸 프로이센 왕
카를 힐티는 제1차 세계대전이 '황제의 질투심'에서 비롯되었다고 봤다. 황제가 질투심을 일으키지 않았다면 독일은
해군을 만들지도 않았을 것이고 영국과, 나아가 세계대전의 참화가 일어나지도 않았으리라고 지적했다.

토머스 칼라일(1795~1881) 영국 비평가·역사가

힐티는 노년에 이르기까지 성실하며 규칙적인 생활을 했으며 시간을 아껴 끊임없이 독서에 매달렸다. 특히 그리스·로마 고전은 물론 근대의 칼라일 등의 작품을 애독했다. 그가 활발한 활동과 봉사를 한 것은 이러한 다양한 독서 덕분이었다.

로버트 오언(1771~1858) 영국의 사상가·사회주의자
힐티는 '우리가 좋은 일을 할 때 무엇을 기준삼아야 하는가'를 생각해 보게 하는 교훈으로 '로버트 오언'을 예로 들었
다. 오언은 섬유공장을 성공적으로 운영했는데 그 바탕은 직원들을 위해 학교를 짓고 복지시설을 세웠기 때문이다. 그
는 사업 성공에서 번 돈으로 미국에서 대지를 사들여 '유토피아'를 건설하려 했으나 실패로 끝나 빈털터리가 되었다.

〈산상설교〉 신약성서 '마태복음'에서
힐티는 '잠 못 이루는 조용한 밤 예수의 가르침을 읽으며 자신을 성찰하라. 이 험난한 삶에서 자신을 구원해 줄 소중한 시간을 갖게 될 것이다'고 말한다.

〈예수의 초상〉 렘브란트
힐티는 자신의 신앙 경험을 바탕으로 '예수 그리스도의 가르침을 솔직히 받아들여 실행해 보라'고 조언하면서, 그 가르침을 믿고 사는 기쁨을 설파한다.

괴테(1749~1832) 괴테가 말했다. '자연 속에 우리가 접근할 수 있는 것과 접근할 수 없는 것이 있다. 이 둘을 구별하고 깊이 생각하며 존중하지 않으면 안 된다. 그 한쪽 영역이 어디서 끝나고 어디서 시작되는지 아는 것은 어려운 일이지 만, 모든 경우에 그것을 알고 있는 것만으로도 우리에게 큰 도움이 된다.……' ―에커만의 《괴테와의 대화》에서

Carl Hilty

Für schlaflose Nächte

Von der Kraft, die aus der Stille kommt

Vorwort Veronica Carstens

HERDER

《잠 못 이루는 밤을 위하여》(초판, 1901~19) 표지 힐티는 1년 365일의 구성을 통해 그날그날 불면의 밤들을 조금씩 잠 언을 읽으며 묵상할 수 있도록 만들었다.

GLÜCK

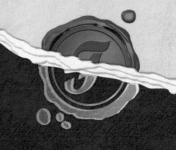

by
Karl Hilty

《행복론》(초판, 1891~99) 표지

World Book 34
Carl Hilty
FÜR SCHLAFLOSE NÄCHTE/GLÜCK
잠 못 이루는 밤을 위하여/행복론
카를 힐티 지음/곽복록 옮김

동서문화사

디자인 : 동서랑 미술팀

잠 못 이루는 밤을 위하여/행복론
차례

잠 못 이루는 밤을 위하여

행복론

FÜR SCHLAFLOSE NÄCHTE

잠 못 이루는 밤을 위하여

잠 못 이루는 밤을 위하여

잠 못 이루는 밤은 참으로 견디기 어려운 고통이다. 그래서 건강한 사람이나 병자나 모두 잠 못 이루는 밤을 두려워한다. 건강한 사람은 규칙적인 수면이 건강을 지켜 준다는 것을 알고 있고, 병자는 심신을 안정시키고 기력을 되찾아 주는 수면을 취하지 못하면, 기나긴 어두운 밤 번뇌와 고통이 더더욱 크게 느껴지기 때문이다. 게다가 여러 가지 근심과 슬픔이 겹치면, 체력마저 떨어지고, 기력이 없는 사람에게는 미래에 대한 공포가 '무장한 병사'처럼 엄습한다. 거기에 저항하기란 힘든 일이고 그렇다고 달아날 수도 없다.

불면증이 일시적이든 지속적이든, 효과적인 치료법이 있으면 그것을 이용하거나, 차라리 불면증 그 자체를 최대한 활용하는 수밖에 없다. 이 두 가지 방법은 어느 정도는 서로 결합시킬 수도 있다. 그러나 대비책을 강구하지 않은 채 괜히 탄식만 하는 것은 매우 어리석은 짓이며 고통을 덜기는커녕 오히려 더 심해지게 만든다.

1

불면증이 왜 생기는지 한 마디로 단정하기는 어렵다. 불면증은 대개 질병이나 걱정거리, 또는 불안에서 생긴다. 하지만 때로는 휴식이 너무 지나치거나 안일한 생활, 여러 가지 부절제, 또는 불규칙한 수면 등에서 생기는 수도 있다.[*1] 수면이란 무엇인지 우리는 알지 못한다. 이 문제에 대해서는 당분간 실제로는 그다지 성과도 없는 연구와 논쟁을 벗어날 수 없을 것 같다. 다만 경험상

---

*1 나의 오랜 친구이며 80살을 넘긴 한 노부인은 말한다. "이 나이가 되도록 나는 소녀시절처럼 달콤한 잠을 자고 있답니다." 그녀는 그 비결이 잠이 오지 않으면 자리에 눕지 않는 습관 덕택이라며, 아버지한테서 배운 칸트 철학의 원칙이 '모세의 율법처럼 어겨서는 안 되는 계율로 마음에 새겨져 살아 있는 것처럼 작용한다' 말했다. 실제로 여성의 경우, 불면증은 불필요하게 너무 오래 누워 있거나 몸이 너무 피곤해도 일어난다. 여성은 체력에 비해 일을 너무 많이 하거나 너무 적게 하는데, 그 어느 쪽도 좋지 않은 결과를 가져온다.

우리가 알고 있는 것은 적당한 수면이 건강을 유지하는 데 꼭 필요하고, 질병, 특히 신경계통의 질병에는 가장 효과적인 치료수단이며, 또 수면은 밤, 그것도 자정 전부터 시작하여 6시간에서 8시간*2 동안 이어지는 것이 가장 효과적이고, 수면제는 가능하면 복용하지 말아야 한다는 것이다.

잠못이룸은 언제나 재앙이므로 가능한 한 없애야 한다. 다만 예외가 있는데, 그 불면이 매우 기쁜 일로 생겼을 때(이 경우 잠을 이루지 못하는 것이 오히려 인생의 가장 큰 기쁨이다), 또는 평소에 소홀히 하기 쉬운 자기 반성을 위한, 아무도 방해할 수 없는 조용한 시간을 보내기 위해 불면이 찾아오는 경우이다. 이 경우, 불면은 내적 삶의 진보를 이룩하고 인생에서 가장 큰 보물을 손에 넣을 수 있는 귀중한 기회이다. 잠 못 이루는 밤에 생애의 결정적인 통찰과 결단을 이끌어낸 사람들이 수없이 많다.

이러한 견지에서 불면을 고찰해 보는 것도 무의미한 일은 아닐 것이다. 이스라엘의 현자 카히나이의 아들 랍비 카니나는 이렇게 말했다.

'밤에 깨어 있을 때나 혼자 길을 걸어갈 때, 안일한 생각에 마음을 맡기는 자는 자신의 영혼에 죄를 범하고 있는 것이다.'

그런 사람은 정신적인 이익을 얻을 수 있는 둘도 없는 기회를 놓칠 뿐만 아니라, 무익한 생각이 초래하기 쉬운 위험에 스스로 몸을 맡기게 된다는 뜻이다.

그러므로 잠 못 이루는 밤을 '신의 선물'로 보는 것은 자신에게도 유익하다. 우리는 그 기회를 활용해야 하며, 무작정 거슬러서는 안 된다. 다시 말해 불면에는 뭔가 목적이 있고, 마땅히 있어야 한다고 생각하는 것이 바람직하다. 바로 그러한 때, 평소보다 명확하게 들리는 조용한 목소리에 귀를 기울이고, 다른 모든 생각은 물리치는 것이 좋다. '왜 잠 못 이루는 밤이 나에게 찾아온 것일까?' 하고 생각해보는 것이 큰 축복이 될 수도 있다. 여기에 대해서는 이미 욥기에 기록되어 있는데, 이는 욥의 깊은 경험을 토대로 얘기한 것이다. *3그러

---

*2 물론 수면 시간은 나이와 신체 상태에 따라 다르다. 그러나 우리는 유해한 환경에도 익숙해지기 때문에 과다한 수면은 오히려 몸에 해롭다. 몸의 기관들은 충분하게 움직여 주지 않으면 약해져서, 활동과 영양이 성상이 아닌 상태(너무 긴 수면이 그러한 상태이다)에도 익숙해지기 때문이다.

*3 욥기 33장 15~30절, 다니엘 2장 19~30절, 시편 56편 13절 참조. H. 로름은 약간 염세적이지만 더할 나위 없이 아름다운 시로 이와 같은 사상을 다음과 같이 노래했다.

한 불면의 목적을 발견하면, 불면 자체도 없앨 수 있다. 즉, 목적을 발견하고 나서 영혼의 평화가 찾아오면, 육체의 기관, 특히 신경에 좋은 작용을 하게 된다.

이 경우 주의해야 할 것이 있다. 잠이 오지 않을 때, 그저 막연하게 자기 생각에만 몰두해서 자기라는 작은 배를 상념의 물결이 흘러가는 대로 맡기는 것은 좋지 않다. 오히려 그 생각이 나아가야 할 방향을 지시해 주어야 한다. 따라서 먼저 자신을 상대로 얘기해서는 안 된다. 그것은 대개 불안을 증폭시킬 뿐이다. 가능하면 항상 흔들리지 않는 평화를 주는 신과 얘기하거나, 만약 그런 사람이 있다면 당신을 사랑하는 사람들과 대화하라. 특히 신앙심이 깊은 여성과 얘기하는 것이 좋다. 그런 사람의 말과 손길은 이따금 커다란 위안을 주는 법이다.

그런 도움을 얻을 수 없을 때 힘이 되는 것은 좋은 책이다. 그저 좋은 책 속의 극히 짧은 한 구절이라도 좋다. 그것이 사고에 자극을 주어, 수많은 어지러운 생각에서 정신을 돌리고 올바른 위안의 샘으로 이끌어준다. 그런 의미에서 가장 좋은 책은 구약의 시편, 욥기, 신약의 그리스도의 말, 개신교의 찬송가 같은 것이다. 특히 보헤미아 형제단*4의 찬송가집 속에 아름다운 노래들이 많이 있다. 이러한 좋은 사상을 스스로 발견하는 것이 쉽지 않기 때문에 그것들을 접할 수 있는 좋은 기회와 자극을 주는 데에 이 책의 목적이 있다. 따라서 이 책에는 잠 못 이루는 밤에 어울리는 사상, 그것도 대개 그러한 불면의 밤에 태어난 사상들이 수록되어 있다. 그 가운데 하나를 택해 조용한 마음으로 사색하는 것이 이 책의 목적이다. 그러나 그런 사상 속에 아무리 마음을 자극하

오직 가슴에 고동칠 뿐
말하여진 적 없는 언어로
깨어 있는 시간, 꿈의 힘으로
밤이라는 마법의 안경으로
잠을 빼앗긴
어둡고 조용한 밤은
살아 있는 그대로
이 괴로운 삶에서 우리를 구해준다.

*4 헤른후트(Herrnhut). 15세기 중반 보헤미아에서 후스파의 영적 이상주의에 영감을 받아 생겨난 종교단체. 성서를 신앙의 유일한 규준으로 삼으면서 소박하고 겸손한 비폭력의 삶을 추구한 보헤미아 형제단 일부 가문이 모라비아를 떠나 작센에 있는 친첸도르프 백작의 땅에 정착해 헤른후트를 건설했다. (역자 주)

는 힘이 있다 해도, 현실적으로 그 진실성과 진지함을 방해하는 공상적인 요소가 조금이라도 있어서는 안 된다. 유감스럽게도 그런 종류의 책은 매우 적다. 어느 정도 그것을 대신할 만한 유명한 기도문도 반드시 그 요구에 부응하는 것은 아니다. 이른 바 주기도문*5조차 온갖 고난에 직면했을 때, 다른 기도문과 마찬가지로 직접적인 힘을 가지지는 못한다. 상황에 따라 오히려 다른 기도문이 때로는 더 적합하여 효과를 발휘하기도 한다.*6

물론 이 모든 것들은 병자를 간호하는 사람이나 병자와 함께 지내는 사람은 알아두어야 할 일이다. 그런데 이들도 이따금 자신의 임무를 올바르게 이해하지 못하고 있을 때가 있다. 그들은 잠 못 이루는 병자를 번거로운 생각에서 벗어나게 하여, 과거의 무의미한 기억과 미래에 대한 쓸데없는 근심에서 자연스레 마음을 돌리게 하고, 또 가능하다면 깨어 있는 것을 즐기도록 위대하고 기쁜 이념으로 그들의 정신이 고양될 수 있도록 이끌어 주어야 한다.

현대인들에게서 모자라기 쉬운 것은 특히 기뻐하는 마음이다. 다른 모든 점에서는 뛰어난 사람들이라도 기뻐하는 마음이 부족한 경우가 많다. 게다가 그들에게 그 이유를 솔직하게 지적해 주는 것은 쉬운 일이 아니다. 그 까닭은 그들은 이것을 늘 왜곡하기 때문이다. 기뻐하는 마음을 방해하는 것은 언제나 그 사람의 자기애와 고집, 고상함, 또는 단순한 게으름이다. 신에 대한 완전한 순종이야말로 이 기쁨을 얻을 수 있는 첫 번째 조건이다.*7 기뻐하는 마음은 신에게 순종한다는 거짓 없는 증거이며, 누구나 증명할 수 있는 증거이다.

병고에 시달리며 불면으로 괴로워하는 사람도 어느 순간 신의 은총과 신의 재림을 확실히 깨닫고 강한 기쁨을 느낄 때가 있다. 그런 때는 모든 괴로움, 특히 불면도 아무렇지 않게 느껴지면서, 평소의 질병에 걸려 있는 삶과는 아무 상관도 없는 완전히 다른 생명을 자신 속에서 느낀다. 실제로 경험한 적이

---

*5 마태복음 6장 9~13절.

*6 요한복음 12장 27절, 15장 7절, 16장 24절, 6장 37절, 마태복음 7장 11절, 18장 19절, 마가복음 10장 48절, 누가복음 18장 7절, 마태복음 5장 25~28절, 14장 30·31절, 시편 34편 4~8절. 17~20절, 138장 3절, 사무엘상 12상 20·21절, 보헤미아 형제단 찬송가 638번, 644번~648번, 229번 참조.

*7 여기에 대해서는 이미 수천 년 전에 이스라엘의 성가 시인이 시편 119장 45절, 84편의 3·4절에서 노래했다. 또 예레미야 31장, 시편 37편도 참고하기 바란다.

없는 사람은 믿기 힘들겠지만, 여기에 대해서는 살아 있는 증인들이 많이 있다. 미래의 의학도 언젠가는 치료 목적을 위해 이 기쁨이라는 감정을 도입하고, 질병의 '심리적 요소'에 대해 단순히 인간의 육체적인 면만 고려한 기계적인 치료에 못지않은 효과를 인정하지 않을 수 없게 될 것이다.*8

이미 현대의학은 신체를 강화하여 그 생명력을 높이는 것이 질병에 걸린 각 신체기관을 회복시킬 수 있는 전제조건임을 인정하고 있다. 머지않아 의학은 인간의 내적 강화라는 힘을 빌리게 되고, 나아가서 근대의 한 의사가 '은총의 작용'이라고 명명한, 질병회복에 더 고도로 작용하는 힘도 믿게 될 것이다. 그렇게 되면, 의학이라는 존엄한 기술은 반세기 전부터 수많은 병자들에게서 의학에 대한 믿음을 빼앗아갔던, 인간의 정신을 죽이는 유물론에서 비로소 벗어날 수 있을 것이다.

2

지금까지 얘기한 바로는, 적어도 불면은 물론이고 불면의 원인이 되기 쉬운 질병까지도 반드시 불행만은 아니라고 할 수 있다.

그렇다 해도 역시 어떻게 불면을 피할 수 있는가 하는 문제를 검토하는 것은 중요하다. 왜냐하면 한 독일 시인이 말했듯, '밤은 천상의 것이며 신의 기적이다. 하지만 더욱더 아름다운 밤은 깊은 수면 속에 보낸 밤'이기 때문이다. 원칙적·일반적으로 이것은 당연한 말이다.

불면을 피하는 데 중요한 것은 무엇보다 흥분과 불안을 유발하는 생각을 하지 말고, 가능한 한 좋은 생각과 평온한 마음으로 조용한 밤의 휴식을 보내는 것이다. 이것이 편안한 수면을 위해 가장 좋은 방법이다. 그럼 어떻게 하면 그렇게 할 수 있을까? 잠자기 전에 가벼운 일을 하는 것이 좋다. 온화한 대화를 나누든지, 아니면 좋은 책을 읽든지(단, 신문을 읽는 것보다는 좀 나은 읽을 거리) 하는 것인데, 그것은 각자 개성에 달린 문제다. 다만 머리를 많이 써야 하는 진지한 일이나, 흔히 밤 깊도록 계속되는 일, 정신을 혹사시키는 일, 특히 계산이나 그것과 유사한 것은 잠자기 직전에 해서는 안 된다. 마찬가지로 폭음이나 폭식, 무의미하고 시끄러운 대화가 따르기 마련인 그렇고 그런 교제

*8 이에 대한 주목할 만한 말이 시편 41편 1~3절에 있다. 이것은 어떤 요법보다 더 많은 사람들을 도와줄 것이다.

와 연극관람 같은 것도 머리를 흥분시키기 쉬우므로 수면에 방해가 된다.

수면제는 많든 적든 예외 없이 해롭다. 그러므로 불가피한 경우에만 의사와 상담한 뒤에 복용하는 것이 바람직하다. 알코올 음료도 그런 종류에 속한다. 한편, 배가 너무 불러도 좋지 않지만, 배가 너무 고파도 잠을 이루지 못하는 직접적인 원인이 될 수 있다. 그러므로 도저히 잠이 오지 않을 때는 불을 켜고 잠시 일어나 소화가 잘 되는 가벼운 음식을 먹고,[9] 기분을 달랜 뒤 다시 눕는 것이 현명한 방법이다.

그러나 편안한 수면에 가장 좋은 것은 선한 행위와 바람직한 의도, 참회, 타인과의 화해, 미래의 삶을 위한 확고한 결의 등이다. 이런 것은 특히 마음을 안정시켜 줌으로, 분노와 증오, 질투와 걱정에 사로잡히는 것보다, 잠을 자는 데 훨씬 효과적이다. 반면 초조한 생각은 아무런 득이 없으며, 특히 밤의 어둠 속에서는 가장 좋지 않다. 밤의 어둠은 인간의 친구가 아니라는 말이 있는데, 맞는 말이다. 실제로 밤의 어둠 속에서는 모든 어려움과 어두운 그림자가 새 힘으로 시작되는 새날 아침의 밝은 빛 속에서보다 훨씬 무겁고 괴롭게 보이는 법이다.

물론 앞에서 말한 것들은 현재 불면을 일으킬 만한 질병에 걸리지 않았을 때 적용된다. 그러나 질병에 의한 불면의 경우에도, 이미 말한 것처럼 정신을 강화함으로써 질병 자체를 쉽게 치료할 수 있으며, 이 점을 전보다 깊이 고려해야 한다는 것이 앞으로 증명될 것이다. 이러한 정신적 도움은 꼭 필요한 것이며, 병자의 내부에 있는 치유력이 외부로부터 의술의 도움을 받아들이게 해야 할 것이다.

이러한 힘이 내부에 존재하지 않을 때는 아무리 정신을 집중하라고 권하고 격려해도 그 힘은 솟아나지 않으며, 또 일상적인 경험에서도 알 수 있듯, 철학과 정신적 교양으로도 얻을 수 없다. 오히려 그 반대로 철학과 교양은 사람들이 자신의 내부에서 완전한 무력감을 느끼는 순간, 전혀 쓸모없는 것이 될 때가 많다. 그런 힘을 얻으려면 오로지 스스로 우리의 밖에 무한하게 존재하고, 언제든지 얻을 수 있는 어떤 힘에 다가가서, 흔들리지 않는 믿음을 보내는 수

---

[9] 저녁 식사 때 육류를 먹지 않으면 잠이 잘 오는 경험을 가진 사람이 많다. 또 자기 전에 사과를 먹으면 도움이 된다는 사람도 있다. 이것은 아무런 해도 없으며 누구든지 시험해볼 수 있는 방법이다.

밖에 없다. 그 위대한 힘은 '나약한 자에게 힘을 주고'[*10] 인간의 정신에 탄력성과 나아가 기쁨을 주어, 그것으로 육체의 병을 완전히 극복할 수는 없어도 조금이나마 줄여 주는 역할을 한다.

흔히 그렇듯 질병이 그 사람의 정신적, 도덕적 영역에 속하는 결함에서 생긴 경우, 위에서 말한 것은 더더욱 옳다. 특히 신경질환과 초기 정신병같이, 과학이 무한하게 진보하였음에도 여전히 복잡하고 불명확한 영역의 치료는 적어도 육체에 드러난 결과가 아니라 그 정신적 원인을 밝히는 데서 시작되어야 한다. 오늘날에도 일어나고 있는 '기적적'인 치료도 이것으로 설명되어야 하며, 그것을 단순히 우연이나 자기 기만으로 단정해서는 안 된다. 인간의 정신이 강해져서 육체를 완전히 지배하게 되고, 마침내 도덕적 부정을 육체적 불쾌감, 혐오감, 신경쇠약으로 느끼고, 반대로 진실과 선한 행위를 육체의 힘과 기운, 명석한 두뇌, 조용한 심장 고동으로 느낄 수 있는 경지에 이르면, 그것은 인생에서 올바른 길을 나아가는 데 큰 도움이 될 것이다. 그렇게 되면 육체는 정신의 진정한 하인이 되고 짐꾼이 되어, 정신의 작용을 방해하기는커녕 아주 바람직한 방향으로 도움을 주게 된다. 따라서 대부분의 질병에 대해 인간은 오히려 신에게 감사하고, 올바른 길을 통해 그 치유를 구해야 한다. 그리고 그 질병의 더 높은 목적을 오해하거나, 질병이 내포하고 있는 경고와 암시를 돌아보지 않고 외적인 방법으로만 제거하려 해서는 안 된다.

이러한 사고(思考)가 바로 '기도치료소'의 밑바탕을 이루지만, 그것을 올바르게 실천하지 않는 경우가 많다. 또 그런 생각을 실천하는 데 반드시 특별한 장소가 필요한 것도 아니다. 어떤 집이든 신이 존재할 수 있는 장소면 된다. 마치 성[*11] 안에서 사는 것처럼, 신 속에 머무르며 절대로 뛰쳐나와 헤매지 말 것, 하루하루 깨어 있는 동안 늘 선을 행하고 올바른 일을 하며, 어떤 상황에서도 굳게, 더욱 굳게 신을 신뢰할 것, 이것이 인간의 완성과 건강을 향한 확실하고 유일한 길이다. 이 길을 어릴 때부터 쉬지 않고 똑바로 걸어가는 사람은 시에나의 성녀 카타리나[*12]처럼 젊어서 위대한 완성에 도달할 수 있다. 그녀가 33

---

*10 이사야서 40장 29절.
*11 스가랴 9장 12절.
*12 시에나의 성녀 카타리나(1347~1380). 이탈리아 도미니코회 수녀. 묵상과 봉사의 생애를 보냈다.

살에 벌써 지상의 인생행로를 끝낼 수 있었던 것도 그 결과이다. 그렇지만 대부분의 사람들은 그렇게 일찍부터 진정한 지혜에 이르겠다는[*13] 단호한 의지와 다른 모든 것들을 물리칠 수 있는 의지를 갖는 일이 드물다. 뿐만 아니라 오늘날에는 그런 완전하고 올바른 길로 인도해주는 지도자도 많지 않다. 그래서 사람들은 생애의 마지막에 이르러서야 올바른 구원의 길에 들어서지만, 그길 속에도 많은 그릇된 길이 섞여 있어 올바른 길로 가는 것을 방해하고 있다.

3

본디 인간과 같은 복잡한 존재의 건강은 여러 가지 악영향에 대한 저항, 다시 말해 일부는 육체적이고 일부는 정신적인 반작용에 의해 유지된다. 게다가 이런 악영향은 어떤 예방책으로도 완전하게 피할 수는 없다. 그보다는 정신과 육체를 훈련하고 강화하여 모든 것에 저항할 수 있게 할 뿐만 아니라, 그 싸움으로 손상을 입지 않고 오히려 저항력을 키우는 것이 훨씬 쉽고 효과적인 방법이다.

건강법 가운데 가장 바람직하고 간단한 것은 신의 명령에 따라 삶을 사는 것이다. 그런 삶을 지키면, 노년이 될 때까지 건강한 생명력과 체력을 유지할 수 있다는 것은 오랜 옛날부터 신이 약속한 것이다.[*14] 건강에 가장 나쁜 것은 오로지 향락만을 좇는 생활인데, 단순히 마음속으로 생각만 하는 것도 좋지 않다. 특히, 어떤 일정한 방향으로 치우친 향락 생활에는 그 대가로 반드시 정신과 육체의 저주가 찾아온다. 이러한 올바른 생각에서 완전히 멀어져버린 현대인들은 그 저주를 자신의 육체와 정신으로 뼈저리게 경험하게 될 것이다. 거기서 구원해줄 수 있는 의학적 수단은 당연한 일이지만 전혀 존재하지 않는다.

또 흔히 있는 일이지만, 집요한 성격과 불행한 환경이 향락 생활에 치우쳐 그것에 몰두하게 되거나 외부적인 노동이 부족하면, 특히 시인과 예술가, 철학자 같은 재능 있는 사람들의 경우에는 우울증과 심지어 광기까지 찾아오는 수가 있다. 하지만 이런 질병은 일반적으로 도덕적 원인이 없으면 일어나지 않는

[*13] 단테의 《신곡》 천국편 제22곡 133~138행.
[*14] 창세기 49장 24절, 출애굽기 15장 26절, 레위기 18장 5절, 민수기 15장 39, 40절, 24장 8,9절, 신명기 4장 1~8절, 5장 26절, 7장 3절, 8장 18절, 10장 12절, 32장 47절, 34장 7절, 여호수아 14장 11절, 24장 19, 20절, 이사야 48장 18, 19절, 시편 55편 23절.

법이다. 또, 그런 질병의 유전적 소질이 있다 하더라도 도덕적으로 올바른 생활과 윤리적 세계질서에 대한 확고한 신앙으로 대항할 수 있다. 오늘날 불가항력이라고 할 수 있는 이러한 '유전적 성향'에 대한 공포가 많은 사람들의 삶을 불행하게 만들고 있는데, 그것은 유물론의 필연적 결과이자 형벌로서 단순한 의학적 수단으로는 완전하게 해결할 수 없다.

병자는 말할 것도 없고, 병자는 아니지만 몸이 허약하여 안정과 원기 회복이 필요한 사람들에게 특히 중요한 필수조건인데도 거의 간과되는 것이 바로 사람과의 교류이다. 어떤 종류의 것이든 좋지 않은 교류, 이를테면 요양소 같은 곳에서의 일상적이고 의미 없는 잡담도 나쁜 공기와 마찬가지로 심신이 쇠약한 사람들에게는 해롭다. 반대로 좋은 교류, 특히 평화로운 교류는 질병 회복에 중요한 조건이 된다.

'평화'*15는 분명히 실재하는 것이다. 사람들이 그것을 몸에 두르고, 사람을 즐겁게 하는 분위기가 사방으로 퍼져가듯 가는 곳마다 전파하는, 현실적인 성질을 가진 힘이다. 반면, 다른 면에서는 뛰어난 재능을 가지고 있고, 부도덕하지도 않으며, 때로는 신앙이 깊은 데도, 들어가는 방마다 불안과 불쾌감을 가져다주는 사람들이 있다. 사람들은 이내 그런 분위기를 알아채기 마련인데, 특히 어린아이와 동물은 그것을 즉각 느끼는 본능을 가지고 있지만, 어른은 그런 것에 너무 익숙하거나, 쓸데없는 생각 때문에 그 본능을 잃어버리는 경우가 있다. 그런데 병자들에게는 그 본능이 이따금 되살아나기도 한다. 병자를 간호하는 사람은 물론이고, 병자의 가족과 문병객들도 그런 점을 충분히 고려해야 할 것이다. 그저 겉모습뿐인 경건함(예를 들어 디아콘과 디아코니세*16에서 볼 수 있듯)만으로는 충분하지 않다. 오로지 사명에 살며 참으로 깊은 동정심과 수고를 아끼지 않는 친절한 마음, 진정한 신앙에서 우러나는 감사하는 마음이 없어서는 안 된다. 보살펴주는 사람이 몸짓과 태도, 목소리에 독선적인 면을 보이거나 마지못해 하는 시중이라는 낌새, 남을 심판하는 엄격함 같은 것을 조금만 드러내도, 병자의 마음을 어둡게 하고 병의 회복을 더디게 하

＊15 마태복음 10장 13절, 요한복음 14장 27절, 이사야 48장 22절 참조.
＊16 디아콘은 개신교에서는 부목사, 가톨릭에서는 부제에 해당하며, 모두 사회봉사를 담당한다. 디아코니세는 개신교에서는 여성봉사자로 번역되며, 가톨릭에서는 일반 수녀로 역시 각종 사회사업에 봉사하는 사람들이다.

여, 그의 마음을 위안의 샘에서 멀어지게 한다. 이런 말을 하지 않으면 안 되는 것이 참으로 유감이지만, 일부 의사들한테서 볼 수 있는 유물추의, 그리고 간호사 중 일부에게서 보이는 진정한 내적 사명감과 정성의 결핍이 오늘날 의학의 기술적 진보를 저해하는 커다란 장애가 되고 있다.*17

이른바 '자연법칙'이라는 것은 하나의 가설에 지나지 않으며, 그 '입법자'가 없이는 성립할 수 없지만, 자연법칙의 배후에는 그 바탕을 이루는 윤리적 세계질서의 법칙이 반드시 존재한다. 이것은 오늘날의 자연과학자들도 다시 인정하지 않으면 안 될 것이다. 도덕적으로 옳지 않은 생활 속에서 건강은 결코 태어날 수 없다. 도덕적인 치유력과 그 작용에 의지하지 않고 오직 외적인 치료법만 사용한다면, 그것이 아무리 뛰어난 방법이라 하더라도 건강을 유지하거나 회복할 수 없다. 우리 모두 조금씩은 '유전적 성향'을 가지고 있지만, 올바른 방법을 사용하면 누구에게나 치유의 길은 열려 있다. 그렇게 하면 아무리 불치병이라 해도 적어도 그 고통을 현저하게 줄이는 것은 가능하다.

각 기관의 질병은 대부분 오늘날 신경과민 또는 신경쇠약으로 불리는 전반적인 병약함에서 오는 것일 뿐이다. 그러므로 질병의 원인이 치유되면, 그 질병도 저절로 자취를 감춰버린다. 하지만 이 병약함 자체는 육체적 치료법만으로는 뿌리 뽑을 수 없다. 여기에는 늘 정신적 요소의 도움이 필요하다.*18

---

*17 마태복음 9장 28·29절은 분명하게 병자가 아니라 의사와 간호사를 가리키고 있다. 참으로 많은 것이 의사와 간호사의 태도에 달려 있다. 오늘날 흔히 들을 수 있는 고충이지만, 그들 중에는 자신들이 돌봐야 할 병자에 대한 중요한 의무를 신앙을 핑계로 소홀히 하는 자들이 있다고 한다. 그들의 사명이 아닌 종교상의 '직무'에 충실하기 위해, 병자에게 필요한 시중을 게을리하는 경향이 있는 것이다.

*18 이사야 33장 24절. 병약함은 원래 이겨내기 힘든 것이다. 사람은 누구나 강인한 것을 동경하지만, 육체의 질병, 특히 심장병은 올바르지 않은 정신적 경향과 밀접한 관계를 가진 경우가 많다. 모든 생명의 원천인 심장은 순수하게 육체적인 원인에 의해서만이 아니라, 그 이상으로 정신적인 감응에 영향을 받는다. 특히 마음의 고통은 지속적인 슬픔을 낳고, 또 그것이 사도 바울이 말한 '하느님의 뜻대로 하는 근심'(고린도후서 7장 10절)이 아니라면, 결국은 죽음까지 부를 수 있다. 왜냐하면 슬픔은 심장을 해치고, 나아가서 심장을 통해 두뇌와 모든 신경계통을 해치게 되는데, 그것이 일정한 정도 이상으로 진행되면 불치의 병이 되기 때문이다. 누구나 힘겨운 현대 생활에서 겪게 되는 이러한 슬픔에서 완전히 벗어나는 것은 신앙의 힘이 없으면 어려운 일이다. 철학적 교양을 많이 쌓은 사람들도 노화와 질병에 시달리면, 결국 이런 슬픔에 굴복하게 된다. 그들의 만년에 대해서는 전기(傳記)에서도 있는 그대로 기록되었다고 할 수는 없을 것 같다. 고린도후서 7장 10절, 열왕기하 20장,

마지막으로 이러한 의미에서의 특별한 치유능력이 과연 개인의 힘에 존재하는가 하는 문제가 남는다. 성서는 이를 긍정하고 있다.*[19] 그러나 분명 이것은 가장 위대한 능력은 아니며, 또 그것만 따로 떼어놓고 생각할 수 있는 독립적인 능력도 아니다. 이 경우의 치료는 아마 병든 정신이 완전히 건강한 정신에게서 받는 강한 자극으로 인한 것이리라. 설명할 수는 없지만 확실히 느낄 수 있는 두 정신의 결합에서 일어나는 내적 자극으로 인한 것이다.*[20]

어쨌든 이런 종류의 치료는 오로지 병자의 내적 인간에게 눈을 돌려, 그 내적 인간을 새로운 생명으로 일깨워 강화하거나, 내적 생명을 해치고 있는 현재의 장애에서 해방시키는 것이다. 이러한 요법은 미국의 한 학파가 인정하고 있듯 기술적으로 습득되는 것이 아니다. 오히려 이 능력은 지혜와 성실한 마음으로 다루지 않으면 상실될 우려가 있다. 이를 위해서는 무엇보다 먼저 치료자 자신이 굳건한 신앙을 가질 필요가 있다. 그 신앙이 병자에게 작용하여, 그 가운데 일부가 실제로 병자의 내부에 들어가는 것이다. 그러려면 아마추어 치료자에게 있을 수 있는 명예욕과 허영심에서 완전히 벗어나야 한다. 아주 미미하게라도 이러한 성질이 느껴지면, 상대방에게 불신을 품게 하는 충분한 이유가 된다. 왜냐하면 치료자는 자신의 힘으로 치료하는 것이 아니라 어떤 타자의 힘을 빌려 대행하는 것이며, 이 타자는 인간처럼 쉽게 속지 않기 때문이다. 이 점에서 인간은 참으로 믿음이 가벼워서, 어떤 방법으로든 병만 나으면 되지 않느냐고 막무가내로 주장한다.*[21]

그러나 이러한 능력은 어떤 직무에 의해 계승되는 것이 아니며, 또 특별한 집안에만 전해지는 것도 아니다. 그것은 은총이며, 완전히 개인적인 선물일 뿐 일정한 치료소나 이른바 '신의 나라의 집'과는 아무런 관계가 없다. 만약 그렇게 생각한다면, 그것은 이미 신앙이 아니라 미신의 영역에 속한다고 할 수 있다. 치료 영역에서, 신앙의 순수함과 모든 '인간적인 것'에 관한 자유가 사라지는 기색이 보이면, 미신은 언제든지 그 신앙의 자리를 대신 차지하려고 호시

이사야 33장 22~24절 참조.
*19 마태복음 10장 8절, 마가복음 16장 18절, 누가복음 10장 19절, 사도행전 28장 3~6절.
*20 마가복음 16장 17~20절, 5장 34절, 요한복음 20장 23절.
*21 요한복음 5장 44절, 누가복음 5장 17절.

탐탐 엿보고 있다. 그렇게 되면, 처음에는 훌륭했던 그 능력도 급속하게 타락하는 것이 보통이다. 그런 실례는 늘 있었지만, 가까운 미래에는 더 많아질 것이다. 왜냐하면 우리는 지금 신학과 의학, 특히 정신병학과 신경의학의 과도기 및 발전기에 있기 때문이다.

이 책에 실려 있는 잠 못 이루는 밤을 위한 사상은 모두 이러한 관점에서 태어난 것이다. 1년의 하루하루 일별(日別)로 묶은 것은 우연한 분류일 뿐, 꼭 그렇게 해야 할 이유가 있는 것은 아니다. 다만, 자연스러운 단락을 짓는 동시에 한 번의 분량이 너무 많아지는 것을 피하다 보니 그렇게 되었다.

이 글 속에는 나 개인의 사색과 내 인생의 경험을 토대로 하지 않은 사상은 하나도 없다. 이 책 속의 글들은 잠 못 이루는 밤, 특히 마음이 괴로울 때 읽어보기 바란다. 바로 그런 시간에 가장 어울리기 때문이다.

> 탑을 세우려면
> 먼저 땅을 파야 한다.
> 밭에 씨앗을 뿌리지 않으면
> 수확의 날은 오지 않으리.
> 오랫동안 경험을 쌓은 자만이
> 사람들에게 시온의 희망을
> 얘기해줄 수 있나니.
>
> —친첸도르프

> ……나의 죄, 남의 죄에 흐려진 양심에
> 그대 말은 참으로 무섭게 느껴지리라.
> 그러나 모든 거짓을 버리고 본 그대로 말하라.
> 딱지 앉은 곳이 가려운 자는 긁게 하라.
> 비록 그대 목소리 처음에는 쓴맛일지라도
> 잘 새기고 나면 생명의 자양이 되리니.
>
> —단테 《신곡》 천국편 제17곡 124~132행

1월

1월 1일

끊임없이 위대한 사상을 품고 살며 사소한 것은 돌아보지 않도록 노력하라. 이는 인생의 숱한 고난과 걱정거리를 가장 쉽게 극복할 수 있는 길이다.

가장 위대하고 보편적이며, 가장 이해하기 쉬운 사상은 현재로서는 그리스도교라는 형태를 취하고 있는 하느님의 신앙이다.

그러나 오랜 옛날부터 지금까지, 지나치게 위축되고 편협한 성격의 그리스도교가 존재했던 것도 사실이다. 그것은 그리스도의 본성과 가르침에 어긋나거나, 적어도 완전하게 일치하지 않는 것이며, 실제로 그로 인해 이미 수없이 많은 훌륭하고 교양 있는 사람들이 그리스도의 가르침에서 멀어졌다.

진심으로 인생의 행복을 원한다면, 그리스도교를 신학이나 교회주의로 대체해서는 안 된다. 오히려 스스로 그리스도교를 그 원천에 두고 복음서 안에서, 특히 그리스도가 한 말 속에서 행복을 찾도록 하라. 어떤 철학 속에서도 그리스도의 가르침에 비할 수 있는 것은 찾을 수 없을 것이다.

마태복음 21장, 보헤미아 형제단 찬송가 67번, 591번 참고.

우리는 때때로 자신이 얼마나 강하게 정화되고, 어떤 방법으로 정화되고 싶은지 선택할 수 있다. 그러나 곧 순금 같은 품성은 오직 강도(強度) 높은, 그것도 거듭되는 정련에 의해서만 얻을 수 있음을 똑똑히 깨닫게 된다.

올바르게 이해하고 잘만 이용한다면, 질병은 마음의 순화에 도달할 수 있는 가장 빠른 방법이다.

이사야 8장 10절, 사무엘하 24장 13~16절 참고.

❧

한 번에 너무 긴 글을 읽는 것은 좋지 않다. 특히 이 책에서는 더더욱 그렇다. 이 책은 그런 목적으로 편집된 것이 아니다. 하루하루가 다 다르기 때문에,

그것을 읽은 날 밤에―만약 이 책을 아침이나 전날 밤에 펼쳐보았다면―당신은 그날의 사상에 공감하는지 아닌지, 또는 훗날을 위해 마음속에 간직해 두어야 할지 어떨지 확실히 알 수 있을 것이다. 하지만 좀처럼 그 사상을 외면할 수는 없을 것이다. 우연히 당신 손에 들어온 이 책을 완전히 덮어버리고 밀쳐버리지 않는 한에는.

1월 2일

요한복음 15장 7절*1은 아마 성서에서 가장 주목할 만한 말일 것이다. 이 말이 진실이라면, 인간이 이 세상에 사는 동안 맞닥뜨리게 되는 모든 악에 대해 언제나 도움의 손길이 준비되어 있는 셈이다.

그렇다면 이 말을 한 사람이 이 세상의 평범한 사람 이상이었다는 것도 진실이다.

그러나 이것은 잠시 제쳐두기로 하자. 그리고 우선 이 말이 약속하고 있는 도움의 전제조건을 채우도록 노력해보라. 그것은 절대로 당신을 해칠 리 없고, 오히려 당신의 생명을 구원해줄 것이다.

보헤미아 형제단 찬송가 1009번 참고.

⚜

우리는 지금까지 늘 신의 손 안에 있었고, 앞으로도 영원히 그럴 것이다. 이런 마음을 지니는 한 죽음이라는 변화도 그 중요성과 무서움을 잃어버릴 것이다.

1월 3일

인생에서 유일한 도덕적 목표는 지상에 신의 나라를, 즉 불화와 생존경쟁의 나라가 아닌 평화와 사랑의 나라를 세우는 일이다. 이 사명에 협조하는 한 우리의 삶은 목적과 가치를 얻을 수 있다. 인간은 누구든지 활동하고 고난을 견딤으로써 이 사명에 참여할 수 있다.

보헤미아 형제단 찬송가 652번, 785번 참고.

---

*1 너희가 내 안에 거하고 내 말이 너희 안에 거하면 무엇이든지 원하는 대로 구하라. 그리하면 이루리라.

끊임없이 유익한 일을 하며 조급해하거나 걱정하지 말 것. 또 우리가 겪는 일과 우리의 마음을 늘 스스로 지배하며, 결코 다른 것에 지배당하지 말 것. 이것이 새해를 맞이할 때마다 계획해야 할 올바른 삶의 프로그램이다. 그러나 이 프로그램을 실천하려면, 우리가 만물의 창조주와 친밀하고 굳은 결속을 맺어, 그 분의 인도에 무조건 복종하겠다는 결심이 필요하다. 그렇지 않으면 아무리 현명하고 강한 사람이라도 주변 사람들과 상황에 이리저리 끌려 다니면서, 끊임없이 저항하거나 방어하는 것이 고작이다. 그렇게 나이와 함께 늘어나는 사소하면서도 감당하기 벅찬 잡일 때문에 인생은 무거운 짐이 되고, 결국 그 짐 아래 쓰러져 대부분 비참한 파멸의 구렁텅이에 빠지게 된다.

신앙을 가진 사람도 때때로 믿음이 부족한 길을 가는 경우가 있다. 이들은 대개 신의 인도를 원하지만, 결혼, 사교, 정치, 투기 같은 금전적인 문제에 대해서는 자신이 생각하고 행동하는 울타리를 치고, 그 안에서는 신의 조언을 원치 않는 것은 물론, 신이 들여다보는 것조차 싫어한다. 왜냐하면 이들은 자신의 생각이 잘못되어 있으며, 그 생각을 버려야 한다는 것을 이미 알고 있기 때문이다. 하지만 신앙이 없는 사람들과 마찬가지로 자신 앞의 문제에 대해 번민하며 자신은 물론 타인까지 괴롭히고 압박한다. 그리고 그것 때문에 불행에 빠져서야 다시 신의 도움을 청한다. 사실 그것이 불행에 빠진 경우 이들이 할 수 있는 최상의 일이다. 신이 그들을 그 상태 속에 잠시 내버려 두어 자신들이 제멋대로 한 행동의 결과를 깨닫게 하는 것은 조금도 이상한 일이 아니다.

지나치게 과로해서는 안 된다. 평상시에 절도 있는 생활을 하면 사실 그럴 필요도 없다. 그러나 한편 과도한 일은 힘을 유지하는 가장 좋은 방법이며, 또 비활동적인 힘과 해이해진 힘을 구원하는 유일하고 무해한 자극제이기도 하다.

❦

우리는 나이를 먹을수록 사후(死後)의 또 다른 삶을 살기 위해, 또 그곳에서 우리의 자리를 얻기 위해 더 많은 사랑을 배워야 한다. 이 세상의 마지막 과제로서 사랑은 더욱 중요하다. 이 마지막 졸업시험에는 어떤 학문도, 그 어떤 예술도 쓸모가 없다.

1월 4일

"어떻게 하면 멋지고 유쾌한 일을 즐길 수 있을까?" 라고 묻는 대신 "지금 어떤 선한 일, 옳은 일을 할 수 있을까?" 하고 질문하라. 그리고 그 궁극적인 목적을 위해 자신의 상태를 어떻게 개선해야 할지 끊임없이 집중하며 돌아본다면, 당신은 이 세상에 대해 전혀 다르면서도 만족스러운 시각을 얻을 수 있다. 그리고 '산다'는 것이 진정 어떤 것인지 알게 될 것이다.

그때는 당장 선을 행할 기회만 있다면—그 기회가 없는 일은 드물다—현재의 삶이 괴롭든 편하든, 또 건강하든 그렇지 않든, 그런 것은 아무 문제가 되지 않는다. 그런데 이와 반대되는 인생관을 가진다면, 내적으로도 외적으로도 불만과 번민, 그리고 공포와 불화에서 완전히 벗어나기 어려울 것이다. 이것은 특별히 좋은 신체를 가졌다고 해도 예외가 아니며, 하물며 그렇지 않은 사람들은 더 말할 나위도 없다.

이 두 가지 인생관이 바로 종교와 계급에 관계없이 모든 현대인을 가늠하는 진정한 기준이다. 이에 비하면 다른 기준은 별 의미가 없다.

처음에 말한 올바르게 생각하는 사람들 편에 서도록 하라. 그들이 어떤 종교, 어떤 철학을 가지고 있는지, 또 어떤 계급에 속하는지는 아무 상관없다. 보헤미아 형제단 찬송가 370번, 372번 참고.

❧

진정한 삶은 우리 사상의 세계이다. 그 속에 진정한 사랑이 많으면 많을수록 우리 삶은 신과 가까워지고, 훗날의 행복을 약속받은 것이나 마찬가지가 된다.

천국과 지옥은 하나의 상황, 즉 마음의 상태이다. 그것을 설명하는 단순하고 소박한 비유를 그리스도인들은 어떠한 때라도 외경심을 가지고 대하지 않으면 안 된다. 왜냐하면 예수 또한 틀림없이 이러한 신앙을 가지고 있었을 것이기 때문이다.

1월 5일

괴로운 일에 부딪혔을 때는 우선 그것에 대해 감사할 일부터 찾아내어 솔직하게 감사하라. 그러면 마음이 훨씬 편안해지고, 마음이 편안해지면 그 밖의 모든 일도 그리 힘들게 여겨지지 않는다. 늘 감사하는 것을 연습하고 훈련하면, 차츰 좋은 습관이 되어 인생이 무척 편안해진다.

우리가 신의 인도에 완전히 몸을 맡긴다면, 삶을 고단하게 하고 아무리 노력해도 뜻같이 되지 않는 수많은 일에 대해 무심(無心)의 경지에 이를 수 있다. 그러나 이 '가벼운 마음'을 얻기 위해서는 신을 굳게 믿고 반드시 그의 명령에 따라야 한다.

✤

인간은 누구나 삶의 즐거움을 얻고 싶어하는 자연적인 욕구를 가지고 있다. 인간에게서 그것을 억지로 빼앗는다면, 사람들은 틀림없이, 특히 젊은 시절에는 정신적으로 상처를 입게 된다. 따라서 적절한 시기에 그들을 삶의 올바른 즐거움으로 이끌어주는 것이 중요하다. 올바른 즐거움이란 신과의 사랑에 찬 교류와 모든 피조물에 대한 우애이다. 이것은 올바른 길에 있는 사람의 마음을 만족시킬 수 있다. 그런 사람에게는 그 밖의 즐거움은 모두 부족하기만 할 뿐이다. 그리고 진정한 즐거움을 얻지 못하면 흔히 지루하다고 표현하는 불쾌감이 찾아든다.

사람들에게 이 진리를 가르치고, 가능한 한 이 진리에 따라 사는 능력을 갖게 하는 것, 그것이 바로 교육이다. 그것과 다른 교육은 모두 잘못된 방향으로 가는 것이다.

1월 6일

그리스도교가 가르치는 대로 사는 것은 도저히 불가능하다는 인식이 꽤 널리 퍼져 있다. 만약 그것이 진실이라면, 종교적 목적이나 정치적 목적을 위해 그리스도교를 그저 '형식적'으로 지키기보다는 차라리 버리는 편이 나을 것이다. 물론 그리스도가 이 지상에 재림하는 날이 온다면, 아마 처음 왔을 때와 마찬가지로 '온 예루살렘'이 두려움에 떨 것이다.[2] 그렇지만 이런 견해를 그 옛날 그리스도교에 평생 몸과 마음을 바친 사람들이 공언했다는 것은 믿기

---

*2 마태복음 2장 3절, 7장 28절.

힘든 일이다. 그 사람들에게는 신앙생활의 아름다움과 위대함이 그것에 뒤따르는 고통보다 훨씬 크기 때문이다. 그런 삶은 처음에는 고통스러울지 모르나, 그 길을 가면서 차차 변하게 된다. 좁지만 더할 수 없이 평탄한 길이며, 거기에는 곳곳에 휴식처와 열려 있는 문이 있다.

오늘날 '산상수훈'이라 불리며 그 개요만 전해지고 있는 성구(聖句)를 주의 깊게 읽어보라. 당신도 그 가르침에 경탄하는지, 아니면 그 모든 것을 이른바 '이상적'인 명령으로 받아들이고 이해는 하지만 실행할 수는 없는 것이라고 생각하는지 검토하라. 당신이 내적으로 진보하고 안 하고는 그 검토와 대답에 달려 있다. 적어도 그 모든 가르침을 지킬 수 있기를 간절히 원하지 않는다면, 당신은 그리스도교와 전혀 인연이 없으며, 무슨 교회제도니 철학이니 하는 것으로 만족하는 수밖에 없다.

만약 신은 존재하지 않으며 이 세상에는 오직 다윈의 생물학적인 세계질서와 인간들끼리의 단순한 '생존경쟁', 그리고 사회적으로 '실리정치'밖에 없다고 한다면, 산상수훈에 따라 삶의 법칙을 세우고, 그것을 홀로 지키고자 하는 것은 분명히 어리석음의 극치일 것이다. 그러나 신이 정말 존재하여 그 명령에 충실하게 따르는 자에게는 신의 축복이 주어지지만, 그렇지 않은 자에게는 축복이 주어지지 않는다면, 사정은 달라진다. 다행히 이것은 누구나 시험해볼 수 있다. 처음부터 무조건 믿고 덤벼들 필요는 없다. 언젠가 가까운 장래에, 물질주의에 염증을 느낀 수많은 사람들에 의해 확인될 것이기 때문이다.

요한복음 7장 16·46절, 8장 12·47절을 보라.
복음서의 이 구절을 주관에 사로잡히지 않고 읽는다면, 아마도 당신은 그리스도교는 정신적으로 이 가르침을 이해할 능력이 없었던 지난 수세기 동안 쌓여온 피상적인 교회 만능주의의 거대한 짐에서 해방되어, 개개인에 의해 완전히 새롭게 시작되어야 한다고 생각할 것이다. 시민권을 볼모로 종교가 강제되지 않는 지금은 그리스도교에 대한 복종을 노골적으로 거부하는 사람들도 있겠지만, 대부분의 사람들은 그리스도교가 지닌 내적인 우월성으로 인해, 차츰 깊은 신뢰를 가지고 온 마음을 바칠 것이다. 그 시대가 지금 다가오고 있다 우리 한 사람 한 사람이 하나의 축복의 샘이 되지 않으면 안 된다. 그 샘은 한쪽에서 신의 축복이 그 사람의 의지에 조금도 방해받지 않고 자유롭게 흘러 들어와서, 그와 접하는 모든 사람들을 향해 다시 흘러나가는 것이어야 한다. 그렇지 않으면 그의 생애는 실패한 것이라 해도 무방하다.

1월 7일

우리를 욕하는 사람을 용서하라는 가르침은 확실히 그리스도의 말과 행위로 증명되었지만, 우리의 경험으로도 그것이 옳다는 것을 확인할 수 있다. 뿌리 깊은 증오는 내적 생활을 해치고, 증오의 대상보다 증오하는 당사자의 마음을 해치는 법이다.

그러나 때로는 그 자리에서 완전히 용서하는 것이 어려울 때도 있다. 그러나 '용서는 하되 잊을 수는 없다'거나 '부디 신께서 당신을 용서해주시기를' 하는 대사로 모호하고 위선적으로 용서하는 것은 신을 모독하는 것이다.

이 경우에는 잠시 복수를 멈추고 신에게 맡기는 편이 낫다. 그렇게 하면 정당한 이유가 있는 한, 신은 틀림없이 꼭 필요한 시기에 그것을 이루어줄 것이다. 인간에게는 차라리 그것이 편하고 쉬운 길이다. 그리고 상처받은 감정도 보복 계획이니 하는 것으로 부채질하지 않는다면, 시간이 흐르면서 다시 신의 은총을 받아 차츰 치유될 것이다.

히브리서 10장 30·31절, 신명기 32장 35절, 시편 37편 및 73편, 이사야 46장 11절, 49장 23절, 55장 17절, 60장 14절, 예레미야 11장 20절을 참고하라.

설령 마음으로라도 결코 남과 다투어서는 안 된다. 이것은 때때로 실제 다툼보다 더욱 마음을 불쾌하게 하고, 여러 가지 내적 불안의 원인이 된다. 유대의 격언에 있듯 특히 '자신이 사랑하는 사람에게 화를 내는 것은 머리 위에 광기의 씨앗을 뿌리는 것과 같다.'

심판하지 마라

악인들을 그냥 두고 싸움을 멈추라.

너에게 맡겨지지 않은 일은 내버려둬라.
신이 누구의 회개를 원하고 있는지
그 구원의 뜻을 너는 알 수 없나니.

신이 악인들을 도와주지 않는다면
너는 그것으로 충분하지 않느냐.
그들은 은총을 입을 수 없는
무거운 사슬을 끌고 있지 않느냐.

행복의 어렴풋한 불빛 속에 있으면서도
그들은 늘 불행의 불안에 떨며
그 머리 위에는 언제나
심판의 칼이 겨누어져 있는 것이 보이도다.

악인은 정당한 심판자에게 맡기고
너는 머뭇거리지 말고 너의 길을 가라.
신은 일상적이고 평범한 사상을 지닌
속세의 시인과 같은 무리가 아니나니.

　우리가 초감각적인 것을 자연 그대로의 감각으로 지각할 수 있는지, 즉 그
것을 보고 들을 수 있는지, 아니면 그런 것은 '옛날이야기'이며 현대인들에게
는 더 이상 있을 수 없는 일인지 아무도 대답할 수 없으며, 또 꼭 대답해야 하
는 문제도 아니다. 그리스도도 분명히 초감각적인 일을 수없이 체험했지만, 그
것을 얘기하지는 않았다. 그러나 그런 초감각적인 일은 옛날과 마찬가지로 지
금도 일어나고 있다. 다만, 그것을 눈으로 보는 것이 귀로 듣는 것보다 훨씬 드
물고, 그런 만큼 놀라운 일이며, 대개 중대한 위험에 처했을 때 어떤 도움의 형
태로 나타날 뿐이어서, 우리에게 늘 진숙한 격려와 위안을 주는 것은 아니다,
만약 그것이 친숙한 형태로 우리에게 나타난다면 비할 데 없이 아름다운 사
건이리라. 어느 쪽이든 그것을 경험한 자에게는 영원히 잊을 수 없는 것이면서,

아울러 초감각적인 것의 실재를 증명하는 것이다. 그러나 단순한 환상은 빨리 잊혀지기 쉽고, 그런 기적은 결코 옛날처럼 일어날 수는 없다. 또한 초감각적인 현상을 우리가 불러일으키는 것도 불가능하다. 간절한 기도와 금식, 그 밖에 비슷한 수단으로도 불가능하다. 그런 경우에는 늘 위험한 기만이 뒤따르기 쉽다. 이런 현상은 저절로, 또 전혀 생각지도 못한 합당한 순간, 생활 속에 불현듯 찾아왔다가 불현듯 사라져버린다.

1월 8일

'(지금) 나는 이 고통을 이겨내지 않으면 안 된다. 그러나 지고한 자의 오른손이 (이윽고) 모든 것을 바꿔주시리라.'[3] 한글성서와는 뚜렷이 차이가 나는 것을 알 수 있다.(역자 주) 이 말을 성실한 마음으로 완전히 공감하면서 노래할 수 있는 사람은 이미 자신의 고뇌를 넘어 내적 평화와 안정에 다다른 것이다. 스토아 철학자들이 말했듯이, 그저 겉으로만 초연한 척해서는 안 된다. 그것도 사실은 어려운 일이지만.

예레미야 10장 24절, 15장 11~13절, 보헤미아 형제단 찬송가 172번 참고.

기도한다고 그것이 즉각 실현되지는 않는다. 그 전에 당신과 다른 사람들의 내부에서 더 많은 것이 성장하고 강화되어야 하며, 설령 은총의 기적이 일어난다 하더라도 어느 정도까지는 자연적인 순서를 거쳐야 한다. 또 어떤 것을 얻는 것만이 중요한 일은 아니다. 어떤 것을 얻을 수 있다는 확신과 굳건한 신앙은 이미 그것을 소유하고 있는 것이나 다름없다.

> 너에게 최선의 일이
> 예정되어 있다는 걸 굳게 믿으라.
> 네 마음이 참으로 평화롭다면
> 모든 고뇌를 벗어나리라.
> 그때가 찾아오면
> 힘찬 도움의 손길이 갑자기 나타나
> 너의 어리석은 슬픔을

---

[3] 시편 77편 10절. 이것은 힐티가 인용한 독일어역을 번역한 것이다.

불현듯 부끄러워지게 하리라.

보헤미아 형제단 찬송가 636번

⚜

요한복음 13장 34절[4]에서 그리스도가 말했고, 또 제자들에게 계명으로 내린 '사랑의 법칙'은 당시에도 이미 '친숙한' 계율이었고, 그 뒤에도 죽 그래왔다. 오늘날에도 이 법칙은 거대한 그리스도 교회보다는 작은 그리스도 모임 안에 살아 있다. 일반적으로 인간 상호관계에서 원칙적으로 작용하고 있는 것은 기껏해야 권리의 법칙, 법률상 상호의무의 법칙이고, 가장 높은 단계에서도 공정과 인도(人道)의 법칙, 또는 양심의 '지상명령'이지만, 보통은 강자의 권리와 생존경쟁, 또는 단순한 미적 감각과 '삶을 최대한 즐기자'는 주의가 활개치고 있다.

그러나 그리스도교의 이 근본 법칙을 생활원칙으로 받아들이고 성실하게 지킨다면, 당신은 그리스도교인으로서 초자연적인 힘의 보호와 축복을 기대할 수 있게 된다. 그러나 지키지 않으면 자신의 힘으로 최선을 다해 살아가는 수밖에 없다. 그런데 이 새로운 사랑의 법칙을 실천하려면, 그것을 배우고 실제로 연습하는 것이 필요하다. 그것은 저절로 효력을 낳는 것이 아니라 오로지 그것을 실천하겠다는 진지한 결심으로 효력이 나타난다. 또 이 사랑의 법칙은 천성적으로 타고나는 것이 아니며, 현대의 교육에 의해 길러지는 것도 아니다. 인간을 올바르게 판단하고 더욱이 그들을 사랑하는 것, 이것이 인간의 지혜와 인생경험에 있어 가장 높은 단계이다. 그것이 완성되는 것은 대개 노년에 이르렀을 때이다.

1월 9일

아모스 3장 2절[5]은 '선인은 왜 이렇게 많은 고난을 겪어야 하는가' 하는 문제에 대해 잘 설명해주고 있다. 실제로 선인의 고난은 이 구절처럼 생각하지

---

[4] 새 계명을 너희에게 주노니 서로 사랑하라! 내가 너희를 사랑한 것같이 너희도 서로 사랑하라.

[5] 내가 땅의 모든 족속 중에 너희만 알았나니, 그러므로 내가 너희 모든 죄악을 너희에게 보응하리라.

않으면 설명이 되지 않을 뿐만 아니라, 사람들에게 신의 의지를 의심하게 할 것이다.

"의인은 고난이 많으나 여호와께서 그 모든 고난에서 건지시는도다."[*6] 이것은 이미 수천 년 전의 말이지만, 선한 사람이 이 세상에서 어떤 각오로 살아야 하는지 더할 나위 없이 간결하게 말해주고 있다. 그들은 끝없이 고뇌하지 않으면 안 된다. 다른 길을 통해서는 그들이 지향하는 진정한 선에 도달할 수 없기 때문이다. 그들이 이 고난을 피해 세상 사람들에게서 흔히 볼 수 있는, 또는 적어도 그런 것처럼 보이는 안락한 생활을 영위하고 싶어한다면, 그때부터 그들은 오류와 잘못된 선택, 그리고 진정 괴로운 운명에 처하게 된다. 이것이 바로 그들이 완전히 벗어나야 하는 잘못된 길이다. 선한 사람이 겪는 대부분의 고통은 피할 수 없는 것이므로, 기꺼이 그것에 순응해야 한다. 그리고 최대한 빨리, 완전하게 마음을 가라앉혀라. 그때에야 비로소 완성에 이르는 바른 길을 나아가고 있는 것이다.

요한계시록 3장 19절, 히브리서 12장 6절, 잠언 3장 12절, 고린도전서 11장 32절, 시편 71편 20절, 73편 26절, 97편 11절, 112편 7절을 참고하라.

위안은 고통의 바로 옆에 있다. 이것은 신이 다른 누구보다 고통을 감내하고자 하는 사람들 가까이에 있다는 얘기이다. 그러므로 그들에게는 고난이 참으로 감미롭고 쉽게 견딜 수 있는 것일 뿐만 아니라 그것으로 인해 모든 것이 좋은 결과를 얻게 된다.

이러한 위안이 없다면, 그 '좁은 길'을 나아갈 수 있는 사람은 아무도 없을 것이다. 이미 수많은 사람들이 크나큰 고통 속에서도 이 위안을 얻음으로써 행복할 수 있었다.

⚜

사랑은 모든 것을 이길 수 있다. 사랑이 없으면 평생 동안 남은 물론 자신과도 늘 투쟁하게 되고, 그 결과 지칠 대로 지쳐 결국 허무주의나 인간혐오에 빠지게 된다. 그런데 사랑은 우리가 태어나면서부터 갖추고 있는 것이 아니어서, 처음에는 그 실천을 결심하기가 쉽지 않으며, 신의 손길에 이끌려 차츰 그것

[*6] 시편 34편 19절.

을 실천할 수 있게 되기까지 오랫동안 쉬지 않고 배워야 한다. 따라서 마침내 사랑을 터득한 사람에게는 다른 사람보다 더 많은 힘은 물론이고 더 많은 지혜와 인내력이 주어진다. 왜냐하면 사랑은 영원한 존재와 생명의 일부이며, 지상의 것과는 달리 사라지지 않기 때문이다.

1월 10일
'침묵으로 실패하는 자는 없다.' 조금 이색적인 이 문장은 다양한 사회적 지위에서 성공을 거둔 사람들 중에 특히 뛰어난 한 친구가 입버릇처럼 하던 말이었다. 실제로 괴롭고 불쾌한 인생의 수많은 문제를 가끔 이 방법으로 쉽게 헤쳐 나갈 수가 있다. 이에 반해 대부분의 사람들이 선호하는 '자신의 의견주장'은 대체로 양쪽의 의견 차이를 더욱 부각시키기만 할 뿐이며, 때로는 사태를 수습할 수 없는 지경으로 몰고 가는 경우도 있다.

'다시 한 번 깊이 생각해 봅시다'라는 말도 몹시 다혈질적인 사람과 생각과 마음이 쉽게 바뀌는 사람에게는 때때로 기적적인 효과를 발휘한다.

편지를 주고받을 때도 대답하고 싶지 않은 말에는 대답하지 않고, 상대방이 재촉해도 결심을 바꾸지 않는 것이 불쾌한 논쟁을 끝낼 수 있는 방법이다. 그런데 사람들은 세 번째에는 대부분 결심을 번복하고 만다.

그러나 개선할 수 있고, 또 개선하지 않으면 안 되는 명백한 부정에 대해서는 침묵하면 안 된다. 부정을 마음속으로 증오하면서 침묵하고 있는 것은 잘못이다.

⚜

언제까지나 같은 생각, 같은 추억에 집착하는 것은 좋지 않다. 지나간 일은 지나간 일, 뒤돌아보지 말고 지금 해야 할 일을 하지 않으면 안 된다. "처세의 지혜는 어떤 일을 하고 그것을 완성시키는 것이다. 당신이 할 수 있는 가장 훌륭하고 옳은 일을 하도록 노력하라. 그러나 그렇게 한 뒤에는 뒤돌아보지 않는 것이 좋다."

1월 11일
철저한 유물론자인 어느 철학자가 다음과 같은 말을 했다. "우리 눈에 들어

오는 모든 비참함을 우리 자신의 수치로 삼아야 한다." 그것은 비뚤어지지 않은 마음, 부와 가난 때문에 냉혹해지지 않은 마음의 소유자가 지니는 자연스러운 감정이다. 그러나 대부분의 사람들은 불쾌한 감정 때문에 비참한 광경을 외면하려 한다. 그 외면을 불가능하게 만든 것이 바로 현대 사회주의의 가장 큰 공적 가운데 하나이다.

✤

채식주의 생활은 원칙적으로 말하면 분명히 가장 좋은 것이다. 그러나 그것을 위해서는 무엇보다 먼저 문명화한 인류를 다시 옛날 생활로 되돌려, 훨씬 단순하고 소박한 생활에 길들 수 있게 해야 한다. 소위 문명이라는 것이 인류를 그 단순한 생활에서 떼어놓았고, 결국 인류에게 큰 손실이 되었다.

1월 12일

이기주의는 우리에게 나쁜 결과를 가져다 준다는 것을 신앙이 아무리 가르쳐주어도, 인간이 이성으로 이해하지 못하는 한 그 가르침은 생활에 실제적인 영향을 거의 미치지 못한다. 그러나 그것을 깊이 이해하는 사람은 크나큰 진보를 이룩한다.

대화

1

사랑하는 옛 친구여
이제 더 이상 너와 함께 살 수 없구나.
이제부터는 너를 마음으로 미워하리라.
지금이 바로 네가 항복해야 할 때.

흔쾌히 죽음에 몸을 맡기고
운명에 따르라.
그렇지 않으면, 너는 반드시
뼈저린 비참함과 고통을 당하리라.

2

나는 너와 논쟁하지 않겠다.
오직 침묵을 지킬 뿐
더욱 높은 빛(지혜)은 너에게 맡기마.
다만 (믿음의) 의지만은 내가 계속 지니리라.

3

너는 변함이 없구나.
아무리 패배해도 그대로구나.
인간은 누구나 너, 자아에게는 이길 수 없다.
새로운 새벽이 오지 않으면 안 된다.

미지의 높은 곳에서 찾아오는
다른 영혼, 다른 마음
어떤 대가를 치르더라도 어떤 고통을 받더라도
그것을 얻고 싶다. 너는 이제 사라져야 한다.

⚜

인생은 노년에 이를수록 아름답고 훌륭해질 수 있으며, 또 그렇게 되어야 한다. 그렇다고 더 안락해지는 것은 아니다. 오히려 전에는 생활에 즐거움을 더해 주었던 수많은 사람들이 사라지고, 다양했던 흥미도 잃어버리게 된다. 그리고 요한복음 21장 18절[*7]에서 예수가 베드로에게 한 말을 연상시키는 수많은 일들이 밀려온다. 우리는 분명히 부름을 받아 그곳으로 간다. 한가로운 속인들이 꿈꾸는 이상적인 노후, 성공한 자식과 손자들에게 에워싸인 즐겁고 편안한 생활이 아니라, 자신이 원하지 않는 곳으로 말이다. 그러나 결국 더 넓고 높은 식견으로 인도될 것이다. 그리하여 대부분의 사람들을 두려움에 떨게 하는 죽음도 늘 우리에게 힘을 주고 눈을 뜨게 하는 목소리와 어루만져주는 손길로 나타날 뿐, 결코 무서운 형상으로 나타나지 않는다.

[*7] 내가 진실로 진실로 네게 이르노니, 젊어서는 네가 스스로 띠 띠고 원하는 곳으로 다녔거니와, 늙어서는 네 팔을 벌리리니, 남이 네게 띠 띠우고 원치 아니하는 곳으로 데려가리라.

1월 13일

지상에서의 천국은 인간들이 끊임없이 신의 마음과 일치하는 것 외에는 더이상 원하는 것이 없을 때 시작된다. 다가올 천국도 그런 것 말고 다른 것일 리가 없다. 마찬가지로 이 경지에 다다르지 못한 사람은 천국에 어울리지도 않고, 또 그곳에서 마음의 평화를 느낄 리도 없다.

인간의 생활은 신의 은총에 의해, 또 그 은총 속에서 굳게 다져지지 않으면 오만해지거나 의기소침해지기 쉬우며, 가끔은 어느 한쪽의 극단에서 금세 다른 극단으로 옮겨가기도 한다. 그러므로 늘 기도에 의지하고, 자신의 힘에 의지하지 않는 것이 지상의 길 가운데 가장 확실한 길이다. 인간 존재의 모든 수수께끼를 해명하고, 또 인생을 하나의 과제로 생각하여, 그것에 만족할 수 있고 행복을 줄 수 있는 철학은 결코 발견되지 않을 것이다. 인생은 단연코 그런 이성으로 해명할 수 있는 것이 아니다. 인생의 일정한 부분은 늘 어둡고 괴로운 것으로, 이 점에 대해 그 누구도 잘못 이해해서는 안 된다. 따라서 이 결함은 하느님에 대한 신앙으로 극복해야 하며, 오직 신앙에 의해서만 마음의 평화와 진정한 행복을 얻을 수 있다. 요한복음 15장, 16장 22~24절, 33절 참고.

1월 14일

뒤돌아보지 말고 언제나 앞을 보라. 최후에는 이 세상의 생명을 넘어 피안을 보라. 뒤돌아보는 것은 아무런 득도 되지 않는다. 다만, 아직 개선할 수 있는 것을 개선하기 위해서나, 지난날의 실패를 앞날의 거울로 삼기 위해, 또는 타인으로부터 입은 은혜에 감사로 보답하기 위해서만 뒤돌아보라.

인생의 길을 떠나는 젊은이들을 위해

만약 완전하게 의로운 사람이 되고 싶다면, '신문에서 좋은 평판을 얻는 것'은 단념해야 한다. 신문이 진정으로 선한 것을 칭송하는 것은 드문 일이며, 오히려 사람들의 시선을 끄는 데 효과가 있을 듯한 선하지 않은 것을 칭송하는 것이 거의 철칙이다. 실제로 그것이 바로 신문에서 말하는 특종이다. 신문이 그리스도의 시대에 있었다 하더라도, 틀림없이 우리의 주 그리스도를 찬양하거나 옹호하지는 않았을 것이다. 신문에서 때때로 대서특필로 찬양하는 인물을 믿지 않는 것은 가장 확실한 지혜 가운데 하나이다. 하물며 선전을 통해 자신의 지위를 얻은 사람은 절대적으로 배척해야 마땅하다. 그런 사람의 내부에는 인간으로서 지녀야 할 어떠한 선의 기초도 없기 때문이다.

1월 15일

신학도 다른 과학과 마찬가지로 가치 있는 것이므로, 신학을 학문으로 순수하게 존경하는 것은 나쁘지 않다. 그러나 그 이상은 아니다. 당신의 내적 생활에 그런 지식이 필요하지 않다는 것은 그리스도가 직접 했던 말이기도 하다. 요한복음 3장 3~12절, 누가복음 10장 21~23절 참고.

교회의 최고 지위자부터 선교사와 디아코니세,*⁸ 자비의 수녀회 수녀에 이르기까지 모든 성직에 있는 사람들을 평가할 때, 평신도들에게 기준이 되는 것은 그들이 다음과 같은 위대한 종교적 능력을 갖추고 있는가 하는 것이다. 즉 위로의 힘, 기도의 능력,*⁹ 질병의 치료,*¹⁰ 죄의 용서,*¹¹ 예언의 능력, 다시 말해 현재와 미래에 대한 올바른 통찰력으로 오직 진리에만 영혼이 사로잡혀 있는가 등이다. 요한복음 17장 17절, 요한1서 5장 20절을 보라. 적어도 이상과 같은 능력의 일부를 갖추었다고 인정할 수 있는 성직자 외에는 어떠한 지도자도 신뢰해서는 안 된다.

그 밖의 것, 이를테면 신학에 대한 해박한 지식, 교회에 대한 열성, 설교의 재능 같은 것은 이차적인 것에 지나지 않으며, 때로는 앞에서 말한 능력을 받는 데 방해가 될 수도 있다. 그 능력들은 배워서 얻을 수 있는 것이 아니며, 하물며 무슨 성직수여식이니 하는 의식으로 주어지는 것도 아니다. 그것은 옛날이나 지금이나 변함없이 신의 직접적인 허락에 의한 것이며, 또 어떤 교단에서나 가능한 일이다.

---

*8 여성 봉사자.
*9 요한복음 15장 7절.
*10 마가복음 3장 15~18절.
*11 마태복음 18장 18절, 요한복음 20장 23절.

이 능력들이 성직자들에게 충분히 갖춰져 있지 않다면, 그것은 성직자 자신의 책임이다. 그들은 때때로 인류에 대한 의의와 감화력을 잃기도 하는데, 그 까닭은 바로 이 능력이 결여되어 있기 때문이다.

누가복음 10장 21, 11장 52절 참고.

민수기 26장 61절, 레위기 10장 1~3절,[*12] 베드로전서 4장 17절[*13]을 보라. 이러한 일들은 오늘날의 성직자들에게도 일어나고 있다. 이들은 자신들에게 맡겨진 신의 말씀을 단지 직업적으로, 아니면 정치적 또는 교회의 목적을 위해 선전하고 퍼뜨릴 뿐, 그들에게 지워진 사명으로서 설교하지는 않는다. 그 직접적인 결과가 자신의 영적 생활의 파멸이다.

물론 어느 시대 어느 민족이든 자기와 세계의 관계를 끊고, 자신을 위해서는 아무것도 바라지 않으며, 오로지 올바른 길에서 남을 돕기 위해 사는 몇몇 사람들이 있다. 이들이 바로 진정한 '성직자'이다. 성직자로서 이러한 특징을 갖추고 있지 않은 사람은 성직자로서 아무런 의미도 없다. 자신을 그런 진정한 성직자로 생각할 수 있다면, 그 누가 왕관을 준다 해도 바꿔서는 안 된다. 아무리 훌륭한 왕관이라도 그런 마음가짐으로 머리에 쓸 때에만 가치가 있는 것이다.

⚜

우리가 매일 눈앞에서 보고 있는 지금의 세계 질서에는 참으로 많은 결함이 있다. 특히 무수한 사람들의 물질적, 도덕적인 비참한 상황을 보거나 인간 이외의 생명에게 가해지고 있는 학대를 볼 때면, 이에 대해서 의심의 여지가 없다. 그래서 진정 선량한 자질을 갖춘 많은 사람들이 무신론자가 되는 것이다. 실제로 나는 지난날 한 그리스도 교단의 목사였던 한 사람으로부터, 다메섹 근처에서 그리스도가 바울에게 계시를 내렸을 때와 같은 저항할 수 없는 계시의 힘으로 무신론에 대한 확신을 가지게 되었다는 얘기를 들은 적이 있었다.

---

*12 ······나답과 아비후가, ······다른 불을 담아 여호와 앞에 분향하였더니, 불이 여호와 앞에서 나와 그들을 삼키매 그들이 여호와 앞에서 죽은지라······.
*13 심판이 하느님의 집에서 시작될 때가 왔다······.

그러나 이 점에 대해 우리를 안심시켜 주는 것은 우선 다음의 두 가지이다. 첫째, 우리는 최종적인 판단의 기준이 될 만한 것을 아직은 보지 못했고, 특히 아주 짧은 이 지상생활에 이어서 그것을 대신하는 삶에 대해 아직 전혀 모르고 있다는 것이다. 둘째, 우리에게 있어 행복의 중요한 부분을 이루고 있는 사랑은 언제 어떤 상황에서도 우리의 수중에 있고, 우리의 지배 아래 있다는 것이다. 사랑이 없으면 진정한 행복은 없으며, 사랑이 있는 한 영원한 불행은 있을 수 없기 때문이다.

1월 16일

신의 은총을 입고 있다는 사실은 보통 다음의 두 가지로 알 수 있다. 첫째 이따금 참으로 느닷없이, 그리고 아무런 외적 원인도 없이 찾아오는 천상의 기쁨에 의해서이다. 더욱 확실한 표징은 그런 사람이 개인적인 이익과 관련된 일에서는 성공하지 않고—다른 사람들은 다 잘하는데—오히려 힘든 일, 범상하지 않은 일에서는 신기할 만큼 훌륭하게, 또 쉽게 성공하는 것이다.

그러나 이 은총을 입고 있는지 어떤지 살펴보는 것은 무의미하다. 누구나 진심으로 하느님의 은총을 원하고 인생의 다른 모든 보물을 포기하더라도 그것을 얻겠다고 결심하는 사람이라면, 그 밖의 다른 희생과 준비 없이도 은총을 입을 수 있다. 아니, 그런 사람은 이미 은총을 받은 것이나 마찬가지이며, 머지않아 앞에서 말한 표징도 나타나서 곧 의심할 여지없이 확신을 가질 것이다.

❦

교육자나 전도사들처럼 처음부터 사람을 신앙으로 이끌려는 것은 완전히 무익한 일이라 거의 성공하지 못한다. 무엇보다 먼저 사랑에 대한 인식으로 인도해야 한다. 그렇게 하면 사랑에 대한 신앙이 저절로 그 사람의 마음속에 들어온다. 그리스도가 요한복음 14장 23절*14에서 말한 것도 바로 이것이다. 신앙을 전혀 이해하지 못하는 사람에게도 사랑은 언제든지 마음속에 들어가 그들을 사로잡고, 그들 내부에 신과의 관계를 만들어낼 수 있다. 무엇보다 이것이

---

*14 예수께서 대답하여 가라사대, 사람이 나를 사랑하면 내 말을 지키리니 내 아버지께서 저를 사랑하실 것이요, 우리가 저에게 와서 거처를 저와 함께 하리라.

중요하다. 오직 자신의 내부에서만 태어난 것은 힘과 지속성이 없지만, 신의 영혼과 결합하여 그 영혼이 우리의 내부에서 이루는 것은 모두 선하며, 유일하게 생명력을 지닌다.

1월 17일

진정한 내적 생활에 다다를 때, 개개의 영혼이 내부에서 경험하는 성장 과정은 보통 다음과 같다.

첫째, 만족할 수 없는 세속적 노력에서 벗어나 신을 바라고, 악과 무관심에서 벗어나 선을 '지향하는' 단계이다. 이사야 45장 22절을 참고하라.

다음에는 '먼저 신의 나라를 구하라.' 즉 다른 노력을 하는 틈틈이, 또는 동시에 노력하는 것이 아니라 오로지 신의 나라만을 구하는 단계이다. 마태복음 6장 33절 참고.

이어서 오로지 진정으로 필요하고 남을 이롭게 하는 것은 언제든 반드시 얻을 수 있다는 확신이 생긴다. 요한복음 15장 7절, 16장 24절을 보라.

그리하여 마지막에 이르는 것은 끊임없는 내적 평화와 이 세상에 대한 극복이다. 실제로 이 세상에서는 아무리 혜택 받은 운명을 만나도 불안과 근심밖에 존재하지 않는다. 요한복음 16장 33절을 참고하라.

인생은 끊임없는 극복, 아니면 굴복이다. 지상에서는 어떤 사람에게도 그 이외의 길은 있을 수 없다.

요단 강가에서
(신명기 10장 및 11장)

오, 진정으로 강건해지기를 원하는 자여
최후에, 일하는 것을 멈추고 조용히 앉아 말하라.
오, 주여, 이제는 저를 데려 가소서,
비록 아직도 선에 이르지 못한 저이지만.

신심으로 교만해지려는 마음을 제거하고,
고집과 투쟁심을 없애주소서.

이 세상의 거짓 쾌락이
저에게 진정 쓰디 쓴 것이 되게 하소서.

제 힘으로는 순결한 사람이 될 수 없나이다.
그 전에 당신의 축복을 받지 않는다면
그리하면 당신은 참을성 있게
사랑으로 제 모든 죄를 사하시나이다.

저의 운명을 당신의 선택에 맡기고
다시 강물에 그물을 던지겠나이다.
당신의 사랑이 저의 마지막 목적이듯
주여, 이제 당신의 사랑의 행위를 시작하소서.

⚜

　그리스도교가 신뢰받지 못하고, 그 진리가 진리로서 널리 인정받지 못한다면, 그것은 우리 한 사람 한 사람에게 부족한 점이 있기 때문이다. 그 빌라도[15]—그는 진리 같은 건 전혀 믿지 않았지만—조차 진리가 한 인간에게서 구현되고 있는 것을 보자, 꽁무니를 빼고 말았다. 그 뒤에도 이러한 진리의 구현자들은 훨씬 결점이 많은 자라도 늘 대단히 큰 힘을 지녀왔다. 사람들은 적어도 그가 속해 있는 사회계급 안에서는 큰 차이가 없다. 그런데 어떤 사람은 인격자이고 다른 사람은 그렇지 않다. 그것은 모두 그 사람의 도량이 얼마나 크냐에 달려 있으며, 인격이 비교적 뛰어난 사람이 특별히 돋보이는 법이다. 세상에는 다양한 생활 방식이 있고, 그것에 따라 인간에게 저마다의 성품이 주어진다.

　특히 인간에게 가장 좋은 성품을 주는 것은 그리스도교이며, 반대로 유난히 작은 도량의 인간은 단순히 종교의 외면적 형식 속에서, 다시 말해 특정한 종교 모임 속에서만 그림자처럼 배회하는 종교인이다.

─────────────

*15 본디오 빌라도. 예수를 십자가에 매단 로마 총독. 마가복음 15장, 마태복음 27장 참조.

1월 18일

나쁜 독서는 나쁜 교제보다 더 위험하다. 왜냐하면 현실에서는 공상의 세계에서처럼 완전한 악과 죄악 덩어리이면서 겉으로만 아름다운 모습을 하고 있는 인간은 절대로 없기 때문이다. 게다가 우리는 누구나 악인은 저절로 멀리하고 경계하게 된다. 그런데 책이나 오락잡지, 연극 같은 것은 그 가운데 어떤 것이 고상한 부인과 어린이들의 시야에 들어갈지 알 수 없는 일이다. 한 권의 책이 한 사람의 삶을 불행—물론 마찬가지로 행복—으로 이끄는 일도 드물지 않다.

✣

오래 살면 살수록 또 대중의 영향력과 대중의식, 많은 종류의 사회적, 결사적 조직이 여론에 오르면 오를수록, 오히려 나에게는 개성이라는 것의 의의가 더욱 뚜렷해진다. '육체가 모든 것의 마지막이다'라고 한 에팅거*¹⁶의 난해한 말조차 이제 나는 이해할 수 있을 것 같다. 정신적인 것도 개성으로 구체화시켜야 한다. 여기서의 구체성은 이념의 한 형성이고 진보이며, 그렇게 형성된 이념은 비로소 충분한 힘과 성숙에 도달한다. 따라서 이렇게 말할 수 있을 것이다. '현존하는 어떤 이념이든 각각 그 이념을 표현하기에 적합한 사람을 찾아내어, 그것을 구현해낼 때까지는 쉬는 일이 없다.' 또 그들을 통해 구현하고 있는 이념이 수많은 사람의 머리와 마음에 어렴풋한 모습으로 찾아드는 시대가 찾아올 때, 그 이념의 구현자가 그 시대에 강력한 지배력을 가지게 된다.

1월 19일

자연적 소질과 삶의 목적이라는 점에서 인간이 동물과 같다는 생각에 확신을 가져서는 안 된다. 오히려 이러한 근대적 견해에 대해서는 전력을 다해 저항하라. 누가 뭐라 하든 그런 생각은 한낱 과학적 가설에 지나지 않을 뿐만 아니라, 그 가설은 아직 증명되지도 않았고 앞으로도 그럴 것이다.

그러나 이 견해에 의하면, 인간을 동물과 구별할 수 있는 가장 중요한 기준이 사라진다. 그 기준이 사라진다는 점에서 이 가설은 어쩌면 옳을지도 모른

---

*16 18세기의 독일 신학자.

다. 그리고 이 둘에 대한 다른 구별은 더 이상 가치를 지니지 않게 된다. 이 암초에 부딪혀 참으로 많은 사람들의 행복이 난파되고 있다. 이 문제를 다루지 않고, 단순한 교회주의적인[*17] 신앙만으로 그것에 대항하는 것은 전혀 도움이 되지 못한다. 다원주의의 사상과 대결하려면 삶을 지배할 정도의 확고한 신념이 있어야 한다.

나는 아직까지 현대인이 단순한 철학적 사색이나 근대적 자연과학과 종교를 잇는 시도로, 확고한 신앙에 다다른 예를 본 적이 없다. 변함없는 신앙은 오히려 실천적 요구에서 태어나는 경우가 훨씬 더 많다. 왜냐하면, 외적인 행복과 마찬가지로 영원한 내적 만족에 이르는 길은 실천을 통해서만 찾을 수 있기 때문이다. 지고한 것을 구하는 개개의 영혼에게는 심원한 이상주의와도 일치하는 영적 존재에 대한 신앙과, 인간의 본성 가운데 가장 동물적인 본능이 아니라 최고의 이념에 의해 지배되는 세계에 대한 신앙이, 살아가는 데 가장 절실하다. 이런 신앙이 없으면 자신의 존재를 이해할 수 없고, 또 삶의 모든 고난에도 평화롭게 생존할 수 없다. 그런 사람들을 위해 영국의 한 여류시인은 다음과 같이 노래했다.

아니, 망설이지 말라
참으로 드높은 기상을 구하는 것은
확고한 선(善), 당신의 단 하나의 선이다.
당신은 이미 그것을 알고 있다. 그 숭고한 모습이
모든 하찮은 선택을 영원히 물리쳤으므로.

❧

올바르고 성실하며, 또한 솔직하고 친근한 사랑은 형제자매와 친척들 사이에서는 더할 나위 없이 좋은 것이다. 그러나 그것은 의무가 아니라 자유의지에 따라야 하는 것이며, 감정에서가 아니라 이성으로 다루어야 한다. 그러면 그것은 인생을 아름답게 하고, 사랑할 수 있게 하지만, 반대의 경우에는 그렇지 않

[*17] 힐티는 교회가 그리스도교 신앙에 공헌한 의의는 높이 평가했지만, 교회의 형식주의와 편협한 태도에는 비판적이었다. 2월 1일, 3월 8일 참조.

다. 오늘날 수많은 사람들은 내세에서는 현세의 형제자매들과 다시 인연을 맺기 원하지 않을지도 모른다. 부모에 대해서도 마찬가지이다. 그들이 가장 만나고 싶은 사람은—물론 모두가 다 그런 건 아니지만—할머니나 고모, 이모일 것이다. 왜냐하면 그들은 이 세상에서 가장 이기적이지 않은 동시에 특별히 이해심이 많은 인척이며, 가장 감사해야 할 사람들이기 때문이다. 일반적으로 복잡한 인간관계는 근친결혼에서 비롯되므로 오래된 교회 규칙이 그것을 금지한 것은 정당한 조치였다. 자신들 본위의 생각이 조금이라도 제한되는 것을 더 이상 인정하지 않는 현대인들은 틀림없이 머지않아 다시 복잡한 인간관계를 직접 경험하게 될 것이다. 예레미야 2장 19절, 26~28절 참조.

1월 20일

당신은 아마 '나는 하느님과 그리스도를 믿을 수 없으며, 나의 오성(悟性)이 그런 형이상학적인 직관에 반대한다'고 말할지도 모른다. 아마 그 양쪽 다 진실일 것이다. 그렇지만 당신과 초감각적 사상의 세계 사이에 가로놓여 있는 것은 오성이 아니라, 그것과는 다른 어떤 마음의 경향이다. 오성의 역할은 의지가 이미 결심한 것을 시인하는 것뿐이다. 그 반대의 경우, 우리는 오성의 망설임 같은 것은 언제라도 극복하고 나아갈 수 있다.

그러므로 성서는 '죄악은 인간의 파멸'이라고 했다. 죄악이란 신을 생각하는 마음과 양립할 수 없는 마음의 경향을 가리킨다.

그 죄가 당신을 행복으로부터 멀어지게 하고 있다. 먼저 이 사실을 믿고 그것을 찾아내 제거하라. 그러면 신앙은 참으로 쉽게, 또 저절로 찾아올 것이다.

⚜

진정한 그리스도교에는 웅대함과 장엄함이 있다. 그런데 대부분의 그리스도교도, 특히 개신교의 많은 목사와 선교사들은 그것을 정확하게 이해하지 못하고, 경험하지도 못하고 있다. 그들은 그리스도교를 단순한 교의로 파악하고, 거기에 온갖 시시콜콜한 견해와 외적인 규칙을 부여하여 설명하고 있다. 하지만 그리스도는 그런 것과 떨어져 있었고, 그리스도의 형제*[18]도 그런 일을

---

*18 그들은 처음에는 예수를 전혀 믿지 않았지만, 나중에는 스스로 터득한 열렬 신앙을 가졌다.

하지 않았으며, 마찬가지로 예수의 제자들과 처음 귀의한 사람들 대부분도 신앙을 그렇게 다루지 않았다.

루터와 멜란히톤, 칼뱅 등에게서 볼 수 있는 것보다 더 너그러운 그리스도교가 이제야 가까스로 나타나려 하고 있다. 그것은 교리를 소홀히 하지 않으면서도 세상에는 교리보다 훨씬 뛰어난 인간이 존재한다는 것을 인정하고, 요컨대 중요한 것은 교리가 아니라 그리스도에게 바치는 사랑과 생활이며, 그것을 통해 진정한 진리에 다다를 수 있음을 인정하는 신앙이다. 마태복음 4장 22절을 참조하라.

"교리를 몰라도 진정한 크리스천인 사람이 많다. 그리스도교는 증명되어야 할 교의가 아니라, 생활해야 하는 하나의 생명이다."

1월 21일

하느님과의 교류에는 특별한 시간—이를테면 기도할 시간—과 시기(아침, 저녁 등), 자세와 몸짓 같은 것은 필요치 않다. 오히려 단순한 말이나 오직 마음으로 생각하는 것만으로 충분하다. 여러 가지 외적인 형식은 오히려 방해될 때가 많다. 중요한 것은 하느님과 끊임없는 마음의 유대를 가지는 것이다. 사도 바울은 이것을 '끊임없이 기도한다'고 말했지만, 이른바 '기도자'들은 그런 기도를 모르고 있다. 데살로니가전서 5장 17절 참고.

기도는 단순하고 성실해야 하며, 형식에 구애받지 말아야 한다(이런 기도 방식은 오늘날의 종교 교육에서는 거의 가르치지 않고 있다). 뿐만 아니라 기도에 대한 신의 대답을 들을 수 있어야 한다. 그러기 위해서는 일상의 번잡함과 이기심에 흔들리지 않는 섬세한 마음의 귀가 필요하다.

그런데 대부분의 '기도자'들은 단지 틀에 박힌 기도문을 외고 나면, 바로 일어나 가버리거나 수프에 숟가락을 집어넣는다. 마치 아무 일도 없었다는 듯, 더욱이 하느님의 대답 따위는 기대도 하지 않는다는 듯 말이다.

⚜

사람마다 지고 있는 십자가를 우리도 지고 가야 한다. 그것을 떨쳐버리려 하는 건 소용없는 짓이다. 오히려 자신의 십자가를 더욱 무겁게 할 뿐이다. 그러다가 십자가가 사라지면 허전하게 느껴질 만큼, 그것에 익숙해지는 일도 드물지 않다. 그런데 대개의 경우, 이제 십자가가 필요하지 않게 되었을 때 비로소 그 의미를 깨닫는다.

1월 22일

아침에 눈을 뜨자마자 맨 먼저 떠오르는 생각이 무엇인지는 매우 중요하다. 그때 당신은 여러 가지 우연에서 일어나는 그때의 '기분'에 몸을 맡길 것인가, 아니면 당신 삶의 고삐를 스스로 다잡을 생각인가? 오늘도 당장 눈앞의 걱정거리와 괴로움에서 시작하겠는가, 아니면 새로운 생명의 아침에 대한 감사로 시작하겠는가? 신과의 유대를 새롭게 해야겠다고 생각하는가, 아니면 자신만의 힘으로 또다시 '생존경쟁'을 펼쳐갈 생각인가? 아침의 그 선택에서 그날의 운명이 결정된다.

⚜

좋은 결혼은 이 세상의 모든 보물 중에서 으뜸가는 것이며, 누가 뭐라 해도 가장 독특한 것이다. 왜냐하면 결혼은 이 지상생활에서만 누릴 수 있고, 그 뒤에는 없기 때문이다.

좋은 결혼을 위해서는 서로의 진정한 사랑 외에 반드시 다음의 두 가지가 필요하다. 첫째는 두 사람이 똑같이 순결로 결혼생활을 시작해야 한다는 것, 둘째는 남편이 가계를 유지하고 책임을 져야 한다는 것이다. 그런데 다른 면에서는 더할 나위 없이 섬세한 자존심을 가진 고귀한 양반들이 아내의 지참금에 의지하는 생활에 만족하거나, 적극적으로 요구하기까지 하는 것은 현대의 가장 기묘한 모순 가운데 하나이다.

이것을 개선하기 위해서는 오로지 생활양식과 교육, 특히 여성의 교육을 더욱 간소화하는 수밖에 없다. 여성은 다시 가정주부로 돌아가야 된다. 또 단순한 미적 생활의 향락자가 되어서는 안 된다. 그렇지 않으면 여성은 이제 지참금 없이는 결혼할 수 없게 될 것이다. 더욱 간소한 생활로 돌아가는 것이 여성에게 이익이며, 사치야말로 여성의 가장 큰 적이다.

1월 23일

세상에서 참으로 남을 잘 도울 수 있는 자는 '영원히 타오르는 불*¹⁹ 속에 있을 수 있는 자'이다. 그 밖의 사람들은 우리가 스스로 도울 수 있는 이상으로 우리를 도와줄 수는 없다. 이사야 33장 14절 참조.

❧

그리스도교는 2000년 전의 팔레스타인 문화보다 훨씬 고도로 발달한 문화에도 적용될 수 있으며, 우리는 바로 그 사실을 세상 사람들에게 증명하기 위해 이 세상에 보내졌다. 바로 현재 미적 욕구와 종교적 요구 사이에 고민하고 있는 세상 사람들을 그 모순에서 해방시켜 주기 위해서이다.

1월 24일

"그러므로 내일 일을 위하여 염려하지 말라. 내일 일은 내일 염려할 것이요, 한 날 괴로움은 그날에 족하니라."*²⁰

이 유명한 말의 후반은 확실하다. 그러므로 누구라도 이렇게 말할 것이다. "앞부분의 명령도 실행할 수만 있다면 기꺼이 따르고 싶다. 그렇게 할 수 있다면 삶이 훨씬 편안해질 테니까." 그렇다. 그 명령은 실행할 수 있다. 다만 하느님의 인도에 따르는 한에서 말이다. 실제로 하느님의 인도는 가장 뛰어난 인간의 지혜보다 훨씬 뛰어나고, 특히 그 시기를 놓치는 일이 없다. 인간의 지혜는 때때로 주위상황과 자신의 능력을 제대로 판단하지 못해, 자칫하면 '자신의 발을 너무 큰 구두에 집어넣기' 쉽다.

그리스도교를 거부하는 가장 큰 이유는, 아직 그리스도교에 입문하지 않은 사람은 이 가르침이 명하는 대로 살 수 있다는 가능성을 상상도 못한다는 데 있다. 그것은 애초에 당연한 것이다. 왜냐하면, 신앙을 가지면 사람 자체가 완전히 바뀌기 때문이다.

신앙을 가지기 전과는 완전히 다른 사람이 되어, 전과 달리 생각하고 행동하게 된다. 그러나 그렇게 되려면 먼저, 그 사람이 과감하게 최초의 '어둠에서 도약'을 하지 않으면 안 된다. 거기에는 물론 아우구스티누스의 칼뱅의 이른바

---

* 19 신은 적뿐만 아니라 불신자도 태우는 불이다.
* 20 마태복음 6장 34절.

'은총의 선택'이 필요하다. 그 은총은 모든 인간에게 평생 한 번이나 두 번은 반드시 주어지는 것이며, 때를 놓치지 말고 그것을 잘 포착하여 은총을 받아야 한다.

✤

올바르게 살아온 인생에서 마지막으로 품게 되는 좌우명은 틀림없이 평화와 친절이라는 말일 것이다. 그렇지 않다면, 그 인생이 아무리 훌륭하게 보여도 결코 올바른 길을 걸어온 것이 아니며, 신의 의지에 합당한 좋은 결과를 가져올 수도 없다. 그러나 이것은 젊어서 죽은 특별히 뛰어난 몇몇 사람들을 제외하고, 대개 만년이 되어서야 성취할 수 있게 마련이다.

1월 25일

두려움은 뭔가 옳지 않은 것에 대한 표출이다. 그 옳지 않은 것을 찾아내 극복하라. 그러면 두려움은 괴로운 것이 아니라 오히려 올바른 삶에 대한 이정표가 될 수 있다.

우리는 인간으로서 완성에 도달해야 할 의무를 지니고 있다. 또 거기에 필요한 힘과 통찰력은 올바르게 추구하기만 하면 얻을 수 있다. 하지만 설사 완전성이 주어진다 해도 대부분의 사람들은 조금도 기뻐하지 않을 것이다. 그들의 영혼에 이 세상의 때가 너무 많이 끼어 있기 때문이다. 마태복음 5장 48절, 레위기 19장 2절 참고.

✤

질투는 인간의 모든 성정 가운데 가장 흉한 것이고, 허영심은 가장 위험한 것이다. 마음속의 이 두 마리 뱀에게서 벗어나는 일은 멋지고 유쾌한 일이다. 그것을 쫓아낸 자리에 대신 경멸과 오만이라는 다른 두 마리의 뱀이 차지하지만 않는다면 말이다. 그런데 이런 일이 질투와 허영심을 면한 자에게 흔히 있을 수 있다. 그러므로 자기기만에 빠지지 않도록 주의해야 한다.

1월 26일

마태복음 20장 25~28절[21]의 그리스도의 말은 선한 사람들도 많은 어려움을 거친 뒤에야 간신히 이해할 수 있다. 왜냐하면 선한 사람들도 언제나 타인에게 봉사만 하는 삶을 좋게 여기지 않고, 또 자기 생활의 즐거움을 순순히 포기할 생각이 없기 때문이다. 예언자 이사야의 '의인이 죽더라도 마음에 두는 자가 없다'[22]는 말도, 그들에게는 거의 신에 대한 모독으로밖에 들리지 않는다. 이 사실을 충분히 자각하고 있었던 그리스도조차 대부분의 사람들이 그다지 호감과 이해를 보여줄 것 같지 않은 무거운 사명의 짐을 지는 것이 때로 쉬운 일이 아니었다.

어쨌든 위안과 치유, 용서 같은 특별한 '능력'(이것은 지금도 있을 수 있는 일이다)은 봉사할 의지가 없는 사람에게도 주어진다고 생각해서는 안 된다. 이런 잘못된 생각이 바로 오늘날 교회와 종교단체 위에 서 있는 많은 사람들이 힘을 잃게 된 숨겨진 원인이다. 이러한 힘은 올바르게 사용하고자 주의를 기울이는 사람에게는 늘 구비되어 있는 법이다.

❧

그리스도교의 진리를 이해시킬 수 있는 증명이라고 하면, 단 한 가지, 바로 그 가르침이 사람들에게 줄 수 있는 행복 외에는 없다. 그 밖의 사실, 이를테면 그 가르침이 하느님의 말씀이라거나, 그리스도는 하느님의 '독생자'이며 신의 진리를 전하기 위해 보내진 자였다는 것은 처음부터 믿고 시작하는 수밖에 없다. 또 그 무렵부터 가장 뛰어난 사람들이 이 신앙에 따랐다는 사실도 의심하려 들면 얼마든지 의심할 수 있다. 왜냐하면 그것을 증명하기란 매우 어렵기 때문이다.

그러나 그리스도교가 행복을 가져다준다는 사실은 직접 느낄 수 있는 일이며, 생애에 단 한 번 그러한 행복을 가졌다는 기억만으로도, 모든 교리를 뛰어

---

* 21 예수께서 제자들을 불러 가라사대 '이방인의 집권자들이 저희를 임의로 주관하고 그 대인들이 저희에게 권세를 부리는 줄을 너희가 알거니와, 너희 중에는 그렇지 아니하니, 너희 중에 누구든지 크고사 하는 자는 너희를 섬기는 자가 되고, 너희 중에 누구든지 으뜸이 되고자 하는 자는 너희 종이 되어야 하리라. 인자가 온 것은 섬김을 받으려 함이 아니라 도리어 섬기려 하고, 자기 목숨을 많은 사람의 대속물로 주려 함이니라.'

* 22 이사야 57장 1절.

넘어 가장 확실한 증명이 될 수 있다.

그런데 현대의 선교사들은 이 세상에서는 오직 십자가와 박해와 온갖 종류의 고난을 약속할 뿐, 또 그 뒤에 오는 내세의 삶에서도—이것 또한 일단 믿는 수밖에 없지만—확실하지도 않은 영광의 면류관을 약속할 뿐이다. 게다가 때로는 그들의 설교에 이어 끊임없이 성가를 합창하거나, 적어도 나에게는 별다른 매력도 없는 종교음악을 들어야 한다. 차라리 그런 것 대신 복음서가 말해 주고 있듯, 지상의 것들을 포기하면 나중에 백 배나 보상받으며, 이 길은 가장 힘든 길이 아니라, 인생의 많은 위험에 맞서 우리가 나아갈 수 있는 가장 좋고 확실한 길임을 설득하고 권한다면, 훨씬 좋은 성과를 거둘 수 있을 것이다. 마태복음 19장 29절,[23] 마가복음 8장 35절,[24] 9장 23절, 시편 97편 11절을 참고하라.

"그렇다면 십자가는 어떤가?" 분명히 십자가는 있다. 하지만 그것도 생각하는 것처럼 무겁기만 한 것은 아니다. 그것을 견딜 수 있는 힘이 함께 주어지기 때문이다.[25]

1월 27일

피테칸트로푸스[26]와 그 밖의 유인원의 발견도 성서의 진리를 뒤흔드는 것은 아니었다. 그것은 프톨레마이오스의 우주관이 코페르니쿠스의 우주관으로 옮겨간 것과 신대륙과 새로운 행성의 발견이 성서의 진리를 뒤흔들지 않았던 것과 마찬가지다.

무엇보다 그리스도의 가르침과 그의 지상 출현과 아울러 일어난 많은 사실들을 굳게 믿는다면, 구약성서를 표적으로 하는 더 많은 근대의 의혹은 쉽사리 극복할 수 있다. 학문적 비판으로 인간과 다른 피조물 사이의 거리가 더 가까워지고, 다른 피조물이 전보다 더 나은 대접을 받게 되면, 우리는 그 비판을 인정할 수도 있다.

---

[23] 내 이름을 위하여 집이나 형제나 자매나 부모나 자식이나 전토를 버린 자마다 여러 배를 받고 또 영생을 상속하리라.

[24] 누구든지 제 목숨을 구원코자 하면 잃을 것이요, 누구든지 나와 복음을 위하여 제 목숨을 잃으면 구원하리라.

[25] 마태복음 11장 29·30절 참조.

[26] 화석으로 발견된 자바원인.

근대의 자연과학과 종교를 화해시키려 하거나, 자연현상을 종교적으로 설명하려는 시도는 그리 효과가 없을 뿐만 아니라, 현대인의 정신에는 무익하기까지 하다. 자연과학은 학문의 모든 영역에 걸쳐 가능한 한 해명하려고 노력해야 하지만, 그렇다고 과학적으로 설명할 수 없는 가설에서 출발해서는 안 된다. 자연과학은 그 활동 범위 안에서 만족해야 하며, 학문적으로 규명할 수 없다거나 과학의 영역뿐만 아니라 일반적으로도 존재하지 않는다고 주장해서는 안 된다. 바로 여기에 논의의 요점이 있다.

우리도 자연법칙을 믿는다. 그러나 이것은 '법칙'인 만큼 결코 우연히, 또는 저절로 생긴 것이 아니며, 자연을 창조하고 지배하는 영적인 존재를 전제로 한다. 만약 세계가 순전한 혼돈이며 아무런 존재법칙이 없다고 한다면, 세계는 실제로 하느님 없이 존재하겠지만, 그렇지 않다면 하느님 없이는 존재할 수 없다. 그러나 하느님이 무엇인지, 신학이든 철학이든 그 밖의 어떤 이름으로 불리든, 그것을 학문적으로 규명하고 정의할 수는 없을 것이다. 그런 학문적 시도가 하느님을 예배하는 저급한 관념이나 형식과 다른 점은 그저 정도의 차이일 뿐이다. 그리스도도 여기에 대해서는 요한복음 4장 24절*27에 있는 이상으로 상세하게 말하지는 않았다. 그 밖의 경우에는 다만 사실을 말하거나, 아버지와 아들의 관계 같은 인간적인 비유 몇 가지를 들어 설명했을 뿐이다. 마찬가지로 구약성서 전체를 살펴봐도, 출애굽기 34장 6·7절*28의 구절 이상으로 깊이 파고든 설명은 어디에도 없다.

그러므로 하느님은 실재하고 완전하며 사랑이 하느님의 본질이라는 사실만으로, 지상생활에 만족하지 않으면 안 된다. 게다가 하느님이 우리의 행위를 심판한다는 점에서도 우리가 상상하는 이상으로, 아니 우리가 원하는 이상으로 무한하게 위대하다는 것을 확신하게 된다.

우리는 하느님을 파악할 수도, 하느님을 정의하거나 공식적으로 표현할 수도 없다. 하지만 하느님을 사랑하는 것은 가능하다. 그리하여 출애굽기 20장 5·6절 및 34장 10절에서 이미 고대 이스라엘 민족에게 약속된 것을 오늘날에

---

*27 하느님은 영이시니 예배하는 자가 신령과 진정으로 예배할지니라.

*28 여호와로라, 여호와로라, 자비롭고, 은혜롭고, 노하기를 더디하고, 인자와 진실이 많은 하느님이로라 인자를 천 대까지 베풀며, 악과 과실과 죄를 용서하나, 형벌 받을 자는 결단코 면죄하지 않고, 아비의 악을 자여손(子與孫) 삼사 대까지 보응하리라.

도 그 무렵과 똑같이 경험할 수 있다.

그러나 이러한 하느님에 대한 경험은 《파우스트》의 경우 시구 자체의 아름다움으로 이따금 인용되는 것에는 들어 있지 않다. '이름은 메아리요, 연기이다.' '누가 그것을 하느님이라 부르고, 나는 그것을 믿습니다 하고 고백할 수 있으랴.'*29 그러나 우리 생활에 영향을 주어야 하는 것은 이름의 배후에 있는 실체이다. 그것을 경험한다면, 주인공 파우스트의 생애, 그리고 작자 괴테의 생애도 조금 더 나은 것이 될 수 있었으리라.

❧

덕(德)이라는 것은 사람들에게 명령할 수 있는 것도, 가르칠 수 있는 것도 아니다. 다만 덕의 효과를 보여주고, 그들 내부에 덕에 대한 확신이 뿌리내리도록 도와줄 수 있을 뿐이다. 요컨대 자발성이 바로 덕의 진수이다. 그런데 수천 년 이래, 부모와 학교와 교회가 이와는 반대로 노력해 왔기 때문에, 덕은 결국 인류에게 저주의 씨앗이 되고 말았다. 그리하여 인류는 덕을 희생시키면서 억지로 덕의 무거운 짐에서 벗어나기 위해 거듭 노력해 왔다. 때로는 특별히 덕과 잘 어울리는 사람들조차 거기에 가담한다. 그리고 결국 그들은 덕의 편이 아니라 그 적이 되어버린다.

1월 28일

열왕기하 5장 15~19절, 다니엘 3장 28절, 6장 27절, 창세기 3장 6·16절을 보라. 유럽 문명민족의 종교사를 이스라엘 민족의 종교사에서 완전히 떼어놓을 수는 없다. 이스라엘의 종교사는 그리스도교에서 이루어진 그 필연적인 '개혁'을 부당한 혁명으로 여기고 있다. 이것은 가톨릭과 개신교의 관계와 비슷하다. 어떻게 하면 이러한 역사적 대립을 해결하여 더 높은 합일에 다다를 수 있을까? 그것은 각자가 생각해보아야 할 문제이다. 그 합일이 언젠가 이루어진다는 것은 확실하다. 왜냐하면 이 세 가지 신앙*30은 모두 같은 근원과 출발점을 가지고 있기 때문이다. 즉, '이스라엘의 신'은 유일하고 참된 신, 또는 현대적으로 말하면 인간의 지력을 훨씬 뛰어넘는 유일하고 완전한 인간적 이해를 나타

---

*29 《파우스트》 제1부 3432행 이하.
*30 유대교, 개신교, 천주교—편집자 주.

내는 신이다.

'신에게 저항하는 것'은 쉬운 일이다. 오늘날 신의 존재를 무시하는 것은 권력자에게 저항하는 경우의 반만큼의 용기도 필요하지 않다. 무신론에 엄벌을 가하는 국가질서 속에서라면, 아마 사람들도 침묵할 것이다. 그러나 엄밀하게 정의된 신의 관념에도 사람들에게는 반대할 권리가 있다는 것은 인정하지 않을 수 없다. 왜냐하면 신의 관념은 언제나 너무나 편협하여 오류를 포함하고 있기 때문이다. 신 그 자체는 분명히 지금까지 인간이 생각해낸 모든 '신의 개념'보다 한없이 위대하다.

그러므로 현대에서는 교의와 철학 같은 건 모조리 옆으로 밀쳐 놓고, 자녀들에게 단순히 역사적인 '이스라엘의 신'과 '그리스도의 신'을 믿도록 가르치는 편이 나을 것이다. 이 신은 이미 고대의 강대한 왕들도 인정하지 않을 수 없었던 역사상의 사건에서 스스로를 드러냈고, 오늘날에도 똑같이 실감할 수 있다.

윤리적 세계질서는 예나 지금이나 변함없이 자유로운 지성에 기초하고 있다. 선악이 일어나는 대로 내버려두다가 선이 완전한 선일 때만 승리의 손을 들어주고, 악은 악에 의해 멸하게, 즉 '사자(死者)로 하여금 사자를 묻게' 한다. 이 사실은 오직 위대한 신에게만 어울리는 것으로, 때로 '철학'과 '정치'로 신의 행위를 바꿀 수 있다고 생각하는 왜소한 인간들의 어리석은 행동에 대한 숭고한 조소처럼 여겨지기도 한다. 시편 2편 1~4절, 출애굽기 3장 6절, 13~16절 참고.

✤

그리 활동적이지 않고 사변(思辨)에 빠지기 쉬운 학식 있는 극소수의 사람들은 불교가 그리스도교보다 뛰어나다고 생각한다. 그것은 이들이 그리스도교를 오해하고 있기 때문이다. 불교는 사실 그리스도교보다 훨씬 불운한 길을 걸어왔다. 그리스도교의 복음이 이론적인 그리스 신학자에 의해 왜곡된 이상으로 불교는 라마교에 의해, 즉 승려의 기도법에 의해 왜곡되어 왔다.

더욱이 불교는 융성했던 시기에도 그리스도교의 위대함과 관대함, 그 실용성에는 훨씬 미치지 못했다. 불교에 귀의한 여러 민족 중에 가장 좋은 조건에 있었던 경우에도 푸른 바가드 같은 은둔자를 몇 명 길러냈을 뿐이다. 불교는 최고의 발달을 이룩했을 때도 그저 반쯤 꿈꾸는 듯한 명상에 지나지 않았고,

또 그런 형식으로는 언제나 극소수의 사람들만 가까이 갈 수 있는 종교였다. 그런데도 더 뛰어나고 더 진실한 종교를 가진 우리가 그런 종교로 굳이 개종해야 할 이유가 어디에 있단 말인가?

현대의 '교양 있는' 계급의 대다수가 참으로 나태하여, 이 뛰어난 종교를 면밀하게 연구하지는 않고, 오직 신기하고 특이한 것을 좇는 성급한 충동은 결국 허영심이라는 근본악에서 유래한 것이다. 바로 값싸고 쉬운 방법으로 남보다 앞서가는 것, 뭔가 '자신만의 특별한 것'을 가지는 것, 이것이 바로 현대의 교양인이 새로운 종교에 몰려다니는 중요한 원인이다. 머지않아 이런 교양을 가진 사람들은 파산한 자연과학적 유물론의 꽁무니를 좇는 신세가 될 것이다. 마태복음 24장 11·12·14절 참고.

1월 29일

우리는 아직 내적 인간이 밖으로 드러나 있는 인간과 어떤 관계에 있는지 제대로 알지 못한다. 그러나 신의 감화를 받을 수 있는 것은 오직 내적 인간뿐이다. 성찬식이라는 것도 이 내적 인간을 대상으로 하는 것이지, 외적 인간에 대해서가 아니다.

그렇다면 루터와 츠빙글리의 성찬 논쟁은 양쪽 다 사안의 본질에 접근한 것은 아니었던 셈이다. 결국 루터의 주장이 옳았지만, 그도 사안을 지나치게 감각적으로 해석했다. 성찬은 그 자체가 현실적인 힘을 가지며, 단순히 '표징과 상징'이나 과거의 '인증' 같은 것이 아니다. 성찬은 영적인 힘으로서 영적이고 내적인 인간에게 향해진다. 그리스도가 성찬에 대해 한 말도 내적 인간 밖에서의 구체화를 의미하는 것은 아니었다. 외적 인간에게 빵과 포도주는 자연에 있는 그대로의 것이다. 그러나 내적 인간에게 그것은 그리스도의 영적 본성을 함께 나누는 힘을 가진다. 베드로후서 1장 4절을 참고하라.

성찬식은 교회의 의식에 지나지 않으며, 모든 사람에게 현실적인 도움을 주는 것은 아니라는 현대의 사고방식보다는 차라리 가톨릭과 루터의 견해에 따르는 것이 진리에 훨씬 더 가까이 다가갈 수 있다.

✤

세상 사람들에게 '참고 순종할 것'을 설교하거나 슬퍼하면서 자신의 십자가를 무거운 듯 지고, 이 눈물의 골짜기를 지나 더 나은 영원을 향해 순례하는 인간의 모범을 보여주는 것은 별 의미가 없다. 그런 것은 누구의 마음도 끌어당길 수 없다. 왜냐하면 대부분의 사람들은 단 한 순간만이라도 현세의 쾌락을 맛보고 싶어하기 때문이다. 그러나 인생의 진정하고 영속적인 기쁨의 실례를 본다면, 사람들은 그 기쁨을 줄 수 있는 종교와 철학에 주목하게 될 것이다.

1월 30일

사랑이라는 것은 사람을 속이기 쉽고, 또 때로는 실행하기 어렵다. 그러므로 인간에게는 동정을, 신에게는 신뢰와 감사를 드리는 것이 올바른 감정이다. 모든 인간을 진정으로 사랑하기란 좀처럼 실천하기 어려운 일이어서, 크나큰 환멸과 함께 마지막에는 허무주의에 빠질 뿐이다. 모든 사람에게 친절과 동정을 보내고, 증오와 공포, 분노를 품지 않는 것이라면 가능할지도 모른다. 그러나 평소에 '그리스도의 사랑'이라는 말을 쉽게 하는 사람일수록 그렇지 못한 경우가 많다.

사랑이 없는 사람과 계속 교제하는 것은 영혼을 해치는 일이다. 그러므로 교제를 줄이거나 완전히 끊는 것이 좋다.

동정심이 부족한 것은 여성에게는 중대한 성격상의 특징이다. 그런 특징이 보이는 사람은 경계하는 것이 좋다. 또 인간에 대한 지나친 사랑은 여성에게는 가장 빠져나오기 힘든 함정이다.

＊

인간이 가진 힘의 비밀은 하느님의 도구라는 성질에 있다. 모든 영속적인 진실의 힘은 하느님의 것이지, 인간의 것이 아니기 때문이다. 그러므로 이기주의와 초감각적 세계에 대한 불신이 인간이 나약해지는 근원이다. 요한복음 7장 16·38절 참고.

1월 31일

우리는 이제 이 세상의 행복을 알지 않으면 안 된다. 즉, 어떤 상황에서든 또 어떤 사람이든 손에 넣을 수 있고, 어떤 상황에서도 언제나 기쁨으로 마음을 채워주는 행복에 대해서 말이다. 이러한 행복을 얻도록 하는 것이 철학의 이상적인 임무일 것이다. 그것이 불가능하다면, 아무리 훌륭한 '체계'를 가진 철학이라도 우리에게는 아무 쓸모가 없다.

경험으로 볼 때, 이런 행복을 가져다주는 것은 오직 하느님에 대한 신앙, 하느님 가까이에 있다는 실감, 그리고 유익한 일을 하는 것이다. 적어도 나는 그것 말고는 확실한 방법을 모른다. 또 내가 아는 한 그것 외의 길을 발견한 사람은 지금까지 한 사람도 없다.

✤

당신은 삶에서 선한 인간이 되어야 한다. 늘 선한 영혼이 이끄는 대로 따르고, 그 밖의 것은 모두 거부하는 인간이 되라.

그것 말고는 세상이 아무리 칭찬하고 부추기는 것이라 해도 중요하지 않다. 현재의 삶에 있어서도 미래에 있어서도, 그것은 변하지 않는 진실이다.

2월

2월 1일

신과의 관계에서는 인간이 먼저 철저하고 성실하지 않으면 안 된다. 신앙이 크게 흔들리거나 심지어 믿음을 저버린다 하더라도, 그 뒤에 회개한다면 용서받을 수 있지만, 차가운 무관심과 그저 의무적으로 하는 형식주의는 결코 용서받을 수 없다.

이것은 인간끼리의 우정도 마찬가지여서 의무감만으로는 우정은 유지되지 않는 법이다.

현대 교회의 결함은 바로 이 점에 있다. 교회가 다른 방법으로는 할 수 없는 많은 역할을 하고 있는 것은 사실이지만, 그렇다고 당연히 해야 할 최고의 것, 최선의 것을 실천하고 있다고는 할 수 없다.

⚜

악의 힘은 우리의 공포심에서 비롯된다. 우리가 악을 두려워하지 않으면 악은 당장 힘을 잃어버리고 만다.

그래서 하느님은 악에 대해 이렇게 넓은 활동범위를 허락한 것이다. 왜냐하면 하느님은 악이 하느님이 굳건하게 지켜주고자 하는 인간을 결코 정복할 수 없음을 잘 알고 있기 때문이다.

자신을 받쳐주는 신의 손을 놓을 뻔했던 신실(信實)한 욥의 이야기는 이 사실을 잘 보여주고 있다. 이런 일은 모든 사람의 삶에서 일어나고 있다. 악의적인 신문기사조차 두려워하는 사람이 얼마나 많은가!

2월 2일

'하느님의 분노'가 그리스도의 수난과 죽음, 즉 그 피로 진정되었다고 하는 교회의 논리를 나로서는 도저히 이해할 수 없다. 하느님이 그런 분노를 가지고 있었다면, 결코 우리에게 구세주를 보내지 않았을 것이다. 하느님이 구세주를 이 세상에 보냈다는 사실 속에 이미 용서가 들어 있다.

실제로 그리스도는 이 세상에서 일찍 고통을 받고 죽어야 했을 뿐만 아니라, 사두가이인의 현세적인 신앙과 바리새인의 교회주의로는 실천할 수 없는 아름다운 삶을 살 수 있다는 것, 또 어떻게 하면 그렇게 할 수 있는지를 가르쳤다. 이 점, 바로 이런 삶을 우리는 그리스도에게서 배워야 하며, 동시에 우리가 지고 가야 할 고난과 시련의 몫을 인내로 받아들이고, 그를 본받아 그것을 이겨내야 하는 것이다.

그리스도의 생애가 그랬듯이, 삶의 모든 때와 장소에서 마땅히 그래야 할 모범적인 생애도 죽음과 부활이라는 종말이 없었다면, 아마 완전한 것이 되지는 못했을 것이다. 이것은 교리를 들먹이지 않더라도 건전한 상식과 심리학만으로도 알 수 있다. 그리스도가 가장 큰 사명을 실천하고 고난을 견뎌야 했던 것은, 우리가 부딪치는 훨씬 작은 일을 우리도 실천하고 견딜 수 있다는 것, 그리고 어떻게 하면 그럴 수 있는지를 가르치고 실천하도록 하기 위해서였다. 더욱이 이제 우리에게는 자신의 힘 외에 수많은 사람들을 고난과 죽음에서 구해준 그리스도의 힘과 약속이 있기 때문에, 그것을 더욱더 쉽게 이룰 수 있다. 그러나 그리스도의 죽음, 그리스도의 희생이 우리를 저절로 정화(淨化)하는 것은 아니다. 그것은 세례의 물과 마찬가지여서 우리를 위해 바쳐진 희생을 감사하는 마음으로 받아들이고, 그 결과로 그리스도와 하느님을 사랑함으로써 가능하다.

❧

사람들을 더 이상 사랑하지 않거나 염세주의와 인간 혐오에 빠지게 된 것을 변명하는 사람들은 어김없이 자신들이 사랑 때문에 겪은 쓰라린 경험에 대해 얘기한다. 설사 그 말이 진실이고, 그들이 진실로 성실하게 사람을 사랑하려고 노력했다는 것을 인정한다고 치자. 하지만 과연 그 이후 그들은 사람을 미워함으로써 전보다 더 좋은 경험을 했을까?

그들은 진심으로 사랑하려고 시도한 것이 아니었거나, 그들이 말하는 사랑이 이기주의에 지나지 않았거나 둘 중 하나이다. 솔직하게 그 점을 다시 한 번 스스로에게 물어보는 것이 어떨까?

2월 3일

그리스도는 하느님을 '분노의 아버지'라고 표현한 적이 한 번도 없다. 그런 표현이 나올 법한 누가복음 15장의 방탕한 아들의 이야기에도 역시 없다. 또 구약성서의 아름다운 대목에서도 그런 견해를 찾아볼 수 없다. 이사야 43장 18~25절, 48장 9~11절 참조.

그런데 나중에 와서 인간들이 '하느님에 대한 두려움'을 늘어놓아 수많은 사람들에게 하느님에 대한 신앙을 꺼림칙한 것으로 만들어놓고 말았다. 하느님의 분노란, 실은 우리 삶이 하느님에게서 멀어졌기 때문에, 지상에 아무리 보물이 많고 아무리 학문, 예술, 교통이 발달해도, 우리의 삶은 지금처럼 내적으로 황폐하고 아무런 위안도 없다는 것, 바로 그 점에 존재한다. 이 대지는 옛날 그대로, 아니 어쩌면 전보다 더욱 잘 가꿔지고 있을지 모른다. 그러나 '태양'이 빠져 있다. 인간의 행위 속에 있어야 할, 또 있을 수 있는 '축복'이 없다.

이러한 벌은 자연스레 드러난다. 그것이 인간들이 모독하는 하느님의 불변의 세계 질서 속에 들어 있기 때문이다. 그러나 인간이 진실로 뉘우치고, 하느님의 질서 속으로 돌아간다면, 용서받을 수 있는 것 또한 확실하다.

신의 축복

아침의 안개, 간밤의 비를
당신은 그 백성들에게 약속했습니다.
당신의 축복은 온갖 모습으로
끊임없이 우리들 위에 쏟아집니다.

수없이 많은 자들이 죽음을 향하며
하루도 두렵지 않은 날이 없었습니다.
그러나 진심으로 당신을 섬기며
따른 자 가운데 멸망한 자는 없었나이다.

신의 축복이 어떤 것인지
아직 그것을 밝힌 자는 아무도 없습니다.

다만 우리가 알고 있는 것은
모든 것이 그것에 달려 있다는 것뿐

잠들어 있을 때 조용한 발걸음으로
축복이 찾아가는 자가 있는가 하면
그 옆집에는
쉬지 않고 천둥번개가 몰아칩니다.

뛰어난 재능을 타고 났으면서도
모든 기쁨에서 외면당하는 자가 있는가 하면
고뇌의 한가운데에서도
행복한 마음이 넘치는 사람이 있습니다.

주여, 당신 백성의 후예는
당신에 대한 진실한 신앙의 열매를 얻지만
다른 자들은 자신의 죄는 물론
부모들의 죄도 보속해야 하나이까.

주여, 당신은 저희들 죄인에게는
그 비밀을 탐구하는 것을 허락지 않더라도
저희 아들들의 고통과 기쁨을
원하옵건대, 늘 축복해 주옵소서.

⚜

  특히 사랑이 좋은 건 사랑의 보답을 받는 것뿐 아니라*¹ 사랑하는 순간부터 자신이 더 강해지고 활력을 얻게 되는 데 있다. 또 사랑은 차갑기 그지없는 이 세상에 따뜻한 온기를 불어넣으며, 사랑에서 발생하는 모든 좋은 것을 무시한다 해도 사랑 하나만으로도 이미 하나의 행복이다. 사랑은 바로 영혼의

---

*1 이것은 그 사랑이 어느 정도 지속적이고 강한 것일 때는 거의 일어나는 일이다.

생명이니, 사랑을 완전히 버리는 자는 그 영혼까지 잃게 된다. 그것은 영원히 채울 수 없는 손실이다.

영혼을 잃은 자는 살아남을 수 없다. 그리고 현세의 생명뿐만 아니라 미래의 생명도 잃어버리게 된다.

2월 4일

이 세상에는 사랑은 찾기 힘들고 이기주의만이 난무하고 있기 때문에, 염세주의자들은 '우리는 그 불쌍한 인간들을 버리고 혐오한다'고 말한다.

이 말의 앞부분은 분명히 맞지만 결론은 맞지 않는다. 적어도 그렇기 때문에 우리는 세상에 가능한 한 사랑을 더 많이 전파하고 이기주의를 제거해야 한다.

그러나 당신이 무엇보다 하느님을 사랑하고, 또 모든 피조물을 가엾이 여기고 사랑하는, 지금까지와는 다른 마음을 가지지 못한다면, 당신이 종교와 인간애(人間愛)에 대해 말하는 것은 모두 공허한 말장난에 지나지 않는다. 그보다는 인간 본성을 자연 그대로의 이기주의라고 생각하는 유물론 쪽이 당신에게는 진리에 따른 충실한 사상 체계가 될 것이다. 그것은 당신이 교회의 가르침대로 생각하고 안 하고와는 상관이 없다. 이 '다른 마음'만이 이기주의를 극복할 수 있는 힘이 있지만, 이것은 누구에게나 태어나면서부터 주어지는 것이 아니고, 또 경험에 의하면 사고와 의지의 노력으로 얻을 수 있는 것도 아니다. 이것이 바로 어느 정도의 지성과 인생경험이 있으면서도, 우리가 인간 밖에 존재하는 힘에 의한 해방과 '구원'을 갈망하지 않으면 안 되는 이유이다. 실제로 이 구원에 대해서는 구약성서 안에서도 이미 여러 번 약속되어 있다.

이사야 48장 10절, 65장 17~24절, 66장 12~14절, 예레미야 24장 7절, 31장 1~14·33절, 에스겔 11장 19·20절, 36장 26절을 보라.

구원을 경험하지 못했다면, 아무도 당신에게 구원에 대해 설명해줄 수 없다. 그러나 구원을 경험하는 것은 모든 사람에게 가능한 일이다.

인도의 금언은 이렇게 말하고 있다. '무지의 반은 사상을 자유롭게 나눔으로써 퇴치할 수 있다. 나머지 반은 철학상의 원리 응용으로 물리칠 수 있다. 그래도 남는 것은 자성(自省)의 빛으로 제거할 수 있다.' 그럴 마음이 있다면 한번 시험해 보라. 그러나 미리 말해 두지만, 이 방법으로도 여전히 상당한 불만을 느낄 것이다.

선한 사상은 결코 인간 혼자 만든 것이 아니다. 다만 그 사상이 인간을 통해 흘러가는 데 지나지 않는다. 우리의 공적이라면, 그 선한 사상이 형태를 얻고 행위와 말과 문장이 되었을 때, 그 사상에 대해 마음을 열고 봉사할 용의를 아끼지 않았다는 점뿐이다.

그런데 과연 나쁜 사상에 대해서도 그럴까? 만약 그렇다면, 그것에 봉사하려는 마음 자세에 바로 인간의 죄가 있다.

2월 5일

시험 삼아 잠시 비판하는 것을 완전히 멈춰 보라. 그리고 모든 면에서 힘닿는 데까지 선한 것을 독려하고 지지하며, 비속(卑俗)한 것과 나쁜 것을 하찮은 것 또는 없어질 것으로 무시해보라. 그렇게 하면 전보다 더욱 만족한 삶을 살 수 있을 것이다. 바로 거기에 모든 것이 달려 있다.

✤

인간에게는 저마다 선한 천사와 악한 천사가 일생 동안 따라다니고, 어느 한쪽의 천사가 인간의 귀에 자신의 생각을 속삭인다는 것은 비유에 지나지 않는다. 왜냐하면 복음서 어디에도 그리스도가 그 천사에 대해 말한 적이 없기 때문이다.

그럼에도 이 비유는 실제 현실과 경험으로 보았을 때 옳은 말이다. 한 사람의 마음속에서 한쪽의 영혼을 대신하여 다른 영혼이 권고할 때 일어나는 변화는 참으로 놀랍다. 그 사람의 목소리 변화와 얼굴 표정에서 어느 쪽 영혼에 의한 변화인지 확실하게 알아볼 수 있을 정도이다.

어쨌든 우리는 자신이 원하는 대로, 어느 한쪽 영적 조언자의 말에 따르는 것만은 확실하다. 단, 어느 한쪽에 따르는 것도 다른 행위와 마찬가지로 습관에 의해 차츰 쉬워지기도 하고 어려워지기도 한다. 그래서 예언자 엘리야는 이스라엘의 왕 아합*2에 대해 이렇게 말했다. "왕이 스스로 팔려 여호와 보시기에 악을 행했노라."*3 이것은 현대의 수많은 사람들이 처해 있는 운명이다. 게

---

*2 이 왕도 때로는 선한 영혼의 격려를 받았다.
*3 열왕기상 21장 20절 참조.

다가 바로 그런 사람들이 사도가 말한 것처럼 '자유'에 대해 많은 말들은 하지만, 실은 부자유한 죄의 노예일 따름이다.

2월 6일

인간의 삶에는 신비로운 요소가 많이 있어서 어떤 점에서 보면, 세상에는 완전히 진실한 전기(傳記) 따위는 없고, 또 있을 수도 없다고 해도 된다. 나 또한 어떻게 내 경험을 사실 그대로, 남들에게 이해할 수 있도록 표현해야 하는지 모른다.

병 때문에 잠을 이루지 못했던 밤에, 꼭 한 번 머릿속에서 그것이 잘 표현되었던 적이 있었다. 그때는 완전히 다른 영혼이 말하는 것 같았다. 아마 이튿날 아침에 그 내용을 적어두려 했어도 불가능했으리라.

❧

창세기 49장에서 야곱이 아들들에게 준 축복은 오늘날에 보아도 주목할 만한 두세 가지 예언을 내포하고 있다. 첫째 10절은 확실히 그리스도를 가리키고 있다. 실제로 그리스도는 나중에 유대 부족에서 나왔다. 다음에는 안락함을 지나치게 선호하여 노예가 되는 잇사갈 부족의 운명에 대해서(15절)이다. 오늘날에도 이러한 운명을 함께 하는 자가 적지 않다.

다음에는 요셉 부족의 전도가 밝은 미래에 대해서이다(창세기 49장 22~26절). 이 부족은 전능자의 손길로 보호받기 때문에, 설령 악의의 화살을 쏘는 자들이 끊임없이 그를 박해하고 공격해도 계속 번성할 것이라고 했다. 이 세상의 모든 선량하고 유익한 사람들은 언제나 그런 종족에 속해 있다. 다만 그들에게 가해지는 박해의 징후가 때로 오랫동안, 또는 전혀 나타나지 않을 경우에는 그가 선택 받은 운명인지 의심스러워진다.

2월 7일

어떤 문필가는 이렇게 말했다.

"정말 중요한 것은 올바른 길을 가는 것뿐이다. 그러면 다른 것은 저절로 주어진다."

또 이렇게도 말할 수 있다.

"오직 복음서가 성령이라 부르는 것을 삶 속에 불러들이는 것이 중요하다. 그러면 그 성령이 그 밖의 다른 것을 남김없이 다해 줄 것이다."

여기서 한 걸음 더 나아가 이렇게 말해도 되리라.

"성서 이외의 모든 종교서적을 잠시 덮어버리자. 또 성서 속에서도 그리스도의 말과 행위 이외의 것은 모두 제쳐두기 바란다. 영혼의 행복을 얻는 데 그 밖의 것은 필요하지 않다. 때로는 신앙의 유익한 버팀목과 자극이 될 수는 있지만."

복음이 일하는 사람들에게만 제대로 효과를 나타낸다는 것은 주목할 만하다. 복음은 일하는 사람에게는 끊임없이 힘을 주지만, 일하지 않는 사람—게으른 성직자도—은 복음에 뭔가 다른 것을 보태지 않으면 안 된다. 예를 들어 끊임없는 집회와 축하행사, 교회의 형식적인 행사 같은 종류의 것이다. 그런 것은 일하는 사람에게는 없어도 그만이다.

은총의 선택

당신의 사업을 위해 나를
영원으로부터 선택하신 분이시여
그 표징으로서 나에게 힘을 주옵소서.
기쁜 마음으로 일하는 자가 되게 하소서.

당신의 명령을 기꺼이 수행하도록 인도하소서.
원컨대, 당신의 위대한 사업이 이루어지기를
오직 신앙에 사는 자만이
이렇게 아름답고 무거운 운명을 짐질 수 있나이다.

⚜

하느님은 인간보다 훨씬 마음이 넓은 존재여서, 우리라면 오래전에 같은 민족으로 생각하지 않았을 사람들도 여전히 잊지 않고 하느님의 종으로 열거한다는 것을 역사를 아는 사람이라면 아무도 의심하지 않을 것이다. 그러나 설명할 수 없는 '신의 축복'에 의한 영광은 그것과는 다르다. '신의 축복'에 의한 영광은 인내와 동정과 넓은 관용이 아니며, 거기에는 하느님의 적극적인 사랑이 들어 있다. 이러한 하느님의 사랑은 우리의 진실하고 성실한 사랑에 대해서만 주어지며, 회의주의나 형식적으로 열성적인 믿음에는 주어지지 않는다. 신명기 6장 5절을 참조하라.*4

2월 8일

대부분의 사람들은 일을 피하고 싶어하고, 자신의 노동의 대가가 아니라 자본의 축적과 연고 관계, 사회적 지위 같은 타인의 노력에 편승하려고 한다. 그러나 이들은 스스로 일할 때보다 행복해지는 것이 아니라, 오히려 남에게 종속당하게 된다. 일찌감치 이 이치를 깨달아 스스로 일하는 생활을 선택해서, 세상에서 유일하고 자유로운 인간이 되는 자는 매우 드물다.

자신의 삶에서 쓸데없는 것을 모조리 멀리하기 시작하면—뭔가 의미 있는 것을 하려면 즉시 이것부터 실천해야 한다—그 뒤에는 오직 일로 메워야 하는 생활의 공백이 생긴다. 사람들 대부분은 이것을 본능적으로 느끼면서도, 일에 열정을 가지지 못하거나 갖고 싶지 않기 때문에, 첫걸음을 내딛는 것을 두려워하고, 다른 사람들과 같이 지금까지 걸어온 길에서 벗어나지 못한다.

⚜

아무리 사소한 것도 낭비해서는 안 된다. 시간과 노력은 물론, 헛되고 보람 없는 사랑을 위한 수고도, 활력과 시력(視力)과 금전과 그 밖의 물자도 낭비해서는 안 된다. 이것이 안락한 인생을 보내는 가장 좋은 길이다.

그것은 또 하느님의 뜻이기도 하다. 왜냐하면 하느님은 '질서의 하느님'이어서, 아무리 '천재적'이라도 무질서한 곳에는 머물지 않기 때문이다. 무질서 속에서 쾌적함을 느끼는 자는 하느님과의 관계가 확고하게 정립되어 있다고 할 수 없다. 이 이치는 어떤 사람이 쓴 글을 읽기보다 그의 책상 위를 보면 더 확실히 알 수 있다.

그렇다고 해서 단순히 외적 질서에만 매달리는 사람들이 하느님과 더 가깝다는 뜻은 아니다. 질서를 사랑하는 것은 그만큼 징애가 줄어든 것뿐이다. 만

---

*4 너는 마음을 다하고 성품을 다하고 힘을 다하여 네 하느님 여호와를 사랑하라.

약 그들이 질서를 사랑한 나머지 그것 때문에 남을 괴롭힌다면, 장애가 줄어들기는커녕 오히려 하나의 악마 대신 더 악랄한 악마에게 사로잡힌 것이다.

2월 9일

인생의 행복은 고난에 부딪히는 일이 적거나 고난이 전혀 없는 것이 아니라, 모든 고난과 싸워 빛나는 승리를 거두는 것에 있다.

힘은 약점을 극복하는 훈련에서 생긴다.

'당신이 뿌리 뽑은 모든 죄의 영혼이 힘으로 변하여 당신 내부에 들어온다.'*5

⚜

부모나 그 밖의 보호자가 자식이나 자신에게 맡겨진 어린이들에게 해야 할 당연한 의무, 즉 먹이고 입혀주고, 병에 걸렸을 때 간호하고, 교육을 시키고, 사소한 즐거움을 준 것 등에 감사할 것을 원한다면, 그것은 오히려 그들의 목적을 잃어버리게 한다. 어린이들은 그런 요구를 눈치 채면 마음속으로 몹시 불쾌하게 여긴다. 하물며 그것을 노골적인 말로 자주 표현한다면 더더욱 마음이 상한다. 그래서 어린이들은 은혜를 모르는 성격이 되기 쉬워지고, 보호자들은 나중에야 그것을 후회하지만, 그들이 아이들을 그렇게 길렀다는 것은 깨닫지 못한다.

2월 10일

'내 형제들아! 너희가 여러 가지 시험을 만나거든 온전히 기쁘게 여기라'*6 시련에 빠져 헤어나지 못하고 있을 때 사도의 이 가르침에 따르는 것은 무척 어려운 일이다. 야고보 사도도 가장 힘든 고난의 순간에 과연 무한한 기쁨을 항상 느낄 수 있었을지 의심스럽다. 사실은 그리스도조차 그렇게 하지 못했다. 마태복음 26장 37, 38절을 보라. 그러므로 늘 그럴 수 있는 사람은 이미 이 세상의 삶을 초월한 것이고, 오직 시험을 의미할 뿐인 시련은 그런 사람에게는 더 이상 필요하지 않게 된다.

---

*5 로버트슨.
*6 야고보서 1장 2절.

그러나 시련에 허덕이는 자는 대부분 위와 같은 말을 도저히 이해하지 못한다. 그들은 때때로 이 말을 자신의 고난을 비웃거나 야박하게 말하는 것으로 해석할 때도 있다. 반대로 그들에게 멍하니 생각에 잠겨 있거나 아픈 상처를 안고 고뇌 속에 가라앉지 말고, 오히려 "주여, 도와주소서"라는 소박하고 짧은 신음 같은 기도라도 좋으니, '내가 산을 향하여 눈을 들리라. 나의 도움이 어디서 올꼬'*7 하기를 기대하는 게 낫다. 그러면 많든 적든 도움이 되고, 그 결과 영혼이 깊이 생각할 수 있을 만큼 차분해지면, 지나간 시련을 되돌아볼 여유가 생겨서, 그것이 또 더욱 힘이 되어주게 마련이다. 그러면 실제 지금까지 대부분의 시련이 처음에 생각했던 것보다 훨씬 빨리, 게다가 기적적인 방법으로 다 해결되었음을 깨닫게 된다.

보헤미아 형제단 찬송가 374번, 히브리서 10장 32~39절 참고.

개인에게든 민족에게든 시련이 필요 이상으로 오래 이어지는 일은 절대로 없다. 어느 쪽이든 일정한 시기에 이르면 그 뒤에는 '녹임'(시련)*8이 무의미해지고, 따라서 시련도 끝이 나는 일이 있다. 그렇게 되면 남은 것은 오직 하느님의 심판뿐이다. 이제는 많은 사람들이 그 길을 나아가고 있다.

예레미야 2장 19·20·25절, 4장 22절, 6장 14·27~30절 참고.

산중턱에서
(요한계시록 3장 8절)

신이여, 당신께 감사하나이다.
무거운 빗장이 부서지고 문은 열렸으니!
'온유하게 신뢰하고' 있었으니
나는 마침내 바늘구멍을 지나갔나이다.

내 마음은 참된 의지를 관철하는 용기를 얻어
해방되고, 영혼은 깊은 숨을 들이쉰다.
시대를 심판하기 위해 오는 천둥번개가

---

*7 시편 121편 1절.
*8 예레미야 9장 7절 '보라, 내가 그들을 녹이고 연단하리라.'

멀리서 희미하게 울리는 소리가 들려온다.

✤

인생을 더 높은 목표를 향해 전진하는 다음 존재를 위한 학교로 생각하지 않는 한, 인생의 의의는 어떤 철학과 종교로도 확실하게 밝힐 수 없다. 즉, 우리는 그 학교 시절에 이 지상에서는 끝까지 자신의 몸에 따라다니는 동물적인 것에서 완전히 벗어나 자유로운 정신적 존재가 될 준비를 해야 한다. 실제로 인간의 가장 깊은 영혼도 이를 지향하고 있지만, 이에 저항하는 악의 힘은 모든 수단을 다해 인간의 완성을 방해하려 한다.

그런데 이 지상생활을 끝낼 때, 육체 없이 영적 생활을 계속할 수 있을 만큼 충분히 영화(靈化)되어 있지 않은 사람들이나, 영을 잃어버리고 단순한 물질로 전락한 사람들은 어떻게 되는지 우리는 모른다. 복음서조차 이에 대해서는 분명히 밝히고 있지 않다. 그러나 그것이 조금 엄격한 '보충학습과정'이 된다 할지라도, 그들이 언젠가 다시 한 번 이 학교를 다닐 수 있는 것이 바람직하다.

누가복음 21장 36절, 20장 35·36절 참고.

2월 11일

내적인 진보를 이루는 데는 두 가지가 필요하다. 바로 우리에게 말을 거는 목소리와 그것을 들을 수 있는 귀다.

우리의 정신과는 다른, 예지로 이끄는 영혼이 존재한다고 믿을 만한 근거가 없다고 하지만, 다음과 같은 경험은 그 존재를 뒷받침하는 것이 아닐까? 예를 들어 나의 경우 내적 진보에 도움이 된 책은 모두 '생각지도 않게' 내 앞에 나타났으며, 스스로 찾아서 구한 책에서는 아무 것도 배우지 못했다는 사실이다. 아마 그 책들에서 배울 만한 것이 아무 것도 없었던 것이 아니라, 그것을 받아들이는 데 적당한 시기가 아직 오지 않았기 때문일 것이다.

✤

인생의 목적과 목표는 정통신앙에 다다르는 것이 아니다. 이 점에서는 종교 개혁 시대에도 잘못되어 있었다. 인생의 목표는 선한 인간이 되는 것, 즉 가능한 한 실제로 하느님 가까이에 있는 일이다. 그리스도교가 그곳에 다다를 수 있는 가장 가깝고도 좋은 길이며, 그것만이 진정 신의 의지에 합당할 뿐 아니라 역사적으로 주어진 길이다.

철학적인 사람들과 내 경험에 의하면, 유니테리언 신자와 이른바 '개혁주의자'도 이러한 결론에 이르는 건 무척 어려운 일이다. 물론 신의 은총은 그 어떤 것일지라도 이룰 수 있는 것이 틀림없지만 말이다.

우리 인간의 사상체계는 신의 사업에 아무런 장애도 되지 못하며, 신의 영혼의 숨결로 단번에 없앨 수 있는 거미줄에 지나지 않는다.

2월 12일

반대의 예가 아무리 많다고 해도, 가진 것이 없어도 지상에서 행복과 기쁨을 얻을 수 있다는 것을 대부분의 사람들은 생각지도 못 한다.

가난한 사람들은 내내 그 비참함에 갇히고, 눈앞을 가리고 있는 슬픔의 구름에 차단되어, 하늘을 우러러보려 하지 않는다. 또 부자들은 진정 행복해지기 위해 반드시 통과해야 하는 바늘구멍을 지나가려 하지 않는다. 신앙을 꺼리는 사람들은 교회에 다니는 신앙인들의 바르지 못한 행동에 늘 얼굴을 찌푸리고 있다.

모든 사람들이 본디 있지도 않은 곳에서 행복과 기쁨을 구하고 있다. 그러나 이 세상의 모든 것을 헤쳐 나온 사람들은 최후에는 그래도 지상이 '눈물의 골짜기'[9]가 결코 아니라고 증언할 것이다.

세상에서 가장 가련한 것은 노년이 되어 인생의 반 또는 전부가 허무하게 지나가 버린 과거를 되돌아보며, '그 시간을 더욱 잘 보낼 수 있었는데' 하고 생각하는 것이다. 이것이 오늘날 교양 있는 사람들에게서도 볼 수 있는 운명이다. 그것이 당신의 운명이 되지 않도록 하라.

바나바, 즉 '위안의 아들'이라는 이름은[10] 모든 그리스도인들이 가져야 할 아름다운 이름이다. 그리스도인 옆에서는 언제라도 위안을 얻을 수 있어야 한다. 그러나 대부분의 신자들에게는 위안의 힘을 풍부하게 가지고 있다는 느낌이 없고, 또 모든 노력을 기울여 위안의 힘을 얻고, 만족할 수 있는 영역에 이르려고 노력한다는 느낌도 늘지 않는다. 이것이 바로 세상 사람들이 그리스도

---

[9] 시편 84편 6절.
[10] 사도행전 4장 36절.

인들을 비난하는 이유이며, 그 비난은 참으로 정당하다.

특히 뛰어난 사람이 죽었을 때는 애도하는 자가 그리 많지 않은 데 비해, 오히려 평범한 사람의 죽음은 사람들이 매우 슬퍼하는 경우가 있다. 그 이유는 평범한 사람을 대할 때는 늘 마음의 '평화'를 얻을 수 있었던 데 비해, 뛰어난 사람에게서는 그렇지 못했기 때문이다.

❧

초대 교회의 사도에게서 볼 수 있었던 모든 영적인 능력은 현대에도 분명히 존재하고 있다. 한때 우위를 차지했던 유물론적 시대 풍조 때문에 조금 후퇴했을 뿐이다.

그런 능력을 가진 사람들은 스스로 그것을 잘 알고 있고, 타인도 그들을 대하면 본능적으로 그것을 느낄 수 있다. 다만, 이러한 영적 능력은 쓸데없이 가지고 있을 것이 아니라 활용되어야 한다. 교회의 개혁도 그런 능력을 바탕으로 이루어질 수 있으며, 교회 회의와 성직자 회의, 또는 조합과 소수의 모임으로 이루어지는 것이 아니다. 사람들의 내부에 이러한 영적 능력이 존재하지 않는다면, 어떠한 노력도 허사가 된다.

이 능력 가운데 가장 높은 것은—만약 그 사이에 차별을 둔다고 하면—신에게 들릴 수 있는 기도 능력이다. 왜냐하면 기도의 능력에는 그 밖의 힘, 이를테면 질병의 치료, 죄의 용서, 미래의 예지에 대한 힘도 포함되기 때문이다. 실제로 그런 능력들도 오직 신으로부터, 그리고 기도에 의해서만 내려지는 것으로 인간의 일시적인 힘에 의한 것이 아니다. 이와 다른 의견을 가진 사람, 또는 그런 능력이 없어도 위대한 일을 할 수 있다고 믿는 사람은 아주 잘못 생각하고 있다. 또, 이 세상의 보물을 이 영적 능력과 같은 자리에 두거나 그보다 뛰어나다고 생각하는 것도 마찬가지로 잘못이다. 그런 사람은 결코 그 선물을 받는 일이 없고, 또 오래 유지할 수도 없다.

누가복음 16장 11~15절, 11장 36절, 10장 6·19절, 17장 6절, 요한복음 11장 41·42절 참고.

2월 13일

무슨 일이든 하느님의 뜻이라 믿고, 더 이상 번민하는 일 없이 오직 열려 있는 문을 통해 나아간다면, 그 사람의 삶은 이미 행복해지기 시작한 것이나 다름없다. 그때까지는 크나큰 고난만 있고, 그 사이사이에 이따금 평온한 시간이 있다 해도, 대부분 자기기만과 결부되어 있다.

'하느님 곁에 있는 것', 즉 인간의 영혼에 하느님의 영혼이 '들어오는' 것, 이것이 바로 영혼의 진정한 행복이다. 하느님의 영혼이 들어오는 것을 이 세상 어떤 보물보다 중히 여긴다면, 아무리 불완전한 영혼이라도 일어날 수 있지만, 그런 마음자세가 되어 있지 않으면 고결한 영혼일지라도 그런 일은 일어날 수 없다. 전자는 이로 인해 서서히, 그리고 확실히 정화되지만 후자는 조금도 진보하지 않는다.

우리도 이와 마찬가지여서 설사 뛰어난 재능을 가졌어도 우리에게 무관심한 친구보다 불완전하지만 우리에게 성실한 마음을 주는 친구를 훨씬 더 사랑한다. 그런 친구를 위해서라면 뭐든지 기꺼이 해주고 싶지만, 앞의 친구에게는 그런 마음이 들지 않는다.

❖

기쁜 마음으로 무거운 짐을 지는 것, 이것이 가장 좋은 삶의 '기술'이다. 그것이 가능한 사람이야말로 진정으로 '처세의 달인'이다. 그러나 누구든 내일의 일을 번민하고 있어서는 이 기술을 발휘할 수 없다. 오직 하느님에 대한 신뢰와 날마다 끊임없이 새로 태어나는 신앙에 의해서만 가능하다.

마태복음 6장 31~34절,[11] 누가복음 21장 28~36절 참고.

2월 14일

언제나 진실만 말하는 것은 진심으로 그렇게 마음먹었을 때도 결코 쉬운 일이 아니다. 거짓말은 우리 생활에 깊숙이 관련되어 있기 때문에, 대부분은 거짓말을 해봤자 아무런 목적과 효과가 없는 혼잣말과 기도 속에서도 남몰래

---

[11] 그러므로 염려하여 이르기를 무엇을 먹을까? 무엇을 마실까? 무엇을 입을까? 하지 말라. 이는 다 이방인늘이 十하는 것이니라. 니희 친부(天父)께서 이 모든 것이 너희에게 있어야 할 줄을 아시느니라. 너희는 먼저 그의 나라와 그의 의를 구하라! 그리하면 이 모든 것을 너희에게 더하시리라. 그러므로 내일 일을 위하여 염려하지 말라. 내일 일은 내일 염려할 것이요, 한 날 괴로움은 그날에 족하니라.

거짓말을 하기 쉽다.

그런데 인간은 타인의 거짓말은 쉽게 눈치 채는 법이어서, 그 거짓말이 자신에게 아부하는 것이거나 이로울 때만 믿는다.

그 교양 있는 로마인*[12]의 회의적인 외침은*[13] 현대 교양인의 생각과 같다. 현대의 교양인은 역사 이래 지금까지 과학과 철학이 확실하고 완전한 진리를 전한 적이 없다는 것을 잘 알고 있다. 그러므로 단지 그때그때 개개의 진리를 찾는 것이 아니라 진리 그 자체를 얻고 싶은 사람은 바로 그 자체로 진리의 증거가 되며, 그것이 세상에서의 역사적이고 유일한 사명이었던 분을 따르는 것 말고는 선택할 길이 없다.

요한복음 18장 37절, 17장 8·17절, 16장 13절, 14장 6절, 11장 25·26절, 8장 51절, 7장 46절, 마태복음 7장 29절을 참고하라.

그 증거가 사람들을 진정 만족시킬 수 있는 진리인지 아닌지 직접 시험해 볼 수도 있다. 그러면 실제적인 체험을 통해 그 증거가 진리라는 것을 확실하게 증명할 것이다.

요한복음 9장 25절, 8장 12절, 7장 16·17·38절, 6장 68절, 4장 14절을 보라.

그러나 그것을 한 번도 진지하게 시험한 적이 없고, 또 시험하려 하지도 않은 자에게는 그것을 부정할 권리가 없다. 자신이 알지도 못하는 것을 주장하기 때문이다.

⚜

신앙심이 깊은 사람들은 용기 있는 사람이다. 그들은 하느님으로부터 수많은 원조의 약속을 받고 있다. 다른 사람들이 모두 괴로워하고 있을 때도 신앙인이 여전히 마음의 평안을 유지하고 있다면, 그것이야말로 그리스도교의 가장 효과적인 설교가 될 것이다. 그런데 유감이지만, 그리스도인들은 마음이 약하고 무기력하여, 사도 바울이 말한 것처럼 질그릇*[14]에 들어가는 일이 너무 많다. 그런 자들은 사람의 마음을 끌어당기는 매력이 거의 없다. 그러한 그리스도인은 더욱 경험을 쌓고 남에 대한 동정심을 기르기 위해, 반드시 고난을

---

*12 로마의 총독 빌라도.
*13 요한복음 18장 38절.
*14 고린도후서 4장 7절.

겨지 않으면 안 된다. 고난을 받을 때 그들이 끊임없이 가련한 비명을 지른다면, 하느님은 결국 그들의 임무를 풀어주게 되는데, 이는 그들에게 일어날 수 있는 최악의 사태이다.

2월 15일

보이지 않는 세계를 '믿음'으로 나아가느냐, 아니면 일상의 세계를 '봄'으로써 나아가느냐에 따라*15 인생은 매우 다른 모습으로 나타난다. 우리는 같은 외적 상황에서 절망할 수도 있는가 하면, 참으로 평온할 뿐만 아니라 행복할 수도 있다.

신앙으로 나아가는 경우, 거기에 약간의 '상상(想像)'이 끼어드는 일도 있을 수 있다. 그러나 눈에 보이는 사물은 정말 우리 눈에 보이는 모습 그대로일까? '현실' 세계에 있어서도 우리는 어쩌면 완전한 수수께끼와 가정(假定) 앞에 서 있는 건지도 모른다.

❧

일반적으로 알려져 있는 것보다 훨씬 많은 질병이 신경성, 즉 신경의 전반적인 건강상태에 따라 좌우된다. 따라서 신경을 회복하는 방법, 특히 수면과 맑은 공기, 운동, 좋은 영양, 마음의 안정으로 치료될 수 있다.

2월 16일

하느님에 대한 믿음을 갖지 않고 오직 자신의 불확실한 힘과 다른 사람들의 믿을 수 없는 도움에 의지하거나, 세상에서 인생의 즐거움이라 일컫는 것만 진정한 즐거움으로 알고, 그 결과 생활이 반은 공포로, 반은 기분풀이와 자기기만으로 이루어지고 있는 사람은, 아무리 부유하더라도 늙어서 병들기 시작했을 때 도대체 어떻게 살아갈지 이해할 수가 없다.

나라면, 완전히 신을 믿지 않기보다는 적어도 우상이라도 우러러보고 싶을 것이다.

현대의 한 개혁파 유대교인이 계율파 유대교인에게 '유대교의 수많은 계율

---

*15 고린도후서 5장 7절.

은 무거운 짐이 아니냐, 그것을 어느 정도 무시할 수 있지 않느냐'고 물었더니 그는 다음과 같이 대답했다. "계율은 분명히 무거운 짐이기는 하지만, 그것은 전장에 나간 병사가 총과 무거운 탄약통을 들고 있는 것과 같은 것이며, 무슨 일이 있어도 놓치고 싶지 않은 것이다."

하느님의 명령은 물론 무거운 짐이다—특히 자기 마음대로 살고 싶은 자에게는—그러나 그 무거운 짐에는 영혼과 육체에 대한 축복이 결부되어 있고, 그 축복은 다른 것으로는 얻을 수 없으며, 다른 방법으로 붙잡을 수 있는 것도 아니다.

신명기 28~30장, 레위기 18장 2~5절, 느헤미야 9장 29~31절, 에스겔 20장 11절을 참고하라.

여기에 대해서는 특히 미래의 의학이 다시 가르쳐줄 것이다.

어쨌든 어느 누구도, 아무리 최고의 지위에 있는 자라도, 모든 제한과 명령에서 해방되어 자기 하고 싶은 대로 살 수는 없다. 하느님의 말씀에 따르지 않는 자는 그 만큼 인간의 노예가 된다. 요컨대, 진정 살아 있는 신앙에는 언제나 수많은 기쁨이 주어지므로 하느님의 명령은 가볍지만, 인간의 명령에는 기쁨이 없기 때문에 무거운 것이다.

누구든지 성실한 마음으로 실천해 보면, 이 말이 옳다는 것을 직접 확인할 수 있다. 요한1서 5장 3절, 마태복음 11장 30절 참고.

❧

늘 우리의 사상이 활발하게 작용하고, 생활의 온갖 잡다한 일에서 벗어나 세상에서 가장 불쾌한 따분함을 제거해 주는, 비교적 큰일에 몰두하는 것은 행복한 삶을 사는 데 없어서는 안 되는 조건이다.

그러므로 당신은 반드시 그런 일을 갖지 않으면 안 된다. 만약 지금 그런 일을 갖고 있지 않다면, 어서 찾도록 하라.

2월 17일
남에게 당한 부당한 일을 언제까지나 생각하는 것은 무익할 뿐만 아니라 유해하다. 그런 생각은 서둘러 떨쳐버리고, 의기소침하지 않는 것이 좋다.

정말 정직한 사람이라면, 대개 자신이 과대평가되고 있고, 또 마땅히 받아야 할 고통을 받고 있지 않다는 것을 남몰래 시인할 것이 틀림없다.

⚜

상당한 기간이 지난 뒤 전에 쓴 글, 특히 제대로 쓰려고 노력하며 쓴 글을 다시 한 번 읽어보면, 자신의 내적 진보를 뚜렷하게 느낄 수 있다. 일기는 그런 역할을 하지 못한다. 날마다 규칙적으로 가치 있는 사상이 마음에 떠오를 리도 없고, 자신이 과연 진보했는지, 또 얼마나 진보했는지 끊임없이 살펴보는 것은 흙에 뿌린 씨앗이 싹이 났는지 날마다 흙을 파헤쳐보는 어린아이의 행동과 같다.

하루도 빠뜨리지 않고 일기를 쓰는 사람은 대개 좀 의심스러운 데가 있는 사람이다. 그런 사람은 하느님의 인도를 충분히 신뢰하고 있지 않거나 거의 따르지 않고 있다.

2월 18일

하느님의 '친밀한 사랑'이야말로 우리에게 진정으로 존경심을 불러일으켜 믿고 복종하게 한다.

하느님의 '분노'는 그렇지 않다. 조금이라도 반항적인 데가 있는 사람이라면, 그 분노에 대해 곧 반발하여 다음과 같이 항의할 것이다. "그렇다면 도대체 왜 당신은 우리를 이렇게 만들고, 이런 곤경에 처하게 하셨습니까?"

또 '아버지의 사랑'도 그런 순종의 마음을 불러일으키지는 않는다. 아버지의 사랑에 대해 우리는 어린시절부터 늘 좋은 추억만 가지고 있는 것은 아니다. 구약성서에서 말한 '신랑의 사랑' 또한 마찬가지여서, 우리로서는 이해하기 힘든 관념이다. 그 말들은 모두 그 자체로 표현할 수 없는 것에 대한 불완전한 비유에 지나지 않는다.

그러나 위대한 그리스도의 친절과 자비로 가득 찬 크고 넓은 마음, 조금도 꾸밈이 없는 진실한 태도, 또 모든 것을 내다보며 아무리 작은 선도 인정하고, 언제나 그것을 도울 준비가 되어 있는 태도야말로 우리가 신에게 진정으로 원하고 있는 것이며, 또 언제나 주어지는 것이다.

✤

당신이 하느님의 인도를 받고 있지 않다면, 철학사적(哲學史的) 지식을 팔기 위해서라는 목적 외에 무엇 때문에 온갖 철학체계를 연구하는가? 지식으로 인해 고작해야 또다시 길을 잃고 의혹에 빠질지도 모른다. 인생에서 중요한 것은 '진리의 영*16'을 가지는 것이다. 그러면 그 영이 어떤 과오도 범하지 않도록 당신을 지켜주고, 시대정신의 유혹과 여론의 영향에서 당신을 안전하게 보호해줄 것이다.

요한복음 13장 17절, 20장 22절, 18장 37절, 17장 17절 참고.

2월 19일

지금까지 생활에서 나는 마음이 내키지 않았으나 외부의 강한 요구를 받아서 행했던 것은 거의 좋은 결과를 얻었지만, 내 뜻에 따라 착수하고 내가 바람직하다고 여겨서 행한 것은 좋은 결과를 낳은 적이 한 번도 없었다.

✤

남을 설득하려면 먼저 그들에게 물질적 '이익'을 보여주거나—이것은 좋지 않은 방법이다—그들의 마음을 끌어당기지 않으면 안 된다. 그렇게 할 수 있는 가장 좋은 방법은 하느님의 귀에 닿는 기도이다. 왜냐하면 하느님은 어떤 사람의 마음도 그때그때 다르게 바꿀 수 있기 때문이다. 그리고 이 마음의 변화는 불가사의할 만큼 갑자기, 또 결정적으로 찾아온다. 누군가를 위해 끊임없이 간절한 기도를 올리지도 않으면서, 그 사람에게 실망해서는 안 된다.

2월 20일

대부분의 사람들, 특히 여성들은 천직(天職)을 잃어버리고 있다. 오늘날과 같은 상황에서는 여성들이 활동할 여지가 없기 때문에 어느 정도 불가피한 일이기도 하다. 이 경우, 그 천직을 대신하는 대용물, 이를테면 어떤 종류의 향락과 예술과 예술가에 대한 지나친 열광, 사교생활, 그 밖에 현대적인 교양 등등도 이 결점을 보완하는 데는 도움이 되지 못한다.

---

*16 요한복음 14장 16·17절.

그러한 때 사람의 영혼을 채워주는 것은 진실하고 실익(實益)이 있는 신앙심 뿐이다. 여성들의 삶이 분열로 끝나지 않기를 원한다면, 신앙에 귀의하지 않으면 안 된다.

❦

'너희 유화(柔和)를 모든 사람이 알게 하라.'[17] 이것은 수많은 시련을 거쳐 정화되고 최후에 높은 경지에 다다른 사도 바울이 제자들에게 했던 말이다. 우리는 사람들에게 친절을 베풀 수 있는 아무리 작은 기회도 놓치지 않겠다고, 생애에 한 번은 결심해야 한다. 친절과 금전을 동일시하는 것에 너무나 익숙해져 있지만, 그 친절이 설사 단 한 번의 부드러운 말과 눈길이라 해도 무방하다.

친절은 결코 마음에 분노를 일으키지 않겠다는 결의와는 다른 것이다. 이런 결의는 무익하다. 그렇게 되려면, 인간의 분노하기 쉬운 천성이 근본부터 완전히 변화하지 않으면 안 된다. 그러나 이것은 오직 신의 은총으로만 사람의 마음속에서 성취할 수 있는 일이다. 또 분노의 일종, 즉 악에 대한 혐오와 엄격한 거부—예를 들어 성전에서의 상인과 하느님의 집을 더럽히는 자에 대한 예수의 태도를 보라[18]—같은 분노는 한순간도 잃어서는 안 된다. 오직 선한 결의와 선한 생활법칙을 지키기만 하면, 언젠가 당신도 그런 경지에 다다를 수 있을 거라고 믿어서는 안 된다.

2월 21일

'인간적인' 일에서 우리가 가장 마음의 위로를 받는 것은 사람들을 깊이 알면 알수록 그들이 대개 평판보다 좋은 사람이라는 것이다.

❦

에머슨의 그리스도교는 일반적으로 유니테리언주의(유일신론) 대표자에게서 그렇듯, 나에게는 너무나 열정이 적고 지나치게 범신론에 가까운 것처럼 여겨

---

*17 빌립보서 4장 5절. 독일어역 성서에서는 국역성서처럼 '관용'이 아니라 '유화(柔和)'로 번역되어 있다. 그래서 힐티는 다시 그것을 '친절'로 바꿔 말한 것 같다.

*18 마태복음 21장 12·13절.

진다.

'콩코드의 현자(賢者)'라고 불린 에머슨 같은 '현자'가 되는 것은 모든 사람의 이상은 아니며, 실천적인 사람의 이상도 아니다. 그러나 우리도 그 옛날 스피노자가 가지고 있었던 그 고요하고도 고독을 사랑하는 인생의 지혜를 이해하고, 또 존중해야 한다. 강렬한 개성을 가지고 있고, 외면적인 명예심 따위는 거의 없는 사람 치고, 생애에서 이따금 그러한 독자적인 경지에 마음이 끌리지 않았던 사람은 아마 거의 없으리라. 이 경우, 그 사람이 하느님의 은총으로 인해 그것마저 극복할 수 있었다면, 그는 하느님에게 감사해야 할 것이다. 마태복음 23장 8절[19] 참고.

이를테면 괴테가 독일에 대한 나폴레옹의 폭력적 지배에 대해 보여준 악의 현현이라는 철학적 평정함보다 선에 대한 열정이 분명 뛰어나다. 마찬가지로 인간에 대한 사랑도 그것이 때로 피를 너무 뜨겁게 들끓게 하는 경우에도, 오로지 자신의―외적이거나 내적인―행복에만 관심이 있어서 일하는 편협한 인생관보다는 하느님 가까이 갈 수 있게 한다. 위에서 말한 사상과 태도는 모두 질적인 차이는 있어도 이기주의의 여러 가지 형식에 지나지 않는다. 모두 내세의 삶에서는 존속할 수 없는 것이다.

2월 22일
어떤 고통이든, 거기에 죄악이 조금도 들어 있지 않으면 반드시 이겨낼 수 있다.

❧

사랑 앞에서 사람은 마음을 열어두기만 하면 된다. 사랑은 하느님의 영혼으로서 이 세상에 가득 차 있다. 그런데 우리는 사랑에 대해 마음을 닫는 힘도 가지고 있고, 오랜 세월의 습관과 유전적 소질로 인해 정도의 차이는 있어도 끊임없이 사랑을 거부하고 있다.

사랑을 배우고 연습하려고 노력할 필요는 없다. 그저 잘못된 철학과 편협한 향락욕 때문에 사랑에 대해 마음을 닫지만 않으면 된다. 사랑은 어떤 순간에

---

[19] 그러나 너희는 랍비라 칭함을 받지 말라. 너희 선생은 하나요, 너희는 다 형제니라.

도 우리의 마음을 채우고, 다른 모든 것을 거기서 쫓아내려고 준비하고 있다. 그것이 실현되면, 세상의 고통과 불안은 사라지고, 생명의 기쁨이 솟아난다.

2월 23일

오늘날 순수 유물론을 믿지 않는 교양인들 사이에 널리 퍼져 있는 불가지론(不可知論)은 결국 괴테의 인생관이었고, 그를 숭배하는 사람들의 인생관이기도 한데, 이 불가지론에 대해 칼라일의 전기에 매우 신랄한 말이 적혀 있다. '불가지론은 맛있는 빵을 구울 수 있는 참으로 깨끗한 밀가루처럼 보이지만, 제대로 들여다보면 유리 가루에 지나지 않는다.'

이것이 진실이다. 사람은 불가지론으로는 살 수 없다. 그것은 그저 보기에 아름답고 자신을 속이기에 좋을 뿐이다. 그러나 칼라일 자신도 이 사상을 완전히 극복하지는 못했다. 그는 단지 딱딱하고 차가운 스코틀랜드 칼뱅파의 형태로밖에 그리스도교를 알지 못했고, 따라서 그것에 만족할 수 없었기 때문이다. 요한계시록 21장 5~8절 참고.

'희망과 사랑이 지향하는 것은 결코 성취될 수 없는 완전성이다. 그럼에도 여전히 굳게 그것을 계속 끌어안고 있으면 삶의 소금이 되고 지팡이가 되리라.'

✤

사람은 인생의 모든 즐거움에 대해 하느님에게 감사해야 하며, 또 감사할 수 있어야 한다. 이것이 진정한 즐거움과 그저 '삶의 즐거움을 누리는' 것을 구별하는 가장 좋은 시금석이다.

2월 24일

인간들의 우정과 사랑은 그저 고상한 즐거움으로 끝나서는 안 된다. 오히려 서로의 내적 진보를 늘 염두에 두는 것이 중요하다.

급속한 내적 진보는 격렬한 영혼의 진동에 의해서만 일어난다. 그러므로 내적 진보를 원한다면, 영혼의 신통을 너무 두려워해서는 안 된다.

그리스도교 신앙은 우선 그리스도의 다음 세 가지 말, 즉 요한복음 17장 3절,[20] 14장 21~23절,[21] 15장 7절[22]로 요약할 수 있다. 이것 말고는 모두 신학이며, 그것은 영혼의 진보에는 필요하지 않을 뿐만 아니라 수많은 논쟁을 불러일으키고 있고 앞으로도 계속 그럴 것이다.

2월 25일

위를 우러르는 마음이 담긴 사랑의 눈길은 그것을 받아들이는 하느님 편에서는 확실히 가장 아름다운 형식의 기도보다 더 큰 가치가 있다. 우리 또한 어린아이와 더 작은 동물의 그러한 말없는 눈길을 어떤 미사여구보다 사랑한다.

✤

지금 신앙이 약해졌거나 실천하는 데 지쳤고, 또 그 허망함을 느끼고 있다면, 이사야 54~55장, 고린도후서 4장의 첫 부분이 큰 위안을 줄 것이다.

때로 흔들리고 지치는 것은 신앙이 깊고 뛰어난 사람들에게도 흔히 일어나는 일이다. 그러나 그것은 곧 지나가고, 이사야 57장에 나와 있듯 큰 재앙의 시대가 닥쳐올 때는—독일에서는 그것이 이미 일어날 우려가 있다—의로운 사람은 미리 부름을 받아 안전한 곳으로 옮겨지는 경우도 있다. 이건 기대해도 되는 일이다. 당신을 중상하는 사람은 조금도 두려워할 필요가 없다. 그들은 당신에게 아무런 해도 가할 수 없다. 당신이 꿋꿋하게 올바른 길을 고수하려 하는 한, 그들이 하는 일은 한때의 불쾌한 일에 지나지 않는다. 이사야 54장 4~17절, 53장 10~12절을 보라. 이것은 모두 이사야 예언자의 풍부한 경험을 토대로 한 말이다. 그러므로 힘이 있다.

---

[20] 영생은 곧 유일하신 참 하느님과 그의 보내신 자 예수 그리스도를 아는 것이니이다.

[21] '나의 계명을 가지고 지키는 자라야 나를 사랑하는 자니, 나를 사랑하는 자는 내 아버지께 사랑을 받을 것이요, 나도 그를 사랑하여 그에게 나를 나타내리라.' 가룟인 아닌 유다가 가로되 '주여, 어찌하여 자기를 우리에게는 나타내시고 세상에게는 아니하려 하시나이까?' 예수께서 대답하여 가라사대, '사람이 나를 사랑하면 내 말을 지키리니, 내 아버지께서 저를 사랑하실 것이요, 우리가 저에게 와서 거처를 저와 함께 하리라.'

[22] 너희가 내 안에 거하고 내 말이 너희 안에 거하면, 무엇이든지 원하는 대로 구하라. 그리하면 이루리라.

2월 26일

인간의 성질 가운데 가장 좋은 것은 성실이다. 다른 어떤 성질이 부족해도 성실로 메울 수 있지만, 성실이 없을 때는 다른 것으로 메울 수가 없다.

그런데 유감스럽게도 성실함은 인간에게는 드물고, 오히려 동물에게 가끔 볼 수 있다. 이 점에서 본다면, 인간은 실은 동물보다 뛰어난 존재가 아니다. 만약 다른 점보다 이 점에서 인간이 더 뛰어나다면, 생물의 단계적 진화설을 나도 인정할 수 있을 것이다.

또 감사할 줄 안다는 점에서도 일반적으로 인간은 다른 고등동물보다 오히려 뒤떨어진다. 그러므로 타인의 감사를 기대하지 않는 것이 좋다. 그러나 당신은 언제나 예외가 될 수 있도록 노력하라. 배은망덕의 가장 흔한 형태는 상대방을 방문하거나 그 밖의 방법으로 상대의 은혜를 '표창'함으로써 감사의 의무는 끝났다고 생각하는 것이다. 군주국에서 훈장을 수여하는 것을 예로 든다면, 그것으로 감사를 주고받는 관계가 거꾸로 뒤바뀌기도 한다. 우리는 이런 싸구려 변제는 가능한 한 거절하고, 채권자인 상태 그대로 있어야 한다.

❧

늘 조용한 마음으로 하느님을 신뢰하고 자신의 의무를 다하겠다고 결심하면, 우리는 수많은 마음의 고통과 근심에서 벗어날 수 있다. 그리고 언제든지 어려움을 극복할 수 있다. 뿐만 아니라 지나치게 소심하게 살지 않으면, 처음 생각했던 것보다 훨씬 쉽고 훌륭하게 이겨낼 수 있는 일도 드물지 않다.

2월 27일

어떤 일이 완전히 극복되지 않았다는 것은 우리가 아직 그것에 대해 생각하거나 얘기하고 싶어하지 않는 것에서도 알 수 있다. 그런데 그것을 극복하고 나면, 처음에는 미움도 분노도 동반되지 않은 일종의 무관심이 생기고, 마지막에는 승리했다는 기분 좋은 감정까지 느끼게 된다.

당신도 한번 이것을 경험해보라. 틀림없이 당신의 고난은 하나같이 그렇게 끝나게 될 것이다.

'하느님이 우리를 세우심은 노하심에 이르게 하심이 아니요, 오직 우리 주 예수 그리스도로 말미암아 구원을 얻게 하신 것이라.'[23]

이것은 사도 바울이 세웠던 데살로니가 교회에 보낸 초기 편지 가운데 하나에 나오는 말이다. 이 말은 그 앞에 있는 다른 말(5절)과 이어져 있는데, 여기서 바울은 빛의 아들과 어둠의 아들을 구별하고 있다. 처음에 쓴 9절의 말은 빛의 아들에게만 적용된다. 이에 반해 그 밖의 어둠의 아들 중에는 무슨 일, 또는 어떤 사람에게 끊임없이 분노를 품고 살고 있는 자가 얼마나 많은지 모른다. 그러면서도 그들 대부분은 이 세상의 행복을 그리스도가 아닌 뭔가 다른 것을 통해 얻고자 애쓰고 있었다. 이 양쪽의 엄격한 경계선을 놓쳐서는 안 된다. 당신은 그 양쪽을 동시에 가질 수는 없다. 반드시 어느 한쪽을 선택해야 한다. 그리고 선택한 이상 불평하지 않아야 한다.

오늘날 세상에 마음을 두는 사람들은 모두 불평만 할 뿐 자신의 운명에 만족하는 사람은 아무도 없다. 그것은 대다수 그리스도인도 마찬가지다. 그들도 분노와 어둠의 찌꺼기를 내부에 품고 있거나 그리스도가 원하지 않는 것, 또는 그리스도를 통해서는 얻을 수 없는 것을 원할 뿐 아니라, 때로 그 모든 것을 다 원하기 때문이다. 보헤미아 형제단 찬송가 176번, 259번·282번 참고.

2월 28일

'내적 싸움'이라고 하는 것은 인간이 자신의 고집과는 대립되는 하느님의 의지를 분명히 알면서도 계속 거역하고자 하는 싸움이다. 그때 우리는 하느님의 의지를 꺾어 자신의 계획에 동의하게 하려 한다. 민수기 22장, 31장 8·16절 참고.

분출

마침내 이룩했다. 이 세상 떠나는 것을!
이 세상의 잔은 산산조각으로 부서졌다.

---

[23] 데살로니가전서 5장 9절.

물가를 떠난 조각배 안에서
먼 기슭이 희미한 어둠 속에 보인다.

길도 없는 망망대해에 위태롭게 에워싸여
이제부터 오직 희망만이 재산이다.
내 자리는 당신들이 차지하라
당신들에게는 이 세상이, 나에게는 천국의 문이 열려라.

불안할 때마다 깊이 생각하고
오랫동안 기도해 온 것을 결국 감행했다.
나의 순례의 발길이 영원한 조국을 찾을 때까지
다시는 육지를 밟지 않으리.

이제부터 월계수 가지는 나를 위해 꽃 피우지 않고
떡갈나무관이 내 이마를 장식하는 일은 없으리라.
이 세상의 지나가는 노력은 모두 허망하니
내가 원하는 건 오직 영원한 관뿐.

이 아득히 높은 목표는 꿈이 아닐까.
저 길게 뻗은 안개는 혹 기슭일까.
만약 그렇다 해도 내가 고상한 놀이를 하고 있는 건 아닐까.
이 거친 바다 속에서 길을 찾을 수 있을까.

어두운 여로 끝에 성스러운 도시를 발견할 수 있을까.
아무리 괴로운 고난의 길이라도 나는 나아가리라.
잘 있거라! 나를 낳아준 육지여
고통은 짧고 기쁨은 영원하다.

❧

우리는 마음속에 일어나는 선한 충동, 예를 들어 물건을 정리하고자 하는 사소한 충동도 그 자리에서 즉시 실천하고, 뒤로 미루거나 변경할 수 없도록 해야 한다. 또 마음속에 떠오르는 나쁜 충동에 대해서는 곧바로 저항하지 않으면 안 된다. 그렇게 하지 않으면, 선한 일에 대한 충동은 갈수록 약해지고 드물어지며, 나쁜 일에 대한 충동은 더욱 강해지고 자주 찾아온다. 선을 향해 나아가는 것도, 악에 빠져드는 것도, 흔히 우리가 생각하는 것과는 달리 작은 일과 행위들이 모여서 되는 것이다. 만약 이 두 가지 충동 가운데 어느 한쪽이 어떤 사람의 습관이 되어버린다면, 그 습관에 의해 그의 생애는 결정적인 승리를 거두든지, 아니면 패배로 끝나버리든지 둘 가운데 하나이다. 보헤미아 형제단 찬송가 698번 참고.

2월 29일(윤년)

1, 2분의 아주 짧은 시간도 뭔가 선한 일과 유익한 일에 사용할 수 있다. 또 가장 큰 결심과 행위도 극히 짧은 시간이면 충분할 때가 적지 않다. 그러므로 시간이 부족하다는 구실만으로 선한 일을 뒤로 미뤄서는 안 된다. 똑같은 기회는 두 번 다시 찾아오지 않는 법이다.

그러나 아직도 뭔가 확실하지 않은 데가 있고, 또 급하지 않을 때는 뒤로 미루는 것이 좋다. 그러면 그 일에 대해 더 이상 깊이 생각하지 않아도 저절로 확신을 갖게 되고, 실행할 용기가 솟아나는 경우가 흔히 있다. 그것은 인간의 정신이 무의식중에도 작용하기 때문이다. 그러나 행동할 때는 반드시 옳은 행동을 하고 있다는 확신을 가지지 않으면 안 된다.

3월

3월 1일

이기주의는 종교와 일치할 수 없다. 따라서 모든 것을 정당하고도 평화롭게 소유하고 싶다면, 일단 재산, 명예, 좋은 평판, 건강, 일할 수 있는 힘, 가족, 생활의 기쁨 등을 버린 뒤—적어도 마음속으로, 때로는 실제로도—새롭게 하느님에게서 돌려받아야 한다. 생명도 마찬가지이다. 그렇게 하지 않으면, 그 모든 재화와 보물이 파멸의 원인이 될지도 모른다. 이것이 이른바 '시련'의 의미이다. 시련은 우리가 스스로 비우고 버리는 일을 할 것인가, 또 그것을 할 수 있는가를 시험하는 테스트이다. 창세기 22장 참고.

시련을 겪은 뒤에 이러한 단호하고 선한 의지가 생기지 않는다면, 그 시련은 역할을 완전히 이룬 것이 아니며, 또 하느님이 우리에게 은혜를 베푸실 거라면 거기서 시련이 끝날 리도 없다. 그러나 인간이 이를 견디지 못하고 불평을 계속 호소하면, 신은 그 시련을 일찌감치 중단한다. 그런데 거기서 끝나는 게 아니라 그가 제멋대로 살도록 내버려 둔다면 그것은 대단히 나쁜 징후이다. 그런 사람들은 신으로부터 버림을 받고, 확실한 파멸의 길로 나아가게 된다. 그런데도 사람들은 그런 자들을 이 세상의 행운아로 생각하고, 때로는 그런 상황에 있는 사람 자신도 그렇게 착각한다. 하지만 눈을 떴을 때는 이미 늦은 뒤이다.

3월의 눈

겨울은 지나갔건만
봄은 아직 오지 않았네.
생명과 빛과 대기를 동경하는
내 마음은 타는 것만 같구나.

깊은 중압감 속에
내 마음은 더욱 웅크리고
불안과 근심과
무거운 노동의 멍에가 나를 괴롭히네.

대지는 옛날부터의 비통한 외침으로
나를 짓누르고 있는데
봄의 기쁜 노랫소리가 들려올 때마다
또다시 새롭게 눈이 내린다.

그러나 눈 밑에는 벌써
푸른 싹이 몸을 도사리고 있는 것이 보인다.
주여, 당신의 숨은 뜻은
드러나지 않으면 안됩니다.

❧

다시 한 번 내려가라
(요한계시록 3장 1절)

높은 봉우리를 넘어 깊은 계곡으로 내려가라
너는 다시 한 번 하산을 결행해야 하느니
편력(遍歷)을 위해 네 마음을 다시 단련하라.
아직 안식의 관을 쓰기에는 너무 이르나니.

너는 아직 용기가 부족하고 지혜 또한 밝지 않아
주께서는 너의 수련을 중단할 수 없도다.
행위에 따라서는 주어지지 않는 것을
고통 속에서 기꺼이 붙잡으려 노력하라.

＊

인간이 위대한 것은 그 사람이 선의 완전한 도구, 더 정확하게 말하면 그를 통해 말하고 행동하는 하느님의 영혼을 지닌 도구라는 점에 있다.

이것을 자각하면 할수록 그는 더욱 확고하게 자신의 길을 나아가고, 더 많은 것을 이룩할 것이다. 설사 세상 사람들이 전혀 이해하지 못하거나 부분적으로, 게다가 느리게 이해한다 해도 말이다. 세상의 이해 같은 건 중요한 것이 아니다. 위대한 일을 한 사람들도 대부분 죽은 뒤에야 세상의 이해를 받는 경우가 많았다. 생존시에는 그들의 자연적 인간의 성질이 그 내부에 살고 있는 영적 인간의 작용을 방해하는 일이 많기 때문이다.

이사야 42장 1~19절에서 말한 완전한 '하느님의 종'은 아주 드물고, 결국 그리스도밖에 존재하지 않았다. 안수례＊1나 성직서임식으로 그런 성격이 주어진다는 것은 애초에 진지하게 논할 성질의 것이 못 된다.

요한복음 14장 6절,＊2 10절,＊3 12·15·17절 참고.

3월 2일

꿈은 그 사람의 삶을 이루는 주된 것이 무엇인지 보여주는 특징이다. 그러므로 꿈이 단지 육체적인 것에 한하지 않고 더욱 정신적이 되는 것은 좋은 징후이다. 이 단계에 다다랐을 때 비로소 신의 작용이 이루어졌다고 할 수 있으니, 결코 그것을 놓쳐서는 안 된다.

환각은 꿈과 전혀 다른 것이다. 환각은 일종의 내적인 시각 또는 청각으로, 완전히 깨어 있을 때 명료하게 나타난다. 또한 언제나 엄숙한 사항과 이어져 있다.

마음이 전반적으로 기쁨과 활력으로 넘치는 것은 이것과는 또 다른 것이다. 이 마음도 우리의 정신이 저절로 만들어낸 것이 아니라 자연적인 억압상태에서 정신을 다시 일으켜 세우려는 것으로, 인생의 가장 큰 기쁨 가운데 하나이

＊1 가톨릭의 축성식, 서품식.
＊2 예수께서 가라사대 '내가 곧 길이요 진리요 생명이니 나로 말미암지 않고는 아버지께로 올 자가 없느니라.'
＊3 나는 아버지 안에 있고 아버지는 내 안에 계신 것을 네가 믿지 아니하느냐? 내가 너희에게 이르는 말이 스스로 하는 것이 아니라 아버지께서 내 안에 계셔 그의 일을 하시는 것이라.

다. 이런 기쁜 마음은 우리의 사상을 내면화하여 하느님과 굳게 맺어짐으로써 가질 수 있다.

❧

사람들과의 교류에 있어서—특히 교육의 경우—가장 중요한 것은 상대방의 호의를 얻는 일이다. 그런데 유감스럽게도 대다수 사람들의 경우, 아이나 어른, 미개인이나 문명인들도, 거창한 인사나 충고보다는 작은 선물을 하는 것이 호의를 얻는 데 훨씬 더 효과적이다. 선물은 반쯤, 또는 완전히 불화를 일으킨 사람들 사이에서도 신기하게 화해의 작용을 할 때가 흔히 있다.

선물로 가장 좋지 않은 것은 꽃집과 온실에서 산 부피가 크고, 값비싼 꽃다발이다. 꽃다발은 얼마 못가 시들어버린 뒤에는 애물단지가 된다. 선물로 가장 좋은 것은 계절이 허락한다면 들에서 직접 꺾은 작은 꽃다발이나, 뜰에서 따온 장미 한 송이, 그밖에 생활용품 같은 것이다. 그런 것으로 한번 시험해보기 바란다.

3월 3일

살아가면서 어떤 일을 당하든 하느님의 인도와 도움을 굳게 믿을 수 있고, 요한복음 15장 7절[4]에서 얘기한 것을 가끔 경험하면, 이 지상에서 견뎌야 하는 가장 큰 괴로움, 즉 근심과 공포가 완전히 사라지고, 인생의 모든 난관은 신앙을 굳게 다지기 위한 수련에 지나지 않게 된다. 더욱이 이 수련은 마지막에는 승리로 장식되는데, 이것이야말로 지상에서 가장 생생한 행복이다.

만약 내가 《신곡》의 서두에 나오는 말처럼, '인생 길 중반', 즉 30세 무렵에 삶을 인도해 줄 아리아드네의 실[5]을 꼭 붙잡고 있지 않았더라면, 아마 나의 인생은 반쯤, 아니면 완전히 실패로 끝났을지도 모른다.

❧

어떤 곤란한 상황일지라도 궁리하거나 걱정하지 않고 오로지 기도하고 일

---

[4] 너희가 내 안에 거하고 내 말이 너희 안에 거하면 무엇이든지 원하는 대로 구하라. 그리하면 이루리라.
[5] 미궁에서 길을 찾아주는 실.

하는 것이 가장 올바른 길이다.

모든 민족을 잘못된 길에서 돌이키고 하느님에 대한 신앙으로 이끌어 가기 위한 고난의 시대가 찾아올 때, 하느님은 보통 먼저 몇몇 사람에게 고난을 주어 하느님의 도움을 경험하게 한 뒤, 그들이 다른 사람들에게 자신들의 경험에 의한 확신을 가지고 가르칠 수 있도록 이끈다. 이 선구자들은 일반 사람들이 고난을 맞이했을 때 용기를 주고, 또 구원받을 가능성이 있는 사람들을 격려할 수 있다. 이리하여 좋은 낟알에서 겉겨는 이내 떨어져 나가고, 시련은 끝을 고한다.

현대에서 이것과 관련하여 중요한 사실은 미적 세계관은 확실히 허망한 것이며, 종교를 떠나서는 도덕이 성립될 수 없다는 믿음이다. 또한 역사적이고 유대교적, 그리스도교적인 종교 관념이 진리라는 믿음이다. 단, 이 종교관에는 어느 정도 수정이 필요하다.

3월 4일

우리는 건강하지 않으면 훌륭한 일을 할 수 없으므로, 무엇보다 건강이 가장 중요하다는 의견을 믿어서는 안 된다. 이것은 오늘날 사람들에게 대부분 미신처럼 여겨진다. 한 시절 전에는 병약한 것을 천재의 표시로 여기고, 건강한 것은 오히려 '범용함' 때문이라고 생각했지만, 지금은 반대로 육체를 지나치게 중시한다.

병약함은 선한 일을 하는 데 조금도 방해가 되지 않는다. 지금까지 위대한 일을 이룩한 사람들은 오히려 병약한 자들이었다. 게다가 건강한 몸은 반드시 그렇다고 할 수는 없지만, 섬세한 정신적 감수성이 결여되어 있는 경우가 실제로 적지 않다. 당신이 건강한 몸을 타고 났다면 하느님께 감사하라. 그러나 건강하지 않더라도 그것을 지나치게 염려하지 말고, 또 그 사실에 영향을 받지 말도록 하라. 단순히 '건강을 지키기 위해 산다'는 사고방식은 교양 있는 사람에게 어울리지 않는다고 생각하는 것이 좋다.

⚜

확실히 밤은 어느 누구의 친구도 아니다. 밤이 되면, 눈앞이 깜깜하고, 모든 사람의 삶에 반드시 따르기 마련인 온갖 고난들이 흥분한 정신 앞에 산더미처럼 높이 솟아오른다. 그러므로 가장 좋은 것은 밤새도록 단잠을 잔 뒤, 밝은 아침햇살 속에 눈을 뜨는 것이다.

만약 그럴 수 없다면—적어도 일정한 나이에 다다르면 일어나기 쉽고, 게다가 갈수록 일찍 일어나는 일이 잦아진다—잠을 이루지 못하는 밤을 걱정과 끊임없는 생각으로 보내지 말고, 흔들리지 않는 확고한 신념을 얻는 데, 또 이튿날 당장 실행할 수 있고 일이 잘되도록 도와주는 결심을 하는 데 이용하는 것이 좋다. 그러기 위해서는 마음의 평정과 완전한 몸의 휴식을 취하는 것이 도움이 된다.

신경이 예민한 사람이나 일반적으로 잠을 잘 이루지 못하는 사람은 생각이 흩어지고 집중이 잘되지 않는 어려움을 겪기 쉽다. 그들에게 가장 좋은 것은 밤새도록 '잠을 잘 자는 것'이다.

3월 5일

언제나 올바르고 선량한 사람이 되도록 노력하라. 세상 사람들은 반드시 그것을 인정해 줄 것이다. 그들은 사람 보는 눈이 결코 어둡지 않다.

이른바 '오해받는 사람들'은 사실 전혀 그런 사람이 아닌 경우가 대부분이다. 나머지 사람들도 오해가 영원히 이어지지는 않는다. 이 세상에 영원한 오해란 없다. 적어도 나는 역사상에서 그 실례를 보지 못했고, 또 지금까지 살아온 인생에서도 그런 예를 본 적이 없다.

⚜

성서가 역사에서 하느님에 대한 믿음을 기초로 한 책이라는 사실은 영원히 변치 않을 것이다. 따라서 이 하느님에 대한 믿음은 단순한 철학적 신앙에 비해 훨씬 견고하며, 체험에 의한 직관적인 진정한 신앙—요컨대 이것이 궁극적인 신앙이다—을 위한 길을 가장 잘 열어준다.

성서는 바로 이 신앙체험에 알맞은 어떤 특정한 민족이 경험한 역사이다. 이것에 문제가 있다고 한다면, 이 기록이 왜 그 뒤 계속 이어지지 않았는가, 또는 이러한 경험의 연속으로 볼 수 있는 책에는 어떤 것이 있는가 정도일 것이다. 그러나 성서를 모르는 사람, 또는 꼭 성서가 아니어도 되며 뭔가 다른 것으로 대용할 수 있다고 생각하는 사람은 그 자신의 종교적 확신에 대한 진정한 기반은 없다.

성서를 이해하려면 되풀이해서 전체를 통독하는 것이 효과적이다.

성서를 위한 주해서에 의지하는 쓸데없는 수고는 하지 않는 것이 좋다. 정말 신뢰할 만큼 좋은 주해서는 아직 나오지 않았고, 필요하지도 않다. 단, 주로 구약성서 속의 순전한 역사 기술에 대한 주해는 별개이며, 그것도 결코 주된 사항은 아니다.

성서 중에서 무엇이 하느님의 영혼에 의한 것이며, 무엇이 인간이 해석하고 덧붙인 것인지는 이 성스러운 책을 성실하게 읽으면 이내 알게 된다. 그러므로 성서영감설*6이나 이에 대한 비판 따위에는 귀 기울일 필요가 전혀 없다.

3월 6일

염세(厭世)라는 감정은 결코 좋은 징후는 아니다. 이런 감정을 느끼는 사람은 육체적이나 정신적으로 반드시 무언가가 결핍되어 있다. 대개 이런 사람은 하느님과 친숙한 관계를 맺고 있지 않거나 하느님을 아예 믿지 않는 사람이다. 그러므로 어찌 보면 정신적으로 뛰어난 사람이 때때로 염세감에 빠지는 것은 당연한 일이다. 왜냐하면 그들은 자신에 대해서나 다른 사람과의 교류에서, 또 그들이 하는 일에서도 충분한 만족을 얻지 못하기 때문이다. 더욱이 정신적으로 뛰어난 사람일수록 그런 경향이 더 강하다.

특히 이런 사람의 만년은 그리 행복하지 못하다. 실제로 나는 이런 사람이 만년에 우울증과 분노와 불쾌감 속에서 살아가는 예를 무수히 보았다. 하기는 그런 것을 알려면 인생의 무대 뒤를 볼 수 있고, 또 당사자에게 불리한 점은 가능한 한 숨기기 마련인 '전기(傳記)'의 내용을 무조건 믿지 않을 것을 전제로 하지만.

✤

인간은 본성 가운데 동물적 부분 때문에, 또 그 '유전적 성향' 때문에 관능적이고 분노하기 쉬우며, 허세와 탐욕에 빠지기 쉽다. 이러한 타고난 소질에서 벗어나 존재 전체가 근본적인 선에 다다르지 못한다면, 분명히 말해 두지만

---

*6 성서의 한 문장 한 문장은 신의 영감에 의해 기록되었으며 조금의 오류도 없다는 설. 디모데후서 3장 16절 참조. (역자주)

아무리 선행을 쌓고 아름답고 훌륭한 신조를 믿는다 해도, 그것들은 조금도 도움이 되지 않는다.

그 정도로는 아직 이 세상에서나 저 세상에서 선의 왕국에 들어갈 수 없다. 신앙은 분명 선의 왕국에 들어가기 위한 하나의 수단일 뿐만 아니라 우리가 확신하는 바로는 없어서는 안 되는 수단이다. 특히 구약성서의 견해에 의하면, 선행 또한 그것을 위한 수단이다.

그러나 이들은 누가 뭐라 해도 아직 중요한 사항, 즉 새로운 인간이 될 수 없고, 새롭게 다시 태어날 수 없다. 따라서 선행은 인간의 마음을 완전히 만족시키지 못하기 때문에, 실제로 신앙을 가지고 있는 대부분의 사람들도 마음의 안식을 얻지 못하고 끊임없이 간구하며 탄식을 그치지 않는다. 오히려 단순하게 선에 대한 강렬한 성향을 타고난 사람들이 그들보다 더 행복한 경우가 적지 않다. 이 사실이 오늘날 참으로 많은 사람들에게 불안한 마음을 주고 있지만, 왜 그런 것인지 진정 이해하지는 못하고 있다. 목적과 수단을 혼동해서는 안 된다.

우리는 그리스도에게 귀의하는 것은 의로운 존재에 다다를 수 있는 이 세상에서 가장 좋은 수단이라고 믿고 있다. 그러나 당신 삶의 목적은 가장 깊은 본성에서 그리스도와 닮은 인간, 즉 선량하고 이 세상에서나 저 세상에서나 똑같이 유용한 인간이 되는 것이다.

이것을 결코 혼동해서는 안 된다. 이 목표를 향해 있는 힘껏 똑바로 전진하라.

3월 7일

중도에 포기하지 않고 힘닿는 데까지 유익한 일을 하는 것은 하느님 가까이 있는 것과 더불어 인생에서 얻을 수 있는 가장 좋고 마음을 채워주는 일이다. 한번 이 원칙이 생활 속에 튼튼히 뿌리내리면, 지나친 일과 불필요한 일, 그리고 너무 성급하고 신경질적인 태도를 일찍부터 피할 수 있다.

사도 바울이 '시간을 아끼라'*7고 한 말이 지금까지 가끔 종교적인 일에서 성급함과 초조함을 불러오는 원인이 되고 있다. 그러나 이런 태도는 그리스도

---

*7 에베소서 5장 16절.

의 인생 해석과는 전혀 일치하지 않는다. 오히려 그리스도는 무슨 일이든 오랜 시간을 들이며 서두르는 법이 없었다. 요한복음 7장 3~9절, 11장 6·7·9·10절을 보라.

이러한 차분하지 못한 상태에서 의욕적으로 움직이는 것은 특히 유대교적인 요소로, 바울을 통해 그리스도교에 도입된 것이다. 그러므로 이 사도의 편지도 만년에 이르면 훨씬 위안의 힘이 풍부하고, 영적인 내용과 깊이에 있어서도 그 이전의 편지보다 월등히 뛰어나다. 이것은 그 자신도 마침내 하느님의 인도에 의해 본디 그의 기질에는 없었던 안정감이 주어졌기 때문일 것이다. 지금 우리는 교회 사업과 전도 활동보다 그리스도의 진정한 정신을 더 많이 배워야 한다.

✤

인간의 본성과 선의 왕국에 들어가기 위한 목적과 수단에 대해 전날 쓴 생각은 완전히 '정통적'인 것은 아니며, 교리 문답의 가르침에 일치하는 것도 아니다. 그러나 그것은 분명히 그리스도의 견해이고 가르침이며, 아마 당신도 쉽게 찾아볼 수 있는 그리스도의 말씀으로 이미 증명되어 있다. 거기에는 사람이 오직 신앙만으로 아버지의 하늘나라에 들어갈 수 있다는 말은 아무 데도 없다. 또 사도 바울조차 '오직'이라고는 말하지 않았다. 이 말은 루터가 덧붙인 것이다. 마찬가지로 그리스도는 주의 역사적인 희생의 죽음으로 모든 것이 해결되었다거나, 이 교리를 가르치는 교회에 속하는 한 저절로 영원한 생명에 들어갈 수 있다는 말은 하지 않았다.

개신교 교회는 그리스도의 희생이라는 이 하나의 의미심장한 사실에 지나치게 큰 가치를 두고 있다. 분명 인간은 이 희생을 바로 자신의 일처럼 받아들이고, 그것에 자신의 몫을 부여하여 그 토대 위에 있는 선을 힘껏 쌓아올리지 않으면 안 된다. 단, 자신의 몫 가운데 부족한 부분에 대해서는 신의 자비로운 보완과 용서가 주어진다는 위안을 늘 가지고 있어야 한다. 반대로 가톨릭은 오직 그 교회에 속하는 것만이 모든 행복의 근거이며, 그렇지 않으면 모든 저주의 근원이 된다는 말을 지나치게 믿고 있다.

그리스도의 진정한 가르침이 모든 부분에서 바울, 아우구스티누스, 토마스 아 켐피스, 루터, 칼뱅 등이 주장한 것보다 더욱 중시되도록 하는 것, 또 각 개인의 현세와 영원한 운명에 대한 엄격한 자기책임감—지금은 교회로 인해 사라지고 없지만—을 되찾을 수 있도록 하는 것이 바로 지금 다가오고 있는 새로운 종교개혁의 목적이 되어야 한다고 생각한다. 과연 스스로 주장하듯 교회가 앞으로도 계속 존속할 것이 분명하고, 또 로마 산피에트르 대성당의 둥근 천장에 금문자로 커다랗게 적혀 있는 것처럼 '지옥의 문도 그것을 이기지는 못할' 것이다. 그러나 교회는 스스로를 개혁하여 유일한 주이자 스승인 그리스도의 본질과 의지에 대한 새로운 존재 근거를 확보하지 않으면 안 될 것이다.

3월 8일

그리스도교회의 역사를 면밀하고 공정하게 관찰해 보면, 우리는 이따금 이 교단이 창시자의 사상에 완벽하게 일치하는 완성에 다다른 적이 아직 한 번도 없었으며, 또 진정한 그리스도교는 현대에 이르기까지 오직 개개의 사람들, 그것도 대개 세상에 알려지지 않은 사람들한테서만 만족할 만한 열매를 맺었다는 것을 믿고 싶은 강한 유혹에 사로잡힌다.

사실 현대의 교회조직과 사회적, 국가적 상황은 예수 그리스도의 그리스도교로부터 아득히 멀어져 있다. 그러나 그런 진정한 그리스도교의 더 나은 실현을 시도하는 쪽으로 우리 시대가 나아가고 있는 것만은 확실하다.

현재의 그리스도교회는 예외 없이 그들이 내세우고 있는 강령과 요구에 비하면 가치가 떨어지지만, 세상의 평판보다는 낫다고 할 수 있다. 적어도 예언자 이사야의 말(65장 8절[8])은 현대의 모든 교회에도 적용할 수 있다. 교회는 다른 것으로는 대체할 수 없으며, 만약 어느 나라에선가 교회를 폐지한다면 무엇으로도 메울 수 없는 무서운 빈틈이 생길 것이다.

결국 국가와 교회의 싸움은 교회가 이념적으로는 옳지만 실제로는 그 이념에 합당한 모습을 보여주지 못하고, 그 이념을 실현하는 데 부당한 요구를 하는 데서 일어나는 것이다. 만약 이상적인 교회가 실현되면, 아마 완전히 같은 정신을 소유한 인간이 이끌어가게 될 국가도 곧 그 가르침의 정신을 채움으로써 양자는 서로 융화될 것이다.

---

[8] 여호와께서 이같이 말씀하시되, 포도송이에는 즙이 있으므로 혹이 말하기를 그것을 상하지 말라. 거기 복이 있느니라 하나니.

신명기 제28장에 기록된 하느님의 축복은 오직 이스라엘 민족에게만 내려진 것은 아니다. 사실 이 축복은 이 민족의 고난에 찬 길에서 그들이 올바른 길을 걷는 한, 오늘날에도 적용될 것이 틀림없다. 그렇지만 이 축복은 누구든지 이 세계에서 '하느님의 백성'에 들고 싶어하는 한 사람 한 사람에게도 적용될 수 있다. 바로 당신이 자신의 행운을 담금질하는 대장장이이다. 그것을 제대로 하지 않고 불평해서는 안 된다.

3월 9일

진리와 영원한 생명에 다다르는 길은 오늘날에는 유물론(唯物論)과 미신이라는 두 가지 죽음의 심연 사이를 빠져나가야 하는, 이를 데 없이 좁고 힘든 길이다. 이 길에 발을 들여놓고 계속 걸어가려면, 처음에는 물론이고 대부분의 노정(路程)에서 신앙에 의지하지 않으면 안 된다. 그 길은 진실하고 능력 있는 하느님의 인도가 없으면 끝까지 걸을 수 없다. 또한 그런 하느님의 인도에 대한 신앙이 필요하다. 그리고 물론 괴테 식의 불가지론만으로는 걸을 수 없다. 또 칼라일의 위대하기는 하지만 충분한 만족을 주지 않는 말과 칸트의 강력한 도덕철학도 단지 처음에만, 즉 그들의 사상이 일반적으로 현대의 현실주의에 맞서 이상주의로 이끌어주는 한에서만 도움이 될 뿐이다.

이러한 온갖 어려움에도 많은 사람들은 가까운 장래에 올바른 길을 찾고, 또 그것을 발견할 것이다. 요한복음 5장 25절, 보헤미아 형제단 찬송가 719번 참고.

✤

어디든 지나치게 의욕이 넘치는 사람이 있기 마련인데, 그런 사람들은 단순한 그리스도교에는 만족하지 못한다. 하지만 대개 그들은 그리스도교를 바르게 평가하고, 완전히 이해하기 위해 노력하는 수고는 하려 들지 않는다. 그래서 그들은 가톨릭의 수도회나 수도원, 또 개신교 분리파와 소모임 등 그들 마음에 쏙 드는 곳을 원하게 된다. 하지만 그런 것은 우리가 완전히 '선해지는' 데는 전혀 필요하지 않은 것이다. '성직자 계급', 즉 그런 의미의 인간 가운데 엘리트라는 것은 애초에 현실적으로 존재하지 않으며, 또 지금까지도 존재하지 않았다.

3월 10일

이 세상에는 적어도 겉으로 보기에 수많은 부정이 일어나고 있고, 또 그 사람들이 처벌되지 않기 때문에, 깊이 생각하지 않는 대부분의 사람들은 정의의 신이 실제로 살아 존재한다는 것을 믿기 어렵다. 모든 부정에 반드시 내적인 벌이 뒤따르는가 하는 의문은 간단하게 증명할 수 있는 일이 아니므로 여기서는 제쳐두지만, 적어도 이렇게 말하고 싶다. 즉, 지상에서 대가를 지불하지 않는 일이 있다는 것은 그리스도인의 견해에서 보면, 이 세상에서 모든 셈이 끝나는 것이 아니라 필연적으로 그 뒤의 삶이 있는 게 틀림없다는 추론을 정당화한다는 것이다. 왜냐하면 그렇지 않고 하느님도 실재하지 않는다면, 모든 부정과 부정에 대한 의식도 이 세상의 것이며, 또 인간도 숲속의 맹수처럼 타고난—습관이 아니라—자연적 필연으로 아무렇지 않게 서로 빼앗고 죽일 것이기 때문이다.

그러나 이것은 확실히 사실이 아니므로, 정의에 대한 보상을 바라는 것은 이성의 당연한 요청이며, 이런 신성한 정의를 믿지 않는 사람은 이성에 대해, 인류에 대해, 하느님에 대해 무거운 죄를 범하는 것이다. 예레미야 12장 1·5절 참고.

✣

자신을 위해서도 사람들에게 너무 많은 것을 기대해서는 안 된다.

경험적으로 보아도 우리가 다른 사람에게 아무것도 원하지 않으면, 그들은 훨씬 바람직한 사람이 된다. 그리고 그들은 그런 이기심이 없는 사랑을 본능적으로 느끼게 된다. 자신을 위해서는 오로지 신의 축복에 의지하는 것이 좋다. 신의 축복은 어떤 사람도 채워줄 수 없는, 특별히 요구가 많은 마음도 완전히 채울 수 있다.

3월 11일

건강하고 활기찬 삶을 위해서는 삶의 기쁨이 있어야 한다. 그러므로 무엇이든 올바른 기쁨을 가지도록 하라. 현명한 사람이라면, 영속적이고 언제든지 얻을 수 있는 기쁨, 결코 부정하지 않고 자책과 후회가 뒤따르지 않는 기쁨을 찾아야 한다. 세상의 일반적인 기쁨은 대부분 이런 감정을 줄 수 없다.

✤

'근대적 세계관', 즉 무신론을 버리고 진정한 그리스도교에 귀의했을 때 얼마나 많은 것을 얻을 수 있는지 안다면, 사람들은 하나같이 그 길을 걸어가게 될 것이다. 그것에 걸림돌이 되는 것은 인간의 유전적 소질과 습관뿐만 아니라 그 길에 들어서는 데는 먼저 '보지 않고' 결심하는 것이 필요하며,*⁹ 또 그리스도교가 불완전한 해석과 부분적으로 결함이 있는 외적인 조직으로 인해 오래전부터 고뇌해 왔다는 점이다. 그리스도가 원했던 교회는 일시적인 작은 집단의 이해 안에서만 성립한 것에 지나지 않는다.

그러나 지금 우리는 300여 년 만에 처음으로, 폭넓은 국민층에서 이런 그리스도교의 진정한 이해에 다시 접근하고 있고, 날마다 그 경향을 강화하기 위해 애쓰고 있다. 우리는 이미 그것이 완성되는 데 한 세기가 고스란히 걸릴 개혁운동의 한복판에 서 있다.

3월 12일

아침부터 밤까지 언제나 신의 뜻대로 행하라. 그러면 일찌감치 이 지상에서, 복잡한 세상살이의 미로에서 천국으로 인도해 주는 아리아드네의 실을 손에 넣을 수 있다. 신의 뜻이 아직 명백하지 않아 먼저 그것부터 찾아야 할 경우에도, 그 찾는 행위 속에 이미 축복이 들어 있다.

✤

그리스도가 니고데모와의 대화(요한복음 3장 8절*¹⁰)에서 말한 것처럼, 하느님의 영혼은 자신이 생각한 시간에, 생각한 곳으로, 바람이 불어가듯 다가간다. 당신이 그 영혼을 불러올 수는 없으며 영혼이 당신을 부르는 것이다. 언제든 그 부름이 있으면, 당신은 모든 것을 버리고 당장 그것에 따를 준비가 되

---

*9 요한복음 20장 29절.
*10 바람이 임의로 불매, 네가 그 소리를 들어도 어디서 오며 어디로 가는지 알지 못하나니, 성령으로 난 사람은 다 이러하니라.

어 있어야 한다. 그것은 밤의 조용한 시간뿐만 아니라 때로는 한낮의 가장 바쁜 순간에도 찾아오는 일이 있기 때문이다. 그때가 바로 '말씀하옵소서, 주의 종이 듣겠나이다'*[11]라고 말해야 할 때이며, 그때가 바로 당신이 진실과 선에 있어서 큰 진보를 이룰 때이다. 이에 반해 자기 마음대로 드리는 '예배'는 바알 신의 예언자들과 같은 헛된 결과를 얻게 된다.*[12] 설령 예배와 함께 거창한 의식이 벌어질지라도, 또 예배를 위해 아무리 많은 교회와 신전과 회당이 건설될지라도 소용없다.

3월 13일

아무리 행복한 삶이라도 수없이 부딪히는 시련과 마음의 고통을 견딜 수 없는 무거운 짐으로 생각하는지, 아니면 자신의 삶의 원칙을 실천하고 수련하도록 하느님이 주신 기회로 보는지에 따라 사물이나 현상을 생각하는 방법에 커다란 차이를 낳는다. 마침내 그 차이에 따라 모든 것이 결정된다.

기회로 보는 방법은 물론 신앙이 있어야만 가능한 일이고, 또 그것이 신앙의 가장 뚜렷한 이점이기도 하다.

희망

십자가는 무거우나, 신기하게도
네가 그것을 지는 순간부터 그것이 너를 짊어지고 간다.
처음에는 깜깜한 밤이지만, 앞길은 대낮같이 밝으니
그 길을 나아가는 자는 '용감한 자'라고 불린다.

너의 힘은 미약하지만
네가 귀의한 주님의 힘은 위대하다.
너의 별은 어두운 밤하늘을 밝히며
오늘은 죽음, 내일은 생명으로 소생한다.

---

*11 사무엘상 3장 10절.
*12 열왕기상 18장 26·27절.

❧

'너는 마음을 다하고 성품을 다하고 힘을 다하여 네 하느님 여호와를 사랑하라.'*13 이에 대해 '예, 주님, 저는 오직 당신의 은총에 따라 그리 하겠나이다. 당신과 저 사이에 이제 아무것도 가로막는 것이 없으니, 저에게 이보다 더한 기쁨은 없나이다'라고 말할 수 있다면, 당신은 이미 인생의 목적을 이룬 셈이다.

또 그 뒤에도 하느님이 이제 더 이상 목적이 남아 있지 않은 이 인생에서 당신을 불러가지 않는다면, 그것은 당신이 하느님을 따르는 삶의 가능성과 그 성과를 다른 사람들에게 모범으로 보여주면서 살게 하기 위해서이다. 그저 입으로만 가르치는 것이 아니다. 그런 거라면 다른 사람도 얼마든지 할 수 있다.

'네 이웃을 네 몸과 같이 사랑하라.'*14

여호와를 사랑하는 계율에 그리스도는 이 계율을 덧붙였다. 하느님보다 더 많이 사랑하라는 것이 아니며, 또 하느님을 사랑하는 것과 같이 하라는 것도 아니다. 이상주의적이고 지나치게 감상적인 많은 전기문에서 표현하고 있는 것처럼, 이웃을 하느님과 같은 위치, 더욱이 하느님 위에 두어서는 안 된다. 그와 같은 방식은 흔히 있듯이 단순한 언어의 유희가 아니라면 병적이라고 해야 할 것으로, 결코 사람을 진실한 삶으로 이끌지 못하며, 오히려 자신과 다른 사람 양쪽 다 해치는 결과가 된다.

사람들이 당신을 사랑하고 안 하고는 당신의 내적 진보와는 아무 상관이 없다. 따라서 당신은 그 사랑을 두리번거리며 찾아다녀서는 안 된다. 그러나 만약 사람들의 사랑이 당신에게 유익하다면, 또는 인간적인 나약함 때문에 당신에게 그것이 필요하다면, 그만큼 인간의 사랑이 당신에게 가도록 하느님이 이끌어 주실 것이다.

그러나 그런 인간의 사랑과 명예를 혼동해서는 안 된다. 거기에는 요한복음 5장 44절에서 한 주님의 말씀이 더할 나위 없이 엄격하게 적용된다. 당신이 이 명예를 단념하고 그것을 하느님 손에 맡길 수 있다면, 그것이 당신과 세상을 가르는 가장 큰 구별이 될 것이다.

과연 하느님은 당신의 삶에 어떤 가치와 성과를 수실 것인가?

---

*13 신명기 6장 5절.

*14 마태복음 22장 39절.

'내 은혜가 네게 족하도다.'*15 이 은혜가 바로 그런 것들을 뛰어넘는 것이며, 하느님의 모든 선물 가운데 최상의 것이다.

이 은혜는 우리가 가지는 사랑이 아니라 그 삶의 승리에 대한 상으로 하느님이 내리신 것이지만, 또한 우리가 달성하고 쟁취한 것이다. 요한복음 11장 42절, 보헤미아 형제단 찬송가 282번, 732번 참고.

3월 14일

단테 《신곡》의 연옥편 제21곡 58~69행을 보라. 당신이 선으로 길을 가려 할 때, 맨 먼저 제시되는 과제는 자신의 자유로운 의지로 그 길을 가겠다고 마음 먹는 일이다. 당신은 한동안 옆도 돌아보지 않고 진지하게 나아가는 것에 어떤 혐오를 느낄지도 모른다. 또 대부분의 사람들처럼 종교적 사업과 외면적 의식(儀式), 그리고 사람들과의 종교적인 교류에 만족하고 싶을 것이다. 그러나 적어도 그런 것만은 지금 당장 단호하게 거부하라. 실제로 오늘날 그런 일들이 무엇보다 선을 향해 나아가려는 사람들을 방해하고 있다.

그 점에서 충분히 훈련되어 있다면, 최후에는 당신의 의지가 자유롭고, 자신이 진정으로 선을 원하며, 이에 반하는 것은 기꺼이 버릴 수 있다는 것을 똑똑히 깨닫게 될 것이다. 그렇게 되었을 때, 당신은 그때까지의 생일을 달력에서 지워야 한다. 이날이 당신의 영원한 생명이 태어나는 새로운 생일이다.

마음속 대화
(히브리서 제6장)

주여, 이제 당신은 저의 마음을 사로잡아
가장 큰 싸움으로 나아가게 하십니다.
그것은 당신의 뜻을 완전히 이루기 위함이며
완성에 도달하기 위함입니다.

그러나 나의 마음이여, 너는 알고 있느냐

---

*15 고린도후서 12장 9절.

오직 하느님의 영광만을 구하는 것이 어떤 것인지를.
너는 아느냐, 이 모든 고난 가운데
과연 가장 힘든 일이란, 얼마나 힘든지를.

✤

인간은 때때로 그 타고난 성격이나 신분과 상관없이, 또한 자신의 본디 의도와도 상관없이 행동할 때가 있다. 지금까지 살아오면서 나에게 참으로 많은 선한 일들이 나와 전혀 가깝지 않은 사람들에 의해 이루어진 데 비해, 나쁜 일은 오히려 나와 가까운 사람들로 인해 일어났다.

우리는 그것을 누군가의 책임으로 돌려서는 안 된다. 그들에게는 그렇게 하는 것 말고는 다른 방법이 없었고, 그들은 더 높은 힘의 도구에 지나지 않기 때문이다. 무슨 일이 있든, 그들에 의해 우리 운명이 좌우될 수는 없다.

3월 15일

이사야 30장 15·18절[16]을 보라. 주는 당신에게 은총을 베풀 날을 기다리고 있다. 그러므로 쓸데없이 걱정하거나 미래에 대한 온갖 계획을 세우느라 한창 일하기 좋은 시간을 헛되이 낭비할 필요가 전혀 없다. 하느님을 믿고, 하느님의 길을 성실하게 나아가려고 노력하면, 모든 것은 저절로 당신이 예상한 것보다 훨씬 더 잘 풀릴 것이다. 그럼으로써 삶이 행복해진다. 왜냐하면 앞으로 일어날지 모르는 불행에 대한 걱정은 반드시 견뎌내야 하는 현실의 불행보다 사람의 기운을 훨씬 더 많이 소모시키기 때문이다. 실제 불행은 이따금 외적인 수단과 노력으로 극복할 수 있지만, 걱정은 하느님에 대한 강한 신뢰로만 극복할 수 있다. 그것은 누구나 경험할 수 있는 일이다.

그러나 신앙심이 깊은 사람들 중에도 이런저런 끊임없는 걱정 속에 살고, 또 거의 모든 면에서 세속적인 길을 걸으며, 특히 이 세상의 재물에 높은 가치를 두는 등 세상 사람들과 똑같이 생각하는 사람들이 있다. 이 점을 제외한다면, 참으로 경건한 생각을 가진 부유하고 신분이 높은 그리스도인이 오늘날에는 많이 있다. 이런 사람들에게 하느님은 은총을 보여주는 것을 잠시 보류할

---

*16 너희가 돌이켜 안연히 처하여야 구원을 얻을 것이요, 잠잠하고 신뢰하여야 힘을 얻을 것이어늘. 그러나 여호와께서 기다리시나니, 이는 너희에게 은혜를 베풀려 하심이요……

때가 있다. 왜냐하면 하느님과 재물을 동시에 의지할 수는 없기 때문이다. 언젠가 그중 하나가 마음속에서 사라져야 한다. 거기에 '타협'이라는 것은 있을 수 없다.

네 모든 걱정을 주님께 맡겨라. 주께서 너를 붙들어 주시리니

네 가족을 위한 걱정을
우리의 믿음이신 주님께 맡겨라
너는 헛된 궁리만 할 뿐이나
주님께는 가야할 길과 미래가 열려 있다.

주님은 염려를 싫어하나, 네가 바치는
하늘을 우러르는 기도는 기꺼이 들어주시나니
네가 겨우 한 가지 방책을 세우는 동안
주님은 천 가지의 방책을 가지고 계신다.

어느 누구도 멋대로
너를 해치지 못하도록
주님께서는 너에 대한 은총을 위해
모두의 마음을 시냇물처럼 이끄신다.

주님의 손에서 고통도 기쁨도
안심하고 받고 두려워해서는 안 되나니
주님은 네 운명을 언제라도 바꿀 수 있다.
그러나 그것을 나쁘게 하는 것은 너의 탄식이다.

너를 공연히 괴롭히기 위해
고난이 주어진 것이 아니니
믿으라, 참된 생명은
슬픔의 날에 깃든다는 것을.

지금 내가 하는 말을 잘 들어주기 바란다. 당신의 마음에서 진실로 선한 것이 비교적 선한 것의 적이 될 때가 찾아올 것이다. 이것이야말로 인생에서 가장 난처한 모순이자 갈등으로, 하느님의 특별한 인도와 그럴 때 기준이 될 수 있는 우리 주 그리스도의 모범이 없으면, 도저히 헤쳐 나가지 못할 것이다. 우리는 모든 것을 그 자리에서 당장 인식하려 해서는 안 된다. 잠시 떨어져 있어 보면 오히려 모든 것이 명백해진다.

3월 16일

신앙은 그 자체가 이미 행복이다. 언젠가 무언가를 손에 넣을 수 있다는 확신은 즐겨 감상하고 있는 나무의 꽃과 같은 것으로, 나중에 손으로 따먹는 열매보다 훨씬 더 우리 마음에 이상적인 욕구를 충족시켜 준다.

이러한 신앙의 행복은 우리가 예상할 수 있는 미래의 행복에 못지않은 '지상의 아름다움'이다. 저세상에서는 이러한 행복은 사라질 것이다. 후회에 찬 탄식은 천국에 어울리지 않는 것이므로, 그것을 후일로 미루지 않기 위해서라도 언젠가 한 번은 이 행복을 느껴두는 것이 좋다.

'네가 지금 이 순간 쫓아낸 것은 영원히 되돌아오지 않는다.'(실러의 시 〈체념〉에서)

모든 행복 중에서 가장 아름다운 순간은 소유의 순간이 아니라 그것에 앞선 순간, 즉 소망의 실현이 가까이 다가와 확실하게 보이기 시작할 때이다. 이것을 가장 절묘하게 표현한 것이 이피게니의 아름다운 독백이다.

'가장 위대한 아버지*17의 특별히 아름다운 딸인 '성취(成就)'여! 이리하여 너는 마침내 나에게 내려오는구나(괴테《타우리스 섬의 이피게니》제3막 1장).'

도덕적 세계질서에는 우리가 이해할 수 없는 것이 있는데, 그 두세 가지 법칙을 들자면 다음과 같다.

---

*17 주신 제우스.

1. 악은 처음에는 승리를 얻어 개가를 올리는 것처럼 보이지만, 언젠가 반드시 파멸하고 만다. 그러나 처음부터 패배하는 일은 절대로 없다.

2. 이 세상의 진정한 선은 충분히 강해질 때까지는 세상과 여러 기관의 호의와 인정을 받지 못한다. 그럼에도 선은 활동을 계속하며 조용한 고립 속에서 성장해 간다. 그러므로 앞으로 옳은 일을 해야 할 자는 누구나 생애에 한 번, 아니, 때로는 몇 번이라도, 세속적인 성공이 뒤따르는 생활과 진정한 신앙 가운데 어느 한쪽을 선택해야 할 때가 있다. 요한복음 5장 44절 참고.

3. 하느님은 하느님의 척도에서 보아 비교적 작은 일은 하느님의 종이 아닌 자들을 사용하여 처리할 때가 있다. 그들은 하느님의 종과 마찬가지로, 아니 때로는 그 이상으로 잘한다.

4. 진정으로 선한 사람이 지는 가장 큰 십자가는 오히려 그리스도의 제자와 신봉자인 경우가 있다. 왜냐하면 그들은 때때로 그리스도를 전혀 이해하지 못하기 때문이다. 오히려 적들이 훨씬 일찍부터 그리스도를 더 잘 판단하고 있다. 그래서 적들은 먼저 그리스도를 유혹하려고 한다.*18 그것이 성공하지 못했을 때 비로소 그를 공격하는 것이다. 이 경우 유혹받을 때가 훨씬 더 위험한 단계이다.

3월 17일

세상은 스스로 생각하고 자기 의견을 가진 사람이 많으면 많을수록 좋아진다. 이런 사람은 설령 반대자가 된다 해도, 그들의 생각이 잘못되었다는 것을 이해시킬 수 있기 때문이다. 남의 흉내만 내고 있는 사람은 아예 스스로 생각하려 하지 않기 때문에 그를 설득할 수가 없다.

로크는 이것을 조금 다른 말로 이렇게 말했다.

"사람들이 흔히 생각하듯이 이 세상에 잘못된 의견 같은 것은 그리 많지 않다. 왜냐하면 대부분의 사람들은 자신의 의견 같은 건 전혀 가지지 않은 채, 남의 의견이나 세상의 소문과 평판을 그대로 옮기는 데 만족하고 있기 때문이다."

당신은 그런 부류에 끼어서는 안 된다.

---

*18 누가복음 6장.

예언 능력은 견고한 신앙심이 있는 경우에만 바람직하다. 그렇지 않은 경우 이 능력은 사람을 악 앞에서 너무 겁쟁이로 만들거나 나약하게 만든다. 왜냐하면 이 능력은 오직 중간의 원인과 결과를 예견하는 것 이상으로는 발휘되지 않기 때문이다. 그래서 그 옛날 하느님은 이사야 42장 19절[19]에서, '하느님의 종들은 다른 사람들 이상으로 눈이 멀고, 귀가 멀지 않으면 안 된다'는 얼핏 듣기에 이상한 말을 했다.

어떠한 경우에도 하느님의 종은 그 무엇이나 그 누구도 두려워해서는 안 된다. 만약 두려워한다면, 그것이 그들의 가장 큰 결점이 되어 아무 쓸모없는 자로 만들어버릴 것이다.

3월 18일

그리스도교가 인간의 영혼 깊은 곳에서 나오는 요구에 부응하지 않았다면, 1400년이 넘는 오랜 세월 동안 충분하지는 않지만 그래도 그 가치를 인정받고 실천되는 일은 불가능했을 것이다. 그리스도교가 그 실천에서 수많은 약점을 보여줬음에도 여전히 유지하고 있는 가치를 그 밖의 가르침, 이를테면 이슬람교와 불교, 또 일종의 세계적인 윤리설과 철학 등에서 얻을 수 있을 거라고 믿는 사람은 아무도 없다.

그러므로 이 종교의 미래를 걱정하거나 현재의 적을 두려워할 이유가 전혀 없다. 이 종교는 지금까지도 그들의 맹렬한 공격을 극복해 왔고, 앞으로도 아마 어떤 철학 체계보다 긴 생명을 유지해 나갈 것이다.

마태복음 8장 25~26절, 21장 44절, 24장 35절 참고.

❖

어떤 종류의 일이든 거기서 두려움을 느낀다면, 그 일에서 당신이 내면에 아직 부족한 뭔가를 느끼는 것이므로, 반드시 그것을 제거해야 한다. 두려워하는 것은 악인이나 어중간한 사람의 약점이다. 그들은 평생 그 두려움에서

---

*19 소경이 누구냐? 내 종이 아니냐? 누가 나의 보내는 나의 사자같이 귀머거리겠느냐? 누가 나와 친한 자같이 소경이겠느냐? 누가 여호와의 종같이 소경이겠느냐?

벗어나지 못한다. 그렇지 않다면 그들은 '빛의 아들들보다 더 지혜로울 것'*20이고, 수많은 점에서 빛의 아들들을 능가할 것이다. 그러나 두려워하는 것이 악인들의 약점이며, 우리가 그것을 계산에 넣는 것은 결코 잘못이 아니다. 그래서 날카로운 지성의 소유자인 친첸도르프*21는 그의 찬송가에서 이렇게 노래했다.

하느님을 따르는 삶을 살지 않는 자는
오로지 두려움의 지배를 받는다.

사람들을 잘 관찰해보면 이 말이 참으로 옳음을 알 수 있다. 이것은 거꾸로 말해도 마찬가지이다. 마음이 소심하고 인간에 대한 공포로 가득한 신앙인은 신앙이라는 이름에 어울리지 않는 사람이다. 그런 사람은 여전히 세속과 관계를 끊지 못하기 때문에 공포를 품는 것도 당연하다.

3월 19일

아침에 눈을 뜨면 오늘도 선을 베풀 새로운 기회가 주어진 것에 대해 하느님에게 감사하라. 그리고 하루 종일 그 기회를 놓치지 않도록 눈을 크게 뜨고 있어야 한다.

잠언 15장 15절, 17장 22절, 4장 18~19절, 전도서 2장 22절, 보헤미아 형제단 찬송가 635~638번 참조.

❦

인생에서 일반적인 목적보다 훨씬 높은 것을 추구하고, 또 그것을 훌륭하게 이룬 사람이 적은 것은 참으로 놀라운 일이다. 일반 사람들이 추구하는 목적은 가정을 꾸려가는 일, 적당한 삶의 즐거움, 그보다 낮다고 해야 고작 직업상이나 정치상의 성공, 남들보다 나은 사회적 지위 정도일 것이다. 하지만 그것은 거의 영속적인 이익을 남기지 않는 것들이다.

---

*20 누가복음 16장 8절.
*21 친첸도르프(1700~1760). 루터파의 경건주의자로 보헤미아 형제단의 지도자. '마음의 종교'를 주창했다.

우리는 그렇게 교육받으며 자랐고, 교회에서도 학교에서도 그 이상 고상하고 강렬한 동기부여를 받지 않았다고 할 수 있다. 그러나 인간은 그것만으로 만족할 수 있도록 창조되지 않았다. 만약 이 세상의 모든 전기(傳記)가 특히 그 사람의 만년에 대해 진실하게 쓰인다면, 이 사실은 공개적으로 인정받을 수 있다. 그런데 대부분의 전기는 그저 왜곡된 흥미만 부추길 뿐이기에 추천하고 싶지 않다. 처음부터 무작정 찬양하려는 생각에서 출발하지 않은, 진정으로 뛰어난 전기가 언젠가 이 세상에 나오기를 간절히 바란다.

노년이 되면, 지금까지 목표로 삼았던 것 가운데 컸던 것은 차츰 작게 생각되고, 전에는 소홀하기 쉬웠던 것이 갈수록 크게 생각된다. 하느님이 사물을 바라보는 견해도 그러할 것이다. 우리가 올바르게 진보하면서 나이를 먹어간다면, 차츰 하느님의 견해에 가까워질 수 있지 않을까.

3월 20일
지금까지 살아오면서 느꼈던 분노와 증오는 언제나 내게는 오래 가지 않았다. 끊임없이 다가오는 여러 가지 과제를 처리하려면, 늘 그런 감정을 버리지 않으면 안 되었다. 어떤 때는 그 감정이 갑자기 내 머릿속에서 사라지기도 했다. 그 결과, 나는 그런 감정을 느끼지 않게 되었고, 또 타인의 공격에 대해 거의 마음에 두지 않고 대개 수동적으로 저항하는 데 머무르는 습관을 기를 수 있었다. 시편 62장, 마태복음 5장 39~42절, 이사야 54장 17절 참고.

✤

아름다운 자연과 예술과 학문이 아무리 많이 존재할지라도, 사랑이 없다면 이 세상은 참으로 불행하고 비참할 것이다. 이것은 현명한 사람일수록 더 강하게, 그리고 더 빨리 느끼게 된다. 다만 어리석은 자만이 삶의 향락이 펼쳐진 푸른 목장에서 주인 행세를 하는 동안, 즐거운 듯이 잠시 뛰어다닐 뿐이다.

또 다른 종류의 어리석은 사람은 하느님에 대한 사랑이 없어도, 적어도 두세 명의 인간을 '영원히' 사랑하며, 거기서 삶의 행복을 찾을 수 있다고 믿는다. 이런 태도는 비교적 고상한 생각을 가진 사람들이 빠지기 쉬운 함정이지만, 어느 정도 비속한 형태를 취하는 경우에도, 목장에서 주인 행세를 하는 이보다는 이쪽이 훨씬 더 쉽게 하느님의 구원을 받을 수 있다. 누가복음 7장 47

절*22 참고.

3월 21일

우리가 인생에서 남의 미움을 받는 것은 대부분 상대방의 질투나 보답받지 못한 사랑 때문이다.

우리가 주 옆에 섰을 때, 이러한 미움은 벌을 면할 수 없다고 멋대로 상상해서는 안 된다. 흔히 어떤 보이지 않는 강인한 손이 사방에서 온갖 재앙을 불러들이고 적을 부추기며, 지금까지 친구였던 사람들까지 냉담해지게 하거나 등을 돌리게 하지 않을까 하는 생각이 들 때도 있다.

그래도 주 옆에 서는 이점은 그것으로 인한 손실보다 훨씬 크다. 그리고 영혼이 충분히 성장하여, '하늘에서는 주 외에 누가 내게 있으리요, 땅에서는 주밖에 나의 사모할 자 없나이다*23라고 노래할 정도가 되면, 영혼은 이미 '헤치고 나간 것'이며, 인생의 목표에 다다른 것이다.

⚜

조금만 더 참고 견디면 된다. '의인을 위하여 빛을 뿌리고 마음이 정직한 자를 위하여 기쁨을 뿌렸도다.*24

인내심이 강하면, 대개는 3일쯤이면 끝나고, 인내심이 부족하다면 좀 더 오래 갈 것이다. 훌륭하게 극복한 시련은 두 번 다시 되풀이할 필요가 없다. 하지만 끝까지 극복하지 못한 시련은 언젠가 다시 찾아온다. 그래서 현명한 사람은 틀림없이 이렇게 말한다. "한 번은 거쳐야 할 일이니, 지금 충분히, 철저하게 해내자. 그렇게 하면 거기서 영원히 자유로워질 수 있다."

가장 나쁜 것은 하느님이 결국 더 이상 개선의 여지가 없는 의지가 약한 자들에게 시련을 주는 것을 포기하고, 그들이 원하는 대로 '삶의 향락을 만끽하는' 대로 내버려두는 것이다. 그러면 그들은 그것을 '행운을 잡았다'고 표현한다.

＊22 이러므로 내가 네게 말하노니 저의 많은 죄가 사하여졌도다. 이는 저의 사랑함이 많음이라. 사함을 받은 일이 적은 자는 적게 사랑하느니라.
＊23 시편 73장 25절.
＊24 시편 97장 11절.

3월 22일

주위에서 사회적인 수준보다 조금 뛰어난 자들은 일반적으로 많은 인기와 호감을 얻는다. 그런 사람은 살아가는 동안 큰 영향력과 개인적 행복을 손에 넣을 수 있다. 그러나 죽은 뒤에는 사정이 달라진다. 그때는 그들이 받아야 할 보상을 이미 다 써버린 뒤이다.

대부분의 사람들은 남들이 대개 그렇게 생각하거나 또 스스로 인정하는 것보다 위대하고 선한 사상을 쉽게 받아들일 수 있다. 다만 그 사상이 몸에 맞지 않는 옷처럼 거북해서 그 위대하고 선한 것을 자신들의 수준으로 끌어내리려 한다. 그러나 그 선한 사상이 끝까지 자신의 본분을 지키며 굽히지 않으면, 사람들도 마침내 그것을 인정하게 된다. 이렇게 선하고 옳은 일에 절도와 상식을 적당하게 가미하여, 남들이 쉽게 받아들일 수 있고 세상 사람들 귀에 솔깃하게 들리도록 주장하는 것은 매우 어려운 일이다. 그것은 하느님의 은총으로 이루어지는 것이 아니며, 오로지 자기 생각대로 행동하는 인간도 할 수 없는 일이다.

❦

하느님에게 인도되는 사람들의 한 가지 특색은 그들이 배워야 하는 수많은 것을 꿈속에서 체험하고 알 수 있다는 것이다. 이에 의해 그들은 현실 생활과 같은 감명을 받고, 대부분의 경우 경고로 작용하는 그 인생경험을 거의 현실 체험과 다름없이 잘 기억할 수 있다.

하느님의 인도는 희미하고 미묘한 수많은 암시로 이루어져 있으며, 사람이 당장 그것을 따른다면 평탄한 길이 될 것이다. 하지만 당장 따르지 않으면 하느님의 경고는 갈수록 엄격해진다.

3월 23일

더 이상 어떠한 고집과 향락도 머릿속에 들어 있지 않은 것은 더할 나위 없이 훌륭한 경지이다. 그렇게 되면 매일매일 뭔가 새롭게 좋은 일이 일어난다. 분노가 사라지고 내 쪽에서 요구하지 않아도, 모든 사람들이 내가 원하는 대로 해준다. 지금까지 오랫동안 극복하려고 헛되이 노력해온 수많은 설섬//사시, 마치 수액이 다하여 매달려 있을 힘이 없어진 마른 잎이 바람에 실려 흩어지듯 저절로 사라져버린다. 보헤미아 형제단 찬송가 685, 686번 참조.

이사야 49장 15절*25은 누구든지 자신의 것으로 할 수 있는 거룩한 약속이다. 하느님에 대해 성실한 마음과 약간의 인내심만 있으면, 그 약속에 기만당하는 사람은 아무도 없을 것이다. 참으로 많은 사람들이 이 약속으로 위로받고, 또 그것의 도움을 받아 삶의 고난을 헤쳐 나왔다. 당신이라고 그렇게 하지 못할 리가 있겠는가? 그러나 당신이 원하지 않는다면, 당신 마음에 드는 철학자나 시인, 아니면 음악가에게 인생의 모든 고난의 순간에 도움을 청해보라. 더욱 믿음직스럽지 못한 것은 그때그때 기분에 따라 하느님과 스피노자와 다윈을 번갈아 믿는 것이다. 그런데 이것은 현대의 교양 있는 사람들에게서 흔히 볼 수 있는 현상이다.

3월 24일
탄식

오, 주여! 내 마음의 평화여
당신의 축복을 내려주소서.
길을 서둘러 나를 인도하여
높은 목표로 이끌어주소서.

이 세상은 나에게서 사라졌습니다.
그 기쁨은 너무나 보잘 것 없습니다.
그러나 사념은 포로가 되고
활동은 고통을 줍니다.

이 세상에 머무는 것은 참으로 괴롭고
마음의 근심은 끝이 없습니다.
주여, 모습을 보여주소서.
언젠가 끊어야 할 인연을 놓아주소서.

---

*25 여인이 어찌 그 젖 먹는 자식을 잊겠으며, 자기 태에서 난 아들을 긍휼히 여기지 않겠느냐? 그들은 혹시 잊을지라도 나는 너를 잊지 아니할 것이라.

당신의 사랑은 너무나 뜨거워
친구로서는 너무 강한 분이십니다.
그러나 두 사람의 주를 섬길 수는 없나이다.
이 세상은 이제부터 나의 적입니다.

이 길을 저는 버릴 수가 없습니다.
또 하나의 길은 이미 잃어버렸습니다.
그러나 새로운 세계의 힘을
아직 나는 붙잡을 수가 없나이다.

나아갈 길은 걱정이지만
여기서 돌아가고 싶지는 않습니다.
간절히 바라는 것은
새벽과 당신의 은총의 빛.

아직 얼마나 더, 즐거움이 없는
이 암흑 속을 가야 할까요?
오, 주여! 저의 탄식을 들어주옵소서.
그리고 밝은 낮이 오게 하소서.

⚜

'높은 데 마음을 두지 말고, 도리어 낮은 데 처하며, 스스로 지혜 있는 체 말라.'[26]

이 진실한 말에도 약간의 설명과 보충이 필요하다. 올바른 사람에게 숭고하고 위대한 것은 오직 하느님뿐, 그밖에는 아무것도 없다. 비교적 위대하다고 할 수 있는 것이 있다면, 자애로운 마음으로 진정으로 정화된 사람인데, 그런 사람은 아주 드물다. 그러므로 그리스도도 누가복음 16장 15절에서, '사람 중에 높임을 받는 그것은 하느님 앞에 미움을 받는 것이니라'고 했다. 이 말은 처

---

[26] 로마서 12장 16절.

음에는 아마 가혹하게 들릴 것이다. 그래서 현대의 설교가들도 이 말을 섣불리 인용하지 않는다.

그리스도는 그 시대의 귀인과 부자의 집에서나 총독과 왕 앞에서도, 가는 곳마다 놀라울 정도의 임기응변을 발휘했다—임기응변이라는 말을 그리스도에게 써도 된다면—실제로 현대의 뛰어난 목사들도 부호와 신분이 높은 사람을 상대로 할 때, 이런 임기응변을 갖추고 있는 것은 아니다. 가짜 고귀함과는 대립하고 작은 것을 사랑하며, 필요하면 언제라도 거만한 자에게 침착하게 예를 잃지 않고 대항하는 이러한 진정한 '고귀함'을 몸에 익히는 것은 인생에서 가장 어려운 과제이다. 진정한 인간의 위대성에 도달하기 위해서는 수많은 겸손과 아울러 자신의 임무와 사명에 대한 견고하고 흔들림 없는 신념이 필요하다. 시편 18편 35절*27 참고.

3월 25일

거짓 평화와 참된 평화
(타울러 설교집 제126)

주여, 당신의 아들들이
마음속 깊이 지닌 평화는
황금의 잔처럼 보이지만
그 속에는 고통이 가득 차 있나이다.

우리는 이 세상의 여로 위에서
그저 쉬기 위해 태어난 것이 아닙니다.
이 세상에서 평안을 구해도 얻지 못하고
여기서 쉬는 자는 멸망하고 맙니다.

삶은 처음부터 엄격한 것
유희를 허락할 여유는 없습니다.

---

*27 주께서 또 주의 구원하는 방패를 내게 주시며, 주의 오른손이 나를 붙들고 주의 온유함이 나를 크게 하셨나이다.

이 세상에 있는 평안은 오직 하나
위대한 목표를 향한 확신뿐.

주여, 앞으로도 제 기도에 귀 기울여 주신다면
이제 당신께 평화를 구하지 않겠나이다.
평온함 속에 안주해서는 안 됩니다.
원하는 건 오직 용감한 자의 힘이 주어지는 것뿐.

지상에서는 적진 한가운데에서
힘든 싸움을 하게 해주옵소서.
천상의 구원받은 사람들의 집에 가서야
저는 평화의 야자수 가지를 꽂고 싶나이다.

❧

이상한 것을 보고 듣는 것에 대해 꽤나 궁금하겠지만, 나도 그것을 자세히 설명할 수는 없다. 어쨌든 듣는 것은 마음으로 듣는다. 그것은 언제나 이를 데 없이 명료한 말이며, 대개 성서 속에 나오는 말이다.

나는 14살 때 처음으로 마음으로 듣는 것을 경험했는데, 그 뒤 오래 중단되었던 적도 있었다. 이상한 것을 보는 것은 듣는 것에 비해 늦게 찾아온다. 이것은 명료함에서 약간 차이가 있지만, 이를테면 내적 영상의 구체화이다. 그 듣고 보는 것은 이유가 없는 것은 아니나, 늘 전혀 생각지도 않게 찾아온다. 그러므로 그런 일을 인위적으로 일으키려 하는 것은 모독 행위이다. 그것에 대해서는 말하는 것조차 나에게 어울리지 않는 일이고, 결코 잘 설명할 수도 없다. 더구나 그런 일은 전혀 쓸데없는 일이기도 하다. 이상한 것을 보고 듣는 것은 하느님이 주신 선물이며, 그것을 경험한 사람에게는 경탄할 일이지만, 오직 그 당사자에게만 의미가 있는 것이다.

그러므로 당신은 그것에 대해 더 이상 깊이 생각하지 않는 것이 좋다. 그런 현상은 인생에서 설명할 수 없는 것에 속하므로, 이른바 아디아포라*28의 하나

---

*28 어느 쪽이든 상관없는 일.

이기도 하다. 깊은 신앙을 토대로 올바르게 행동하는 것이 훨씬 더 훌륭하다. 그런 사람은 이러한 이상한 현상을 필요로 하지 않는다. 그것은 아주 특별한 상황에서 하느님이 주시는 예외적인 도움일 뿐이다.

진심으로 하느님을 믿고, 그 믿음이 단순히 입에 발린 소리가 아니라면, 유물론적 세계질서에서는 불가능한 것으로밖에 볼 수 없는 많은 일들이 당연한 것이 되기 시작한다.

3월 26일

내 생애에는 마치 몽유병자와 같았던 적이 수없이 있었다. 눈을 뜨고 있었다면 결코 걸으려 하지 않았을 위험하기 짝이 없는 좁은 길을, 마치 보이지 않는 손에 이끌리듯 나도 모르게 걸어갔다.

다만 이따금 마치 누가 부르는 소리에 정신이 든 것처럼, 갑자기 나의 생각이 대부분의 다른 사람들 생각과 크게 다르다는 것을 깨달을 때가 있었다. 사실 마음의 평정을 잃고 싶지 않다면, 그것을 스스로 인정해서는 안 된다.

어떤 짓궂은 비평가가 나에게 했던 참으로 지당한 말처럼, 나는 살아 있는 사람보다 오히려 죽은 사람들과 정신적으로 교감할 때가 많았고, 또 동시대인보다 수백 년 전의 사람을 더 잘 이해해 왔다. 내가 가장 잘 이해한 사람들은 그리스도, 요한, 단테, 토마스 아 켐피스, 타울러, 크롬웰, 그리고 최근의 사람들 가운데에는 칼라일, 블룸하르트, 부스 부인, 톨스토이 등이다. 다만, 톨스토이에게는 상당히 보류해야 할 점이 있지만.

⚜

이 세상, 또는 한 나라와 민족 안에서 때때로 악이 선을 대표하는 사람들을 공격하며, 그들의 진로에 커다란 장애물이 되는 것이 허락되는 시대가 있다. 만약 당신에게 그런 일이 일어난다면, 그것은 하느님이 허락한 일임을 잊지 말고, 담담하게 맞이하는 것이 좋다. 다만 당신은 어떤 잘못에도 가담하지 않도록 주의해야 한다. 시련이 그 목적을 이루고 나면, 적은 저절로 침묵하기 마련이다.

3월 27일

내적 진보를 보여주는 가장 좋은 징후는 선량하고 영혼의 기품이 높은 사람들 속에 있으면 마음이 편안하지만, 범속한 사람들 속에서는 언제나 불쾌감을 느끼는 것이다.

이것은 우리 내세의 삶도 결정한다. 정말 그런 삶이 있다면, 사람은 저마다 자신의 정신적 본성과 그 진보 단계에 따라 거기에 어울리는 데까지 갈 수 있고, 또 그렇게 될 것이다. 그렇지만 자신의 능력에 없는 그 이상의 것을 구하여 분발하는 사람도, 그런 간절한 동경 때문에 그보다 높은 세계에 속할 수 있는 은총을 입을 수 있다. 아가 6장 11절 참고.

⚜

레싱이 말했던 것처럼 진리를 영원히 의심하고 묻는 사람은 분명 올바른 진리의 길에 있다고 할 수 없다. 결국 두세 가지 중요한 사항이 그 사람의 마음에 굳은 확신으로 자리잡지 않으면 안 된다. 즉 하느님은 존재한다는 것, 또 '성품을 다해 하느님을 사랑하고, 내 이웃을 내 몸처럼 사랑할 것', 또는 구원으로 가는 길의 안내자는 그리스도이지, 부처도 플라톤도 칸트도 아니라는 것, 이런 것들을 더 이상 의심해서는 안 된다.

그런데 이와 반대되는 사상을 가진 신문 논설과 헤겔 류의 소논문을 읽는 순간, 또다시 위의 진리를 문제삼고 싶다면, 더 이상 나를 번거롭게 하지 말고 내버려 두기 바란다. 인내심이 강했던 사도 바울도 새로운 설교에만 귀를 기울이며 좀처럼 단단한 믿음을 가질 수 없었던 그 갈라디아인에게 더 이상 참지 못하고 분통을 터뜨렸다. 단호하게 의심을 버려야 할 때가 언제인지, 그 한계를 자신에게 부과하는 것이 오늘날에는 더욱 필요하다. 젊은 사람이라면 그런 진리에 대한 모색을 아직은 너그러이 봐줄 수 있지만, 연륜이 있는 사람은 그래서는 안 된다. 왜냐하면 하느님을 찾거나 잃어버리고, 또 버리는 끊임없는 변덕은 노인에게는 정신적으로 건강하지 못하다는 표시이기 때문이다. 당신은 회의주의자가 되어서는 안 된다. 오히려 신뢰할 수 있는 '진리를 위해 함께 수고하는 자'가 되어야 한다.[*29]

때로는 마치 악을 위해 그 영광의 날이 허락되어 있는 것처럼 보이는 일이 있다. 나도 크고 작은 일들에서 이것을 경험했다. 그러니 이것은 그리스도의

---

*29 요한삼서 1장 8절.

제자들에게는 늘 겸손하고 조심성이 있어야 하는 이유가 되고, 또 개혁자와 전도자에게는 인간에게 의지해서는 안 된다는 이유는 될지언정, 결코 회의주의를 인정하는 것은 아니다.

3월 28일

'세상에는 너무 완고하고 외곬으로 오직 미래에 소망을 걸고 있는 사람이 있다. 결코 찾아오지 않을 미래에(레키).'

이것은 참으로 맞는 말이다. 우리는 미래에 대해 염려하고 계획하며 고심하는 것을 그만둬야 한다. 하지만 그 전제로서 우리가 옳고 곧은 길에 있으며, 더 이상 다른 길을 찾을 필요 없이 오직 그대로 나아가기만 하면 되는 상태가 되어야 한다. 창세기 17장 1절*30의 말도 바로 이것이다.

⚜

당신은 최후의 순간까지 시련에 봉착할 것이다. 그 시련은 어떤 때는 외부에서 당신에게 반대하거나 적의를 가진 사람들을 통해 일어나지만, 또 어떤 때는 내부에서 일어나기도 한다. 왜냐하면 당신 내부에는 여전히 삶을 유지하려는 지난날의 잔재가 남아 있기 때문이다. 이러한 장애가 전혀 없는 영원한 지상 낙원 같은 것은 있을 리가 없다.

그러나 그래도 모든 적을 이길 수 있는 마음의 평화와 암울한 시기에도 광명이 다시 빛날 때까지 의연하게 자신을 지켜가는 힘, 그리고 적어도 이 어둠 속에서 염세적인 기분에 몸을 맡기거나 그 어떤 방법으로 타협하여 어둠의 편에 가담하는 것을 막을 수 있는 힘은 분명히 있다. 이 마음의 평화와 힘은 피할 수 없는 고난을 만났을 때 우리에게 위안이 된다. 당신도 원하기만 하면 반드시 얻을 것이다. 이러한 것을 지상에서는 발견하기 어렵기 때문에, 그런 의미에서 세상을 '눈물의 골짜기'라고 하지만, 그것은 진실이 아니다. 수많은 사람들이 이것을 깨닫도록 하는 것이 지금 우리에게 부여된 중요한 과제이다. 왜냐하면 '교양 있는 사회'는 대부분 '삶의 즐거움을 만끽하는 것'이나 염세주의밖에 모를 뿐만 아니라 때로는 그 양쪽을 함께, 또는 교대로 경험하고 있는 실정

---

*30 나는 전능한 하느님이라. 너는 내 앞에서 행하여 완전하라.

이기 때문이다.

3월 29일

게으른 경향이 있는 젊은 사람들 대부분은 종교적 진리와 최상의 처세법을 간단한 말, 즉 격언풍으로 표현한 것을 좋아한다. 그러나 처세법을 간단한 말로 표현할 수 있을지 상당히 의심스럽다. 인생에는 여러 단계가 있고, 그것을 올바르게 거치면서 차츰 높은 목표와 식견으로 나아가야 하기 때문이다. 그러나 인생 초보자를 위해 그런 짧은 말이 필요하다면, 마태복음 6장 33절[31]을 펼쳐보라. 이것이야말로 세상에서 가장 확실한 것으로, 이 말을 진지하게 시험하여 성취하지 못한 사람은 아마 지금까지 아무도 없을 것이다. 또 종교적인 진리를 짧은 문장으로 표현하는 것은 신앙 조항에서도 시도되고 있는데, 그중에서도 이른바 '사도신경'은 오늘날 모든 그리스도교회에서 공통되는 것이다.

한편 요한복음 17장 3절[32]은 그리스도가 하신 말씀으로 그것만으로도 의미가 충분하여 아마 논쟁거리가 되는 일도 적었을 것이다.

❦

전체적으로는 조금 위험한 내용을 가진 W.T. 스테드[33]의 주목할 만한 저서 가운데 다음과 같은 말이 있다. '보편적이고 완전한 사랑이라는 것은 하느님의 이상이다. 설사 불륜의 사랑이라도 그 사랑이 당신을 자아에서 끌어내어 높여 준다면, 사랑이 없는 이기적인 결혼생활보다 당신을 천국으로 다가갈 수 있게 한다.' 이것은 매우 위험한 진리라 교회에서 설교할 수 있는 것이 아니지만, 그럼에도 이 같은 진리를 그리스도가 이해한 것처럼 이해할 수 있는 사람들에게는 역시 진리임에 틀림없다. 누가복음 5장 32절, 7장 47절[34] 참고.

---

[31] 너희는 먼저 그의 나라와 그의 의를 구하라. 그리하면 이 모든 것을 너희에게 더하시리라.
[32] 영생은 곧 유일하신 참 하느님과 그의 보내신 자 예수 그리스도를 아는 것이니이다.
[33] 20세기 초 영국의 저명한 저널리스트.
[34] 내가 의인을 부르러 온 것이 아니요, 죄인을 불러 회개시키러 왔노라.

3월 30일

우리도 거인 크리스토포루스*35처럼 이 지상의 가장 위대한 주인만 섬기겠다고 결심하지 않으면 안 된다. 하지만 현대에서 그 주인이란 물질적 진보와 향락일까 혹 과학이나 예술일까. 또는 조국과 그 대표자—국민 또는 군주—나 인도주의일까. 그도 아니면 교회나 하느님과 그리스도일까?

이에 대해서는 당신이 결정하고, 그런 다음 마음을 다하고 성품을 다하여 바르게 섬기도록 하라.

❧

그리스도교의 합리적인 부분, 즉 지성을 갖춘 보통사람이면 누구라도 이해할 수 있는 부분은 선한 의지를 가진 사람에게는 친숙한 것이다. 왜냐하면 이 종교는 적어도 지금까지 알려져 있는 어떤 종교보다 뛰어나고, 또 인간적인 면에서 친절하다는 것을 쉽게 알 수 있기 때문이다.

이에 반해 신비한 영역에 속하는 부분, 즉 하느님과 개인의 내적이고 직접적인 관계는 설명할 수 없는 것으로, 오직 자신의 경험을 통해 이해하는 수밖에 없다. 그런데 그 경험은 그것을 오로지 연구하고 저술하는 데만 몰두하거나, 심지어 비판하려는 사람들에게는 결코 주어지지 않는다. 그들 가운데 그런 경험을 한 자는 아직 아무도 없다. 그렇기 때문에 그들은 하느님과의 신비로운 관계를 오히려 쉽게 부정할 수 있다. 그래도 그들은 하느님과 그 직접적인 행위를 잘 알고 있으면서도 부정하고 비난하는 사람보다는 쉽게 용서받을 수 있다.

생각건대, 하느님을 알면서도 거부하는 것은 아주 무거운 죄이며, 그것은 이미 수많은 불안한 영혼들에게 슬픔의 원인이 되고 있다. 그에 비해 단지 내적인 경험이 부족하여 하느님을 부정하는 사람들에게는 아직 은혜를 받을 수 있는 기회가 남아 있다. 비록 그것이 현세의 삶 뒤에 이어지는 내세의 삶에서

---

*35 가톨릭의 14성인(聖人) 가운데 한 사람. 전설에 의하면 그는 나루터지기였는데, 이 세상에서 가장 위대한 주인을 찾다가 젖먹이의 모습을 한 그리스도를 그리스도인 줄 모르고 업어서 강을 건너게 해주다가 도중에 강물에서 세례를 받고 그를 따랐다고 한다.
이러므로 내가 네게 말하노니, 저의 많은 죄가 사하여졌도다. 이는 저의 사랑함이 많음이라. 사함을 받은 일이 적은 자는 적게 사랑하느니라.

허락된다 하더라도.

3월 31일

사람은 성실할 뿐만 아니라 사랑스러운 면을 지니지 않으면 안 되는데, 이런 성질은 올바른 사람에게는 가끔 뒤늦게 나타나거나 전혀 나타나지 않고 끝나는 경우도 있다. 그래서 이 세상에는 성실하지는 않아도 사랑스러운 사람이 위대한 덕의 표본 같은 인물보다 오히려 사람들의 사랑을 받는 일이 많다.

⚜

'그러므로 땅이 변하든지 산이 흔들려 바다 가운데 빠지든지 우리는 두려워 아니하리로다. 한 시내가 있어 나뉘어 흘러 하느님의 성, 곧 지극히 높으신 자의 장막의 성소를 기쁘게 하도다.'*36

이것은 하느님을 믿는 자가 다가오는 고난의 시대에 대하여 안심하는 마음이다. 그리스도교가 이러한 용기를 주지 못한다면, 아직 그 생명력을 충분히 드러내지 못하고 있는 것이다.

이것은 또 하느님 성(城)의 모습이기도 하다. (시편 87편 3절, 이사야 1장 26절, 요한복음 14장 23절, 히브리 11장 16절,*37 12장 22절) 성 아우구스티누스는 이것과는 다른 하느님의 성을 마음에 그렸는데, 그것은 세계를 지배하는 교회의 모습이었다. 신앙으로 개인적인 인도에 아직 적응하지 못한 사람들을 위해 이러한 하느님의 성(교회)이 지금까지 존재해 왔고, 앞으로도 영원히 존재할 것이다. 그 점에서 그런 사람들을 혼란에 빠뜨려서는 안 된다. 그러나 당신은 당신에게 '부탁한 일'을 기뻐하라. 디모데전서 6장 20절*38 참조.

---

*36 시편 46편 2·4절.
*37 저희가 이제는 너 나은 본향을 사모하니 곧 히늘에 있는 것이라. 그러므로 하느님이 저희 하느님이라 일컬음 받으심을 부끄러워 아니하시고 저희를 위하여 한 성을 예비하셨느니라.
*38 디모데야! 네게 부탁한 것을 지키고 거짓되이 일컫는 지식의 망령되고 허한 말과 변론을 피하라.

4월

4월 1일

위대한 사상은 오직 크나큰 고통으로 깊이 정화된 마음의 토양에서만 성장한다. 그런 고통을 모르는 마음에는 천박함과 범용함이 사라지지 않고 남아 있다. 아무리 의자 위에 올라서서 발돋움을 해도, 설사 그 의자가 종교적이고 과학적인, 아니면 철학적인 것이거나, 인간적인 특성의 것일지라도 소용없다. 그러나 어쩔 수 없는 경우가 아니면, 어느 누가 열매는 풍부하나 동시에 무서운 그 길에 스스로 걸어 들어갈 용기를 낼 수 있을까? 또 하느님께서 이끄는 손길이 없으면, 과연 누가 심연의 칼날처럼 좁은 가장자리를 걸어갈 수 있을까?

깊은 바닥에서

바야흐로 다가오고 있다, 거대한 파도와 처참한 죽음이
진정 너는 지옥문 앞에 왔구나.
옛사람은 단말마의 고통 속에 있고
방금 태어난 새 사람 또한 괴로운 듯 한숨 쉰다.

나의 길은 신비로운 나라로 나아간다.
아득한 저 끝자락의 무서운 곳으로
어둠에 싸인 채 형언할 수 없는 생각에 잠겨
우리는 심연의 가장자리를 나아갔다.

심판이 내려졌다. 내가 아는 것은 오직 그뿐
이 길이 눈앞이 아찔한 심연의 가장자리를 지나가기 때문이다.

세상은 이미 멀리 내 등 뒤에
나는 지금 월계관이 아니라 아픈 화살을 받았다.

가슴속 신음만이 나의 구원입니다.
구세주여, 당신에게 나를 맡기나이다.
싸움은 당신의 것, 영광 또한 당신의 것입니다.
나를 죽게 하여 당신의 생명으로 소생하게 하소서.

❖

악과의 끊임없는 싸움은 사람들을 몹시 지치게 하여 인생을 풀 수 없는 수수께끼로 생각하게 한다. 우리가 잠시나마 휴식과 향락을 취한다면, 악은 곧바로 뭔가의 형태로 힘을 되찾아 오랜—악의 편에서는 아직 시효가 끝나지 않았으므로—그의 권리를 다시 주장하기 시작한다. 누가 뭐라 해도 악은 바로 '이 세상의 왕'으로서, 그 자리에서 쫓겨나도 여전히 지배권을 포기하려 하지 않는다. 다만 악이 지배권을 쥐려면, 인간이 자유의지로 동의해야 한다. 그리스도교 신앙의 기초인 이 자유의지의 필요성에 대한 문제가 오히려 많은 사람들에게 고통과 두려움을 준 것이다.

그래서 사람들은 이를 막기 위한 보조수단을 생각해냈다. 이를테면 모든 악과 그 결과에서 보호받기 위해 그저 가입하기만 하면 된다는 교회나, 세상과의 접촉을 끊는 신앙생활—그러나 이것은 마음속의 독을 아직 다 토해내지 않은 하나의 도피책이다—그리고 그리스도의 속죄로 이미 의로움을 인정받았다는 교리—자신의 책임을 내팽개치고 타인에게 책임을 떠넘기려는 생각—가 그것이다. 과연 잠시나마 이런 수단으로 자유의지에 의한 끊임없는 선택과 고뇌를 피하려고 시도해 본 적이 없는 사람이 있을까?

그러나 그런 방법에서 단호하게 눈을 돌려야 한다. 그것들은 당신을 더 높은 단계로 이끌어주지 못할 뿐 아니라 마지막에는 그것으로 인해 심판을 면할 수 없다. 실제로 당신은 그 심판에 따라 이 인생의 마지막에 당신에게 합당한 새로운 성대에 들이기는 것이며, 또 그럴 수밖에 없다.

이와는 다른 심판이라는 개념은 옳다고 할 수 없다. 그 심판이 당신에 의해 내려지는 것이 아니라 제삼자에 의해 내려지는 것이라 해도, 고작 '이 여자는 힘을 다하여 하였느니라*¹라는 말을 들을 뿐이다. 그러나 당신이 힘을 다하고자 결심하는 정도의 일은 반드시 하지 않으면 안 된다.

그 이상은 은총의 힘에 달려 있다. 은총은 그저 결여된 것을 기계적으로 보충하는 것이 아니라, 인간 내부에서 그 결여된 것을 가능한 것, 존재하는 것으로 바꾸는 것이다. 이런 생각은 양 교파인 가톨릭과 개신교의 교리문답서와 완전히 일치한다고는 할 수 없지만, 인생의 경험과는 잘 일치한다.

4월 2일

언제나 가능한 한 어둠으로 몸을 가리고 미덕의 가면까지 쓰려는 것이 악의 술책이다. 악은 향락욕은 인색하지 않은 것이라 하고, 증오와 질투는 진리를 사랑하기 때문이라고 한다. 야심을 활동욕이라고 꾸며대고, 태만을 출세욕에 대한 혐오, 아니, 하느님의 의지에 자신을 송두리째 맡기고 있는 거라고 변호한다. 다만 이따금 대담하기 짝이 없는 철학자와 현실주의 정치가가 나타나, 진정한 악의 모습을 보여주며 '모든 가치의 전환(니체)'을 시도한다.

그러나 그와 동시에 벌써 건전한 회귀가 시작된다. 한때는 모든 선에 대한 이러한 대담한 도전에 망연자실했던 일반대중도 결국 그러한 시도를 원치 않게 된다. 그렇게 되면 악의 편에서도 한동안은 다시 가면을 쓸 수 없다. 그래서 가면은 일시적으로 벗겨지고, 사람들은 악의 추악한 모습을 있는 그대로 고스란히 목격할 수 있다. 우리는 지금 바로 그런 시대에 살고 있다. 무슨 철학이니 윤리니 하는 것으로 그리스도교를 대신하려는 모든 시도가 어차피 실패로 돌아갈 것임을 알게 되면, 그리스도교는 다시금 진정한 각성을 향해 나아가게 될 것이다.

⚜

당신은 사회정책이니 평화운동, 또는 이와 비슷한 일에 너무 깊숙이 발을 들여놓아서는 안 된다. 그것은 분명 흥미롭고 칭찬할 만한 노력이기는 하지만, 그것으로 사회문제와 그 밖의 어떤 문제가 해결되는 것은 아니다. 그것으로 이 세상에 존재하는 모든 종류의 비참한 일은 조금도 줄지 않는다.

---

*1 마가복음 14장 8절.

결국 인류는 공짜보다는 많은 사랑에 의해서만, 또 누구나 그 '이웃'에서부터 시작해야만 하는 개인적이고 진정으로 강한 사랑에 의해서만 구원받을 수 있다. 이 사랑의 정신이 바로 진정한 그리스도교의 정신이며, 이것이 세상을 구원하는 것이다. 그 밖의 것은 이와 반대로 무턱대고 목소리만 높이는 헛된 노력에 지나지 않는 경우가 많다. 세상 사람들은 더 이상 잘못된 이상을 좇지 않아도 되도록 이 사실을 좀 더 분명하게 깨달아야 된다.

누가 먼저랄 것 없이 우리 한 사람 한 사람이 자신과의 관계에서 지금까지와는 완전히 다른 사고방식으로 바꾸고, 권리와 현실정책을 통해서가 아니라, 또 '크게 전체를 위해' 일하려는 생각이 아니라 진심으로 사랑을 확인하는 것에서 시작해야 한다. 사실 크게 전체를 위해 일하는 것이 세상 사람들 앞에 훨씬 큰 명예가 될 수 있겠지만, 하느님 앞이나 자신의 양심 앞에서는 그렇지 않으며, 그런다고 '세상의 왕'인 사탄의 지배가 달라지는 것도 아니다. 그래서 세상의 왕은 자신을 두려워해야 할 이유가 있어 보이는 사람들을 한 사람도 남김없이 단체와 협회와 파벌 속으로 끌어들이려고 끊임없이 안간힘을 쓰게 된다. 그렇게 하면 사람들은 그 사탄에게 더 이상 위험한 존재가 아니기 때문이다. 누가복음 10장 25~28절*² 참고.

4월 3일

잠언 16장 32절*³을 보라. 우리는 그저 자신의 감정과 기분에 따라 행동해서는 안 된다. 감정과 기분은 우리가 특별히 도와주지 않아도 저절로 존재하는 것으로, 우리의 삶 전체에 영향을 미친다. 그러나 날씨처럼 우리 힘으로 바꿀 수는 없어도 거기에 맞설 수는 있다. 그럼으로써 성격이 차츰 견고해져서 마침내 감정은 부차적인 것이 되고, 생활의 단조로움을 깨는 변화로서 도움이 될 뿐이다. 그것은 이를테면 계절과 날씨의 변화, 또는 낮과 밤의 변화 같은 것

---

*2 어떤 율법사가 일어나 예수를 시험하여 가로되 '선생님 내가 무엇을 하여야 영생을 얻으리이까?' 예수께서 이르시되 '율법에 무엇이라 기록되었으며 네가 어떻게 읽느냐?' 대답하여 가로되 '네 마음을 다하며 목숨을 다하며 힘을 다하며 뜻을 다하여 주 너의 하느님을 사랑하고, 또한 네 이웃을 네 몸과 같이 사랑하라 하였나이다.' 예수께서 이르시되 '네 대답이 옳도다. 이를 행하라. 그러면 살리라!'

*3 노하기를 더디 하는 자는 용사보다 낫고, 자기의 마음을 다스리는 자는 성을 빼앗는 자보다 나으니라.

이 된다.

특히 어린이는 어릴 때부터 감정에 흔들리지 않고, 감정을 조절할 수 있도록 엄격한 교육을 받아야 한다. 어린이의 기분에 맞춰 조금도 양보해서는 안 되며, 그것을 심각하게 받아들여도 안 된다. 그렇지 않으면, 오늘날 흔히 볼 수 있는 쓸모없는 불행한 인간이 되고 만다.

그러나 이렇게 하면, 이사야 제25장, 제61장 및 보헤미아 형제단 찬송가 732번에 있는 일정하고 지속적인 기분이 일어난다.

마음속의 악과 세속적인 것은 우리가 강하게 선을 원하면 잠시 뒤로 물러선다. 그러나 이는 훗날을 위해 공격의 손길을 숨겼을 뿐, 우리가 지치거나 내적인 성공을 확신하고 기뻐서 마음을 늦추기라도 하면, 곧 다시 공격해 들어온다. 그런 때 악은 늘 실패를 만회하기 위해 안간힘을 쓰는데, 그것이 자주 성공을 거둔다.

❦

인생에서 무엇이 가장 어려운지 알고 싶은가? 본디 이 물음에 대해서는 개인적인 대답밖에 얻을 수 없다. 그러나 일반적인 대답을 한다면 이렇게 말할 수 있으리라. 즉, '하느님으로부터 멀어지는 것이 바로 가장 어려운 것'이다. 그러나 이것도 모든 사람이 똑같이 느끼는 것은 아니다.

나에게 가장 어려웠던 것은 욕심을 극복하는 것도, 넓은 의미에서 자신의 감각과 감정에 대한 집착을 극복하는 것도, 또 신앙 문제도, 인간에 대한 체념이나 그들의 좋은 평판을 단념하는 것도 아니었다. 그런 일들은 나에게는 오히려 너무 쉬웠으며—그것이 오히려 내 결점이기도 했지만—가장 어려운 것은 인내였다. 인간의 가장 좋은 성질은 인내심을 가지고 천천히 성장하는 것인데, 이는 악과 이기심은 좀처럼 쉽게 물러가지 않기 때문이다. 그래서 우리는 인간을 상대로 그들의 진보를 도와주고자 할 때, 거의 초인적인 인내심을 가지지 않으면 안 되는 것이다.

4월 4일
누구든지 일시적으로 신앙의 동요에서 완전히 벗어날 수는 없다. 그렇지 않다면 '믿는다'고 말할 수 없을 것이다. 그러나 신앙상의 경험을 거듭하는 사이 신앙은 차츰 지식이 되어간다. 그러므로 사도 베드로는 다음과 같은 참으로 옳은 말을 했다. '우리는 우리가 알고, 본 것에 대해서만 말한다. 다만 공교히 만든 이야기를 좇은 것은 아니었다.'[4]

현대에도 복음 설교자는 자신에 대해 이와 같이 말할 수 있어야 한다. 그것이 불가능하면 그의 설교는 쓸모없는 것이 된다.

바그너의 아름다운 오페라를 통해 우리에게 더욱 친숙해진 로엔그린의 전설은 이 점을 사람에게 잘 이해하게 해준다.

인류의 진정한 구세주는 그 독자적인 정신적 본질을 갖추고 미지의 나라에서 찾아온다. 따라서 많든 적든 어딘가 이상한 데가 있다. 동시에 그는 '어둠과 고통'에서 오는 것이 아니라 '빛과 기쁨'에서 찾아온다. 사람들은 그를 접하면, 먼저 그 구세주가 새로운 생명 속에 잠겨 있음을 틀림없이 느낄 것이다. 오늘날의 예언자에게서 볼 수 있듯, 그저 인간의 고통을 탄식하는 노래와 그 묘사, 또는 자연과학과 사회주의의 단순한 대결, 그것도 극히 힘없는 대결로는 사람들에게 조금도 감명을 줄 수 없고, 애초에 예언자라는 이름에 걸맞은 것도 아니다.

✣

하느님을 외면하는 자가 이 세상에서 벌을 받지 않는다고 너무 개탄할 필요는 없다. 사랑이 없는 영혼이 하느님에게 버림받고 어둠 속에서 살아야 하는 것은 숙명이며, 그것은 외적인 형벌과 비할 수 없을 만큼 엄격하다.

"그렇다. 그러나 벌을 받은 자는 그렇게 느끼지 않는다."

내 경험에 의하면, 그것을 느끼지 못하는 것은 일부 사람들의 경우뿐이다. 그렇지 않다면, 그들이 그토록 무모하게 오락과 자극과 기분전환을 추구하다가 끝내 술과 모르핀에까지 손을 대며 고통을 잊으려 하지는 않을 것이기 때문이다.

뭐든지 고귀하고 호화로운 것만 찬미할 만큼 무지하지 않다면, 하느님을 외면하는 사람은 사신의 비참함을 더욱 확실하게 느낄 것이다. 따라서 하느님을

---

*4 베드로후서 1장 16절 참조.

외면하는 이들은, 언제나 비교적 어수룩한 사람들이 자신들에게 경탄하는 것에 힘입어 기운을 조금 회복할 뿐이다. 악인이 떨어지는 지옥은 언젠가 그들이 그곳에 가보면, 그저 그들과 같은 나쁜 무리밖에 없을 것이다. 이 사실은 그 악인들에게도 고통이 아닐 수 없다. 이 세상에서 악의 힘이 강한 것은 바로 무슨 일에나 우유부단한 사람들의 공포심과 불신을 토대로 하고 있기 때문이다.

4월 5일

아무리 올곧은 사람이라도 평생에 한번은 '죄인의 한 사람'에 들기 마련이다.*5 그렇지 않다면 좋은 징조라고 할 수 없다. 이런 경우 하느님을 위안으로 삼는다면, 다시 말해 모든 인간의 비판을 훨씬 넘어 힘을 주는 하느님의 위안과 그 위안을 확신하는 데서 생기는 깨끗한 양심—진정으로 깨끗한 양심은 오직 이것뿐이다—이 주어진다면, 세상 사람들의 비판도 쉽게 극복할 수 있어서 그것도 생각했던 것처럼 나쁘거나 위험한 것이 아님을 깨닫게 될 것이다.

사람은 이러한 경험을 거침으로써 비로소 용기 있는 인간이 되고, 하느님께서 자신의 싸움에 이용할 수 있게 된다. 그때까지는 모든 사람이 다 겁쟁이여서 막상 필요할 때 하느님의 편에 서는 것을 두려워한다.

✣

진정한 우리 구세주 예수 그리스도는
우리의 고난을 짐 지셨나니
병든 자의 마음을 헤아리시므로
누구도 절망해서는 안 된다.

이것은 진실이며, 모든 고난에 좋은 위안이 되어준다. 고난에 처했을 때, 그리스도는 실제로 그분이 스스로에 대해 말했던 그대로임이 드러났다. 그는 특별한 분이며, 그 '본성'은 결코 '설명할 수 없는' 것이다. 누가복음 10장 22절*6

---

*5 마가복음 15장 28절.

*6 내 아버지께서 모든 것을 내게 주셨으니, 아버지 외에는 아들이 누군지 아는 자가 없고, 아들과 또 아들의 소원대로 계시를 받는 자 외에는 아버지가 누군지 아는 자가 없나이다.

을 보라.

만약 그리스도가 단지 2000년 전에 살다 죽은 한 고귀한 인간에 지나지 않았다면, 분명히 몇 가지 훌륭한 삶의 원리를 남기기는 했겠지만, 당시와 다른 환경 아래에서 그 원리를 지켜나가는 힘을 주거나 그의 가르침으로 인해 이 세상과의 싸움에 빠졌을 때 우리에게 위안을 줄 수는 없었을 것이다. 이 점에서 보아도 순수하게 이론적인 유니테어리언주의에는 인간이 필요를 느끼고 종교에서 구하지 않을 수 없는 것, 즉 초자연적인 힘과 구원이 결여되어 있다. 마태복음 11장 28~30절*7 참고.

4월 6일

오늘날 인간사회에서 가장 필요한 것은 아마 진실을 볼 줄 아는 본능일 것이다. 이 본능은 무수한 조직과 단체, 당파, 선동, 문학적·정치적 조류, 또는 종교 단체와 종파에 휩쓸리지 않기 위해서도 필요하다. 이들의 움직임은 날마다 교양인들을 덮치지만, 진정한 생명을 가진 것은 그중 극히 일부에 지나지 않는다. 대부분은 참으로 덧없는 존재이고, 취지서와 연보를 몇 가지 내는 듯하다가 이듬해에는 벌써 사라지고 없거나, 믿을 수 없는 수많은 작은 분파로 갈라진다. 이런 것들로부터는 가능한 한 멀리 떨어져 있는 것이 좋다.

현대의 가장 큰 문제는 아니더라도 적어도 가장 현실적인 문제라고 할 수 있는 사회주의는 내적으로 진정한 그리스도교에 의해서만 극복할 수 있다. 그밖의 대책은 선량한 사람들의 자기 기만에 지나지 않는다. 오늘날 일부 사람들이 몽상하고 있는 사회주의 국가가 아무리 넓은 범위에 걸쳐 실현된다 해도, 사람들을 만족시키지는 못할 것이다.

무언가 인도적인 사업에 종사하며 당신의 삶을 헛되이 하고 싶지 않다면, 진정한 그리스도교로 나아가 이에 반대하는 다양한 편견을 극복하는 데 힘이 되는 것이 낫다.

"먼저 인간을 개조하라. 그러면 인간의 환경은 저절로 변화한다."

그러나 지금은 사회주의의 성실하고 선량한 지도자들까지 그리스도교에 반

---

*7 수고하고 무거운 짐 진 자들아! 다 내게로 오라. 내가 너희를 쉬게 하리라. 나는 마음이 온유하고 겸손하니 나의 멍에를 메고 내게 배우라. 그러면 너희 마음이 쉼을 얻으리니, 이는 내 멍에는 쉽고 내 짐은 가벼움이라 하시니라.

감을 품는데, 이는 그들이 대부분 진정한 그리스도교를 모르고 있기 때문이다. 또 '그리스도교적' 사회주의의 시도도 지금까지 충분한 성과를 올리지 못하고 있다. 다만 구세군만이 예외로 어느 정도 좋은 면을 가지고 있다.

❧

그리스도교에 마음을 주는 교양인은 누구나 처음에는 특히 파커와 에머슨으로 대표되는 유니테어리언주의에 기울어지기 쉽다. 나는 매우 젊은 시절에 이 신앙의 사도로 등장했던 한 젊은 미국인 부부의 모습을 보고, 단호하게 이 신앙에서 멀어지고 말았다. 뿐만 아니라 교양 있는 가톨릭 신자 가운데에도 근본적으로 우리 그리스도교보다 유니테어리언주의에 가까운 사람들이 있다. 마찬가지로 여러 종류의 철학적인 사람들과 범신론자들도 이 교의에 친밀감을 느낄지 모른다.

그러나 유니테어리언주의는 결코 그리스도교가 아니다. 이 가르침에 반대하여 전통적인 교회가 삼위일체설을 주창하는 것은 아주 정당하다. 다만 교회는 설명할 수 없는 것을 억지로 설명하려는 딱딱한 교리적 형식 때문에 신자들 대부분을 두려움에 빠지게 하고, 그로 인해 교회에서 멀어지게 하고 말았다. 그러나 세상 사람들이 유물론에서 그리스도교로 복귀하려고 노력할 때가 오면, 바로 이 문제가 새롭게 대두할 것이다.

어떤 문제에 대해 실제적이거나 표면적으로 완전해 보이는 설명을 발견했다고 여겨질 때, 그것으로 문제가 '해결되었다'고 말하는데, 이 그리스도교의 근본 문제는 그런 의미에서는 결코 '해결될' 수 없다. 그뿐 아니라 유니테어리언파와 그 밖의 다른 개혁자들이 원하는 그리스도로는 가련한 인류 전체에도, 개인의 영혼의 요구에도 아무런 도움이 되지 않으며, 또 그런 그리스도에 의해서는 애초에 그리스도교라는 것이 창시될 수 없다는 생각이 강한 확신이 되어 영원토록 마음에 남아 있다. 따라서 우리가 끝까지 구세주 곁에 머물러 교리론을 문제로 다루는 한, 삼위일체설을 굳게 지킬 것이다. 누가복음 9장 60절, 10장 21절*8 참조.

---

*8 가라사대 '죽은 자들로 자기의 죽은 자들을 장사하게 하고, 너는 가서 하느님의 나라를 전파하라.'하시고 이때에 예수께서 성령으로 기뻐하사 가라사대 '천지의 주재이신 아버지여! 이것을 지혜롭고 슬기 있는 자들에게는 숨기시고, 어린아이들에게는 나타내심을 감사하나

4월 7일

사후에도 그 인품에 대한 인상을 오래도록 남기는 사람은 매우 드물다. 대부분의 사람들은 아무리 중요한 지위에 있었더라도 몇 년이 안 되어 잊혀지고 만다. 마음에 가장 오래 남는 것은 그 사람의 성실함에 대한 추억이며, 여성의 경우는 더할 나위 없이 부드러운 사랑에 대한 추억이다.

⚜

그리스도교에 대한 확신이 일단 어느 단계에 다다르면, 교리론 연구 같은 것은 그다지 도움이 되지 않는다. 이때 하느님이 그것을 원하신다면, 초감각적인 생명에 대한 여러 가지 어려운 문제에 대해 한순간에 또렷한 해답을 주실 것이다. 그것은 수많은 서적에서 얻을 수 있는 해답을 능가한다. 그런 책의 저자는 대부분 스스로 확고한 신념을 가져야 하는 데도 아마 가지지 못했을 것이다.

4월 7일(그리스도 수난일을 위하여)

'지금 내 마음이 민망하니 무슨 말을 하리요. 아버지여, 나를 구원하여 이때를 면하게 하여 주옵소서.'*⁹

이 또한 '주기도'이고, 특별히 '주기도'라 불리는 마태복음 6장 9~13절보다 깊은 슬픔에 빠졌을 때는 훨씬 더 우리에게 도움이 될 때가 많다. 이 기도는 또 그 상황에서 사람이 어떻게 행동해야 하는지 가르쳐준다. 즉 슬픔을 혼자 마음속에 품고 있어서는 안 되고, 그 슬픔에 대해 사람의 힘이 아니라 하느님의 도움을 구해야 한다는 것, 마지막으로 이 괴로운 상태는 '일시적인' 것이지 영원히 계속되는 것이 아니며, 그것은 하느님에 의해 한순간에 바뀔 수 있을 뿐만 아니라 그 목적을 이루고 나면 틀림없이 그 자리에서 바뀌는 것임을 가르치고 있다. 이 마지막 일은 바로 그 뒤에 이어지는 그리스도의 말, '그러나 내가 이를 위하여 이때에 왔나이다'*¹⁰가 의미하는 것 같다. 하기는 이 말은 아마 그리스도의 말을 정확하게 전한 것이 아닐지도 모른다는 생각이 든다. 그렇

이다. 옳소이다. 이렇게 된 것이 아버지의 뜻이니이다.'

*9 요한복음 12장 27절.
*10 요한복음 12장 27절.

기 때문에 요한복음의 마지막 절*[11]에서 다음과 같이 부언한 것이 아닐까?

4월 8일

'너를 위하여 새긴 우상을 만들지 말고 아무 형상이든지 만들지 말라.'*[12] 이 말은 하느님과 닮은 모습을 한 지상의 인간에게도 적용되지 않을까? 따라서 모든 조상, 사진, 자서전 같은 것도 이에 포함되는 것이 아닐까? 어쨌든 이런 것들은 먼저 인간의 허영심을 부추긴다. 가장 중요한 인물, 이를테면 아브라함, 모세, 사도들—그리스도는 말할 것도 없고—에 대해 우리는 그들의 인품을 나타내는 어떠한 상도 가지고 있지 않다. 이것은 아마 그들에게는 이점으로 작용했을지도 모른다. 왜냐하면 오늘날에도 인간에 대한 우리의 관념은 그 사람의 초상과 전기로 높아지기는커녕 낮아지는 것이 보통이기 때문이다.

⚜

"오직 하느님만이 위대하나니, 내 형제들이여!"

이것은 생전에 즐겨 '대왕'이라 불리고 싶어했던 프랑스의 루이 14세에 대한 조의를 나타내는 말의 서두이다. 이 말이 실제로 다른 사람에게 확신을 줄 수 있다면, 하느님 이외의 큰 힘, 바로 그릇되게 계산에 넣어 생각하는 현대의 정치적 사회적 견해를 모조리 바꿔놓을 것이다. 당신은 가능한 한 그런 잘못된 견해에서 자유로워야 한다. 이른바 일반적인 교양과는 반대로 진정한 교양의 기초는 바로 그 점에 있다.

4월 9일

당신의 신상에 갑자기 해로운 일이 닥친다면, 이를 막기 위해 먼저 상식적으로 할 수 있는 일부터 하는 것이 좋다. 다음에는 정신적으로, 또는 그것으로 마음이 편해진다면 육체적으로도 주 앞에 몸을 던지고 요한복음 15장 7절*[13]

---

*[11] 21장 25절. 각주시작^예수의 행하신 일이 이외에도 많으니 만일 낱낱이 기록된다면 이 세상이라도 이 기록된 책을 두기에 부족할 줄 아노라.
*[12] 출애굽기 20장 4절.
*[13] 너희가 내 안에 거하고 내 말이 너희 안에 거하면 무엇이든지 원하는 대로 구하라. 그리하면 이루리라.

이나 16장 24절*[14]을 외우면서 바르게 통찰할 수 있는 힘을 주시기를 기도하고, 또 진정 어느 것이 필요한지를 기도하며 인내력이나 하느님의 도움을 청하는 것이 좋다.

그런 뒤에는 다시 평온한 마음으로 일상으로 돌아가, 헛되고 무익한 마음의 고통에서 벗어나야 한다.

✤

이따금 갑자기 모든 종교가 단순한 환상에 지나지 않는다는 생각이 들 때가 있더라도, 그 때문에 신앙의 길에 두려움을 품고 걸음을 멈춰서는 안 된다. 내가 아는 바로는 그런 생각은 인류의 정신적 투쟁과 경험에 대해 상세한 지식을 가지고 있는 교양이 높은 사람이라면 누구나 겪는 일이다.

교회가 유지되고 있는 것도 역사와 철학, 윤리학, 교육학 등이 아직 논의의 여지가 많은 데다, 이미 어느 만큼 진보한 인간에게는 초감각적인 것에 대한 요구가 깊이 들어 있어 그것을 근절할 수도, 다른 것으로 채울 수도 없다는 사실을 사람들이 끊임없이 새롭게 간파하고 있기 때문이다.

이것을 부정하는 사람들은 그들이 아무리 교양이 풍부하더라도 동물적인 성질이 그들을 차츰 지배하게 될 것이다. 때로는 세련된 형태로, 때로는 거친 형태로 말이다. 그러나 우리는 이것만은 원하지 않는다. 그것은 우리가 이 동물적인 성질을 극복하고 더 높은 존재로 나아가고자 하는 삶의 목적을 소홀히 하지 않기 때문이다.

4월 10일

선에 대한 태만은 큰 결점이다. 아마 모든 결점 가운데 가장 큰 것일지도 모른다. 그럼에도 자신이나 남이 지닌 이 결점을 그리 중시하지 않는 사람이 많다. 이 결점은 소극적인 것이며, 남이 쉽게 눈치 챌 수 없는 것이기 때문이다.

일반적으로 우리는 선한 행위를 할 수 있는 기회를 피하려 하는데, 정말 현명한 사람이라면 오히려 가능한 한 그 기회를 원할 것이다. 그래서 우리는 천국을 끝없이 선을 실천할 수 있는 기회와 그것을 이룰 수 있는 한없는 힘과 익

---

*14 지금까지는 너희가 내 이름으로 아무것도 구하지 아니하였으나 구하라. 그리하면 받으리니 너희 기쁨이 충만하리라.

욕을 주는 곳이라고 생각한다. 그렇지 않은 천국이란 적어도 생각할 줄 아는 인간에게 어울리는 곳이라고는 할 수 없다. 우리가 이따금 느끼는 안식에 대한 욕망은 우리 삶 전체, 더욱이 영원한 삶은 더더욱 채워주지 못한다. 그것은 오로지 한순간의 감정일 뿐이다.

이와 반대로 눈앞에 선을 실천할 수 있는 기회가 없고, 또 그럴 의욕도 능력도 없는 상태는 이미 이 세상에서의 지옥이다. 대부분의 사람들은 더 나은 삶을 살 수 있는데도 하는 일 없이 시간을 보내고 있다. 학개 1장 6~8절, 2장 4~9절 참조.

금전적으로 늘 안락한 생활을 하고 싶다면, 아무리 적은 액수라도 수입의 일정한 비율을 선행을 위해 쓰는 것부터 시작해야 한다. 이것은 누구에게나 가능한 일이고, 그것 때문에 그만큼 가난해질 거라고 생각한다면 큰 착각이다. 실제로는 오히려 그 반대이다. 그런데 한편으로는 그만한 수고조차 싫어할 만큼 게으른 부자들이 많이 있다. 그들은 자신에게 남아도는 돈의 일부를 깊이 생각하지도 않고 무성의하게 무슨 단체니 시설 같은 곳에 기부하고, 그것으로 큰 선행을 했다고 생각한다. 이것은 완전한 속임수로, 그야말로 고린도전서 13장 3절*15에서 사도 바울이 한 말에 해당하는 것이다.

사실 오늘날에는 누구에게도 고대와 중세의 유명한 이야기에서 때때로 보았던 나눔, 즉 전 재산을 가난한 사람들에게 베푸는 것을 권할 수 없는 실정이다. 그보다는 재산을 잘 보존하고 관리하여, 그 수입을 하느님의 뜻에 따라 써야 한다. 만약 직접 그런 일을 하는 것이 서툴다면, 믿을 만한 사람을 찾아 그 일을 대신하게 하면 된다. 모든 부자가 많든 적든 이런 자세로 살아간다면, 세상은 지금보다 훨씬 좋아질 것이고, 그 부자도 현재보다 더 행복해질 것이다.

✤

보편적인 인간애는 거의 중립적인 성격을 띠고 있는 것으로 '평화의 시대에는 매우 훌륭하고 명백한 것'(나폴레옹 3세의 말)이다. 우리는 영혼의 폭풍 속에서도 이러한 사랑을 보존할 수 있어야 한다.

---

*15 내가 내게 있는 모든 것으로 구제하고, 또 내 몸을 불사르게 내어 줄지라도, 사랑이 없으면 내게 아무 유익이 없느니라.

4월 11일

허영심을 물리칠 수 있는 가장 좋은 방법은 허영심을 경멸하는 오만이다. 그러나 오만은 허영심보다 훨씬 더 위험해서 오직 하느님 곁에 있음으로써만 막을 수 있다. 하느님의 얼굴 앞에서는 모든 인간적인 의의가 소멸되고, 인간적인 차별도 차츰 사라져 하찮은 것이 되어버린다.

세상 사람들이 상대를 가장 칭찬하고 싶은 기분이 드는 것은 남들의 칭찬을 원하지 않고, 그렇다고 그것을 경멸하지도 않으며, 허영심이 없고, 침착하고 확고한 자각을 지닌 사람을 만났을 때이다. 칭찬을 재촉하거나 경멸하는 행동 모두 사람들의 반감을 사거나 칭찬하고 싶은 마음을 멀어지게 한다.

수양을 통해 겸손의 덕을 어느 만큼 갖춘 사람은 명예로운 표창을 사양하지만, 속으로는 또한 기쁘게 생각하고, 그 표창이 주어지지 않을 때는 서운하게 여긴다. 더 겸손한 사람은 자신의 진정한 행복을 지키려는 조심스러운 마음에서 그것을 피한다. 더욱 겸손한 사람은 그런 것에는 이미 마음이 흔들리지 않기 때문에 정말로 무관심하다.

자신의 명예로운 행위가 세상에 알려지기를 기대하면서 그것을 사양하는 사람은 겸손하다고 할 수 없다. 그들은 대부분 그런 저의를 세상 사람들이 눈치채지 못할 거라는 안이한 생각을 하고 있다.

⚜

만약 이 책 속에 요한복음 14장 17절에 나온 '진리의 영'으로 채워지고 계시된 것이 아니라고 생각되는 부분이 있다면, 그것을 사정없이 삭제해도 무방하다. '그러나 그 밖의 것은 그대로 남겨두되, 그것에 대해 감사해서는 안 된다(루터의 찬송가).' 당신은 한동안 시간을 둔 뒤, 다시 한 번 그것을 읽고 깊이 생각해보기 바란다.

4월 12일

타인으로부터 당한 부정과 박해와 굴욕은 때로는 스스로가 성장하는 데 필요하다. 그러나 하느님과 평화로운 관계를 맺고 있는 사람은 마지막에는 이사야 60장 14·15절, 32장 17·18절 및 33장 22·23절에 기록된 것을 경험하게 될 것이다. 원칙적으로 말하면, 타인의 행동에 대해서 침묵을 지키는 것이 가장 좋은 대책이다. 그렇게 하면 모욕을 주는 사람들 가운데 그나마 나은 자들은 이쪽에서 하고 싶은 말을 스스로에게 더욱 엄하게 얘기하겠지만, 이쪽이 대응하면, 그들은 자신의 행위에 대한 구실을 찾아낼 것이기 때문이다.

세상에서 흔히 볼 수 있듯 속으로 질투심을 품은 자에게는 자꾸자꾸 선의를 보여주는 것이 그들의 공격을 막을 수 있는 가장 좋은 방법이다. 그러면 그들은 결국 자신의 칼 위에 쓰러지거나, 적어도 얌전하게 물러갈 것이다. 마치 욥기의 악마가 온갖 음모가 수포로 돌아간 것을 보고 완전히 자취를 감춘 것처럼.

그러나 그들의 비판에 전혀 아랑곳하지 않으면, 단 한 가지 피할 수 없는 일이 있다. 그것은 오만하게 보이는 일이다. 때로는 거기에서 진리를 찾을 수 있다.

⚜

선한 충동에 무조건 따르는 습관은 낙원에 이르는 가장 **빠**른 지름길이다.

4월 13일

인간의 삶에는 때로 안개처럼 한없이 층을 이루며 하느님을 에워싸고 있는 장애물을 뚫고, 영혼이 하느님에게 다가가는 순간이 있다. 그런 때는 종교가 그저 어설픈 상징에 지나지 않는 것 같은 기분이 들고, 모든 신념과 의식(儀式)이 참으로 인간적인 것으로 보인다. 그런 것들이 하느님의 마음에는 물론 인간의 가능성과 본질적인 사명과도 전혀 어울리지 않는 것이라는 생각이 드는 건 어쩔 수 없다.

하지만 그렇다 해도, 현실 속의 그리스도교가 진정한 하느님을 외적으로 실감할 수 있게 교리화한 최선인 것 또한 사실이다. 실제로 지금까지 있어 왔고 또 앞으로도 있을 하느님에 대한 어떠한 다른 표현도 아마 이것을 능가하지는 못할 것이다.

⚜

초대 그리스도교 시대—일반적으로 말해, 그 시대는 지금보다 좋지는 않았다—에 나타난 영적 능력이 지금도 존재할 수 있다는 것은 부정할 수 없는 사실이다. 만약 현재 그 영적 능력이 존재하지 않는다면, 그 책임은 무조건 우리에게 있다. 그러나 육감이나 '투시력'이라는 것도 있어서, 일반적으로는 눈에 보이지 않고 귀에 들리지 않는 것을 그런 능력 있는 사람들이 때때로 지각하는 일이 있다. 그러나 그런 일이 자주 일어나는 것은 신경성 질병이며, 또 누군가가 그런 사실을 함부로 퍼뜨린다면 아마 뭔가 좋지 않은 의도가 있어서일 것이다. 어쨌든 이 능력은 매우 신중하게 다루어야 하는 것으로, 영적 능력이 인간의 자유로운 의지를 오랫동안 억압하는 힘이 되어서는 안 된다.

타보르 산 위에서 사도들이 본 것*16도 그런 식으로 설명해야 하지만, 그리스도의 부활에 대해서는 그렇게 설명할 수 없다. 그것에 대해서는 너무 깊이 파고들지 않는 것이 좋다.

인간이 경험할 수 있는 최선의 일은 투시 같은 것이 아니라 하느님 곁에 있다는 느낌이며, 이것은 그러한 초자연적인 능력과는 아무 상관이 없다.

'그러나 이 초감각적인 것에 어느 정도까지 관계해도 되는지, 아니면 완전히 피해야 하는지 알려면 어떻게 해야 하는가'

이 문제는 상식만으로는 해결할 수 없다. 왜냐하면 그렇게 되면 결국 부정할 수 없는 것, 또 성서에 기록되어 있는 수많은 것도 부정하게 되기 때문이다. 그러나 내 경험에 의하면, 인간에게는 본능적인 감각이 있는데, 이 감각은 혐오의 형태로—이를테면 너무 많은 음식이나 해로운 음식을 거부하는 것처럼—쓸데없는 사유의 영역에 더 이상 들어가지 않도록 경고한다. 우리는 이 희미한 경고에 주의 깊게 마음의 문을 열어두지 않으면 안 된다. 왜냐하면 사람은 정신적으로 건전하지 않은 것에도 익숙해지기 쉬워, 자칫하면 그 건전하지 않은 것을 없어서는 안 되는 것으로 잘못 생각할 수도 있기 때문이다. 아주 가까운 장래에 그런 일이 많은 사람들에게 일어날 것이다.

4월 14일

'위대한 일을 이룩하는 것은 오직 그것 말고는 할 일이 없는 사람이다.' 이 말 또한 진실이다. 그러므로 우리는 가끔 이렇게 '그것 말고 할 일이 없는' 상태에 몸을 두지 않으면 안 된다. 다시 말해 미리 잘 생각한 뒤에 어떤 일을 이루

---

*16 마태복음 17장 1절 이하. 그리스도가 높은 산 위에서 갑자기 변형한 일을 가리킨다.

어야 하고, 또 이루어져야 한다는 것이 명백해지면, 단호하게 실행으로 옮겨야 한다. 왜냐하면 인생에서 가장 위대한 순간이 지나면 자칫하면 후회와 본디의 일상으로 돌아가고 싶은 기분이 생기기 쉽기 때문이다. 이 기분은 하나의 반 작용으로 움직일 수 없는 사실과 부딪히면 마치 댐에 부딪치듯 부서지지 않을 수 없다. 그리하여 마침내 승리를 쟁취하게 되는데, 실제로 그런 우여곡절을 거치면서 이루어야 할 일이 오히려 매우 쉬운 것이 될 수 있다.

⚜

현실적으로 당신이 그렇듯, 지금 존재하는 것이 머지않아 영원히 소멸한다 는 것을 믿을 수 있는가? 나는 믿을 수 없다. 어느 누구도 그렇게 믿지 않을 것이다. 다만 그렇게 죽음의 암흑 속에 들어서는 것을 무력하고도 소극적으로 감수할 뿐이다. 그리고 가능한 한 그런 생각을 멀리하고, 가능하면 그것에 대 해 말하지 않으려고 노력한다.

4월 15일

오늘날에는 아무도 남을 위해 봉사하는 것을 원하지 않고 먼저는 하느님에 게서, 다음에는 도덕적인 세계질서로부터, 그리고 차례차례로 국가질서로부터, 교회와 가족이라는 유대로부터 자유롭기를 원한다. 그러나 그 자유를 어느 정 도 이루면, 다음에는 공허감이나 천박한 향락욕, 또는 어두운 염세주의에 빠 져 결국 파괴욕으로까지 발전할 때가 있다.

사실은 이와 반대로 먼저 자신에게서, 자신의 기분과 습관에서 자유로워지 는 것부터 시작하여 다음에는 스스로 나아가 하느님과 지상에서의 하느님 사 업에 봉사해야 할 것이다. 이것이 곧 행복으로 가는 길이다.

더 이상 자신을 개선하는 데 사로잡히지 말고, 타인의 행복을 위해 자신을 바치라는 명령을 받게 되면, 그 사람은 이미 인생학교의 최상급생이 된 것이 다. 우리가 상상하는 미래의 삶이 바로 이런 것이 아닐까?

성취
(로마서 6장 22절, 요한복음 7장 38절, 단테 《신곡》 연옥편 제28, 29곡)

힘겹고 험준한 오솔길, 수많은 성상의 불안한 여행이여
마침내 너를 다 올랐구나.
그리스도의 피의 은총을 내 몸에 경험하지 않았더라면
나는 벌써 발길을 돌렸을 것이다.

그래, 피에는 피다. 지옥은 나를 놓아주지 않고
이 세상도 제 먹잇감을 쉽사리 내놓지 않는다.
몸값은 감당할 수 없을 만큼 높다.
이런데 누가 자유를 얻을 수 있으리.

진정한 자유의 대가는 자유로운 죽음이다.
너는 몸을 바쳐 하느님의 종이 되어야 한다.
그 보상은 여기서는 나날의 빵이며
그곳에서는 영원한 영혼과 생명이다.

그리하여 너는 멍에를 지고 있으면서도 자유
강한 사랑의 끈에 묶여 있다.
생각도 할 수 없는 길이지만 그래도
인생의 행복과 목적을 발견했다.

이제 길은 완만하게 뻗은 환한 언덕길
어떠한 의심도 지나간 순간도 네 걸음을 막지는 못하리.
험준한 길도 깊은 못도 두렵지 않고
너의 목표를 가로막는 안개도 없다.

태양은 넘칠 듯 화려하게 떠올라
기쁨의 빛으로 너를 비춘다.
오, 주여, 구세주여! 당신께 감사하나이나
그 옛날 저를 위해 피 흘리신 것을.

당신의 사명은 마침내 이루어졌나이다.
제 마음은 송두리째 당신 것입니다.
스스로 택하여 제 마음을 바쳤사오니
은총의 행위를 쉬지 마시고, 오직 뜻하시는 대로
저에게 이 세상에서의 시간을 끝내게 해주소서.

진리와 힘이라는 불의 성령이
지금 이 빈 그릇에 채워지기를
이 불의 성령의 일터에서 만들어진 것이
전 인류 위에 넘치기를.

⚜

그리스도의 수난사는 그리스도의 부활에 대한 믿음이 없다면 견딜 수 없는 것이다. 적어도 나 같으면, 그것 때문에 염세주의나 인간혐오에 빠졌을 것이다. 그런데 참으로 많은 그리스도인들이 이에 대해 무관심한 태도를 태연하게 고수하고 있다.

4월 16일

회의가 고개를 쳐들어 유혹하면 언제나 논리가 아니라 신앙으로 극복되어야 한다. 지성 같은 것은 아무 소용없다. 그렇게 하여 의혹이 사라지고 나면, 마태복음 3장 17절*17에 나오는 천상의 소리가 여운처럼 영혼에 울려 퍼진다. 만약 우리에게 더 많은 용기가 있다면, 그런 것을 경험할 수 있는 기회를 오히려 기뻐할 것이다. 그러나 회의가 너무 자주 일어나면 그 기회는 찾아오지 않게 된다. 더 이상 목적이 없기 때문이다. 하느님은 그저 쾌락을 위해 이러한 기쁨을 주시지는 않는다.

⚜

모든 사람을 사랑하기란 그리스도에 대한 사랑이 없으면 불가능하다. 이제

---

*17 하늘로서 소리가 있어 말씀하시되, '이는 내 사랑하는 아들이요 내 기뻐하는 자라.'

와서 새삼스레 시도해볼 것도 없다. 그런 시도로는 헛된 푸념 말고는 아무것도 나오지 않는다. 그리고 만약 진실을 사랑하는 사람이라면, 결국 인간 혐오나 오만한 엘리트 의식에 빠질 뿐이다.

4월 17일

참됨과 선함을 건강에 좋은 것으로 느끼고, 반대로 거짓과 악, 그리고 불순이 아무리 아름다운 모습을 하고 있다 해도 부자연스럽고 건강하지 못한 것으로 느끼게 된다면 비로소 인간으로서 마땅한 모습, 나아가 최고의 경지에 오른 것이다. 그 전까지는 아무리 훌륭한 원칙을 세우고 살아도 악의 영향 아래 있다고 할 수 있다. 유대인들에게는 이치에 맞지 않는다고 해석되는 그리스도의 말 요한복음 6장 53~56절[18]은 바로 이것을 의미하고 있다. '육체가 모든 것의 마지막이다'라는 독일의 한 신비주의자의 난해한 말도 이와 같은 의미로 받아들이면 이해할 수 있을 것이다.

독(毒)

밝은 봄이 골짜기로 올라왔다.
겨울은 가버렸다.
산 위의 목장은 곳곳마다
선명한 초록빛.

하늘은 푸른색으로 부드럽게 빛나고
태양은 다정하게 비춰주고
조금 전까지 잿빛이었던 세상이
오늘은 이렇게 기쁨으로 넘친다.

---

*18 예수께서 이르시되 '내가 진실로 진실로 너희에게 이르노니, 인자의 살을 먹지 아니하고, 인자의 피를 마시지 아니하면, 너희 속에 생명이 없느니라. 내 살을 먹고 내 피를 마시는 자는 영생을 가졌고, 마지막 날에 내가 그를 다시 살리리니, 내 살은 참된 양식이요, 내 피는 참된 음료로다. 내 살을 먹고 내 피를 마시는 자는 내 안에 거하고 나도 그 안에 거하나니.'

늙은 병꽃나무 어린 가지에서
새싹이 움튼다.
아, 늙은 마음이여, 놀랍게도
너도 아직 생기발랄함을 잃지 않았구나.

✦

육체적 원인 때문에 기력이 떨어졌다고 느끼거나 우울할 때—내적으로 진보한 사람들이라도 정신이 육체에 속박되어 있는 한 일어날 수 있는 일이다—그런 상태를 실제 이상으로 심각하게 여겨서는 안 된다. 육체는 그 자신을 위해 있는 것이 아니며, 정신을 위해 유지되어야 하는 기계이다. 따라서 육체 때문에 필요 이상으로 마음을 소모하거나 단순히 '건강만을 위해 사는 것', 또는 모든 것을 제쳐두고 건강만 염려하는 것은 정신적인 인간에게 어울리지 않는 일이다. 건강만 염려하는 것은 중병에 걸렸을 때만 허락된다. 그러나 그런 경우에도 정신은 가능한 한 빨리, 또 확실하게 그 주권을 되찾아야 한다.

우리가 더 이상 육체에 얽매이지 않게 되었을 때, 비로소 완전하고 영속적인 건강과 힘을 실감할 수 있게 된다. 육체에 지나치게 좌우되지 않는 사람들만 그런 건강을 가질 수 있다. 육체를 위해 살고 또 거기에만 봉사해온 사람들이 어느 날 갑자기 죽어버리면, 어떻게 순수하고 자유로운 영혼이 될 수 있겠는가? 그것은 불가능하다. 그러므로 이 세상에서는 적당한 건강으로 만족하기로 하자.

'여호와 하느님이여, 원컨대 주의 제사장으로 구원을 입게 하시고, 또 주의 성도로 은혜를 기뻐하게 하옵소서.'[19] 우리는 지향하고 있는 미래의 건강을 낙으로 삼아야 할 것이다.

4월 18일

예부터 철학이나 신학으로 불려왔던 것들이 그저 그럴듯한 말만 늘어놓을 뿐, 정말 하잘것없는 것이라는 생각이 들 때가 있다. 그도 그럴 것이 철학이나 신학은 자신들이 표현하고자 하는 사상의 진정한 뿌리에 다다를 수 없다.

―――――――――――
＊19 역대하 6장 41절 하반절.

그런데 이 인간적인 지식의 어두운 하늘, 다시 말해 인간적인 해석의 모든 시도(試圖) 저편에, 위대하고 진실한 신에 대해 우리가 삶을 통해 깨닫게 되는 사실이 영원히 흔들리지 않는 숭고한 진리의 별처럼 찬연하게 빛나고 있다.

이런 경험에서 흔들리지 않는 신앙도 태어나지만, 또한 깊은 신비주의도 태어난다. 이것은 그 경험을 하지 않은 사람은 제대로 이해할 수 없는 것이고, 다른 사람들에게는 '어리석은 일'이지만 그리스도인에게는 바로 '하느님의 힘'이다.

⚜

자기희생과 극기의 위대한 행위는 악의 사슬을 끊고 선의 장애물을 제거하며, 과거의 기억을 지우고, 또 뭔가에 사로잡혀 속박당하고 있는 타인의 영혼도 구원할 수 있는 힘을 가지고 있다. 이렇게 광대한 의미뿐만 아니라 세상을 구원한다는 의미에서도 우리는 주 그리스도의 추종자가 되어야 한다. 만약 그렇게 하도록 하느님의 은총으로 부름을 받는다면.

4월 19일

그리스도교적 세계관의 진정하고도 확고한 기초는 이 세상의 악과 개인의 내부에 있는 악을 교리로 보았을 때 이미 정복되었다. 따라서 중요한 것은 이 승리를 '사실상' 유효하도록 강력하게 추진하는 데 있다. 이것이 곧 그리스도를 통해 단 한 번 이루어진 '구원'의 의의이며, 이것을 신봉하는 모든 사람에게 의심할 수도 없고 부정할 수도 없는 진리이다.

만약 그렇지 않다면, 선의 승리에 대해 절망하는 일도 분명 있을 수 있다. 그러나 그러한 절망은 언제나 개인적인 용기의 결핍이며, 만약 절망이 사실이 되어 나타난다면 인류의 위대한 사업에 대한 중대한 반역을 의미한다.

⚜

오늘날의 요양지 가운데 어디든 한 곳만 관찰해 보면, 죽어가고 있는 육체를 위해 얼마나 많은 일들이 이루어지고 있으며, 또 얼마나 많은 사람들이 진실되고 영속적인 성과를 얻을 수 없는 일에 매달려 있는지 잘 알 수 있을 것이다. 목숨을 조금 늘이는 것만이 그들이 할 수 있는 것이다. 게다가 그들은 이미 대부분 폐인—때로 소름끼치는 폐인—이다. 사실 이것이 더욱 진정한 가치가 있는 일인데도, 그들은 영원한 내적 인간과 그 내적 인간의 건강과 생명에 대해 거의 마음을 기울이지 않는다.

4월 20일

연극인들은 흔히 '멋진 퇴장'이라는 말을 쓰는데, 이것은 인생의 지나간 시간에 대해 생각할 때, 또 우리의 삶에서 깊은 교류를 맺고 있는 사람들을 생각할 때도 의미 있는 말이다. 우리는 좋든 나쁘든 모든 일에서 정당하고 품위 있는 태도로 작별을 고하고, 마지막에는 삶 그 자체로부터도 멋진 작별을 하도록 노력해야 된다.

그런데 스스로 그런 퇴장을 선택하지 못하면, 우리의 적이 그것을 가져다주는 일도 가끔 일어난다.

> 슬픔은 기쁨과 마찬가지로
>
> 당당하고 흔들림 없고
> 끝이 있어야 한다.
> 마음을 견고하게 하고, 깨끗하게 정화하고, 강하고 자유롭게 하는 것이 아니면 안 된다.
> 슬픔은 작은 마음의 고통을 불태워버릴 수 있는 힘을 가지고, 최후까지 위대하고 진실한 사상, 영원한 사상을 끊임없이 찬미할 수 있어야 한다.
> —오블레 드 비아

⚜

이 세상에 선한 일만 보도하고 악이나 가치 없는 것에는 눈길도 주지 않는 신문과 평론지가 있는 것도 좋을 것이다. 그것을 읽으면 이 세상에 선한 일들이 얼마나 많이 일어나고 있으며, 특히 처음에는 사악했지만 선하게 바뀌어 선을 위해 봉사하는 사람이 얼마나 많은지 알 수 있게 될 것이다.

'우리가 알거니와 하느님을 사랑하는 자, 곧 그 뜻대로 부르심을 입은 자들에게는 모든 것이 합력하여 선을 이루느니라.*20 이것이 정당하고 오래 이어지는 낙관주의이다. 우리는 일생 이런 일을 단순한 '우연'으로 생각할 수 없을 만큼 자주 겪는다.

4월 21일

다른 사람에게 아무것도 얻으려 하지 않으면, 완전히 다른 눈으로 그들을 바라볼 수 있고, 대개 그럴 때만 인간을 올바르게 판단할 수 있다.

친구를 오래 사귀고 싶으면, 그들에게 많은 것을 원하지 않도록 주의를 기울여야 한다.

⚜

스스로 쇠사슬을 끌고 다니는 사람들이 얼마나 많은지 아는가? 그 사실을 아는 사람은 참으로 동정심을 느끼지 않을 수 없을 것이다. 그런데 놀라울 만큼 많이 볼 수 있는 인간끼리의 혐오 또한 거기서 비롯된다. 그것은 남을 도와야 한다는 부담감이나 서로를 잘 알면 알수록 상대방에게서 선을 발견할 수 없을 거라는 확신에 가까운 예감이 있기 때문이다.

4월 22일

인간의 사고는 최상의 것도 기계화하려는 경향, 즉 내용을 공식적인 언어로 표현하고자 하는 성향을 가지고 있다. 이러한 공식적인 표현은 끊임없는 시간과 노력이 필요한 사고활동을 대신해주고, 적어도 후대 사람에게 문제를 쉽게 다룰 수 있게 하는 효과를 준다. 그 효과는 종교와 철학에서 특히 두드러진다. 그러므로 이러한 공식적인 표현은 시대마다 이에 대한 반대의견으로 생성되어, 그것을 손질해서 각 세대가 이해하기 쉽도록 하려는 움직임으로 인해 자꾸 변화하지 않을 수 없다.

이것이 이른바 그리스도교 개혁의 목적이며 그 공적이기도 하다. 그렇지 않다면 인간의 사고는 단순히 일시적인 현상에 지나지 않을 것이다.

---

*20 로마서 8장 28절.

나는 어떤 그리스도교회에도 반대하지 않는다. 다시 말해 가톨릭교회와 그리스정교회, 영국국교회에도 반대하지 않는다. 하지만 그중 어느 교회도 그리스도가 마음에 그렸던 진정한 모습이라고는 생각하지 않는다. 나는 진정한 그리스도인은 이 세상의 종말이 올 때까지 모든 민족, 모든 교회에서 언제나 소수파를 형성할 뿐이라고 믿고 있다. 이것은 또 '여자가 가루 서 말 속에 갖다 넣어 전부 부풀게 한 누룩'*²¹에 대해 얘기한 그리스도의 말과도 정확하게 일치한다. 밀가루는 누룩으로 유용한 것이 되지만, 그것 자체는 누룩이 아니다. 우리는 그것으로 만족하지 않으면 안 된다. 누룩은 양보다 질을 중시해야 하지만, 밀가루로 빵을 굽고 음식을 만들어, 수많은 사람의 영양이 되면 그것으로 충분하다.

이렇게 생각하지 않으면, 그저 교회에 수동적으로 소속되어 교회의식에 참여하면 된다는 정도로 요구를 크게 끌어내리지 않으면 안 된다. 그게 아니면 그리스도는 단지 일부 사람들을 구제할 뿐, 나머지 사람들은 구원받지 못한 채 이 세상의 왕인 사탄의 손에 내던져진다고 하는 소수파의 견해에 다다르는 수밖에 없다. 이 두 가지 견해는 그리스도가 삶을 통해 이룬 성과에 대해 했던 생각이 아니며, 따라서 우리 삶의 성과여서도 안 된다.

따라서 나는 마지막 심판이 주로 대중적 천벌의 인상이 강한 끔찍하고 전체적인 심판이라고는 상상할 수가 없다. 오히려 한 사람 한 사람의 영혼이 레테의 강을 건넌 뒤, 그 사람의 지상생활이 자연스럽게 지속되는 심판일 것이라 상상한다. 심판은 본디 그 사람의 정신적 상태에 존재하는 것이며, 내세에서 심판은 물질적인 것은 더 이상 의미가 없는 새로운 삶의 조건에 그의 정신 상태가 얼마나 합치하는지에 따라 결정된다.

4월 23일

그리스도교 성직자와 신학자에 대해서는 사도들이 남겨준 기준으로 판단하는 것이 좋다. 다른 장점이 아무리 많다고 해도 그리스도의 부활을 믿지 못하는 성직자와 신학자에게는 신의 영혼이 살지 않고 인간적인 영혼밖에 없기 때

---

*21 마태복음 13장 33절.

문에, 그들은 그리스도의 부활이라는 사실을 인정하지 않는다. 마찬가지로 이 인간적인 영혼은 본디 진실한 하느님에 대한 믿음에도 반대하지 않을 수 없으니, 하느님에 대한 믿음은 부활에 대한 믿음보다 오히려 더 어렵다. 왜냐하면 부활한 그리스도는 많은 사람들이 동시에 직접 목격했지만, 일찍이 하느님을 본 자는 아무도 없기 때문이다.

고린도전서 15장 6절, 사도행전 1장 8·22절, 2장 32절, 4장 2·10·20절, 10장 41·42절, 17장 31·32절 참조.

❧

시편 89편 38절에서 마지막 절까지는 하느님의 종들이 그 생애에 적어도 한 번 또는 여러 번 겪어야 하는 경험이며, 예언자가 고향에서는 존경받지 못한다는 구세주 말과도 일치한다.*[22]

그것이 세상에서 존경받는 자는 예언자가 아니라는 역설적인 결론에 이르게 되면, 특히 무서운 말이 된다. 이로써 신문의 자자한 칭찬과 모든 종류의 명예, 표창의 가치가 단숨에 하락할 것이고, 그저 그런 가치밖에 없는 필생의 사업과 공적도 그와 같을 것이다.

그러나 아무리 성서의 말에서 논리적으로 가능한 결론이라 해도 아무것이나 인용해도 되는 것은 아니다. 또 모든 사항, 특히 어떤 인물에 대해 판단을 내릴 경우—우리는 늘 쉽게 판단을 내렸다가 나중에 다시 뒤집는 일이 많은데—에는 역시 진리의 영(성령)에 의지하는 것이 가장 좋다. 실제로 진리의 영 외에는 인간에 대한 진실을 정확하게 알고 있는 이는 없기 때문이다. 요한복음 14장 17절 참고.

모든 사물에 대해 즉흥적으로 온갖 판단을 내리고 당장 열광하다가 금세 내동댕이칠 뿐만 아니라, 전에는 맹목적으로 높이 평가한 것에 시간이 지나면서 완전히 등을 돌려버리는 것이 현대의 학교 교육이 낳은 이기적이고 신뢰할 수 없는 세대의 전형적인 특징이다.

당신은 그 세대 사람들을 신뢰해서는 안 된다. 특히 그들이 집단적으로 '청년'이라느니 '새로운 유파'라느니, '진보'라느니, '미래'라느니 하면서 등장하여,

---

*22 마태복음 13장 57절.

낡은 것을 모조리 조롱할 경우에는 더 말할 것도 없다. 그들은 대개 비판과 조롱 이상의 능력이 없는 인간들이다.

4월 24일

시련과 축복은 서로 밀접한 관계에 있다. 시련이 찾아오는 것은 그렇게 하지 않으면 축복이 주어지지 않을 때이다. 특히 자신의 힘에 의지하는 자신감과 오만함이 축복이 찾아오는 것을 거부한다. 그래서 다시 문을 열어 마음을 부드럽게 하고 순수하게 하는 것이 시련의 역할이다. 시련의 목적이 이루어지면 곧 축복이 찾아온다.

⚜

어떻게 하면 성령이 주는 능력을, 또 원시 그리스도교 시대에 볼 수 있었던 영적 능력을 얻을 수—또는 '바랄 수'라고 하는 편이 더 적절할지도 모른다— 있을까? 그 능력을 당신에게 줄 수 있는 사람은 아무도 없다. 그런 능력은 그야말로 은총이다. 만약 당신이 그 능력으로 남에게 자랑하거나 세상의 평판을 얻고 싶고, 또 새로운 종교 시대를 불러오거나 그저 '작은 모임'속에서 남들의 존경과 경탄의 시선을 받고 싶어한다면, 그 능력을 손에 넣어 오래 유지하는 것은 절대로 불가능하다. 하지만 당신이 그 능력을 위해 이 세상의 어떤 것에 의해서도 더럽혀지지 않는 집을 준비한다면, 성령의 능력은 가장 확실하게 그 집 안에 들어올 것이다.

그렇지만 당신은 또한 옛날부터 선량하고 성실한 그리스도교인 가운데 많은 사람들이 분명히 그런 능력을 가지고 있지 않았고, 그 존재와 가능성도 믿지 않았다는 것을 잊어서는 안 된다. 뿐만 아니라 성령이 내려주는 능력을 가지고 있다고 우쭐해하는 자와 그것에 대해 침묵하며 행동을 삼가지 않는 자, 심지어 그것으로 돈벌이를 시도하는 자에게는 불행한 결과가 기다리고 있음을 알아야 한다.

4월 25일

우리는 하느님을 기쁘게 해야 한다. 하느님이 기뻐할 수 있는 우리가 되어야 한다. 미천한 벌레 같은 우리가 그것을 할 수 있다는 것은 신기한 일이다. 우리는 이 일을 완전하게는 할 수 없지만, 그 방법이 욥기에 여실히 그려져 있으니 참고하기 바란다. 그리고 한번 그것을 시험해 보라. 하느님을 기쁘게 한다는 마음을 늘 잊지 말고 지니기 바란다.

시편 132편 14절, 역대하 7장 16절, 이사야 62장 5절, 스바냐 3장 17절, 보헤미아 형제단 찬송가 573번 참고.

✤

사람들은 끊임없이 타인과 교제하며 살아가므로 올바른 교제 방법 또한 하나의 재능이며 참으로 유용한 재능이다. 그런데 다른 점에서는 뛰어난 사람도 이 재능은 가지지 못한 경우가 많다.

가장 좋은 교제 방법은 자연스럽고 친밀감이 있으며 온화하여, 상대방의 마음에 평화로운 인상을 주는 것이다. 그렇기 때문에 그리스도 또한 제자들에게 이 교제법을 권장했다. 하지만 이 방법은 열정적인 성향이 있는 사람들에게는 어울리지 않고, 또 뭔가 부족하다는 느낌이 들 것이다. 가장 나쁜 것은 상대방을 감탄시키려 하는 태도이다. 이것은 선량함보다 위대함을 지향하는 현대인에게 어울리기는 하지만, 그런 태도 속에 이미 벌이 포함되어 있다. 이런 방법은 오직 어리석은 자나 무기력한 사람들 앞에서만 성공하는 것으로, 하느님의 영으로 채워진 사람들에게는 전혀 효과가 없기 때문이다. 그러므로 '숭배자'로 일컬어지는 이들은 언제나 수상쩍은 자들이며, 그들 가운데 최고 인물이라도 거짓말쟁이거나 거의 무능한 자들이다.

4월 26일

하느님의 뜻에 맞는 길만 따라 가려고 결심했다면, 먼저 쉬지 않고 일하며 그것을 위해 인간에게 허락된 모든 수단을 충실하게 이용하고 쓸데없이 걱정을 해서는 안 된다. 진정한 지혜란 아무것도 하지 않아도 보존되어지는 것이 아니기 때문이다. 또 일반적으로 그 전에는 지혜를 바르게 이해할 수 있는 마음의 준비가 되어 있지 않았기 때문이기도 하다.

그러나 이 지혜는 우리가 진지하게 구하고 또 붙잡을 준비가 되어 있으면, 어김없이 때를 놓치지 않고 주어지므로, 우리는 늘 주의를 기울이지 않으면 안 된다. 한순간의 덧없는 향락에 몸을 맡기거나 아무것도 하지 않고 무위도

식하거나, 또는 안달해가며 찾아 헤매고 다녀서도 안 된다. 왜냐하면 하느님의 길을 나아가려면 건강하고 생기 있게 일하되, 악착같이 일할 필요는 없기 때문이다. 그런 다음 올바른 것을 실천하기 위한 모든 기회를 놓치지 않도록 주의를 기울이고, 또 갑작스러운 일을 당해도 놀라거나 마음이 흔들리지 않도록 조심해야 한다. 무엇보다 말을 삼가야 한다. 이러니저러니 쓸데없는 말을 하는 것은 복잡한 상황에 휩쓸리는 원인이 된다.

앞날의 일을 메모하거나 임시로 적어두고 미리 생각해 두는 것은 매우 좋은 일이다. 그러나 그것을 확고하게 결심하는 것은 그 메모를 실제로 이용하기 직전에 해야 한다.

어떤 일이든 오랜 시간을 들여 번거로운 '사전준비'같은 것 없이 그 자리에서 저돌적으로 뛰어들지 않으면 안 된다. 즉시 목표로 하는 중심 사상을 향해 돌진해야 한다. 그런 경우, 대개 중요한 사상은 몇 가지 되지 않는다. 그렇게 하면 부수적인 사상은 일을 추진하는 동안 자연스럽게 떠오를 것이다.

⚜

육체가 건강할 때 발열, 신경과민, 피로, 저기압 따위가 존재하지 않는 것처럼, 어떤 사람 또는 어떤 시대의 정신적인 건강도 지나치게 에로틱한 것과 자극적인 것, 그리고 이상한 것을 혐오할 때가 온다. 단눈치오와 플로베르, 마테를링크, 톨스토이들만 아니라 《친화력》과 《빌헬름 마이스터》를 쓴 괴테조차 아주 오랫동안 접하는 건 결코 건강한 정신에는 유익하다고 할 수 없다.

4월 27일

더 이상 어떠한 향락도 구하지 않는 것이 인생에서 얼마나 큰 즐거움인지, 사람들이 몸소 겪지 않고도 믿을 수 있다면, 누구나 이와 같은 생활방식으로 바꾸어 이 세상을 단숨에 개조할 수 있을 것이다.

인생의 중대한 갈림길에서는 언제나 먼저 감행하는 것이 중요하다. 그러면 저절로 힘이 생기고, 마지막에는 그 행위가 옳았음을 알 수 있다.

새로운 나라

여행은 끝나고, 이 결행으로
어두운 물길에 다리가 놓였다.
나는 영혼의 배를 타고 무사히
새로운 나라에 도착했다.

그것은 이상한 나라, 다른 별
지상 낙원으로 불릴 것이다.
더할 나위없이 가까우면서도 멀어
이 나라를 아는 사람은 많지 않다.

지나간 지상생활의 무거운 짐은
아득한 저편에 두고 왔다.
나를 버리는 것이 여기서는 '행복'으로 불리고
생명은 '하느님의 영광을 위한 존재'로 불린다.

내 마음이여, 이제 이곳이 너의 조국이란 말인가!
너는 감히 이곳이 내 나라라고 말할 수 있는가?
지금까지 너를 바깥에 묶어두고 있었던 것을 버릴 수 있는가?
정말 이 자유로운 공기를 견딜 수 있겠는가?

아! 이제 이 땅을 떠나서는 안 된다.
여기서 너는 완전히 치유될 것이다.
지금까지 빛이 되어 이끈 성스러운 자가
걸어간 발자취가 눈 앞에 똑똑히 보인다.

아침마다 새로운 체념으로
새로운 승리를 기뻐하라.
이제 괴로운 시간은 지나갔다.

어둠은 사라지고 새벽이 다가온다.

⚜

인간의 성격은 신경과 관련된 요소가 많다. 만약 신경을 꾸준히 안정시킬 수 있다면, 인간의 수많은 단점, 이를테면 독선과 분노, 공포심, 걱정, 낯가림, 인간 혐오, 게으름 같은 성격도 차츰 저절로 사라질 것이다. 그러나 반대로 신경을 안정시킬 수 없을 때는 그 성격의 결점들이 병적으로 맹위를 떨치게 된다.

그런데 의사와 교사, 사회사업가에게는 또 다른 문제가 있다. 즉 신경을 그저 외적인 수단(약)만으로 안정시킬 수 있는가, 또 진행된 병증도 그런 수단만으로 영속적으로 치료할 수 있는가 하는 문제이다. 이 점에 대한 우리의 의견은 현대 의학의 견해와 일치하지는 않는다. 그러나 오늘날의 의학이 갈수록 유물론적 색채가 적은 쪽으로 다가가고 있는 것은 틀림없는 사실이다.

4월 28일

사실 인생에서 중요한 것은 언제나 자신의 의무를 다하고, 그것에 반하는 마음의 성향과 이론을 마음에 두지 않겠다고 단호하게 결의하는 일이다. 그리고 이것을 실천하는 것은 하느님을 믿고, 하느님과 늘 이어져 있어야 한다는 신념만 더해지면, 이미 다 이룬 것이니, 마음은 견고해지고 똑바로 뻗은 길이 열리게 된다. 이 두 가지 조건이 갖춰지지 않으면, 종교와 도덕에 대해 아무리 큰 소리로 떠들어대도 그것은 수다에 지나지 않는다.

⚜

근본적으로 그리스도교에서 멀어져버린 사람이 신종교니 신철학이니 하는 것들을 아무리 주장하더라도, 그런 것들에서 영속적인 선이 태어나리라고 믿어서는 안 된다. 그리스도도 모든 인류의 스승 가운데에서 누구보다 먼저 자신의 가르침이 완전히 새로운 것이고 역사적 발전과 관련이 없는 것이라고 선언할 수 있었지만, 그분은 그렇게 하지 않았다. 마태복음 5장 17~19절[23] 참조.

---

[23] 내가 율법이나 선지자나 폐하러 온 줄로 생각지 말라. 폐하러 온 것이 아니요, 완전케 하려 함이로다. 진실로 너희에게 이르노니, 천지가 없어지기 전에는 율법의 일 점 일 획이라도 반드시 없어지지 아니하고 다 이루리라.

이러한 새롭고 다양한 시도는 처음부터 이미 하느님의 축복에서 밀려난 것으로, 이슬람교와 불교가 그 사실을 가장 잘 보여주고 있다. 그리스도는 모세의 전통과 형식을 내면화했지만, 우리 또한 그리스도교회의 단순한 형식적인 것에서 그와 같이 내면화를 계획할 수 있고, 또 계획해도 된다. 그러면 아마 16세기의 종교개혁이 이룩한, 아니 종교개혁이 그 뒤 다시 교회의 형식을 중요하게 다루지 않았더라면 더 많은 것을 이룰 수 있었을 그런 큰 성과를 거둘 수 있을 것이다.

이처럼 더 새로운 것을 추구하다가 오히려 잘못된 곳으로 나아가는 것을, 우리의 다음 세대나 또 그 다음 세대도 언젠가 다시 겪게 될 것이다. 다시 말해 '시작은 종교적이었으나, 그것에 이어지는 시기는 세속적이 되며, 마지막에는 육체로 끝나리라는 것'을. 이 경우에도 마찬가지이지만, 시작에만 주목하는 것은 다행이다. 그리하여 끊임없이 더 선한 것을 향해 나아가는 것이다.

4월 29일

역설적인 사람들은 천재적인 소질은 일종의 정신병이라는 설을 이미 여러 번 주장해 왔다. 그러나 천재는 인류 최대의 명예이므로 우리는 인류의 명예를 위해서라도 이 설을 인정해서는 안 될 것이다. 그러나 천재적인 소질이 소유자에게 미치는 영향 중에 때로는 병적인 것이 있다는 건 확실하다. 천재적인 인간이 자기 위에 지배자를 인정하지 않고, 어떤 의무에도 속박당하지 않는 절대 권리를 주장하는 순간부터, 그 병적 경향은 더욱 악화되기 쉽다. 이런 경우는 이미 광기에 가까운 것이고, 또 실제로 광기에 빠진 예도 적지 않다.

하느님의 명령에 대한 의식적인 반항이나 도전적인 무신론은 언제나 정신적 질병상태의 시작이라 보아야 한다. 사실 그렇게 생각해도 결코 틀린 것은 아니다. 칼라일의 전기를 보면 나중에 황제가 되는 나폴레옹 3세가 그를 미치광이로 생각했다는 얘기가 적혀 있다. 칼라일이 평소 하느님에 대한 강한 관념을 지니고 있지 않았다면, 그는 미쳐 있었을 게 틀림없다. 그가 추상적인 이상주의자가 아니라 현실적인 그리스도교인이었더라면, 그의 생애는 자신은 물론이고 가족과 국민에게 얼마나 좋은 영향력을 미쳤을까.

로마서 1장 22절, 예레미야 10장 6·14·15절 참조.

현대의 천재들 대부분은 그나마 행복한 처지이기는 하지만, 역시 같은 상태에 서 있다. 오직 그리스도교만이 천재와 그 후손을 정신적, 육체적으로 퇴폐적인 위험한 상태에서 지켜줄 수 있다. 그러한 퇴폐의 실례는 세계사 속에서 강대한 나라들이 이미 수없이 보여 주었다.

심술궂은 '시간'의 퇴화력을 누가 면할 수 있을까?
조상보다 못한 부모 뒤에
더욱 못한 우리가 이어지고
우리 자손들은 더욱 못하게 이어질 것이다.
—호라티우스 《송가》

❧

당신은 마태복음 5장 32절*24을 앞에 두고, 이혼한 사람들에게 재혼을 허용하는 것은 근대 인도주의의 요구이며, 근대의 법률로 이혼이 승인되어 있는 것은 당연한 일이라고 감히 주장할 수 있는가! 그것은 그리스도의 말에 어긋나는 것이며, 그래서 그런 결혼에는 축복이 주어질 수 없다. 나는 아직 한 번도 그런 결혼으로 진정한 행복을 찾은 예를 본 적이 없고, 따라서 그럴 필요도 인정하지 않는다. 이혼은 때로는 필요하며, 그 점에서는 처음부터 아무 문제가 없다. 그리스도가 금한 것도 재혼이지, 이혼을 금한 것은 아니다. 우리 개신교와 달리 가톨릭교회는 이 점에서는 잘못된 점이 없지만, 그래도 그리스도의 명령을 문자 그대로 엄수했으면 더 좋았을 것이다.

내 생각으로는 다른 사람과 다시 결혼하려는 의도에서 이혼하는 사람들에게는 그리스도교단에 정신적으로 소속하는 자격을 빼앗아야 한다. 이미 말한 것처럼 사정에 따라서 이혼이 필요한 경우는 있지만, 그 뒤에 재혼하는 것은 도덕적 교양을 갖춘 사람에게는 전혀 필요하지 않다. 특히 이 남자에서 저 남자로, 때로는 수없이 옮겨가는 여자는 금전 때문에 어쩔 수 없이 그렇게 사는 가난한 거리의 여자보다 훨씬 더 심각하게 하느님의 뜻을 어기는 자이다. 하지만 아마 그 여자의 경우도 대부분은 역시 금전 때문에 그런 삶을 살고 있을 것이다. 뿐만 아니라 목사이면서 이혼한 여자와 결혼하는 사람이 있다는 것은

---

*24 누구든지 음행한 연고 없이 아내를 버리면, 이는 저로 간음하게 함이요, 또 누구든지 버린 여자에게 장가드는 자도 간음함이니라.

참으로 흉측한 일이 아닐 수 없다.

우리는 간통이든 도덕적 순결이든, 남녀 어느 쪽에서나 완전히 평등해야 하며, 그래서 결혼하는 두 사람의 도덕적 순결이 행복한 결혼을 영위하기 위해 꼭 필요하고, 근본조건이라는 생각으로 다시 한 번 돌아가지 않으면 안 된다. 특히 독일에서는 이를 일반 사람들이 새롭게 확신할 필요가 있다.

4월 30일

고대의 지혜를 가장 아름답게 표현한 말은 로마황제 마르쿠스 아우렐리우스의 유명한 일기의 한 구절에 있다. 이 일기는 황제가 급사했을 때, 겉옷의 주름 사이에서 발견되었다고 한다.

"늘 사람들에게 뭔가 도움을 주는 자가 되라. 그리고 이 한결같은 너그러움을 너의 유일한 낙으로 삼아라. 또 이따금 신성(神性)을 우러러볼 의무가 있다는 것을 잊어서는 안 된다."

최고의 지위에 있는 사람이 오로지 철학적 견지에서 이보다 뛰어난 말을 하고 실천했던 예는 지금까지 없을 것이다. 프리드리히 대왕쯤이면 혹 그와 비견할 수 있을까?

그러나 이러한 '신성'과 전혀 관계가 없는 삶은 얼마나 가난한 것인가!

❦

가톨릭교회는 우리 개신교보다 결혼을 엄숙하게 다루고 있지만, 그래도 그들을 비난하지 않을 수 없는 것은 가톨릭교회가 빈번하게 혼인무효를 선언함으로써 자신의 규칙을 스스로 무시하고 있기 때문이다. 실제로 이 선언은 이혼을 대신하는 역할을 할 뿐 아니라 재혼까지 허용함으로써 그야말로 최악의 사태를 부르고 있다. 결혼문제는 어느 시대에나 인간의 삶에서 중요한 문제이며, 한 민족의 전반적인 도덕적 수준에 가장 큰 영향을 주는 것이다. 결혼이 잘못되어 있으면 교육도 아무런 효과를 거둘 수 없다. 어쨌든 지금쯤 결혼에 대한 두세 가지의 목표점을 확실하게 짚어 보는 것이 필요하다.

1. 사랑 없이 단순히 외적인 이유에서 맺어지는 결혼은 부도덕한 관계이며, 따라서 배척해야 마땅하다.

2. 부부의 책무는 평등하며, 남편보다 아내에게 더욱 엄숙해야 된다. 육체적 책무가 반드시 가장 중요한 것은 아니다.

3. 좋은 결혼은 가장 아름다운 인간관계이지만 결코 필요불가결한 문제는 아니다. 삶의 향락보다 더 높은 관심을 자각할 때, 사람은 결혼하지 않고도 충분히 의미 있는 삶을 영위할 수 있다.

여기에 대해 그리스도가 더할 나위 없이 뚜렷하고 훌륭하게 말한 것이 있다. 삶의 향락을 지나치게 중시하는 생각을 버리지 않는 한, 우리는 국민의 도덕수준을 유지할 수 없다. 그렇지 않으면 모든 사람이 결혼하는 것은 불가능하기 때문이다. 혼외정사는 어떤 동물적 상태로의 역행이므로, 교양 있는 사람은 물론이고 그리스도교인에게는 더더욱 어울리지 않는 것이다.

마태복음 19장 4~12절 참조.

결혼은 하느님이 원하시는 삶의 상태이며, 어떤 방법으로든 결혼에 반대하는 자는 재앙을 면치 못할 것이다. 이를테면 우리가 늘 목격하듯 간통한 이의 자식은 결코 번성할 수 없고, 결혼하지 않고 결혼한 것처럼 살려는 사람들은 얼마 못 가 이상(理想)에 대한 관념을 완전히 잃어버리고 무감각해지기 쉽다. 그런 부정적인 의미에서 뿐만 아니라 결혼 그 자체에 하느님의 뜻에 합치되는 올바른 본질이 있고, 또 남녀 사이의 올바르고 자연적인 힘의 배분도 존재한다는 의미에서 보더라도 정당한 결혼에 반대하는 것은 재앙의 근원이 된다.

5월

5월 1일

하느님은 자신의 아들들에게 내릴 시련의 화덕을 너무 뜨겁게 달구지는 않는다. 오히려 언제나 정해진 것보다 조금 낮추어 준다. 그러므로 다른 사람들도 하느님의 아들들에게 그들이 해야 할 것보다 털끝 하나라도 더 많은 해를 입히는 것은 허용되지 않는다.

내 생애에서 괴로웠던 시기가 끝난 뒤에는 번번이 그 고통이 좀 더 오래 이어지고 엄격해야 했다는 느낌을 얼마나 확실히 받았는지 나는 증명할 수 있다. 그러니 '자, 힘차게 뛰어들지어다! 너무 깊지는 않을 테니까.'

사무엘하 24장 16절, 역대상 16장 21·22절, 사무엘하 16장 11·12절 참조.

5월 초하루

5월 초순, 아직은 음울한 날이 이어진다.
나의 영혼이여, 불쾌해하지 마라.
영혼의 연약한 껍질은 두려워 떨지만
영혼은 오로지 하늘을 향해 성숙해간다.

끝이 좋으면 모든 게 좋다고
언젠가는 죽어야 할 이 몸.
게으름에는 피의 대가를 치러야 한다.
내 마음이여, 결단을 내려 이 세상과 작별하라.

언젠가는, 언젠가는, 인생의 황혼에
너는 하느님의 빛을 우러러볼 것이다.

길은 아직 너무 멀지만
하느님에 대한 믿음이 끝까지 이끌어 주리라.

네가 걸어온 순례의 길도
벌써 반이 지났구나.
그러나 너는 그 수고의
대가를 아직 받지 않았다.

고개를 들면
네가 올라야 할 꼭대기가 보이고
또 너를 맞이하는 성도들의
합창소리도 들릴 것이다.

탄식일랑 그만두고 길을 계속 가라.
이미 네게 주어져 있는 것을 확고하게 지켜야 하느니.
이 오후를 쉬지 않고 걸어가면
저녁때는 평화가 손짓을 하리니.

⚜

거듭남에 대해서는 그리스도가 요한복음 3장*[1]에서 비할 데 없이 훌륭하게 말했지만, 종교개혁자들은 그 밖의 교의에 비해 거듭남을 이상하리만치 가볍게 다루고 있다. 그런데 이 거듭남은 보통 30대에 일어나는 경우가 많다. 그 전에는 거듭남이 일어나더라도, 단명한 사람들의 경우를 제외하면 짚불처럼 금방 사그라지고 만다. 그래서 견진성사도 그리 큰 효과를 보지 못한다.

50세 이후에는 산상수훈에 기록되어 있는 그리스도교의 생활원리에 따르는 생활이 때때로 나태해지기 쉬운 일반사람의 세속적인 생활보다 훨씬 쉽고

---

*1 요한복음 3장 5절 이하, '사람이 물과 성령으로 나지 아니하면 하느님 나라에 들어갈 수 없느니라. 육으로 난 것은 육이요 성령으로 난 것은 영이니, 내가 네게 거듭나야 하겠다 하는 말을 기이히 여기지 말라. 바람이 임의로 불매, 네가 그 소리를 들어도 어디서 오며 어디로 가는지 알지 못하나니, 성령으로 난 사람은 다 이러하니라.'

자연스러워야 한다. 그렇게 되면 당신은 초보 교리 문답서를 저만치 치워버리고, 교회를 그전만큼 중시하지 않아도 이른바 '완성으로 가는 길을 나아갈'*² 수 있다. 그 길은 10년마다 조금씩 쉬워지지만, 그렇다고 아무리 가도 완성에 이르렀다는 생각은 들지 않을 것이다. 아마 우리는 이런 단계적인 진보를 영원토록 계속하도록 되어 있는 것 같다.

우리가 원하는 것은, 그 꿈결 같은 하프소리와 노랫소리의 '영원한 안식'이 아니라 활동력과 일 속에서의 완전한 평화이다. 그것은 이미 이 지상에서도 삶의 최고의 순간에 느낄 수 있는 것이며, 또 우리가 추구해야 할 진정한 삶의 요소가 되어 있다.

마태복음 5장 48절, 11장 28~30*³절 참조.

5월 2일

종교적인 기질을 가진 사람들이 흔히 빠지기 쉬운 어리석음 가운데 하나는 하느님에게 뭔가를 주려고 생각하거나, 자신들의 '덕'으로 하느님의 마음에 들려고 하는 일이다. 우리는 있는 그대로의 하느님을 결코 알 수 없다. 다만, 진정한 하느님에게서 멀리 떨어진 더할 나위 없이 인간적인 하느님에 대한 관념을 가지고 있을 뿐이다. 더욱이 이 관념조차 언어로 표현할 수 없거나 가까스로 불완전한 비유로 표현하려고 노력하는 수밖에 없다.

그러나 우리는 하느님이 인간의 사고와 직관에 비해 헤아릴 길 없이 '위대한 주'이고, 우리가 하느님에게 주는 명칭과 비유적 표현은 오직 하느님의 위대함을 끌어내리는 데 지나지 않는다는 것, 또 하느님의 눈으로 보면 인간의 '덕'이라는 것은 그야말로 있는 둥 마는 둥 하는 정도로 하찮은 것이 틀림없다는 것은 확실히 알 수 있다. 하느님이 기뻐하는 것은 아마 하느님에 대한 한결같은 동경과 하느님을 향해 손을 내미는 일뿐일 것이다.

하느님의 마음에 가장 좋지 않은 것은 부족함이 없고 부유하며 독선적인

---

*2 히브리서 6장 1절.
♣3 그러므로 하늘에 계신 너희 아버지의 온전하심과 같이 너희도 온전하라.
　　수고하고 무거운 짐진 자들아! 다 내게로 오라. 내가 너희를 쉬게 하리라. 나는 마음이 온유하고 겸손하니, 나의 멍에를 메고 내게 배우라. 그러면 너희 마음이 쉼을 얻으리니, 이는 내 멍에는 쉽고 내 짐은 가벼움이라.

인간이다. 이것은 어린아이들 가운데에도 천성적으로 사람을 잘 따르는 귀여운 아이가 있는가 하면, 아무리 '예절이 깍듯해도' 호감이 가지 않는 아이가 있는 것과 비슷하다.

마태복음 21장 31절, 23장 13~15절, 이사야 55장 8·9절 참조.

⚜

마태복음 24장 6·7, 11~14[*4]절은 현재 우리가 살고 있는 이 시대에 거의 그대로 적용되고 있다. 즉 모든 민족에게서 지진과 전쟁이 일어나고, 거짓 예언자가 나타나며, 이 사랑의 복음에 대한 피상적인 설교와 함께 사랑이 차갑게 식는 현상이 나타난다. 여기에서 우리가 해야 할 일은 단순한 유물론을 대신하여 바야흐로 다시 나타나기 시작한 거짓 선지자를 멀리하는 것과 이 세상에 사랑을 가능한 한 되살리는 일이다.

사랑을 되살리는 일은 훨씬 더 어려운 일인데, 그것은 오늘날 인생 경험을 토대로 결론에 다다른 사람이 아직 얼마 없기 때문이다. 오히려 그 반대의 결론에 이르는 것이 현대의 교양 있는 계급에서는 더 일반적이다. 그럼에도 현재와 같은 모습을 한 세상은 그 어떤 과학적 계몽이나 교양으로도 구원받지 못하며, 오직 진정한 사랑이 더 많이 늘어나야만 구원받을 수 있을 것이다.

5월 3일

어떤 것이 의무라면 그것을 해야 하는지 어떤지 더 이상 물어서는 안 된다. 그것을 묻는 것은 이미 믿음을 저버리는 것이다. 그리고 가장 명백한 의무조차 이행하지 않는 데 대한 변명은 '나무딸기처럼 싸구려'로 보인다.

가장 좋지 않은 변명은 이미 그리스도가 엄격하게 물리친 '신앙심을 빙자한' 것이다.

누가복음 11장 52절, 마태복음 15장 3~8절 참조.

---

*4 난리와 난리 소문을 듣겠으나 너희는 삼가 두려워 말라. 이런 일이 있어야 하되 끝은 아직 아니니라. 민족이 민족을, 나라가 나라를 대적하여 일어나겠고 처처에 기근과 지진이 있으리라.
거짓 선지자가 많이 일어나 많은 사람을 미혹하게 하겠으며, 불법이 성하므로 많은 사람의 사랑이 식어지리라. 그러나 끝까지 견디는 자는 구원을 얻으리라. 이 천국 복음이 모든 민족에게 증거되기 위하여 온 세상에 전파되리니 그제야 끝이 오리라.

하느님이 우리에게 커다란 의무를 확실히 인식시키지 않은 것은 나름의 뜻이 있다. 그 의무를 실천할 힘을 가지고 있지 않은 사람들에게는 의무 자체를 제대로 인식하지 못하는 은혜가 주어진다.

✤

세상을 구원으로 이끌 사랑은 오히려 우애라고 부르고 싶다. 당신은 이 사랑의 능력을 실증할 수 있는 사람이 얼마나 적은지 살아 있는 동안 겪게 될 것이다. 그렇더라도 그 사실에 놀라 사랑을 저버려서는 안 된다. 누가 뭐래도 사랑은 하느님 곁에 있는 것 다음으로 지상에서 가장 좋은 것이다.

5월 4일

하느님의 도움을 얕보는 자는 결국 인간의 도움을 구하지 않을 수 없게 된다. 그러나 실은 이쪽이 훨씬 더 불쾌한 것이다.

나는 그러한 예를 적지 않게 보아왔다.

예레미야 17장 5~8절 참조.

✤

형제 N씨와 자매 X양이 진정한 그리스도인인지 궁금할 것이다.

나는 마태복음 7장 1·2절*5의 말로 이에 대한 대답을 대신하려 한다. 전체적으로 진정한 그리스도교에 대한 하나의 기준을 같은 복음서의 5장부터 7장 속에서 찾을 수 있다. 그리스도는 그 기준을 7장 20·21절*6에서 뚜렷이 보여주었다. 이에 비하면 교회나 무슨 신조 같은 것에 대한 '신앙'은 아무 가치도 없다. 그저 획일적인 감정을 맹목적으로 따른 것에 지나지 않는다. 한 이교도*7의 신앙도 그리스도에 의해 이스라엘 제일의 신앙으로 선언되었다.*8 이것은 오늘날에도 변함없는 사실이다.

---

*5 비판을 받지 아니하려거든 비판하지 말라. 너희의 비판하는 그 비판으로 너희가 비판을 받을 것이요, 너희의 헤아리는 그 헤아림으로 너희가 헤아림을 받을 것이니라.

*6 이러므로 그의 열매로 그들을 알리라. 나더러 주여! 주여! 하는 자마다 천국에 다 들어갈 것이 아니요, 다만 하늘에 계신 내 아버지의 뜻대로 행하는 자라야 들어가리라.

*7 가버나움의 백부장.

*8 마태복음 8장 5~10절.

그러므로 마태복음 5장에서 7장까지 읽고, 진심으로 "그래, 이것이 가장 훌륭하고 진실하며 영원한 가치가 있는 종교의 진수이다. 나는 지금까지는 이것을 진심으로 실천해오지 않았지만, 앞으로는 진지하게 실천하고 싶다"고 말할 수 있는 사람은 진정한 그리스도교인이다. 설령 그 사람이 현재 어떤 교회에도 속해 있지 않다 할지라도. 한편 그런 것은 불가능하다고 생각하거나 이미 구태의연해져서 오늘날의 생활조건에는 전혀 적용되지 않는다고 생각하는 사람은 '사람은 자신의 영혼을 증권거래소에서 잃어버리는 것과 마찬가지로 교회에서도 잃어버릴 우려가 있다'는 말을 음미해 보는 것도 좋을 것이다. 당신도 교회에서 자신의 영혼을 잃어버리지 않도록 조심하기 바란다.

5월 5일

'좋은 계획에도 파멸로 가는 길이 깔려 있다'는 격언은 대체로 맞는 말이다. 어째서일까? 그것은 단순히 사람의 마음이 변하기 쉬운 데다 우리를 사방에서 에워싸고 있는 반대세력이 있기 때문만이 아니다. 계획 자체가 아무리 좋아도 때로는 실제로 수행할 수 없는 것이며, 우리의 힘과 시간과 외부적 상황에 적합하지 않기 때문이다.

그러나 하느님의 '인도'가 있을 때는 사정은 완전히 다르다. 이 경우에는 절대 그 사람이 이룰 수 없는 일이나 시기적으로 맞지 않는 일, 또는 그것을 이룰 능력이 아직 갖춰져 있지 않은 일은 요구되지 않는다.

당신이 하느님의 인도에 몸을 맡긴다면, 여러 가지 '계획'을 세우는 것은 삼가는 것이 좋다. 당신을 나아가게 하는 것은 더할 수 없이 명백한 필요와 기회라는 형태로 차례차례, 그것도 올바른 순서로 당신을 찾아올 것이다. 이스라엘의 한 예언자는 이것을 '사랑의 줄로 이끈다'*9는 말로 표현했다. 즉 아기가 끈을 잡고 걸음마를 하는 것처럼 인도되는 것이다. 이것이 인간의 계획보다 훨씬 뛰어나다.

호세아 11장 4절, 누가복음 1장 6·78·79절, 요한복음 1장 51절, 3장 27절 참조.

---

*9 호세아서 11장 4절.

빌립보서 3장 13~21, 4장 6·7~12·13·18절을 읽어 보라.

거기서 특별히 눈길을 끄는 것은 그리스도뿐만 아니라 그 해설자이며 첫째 가는 전도자였던 바울도 내세의 삶의 모습에 대해서는 극히 말을 아끼며, 이미 이 지상의 삶을 미래의 삶에 대한 준비로 여겨온 사람들에게 내세에서는 의심할 여지없는 행복이 주어진다는 확실한 기대를 품게 하는 것에서 만족하고 있었다는 사실이다. 우리 또한 그것으로 만족해야 한다. 내세에서는 확실히 육체에서 기인하는 모든 허약함, 불쾌함, 걱정, 고민에서 벗어나 육체가 없는 삶이 펼쳐질 것이다. 그 사실만으로도 틀림없이 우리의 마음을 내세에 대한 간절한 동경으로 가득 채울 것이다.

그러나 또 내세에서는 하느님께 더욱 가까이 가서 새로운 정신적 진보를 이룰 것을 기대해도 좋다. 마찬가지로 거기에 어울리는 기쁨에 찬 활동, 그리고 지상의 노동에 뒤따르는 무거운 부담과 성급함과 불안 없는 활동이 우리의 운명이 될 것이다. 하지만 그 밖의 것은 모두 확실하지 않다. 지상에서 교류했던 사람들과 재회할 수 있는지, 또 이 세상에서 우리가 지녔던 개성을 그대로 유지하는지 어떤지도 알 수 없다. 분명히 이런 것은 우리의 희망 가운데 하나임이 틀림없다. 하지만 지상에 대한 기억은 내세에서 개성을 유지하는 데 필요한 것이 아닌 한, 나는 단념할 것이다. 그러므로 가장 좋은 길은 최종목적인 선에 다다르기 위해 이 세상에서 최선을 다하는 것이다.

이사야 42장 12·13절 참고.

5월 6일

자칫하면 마음에 의심을 불러일으키기 쉬운 큰 유혹 가운데 하나는 세상에서나 우리 내부에서나 선은 악만큼 눈에 잘 드러나지 않는다는 점이다. 뭐니 뭐니 해도 악이 훨씬 더 세력을 떨치고 있다. 그래서 사람들은 완전히 올바른 길을 가고 있으면서도 자신의 내적 진보를 반쯤 의심하거나, 하느님의 정의로운 걸음이 역사상으로도 자신의 인생경험으로도 명백하거늘 여전히 의심하는 마음을 버리지 못한다.

우리는 때때로 상당히 오랫동안 자신이 내적으로 전혀 진보하지 않은 것처럼 생각되는 일이 있다. 그러다가 어느 날 갑자기 자신이 전과는 완전히 다른 사람이 되어 있는 것을 깨닫는다. 에스겔 11장 19절, 36장 25~27절, 예레미야 24장 6·7절 참조.

지나친 비판은 삼가는 것이 좋다. 비판하는 데 열심인 사람은 세상에 얼마든지 있다. 그런데 선을 보고 그것을 격려하는 사람이나 진리를 온화하고도 완전하게 말할 수 있는 사람은 드물다. 진리가 효과적으로 작용할 수 있으려면, 반드시 그렇게 말할 줄 알아야 한다.

> 이렇게 말해서는 안 된다.
> 싸움은 아무런 보람도 없고, 상처의 공적도 헛될 뿐
> 적세는 수그러들 줄 모르고, 물러가지도 않으며
> 모든 것이 그대로라고.
>
> 힘 잃은 파도는 덧없이 절벽에 부서지고
> 한 뼘 땅도 얻은 것 같지 않은데
> 아득한 저편에서 해변과 후미를 향해
> 물결이 조용히 차오르고 있으니.
>
> ―A.H. 크래프

✢

현대 문명권에서 하층 계급인 대중이 그리스도교에서, 또 모든 종교적인 것에서 완전히 멀어져 오로지 사회주의 미래국가를 통해 그들 삶이 나아지기를 기대하는 것은 너무나도 나쁜 현상이다. 이 점에서 그들이 머지않아 실망하게 되는 것은 그들에게는 또 하나의 불행이다. 하지만 이 불행은 무언가 개선이 시작되기 전에 각 나라에서 먼저 일어날 것이 틀림없다.

지금의 교회와 학교의 임무는 바로 그리스도교야말로 가난한 자, 학대받는 자를 위하여 이 세상 최고의 세계관을 가지고 있다는 것을 이해시키는 데 있다. 그런데 지금까지 양쪽 모두 그 임무를 제대로 다하지 못했다. 다만 구세군만이 실질적으로 이 일에 노력해 왔는데, 교회가 다시 대중을 얻고자 한다면 이 실례에서 배우지 않으면 안 된다. 단순히 일요일의 설교와 종교수업, 세례의 지도만으로는 할 일을 다 했다고 할 수 없다. 그러므로 교회에 개혁을 실시하

여 더욱 활기찬 사회적 시설로 바꾸는 노력을 게을리 해서는 안 된다. 또한 성직자들이 보통사람들의 사회주의에 마음을 기울이는 것은 큰 잘못이다. 왜냐하면 사회주의는 철저하게 무신론이며, 복지와 번영을 가져다줄 수 없기 때문이다. 그러나 그리스도교는 외부에서 다른 것을 가져오지 않아도 이미 충분하고도 남을 만큼 사회적인 것을 갖추고 있다.

따라서 당신은 절대 '그리스도교적이면서 사회적'이라고 자칭하는 것, 또는 그리스도교와 오늘날의 사회주의의 결합을 지향하는 것을 믿어서는 안 된다. 그런 것에서는 아무것도 좋은 것을 얻을 수 없다. 다만 진정한 그리스도교에 활기를 불어넣어야만 의미 있는 일이 달성될 수 있다.

5월 7일

인간의 내적 진보는 단계적으로 이루어지며, 천재적인 소질을 가진 몇몇을 제외하고는 급속한 진보가 이루어지는 일은 없다. 오히려 우리는 자신에 대해 참을성 있게 무언가를 배우지 않으면 안 된다. 아주 자연스럽게 자신에 대해서만 생각하거나 자기도 모르는 사이에 모든 일을 쾌락과 만족의 척도로 재는 것을 특별한 노력 없이 단념할 수 있고, 오히려 자신을 위대한 이념의 심부름꾼으로 생각할 때, 그 사람은 확실한 정점에 다다랐다고 할 수 있다. 성서는 이런 사람을 '하느님의 종'이라고 부른다.

이사야 49장 1~6절, 50장 4~9절 참조.

이것과는 전혀 다른 생활원리에 따라 살고 있는 사람들이라도 앞에서 말한 특별한 사람이 이 세상에 있음을 느끼고, 또 그런 신념에 대하여 진짜와 가짜를 구별할 줄 아는 본능을 가지고 있는 경우가 흔히 있다. 그런데 때때로 오히려 종교적 경향이 강한 사람들 중에서 아직도 이기주의에 깊이 빠져 있는 사람이 '지고한 분의 종'으로 여겨지는 예를 볼 수 있다. 그러나 일반 사람들이 그런 가짜에게 속았다는 애기는 한 번도 들은 적이 없다.

따라서 평범하지 않은 특이한 현상에 대해서도 세상 사람들의 판단을 존중하는 것은 크게 도움이 된다.

❦

이사야 54장 17절,[*10] 60장 14절은 수천 년 전의 말이지만 오늘날에도 신문의 공격을 받을 때 또 하나의 좋은 위안으로 삼을 수 있다. 실제로 어느 당파에도 속하지 않은 사람은 그런 공격을 피할 수 없는 것이 현실이다. 오직 당파에 속한 자만이 그들의 신문에서 존중받고, 반대파 신문에서도 진지하게 공격하기보다는 너그럽게 봐주거나 칭찬해준다. 중립에 선 사람들은 자신들이 예언자가 한 말 그대로 더할 나위 없이 확실한 보호를 받고 있음을 분명하게 알아야 된다.

예레미야 15장 19~21절 참고.

5월 8일

하느님의 은총으로 마음 깊이 스며드는 기쁨을 경험하면, 우리는 곧 우리의 적과 우리에게 부정한 짓을 한 사람을—이런 사람은 반드시 있게 마련이다—용서해주어야 한다. 그리하여 비로소 그 기쁨을 누리는 것이 하느님의 눈에도 진정 정당하고 흔들림 없는 것이 된다.

마태복음 18장 21~25절 참조.

❦

그리스도교로 일상생활의 수많은 사소한 일을 어떻게 처리하고 극복해 나갈 것인가? 성실한 사람들 대부분이 이렇게 자문하는 것도 전혀 이해 안 되는 바는 아니다. 하지만 그 점에 바로 그리스도교 신앙의 정도와 내용이 잘 나타나 있다.

만약 신앙이 어쩌다가 배워서 얻은 것이거나 인생의 큰일에 써먹으려고 받아들인 것에 지나지 않는다면, 작은 일에서도 인간의 자연 그대로의 '본성'이 '권리'를 주장하는 것은 당연하다. 그런데 작은 일은 훨씬 자주 일어난다. 만약 그리스도교가 그리스도의 가르침과 완전히 일치한다면, 이러한 대소의 구별은 더 이상 있을 수 없고, 작은 일에나 큰일에나 같은 정신이 나타날 것이

---

*10 무릇 너를 치려고 제조된 기계가 날카롭지 못할 것이라. 무릇 일어나 너를 대적하여 송사하는 혀는 네게 정죄를 당하리니, 이는 여호와의 종들의 기업이요, 이는 그들이 내게서 얻은 의라.

다.*11 그러나 진정으로 그렇게 되기까지는 꽤 오랜 시간이 필요하다.

어쨌든 화를 잘 내고 성격이 까다로우며, 마음이 좁고 탐욕적이거나 부와 신분에 집착하는 그리스도인은 결코 보기에 좋은 모습이 아니다. 물론 그들도 '이 세상의 왕'에게는 그렇지 않지만 말이다. 사탄은 그런 인간의 '탐욕스러운 성질'을 이용하여 그들을 사로잡을 수 있기 때문이다.

마태복음 12장 35절*12 참조.

5월 9일

인생의 길 위에서 때때로 만나는 가장 불쾌한 것 가운데 하나는 질투심이다. 이것은 그저 참고 견디는 수밖에 없다. 시기하는 사람들의 마음은 좀처럼 열리지 않기 때문이다. 그러나 우리는 끊임없는 성실한 활동으로 시기심에 조용히 맞설 수는 있다. 아마 괴테에게서 나온 것으로 생각되는 조금 엄격한 격언이 이 사실을 다음과 같이 표현하고 있다.

남의 질투심을 없애고 싶다면
어리석은 허세를 버려라.

—괴테 《온화한 풍자시》

우리는 자신의 장점이나 소유물을 보란 듯이 자랑함으로써 남의 질투심을 자극하지 않도록 해야 한다. 그런 행동을 하면 이웃의 마음에 큰 상처를 주는 계기가 되고, 나아가서는 '분노'의 저주를 받게 된다. 특히 여성은 이 점에서 자주 실수를 범한다. 여성은 약혼자, 남편, 아이들, 장신구, 사교, 즐거운 가정생활 따위를 가지고, 그런 것을 가지지 않은 사람들 앞에서 자랑하고 싶어하기 때문이다. 이는 여성의 성격 가운데 가장 좋지 않은 면이다.

---

*11 마태복음 25장 40절. 내가 진실로 너희에게 이르노니, 너희가 여기 내 형제 중에 지극히 작은 자 하나에게 한 것이 곧 내게 한 것이니라.

*12 선한 사람은 그 쌓은 선에서 선한 것을 내고, 악한 사람은 그 쌓은 악에서 악한 것을 내느니라.

'하느님의 탐구'에 대해서는 열왕기상 19장(특히 11·12절 참조)에 참으로 훌륭하게 묘사되어 있다. 하느님을 탐구하는 데는 인생의 목적에 대한 절망과 불길함과 폭풍이 뒤따르기 쉽다. 그러나 올바른 것은 부드러운 설득과 권유의 목소리로 찾아온다. 아직 초보 단계에 있으면서 너무 성급하게 타인에게 보여주고 싶어하는 사람들, 또 니체에 이를 때까지 진정한 목소리를 기다리지 못한 사람들이 얼마나 많았던가! 그들은 끝내 잘못된 철학과 종교학설을 내세우게 되었고, 이 학설들은 같은 단계에 있는 수많은 사람들을 만났을 때, 그 사상가들 속에 담긴 뜨거운 정열로 인해 그 영향력을 미치게 된다.

세상에는 바울처럼 희미한 하느님의 목소리를 향해 열려 있는 귀를 얻을 때까지 참을성 있게 기다리는 사람은 드물다. 질풍노도 같은 고뇌의 시기를 거치지 않으면, 마음이 충분히 열리기란 쉽지 않다. 그런 경우 확고부동한 신념을 얻지 못하고, 그저 교의를 습득하여 앵무새처럼 되풀이할 뿐이다. 이렇게 되면 그야말로 '성과가 오르지 않는 것'을 탄식하는 '능력 없는' 설교나 저술가가 되는 게 고작이다.

5월 10일

종교의 비밀은 이론상으로는 간단하다. 바로 하느님을 진심으로 믿고 그 믿음으로 생활하는 것이다. 그러나 그것을 실천하는 것은 매우 힘든 일이다. 그리스도교 사회는 이미 1900년 동안이나 그렇게 하기 위해 훈련해 왔지만, 아직도 제대로 이루지 못하고 있다. 이미 수많은 학자들이 그것을 가르치려고 시도했으나 좀처럼 성취할 수는 없었다. 누가복음 10장 27절 참조.

시편 1편과 2편을 보면, 하느님에 대한 신앙을 거부하는 것은 이 신앙을 간절하게 느낀 적이 없는 자에게는 더할 나위 없이 쉬운 일이다. 인류의 역사가 시작할 때부터 일반인에게 널리 알려져 있는 쇼펜하우어와 니체에 이르기까지, 수많은 사람들이 하느님을 부정함으로써 일시적인 인기를 얻어왔다. 왜냐하면 하느님의 존재를 부정하는 생각을 받아들이는 대중은 어느 시대에나 존재하기 때문이다.

그러나 그들의 부정적인 단순한 증명으로—애초에 증명이라고 할 수도 없지만—경험을 통해 하느님을 알게 된 사람들을 설득하는 것은 도저히 불가능했다. 마찬가지로 그들이 유대교와 그리스도교를 파괴한 뒤, 그것 못지않게 영속성을 가지고 현명한 사람에게나 단순한 사람에게나 한결같이 유익하며, 또 어떤 경우에도 충분히 사람들을 위로해줄 수 있는 세계관을 내세우는 것 또한 어려운 일이다. 그들 대다수는 그런 새로운 건설을 시도조차 하지 않고 그저 파괴하는 것으로 만족했다. 실제로 이러한 파괴가 다가올 시대에 영속적인 성과를 거두는 일은 있을 수 없다. 세계는 지금 건설적인 그리스도교를 간절히 원하고 있다.

마태복음 24장 35절, 22장 44절 참고.

❁

오직 당신의 언어만이 힘이 있어
정신과 영혼에 스며듭니다.
당신의 멍에는 가볍고, 영혼의 인도는 확실하여
벌써 천국의 문이 열리고 있나이다.

—보헤미아 형제단 찬송가 973번

진정한 선으로 이끄는 올바른 지도자가 되고자 한다면, 바로 이 노래처럼 사람들을 이끌어야 한다. 그리고 상대방의 마음속 폭풍과 타오르는 불길을 빨리 꺼뜨리려 하지 말고, 상대방에게 마음의 단단한 껍질을 녹이는 데 충분한 시간을 주어야 한다. 그런 다음 적당한 시간에 적당한 말을 온화한 목소리로 얘기하는 것, 이것이 바로 교육의 비결이다.

그러나 이것을 터득한 교육자와 목사는 어느 세상에나 조금밖에 없을 뿐만 아니라 이 비결은 '학문의 체계' 속에 편입될 수가 없다. 그것을 터득하려면 풍부한 인생경험과 심리학이 필요하다. 물론 대학에서 가르치는 일반적인 심리학은 아니다.

5월 11일

이미 로마의 철학자 보에티우스는 그의 유명한 철학서 《철학의 위안(562년)》 속에서 '인간은 하느님의 생명을 얻어야만 진정으로 행복해질 수 있다'고 했다. 그 뒤 거의 1500년이 지났지만, 어느 시대, 어떤 사람에게도 이 말은 여전히 유효하다.

그 점에서 특히 다행인 것은 하느님은 인간처럼 속지 않는다는 사실이다. 그러므로 그저 형식적으로 하느님에게 다가가기만 한다고 어두운 마음에 밝은 햇살을 불러들일 수는 없다. 또한 종교적 열광과 흥분으로도 이 목적을 이룰 수는 없다. 하느님 곁에 있는 것은 그런 것과는 전혀 다른 일이며, 참으로 독특하고 조용하며 평화로운 감정이다.

출애굽기 34장 6절, 열왕기상 19장 12절 참조.

그리고 이 감정, 그러니까 하느님 곁에 있는 기쁨은 인간이 느끼는 모든 감정 가운데서도 특히 강렬하다. 이 감정은 사람의 마음을 완전히 만족시킬 뿐 아니라 모든 제한에서 정신을 해방하고 고양시키는 효과가 있다. 그런 점에서 우정과 연애, 또 그 밖의 감정과는 도저히 비교할 수 없이 강력하다. 때때로 인용되는 성 아우구스티누스의 말도 진실한 것이기 위해서는 이 점에서 보완이 필요할 듯하다.

이런 강력한 힘을 가진 감정은 반드시 실제로 존재하는 대상에게서 나온다는 것은 이 감정을 직접 겪어본 사람들에게는 아무런 증명도 필요하지 않은 사실이다. 그들은 다만 이 감정을 알지 못했던 지난날을 애석하게 생각할 뿐이다.

⚜

당신은 어쩌면 자신이 다루는 일이 아직 충분히 무르익기도 전에 너무 많은 것을 써버렸을지 모른다. 세상에서는 그런 것을 '모든 것을 썼다' 또는 '최선을 다해 살았다'고 말한다. 그리고 그 예로서 괴테와 그 밖의 시인들, 특히 바이런을 들기도 한다. 이러한 삶의 방식으로 잘 알려진 것처럼 재기 넘치는 정열적 장면의 묘사가 태어나지만, 도움이 되는 인생철학은 탄생하지 않는다. 그래서 이런 사람들은 보통 노년에 이르도록 자신의 철학을 가지지 못한다. 그들은 때때로 훨씬 만년이 된 뒤에도 청년시절에 어울리는 정열과 흥분에 빠지는 경우가 있다. 그러나 그것조차도 그들의 추종자들에 의해 멋진 일이 되고 감탄의 대상이 된다.

당신은 세상 사람들에게 자신을 널리 알리기 전에 먼저 자신의 성숙을 위해 내적 성장에 시간을 할애하지 않으면 안 된다. 그러나 오늘날 학교를 갓 나온 젊은이들은 너나없이 세상을 향해 제 목소리를 내고 싶어한다.

5월 12일

인간은 신에 대해서도 자유의지를 갖고 있어서, 하느님을 거부하거나 하느님과의 관계를 의식적으로 또는 고의적으로 끊을 수가 있다.[13]

그러므로 '은총의 선택'이라는 것도, 하느님을 거부하는 것도 가능하다. 이것은 가장 선한 사람들에게도 가능한 일이다. 구약의 다윗만 해도 만약 그가 왕으로서의 권력의식으로 선지자 나단의 질책을 물리쳤으면, 하느님을 거부할 수 있었을 것이다. 또 그리스도도 누가복음 4장이 현실적 의의를 가졌더라면, 역시 하느님을 거부할 가능성을 가정하지 않을 수 없다. 그러나 이렇게 한번 받아들였던 하느님을 다시 잃는 것은 인생의 가장 어둡고 불가해한 일 가운데 하나로, 인간의 삶에 있어서 수많은 수수께끼 같은 현상, 특히 신경병과 광기의 근원이 바로 여기에 있다.

그러나 이것에 대해서는 너무 깊이 생각하지 않는 것이 좋다. 오히려 하느님과 맺어진 끈을 무슨 일이 있어도 놓지 않겠다고 결심하는 것이 훨씬 낫다.

⚜

건강하고 기분 좋은 수면을 충분히 취하도록 노력하라. 이것은 사실 누구나 할 수 있는 것은 아니다. 그러나 누가 뭐라 해도 이것이 가장 좋은 신경안정제이며, 마음의 흥분에도 뛰어난 효능이 있다.

건강하게 잠을 잔 뒤에는 모든 것이 전혀 다르게 보이고, 전날 밤에는 마치 앞길을 가로막는 거인처럼 생각되었던 골치 아픈 일도 웃음으로 넘길 수 있게 된다. 뿐만 아니라 우리가 노력한다면, 끊임없이 건강상태를 염려하지 않아도 되고, 선한 사람들과 교류하면서 남은 생애를 보낼 수도 있다. 그 밖에 지나친 것을 원하는 것은 어리석은 일이라고 자신을 꾸짖으며, 세상 사람들이 열심히 노력하고 추구하는 것을 완전히 헛된 일로 여기고 돌아보지 않게 된다면, 진정한 삶에 이르는 바른 길을 나아가고 있는 것이다.

---

[13] 욥기 2장 9절.

5월 13일

킹슬리의 아름다운 말 가운데, '사람의 마음을 보고 자비심을 가져라. 행위만을 보고 비난하지 말라'는 것이 있다. 이것은 하느님의 가르침과 마찬가지로, 올바른 인간지식을 보여주는 가르침이다. 이 말을 모든 법정에도 걸어두어야 할 것이다.

그러나 이와는 반대로 '올바른 마음에서 나온 것이 아닌 행위를 높이 평가하지 말라'는 말 또한 진실이다. 이것은 역사 교실에 써 붙여둘 만하다.

인간의 육체가 맑아지면, 다시 말해 순수한 동물적인 것이 완전히 사라지면, 정신도 밝고 강해진다는 말은 일찍이 육체에 대한 말 가운데 가장 의미심장한 것으로, 미래 의학에 있어 그 기본적인 신념이 될 만하다. 누가복음 11장 36절*14 참조.

이에 반해 이 성구 앞의 35절*15은 철학에 의한 주도적 사상이다.

⚜

당신은 아마 수많은 책 가운데 복음서를 능가하는 것을 찾지 못할 것이다. 그러므로 뭔가 좋은 책을 구하는 수고를 할 필요가 없다. 그러나 그리스도의 말씀을 어떻게 읽을지, 그 인생관과 세계관에 대한 호감으로 읽을지, 역사적 또는 철학적 비판으로 읽을지, 또는 기계적이고 규칙적인 방법이나 깊은 반성 없이 그저 말의 표피만을 좇을 것인지 등등 그 읽는 방법에 따라 그리스도의 말은 완전히 다른 것으로 전해질 것이다. 그 말들은 바로 그리스도가 말한 것처럼 완전히 "영이요 생명이다."*16 이렇게 말했다고 해서 그 밖의 것을 읽어서는 안 된다는 뜻은 아니다. 교양 있는 사람이 되고 싶으면 오히려 읽어야 한다. 그러나 그리스도의 말에서 다른 쪽으로 눈길을 돌리게 하는 것은 좋은 책이라고 할 수 없다. 당신은 그 책들을 오직 교양을 위한 재료로 쓰는 것이 좋다.

종교적 내용을 가진 수많은 책들—성직자들과 스콜라 학자의 것도 포함하

---

*14 네 온 몸이 밝아 조금도 어두운 데가 없으면, 등불의 광선이 너를 비출 때와 같이 온전히 밝으리라.

*15 그러므로 네 속에 있는 빛이 어둡지 아니한가 보라.

*16 요한복음 6장 63절.

여—에 대해서는 그 책들이 진정한 의미에서 '신앙을 높여주는' 작용을 하는 게 아니라 오히려 정신에 무거운 짐을 지우고 혼미하게 만드는 작용을 한다고 할 수 있다. 당신이 신학을 연구하는 게 아니라면 그것들을 죄다 읽을 필요는 없다. 각각의 종류에서 그 견본이 될 만한 것을 한 권쯤 읽는 것으로 충분하다.

나의 경우 그 대부분의 책들로 인해 적지 않게 고생을 겪었다. 내가 남의 말에 쉽게 감복하지 않는 양식을 갖추고 있지 않았더라면, 정신적 위험으로 가득한 그 정글에서 무사히 빠져나오지 못했을 것이다.

5월 14일

종교적인 일에서는 오직 한없는 성의와 진실만이 중요하다. 따라서 아무런 정신이 담기지 않은 형식주의, 이를테면 건성으로 올리는 식사기도, 억지로 다니는 교회, 마지못해 하는 가정예배는 신앙에 유익하기는커녕 해롭다고 할 수 있다. 이른바 신앙심 깊은 부모 밑에서 자란 사람들의 경험이 이 사실을 잘 보여주고 있다.

⚜

마태복음 6장 33~34절*17을 보라.

지나간 것은 더 이상 생각하지 않고 미래를 위해 쓸데없는 걱정을 하지 않는 습관을 키운 사람은 시간적으로나 마음의 평화면으로나 얻는 것이 참으로 많다.

그러나 그렇게 되기 위해서는 우리를 늘 지켜보고 있는 성실한 하느님을 따르는 것이 중요하다. 그렇지 않으면 아무 걱정 없는 생활은 불가능하며, 그것은 오히려 경솔한 것이다. 하느님에 대한 생생한 사랑이 있어야 비로소 불안 없는 생활을 할 수 있으며, 이는 이미 수많은 사람들이 삶을 통해 겪고 있다. 나도 전에 걱정거리였던 수많은 고난이 하느님에 대한 사랑을 통해 완전히 사라지거나 훨씬 견디기 쉬워진 것을 경험했다. 또 내 생애에서 모든 선은 늘 예

---

*17 너희는 먼저 그의 나라와 그의 의를 구하라! 그리하면 이 모든 것을 너희에게 더하시리라. 그러므로 내일 일을 위하여 염려하지 말라. 내일 일은 내일 염려할 것이요, 한 날 괴로움은 그 날에 족하니라.

기치 않은 순간에 느닷없이 찾아왔다. 대부분의 경우 나는 그것을 맞이할 충분한 준비가 되어 있지 않았다. 그것은 내가 하느님이 나를 위해 준비하고 있는 길을 따르지 않고, 스스로 세운 계획에 수많은 시간을 낭비하고 있었기 때문이다.

인간에게 의지하는 것은 언제나 위험하다. 게다가 그 사람들이 고귀한 신분, 높은 지위에 있으면 있을수록 더욱 그렇다. 예레미야 17장 5~9절*18 참조.

5월 15일

사람과 교류하는 데 가장 해로운 것은 허영심이다. 누구든지 아무리 단순한 사람이라도 상대방의 허영심을 간파하는 예리한 본능을 가지고 있다. 그들은 상대방에게 허영심이 보이지 않을 때만 진심으로 승복한다.

허영심은 누구에게나 훤히 들여다보인다. 게다가 다른 악덕은 그래도 찬미자가 있을 수 있지만, 허영심만은 좋아하는 사람이 아무도 없다. 따라서 허영심은 결코 그 목적을 이룰 수 없기 때문에 악덕 가운데에서도 가장 어리석은 악덕인 것이다.

⚜

스토아주의의 '견디고 참아라'는 말은 모든 경우에 반드시 옳다고 할 수는 없다.

건전하고 씩씩한 기상을 가진 사람이라면 누구나 그런 삶에 반대할 것이다. 특히 인간에 대한 반항이나 맹목적이고 '불합리한' 운명에 대한 저항과 관련된 문제에서는 더더욱 그렇다. 하지만 인간을 사랑하는 신의 의지와 인도에 따르는 것은 그것과는 완전히 다르며, 더욱 적극적이다.

당신이 스토아주의자를 본받고자 한다면, 적어도 불평불만 없이 조용한 체념 가운데 그렇게 해야 할 것이다. 쇼펜하우어의 철학처럼 온통 불평불만으로 가득한 철학은 전체적으로 생활규범으로서 실질적인 가치가 거의 없고, 또 세계 원리로서도 전혀 쓸모가 없다. 따라서 우리에게는 에피쿠로스와 그의 제자

---

*18 무릇 사람을 믿으며 혈육으로 그 권력을 삼고 마음이 여호와에게서 떠난 그 사람은 저주를 받을 것이라. ……무릇 여호와를 의지하며 여호와를 의뢰하는 그 사람은 복을 받을 것이라…….

인 루크레티우스가 그래도 더 낫다고 할 수 있고, 칸트도 이성적인 요청에 대한 실증적 기초가 아무리 빈약하다 해도 낫다고 할 수 있다.

일반적으로 현대철학은 사람들에게 영향을 미치는 일이 거의 없다. 교양 있는 사람들도 절충주의자이지, 한 지도자만 따르는 일은 하지 않는다. 옛날의 뛰어난 지도자 가운데 헤겔, 셰링, 피히테, 헤르바르트 같은 몇몇 사람들은 거의 잊혀져 버린 채, 그저 대학 강의와 교과서 속에서 명맥을 유지하고 있을 뿐이다. 그 밖의 사람들, 예를 들어 쿠노 피셔는 그저 재기 넘치는 강의를 했을 뿐 결코 인생의 지도자는 아니었다.

현대에서 인생을 지도하는 결정적인 방향은 괴테적인 것, 즉 자기 자신과 세계를 미적(美的)으로 향유하는 경향으로, 이 방식은 하층 계급에서는 무신론적 유물주의로 전락하고 말았다. 그리고 또 하나 그것과 대립하는 방향은 종교적인 것인데, 이것은 아마 과거의 교회적 형식을 많든 적든 변혁하게 될 것이다.

5월 16일

사람들의 교제에서 가장 기분 좋고 유효한 것은 언제나 변함없는 우애이다. 어린아이나 동물도 그런 우애에는 민감하여, 특히 상대방의 감정이 우연한 변덕인지, 단지 일시적인 동기에서 나온 것인지, 아니면 영속적인 성질의 것인지까지 구별할 수 있다.

✤

많은 사람들이 순례하는 성지는 누군가 신앙적으로 강한 감명을 받거나 하느님의 부름을 받은 장소이다. 물론 그런 장소는 꼭 교회가 아닐 수도 있다. 때로는 평범한 집의 방이나 들과 숲, 산꼭대기가 되기도 한다. 그런 장소에서 누군가 하느님을 접한다는 것은 본디 개인적인 일인데도, 많은 사람들이 자기들도 하느님을 영접할 수 있다고 여기고는 그곳에 교회당을 짓는다. 그러나 그 장소에 하느님의 영혼을 머물게 하는 힘 따위가 애초에 있을 리 없다. 또는 이렇게 하느님을 접한 사람의 섭데기[*19] 위에 교회당을 짓기도 하지만, 그것은 마

---

*19 그 사람의 유해.

치 벗어버린 생전의 옷과 마찬가지로 하느님과는 아무 관련이 없다.

무언가를 숭배하고 싶은 욕구는 분명 인간의 본성이다. 그리고 우상을 숭배하는 것은 진정으로 하느님을 경배하는 것보다 훨씬 쉽다. 왜냐하면 진정한 경배는 어떤 정신적인 내용을 이해하고 그것을 본받고자 적극 노력하는 것이기 때문이다. 그래서 숭배자들은 그밖에 더욱 자신에게 편리한 숭배 대상을 찾는데, 숭배의 대상이 그들에게 충분한 감화력을 갖지 않은 경우, 그들은 쉽게 배교자와 반역자가 된다. 모든 종교의 창시자는 적당히 때를 맞춰 일찌감치 세상을 떠나지 못했을 경우, 늘 그런 꼴을 당해 왔다.

5월 17일

어떤 사람의 영혼을 올바른 길에서 벗어나게 하기란 몹시 어려운 일이기에, 악마도 고상한 동기의 도움을 빌리지 않으면 성공할 수 없다. 그러나 악마의 모든 짓을 수포로 돌아가게 하는 건 단 한 번 하느님을 우러러보거나 하느님을 부르는 것으로 충분하다. 참으로 통쾌한 일이 아닌가! 괴테의 《파우스트》 제1부에 이 사실이 감동적으로 잘 표현되어 있다. 그러나 악마의 올가미에 걸려들어도 거기서 벗어나는 것은 쉬운 일이므로—일반적으로 올가미를 피하는 것보다 쉽다—이 약간의 노력조차 하려 들지 않는 무기력한 사람이나 염세주의자가 혹독한 비판을 받는 것은 당연한 일이다.

요한계시록 21장 8절, 22장 17절 참조.

당신이 무언가에 사로잡혀 있다고 느낀다면, 단호하게 그 사슬을 끊어라. 사슬이라는 것은 자신의 힘만으로 끊으려 하면 단단하지만, 하느님의 힘 앞에서는 그렇지 않으며, 하느님의 도움은 당신이 원하면 언제라도 얻을 수 있다. 만약 하느님의 도움이 주어지지 않는다면, 그것은 당신 내부에 스스로 바꿀 수 있는 어떤 힘이 아직 남아 있기 때문이다. 당신이 그것을 모르고 있다면 하느님이 가르쳐 주실 것이다. 그러나 대부분의 경우, 당신은 그것을 잘 알고 있다.

⚜

하느님의 방문을 한 번 체험한다면, 당신은 그 감명을 평생 잊을 수 없을 것이다. 그것은 기도와 의식, 또는 금식이나 그와 비슷한 방법에 의해서 경험할 수 있는 것이 아니다. 오히려 원하지도 않았는데 어느 날 갑자기 마치 구약성서의 천사처럼 찾아온다. 이와 비슷한 환상도 있는데, 이것은 원하면 경험할 수 있다. 그러나 그런 것은 황홀 상태에 있는 성자들의 신경을 착란시키는 데 비해, 진정한 하느님의 방문은 더할 나위 없는 건강한 실감과 내세의 존재를 예감하는 경험을 남긴다. 나아가서 그것은 하느님의 어떤 계시이거나 위탁, 또는 명령이며, 환상의 경우처럼 단순한 즐거움 같은 것이 아니다. 하지만 현대인들은 이에 대해 무엇을 알 수 있을까!

5월 18일

내적 진보가 크게 이루어지기 전에는 늘 절망에 대한 유혹이 앞서고, 큰 고난이 찾아오기 전에는 예사롭지 않은 내적 기쁨과 힘이 느껴지는 법이다. 그것을 통해 하느님은 우리를 그 고난에 견딜 수 있도록 강화한다. 나는 멋진 성공을 거두기 직전만큼 불행했던 적이 없었고, 가장 괴로운 일을 당하기 전만큼 기쁨과 자신감으로 가득 찼던 적이 없었다.

당신이 우울하고 불안하거나 불쾌할 때는 바로 진지한 일을 시작하라. 그것이 어렵다면, 누군가에게[20] 작은 기쁨을 선물하라. 그 정도는 언제라도 가능할 것이다. 보통 사람들이 하는 것처럼 향락과 기분전환으로 음울한 영혼을 쫓아내려고 하는 것보다 훨씬 효과적이다. 그런 속임수를 써봤자 이 어두운 영혼은 곧바로 되돌아올 테니까.

타인의 경우에도 엄숙한 훈계와 설득보다는 조그마한 선물을 하는 편이 오히려 어두운 영혼을 쉽게 쫓아낼 수 있다.

✣

엘렌 케이(1849~1926. 스웨덴의 사상가) 등의 '계몽' 운동으로, 또는 사회주의자와 폴란드인, 로마 교황당원에 대한 국가적 정책으로 뭔가 좋은 성과를 올릴 수 있다고 믿어서는 안 된다. 상류계급 사람들은 다시 단순한 미적 생활의 향락을 멀리해야 할 것이다.

자주 인용되는 괴테의 '학문과 예술을 가진 자는 종교도 가진 것이다'라는 생각에 따르면, 미적 생활의 향락이 그들의 종교가 되고 만 셈이다. 어쨌든 하

---

*20 복음서에 말하는 '이웃'에게.

류계급 사람들에게는 다시 신앙이 주어져야 한다. 그것은 오직 수많은 사람들의 개인적 노력으로, 또 진정하고 올바른 종교로만 실현될 수 있다. 하지만 실제로는 아마 불행을 통해 실현될 것이다. 경험적으로 볼 때, 전반적이고 가장 이해하기 좋은 실제 체험이라는 교육 없이 그저 설교와 강연만으로 사회가 개선된 예가 없기 때문이다. 위로부터의 모범과 불행한 사건이 민중에게는 가장 효과적인 교육수단이다.

그러므로 내 생각에는 개신교 교회를 개혁해 전보다 훨씬 좋아지게 하는데 모든 노력을 기울여야 한다. 이는 가능한 일이며 그것이 혁신의 중심을 이룰 것이다. 왜냐하면 세상 사람들은 지금 분명히 종교로 돌아가고 싶어하고 있기 때문이다. 그런데 종교로 돌아가기 위해서는 국가의 힘과 사회정책만으로는 충분하지 않으며, 또 그것들도 종교 없이는 올바른 기초를 쌓을 수 없다. 학문과 예술은 진실하면 틀림없이 좋은 것이지만, 어떤 경우에도 종교를 대신할 수는 없다.

5월 19일

'존경'을 받는 것은 때때로 자기개선에 장애가 될 때가 있다. 부스 부인은 자신의 편지에서 존경을 '오늘날 그리스도교계의 저주'라고까지 불렀다. 세상의 화제가 되거나 논란거리가 되는 이상한 일, 유별난 일은 아예 하지 않는 것이 좋다. 실제로 세상의 혀는 날카로운 수술용 칼과 같아서, 이 칼에 찔리면 우리가 맨 처음 들은 좋은 평판은 거의 흔적도 없이 사라지는 일이 많다. 그러나 그런 경우 더 큰 명예를 다시금 쌓아올릴 필요가 있다. 우리 삶에서 이 두 번째 명예를 쌓아올릴 때 중요한 것은 새롭게 하느님의 도움이 주어져야 된다는 사실이다.

이에 비해 그저 높은 존경을 받는 것은 결국 평범하고 오히려 다른 사람보다 뒤처지는 상태로 떨어지는 대가를 치러야 한다. 이것만은 조금도 과장 없이 주장할 수 있다.

보헤미아 형제단 찬송가 282번, 343번, 1167번 참고.

⚜

빌립보서 3장 15절, 로마서 6장 14절, 에베소서 5장 8절*[21]을 보라. 이 구절들은 하느님이 원하는 인간의 상태이며, 우리가 이 지상에서 도달해야 하고 또 도달할 수 있는 상태이다. 이에 따라 내일에 대한 걱정 없이 나날을 보내며, 어떤 경우에도 하느님의 인도와 분명한 가르침을 받아 최대한 편안한 생활을 영위할 수 있다. 또한 요한1서 4장 6절, 5장 3절*[22]도 이에 적절한 말이다.

그 두 사람의 사도인 바울과 요한은 분명 자신의 생애에 이미 이런 상태에 도달해 있었다. 그리고 우리도 원한다면 거기에 도달할 수 있다.

5월 20일

우리 내부에서 일어나는 일은 모두 사실이며, 단순한 관념이 아니다. 지금까지 존재하지 않았던 것이 말 그대로 일어나는 것이다. 이러한 것을 이끌어내는 길은 그것이 일어나리라는 확신이다. '너희 믿음대로 되라!'*[23] 많이 믿는 사람에게는 많은 것이 주어진다.

모든 고난은 나중에 현실로 나타날 때보다 그 전에 예상될 때가 훨씬 더 고통스럽다. 그리스도도 제사장이나 로마의 법관 앞에 나갔을 때보다, 아니 어쩌면 십자가에 매달렸을 때보다, 사로잡히기 전에 겟세마네에서 기도를 올렸을 때 더 큰 고통을 느꼈을 것이다. 그리스도가 뒷걸음질치고 굴복할 기회가 있었다면, 그것은 아마 겟세마네에서였을 것이다.

---

*21 빌립보서 3장 15절, 그러므로 누구든지 우리 온전히 이룬 자들은 이렇게 생각할지니, 만일 무슨 일에 너희가 달리 생각하면, 하느님이 이것도 너희에게 나타내시리라.
로마서 6장 14절, 죄가 너희를 주관치 못하리니 이는 너희가 법 아래 있지 아니하고 은혜 아래 있음이니라.
에베소서 5장 8절, 너희가 전에는 어두움이더니 이제는 주 안에서 빛이라, 빛의 자녀들처럼 행하라.

*22 우리는 하느님께 속하였으니, 하느님을 아는 자는 우리의 말을 듣고, 하느님께 속하지 아니한 자는 우리의 말을 듣지 아니하나니, 진리의 영과 미혹의 영을 이로써 아느니라.
하느님을 사랑하는 것은 이것이니, 우리가 그의 계명들을 지키는 것이라. 그의 계명들은 무거운 것이 아니로다.

*23 마태복음 9장 29절.

일반적으로 '그리스도교의 사랑'이라고 불리는 것이 오늘날에는 수많은 사람들에게서 사라지고 있다. 근본적으로 말하면, 사실은 이제 전과 같은 대규모로는 존재하지 않게 되었다고 할 수 있다. 이것을 알고 싶다면, 잠시 교회에 나가 같은 교파에 속하는 사람들이 같은 의자에 서로 얼마나 냉담하게 앉아 있는지, 또 오랫동안 한 고장에 살면서도 서로를 전혀 모르고 있는 것만 봐도 충분하다. 그리고 교회에서 설립하고 원조해 온 여러 시설들이 거의 모두 재정난에 허덕이고 있다는 사실이 이것을 여실히 증명하고 있다. 그런데 구세군은 곳곳에서 조직적인 협회 같은 것도 없이 그 엄청난 경비를 모금하고 있다. 이것은 보통 사람들에게 구세군을 지원하고자 하는 경향이 있기 때문이다. 이 사실은 교회 전반의 개혁을 필요로 하는 상황과 관련이 있다. 실제로 교회가 이제는 구세군만큼 민중의 사랑을 얻지 못하고 있으며, 따라서 교회가 지금 이상으로 민중의 사랑을 요구할 수도 조직할 수도 없기 때문이다. 다음 시대의 주요 과제는 낡은 토대 위에, 그러나 새로운 정신으로 더욱 활기찬 교단을 재건하는 것이다.

> 오, 생명의 강물이여, 풍요롭게 흘러가라,
> 장애물이 있으면, 부수어 버려라.

5월 21일

거룩한 마음이란 하느님의 뜻을 늘 기뻐하며, 가벼운 마음으로 마치 당연한 일인 것처럼 그 뜻을 실천하고 견디는 것을 말한다. 그 밖의 거룩한 마음은 모두 진실되지 못하다.

신앙에서 난처한 일은—어쩌면 좋은 일일지도 모르지만—가장 강렬한 신앙체험을 있는 그대로 남에게 얘기할 수 없다는 것, 또 말한다 하더라도 남들이 하찮게 생각하거나 거의 믿어 주지 않는다는 것이다.

✤

우리는 언제나 일반적으로 '개인주의'라 일컫는 에머슨 식의 세련된 이기주의에 빠지지 않도록 주의해야 한다. 거기에 교양 있는 사람들이 빠지기 쉬운 함정이 도사리고 있다. 덧붙이고 싶은 것은 우리는 하느님의 능력 있는 은혜와 도움이 없으면 이 함정을 도저히 피할 수 없다는 사실이다. 하지만 이 하느님은 결코 유니테어리언주의의 하느님은 아니다.

5월 22일

프리드리히 니체는 《방랑자와 그의 그림자》 속에서 부자와 무산자라는 두 가지 인간 계급은 지상에서 사라져야 한다고 말했다. 이것은 그의 독특한 기교적인 표현이자 지나치게 과격한 말이기는 하지만, 진정으로 그 목적에 완전히 합당한 국가—지금은 아직 '이상국'에 지나지 않지만—에서는 잘못된 생각이 아니다.

오늘날에는 이 두 가지 계급으로 태어나는 것은 불행이라고 당당하게 주장할 수 있다. 이들 계급은 양쪽 다 개인의 도덕적, 정신적 발달을 가로막고, 그 결과 사회적으로도 마땅히 그러해야 하는 이로운 인간이 되지 못하고 있다. 그럼에도 부자에게 부(富)는 속박과도 같은 것인 만큼 당연히 그것에서 벗어나야겠다고 결심하거나—이것은 대부분의 경우 쉬운 일이며 진정한 인생의 기쁨을 조금도 잃지 않고 실행할 수 있다—그 부를 관리하고자 생각하면, 적어도 자신이 살아 있는 동안 가능한 한 올바르게 쓰려고 마음먹을 수 있을 텐데, 그런 부자는 거의 찾아볼 수 없다. 그야말로 부에는 그들을 포로로 만들어버리는 힘이 있다.

보헤미아 형제단 찬송가 372번, 374번 참고.

부와 축복은 완전히 다르며, 축복 없는 부는 아무 가치가 없다. 축복은 그것을 얻고자 노력한다고 손에 넣을 수 있는 것이 아니다. 그것은 이를테면 신비로운 힘이요, 선물이다. 또 축복은 특별히 한 개인에게 어떠한 특질처럼 따라다니는 것으로, 그 사람에게 호의를 보이거나 친절을 베푸는 사람들에게까지 영향을 준다. 그러므로 현명한 사람이라면, 늘 그런 축복을 가진 사람과 교제하려고 노력하고, 반대로 축복이 없는 사람은 가능한 한 피하려 한다.

창세기 27장 27~29절, 민수기 23장 19~22절, 욥기 42장 7~9절, 열왕기히 4장 8~10절, 마태복음 10장 13~15절 참조.

우리가 교회 찬송가로 노래하고 있는 '성스러운 단순함'에 대해서도 사정은 마찬가지이다. 그것은 겸손한 영혼을 노래하며, 미국 철학의 이상으로 자리잡은 '자아의 주장'에서 완전히 자유롭다. 이 점에서는 일반민중이 정말 선량하다면, 높은 교양을 갖춘 사람들보다 확실히 뛰어나다. 그들은 반드시 '훌륭한 인격'을 갖추어야만 한다고 생각하지 않으며, '봉사하는 것'은 무엇보다 자연스러운 일이다. 교양을 쌓은 여성들에게도 봉사는 쉬운 일처럼 보이는데, 일반적으로 이점에서는 여성들이 남성보다 진보된 것으로 생각된다.

5월 23일

사랑은 그 무엇보다 사람을 현명하게 해준다. 오직 사랑만이 사람들의 본질과 사물의 실상, 또 사람들을 도울 수 있는 가장 올바른 길과 방법에 대한 진정한 통찰을 준다.

그러므로 우리는 모든 일에 무엇이 가장 현명한지 묻는 대신, 무엇이 가장 깊이 사랑하는 방법인지 묻는 것이 대개 틀림없는 최선책이다. 사랑하는 방법을 찾는 것이 훨씬 이해하기 쉽기 때문이다. 무엇이 깊이 사랑하는 방법인지에 대해서는 재능이 부족한 자라도 스스로를 기만하려 하지 않는 한, 그렇게 잘못 생각하는 일이 없다. 그런데 아무리 재능이 풍부한 사람이라도 오직 현명함만으로 미래의 모든 일을 정확하게 예견하고 판단할 수는 없다.

인생의 한 시기가 끝나갈 때, 그 기간 중에 하느님을 통해 조금이나마 진리를 배운 것에 대해 감사하라. 전에는 아마 그 진리를 배울 때가 아직 되지 않았고, 그것을 인식할 수 있을 때까지 성숙하기 위해 이 시기를 기다리지 않으면 안 되었던 것이다.

진리는 조금씩 주어져야 소화할 수 있으며, 그것이 우리의 살이 되지 않는 한 아무런 도움도 되지 않는다.

5월 24일

겉으로 보기에 일시적인 성공보다 사물의 결말에 주목하는 것이 인생에서

보다 지혜로운 것이다. 이에 대해 영국 종교개혁의 한 선구자가 말했다. "나는 최후에 진리가 승리할 것임을 확신한다."

이와 같이 이상주의가 눈에 보이는 성공을 뛰어넘어 사물을 본다는 의미라면, 또 종교에 뿌리를 내리고 있고 나아가 적절한 양식과 결부되어 있다면, 이상주의는 반드시 최후에 승리를 거둘 수 있는 유일하고 효과적인 인생관이다.

⚜

이사야 45장 22절, 61장 1~3절*[24]을 보라. 분명히 세상에는 단지 피상적인 지식으로 생각하기 쉬운 것보다 훨씬 많은 말로도 표현할 수 없는 괴로운 운명이 있으며, 그 원인은 거의 이해하기 어렵다. 왜냐하면 그 옛날 욥에게 친구들이 주장했던 것, 그러니까 불행은 오직 그 사람이 과거에 저지른 부정에 대한 결과에 지나지 않는다는 이론으로는, 모든 경우의 불행을 설명하는 데 충분하지 않기 때문이다. 그러나 하느님의 은총에 의지하며 매달려온 자가 끝내 내부에서의 구원도, 밖에서의 도움도 받지 못한 채 절망 속에 죽지 않으면 안 되었다는 것은, 수십억 인간의 운명 가운데 확실한 실례가 단 한 번이라도 발견되어야만 입증될 사항일 것이다.

하지만 역사에서도, 또 내가 걸어온 인생행로에서도 그런 예는 한 번도 없었다. 다만 그리스도가 이에 반하는 가장 큰 실례이며, 그의 뒤로는 바울, 근세에 들어서는 골든 장군을 들 수 있다.

이와 반대로 하느님에 대한 개인적인 신앙 없이, 헤겔 식의 일원론이나 그 밖의 어설픈, 또는 완전한 무신론적 철학, 단순한 인도주의와 사회주의, 예술 숭배와 지식욕, 그리고 개개인에 대한 애정만으로 이 고통과 어려움으로 가득한 지상 생활에서 마음의 상처를 받지 않고 즐겁게 보내는 것은 불가능하다고 생각한다. 도저히 해결의 전망이 없는 현세 뒤에 이어지는 존재에 대한 문제는 별개로 치더라도. 하지만 더 나은 존재에 대한 기대가 없다면, 지상에서 살아가는 것은 아무리 좋은 경우라 해도 너무 가련하지 않은가.

주 여호와의 신이 내게 임하였으니, 이는 여호와께서 내게 기름을 부으사, 가난한 자에게 아름다운 소식을 선하게 하려 하심이라. 나를 보내사 마음이

---

*24 땅 끝의 모든 백성아, 나를 앙망하라. 그리하면 구원을 얻으리라. 나는 하느님이라 다른 이가 없음이니라.

상한 자를 고치며 포로된 자에게 자유를, 갇힌 자에게 놓임을 전파하며, ……
모든 슬픈 자를 위로하되, 무릇 시온에서 슬퍼하는 자에게 화관을 주어 그 재
를 대신하며, 희락의 기름으로 그 슬픔을 대신하며, 찬송의 옷으로 그 근심을
대신하시고…….

5월 25일

'나의 기름 부은 자를 만지지 말며, 나의 선지자를 상하지 말라 하셨도
다.'[*25] 이 말은 보통 글자 그대로 해석되고 있다. 그러나 이 말에는 또한 하느
님에게 헌신한 사람들을 오직 세속적인 것만 생각하는 사람들의 '우정'과 악영
향에서 보호하는 경우도 포함되어 있다. 그런 우정이 하느님에게 봉사하는 사
람에게는 다른 적의와 박해보다 더 해가 되는 일이 있기 때문이다. 창세기 12
장 10~20절을 보라.

외적인 위험에 대해서는 시편 91편, 욥기, 이사야 마지막 부분이 도움이 되
는 가장 강력한 위안이다.

❧

내가 알고 있는 그리스도교 교리—사도, 성직자, 중세의 하느님 탐구자, 종
교개혁자, 그 뒤의 설교자와 철학적 저술가 등의—가운데 나는 그리스도의 가
르침을 특히 잘 이해할 수 있었다. 그리고 그리스도의 가르침, 오직 그것만이
진실하며 신뢰할 수 있는 그리스도교라고 믿고 있다. 우리에게는 어떤 교회 중
심의 사상보다 그리스도의 가르침을 굳게 지키는 것이 최선의 길이다.

나는 전 생애를 돌아보며 오직 이 한 점에 모든 가치를 두고 있다.

5월 26일

우리가 슬픔을 느낄 때는 언제나 '자아'가 그 고통을 함께 나누고 있다.

자아를 버리면 정신의 힘은 늘 그만큼 높아진다.

사람은 기본적으로 도움을 줄 수 있는 자에게 손을 내밀어야 한다. 그러므
로 인간을 향해 손을 내밀어서는 안 된다. 인간은 때때로 남을 도울 수 없고,

[*25] 역대상 16장 22절.

또 그것을 거부할 때가 있다. 뿐만 아니라 거의 언제나 남을 돕는 것에 얼마쯤 공포와 혐오를 느끼게 마련이다.

⚜

이 진정한 그리스도교가 실제로 놀라울 만큼 단순해서 어린아이에게도 가능할 만큼 쉽게 느껴지는 행복한 시간과 나날이 있다.

사실 일반적으로 어린아이처럼 신뢰하며 하느님의 인도에 몸을 맡기고, 또 기원하는 동안 주어지는 삶은 결코 힘들지 않다. 하지만 그리스도교에 대한 세상의 저항과 그 평가가 마음에 걸리는 순간들도 있다. 그리스도교의 여러 종파 대변자조차도 자기 종파와 다른 그리스도교를 결코 인정하려 하지 않는다. 게다가 세속적인 의미에서의 위대함에 대한 반발은 그 위대한 것이 성공하면서 사라지는 것이 보통이지만, 그리스도교에 대한 반발은 약해지는 법이 없다. 뿐만 아니라 죽음에 의해서도 그들의 반대는 제거되지 않는다.

우리는 이 사실을 각오하지 않으면 안 된다. 나아가서 공격을 받는 사람도 때때로 의기소침한 순간에 '인생의 다른 길을 나아갔더라면 더 성공했을 텐데'라거나, 인생의 '진실'과 그 허망한 환영을 혼동하고 말았다는 기분이 들 때가 있다. 그리스도조차 모든 사람에게서 버림받고, 두 명의 강도 사이에서 십자가에 매달려 최후를 맞이했을 때, 역시 그런 순간을 겪었다. 그렇지만 그는 가장 힘든 최후의 시련을 극복하고, 하느님에 대한 그의 신뢰가 의로운 것임을 인정받았다.

만약 이 사실*[26]이 우리에게 전해지지 않았더라면, 그리스도는 결코 우리와 같은 종류의 인간이 아니며, 또 인간의 가장 큰 고통을 겪지 않았다고도 말할 수 있을 것이다. 같은 복음서 27장 50절*[27]은 요한이 나중에 말했던 그 평온하고 숭고한 '다 이루었다'는 말*[28]과 모순된다고 할 수 있다. 그러나 가장 확실한 것은 부활이다. 오직 이것만이 모든 것을 구원한다. 그렇지 않다면 그리스

---

*26 마태복음 27장 46절. 제 구시 즈음에 예수께서 크게 소리질러 가라사대, 엘리 엘리 라마 사박다니! 하시니 이는 곧 '나의 하느님, 나의 하느님, 어찌하여 나를 버리셨나이까?' 하는 뜻이다.

*27 예수께서 다시 크게 소리 지르시고 영혼이 떠나시다.

*28 요한복음 19장 30절, 예수께서 신 포도주를 받으신 후 가라사대 '다 이루었다!' 하시고 머리를 숙이시고 영혼이 돌아가시니라.

도의 최후는 사람들을 실망시키는 참담한 비극이 되었을 것이다.

5월 27일

이 세상에 하느님이 있다면, 필연적으로 선인에게는 정의가, 악인에게는 형벌이 있을 것이다. 이를 의심하는 것은 하느님을 모독하는 일이다. 하지만 하느님이 없다 하더라도, 그래도 단순히 이성적인 근거에서 사람은 역시 나쁜 행위보다 선한 행위를 하는 것이 안전하다. 한편 그렇다면 가능한 한 빨리 이 세상을 떠나는 것도 좋을 것이다. 오래 살아도 그럴 만한 가치가 없게 될 테니까 말이다.

⚜

그리스도교의 인생관에 관련된 모든 행복을 미리 알 수 있다면, 세상 사람들은 하나같이 이 가르침에 모여들 것이다. 그들이 걷는 길에서는 그 행복과 비슷한 것은 아무것도 찾을 수 없기 때문이다. 그리고 이 세속의 길에서 만나게 될 모든 어려움을 처음부터 다 예견할 수 있다면, 그 길을 걸어갈 자는 아무도 없을 것이다.

5월 28일

'영혼의 밑바닥을 울리는 일 없이 오직 양심을 위로하기 위해 존재하는 외면적이고 가식적인 종교를 가질 바에는 차라리 종교 같은 건 가지지 않는 것이 낫다.' 이것은 프랑스 혁명 시대의 말인데, 이것과 같은 의미의 말을 이미 그리스도가 통렬하게 한 적이 있다. 마태복음 21장 31절 참조.

그저 외면적인 신앙만 가지고 완전히 자기만족에 빠져 있는 사람들은 오늘날 그리스도교에도 불신자보다 더 큰 장애가 되고 있다. 실제로 불신자 가운데에는 진리를 갈망하는 사람들이 매우 많다. 그들은 다만 역사적으로 이 그리스도교의 진리가 번성하고 있었던 시절의 그릇*29과 그 담당자들을 두려워하여 이에 가까이 다가가지 못하고 있을 뿐이다.

그럼에도 더 깊이 생각하면, 위의 말은 모두 오직 개인에게만 적용된다고

---

*29 교회적 형식.

할 수 있다. 일반대중에게는 비록 표면적인 그리스도교의 존재와 실천이라 하더라도—실제로 현재 그리스도교는 대체로 그렇고, 또 과거 1900년 동안 에도 그랬다—그리스도교가 없었다면 대신해서 나타났을 다른 것에 비하면, 그래도 낫다. 이 점에 대해서도 프랑스 혁명은 확실한 실례를 남기고 있다.

개개인에게는 강력한 내적 혁명이 최상의 방법인 경우가 많다. 헌 옷에 새 천을 대어 기운들 무슨 소용이 있겠는가. 이에 비해 사회전체로서 생각하면, 과거와의 완전한 단절보다는 점진적인 개혁에 의한 것이 무리가 적을 것이다. 그리스도도 그 무렵 이런 단절을 피할 수 없음을 한탄하고 있었다. 그러나 그 는 이 단절이 언젠가는 치유될 것이라는 희망을 버리지 않았다. 마태복음 23 장 37~39절 참조.

이 개인적 혁명이나 사회적 개혁이라는, 얼핏 들으면 명백하게 이율배반적 으로 생각되는 것도 다음과 같은 사실로 해소될 수 있다. 즉 실제로는 사회 전체가 한꺼번에 바로 개혁되는 것이 아니라, 개개인이 그 시대에 일반적으로 인정받고 있는 진리보다 뛰어난 진리를 먼저 자신의 내부에서 강하게 느끼고, 그런 다음 그것을 가르침과 실천을 통해 개인적으로 표명함으로써 전체의 개 혁이 추진되는 것이다.

이사야 46장 11절·49장 1~3절, 예레미야 1장 5~10·17~19절, 15장 19~21절, 마태복음 12장 18~21절 참조.

이 개인들은 그리스도의 말에 의하면 '가루 서 말 속에 갖다 넣어 전부 부 풀게 한 누룩'*30이며, 루터의 표현을 빌리면, '하느님이 그들을 통해 세계를 지 배하는 영웅이요, 위인'이다. 현대에는 확실한 과장으로 보이는 칼라일의 '영 웅숭배'나 니체의 '초인주의', 독일에서의 비스마르크 숭배와 괴테 숭배 등의 밑바탕에도 역시 이 세상에서 가장 큰 힘은 국민의 수와 병력과 부가 아니라 하느님의 영혼으로 완전히 채워진 개개의 인격이며, 이것은 한 나라에 있어 무엇과도 견줄 수 없는 가치를 지닌 것이라는 올바르고 희망 있는 사상이 숨 어 있다.

---

*30 마태복음 13장 33절.

하느님은 때때로 자연의 사건과 사물을 통해 우리에게 말을 걸기도 한다. 이것이 현대인들에게는 그나마 가장 빨리 이해할 수 있는 말이다. 때로는 꽃을 통해 특별히 사랑스러운 목소리로 얘기한다. 그러나 생기를 잃은 꺾은 꽃가지와 온실에서 인위적으로 길러진 꽃을 통해서는 말하지 않는다. 반달족*³¹ 같은 거친 여자들의 손에 의해 마구 꺾여, 그 자리에서 곧 시들어버리는 알프스의 꽃은 오직 슬픈 말밖에 하지 않는다.

5월 29일

기도와 사색은 대립하는 것이 아니다. 오히려 이 두 가지 다 진리를 제대로 파악하는 데 꼭 필요하다. 사색은 스스로 진리를 탐구하기 위해, 그리고 기도는 하느님의 계시를 얻기 위해 필요하다. 어느 한쪽만으로는 양쪽이 갖춰졌을 때만큼 완전한 작용을 할 수 없다.

오늘날에도 하느님은 하느님의 진정한 아들들에게, 생애의 결정적인 순간, 옛날 이스라엘의 아들들을 향해 레위기 18장 2~5절에서 계시했던 말을 일러주고 있다.

우리는 만나는 한 사람 한 사람을 위해 뭔가 해 주고, 말하고, 생각할 책임이 있다.

세상 사람들은 그런 모습이 품위가 있는 거라고 생각해서인지, 만나는 사람에게 친밀한 눈길 한 번 보내지 않고 냉담하게, 심지어는 경멸을 띠며 지나치는 경우도 있다. 그러나 당신은 그렇게 하지 말고, 무슨 말을 하거나 행동하기 어려울 때는 적어도 뭔가 선하고 친절한 생각을 해주는 것이 좋다. 이런 기회는 대단히 많은 법이며, 또 내적 진보를 위한 좋은 기회도 될 수 있다. 사람들은 때때로 하느님이 우리에게 보낸 사자이며, 하느님이 자주 사용하는 우편배달부이기 때문이다. 그러나 한편으로는 하느님을 반대하는 영혼의 사자일 수도 있다.

---

*31 서기 5세기에 로마에 침입하여 문화를 파괴했던 게르만의 한 종족.

당신은 사람들에게 어느 쪽 영혼의 사자이며, 우편배달부인가? 이것이 중요한 문제이다.

5월 30일

전체적으로는 선한 삶을 살아온 경우에도 때로 위험에 빠지는 시기가 있게 마련인데, 그중 가장 위험한 것은 삶이 지루하게 느껴지기 시작할 무렵이다. 그런 때, 더 큰 목표가 없는 사람은 지나칠 정도는 아니더라도 역시 정신을 마비시키는 관능주의에 빠지고, 어떤 사람은 야심과 당파심과 소유욕 속에서 평소의 일에서 느낄 수 없는 자극을 구하려 한다. 또 어떤 사람은 신앙심을 팔아 장사를 하거나 신앙을 오락거리로 삼기도 한다.

인간의 삶은 모든 일에서 오직 진실에만 의미를 둔다면 참으로 단순하다. 그래서 사람은 더욱 바쁘게 하고 흥분시키는 뭔가 다른 것을 구하게 된다.

마침내 하느님은 그 사랑하는 아들들에게 삶의 위험한 단계를 극복할 수 있을 때까지 생활의 향신료로서 고뇌와 어려운 과제를 주는 것이다.

⚜

현대인들은 표정과 태도로 "나는 나를 제외하고 주위의 모든 것을 경멸한다. 나는 그것들과는 아무 관계가 없으니까"라고 말하고 있다. 표정과 태도에 그런 것이 나타나 있지 않을 때도 극심한 마음의 불안과 함께 남에게 강한 인상을 주고 싶다는 바람이 은밀하게 숨어 있는 법이다. 하기는 그런 마음은 대개 겉멋으로 나타나게 마련이지만.

우리는 아이들을 그러한 방식에 가까이 다가가지 못하게 하고, 더욱 인간다워지도록 교육하는 데 전력을 다해야 한다. 그러나 얼마 동안은 부자들이 기세등등하게 이 좋지 않은 경향에 앞장설 것이 틀림없다. 그들은 거의 모두 조금은 야비하고 위에서 사람을 내려다보는 듯한 눈길을 가지고 있다. 안타깝게도 학자들까지 그들을 흉내 내어 끊임없이 그런 태도를 취하면서 '고상한 품위'라는 말이 입버릇처럼 되어버렸다. 이러한 기풍을 만들어내는 곳은 주로 훌륭한 관저와 현대적인 휴양지로, 그곳에서는 다양한 사람들이 속으로는 냉담하고 불친절한 마음을 품은 채 교제하면서, 그 고장 사람들에게는 눈길조차 주지 않는 것이 보통이다. 이런 휴양지는 특히 어린이들에게 좋지 않다.

5월 31일

우리는 기쁨보다 오히려 고통을 사랑하면서, 결국 기쁨을 두려워하는 것을 배우는 경지까지 다다를 수 있다. 여기까지 오면, 인생의 가장 큰 고난은 이미 끝난 것이나 다름없다.

고통을 무조건 빨리 없애려고 하거나 완전히 수동적으로 스토아주의처럼 무감각한 태도로 견디려 하는 것은 올바른 자세가 아니다. 오히려 그 고뇌를 씨 뿌리는 시기로 이용해야 한다. 그렇게 하면 축복의 열매를 맺을 수 있다. 더욱이 이 씨 뿌리는 시기는 한 번 지나가버리면 쉽사리 같은 형태로 되돌아오지 않는 법이다.

하느님이 주신 가장 큰 은혜는 선한 일이 거의 승리를 쟁취하려 할 때, 비로소 그 일의 가장 큰 난관을 보여주신다는 것이다. 그렇지 않다면 싸움을 시작할 용기를 가질 수 있는 사람은 아무도 없을 것이다.

✤

현대의 성직자들이 어떤 표정을 하고 있고, 그 때문에 어떤 인상을 주고 있는지 간단하게 말하기는 쉽지 않다. 때로는 그 표정이 '너무 지나치게 나타나' 있고, 때로는 '너무 적게 나타나 있는' 것으로 당대의 성직자임을 알아챌 수 있다.

6월

6월 1일

하느님의 신중하고 느린 인도는 직접 체험해보지 않으면 누구도 믿을 수 없는 가장 불가사의한 경험이다. 그것은 늘 고통과 불안을 통해 이루어진다. 인간은 끊임없이 가진 모든 것을 신께 바치는데, 특히 하느님의 인도를 경험하기 위해서는 정말 자신의 것이라고 할 만한 자기의지까지 완전히 신께 맡길 각오를 해야 한다. 그러면 갑자기 새로운 단계가 열리기 시작한다. 이 단계에 서면, 자신이 걸어온 길이 확실하게 보이고, 자신이 행복한 길을 선택했고, 또 지금 새로운 자유가 영원히 주어졌다는 것이 분명해진다.

그것은 하느님께서 인도하는 길에서는 한 번 지나간 것은 다시는 되돌아오지 않기 때문이다. 이것이 인간 스스로 선택한 자기 개선의 길과 다른 점이다. 스스로 선택한 길에서는 대개 무작정 뛰어오르려고 발버둥치다가 지칠 대로 지쳐 다시 세상 사람들과 같은 생각으로 되돌아가게 될 뿐이다.

라에타레(사순절 네 번째 일요일)

내 마음이여, 네가 사로잡혀 있는
고민에서 벗어나 일어서라.
네 위를 짓누르고 있던
고통의 시간은 이제 끝났다.

이날, 온 세상이 새롭게 태어난 것처럼 아름답다.
너는 이 푸른 언덕 위에
지금까지 수많은 무거운 짐을 내려놓았다.

새벽이슬은 밝은 아침햇살을 받아
풀잎마다 빛나고,
융프라우의 은백색 정상은
맑게 갠 푸른 하늘에 빛을 발한다.

가지마다 앉아 쉬는 작은 새는,
즐거운 듯 고운 날개를 가다듬는다.
마지막으로 남아 있던 검은 까마귀도
오지로 날아가 돌아오지 않는다.

조금만 더 견디는 거다,
이젠 마음을 괴롭히지 마라.
봄의 폭풍이 지나간 뒤에는
더없이 아름다운 여름의 기쁨이 찾아오리니.

⚜

당신이 남에게 가르치는 것을 스스로 실천하도록 노력하라.

젊은 시절에는 배우는 것, 가르치는 것이 본분이지만, 나이가 들면 그 실천이 확실히 눈에 보이지 않으면 안 된다. 그리하여 한 사람 한 사람이 무언가 선하고 진실한 사상의 살아 있는 표현이어야 한다. 그렇지 않으면 무의미하게 살아온 것이 된다.

6월 2일

삶에서 의미 있는 사건들이 언제나 내 의지와 상관없이, 아니 오히려 때때로 내 의지에 반하여 일어났던 경험은 나에게 우리 삶에 영향을 미치는 초감각적인 힘이 존재한다는 확신을 주었다.

⚜

국가, 또는 한 가정의 풍속과 습관은 일반적으로 선한 의미를 가지고 있다. 그렇지 않다면 그것은 아마 풍속이 될 수 없을 것이다.

우리는 그 의미를 찾도록 노력해야 한다. 그리고 아직 의미가 남아 있는 한 그 습관을 계속 지켜나가는 것이 좋다. 습관은 일을 수월하게 해주기 때문이다. 그러나 습관은 그 의미와 정신을 잃어버리면, 그것이 아무리 신성한 표정을 짓고 있더라도 자리를 양보하지 않으면 안 된다.

우리는 삶의 단계를 밟아오면서 그러한 낡은 것들을 하나씩 벗어던져 버렸다. 그것은 대개 이로운 일이지만, 때로는 너무 빨라서 오히려 생활에 정체를 가져오는 경우도 있다. 또 때로는 개선된 형태지만 다시 옛날 습관으로 돌아가기도 한다. 그러면 그 습관은 조금 냉소적인 웃음과 함께 우리를 다시 맞이해준다. 마치 우리가 현대적인 호텔에 정신이 팔려 잠시 멀리했던 그 선량하고 고풍스러운 여관의 주인처럼 말이다.

개신교도들이 실천하고 있는 규칙적인 성서 낭독과 정해진 시간의 기도가 그런 습관 가운데 하나이다. 지금은 이 습관들을 사람들이 몹시 싫어하기 때문에 이해심 없는 부모와 교사들로 인해 아마 일시적으로는 쇠퇴할 것이 분명하다. 하지만 언젠가는 다시 되살아날 때가 올 것이다.

역사 속에는 으레 그런 일들이 일어나기 마련이지만, 성서에 기록된 과거의 추억 속에도 아름답지 않은 것들이 무척 많이 포함되어 있다. 그래서 사려 깊은 어머니들은 아이들에게 성서를 함부로 쥐어주며 읽으라고 권하지 않고, 그 중에서 여러 가지 이야기를 골라 먼저 들려준다.

아이들이 자라 성인이 되면, 그때부터 스스로 성서를 손에 드는 것이 좋다. 그리고 그렇게 성장한 사람이 자신은 성서에서 처음으로 악을 배웠다고 말한다면, 그 사람이야말로 거짓말쟁이이다.

6월 3일

진정으로 하느님을 믿는 사람들은 본디 보통사람과는 다른 종류의 인간으로, 때로는 세상에 섞여 있는 자신이 스스로 이상하게 느껴질 때가 있다. 그것은 이미 그리스도도 말했듯, 진정한 신앙은 세상의 일반적인 신앙과는 다른 것이며, '산을 움직일'[1]뿐만 아니라 인간의 마음과 사상마저 움직일 수 있기 때문이다. 물론 이런 신앙은 하느님을 사랑하는 영혼에 하느님이 적극적으로

---

[1] 고린도전서 13장 2절.

접근하지 않고는 일어나지 않는다. 이 하느님의 접근은 비할 데 없는 기적이며, 이것에 비하면 거기서 시작되는 모든 신비한 작용과 정신력은 그저 당연하고 자연스러운 일처럼 생각되기도 한다. 그러나 이 모든 것들이 옛날에 가능했다면, 오늘날에도 마찬가지로 틀림없이 가능하다. 그리고 지금 우리가 원하고 기다리는 것도 바로 이러한 구원이다.

창세기 49장 18절, 마태복음 21장 21~22절 참조.

⚜

금전 문제는 언제 어느 때나 깔끔하게 정리하여 늘 처지에 맞게 쓰도록 유의해야 한다. 하지만 그 때문에 필요 이상으로 마음을 혹사시켜서는 안 된다. 정도가 지나치면 자연히 인색해지거나 탐욕스러워져서 득보다 오히려 해가 될 때가 많다. 이 문제에 대해 사회주의가 부르주아 계급에 대해 하는 말들 대부분은 진실이다. 하지만 그들이 사용하려는 수단은 옳다고 할 수 없다.

당신은 아이들에게 일찍부터 금전을 소유하게 하여, 그것을 합리적으로 잘 다룰 수 있도록 가르쳐야 한다. 프랑스인은 이 점에서 비교적 교육을 잘 받고 있어서, 좀처럼 그들의 처지를 넘어서는 생활을 하는 일이 없다. 이것은 독일인을 능가하는 가장 큰 장점이다. 실제로 국민의 부는 그 풍요로운 국토에서보다 이 습관에서 훨씬 더 잘 형성된다.

6월 4일

요한계시록 3장 20절에는 하느님의 영혼이 우리 마음의 문 밖에 서서 두드릴 때, 우리가 그 문을 열 거라고 적혀 있다. 우리의 소망에 응하여 하느님의 영혼이 더 좋은 삶의 문을 열어주는 것이 아니라는 의미인데, 이것은 인간의 자유 의지에 대한 중요한 견해이다. 그러나 우리가 문을 여는 일조차 하지 않는다면, 그만큼 우리의 책임도 크다고 하지 않을 수 없다. 왜냐하면 이 경우는 할 수 없는 것이 아니라 그저 원하지 않을 뿐이기 때문이다. 즉 지금 바로 눈앞에 있어서 당장이라도 손에 넣을 수 있는 구원을 거절하는 것과 다름없기 때문이다.

언제나 자신의 신분에 맞게 간소하면서도 단정한 차림새를 갖추는 데 유의하라. '아무렇게나 걸쳐 입은' 복장은, 특히 외국에서는 사람들의 눈길을 너무 끄는 멋스러운 복장과 마찬가지로 피하는 것이 좋다. 왜냐하면 유감스럽게도 우리는 나라를 대표하는 국민의 한 사람으로서 우리의 겉모습으로 평가받기 때문이다.

6월 5일

그리스도교계는 완벽한 사람들의 사회가 아니며, 약한 사람들의 사회, 자기가 약하다는 것을 알고 이 길을 통해 전진하여 바른 생활을 영위하려는 선한 의지를 가진 사람들의 사회이다.

보헤미아 형제단 찬송가 395번, 400번 참조.

인도주의와 영원한 평화에 대하여 함부로 얘기하는 것은 좋지 않다.

당신은 만나서 인사하는 사람마다 진심으로 그에게 좋은 일이 있기를 기원하고 있는가? 만약 그렇다면 당신은 인간적이고 친절한 마음의 소유자이지만, 그렇지 않다면 당신의 말은 그저 입발림일 뿐이며 의사당에서는 어울려도 우리에게는 어울리지 않는다.

6월 6일

현대의 완전히 거꾸로 가는 종교 교육은 하느님을 사랑하는 것은 전혀 가르치지 않고, 오히려 하느님을 두려워하는 것만 가르치고 있다. 물론 그 이면에는 실은 하느님에 대한 두려움에서 해방될 수 있기를 바라는 생각이 숨어 있다. '두려움은 고통'이기 때문이다. 유감스럽게도 우리는 유일한 하느님을 가진 행복을 대개 인생의 만년에 가서야 비로소 알게 된다. 이미 구약성서에서 어느 정도 비통한 투로 표현되어 있는 탄식, 다시 말해 이 유일한 하느님은 이전에 하느님 이외의 신들(때로는 참으로 불순한 신들)이 지니고 있었던 성향을 일단 받아들이지 않을 수 없었다는 탄식은 오늘날에도 해당되는 살아 있는 진실이다. 예레미야 30장, 호세아 2장 참조.

나아가서 복음서, 특히 그리스도가 말한 것으로 전해지는 말들은 모두 영이며 생명이다. 따라서 그 말들은 영이며 생명으로서 설교되고 이해되지 않으면 안 된다. 영혼이 담기지 않은 설교와 형식적으로 교회에 소속되어 있는 것은 다른 어떤 것보다 더 사람들을 진리에 무감각하게 만든다. 그런 것들이 그리스도교에서 사람들을 멀어지게 하는 것이다.

요한복음 6장 63·68절 참조.

✤

어떤 종류의 고용인이든 군대와 마찬가지로 그의 의무를 확실하게 부여해야 된다. 이 점에서는 조금도 사정을 봐줄 필요가 없다. 그러나 그들이 의무를 다하면, 이번에는 당신 쪽에서 그들에게 급료를 지불하는 것 이상의 의무를 지게 된다. 그렇지 않으면 당신은 결코 좋은 고용인을 둘 수 없을 것이다.

6월 7일

인간에 대해 동정심을 가지고 바라볼 수 없다면, 세상과의 접촉은 우리의 내적 인간을 반드시 해칠 것이다. 이것이 수도원 생활을 정당화하는 이유이다. 물론 그것은 단지 상대적인 시인을 의미할 뿐이다. 그 밖에도 피할 수 있는 길이 있기 때문이다. 우리는 실제적인 교훈에 대해 솔직하게 마음을 열고, 누구에게서나 감사하는 마음으로 받아들여야 한다.

이에 반해 일반적인 인생관에 대해서는 역시 끊임없는 사색과 경험을 통해 내부에서 성숙시키고 또한 순화하도록 노력해야 하지만, 이 점에 있어서는 다른 사람의 영향에 늘 마음을 열어야 하는 것은 아니다. 뿐만 아니라 우리가 시대정신과 양립하지 못하고 대립한다면, 우리의 인격을 희생하면서까지 따라야 할 가치가 있는 것은 여간해서 찾기 힘들다. 오히려 개인이 시대정신에 다른 방향을 부여한 적도 지금까지 적지 않았다.

민중과 노예와 정복자는
어느 시대에나 이렇게 고백한다
지상의 아들들에게 가장 큰 행복은
오직 인격을 가지는 것이라고.

사람은 자기를 잃지 않는 한
어떤 삶을 영위하든 상관없다.
자신의 본분을 지킨다면
모든 것을 잃어도 상관없다.

—괴테《서동시집》

세세한 관찰에 지나치게 마음을 쓰는 사람이 어떻게 위대한 것을 이해할 수 있으랴.

—베이컨

❦

고린도후서 4장 16절, 고린도전서 15장 57절, 1장 6~9·18절,[2] 로마서 6장 12~14절, 4장 3절을 보라.

이제 당신은 사도 바울이 그의 교회에 보낸 편지를 읽고 그것에서 도움을 얻을 수 있을 만큼 진보를 이룩했다. 그 전에 초보 단계에 있었을 때는 반드시 그렇지는 않았다. 이와 같이 모든 말이 어떤 시기에나 똑같이 적용되는 것은 아니다.

그것이 단적으로 말해 그리스도 말의 특징이다.[3]

6월 8일

마태복음 18장 6·7·10절, 12장 36절, 25장 40절, 17장 27절, 누가복음 6장 45

---

[2] 고린도후서 4장 16절, 그러므로 우리가 낙심하지 아니하노니, 겉 사람은 후패하나 우리의 속은 날로 새롭도다.
고린도전서 15장 57절, 우리 주 예수 그리스도로 말미암아 우리에게 이김을 주시는 하느님께 감사하노니.
고린도전서 1장 6~9절, 그리스도의 증거가 너희 중에 견고케 되어, 너희가 모든 은사에 부족함이 없이 우리 주 예수 그리스도의 나타나심을 기다림이라. 주께서 너희를 우리 주 예수 그리스도의 날에 책망할 것이 없는 자로 끝까지 견고케 하시리라. 너희를 불러 그의 아들 예수 그리스도 우리 주로 더불어 교제케 하시는 하느님은 미쁘시도다.
고린도전서 1장 18절, 십자가의 도가 멸망하는 자들에게는 미련한 것이요, 구원을 얻는 우리에게는 하느님의 능력이라.
[3] 마태복음 7장 29절.

절, 9장 54~56절, 10장 5절, 12장 15·29절, 14장 13절, 16장 9~10절, 17장 3절을 보라. 이것은 일상생활에 대해 그리스도가 한 말이다.

우리는 날마다 그것에 따르기도 하고 따르지 않기도 하면서 살고 있는데, 그것은 우리 자신과 가족, 우리가 교제하는 모든 사람들의 행복과 깊은 관련을 가지고 있는 말들이다. 하느님 나라에 속한 사람을 우연히 만남으로써 우연하게 하느님 나라로 인도되기도 하고, 그렇지 않으면 인도되지 않는 사람도 있다. 현대 영국의 한 여류문필가는 이에 대해 다음과 같이 말했다.

"모든 만남, 이별, 인사의 기회, 약속과 모임, 이것들은 우리를 향해 열려 있는 기회이며, 그것을 어떻게 이용하는가는 당신에게 달려 있다. 우리의 자식, 하인, 친구, 지인들에게 우리는 날마다 그리고 하루 종일 감화, 즉 이 세상에서 가장 좋은 것 또는 나쁜 것을 분배하고 있다."

⚜

세상을 그대로 내버려 두어라. 세상은 지금 바울의 편지에 적혀 있는 시대와 같은 단계에 있다. 데살로니가후서 2장 11~13절, 데살로니가전서 5장 5~9절[4]·16~17절, 빌립보서 4장 4~7절을 보라. 우리가 해야 할 일은 지금 한창 가열된 적과 아군의 잘못된 싸움 한복판에 휩쓸리지 않고 그 가운데 올바른 태도를 보여주는 것이다. 이 싸움에서는 당분간 그리 좋은 결과를 얻지 못할 것이다. 하지만 이 싸움에서 구원받으려고 구조선의 뱃전에 매달리는 조난자들을 받아들이기 위해 그리스도교는 늘 자리를 지키고 있어야 된다.

그런데 생활과 노력의 새로운 출발을 수없이 되풀이해야 하는 우리 그리스도인에게 마침내 마지막 새로운 출발이 찾아온다. 이제 신학서와 철학서를 완전히 치워버려도 된다. 당신은 이제 충분히 실천할 수 있는 힘을 길렀다. 실천은 언젠가 미래의 나라에서 우리의 유일한 의무가 될 것이다. 그곳에는 더 이상 교회와 책과 설교 같은 것은 없고 오직 생활과 실천이 있을 뿐이며, 이 지

---

*4 너희는 다 빛의 아들이요, 낮의 아들이라. 우리가 밤이나 어두움에 속하지 아니하나니, 그러므로 우리는 다른 이들과 같이 자지 말고 오직 깨어 근신할지라. 자는 자들은 밤에 자고, 취하는 자들은 밤에 취하되, 우리는 낮에 속하였으니 근신하여 믿음과 사랑의 흉배를 붙이고, 구원의 소망의 투구를 쓰자. 하느님이 우리를 세우심은 노하심에 이르게 하심이 아니요, 오직 우리 주 예수 그리스도로 말미암아 구원을 얻게 하신 것이라.

상에서는 힘든 노력의 결과물이었던 것이 그곳에서는 우리의 자연스런 본성이 되어 있을 것이다. '여호와여, 나는 주의 구원을 기다리나이다.'*5

6월 9일

오바댜 12절, 미가 7장 7~11절, 나훔 1장 7~12절을 보라. 이 고대 예언자의 말들은 직업상 이 책을 읽는 일이 없는 일반인에게는 친밀감이 덜할지도 모른다. 그러나 거기에는 위대한 진리와 고난의 시기를 위한 진실한 위로가 들어 있다.

'그들의 하느님이 어디 있느뇨'*6라는 물음은 현재 수많은 나라들의 '실리주의 정치'를 향해 끊임없이 제기되고 있다. 그것에 대한 대답은 마치 고대 세계의 여러 거대국가에서도 그 대답을 주어야 했던 것처럼, 반드시 주어져야 될 것이다. 그 나라들은 지금 어디에 있는가? 오직 유대의 소민족이 남아 있을 뿐이다. 이 민족은 그 모든 결점과 불신에도, 또 그 무렵 그들이 지었던 그 무거운 죄—그리스도를 십자가에 매단 죄—에도 불구하고, 앞으로도 계속 살아갈 것이다. 마태복음 27장 25절, 사도행전 3장 14·15절, 7장 52절 참조.

왜냐하면 '하느님의 은사와 부르심에는 후회하심이 없기'*7 때문이다. 우리가 사실상 하느님을 버렸을 때도 하느님이 하신 약속은 변함이 없다. 우리가 하느님을 버릴 때는 틀림없이 벌이 내리지만, 비록 불완전하기는 해도 어쨌든 하느님을 믿는 자는 영겁의 벌—하느님으로부터의 거부—을 받는 일이 없다.

예레미야 1장 19절, 15장 11~13절, 29장 11·12·13절, 30장 16절, 31장 31절, 이사야 55장 6·7절, 57장 17~21절, 41장 8~13절, 40장 27~31절, 30장 18~22절, 28장 24~29절 참고.

⚜

사무엘상 3장 4·19~21절,*8 신명기 13장 3·5·9·11절을 보라.

---

*5 창세기 49장 18절, 시편 109편 26절.
*6 요엘 2장 17절.
*7 로마서 11장 29절.
*8 여호와께서 사무엘을 부르시는지라. 그가 대답하되 내가 여기 있나이다.
　사무엘이 자라매 여호와께서 그와 함께 계셔서, 그 말로 하나도 땅에 떨어지지 않게 하시니, 단에서부터 브엘세바까지의 온 이스라엘이 사무엘은 여호와의 선지자로 세우심을 입

만약 평생에 한 번이라도 이러한 하느님의 말을 들을 수 있다면, 당신은 이 지상의 삶에서 더 이상 아무것도 원하지 않게 되고, 삶의 결산을 엄청난 흑자로 영원히 끝내버리고, 그 밖의 다른 인생의 보물을 찾지 않게 될 것이다. 실제로 그 뒤에도 여전히 인생의 보물을 찾고자 한다면, 그것이야말로 정말 이해하기 힘든 나약한 마음이며, 자신에게 주어진 최상의 것을 경시하는 것이라고 할 수 있다. 그렇기 때문에 하느님의 말은 모든 사람에게, 또 너무 일찍 들리는 일이 결코 없다.

6월 10일

블룸하르트[9]와 그 밖에 역사적으로 검증된 기적을 행한 사람들의 '힘'의 원천은 오직 '사욕이 없는' 사랑이었다. '사욕이 없는'이라는 수식어를 덧붙이지 않으면 안 되는 것은 유감이지만, 이것은 꼭 필요한 표현이다. 그 표현은 또 이러한 신비한 사람들의 수많은 모방자들은 물론이고, 그들 자신에게도 마음의 동요가 일어나거나 때로 그 이상한 힘이 사라지는 데 대한 이유를 설명해준다. 이 사랑은 그것과 불가분의 관계에 있는 신앙과 마찬가지로 성서에서 말하는 커다란 진주[10]이며, 그것을 손에 넣으려면 다른 모든 것을 버리지 않으면 안 되고, 또한 끊임없이 시험받고 이용되므로 언제 어느 때나 있어야 한다.

진정한 사랑은 불과 마찬가지로 때때로 강해졌다가 약해지기도 하는 것으로 늘 일정한 수준을 유지하는 것이 아니다. 더욱이 절대로 속이는 것은 불가능하다. 신앙은 스스로 신앙을 가지고 있는 것처럼 생각하고, 또 타인을 설득하여 그렇게 생각하게 할 수 있다. 그러나 사랑에 대해서만큼은 불가능하다. 사랑에는 오직 진실만이 문제가 된다. 거짓은 시련의 날을 만나게 되고, 그때 실로 무서운 대가를 치른다. 이 사랑이라는 인류의 성스러운 보물을 위조하면 반드시 벌을 받게 된다.

신앙의 열쇠는 본디 사랑이다. 하느님이나 그리스도에 대한 반감이 작은 흔적이라도 마음에 남는 한, 신앙을 이루기는 어려운 일이다. 그러나 나중에라도

은 줄을 알았더라. 여호와께서 실로에서 다시 나타나시되, 여호와께서 실로에서 여호와의 말씀으로 사무엘에게 자기를 나타내시니.

*9 1842~1919. 독일 개신교 목사, 사회주의자, 정치가.

*10 마태복음 13장 45~46절.

이 반감이 완전히 사라지면 그때부터는 쉬워진다. 이 장애를 극복하는 데 신학 같은 것은 전혀 도움이 되지 않는다. 진정한 신앙에 이르는 길은 오직 하나, 이 반감을 버리는 것뿐이다. 만약 누군가가 자신은 믿을 수 없다고 말한다면, 그 근본 원인은 바로 그리스도에 대한 반감에 있으며, 정면으로 그에게 그 점을 비난해도 된다.

성령강림제 전야
(사무엘하 5장 24절)

"너희는 깨끗하게 정화되었다." 이제 하루만 더 견디면 된다.
나의 오랜 신뢰여! 한 번만 더 견뎌다오.
이미 징후는 나타나기 시작했다. 이제 곧 하느님의 은총이
넘치는 강물이 되어 네 위에 쏟아지리니.

조금만 더, 오, 마음이여! 낙담해서는 안 된다.
뽕나무 속에서 벌써 술렁거리는 소리가 들려온다.
주여! 바로 지금, 말씀을 들려주소서. "자, 빛이 있으라!" 하고.
그러면, 동이 터 오고 악몽은 모두 사라지리니.

✠

선에 대한 인간의 내적 진보의 단계는 다른 단계와 같지는 않다. 따라서 그리스도교단과 교회를, 목자 한 사람을 선두로 한 똑같은 무리의 양 떼로 생각하는 것은 잘못이다. 이것은 복음서에 나오는 비슷한 비유를 지나치게 극단적으로 교회적 관념에 이식한 것이다.

한 사람 한 사람의 영혼은 완전히 독자적인 정신적 존재이며, 그 영혼이 충족되려면 실제적으로도 그런 존재로서 대우받아야 한다. 획일주의에서는 무기력과 위선이 태어나기 쉽다. 또 유감스러운 일이지만, 현대 문명국의 민중 속에 뿌리내리고 있는 교회에 대한 깊은 혐오 또한 획일주의에서 비롯된 것이다. 이것은 교회의 올바른 개혁 사상을 원하지만, 아직 그것을 찾지 못하고 있는 진리에 대한 이를테면 반발이다. 그러한 올바른 사상은 꽤 오랜 시간을 거쳐, '죽

은 자가 죽은 자들을 장사지낸*11 뒤에 비로소 나타날 것이다. 실제로 그것은 오늘날 이미 시작되고 있다.

6월 11일

히브리서 10장 30절, 신명기 32장 36절을 보라. '주께서 그의 백성을 심판하리라.' 이 말은 고난이 닥쳤을 때, 특히 민족 전체의 고난일 때, 우리가 얻을 수 있는 가장 큰 위안이다. 주의 심판을 받을 때, 우리는 주의 백성임을 확실하게 알기 때문이다. 주는 다른 백성이 잘못된 길을 가는 대로 내버려 두어, 결국 그들의 행위에서 비롯된 윤리적 귀결에 따라 가차없이 파멸하게 만든다. 또 주는 그 경우에도 그들의 나라를 조금은 너그럽게, 그러나 때에 맞춰 심판하든지, 아니면 조금 늦으나 가혹하게 심판하지만, 어느 쪽이든 하느님은 늘 그곳에 사는 주의 종들을 가엾게 여긴다는 것은 말할 필요도 없다. 히브리서 10장 35~39절 참고.

⚜

마태복음 8장 22절*12을 자세히 보라.

그 자체가 바로 선(善)인 것들이 수없이 우리 곁을 지나간다. 우리는 그것들이 지나가는 대로 보내주어야 하며, 끝없이 되풀이하고 싶어해서는 안 된다. 생활은 반드시 부단히 진보해야 하며, 이미 지나간 것의 단순한 되풀이여서는 안 된다. 최후의 날까지 그날그날이 하나의 창조가 되어야 한다.

6월 12일

인간의 경력이란 사실 커다란 환영에 지나지 않는다. 그 매끄러운 껍질 속에 숨겨진 것을 보려는 사람은 아무도 없다. 다만 이따금 이 껍질에 갑자기 균열이 생겨, 하느님이 꿰뚫어보시는 대로 내부의 실상이 드러날 뿐이다. 따라서 거의 모든 사람의 판단과 전기(傳記)에는 진실이 반밖에 들어 있지 않다. 거기에는 피상적인 것만 나열되어 있을 뿐이다.

그러나 인간적인 공정함에서 본다면, 19세기 문명의 '성과'를 일방적으로 찬

---

*11 마태복음 8장 22절.
*12 죽은 자들로 저희 죽은 자를 장사하게 하고 너는 나를 좇으라!

양한 데 대한 반동에서 나온 정치적 염세주의의 영향 아래 오늘날 일반적으로 인식되고 있는 것보다는 훨씬 뛰어나다. 그러므로 널리 세상에 알려진 인물이 죽은 지 얼마 안 되어 그에 대해 이를 세간의 평판은 대체로 옳은 의견이며, 비록 곧바로 목소리를 높여 선전되지 않아도 오래도록 이어진다.

적어도 내 기억에는 인간적으로 나쁜 사람이 명성을 오래 유지한 예는 역사상 단 한 사람도 없었다. 그런데 인간적으로 나쁜 데도 명성을 오래 유지하는 경우가 많다고 하면, 그것은 선한 인간도 때로는 약점을 지니고 있거나 중대한 잘못을 범하지 않을 수 없다는 것에 기인할 것이다. 그래도 근본적으로 그들이 선하다면 그런 잘못도 특별히 용서받을 수 있다. 성직자들부터 종교개혁자에 이르기까지 교회의 유명한 지도자들 대부분이 그 좋은 실례이다. 비스마르크와 괴테, 프리드리히 대왕 또한 마찬가지다.

여기서 분명히 알 수 있는 것은 인간의 가슴속에는 정의에 대한 억제할 수 없는 욕구가 존재한다는 것이다. 이 욕구는 실제로 존재하고 있고, 그것은 우리가 생명을 걸고 신뢰하고 있는 하느님의 정의의 여운이며 그 작용이다. 잠언 10장 7절 참고.

❦

마태복음 11장 27절[*13]을 보라. 우리는 하느님과 그리스도를 직관적인 계시를 통해서만 알 수 있다. 그런데도 엄청난 양의 신학과 그리스도론이 쏟아져 나오고 있고, 지금도 새롭게 쓰기 시작할 수 있다니 놀라울 뿐이다.

그것이 비록 예수를 호의적 시선으로 바라보며 쓴 것이라 할지라도 어떤 종류의 '예수전(傳)'도 신뢰해서는 안 된다.

어떠한 인간도 자신의 힘으로 그런 전기를 쓸 수 있는 사람은 없다. 더욱이 그것이 가능한 사람은 결코 쓰지 않는다. 누군가 그런 책을 썼다는 사실만으로도 그 사람에게는 불리한 증거가 될 수 있다. 이 말이 가혹하게 들릴지도 모르지만, 그 사람도 틀림없이 이 사실을 깨닫게 될 것이다. 그래서 우리도 감히 이것을 주장할 수 있고, 또 그런 책을 거부하는 것도 당연한 일이다.

[*13] 내 아버지께서 모든 것을 내게 주셨으니 아버지 외에는 아들을 아는 자가 없고, 아들과 또 아들의 소원대로 계시를 받는 자 외에는 아버지를 아는 자가 없느니라.

6월 13일

우리가 행복을 느끼기 위해서는 머릿속은 언제나 계획으로 가득하고 마음은 사랑으로 가득해야 한다는 말은 진실이다. 그러나 클레르보의 성 베르나르의 다음 말은 실천하기 쉽기 때문에 우선되는 진실이라고 할 수 있다. '진실하고도 가장 큰 기쁨은 피조물한테서 받는 것이 아니라 조물주한테서 받는 것이다. 당신이 일단 이 기쁨을 소유하면, 누구에게도 빼앗기는 일이 없다. 이에 비하면 어떤 쾌락도 고뇌이고, 어떤 환희도 고통이며, 어떤 감미로움도 쓰고, 어떤 영화도 하찮은 것이 되고, 어떤 오락도 경멸스러운 것이 된다.'

또 성 보나벤투라의 '하느님이 어떤 사람에게 자신을 사랑하는 은총을 주었다면, 그 사람은 충분한 행복을 얻은 것이다'는 이 말은 종교 또는 신학이라고 불리는 것을 가장 간결하게 요약한 말이다. 이 영역에서 가장 뛰어난 학식도 더 이상을 의미하지 않는다. 이 이외의 것은 모두 행복에 이르는 데 필요한 것이 아니다.

하느님에 대한 사랑만이 우리를 이기주의에서 완전하게 해방시킬 수 있는 진정한 자기 개선의 시작이다. 이 하느님에 대한 사랑이 특별히 강해지지 않으면, 인간애와 인도주의, 윤리 같은 것도 아무런 힘이 없는 공허한 말일 뿐이다. 고린도전서 13장 1~3절, 보헤미아 형제단 찬송가 238번·501번·534번·591번 참고.

✤

마태복음 24장 11·12·35절,[14] 25장 21절, 26장 41절을 보라.

이것이 바로 현대의 특징이다. 당신은 이것에 미리 각오하고 대처하지 않으면 안 된다. 이것은 결코 좋은 시대가 아니며, 정부 허가를 얻은 교회와 그리스도교에도 좋은 영향을 줄 수 없다. 왜냐하면 이제 많은 사람들이 이단의 그릇된 말을 전하는 자를 보호하는 국가를 의지할 수 없게 되어 가르침에 등을 돌리고 가버릴 것이기 때문이다. 그러나 이 가운데서도 여전히 그리스도와 닮

---

[14] 마태복음 24장 11~12절, 거짓 선지자가 많이 일어나 많은 사람을 미혹하게 하겠으며, 불법이 성하므로 많은 사람의 사랑이 식어지리라.
마태복음 24장 35절, 천지는 없어지겠으나 내 말은 없어지지 아니하리라.

은 점을 갖추고 있는 자는 이 폭풍을 이겨내고 최후에 재림하는 주로부터 선한 종이라는 증거를 얻게 될 것이다.

6월 14일

책을 지나치게 많이 읽는 것은 그것이 흔히 말하는 양서와 종교적인 책이라 하더라도, 아직 자신의 생각이 확고하지 않은 사람에게는 좋지 않을 수가 있다. 왜냐하면 그런 사람은 남의 의견과 기분에 물들기 쉬운 데다, 그 남의 의견과 기분이라는 것도 대개 완전히 진실이라 할 수 없고, 또 그 사람의 사정에도 어울리지 않을 수가 있어서 자신의 진정한 필요를 잃어버리고, 자신의 신념이나 그 삶의 사명에 대해서도 방황하게 되기 때문이다.

반대로 좋은 책 몇 권을 읽고 그것에 대해 생각에 생각을 거듭하는 것은 그 사람을 진보시켜 준다.

⚜

당신은 이미 수천 년 전에 기록된 것처럼*15 금세 오만해졌다가 이내 기운을 잃는 일이 없는 견고한 마음을 얻기 위해 노력해야 한다.

세속적인 사람들이 그리스도교인에 대해 가장 비난하고 있는 점이 바로 이 견고한 마음이다. 즉 그리스도교인들이 이따금 아주 작은 일에서도 불행을 만나면 몹시 실망하여 눈물 짓고, 행복하면 크게 교만해지는 것을 보기 때문이다.

"그런 일이라면 우리도 할 수 있다"고 세상 사람들은 말한다. "게다가 우리에게는 더 많은 즐거움이 있단 말이야!" 하고.

6월 15일

신앙이 아예 없는 것보다는 미약하더라도 있는 것이 훨씬 낫다. 그러니 신앙의 마지막 작은 불씨까지 완전히 꺼뜨리는 일이 없도록 하라. 남아 있는 불씨를 다시 일으키는 것은 쉽지만, 처음부터 새롭게 불을 붙이는 것은 훨씬 어려운 일이나.

---

*15 아마 구약성서 사무엘에 있는 다윗을 가리키는 듯하다.

'용기를 잃지 말고, 용감한 사람이 되라. 그러면 필요할 때 당신에게 위안이 주어질 것이다.' 용기는 순수한 인간적인 성질 가운데에서 가장 쓸모 있는 것이다. 보통 용기는 아주 짧은 기간만 필요하며, 그때 용기를 발휘하면 모든 것이 전보다 훨씬 좋아진다. 그러나 금세 지나가버리는 중요한 순간에 용기를 내지 못한다면, 그것 때문에 평생의 노력이 물거품으로 돌아갈 수도 있다.

따라서 무슨 일이 있어도 용기를 잃어서는 안 된다. 만약 어떤 일을 그만두는 것이 틀림없는 하느님의 뜻이라면, 그 일에서 잠시 손을 떼고 하느님의 도움의 손길을 굳게 믿으며 기다려야 할 것이다. 진실로 하느님의 도움은 그 어떤 것에 의해서도 방해받는 일이 없고, 또 모든 손실을 보상해준다.

요엘 2장 13·21·25~27절, 누가복음 22장 61·62절, 잠언 10장 29절, 히브리서 10장 35절, 보헤미아 형제단 찬송가 686번·660번·661번 참조.

이런 의미로 이해하면 다음과 같은 부처의 말 또한 좋은 것이다.

'마음이 바른 생각으로 채워져 있으면 나쁜 일이 끼어들 틈이 없다.'

사실 우리는 늘 올바른 생각만 하고 있는 것은 아니다. 올바른 생각도 때때로 바람에 날려가듯이 사라질 때가 있다. 물론 그 자리에서 그 생각을 다시 불러올 수는 없다. 그러나 용기는 언제나 조금의 노력을 기울이면 한동안 유지할 수 있는 기분이며, 머지않아 도움을 받아 상황이 호전된다. 전쟁에서도 그렇다. 인생은 전쟁과 닮은 데가 있어서 같은 전술적 원리에 따라 영위되는 것이다.

⚜

어떤 희생을 치르더라도 반드시 회복해야 하는 진정한 그리스도교는 단순히 어떤 사실에 대한 믿음이나 교회의 일정한 신앙조항에 대한 믿음이 아니다. 야곱이 그토록 격정적이고 당당하게 말했듯이, 그런 신앙이라면 '귀신들도 믿고 떠들 것'[16]이다. 진정한 그리스도교에는 반드시 하느님과 그리스도에 대한 사랑이 있어야 한다. 또한 교의적이고도 정통적인 형식에 따르면, 그리스도교에는 하느님에 대한 사랑이 필요하다—참고로 이에 대해서는 요한복음 14장 21~23절[17]에서 하느님과 그리스도의 위격(位格)에 대해 구별을 짓고 있는 것

---

[16] 야고보서 2장 19절.
[17] 나의 계명을 가지고 지키는 자라야 나를 사랑하는 자니, 나를 사랑하는 자는 내 아버지께

같다. 이러한 사랑만이 진정한 그리스도교에 이르는 근거가 된다. 이 감정을 흔히 생각하는 사랑이라고 부르는 것은 적합하지 않다. 사랑이라는 말은 너무나 자주 남용되는 경향이 있고, 그리스도에 대한 사랑이라는 말도 여기저기서, 특히 아름다운 보헤미아 형제단의 찬송가 속에서나 여성들의 입에 오르내릴 때는 광신적인 형태까지 띠기 때문이다.

또한 구약성서에서 자주 나오는 결혼과의 비교도 우리 같은 세속적인 민족에게는 적절하지 않다. 오늘날 우리는 결혼을 대등한 위치의 관계로 생각하기 때문이다. 마찬가지로 이스라엘 민족에 존재했던 가부장적 부자관계도 이제 우리 사회에는 존재하지 않기 때문에 그것을 인용할 수는 없다. 그러나 이런 종류의 최상의 인간관계와 닮은 사랑이라면, 하느님과의 사이에 맺을 수 있다. 이 사랑이 당신에게 요구하는 것은 오직 성실과 신뢰이며 그 이상의 것은 없다. 당신이 신앙을 계속 유지하고 싶다면, 반드시 성실과 신뢰를 가지고 있어야 한다. 마태복음 12장 43~45절 참고.

이 하느님과의 사랑이 알려지면 지금까지의 친구들은 당신을 떠날 것이다. 왜냐하면 그들은 하느님과의 사랑을 몽상이나 사고력의 나약함으로 해석하고, 또 초자연적인 하느님과의 결합에 대해 정치적, 교회적 또는 철학적인 의심을 품기 때문이다—실제로 하느님과의 사랑은 이런 문제에 대한 당신의 태도에 강한 영향을 미치게 될 것이다. 당신은 그런 입장을 견뎌내야 할 뿐만 아니라 세속적인 모든 명예도 단념해야 한다. 요한복음 5장 44절, 마태복음 16장 24~26절, 4장 8~10절 참조.

그러나 특별한 경우를 제외하면 대체로 이 일은 당신이 상상하는 것보다 훨씬 쉽다. 뿐만 아니라 몇 명의 진실로 선한 친구를 얻음으로써 보상받을 수 있다. 당신이 굳이 원하지 않고, 신앙으로 움직이는 작은 모임에 가입하지 않더라도 말이다.

당신 쪽에서는 친구들이 교제를 허락하고, 또 당신에게 좋지 않은 감화만 주지 않는다면, 옛 친구에 대한 우정을 끝까지 지켜가야 한다. 마태복음 12장 46~50절 참고.

사랑을 받을 것이요, 나도 그를 사랑하여 그에게 나를 나타내리라.

6월 16일

처음부터 인간에게 위안을 구하지 말고 하느님에게 위안을 구해야 한다. 그래서 일단 안정을 얻은 다음 인간에게 눈을 돌려야 한다. 그렇게 하면 인간은 우리에게 유익한 영향을 주고, 우리도 그들의 조언을 올바르게 받아들여 그것을 이용할 수 있다.

조이제[18]의 사교에 대한 네 가지 요령은 현대에 더욱 유익하다. '어느 누구든 친절하게 맞이할 것, 말은 짧게 할 것, 위로하여 돌려보낼 것, 그리고 그 사람에 대해 언제까지나 걱정하지 말 것.'

⚜

마태복음 9장 36~37절,[19] 5장 43~45·25절을 보라.

이 세상의 어마어마한 빈곤과 각 나라의 넓은 서민층이 부유한 상류 계층에 대해 품는 증오의 깊이에 대해, 대부분의 상류층 사람들은 제대로 이해하지 못하거나 아예 보지 않기 위해 일부러 눈을 감는다. 이러한 상류층의 무지를 거의 허락하지 않은 것이 사회민주주의의 공적 가운데 하나이다. 상류층의 세력을 억제하려는 정책은 정부에게는 폭력적 탄압이요, 자유주의적 부르주아 계급에게는 양보와 타협이다. 그러나 양쪽 다 이 증오를 뿌리째 뽑아낼 수는 없다. 그것은 오직 사랑을 통해서만 이룩할 수 있는 일이다.

하지만 사랑이 어디까지나 순수한 사랑으로 남아 있고, 또다시 사회적 기구로 타락하지 않도록 조직하는 것, 이를테면 단순히 기부자 명단의 서명으로 기부금을 모아 일정 금액을 확보하고, 위원회를 선정하고 서기와 관리자를 임명하면, 그 일로 그들은 생활하며 해마다 보고서나 제출하는 결과가 되지 않도록 사랑을 사랑 그대로 조직하는 것이 앞으로 더욱 깊이 생각해야 할 문제이다.

일반적으로 사회시설로서 비교적 번창하는 것은 소규모로, 기획자 한 사람의 신앙으로 시작되어 하느님의 은혜에 힘입어 점점 성장해 가지만, 수입이 보장되지도 않고 또 협회 형식을 취하지도 않는 시설이다. 어쨌든 부채와 손실에

---

*18 14세기 독일의 신비주의자.

*19 무리를 보시고 민망히 여기시니, 이는 저희가 목자 없는 양과 같이 고생하며 유리함이라. 이에 제자들에게 이르시되 추수할 것은 많되 일군은 적도다.

대해서 복음서에서 보충할 근거를 찾아낼 수는 없다. 그리스도는 그 무렵 이미 비극적인 상태였던 민중의 빈궁을 구제하기 위한 기부금 모집을 명령한 적이 한 번도 없었다. 그럴 기회가 분명히 있었을 것으로 생각되는 때에도 명령하지 않았다(마태복음 14장 16~19절[20]). 그리스도는 자신이 가진 것을 사람들에게 주고, 사람들이 이를 본받아 하느님의 축복을 받는 것을 기쁨으로 삼고 있었다. 그런데 오늘날에는, 곤궁한 자들을 진정으로 동정한다면 어렵지 않게 그들을 도와 고통을 완화시켜줄 수 있고, 그래서 누구보다 먼저 그렇게 해야 할 의무가 있는 사람들이, 대중을 향해 기부를 공공연히 호소하며, 오직 권유만 하는 경우가 많다.

아무런 일도 하지 않아 빈곤에 빠진 예루살렘 교회를 위해 바울이 행한 최초의 '기부금 모집'에도 아마 자신의 이름을 그 땅에 사는 사람들이 기억해주기를 바라는 소망이 얼마쯤은 있었겠지만, 우리는 그 헌금에 대해 실제로 어떤 축복이 내려졌는지는 아무것도 읽을 수 없다. 오히려 그 땅의 수혜자들은 이 사도에게 좋지 않은 조언을 했을 뿐만 아니라 그가 붙잡혔을 때도 그를 위해 아무것도 해주지 않았다. 이것은 사도의 헌금에 대한 심판이기도 했다.

고린도전서 16장 참조.

6월 17일

출애굽기 2~4장, 시편 110편 1·2절을 보라.

한 사람의 생애에서 아주 오랜 기간 동안, 시편 110편의 기다리라는 요구가 끊임없는 하느님의 인도로서 도움이 되는 경우가 있다. 그러나 그 뒤에 갑자기 그것과는 반대로 "자, 이제 나는 너를 이집트에 보내리라" 하고 명령이 내려진다. 이에 대해 "주여, 다른 사람을 보내주소서" 하고 대답하는 것은 허락되지 않는다. 이 두 가지 명령에 기꺼이 따르며 양쪽의 시간을 잘 활용할 수 있는 자가 내적 진보를 가장 빨리 이룩할 수 있다. 그러나 보통 사람들은 그 어느 쪽도 따르지 않는다.

---

[20] 예수께서 가라사대 '갈 것 없다. 너희가 먹을 것을 주라' 제자들이 가로되 '여기 우리에게 있는 것은 떡 다섯 개와 물고기 두 마리 뿐이니이다' 가라사대 '그것을 내게 가져오라' 하시고, 무리를 명하여 잔디 위에 앉히시고, 떡 다섯 개와 물고기 두 마리를 가지사 하늘을 우러러 축사하시고, 떡을 떼어 제자들에게 주시매 제자들이 무리에게 주니.

악인이 더 이상 후회를 느끼지 않게 된다는 것은 그에게 가장 무거운 형벌이 내려졌음을 의미한다. 자신의 악을 알면서 뉘우치지 않는 것은 이미 이 세상에 있으면서 지옥에 있는 것이나 다름없다. 그런 경우 결국에는 광기에 이르는 것이 당연한 일이다.

이에 반해 악인이 구원의 필요성을 절감한다면, 그것만으로도 흔해 빠진 의미의 선인보다 오히려 구원에 가까이 다가설 수 있다.

누가복음 5장 32절, 7장 47절, 18장 13절, 마태복음 21장 31절, 보헤미아 형제단 찬송가 564번 참고.

⚜

내가 사회주의에 찬성할 수 없고 가장 혐오하는 점은 사회주의가 질투를 인간 행동의 주요 동인(動因)으로 보고 신봉자들에게 그것을 가르치고 있다는 점이다. 질투와 그 질투에 이어져 있는 악의적인 만족은 탐욕과 아울러 인간 본성에서 아직 개선되지 않은 가장 나쁜 특성이다. 유감스럽게도 이 특성은 다른 영역에서도 많이 볼 수 있으며 심지어 모든 국가가 그 실례를 보여주고 있다.

왜냐하면 국가가 실질정치라고 부르고 있는 것, 또 서로를 감시하며 상대방의 세력 확대에 대해 끊임없이 시기하는 대결과 응전을 부추기는 것은, 국가적인 규모의 질투와 다름 없기 때문이다. 질투가 터키와 중국의 영토를 지키고, 새로운 전함의 건조를 촉진하고, 또 현재의 전쟁에 대해서도 책임이 있는 것이다. 자신이 속한 국가가 피할 수 없는 해악이라느니 허용되어야 하는 조치라느니 하며 매일 공언하고 있는 사항을 어째서 개인이 사악하다고 생각하여 피해야 한단 말인가!

이른바 대규모 정책은 바로 그리스도교와 명백하게 모순되는 것이다. 그 대표적인 정치가는 아마 두 개의 영혼을 가지고 있는 것이 틀림없다. 하나는 사적으로, 또 하나는 공적으로—비스마르크를 보라.

6월 18일
인간의 교제에서는 내적 확신이 큰 의미를 가진다. 왜냐하면 대부분의 사람들은 자신을 지도해 줄 사람을 원하는 나머지 그런 자신감에 찬 지도자들의 이기주의까지 감수할 각오가 되어 있기 때문이다. 오늘날 그런 예는 굳이 찾지 않아도 어디에서나 넘쳐나고 있다. 과거에는 나폴레옹 1세가 특히 그 확실한 실례였다.

가장 큰 내적 확신은 강렬하면서도 끈기 있는 기질에서 나오거나, 아니면 하느님에 대한 굳건한 신앙에서 생긴다. 이 하느님에 대한 신앙을 일시적으로 강한 운명관이 대신하는 경우도 있다. 그러나 하느님에 대한 신앙이 없을 때는 반드시 크게 흔들리게 될 것이다. 이에 반해 이런 기질과 신앙이 함께 만나면, 그것으로 큰일을 지도하는 데 가장 알맞은 성격의 기초가 이루어진다.

⚜

당신은 칼라일을 오래도록 정신생활의 지도자, 안내자로 우러러볼 수는 없을 것이다. 이 세상의 넓은 길에서 더 선한 길로 방향을 바꾸려 할 때는 그의 책이 더할 수 없이 사람을 분발시키는 읽을거리가 된다. 그런데 이 클레겐바토크*²¹의 은둔자는 크롬웰에 대한 훌륭한 책을 썼음에도, '그리스도의 영광과 성약(成約)을 위해서'라는 구호를 전혀 지키지 않았고, 하느님과의 교제에 투철하지도 않았으며, 결국 인간적인 '영웅숭배'에 머무르고 말았다. 괴테와 장 파울*²²을 알게 된 것이 영국 국민의 모세와 여호수아 같은 예언자가 되었어야 할 운명에서 그를 전향시키고 만 것이다. 그는 세례자—그리스도의 출현을 준비한 요한—였으나, 그것은 어느 한계까지였을 뿐이다.

오늘날에도 모든 사람에 대한 교육 자료에서 성서적 요소를 없애고, 괴테와 실러, 플라톤, 공자, 그 밖에 '위인'의 말로 그것을 대신할 수 있다고 믿는 사람들이 있다. 그런 사람들은 책 속에서 성서에서 인용한 말을 볼 때마다 당황한다. 그러나 마태복음 17장 27절 '저희로 오해케 하지 않기 위하여'라는 그리스도의 말은 분명히 금전상의 문제와 그 밖의 하찮은 일에는 적용되지만, 이런 경우에는 적용되지 않는다. 성서를 잘 알고 끊임없이 읽는 것은 아무래도 좋은 사항이 아니다. 오히려 성서를 근거로 자신을 재고 판단하고 격려하며, 또한 모든 '인간적인, 너무도 인간적인' 것에서 멀어지도록 하지 않으면 안 된다. 괴테도 처음 그대로 성서를 버리지 않았더라면, 아마 딴 사람이 되었을 것이

---

*21 스코틀랜드 남부의 지명.
*22 괴테 시대의 소설가.

다. 그가 아무리 '삶의 모든 즐거움을 누렸다' 해도 성서에 대한 동경은 그의 마음에서 떠나지 않았다.

이러한 문제가 다시 대두되는 시대가 곧 찾아올 것이다. 그때 당신을 성서에서 떼어놓으려는 사람들을 따르지 마라. 그곳에는 결코 축복이 깃들지 않기 때문이다. 우리는 그 내적 생명의 뿌리를 외적 성장과 함께 뻗어가게 할 수는 없으며, 그 대가를 치르지 않고 우량종의 나무줄기에 다른 종류의 가지를 접목할 수도 없다.

6월 19일

인간의 공동생활을 편하게 해주는 유쾌한 성질은 가능한 한 타인의 바람에 기꺼이 응하는 친절한 호의와 소탈함이다. 그런데 사람에 따라 눈이나 혀에 영원한 '아닐 부(否)'를 지니고, 정말 아무것도 아닌 일에서도 남의 의견을 쉽게 따르지 않고, 늘 오래도록 부탁하고 설득하고 꾸짖으며, 재촉하고 물리친 뒤가 아니면 동의하지 않는 사람이 많다. 그래서 더할 수 없이 선량하면서도 이따금 남에게 경원시되는 사람이 되기도 한다. 이러한 나쁜 습관은 단호하게 끊어야 한다. 모든 일을 하느님에 의해 강제되지 않으면 고치려 하지 않는 고집 센 종을 하느님이 기뻐할 리가 없다. 구약성서의 예언자들도 때때로 그런 말을 했다.

예레미야서 7장 22~27절, 31장 31~33절 참고.

⚜

바로 지금 생애에서 가장 황량하고 어두운 시기를 지나가고 있다면, 미래의 여러 가지 계획에 손을 대거나 이젠 어떻게 할 수 없는 지나간 일을 돌이켜보며 마음을 괴롭혀서는 안 된다. 차라리 뭔가 실제적인 것을 시도하는 것이 좋다. 그 일은 당신을 바쁘게 만들어서 당신에게서 쓸데없는 기대의 고통을 제거해 준다. 그러다 보면 어느 날 갑자기, 아마 그 일을 다 끝내기도 전에 당신이 원하던 마음의 변화가 찾아올 것이다.

6월 20일

내적 생활은 쇠를 단련하는 경우와 과정이 비슷하다. 내적인 인간도 이따금 되풀이하여 불속에 넣은 뒤 망치로 격렬하게 때려서 단련하지 않으면 안 된다. 그런 과정을 거쳐 그는 차츰 하느님이 원하는 형태를 갖추고 하느님의 목적에 쓸모 있는 사람이 된다.

또한 다음과 같은 면도 쇠를 단련하는 것과 매우 비슷하면서 아울러 우리에게 큰 위안을 안겨준다. 즉 불에 달구어져 단련된 사람은 오래도록 단단하면서도 잘 휘어진다는 것이다. 이에 반해 오직 자신만의 계획과 노력에는 단단함이 없어지기 쉽다.

하느님은 성령을 능력 있게 쓰고 싶어하는 자들에게만 성령을 내려주시며, 단지 성령을 가지고 즐기려는 자에게는 주시지 않는다.

성령강림제의 노래

성스러운 영혼이여, 풍요로운 은총의 영혼이여
당신을 내려받아 영원히 가슴에 품는 자는 누구인가요?
아, 세속에 취해버린 무리에게는
당신의 조용함을 전혀 찾아볼 수 없나이다.

당신은 참으로 깊은 곳에 숨어
열정적인 참마음의 소유자에게만 모습을 보여줍니다.
당신은 영혼의 고향에서 찾아오는
화창한 봄날 아침과도 같습니다.

✤

이 책에 그려져 있는 '지상 낙원'에는 분명히 인생의 흔하디 흔한 고민과 갈등은 이제 어느 만큼 정리되어 끝난 것처럼 보이지만, 아직 여러 가지 난관의 흔적이 꼬리를 끌고 있는 상태이다. 그러나 이것과 다른 '지상 낙원'은 존재하지 않는다. 그런데도 끊임없이 온갖 샛길을 기웃거리며 찾아다니는 사람은 오히려 지상 낙원을 가장 찾기 어려운 사람이다. 그러므로 이 책에 그려져 있는 길은 이미 어느 만큼 진보한 사람들을 위한 것이다.

6월 21일

고통은 사람을 강하게 만들고, 기쁨은 대체로 사람을 약하게 만든다. 용감하게 이겨내는 고난과 고난 사이의 휴식 시간은 아무 해가 없는 기쁨이다. 그러나 모든 고난은 그 가운데에서도 위안이 되는 기쁨을 숨기고 있는 것도 사실이다.

하느님에게서 멀어지게 하는 기쁨보다 하느님을 향해 달려가게 하는 고난을 더 좋아하게 된다면, 당신은 올바른 길에 들어선 것이다.

하느님의 아들이 완전히 절망에 빠진 채 죽은 예를 나는 지금까지 한 번도 보지 못했다. 그러나 아무리 선한 사람이라도 이러한 절망에 대한 유혹이 이따금 엄습해 오는 일이 있다.

⚜

인생의 어느 단계에 이르면, 우리는 모든 방면에 대한 완전한 사랑이야말로 다음에 오는 진정한 존재를 맞이하기 위해 이루어야 하는 이 지상생활의 마지막 목표이며, 오직 그것만이 세상을 구원할 수 있는 '마법의 지팡이'임을 통찰할 수 있다. 그러나 한편으로는 이 훌륭한 목표에 다다르려는 소망을 품고 있으면서, 다른 한편으로는 이 같은 사랑의 목표가 우리의 정상적인 판단을 가로막을지도 모른다는 염려에서 벗어나기는 쉽지 않다.

하지만 양쪽 다 잘못된 생각이다. 모든 방면에 대한 사랑이 만약 우리 힘으로 실현되어야 한다면, 그것은 분명히 다다를 수 없는 일이다. 하지만 이 사랑은 하느님의 진리로부터 저절로 우리 마음속에 흘러들어오는 것이며, 우리는 다만 그 유입을 가로막지 말고, 마음에 떠오르는 갖가지 이론(異論)에 귀 기울이지 않으면 된다. 그 이론 가운데 가장 나쁜 것은 '사랑은 진리에 대해 눈을 멀게 한다'는 것이다. 이것은 진실이 아니다. 오히려 증오와 단순한 냉담함이 사람을 더욱 근시안으로 만드는 법이다.

사랑은 사람의 마음뿐만 아니라 정신도 넓고 밝게 할 수 있고, 또 이 사랑으로 모든 인간적인 생활의 지혜보다 훨씬 더 현명해질 수 있다. 이 경우에 역시 "해 보라"고 말하지 않을 수 없다. 아직 얼마 동안은 여러 가지로 의심스러운 것 가운데 사랑이 가득한 것—가장 감사받을 수 있는 것이 아니라—을 실천하라. 그리고 어떤 결과가 나오는지 지켜보면 된다. 아마 당신 주위의 모든 사람들이 곧 그것을 인정해 줄 것이다.

6월 22일

훌륭하게 인생을 살고, 특히 평범하게 그저 삶을 유지하는 것이 아니라 삶의 위대한 목표를 잃지 않기 위해서는 아무래도 어떤 감격이 필요하다. 실제로 삶을 헛되이 만들고 싶지 않다면, 반드시 그런 위대한 목표에 삶을 바치지 않으면 안 된다.

그렇지만 이러한 감격에는 또한 건전하고 냉정한 양식이 갖춰져 있어야 한다. 이 양자의 융화와 협력에서 세상에 유익한 인간의 성격이 태어나는 것이다.

⚜

마태복음 9장 16, 17절*²³을 보라. 낡은 인간 아담을 개선하는 건 여간해서 쉬운 일이 아니다. 실제로 해 보면 누구나 이 사실을 경험할 것이다. 한 사람의 다른 새로운 인간이 태어나 낡은 인간을 차츰 정복하여 쫓아내지 않으면 안 된다. 이것은 그리스도가 니고데모에게 한 말*²⁴로서, 그때부터 이미 신학상 가장 큰 수수께끼였다. 니고데모도 그것을 완벽하게 이해할 수는 없었던 것이다.

현대를 살아가는 우리에게 이 가르침은 특히 개신교 교리문답서의 중요한 교리 가운데 하나인 그리스도가 '인간의 죄를 대신한 속죄'와 모순된다. 실제로 이 속죄설은 오직 그리스도에 대한 사랑에 의해서만 앞에서 말한 가르침과 조화를 이룰 수 있을 것이다.

6월 23일

'우리 모두를 구속하는 비속함은,

---

*23 생베 조각을 낡은 옷에 붙이는 자가 없나니, 이는 기운 것이 그 옷을 당기어 해어짐이 더하게 됨이요, 새 포도주를 낡은 가죽 부대에 넣지 아니하나니, 그렇게 하면 부대가 터져 포도주도 쏟아지고 부대도 버리게 됨이라. 새 포도주는 새 부대에 넣어야 둘이 다 보전되느니라.

*24 요한복음 제3장.

그의 아득한 저편 실체가 없는 가상 속에 존재하고 있었다.'

괴테가 실러의 죽음에 바친 이 추도시는 사람이 교육의 이상과 '문화의 이상'을 수립하기를 원하는 한, 칼라일의 단순한 영웅숭배와 니체의 '초인주의'보다 훨씬 더 그 이상을 잘 표현하고 있다. 니체의 이른바 '금발의 야수'—어떠한 문화도 가지지 않고, 우리를 새로운 민족이동 시대로 되돌아가게 하려는 거칠고 힘에 넘치는 게르만주의—는 힘을 위해 다른 것은 모두 희생시키고자 하는 신경쇠약자의 망상 또는 순수 독일민족에게 한 번도 없었던 이상적인 가공의 나라에 지나지 않는다. 이와는 달리 독일 민족은 본디 더 위대한 이상을 품고, 그 문화가 시작된 이래 다음과 같은 민족성의 두 가지 특성을 늘 유지해왔다. 다른 어떤 민족도 가지지 않은 성실성을 사랑하는 타고난 정신, 다음은 이미 로마인 타키투스가 그 무렵 독일인을 보고 경탄해마지 않았던 남녀의 순결을 존중하는 마음이다. 세계 정치에 대한 독일인의 사명도 다름 아닌 이 두 가지 특성과 결부되어 있었고, 세계 정치에 독일인이 기여할지 어떨지도 이 특성의 유무에 달려 있다.

⚜

늘어서 몸을 움직일 수 없게 된 노인들은 자칫하면 자신을 쓸모 없는 사람으로 느끼기 쉽고, 이 괴로운 의식 때문에 화를 잘 내고 잔소리가 많아지거나, 유일하게 약간의 권력과 의미를 주는 재산에 집착하다가 그 때문에 갈수록 탐욕에 빠지게 된다.

이따금 '노년의 지혜'도 오직 귀찮기만 한 것으로 취급받는다. 젊은 사람에게 그런 지혜란 아직 받아들이기 어렵기 때문이다.

그래서 노년이 되면 조용한 가운데 아직 할 수 있는 일을 하면서 나날을 보내는 것이 가장 좋다.

6월 24일

원하지 않는 데도 당신의 그리스도교 신앙 때문에 공격을 받게 된다면 크게 기뻐하라. 왜냐하면 그때 당신은 이 세상의 노예에서 해방되어 충실한 그리스도교 전사의 군대에 확정적으로 편입되었기 때문이다. 이제 악의 영혼도 그것을 취소할 수 없음을 확실히 알았을 것이다. 지금까지 아마 악의 영혼은 당신을 완전히 분노케 할 마음은 없었을지라도 반쯤 자신의 종으로 생각하고 있었으나, 이제 완전히 당신을 포기한 것이다.

요한복음 14장 30절, 15장 19절, 12장 31절, 7장 7절, 누가복음 10장 20절, 4장 13절, 야고보서 4장 7절, 보헤미아 형제단 찬송가 698번, 670번 참조.

그렇지만 당신이 싸움에 임했을 때 악의 영혼을 두려워하는 마음이 있다면, 처음부터 싸움을 단념하는 것이 좋다. 왜냐하면, 두려움은 패배에 대한 예감이며, 적어도 전사로서는 도저히 용서할 수 없는 결점이기 때문이다.

보헤미아 형제단 찬송가 908번·909번·735번 참고.

⚜

우리의 이웃을 공정하게 대하는 것은 쉬운 일은 아니다. 왜냐하면 우리는 절대 그들을 있는 그대로, 또는 적어도 그들의 가능성을 보는 일이 없기 때문이다.

예의란 그런 공정함의 단순한 가설에 지나지 않다.

6월 25일

큰 위기가 지나간 뒤, 때때로 인간의 생각 속에 무언가 전혀 확실하지 않은 평범하고 인간적인 것을 넘어선 평가와 함께 자신의 생활을 과거와 미래에 걸쳐 내다보는 순간이 찾아올 때가 있다. 그럴 때 자신의 과거를 돌아보며, 하마터면 그릇된 길에 빠지려다가 거의 기적과도 같은 하느님의 보호로 아슬아슬하게 피할 수 있었던 일들이 얼마나 많았는지 깨달으면, 이미 주어진 그 은총에 대한 감사의 마음으로 가슴이 벅차오르면서 미래의 인생행로도 축복으로 가득할 것이라는 강한 확신이 서게 된다. 삶의 마지막 순간에도 틀림없이 이와 같은 감개를 느끼게 될 것이다.

베아트리체는 말했다.
"당신은
눈이 밝고 날카롭게 빛나야 할
마지막 구원의 순간 가까이 와 있어요.

거기서 구원의 나라에 들어서기 전에 하계(下界)를 내려다보며

내가 얼마나 많은 세계를 이끌어 왔는지 보세요.

그것은, 이 둥근 대기 속을

즐겁게 찾아오는 승리의 무리를 만났을 때

당신의 마음이 기쁨으로 넘치기 때문이에요."

—단테 《신곡》 천국편

⚜

이제 '굳은 마음'[25]사라졌다는 것은 하느님의 큰 선물이다. 인간이 하느님의 목소리에 대해 마음을 열기 시작하면, 그것을 사무치게 깨달을 수 있다.

6월 26일

신앙이라는 것은 본디 스스로 줄 수 있는 것이 아니다. 1527년의 《그리스도교 성시법(城市法)》에서 말한 것처럼, 신앙은 '우리의 분에 넘치는 하느님이 주시는 은총의 선물'이다. 따라서 제삼자가 신앙에 대해 어떤 권유를 하거나 나아가 명령까지 하는 것은 결국 무익한 것이다. 그런데 오늘날 가정과 교회와 학교에서 이루어지는 종교 교육은 거의 이런 종류의 것들이다. 우리는 평범한 실재론의 세계와는 다른 더 나은 세계를 동경하고 추구할 수 있는데, 바로 이 동경이 신앙이라는 커다란 선물을 받기 위해 하느님에게 내미는 손이다. 아이들이 이러한 동경을 품을 수 있도록 그들을 잘 이끌어야 한다.

요한복음 6장 37·44·65절, 보헤미아 형제단 찬송가 176번 참조.

우리는 그리스도를 우리의 주 구세주로 받아들여야만 하느님 앞에서 인정받을 수 있는 의(義)를 손에 넣을 수 있다. 그리고 우리는 그 의를 하느님의 선물로서 아무런 조건 없이 받는다.

⚜

'여호와께서 기다리시나니 이는 너희에게 은혜를 베풀려 하심이요.'[26] 구약

---

[25] 에스겔 11장 19절, 내가 그들에게 일치한 마음을 주고, 그 속에 새 신을 주며, 그 몸에서 굳은 마음을 제하고 부드러운 마음을 주어.

[26] 이사야 30장 18절.

성서는 바로 이 점, '하느님에 대한 인간의 관계'라는 중요한 사항을 제대로 이해하는 데 없어서는 안 되는 것으로, 그 곳곳의 장과 절에서 하느님이 우리를 기다리고 있고, 언제나 우리를 위해 임할 것임을 계시하고 있다. 만약 정말 그렇다면, 어떻게 우리가 달아나거나 그 자리에서 기다리려 하지 않을 수 있단 말인가?

이사야 58장 9절*27 참고.

6월 27일

우리는 플라톤, 아리스토텔레스, 사도 바울, 단테, 괴테의 사상을 완전히 내 것으로 하는 데까지 과연 다다를 수 있을지, 또 그렇게 하는 것이 바람직한 것인지, 그리고 이들 사상이 현대적인 사고방식과 생활경험보다 뛰어난 것인지 등등 당연히 의심을 품을 수 있다.

그러나 그리스도의 말에는 완전히 동의할 수 있고, 그 말의 진실성에 마음이 완전히 채워질 수 있음은 의심할 여지없는 사실이다. 바로 여기에 '그리스도교란 무엇인가' 라는 물음에 대한 간단하고도 또렷한 해답이 들어 있다고 생각한다.

⚜

힘과 함께 진정한 지혜가 주어지고, 그 힘을 늘 적재적소에 잘 쓸 수 있는 것은 참으로 훌륭한 일이다.

이것은 '부름을 받아 깨어난' 사람이라도 처음부터 금방 할 수 있는 건 아니다. 그런 경우 너무 조급하게 굴면 오히려 일을 그르칠 뿐이다.

6월 28일

그리스도교를 그저 '신비주의'라고 부르는 사람들이 많다. 그러나 그 신앙을 추구하고 또 그것에 대한 감수성을 가지고 있는지와 상관없이, 모든 사람이 이해할 수 있는 완전하고 '합리적'인 그리스도교는 거의 존재하지 않는다. 또 그런 것을 만들어내고자 하는 모든 시도는 끝이 없으며, 마침내 그리스도교

---

*27 네가 부를 때에는 나 여호와가 응답하겠고 네가 부르짖을 때에는 말하기를 내가 여기 있다 하리라.

의 진리에 대한 완전한 불신으로 끝날 뿐이다.

그리스도가 원했던 그리스도교의 독자성은 먼저 광신을 수반하지 않는 뚜렷하고 냉정한 양식, 다음에는 초감각적이고 표현할 수 없는 것에 대한 경험—이것을 신비주의라고 부르고 싶다면 그래도 상관없지만, 이 호칭이 꼭 알맞은 것은 아니다—을 받아들이는 데 합당한 섬세한 마음, 이 두 가지의 결합에 있다. 그러나 이 결합 여부에 따라 수많은 그릇된 길이 저절로 생기기도 하고, 그 길들이 저마다 더욱 뻗어나가면, 그리스도가 원했던 그리스도교와는 완전히 반대되는 쪽으로 갈 수도 있다. 우리가 이미 많은 문제를 해결한 또렷한 실례를 눈으로 직접 보지 못했다면, 또 구약에서 유래되어 그 진실성을 수많은 독자들도 직접 겪었을 것으로 생각되는 하느님의 약속을 우리 것으로 할 수 없다면, 좁고 바른 길을 찾아내기란 어려운 일이 될 것이다.

출애굽기 23장 20~22절, 여호수아 21장 45절, 보헤미아 형제단 찬송가 396번·399번·400번 참고.

⚜

잠언 3장 25·26절*[28]을 보라. 하느님의 심판은 '의로운 사람에게도 악한 사람에게도' 내려진다.*[29] 하느님의 종들이 반드시 방주나 바위 위에서 보호를 받는 것은 아니다. 아니, 오히려 그렇지 않은 것이 보통이다. 하지만 불행의 한가운데에서도 하느님의 종들은 여전히 하느님의 비호 안에 있다. 그러므로 당신도 늘 용감하고 침착한 가운데 다른 사람들의 지주가 되지 않으면 안 된다.

이윽고 언젠가 이 일이 다시 중요해지는 시기가 올 것이다.

6월 29일

정신적인 싸움에서 우리는 중립에 머물러서는 안 된다. 적에게 호의를 보내고 이해를 갖는 것은 언제든지 할 수 있는 일이다.

하느님과 개인적으로 밀접한 관계에 있다는 확신이 있으면, 타인을 배려하면서도 그들의 판단에 대해서는 흔들리지 않을 수 있다.

---

*28 너는 창졸 간의 두려움이나 악인의 멸망이 임할 때나 두려워하지 말라. 대저 여호와는 너
  의 의지할 자이시라. 네 발을 지켜 걸리지 않게 하시리라.
*29 에스겔 21장 3절.

하느님과 완전히 친구가 된 사람의 삶에는 행복한 일밖에 일어나지 않는다.

✤

하느님으로부터 멀어짐으로써 일어나는 불행 속에서도 뭔가 선한 것을 찾아내라. 짜디짠 소금이 그 혼합물 전체의 부패를 막는 것처럼, 불행 속에서 개선이나 예방수단을 찾아내는 것이 바로 올바른 인생관이다.

그런데 세상의 견해, 특히 신문의 사고방식은 그 반대이다. 그들은 악을 매우 가볍게 취급하며, 모든 신적인 것에서 이반하는 것을 '근대적 세계관'으로 여기고, 한편으로는 그로 인한 하느님의 벌을 언제나 불가해한 것으로 생각하면서도 지나가고 나면 이내 잊어버린다.

모든 사람이 하고 싶은 대로 하며 삶을 즐기는 것이 아마 그들의 이상일 것이다. 그러나 그런 이상은 그 성질상 오직 낙원에만 있으며, 더욱이 그 조건에 딱 맞는 사람들에게만 허용되는 것으로, 이 세상에서는 원한다고 얻을 수 있는 것이 아니다.

모든 문명제국 정부는 한결같이 이 목표를 이루려 노력하고 있다. 그들은 정의와 진실을 구하는 것이 아니라, 오직 그들의 소유와 세력 유지를 가로막는 것이 없기를, 또 그것을 더욱 확대하기를 원하고 있다.

그래서 정부의 지도자들이 제아무리 현명하다 해도 마음먹은 대로 잘되지 않는 것이다. 본디 전쟁을 원하는 사람은 아무도 없지만 언제나 평화는 전쟁에서 겨우 머리카락 한 올을 사이에 두고 있는 것이다.

6월 30일

유물론이나 일원론, 범신론, 그 밖의 하느님에 대한 불신을 학문적으로 표현하기 위한 이론이 제기하는 문제를 너무 심각하게 받아들여서는 안 된다.

감각적으로 인식할 수 있는 것만이 존재한다는 주의는 독선적일 뿐만 아니라 진지하게 보이지 않는 사상이며, 게다가 일상적인 경험을 통해 끊임없이 부정되는 생각이다. 또 길가의 모든 돌멩이와 나무토막도 신이라는 사상도 마찬가지로 커다란 반발을 느끼게 하는 생각이다. 우리가 시각할 수 있는 세계 그 뒤에는 반드시 하나의 예지적 존재가 없어서는 안 된다. 모든 인간의 창조 그 뒤에 그러한 존재가 있었던 것과 마찬가지이다. 우리는 이 예지적 존재를 바로 하느님이라 부르고 있다. 그러나 그것은 인간의 사색으로는 증명할 수 없는 것이다. 만약 유물론이 오직 이 사실만을 주장하는 것이라면, 그 점에 있어서는 옳다고 할 수 있다.

그러므로 괴테도 다음과 같이 말했다.[*30]

'자연 속에는 우리가 접근할 수 있는 것과 접근할 수 없는 것이 있다. 이 둘을 구별하고 깊이 생각하며 존중하지 않으면 안 된다. 그 한쪽의 영역이 어디서 끝나고 다른 영역이 어디서 시작되는지 아는 것은 늘 어려운 일이지만, 모든 경우에 그것을 알고 있는 것만으로도 우리에게 큰 도움이 된다. 그 구별을 모르는 사람은 아마 평생 다다를 수 없는 것을 위해 아무리 노력해도 끝내 진리에 다가가지 못할 것이다. 그러나 이 구별을 알고 있는 현명한 사람은 늘 다다를 수 있는 것만 상대할 것이다. 그 영역 안에서 모든 방향을 향해 탐구하며 자신의 생각을 확립해 간다. 이것으로 그 길에서는 다다를 수 없는 것들도 이해할 수 있게 될 것이다. 하지만 그 경우에도 어느 정도 이상 접근할 수 없는 것이 이 세상에 적지 않다는 것, 또 자연의 배후에는 언제나 불가해한 것이 있으며, 그것을 규명하는 것은 사람의 힘이 미칠 수 없는 영역이라는 것을 고백하지 않을 수 없게 된다.'

현대에서도 이치에 맞는 자연과학은 적어도 그 선까지는 나아갈 수 있을 것이다. 그렇게 하면 진리를 구하려 하는 수많은 영혼을 괴롭히고 있는 자연과학과 신앙 사이의 풀 수 없는 갈등은 더 이상 문제가 되지 않게 된다.

분명히 실제로 그렇게 될 것이 틀림없다. 순전한 유물론과 범신론은 이제 어느 누구도 만족시키지 못하고, 게다가 단순한 무지와 무신앙으로 사람의 마음을 만족시킬 수는 없다. 그렇다고 아무 생각 없이 오직 찰나적인 향락에 빠지는 것만으로 고귀한 정신을 만족시킬 수는 없다.

모든 종교는 본디 표현할 수 없는 것을 얼마든지 표현하고, 그에 따라 일반적으로 표현할 수 없는 것을 서로 얘기할 수 있도록 하려는 시도에 지나지 않는다—그렇지 않다면, 그것에 대해 서로 얘기하는 것도 불가능할 테니까. 그리고 그리스도교는 의심할 여지없이 이 목적에 가장 알맞은 표현이다.

단, 복음서를 주의 깊게 읽는다면 곧 깨닫겠지만, 실로 그리스도는 하느님의

＊30 에커만《괴테와의 대화》1827년 4월 11일.

'본성'과 '속성'에 대해 오늘날 어린이들이 종교시간에 배우는 것보다 더 적은 말밖에 하지 않았다.

✦

당신은 정치를 완전히 포기해야 할까? 결코 그렇지는 않다. 나라를 도와 정치를 유지하지 않으면 안 된다. 국가는 지금 그것을 간절히 필요로 하고 있다.

하지만 이른바 '시대정신'에 봉사해서는 안 된다. 또 그 표어에 경의를 나타내서도 안 된다. 그리고 철학도 당신에게는 필요하지 않은 것이므로 안심하고 거부해도 된다. 철학은 성장하고 번영하는 삶의 기초를 발견하려고 노력하고 있지만, 어디까지나 헛수고일 뿐이다. 진리의 영혼에 힘입은 뛰어난 사람들이 이 일에 종사하기 전에는 철학에는 어떤 축복도 깃들어 있지 않다.

요한복음 14장 17절 참조.

7월

7월 1일

'뚫고 나가라!'

이 짧은 한 마디는 내적 생활에서 수없이 위기에 처할 때마다 거의 마술적인 효과를 발휘한다.

이 말은 아직 완전히 무기력해지지 않은 이성을 향해 포기해서는 안 된다는 것을 깨우치고, 또 한낱 육체적인 것에 지나지 않는 기분에 굴복해서는 안 된다고 가르친다. 동시에 아직 남아 있는 선한 의지에 자극을 주어 정체를 알 수 없는 염세주의와 육체적 또는 감정적 인상에 나약하게 굴복하는 것에 반발하게 한다.

그리하여 급격한 움직임으로 다시 자유로워진 고귀한 영혼은 진실하고 올바른 것을 향해 나아간다.

때때로 이러한 시간은 전 생애를 결정하는 중대한 순간이 되기도 한다. 그러므로 당신이 무언가에 얽매어 있다고 느낀다면, 그것을 뚫고 나아가라!

보헤미아 형제단 찬송가 393번, 676번, 698번 참고.

⚜

당신은 무슨 일이 있어도 가톨릭 근대주의자들[1]과는 친밀한 관계를 맺지 않는 것이 좋다. 그 밖에는 교회 안에서 일어나는 논쟁에 대해 어떤 태도를 취하든 상관없다.

가톨릭 근대주의자들은 교회 속에 머물면서 공공연히 교회의 교리를 부정하려 든다. 겉으로는 교회의 권위에 굴복하면서 실은 그것을 뒤흔드는 데 열심이다. 그러다가 생애의 마지막에—바로 크라우스처럼—예수회 신부로부터 사

---

[1] 19세기 말에서 20세기 초, 유럽에서 일어난 가톨릭 근대화 운동의 추진자들을 가리킨다.

함을 받기도 한다. 끝내 그들은 원리적으로는 진리에 봉사하고자 하면서도 오히려 진리의 영역 밖에 발을 내딛음으로써, 이 세상에서도 저 세상에서도 큰 결실을 거두지 못한다.

디모데후서 3장 7절,*2 요한계시록 3장 15·16절 참고.

나는 그들의 지칠 줄 모르는 내적 싸움에 동정은 하지만, 그들의 행동을 좋아할 수는 없다.

7월 2일

현대의 교양인들에게서 볼 수 있는 한심한 현상 가운데 하나는 건강에 지나치게 큰 가치를 두고 있다는 것이다. 실제로 그들에게는 건강에 대한 관심이 다른 모든 관심을 능가할 정도이다. 세계 역사상에는 건강하지 못한 사람들이 신체적 약점에도, 아니, 그 약점 때문에 위대한 업적을 이룩하고 고난을 극복한 예가 있는 것을 완전히 잊어버리고 있는 듯하다.

고린도후서 4장 16절, 7장 10절, 10장 10절, 12장 10절, 골로새서 1장 24절, 이사야 53장 10·11절 참조.

건강과 체력에 대한 이 같은 선망의 진정한 배경은, 병약해서는 선한 일을 할 수 없다는 우려가 아니라 삶의 향락에 대한 억제할 길 없는 갈망을 푸는 데 지장이 있다는 생각이다. 게다가 이 생각이 때로는 실제로 병고에 시달리는 사람을 동정하는 것을 방해하고 있다는 생각조차 든다.

건강은 의심할 여지없이 크나큰 축복이지만, 그것을 너무 중시하는 것은 좋지 않다. 오히려 그것이 손상되거나 상실된 경우에도 훌륭하게 극복하는 것을 배우지 않으면 안 된다. 왜냐하면 오늘날에도 건강은 없어서는 안 되는 최고의 선은 아니기 때문이다.

✤

모든 시대, 모든 민족의 문헌 가운데 정신적으로 더할 나위 없이 풍요롭고 윤리적으로 가치가 높은 것은 수천 년에 걸친 문서의 집대성이며, '성서'라는 이름으로 널리 알려져 있는 바로 그 책이다. 실제로는 교양인으로서 성서의 내

---

*2 항상 배우나 마침내 진리의 지식에 이를 수 없느니라.

용을 잘 모르는 사람이 많이 있기는 하지만 말이다.

다른 민족의 수많은 종교서적은 이것과는 도저히 비교가 되지 않는다. 예를 들어 에픽테토스의 《어록(語錄)》과 고대 스토아철학의 진수가 들어 있는 마르쿠스 아우렐리우스의 《명상록》, 플라톤의 《대화편》, 인도의 《마하바라타》,[*3] 그 중에서 가장 뛰어난 《바가바드기타》,[*4] 그리고 공자의 《논어》와 이슬람교 전문서적도 마찬가지이다. 특히 코란은 성서에 비해 몹시 뒤떨어지는, 거의 난잡해 보이기까지 하는 책이다.

그러므로 성서를 통해 정신을 형성하고 끊임없이 키워온 여러 민족이 정신문화면에서 가장 큰 진보를 이룩한 것은 인간적으로 생각해 보아도 충분히 수긍이 가는 일이다. 그러나 그것과 교회의 모든 제도를 혼동해서는 안 된다. 교회의 제도는 반드시 성서의 정신에 부합되는 것이 아니며, 또 민족에 따라 크게 다른 발전을 겪어 왔다. 교회 제도는 마땅히 다양한 인간적인 폐해 속에서 끊임없이 정화되고 개선되어야 한다. 우리는 지금 바로 그런 시대를 다시 맞이하고 있는 듯하다.

현대의 대다수 사람들에게 문제가 되는 것은 교회의 조직이 아니며, 또 현존하는 모든 종교 가운데 어느 것을 선택할까 하는 것도 아니다. 바로 인간의 독자적인 영혼과 그 요구를 아직도 인정하는가, 아니면 단순히 동물적 욕망밖에 지니지 않은 단순한 짐승의 일종으로 타락해도 상관없는가 하는 문제이다. 자연과학적 유물론의 마지막 귀결은 아무래도 후자일 것이다. 넓은 범위에 걸쳐 이미 이러한 후퇴를 초래한 것은 바로 근대적 세계관의 진보이다. 이런 의미에서는 '근대주의'를 상대로 하는 가톨릭교회 당국의 싸움은 우리도 공감할 수 있다. 그러나 그 문제는 제쳐두고라도 예수회파와 다원주의자의 논쟁에 대해서는 마태복음 8장 22절[*5]의 그리스도의 권유에 따르는 것이 최선책일 것이다.

7월 3일
병적인 상태는 지나치게 걱정하지 않고 있으면 어느새 저절로 사라지는 일

---

*3 고대 인도의 종교적 서사시.
*4 힌두교 3대 경전의 하나.
*5 예수께서 가라사대 '죽은 자들로 저희 죽은 자를 장사하게 하고 너는 나를 좇으라!'

이 흔히 있다. 그런데 병약하면서도 치료를 마음껏 받을 수 없는 처지인데도 오히려 오랫동안 자신의 의무를 충실하게 수행하는 사람들이 있다. 이에 반해, 곳곳의 요양소를 전전하면서 몸에도 무익하고 마음에도 위안을 주지 않는 생활을 하는 사람들도 있다. 이런 사람들 대부분은 해야 할 의무를 깨우쳐주기만 하면 구원을 얻을 수 있다.

병에 잘 걸리는 사람들에게 실제로 결여되어 있는 것은 바로 진정한 의무와 인생의 사명에 대한 자각인 경우가 무척 많다. 그들의 체력에 충분한 의무와 사명을 부여해 주면, 어떤 치료나 안정, 간호보다 훨씬 더 도움이 될 것이다. 마부라면 누구나 자신의 말에게 어떻게 해줘야 하는지 잘 알고 있다. 그런데 병자를 보살펴야 하는 수많은 의사와 간호사들이 그것을 모른다.

건강에 특히 도움이 되는 것은 대부분의 경우 올바르고 진실한 사랑이다. 사랑은 당연히 천박한 이기주의를 부정하는 것이기 때문이다. 그러나 이 신기한 약은 어느 도시에서도 팔지 않고, 또 누구나 복용할 수 있는 것도 아니다. 그것을 싱겁게 흉내내는 데 만족하고 있는 자에게는 특히 다루기 어려운 약이다.

✤

'그는 흥하여야 하겠고 나는 쇠하여야 하리라.' 요한복음 3장 30절 세례자 요한의 이 말은 늙어가는 사람들에게, 또 다가올 위대한 시대의 선구자들에게 피할 수 없는 운명을 말해주고 있다.

우리 동시대 사람들 대부분에게는 이런 운명을 아무렇지도 않게 견딜 수 있는 힘이 없다. 오히려 복음서의 한 비판자는 이 말에 따르는 것은 인간의 힘으로는 도저히 불가능한 일이며, 그런 이유에서 이 말 자체가 진실하지 않다는 추론을 내리려 하기도 했다. 바로 거기에 세계관의 차이가 확실하게 드러나 있다. 첫째, 현세가 더 나은 존재로 이어질 거라는 확신과 둘째, 이 세상의 생명은 이것으로 완전히 끝날 거라는 슬픈 견해—유감이지만 이 슬픈 표정은 늙은 동물과 대부분의 노인에게서도 볼 수 있다—이것이 이 두 세계관의 차이이다. 그러나 세례 요한이 말한 섯처럼 올바른 인생관을 품고 있다면, 개개인의 육체적인 능력이 감퇴해도, 전체적으로 볼 때는 정신의 힘과 기운이 쇠퇴하기는커녕, 오히려 때때로 뚜렷하게 높아져서 얼굴 표정에까지 나타날 정도이다. 그러므로 노년에 대한 이와 같은 보상은 분명, 충분한 것이다. 고린도후서 4장 16~18절*6 참조.

나아가서 더 고령이 되었을 때 눈에 띄게 늘어가는 것이 바로 육감이다. 육감은 자연과학자의 눈에는 완전히 가려져 있지만, 실은 우리를 에워싸고 있는 영혼의 세계를 보는 힘이다. 또 우리의 발밑에서 차츰 빠져나가 결국 시계(視界) 밖으로 사라지는 이 세계의 미래를 더욱 잘 꿰뚫어보는 힘이 바로 육감과 연결되어 있다.

이 두 가지 힘이 전혀 없다면, 고령은 아무리 지혜로운 성찰이 따른다 해도 쇠퇴의 상태와 다를 바 없다. 그것은 장수 잔치 같은 것으로 결코 속일 수 없으며, 내세에 대한 희망으로도 완전하게 극복할 수 없다.

이를테면 칸트, 스펜서, 에머슨, 괴테, 비스마르크 같은 사람들이 노년에 정말로 내세로 옮겨갈 때의 이러한 수반현상에 대해 한 말이 전해지지 않는 것이 오히려 이상하다. 진정한 위인의 전기는 모두 이런 현상에 대한 기술로 끝나야 하는 게 아닐까?

7월 4일

현대 철학은 거의 수학과 같은 사고의 훈련이며, 인생에서 정신을 사유 활동에 길들이는 것 이상의 목적이나 효과를 갖고 있지 않다. 그게 아니라면 철학은 어느 한 사상가의 사상 안에서 이루어진 일반적인 세계관의 수립에 지나지 않는다. 그런 경우 철학은 플라톤과 아우구스티누스, 헤겔, 쇼펜하우어 같은 사람들, 또는 그들 시대의 역사로 보면 매우 흥미로운 세계관인 셈이다. 그러나 과연 이 세계는 이들 사상가가 생각한 그대로의 것이었는가, 또 지금도 그러한가. 예를 들어 세계는 쇼펜하우어의 '의지와 표상'일 뿐 그 밖에 아무것도 아닌가? 이것은 전혀 별개의 문제이다.

개개인의 인생행로에 대해 뚜렷하게 밝혀주고, 그의 성격을 개선하여 선을 지향하는 힘을 높여주며, 행복을 증진한다는 목적에 이들 철학체계는 아무런

---

*6 그러므로 우리가 낙심하지 아니하노니, 겉 사람은 후패하나 우리의 속은 날로 새롭도다. 우리의 잠시 받는 환난의 가벼운 것이 지극히 크고 영원한 영광의 무거운 것을 우리에게 이루게 하나니, 우리의 돌아보는 것은 보이는 것이 아니요, 보이지 않는 것이니 보이는 것은 잠깐이요, 보이지 않는 것은 영원함이니라.

도움을 주지 못하며 주더라도 간접적일 수밖에 없다. 그렇지 않다면, 이들 철학의 창시자들은 인간 가운데 가장 뛰어난 인간, 가장 행복한 인간이었어야 하지만, 실제로는 그렇지 않았다. 따라서 철학은 주로 위에서 말한 문제와 씨름하지 않는 한, 인간형성에 있어서 전체적으로나 개개인에게나 미미한 영향밖에 줄 수 없다.

그러나 현대 세계는 칸트 이래 그랬던 것보다 좋은 철학을 위해 더욱더 성숙해진 것처럼 보인다. 이러한 요구로 보아 독일 국민이 현재의 '실재론(實在論)'에 염증을 느낀다면, 아마 그들에게서 칸트의 업적을 이어 진정한 결론으로 이끄는 철학이 다시 태어날 것이다.

⚜

세상에서 가장 좋은 것은 무엇일까? 그것은 하느님 곁에 있는 것, 정신과 육체의 건강, 행복한 결혼, 훌륭한 국민성과 교회, 생계를 꾸려갈 수 있는 좋은 직업, 진정한 벗, 높은 교양, 생애의 중요부분에서 좋은 시대를 만나는 것, 그리고 가능하면 성령의 선물 가운데 하나—치유, 위안, 예언 등의 힘—를 얻는 것 등이다. 단, 이 선물은 더욱더 필요한 것을 위한 들러리에 지나지 않는다. 인생의 행복에 꼭 필요한 것은 오직 첫 번째로 든 것—하느님 곁에 있는 것—뿐이며, 그것이 없다면 차라리 태어나지 않는 편이 나을 것이다. 하느님 곁에 있는 것은 다른 모든 것을 합쳐도 누구의 인생에나 따라다니는 고뇌와 고난을 보상하는 데는 부족하며, 또 하느님의 벗이 될 수 있다는 확신이 없으면, 삶을 다시 한 번 되풀이하고 싶다고 생각할 사람은 아무도 없을 것이다.

7월 5일

하느님의 영이 존재한다는 것에 실증적인 증거가 전혀 없다 해도 다음의 사실은 역시 그 증거라고 할 수 있다. 즉 정신과 의지를 다하여 노력해도 하느님이 거부한다면, 우리는 하느님과의 관계를 회복할 수 없고, 또 '열렬한 신앙심'으로도 걱정과 슬픔을 면할 수 없다. 반대로 하느님의 영이 때때로 생각지 않은 방법으로 찾아와, 그 생명과 기쁨으로 우리의 진 존재를 채워주고, 한순간에 모든 짐을 우리의 마음에서 제거할 수 있다.

그런데도 인간으로부터 완전히 독립해 자주적으로 활동하는 이 힘이 존재하지 않는 것일까? 또는 전혀 실재하지 않는 것일까? 도대체, 힘 이상으로 실재하는 것이 달리 있을 수 있을까? 어쨌든 인간의 단순한 사상은 결코 힘이 아니다. 이는 스스로 위안을 얻고자 했지만 얻지 못했던 경험을 자주 되풀이한 경험이 있는 사람이라면, 누구나 알 수 있는 일이다. 그러면 이러한 힘은 도대체 무엇일까? '심리학'은 여기서 우리에게 아무런 도움도 주지 못한다. 대체로 심리학은 아무런 힘도 없으며, 불행에 빠진 사람을 격려해준 적도 없는 그저 하나의 학문 체계에 지나지 않는다.

❖

요한복음 8장 12~32절,*7 14장 17절*8을 보라. 생명의 빛 속에서 진리를 아는 것, 이것이 바로 국가와 교회의 모든 개혁자들이 원하는 것이고, '계몽'—진리의 해명—이 그들의 본디 인생목적이다. 첫 번째 성구에서 그 옛날 이 세상에 신의 말씀을 받은 사람 가운데 가장 위대한 사람—그리스도—이 우리가 어떻게 해야 진리를 얻을 수 있는지, 또 그러기 위해 결정적으로 필요한 것이 없었을 때는 그 일이 얼마나 불가능한지를 설명하고 있다. 진리를 전하는 것이 직업인 사람들에게는 이 '진리의 영'이 가장 중요하다. 그것이 없으면 아무리 눈부신 말재주를 지니고 있어도 결코 사라지지 않는 감명이나 효과를 남기지 못한다.

7월 6일

과연 당신의 욕망은 무엇인가? 마음이 고요할 때, 스스로에게 그것을 물어보고, 정직하게 답해보라. 당신은 일할 필요도 걱정할 필요도 없이, 아침부터 밤까지 향락에 푹 빠져 사치스러운 생활—물론 그것을 누릴 만한 욕망과 힘을 가지고 있을 때의 얘기지만—이를테면 이슬람교도가 꿈꾸는 낙원에 가까운 삶을 원하는가? 그러나 그런 생활은 더 이상 현대 문명사회 어느 곳에도

---

*7 예수께서 또 일러 가라사대, '나는 세상의 빛이니 나를 따르는 자는 어두움에 다니지 아니하고 생명의 빛을 얻으리라'. ……그러므로 예수께서 자기를 믿은 유대인들에게 이르시되, '너희가 내 말에 거하면 참 내 제자가 되고, 진리를 알지니 진리가 너희를 자유케 하리라!'

*8 저는 진리의 영이라 세상은 능히 저를 받지 못하나니, 이는 저를 보지도 못하고 알지도 못함이라. 그러나 너희는 저를 아나니, 저는 너희와 함께 거하심이요, 또 너희 속에 계시겠음이라.

존재하지 않는다. 어쨌든 당신의 경우에는 도저히 바랄 수 없는 일일지도 모른다. 그렇다면 차라리 일을 하는 가운데 하느님의 확실한 인도 안에서 큰 걱정 없이, 늘 변하지 않는 밝고 고요한 마음을 유지할 수 있는 삶을 원하는 게 낫지 않을까? 그런 삶이라면 누구에게나 가능하다. 오직 그것을 간절하게 원하고, 그 주어진 길을 가기만 하면 된다.

세상 사람들 대부분은 자신이 무엇을 원하는지 전혀 모르고 있다. 또 그것을 깊이 생각해보려 하지도 않는다. 반대면 몇몇 사람들은 할 수도 없는 일을 원하며, 헛되이 힘을 소모하고 있다. 또 그렇지 않은 자도 늘 마음이 흔들리고 있기 때문에 아무 일도 하지 못한다. 그러나 가능한 것, 즉 자신의 힘과 현실적인 세계질서에 합당한 것을 확고한 마음으로 끈기 있게 원하는 사람들은 언제나 그 목적을 이루어 왔다.

또한 주의를 기울여야 할 것은 우리의 의지는 단계적인 것으로, 인생의 전 단계를 마음대로 뛰어넘을 수 있는 것이 아니라는 점이다. 인생의 하위단계에 있으면서 상위단계에 속하기를 원해서는 안 된다. 그렇게 하면 본디 하위단계에서 이루어야 할 일을 충분히 해내지 못하기 때문이다.

그러므로 당신이 병에 걸렸을 때, 치유하는 것이 하느님의 뜻이라면 그것을 위한 올바른 길을 찾으려고 노력하라. 그러나 하느님의 뜻이 아니라면, 오히려 병을 이겨내는 길을 찾는 것이 낫다. 그렇게 하여 건강해지거나 질병의 상태에 순응하라. 그것을 위해 꽤 오랫동안 자신의 모든 의지력을 바치지 않으면 안 될 것이다. 그 어느 것인가가 이루어졌으면, 그 다음에는 눈 앞에 확실히 떠오르는 당신이 원하는 다른 과제에 몰입하라. 그렇게 하면 당신은 진보할 수 있지만, 그렇지 않으면 그것은 불가능하다.

✤

요한복음 10장 17·18절*⁹·34~36절을 보라. 이것은 부활을 설명하는 그리스도의 중요한 자기 증언이다. 그리고 이 말들은 만약 그리스도의 진정한 전기가 나온다면—아마 그런 일은 결코 없겠지만—진실한 증언 가운데 가장 큰 의의

---

*9 아버지께서 나를 사랑하시는 것은 내가 다시 목숨을 얻기 위하여 목숨을 버림이라. 이를 내게서 빼앗는 자가 있는 것이 아니라 내가 스스로 버리노라. 나는 버릴 권세도 있고 다시 얻을 권세도 있으니, 이 계명은 내 아버지에게서 받았노라.

를 가지게 될 것이다. 그러나 뭔가 이상한 현상이나 특수한 현상에 대해서는 세상 사람들이 받아들이는 방식을 존중하는 것이 무난하다.

7월 7일

세상에 거의 알려져 있지 않은 영국의 성녀 노르위치의 율리아나*10가 말했듯이 올바른 기도는 본디 하느님에게 다다르는 기도이다. 올바른 기도란 하느님이 은혜와 사랑으로 우리에게 내려주는 것이기 때문이다. '하느님은 그 뜻에 합당한 것을 기도하도록 직접 우리를 일깨운다. 그리고 이렇게 하느님이 내려준 기도와 선한 의지에 대해 우리에게 또한 한없는 보상을 준다.' 이런 경지에 다다르면 우리의 종교 교육은 완성된 것이나 다름없다.

요한복음 15장 7절, 16장 24절, 이사야 65장 24절 참고.

✤

'모든 산봉우리에 안식이 있다'*11고 하는 괴테의 멋진 시는 그저 어떤 순간의 정취를 표현한 단순히 시적인 묘사가 아니라, 그 시대와 현대의 교양인들이 피할 수 없는 노년이 닥쳐왔을 때 어김없이 갖게 되는 사고방식과 합치되는 것이기도 하다. 그러나 이 시는 반드시 진실이라고는 할 수 없다. 마지막 구절은 오히려 다음과 같이 되어야 하지 않을까? '기다려라, 곧 새 아침이 오고, 지금 아득히 먼 곳을 바라보는 것보다 더욱 찬란한 새봄도 오리니'라고. 그렇지 않다면 우리는 차라리 태어나지 않았으면 좋았을 것이고, 더 나은 생명에 대한 재생의 희망이 없는 '안식'은 덧없는 위안에 지나지 않는다. 왜냐하면 그 안식은 어지럽게 흩어지는 생각으로 가득한 한순간의 삶 뒤에 오는 영원한 멸망을 의미하기 때문이다. 그리고 대다수 사람들은 그 생각의 고뇌가 너무 괴로워 죽음이라는 대가를 치르는 한이 있더라도, 오로지 안식을 구하여 고뇌로부터의 해방을 꿈꾸게 된다. 이것이 바로 이 시의 슬픈 배경이다. 가련한 인류여, 이렇게 많은 것을 배우고 고생을 거듭한 끝에 다다를 수 있는 최고의 경지가 죽음 이상의 것이 아니라니!

---

*10 1342년 출생.
*11 '나그네의 밤의 노래' 1780년 작(作).

모든 산봉우리에
안식이 있고
모든 나뭇가지 끝에는
미풍의
기색조차 없이
새들도 숲에서 조용히 잠들어 있다.
기다려라
그대 또한 곧 편히 쉬게 되리니.

7월 8일

자신을 개선하려고 노력할 때는 모든 악을 피하는 것보다 모든 추악한 것과 비속한 것을 피하려고 결심하는 편이 빠르고 더 효과적인 경우가 많다. 왜냐하면 그 편이 우리의 능력에 맞기 때문이다.

진정으로 아름다운 것에 친숙해지는 것, 그것도 생활의 욕구나 성격상의 특징으로 그렇게 하는 것은 젊은 사람이 인생을 출발하면서 지닐 수 있는 더없이 강력한 호신용 무기이다.

❦

인생의 행복을 오로지 기쁨과 고통이 남기는 단순한 감정으로 판단한다면, 결국은 쇼펜하우어와 그와 같은 경향을 가진 철학자들의 염세주의가 옳은 셈이 된다. 왜냐하면 고통은 어떤 기쁨보다 지울 수 없는 강한 흔적을 기억 속에 남기기 때문이다.

그러나 그것과는 다른 훨씬 뛰어난 생각은, 인간을 최고의 진보에 가까이 다가갈 수 있게 해주는 것이 행복이라고 보는 견해이다. 이 견해에 의하면, 같은 이유에서 고난의 시기야말로 사람을 내적으로 진보시키는 데 가장 큰 작용을 하기 때문에, 그것이 바로 행복이라는 결론에 이른다. 사도 바울이 만년에 쓴 몇 통의 편지는—특별히 아름다운 히브리서를 여기에 포함하지 않더라도*¹²—이와 같은 의미에서 끝내 행불행을 완전히 극복한 한 인간의 모습을

---

*12 히브리서는 바울이 쓴 것이 아니라는 설이 일반적이기 때문이 아닌가 한다.

보여주고 있으며, 또 '하느님을 사랑하는 자들에게는 모든 것이 합력하여 선을 이루느니라'*13라는 그의 말은 자신에게 완전한 진리가 되었다. 우리 또한 그렇게 될 수 있다.

7월 9일

현대의 한 영국 저술가는 이렇게 말했다. "한평생 겉으로 한 번도 거짓말을 한 적이 없는 사람이 실은 머리 꼭대기에서 발끝까지 마음과 몸 전체가 거대한 거짓 덩어리인 경우가 있다."

이렇듯 근본적으로 거짓투성이인 사람을 조심하라. 안타깝지만, '신심이 깊은' 사람들 중에도 이런 사람이 있다.

✢

'사람 중에 높임을 받는 그것은 하느님 앞에 미움을 받는 것이니라.'*14 이것은 복음서의 '역설적인' 표현 가운데 하나이다. 이와 비슷한 말은 그 밖에도 많은데, 그것들 역시 믿을 만한 것이다. 이런 말을 일단 생각 속에 받아들이면, 이 말은 우리의 인생에 커다란 영향을 주어 삶의 많은 시기를 서서히 그리고 완전히 바꿔버릴 것이다. 왜냐하면 우리는 그렇게 교육받지 않았고, 또 교회에서도 그것을 배우지 않았기 때문이다. 다만, 이것은 일시적인 감정에 사로잡혀 판단할 것이 아니라 그리스도의 정신으로 이루지 않으면 안 된다.

에베소 4장 31절*15 참고.

7월 10일

하느님 곁에 있는 것이야말로 인간의 진정한 행복의 핵심이지만, 그것을 정말 원한다면 약간의 슬픔도 감수하지 않으면 안 된다. 인생 경험을 쌓은 사람이라면 누구나 다 알고 있듯이, 다른 어떤 때보다, 또 어떤 방법에 의해서보다 우리는 깊은 슬픔에 잠겼을 때 하느님에게 더욱 가까이 다가가기 때문이다.

단테의 《신곡》 천국편 제7곡 58~60행 참고.

---

*13 로마서 8장 28절.

*14 누가복음 16장 15절.

*15 너희는 모든 악독과 노함과 분냄과 떠드는 것과 훼방하는 것을 모든 악의와 함께 버리고

내면적으로 나약하고 불행한 사람의 여러 기행(奇行)은 그래도 참을 수 있고 또 참아주어야 한다. 가장 난처한 것은 오만한 태도로 찾아와 '하느님이 존재한다는 명백한 증거를 보여 달라. 나도 하느님에게 기도했지만 조금도 들어주지 않았다'는 식으로 말하는 자들이다. 그들은 설사 하느님이 기도를 들어주었다 하더라도 그것을 다른 원인으로 돌릴 것이다. 대부분 이런 젊은 사람들은 매우 다루기가 힘들다. 왜냐하면 '하느님은 겸손한 자에게 은혜를 주시기 때문'*16이고, 또 도전 받아도 시험에는 응하지 않으시기 때문이다. 이런 점에 대해 그들과 아무리 논쟁해 봤자 헛일일 뿐이다. 그들 대부분은 천박한 교양을 조금이라도 익히면, 마지막에는 헤겔이나 니체의 신봉자가 되어버린다. 니체도 아마 그러한 시험을 감행했겠지만, 그때 겸손이라는 중요한 자격이 결여되어 있었다.

복음은 누구에게도 강요할 수 없고, 또 입에 발린 소리로 설득하거나 권할수도 없다. 그러나 복음은 기꺼이 그것을 받아들이는 자를 결코 외면하지 않는다. 이것은 수천 년 뒤인 지금도 증명할 수 있는 일이다. 하느님이 우리를 저버리는 것이 아니라 언제나 우리가 먼저 하느님을 저버리고 있다.

7월 11일

어쩔 수 없는 이유에서 오랜 친구나 친척들과 절교해야 한다면, 아무런 설명 없이 그렇게 해야 한다. 그 전에 미리 의논하면, 반드시 사태의 불쾌함과 추함만 더해지거나, 절교하는 것보다 더 나쁜 어정쩡한 거짓 화해를 불러오게된다.

✤

요한복음 6장 63절*17을 보라. 종교를 직업으로 삼는 것은 매우 위험한 일이다. 이것은 이미 사가랴*18 이래 수많은 목사와 사제들, 그리고 성서학자, 신학자, 다양한 종류의 직업적 성직자들이 몸소 겪은 일이다. 종교는 생명의 소금

---

*16 베드로전서 5장 5절.
*17 살리는 것은 영이니 육은 무익하니라. 내가 너희에게 이른 말이 영이요, 생명이라.
*18 누가복음 1장 8~20절.

이며 힘이다. 이 경우에는 그저 찬송가를 부르고, 기도만 바친다고 되는 것이 아니다. 더욱 적극적으로 활동하며 의무를 다하지 않으면 안 된다. 기계적이고 단순히 형식적인 것은 그리스도교가 가장 멀리하는 것이다. 그래서 그리스도는 창녀와 세무 관리가 그 무렵의 가장 신앙심 깊은 사람들보다 먼저 하느님 나라에 들어갈 것이라고 강한 말투로 말했다.*19 복음서에 이런 말이 기록되어 있다는 것, 또 그리스도를 대제사장으로 받들려 하는 시도가 일찍부터 있었지만, 그리스도는 제사장이나 오늘날 신교적 의미에서의 목사 체질이 전혀 아니었다는 것은 우리에게 큰 위안을 준다.

그러므로 신앙이 이미 습관적인 것이 되어 더 이상 마음에 생명력을 줄 수 없게 되었음을 깨달았을 때, 당신은 심연의 가장자리에 위태롭게 서 있는 것이다. 이 책이나 당신이 읽고 있는 다른 어떤 책 속에 직업적인 냄새나 인습적인 인상을 주는 부분이 있다면, 그것을 얼른 치워버려야 한다. 또 교회의 설교가 그런 것이라면 이제 교회에 나가지 않아도 된다. 나는 그런 태도를 계속 지켜 왔고, 지금 그것을 하느님께 감사하고 있다. 나만한 나이가 되면 특히 더 그렇다. 그리스도교는 주 스스로 말한 것처럼 '영과 생명'이다. 그리고 언제까지나 그래야 한다.

7월 12일

우리는 인생을 훌륭하게 가꿀 수 있다. 완전히 자유롭고 진정으로 고귀한 인간이란 인간의 상상력이 그릴 수 있는 가장 멋진 것이기 때문이다. 거기에 다다르는 것이 인생의 확고한 목표이다. 그 밖의 것은 오로지 초라한 대용품에 지나지 않는다. 진정으로 이 목표에 이르기를 원하는 사람에게는 어떠한 운명도 그 목표를 이루는 데 도움을 줄 것이다.

그러나 분명히 알아두어야 할 것은 단순히 동물적인 행복은 아무런 가치가 없을 뿐만 아니라 기만에 지나지 않으며, 반면에 하느님에게 봉사하는 것이 행복이라는 사실이다.

---

*19 마태복음 21장 31절.

　그리스도교의 문서에서 이따금 볼 수 있는 편협함을 두려워해서는 안 된다. 이것은 오로지 읽는 것도 제대로 배우기 전에 쓰기부터 하려고 한, 저자들의 성급함에 기인한 것이다. 언젠가 당신도 깨닫게 되겠지만, 진리의 영은 세상 일에도 크게 도움이 된다. 왜냐하면 이 영은 세상 일 가운데에서 진실하고 유익한 것을 골라, 흔히 그것과 혼동하기 쉬운 거짓된 것과 구별해 보여주기 때문이다. 뿐만 아니라 이 영은 어떠한 가면도 투시하여 사람들의 진정한 얼굴을 꿰뚫어보고야 만다. 그러므로 이 영을 가진 사람 앞에서는 거의 드러나지 않는 눈의 표정 속에서도 가끔 그들의 진정한 얼굴이 폭로되지 않을 수 없다.

7월 13일

　아무리 큰일이라도 그것을 잘게 나누어 가까운 곳에 있는 것만 신경을 쓴다면, 작은 일을 하는 것과 마찬가지가 된다.

　'하느님이 인간의 눈에 보이지 않는 것은 하느님의 본질 때문이 아니라 하느님은 신성하나 우리의 부정(不淨)이 하느님을 가리기 때문이다.'

　현대의 한 저술가의 이 생각이 사실이라면, 우리의 인생관은 완전히 바뀌어버릴 수도 있다. 하지만 그렇다 해도 이 표현방식은 손질할 필요가 있다. 언어본디의 의미에서 영(靈)은 누가 뭐라고 해도 눈에 보이는 것이 아니기 때문이다. 우리는 하느님을, 가까이 다다갈 수 없는 존재라고 생각하는 것에 익숙해져 있지만, 그것은 단념하는 것이 아니라 오히려 그것으로 만족하는 것이다. 하지만 그렇지 않고 우리가 하느님에게 가까이 갈 수 있는 거라면, 우리의 인생은 얼마나 달라질 것인가! 실제로 성서는 우리와는 다른 생각을 하고 있고, 그 어느 페이지에나 지금 우리에게는 전혀 이해할 수 없고 인연이 없는 것이 되어버린 초현실적인 세계와의 교류를 가능한 것으로 그리고 있다. 다만 그 교류는 오늘날의 심령술에서 말하는 '영매(靈媒)'를 통해 이루어지는 것은 아니다. 이 영매는 비정상적이고 병석인 사람에 지나지 않는다.

7월 14일

마태복음 6장 33·34절*20을 보라. 우리가 하느님이 명령한 길을 가고 있을 때는 하루하루 해야 할 의무와 감당할 힘이 저절로 주어진다. 그러므로 그것을 구하려고 특별히 애쓰고 고심할 필요가 없다. 오직 그것을 받아들여 실천하기만 하면 된다.

그것은 세속적인 삶에 비해 어떤 투쟁과 고통이 따른다 하더라도 역시 평안한 삶의 방식이다. 또 누가복음 22장 35절*21에서 그리스도가 제자들—그들도 우리 못지않게 많은 걱정을 가지고 있었다—에게 던진 대담한 질문은 오늘날에도 전심으로 그리스도를 따르는 사람들에게 적용될 수 있는 질문이다.

모든 길 가운데 이것이 가장 확고한 길이다. 나도 미미하게나마 그런 일을 겪었기 때문에 그것을 증명할 수 있다.

보헤미아 형제단 찬송가 949번 참조.

❧

역대 로마교황들이 요한복음 14장 17절에서 말한 '진리의 영'을 늘 지니고 있었다는 확증이 있다면, 설령 가톨릭교회에 속하지 않아도 우리는 기꺼이 그의 말을 듣고 믿을 것이다. 영적인 면에서 절대로 잘못을 범하지 않는 사람이 단 한 사람이라도 지상에 계속해서 있어 준다면, 그것은 틀림없이 멋진 일이다. 하지만 그것은 아마 하느님의 계획에도, 의지에도 없는 일 같다.

우리는 스스로 진리를, 아니, 이 진리의 영을 구하지 않으면 안 되며, 또 그렇게 해서 진리의 영을 가질 수 있다. 그것이 바로 하느님의 뜻이다. 역대 교황들이 종교상의 일에서나 그 밖의 일에서도 이 영을 반드시 가지고 있지는 않았다는 것은 역사가 충분히 증명하고 있다. 그렇다고 종교개혁자와 개신교의 교회회의 위원, 또는 이 파에 속한 각 교회의 최고위자들이 이 점에서 특별히 은혜를 받은 것도 아니다. 또, 인간에 의한 어떤 성별(聖別)도 이 영을 내려줄 수는 없다. 영은 바람처럼 마음대로 떠다니며, 수시로 그 그릇이 될 만한 사람

---

*20 너희는 먼저 그의 나라와 그의 의를 구하라! 그리하면 이 모든 것을 너희에게 더하시리라. 그러므로 내일 일을 위하여 염려하지 말라. 내일 일은 내일 염려할 것이요, 한 날 괴로움은 그날에 족하니라.

*21 내가 너희를 전대와 주머니와 신도 없이 보내었을 때에 부족한 것이 있더냐?

을 직접 찾아낸다.

7월 15일

신앙은 하느님을 향해 그저 노력하는 것이 아니라 하느님에게 자신을 맡기는 것이다. 다시 말해 우리가 하느님의 문을 두드리는 것이 아니라 하느님이 우리의 문을 두드리는 것이며, 우리는 하느님을 향해 문을 열지 않으면 안 된다.

그렇게 하면 모든 일이 차례차례, 그야말로 저절로 이루어질 것이다. 먼저 파릇파릇한 밭, 다음에는 결실을 약속하는 이삭, 이윽고 잘 여문 좋은 곡식, 그리고 인생을 낭비하지 않고 훌륭하게 보낸 뒤에 마지막으로 안식을 위한 수확. 이사야 45장 2~5절, 요한계시록 3장 20절, 누가복음 12장 36절을 보라.

'하느님을 사랑하는 자, 곧 그 뜻대로 부르심을 입은 자들에게는 모든 것이 합력하여 선을 이루느니라.'*22 이것을 믿는 사람에게는 일반적인 의미에서의 '행복'과 '불행'에 대한 관념은 더 이상 존재하지 않는다. 그는 이제 '쾌락에 대한 갈망과 고뇌에 대한 두려움에 끌려다니는' 자와 한 족속이 아니다.

스바냐 3장 14~20절 참고.

✤

이른바 현대 문명제국의 거리에 창백한 얼굴의 여인들과 사나운 눈매를 하고 넝마를 걸친 어린이들이, 여전히 짐승 같은 술주정꾼들이 저렇게 넘치고 있는 한, 국제회의 석상에서 인도주의에 대해, 또는 국제간의 영원한 평화에 대해 늘어놓는 것은 그만두고, 먼저 자기 나라와 가정에서 진정으로 좋은 질서를 이루어야 할 것이다.

7월 16일

세상에는 다른 사람들이 하는 대로 내버려둬도 좋은 일들이 얼마든지 있다. 어차피 그것은 아무래도 상관없는 일이기 때문이다. 그러면 모두 삶이 매우 편안해진다. 그런데 세상에는 다른 사람의 의견과 제안에는 반드시 먼가 트집을

---

*22 로마서 8장 28절.

잡는 버릇을 좀처럼 버리지 못하는 사람들이 있다. 그 결과 사람들은 그런 자의 의견에 따르지 않게 되고, 나중에는 그들의 생각을 아예 물어보지도 않게 된다.

⚜

당신은 작가들이 어떤 책을 써주기를 가장 바라는가? 여기서 성서는 대상에서 제외하자. 마찬가지로 단테도 경쟁에서 제외하고, 또 평소에 무엇을 가장 즐겨 읽는가 하는 좀 다른 문제도 생각하지 말기로 하자.

내 대답은 《톰 아저씨의 오두막》과 데 아미치스의 《쿠오레》, 테니슨의 《국왕 목가》이다. 그 뒤에 괴테, 실러, 그릴파르처,*23 칼라일의 몇 권의 책이 이어지고, 마지막에는 몇 권의 학문적인 책, 예를 들면 칸트와 스펜서가 따를 것이다. 고대의 책 가운데에서는 엄밀하게 말하면 에픽테토스뿐이다.

이와 같이 오직 본질적인 물음만 가지고 검토하면, 묘하게도 아무리 방대한 양의 문헌이라도 차츰 걸러져서 마침내 소수의 몇 권만이 남는다. 그런 만큼 우리는 일단 전체를 훑어보고, 충분히 근거 있는 자신만의 판단을 내린 뒤—하지만 이것은 어쩌면 반생이 넘는 노력을 요할지도 모른다—진정으로 가치 있는 것을 알기 위하여 수많은 하찮은 책들을 읽는 데 시간과 노력을 낭비하지 않겠다고 결심해야 할 것이다.

7월 17일

오늘날 널리 만연하고 있는 신경쇠약에서 가장 큰 문제는 자칫하면 당사자의 의지력을 약화시킬 뿐만 아니라 도덕적 판단력까지 망친다는 점이다. 그래서 이 병에 걸린 사람들은 별다른 혐오감 없이 추악한 것을 생각하고 행동할 수 있다.

결국 그 신경쇠약을 영국인들이 '도덕적 광기'라고까지 부르게 되는데, 불행하게도 현대 '미문(美文)'의 적지 않은 부분이 바로 그런 지경에 와 있다. 지금도 이러한 생활을 영위하는 자의 삶은 때때로 흔히 말하는 광기로 끝나기도 한다. 그래도 이 유물주의 문학의 대홍수는 앞으로도 한동안 전성기를 구가

---

*23 오스트리아의 극작가.

하다가, 그것이 쇠퇴해버린 뒤에야 사람들은 가까스로 구원의 하느님이 나타날 산을 다시 우러러볼 것이다.

그러나 그 동안에도 만약 이 병에 걸렸다고 느낀다면, 문학과 미술 그리고 사교계에 나타나는 신경증적인 것과의 접촉을 신중하게 피해야 한다. 신경증적인 질병은—건강과 마찬가지로—전염되기 때문이다. 이 병을 막는 외적인 수단으로는 정당하고도 충분한 양의 일을 가지는 것과 가정적으로 좋은 환경에 있는 것이 최상책이다. 내적인 방법으로는 건전한 생활의 원천인 하느님에 대한 진정한 귀의가 중요하다. 바로 그 점 때문에 하느님과의 관계에는 공상적인 요소가 아주 조금이라도 들어 있어서는 안 된다. 적어도 종교소설에서 흔히 볼 수 있는 경건함과 관능적 공상의 혼합물 같은 것이 섞여 있어서는 안 된다는 얘기다. 이것은 스스로 치료수단을 기만하는 것이므로 이 병의 경우에는 특히 해롭다고 할 수 있다.

단테 《신곡》 지옥편 제3곡 103~108행, 제5곡 34~39행 참고.

어쨌든 신경쇠약의 원인은 일부는 유전적이고 일부는 현대의 환경에 있다. 이 '시대병'을 치료하는 데에는 세 가지의 육체적 수단과 두 가지의 정신적 방법이 있는데, 그것은 다 함께 작용하지 않으면 안 된다. 우선 수면과 신선한 공기, 육식을 줄이고 알코올이 전혀 들어가지 않은 좋은 영양식, 다음으로는 견고한 신앙과 지상에서 하느님 나라를 건설하는 일이 바로 그것이다. 이것 말고는 유효한 치료법은 존재하지 않는다. 그리고 이 방법들은 필요하다면 가정에서도 이용할 수 있다.

⚜

누가복음 11장 13절, 10장 21·42절,[24] 요한복음 14장 17절[25]을 보라. 이와

---

[24] 누가복음 11장 13절, 너희가 악할지라도 좋은 것을 자식에게 줄 줄 알거든, 하물며 너희 천부께서 구하는 자에게 성령을 주시지 않겠느냐?
　누가복음 10장 21절, 이때에 예수께서 성령으로 기뻐하사 가라사대, '천지의 주재이신 아버지여, 이것을 지혜롭고 슬기 있는 자들에게는 숨기시고, 어린 아이들에게는 나타내심을 감사하나이다. 옳소이다. 이렇게 된 것이 아버지의 뜻이니이다.
　누가복음 10장 42절, 그러나 몇 가지만 하든지 혹 한 가지만이라도 족하니라. 마리아는 이 좋은 편을 택하였으니 빼앗기지 아니하리라.
[25] 7월 5일의 주(*7) 참고.

같은 직관적인 인식을 받아들이기 위해, 또 그것을 아무런 해 없이 내부에서 소화하기 위해 어떤 예비수업이 필요하다는 것에 유의하지 않으면 안 된다. 그렇지 않은 경우, 자기 판단만을 따르는 독단적인 독학자가 태어난다. 그들이 현세에서 많은 위대한 일을 이룩한 것은 사실이지만, 한편으로 그것은 그들에게나 타인에게 위험한 일이었다. 왜냐하면 그들은 영혼에 의한 계시와 공상을 구별하지 못하기 때문이다.

7월 18일

아름다운 현대시라도 병자와 고뇌하는 사람을 위해 해줄 수 있는 것은 너무나 미미하다. 이런 시는 그들에게 거의 아무런 위로가 되지 않는다. 특히 독일에서 그렇듯이 오늘날 세대는 사람에게 전혀 만족을 주지 않는 사실주의 문학에서 벗어나, 진정한 시의 세계인 밝은 숭고함과 수수께끼 같은 심원함을 가진 문학으로 되돌아갈 것을 소망하고 있다. 단순한 '상징주의' 시로 이러한 순수 시를 대신하게 하는 것은 불가능하다. 마찬가지로 국가생활 면에서도 문학에서의 사실주의 시에 대응하는 '실리정치'에서 벗어나 진리와 정의에 의한 참된 삶으로 돌아가기를 원하고 있다. 그러나 순수한 진리와 진정한 위대함에 대해 열정을 품는 순진무구함과 동심을 한번 잃었다가 되찾기란 결코 쉬운 일이 아니다. 어리석게도 이미 우리는 이러한 순진무구함과 동심을 탐욕스러운 이욕이나 삶의 향락과 맞바꾼 외국의 예를 흉내 내며 가볍게 내팽개치고 말았다. 그것을 되찾기 위해서는 우리 모두가 불행을 헤쳐 나가는 것이 필요하다. 거짓된 시와 철학, 나아가 잘못된 정치가 이끄는 결과, 그리고 그것에 의해 비뚤어진 인간의 모습을 손에 잡을 듯이 뚜렷하게 인식하기 위해서는 오직 불행을 겪는 것만이 최선이다.

시편 79편 10~12절 참고.

✤

좋은 결과를 가져다주지 않으면서도 헛되이 많은 시간과 정신력을 요구하는 것에서는 멀어지는 것이 좋다. 클럽, 회의, 위원회, 강연—그것을 하는 것도 듣는 것도—등의 대부분이 이에 속한다. 그것이 생명력을 가지고 있고 유익한 것일 때는 지원해야 하지만, 정확한 직감력으로 정말 그런 것인지, 아니면 사회와 신문에 이름을 팔고 싶어 하는 자들의 단순한 게임에 지나지 않는지 알아보아야 한다.

7월 19일

동정심은 단순히 나약한 마음이 아니고, 또 몹시 절망하고 있는 사람에 대한 반쯤 악의적인 기쁨과 우월감이 아니라면, 하느님으로부터 주어진 것이며 매우 향상된 영혼의 표시이다. 하박국 2장 15절 참조.

남으로부터 동정받고 싶어하는 것은 연약함이며, 이는 훌륭한 사람에게는 결코 있어서는 안 되는 것이다.

욥기 4장 1~5절, 6장 21절, 16장 1~4·10절, 19장 21·22절, 마태복음 26장 37~46절 참조.

❧

지금 우리에게 필요한 것은 정신의 거듭남이며 그에 따른 육체의 거듭남이다. 이를테면 원시 그리스도교와 종교개혁 초기, 프랑스 혁명 발발기, 또는 미국 독립전쟁과 남북전쟁 당시 독일의 자유전쟁과 이탈리아의 부흥운동시절에 나타난 역동적인 상태가 그것이다. 이런 시기에는 용기와 힘의 정신이 노쇠한 세계에 다시 침투해갔다. 그런데 지금은 이러한 정신이 완전히 결여되어 있고, 현대의 어떠한 기술진보와 예술, 과학도 그것을 보충해줄 수 없다. 이 시기에는 지금까지 전혀 인정받지 못하고 있던 뛰어난 인물이 갑자기 등장해 새로운 상황을 만들어간다. 새로운 시대는 오직 이런 방법으로만 시작되는 것이며, 두세 명의 경박한 사람들이 지도하는 단순한 대중운동에서 태어나는 것이 아니다.

대중의 영향력에 큰 가치를 두고 수많은 신문에 실려 있는 것만 중시하는 사람은, 대체로 진정으로 위대한 일에 도움이 되지 않는다.

7월 20일

이것은 가끔 겪는 일인데, 내적인 희생을 바칠 때마다 내게는 곧바로 그것에 대한 위로부터의 응답이 있었다. 때로는 훨씬 나중이 되어서야 비로소 응답이었음을 깨달은 적도 있지만.

내 안에 한 사람의 인격적인 하느님에 대한 신앙이 확립된 것은 주로 이런 경험에 의해서였다. 그 경험들이 너무 자주 되풀이되고, 때로는 너무 또렷해서 그것을 번번이 단순한 우연으로 돌릴 수 없었기 때문이다.

이사야 65장 24절 참조.

❦

일단 하느님과 가까워지고 또 하느님과 목표가 완전히 일치하는 사이가 되면, 특별히 적절한 일거리와 필요한 읽을거리를 더 이상 찾을 필요가 없다. 실제로 그런 것을 찾다보면, 자칫 거기에 지나치게 빠지거나 시기를 놓치기 쉽다. 하느님과 가까이 지내다 보면, 일과 읽을거리 양쪽 다 이상하게도 언제나 적절한 시기에 만나게 될 것이다.

애당초 계획을 세우는 것은 아무 도움이 되지 않는 경우가 많다. 기다리는 것, 그리고 하느님이 내려주시는 기회에 늘 주의를 기울이고 있다가, 그것이 주어지면 재빨리 적극적이고 충분한 마음의 준비로 기회를 붙잡는 것, 이것이 성공을 거두는 지름길이다.

7월 21일

남에게 주는 것을 배우는 것도 대부분의 위대한 일과 마찬가지로 오직 실천을 통해서만 가능하다. 그러나 일단 배우고 나면, 인생에서 가장 큰 기쁨이 된다.

시편 41편 1~3절 참조.

❦

고결한 헨리 드라몬드*26는 다음과 같은 참으로 훌륭한 말을 했다.

"되는 대로 아무렇게나 일하는 사람은 자신의 성격도 그렇게 기르고 있는 것이다. 그 사람은 끊임없는 기만에 익숙해지게 된다. 그리하여 이 눈에 보이지 않는 것이 그가 하는 일에서 마치 미묘한 향료처럼 피어올라 영혼 속에 스며들어 자신을 해치게 된다."

유감스럽지만 이 말은 그러한 기만을 끊임없이 되풀이하고 있는 우리 시대,

---

*26 드라몬드(1851~1897). 스코틀랜드의 종교사상가. (역자주)

또 우리 세대 전체의 참으로 아픈 곳을 찌르고 있다는 것을 덧붙이고 싶다.

7월 22일

이스라엘의 한 잠언 작가는 이렇게 말했다. '사람이 자기 일에 즐거워하는 것보다 나은 것이 없나니 이는 그의 분복이라.*27 이 말은 그 옛날과 마찬가지로 오늘날에도 진리이며, 인간의 창조에 대해 묘사한 창세기 3장 19절*28에도 이미 있는 말이다.

다만 애석한 것은 현대 대다수 사람들에게 이 기쁨은 오직 일을 통해서만 주어질 뿐, 달리 기쁨이 솟아나는 어떠한 원천도 허락되어 있지 않다는 점이다.

그러나 다음 두 가지는 옳다고 할 수 없다. 우선 일하지도 않고 이 세상에서의 행복을 구하는 것이다. 이것은 더없이 어리석은 일이다. 다음은 노동을 통해서만 행복을 찾아야 한다는 점이다. 이것은 결국 일하도록 길들여져서 강제로 일해야 하는 가축의 삶이나 다름없다. 좋은 주인을 만나 아무리 사랑 받고 있다 해도, 그 가축들의 슬픈 눈빛을 보라. 그런 다음 그것이 과연 당신과 가족의 운명이 되어도 좋은지 결정하라.

보헤미아 형제단 찬송가 1035번·672번 참조.

✿

하느님의 인도를 받고 있는 사람들에게 흔히 있는 일이지만, 지금까지 부과되어 있었던 많은 임무와 일들이 그들에게 맞지 않게 된 경우, 적절한 시기에 그것이 그들에게서 없어지는 것을 보면 참으로 신기하다. 하느님은 가끔 이를 위해 적을 이용하는 일도 있다. 그러면 그 적은 하느님이 직접 하기에는 어울리지 않는 이 좋은 일—임무를 중단시키는—을 참으로 훌륭하게 해내거나, 매우 힘든 결심을 쉽게 할 수 있도록 도와준다. 이것은 나도 때때로 겪은 적이 있다. 즉 하느님과 올바른 관계에 있는 사람에게는 결국 적이라는 존재는 존재하지 않는다. 모든 것이 하느님의 종에 지나지 않으며, 적이 스스로 부정한 행위를 하는 경우에도 실은 하느님의 뜻을 수행하고 있는 건지도 모른다는 느낌

---

*27 전도서 3장 22절.
*28 네가 얼굴에 땀이 흘러야 식물을 먹고 필경은 흙으로 돌아가리니……

마저 들 때가 있다. 마치 가야바*²⁹처럼. 창세기 50장 20절*³⁰ 참조.

7월 23일

내적 생활은 여러 가지 면에서 등산과 흡사하다. 우리는 안내인 없이 산에 오르거나 길을 잘 모르는 안내인을 데리고 자일로 몸을 묶어서도, 무능한 동료와 함께 등산을 시도해서도 안 된다. 또한 아예 등산을 할 줄 모르는 사람에게 함께 높은 산에 오르자고 권해서도 안 된다. 그것은 서로 불편함을 불러오는 원인이 될 뿐이다. 그런 사람들과는 차라리 낮은 곳, 거리의 안락한 호텔 같은 곳에서 서로 친밀하고 유익한 교제를 하는 것이 좋다.

⚜

한동안 진정한 기쁨을 느낄 수 없을 때가 있다 하더라도, 그때 하느님과 우리의 주에 대해 완전한 사랑과 올바른 신뢰 관계에 있다면, 불안해하거나 슬퍼해서는 안 된다. 그것은 정신적 진보의 새로운 단계에 올라서기 위한 고통이기 때문이다.

7월 24일

우리의 내적 생활이 어느 지점에 다다르고 나면, 자신이 아무리 전력을 다해도 끝내 소용없다는 것을 너무 강하게 믿은 나머지, 잘못된 정적주의(靜寂主義)와 숙명론에 빠지는 경우가 있다.

우리는 무엇을 해야 하는지, 또 그것을 어떻게 해야 하는지에 대해 무관심해서는 안 된다. 오히려 근면과 재능을 최대한으로 활용해야 한다. 다만, 야심과 소유욕에서가 아니라 의무감과 하느님에 대한 사랑에서 그렇게 해야 한다. 그리고 일의 성패는 하느님에게 맡기지 않으면 안 된다.

그렇게 하면 굳이 선전하지 않아도 모든 일이 잘 풀릴 것이다. 그래도 여전

---

*29 예루살렘의 대제사장. 예수를 심문한 뒤, 그를 죽일 죄인으로 몰아 총독 빌라도에게 넘겼다. 그러나 가야바는 예수의 죽음이 속죄의 죽음이라는 것을 예감하고 있었다. (요한복음 18장 14절 등 참조)

*30 요셉이 그들에게 이르되, '당신들은 나를 해하려 하였으나 하느님은 그것을 선으로 바꾸사, 오늘과 같이 만민의 생명을 구원하게 하시려 하셨나니.'

히 범하게 되는 외적인 실패조차 우리에게 유익한 것으로 작용한다. 만약 이 사실이 믿어지지 않는다면, 직접 한번 시험해 보라.

어떤 사람의 삶에도, 설령 예언자와 사도라 해도 때때로 깊은 의기소침에 빠질 때가 있다. '여호와여, 넉넉하오니 지금 내 생명을 취하옵소서. 나는 내 열조보다 낫지 못하니이다.'[31] 이것은 누구나 삶의 어두운 시기에 자주 뇌까렸던 말일 것이다. 우리는 이러한 무기력이 어디서 오는 것인지 대부분 모르고 있지만, 이에 굴복해서는 안 된다는 것만은 알고 있다. 이 세상에 하느님의 나라를 건설하기 위한 싸움에서 항복하는 자는 배신자이다. 가능하다면 기쁜 마음으로 당신의 의무를 실천하라. 불가능하면 그런 마음이 없어도 상관없다. 이쪽이 더욱더 찬양받을 일이고 더욱더 큰 결실을 맺을 수 있다. 단테 《신곡》 지옥편 제9곡 7~10행 참조.

⚜

현재 스위스가 가져야 하는 것은 모범적인 교육시설—할덴슈타인, 마르슈린스, 부르크도르프, 이베르동, 호프빌[32] 등에 있는 학교의 상급학교—이다. 그곳은 과로에 빠져 있거나 본디부터 허약한 청년들을 위해 육체에 해로운 영향을 피할 수 있고, 한편으로 정신력을 소모하는 유물일원론과 니체주의를 막을 수 있는 피난처가 되어줄 것이다. 공립학교는 지금으로서는 그런 임무를 다할 수 없다. 이것은 확신과 지도력과 개인적 헌신을 필요로 하는 다른 일과 마찬가지로 거의 사적인 임무이다. 게다가 이런 일은 모든 위대한 사업과 마찬가지로 소규모에서 시작하지 않으면 안 된다.

7월 25일

삶의 향락을 근본적으로 끊는 것은 처음에는 매우 어려운 일이다. 그러므로 무기력에 빠지지 않고 이를 극복하기 위해서는 향락을 끊고 공허해진 마음에 하느님에 대한 사랑을 채워 넣어, 복음서에서 말하는 성령을 몸소 체험하는 수밖에 없다. 그렇지 않은 경우에는 심한 반작용이 일어나기 쉽다.
마태복음 12장 43~45절 참조.

---

[31] 열왕기상 19장 4절.
[32] 페스탈로치의 이베르동 학교 같은 유명한 사립학교가 있었던 곳.

지금은 가족과 가까운 친구들을 위해서라도 얼마 동안 기도와 마음의 자각
으로 인내해야 한다. 그러면 틀림없이 당신에게 가장 좋은 시간이 찾아올 것
이다.

'여호와여, 나는 주의 구원을 기다리나이다'*33

시편 119편 166절, 97편 11절,*34 누가복음 18장 7·8절*35 참조.

7월 26일

하느님으로부터 멀어지는 것은 우리에게 가장 크고 유일한 불행이다. 그러
나 이 일은 우리의 의지 없이는 결코 일어날 수 없다.

행복한 삶을 사느냐 근심에 찬 삶을 사느냐는 것은 위대하고 용감한 정신이
어떤 외적인 상황에서도 훌륭하게 유지될 수 있느냐 없느냐에 달려 있다. 이것
은 이미 다른 말로 수없이 되풀이해 온 말이며, 또 반드시 틀린 말이라고 할
수도 없다.

❦

이사야 55장*36을 보라. 만약 이 말이 진리라면, 세상은 왜 이렇게 많은 사회
적 비참함과 그것으로 인한 많은 탄식으로 넘치고 있는 것일까? 그러나 그런
의심을 품기 전에 이 성서의 말을 시험해볼 만한 가치는 분명히 있을 것이다.

7월 27일

이를테면 우리의 지상 생활에서 작용하는 초감각적 세계에 대한 신앙이 그

---

*33 창세기 49장 18절.

*34 시편 119편 166절, 여호와여 내가 주의 구원을 바라며 주의 계명을 행하였나이다.
    시편 97편 11절, 의인을 위하여 빛을 뿌리고 마음이 정직한 자를 위하여 기쁨을 뿌렸도다.

*35 하물며 하느님께서 그 밤낮 부르짖는 택하신 자들의 원한을 풀어 주지 아니하시겠느냐?
    저희에게 오래 참으시겠느냐? 내가 너희에게 이르노니 속히 그 원한을 풀어 주시리라. 그
    러나 인자가 올 때에 세상에서 믿음을 보겠느냐?

*36 이 장에서 하느님은 예언자 이사야를 통해 하느님을 따르는 자에게 틀림없는 은총과 동정
    과 너그러운 용서를 약속하고 있다. (역자주)

이상의 아무런 의미를 지니지 않는다 해도, 적어도 생활에서 지루함을 쫓아내 주는 것만은 확실하다. 그런데 재능이 있으면서도 나쁜 사상보다 오히려 지루함 때문에 삶이 불행해지는 사람들이 많이 있다.

⚜

이사야 제56장과 제57장의 10~21절은 거의 3000년이 지난 오늘날 읽어봐도, 마치 우리 시대를 위한 말인 것처럼 느껴진다. 오늘날 하느님으로부터 멀어져 제멋대로 살고 있는 사람들은 본디 가련한 인간의 마음이 동경하지 않을 수 없는 안식의 감정을, 당시와 똑같이 지금도 가지고 있지 않다. 어떠한 사회개혁과 지식의 진보, 물질적 생활조건에 대한 인식의 증대도 그들에게 안식을 주지 못한다. 이런 외적인 사물들은 인간의 내적 생활과는 완전히 동떨어진 영역이며, 대부분의 학자와 기술자들에게 하느님의 대용물이 될 수 있을지 몰라도 결코 완전하게 대신해 줄 수는 없다.

7월 28일

행복과 명예는 여성에 비유할 수 있다. 여성은 자기 꽁무니를 쫓아다니는 남자보다는 무관심하게 대하는 남자를 좋아한다.

우리는 사람들을 위해 자신이 정말 할 수 있는 일만 하며, 언제나 누구에게나 한결같이 친절하고 호의적인 태도로 대해야 한다. 하지만 자신을 위해 그들을 찾거나 그들에게 많은 것을 요구하고 기대해서는 안 된다. 그렇게 함으로써 인생에서 큰 고통을 쉽게 피할 수 있지만, 큰 기쁨 또한 피해 갈 수도 있다. 커다란 기쁨을 얻고 싶은 사람은 이대로 똑같이 행동해서는 안 된다. 그러나 물론 누구에게나 그런 기쁨을 얻을 자격이 있는 것은 아니다.

⚜

한 가톨릭 성녀(엘리자벳 폰 바이욘)의 아름다운 말을 빌리면 이 지상에서 이미, 특히 인생의 만년에 '생닝의 숨결처럼' 기볍고 자유로운 자신을 느끼는 순간이 있다. 이 같은 순간을 죽기 전에 오래도록 계속 느낄 수 있다면, 그것은 정말 멋진 일일 것이다. 하지만 이것은 우리가 예측할 수 없는 일이고, 또 뛰어난 사람들의 전기를 통해서도 충분하게 알 수 없는 일이다. 어쨌든 그런 순간에는 이 세상의 삶과는 다른, 또 이 세상의 삶과 닮은 또 하나의 삶이 있을 수 있다는 생각이 확고한 신념으로 바뀐다. 이런 경험을 한 번도 한 적 없는 사람은 아무리 재능이 풍부하다 해도 가엾은 사람이다. 그는 천국의 문이 열려 있는 것을 본 적이 없고, 또 진정한 '삶의 즐거움을 누리는' 일이 어떤 것인지 모른다.

이런 사람은 한없이 빈약한 생활 감정을 삶의 즐거움을 누리는 것이라 생각하여, 인간이 할 수 있는 최고 최선의 것으로 알고 있다.

이를테면, 우리가 한결같이 존경해마지 않는 괴테와 베토벤, 또 칼라일, 에머슨, 스펜서에 대해서도 이는 마찬가지이다.

7월 29일

사도들이나 근대에서 하느님의 종 누구와 비교해도 3000년이나 전에 완전히 다른 상황 아래 살았던 유대의 왕 다윗만큼 우리에게 인간적으로 가깝게 느껴지고, 또 우리가 이해할 수 있는 사람이 없다는 것은 주목할 만하다. 이것은 하느님과의 교류에는 어떠한 외적 상황도 영향을 주지 못하는 '영원한' 진리가 존재한다는 가장 좋은 증명이다. 이 진리는 앞으로도 영원히 변하지 않을 것이다.

다윗 왕이 지은 대부분의 노래, 예를 들어 시편 제18편 같은 것은 우리 마음이 올바른 상태에 있다면 오늘날 우리의 깊은 마음속 그대로라고 할 수 있다. 삶과 죽음을 주관하는 전능한 주와 이렇게 마음으로 교류하는 방법은 다윗 왕이 처음으로 실천한 것이다. 그래서 큰 결점을 가지고 있었는데도, 다윗—사랑받는 자—이라는 이름이 나타내듯이 그는 언제나 하느님의 '총아'였다. 이름뿐인 '종교'가 이런 하느님과의 관계를 우리에게서 다시 빼앗아가도록 내버려 둬서는 안 된다.

이 확실히 가능한 하느님과의 유대에서 인간이 멀어지는 순간, 우리는 하느님의 가장 큰 적인 동물적인 관능성과 무서운 미신의 지배에 빠지기 쉽다. 가까운 미래에 이 두 가지 징후가 똑똑히 모습을 드러낼 것이다. 왜냐하면 유물주의 시대에 사는 문명인들은 '현대 자연과학의 성과'에 대한 일종의 과대망상에 빠져, 하느님과의 생생한 관계를 거의 잃어버리고, 이미 '미혹시키는 힘'*37의 조짐 속에 살고 있기 때문이다.

예레미야 2장 19절, 3장 15·22~25절, 4장 3~6절 참조.

지금 우리는 얼핏 보면 뚜렷한 대책없이 이것저것 끝없이 시도하는 불쾌한 시기에 들어서 있다. 그러나 그 뒤에 새로운 발견의 시기가 이어질 것이다. 즉, 오늘날 이미 개개인이 내부에서 극복하지 않으면 안 되는 시련을 이제부터 모든 사람이 겪게 될 것이다.

⚜

독일의 영웅전설 가운데 나는 특히 《발타리우스와 힐트군트의 노래》*38를 좋아한다. 이 영웅적인 두 젊은이가 헝가리에서 지금의 프랑스까지 함께 손을 잡고 탈출하는 모습은 너무나도 성실한 독일풍의 사랑—기사적 사랑—과 약혼에 대한 한 폭의 그림으로, 장황한 미사여구와 감상은 일체 배제하고, 다른 민족의 어떤 시에서도 볼 수 없는 오직 게르만 문학의 솔직하고 순결한 심정이 그려져 있다.

7월 30일

지금 하느님의 마음에 서서 생각할 수 있다면, 우리는 아마 더 없이 슬픈 기분을 느끼게 될 것이다. 왜냐하면 하느님은 언제나 그 모든 행위를 오직 인간을 통해서만 이루지만, 하느님의 의지대로 그것을 이룰 수 있는 완전한 충실함과 감사의 마음으로 불타는 인간이 얼마나 드문지 알고 있기 때문이다. 모세와 바울조차 완전하게 신뢰할 수 있는 종은 아니었다. 또 오늘날에는 이 시대의 가장 훌륭한 종으로 평가받고 있는 블룸하르트*39조차 더 큰 사업을 시도하지 않고 처음의 목사직에 머물러 있었더라면, 오히려 하느님의 뜻을 이룰

---

*37 데살로니가후서 2장 11절.

*38 10세기 무렵의 영웅서사시. 가톨릭 수사 에케하르트의 작품으로 알려져 있지만 다른 설도 있다. 훈족의 아틸라 궁정에 볼모로 잡혀 있던 발타리우스가 사랑하는 약혼자 힐트군트와 함께 그곳을 탈출하여, 추격대와 수없이 싸운 끝에 승리를 거두고 사랑을 성취하는 이야기. (역자주)

*39 요한 블룸하르트(1805~1880). 처음에 뫼트링겐의 목사로 지내는 한편, 기도를 통해 병자를 치료했다. 나중에 밧볼로 옮겨 대규모 시료활동을 펼쳤다.(역자주)

수 있었을 것이다. 그의 더 큰 사업은 뫼트링겐 목회 직무에 비해 하잘 것 없는 세속적인 것으로 끝났기 때문이다.

대개 지상에서 하느님의 나라를 건설하는 데 있어서는 대규모 시설보다 오히려 작은 시설에 훨씬 더 많은 축복과 번영이 깃드는 법이다. '(홀로) 높이 계셔도 낮은 자를 하감하시는'*40 하느님은 이 세상의 모든 오만한 것과 화려한 것에서 멀리 떨어져 있기 때문이다. 이것은 절대적으로 믿어도 되는 것이다.

❀

인생의 만년에 다다르면, 물론 아직 겪어 보지 못한 사람은 이해할 수 없는 것이 당연하지만, 두 가지의 완전히 다른 느낌이 들 때가 있다.

하나는 자신이 아직 비교적 정정한 편이고 생활력도 있으며, 때로는 삶의 향락에 대한 욕구까지 느끼는 경우이고, 또 하나는 현재의 육체와는 전혀 관계없는 완전히 새롭고 다른 생명력이 자신의 내부에 싹트고 있음을 느끼는 경우이다. 이것은 서로 혼동해서는 안 되는 두 가지의 다른 힘으로, 특히 후자는 단순한 공상이 아니다. 이것은 사람들이 때때로 그렇게 믿는 인간적인 고양감과는 아무런 공통점이 없고, 또 대부분의 경우 이 생명력은 결코 신경의 흥분일 수 없다. 오히려 그야말로 죽음마저 이길 수 있는 다른 세계의 힘이며, 그러한 힘 앞에서는 삶의 마지막인 죽음은 존재하지 않는다.

누가복음 23장 45·47절, 요한복음 10장 18절, 11장 25·26,*41 40절, 5장 24절,*42 6장 47절, 8장 51절 참조.

7월 31일

일반적으로 '하느님을 위해서'라는 말은 단순한 상투적인 문구에 지나지 않는다. 진정으로 하느님을 위해 하는 모든 행위에는 축복과 성취가 주어지지만, 개인적이고 이기적인 목적을 겸하거나, 뒤에 숨기고 하는 행위에는 하느님

---

*40 시편 138편 6절.
*41 예수께서 가라사대 '나는 부활이요 생명이니 나를 믿는 자는 죽어도 살겠고, 무릇 살아서 나를 믿는 자는 영원히 죽지 아니하리니……'
*42 내 말을 듣고 또 나 보내신 이를 믿는 자는 영생을 얻었고, 심판에 이르지 아니하나니 사망에서 생명으로 옮겼느니라.

의 저주가 내려진다. 하기는 '실리주의'밖에 믿지 않는 이 시대에 사는 우리는 수없이 고통스러운 경험을 한 뒤가 아니면, 그 진리를 마음속 깊이 깨닫고 그 것을 좇아 행동할 수 없다. 하지만 고통스러운 경험을 한 경우에는, 이 경험 속에서 진리를 통찰하는 직접적인 소득 외에 하느님에 대한 더욱 견고한 신앙이 태어나게 된다. 왜냐하면 이런 일은 우연이나 인간의 자의에 좌우되지 않는 하나의 세계질서가 있어야만 가능하기 때문이다.

안일과 향락을 무엇보다 중시하는 자는 '하느님 자녀들의 영광의 자유'*43를 얻을 자격이 없다. 창세기 49장 15절 참조.

❧

육체의 힘을 염려하며 가능한 한 유지하려고 노력하고, 육체를 위해 의사의 조언을 필요로 하는 것은 분명히 당연한 일이다. 왜냐하면 생명은 아무렇게나 내던져도 되는 것이 아니기 때문이다. 그러나 노년기의 중대사는 아마도 육체적 생명의 유지가 아니라 다른 힘을 가능한 한 키우는 일일 것이다. 그것은 죽음마저 이길 수 있는 힘, 즉 정신력을 충분히 유지하면서 용감하게 죽음에 임할 수 있게 하는 힘이다. 그리스도에 대해 확실한 근거 아래서 얘기되고 있는 것도 바로 그것이다.*44 그런데 대부분의 의사들은 이에 대해 그다지 알고 싶어하지 않는다. 그들의 강의 노트에는 아직 이런 것이 기록되어 있지 않기 때문이다.

그러나 죽음마저 이길 수 있는 힘은 분명히 있을 수 있다. 다만 유감인 것은 그것을 볼 수 있는 일이 너무 드물다는 사실이다. 이러한 더 높은 생명과 내세의 힘을 자신의 내부에 조금도 가지고 있지 않은 노인은 자신에게나 남에게나 바람직한 모습이 아니다. 결국 그로 인해 자타 모두에게 무거운 짐에 지나지 않는 일이 흔히 있다. 우리 모두 그러한 처지에 빠져서는 안 될 것이다.

---

*43 로마서 8장 21절.
*44 마가복음 15장 39절, 예수를 향하여 섰던 백부장이 그렇게 운명하심을 보고 가로되 '이 사람은 진실로 하느님의 아들이었도다.'

8월

8월 1일

경건한 사람들은 기도와 교회 참여 등 이른바 '예배행사'를 하느님이 기뻐하는 일, 또는 그들의 인생에 주어진 의무의 일부, 이를테면 의무와 선행으로 여기고 있다. 그러나 예배는 영혼을 향상시키기 위한 수단이어야 하며, 오직 이 목적을 만족시키는 한에서만 가치가 있다. 만약 교회에 들어갈 때보다 더 선한 사람이 되어 교회에서 나오지 못한다면, 또 식사 기도를 한 뒤에 음식의 쾌락에 푹 빠져버린다면, 이들 종교적인 행위의 의미를 확실하게 알게 될 때까지 그것을 멈추는 것이 낫다.

하느님은 자신을 위해서는 아무것도 원하지 않고, 모든 것을 오직 우리 인간을 위해 원한다. 그런데 종교 교사들은 하느님을 끊임없이 요구하는 아버지로 가르치고, 그러한 하느님을 가능한 한 달래주라고 말한다. 이것은 경건한 사람들에게도 때때로 참으로 괴로운 문제가 되고 있다. 하느님과 함께 있는 행복에 대해 많은 경험을 하고 확고한 신념을 지니고 있는 사람은 극히 일부에 지나지 않는다. 교리를 통해 이러한 관념을 심어주는 것은 도저히 불가능한 일이다.

이 점에 모든 종교 교육의 근본적인 잘못이 있다. 종교 교육은 언제나 입문적인 것에 지나지 않으며, 아직 신앙을 완전히 이해하지 못하는 어린이의 마음에 혐오감을 불러일으키지나 않으면 다행이다. 적어도 나는 지금까지 종교 교육을 통해 신앙에 대한 격려보다는 신앙으로부터 떠밀리고 방해당한 적이 훨씬 더 많았다.

✿

창세기 28장 17절*¹을 보라. 당신은 이 말이 단지 교회에만 적용될 수 있다

---

*1 이에 두려워하여 가로되, '두렵도다 이곳이여, 다른 것이 아니라 이는 하느님의 전이요, 이는 하늘의 문이로다.'

고 생각하는가?

이것은 일요일에만 문을 여는 교회보다 다른 집에도 충분히 적용될 수 있다. 적어도 모든 목사관은 당연히 그런 집이 아니면 안 된다.

그러나 그렇게 되기 위해서는 역시 위로부터의—하느님의 힘에 의한—충격이 필요하다. 물론 이런 힘의 충격은 오직 그 창조가 시작되는 시기에만 인정된다.

8월 2일

사람의 생애에는 어느 날 갑자기 순수한 신앙의 경지가 찾아와서, 하느님에 대한 진정한 사랑이 없으면 어떤 신앙도, 또 하느님의 의지에 대한 역사적이고 교의적인 그 어떤 지식도 영혼의 향상에 도움이 되지 않으며, 반대로 마음속에 하느님에 대한 사랑이 있으면 모든 것이 분명해지고 쉽고 간단해진다는 것을 알게 되는 때가 있다. 우리는 이런 경지에 다다르지 않으면 안 된다. 그렇게 되면 모든 철학서와 신학서를 덮어버려도 되며, 또 저절로 그렇게 하고 싶어질 것이다.

신학은 초감각적인 것에 대한 인간의 학문이다. 이런 학문이 존재할 수 있다는 것은 좋은 일이며, 크게 존중해야 마땅하다. 한편 초감각적인 것에 대해서는 하느님만이 내려줄 수 있는 직접적인 확신이 존재한다. 다만 이 경우, 자기 기만에 빠지지 않기 위해 충분한 양식과 진정한 교양, 그리고 그 어느 쪽에 있어서도 성실한 겸손이 필요하다.

마태복음 11장 29절, 12장 18~36절, 로마서 8장 14절, 고린도전서 12장 3~11절, 요한1서 4장 20~27절 참조.

⚜

시편 95편 7·8절*²을 보라. 이 같은 목소리를 당신은 때때로 들을 수 있다. 그러나 당신이 그것을 흘려듣고 있다면—특별히 훌륭한 사람의 마음도 그런

---

*2 저는 우리 하느님이시요, 우리는 그의 기르시는 백성이며, 그 손의 양이라 너희가 오늘날 그 음성 듣기를 원하노라. 이르시기를 너희는 므리바에서와 같이, 또 광야 맛사의 날과 같이 너희 마음을 강퍅하게 말지어다.

성향이 강하게 지배하고 있다—같은 시편 끝부분에 기술되어 있는 결과[*3]가 나타나는데, 이런 사람들은 신앙심이 아무리 깊어도 '그 안식'에 들어갈 수 없다. 이에 반해 하느님의 목소리를 듣고 곧바로 거기에 따른다면, 이것이 마음을 환희로 채우고 그 어떤 것보다 빛나는 광채를 준다. 또한 다른 것에서는 기대할 수 없을 만큼 신경을 강화시켜 주기도 한다.

8월 3일

예레미야 51장 17·18절[*4]을 보라. 예술은 인간을 본디의 자신보다 더욱 높여주고 더 순수하고 강하고 위대하게 만들어주는 한 그만한 가치를 지니는 것이다. 그렇지 않다면, 최고의 예술도 기껏해야 유희일 뿐이며, 대개 인간 내부의 관능성을 일깨우고 조장함으로써 영혼을 해치게 된다. 인간의 악을 근원까지 깊이 파고 들어가 보면, 많은 경우 그 밑바닥에 지나친 관능성—가장 넓은 의미에서의—이 깔려 있으며, 또 그것이 하느님에 대한 불신과 더 나은 자아와 인간성에 대한 배신이 되어 나타남을 알 수 있다.

관능성은 이러한 '자연주의', 보다 사실적으로 말하면 '동물적인 삶의 감정'으로 거의 모든 사람들의 삶에서 그때그때 크고 작은 역할을 수행한다. 이렇게 위험한 것을 오로지 우연에만 맡기고 싶지 않다면, 근본적으로 그것과 대결하지 않으면 안 된다. 일반적이고 온건한 유물주의적 견해에 의하면, 이 모든 것은 결국에는 아무래도 상관없는 것, 즉 생활을 환하게 해주기는 하지만 성격에 특별한 영향을 주지는 못한다. 이른바 '사소한 것'으로 여겨지는 것이다.

이런 견해는 고대와 르네상스 시대를 압도적으로 지배했던 사상으로, 오늘날에도 우리는 그 영향을 강하게 받고 있다. 그러나 이 사고방식은 진실이 아니다. 오히려 개인과 다른 사람을 근본적으로 타락시키고 하느님으로부터 철저하게 멀어지게 하는데, 그보다 더 큰 영향력을 가지고, 또 효과적인 방법이 없을 정도이다. 이미 태고의 말[*5]이 이 위험과 그것을 극복할 수 있는 올바른

[*3] 시편 95편 11절, 그러므로 내가 노하여 맹세하기를 저희는 내 안식에 들어오지 못하리라 하였도다.

[*4] 금장색마다 자기의 만든 신상으로 인하여 수치를 당하나니, 이는 그 부어 만든 우상은 거짓이요, 그 속에 생기가 없음이라. 그것들은 헛것이요, 망령되이 만든 것인즉, 징벌하시는 때에 멸망할 것이니라.

[*5] 창세기 4장 7절.

방법을 지혜롭게 가르치고 있다.*6 이러한 이기주의적 경향을 버리고, 확고한 결심과 이 경향에 강하게 반대하는 정신적 관심, 나아가서 진정으로 친절한 마음을 지니는 것이 이 위험에서 벗어날 수 있는 가장 좋은 방법이다.

그러나 대부분의 현대인은 그런 방법을 취하는 대신 문제를 진지하게 생각하지도 않고 그저 눈앞에 보이는 인상에 몸을 내맡기고 있다. 그래서 가끔 눈을 감고 내적, 외적으로 무서운 갈등 속에 빠지게 된다. 이렇게 갈등하는 모습은 괴테의 《파우스트》 제1부에, 또 테니슨의 《국왕목가》에 더욱 아름답고 웅대하게 그려져 있다. 단테는 베아트리체와 피카르다 같은 고귀한 모습을 창조해 냈지만, 이 문제를 진지하게 다루지는 않았다. 또 최근의 시인들은 대부분 예술의 영향에 대한 문제를 해결하기는커녕 오히려 악화시키고 말았다. 그러나 톨스토이는 문제의 근원을 지적하며 이렇게 말했다. "미와 기쁨, 그것이 선에서 멀어진 그저 단순한 미와 기쁨일 때는 경멸해야 마땅하다. 나는 그것을 똑똑히 깨달았기 때문에 그것을 모두 버리고 말았다."

❧

분명히 알아두어야 할 것은 당신은 오로지 하느님의 목소리에 기뻐하며 자발적으로 듣고 따라야 한다는 것이다. 하느님에 대한 외경심과 인간에 대한 공포에서 마지못해 따르거나, 뭔가 불순한 의도에서 따라서는 안 된다. 어떤 특정한 일에 있어서는 아직 불가능할 때도 있을 수 있는데, 그때는 하느님이 그것에 대한 기쁨을 내려줄 때까지 기다려야 한다. 그때 당신이 성실하다면 하느님을 따르는 것은 틀림없이 이루어질 것이다. 그러나 달아날 길을 찾는다면 그것은 이루어질 수 없다.

사무엘상 10장 9절*7 참조.

8월 4일
어느 쪽으로 눈을 돌려도 오직 허무뿐

---

*6 네가 선을 행하면 어찌 낯을 들지 못하겠느냐? 선을 행치 아니하면 죄가 문에 엎드리느니라. 죄의 소원은 네게 있으나 너는 죄를 다스릴지니라.

*7 그가 사무엘에게서 떠나려고 몸을 돌이킬 때에 하느님이 새 마음을 주셨고, 그 날 그 징조도 다 응하니라.

인생이 방랑이라는 건 예부터 내려오던 말.
닥치는 대로 끝없이 추구하다
끝내 중간에 힘이 다하는 것.

—레나우, 1844년 작(作)

'혼자 걸어갔을 때, 나는 몸이 떨리는 걸 느꼈다. 그리고 이내 병에 걸렸다. 아니, 병보다 더한 것이었다. 완전히 지쳐버린 것이다. 우리 현대인을 감격하게 했던 모든 것에 대한 끝임없는 환멸 때문에, 또 도처에서 낭비되고 있는 힘과 일, 그리고 희망과 청춘과 사랑에 대한 환멸 때문에 지쳐버렸다. 모든 이상주의의 허위와 위대한 것의 나약함에 대한 혐오 때문에 지쳐버렸다. ……그리고 특히 내가 전보다 더욱 깊은 불신과 고독에 빠져야 하는 게 아닌가 하는 잔인한 의혹 때문에 지쳐버렸다. 왜냐하면 나에게는 리하르트 바그너 외에는 아무도 없었기 때문이다.'(니체)

위의 두 글을 통해 지난 50년 동안의 교양은 높였지만 신앙에서 멀어진 인간의 모습이 눈앞에 선명하게 떠오른다. 이런데도 우리는 그 지도자들을 계속 따라가야 할 것인가? 그들이 생애 마지막에 다다른 곳—즉 광기—까지? 이것이 우리가 원하는 예술과 철학인가? 이것이 우리를 위해 길을 열고, 그 길을 가도록 격려해주는 '지도적 정신'이며, 위대한 성격적 인물—더 나아가서 초인—인가? 아니면 그들은 특별히 엄격한 운명을 타고나서가 아니라 오로지 허약한 몸에 취약한 인생관을 품고 있었기 때문에 인생항로에서 난파하고 만, 재능은 넘치지만 너무나 나약한 인간이 아니었을까? 이 물음에 스스로 대답하고, 그에 따라 행동하라.

✤

사무엘상 7장 3·4절*8을 보라. 인간을, 그리고 다가올 날을 너무 두려워해서

---

*8 사무엘이 이스라엘 온 족속에게 일러 가로되, 너희가 전심으로 여호와께 돌아오려거든 이방 신들과 아스다롯을 너희 중에서 제하고, 너희 마음을 여호와께로 향하여 그만 섬기라. 너희를 블레셋 사람의 손에서 건져내시리라. 이에 이스라엘 자손이 바알들과 아스다롯을 제하고 여호와만 섬기니라.

는 안 된다. 당신의 삶에서 우상신들을 몰아내고, 또 오늘날 지배력을 강화해온 아스다롯*9도 버리는 것이 좋다. 그러면 철학자들도 당신의 마음을 더 이상 움직일 수 없게 된다.

또한 마음을 더욱 온화하게 가져야 한다. 진정으로 마음이 온화한 사람을 만나는 것은 직업상 많은 사람들과 접하는 서민계급—이를테면 상인, 우편물 집배원, 우체국직원, 은행원, 안내원 등—에게는 고통스럽고 단조로운 그들의 생활 속에 비쳐드는 한 줄기 햇살과도 같다. 하지만 누가 서민계급에게 그와 같이 작은 기쁨을 선사하려고 할 것인가. 사람들은 그들의 봉사에 대해 대가를 지불하기는 하지만, 과연 그 대가의 지불로 더이상 아무런 빚이 없다고 할 수 있을까?

8월 5일

염세주의자들을 말로 전향시키려는 헛된 수고는 하지 않는 것이 좋다. 그들은 당신의 말에 반박하면서 그 논쟁에서 좀처럼 물러서지 않을 뿐만 아니라, 가능하면 상대방에게서 인생의 기쁨을 빼앗는 것에서 특별한 만족을 느낀다. 왜냐하면 인간은 만족하지 못하면서도 친구를 원하기 때문이다. 가능한 한 그들에게 더 나은 생활을 보여주어라. 그리고 그들과의 논쟁은 그만두는 것이 좋다. 인생에 대한 그들의 견해는 그들에게나 세상 전체에 이롭지 않지만, 그렇게 생각할 수도 있다는 것만은 깨끗하게 인정해 주자. 그들의 생각을 바꿀 수 있는 것은 오직 하느님뿐이며, 우리가 할 수 있는 일이 아니다.

시편 71·115·116·147편, 보헤미아 형제단 찬송가 1103번 참조.

당신은 아침마다 늘 좋은 생각으로 하루를 시작하라. 걱정과 한숨으로 시작해서는 안 된다. 그러면 하루 종일 어느 정도의 햇빛을 계속 지니고, 그것으로 구름 그림자를 몰아낼 수 있을 것이다.

---

*9 셈족이 숭배한 여신. 생산과 성의 신이라고 한다. 남신 바알과 마찬가지로 우상신이며, 예언자에 의해 엄격하게 척결되었다.(역자주)

8월 6일

우리는 인간의 모든 행위에 대한 마지막 심판에 대해 인간적인 개념과 유추로 생각하려는 경향이 있다. 그래서 틀림없이 다음과 같이 그럴듯한 말을 하는 자가 많을 것이다. "주여, 당신은 우리의 힘이 얼마나 약하고, 이 세상의 유혹의 힘이 얼마나 큰지 누구보다 잘 알고 계십니다. 부디 이 점을 생각하시어 저희를 공평하게 심판해주십시오." 그러나 이에 대한 주의 대답은 아마 이렇지 않을까? "그러나 너는 내가 너 자신의 힘으로 덕을 쌓기를 원하지 않았던 것을 잘 알고 있고, 또 나는 선을 행하는 힘을 어디서 얻을 수 있는지도 가르쳐주었다. 그런데도 너는 무관심과 오만과 편견에서 나의 길을 가는 것을 게을리하지 않았느냐." 이것은 또 다른 문제, 게다가 결정적인 문제를 내포하고 있다.

⚜

한번 선한 일을 진심으로 이해하고 습관으로 만들어버리면, 그렇게 하는 것이 거짓말처럼 쉽고 당연한 일로 생각되기 시작한다. 왜 좀 더 빨리 그렇게 하지 않았는지 의아해질 정도이다. 그러나 거기에는 충분히 그럴 만한 이유가 있다. 하느님은 인간을 가르칠 때 단계적으로 인도할 뿐 아니라 무엇보다 위선을 가장 싫어하기 때문이다. 하느님은 위선자와 거짓 성자보다는 차라리 드러내놓고 나쁜 짓을 하는 인간을 더 좋아한다.

그러나 그 누구든 삶의 마지막에 앵겔스 딜레듀스[10]의 다음과 같은 아름다운 노래에 공감하지 않을 수 없을 것이다. '아, 내 당신을 사랑하는 것이 이토록 늦었다니!'(보헤미아 형제단 찬송가 481번). 당신은 빨리 시작하라.

8월 7일

예레미야 9장 22·23절[11]을 보라. 지금도 사람들, 특히 교양인들은 관심을 갖고 있는 것에 큰 차이가 있다. 이를테면 그 사람의 관심이 물질적인 사물, 오늘

---

*10 앵겔스 딜레듀스(1624~1677), 독일의 가톨릭 종교시인.(역자주)

*11 너는 이같이 이르라. 여호와의 말씀에 사람의 시체가 분토같이 들에 떨어질 것이며, 추수하는 자의 뒤에 떨어지고 거두지 못한 뭇같이 되리라 하셨느니라. 여호와께서 이같이 말씀하시되, 지혜로운 자는 그 지혜를 자랑치 말라. 용사는 그 용맹을 자랑치 말라. 부자는 그 부함을 자랑치 말라.

날에는 특히 상업과 교통, 국제간 거래의 확대와 간소화나 부의 증가에 대한 문제에 있는가, 아니면 도덕, 입법, 국민교육의 개선이나 교회의 정화, 국가의 이상화 같은 정신적인 면에 있는가 하는 것이다. 정신의 이 두 가지 방향에는 가까운 장래에 서로를 도저히 이해할 수 없는 먼 간격이 생길지도 모른다. 그 결과 물질적 방향이 국민을 위해서나 개인을 위해서나 영속적인 행복을 줄 수 없을 뿐만 아니라 그런 일에 몸을 바친 자도 만족시킬 수 없다는 것이 확실히 증명될 것이다. 이런 사람들이 요행히 성공하면, 특히 만년이 되었을 때 어김없이 냉혹한 폭군적 성격을 드러낸다. 성공하지 못하는 경우에는 이를 데 없이 평범하고 적은 것에 만족하지 않는 한, 염세적이고 신경질적인 성격이 된다. 이와 반대로 이상주의자들은 언제까지나 젊고 유쾌하게 사는 것이 훨씬 쉽다. 물론 그들에게 이상주의가 하나의 신념이 되어 있고, 흔히 그렇듯이 그 이면에 배금주의가 도사리고 있지 않은 경우에 한한다. 특히 위선적인 이상주의는 부자들을 현실과 전혀 다른 모습으로 그리는 작가들에게서 가끔 볼 수 있다.

✤

지루함은 모든 부도덕의 원인이 될 때가 많다.

8월 8일

어떤 사람이 신분이 낮거나 살기가 힘든 것은 거기에 미래에 대한 불안이 끼어들거나, 상류층의 생활을 눈앞에서 보고 헛된 공상만 하기 때문이다. 그렇지 않다면 낮은 신분이나 살기 힘든 것이 오히려 그의 행복에 도움이 될 수 있다.

지나치게 부유하고 지나치게 고귀한 사람들에게는 삶을 즐겁게 해주는 수없이 많은 작은 기쁨들이 결여되어 있다. 이런 기쁨은 작고 사랑스러운 고산식물처럼 척박하고 돌이 많은 토지가 아니면 자라지 않는다. 오늘날에는 경제적으로만이 아니라 정신적으로도 도에 지나친 사치에 빠져 일생을 물거품으로 만드는 사람들이 참으로 많다.

잠언 30장 8절, 15상 15절, 12징 11절 참고.

⚜

부자연스러운 배려는 그것을 받는 쪽에 좋은 느낌을 주는 것은 아니다. 그러나 친절한 말 한 마디, 아니, 따뜻한 눈길 한 번을 보내거나 적당하다고 생각될 때는 작은 선물을 할 수 있는 기회를 놓쳐서는 안 된다. 나는 평생에 단 한 번, 한 가난한 노인에게서 그러한 선물을 몹시 기분 좋은 미소와 함께 거절당한 기억을 가지고 있다. 그래도 소기의 목적은 이룬 것이다.

8월 9일

인간의 생활에서 특히 주목해야 할 것은 향락욕은 늘 고통스러운 결과를 불러오고, 자제심은 그것에 따라 행동하기 전에 언제나 최고 최선의 기쁨을 가져다준다는 점이다. 우리는 이미 일찍부터 경험을 통해 확실히 알고 있다.

건전하고 용감한 결심, 그와 아울러 직접적인 선한 행위, 이러한 것들은 가끔 최상의 치료약이 되기도 한다. 특히 세상에서 신경쇠약이니 신경병으로 부르는 경우는 더더욱 그렇다. 그런 상태는 대부분 육체적 결함과 정신적 결함의 복합작용에 의한 것이기 때문이다.

⚜

잠언 16장 4·7절*12을 보라. 지금까지 원수 같은 관계에 있던 사람들이 하느님의 인도로 마침내 화해한 경우, 그것은 말하자면 인생의 향연에 차려진 특별하고 흔치 않은 진수성찬과 같다. 당신이 그런 것을 경험했다면 감사 표시로 특별히 큰 양초를 하느님에게 바칠 의무가 있다.

8월 10일

무엇보다 '오직 하느님과 함께 있는' 것이 가장 필요하다고 생각되는 사람들이 무척 많다. 누군가와 끊임없이 함께 있으면, 그들을 진정한 자기 반성으로 이끌어주지 못한다. 그것이 바로 과대평가되기 쉬운 이른바 '그리스도교인의

---

*12 여호와께서 온갖 것을 그 쓰임에 적당하게 지으셨나니, 악인도 악한 날에 적당하게 하셨느니라. ……사람의 행위가 여호와를 기쁘시게 하면, 그 사람의 원수라도 그로 더불어 화목하게 하시느니라.

교제'에 생기는 결점이다.

그래서 하느님은 이러한 산만한 마음을 몰아내기 위해 오랜 중병으로 그들을 돕는 일이 가끔 있다.

⚜

'옳은 것을 행하며 아무도 두려워하지 말라'는 속담만으로는 이 세상을 살아갈 수 없다. 우선 완전히 옳은 행위를 할 수 있는 사람은 아무도 없으므로 그런 의미에서 이미 전제가 잘못되어 있다. 다음에 어느 누구도, 비록 신분이 아주 높은 사람이라 할지라도 타인의 봉사와 호의에 기대지 않고는 살아갈 수 없다. 그러므로 이 말은 단지 오만하고 고집이 센 심성의 표출에 지나지 않으며, 또 기대하는 효과를 거둘 수도 없다. 이런 말은 하나의 무지한 교만—그래서 누구한테서나 반발당한다—때문이거나 '평범하기 짝이 없는 자들'의 핑계에 지나지 않는다.

8월 11일

사람은 언제나 한결같은 감격 속에 있을 수만은 없다. 이는 최고의 선에 대해서도 마찬가지다. 그것은 무엇보다 인간의 나약함이 허락하지 않는다. 그러므로 비할 수 없이 뛰어난 사람들에게도 그것은 허용되지 않는다. 아예 그런 '성자'는 존재하지 않고, 존재한 적도 없었다.

그렇다 해도 그런 선만 중시하며 여전히 선의 편에 서고자 하는 견고한 심지를 가지는 것은 언제라도 가능하며, 또 그렇게 하지 않으면 안 된다.

> 그래도 하느님의 손길과 뜻을
> 거역하지 않으며, 용기와 희망을
> 조금도 잃지 않고
> 나는 조용히 견디며 똑바로 나아가리라.
>
> —밀턴

⚜

사람들을 사랑하지 못하면 그들을 두려워하지 않을 수 없다. 사람들에게 무관심할 수 없고, 그들로부터 완전히 멀어질 수도 없기 때문이다.

보헤미아 형제단 찬송가 283번(친첸도르프 작(作)) 참조.

8월 12일

우리를 진심으로 도울 수도 없고 심하게 해칠 수도 없는 인간의 용기, 우리 내부에서 모든 선을 창조하는 하느님의 은총, 우리가 현재의 모습 그대로 있을 수 있는 하느님에 대한 겸손은 늘 함께 있다. 그러나 진정한 겸손은 용기에 가까운 것이다. 하느님을 참으로 실재하는 인격적인 것으로 이해하는 한 용기가 없으면 하느님 앞에 감히 나아갈 수 없기 때문이다.

'인간은 사욕을 떠난 헌신을 통해 이웃을 행복하게 해주거나 이를 다지고 또 증진하기 위해 노력할 때, 비로소 진정한 인간, 즉 하느님을 닮은 모습이 되기 시작한다. 오직 자신만을 위해 존재한다면, 인간은 도대체 무엇이란 말인가?'[13]

참으로 지당한 말이다. 그러나 그러려면 먼저 진정한 겸손에 의해 진정한 성결(聖潔)에 다다르지 않으면 안 된다. 성결은 주와 세계를 위한 올바른 활동의 토대이기 때문이다. 이 점을 염두에 두지 않으면 그 소중한 활동도 오히려 해로운 것이 되는 수가 있다.

⚜

시편 132편 14절[14]을 보라. 만약 어떤 나라에 이 시편의 뜻에 맞는 사람이 오직 한 사람이라도 있다면, 하느님은 그 나라를 멸하지 않는다. 그는 바로 '지주'가 되는 사람이며, 그의 존재가 재앙이 일어나는 것을 막아주고 있는 것이다. 민중은 언제나 그것에 대한 본능적인 감각을 가지고 있다. 그들이 이 경계의 말을 따르지 않고, 자신들을 닮았기 때문에 더욱 편안한 지도자를 선택한다 해도.

8월 13일

'그들을 인하여 두려워 말라! 두렵건대 내가 너로 그들 앞에서 두려움을 당

---

*13 힐쉬 《이스라엘의 기도》.
*14 이는 나의 영원히 쉴 곳이라. 내가 여기 거할 것은 이를 원하였음이로다.

하게 할까 하노라.*15 내가 이 말을 이해하게 된 것은 그런 경험을 했을 때부터였다. 남의 판단을 두려워하거나 남의 칭찬을 얻으려고 애쓰는 경향이 있다면, 하느님은 우리에게 특별한 경험을 내려 불쾌한 기분을 느끼게 해준다. 그러나 남의 생각을 지나치게 마음에 두지 않고, 무엇을 해야 하고 무엇을 해서는 안 되는지 늘 하느님에게 묻는 습관을 기른다면, 야곱의 생애에 몇 번이나 중대한 결정을 내려준 일을 우리도 겪게 될 것이다.

창세기 28장 15절, 31장 24절, 32장 29절, 33장 4절 참고.

따라서 인간이 우리에게 너무 큰 영향을 미치거나 우리로 하여금 하느님을 외면하게 한다면, 하느님은 당장 그 사람을 우리한테서 떼어놓거나 그들과 우리 사이에 반감이 일어나도록 한다. 왜냐하면 하느님은 참으로 '질투심이 강한' 신이어서, 어떤 것과도 비교되는 것을 허락하지 않기 때문이다.

여호수아 21장 44·45절,*16 사사기 3장 9절, 7장 7절, 9장 23절, 시편 103편, 보헤미아 형제단 찬송가 1111번·1116번 참조.

이러한 일들을 나는 이상하리만치 자주 내 눈으로 목격했다.

⚜

디모데전서 1장 16절*17을 보라. 그리스도는 당신의 생활에 대해서도 할 수 있는 모든 것을 보여주고 싶어한다. 그래서 당신은 언제나 다양한 고통 속에 있지만, 그때 그것을 불행하게 느끼거나 불쾌하게 생각해서는 안 된다. 드라몬드가 이에 대해 참으로 좋은 말을 했다. '우리에게 시련 뒤에 오는 커다란 축복은 그것을 통해 우리가 더 넓은 시야를 가질 수 있고, 또 어떤 영속적인 보물을 위해 사는 것이 가장 가치 있는지 판별할 수 있는 힘을 길러 주는 것이다.'

에베소서 제3장 참조.

---

*15 예레미야 1장 17절.
*16 24장 19절도 참조.
*17 그러나 내가 긍휼을 입은 까닭은 예수 그리스도께서 내게 먼저 일절 오래 참으심을 보이사, 후에 주를 믿어 영생 얻는 자들에게 본이 되게 하려 하심이니라.

8월 14일

인생에서 가장 힘든 순간은 인간이 자기애에서 근본적으로 멀어져 신비주의자들이 '궤멸'이라고 부르는 죽음의 암흑에 들어가야 할 때이다. 그 뒤에 주어지는 것을 약속해주는 스러지지 않는 확고한 빛이 보이지 않는다면, 아무도 그런 죽음을 견딜 수 없을 것이고, 또 전율하지 않고는 죽음을 직시할 수도 없을 것이다. 그러나 다행히 우리는 어쩔 수 없이 그렇게 할 수밖에 없는 상황에 처하게 된다. 우리에게는 그런 도움 없이 스스로 그렇게 할 수 있는 힘이 없다. 그러므로 그 힘도 오직 그것에 몸을 맡기면 되는 것이지, 스스로 선택하는 것이 아니다.

그러나 경험한 적이 없는 사람은 이런 경지에 있는 사람을 향해, "바울아, 네가 미쳤도다"라고 말할 것이다.

사도행전 26장 24절, 보헤미아 형제단 찬송가 732번 참조.

❧

지나친 휴식은 지나치게 모자라는 것과 마찬가지로 사람을 피곤하게 한다.

8월 15일

인간은 언제나 선한 일만 하겠다는 마음자세로 살아야 한다. 생각이 그쪽으로 향해져 있으면 그럴 기회는 얼마든지 발견할 수 있다. 그러면 삶이 매우 편안해진다. 특히 역경에 있을 때는 물론이고, 모든 것이 순조로울 때도 그 마음의 보호를 받아 경솔하고 천박함에 빠지지 않을 수 있다.

끊임없이 불평만 늘어놓고, 참을 수 있는 일에 대해서도 결코 만족하는 법이 없는 사람들에게 아직 개선의 여지가 남아 있다면, 하느님은 더 큰 고난을 내려준다. 그것은 그들이 피할 수 없는 작은 어려움과 그런 큰 고난의 차이를 알고, 미래의 더할 나위 없이 작은 행복에도 더욱 감사할 수 있도록 해준다.

그러므로 작은 불행에 대해 지나치게 불평하는 자는 자칫하면 더 큰 불행을 불러오기 쉽고, 또 누구에게서도 동정 받을 수 없다. 사람들은 그의 불평에 모두 식상해 있기 때문이다.

구원의 예정
(갈라디아서 1장 15, 16절)

너의 소망과 의견을 버리고
지금 이 순간에 눈을 돌려라
하느님은 그의 어린 양들을
반드시 평안한 길로 인도하시리니.

기다림의 헛됨을 걱정하지 마라
경건한 사람에게는 굳은 신앙이 어울리니
부름을 받은 사람 모두
그러한 경지에 도달할 수 있었다.

⚜

　사람들에게 마음의 안식(위안)을 주는 것이 종교의 가장 큰 능력은 아니지만, 그래도 사람들에게는 정말 고마운 일이 아닐 수 없다. 신앙심 따위는 전혀 없어도 막무가내로 매달려도 된다고 믿는 사람들은 끊임없는 인내와 너그럽고 침착한 마음을 하느님에게 간청하지 않을 수 없다. 그리스도도 그런 자들에게는 때때로 화를 냈다고 한다. 마가복음 9장 19절, 6장 46절*18 참조.

8월 16일
　어떤 종류의 사람과도 올바르게 교제할 수 있는 유일한 길은 상대방을 위해 진정으로 좋은 일을 하고, 상대방에게서도 그것을 얻으려고 노력하는 데 있다. 특히 동물과 무생물을 소유하는 것처럼 자신의 쾌락과 노역을 위해 인간을 '고용'하거나 소유해서는 안 된다. 또한 사람들과 관계를 지속하는 한 상대방의 행복에 대해 무관심해서도 안 된다. 그럴 수 없다고 생각될 경우에는 차라리 관계를 맺지 않는 편이 낫다.

―――――――――――

*18 마가복음 9장 19절, 대답하여 가라사대 '믿음이 없는 세대여! 내가 얼마나 너희와 함께 있으며 얼마나 너희를 참으리요. 그를 내게로 데려오라.'
　　마가복음 6장 46절, 무리를 작별하신 후에 기도하러 산으로 가시다.

많은 사람들과 나쁜 영향을 입지 않고 교제하기 위해, 또 나쁜 영향을 주는 사람들과의 교제를 적절하게 끊기 위해서도 침착성과 자신감이 필요하다.

하느님의 아들들과 사람의 딸들
(창세기 6장 2, 3절)

주여, 가르쳐 주옵소서, 바른 눈으로 주의 아들들을 볼 수 있고
어떤 옷을 입고 있어도 하느님 아들임을 알아보며
'사람의 딸들'과 확실히 구별하여
그들을 무사히 피할 수 있는 방법을.

이제 어떠한 것에도 미혹되지 않고
모든 허망한 것으로부터 자유롭게 하소서.
그리하여 당신의 축복어린 손길로
내 아들들을 위해 당신의 아들들을 불러들이소서.

⚜

민수기 23장 12절[19]을 보라. 예언자 발람은 이 말을 지켰어야 했다.

오늘날에도 부분적으로는 하느님의 영에 고무되어 활기를 얻고 있는 것처럼 보이는 사람들이 있다. 그러나 자기 멋대로 해석을 가하는 일이 많고, 명예욕과 그 밖의 불순한 의도를 가지고 있기 때문에, 그들의 말에 담겨져 있는 선한 것이 효력을 잃어버린다. 그런데 그들의 말 자체는 하느님으로부터 온 것이 아니라 그들 자신의 말이 더해졌기 때문에, 오히려 현대인에게는 이해하기 쉽고 마음이 끌리는 데가 있다.

톨스토이가 그 대표적인 실례이다. 또 마호메트도 그렇고 어빙과 도비[20]도 마찬가지다.

---

*19 대답하여 가로되, 여호와께서 내 입에 주신 말씀을 내가 어찌 말하지 아니할 수 있으리이까.
*20 어빙(1792~1834)과 도비(1846~1907) 모두 영국의 광신적 교파의 창시자.

그리스도도 그런 유혹을 받았지만, 당시의 성서를 끝까지 지켰다. 이것이 오늘날에도 냉정을 잃지 않을 수 있는 가장 좋은 방법이다. 누가복음 4장 4~12절 참조.

어떤 사람이 자신만의 충동으로 일을 했다가 성공하지 못한다면, 그것은 하느님의 특별한 은총이다.

8월 17일

히브리서 4장 9절[21]을 묵상해보라. 실제로 오늘날과 같은 어수선하고 전반적으로 불안한 시대에도 하느님의 백성에게는 언제나 안식이 있다. 그러나 그들에게도 일하거나 임무를 실천하도록 정해져 있을 때는 안식이 주어지지 않는다. 그런 경우에 때 아닌 휴식을 바란다면, 오히려 마음의 평화를 잃을 뿐 아니라 때로는 최고 최선의 일을 게을리하게 된다.

누가복음 22장 46절[22] 참조.

안식은 하느님이 내려 주어야 하는 것이지 당신이 멋대로 취해서는 안 된다. 노년에도, 심지어 병에 걸렸을 때도 그렇다. 그러나 일반적으로 규정되어 있거나 오늘날 누구에게나 허락되어 있는 휴식, 즉 해가 진 뒤부터의 수면과 일요일을 한껏 이용하라. 그것은 심신의 휴식을 느끼는 데 충분하며, 또 하느님의 축복도 얻을 수 있다. 그러나 지나치게 쉬거나 편하게 있는 것도 지나치게 일하며 무리하는 것과 마찬가지로 피로의 원인이 된다.

'한가한 시간'과 '휴가'도 뭔가 무익한 것을 하거나 때로는 해로운 것을 해도 되는 시간이 아니라 심신에 도움이 되는 일을 하기 위한 시간이다. 사람의 일생은 그 대부분의 시간을 헛되이 보내기에는 너무나 짧다. 좋은 목적도 없고 의미도 없는 즐거움, 뿐만 아니라 나쁜 결과까지 가져올 수 있는 즐거움은 즐거움이라고 할 수 없다. 벤저민 프랭클린은 참으로 거침없이 이렇게 말했다.

"여가란 뭔가 유익한 일을 하기 위한 시간이다."

보헤미아 형제단 찬송가 688번 참고.

마가복음 9장 14~29설을 보라. 경련을 일으킨 이이의 아버지가 그 무렵 태

---

*21 그런즉 안식할 때가 하느님의 백성에 남아 있도다.
*22 어찌하여 자느냐? 시험에 들지 않게 일어나 기도하라!

동하고 있던 그리스도교—이 가르침은 뒤에 기술되는 이유에서 제자들의 전도로는 아직 그 아버지의 마음을 움직이지 못하고 있었다—에 대한 처음의 불신을 극복한 뒤, 마지막에 한 말—내가 믿나이다. 나의 믿음 없는 것을 도와주소서!—은 진심으로 그렇게 말할 생각만 있으면 누구나 할 수 있다. 그 말마저 하고 싶지 않다면 도저히 구원할 길이 없다. 반대로 이 빈약한 신앙이라도 있다면, 하느님의 기적을 경험할 수 있다.

그러나 이 제자들에게, 또 현대의 수많은 설교가들—그들은 거의 또는 완전히 할 일을 하지 못하는데다 그 책임을 '불신하는 시대정신'과 '사회주의', 그 밖의 온갖 것에 전가한다—에게도 하느님은 무엇이 부족한지 뚜렷하게 일러주었다. 하느님과의 지속적인 교류—그저 이따금 하는 것이 아니라—모든 쾌락과 온갖 이기주의의 완전한 포기, 이것이야말로 현대에도 인간의 내부에 작용하는 하느님의 힘의 비밀이다. 성직자들은 바로 이것을 실천해야 한다. 그것이 불가능하다면 그들의 활동은 무익하다. '이 세상의 왕'인 사탄은 여전히 그들을 조롱할 것이고, 이것은 당연한 일이다.

⚜

선량하고 교양 있는 사람이면서도 그리스도교적인 계시종교에 친밀감을 갖지 않고, 그런 종교를 의식적 또는 무의식적인 기만으로 여기는 사람이 얼마나 많은지 생각하면, 참으로 가슴이 아프다. 그렇게 생각하는 것은 그들의 종교 교사의 책임이지만, 그들의 이해를 가로막고 있는 것은 이따금 아주 하찮은 것일 때가 많다. 하지만 그들에게 가장 강한 영향을 미치고 있는 것은 주변의 실례이다. 이러한 주변의 그리스도교 반대자 본인이 아니라도 그 아들과 손자 가운데서 하느님은 미래의 교회를 건축할 뛰어난 사람을 부를 것이다.

8월 18일

천국과 지옥. 사람들 대부분은 이 세상을 떠날 때의 정신 상태로 보아 오로지 이성적으로 상상할 수 있는 천국, 즉 기만이 통하지 않는 선한 사람들만의 사회에는 확실히 어울리지 않는다. 당신이 간절히 천국에 들어가기를 원하고 있는지는 스스로 생각해 보면 금방 알 수 있다. 그리고 그대로 당신의 심판도 이루어질 것이다. 따라서 저마다 가야 할 장소를 이미 스스로 정해둔 것이나 마찬가지다.

그러나 마찬가지로, 그들은 지옥에도 어울리지 않는다. 다시 말해 후회를 모르는 의식적인 악인들과 마찬가지로, 자각을 가지고 선을 적대하는 사람들만의 사회에 그들이 적합하지 않은 것도 분명하다. 그래도 이것이 우리에게 강한 위안이 되고 있다. 그런 악인들은 이미 이 세상에서부터 선인 옆에 더 이상 있을 수 없어서, 가능한 한 선인들 틈에 끼어드는 것을 피하고 있다. 만약 선으로 마음이 기울어진 자가 한 사람이라도 지옥에 들어간다면, 그리고 지옥의 무리가 그 사람을 유혹할 수 있는 가능성이 없다면, 악인들은 그와 함께 있기보다는 차라리 그에게 지옥을 넘겨주고 사라질 것이다.

이런 것들을 고려하면, 우리 미래의 운명도 똑똑히 알 수 있다. 그리고 그 이상의 어떤 교리도 필요하지 않게 될 것이다.

단테 《신곡》 지옥편 제8곡, 제9곡 참조.

⚜

시편 제94편을 보라. 악한 영은 당신을 제 편으로 끌어들이는 것도, 위협하는 것도 바랄 수 없게 되면, 모든 악의 조수와 앞잡이를 차례차례 당신에게 보내고, 악한 영이 허락하지 않으면 영원히 지속할 수 없는 세상의 인기를 당신에게서 빼앗아 가려고 한다. 때로는 당신과 매우 가까운 사람들까지 악이 하는 일을 도와주지 않으면 안 될 때도 있다. 다행히 마가만은 그러한 한 예를 잊지 않도록 해주었다. 마가복음 3장 21절*23 참조.

이런 일이 시작된다면 일반적으로 좋은 징후이다. 왜냐하면 우리는 가끔 완전히 의지에 반하여 싸움에 동원되는 일이 있기 때문이다.

문제는 늘 그렇듯이 시간과 영원한 나라를 걸고 하는 대승부에 마지막으로 누가 이기는가이다. 그때 이 지상은 그 승부의 무대가 되며, 때로는 피비린내 나는 전장으로 변하는 운명에 처할 수도 있다. 싸움은 한 차례 힘을 축적한 뒤 당신에게 훨씬 더 큰 규모로 시작될 것이다. 여러 가지 상황에서 판단하건대, 이제 다시 그 싸움이 시작되려 하는 것 같다.

적의 가면은 이미 벗겨진 것도 있고, 벗겨지는 중인 것도 있다. 그들의 깃발

＊23 예수의 친속들이 듣고 붙들러 나오니, 이는 그가 미쳤다 함일러라.

도 벌써 높이 세워져 있다. 자연과학적 유물론, 다른 이름으로는 일원론, 탐미주의, 사회주의, 합리주의, 심령술, 오컬티즘(신비학), 나아가 불교와 이슬람교까지 모두 힘을 합쳐 역사에 남을 가치있는 그리스도교를 향해 한꺼번에 진격해 오고 있다. 그리스도교는 먼저 분산된 병력부터 집결하고, 다음에는 지휘자를 점검할 필요가 있다. 어쨌든 지휘자가 되어야 할 사람은 단순한 '성서학자나 바리새인' 또는 예수회 수사여서는 안 된다. 지금은 다만 그 '선구자'와 '길을 닦는 자'가 있을 뿐이다.

이사야 58장 12절*24 참조.

8월 19일

"너무 큰 신발은 신지 말라"는 것은 내 착각이 아니라면 아라비아의 속담이다. 이것은 높은 지위에 있으면서도 인생이 실패로 끝나는 경우가 흔히 있음을 말해주는 것이다. 왜냐하면, 신발이 너무 크면 걸음이 불안해지고, 그것을 알게 된 사람들의 신뢰를 점차 잃기 때문이다.

그러나 이와 마찬가지로, 신이 너무 작아도 발이 답답하고 아픈 것을 느끼게 된다. 그러므로 이것 또한 바꿀 필요가 있다. 꼭 적당한 것은 그 사람의 지위가 그의 성장과 역량에 딱 맞을 때이다. 그러나 그것은, 인간적인 현명함을 통해서가 아니라 오직 하느님의 인도에 대한 굳은 신앙을 통해 달성될 수 있다.

이사야 49장 15·16절, 고린도전서 7장 23·24절, 마태복음 6장 33절 참조.

✤

나훔 1장 7~12절*25을 보라. 오늘날 그리스도를 한 사람의 인간일 뿐이라고 말하거나, 삼위일체설을 부정하고, 또 교회와 성직자들을 한꺼번에 모조리 없애고 싶어하는 사람이 있는 것은 물론 개탄할 일이다. 하지만 그런 일을 할 자

---

*24 네게서 날 자들이 오래 황폐된 곳들을 다시 세울 것이며, 너는 역대의 파괴된 기초를 쌓으리니 너를 일컬어 무너진 데를 수보하는 자라 할 것이며, 길을 수축하여 거할 곳이 되게 하는 자라 하리라.

*25 여호와는 선하시며 환난 날에 산성이시라. 그는 자기에게 의뢰하는 자들을 아시느니라. 그가 범람한 물로 그곳을 진멸하시고 자기 대적들을 흑암으로 쫓아내시리라. 너희가 여호와를 대하여 무엇을 꾀하느냐? 그가 온전히 멸하시리니 재난이 다시 일어나지 아니하리라.

유가 허락되어 있다는 것은 개탄해야 할 일이 아니다. 아니면 셀베투스*26를 제네바에서 화형했던 그 시대, 하느님과 성직자들을 두려워하기는 했지만 사랑하지는 않았던 그 시절을 현대보다 훌륭하다고 장담할 수 있는가?

이제는 다른 시대가 다가오고 있다. 첫째, 인생의 보물도 없고 신앙도 전혀 없는 시민사회—이를테면 프랑스의 급진주의자가 꿈꾸었던 사회—다시 말해 머지않아 구원할 길 없는 야만에 빠질 것 같은 사회에서 그 일원으로 사는 것은 사양하고 싶다는 감정이 새롭게 일어나고 있다. 둘째, 이렇게 사랑의 계율에 대한 이해가 다시 눈을 뜨면, 그 안에서 새로운 교회 또는 새로운 교회에 대한 몇 가지 방향이 태어날 것이다. 그것은 중요하지 않은 진부한 형식은 버리겠지만, 또한 개개의 새로운 외적 형식을 도입하겠지만, 그래도 옛날부터의 기초 위에 건설될 것이다.

이를테면 나 개인적으로는 탑과 스테인드글라스로 꾸며진 특별한 건물이 아니라 평범한 거실에 모여, 경우에 따라서는 평상복을 입은 재능 있는 평신도의 얘기를 듣는 것이라 해도 전혀 상관없다. 또한 교회 장로들이 없어도, 성배에 '그리스도 형제'의 입술이 닿으면 이내 잔을 주의 깊게 돌려가며 천으로 닦아주는—잔에 세균이 묻어 있을지도 모르니까—'성배담당자'가 없어도, 나는 개의치 않을 것이다. 오르간도 반드시 있어야 하는 것은 아니다. 아무튼 그런 것은 개인적인 감정이지 중요한 사항이 아니다. 오히려 그리스도가 요한복음 14장 17*27·21~23절에서 교회의 기초라고 명언한 것이 중요하다. 이런 사람들이 다시 나타나게 된다면, 같은 사랑이 사람들을 움직여 교회를 만들게 하고, 그 같은 영혼들이 깃들어 있음으로써 교회에 필요한 형식을 쉽게 발견할 수 있을 것이다.

그런데 현재, 사람들은 반대편 끝에 서서 아예 진리의 영혼도 없이 새로운 교회 형식을 만들어내려고 시도하고 있다. 또는 비대한 교회를 창설해 그 안에서 저마다 다른 신앙을 가질 수 있고—더욱이 수많은 사람이 불신자라도

---

*26 미겔 셀베투스(1511~1553), 스페인 출신 의사, 자유사상가. 칼뱅 시대에 삼위일체를 부정했다는 이유로 이단으로 몰려 제네바에서 처형당했다.

*27 저는 진리의 영이라 세상은 능히 저를 받지 못하나니, 이는 저를 보지도 못하고 알지도 못함이라. 그러나 너희는 저를 아나니, 저는 너희와 함께 거하심이요, 또 너희 속에 계시겠음이라.

상관없다―목사들 가운데도 온갖 종류의 잡다한 '의견'을 늘어놓아도 되는 교회를 만들려 하는 사람도 있다. 당신은 이러한 괴물이 한 세대 이상 이어질 거라고 생각하는가? 또 오랜 역사의 그리스도교를 아직 믿고 있는 사람들이 차례차례 모두 탈퇴해버려도, 그 교회의 유일한 지주를 잃어버리지 않을 거라고 주장할 수 있는가? 아니면 전에 당신이 전통적인 교회에 대해 그토록 강력하게 주장했던 '신앙과 영혼의 자유'를 또다시 버리고, 마치 루소처럼 국가의 시민적 종교에 속하지 않는 사람을 처벌하려는 생각이라도 하고 있는가?

모든 것을 현재의 피할 수 없는 필연적인 흐름에 그냥 맡겨야 한다. 그러나 가짜를 조심하라. 우리는 그저 낡은 가짜를 새로운 가짜로 대체하는 것은 원하지 않기 때문이다.

8월 20일

직업적으로 설교하는 것이 특히 어려운 이유는 개개인의 영혼 안에서 작용하는 하느님의 행위는 단계적인데, 청중의 신앙 단계가 설교자의 단계와 반드시 일치하지 않는, 아니 좀처럼 일치하지 않기 때문이다.

그러나 그렇다 해도 설교자는 그런 것에 개의치 않고 자신이 가지고 있는 가장 좋은 것을 주는 것이 최상의 방법이다. 왜냐하면 그가 하는 생각이 성실하고 하느님의 계획에 의한 것이며, 자신의 허영심에서 나온 것이 아니고 기만이 아니라면, 그 하나하나 단계마다 적어도 다른 단계의 일부분을 포함하고 있기에 상대방을 이해시킬 수 있다. 신앙을 가진 설교자가 듣는 사람을 이해시키지 못한다면, 복음이라는 질 좋은 포도주가 더러운 통에 담겨 있는 것이나 마찬가지이며, 그는 아직 설교할 자격이 없는 사람이다.

❧

신앙심으로 진지하고 참을성 있게 기도한다면, 스스로를 쉽게 개선해 나쁜 성질과 습관을 없앨 수 있다. 산을 움직일 수 있는 신앙은 사람의 마음도 바꿀 수 있는 법이다. 그러나 좋은 의도와 심사숙고로 본성을 바꾸고자 하는 것은 매우 어려우며, 적어도 순조롭지 않다는 것만은 분명하다. 중요한 것은 어떤 일을 통찰하는 것이 아니라 어떤 일에 이끌리는 성향―이를테면 음주벽과 화를 잘 내는 기질, 질투심 등―을 완전히 버리는 일이다.

기도는 그 밖의 타인을 위해, 이를테면 자녀들을 위해서도 할 수 있다.
요한복음 15장 7절, 16장 24절*28 참조.

8월 21일

아무리 올바른 삶을 살았다 할지라도, 언젠가 '이 세상의 왕' 사탄이 시험하러 오는 날이 있다. 그때 적어도 그 사람의 의지에서 사탄의 편으로 보이는 것이 하나라도 발견되어서는 안 된다. 그렇지 않을 때는 '마지막 전투'가 시작되며, 이 싸움에서도 끝까지 분투하는 것이 중요하다.

요한복음 14장 30절, 12장 31절, 에베소서 2장 2절, 보헤미아 형제단 찬송가 698번 참조.

> 시온은 공평으로 구속이 되고
> 그 귀정한 자는 의로 구속이 되리라.
> (이사야 1장 27절)

> 네 속에 살아 움직이는
> 진실하고 전능한 하느님의 의지도
> 네 마음이 거역하는 동안은
> 너를 새롭게 태어나게 할 수 없다.

> 오직 정의로 시온을 구속함은
> 하느님의 영원한 의지이다.
> 스스로 모든 악에서 떠난 사람만이
> 참으로 자유로운 사람이다.

> 명예와 영화가 없는 세상이

---

*28 요한복음 15장 7절, 너희가 내 안에 거하고, 내 말이 너희 안에 거하면, 무엇이든지 원하는 대로 구하라. 그리하면 이루리라.'
요한복음 16장 24절, 지금까지는 너희가 내 이름으로 아무것도 구하지 아니하였으나, 구하라 그리하면 받으리니, 너희 기쁨이 충만하리라.

허무하고 따분하게 생각된다면
너는 이 위대한 사업의
무게를 견디지 못하리라.

⚜

사무엘상 25장 28~29절*²⁹을 보라. 우리가 적극적인 삶을 사는 한 적의 공격은 피할 수 없다. 이 적들과 악의를 품은 자에 대한 증오가 우리 마음에 싹트기 전에 얼른 하느님에게 맡겨버리는 것은 단순하지만 매우 좋은 습관이다. 그렇게 하면 상황이 나빠지기는커녕 오히려 좋아지게 마련이다. 나는 이것을 수없이 경험해 왔다. 이사야 41장 11~13절*³⁰ 참조.

8월 22일

진정한 기쁨을 얻고 싶다면, 무엇보다 먼저 그 기쁨이 어디에 있는지 확실히 알고 그것을 방해하는 것을 피해야 한다. 유감이지만, 우리는 보통 삶이 이미 반 이상이나 지나서야 겨우 그곳에 이른다. 또 여생이 얼마 남지 않았을 때 어느 정도의 염세주의에 빠지는 것은 이러한 경험의 피할 수 없는 결과이다.

특정한 일에 대해 충분히 생각하고 가부의 이유를 모두 검토한 뒤, 자신의 경험을 통해 일단 확고한 견해에 다다랐으면, 그 일은 그것으로 일단락 짓고 더 이상 생각하지 말아야 한다. 의심은 어떤 일에서나 일어날 수 있으며, 특히 끝난 일에 대해서도 마찬가지로 일어난다. 인간의 마음이 가장 불행한 상태는 이른바 회의주의에 빠졌을 때이며, 이것은 모든 것을 의심하게 한다.

사람의 마음은 언젠가는 '견고'해지지 않으면 안 된다. 사도가 이것은 오직

---

*29 주의 여종의 허물을 사하여 주옵소서. 여호와께서 반드시 내 주를 위하여 든든한 집을 세우시리니, 이는 내 주께서 여호와의 싸움을 싸우심이요, 내 주의 일생에 내 주에게서 악한 일을 찾을 수 없음이니이다. 사람이 일어나서 내 주를 쫓아 내 주의 생명을 찾을지라도, 내 주의 생명은 내 주의 하느님 여호와와 함께 생명싸개 속에 싸였을 것이요, 내 주의 원수들의 생명은 물매로 던지듯 여호와께서 그것을 던지시리이다.

*30 보라, 네게 노하던 자들이 수치와 욕을 당할 것이요, 너와 다투는 자들이 아무것도 아닌 것같이 될 것이며 멸망할 것이라. 네가 찾아도 너와 싸우던 자들을 만나지 못할 것이요, 너를 치는 자들은 아무것도 아닌 것같이, 허무한 것같이 되리니, 이는 나 여호와 너의 하느님이 네 오른손을 붙들고 네게 이르기를, 두려워 말라 내가 너를 도우리라 할 것임이니라.

하느님의 '은총에 의해서'만 이루어진다고 말한 것은 참으로 옳은 것이다. 만약 은총이 주어졌으면 그것을 받아들이고, 일단 받아들였으면 그것을 굳건하게 지켜야 한다. 당연히 그렇게 하지 않는 어리석은 사람은 언제까지나 불안할 것이다.

⚜

때로는 적이 옳을 수도 있다. 인간의 마음은 태어나면서부터 무척 이기적이고 모든 논박과 공격을 모욕으로 느끼기 때문이다. 그런 적의 주장에 대해 모든 복수를 하느님에게 맡기는 습관을 기르면, 사사로움이 없고 공평한 마음으로 생각할 수 있게 된다. 이와 반대로 어떤 사람에게 반대하는 것이 정의일 때는 그 뒤 상대방에게 증오심이 뿌리내리기 전에 그 사람에게 친애의 감정을 표시하도록 한다. 가능한 한 빨리, 친밀한 말 한 마디를 거는 것만으로도 충분할 때가 있다.

8월 23일

일찍이 13세기의 한 성녀는 환상을 통해 십자가와 하느님의 사랑은 함께 있는 것이 올바른 길의 표징이라는 것을 깨달았다. 이것은 경험으로 봐도 틀림없는 일이다. 이 표징 어느 한쪽이, 또는 그런 때 일반적으로 그렇듯 양쪽 다 결여되어 있다면, 경계하는 것이 좋다. 그런 경우 당신은 참된 행복에 이르는 당당한 대로가 아니라 수없이 많은 거짓의 샛길에 서 있는 것이다.

⚜

마태복음 26장 6~14절*31을 보라. 이 이야기도 다른 이야기 못지않게 복음

---

*31 예수께서 베다니 문둥이 시몬의 집에 계실 때에 한 여자가 매우 귀한 향유 한 옥합을 가지고 나아와서 식사하시는 예수의 머리에 부으니, 제자들이 보고 분하여 가로되 '무슨 의사로 이것을 허비하느뇨? 이것을 많은 값에 팔아 가난한 자들에게 줄 수 있었겠도다' 하거늘, 예수께서 아시고 저희에게 이르시되, '너희가 어찌하여 이 여자를 괴롭게 하느냐? 저가 내게 좋은 일을 하였느니라. 가난한 사들은 항상 너희와 함께 있거니와 나는 항상 함께 있지 아니하리라. 이 여자가 내 몸에 이 향유를 부은 것은 내 장사를 위하여 함이니라. 내가 진실로 너희에게 이르노니, 온 천하에 어디서든지 이 복음이 전파되는 곳에는 이 여자의 행한 일도 말하여 저를 기념하리라 하시니라.' 그때에 열 둘 중에 하나인 가룻 유다라 하

서에 없어서는 안 되는 중요한 대목이다. 이 이야기는 그리스도교인의 가정에서도 흔히 해로운 역할을 하기 쉬운 편협하고 소심하며 인색한 정신을 없애고, 바로 그 점에서 그리스도의 실례를 통해 늘 감사를 느끼게 하는 너그러움을 보여주기 때문이다. 우리도 그런 주와 같아야 하며, 또 그럴 수 있다. 유다는 반대로 편협하고 소심한 그리스도교도로, 그에게는 모든 일이 이를테면 질서와 방법—그것은 규칙으로서는 흠잡을 데 없을지 모르지만—을 반드시 따르고 있어야 했다. 그는 예외라는 것을 몰랐다. 그는 자신이 이해하는 그리스도교에서 조금이라도 어긋나는 사람은 세속에 속한다고 생각했다. 유다는 그리스도교에 대해 잘못 이해하고 있었던 것이다! 오늘날에도 이런 사람들이 있다. 또한 그들은 요즘 세상에서도 역시 그리스도를 배신할 수 있을 것이다.

8월 24일

욥기 1장 9~12절,*32 2장 3~6절을 보라. 악은 이따금 하느님으로부터, 개개의 인간을 철저히 시험해도 좋다는 정식 허가를 받는 일이 있다. 이것은 악이 무엇을 할 수 있고, 또 무엇을 할 수 없는지 인간이 확실하게 깨우치도록 하기 위한 것이다.

악이 아무리 기를 써도 꿈쩍도 하지 않는 인간이 있음은 하느님의 승리이며, 하느님에게 그런 기쁨을 바치는 것은 인간의 가장 큰 임무이다. 그러나 자청해서 이 임무를 '원하는' 자, 또는 이 임무를 부여받았을 때, 그것을 수행하는 데 자신의 힘이 얼마나 보잘것없는지 깨닫지 못하는 자는 참으로 불경한 사람이거나 악의 힘을 전혀 모르는 사람이다.

그런 사람은 임무를 잘 수행한 경우에도 그 무서운 싸움 때문에 비록 악에 정복되지는 않더라도 뼈아픈 대가를 치르거나 가끔은 완전히 패배해버리는

는 자가 대제사장들에게 가서 말하되, '내가 예수를 너희에게 넘겨주리니 얼마나 주려느냐?'

*32 사단이 여호와께 대답하여 가로되, 욥이 어찌 까닭 없이 하느님을 경외하리이까. 주께서 그와 그 집과 그 모든 소유물을 산울로 두르심이 아니니이까? 주께서 그 손으로 하는 바를 복되게 하사 그 소유물로 땅에 널리게 하셨음이니이다. 이제 주의 손을 펴서 그의 모든 소유물을 치소서. 그리하시면 정녕 대면하여 주를 욕하리이다. 여호와께서 사단에게 이르시되, '내가 그의 소유물을 다 네 손에 붙이노라. 오직 그의 몸에는 네 손을 대지 말지니라.'

일이 있다.

❧

요한복음 15장 7절[33]을 묵상하라. 그저 어느 사도나 종교개혁자의 약속이 아니라 그리스도의 이 적극적인 약속 앞에서 주와 올바른 관계를 맺고 있는 사람이라면, 더 이상 불평하지 않고 오직 기도하고 간구할 것이다. 그렇게 하는 것이 즐겁고, 또 쉬운 일이다. 불평에 기뻐하며 귀기울여 줄 사람은 아무도 없기 때문이다.

그렇지 않다면, 무기와 탄약을 충분히 가지고 있으면서 그것을 두고 달아나는 병사나, 백만장자이면서 충분히 먹고 살 만한 돈이 없다고 끝없이 불평하는 사람과 같다.

그러나 이 황금 같은 성구—실제로 성서 속에서 거의 가장 뛰어난 말이다—의 전제조건인 '너희가 내 안에 거하고 있다면……'이라는 말을 놓쳐서는 안 된다.

8월 25일

종교의 진리를 한순간에 이해할 수 있는 사람은 아무도 없다. 진리를 받아들이는 힘이 강해지면서 서서히 이해를 하게 되는 것이다. 그 힘은 대개 체험과 인간, 그리고 책을 통해 주어지는데, 때로는 직접적인 방법으로 주어질 때도 있다. 그리스도도 정 이해시키기 어려울 때는, '이 말을 받을 만한 자는 받을지어다'[34]라고 했다. 그리고 마지막 설교에서 아직 할 말이 많지만 다 하지 않았음을 명백히 밝혔다. 요한복음 16장 12·13절 참조.

그것을 채우고 지속하기 위해 우리가 '거룩하다'고 표현하는 영이 존재한다. 그러나 이 영을 자신의 영혼과 혼동하거나 이 둘을 혼합하지 않도록 조심하라. 당신의 어떠한 기분과 경향과 학식에 의해서도, 또 당신의 본성에 의해서도 방해받는 일 없이 순수하게 마음속에 진리를 말해주는 것, 그런 영이 당신의 마음속에 들어오지 않으면 안 된다. 또한 그 진리는 늘 그리스도가 한 말을 토대

---

*33 너희가 내 안에 거하고, 내 말이 너희 안에 거하면, 무엇이든지 원하는 대로 구하라. 그리하면 이루리라.
*34 마태복음 19장 12절.

로 한 것이 아니면 안 된다. 그렇지 않으면 거짓 영혼의 말이며 행위이다.

인간은 살아가면서 수없이 세상에서의 사명에 혼란을 느끼거나 실망하고, 뒷걸음질치고 싶어지는 시기가 찾아오게 마련이다. 그런 때 가장 확실하게 위안이 되는 것은 우리가 하느님을 선택한 것이 아니라 하느님이 우리를 선택하여 소유했다는 사실이다. 요한복음 15장 16절,*35 예레미야 10장 23절을 보라.

그런 마음으로 '굴욕의 골짜기'를 빠져나가면 된다. 이 고난의 목적이 이루어지면, 모든 것이 저절로 좋아지기 시작한다.

보헤미아 형제단 찬송가 179번, 672번·785번, 635~637번, 645번 참조.

⚜

이 세상의 영혼과 불안은 불현듯 당신을 덮칠 것이다. 그것들의 뿌리는 만족하지 못함에 있으며, 거기서 자양분을 빨아들여 성장한다. 이 만족하지 못함과 결부되어 있는 이 세상의 두려움에 대해, 안식을 얻는 길은 오직 그리스도와 밀접하게 결합되는 길밖에 없다. 그 밖의 어떤 길도 진정한 평화로 이끌어주지 않는다. 가장 뛰어난 철학자들도 늘 불안하거나 염세적이다. 왜냐하면 철학은 모든 경우에 대처하는 데 도움이 되는 충분한 힘을 믿지 못하기 때문이다. 그런데 하느님이 주시는 힘은 진리에 대한 모든 저항을 극복하기를 원하고, 또 그렇게 할 수 있으며, 그것을 통해서만 평화가 달성된다. 요한복음 16장 33절,*36 시편 25편, 요한1서 5장 4절*37을 보라.

언제나 가능한 한 쉬지 않고 평화를 만들어내는 사람이 되라. 마태복음 5장 9절*38 참조.

8월 26일
일시적인 생각에서든 자신의 이익을 위한 것이라고 믿어서든, 범죄자의 소

---

*35 너희가 나를 택한 것이 아니요 내가 너희를 택하여 세웠나니.

*36 이것을 너희에게 이름은 너희로 내 안에서 평안을 누리게 하려 함이라. 세상에서는 너희가 환난을 당하나 담대하라! 내가 세상을 이기었노라!

*37 대저 하느님께로서 난 자마다 세상을 이기느니라. 세상을 이긴 이김은 이것이니, 우리의 믿음이니라.

*38 화평케 하는 자는 복이 있나니, 저희가 하느님의 아들이라 일컬음을 받을 것이요.

질이 있는 사람은 모든 의무를 외면하며, 그때마다 걸림돌이 되는 사람을 희생시킬 수 있는 사람을 말한다. 이따금 이러한 소질이 있는 사람이 다른 사람의 존경을 받는 지위에 있기도 한다. 그들이 죄를 범하지 않았다면 그것은 단순한 우연이거나 하느님의 은총이다. 그러나 그들도 하느님의 은혜와 자유의지로 그 악한 천성을 고치고, 성도(聖徒)가 될 수 있다는 것은 조금도 의심할 여지가 없다. 그러니 태생이 그렇다고 결코 절망해서는 안 된다.

천상적 소질을 지닌 사람은 태어나면서부터 모든 비천함과 악을 싫어하고, 남을 위한 끊임없는 자기 희생을 기뻐한다. 유감이지만, 이런 사람들도 악해질 때가 있으며, 그것도 부적절한 결혼으로 일어나는 일이 가장 많다는 점을 덧붙여야겠다. 조용한 시간에 당신은 과연 어느 쪽인지 자문해 보라. 어느 쪽이든 당신의 책임은 아니다. 그리고 어떤 상황에서도 선에 의해 승리를 거둔 뒤, 이 세상을 떠나는 거라고 마음을 굳혀라.

타고난 소질의 차이와 태어난 가문의 좋고 나쁨은 인간의 자유의지가 아니다. 따라서 더할 수 없이 좋은 환경에서도 이기주의자가 태어나거나 진흙탕 같은 세계에서도 고귀한 인간이 태어나는 일이 없다면, 분명히 인간의 불공평한 운명을 호소하는 이유가 될 것이다. 하지만 그런 것은 전혀 계산할 수 없는 일이며, 무슨 일이 있어도 바꿀 수 없는 것이 아니다. 사실 대다수 사람들은 그 실제 생활태도에서 판단하면, 위에서 말한 양극단의 중간쯤에 있다고 할 수 있다. 그러나 가장 근본적인 본성에서는 그중 어느 한쪽에 속해 있게 마련이다. 무서운 실패를 경험하고 싶지 않다면, 이 사실을 간과하지 않도록 하라.

⚜

시편 25편 7절*[39]을 보라. 그리스도교가 아직 마음에 튼튼하게 뿌리내리지 않은 사람들에게 있을 수 있는 이 세상의 불안은 무익한 기억에서 비롯되는 일이 많다. 그런 기억은 때때로 마치 '무장한 병사'처럼 그들을 덮친다.

특히 잠을 이루지 못하는 밤의 어둠 속에서는 아직 잊혀지지 않은 과거의 오랜 망령이 나타난다. 우리가 잊지 못하고 있는 것처럼, 우리에게 뭔가 부정

---

*39 여호와여 내 소시의 죄와 허물을 기억지 마시고, 주의 인자하심을 따라 나를 기억하시되, 주의 선하심을 인하여 하옵소서.

한 일을 당한 타인 또한 잊지 않고 있다. 그들도 그 기억을 아마 같은 시간에, 다른 세계에 있을 때도 떠올리고 있으리라! 물론 우리는 그 사실을 알지 못하지만, 그러한 느낌에 반응하는 일은 충분히 있을 수 있다.

잊을 수 있게 해주는 약은 아직 어떤 약사나 연구자도 발명하지 못했다. 그러나 그 대용품인 알코올음료가 저항할 수 없는 힘을 가지고 있다는 것은, 때때로 그 힘을 빌려 마비시키지 않으면 안 될 만큼의 기억이 사람들의 마음속에 있기 때문이다. 기억에 대해 유일하게 효력이 있는 약은 실은 그 기억 자체의 힘이다. 다시 말하면 하느님의 힘과 사랑을 떠올리는 것이다. 하느님의 힘과 사랑은 과거 속에 어지러이 묻혀 있는 모든 괴로운 기억을 자비롭게 차단해 주려고 애쓰고, 또 실제로 차단해 왔다.

이 사실을 생각하며, 기억이 당신을 덮칠 것 같을 때는 곧바로 불을 밝혀라. 기억은 본디 무익한 것이지만, 당신이 하느님과 그리스도에게 무관심해졌을 때, 다시금 하느님과 굳게 결합하는 데는 도움이 된다. 아마 이런 이유에서 기억은 하느님 나라의 질서 속에서도 계속 존재할 것이다. 과거의 그림자 속에서 느닷없이 새롭게 떠오르는 지난날의 기억이 때로는 문 앞을 지키는 개의 역할을 할 때도 있다. 그러나 이 개는 쇠사슬에 매어져 있다. 그 사실을 잊어서는 안 된다.

8월 27일

하느님과 그의 지배는 흔들림 없는 사실이고, 내적 생활에서의 모든 진보도 하나의 사건이며, 획득된 지식, 하물며 단순한 관념은 아니라는 것을 경험을 통해 알았을 때, 비로소 사람은 진정한 신앙에 다다를 수 있다.

한 번도 이런 경험을 한 적이 없는 사람들이 사람과 책의 증언을 근거로 믿으려 하지 않고, 눈으로 보고 손으로 붙잡을 수 있는 이 세상의 실재물을 훨씬 더 확실한 것으로 생각한다 해도, 그것을 나쁘게 말할 수는 없다. 오히려 문제는 그들이 그 이상의 경험을 한 적이 없다는 것이 과연 진실인가 하는 것이다. 이 점에 대해서는 욥기 33장 29·30절*40의 말이 구원예정설보다 위안을 주는 올바른 견해이다. 그 예정설도 단순히 표면적으로 보면 분명히 많은 의

---

*40 하느님이 사람에게 이 모든 일을 재삼 행하심은 그 영혼을 구덩이에서 끌어 돌이키고 생명의 빛으로 그에게 비춰려 하심이니라.

미를 담고는 있지만.

⚜

요한계시록 21장 7·8절*⁴¹을 보면, 승리를 거둔 자는 모든 것을 얻는다. 적의 공격을 받지 않는 자가 얻는 것이 아니다. 공격을 받지 않는다 함은 인생에서는 거의 일어날 수 없는 일이다. 그리고 겁쟁이는 공공연한 적이나 배교자 같은 비참한 운명을 각오하지 않으면 안 된다. 도대체 왜 그럴까? 겁쟁이는 하느님을 진심으로 믿지 않고, 하느님에게 진실하게 말을 걸지 않기 때문이다. 그들은 본디 악을 믿으며, 또 그들의 감정에서 보면 악의 힘은 만능인데다 대적할 자가 없다. 악이야말로 이 세상의 왕이기에 모든 것이 악의 힘에 굴복하리라 믿는 것이다. 그러나 이는 하느님에 대한 신앙 또는 하느님에 대한 봉사라고 불리는 것과는 정반대이다. 그러므로 깊이 생각해 보면, 얼핏 무척이나 가혹하게 여겨지는 계시록의 판결도 우리로서는 인정하지 않을 수 없다. 그리고 우리에게 두려움이 덮쳐올 것 같을 때는 이 판결을 자신에게도 적용하지 않으면 안 된다.

나는 필요할 때는 여러 번 이 계시록의 말에 귀를 기울여 왔다. 그래서 많은 사람들이 경시하고 있는 계시록을 이 말 때문에라도 내 성서 목록에서 지울 생각이 전혀 없다.

8월 28일

인간의 생활에 뭔가 올바른 목적이 있어야 하는 거라면, 끊임없이 하느님의 사랑을 받아들여 그것을 이웃과 나누지 않으면 안 된다. 이런 성질을 어릴 때부터, 나면서부터 남보다 많이 가지고 있는 사람도 무척 많지만, 한편으로 자기 멋대로 정한 다른 목적을 품고 수많은 고난을 경험함으로써, 마지막에 가서야 겨우 진정한 인생의 목적을 깨닫는 사람들도 있다. 그러나 그 마지막까지 그런 자각에 다다르지 못하는 사람은 인생을 반쯤, 또는 전부 잘못 살아온 것

---

*41 이기는 자는 이것들을 유업으로 얻으리라. 나는 저의 하느님이 되고 그는 내 아들이 되리라. 그러나 두려워하는 자들과 믿지 아니하는 자들과 흉악한 자들과 살인자들과 행음자들과 술객들과 우상 숭배자들과 모든 거짓말 하는 자들은 불과 유황으로 타는 못에 참여하리니, 이것이 둘째 사망이라."

을 탄식하지 않으면 안 될 것이다.

⚜

겁쟁이와 마음이 약한 자가 의식적으로 사악한 '이 세상의 왕 사탄의 종들' 처럼 세상의 선을 방해한다는 것은 확실하다. 이 세상의 왕은 사람들이 생각하는 것만큼 충실하고 전혀 흔들림 없는 하수인들을 그리 많이 거느리고 있지 않으며, 오히려 그 점에서는 불평할 여지가 많다.

성실이란 본디 인간 마음속에 있는 하느님 나라의 일부이며, 악마의 세계 질서에는 속하지 않는 것이다. 악마는 대개 불성실한 종들을 사용하여 일하며 그것으로 만족하는 수밖에 없다. 그래서 욥기에는 본디 2부나 에필로그가 있는 것이 어울리므로, 누군가 재능 있는 시인이 사탄이 결국 자신의 비참한 운명을 한탄한다는 줄거리로 써야 할 것이다. 인간들은 사탄에게 수많은 환멸만을 안겨주고 있다. 종종 사탄이 모든 게 잘되고 있다고 믿어 의심치 않을 때도 감쪽같이 속여 왔다. 이것이 바로 사탄에게 내려지는 심판이다.

그러나 세상에는 단지 신문의 칭찬이나 비난의 목소리에 굴복하는 경멸스러운 중간인종이 있는데, 그들은 신문의 목소리, 그것도 아주 하찮은 종류의 신문이라도 공격을 가하면, 곧 선한 일과 사람들에게서 등을 돌려버린다. 반면에 폭군과 그 밖의 악한 자들이 무슨 문학상을 받거나 신문과 출판에서 성공을 거두면, 즉각 그들의 명예 회복을 도와주고, 심지어는 국민의 영광스러운 전당에 받들어 모시기까지 한다. 이런 중간인종들이야말로 공화국에 파멸을 초래하는 사람들이다. 공화국에서는 이른바 '여론'의 권위 말고는 권위가 존재하지 않기 때문이다. 이미 단테는 풍부한 경험을 통해 그런 자들에 대해 잘 알고 있었기 때문에, 《신곡》 지옥편 제3곡에서 그들을 폭로하고 있다.

당신은 결코 그들의 벗이 되어서는 안 된다. 왜냐하면 악마는 자신이 준비한 친위대인 그런 자들이 없으면 이 세상의 실질적인 지배를 포기하지 않을 수 없기 때문이다. 보어전쟁*42은 이 일에 대해 참으로 훌륭한 삽화를 제공했다. 이 전쟁 때, 위로는 지도자들에 이르기까지 얼마나 많은 사람들이 처음의 의견을 바꿔버렸던가! 영국의 왕관을 꾸미고 있는 거대한 다이아몬드는 이 사

---

*42 1899~1902년. 영국과 트란스발공화국이 벌인 전쟁.

건의 기억을 언제까지나 얘기해줄 것이다. 왕관 스스로 선과 악 사이의 어중간한 계급에 특유한 근시안적 처세를 선택했던 것이다.

8월 29일

우리는 강한 선인이 되어야 한다. 하느님 앞에서는 겸손하고, 인간에게는 확고한 태도를 유지하고, 냉혹한 세상에 대해서 너무 너그러워서는 안 된다. 이는 세상에 크게 가치를 두지 않을 때만 가능하다.

미가 7장 2~10절은 오늘날의 상황과 거의 비슷한 광경이며, 전 세계적으로 특히 어지러운 주변상황에서 비롯되는 재난의 시대에서는 큰 위안이기도 하다. 그런 어지러운 상황은 그리스도조차 면할 수 없었다. 요한복음 7장 5절, 마가복음 3장 21절, 마태복음 10장 36절 참조.

그러나 마음이 한없이 견고하고 성실하다면, 보상의 시기는 생각지도 않게, 더할 수 없이 풍요로운 형태로 찾아온다.

이사야 49장 17절, 51장 17절, 54장 4·17절, 60장 10·14절, 시편 9편 참조.

세상에는 명령을 내리면 상대방의 저항에 부딪치지만, 우정어린 미소로 대하면 곧잘 해결되는 일이 드물지 않다.

> 누군가에게 뭔가 원하는 것이 있으면
> 칼보다 미소를 사용하라.
>
> —셰익스피어

✤

인생에서 행복한 시기는 일에 몰두하고 있을 때이다. '설교집 위에 몸을 기울이고 따뜻한 난로 옆에' 앉아 있는 정직한 탬*43이나, 가신들의 추앙 속에서 여전히 지난날 권위의 그림자를 드리우고 노년을 즐기고 있는 고상한 영주—페스탈로치*44가 그린 태수 아르나 같은—또는 지난 세기에 한때 나왔던 책에서 자주 볼 수 있었던 '온화한' 목사와 훌륭한 노교육자 등 이러한 감상적인 인물

---

*43 스코틀랜드의 대시인 로버트 번스(1759~1796)의 이야기, 《샌터의 탬》의 주인공을 가리키는 것일까.
*44 요한 페스탈로치(1746~1827), 스위스 교육자.

상은 이제 공상의 산물이며 현대사회에서는 이미 진실한 것이 될 수 없다. 마지막 숨을 거둘 때까지 활동적으로 사는 것이 현세에서의 삶의 의의이자 모토이다. 그것은 학자와 성직자들도 마찬가지다. 그것이 인간의 운명인 이상에는!

8월 30일

하느님 나라에서 가장 먼저 배워야 하는 것은 모든 선은 신앙에 의해 우리 내부에 싹튼다는 것이다. 그렇지 않으면 선은 성장하는 힘을 가지지 않는다. 다음으로 배워야 할 것은 모든 것은 성장하는 데 시간이 필요하다는 것이다. 너무 서두르다 보면 두 번 세 번 다시 되풀이해야 하므로, 결국 가장 오래 걸리게 된다. '하느님이 모든 것을 지으시되 때를 따라 아름답게 하셨고'[*45] 오로지 인간만이 늘 성급하게 서두른다.

대부분의 사람들은 세상에 대해 방어자세 외의 태도를 취하기가 어렵다. 그들을 움직이게 하는 원동력이 부족하기 때문이다. 만약 당신도 그렇다면, 성령의 작용에 늘 마음을 열어두고 있으면 된다. 그것만으로 충분하다. 요한복음 14장 26절·16장 13절, 요한1서 2장 27절 참조.

⚜

젊은 남녀의 언행을 너무 심각하게 받아들여서는 안 된다. 오늘날처럼 진리가 공개적으로 논의되거나 논박당하고, 또 대담무쌍하게 행동하기만 하면 어떤 어리석은 행동이나 악한 일도 순식간에 수많은 추종자들을 불러 모으며, 심지어 그런 사람이 판테옹[*46]에도 들어가는 시대에는 젊은 사람들도 여러 가지로 동요하지 않을 수 없다. 특히 젊은 사람들은 그리스도교적인 인생관과 유물일원론, 또는 탐미주의 인생관 사이에서 동요를 겪는다. 애석한 일이지만, 그들에게 결정적으로 영향을 끼치는 것은 경제적인 문제가 아니면 거의 하나의 우연이다. 이를테면 어떤 한 권의 책이나 어떤 사건, 결혼, 행복하거나 불행한 만남 같은 것이다. 따라서 다른 계기가 있었다면 그들은 분명 다른 길을 갈 수도 있었을 것이다. 35세에서 50세 사이의 사람들이 말하고 행동하는 것

---

*45 전도서 3장 11절.
*46 위인들의 묘소.

은 아직 그 사람의 완성된 의견이 아니고 최종 판단도 아니다. 아직 수정될 여지가 남아 있다.

8월 31일

우리 마음에 영원한 진리의 결실을 풍성하게 맺는 씨앗이 떨어져 그 자리에 뿌리 내릴 수 있으려면, 그 전에 불안이라는 날카로운 쟁기날이 마음에 끝없이 생기는 단단한 껍질을 수없이 벗겨내지 않으면 안 된다. 이 과정을 거치지 않으면, 실제로 인생의 깊은 내부에 있는 진실에 대해 언제까지나 무감각하게 있을 것이다.

우리는 수많은 인생경험을 쌓음으로써 고난이 전혀 없는 생활을 더 이상 원하지 않는 경지에 다다른다. 이것이 '영원한 안식의 상태'이다. 이 지상에서는 고난이야말로 나쁜 성질로부터 우리를 보호해 주는 파수꾼이며, 고난이 없다면 더 견디기 힘들었을 삶의 단조로움도 깨뜨리고 삶에 활기를 불어넣는다.

광야에서의 탈출
(신명기 2장 7절)

서로 미워하는 것은 그만두고
자, 이제부터는 사랑하자꾸나.
내 마음이여, 아직도 남아 있는
마지막 짐을 던져버려라.

우리는 빈껍데기일 뿐
지상의 온갖 보물도 마음에 없도다.
주여, 이제부터는 당신의 마음과
진실이 우리의 기쁨이 되게 하소서.

우리는 온갖 모습 가운데
행복과 마음의 고향을 찾아 헤매었노라.
마침내 발견한 이 귀한 진주를

이제 영원토록 지니고 싶구나.

서로 미워하는 것은 그만두고
자, 이제부터는 사랑하자꾸나.
오랫동안 마음속에 품어왔던 것을
마침내 실천에 옮길 때가 되었나니.

⚜

　오늘날 가장 좋지 않은 책은 이론적 확신으로 인간을 동물계로 끌어내리려
는 진지하면서도 감각적인 책이다. 일반인을 상대로 쓴 신학적이고 비판적인
저서 또한 마찬가지로 좋지 않다. 이것은 그렇지 않아도 빈곤한 이 세상에서
천국과 흔들림 없는 엄연한 이상을 인간에게 허용하지 않으려 한다.

　이러한 책의 저자는 대개 살아 있는 동안 하느님의 가장 무거운 심판을 받
을 것이다. 그런데 그리스도는 그를 본받고자 하는 우리가 보기에도 의아스러
울 만큼 경솔한 삶을 산 죄인에 대해서도 너그러운 심판을 내렸다. 그러나 이
런 판결이야말로 유일하고도 올바른 심판이라고 하지 않을 수 없다. 그러므로
단테는 그가 그린 프란체스카 다 리미니*47를 오히려 연옥편으로 보내야 했다.
생각건대 이것은 《신곡》의 미적 결함은 아니더라도 심리적 결함은 될 수 있다.
동정과 후회는 지옥에 어울리는 것이 아니기 때문이다.

　이 점에서 테니슨은 랜슬롯*48과 귀네비어의 묘사에서 단테 못지않은 시적
표현력을 보여주었을 뿐만 아니라 심리적 진실에서는 오히려 그를 능가하고
있다. 그의 《국왕목가》는 다른 하찮은 작품들보다 세상에 널리 알려지지는 않
았지만, 단테와 비교해도 결코 손색없는 작품이다. 특히 이 시는 본능적인 것
을 변호하는 여성들과 통속적 불신을 세상에 퍼뜨리는 신학자를 거부하는 태
도를 취하고 있다. 이들은 존경할 가치는커녕 해로운 사람들이다.

---

*47 단테는 《신곡》 지옥편 제5곡에서 프란체스카가 시동생 파올로와 불의의 사랑에 빠진 죄를
　　엄격하게 그렸다.
*48 랜슬롯은 아서왕 이야기에 나오는 원탁기사 가운데 한 사람으로 왕비 귀네비어를 사랑
　　했다.

9월

9월 1일

  인간을 선(善)에서 가장 멀리 떼어놓는 것에 두 가지가 있다. 누구나 일생에 한두 번은 겪는 일로, 먼저 뭔가 나쁜 짓을 시도할 때, '이것은 그렇게 나쁜 일이 아니며 세상의 일반적인 관습이므로 이 정도 일을 했다고 해서 나쁜 사람이 되는 것은 아니다'고 자기 자신을 합리화하는 것이다. 그리고 그 나쁜 일을 끝낸 순간, 이젠 뉘우쳐도 용서받을 수 없을 거라고 생각하기 시작한다. 특히 이 뒤의 생각은 늘 극복해야 할 것이다. 하느님은 어떠한 회개도 들어주신다. 세월이 아무리 흐른 뒤에도, 또 몇 번이고 악으로 되돌아간 뒤에도 하느님은 용서해 주신다. 우리의 주는 도움과 안식을 구하는 인간은 그 누구도 뿌리치지 않으신다. 다시 한 번 분명히 말하지만, 여기에는 어떠한 인간도 예외일 수 없다. 이사야 1장 18절, 43장 25절, 44장 22절, 45장 22절, 55장 1~3절, 시편 51편, 요한복음 6장 37절, 마태복음 11장 28~30절 참조.

  이런 경험을 한 적이 있는 사람이 나중에는 오히려 가장 신뢰할 수 있는 사람이 되는 경우가 흔히 있다. 왜냐하면 그들은 향락생활의 허망함과 평화로운 행복, 이 둘을 직접 깨닫고 어느 쪽이 좋은지 알고 있기 때문이다.

> 지금까지 나는 한껏 나 자신을 위해 살며
> 온갖 슬픔을 모두 맛보았다.
> 이제 스스로 만든 집은 무너지고
> 그 자리에 새로운 집이 지어졌다.
>
> 영원을 구하여 지은 집
> 세월의 자취에도 스러지지 않는 집
> 성스러운 불꽃을 밝히고

날마다 희생의 연기가 피어오르는 집.

신의 노여움은 풀리고, 문은 열렸도다.
가련한 영혼이 해방되니
내 앞에는 한없는 희망과
기적으로 가득한 시간이 있을 뿐.
(출애굽기 34장 10절 참조)

❖

'천재는 위대한 사업을 시작하고, 근로는 그것을 완성한다.'
유감이지만 이 말은 반드시 옳다고는 할 수 없다. 천재적인 사람들은 자신들의 최초의 생각을 완성해가는 단계를 통해 처음 그대로를 계속 유지하지 않는다. 이것은 그들을 지루하게 만들고, 때때로 처음의 생각에도 영향을 미쳐 다른 쪽으로 기울어지게 하기도 한다. 그래서 그들은 자신의 생각을 단편인 채로 남겨둔다. 이에 반해 위대한 '근로자'들에게는 천재성이 없는 경우가 많다. 그들은 오직 모범을 따라 일할 뿐이다. 그러므로 독일과 프랑스, 아니면 영국과 미국에서 호평을 받은 것을 모방할 수 없을 때, 그들은 몹시 당황하게 된다.
어떤 의미에서 이 양쪽의 중간을 가는 길은 일을 완성하고 거듭하는 방법이다. 하루 종일 자료 수집에 매달려 있지 말고, 먼저 최초의 복안대로 대충 서둘러 해놓고, 그때부터 다시 시작해 완성도를 차츰 높여가는 것, 이 방법은 성급한 사람들에게도 매우 효과적이다. 인쇄 같은 일이 그 대표적인 것으로 몇 번이고 수정을 가함으로써 쉽게 이룰 수 있다. 우리는 누구나 이렇게 여러 모로 시험하면서 자신에게 가장 좋은 방법을 찾아야 한다.

9월 2일
내 인생 경험에 의하면, 대부분의 질병은 도덕적 결함이라는 공동작용 없이는 생기지 않는다. 이것은 수많은 신경병과 초기 정신병에서는 거의 예외 없는 법칙이다. 그러나 질병이 일어나는 원인이 제거되는 일은 드물며, 병의 원인조차 충분히 밝혀지지 않는 경우가 많다.
그래서 병자 대부분은 여러 병원을 전전하며, 온갖 치료를 받으면서 반평생 또는 전 생애를 거기서 헤어나지 못하고, 그로 인해 머리가 갈수록 둔해지기도 한다. 더욱 나쁜 것은 자기 멋대로 병을 이리저리 진단해 의사의 실력을 시험하며 일시적인 만족을 느낀다. 이따금 블룸하르트와 비뉴, 크나이프 같은 만병을 고치는 기적을 행하는 사람에 대한 소문을 들으면, 그런 임시방편적인 치료소에 수천 명이 몰려든다. 하지만 대개는 한참 지나면 병은 본디대로 돌아간다.

특히 신경병에서 가장 효과적인 치료는 환자가 진정한 신앙과 병이 나으면 자신의 생명을 전보다 유용한 일에 바치겠다고 단호하게 결심하고, 친절하고 훌륭한 의사를 찾아가는 경우이다. 마태복음 9장 21·22절, 마가복음 9장 23·24절, 요한복음 5장 14절을 보라.

그러나 그것이 이루어지지 않을 때는 마태복음 7장 6절의 엄격한 말*¹과 마태복음 8장 22절*²의 교훈이 적중하는 일도 드물지 않다.

현대는 이러한 비참한 질병이 갈수록 늘어나고 있다. 그렇다고 그것을 올바르게 판단해 치료할 수 있는 제대로 된 의사가 그리 많은 것도 아니다. 마태복음 9장 36~38절, 보헤미아 형제단 찬송가 676번 참조.

중국의 한 저자가 한 다음과 같은 말은 어느 병원에나 적용될 수 있을 것이다. "특히 필요한 것은 사랑하는 마음이다! 억지로 강요하지 말고, 파괴하지 마라. ……다른 사람들을 짓밟고 득의양양해하지 마라. 오히려 고뇌하는 사람들에게 위로와 도움을 주라."

❦

오늘날 그리스도교에 대한 반대에 맞서서 진정한 신앙에 다다르기 위해서는 많은 견문과 독서를 통해 비상한 통찰력을 기르거나, 어린아이와 같이 단순하게 생각하는 방식에 의지하는 수밖에 없다. 후자는 이를테면 가버나움의 백부장*³과 가나안의 여인*⁴ 같은, 또 그리스도가 마태복음 18장 3절*⁵에서

---

*1 거룩한 것을 개에게 주지 말며, 너희 진주를 돼지 앞에 던지지 말라. 저희가 그것을 발로 밟고 돌이켜 너희를 찢어 상할까 염려하라.
*2 죽은 자들로 저희 죽은 자를 장사하게 하고, 너는 나를 좇으라!
*3 마태복음 8장 5~13절.
*4 마태복음 15장 21~28절.
*5 진실로 너희에게 이르노니, 너희가 돌이켜 어린 아이들과 같이 되지 아니하면 결단코 천국에 들어가지 못하리라.

권한 단순함에서 볼 수 있다. 학교 가방—학교에서 주입한 지식—을 그대로 안고 있는 오늘날 교양인이라 하는 속물은 바울의 편지는커녕 복음서조차 이해하지 못하는 사람이 대부분이다. 그런 한 사람이 나에게 실제로 그것을 고백하는 편지를 보내온 적이 있었다. 나는 그에게 복음서를 라틴어나 그리스어로 읽어보라고 대답해 주었다. 그것은 분명히 효과가 있었다. 오늘날은 사물을 이해하기가 참으로 복잡해져서, 어린 여학생에게 이르기까지 판에 박힌 지식은 풍부하지만, 배움의 시기가 끝난 뒤에도 진정 필요한 교양은 갖추고 있지 않다. 그것은 이미 오늘날의 학교가 할 수 있는 일이 아니다. 학교는 가르쳐야 할 지식을 너무 많이 떠안고 있어서 그것을 주입시키는 데도 급급하기 때문이다. 그래서 자기 교육으로 스스로 보충하지 않는 한, 모든 것이 단편적으로 끝나고 만다. 뿐만 아니라 현대인을 올바른 길로 이끌기 위해서는 대부분의 경우, 인생에서 불행의 힘을 빌리지 않으면 안 된다.

누가복음 7장 30절, 10장 22절, 11장 53절 참조.

9월 3일

고린도후서 12장 7~10절[6]을 보면 사도 바울에게는 '육체의 가시'라거나 그를 주먹으로 치는 '사탄의 사자'라고 부르는 것이 가끔 그를 습격했다. 그리고 외적인 이유로는 설명할 수 없는 무기력함은 존재하지 않는 사랑에 대한 광적인 불안으로 발전할 때도 있고, 또 이따금 눈앞에 닥쳐온 재난에 대한 진정한 예감일 때도 있다.

이러한 무기력에 빠졌을 때, 곧바로 힘을 주는 위안은 이 나약함이 하느님의 명령을 받아들이고 스스로 그것에 따르고자 할 때는 하나의 강한 힘이 될 수도 있다는 것, 또 인류의 가장 위대한 사람들도 그러한 나약함을 느꼈다는 것을 사도 바울의 예와 함께 늘 염두에 두는 일이다. 무릇 고귀한 정신의 인간

---

[6] 여러 계시를 받은 것이 지극히 크므로, 너무 자고(自高)하지 않게 하시려고 내 육체에 가시 곧 사단의 사자를 주셨으니, 이는 나를 쳐서 너무 자고하지 않게 하려 하심이니라. 이것이 내게서 떠나기 위하여 내가 세 번 주께 간구하였더니, 내게 이르시기를 '내 은혜가 네게 족하도다! 이는 내 능력이 약한 데서 온전하여짐이라' 하신지라. 이러므로 도리어 크게 기뻐함으로 나의 여러 약한 것들에 대하여 자랑하리니, 이는 그리스도의 능력으로 내게 머물게 하려 함이라. 그러므로 내가 그리스도를 위하여 약한 것들과 능욕과 궁핍과 핍박과 곤란을 기뻐하노니, 이는 내가 약할 그때에 곧 강함이니라.

을 기르기 위한 교육 계획에는 이런 나약함도 필요하다.

✦

　복음서의 진실성에 대한 문제에 너무 깊이 천착하는 것은 좋지 않다. 나는 케르투스*7에서 벨하우젠*8에 이르기까지 비판학자들이 복음서에 대해 쓴 것을 부분적이나마 다른 사람에게 가르치는 것은 그 수고에 비해 얻는 것이 그리 많지 않을 거라고 단언한다. 오히려 스스로에게 물어보아야 할 것이다. 과연 이러한 책이 창작될 수 있는지, 또 특히 논란이 많은 제4복음서인 요한복음이 그 사건의 직접적인 목격자가 아닌 사람에 의해 쓰여질 수 있는 건지를. 만약 그것을 쓸 수 있었다면, 모든 시대를 통틀어 가장 위대한 시인이었음에 틀림없을 것이다. 그런데 그런 대시인은 2, 3세기에는 출현하지 않았다. 틀림없이 그 시대에 쓰였다는 것은 밝혀져 있으므로 그것들을 서로 비교할 수 있다.

　그렇다면 이 네 권의 복음서는 그 저자가 모두 '진리의 영'을 소유하고 있었음을 증명한다. 또 복음서들 사이의 차이는 물론 사소한 것이기는 하지만, 복음서의 저자가 저마다 다른 저서를 묘사하려 한 것이 아니라, 집필을 위해 독자적인 원재료를 가지고 있었음을 증명하는 것이다. 이러한 원전이 그 뒤 필사자와 번역자, 그리고 어쩌면 수정자 등 여러 사람의 손을 거친 것은 확실한 일이며, 군데군데 그 흔적도 볼 수 있다. 그러나 이 사실은 기계적인 영감설에 대해 경고하는 것에 지나지 않는다. 이런 영감설은 영감이 어떤 것인지 경험을 통해 조금이라도 알고 있는 사람이라면 도저히 수긍하기 어려운 것이리라. 마치 단테가 더할 나위 없이 아름다운 시구로 자신에 대해 증명할 수 있었던 것처럼 말이다.

> "나는 생각을 집중하고 사랑의 숨결에 귀기울이며
> 그 속삭임이 진실임을 알고
> 옮겨 적을 뿐, 내 안에서 만드는 것은 없노라."
>
> —《신곡》 연옥편 제24곡 52절

---

*7 2세기 로마 철학자. 180년 무렵, 그리스도교에 대해 처음으로 비판서를 썼다고 하는데, 지금은 전해지고 있지 않다. (역자주)
*8 벨하우젠(1844~1918). 독일 신학자. 처음으로 구약성서를 비판적으로 연구했다. (역자주)

하느님의 은총을 받아 그 일을 위해 '부름을 받은' 복음서 기자들도 모두 이렇게 일을 한다. 4복음서도 그렇게 하여 기록된 것이다. 그런데 비판학자들은 이것을 모른다. 그들이 일하는 방식은 다르기 때문이다.

9월 4일

건강해지고 싶다면, 오랜 세월 헛되이 인간의 도움을 기다리지 말고, 늘 도와줄 수 있고, 또 돕기를 원하는 그분의 손을 지금 당장 붙들어라. 물론 여러 가지 인간적인 중개 같은 것을 빌려서는 안 된다. 이러한 구원이 앞서고, 거기에 의사의 힘이 보태져야 한다.

그분을 의심하거나 무시하는 자에게는 당신보다 훨씬 전에 한 분이 대답을 들었고, 그 뒤 무수한 사람들이 되풀이해 온 말로 조용히 대답하라.

요한복음 5장 5~8절, 9장 25, 39~41절 참조.

⚜

우리는 자칫 약 2000년 전에 우리와는 전혀 상관없는 나라와 민족에게서, 현대와 전혀 다른 사정 아래 성립된 세계관과 인생관을 왜 따라야 하는가 하는 문제와 의혹에 빠지기 쉽다. 교양인이라면 누구나 한 번쯤, 또는 더 자주 이러한 의혹이 마음에 솟아나는 것을 느낀 적이 있으리라. 그것은 자연스러운 일이다.

그러나 한편으로 생각하면, 우리의 생각에 새로운 기초를 처음부터 쌓아가기보다는 역사적인 근거 위에서 쌓아가는 것이 훨씬 쉽다. 그 다음으로 중요한 것은 지금까지 어떤 철학적 인생관이나, 어떤 다른 종교도 모든 사람에게 진정한 행복을 줄 수 있는 힘을 실제로 보여준 것은 없었다는 사실이다. 만약 어떤 나라에 진정한 그리스도교도들만 살고 있다면, 아마 '사회문제' 같은 건 전혀 일어나지 않을 것이다. 이것은 불가능한 일이 아니다. 이와 반대로 철학자만의 나라라는 것은 결코 있을 수 없다. 또 이슬람교와 불교의 나라가 무엇을 할 수 있는지는 우리 눈으로 쉽게 목격할 수 있다. 그런 나라의 사람들이 그 종교에 바치고 있는 열정이 우리 그리스도인의 종교에 대한 열정 이상인데도 말이다.

또 머지않아 사회주의 국가체제가 행복을 가져다주지 못한다는 것도 밝혀질 것이다. 이것은 확실하게 추측할 수 있는 일이다. 그러므로 우리는 무언가의 '신비적'인 첨가물 없이, 다시 말해 신앙을 떠나서 생각하더라도 오랜 역사의 그리스도교가 진정으로 그 최초의 예언자*⁹가 의도한 대로 실현되었더라면, 모든 것을 옳은 길로 인도할 수 있는 '축복받은 방문(복음)'이 되었을 것이라는 생각으로 끊임없이 되돌아가야 한다.

9월 5일

법은 지금이나 옛날이나 진실과 거짓의 기묘한 혼합물이다. 따라서 재판을 할 때 중요한 것은 가능한 한 그 진실한 부분만 살려서 활용해야 한다는 것이다. 그것에 대해 생각나는 것은 다음과 같은 말이다. "하느님은 인간을 단순한 존재로 만드셨지만, 인간은 온갖 꾀를 부리고 싶어한다."

왜 그런 것일까? 그 하나는 하느님이 원하는 단순한 삶은 개인적인 관계나 국가적인 관계에서 너무 단순하기 때문이며, 또 하나는 이기주의가 진리를 방해하고 있기 때문이다. 특히 하느님의 단순한 진리에 봉사하기보다 배우고 익힌 술책을 활용하는 편이 남보다 돋보일 수 있고 세력을 얻을 수도 있기 때문이다.

그리하여 진실한 법 관계 주변에 때로는 수세기에 걸쳐 전래되어 오는 거짓이나 반쪽짜리 진리 등, 어떤 기득권 같은 것이 발생했고, 건전한 법의 저항에도 법률과 재판에 의해 작위적으로 그 기득권이 존재해 왔다. 아주 드물게 위대한 인간이 나타나 하느님의 명령으로 이 기득권을 파괴하고 진리를 위해 다시 문을 여는 것이다.

단테 《신곡》 지옥편 제9곡 55~105행 참조.

⚜

요한복음 17장 3절*¹⁰은 그리스도의 입에서 나온 주목할 만한 확신을 담고 있다. 사도신경은 물론이고, 현대의 모든 신조도 이 확신으로 요약되는데, 이는 영원한 생명을 얻는 데는 그 이상 아무것도 필요하지 않다고 생각되기 때문이다. 하지만 이 장은 그 확신 뿐만 아니라 늙어서 다른 세계로 옮겨가기—

─────────────

*9 그리스도.
*10 영생은 곧 유일하신 참 하느님과 그의 보내신 자 예수 그리스도를 아는 것이니이다.

무덤에 들어가는 것이 아닌—직전에 어떤 사상의 담당자가 후손을 뒤에 남기고 갈 때 마땅히 품게 되는 감정을 아주 적절하게 표현하고 있다. 특히 11절*11·14절·15절에는 그런 감정의 적나라한 진실이 담겨 있고, 그 사실만으로도 이 복음서의 기록자는 상당한 노인이었을 거라고 추정할 수 있다. 그것은 또 인생의 마지막 행로에 이따금 드리워지는 단 하나의 애수의 그림자이기도 하다. 물론 그것은 그 뒤에 곧 열리는 다가올 행로의 빛으로 환하게 비춰질 것이다.

이 세상의 인생에서도 비교적 중대한 시기에서 다른 시기로 옮겨갈 때는 반드시 이러한 애수가 뒤따르게 마련이다. 제4절이 적용되는 경우는 언제나 드물게밖에 일어나지 않지만, 그 경우도 마찬가지이다.

이따금 이런 종류의 슬픔이 나타나면, 그 전의 16장 20절*12~22절의 말씀에 의해 극복하려 노력하고, 또 모든 일들이 어렵게 생각되지만, 현실 속의 일들은 그 자체 속에 어려움을 이겨내는 힘을 내포하고 있어 오히려 쉽다는 경험의 힘도 빌려 그 슬픔을 극복하지 않으면 안 된다.

9월 6일

이사야 38장 15절*13을 보라. 겸손은 인간의 성질 가운데 아마 가장 후천적인 성질일 것이다. 인간은 대개 너무 오만하거나 너무 겁이 많고 소심하거나 어느 한쪽의 성질을 타고난다. 진정한 겸손은 자신의 것이 아닌 어떤 힘이 주어져 있다고 느끼는 신비한 마음이다. 이것은 어디까지나 힘의 실감이지만, 그 힘이 하느님의 은총에 의한 것이라는 의식이 수반되어 있다. 따라서 이것은 유일하게 무해한 힘의 실감이다. 그러나 이스라엘의 예언자가 왕에게 한 것처럼 이러한 겸손은 오직 혹독한 고난의 시기를 견뎌내야만 사람의 마음에 생기는 법이다.

---

*11 나는 세상에 더 있지 아니하오나 저희는 세상에 있사옵고, 나는 아버지께로 가옵나니, 거룩하신 아버지여, 내게 주신 아버지의 이름으로 저희를 보전하사 우리와 같이 저희도 하나가 되게 하옵소서.

*12 내가 진실로 진실로 너희에게 이르노니, 너희는 곡하고 애통하겠으나 세상은 기뻐하리라. 너희는 근심하겠으나 너희 근심이 도리어 기쁨이 되리라.

*13 주께서 내게 말씀하시고 또 친히 이루셨사오니 내가 무슨 말씀을 하오리이까. 내 영혼의 고통을 인하여 내가 종신토록 각근히 행하리이다.

욥기 40장 4·5절, 42장 1~6절, 열왕기상 17장 24절을 보라.

이러한 겸손을 갖추었을 때 비로소 인간은 하느님으로부터 완벽한 행복을 얻을 수 있는 상태에 이른다.

역대하 31장 21절 참조.

❦

정말 좋은 결혼은 과연 어떤 것인지 다음과 같은 것으로 알 수 있다. 즉 내세의 새로운 삶을 생각할 때, 먼저 간 아내와 그곳에서 다시 만나는 것이 자명한 일로 느껴질 뿐만 아니라 반드시 그래야만 한다고 느껴져야 한다. 만약 아내와 다시 만나지 못한다면, 그는 정신적 자아의 일부를 잃어버린 것 같은 고통을 느낄 것이다.

9월 7일

진정한 내적 진보를 이루는 데는 언제나 세 가지 단계가 있다. 첫 번째 단계는 감격인데, 이는 마치 마른 땔감을 태우는 것처럼 탁탁 기세 좋게 소리내며 높이 타오르는 불꽃 같은 것이다. 두 번째 단계는 이 활활 타오르는 불꽃이 약간 스러지는 상태로, 바로 조금 전까지 불꽃 자체였던 사람과 같은 사람이라고는 도저히 믿을 수 없는 경우가 많다. 세 번째 단계는 끝없이 타오르는 석탄불이 쉬지 않고 주변에 따뜻함을 전하는 것처럼 조용하고 한결같은 불꽃을 닮았다. 거기에는 더 이상 조금의 동요나 변화가 없으며, 그 유익한 작용을 모든 사람이 확실히 알 수 있다.

중요한 문제에서 인간의 정신이 이 마지막 단계에 다다르면, 안으로는 평화, 밖으로는 힘이라고 불리는 활기찬 평안을 얻게 된다.

캄브리의 장 마리는 하느님을 향한 인간 영혼의 첫 번째 비상에 대해 다음과 같이 말했다.

"영혼이 태어났을 때의 본성을 극복하고 비천한 성향과 욕망을 거부할 때, 서광이 나타나 그 영혼을 비춘다. 하느님의 은총은 그 성스러운 뜻에 따라 영혼의 모든 행위를 인도한다. 완성의 이 첫 번째 단계에 다다를 때, 영혼은 완전히 자기를 버리고 하느님이 원하는 모든 것에 동의한다. 그때 하느님은 그 영혼의 소망과 생각과 사랑의 유일한 대상이 된다. 이제 영혼은 선과 덕이 가득 꽃핀 동산이 되어, 그 선과 덕이 영혼을 아름답게 꾸미며 천상의 빛을 그 위에 내리쬔다. 주는 영혼을 친밀하게 대하여 마치 영혼이 주와 하나가 된 것처럼 보인다. 아! 사람들이 이런 은총을 마음으로 느낄 수 있다면, 단 하루만이라도 그 즐거움을 얻기 위해 수많은 세계를 버릴 것이다."

이 말은 진실이며, 조금도 지나친 표현이 아니다. 그러나 그것은 아직 영혼의 즐거움이며, 그렇기 때문에 언제까지나 그곳에 머물러 있어서는 안 된다. 그것은 더욱 승화하지 않으면 안 된다. 왜냐하면 어떤 다른 고귀한 영혼을 가진 사람이 말한 것처럼, 우리가 이기심과 호기심에서 이 지상낙원—왜냐하면 그것은 실제로 하나의 낙원이므로—을 원하는 것을 하느님은 기뻐하지 않기 때문이다. 그럼에도 대부분의 사람들은 낙원이 있지도 않은 곳에서 낙원을 추구하며 또다시 이기주의에 기만당한다. 현대에도 수많은 종파의 창시자들의 전기에 이 사실이 기록되어 있다.

⚜

어떤 몽상가들은 언젠가 그리스도교가 다른 종교와 마찬가지로 그 신비적이고도 무거운 요소와 형식을 완전히 버리고, 진리와 사랑을 순수하게 정신적인 직관으로 승화하는 시대가 올 것이라 상상하고 있다. 그러나 인류는 누가 뭐라 해도 아직 그런 시대와는 멀리 떨어져 있고, 또 인간이 부분적으로나마 육체적인 것으로 이루어져 있는 한, 그런 상태에도 다다를 수 있는 힘은 아직 없다고 할 수 있다. 이러한 상태는 내세의 삶에서 생각할 수 있는 것으로 그곳에서는 종교도 틀림없이 다른 형식을 취하겠지만(요한계시록 21장 22절*14), 이 지상에서는 아직 생각도 할 수 없는 일이다.

9월 8일

그리스도의 신성에 대해 논의하는 것은 전혀 무익하다. 그리스도 생애의 비밀은 밝혀지지 않을 것이고, 또 밝혀져야 하는 것도 아니다. 누가복음 10장 22

---

*14 성 안에 성전을 내가 보지 못하였으니, 이는 주 하느님 곧 전능하신 이와 및 어린 양이 그 성전이심이라.

절*15을 보면, 삼위일체는 그 자체가 이해될 수 없고, 이렇게 말해도 되는지 장담할 수는 없지만, 밝혀질 수 없다. 삼위일체는 단순한 비유이지 설명이 아니다. 어쨌든 삼위일체는 유니테어리언주의(유일신교)*16와 이신론(理神論)이 오류이며, 살아 있는 하느님으로부터 인간을 떼어놓는 것임을 말해준다. 사도들의 견해에 대해 생각하게 하는 바가 가장 많은 부분은 고린도전서 15장 28절*17이다. 그러나 이 정의보다 하느님과 그리스도에 대한 확신, 또 분명히 우리 내부에 있으면서 우리의 자연적인 영혼과는 다른 선한 영혼에 대한 경험에서 얻은 내적 확신이 훨씬 중요하다.

⚜

그리스도교 최초의 전도자이자 문필가였던 바울의 편지는 의심할 여지없는 역사적 진실성을 가지고 있고, 따라서 각각 결정적인 의의를 가지는—이를테면 부활에 대한 고린도전서 15장 6절*18처럼—현존하는 가장 오래된 사랑의 증거일 뿐만 아니라 여러 교회와 개인에게 보낸 이 편지들은 수많은 중요한 교시와 조언을 내포하고 있다. 그 편지의 내용들은 그리스도의 말*19에 이어 하느님의 영혼으로 완전히 채워진 사람의 말로서 우리에게도 의의를 가지는 것은 당연하다. 마지막으로 이 편지들은 육체적인 나약함 속에서 수많은 박해를 받으면서도, 결국 진정 행복한 사람이 된 한 사람의 실례로서 우리를 격려해준다. 이 편지들은 그 뒤에 나타난 어떤 종교적 저술보다 더 많은 격려와 위로와 조언을 담고 있다. 그래서 종교개혁자들에게도 중대한 위기에 처했을 때 좋은 이정표가 되어 주었고, 또 앞으로도 그런 역할을 하게 될 것이다. 다만 이 편지들은 그것보다 조금 늦게 성립된 복음서보다 상위에 놓아서는 안 된다. 복음서는 분명히 더 높은 형태의 것으로 더 위대한 정신적 집중력을 가지고 기록된

---

*15 내 아버지께서 모든 것을 내게 주셨으니, 아버지 외에는 아들이 누군지 아는 자가 없고, 아들과 또 아들의 소원대로 계시를 받는 자 외에는 아버지가 누군지 아는 자가 없나이다.

*16 하느님의 유일성을 주장하고, 예수의 신성을 부정하는 교의와 교파.

*17 만물을 저에게 복종하게 하신 때에는 아들 자신도 그때에 만물을 자기에게 복종케 하신 이에게 복종케 되리니, 이는 하느님이 만유의 주로서 만유 안에 계시려 하심이라.

*18 (부활의 그리스도는)그후에 오백여 형제에게 일시에 보이셨나니, 그 중에 지금까지 태반이나 살아 있고 어떤 이는 잠들었도다.

*19 고린도전서 7장 10~12절 참조.

것이다.

이사야 53장 10~12절 참조.

9월 9일

현명한 사람들이 인간경멸이라는 한없이 어둡고 영혼을 손상시키는 감정에 사로잡히기 쉬운데, 그것을 구원해주는 것은 오직 동정심뿐이다. 그러나 이 동정심은 이른바 제6감과 같은 것으로 근본적으로는 오직 엄격한 고난을 통해 더 선한 사람들의 마음에 생기는 감정이며, 스스로 희생을 치르지 않고 타인에게 도움이 되지도 않는 나약한 동정 같은 것과는 다르다. 물론 세상에는 자신의 고통 때문에 남에게 더욱더 냉혹하고 무정해지는 사람들도 있다. 그들은 남들도 자신과 같은 고통을 겪어야 한다고 생각한다.

그러나 가능한 한 어떠한 삶도 고통스럽지 않도록 진심으로 배려하지 않으면 안 된다. 이것이 우리가 현실적으로 실천하고 있는 자선 행위보다 더 가치가 있다.

⚜

끊임없이, 그리고 가능한 한 많이 사랑의 씨앗을 뿌려야 한다. 학교 교육을 마친 뒤부터는 그것이 당신이 평생 해야 할 일이다. 물론 모든 씨앗이 다 싹을 내는 것은 아니다. 그렇다고 모든 씨앗이 다 돌투성이 땅에 떨어져 헛되이 사라지는 것도 아니다. 왜냐하면 이 세상은 절실하게 사랑을 원하고, 세상에는 사랑이 없더라도 늘 사랑을 존중할 것이기 때문이다.

씨앗을 뿌리는 방법은 하루하루 조금씩 알아가는 것이 좋다. 일단 그렇게 하겠다는 결심만 서면, 또 삶의 향락에 대한 욕망—이것은 사람의 에너지를 남김없이 요구하는 것이다—이 너무 강하지 않으면, 사랑의 씨를 뿌릴 기회는 얼마든지 생길 것이다.

그러니 한번 시험해보라. 시험해보고 시작해야만 가장 위대한 일도 성취할 수 있다. 또한 이 경우에는 틀림없이 하느님의 도움이 주어진다. 그것은 하느님이 같은 목적을 추구하고 있기 때문이다. 이제부터 당신은 공동의 사업에서 하느님의 조수이자 협력자이다.

요한복음 8장 12절, 13장 34절, 14장 12~15절 참조.

9월 10일

감각적인 생활에서 완전히 유리된 '정신적' 생활은 이 세상에서는 위험한 것이 될 수 있다. 그것은 자칫 사람의 마음에 공허감과 타인에 대한 무관심, 각박한 감정을 낳는다. 그런 생활에서 종교상의 그 냉혹한 폭군들과 종교적 박해의 도구가 된 사람들이 태어났다. 개인적으로는 조금도 흠잡을 데 없었던 그들이 그토록 많은 재앙을 불러일으켰던 것이다.

나는 다행히도 그런 사람들뿐만 아니라 일반적으로 단순히 이론적인 철학자와 신학자들에게도 늘 혐오를 느껴왔다. 이런 학자들은 사람들에게 아무 도움도 주지 않고, 사람의 마음을 위로하거나 향상시켜주지도 않는 문제를 두고 즐겨 논쟁을 벌인다. 나는 내 삶의 마지막 시간들을 그러한 유명한 학자들의 논의에 소비하고 싶지는 않다.

⚜

자신에 대해서 아무 말도 하지 않는 것이 가장 좋다. 말이나 편지도 그렇지만, 특히 일기 속에서는 더욱 그러하다. 자찬에 빠지면 불쾌한 뒷맛을 느끼게 되고, 또 자기 비난은 우리의 존재와 생명의 근원인 하느님 사업에 반하는 일이기에 이것 또한 해서는 안 된다.

타인은 대체로 우리를 정확하게 평가하는 법이다. 그런 것에 대해 걱정할 필요가 없다. 진정으로 유능한 사람이 오래도록 외면당한 적은 지금까지 한 번도 없었다. 대부분은 믿을 만한 지주와 의지할 곳을 필요로 하므로 자연히 그렇게 되기 마련이다. 자신에게는 자기 평가 대신 그러한 타인의 평가로 충분하다.

디모데전서 1장 16절, 6장 12절 참조.

9월 11일

인간애란 하느님에 대한 강한 사랑이라는 밑바탕이 없으면, 단순한 환상이며 자기 기만에 지나지 않는다. 왜냐하면 그런 경우에는 오직 가장 사랑해야 하는 것만 사랑하거나 자신을 사랑해주는 사람을 사랑하는 데 머무르며, 언제든 이 전제 조건이 사라졌다고 생각될 때는 놀랄 만큼 빨리 사랑이 식거나 완전히 버릴 결심을 하기 때문이다. 그런 사람들이 말하는 인간애란, 적당히 냉담한 일반적인 호의를 나타내는 그저 아름다운 말에 지나지 않는다. 그것은 맹수들이 배를 채웠을 때 주위에 보여주는 비공격적인 태도와 같은 것이다.

이러한 방식으로 사랑한다는 것은 해마다 수백만 명의 사람들이 정신적 또는 육체적 굶주림으로 죽게 할 수 있으며, 다른 사람들의 아픔에 대해서는 조금도 슬퍼하지 않으면서 자신이 느끼는 아주 하찮은 불편조차도 감수하지 않으려는 것이다.

⚜

인간들이 보다 솔직담백하게 교제하고자 한다면, 세상은 훨씬 살기 좋은 곳이 될 것이다! 마음에 없는 웃음을 짓지 않고, 또 남의 말 속에서 호의와 친절 이외의 의미를 찾으려 하지도 않고! 그런데 실은 사람들의 친절한 말은 탈레랑*20이 생각한 것처럼, '본심을 숨기기 위한 것'에 지나지 않는다는 잘못된 생각을 하는 경향이 있다.

그러나 결코 그렇게 생각해서는 안 된다. 순진무구한 어린이처럼 우리는 일단 남의 말에 선의와 성실을 가정하고 대하는 것이 좋다. 나중에 그게 아니었음이 밝혀지더라도 그편이 당신에게 훨씬 유익하다.

9월 12일

'이 세상에서 행복 이상의 무언가를 추구하는 사람은 행복이 그의 몫으로 돌아오지 않더라도 불평해서는 안 된다.'(에머슨) 이것은 조금 '실리주의'적이고 비웃는 듯한 뜻을 담고 있지만 진실하며, 실패한 많은 인생을 설명해주는 말이다. 실제로 우리는 이 '그 이상'과 '그 이하' 가운데 어느 하나를 선택하지 않으면 안 된다. 그러나 이 말은 행복이라는 것에 대한 최종적인 설명은 아니다.

세상에 행복은 있으나 우리는 그것을 모른다.
알고 있어도 중시하지 않는다.

—괴테 《타소》

---

*20 탈레랑(1754~1838), 나폴레옹 시절의 노회한 외무장관.

이편이 훨씬 더 진실한 말이다. 그러나 강하게 마음을 뒤흔드는 행복을 한 번도 느껴본 적이 없는 사람들은 그것을 상상할 수도 없고, 오로지 전래되어 오는 신화나 과장된 이야기쯤으로밖에 생각할 수 없지만, 그래도 그것은 건강한 진실이다.

✤

당신은 수많은 경험을 통해 최후에는 행복은 주체적이며 자신의 내부에서 찾아야 하는 것이라는 신념에 다다르게 될 것이다. 분명히 외적인 사건에서 일시적으로 행복한 기분을 느끼는 일이 있는 것은 사실이다. 그러나 그 기분이 오래 이어지거나 한 사람의 생애에 그런 일들이 끊임없이 잇따라 일어나리라고 기대할 수 있을까? 그렇지 않다는 것을 당신은 알고 있고, 또 모든 사람이 알고 있다. 그러나 당신이 늘 활동적으로 성실하게 살고, 하느님과 융화하면서 모든 사람들을 넉넉한 사랑으로 대하며 살고자 결심한다면, 그로 인해 얻을 수 있는 행복의 실감이 당신이 어려울 때도 흔들리지 않도록 확고하게 지켜줄 것이다. 뿐만 아니라 이따금 찾아오는 고뇌 속에서도 강한 마음의 위로를 경험하면, 훗날이 되어도 이 괴로웠던 시기를 행복했던 시간으로 기억하게 될 것이다.

또 그렇게 살면, 어떤 외적인 행운을 만나더라도 당신은 남에 대한 오만과 불손에 빠지지 않을 수 있다. 그런 약점은 세상에서 흔히 말하는 '행운아'에게는 늘 따라다니기 쉬운 것이지만.

9월 13일

사람들 대부분, 때로는 특별히 천부적인 재능이 있는 사람조차 자신이 겪는 것에 대해 그 자리에서 판단을 내려야 한다고 생각한다. 이를테면, 처음 만난 사람이나 또 두세 페이지 책장을 넘겼을 뿐인 책에 대해서도 그 자리에서 판단을 내려 나중에 다시 정정하지 않을 수 없게 되는 경우가 있다. 또는 잘못인 줄 알고도 자신의 생각만 고집한 결과, 자신의 품성을 망치고, 더욱이 이따금 남에게도 상처를 준다. 당신이 이런 습관을 가지고 있다면, 당신의 직업이 신문기자가 아닌 이상 그 습관을 빨리 버리도록 하라.

에머슨은 '영혼이 활발하게 활동하고 있을 때는 영혼불멸에 무관심한 법'이라고 말했다. 분명히 생애에서 아직 왕성하게 활동하는 시기, 즉 현세를 초월한 저 세상에 대해 끊임없이 몰두하는 것이 인간의 자세와 사고방식에서 어떤 병적인 경향을 뜻하는 시기에는 이 말이 진실일지도 모르지만, 노년이 되었을 때는 아니다. 나이를 먹으면 오히려 그 반대의 현상이 일어나게 된다.

이 세상의 것에 대해서는 뚜렷하게 흥미가 사라지고, 주로 피안의 삶에 관심을 가지기 시작한다. 마치 대대적인 이사를 하기 직전에는 이미 헌 집보다새 집에 마음이 가는 것과 같다. 그래서 톨스토이도 중병에서 회복되었을 때, '죽음에 대해 가까스로 각오하는 마음이 생겼는데, 이제 그것과 헤어져야 한다는 것이 실은 유감이다'라고 말했던 것이다.

> 이제 나의 길이 끝나가고 있다
> 아! 이 세상이여, 너에게 어떤 미련이 있으랴.
> 천국은 내가 꿈꾸던 곳
> 그곳으로 이제 나는 들어가야 하느니.
> 필요 없는 짐은 버리고
> 여행 준비도 마쳤으니
> 하느님의 평화와 은총 속으로
> 자, 기뻐하며 나아가리라.

9월 14일

경험에 비추어 보았을 때, 인간에 대한 신뢰와 하느님에 대한 신뢰는 일치하지 않는다. 오히려 한쪽이 다른 것을 배제하는 법이다. 영혼에 믿음이 충분히 갖춰져 있다면 하느님에 대한 신뢰가 훨씬 더 확실하다. 그러나 이 경우에도 고난과 마음의 고통이 사라지는 것은 아니다. 게다가 만약 제거된다고 하면, 그것이 대다수 사람들에게 완성의 과정에서 그리 좋은 것일 리가 없다. '십자가 지팡이는 무덤에 이를 때까지 우리의 허리를 계속 때린다. 그러나 그곳에서는 이것도 끝날 것이다.' 그렇지만 이미 그 전에 모든 것을 견딜 수 있는 힘이 생겨 결과적으로 모든 것이 유익해진다. 이것은 믿어도 된다.

그러나 인간은 그런 삶을 원하지 않는다. 그 지고한 의지를 따르지 않고, 또 그것에 합당한 삶이라는 의무를 조금도 지지 않고, 편안하고 늘 쾌락으로 가득한 삶을 살 수 있기를 원하고 있다. 역사 이래 인간은 생각할 수 있는 모든 방법으로 그런 탐욕의 생활을 추구해 왔다. 그러나 인류 가운데 극히 일부조차 그런 생활을 얻을 수 있었던 사람은 없었다. 하물며 모든 사람이 그런 삶을 산다는 것은 불가능하다는 것은 말할 것도 없다. 모든 사람에게 구원이 되는 것은 그것과는 완전히 다른 길에서 찾을 수 있다.

이사야 49장 14~26절, 50장 6~11절, 55장 1~12절, 시편 63편 8절, 보헤미아 형제단 찬송가 1009번 참조.

⚜

대부분의 정신적, 육체적인 병자, 특히 그 양쪽의 질병을 어느 정도 함께 가지고 있는 신경병 환자를 도와줄 수 있거나, 적어도 그 병을 가볍게 해줄 수 있는 치료법을 알고 있으면서도, 그들에게 좀처럼 그 요법을 권하여 사용하게 할 수 없음은 참으로 슬픈 일이다.

9월 15일

'당신이 나를 욕되게 할 때, 당신은 나를 크게 하셨나이다.'[21] 이 말은 일반적으로 사용되는 관용어구일 뿐만 아니라 인생경험을 여실히 표현하고 있다. 진정으로 선하고 위대한 것 가운데, 처음에는 작은 것에서 출발하지 않는 것은 드물다. 뿐만 아니라 대개는 그 전에 멸시와 굴욕이 주어진다. 그래서 첫봄의 폭풍에서 봄이 가까워졌음을 예감할 수 있듯, 굴욕에서 그 뒤에 올 성공을 확실하게 예측할 수 있는 경우가 많다. 만약 굴욕 속에서 나중에 그만큼 많은 은총을 내리려 하는 하느님의 손길을 느끼고 그 굴욕을 기꺼이 받아들일 수 있다면, 당신은 이미 큰 진보를 이룩한 것이다.

시편 65편 11~13절, 68편 20·21절, 71편 19~21절, 119편 67·71·75절, 신명기 8장 16절 참조.

---

[21] 사무엘하 22장 36절, 시편 18편 35절 참조.

진실을 있는 그대로 부풀리지 말고 얘기하라. 그것이 불가능할 때는 침묵하라. 이사야 6장 6~8절, 출애굽기 20장 16절, 23장 1절, 에베소서 4장 25절*22 참조.

9월 16일

눈앞에 살아 있는 가장 확고한 신앙은 역사에 뿌리내린 신앙이다. 인간의 마음에 다가와 있는 하느님이 확실하게 느껴질 때와 개인적인 경험을 통해 하느님의 존재에 대해 모든 의심이 사라질 때가 없는 것은 아니다. 그러나 그런 순간을 제외하면, 세계역사, 특히 이스라엘 민족의 운명이 우리에게 위안을 준다. 그리스인과 로마인은 오래전에 멸망해버렸지만 이스라엘 민족만이 오늘날에도 여전히 한 민족으로 존재하고 있는 것은 하느님이 이 민족을 버리지 않았기 때문이다.

그리스도에 대해서도 우리는 역사를 통해서만 진정으로 굳건한 신앙을 품을 수 있다. 로고스 이념에 의한 형이상학적 사상 따위는 아예 믿지 않는 사람들에게 거의 설득력을 가지지 않는다.

하느님의 정의와 사랑에 절망을 느끼기 시작하는 순간부터 하느님의 존재마저 의심스러워진다. 왜냐하면 정의도 사랑도 아닌 하느님은 높은 기상의 마음을 가진 인간에게는 견딜 수 없이 혐오스러운 우상으로밖에 생각되지 않기 때문이다.

❧

우리는 정의에 대해 배워야 된다. 이 세상에서 정의를 배우지 못하면, 또 다른 삶에서 새롭게 시작해야 한다. 그럴 바에는 이 세상에서 그것을 배워버리는 것이 좋지 않겠는가.

시편 49편 10~15절 참조.

---

*22 거짓을 버리고 각각 그 이웃으로 더불어 참된 것을 말하라. 이는 우리가 서로 지체가 됨이니라.

9월 17일

그리스도교가 우리에게 나날의 생활과 직업상의 임무를 전보다 더욱 충실하게 실천하고, 금전상의 문제에 이기적이지 않으며, 부와 명예에 대해 무관심할 수 있고, 모든 사람을 더욱 친절하게 대하며, 마음에 더 큰 기쁨과 미래에 대한 희망을 품게 하지 못한다면, 진정한 그리스도교라고 할 수 없을 것이다. 그것은 그리스도의 그리스도교가 아니라 종파 또는 교회를 위한 그리스도교일 뿐이다. 이미 그리스도교라는 말부터가 사람을 그르치기 쉽다. 만약 그 말을 오직 그리스도의 삶과 뜻에 따른다는 것 이외의 의미로 해석한다면, 그것은 잘못이다. 또 그리스도교가 도대체 무엇인지 곳곳에서 찾아 헤매는 사람이 있다면, 그 사람은 진정한 그리스도교를 구하고 있는 것이 아니라 해도 잘못된 말은 아닐 것이다.

애석하게도 현대의 대다수 교양인들은 그리스도교를 믿을 것인가, 아니면 뭔가 다른 생각과 철학을 선택해야 하는가 하는 문제로 방황하며, 그리스도교를—대개 외적인 이유에서—믿으려고 결심한 뒤에도 그중 어떤 '경향'과 '해석'을 선택할 것인지 하는 문제에 너무 집요하게 오래 매달려 있다. 그래서 그리스도교란 도대체 무엇인가, 그리스도교는 그것을 믿으려는 자에게 무엇을 요구하는가에 대해 현대의 다양한 견해와 학설의 잡음에 사로잡히게 되고, 진지하게 반성할 수 있는 충분한 시간을 가지지 못하게 된다.

오늘날 신앙의 자유는 우리의 구원과 생명에 이르는 길을 오히려 험난하게 만들었다. 그러나 이 길을 진실하게 걸어간다면, 이 길을 더욱더 신뢰할 수 있고, 더욱더 올바른 목표로 확실하게 이끌 수 있게 한 것도 사실이다.

⚜

하느님의 은총 아래 있다는 의식을 제외하면, 의무를 다했다는 의식이 가장 큰 행복감을 주는 것이다. 전자는 언제나 은총을 받을 자격과 상관없이 주어지는 것이므로 스스로 손에 넣을 수는 없다. 그러나 후자는 분명히 스스로 획득할 수 있다. 의무를 다하는 것은 완전히 우리의 마음먹기에 달려 있기 때문이다.

9월 18일

가장 강력한 인생철학은 용기와 하느님의 뜻에 대한 헌신이 올바르게 혼합됨으로써 성립된다. 그러므로 그 어느 한쪽이 제대로 나타나지 않을 경우에는 삶이 순조롭지 못하다.

강한 에너지가 어느 정도의 점액질[23]과 결합될 때는 그것이 전시든 평상시든 인생의 모든 일을 가장 많이 이룩할 수 있다.

'성공의 비결은 목적에 대한 흔들리지 않는 마음이다.'[24]

✤

이 세상의 악과 악인에게는 진리와 사랑을 합하여 맞서지 않으면 결코 대항할 수 없다. 악인과 같은 무기로 그들을 이기려 하는 건 도저히 승산이 없는 일이다. 악인은 자신의 영역 안에서는 거인 안테우스[25]의 이야기에 있듯이 매우 강하다. 하지만 남의 영역에서는 바로 자신과는 다른 영혼의 힘을 느끼고, 그것에 비해 자신이 나약함을 알게 된다. 이 점에 있어서도 온갖 종류의 사람들, 이를테면 평판 나쁜 세금징수인, 죄지은 여인들, 그 무렵의 현자, 종교가, 학자, 탐욕스러운 군중, 국왕과 총독, 그리스도를 부정했지만 그래도 구원받은 베드로, '버림받았던' 유다 등에 대한 그리스도의 태도에는 그리스도다운 면모가 그대로 나타나 있다. 현대에도 이렇게 어려운 상황에 있으면서도 가족과 교회와 국가, 또는 친구에게 의지하지 않는 것은 아무나 할 수 있는 일이 아니다.

9월 19일

나는 옛날, 내가 무보수로 사무를 도와준 적이 있는 이스라엘 사람에게 농담 삼아 '이 일에 대한 보수는 그가 아니라 이스라엘의 하느님한테서 받을 생각이다'고 말한 적이 있다. 그러자 하느님은 곧바로 내 말을 알아듣고, 그때부터 한동안 내 생애에 가장 괴로운 고통과 마음의 타격을 거의 쉬지 않고 나

---

[23] 지나치게 흥분지도 않고 갑자기 식지도 않는 성질.
[24] 디즈레일리.
[25] 안테우스(또는 안타이오스). 그리스 신화의 거인. 어머니인 대지에서 떨어지면 힘이 빠지고, 그것에 다시 발이 닿으면 당장 힘이 솟아난다고 한다.

에게 보내왔다. 그리고 이 글을 쓰고 있는 지금도, 나는 그때의 위대한 선물의 뜻을 제대로 평가하고, 그것을 잘 살리려고 유념하고 있다. 그 선물이 없었으면 이 책도 쓸 수 없었을 것이다. 유용한 저서와 진정한 행복은 둘 다 고통스러운 토대 없이는 얻을 수 없기 때문이다. 역설적으로 들릴지도 모르지만, 불행은 인생의 행복에 반드시 필요한 것이다.

⚜

신명기 4장 3·4절, 7장 9·10절,[26] 8장 205절, 10장 12·13절[27]을 보라.

주위를 둘러보며 지인들의 삶의 발자취를 관찰하고, 당신의 과거를 뒤돌아보며 과연 위에서 한 말대로 실천했는지 조사해보라. 그런 다음, 그대로 실천했다는 것을 알았으면, 근대의 진보설—이 설을 믿는 사람들의 의견에 의하면 그런 '낡은 옛일'은 앞으로 더 이상 믿고 싶지 않다고 하지만—이라는 요설로부터는 개인적 경험에 큰 영향을 받지 않으리라고 결심하는 것이 좋다.

그게 아니라면, 이러한 역사적 종교의 진화설이 성서가 보여주는 진리 대신 어떤 확신을 당신에게 줄 수 있을 것인가? 그 진리를 믿고 그저 겨우 인생을 버텨내기 위해서라도, 이미 특별한 은총을 받은 한 사람이 아니면 안 된다. 당신은 이미 얼마나 많은 사람들이 그런 삶을 살려다가 실패했는지 보아오지 않았는가? 진리로 조금이나마 행복해질 수 있는 사람은 아마 천 명 가운데 한 사람도 안 될 것이다. 게다가 그 사람이 늘 행복한지 어떤지 한번 물어보라. 시편 제71편 참조.

9월 20일

누군가 은혜를 저버리는 것을 견디기란 참으로 힘든 일이다. 그래도 이것은 당하는 쪽이 실제적으로나 정신적으로 우월한 입장에 있다. 그러므로 은혜를

---

[26] 그런즉 너는 알라. 오직 네 하느님 여호와는 하느님이시요, 신실하신 하느님이시라. 그를 사랑하고 그 계명을 지키는 자에게는 천 대까지 그 언약을 이행하시며 인애를 베푸시되, 그를 미워하는 자에게는 당장에 보응하여 멸하시나니……

[27] 이스라엘아, 네 하느님 여호와께서 네게 요구하시는 것이 무엇이냐? 곧 네 하느님 여호와를 경외하여 그 모든 도를 행하고, 그를 사랑하며 마음을 다하고 성품을 다하여 네 하느님 여호와를 섬기고, 내가 오늘날 네 행복을 위하여 네게 명하는 여호와의 명령과 규례를 지킬 것이 아니냐.

모르는 사람은 인내로 대하고, 또 감사할 줄 아는 사람은 그만큼 존중하는 것이 옳다. 누군가 은혜를 저버렸다고 비난해서는 안 된다. 상대가 선한 사람이라면 그것을 스스로 깨달을 것이고 악한 사람에게는 비난을 해봤자 아무런 자극도 되지 않는다. 오히려 비난을 들으면, 악인은 상대가 감사를 기대하여, 다시 말해 많은 칭찬과 보수를 예상하고 친절을 베풀었다는 것을 고백이라도 한 것처럼 생각하고, 오히려 마음의 짐을 덜 것이다. 악인의 눈에서 보면 상대는 다만 투자에 실패했을 뿐이고, 자신은 더 영리하게 행동한 것일 뿐이다.

⚜

　다니엘 10장 2~13, 19~21절을 보라. 하느님이 우리의 기도를 이내 들어주지 않거나 또는 들어주었다 해도 우리가 금방 알아차리지 못하는 경우가 많다. 이것은 우리가 나약해지는 원인이 되고, 나약함이 변하여 불신이 되기도 한다. 이렇듯 기도가 이뤄지는 데 시간이 걸리는 이유가 반드시 눈 앞에 제시되는 것은 아니다. 그러나 하느님의 종으로 일컬어지는 사람들은 그 끈질긴 기도가 언젠가 반드시, 가장 좋은 방법으로 이뤄진다는 확신을 끝까지 지니고 있어야 한다. 커다란 반석 위에 서는 것처럼 우리는 이 확신 위에 서지 않으면 안 된다. 그러면 하느님은 그동안 우리를 위로하기 위해 가끔 심부름꾼을 보내준다. 그들은 대개 평범한 사람으로 반드시 적절한 때에 나타난다. 때로는 그 사람들이 충언과 조력과 기도가 이루어진다는 확신을 우리에게서 얻기도 한다. 나 자신도 가끔 그런 일을 겪었다.
　더 이상 자신의 힘을 믿지 않고 늘 하느님의 힘을 믿을 수 있게 된다면, 그때 당신은 모든 일에서 승리를 수중에 넣은 것이다. 나아가서 당신은 환난을 기뻐하는 경지에까지 다다를 수도 있다. 그러나 이것은 이를 데 없이 높은 단계이다.

9월 21일
　아무런 은총도 받을 수 없는 죄인의 마음이 어떤지 실생활에서 면밀하게 관찰해 보라. 그러면 당신은 모든 사람에게 더 이상 미움을 느끼지 않고 깊은 동정심을 느낄 것이다.
　무슨 일에서나 화를 내는 일이 자주 있다면, 아직 자신을 지배하지 못하고 있는 것이다. 어떤 악에 대해서도 조용하게 저항하는 것이 승리하는 데 가장 좋은 방법이다.

❋

요한복음 12장 38~50절*28은 이 세상에서의 하느님 나라를 어떤 방법으로 든 대표하고 있는 모든 사람에게 좋은 교훈이 된다. 첫째, 그들은 많은 사람들이 자신을 믿어주지 않더라도 이상하게 여겨서는 안 된다. 둘째, 그들이 하는 말을 마음속으로는 믿으면서도 그것을 분명히 드러낼 수 없는 사람들도 많다는 것을 받아들일 수 있어야 한다. 셋째, 이것이 가장 중요한데, 그들은 이 세상을 심판하는 자가 아니라 구원하는 자가 되고자 해야 한다. 그리고 마지막으로 그들의 말을 경멸하는 자는 이미 자기 안에서 심판을 받고 있다는 것을 확신해야 한다.

그들은 언제나 하느님이 위탁한 것을 그대로 말할 뿐, 그보다 많거나 적게 말하지 않도록 주의해야 한다.

9월 22일

크롬웰*29이 그의 필생의 사업을 위해 준비하던 시절, 사촌누이인 세인트 존 부인에게 보낸 편지에서 자신은 이제 그 대가를 선불로 받고 있다고 말했다. 그렇다. 하느님은 모든 대가를 선불로 지불한다. 이제부터 하느님에게 봉사할 결심을 한 사람이 느끼는 기분은 오랜 세월에 걸치는 성실한 봉사 뒤에 느끼는 기분과 같다. 다만, 지속적이지 않다는 것이 유일한 차이일 것이다.

천국의 주요 부분은 이미 이 지상에서 주어진다. 보헤미아 형제단 찬송가 가 '하느님의 은총을 아는 사람은 이미 승리의 명예를 손에 넣은 것'이라고 노래한 것은 진실이다.

그러므로 그 승리의 명예를 스스로 버린다면, 자신에 대해 그만큼 무책임

---

*28 ······나를 믿는 자는 나를 믿는 것이 아니요, 나를 보내신 이를 믿는 것이며, 나를 보는 자는 나를 보내신 이를 보는 것이니라. 나는 빛으로 세상에 왔나니······내가 온 것은 세상을 심판하려 함이 아니요 세상을 구원하려 함이로라. ······내가 내 사의로 말한 것이 아니요, 나를 보내신 아버지께서 나의 말할 것과 이를 것을 친히 명령하여 주셨으니, 나는 그의 명령이 영생인 줄 아노라.

*29 올리버 크롬웰(1599~1658). 영국 청교도 혁명의 중심적 정치가.(역자주)

한 일이 된다. 히브리서 10장 26절 이하*30에서 용서받을 수 없는 죄에 대해 말한 것은 바로 이러한 죄를 가리키고 있다.

⚜

요한복음 10장 17·18절*31은 십자가에 매달린 그리스도마저 위로했음에 틀림없는 부활의 약속일 뿐 아니라, 또 다른 의미에서 우리 한 사람 한 사람을 위해서 한 말이기도 하다. 우리는 자신의 생명과 스스로 쌓아올린 인생마저 버리고, 그 대신 하느님의 힘에 의한 더 좋은 생명을 원해야 된다. 이것은 결코 쉽진 않겠지만 그렇다고 불가능한 일도 아니다.

9월 23일

바리새인과 율법학자들이 그리스도를 비난하여 했던 말은 적어도 그리스도의 성실한 제자라면 누구나 경험하지 않으면 안 된다. 그렇지 않으면 아직 그리스도의 제자라고 할 수 없다.

이따금 실생활에서 사람들이 우리를 적대하거나 편드는 것은 그들의 자유 의지에 의한 것이 아니며, 그들을 통해 우리에게 작용하고자 하는 하느님의 도구에 지나지 않음을 깨닫고 위로받을 때가 있다. 그러므로 미리 적이니 친구니 정해놓고 대할 필요가 전혀 없다.

이제 막 청년기를 끝낸 자연 그대로의 인간의 마음에는, 경험의 결과로서 모든 인간에 대한 뿌리 깊은 분노의 핵이 도사리고 있다. 이 분노의 핵은 하느님의 은총을 통해 남김없이 제거되지 않으면 안 된다. 그 과정을 거친 뒤에야 비로소 우리는 그리스도교인이 될 수 있다.

누가복음 6장 19~38절, 보헤미아 형제단 찬송가 282번 참조.

---

*30 우리가 진리를 아는 지식을 받은 후 짐짓 죄를 범한 즉, 다시 속죄하는 제사가 없고, 오직 무서운 마음으로 심판을 기다리는 것과 대적하는 자를 소멸할 맹렬한 불만 있으리라…….
*31 아버지께서 나를 사랑하시는 것은 내가 다시 목숨을 얻기 위하여 목숨을 버림이라. 이를 내게서 빼앗는 자가 있는 것이 아니라 내가 스스로 버리노라. 나는 버릴 권세도 있고 다시 얻을 권세도 있으니, 이 계명은 내 아버지에게서 받았노라.

마태복음 7장 1~5절*³²을 기억하라. 사람들을 심판하려 하지 말고 함께 살려고 시도해 보라. 만나는 사람마다 기회가 닿는 대로 뭔가 선한 일을 기원하고, 말하고, 실천하려고 노력하는 것이 좋다. 그리하여 그것이 당신의 행복에 얼마나 큰 변화를 주는지 알면, 당신은 틀림없이 놀랄 것이다.

9월 24일

언제 어디서나 사랑을 가지고 진리의 편에 서는 것, 이것이야말로 우리의 일상 생활에서 진정한 과제이다.

근대의 한 문필가―아마 철학자 니체―는 '쓰러져 가는 것은 더욱 쓰러뜨리지 않으면 안 된다. 그러면 강자, 나아가서 최강자만이 이 세상에 남는다'고 말했다. 그런데 그 자신도 만년에는 남의 힘을 크게 빌리지 않을 수 없었다. 만약 이 사상이 일반적으로 적용된다면, 그것은 거의 민족 대이동 시대의 도덕률과 같아서 쓰러지려는 자를 부축하고, 쓰러진 자를 도와 일으켜 세울 것을 가르치는 그리스도교의 도덕률과는 정반대가 된다.

이 세상의 경기장에 마지막으로 남는 것은 언제나 강자인 것은 틀림없는 진실이다. 하지만 그 강함은 과대평가된 인간의 힘이 아니라 의존하는 약자들을 돕는 하느님의 세계질서를 가리킨다. 이것은 오늘날에도 신뢰할 만한 진실이라는 것이 증명될 것이다.

마태복음 22장 44절, 다니엘 4장 31~35절, 시편 33편 9~18절, 고린도후서 12장 10절, 고린도전서 1장 13~29절 참조.

✤

가벼운 마음으로 살기를 원한다면 마태복음 6장 33·34절*³³에 따라 생활하면 된다. 이 말들은 내 생애의 한때, 나에게 철학이 할 수 있는 가장 좋은 역

---

*32 비판을 받지 아니하려거든 비판하지 말라. 너희의 비판하는 그 비판으로 너희가 비판을 받을 것이요, 너희의 헤아리는 그 헤아림으로 너희가 헤아림을 받을 것이니라.

*33 너희는 먼저 그의 나라와 그의 의를 구하라! 그리하면 이 모든 것을 너희에게 더하시리라. 그러므로 내일 일을 위하여 염려하지 말라. 내일 일은 내일 염려할 것이요, 한 날 괴로움은 그 날에 족하니라.

할을 해주었다. 마태복음 11장 30절, 요한1서 5장 3절*³⁴ 참조.

9월 25일

'그리스도교는 고귀한 성질을 가진 인간의, 진리와 마음의 완전한 평화에 대한 갈망을 풀 수 있다'는 경험으로 증명된 진리를 능가하는 것은 없을 것이다. 이러한 갈망을 풀어주는 자야말로 고뇌하는 인류를 구원하는 권능을 가진 진정한 구원자이다.

그리스도교는 비실천적인 이상주의가 아니다. 그 반대로, 이 세상에서 유일하게 실천할 수 있는 실제로 가장 효과적인 이상주의이다. 이것이 바로 이 세상에서 그리스도교가 가지는 영속적인 의의이다.

보헤미아 형제단 찬송가 733번·735번 참조.

⚜

마태복음 11장 27절*³⁵을 보면, 이른바 '신학'이라는 것은 언제나 이 적극적인 발언을 무시하지 않으면 안 된다. 그러나 우리는 이 말을 피하지 않고, 오히려 모든 '그리스도론', '그리스도전(傳)'을 버리고, 그리스도를 통해 직접 하느님에 대한 인식을 구해야 한다.

마태복음 8장 22절, 24장 35절, 요한복음 3장 36절.*³⁶ 5장 24·25절, 6장 35절, 10장 1절 참조.

9월 26일

많은 돈을 벌었다는 사람의 애기를 들으면—오늘날 특히 공업과 상업 사회에서—그 돈으로 그가 무엇을 하려는지 의문이 생기게 된다. 아무 목적도 없이 돈을 모아 오랫동안 기다려온 상속인에게 물려준다면, 그 이상 외로운 일이 어디 있고, 그보다 더 교양인에게 어울리지 않는 일이 어디 있으랴. 또 육체나

---

*34 하느님을 사랑하는 것은 이것이니 우리가 그의 계명들을 지키는 것이라. 그의 계명들은 무거운 것이 아니로다.

*35 내 아버지께서 모든 것을 내게 주셨으니, 아버지 외에는 아들을 아는 자가 없고, 아들과 또 아들의 소원대로 계시를 받는 자 외에는 아버지를 아는 자가 없느니라.

*36 아들을 믿는 자는 영생이 있고, 아들을 순종치 아니하는 자는 영생을 보지 못하고, 도리어 하느님의 진노가 그 위에 머물러 있느니라.

정신에 유익하지 않은 사치스러운 생활을 하기 위해 돈을 낭비하는 것도 그에 못지않다. 대부분의 벼락부자들은 이 사실을 잘 알면서도, 그래도 살아 있는 한 돈에서 헤어나지 못한다. 마찬가지로 그 돈으로 뭔가 합리적인 일이나 자선 사업을 시작하지도 못한다. 만약 그들이 재산을 그 일을 하는 데 적합한 사람—그런 사람은 언제나 어떤 사회에나 있게 마련이다—에게 맡길 수 있다면, 인간의 참상을 대부분 구제할 수 있을 것이다.

누가복음 16장 9~16절, 20~31절에서 언급된 부자도 그런 사람이었다. 그는 결코 나쁜 사람이 아니었으며, 다만 그 부를 의미 있게 쓰는 방법을 몰랐을 뿐이다. 오늘날의 부자들 중에도 그런 사람이 많지만, 성직자들 대부분은 그들에게 돈을 가치 있게 쓰는 법을 충고할 용기가 없다.

❦

요한복음 8장 1~12절*37을 보라. 이 이야기는 참으로 다양한 해석을 낳았다. 그 죄 지은 여인을 고발한 사람들은 그리스도의 말에 의해 '일시적으로 양심이 깨어났지만', 나중에 최초의 놀람—그러나 이 놀람은 오히려 그들의 명예가 될 뿐이었다—에서 깨어난 그들은 그리스도의 지나치게 너그러운 도덕을 비난하지 않았을까? 그렇다 해도 이 이야기는 이색적이며, 만약 주의 행적으로 보존되지 않았더라면, 틀림없이 애석한 일이었을 것이다. 이 이야기는 이른바 사랑을 베풀되 죄를 저지른 사람들을 우리가 어떤 태도로 대해야 하는지 보여주고 있다. 즉 엄숙함이 섞인 동정의 태도이다. 흔히 그렇게 하듯 그중 어느 한쪽만으로는 안 된다.

---

*37 서기관들과 바리새인들이 간음 중에 잡힌 여자를 끌고 와서 가운데 세우고 예수께 말하되 '선생이여, 이 여자가 간음하다가 현장에서 잡혔나이다. 모세는 율법에 이러한 여자를 돌로 치라 명하였거니와 선생은 어떻게 말하겠나이까?' 저희가 이렇게 말함은 고소할 조건을 얻고자 하여 예수를 시험함이러라. 예수께서 몸을 굽히사 손가락으로 땅에 쓰시니, 저희가 묻기를 마지 아니하는지라. 이에 일어나 가라사대 '너희 중에 죄 없는 자가 먼저 돌로 치라!' 하시고, 다시 몸을 굽히사 손가락으로 땅에 쓰시니, 저희가 이 말씀을 듣고 양심의 가책을 받아 어른으로 시작하여 젊은이까지 하나씩 하나씩 나가고 오직 예수와 그 가운데 있는 여자만 남았더라. 예수께서 일어나사 여자 외에 아무도 없는 것을 보시고 이르시되 '여자여, 너를 고소하던 그들이 어디 있느냐? 너를 정죄한 자가 없느냐?' 대답하되 '주여, 없나이다' 예수께서 가라사대 '나도 너를 정죄하지 아니하노니 가서 다시는 죄를 범치 말라!'

9월 27일

이유 없이 괴롭히지 않고 모든 것을 배려하며 사람에게 평화와 삶의 기쁨을 주는 것, 그리고 자신의 의무를 다하고, 단순히 쾌락을 위해 살지 말 것을 요구하는 것은, 인간과의 교류, 아니 더 넓게 하느님의 모든 피조물과의 교류에서 유일하고 올바른 원칙이다. 이 원칙에서 자유에 대해 교육하고 훈련할 수 있는 권리, 또 미개하거나 반미개한 지역을 정복할 권리, 나아가서 사람들의 이익을 위해 행사되는 한에서의 귀족계급의 권리와 인간을 통치하는 상대적인 권리가 태어난다. 그 이외의 지배는 모두 전제 정치로, 이는 지배자와 피지배자 모두를 부패시킨다.

좀 더 강력하고 선한 정치와 진정한 귀족계급—다만 귀족이라는 이름뿐 아니라 고귀하고 위대한 일을 의욕적으로 실천하여 솔선수범하는 본분을 지키는 계급—이 생긴다면, 모든 문명국의 민중들도 이들에 대해 전보다 더 많은 호의를 보낼 것이 틀림없다. 지금도 이미 그렇지만, 장래에는 틀림없이 더 큰 호의를 보여줄 것이다. 왜냐하면 민중은 하느님을 저버린 이래로 '통치의 결여*38'를 느끼고 있기 때문이다. 니체의 과장된 말도 지금의 그러한 마음의 한 표현에 지나지 않는다.

그러나 이제 그 누구도 현대의 민중을 움직여, 나쁜 정치와 향락을 좋아하는 귀족을 그 합법성과 종교적 근거를 토대로 존중하게 하는 것은 불가능하다. 그런 시대는 지나갔다.

✤

시편 81편 10~16절*39을 읽으라. 이것은 민족 전체에게나 한 개인에게나 분명히 한 번쯤 시도해 볼 만한 가치가 있는 요구이다. 이 요구에 따르지 않고, '근대적 세계관'에서 무엇을 얻고 있는가? 끊임없는 불안과 허다한 노고, 보잘 것없는 행복, 더욱이 한때의 관능적인 쾌락이나 허영심의 만족에 지나지 않

---

*38 사사기 5장 7절.

*39 나는 너를 애굽 땅에서 인도하여 낸 여호와 네 하느님이니, 네 입을 넓게 열라. 내가 채우리라 하였으나…… 내 백성이 나를 청종하며 이스라엘이 내 도 행하기를 원하노라. ……내가 밀의 아름다운 것으로 저희에게 먹이며 반석에서 나오는 꿀로 너를 만족케 하리라 하셨도다.

는 그 행복인가? 예레미야 1장 13·19절, 3장 25절·15절 15~21절, 17장 5~10절 참조.

우리는 누군가 의지할 수 있는 사람이 필요하다. 아무리 위대한 사람이라도 늘 혼자 충분하다고 할 만큼 강한 사람은 아무도 없다. 그런데 당신은 도대체 누군가가, 설령 그 사람이 가장 뛰어나고 강한 사람이라 할지라도—그런 사람이 늘 당신 옆에 있다고 할 수는 없지만—당신을 위해 하느님의 구원을 완전히 대신해줄 수 있다고 정말로 믿고 있는가?

직업적인 철학자가 아닌 일반인에게 세계관에 대한 문제는, 실제적으로 생각하면 결국 이런 물음에 도달하게 된다.

9월 28일

참으로 고귀하면서 일반적으로 감수성이 예민한 사람들에게는 그들의 종교, 철학적 신념이나 도덕적 생활에서의 어떤 결점을 직접적으로 비난해서는 안 된다. 그것이 정당한지 여부와는 상관없이 그들은 그 비난을 너무 강하게 느끼기 때문이다.

그런 사람에게는 그가 조금 위험한 샛길로 빠져든 것을 넌지시 암시해 스스로 알아채도록 해야 한다. 그러기 위해서는 때로는 오랫동안 침묵을 지키고 있는 것이 가장 좋은 방법일 수도 있다.

그러면 타인으로부터 듣는 것보다 스스로 훨씬 올바를 뿐만 아니라 엄격하게 진실을 따를 것이다. 또한 혹독한 시련에 빠져 있었을 때, 주위 사람들이 신뢰에 찬 인내와 이해와 배려로 자신을 대해준 것에 감사한다. 이에 반해, 타인이 자신에게 신뢰와 존경을 버렸다고 생각하면, 자칫 스스로 그것들을 버릴 수도 있다. 그러면 말로 다할 수 없는 커다란 손실이 생긴다. 대부분의 부모와 교육자들은 이것을 잘 이해하지 못하고 있다. 그리고 나중에서야 한 고귀한 생명의 폐허 앞에서 할 말을 잃고 서 있게 된다. 그렇게 무너지면 다시 세울 수 없는 경우가 많고, 또 그럴 수 있다 해도 전보다 더 큰 인내와 배려가 필요하다.

✤

천성이 인생을 엄숙하게 생각하는 경향을 가지고 있다면, 아마 마지막에는 다음과 같은 견해에 다다를 것이다. 하느님을 사랑하는 것이 가장 선한 일이고, 이 하느님에 대한 깊은 사랑은 바울이 그 제자 디모데에게 말한 것처럼 실제로 모든 일에 유익하며, '이 세상의 생명과 다음 세상의 생명의 약속'을 얻게 된다는 결론에 말이다. 이 사실을 확실하게 깨달았다면, 그것을 굳게 지켜가도록 하라.

디모데전서 4장 8절*[40] 참조.

9월 29일

어려운 일이 생겼을 때는 먼저 지성을 이용하여 올바른 길을 찾아내려고 노력해야 한다. 두 번째로, 완전한 예지(하느님)를 향해 묻는 가능성을 믿는다면, 그것을 활용해야 된다. 다음에는 일종의 자기애와 허영심, 명예욕, 이기주의, 고집, 그 밖의 '낡은 아담'이 지닌 어떤 성질이든, 그것들이 끼어들지 않도록 잘 감시해야 한다. 그리고 마지막으로 어떤 종류의 허위도 섞여서는 안 된다. 왜냐하면 허위는 악의 힘이며, 한 번 이것에 굴복하면 그것은 악의 권리가 되어 거기서는 어떤 선도 태어날 수 없기 때문이다. 이러한 전제가 지켜진다면, 어떤 어려움도 극복할 수 있다. 단 그것은 인간에게 맡겨지거나 부여되었을 때의 얘기이며 스스로 선택한 어려움의 경우가 아니다. 그러나 스스로 선택한 어려움이라도 이 전제 조건을 지키면 큰 손실 없이 극복할 수 있다.

사무엘상 2장 9·10절, 15장 22·29절, 22장 4절, 30장 6~8절, 야고보서 5~7절 참조.

❦

시편 제91편과 루터의 '하느님은 나의 튼튼한 망루'의 노래, 알텐부르크의 '실망하지 마라, 작은 무리여'의 노래*[41]는 큰 위험을 만났을 때, 또는 누구에게나 흔히 일어날 수 있는 일이지만, 아무리 강한 소수파에 들고 싶어도 무기력으로 인간의 정신이 위축되어 모든 싸움을 포기하고 싶어질 때, 가장 좋은 위안이 되는 노래이다. 그런 때는 이런 노래를 되풀이하여 부르며 기운을 회복해야

---

*40 육체의 연습은 약간의 유익이 있으나 경건은 범사에 유익하니, 금생과 내생에 약속이 있느니라.
*41 보헤미아 형제단 찬송가 657번·735번.

한다. 용기를 잃지 않는 것이 이 세상에서는 중요하다.

9월 30일

무거운 짐을 진 한 주 뒤에 맞이하는 일요일이 특히 기쁜 것과 같이 고난 뒤의 행복은 가장 상쾌하고 위험이 적다.

자기애에서 벗어나고, 그것이 다시 마음속에 싹틀 때마다 눈앞에 악마가 살아 있는 것처럼 증오하게 되면, 이미 하느님의 은총을 입었다고 확신해도 된다. 왜냐하면 그런 일은 우리 내부에서 하느님이 하는 행위이며, 하느님이 실제로 임하지 않고는 결코 일어날 수 없기 때문이다.

높은 산에서의 작별
잘 있거라, 푸르른 산이여
붉은 꽃 피는 광야여
자유의 기쁜 꿈은 사라지고
벌써 가을이 작별을 재촉하네.

짧은 여름은 지나가고
목자들도 골짜기로 내려갔네.
모든 산봉우리는 다시
하얀 눈에 덮였도다.

푸른 숲이여, 고맙다.
성스러운 곳에 있게 해주었으니
숲의 맑은 샘물을 길어
새로운 생명으로 나를 가득 채웠노라.

마음도 건강하게, 자질구레한 일에서 해방되어
의지도 자유로워졌네.
내 앞에는 약속의 땅과
하느님이 내려준 안식이 있을 뿐.

즐거운 휴식의 시간은 끝나고
나는 딴 사람이 되어 산을 내려간다.
작별은 괴로우나, 나는
구하고 있던 것을 마침내 찾았노라.

❧

이 세상 어느 나라에 살든 위대한 일과 선한 일을 하는 데 많은 사람이 쉽사리 내 편이 되어줄 것으로 기대해서는 안 된다. 위대한 일은 몇몇 소수에 의해 소규모로 시작되는 법이다. 그것을 유념하지 않으면 안 된다. 그리고 어린이를 교육할 때도, 그들이 소수파에 속하는 것을 아무렇지 않게 여기도록 이끌어 주어야 한다.

프리드리히 폰 겐츠가 '악마처럼 기뻐하며' 일기에 기록한 것은 분명히 맞는 말이다. 그는 위대한 일—어쩌면 차라리 대규모로 시작된 일이라고 하는 편이 나을지도 모른다—은 흔히 비참한 결말로 끝나는 경우가 있다고 말했다. 그러나 만약 그 일이 진정으로 위대하다면, 절대 그대로 끝나지는 않는다. 그것은 몇 번이고 되살아난다. 더욱이 그 일을 최초로 추진한 사람들에게는 가끔 인간적인, '너무나 인간적인' 것이 여전히 들러붙어 떠나지 않지만, 다음의 더욱 뛰어난 추진자 밑에서 그 일은 새롭게 되살아난다.

빛을 한없이 순수하게 포착하는 것은 인간에게는 참으로 어려운 일이다.

아직 순수하게 영적이지 않은 이 세상과 이곳에서 인간이 기울이는 모든 노력의 본질은 반쯤 암흑에 싸여 있다. 다만 우리가 할 수 있는 것은 어둠이 아니라 빛을 사랑하고, 또 끊임없이 한 걸음 한 걸음 빛에 다가가, 나중에는 완전히 빛을 견딜 수 있기 위해 전력을 다하는 일이다.

요한복음 3장 19절, 8장 12절,[*42] 누가복음 11장 36절 참조.

10월

10월 1일

  인생을 강인하게 살아가는 데는 두 가지 길이 있다. 그 하나는 이 세상의 이리들과 함께 짖으며, 바로 눈앞에 있으면서도 모든 사람에게 골고루 돌아가지 않는 삶의 쾌락을 얻으려고 서로 맹렬하게 물어뜯는 삶의 방식이다. 이 삶은 일반적으로 볼 수 있는 유물주의의 '생존경쟁'이다. 또 하나는 하느님과의 진정하고 성실하며 기쁨에 찬 교류에 도달하기 위해 정진하며 사는 길이다. 하느님과 교제하는 자에게는 생존경쟁이 필요하지 않으며, 또 마음에 우수(憂愁)와 무기력감이 끼어들 수 없다.

  이 두 가지 길의 중간에 있는 삶은 언제나 마음에 차지 않는 결과밖에 낳지 않는다. 대부분은 날마다 삶에 대한 끊임없는 불평을 양식 삼아 살고 있지만, 그 상태를 바꿀 수는 없는 일이므로 이것이 가장 어리석은 일이다. 하느님과 이 세상과 끊임없이 싸움을 되풀이하느라 그들은 너무 빨리 많은 힘을 소모한다. 그럼에도 오늘날 악인도 되지 못하고, 그렇다고 확실하게 선인이 되려 하지도 않는 이러한 형태가 인류 대부분의 삶이다. 단테는 이런 사람들을 '지옥의 입구'에 두었다. 지옥의 입구란 마음의 불안과 자신의 양쪽에 있는 강력한 인간들로부터 경멸에 시달리는 끊임없이 우울한 상태를 말한다.

  단테 《신곡》 지옥편 제3곡 50·51행 참조.

    '정의와 자비가 그들을 분노로 대하니
     우리도 말없이 그냥 바라보고 지나가도록 하자.'

  무슨 일이 있더라도 적어도 이런 자들의 무리에 들지 않도록 단호하게 결심하라.

  이사야 61장 1~3·10절, 히브리서 10장 35~39절, 요한계시록 3장 12·15절, 21

장 7·8절, 보헤미아 형제단 찬송가 978번 참조.

언제나

이제 작업도구는 망가졌다.
가장 어려운 일은 이뤄지고
내가 하는 모든 일은 무로 돌아갔다.
주여, 당신의 사업은 언제 시작되나이까?

깊은 꿈속에서 천천히
하나의 모습이 떠오른다.
아득히 먼 곳에서 목소리가 들려온다.
"이겨내라, 희망은 머지않아 이루어지리니."

나의 마음이여, 너는 죽음도 아니요 생명도 아닌
조용한 신뢰로 가득 차 있다.
너는 어둠도 빛도 아니요
기분 좋은 떨림을 느끼는 새벽 어스름이다.

⚜

요한복음 12장 27·31·35·36절, 시편 89편 20~52절을 보라.
인간은 내적으로 상당히 진보한 삶을 살면서도 때때로 느닷없는 슬픔에 빠질 때가 있다. 그것도 다른 때라면 거의 마음에 두지 않았을 이유 때문에. 그런 때는 우리의 내면에서 빛이 사라진 것처럼 느껴지거나 우리가 어떤 보이지 않는 적의 힘에 맡겨진 것처럼 느껴진다. 아마 이런 경우에는 우리가 이해할 수 없는 뭔가가 일어난 것인지도 모른다. 그럴 때는 될 수 있는 한 말수를 줄이고, 행동을 삼가며, 오로지 하느님에게 '우리의 저항력이 다하기 전에 이 시간에서 한시 빨리 빠져나가게 해주소서' 하고 기도하는 것이 가장 좋다.

10월 2일

인생에서 가장 먼저 알아야 할 것은 자신이 진정으로 무엇을 이룩하고 싶은 가이다. 그리고 그것을 알게 되었으면—그것을 위해 사람들은 보통 인생의 반 이상을 소비한다—그 목표와 함께 수단도 얻고자 노력해야 한다.

그러므로 하느님에게 몸을 맡기고 하느님을 기쁘게 할 수 있는 사람—이것은 크리스천이라는 말을 일반인이 이해하기 쉽도록 바꿔 말한 것이다—이 되고 싶다면, 고난마저도 원하지 않으면 안 된다. 인간의 자연스러운 마음이 원하는 끊임없는 안일한 향락을 바라서는 안 된다. 이러한 종류의 고난은 아무렇게나 오는 것이 아니며, 또 하느님과의 관계가 진정 확고한 것이 되면, 걱정과 절망이 어김없이 사라지므로 많은 일을 견딜 수 있다.

재능을 키우고 노년에 이를 때까지 그것을 유지하고 싶다면, 많은 선행을 실천해야 한다. 이것이 가장 확실한 방법이다.

올바른 활동을 하기 위해서는 더욱 완전한 사람이 되는 길밖에 없으며, 완전한 사람이 되기 위해서는 선행에 익숙해지는 길밖에 없다. 단순한 지식과 사색만으로는 안 된다.

❦

'기운을 잃지 말라. 용감해져라. 위안은 필요한 때 반드시 주어질 것이다.'

토마스 아 켐피스의 이 말은 괴로운 시기에 가끔 내 마음속에 말을 걸어왔다. 그리고 곧 위안이 주어졌다. 하기는 이 말은 대개 위안이 간절하게 필요한 때가 되어서야 주어졌지, 결코 그 전에는 아니었다. 왜냐하면 우리는 하느님 이외의 어떤 것에서도 위안을 구해서는 안 된다는 것을 배우고, 또 스스로는 힘을 조금도 비축해두어서는 안 되기 때문이다.

고린도후서 4장 7~9절,[1] 12장 7~10절, 요한복음 12장 48~50절, 누가복음 18장 8절, 21장 28절 참조.

---

[1] 우리가 이 보배를 질그릇에 가졌으니, 이는 능력의 심히 큰 것이 하느님께 있고 우리에게 있지 아니함을 알게 하려 함이라. 우리가 사방으로 우겨쌈을 당하여도 싸이지 아니하며, 답답한 일을 당하여도 낙심하지 아니하며, 핍박을 받아도 버린 바 되지 아니하며, 거꾸러뜨림을 당하여도 망하지 아니하리라.

10월 3일

나는 한 번도 정식으로 점을 쳐 본 일이 없다. 그런 신비스러운 일에는 늘 혐오감을 느끼고 있었다. 그런데 내 쪽에서 아무것도 시도하지 않았는데도, 그 뒤에 곧 죽은 사람들에게 내 생애의 중대한 시기에 뭔가 눈앞에 변화가 다가오고 있다는 경고를 받은 적이 여러 번 있었다. 그 사람들도 결코 의도적으로 미래를 예견한 것이 아니며, 생각지도 않은 일에서 우연히 그들에게 그런 예견이 나타났을 뿐이다. 그러므로 이러한 예언이라면 있을 수 있는 일이라고 생각된다.

민수기 23장 23절 참조.

⚜

당신이 '사회문제'를 실천적으로 더 깊이 탐구해보고 싶다면 그럴 기회는 얼마든지 있으며, 나는 그것에 대해 조금도 이의가 없다. 이에 반해 단순한 이론적 연구는 당신에게 도움이 되지 않을 뿐만 아니라, 그런 것에 대해 쓴 글이라면 이미 남아돌 만큼 많이 나와 있다.

그러나 이 문제의 가장 좋은 해결책은 실천력 있는 그리스도교라는 생각을 확고하게 가지는 것이다. 이 신앙이 없으면 아무리 좋은 생각을 가진 사람이라도, 그 임무를 수행하는 데 필요한 부단한 의지와 인내심을 가질 수 없다. 뿐만 아니라 증오와 질투, 운명에 대한 불만 같은 감정에서 벗어나는 것이 영락한 빈곤계층을 그 참상에서 구해야 하는 사회적 동기[2]에 의해 이루어진다면, 그것은 윤리적 질서와 일치하지 않는다. 그러나 이 질서에 맞서 싸우는 것은 절대로 불가능하다. 이것은 언젠가 가까운 시일 안에 새롭게 증명될 것이다.

요한복음 13장 34절,[3] 6장 15·26·27절 참조.

10월 4일

현대인이 그리스도교라는 영원한 마음의 안식에 이르는 길에서 등을 돌리는 것은 그리스도교 본질 때문이 아니다. 뿐만 아니라 현대인들은 이 종교를

---

[2] 유물론적 사회주의 운동을 가리키는 것일까?(역자주)
[3] 새 계명을 너희에게 주노니 서로 사랑하라! 내가 너희를 사랑한 것같이 너희도 서로 사랑하라.

그 첫째가는 성서를 통해 확실하게 알려는 노력조차 하지 않는 경우도 있다. 그렇다고 그리스도교가 지나치게 엄숙해서도 아니다. 그들 가운데에는 성서를 통해 위안 가득한 확신을 얻을 수 있고, 그들에게 없는 영혼의 평화, 건강까지 얻을 수 있다면, 어떤 힘든 노력도 마다하지 않을 각오가 되어 있는 사람도 적지 않다.

그들이 반감을 가지는 것은 바로 이 종교의 인간적인 지도자에 대해서이다. 특히 온갖 비난을 받아 마땅한 각 파의 대표 성직자들, 어릴 때부터 불쾌한 기억을 가지고 있는 퇴색한 교리, 이교국의 정책보다 나을 것이 없다고 생각되는 그리스도교 국가의 정책, 그들의 귀에 낯설고 불쾌하게 울리는 가나안 지방의 말, 마지막으로 종파 조직, '집집마다 자주 돌아가면서 빵을 나누는 일(가정예배)'과 그때 벌어지는 남에 대한 소문, 도를 넘어선 개인숭배—설령 그것이 정당한 것이라도 일찍이 유다와 최초의 제자들을 노하게 했다. 마가복음 14장 4~10절 참조—'같은 신도'에 속하지 않는 다른 사람에 대한 경멸, 등등이다.

그러나 설령 당신이 이와 같은 생각을 가지고 있다 해도, 그 이유들이 과연 더할 수 없이 위대한 것을 거부하는 데 충분한 이유가 되는지 깊이 생각해 보라. 특히 현대처럼 국가와 교회가 신앙을 강요할 수 없는 시대에는 신앙에 전혀 필요하지 않은 형식을 떠나 직접적으로 그리스도에게 다가갈 수 있는 것이 아닐까? 굳이 친척 관계를 맺지 않더라도 지금 살아 있는 사람에게 다가갈 수 있는 것처럼, 아니 오히려 그보다 더 쉽지 않을까? 그 점을 잘 생각해보기 바란다.

우선 '그 주변에 달라붙어 있는' 모든 것을 버려라. 그래도 마음이 놓이지 않는다면 오늘날의 교회에 의지하지 않아도 된다. 그러나 마음의 염원을 담아 "주여, 나를 도와주소서" 하고 말하라. 이 기도는 이미 수많은 사람들을 구했다. 특히 현재 신경쇠약이나 히스테리로 불리는 질병에는 이것이 유일한 근본적인 치료법이다. 하지만 그러려면 의지와 사고력이 완전히 사라질 만큼 병이 진행되기 전에, 때를 놓치지 말고 이 요법이 시도되어야 한다.

마태복음 11장 28~30절, 12장 20·32·43~50절 참조.

‌‍‌‍‌‍‌‌‌‌‌‍‌‍

⚜

조용히 진리를 말하라. 너무 격렬한 논쟁조가 되어서는 안 된다. 그러나 이를 위해서는 반드시 '진리의 영혼'을 지니고 있어야 한다. 그 영혼은 태어나면서부터 모든 사람에게 주어지는 것이 아니고, 또 교회와 그 밖의 단체에도 존재하지 않으며, 한 사람 한 사람의 인간에 대한 하느님의 개별적인 선물이다. 요한복음 14장 17절, 16장 13절, 15장 26절*⁴을 보라.

진리의 영은 본디 교회법과 개인적인 모든 자유의 근본사상이다. 특히 진정한 칼뱅주의가 이룩한 위대한 업적이며, 진정으로 뛰어난 사람들이 모두 가지고 있는 감화력의 근원이기도 하다.

10월 5일

인간이 하느님에게 바칠 수 있는 유일한 선물은 인간의 의지이며, 하느님이 가치를 두는 것도 이 선물—그 밖의 것은 모두 하느님의 선물이다—뿐이다. 그리고 인간이 이 의지를 온전히 하느님에게 바친다면, 이렇게 말하면 불경하게 들릴지도 모르지만, 그때 하느님은 하느님의 마음을 인간의 것으로 하여 그 뒤에는 인간의 기도—이 기도 자체도 하느님에 의해 인도되지만—를 모두 이루어준다. 그러므로 인간은 오로지 기도하고, 그것을 받으면 된다. 하느님은 시편 81편 10절에서 "네 입을 넓게 열라. 내가 채우리라"는 말로 인간에게 그것을 촉구했다.

우리가 알고 있는 하느님은 한없는 사랑으로 가득한 분이며 하느님의 소망은 인간에게 가장 중요한 것, 아니 모든 것이고, 또 인간의 나약한 본성을 손상하지 않는 한 많은 것을 이미 이 지상에서 인간에게 주는 것이다. 그러나 애석하게도 인간의 나약한 본성은 무척 작은 행복밖에 감당할 수가 없다.

---

*4 요한복음 14장 17절, 저는 진리의 영이라 세상은 능히 저를 받지 못하나니, 이는 저를 보지도 못하고 알지도 못함이라. 그러나 너희는 저를 아나니 저는 너희와 함께 거하심이요, 또 너희 속에 계시겠음이라.

요한복음 16장 13절, 그러나 진리의 성령이 오시면 그가 너희를 모든 진리 가운데로 인도하시리니, 그가 자의로 말하지 않고 오직 듣는 것을 말하시며, 장래 일을 너희에게 알리시리라.

요한복음 15장 26절, 내가 아버지께로서 너희에게 보낼 보혜사, 곧 아버지께로서 나오시는 진리의 성령이 오실 때에 그가 나를 증거하실 것이요.

세상은 당신을 사랑하지 않을 때는 언제나 당신을 미워할 것이다. 세상이 사랑하는 것은 심신이 모두 이 세상에 속한 자뿐이다.

요한복음 15장 18~24절*⁵을 읽고, 당신은 이 미움을 견디는 것을 배우고, 그것을 너무 크게 생각하지 말아야 한다. 이것은 어쩔 수 없는 일이며, 당신의 활동에 필요한 가치와 명예는 하느님이 배려해줄 것이다. 따라서 그것 또한 신앙의 시련 가운데 하나이다.

요한복음 5장 44절 참조.

10월 6일

그리스도교는 건강하지 못하고 병적인 것을 이기기 위해서 어디까지나 건전해야 한다. 그 병적인 것들은 치료를 구하려고 또는 비만에 걸려서 끊임없이 그리스도교로 몰려오기 때문이다.

이것이 바로 그리스도가 그토록 자주 제자들을 떠나, 홀로 산상에서 새로운 힘을 기도하지 않으면 안 되었던 이유이기도 하다.

그러므로 특히 정신적 병자들이 끊이지 않고 찾아오는 이른바 '기도치료소'의 모습은 그것과는 완전히 반대이다. 그곳에 오래 있으면 어떤 사람도 병들지 않을 수 없을 것이다.

✦

'일어나라! 빛을 발하라! 이는 네 빛이 이르렀고 여호와의 영광이 네 위에 임하였음이니라.'*⁶ 당신은 오로지 빛으로 있으면 된다. 그러면 틀림없이 빛날 것이다. 그때 어둠은 당신을 사라지게 하기 위해 온갖 수단을 시도한다. 그러나 언제나 어둠에는 방해받는 일 없이 계속 빛을 발하게 하는 것이 들어 있다. 왜냐하면 어둠 또한 어둠으로 불리는 것을 좋아하지 않고, 빛 또는 개명(開明)으로 불리고 싶어하기 때문이다.

---

*5 세상이 너희를 미워하면 너희보다 먼지 나를 미워한 줄을 알라. 너희가 세상에 속하였으면 세상이 자기의 것을 사랑할 터이나, 너희는 세상에 속한 자가 아니요, 도리어 세상에서 나의 택함을 입은 자인 고로 세상이 너희를 미워하느니라.
*6 이사야서 60장 1절.

요한복음 8장 12절,*7 9장 39절 참조.

10월 7일

일단 완전하게 사랑의 나라에 들어가면, 이 세상은 아무리 불완전해도 아름답고 풍요로운 곳이 된다. 왜냐하면 이 세상은 가는 곳마다 사랑의 기회로 가득 차 있기 때문이다.

❦

악은 공격을 받으면 반드시 저항한다. 이것은 참으로 자연스러운 일이다. 그러나 이해하는 사람은 그리 많지 않지만, 선이 완전히 '비공격적'으로 대하는 경우에도 악은 자신을 방어하지 않을 수 없다. 대개 악을 대표하는 것이 약하기 때문이다. 다시 말해 빛이 비치면 어둠은 곧 물러가지 않으면 안 되기 때문이다. 즉 어둠은 빛과 함께 공존할 수 없기 때문에, 빛이라는 존재 자체가 늘 어둠에 대한 공격이 되는 것이다. 그래서 어둠은 반드시 빛을 없애려고 애쓴다. 그것은 여러 가지 방법으로 시도되며, 때로는 빛과 비슷한 것을 써서 성공하는 일도 있다. 대부분의 사람들에게는 그 빛 자체가 실은 어둠이며, 특히 대부분의 철학과 다양한 종류의 '계몽주의'가 일반적으로 거기에 속한다. 그것들은 빛이 아니라 빛처럼 보이거나, 또 빛으로 착각하게 하는 어둠에 지나지 않는다.

일찍이 그리스도의 출현은 어두운 이 세상에 나타난 가장 큰 빛이었다. 그로부터 지금까지, 이 빛은 완전히 사라진 적이 없었다. 때로는 위태롭게 흔들리기도 하지만, 반드시 그 뒤에 새롭고, 더욱 조용하게 타오른다.

요한복음 1장 6~12절, 누가복음 11장 52절 참조.

10월 8일

하느님의 질서에서 생각하면, 인간을 지배할 지배자는 자신은 염두에 두지 않고 오로지 모든 사람의 종이 될 때 합법적이다. 그 밖의 지배는 모두 잘못된 것이다. 또 모든 지배자는 이 질서에 따라 비판받아야 한다.

---

*7 나는 세상의 빛이니, 나를 따르는 자는 어둠에 다니지 아니하고 생명의 빛을 얻으리라.

＊

인간과 세계에 대해 알면 알수록, 그리스도의 위대한 예지에 놀라지 않을 수 없다. 마찬가지로 그의 세계관 대신 다른 세계관을 세우려는 사람들의 어리석음에 놀라지 않을 수 없다.

다른 세계관을 세우려는 태도의 밑바탕에는 확실히 예지가 결여되어 있다. 이 점을 잘 이해하고, 사람들이 말하는 '이상주의' 따위는 이제 입에 올리지 않도록 하라. 진정한 이상주의는 사물을 그 겉모습으로 보지 않고 있는 그대로 진실로 보는 것이다.

10월 9일

그리스도교를 간단한 말로 정리하여 이해하고 싶다면, 요한복음 제3장을 읽어보라. 그런데 이 가르침은 그리스도교 세계의 한복판에 있는 우리들 사이에도 거의 2000년 전과 다름없는 오해가 남아 있다.

오늘날 교회의 정통적인 교의와 학문, 박애사업도, 그것이 인간의 본성을 바꿀 수 없는 한 진정한 생명에 이르는 데 충분한 도움이 되지 못한다. 바꿔 말하면, 그리스도교의 요구가 인간에게 자연스러운 것이 되고, 또 자연스러운 것이 그렇듯이 친숙하고 당연한 것이 되어야 한다. 그렇게 되면, 인간은 더 이상 그리스도교의 요구에 대해 생각하며 뭔가 결의할 필요가 없게 된다. 반면 그리스도교에 반하는 것에는 저절로 혐오가 느껴져서, 그것을 참는다는 것이 견딜 수 없는 고통이 되리라. 여기까지 다다르면, 요한이 자신의 경험을 통해 그 첫 번째 편지 속에서 주장한 것, 즉 하느님이 명하는 일은 전혀 어렵지 않다는, 일반적으로는 믿을 수 없는 사실이 진실이 되기 시작한다. 자연스러워진 것은 특별히 어렵지 않기 때문이다.

이상의 사실을 깊이 묵상해보라. 당신도 거기에 다다르지 않으면 안 되며, 실제로 다다르게 될 것이다. 그것이 삶의 목적이다. 그것에 다다를 때까지는 나와 함께 편안하게, 자신을 오직 그리스도교의 벗이자 학생이라고 생각하라. 그러면 우리는 매우 좋은 길동무가 될 수 있다. 왜냐하면 나는 평생 완전히 자연스러운 그리스도교인을 그리 많이 만나지 못했기 때문이다. 그러나 그런 그리스도교인들은 가톨릭과 개신교 양 파로 거의 나뉘어 있고, 특히 남성보다 여성에게 많다.

인간 교육에도 중요한 일이지만, 사람들을 사랑하고 싶으면 남을 심판하는 것을 그만두어야 한다.

젖먹이와 어린이, 또 그 밖의 어떤 사람이라도 그들과 정신적 관계를 유지하고 있는 한, 당신이 그들을 심판하고 있는지 어떤지 그들은 본능적으로 느끼는 법이다. 그러면 그들에게도 그리스도가 마태복음 7장 2절[*8]에서 말했던 일이 일어나게 된다. 즉 그들 또한 심판하는 것이다. 그것도 매우 엄격한 척도로. 이렇게 되면 이미 신뢰의 끈은 끊어지고, 증오와 불신의 벽이 생겨 모든 참된 교육이 방해를 받는다. 우리의 많은 학교와 가정이 이 병에 걸려 있다. 고등동물을 조련하는 경우도 이와 같다고, 말이나 개를 잘 아는 사람이라면 누구나 그렇게 말할 것이다.

10월 10일

'그리스도론', 이것은 실로 묘한 말이다. 이런 말과는 가차 없이 인연을 끊는 것이 좋다. 왜냐하면 그리스도가 우리와 같은 생활 조건을 가진 같은 종류의 인간이라면 굳이 그리스도론 따위는 필요하지 않다. 그의 생애와 위업을 설명하는 데는 좋은 전기가 있으면 충분하다. 그러나 아직 그런 전기는 아무도 쓴 적이 없다. 그렇다면, 그리스도는 우리와는 종류가 다른 사람으로 적어도 이전에도 이후에도 없을 만큼, 아니 더 정확히 말하면 결코 있을 수 없는 방식으로 하느님에 의해 영적인 생명이 주어졌다면, 그리스도의 본성, 또는 그 이중성[*9]을 설명하기란 절대로 불가능하다는 얘기다.

이에 대해서는 그리스도가 참으로 또렷하게 되풀이하여 말했고, 모든 설명을 사전에 거부했다. 그렇지만 그리스도는 그의 본질에 대해 잘못된 생각을 가진 사람이 있음을 부정하지 않았다. 이것은 그리스도에 대한 성실한 사랑만큼 중요한 문제는 아니다. 실로 수많은 그리스도교인이 그리스도의 본성에 대한 이해할 수 없는 교의에 두려움을 느끼고, 그리스도교를 떠나고 있다.

이러한 교리문답 공식을 지나치게 중시하는 것은 좋지 않다. 오히려 그리스

[*8] 너희의 비판하는 그 비판으로 너희가 비판을 받을 것이요, 너희의 헤아리는 그 헤아림으로 너희가 헤아림을 받을 것이니라.

[*9] 하느님과 인간이라는 이중성.

도가 자신에 대해 말한 것에 의지하는 것이 낫다. 물론 신앙을 토대로 해서이다. 어떤 시대에도 그랬던 것처럼, 오늘날에도 더 이상의 설명은 불가능하기 때문이다.

마태복음 5장 20절, 8장 22절, 11장 27절, 12장 31·32·48~50절, 15장 7·8·14절, 17장 5, 21장 42·44절, 23장 9·10절, 24장 35절, 26장 63·64절, 27장 43·63절, 28장 18절, 마가복음 3장 28·29절, 13장 31·32절, 누가복음 5장 17절, 7장 23절, 9장 50·60절, 10장 22절, 11장 52절, 요한복음 2장 25절, 3장 36절, 4장 24절, 5장 22·30절, 6장 37·40·51절, 7장 17·38절, 8장 31·32절, 9장 39절, 10장 30·34~36절, 11장 26절, 12장 44~46절, 14장 10~13·23절, 15장 7·26절, 17장 3절, 18장 37절 참조.

❧

인간의 영혼은 아무리 젖먹이의 영혼, 또는 범죄자의 영혼일지라도 그 사람과 하느님만의 것이다. 그러므로 억지로, 또는 강압적으로 사람의 영혼을 마음대로 움직이려 하거나 영혼 속에 억지로 들어가려 해서는 안 된다. 이것은 설사 법률로 어떤 인간의 육체적 존재를 마음대로 다루도록 허락되어 있는 경우에도 마찬가지다.

오직 사랑만이 '네 마음을 나에게 달라'*10고 말할 수 있다. 하지만 그것은 상대방이 자신의 마음을, 더욱이 스스로 먼저 주는 경우에 한해서이다.

하느님에게도 법칙이라는 게 있다면, 이 자연의 법칙에는 하느님도 따를 것이다. 사실, 많은 사람들이 하느님을 사랑하지 않는 것은 어김없이 먼저 주어지는 하느님의 사랑을 보지 못하기 때문이다. 따라서 하느님이 먼저 인간을 사랑하는 것을 끊임없이 되풀이 찬양하는 설교자는 어리석은 사람이다. 하느님에게는 사랑이란 필연이기 때문이다.

어떤 인간이든 이런 감정을 본능적으로 가지고 있는 법이다. 진정한 사랑의 밑바탕과 숨결이 느껴지지 않는 '전도'와 교화에 대해서는 누구나 저항을 느낀다. 이러한 사랑은 그저 장식하는 것으로 그칠 수도 없고, 또 공허한 말로 대신할 수도 없다.

---

*10 잠언 23장 26절.

부모와 교사를 사랑하지 않는 대부분의 어린이들은 바로 이 때문이다.

10월 11일

실제적인 고통과 고뇌에 대해서는 언제든지 하느님의 도움을 얻을 수 있다. 그러나 단지 혼자 상상하거나 과장스럽게 생각하는 고통에 한해서는 그렇지 않다. 할 수 있는 데까지 스스로 견디지 않으면 안 된다.

아무리 큰 성공이라도 거기에 하느님은 반드시 한 방울의 쓴맛을 떨어뜨린다. 그것이 당신을 해치는 일이 없기를.

⚜

단호하게 선을 실천하는 사람들 옆에 서라. 악의 세력에 맞서는 이 '구세군'의 용감한 병사가 되라.

또 이것을 기준으로 타인을 판단하라. 그 밖의 성질이나 장점으로 판단해서는 안 된다.

일반 서민들도 본능적으로 그런 식의 판단을 한다. 민중을 속여서 그들의 눈길을 다른 쪽으로 돌린다 해도, 그 성공은 결코 오래 가지 않는다. 잘못된 평가를 내리는 것은 오직 '교양 있는' 계급의 사람들뿐이다. 그들의 판단력은 편견에 의해 왜곡되어 있기 때문이다.

10월 12일

아무리 견고한 신앙이라도 가끔 되풀이하여 음미하면서 다시금 흔들어 깨우지 않으면 안 된다. 그렇지 않으면 신앙이 퇴화하기 쉽다. 또 단순히 공식적인 교단(敎團)을 대표하는 형식적인 신앙이 되어 맹인이 다리가 불편한 불구자의 손을 잡고 이끄는 것과 같은 형국이 된다.

이러한 신앙은 중세의 신비주의자들에게서 볼 수 있듯 범신론 같은 것으로 끝나거나, '침묵과 모든 것에 대한 회귀'를 인간의 지고한 목표라고 설명한 불모의 바라문교의 지혜에 귀착한다.

인간은 언제나 나약한 존재이므로, 가끔 하루쯤 믿음의 생활과 일반적인 삶의 방식에 의한 생활의 차이를 타인에게 뿐만 아니라 몸소 겪어 보고, 신앙 생활의 가치를 다시 평가하는 것은 좋은 일이다. 그렇게 가끔 음미하지 않으면 견고한 신념을 가질 수 없다.

히브리서 6장 11·12절, 12장 3~6, 29절, 요한계시록 2장 10절, 21장 6~8절, 이사야 38~45장 참조.

❦

선과 악의 싸움은 언제 어디서나 벌어지고 있다. 선악이 없는 이상적인 사회 따위는 없으며, 오직 양쪽에 정도의 차이가 있을 뿐이다. 또는 선과 악이 뚜렷하지 않은 혼합물도 실제로 가끔 볼 수 있다. 이러한 혼합물은 우리의 모든 제도, 즉 국가, 교회, 교육, 결혼, 가정 속에 사실상 존재하고 있다.

10월 13일

진실을 얘기한다는 것은, 특히 진실에 대하여 진지한 수많은 '도덕을 연구하는 학자'들의 생각만큼 그렇게 쉬운 일이 아니다.

첫째, 그 사람의 사상 활동이 아직 이 세상의 사물에 강한 영향을 받고 있는 동안은 진실이 전혀 보이지 않는다. 그래서 그리스도의 말은 그 무렵 율법학자들의 말과 전혀 다르게 들렸던 것이다.

마태복음 7장 29절, 요한복음 7장 46절, 잠언 20장 12절 참조.

다음, 자신이 알고 있는 진리라 해도 그것을 정확하고 간결하게, 또는 조금도 부풀리지 않고 말하기란 쉬운 일이 아니다. 모든 오해와 논쟁의 대부분은 이미 승인되어 있는 사항을 공식화할 때 표현상의 결함에서 비롯된다. 이런 까닭에서도 '하느님의 말씀'은 흔한 인간의 말과는 다르다. 이 사실은 성서의 말과 인간의 말을 함께 들을 수 있는 설교에서 가장 확실히 알 수 있다. 이 책에서도 마찬가지일 것이다. 잠언 30장 5·6절, 시편 12편 7절 참조.

마지막으로, 우리는 대개 말을 너무 빠르게, 또 너무 많이 한다. 잠언 29장 20절, 전도서 5장 1·2절, 야고보서 1장 19절 참조.

현대에는 본인 스스로도 충분히 확신이 서기 전에, 싫든 좋든 상관없이 신문과 잡지, 협회지 같은 곳에 발표된다. 아직 태어나지도 않은 사상과 연구의 태아가 발표할 '기관'을 찾아야 하고, 그 때문에 태아는 가끔 질식해버리기도 한다.

그러나 '도덕을 연구하는 학자'들은 오직 주관적인 진실만을 구하고 있다.

바꿔 말하면 그들은 자신이 확신한 대로 얘기할 뿐이라고 말하지만, 그들이 잘못 알고 있거나 미숙하면 참으로 큰 해악을 끼칠 우려가 있으며, 그 신념도 단순한 편견에 지나지 않을 수 있다는 것을 잊고 있다. 거짓말하지 마라. 더 나은 지식에 반하여 얘기하지 말라 함은, 더할 나위 없이 소극적이기는 하지만 확실히 도덕적 요구이다. 반대로 진실을 말한다 함은 그것과 전혀 다르며, 명령하는 것이 아니다. 우리는 진실을 말할 수 없어서는 안 된다. 그러나 오랫동안 거짓말을 해온 자나 현대 사교계에서 많이 볼 수 있는, 일반적인 허위의 분위기 속에 살고 있는 자에게는 불가능하다. 그것을 절실하게 느끼고 있는 사람은 많지만, 그래도 진실을 말할 수 없다. 그들이 단순한 도덕론으로 이 감옥에서 빠져나갈 수 없는 것은 불을 보듯 뻔한 일이다.

⚜

생활 속에서 모든 무익한 일과 단순한 게으름을 일소하라. 뿐만 아니라 불필요하고 결실을 맺을 수 없는 일은 모두 없애는 것이 좋다. 그런 일밖에 하지 않는 단체와 집회, 또 그런 교회에서는 탈퇴하는 것이 낫다. 그리하여 구세군이 일어났고, 그 옛날의 그리스도교와 더 많은 다른 위대한 일도 일어났다. 그러나 이 세상에서는 유익하고 필요한 일보다 오히려 무익한 일이 더 많은 명예와 결탁해 명예를 얻을 뿐만 아니라 보수도 더 많이 받고 있다. 이런 일들에 인내심을 가지지 않으면 안 된다.

10월 14일
'적을 사랑한다'는 것은 그리스도교의 교의가 크게 자랑거리로 삼는 말이다. 그러나 그리스도교인들이 실천하는 것을 보면, 그들이 적을 사랑하는 모습은 쉽게 찾아볼 수 없다.

실제로 적을 사랑하는 일은 우리가 하느님과 결합함으로써 인간을 두려워하는 습관을 버렸을 때만 일어난다. 그렇게 되었을 때 비로소 우리의 삶에서 적이 실로 큰 역할을 해주었음을 깨닫고, 상대방이 이쪽의 마음을 오해하지 않으면, 그것에 감사하며 적을 끌어안을 수 있는 기분이 되는 것이다.

에스겔 제37장에서 보이는 일이 머지않아 곧 일어날 것이다. 말라버린 뼈란 오늘날의 교회를 뜻하고 있다. 그러나 천상에서 불어 오는 바람이 벌써 뼈 위로 불어제치며, 이들 죽음에 갇혀 있는 것 속에서 움직이는 소리가 시작되고 있다.

에스겔서 36장 2~8절, 25~28절 참조.

10월 15일

기도할 때는 먼저 우리가 가진 것에 대해 감사하는 마음으로 시작해야 된다. 그러면 마음이 기도에 어울리는 기분으로 자연스럽게 옮겨간다. 다음은 자신의 의지를 하느님에게 맡기고, 마지막으로 나날을 위한 신앙과 사랑을 기원한다. 그런 다음 비로소 눈앞에 닥친 필요한 것을 기도하는 것이다. 자신의 의지를 온전히 하느님에게 맡겼을 때, 하느님이 우리의 기도에 마음을 보낸다는 것을 충분한 확신과 함께 기대할 수 있다. 그렇지 않으면 자신의 힘에 의지하는 수밖에 없다.

그러나 자신의 의지를 하느님에게 맡기고 하느님의 확실한 인도를 굳게 믿으면서, 제멋대로 미래를 예견하려 하지 않고 한 걸음 한 걸음 미래의 어둠 속을 나아간다면, 이 세상의 삶에서도 가능한 확고하고 조용한 행복이 시작된다.

출애굽기 22장 20~22·25·27·30절, 보헤미아 형제단 찬송가 1009번 참조.

✤

사랑은 언제나 보기 좋은 것이다. 어린아이가 새끼고양이와 새, 토끼, 또는 나무인형을 마냥 사랑스러운 듯이 안고 있을 때도 인간적인 교육이 이루어지고 있다는 느낌을 받는다. 반대로 터무니없는 명예욕을 자극하는 학교교육 시스템은 젊은이들을 잘못된 궤도로 이끌어, 인생에서 그 길만 나아가면 끝내 그들은 어김없이 야심가에다 완전한 이기주의자가 될 것이 뻔하다. 그래서 그리스도 또한 사랑이 모습을 바꾼 죄악에 대해서는 늘릴 만큼 관대하다.

왜냐하면 이러한 죄는 적어도 다른 죄악만큼 극심하게 사람의 마음을 '돌처럼 만드는' 일이 없기 때문이다. 따라서 이런 사람들은 그나마 죄를 용서받고 회개할 기회를 가질 가능성이 더 많이 남아 있는 셈이다. 이 점을 보아서도 우리는 그리스도를 따라야 할 것이다.

누가복음 7장 47~50절,[*11] 에스겔서 36장 25·26절 참조.

10월 16일

성실은 원래 특별히 아름답고 소중한 성품이다. 그것은 동물까지 고귀하게 만들어, 그들을 거의 인간과 같은 가치와 품위로까지 끌어올릴 정도이다. 성실이 결여된 경우에는 아무리 뛰어난 재능과 높은 교양을 지닌 사람이라도, 사회에서는 위험한 야수일 뿐이다.

⚜

'증명된 하느님이란 곧 이 세계이다'라는 말은 참으로 많은 의미가 내포되어 있다. 왜냐하면 어떤 면에서 '모든 것이 하느님의 증명'이라는 것은 참으로 부자연스러운 일이고, 대개가 희박한 근거를 가지고 있어서 오직 세속적이면서도 교회적인 목적에만 도움이 되기 때문이다. 또 다른 면에서 지상의 오성(悟性)으로 하느님을 증명하는 것이 불가능하다 함은 하느님의 숭고함과 위대함에서 보아 당연한 일이다. 그러나 하느님은 그를 사랑하는 모든 사람들에게 언제나 삶의 사실들을 통해 실감할 수 있고, 또한 경험할 수 있는 존재이다.

10월 17일

확실히 이 세상에는 수많은 비극이 있다. 그러나 적절한 곳에 도움을 청한다면, 그것에 대한 강력한 도움이 주어지는 경우도 적지 않다. 그리고 거부하지만 않으면, 최후에는 비극에서 완전히 구원받을 수도 있다.

인생의 행불행을 결정하는 것은 외적인 환경이지 내적인 요인이 아니라고 믿는 것은, 대부분의 불행한 사람들이 빠져 있는 숙명적인 잘못이다. 극단적인 예를 들면, 문명국의 죄수들은 더할 나위 없이 단조로운 생활이기는 하지만, 부족하나마 큰 걱정 없이 겸허하고 순종적으로 의무를 다하면서 살고 있다. 만약 그들이 하느님을 믿을 수 있다면 끊임없이 마음의 고통에 시달리면서 충

[*11] 이러므로 내가 네게 말하노니, 저의 많은 죄가 사하여졌도다. 이는 저의 사랑함이 많음이라. 사함을 받은 일이 적은 자는 적게 사랑하느니라.

족되지 못한 욕구 속에서 미움과 분노를 품고, 믿음이 없었으므로 늘 하느님의 명령에 반항하며, 하느님과의 교제 없이 살아가는 수많은 자유인들보다 하느님을 믿는다는 점에서는 낮다고 할 수 있다.

'신 없이 주인 없다'고 하는 아나키스트들의 모토도 그들의 심리적인 지식의 빈곤을 보여주는 것이다. 왜냐하면 그런 상태야말로 인간이 가장 견딜 수 없는 것이기 때문이다. 이런 자유는 머지않아 인간에게 참을 수 없는 공허가 되고, 거기서 벗어나 다시 타인과 결합함으로써 일종의 예속상태를 원하게 된다. 그 상태는 이따금 일반적인 도덕, 사회적 질서에 의한 속박보다 훨씬 가혹하다.

❧

당신이 내적 진보를 빨리 이룩하고 싶다면, 심리학을 공부하는 것이 좋을 것이다. 내적 진보에 대한 내 의견을 얘기하면, 인간의 가장 나쁜 성질은 질투와 허영심이다. 더욱이 이 두 가지는 서로 결합하여 흔히 나쁜 성격의 기초를 이루고 있다. 그래서 복음서 역시 유대인의 최고 종교 권위자들이 질투와 공포 때문에 그리스도를 로마인에게 넘겼다고 말하고 있다(마태복음 27장 18절,*12 요한복음 11장 47·48절*13). 따라서 모든 진보의 적인 이 질투와 허영심은 어떤 대가를 치르더라도 반드시 근절하지 않으면 안 된다. 그러나 그것은 오직 하느님의 은혜로운 도움에 의해서만 이룰 수 있다.

인간 가운데 가끔 나면서부터 이러한 나쁜 성질이 전혀 없거나 조금밖에 없는 사람이 있다. 그러나 그런 사람들 중에는 오만과 인간멸시라는 큰 악이 대신하고 있는 경우가 있다. 나도 이런 오만과 인간멸시의 악덕에 빠지는 경향이 있었는데, 만년에 이를 때까지 늘 그것과 싸워야 했다. 고통스러운 경험과 특히 그리스도에 대한 사랑이 없었더라면, 나는 그 악덕에서 벗어나지 못했을지도 모른다. 본디 인간에 대한 존경과 동정은 그것이 관능적이거나 단순한 공포가 아닌 경우, 그리스도에 대한 사랑에서 비롯된다.

---

*12 이는 저가 그들의 시기로 예수를 넘겨준 줄 앎이러라.
*13 이에 대제사장들과 바리새인들이 공회를 모으고 가로되, '이 사람이 많은 표적을 행하니 우리가 어떻게 하겠느냐? 만일 저를 이대로 두면 모든 사람이 저를 믿을 것이요, 그리고 로마인들이 와서 우리 땅과 민족을 빼앗아 가리라.

또 그리스도는 인간을 멸시하는 자들로부터 인류를 구하는 분이기도 하다. 우리는 그리스도를 위해 '형제'들을 사랑하는 것이지, 그들이 형제이기 때문에 사랑하는 것이 아니다. 형제이기에 사랑한다고 말하는 것은 신학적 심리학의 커다란 오류이다. 실제로 그리스도 '나를 사랑하지 않는 자는 아버지도 사랑하지 않는다'고 말했다. 거기에 우리는 이렇게 덧붙일 수 있다. 또한 형제도 사랑하지 않는다고. 우리는 그리스도를 주 또는 스승으로 삼지 않고는 애초부터 형제를 형제로 인정하지 않는다.

질투와 허영심을 소유한 사람이 자신의 모습을 깊이 깨닫고, 진정으로 개선하고자 생각하게 되는 것은 그런 성질을 가지지 않은 사람을 눈앞에서 목격할 때이다. 그들은 처음에는 그것을 믿지 못할지도 모른다. 하지만 그들도 가끔은 그러한 약점을 뼈아프게 의식하며, 그것에서 벗어나고 싶어질 때가 있다. 그러려면 그것에 필요한 용기를 먼저 실례를 통해 발견하지 않으면 안 된다.

이런 경우 그들은 보통 그리스도를 그 모범으로 여기지 않는다. 왜냐하면 한편으로는 그리스도를 너무 모르거나 이해하고 있지 않기 때문이지만, 또 한편으로는 그를 인간으로서 생각하지 않기 때문이다. 그래서 그들은 자신이 아는 사람들에게 시선을 돌려, 오랫동안 꾸준히 관찰하게 된다. 나는 이런 사람의 예를 직접 보아왔기에, 이 점 또한 경험에서 이야기하는 것이다.

가정에서는 좀처럼 선을 이루고 위대함에 이르는 능력을 위해 인간 본성을 존경하는 것을 배울 수 없다. 학교나 상류사회에서는 더욱 그럴 기회가 없다. 그것은 아마도 오히려 '신분이 낮은 사람'을 관찰함으로써 배울 수 있을 것이다. 우리는 그리스도에 이어서 이런 사람들을 먼저 사랑하고, 그 다음에 다른 사람들을 사랑하게 된다. 이것은 또한 다윈과 근대적 자연과학자들이 제창하는 귀족주의적 진화론에 대립되는 민주주의적 인생관의 기초이기도 하다. 인간의 위대함은 하느님의 한없는 은총으로 생기는 것이지, 자연도태나 유전에 의한 것이 아니다.

그래서 이런 과정 전체를 심리적으로 설명한다면, 아마 다음과 같이 말할 수 있을 것이다. 하느님의 은총을 입는 것을 인생의 보물로 여기고, 그 은총을 타인의 우월감보다 높이 평가하게 되면, 그 사람은 질투와 허영심에 대한 성질을 스스로 버릴 수 있다. 그러면 아마 더 나쁜 소질을 가진 사람들도, 이런 실례를 보고 자신도 '하느님 자녀의 자유'를 추구하려는 용기를 얻게 된다.

요한계시록 21장 7절,[*14] 시편 140편·141편, 142편 8절, 95편 1·7·8·10절 참조.

10월 18일

제노바의 성녀 카타리나가 '자신의 나쁜 부분(자아)은 그 이름이 불릴 때마다 기뻐한다'고 한 것은 진실이다. 게다가 비난을 담아 불릴 때도 자아는 기뻐한다. 우리는 이제 자신을 전혀 생각하지 않고, 그런 의미에서 자아를 완전히 버리는 데 스스로를 길들여야 한다. 그러나 그렇게 하기 위해서는 그 전에 인간 본성의 깊은 타락을 경험으로 알고, 또 이것과 완전히 다른 삶의 가능성이 자신에게 제시되고 있다는 것을 실제적인 경험을 통해 알지 않으면 안 된다.

인간의 운명을 성녀 카타리나는 다음과 같은 짧은 말로 표현했다. '인간의 정신은 사랑을 사모하고, 그 사랑에 있어서 축복받고 싶어한다. 조물주도 인간을 그렇게 만들었다. 인간이 이 사랑의 충동을 영원한 것이 아니라 때때로 변하는 것으로 채울 수 있다고 생각한다면, 이는 자신을 기만하는 것이다. 지극히 높은 선인 하느님을 구하지 않고, 자신에게 주어진 고귀한 시간을 그런 어리석음으로 헛되이 잃는 것이다. 인간은 오직 하느님에게서 진정한 사랑과 성스러운 기쁨을 발견하고, 완전한 만족을 얻을 수 있는데도!'

실제로 그렇다. 그러나 그것을 진심으로 믿는 것은 말처럼 쉬운 일이 아니다. 그러기 위해서는 큰 고난의 시기가 필요하며, 그것을 극복한 뒤에 비로소 욥처럼 다음과 같이 말할 수 있다. '내가 주께 대하여 귀로 듣기만 하였삽더니, 이제는 눈으로 주를 뵈옵나이다.'[*15]

폴리크라테스의 반지[*16]는 심리적으로 타당한 생각을 가진 이야기이다. 물건을 소유하는 만족에서 벗어나고 싶다면, 자신이 가장 사랑하는 것을 버려야 한다. 그렇게 하면 그 밖의 것에 대한 집착은 곧 사라진다. 이러한 집착은 많은 사람들에게서 재물과 집, 장서, 수집품, 그림, 그 밖의 값비싼 물건들에

---

*14 이기는 자는 이것들을 유업으로 얻으리라. 나는 저의 하느님이 되고 그는 내 아들이 되리라.

*15 욥기 42장 5절.

*16 고대 그리스의 전설. 사모스 섬의 왕 폴리크라테스는 너무 많은 행복을 손에 넣었기 때문에 하느님의 질투를 두려워하여, 가장 사랑하는 반지를 바다에 던져 넣었다. 그러나 그 반지는 이상한 사건을 통해 다시 왕의 손으로 돌아온다는 이야기이다. 같은 제목의 실러의 서사시가 있다. (역자주)

대한 진정한 노예상태로까지 발전하는 경우가 있다. 다른 면에서는 선량하지만, '그러나 그 영혼이 진토에 붙어 있다.'[17]

이런 사람들을 단테는 《신곡》 연옥편 제19곡에서 교황 하드리아누스 5세[18]의 모습을 빌려 놀랄 만큼 훌륭하게 묘사했다

⚜

'내 영혼을 옥에서 이끌어내사 주의 이름을 감사케 하소서.'[19] 이것은 아시시의 성 프란체스코가 마지막으로 한 말이기도 하다. 그리고 아마 우리의 최후의 말이 될지도 모른다. 왜냐하면 전체적으로 생각하면, 노년에 수많은 고통을 동반하는 이 육체적 존재는 자유와 더 좋고 거침없는 활동 능력을 갈망하는 영혼에게 차츰 감옥으로 느껴지기 때문이다.

잠언 4장 18절[20] 참조.

10월 19일

하느님을 믿고자 한다면, 먼저 하느님의 정의와 사랑을 굳게 믿어야 한다. 하느님에게 그런 속성이 없다면, 하느님은 우리에게 하나의 재앙, 그것도 일찍이 없었던 커다란 재앙에 지나지 않게 된다. 그렇다면 하느님은 차라리 존재하지 않는 편이 낫다고 생각할 것이 틀림없다. 그야말로 우리가 생각할 수 있는 가장 큰 모독이다. 이 사실은 이성으로 생각해 봐도 명백하지만, 그럼에도 우리는 늘 자신의 운명 어딘가에 불만을 품고 매일같이 그런 모독죄를 범하고 있다.

⚜

우리가 이미 오래 전에 극복했다고 생각하는 내적, 외적인 시련과 유혹이 더 높은 인생의 단계에서도 여전히 되풀이되는 일이 흔히 있다. 그러므로 그런 일이 일어나더라도 너무 놀라지 않기를 바란다. 바로 이런 경우에 이미 지니고

---

[17] 시편 119편 25절.
[18] 제노바의 피에스키 집안 출신.
[19] 시편 142편 7절.
[20] 의인의 길은 돋는 햇볕 같아서 점점 빛나서 원만한 광명에 이르거니와.

있는 인생관이 그 진가를 발휘한다. 그때 어떤 사람들은 염세적이 되어 이렇게 말할 것이다.

'인생은 본디 우연의 잔인한 희롱이거나 해로운 사람들의 악의적인 장난에 지나지 않으며, 그것은 끝없이 이어지는 법이다. 이에 대한 최종적인 안식은 요컨대 죽음 외에는 없다. 그런데 다른 사람들은 이렇게 말한다. 지금까지 하느님은 이런 경우에 언제나 인간을 도와주셨다. 이번에도 또한 최후까지 도와주실 것이 틀림없다. 그렇다면 더욱 더 높은 생활에 들어갈 희망이 기다리고 있는 것이다. 그곳의 생활은 다른 것은 어떤 상태이든 간에, 이 세상의 큰 어려움과 같은 것은 더 이상 없을 것이다.'

그러므로 더욱 인내하며 무엇보다 신뢰를 잃지 않는 것이 중요하다. 그렇게 하면 모든 것을 극복할 수 있다.

10월 20일

나는 그리스도교를 처음에는 실제적으로, 특히 군인으로서의 업무에서 유추해 이해하고 있었다. 그래서 나에게 가장 흥미로운 사도는 베드로와 바울이 아니라 가버나움의 백부장[21]과 백부장 고넬료[22]였다. 그런 연유로 나는 '구세군'은 현대의 요구와 어느 정도는 시대의 요구까지 본능적으로 올바르게 파악하고 있다고 믿고 있다.

이 지상 생활은 필연적으로 우리의 평상심에 인내를 요구하도록 되어 있다. 그러나 일단 그때가 오면, 재빠르고 역동적으로 행동할 수 있어야 한다.

예레미야애가 3장 22~33절 참조.

❦

하느님의 은총과 구원이 나타나는 것은 특히 어려운 시기에 우리의 어두운 운명 어딘가에 있는 한 점이 밝아질 때이다. 때로는 어떤 한 방향으로 나아가면 어려움과 걱정이 완전히 사라져버리는, 참으로 눈부신 방법으로 나타나는 일도 흔히 있다.

가는 곳마다 오직 빛만 있을 뿐, 그림자가 선혀 없는 성태는 그야말로 '영원

---

[21] 누가복음 7장 1~10절.
[22] 사도행전 10장 1~48절.

한 안식의 경지'이다.

10월 21일

욥기에 대하여 중요한 부분만 적으면, 욥은 처음 무슨 일이 있어도 그의 벗인 하느님을 굳게 의지하겠다는 결심으로 마음의 안정을 되찾았다. 그러나 그때는 아직 하느님을 보기 전이어서 오로지 그렇게 믿고 결심하는 수밖에 없었다. 그렇지 않았으면 그가 고난에서 해방될 때, 욥은 그 결심이 흔들렸을 것이다. 다음으로 그는 아직 하느님의 정의를 보지 못했지만, 선인에 대해서도 악인에 대해서도 똑같이 행하는 하느님의 정의를 의심하지 않았다.

마지막으로 그는 자신의 고난에도 하느님의 뜻이 있다는 설명밖에 듣지 못했지만, 그 고난을 하느님으로부터 받은 선한 것, 그리고 언제든 그의 구원에 힘을 주는 것으로서 마음으로 받아들이지 않으면 안 되었다. 욥이 이와 같이 하느님의 정의에 조건 없이 승복한 뒤에, 어느 주해자가 말한 대로, '이 신앙을 확증 받은 인내자(욥)에 대해 하느님이 풍요로운 은총을 보여주시는 데 더 이상의 방해는 없다. 싸움은 끝났다. 승리의 포상은 이제 그에게 돌아가도 될 것이다.'

그를 오해하고 경시한 자들, 즉 친구들에 대해서도 나중에 하느님은 이 영적으로 승화되고 의인으로 인정받은 사람을 위해 용서를 준비했다. 욥이 그 일에 마음 쓸 필요는 없었다. 오히려 그는 더 이상 바랄 것이 없는 상태에 놓여 있었다. 즉, 친구들은 욥의 중재가 없으면 하느님의 용서를 받지 못하기에, 그를 찾아가 중재를 청하지 않을 수 없도록 하느님이 준비해둔 것이었다. 이런 일은 오늘날에도 가끔 일어난다.

⚜

인간의 천성이 충분히 '훈련'되어, 결국에는 선을 향해 스스로 나아가고, 그리 깊이 생각하지 않고도 저절로 선을 행하게 되고, 또 모든 악에 대해 혐오를 느끼게 된다면, 그것은 이 세상에서 가장 올바른 일이며, 인간이 다다를 수 있는 가장 높은 단계이다. 그렇게 되면, 그 사람은 그야말로 하느님의 뜻에 합당한 자이며, 인간이 이 지상에서 다다를 수 있는 최고가 된 것이다. 이것이 우리의 지상 생활의 목표이며, 반드시 거기까지 다다라야 된다.

이것이 바로 세상 사람들에게 감명을 주는 것이다. 왜냐하면 그렇게 되면 이 세상의 뛰어난 사람들 또한 그 목표에 다다르고 싶어하기 때문이다.

이것이 태어난 고향에서 우리가 이루어야 할 사명이다.

10월 22일

요한복음 4장 24절, 6장 65절, 9장 39절, 14장 6절[*23]에 대하여. 우리는 이 세상의 생활에서는 하느님이 무엇인지 알 수 없다. 마찬가지로 그리스도와 성령도 무엇인지 알 수 없다. 이것에 대해 교리 문답서와 교리 교본에 적혀 있는 것은 조금이나마 구성력을 가진 인간의 관념에서 나온 결과물일 뿐이다. 그러므로 대부분은 그들보다 그리 많이 아는 것도 없는 교회 교사라는 사람들의 견해를 들어도 잘 이해가 가지 않기에, 하느님과 그리스도와 성령의 존재에 대한 문제는 저만치 던져 놓지 않을 수 없었다.

우리가 하느님의 확실한 존재와 그리스도에 대한 신앙의 힘에 대해, 또 우리 영혼과는 다른 영혼의 빛의 본성에 대해 경험이 없으면, 그런 인간적인 교의에 대한 죽은 교회의 신앙 외에는 가질 수 없다. 실제로 어느 시대에나 대부분 사람들의 신앙은 그런 것이었고, 그것은 지금도 변함이 없다.

그런 신앙으로 만족하고 싶지 않다면, 그리스도의 말에서 출발해 그리스도가 그 초자연적인 것들에 대해 생각한 대로, 또는 생각해주기 바랐던 그 견해에 다다르기 위해 노력하고, 그것에 의지하지 않으면 안 된다. 그리고 많은 사람들이 안도할 수 있도록 덧붙이자면, '신앙고백'에 담긴 교회의 공식적인 말은 공식으로 표현할 수 있을 만큼은 진리에 가까운 것이다. 따라서 그것에 의지하면 완전히 그릇된 길로 나아가는 일은 없지만, 거기서 벗어날 때는 위험한 길에 빠져 절대로 일반적인 승인을 얻을 수 없다.

---

*23 요한복음 4장 24절, 하느님은 영이시니 예배하는 자가 신령과 진정으로 예배할지니라.

6장 65절, 이러하므로 전에 너희에게 말하기를 내 아버지께서 오게 하여 주지 아니하시면 누구든지 내게 올 수 없다 하였노라.

9장 39절, 내가 심판하러 이 세상에 왔으니, 보지 못하는 자들은 보게 하고 보는 자들은 소경 되게 하려 함이라.

14장 6절, 내가 곧 길이요! 진리요! 생명이니! 나로 말미암지 않고는 아버지께로 올 자가 없느니라.

성령은 다른 면에서는 참으로 뛰어난 수많은 그리스도교인에게도 아직 친숙하지 않을 뿐만 아니라 조금 무섭고 꺼림칙한 것이기는 하지만, 늘 감시를 게을리하지 않는 살아 있는 진리의 영혼이며, 인간과 사물을 있는 진실 그대로 바라보게 한다. 우리는 인간관계에 얽힌 완전한 허위 또는 반쯤 허위에서 벗어나기 위해 성령을 얻지 않으면 안 된다.

그러나 성령을 지닌 사람 가운데 그것이 어떤 결실을 맺을지에 대해서는 바울의 갈라디아서 5장 22절*24을 참조하여, 그것에 따라 성령이 당신과 다른 사람의 내부에 과연 깃들어 있는지 어떤지 쉽게 판단할 수 있다. 설령 성령이 아직 충분히 깃들어 있지 않거나 미약하더라도, 역시 당신은 이미 '하느님의 아들'이며 확고하게 선한 길을 가고 있다. 사도는 그 사실을 같은 편지 3장 26절*25에서 결점이 많은 갈라디아인들에게 말하고 있다. 그것은 우리에게도 마음이 약해졌을 때 큰 위안이 된다.

불행한 사람들 대부분은 그들이 과연 '구원'받았는지에 대해 온갖 쓸데없는 생각에 빠지는데, 이런 생각은 자신감이 지나칠 때와 마찬가지로 해로운 것이다. 또한 그런 불안은 때때로 사려심이 부족하고 지나치게 열성적인 참회 설교자에 의해, 또 성서와 교리문답서 하나하나의 문장에 대한 오해로 더욱 강해질 때가 있다.

이 점에 대해 성서에 기록되어 있는 가장 확실한 말은 이미 여러 번 말했듯이 요한복음 6장 37절*26 및 마태복음 11장 28절*27에 있다. 이 경우 성실하게 구하는 자에게는 어떠한 예외도 없다.

그리스도의 말—다른 사람의 말이 아니며, 사도와 예언자의 말조차 무조건이 아니다—을 완전히 이해하고, 그것에 동의하며 내면에서 반항심이 조금도 느껴지지 않는다면, 그것이 바로 자연스러운 감정에서의 가장 확실한 구원의 표시이다. 또한 그리스도를 그 모든 행위와 말에서 다른 역사적 현상보다 잘

---

*24 오직 성령의 열매는 사랑과 희락과 화평과 오래 참음과 자비와 양선과 충성과 온유와 절제니, 이 같은 것을 금지할 법이 없느니라.

*25 너희가 다 믿음으로 말미암아 그리스도 예수 안에서 하느님의 아들이 되었으니.

*26 아버지께서 내게 주시는 자는 다 내게로 올 것이요, 내게 오는 자는 내가 결코 내어 쫓지 아니하리라.

*27 수고하고 무거운 짐 진 자들아! 다 내게로 오라. 내가 너희를 쉬게 하리라.

이해할 수 있고, 또 그리스도의 제자와 그 뒤의 종교지도자들, 고전작가와 고대의 위인들, 중세의 신비주의자와 종교개혁가, 또는 근대의 철학자와 신학자들보다 잘 이해할 수 있는 경지에 다다를 수도 있다. 본디 이것이 바로 완전한 그리스도교이다.

⚜

어제 얘기한 것은 정신 건강에 대한 것이었다. 우리는 육체적 건강보다 정신 건강 쪽에 더 큰 가치를 두고 있다. 그리고 정신이 건강하지 못하면 육체적 건강도 완전하다고 보장할 수 없다.

어쩌면 이렇게 말할 수 있을지 모른다. '심신이 모두 건강하고 언제나 올바른 일을 실천할 마음자세로, 정신적으로 해로운 것은 쉽게 극복할 수 있는 능력을 가질 것, 이것이 인생의 행복을 얻는 데 가장 중요한 점이다.'

10월 23일

아침에 눈을 뜨자마자 오늘도 자신이 져야 할 십자가를 생각하면, 그것이 너무 무겁게 느껴질 때가 있다. 또 그날, 그리고 미래에 과연 어떤 일이 일어날지 상상하면, 가장 불쾌한 공포감에 사로잡힐 때도 있다.

그러나 오늘도 우리를 잠에서 깨어나게 해준 하느님의 은총을 생각하고, 또 하느님 나라를 위한 봉사를 생각하면, 활동적인 인간은 이를 위해 자신이 할 수 있고, 또 허락되어 있는 것을 마음에 그리며 기쁨의 감정을 느낄 것이고, 그 감정이 하루 종일 이어질 것이다.

⚜

노년이 되면 늘 피곤함을 느끼게 된다. 하느님 옆에 있다고 하는 이 세상의 낙원도 피곤함을 예방해 주지 못한다. 그러나 이 피곤은 나날이 당신에게 천상으로부터 주어지는 힘과, 구원을 차분히 기다리면서 그것을 너무 빨리 얻고 싶어하지 않는 인내심과 결부되어 있다. 실은 이러한 인내가 사람을 평화로 가득 채우고 행복하게 해주는 삼성이나.

우리는 눈길을 미래로 향하면서도 기꺼이 현재의 삶에 머무르고 싶어한다. 언젠가 이 부지런히 일하는 삶에서 주의 부름을 받을 때까지, 스스로 그것을 버리려고 하지는 않는다.

10월 24일

특별히 뛰어난 사람들에게도 삶의 대부분의 시간 동안, 그들이 받을 만한 것보다 더 많은 선이 주어지고 있다. 뿐만 아니라 대다수 사람들도 거의 전 생애에 걸쳐서 그러하다.

그러나 하느님이 그들에게 더 적게 주고, 은총과 관용이 아니라 공평성의 입장에서 대하기 시작했을 때, 절망하여 하느님으로부터 등을 돌리지 않는다면, 그것은 그들 삶에서 가장 중요한 시기이다. 이것은 하느님이 그들에게 주는 가장 큰 명예이지만, 그들은 더러는 조금도 이해하지 못하고 거부할 때도 있다. 예언자 이사야가 '시온은 공평으로 구속이 된다'*²⁸고 한 것은 이를 의미한다. 또 그리스도의 수난에 의한 만인의 구제라는 것에 대한 철학적 이해도 그 점에 있다. 다만, 이 대리 속죄는 여전히 은총이지 공평이 아니며, 그 근본에 가로놓여 있는 문제는 사실 아직 해결되지 않고 있다.

⚜

보통 신경쇠약은 먼저 소리에 대한 예민함, 두뇌와 발의 피로감, 그리고 마지막으로 불면을 통해 알 수 있다. 그것에 대한 처치는 충분한 수면과 보온, 신선한 공기, 운동, 가볍고 균형 잡힌 영양이다. 알코올이나 그것과 비슷한 것은 절대로 안 된다. 거기에 정신적인 고양감이 따르는 것이 중요하다. 이런 때 흔히 "주여, 나를 구원하소서" 소리쳐도, "믿음이 적은 자여, 왜 의심하였는가?" 하는 대답을 듣는 일도 있다. 하지만 이 대답에도 구원은 주어진다. 마태복음 14장 30·31절,*²⁹ 8장 26절을 보라. 세찬 바람은 머지않아 진정되기 마련이다. 바람이 계속된다면, 하루 이틀 침대 속에서 쉬는 것도 좋다. 신경을 무시할 수는 없지만, 그렇다고 그것을 너무 애지중지해도 안 된다.

---

*28 이사야서 1장 27절.

*29 바람을 보고 무서워 빠져 가는지라. 소리질러 가로되 '주여, 나를 구원하소서' 하니, 예수께서 즉시 손을 내밀어 저를 붙잡으시며 가라사대, '믿음이 적은 자여! 왜 의심하였느냐?' 하시고, 배에 함께 오르매 바람이 그치는지라.

10월 25일

사람은 인생의 어느 시기에 악의에 찬 중상과 비방에 시달리며 견뎌야 하는 고통을 겪고 나면, 그 뒤부터는 남이 칭찬하는 말을 거의 받아들이지 않게 된다. 이런 영혼의 오염은 장미향수로도 씻을 수 없다. 오직 영혼을 다시 일어서게 하는 하느님의 정의의 불길만이 그것을 태워 없앨 수 있다.

어차피 인간의 하찮은 찬사 따위는 악의가 불타는 화살에 맞아 씻을 수 없는 상처를 입은 마음 깊은 곳까지는 닿지 않는 것이다.

⚜

어느 정도 타인을 위해 걱정하고 뭔가 해주지 않으면, 어느 누구도 정신적인 건강을 유지할 수 없다. 그러므로 가족을 위해 때때로 힘든 일을 해야 하는 충실한 어머니들, 일을 다만 보수를 위한 것으로만 이해하지 않는 정직한 가정부, 스스로 임무를 다하는 용감한 병사, 공장의 번영을 자기 일 못지않게 중요하게 여기는 선량한 근로자들, 이런 사람들은 게으른 부자보다 행복하다. 그러므로 앞으로 나아가며 일하되, 절망해서는 안 된다.

그러나 자기 한 사람만을 위한 것이어서는 안 된다. 그러면 만족을 얻을 수 없다.

10월 26일

괴로워하고 고민하는 자는 괴로워한 적이 없는 사람들을 결코 신뢰하지 않는다. 그리스도가 십자가 위에서 죽지 않고, 처음의 목가적인 삶이 비극적인 결말로 끝나지 않고 그대로 이어졌다면, 그리스도의 일생은 하나의 '아름다운 이야기'에 머물렀을 것이다. 그리고 가난한 자와 슬퍼하는 자의 구세주는 그 무렵 그런 사람이 있었다고 한다면 아마 바울이 되었을 것이다. 따라서 '이런 일이 있으리라'[30]고 한 그리스도의 말은 설사 그 희생을 하느님과 관련시키지 않고, 인간의 본성과 그 사고만을 염두에 두고 인간적, 심리적으로 해석한다 해도 아주 깊은 의미를 가진다.

그것은 지금도 변함이 없다. 진정한 관용 높은 지위에 있는 자에 이르기까

*30 마태복음 26장 54절 참조.

지 모두 가시관이다. 그 이외의 관은 선택받은 자 자신에게도, 또 그 사람에게 지배되고 지도받는 자들에게도 좋은 영향을 주지 않는다.

❧

모든 사람이 선한 일에 직접 관여하는 것은 필요하지도 않고 가능한 일도 아니다. 사람에게는 저마다 특별하게 주어진 한정된 분야가 있다. 그러나 이 세상에서 이뤄지는 선한 일에 대해 관심을 가질 수는 있다. 스스로 일하는 것 과 관심을 가지는 것—즉, 그 일에 대해 알고 호의를 보내며, 그 성공을 기원 하는 것—은 다른 일이다. 그러나 이 경우에도 아무리 적더라도 금전을 기부 하는 것이 관심을 꾸준히 유지하고, 그 사업에 어느 만큼의 유대감을 가지게 하는 것은 사실이다. 그러므로 이 모든 사업에 바칠 특별한 저금통을 준비해 두는 것은 가치 있는 일이며, 그 위에 하느님의 축복이 내려질 것이다.

10월 27일

사교에 대해서도 다른 일과 마찬가지로 절도를 지키는 것이 옳은 자세이다. 누군가와 끊임없이 교제하다 보면, 누구나 정신적인 해를 입지 않을 수 없다. 그리스도조차 때로는 사람과의 교제를 끊고 아버지인 하느님하고만 교제했다. 늘 사람들에게 에워싸여 번잡에 시달리는 일이 많은 성직자와 교사, 기관의 장들에게는 자신들의 힘이 쇠퇴하는 것을 확실히 느끼게 한다.

블룸하르트도 너무 많은 사람들에게 에워싸여 있었던 생애의 마지막에 '비 참 속에 파묻혔다'고 탄식했다. 결코 그렇게 되어서는 안 되며, 그것은 그리스 도를 따르는 길이 아니다. 이리하여 끝내 대부분은 샘솟는 힘을 완전히 잃고 '맛을 잃은 소금*31'이 되고 만다.

누가복음 5장 17절, 14장 34절, 마가복음 8장 36절, 요한복음 7장 38절을 참 고하라.

그런 한편, 고독벽(孤獨癖)도 건강하다고 할 수 없다. 하기는 현대를 살고 있 는 우리는 인간과의 과도한 접촉에 시달리지 않을 수 없기에, 그런 성벽을 너 그럽게 봐주고 싶은 마음도 전혀 없지는 않다. 고독벽은 인간을 독선적으로

---

*31 마태복음 5장 13절.

만들고, 세상일에 어둡게 하며, 선을 실천할 수 있는 힘을 잃게 한다. 그래서 우리는 성스러운 은둔자를 믿지 않는다. 그러한 성스러움은 너무나 쉽게 얻어지기 때문이다.

누구나 자신의 성질이 두 가지 중 어느 쪽에 기울어져 있는지 파악하고, 그 반대쪽 경향도 살리도록 알맞은 시기에 조치를 취하지 않으면 안 된다.

특히 오늘날 여성들을 보면, 어떤 사람들은 너무 할 일이 없어 완전히 쓸모없는 존재가 되기도 하고, 또 어떤 사람들은 혹독한 과로에 시달리고 있다. 건강상의 문제도 그런 결함에서 비롯된다. 앞의 여성에게는 늦기 전에 뭔가 유익하고 흥미로운 일을 주고, 후자에게는 휴식과 마음의 안정을 되찾을 수 있는 기회를 줌으로써 도와야 한다.

❦

사회주의자들도 특유의 위대함을 갖추고 있다. 그들과 민중의 유대는 가장 직접적이며, 또 민중을 위한 고심은 부분적으로 하느님이 그들을 통해 이루는 행위라고 할 수 있다. 사회주의자의 강점은 그들이 가진 근본적인 견해의 이 부분적인 정의에 있지, 그들의 선동 방식에 있지 않다. 우리는 그들을 하느님의 무의식적인 종으로 생각해야 한다. 그러므로 그 무신론에도 불구하고—그 밖의 점에서는 우리 모두 마찬가지이지만—그들도 하느님의 관용 아래 있는 것이다.

10월 28일

매우 침착하게 관찰할 수 있는 사람들에게는 누군가에게서 받은 첫인상이 가장 올바른 표준이 된다. 경솔하거나 냉혹하고, 또 교활한 눈길, 신경질적으로 떨리는 손, 육감적인 입술, 의지가 약해보이는 턱, 일반적으로 얼굴 윗부분보다 아랫부분이 더 발달한 얼굴, 이런 것들은 좀처럼 숨길 수 없다. 여성에게 있어서 순진무구한 표정—이것은 나이든 부인에게는 많지만 현대의 젊은 여성에게는 드물다—은 함부로 흉내 낼 수 없는 것으로, 남성들에게 위안이 되는 것이다. 그런 표정은 무엇으로도 내신힐 수 없다.

이 순진무구한 표정이 없는 여성은 절대로 조심하라. 어떤 경우에도 그런 여성이 당신의 삶에 큰 영향을 미치는 일이 있어서는 안 된다. 반대로, 순진무구한 여성과의 교제는 정신적으로 매우 유익하다. 또 여성에게 무시당하는 것은 언제나 나쁜 징후이다.

여성 쪽에서도 잘못된 문화와 교육에 의해 손상되지 않았다면, 어떤 남성이 제대로 된 사람인지 알아보는 참으로 정확한 본능적인 감정을 가지고 있다.

⚜

뭔가 다툼이 일어났을 때는 정의의 편에 선 사람들이 먼저 한 걸음 양보하는 것이 좋다. 일반적으로 그렇지 않은 상대편이 양보하는 일은 거의 없다. 부정은 노예의 질긴 쇠사슬과 같아서 노예 스스로 그것을 끊는 것은 도저히 불가능하기 때문이다.

그러므로 상대가 아직 그것을 허락할 때—당신에 비해 그의 의지는 아직 자유로우므로—당신 쪽에서 먼저 양보하여 그에게 힘을 빌려주는 것이 좋다.

10월 29일

사람들은 보통 우리가 자신에 대해 알고 있는 이상으로 우리를 잘 알고 있다. 일반적으로 이해타산에 눈이 어둡지만 않으면, 모든 사람이 이 점에서 보통사람들이 생각하는 것보다 훨씬 더 현명하고 정확하게 판단할 수 있다. 그들은 언제나 칭찬은 말로 표현하지만, 비난은 반드시 입 밖에 내어 말하지는 않는다. 이런 점에서 특히 잠언 작가가 쓴 다음과 같은 말은 위안이 된다. '사람의 행위가 여호와를 기쁘시게 하면 그 사람의 원수라도 그로 더불어 화목하게 하시느니라.'[*32] 그러나 이것만으로는 아직 적에게서 그 사람을 충분히 보호할 수 없다.

다음의 성구(聖句)도 참조하라. 창세기 20장 6절, 21장 22절·26장 29~31절, 31장 24절, 33장 4절, 시편 109편 29절, 91편 8~13절, 84편 5~7·12절, 71편 7절, 68편 18~20절, 66편 10~12절, 64편 7·8절, 60편 12절, 57편 11절.

어떤 비난과 비판, 그리고 반대에 부딪치더라도, 그것에 정당성이 있는지 양심적으로 충분히 검토한 뒤, 거기서 미래를 위한 이익을 이끌어내야 한다. 그러나 그 밖의 것에 대해서는, 특히 이쪽이 완전히 옳은 경우에는 침묵을 지키

[*32] 잠언 16장 7절.

는 것이 좋다.

신문의 공격에 대해서는 그 말을 누가 했는지가 가장 중요한 문제이다. 그런 논조를 펼치고 있는 것은 비개인적인 것으로 인정되는 '신문'이 아니며, 또 그 논조가 이미 '여론'이 된 것도 아니다. 오히려 대부분의 경우, 그것은 특정한 한 사람의 인간일 뿐이고, 그가 제시한 견해는 그때부터 신문독자들의 승인을 얻어야 할 것이다.

⚜

열왕기하 6장 16절,*[33] 역대하 20장 37절을 보면, 악은 오늘날 거대한 힘임이 분명하며, 이 세상을 구석구석 호령하고 있다. 그러나 아직 이 세상의 왕인 악은 '심판받은' 왕으로서 그 지배권을 '점차' 포기하지 않으면 안 된다.

그러므로 이 왕은 언제나 두려워하고 있다. 이것을 잊어서는 안 된다. 그의 강함은 기껏해야 오만—그리스 신화에서는 히브리스라고 불린다—에 지나지 않고, 그 오만은 보통 완전한 몰락의 전조이다.

그러나 선한 쪽에서도 같이 두려워한다면—유감스럽게도 이것은 감상적인 설교와 요란한 선전, 많은 신앙서와 잡지 등에서 흔히 볼 수 있다—선은 악에 대한 우월성의 근거를 당장 잃어버린다. 아무리 좋은 일이라도 용기가 빠져 있으면 그것만으로도 이미 완전히 또는 반쯤 실패로 끝난다. 이를테면 종교개혁, 크롬웰의 공화정치, 네덜란드의 자유국, 독립전쟁 뒤의 독일, 남북전쟁 뒤의 미국, 스위스의 가장 뛰어난 헌법조문 등이 그렇다. 그리하여 몇 번이나 다시 시작하지 않으면 안 된다. 젊은 사람들에게 선을 위한 용기를 가르칠 수 있다면, 현대의 모든 교육 가운데 특별히 좋은 일이 될 수 있다. 요컨대 이 요점이 빠진 교육은 그리 큰 의의가 없다. 그런데 스위스의 학교에서는 오히려 그 반대의 것, 즉 유물주의에 대한 찬미와 단순한 처세술이 대단한 것인 양 가르쳐왔다. 그러므로 스스로 더 좋은 길을 찾지 않으면 안 된다.

요한복음 3장 19절,*[34] 사사기 5장 31절 참조.

---

*[33] 대답하되 두려워하지 말라. 우리와 함께한 자가 저와 함께한 자보다 많으니라.
*[34] 그 정죄는 이것이니 곧 빛이 세상에 왔으되, 사람들이 자기 행위가 악하므로 빛보다 어두움을 더 사랑한 것이니라.

10월 30일

우리는 태어나면서부터 '진노의 자녀*35'이다. 노년으로 갈수록 그것이 더욱 확실해지는데, 그로 인해 많은 노인들은 자신에게나 타인에게나 성가신 존재가 되어버린다.

진정한 온화함과 친절은 나약함에서 오는 것이 아니며, 더 높은 삶에 다다랐다는 가장 완전한 증명이다. 그것은 그 사람의 삶이 '파멸의 황야'를 지나 '혼인'—하느님과의 친밀한 교제—을 약속받은 땅에 다다랐을 때 비로소 나타나는 경지이다. 그러나 이것에 대해 더 이상 얘기하는 것은 무익하다. 그것은 다른 세계에서 들려오는 목소리이며, 그 목소리에 대해 열린 귀는 아주 적기 때문이다.

❧

요한복음 20장 21~23절*36을 보면, 이것은 최대의 선물인 전권 위임에 대한 것으로, 어떤 교회나 성직에 주어지는 것이 아니라 그리스도의 진정한 제자 한 사람 한 사람에게 주어지는 것이다. 하지만 그 사람은 이 선물을 실제로 사용해야 하며, 그것에 대해 두려움을 품거나 사람들의 다양한 장점에 눈이 흐려져서는 안 된다. 요한복음 2장 21·29절, 17장 25절, 이사야 54장 17절, 43장 18절 참조.

10월 31일

누가복음 11장 36절*37에 대하여. 우리에게 일어나는 가장 좋고 결정적인 것은 언제나 섬광 같은 성질을 띠고 있다. 그것은 은총의 광선이요, 다른 세계에서 오는 빛의 광채이며, 대개 진리를 통찰하는 힘일 뿐 아니라, 적극적인 행위에 대한 격려이기도 하다. 그때 재빨리 결의하고 곧바로 실천하는 것이 인간이 해야 할 의무이다. 그렇지 않으면, 은총의 섬광은 이내 사라져버린다. 그러나

---

*35 에베소서 2장 3절.

*36 예수께서 또 가라사대 '너희에게 평강이 있을지어다! 아버지께서 나를 보내신 것같이 나도 너희를 보내노라.' 이 말씀을 하시고 저희를 향하사 숨을 내쉬며 가라사대 '성령을 받으라! 너희가 뉘 죄든지 사하면 사하여질 것이요, 뉘 죄든지 그대로 두면 그대로 있으리라.'

*37 네 온 몸이 밝아 조금도 어두운 데가 없으면, 등불의 광선이 너를 비출 때와 같이 온전히 밝으리라.

우리가 결심하면, 마치 황금날개를 가진 독수리처럼 보통 수단으로는 넘기 힘든 장애를 뛰어넘어, 우리를 단숨에 높이 데리고 올라간다. 천국으로 가는 길은 평범한 수행(修行)의 법칙으로는 결코 가늠할 수 없는 더할 나위 없이 독특한 길이다. 그러나 그것을 겪은 적이 없는 자는 아무도 믿으려 하지 않는다.

낙엽

1

깊은 가을이 산과 골짜기를 휩쓸면
나무에서 단풍잎이 흩어진다.
이 숲 광장 어디에도
새들의 노랫소리는 없다.

머지않아 서리와 눈이
색색깔의 숲을 뒤덮을 것이다.
이번에는 슬픔 없이 말하리라
"아! 좀더 일찍 이렇게 되었더라면" 하고.

나는 타고난 본성과 싸워왔고
이제 그것을 벗어던지고 말았다.
곧 엄격한 친구인 죽음이 찾아오고
그 뒤로 진정한 생명이 오리라.

2

당신의 마음은 내 마음이 되고, 기다림 뒤에 평정이 찾아왔다.
마침내 내 영혼은 안식에 들어갔다.
흩어져 있던 것이 모이고, 빠져 있던 것이 나타났다.
생명의 숨결이 나에게 속삭인다.

⚜

시편 23·25·32편, 이사야서 49·54장을 보면, 하느님에게 봉사하는 생활보다 '흥미로운' 생활은 없다. 그것은 심연(深淵)을 빠져나가 환희에 찬 천상(天上)의 골짜기들을 지나며 오르내리는, 한없이 큰 내적 약동을 동반하는 생활이며, 더욱이 도중에 만나는 모든 위험이 늘 좋은 결과로 끝나는 생활이다.

이 생활은 '포근한 휴식의 이불'은 아니다. 하지만 이 지상 생활에서 무엇보다 '영혼과 생명'을 추구하고, 또 기꺼운 마음으로 의의 있는 일과 비범한 일을 체험하고 싶은 사람들에게는, 다른 생활은 그 어떤 것도 이것에 비할 바가 못 된다. 또 이 생활은 누구든지, 어디서든 모든 사람을 위해 한결같이 준비되어 있다. 하찮은 일에 힘을 낭비하고 있는 사람은 가엾은 사람이다. 융 슈틸링*[38]의 《향수》는 이 생활을 약간 로맨틱한 논조지만, 잘 표현하고 있다. 역대하 20장 20절 참조.

*38 융 슈틸링(1740~1817). 독일의 저술가. 자전적 작품이 많으며 《향수》 4권도 그의 경건주의적 신앙생활을 쓴 것이다. (역자주)

11월

11월 1일

젊은 사람들에게 죽음이라는 관념은 두렵기 마련이지만, 정상적인 상태에 있고 양심에 불안이 없는 한, 죽음의 확실성이 커질수록 두려움은 사라지는 법이다.

그 경우, 죽음은 날마다 일어나는 잠과 깨어남의 과정과 본질적으로 그리 다르지 않은 하나의 통과의례 같은 것이다. 사실 우리는 이 과정에 대해서는 믿을 만한 보고서를 하나도 가지고 있지 않지만, 그것은 잠이 드는 과정을 아무도 정확하게 기억하지 못하는 것과 마찬가지이다.

톨스토이는 죽음이 가까워질 때의 실감에 대해 다음과 같이 말했는데, 그것은 다른 많은 사람들의 경험과도 일치한다.

'나는 지금까지 죽음과 삶에 대해 품어왔던 관념에서 차츰 멀어지기 시작했다. 죽음은 이제 나에게 두려움의 대상이 아니라 삶의 한 에피소드이며, 삶은 죽음에 의해 끝나는 것이 아니라는 인식에 하루하루 다가갔다. 마침내 인내심을 가지고, 아니 오히려 기쁜 마음으로 죽음을 기다리는 경지에 다다랐다. 피안에서 이어지는 생명에 대한 확신이 내 안에서 확고해졌기 때문에, 모든 의심은 힘을 잃고 사라졌다. 그리고 가끔 갓난아기가 막 태어나 우는 소리와도 비슷한 환희의 외침이 내 가슴에서 터져 나오려는 것을 느꼈다. 한없는 행복감이 내 영혼을 채우고, 나는 다정한 친구를 기다리듯 죽음을 간절히 기다렸다.'

큰 실패를 겪었을 때와 해결되지 않는 분쟁에 휘말렸을 때는 가끔 하느님이 내려주는 죽음이 모든 문제를 해결하는 유일하고 가능한 타개책이며, 또 수많은 증오와 분노를 달래줄 수 있는 조정자이다. 반대로 스스로 '죽고 싶어하는 것'은 삶의 고난을 회피하려는 불성실한 수단이다. 그것은 서툴고 정지하지 못한 도박꾼이 트럼프 카드와 체스의 말을 뒤섞어버리는 것과 비슷하다. 우리가 이 인생에 부름을 받은 것은 흥미가 없어지면 제멋대로 이 인생에서 떠나가라는 것이 아니라, 하느님이 우리를 불러들일 적당한 때까지 자신과 남에게 유익한 생활을 하기 위해서이다.

욥기 5장 17~26절, 보헤미아 형제단 찬송가 132번을 보라.

그리고 자신이 멋대로 선택한 죽음에 의해 인생은 결코 끝나는 것이 아니며, 그 뒤에 또 다른, 어쩌면 훨씬 더 고통스러울지 모르는 삶이 이어진다. 그렇다면, 우리는 어떤 경우에도 이 삶을 멋대로 멈추어서는 안 될 것이다.

✤

고린도전서 15장 10절의 '그러나 나의 나 된 것은 하느님의 은혜로 된 것이니, 내게 주신 그의 은혜가 헛되지 아니하여……'라는 말은 아마 바울과 함께 당신에게 허락해도 좋을지 모르는 겸손한 긍지이며, 또 지상의 다른 어떤 명성이나 호평보다 좋은 것이다. 시편 제92편, 빌립보서 2장 5~9절 참조.

이에 반해 세상의 칭찬에는 언제나 고뇌가 뒤따른다. 이것은 쉽사리 관찰할 수 있는 일로, 특히 신문의 칭찬이 그러하다. 그러므로 신문의 칭찬에 민감해지거나 비방당했을 때 분노를 느끼는 사람은 누가 뭐라 하든 자신에 대해 언급한 신문기사는 아예 읽지 않는 것이 좋다.

11월 2일

누가복음 16장 19~31절을 보라. 내가 아는 한, 성서의 어디에도 '영원한 잠'에 든 사람들이 이 지상에서의 삶에 대해 확실한 기억을 가지고 있는지, 또 이 세상의 삶에 뭔가 영향을 주는지에 대해서 제대로 나와 있지 않다. 위에 든 누가복음의 이야기는 분명히 그것을 직접 부정하는 것은 아니다. 그러나 어느 쪽이든 이 이야기에서 받아들일 수 있고, 또 자연의 논리로 생각할 수 있는 것은 오직 선하지 않은 자는 무익하게 보낸 지상의 삶을 깊은 후회와 함께 떠올릴 것이 틀림없다는 사실이다.

이 세상에서 우연히 같은 시대에 태어난 모든 사람들을—이를테면 은총을 입은 사람들 사이에서도—다시 만나 영원히 함께 산다는 생각은 마음에 특별한 격려가 되는 것은 아니다. 그것은 이 지상에서 맺었던 이상적이지 못한 인간관계에 대한 추억이 저 세상에서도 사라지지 않는다는 것을 전제로 하고 있다. 그러나 우리는 오히려 그런 관계는 완전히 끊고 싶으며, 사실 지상의 죽음으로 끊었다고 할 수 있다. 잊는다는 것은 이미 이 지상에서의 행복의 시작이다. 망각의 강 레테가 없고, 모든 괴로운 일들을 영원히 기억하고 있어야 한다면 행복은 있을 수 없는 일이다. 단테 《신곡》 연옥편 제31곡 참조.

그러나 이 세상에 대한 또렷한 기억이 있는지 없는지 불확실함에도 진정으로 서로 사랑했던 고인과 영원히 결합되어 있다고 믿는 것은 인정상 참으로 외면할 수 없는 소망이다. 또 실제로 우리는 간혹 그들이 여전히 지상의 일을 떠올리며 우리 가까이 있다는 것을 똑똑하게 느끼는 순간이 있다.

✤

빌립보서 2장 15절*¹을 보라. 당신이 지금 나의 《신문서간집》*² 마지막 장—에서 언급했던 지상의 낙원이나 정죄(淨罪)의 산꼭대기라 부르는 연옥—이 세상에서 삶을 올바르게 보냈다면, 다른 존재로 옮겨가기 전에 나타나는 경지이다—에 있다면, 그날그날을 단순하게 살며, '당신의 손이 찾아내는 일'을 하는 것이 좋다. 지상의 내일이 과연 당신을 찾아올지 알 수 없게 된 만큼, 더더욱 그렇게 해야 할 것이다. 모든 것이 급변할 수도 있기 때문이다.

이제부터 당신의 생활은 오로지 기도하고, 받아들이고, 남에게 주면서 사고와 행위의 단순함을 지향하게 된다. 그렇다고 그것이 늘 쉬운 일은 아니지만, 결국 아가(雅歌)의 아름다운 시구*³와 비슷한 기분을 느낄 것이다.

'이렇게 대부분의 사람들이 두려워하는 죽음은 우리에게 생기를 주고 우리를 일깨우는 부름의 소리이다.' 그러므로 죽는다는 것에 그렇게 소란을 떨 이유가 전혀 없다. 생명을 고작 며칠이나 몇 주일, 아니면 몇 달 연장하는 기술밖에 없는데도, 이곳저곳의 의사들에게 진찰을 간청한 뒤, 친족을 모조리 불러 모아 눈물을 흘리며 슬퍼한다. 그런 다음 벗어버린 옷에 지나지 않는 것을 위해 이번에는 꽃다발이니 추도연설이니 조사니 하면서 거창한 장례식이 거행된다. 죽음을 어떻게 맞이하고 다루는가 하는 방법 이상으로 그 사람과 가족, 또

---

*1 이는 너희가 흠이 없고 순전하여, 어그러지고 거스르는 세대 가운데서 하느님의 흠 없는 자녀로 세상에서 그들 가운데 빛들로 나타내며.
*2 《신문서간집》은 힐티 자신의 논문풍 서간집 제2권. 그 마지막에 '낙원'이라는 글이 있다. (역자주)
*3 '그러므로 나는 그의 보기에 화평을 얻은 자 같구나.' 8장 10절.

는 세대 전체의 유물주의를 확실히 드러내 주는 것은 없다.

죽음을 두려움으로 여기는 것은 본디 그것이 새롭고 익숙지 않고, 특히 그 뒤에 무엇이 올지 알 수 없기 때문이다. 그러나 갈수록 더해가는 쇠약함과 함께 이 육체를 버릴 수 있음은 영생을 믿는 영적인 인간에게는 결코 불쾌한 것일 리가 없다. 죽음이 의미하는 것은 이 세상보다 훨씬 혜택 받은 조건 아래서, 지금까지 쌓아온 모든 경험을 토대로 다시 한 번 삶을 시작할 수 있다는 점이다. 그것도 지금의 사회보다 훨씬 좋은 사회에서. 그런데 왜 죽음을 두려워할 것인가?

이사야 42장과 43장을 참조.

11월 3일

성스러움과 덕과 정의에 대해 너무 많은 말을 해서는 안 된다. 그것들도 성서가 말하고 있듯이 모든 것을 통찰하는 눈 앞에서는 언제나 '더러운 옷*4'에 지나지 않는다.

인간이 이 세상에서 이룰 수 있고 남에게 도움도 되는 것은 하느님에 대한 사랑, 다시 말해 모든 진과 선에 대한 사랑이며 또 함께 삶을 받은 사람에 대한 진정한 친절이다. 이것을 내부에서 끊임없이 느끼는 사람은 이 세상에서 다다를 수 있는 가장 높은 목표를 이룬 것이다.

⚜

내 조언을 원한다면, 당신의 사전에서 '기도한다'는 말을 지우고 대신 '기원한다'는 말을 집어넣으라 말하고 싶다.

'기도'라는 말에는 일정한 시각에 일정한 말로 '행해야 하는' 하느님에 대한 형식적인 인사 같은, 좋지 않은 묘한 조미료 맛이 들어 있다. 그것은 하나의 공물(貢物)과 같은 것으로, 특히 속으로 늘 불만을 가지고 때로는 적의까지 느끼는 백성이 무엇 하나 주고 싶지 않은 영주에게 마지못해 바치는 연공처럼 느껴진다. 공적인 기도는 모두 그런 성질의 것이다. 이를테면 기도서를 보면서 읽기 때문에 모인 이들의 마음에 큰 반향을 줄 수 없고, 때로는 전혀 반향을 불

---

*4 이사야서 64장 6절.

러 일으키지 않을 때도 있다. 교회에서 이어지는 지루한 기도, 또 즐거운 행위를 시작하기 위해 최대한 빨리 끝내는 식사기도, 그 밖에 이와 비슷한 구조의 것은 모두 그렇다.

우리 모두 하느님에게 형식적이거나 특별한 것이 아니라, 다른 기원과 다름 없는 기원을 해야 한다. 물론 그 기원의 상대는 인간을 뛰어넘는 분이기는 하지만. 우리가 하느님과 대화할 때는 대개 간구하거나 감사하면 되고, 단순한 '숭배'는 하느님에 대한 봉사가 아닐 뿐만 아니라 우리에게도 도움이 되지 않는다.

그러므로 당신이 '기도'할 수 없다고 말해도 그것을 이해할 수 있다. 오늘날에는 당신뿐만 아니라 더 많은 사람들이 기도할 줄을 모르며, 그런 사람들 가운데에는 선량한 이들도 있다. 당신도 한번 '기원'하는 것을 시험해보기 바란다. 진정으로 하느님을 믿고 있다면, 기원하는 것은 정말 자연스러운 일로 느껴지고, 또 실제로 잘 될 것이다. 일정한 시각에 일정한 말로 기도하는 형식주의를 모두 버리고, 또 그렇게 함으로써 하느님을 위해 뭔가 버젓한 일을 하고 있다는 쓸데없는 생각을 전혀 품지 않을 수 있다면 말이다.

'주기도문'*5을 당신의 진실한 소망으로서 외울 수 있다면 얼마든지 그대로 기도하라. 그러나 그렇지 않다면 다른 기도의 공식과 마찬가지로 당신에게 아무 도움도 되지 않는다. 물론 '주기도문'은 지금까지 올려진 기도, 그리고 앞으로 올려질 모든 기도 가운데 진정 필요하고 가장 좋을 뿐만 아니라 가장 아름답고 간소한 기도임에 틀림없다. 그러나 기도라 함은 자신의 감정과 정확하게 일치하는 개인적인 진실한 소망이 아니면 안 된다. 그렇지 않다면 차라리 가장 간단하게 '주여, 나를 도와주소서'라는 말을 외치는 편이 낫다. 이 말도 마찬가지로 우리의 주기도였고, 어쩌면 앞에서 든 '주기도문'보다, 또 복음서에서 접할 수 있는 다른 기도보다 그리스도가 훨씬 더 자주 썼던 것일지도 모른다.

하느님은 우리를 다음과 같이 돕는다. '우리는 하느님께 기도를 바친다. 그러면 하느님은 우리를 위해 말씀하시고 또 주재해 주신다.' (브리스톨의 조지 뮬러*6)

---

*5 마태복음 6장 9~13절.
*6 조지 뮬러(1805~1898). 독일에서 태어나 영국에서 열심히 선교활동을 펼친 뒤, 브리스톨 근교에 고아원을 설립하여 수천 명의 고아들을 구제했다.(역자주)

'내가 하느님을 신뢰하고 있을 때는 하느님은 결코 나를 버리지 않으셨다.'
(크롬웰)

11월 4일

세상에는 두 종류의 인간이 있다. 한쪽은 우리가 행복할 때는 매우 친절하게 대해 주지만, 우리에게 잇따라 불행이 닥치면 즉각 소리도 없이 자취를 감추는 사람들이다. 다른 한쪽은 친절하지는 않지만 우리가 불행할 때 외면하지 않는 사람들이다.

친애하는 독자들이여, 당신은 이 두 종류 가운데 어느 쪽에 속하는지, 또 어느 쪽이 더 훌륭한 인간인지 스스로 판단하라. 그러나 상대방이 첫 번째에 속하는 사람이라는 걸 알면, 그 사람이 당신 마음에 깊이 뿌리내리지 않도록 조심하라. 그런 사람은 행복할 때의 놀이 상대로는 몰라도 그 이상은 될 수 없다.

❧

예레미야 15장 15~21절을 읽어 보라. 여기에 적혀 있는 주의 대답은 당신도 언젠가 같은 처지에 빠졌을 때 마음속에 깊이 새겨질 것이다. 특히 여기서 주목해야 할 점은 현존하는 대립을 덮어서 가리거나 표면상의 '관용'에 의해, 또 한때 흔히들 말했던 것처럼 '중재'에 의해 '화해'를 꾀해야 하는 것이 아니라, 대립을 대립 그 자체로 인정해야 한다는 것이다. 이것은 지금까지의 예에서 말하면, 슐라이어마허와 리츨이 주도한 자유주의 프로테스탄트 신학에 적용된다. 또 현대에는 대립이 더욱더 치열해진 이래, 특히 무신론의 다른 이름에 지나지 않는 '근대적 세계관' 전체에도 적용되고, 또 개별적으로는 괴테풍의 미적 생활의 향유에서도 그렇게 말할 수 있다. 이 사상 또한 그 근거는 철학적 무신론이다.

그렇다고 해서 이 의견이 다른 자들을 교회가 옛날 그 전성기에 한 것처럼 화형시킬 필요는 없다. 그러나 우리는 다른 생각을 가지고 있다는 것을 사람들에게 알리지 않으면 안 된다. '관용'은 동정에서 나오는 경우나 실제적인 어려움을 겪은 데서 진실한 신앙고백으로 비롯된 경우에는 옳은 것이다. 그러나 흑을 백이라고 말하거나 현대의 대부분 젊은 신학자와 설교가가 하는 식으로 그리스도가 부활하지 않았다 해도 부활한 것과 그 의미는 변함이 없다

고 설명하는 관용은 옳은 것이 아니다. 이 경우에는 오히려 선량한 무신론자
—그런 사람도 있다—가 더 바람직하고, 하느님 앞에서도 환영받을 거라고 생
각한다.

11월 5일

신앙에 대해 참으로 많은 책이 나오고 있는 것을 나도 알고 있다. 그렇지만
히브리서 10장 35~39절*7과 그것에 이어지는 제11장보다 더 뛰어난 것은 지금
까지 한 번도 나온 적이 없었다.

여기서 말하고 있는 것은 오늘날에도 존재하는 두 가지 형태의 인간에 대해
서이다. 확고한 신앙을 가지고 어떤 상황에서도 그것을 견지하는 사람과 눈에
보이는 것만 믿고 그것만 따르는 영리한 사람의 차이이다. 이 세상에 신앙의
길 외에는 완전한 만족을 주는 것이 없음을 확실하게 깨달았을 때, 신앙은 더
이상 흔들림 없는 것이 된다.

⚜

요한복음 21장 3·16~18절, 열왕기상 19장 4·10·18절을 보라. 때로는 우리도
한때의 피로와 우울한 마음, 그리고 염세주의로 뚜렷한 성과를 거두지 못한
채, 하느님의 사업을 계속하기보다는 차라리 고기잡이를 나가거나 죽어버리는
게 낫다고 생각할 때가 있다. 하지만 하느님은 절망한 엘리야를 얼마나 따뜻하
게 위로했으며, 또 그리스도는 마음이 흔들려 방황하는 베드로—끝까지 그는
이름이 의미하듯 결코 단단한 '바위'는 아니었다—를 얼마나 너그럽게 위로했
던가? 특히 베드로에게 앞으로 그의 그릇된 태도가 모두 끝나고 하느님의 인
도가 틀림없이 시작될 거라고 한 말은 참으로 의미심장하고 감동적이다.

우리가 스스로 한 일의 성과를 다 볼 수 없고, 뿐만 아니라 가장 좋은 성과
조차 볼 수 없음은 조금이나마 인생 경험을 쌓은 사람에게는 오히려 큰 위안

---

*7 그러므로 너희 담대함을 버리지 말라. 이것이 큰 상을 얻느니라. 너희에게 인내가 필요함은
너희가 하느님의 뜻을 행한 후에 약속을 받기 위함이라. 잠시 잠깐 후면 오실 이가 오시리
니 지체하지 아니하시리라. 오직 나의 의인은 믿음으로 말미암아 살리라. 또한 뒤로 물러가
면 내 마음이 저를 기뻐하지 아니하리라 하셨느니라. 우리는 뒤로 물러가 침륜에 빠질 자가
아니요, 오직 영혼을 구원함에 이르는 믿음을 가진 자니라.

이 된다. 왜냐하면 우리는 자신이 할 일을 남을 위해, 또 남의 칭찬을 듣기 위해 하는 것이 아니기 때문이다. 또 과장스러운 '숭배자'는 보통 진정한 친구가 아니며, 박해가 시작되면 당장 배신하거나 떠날 사람들이다. 이것은 나도 겪은 일이다.

11월 6일
참으로 이해하기 힘들기는 하지만, 일단 이해하고 나면 우리의 사고 전체가 그것에 큰 영향을 받게 되는 생각이 있다. 바로 생생한 행복감은 언제나 새로운 일과 시련, 새로운 슬픔을 맞이하기 위한 격려와 준비이며—크롬웰이 말한 '대가의 선물'—괴로운 시련과 의기소침은 언제나 더 크고 새로운 행복과 하느님의 힘이 주어질 것에 대한 예고라는 것이다. 이것을 알면, 불행을 만나도 마음이 흔들리지 않고 행복해도 진지하고 사려 깊어진다.

⚜

마태복음 8장 22절*8을 보면, 당신은 영원토록 이 세상의 악을 다 정복할 수 없으며, 또 신앙개조와 국법, 교회제도, 교육에 의해 미래 세대의 삶에서 악을 몰아낼 수도 없다. 뿐만 아니라 악은 굴복할 때마다 다시금 힘을 회복하여, 각 세대에 새롭게 싸움을 건다.

이것은 안이하고 쾌적한 그리스도교를 원하는 사람들에게는 사실 유쾌하지는 않지만, 필요한 일이다. 안이하게 그리스도교를 따르는 것은 영적이지도 않고 자신의 체험도 가지지 않은 단순한 교회 중심의 주입식 형식주의 신앙으로, 이 신앙은 어느 세대 인간에게나 끊임없이 새로운 숨결을 불어넣는 세속적인 정신과 동물적 성질과 다름없이 나쁘기 때문이다. 우리가 단순하게 '그리스도의 교회에 속할 뿐' 아니라 진정으로 그리스도를 '따르고' 싶다면, 이 두 가지 악과 끝까지 싸우지 않으면 안 된다.

11월 7일
단테의 《신곡》 지옥편 제5곡 121행 이하의 프란체스카 다 리미니가 한 '비참

---

*8 죽은 자들로 저희 죽은 자를 장사하게 하고 너는 나를 좇으라!

한 처지에 있을 때 행복했던 지난날을 떠올리는 것만큼 괴로운 일은 없다'는 말은 인생관의 차이에서 생기는 완전히 다른 결과를 매우 잘 표현하고 있다. 그러나 더할 수 없는 불행에 빠져도 영혼의 핵심은 조금도 손상되지 않고, 지난날 자신에게 풍요롭게 주어졌던 선과 미를 감사하는 마음으로 떠올릴 수도 있다. 그렇지만 행복을 오직 향락에만 두고 있는 사람에게 이 말은 노년에 접어들었을 때 뼈아프게 겪지 않을 수 없는 두려운 진실을 담고 있다.

❀

'너희의 인내로 너희 영혼을 얻으리라.'[*9] 이 말은 오늘날 가톨릭에서 말하는 근대주의자에 속하지 않고, 교회 안에서 진리를 얻기를 바라는 사람들에게 가까운 장래에 특히 필요한 말이 될 것이다.

빌립보서와 히브리서는 현대와 비슷한 시대에 이 모든 싸움을 극복한 뒤 주어지는 내적인 희열과 영혼의 안식을 보여주고 있다.

11월 8일

제네바의 성녀 카타리나는 당돌하게 하느님에게 이렇게 물었다. '하느님에 대한 사랑은 다른 모든 사랑을 물리치게 하는데, 그래도 우리는 이웃을 사랑하지 않으면 안 되는 건가요?' 이에 대해 성녀 카타리나는 다음과 같은 대답을 들었다. '나를 사랑하는 자는 내가 사랑하는 모든 것도 사랑한다. 너는 가능한 한 이웃의 영혼과 육체의 행복을 위해 힘쓰지 않으면 안 된다. 진정한 사랑은 이웃을 위해 사랑하는 것이 아니라 하느님을 위해 사랑하는 것이다.'

그 이웃에게도 이 편이 더 낫다. 누군가 그 사람을 위하여 사랑하는 것은 자칫하면 마음에 동요를 일으키고, 하느님을 위해 그 사람을 사랑하는 사랑만큼 불변하지도 확고하지도 않기 때문이다.

❀

삶의 마지막 단계에서는 이제 더 이상 많은 양의 신학서와 그 밖의 종교 서적을 읽을 필요가 없다. 우리 신앙의 원선—다행히 교과서 형태로 되어 있

[*9] 누가복음 21장 19절.

지 않은—인 4복음서와 그것의 가장 좋은 주석인 사도들의 편지를 읽도록 하라. 다른 주해서는 필요하지 않다. 구약성서와 사도행전은 종교의 역사적 부분으로서 빠뜨릴 수 없는 것이다. 특히 예언자의 책들과 시편은 우리를 크게 격려하고 위로해준다. 현대에 살면서도 당신은 요한계시록을 하나의 환각으로서 이해하고 평가할 수 있을 것이다. 하기는 이 책은 공상가들에 의해 이미 수없이 남용되고 잘못 해석되어 왔다. 성서에 기록된 말은 '내 발에 등이요 내 길에 빛'*[10]이다. 그리고 당신은 차츰 내면적이고 개인적인 계시를 받게 될 것이다. 실제로 이러한 계시는 성서의 말과도 일치하는 것이며, 또 마음이 약해진 것이 느껴질 때의 위안도 된다. 성서의 말이 당장 도움은 되지 않더라도 말이다.

예레미야서 15장 16절*[11] 참조.

11월 9일

중류계급으로 태어난 사람은 운 좋게도 인생에서 두 가지 사실을 잘 모르고 있다. 먼저 뭔가 수단과 도움을 얻기 위해 '남의 집 계단을 올라가야 하는 것이 얼마나 괴로운 일인지', 또 고상한 생활이 사람들에게 얼마나 작은 만족밖에 주지 않는지 하는 것이다. 하층계급의 사람들은 앞의 괴로움을 잘 알고 있고, 그래서 스스로 고상한 생활은 그리 중시하지 않게 된다. 따라서 밖으로 드러난 모습은 조금 거칠어도 이 계급에는 상류계급보다 자제력이 풍부한 고상한 사람이 훨씬 많다. 이따금 상류계급의 고상함은 그야말로 냉혹한 이기주의를 가리는 매끄럽게 가공된 껍데기에 지나지 않는다. 최상류 사회에서도 이른바 '상류생활'의 덧없음을 충분히 자각하고 있는 사람도 가끔 볼 수 있으나, 그들도 거기서 빠져나오지는 못한다.

⚜

당신은 '편지를 주고받는 상대'로서 그리스도를 상상할 수 있는가?

무릇 신앙적인 사항을 '편지'로 쓰는 것은 불가능하다. 그것은 상대가 누구이든 마찬가지다. 꼭 필요하다면 그때그때의 중요한 일에 대해 쓸 수는 있다.

---

*10 시편 119편 105절.
*11 내가 주의 말씀을 얻어 먹었사오니, 주의 말씀은 내게 기쁨과 내 마음의 즐거움이나이다.

그러나 종교적 대화를 위한 설교 따위는 쓰지 않는 것이 좋다. 그것은 수고만할 뿐 갖가지 오해, 아니면 허영의 씨앗이 될 뿐이다. 최근 만년에 들어 그동안주고받은 편지를 출판하는 사람들이 흔히 있는데, 그것은 발신자의 양해를 얻어 발표될 경우에는 어김없이 허영심 때문이다. 따라서 일부러 읽어볼 만한 가치는 없다. 종교적인 사항을 진지하게 나눈 편지는 대부분 그 두 사람 모두에게 해를 끼친다.

11월 10일

마음속에 일어나는 선에 대한 추구와 악에 대한 유혹은 대개 순간적인 번뜩임 같은 것이다. 선에 대해서는 그 자리에서 호응하여 우리를 돕기 위해 내밀어진 손을 붙잡아 실천하고, 악에 대해서는 그 자리에서 단호한 의지로 저항하지 않으면 안 된다. '그리하여 별에 다다를 수 있는 것(베르길리우스)'이다.

✤

이사야 31장 5절, 32장 10절, 33장 2절, 41장 10~14절[*12]을 보라.

'하느님을 두려워하되, 그 밖의 것은 아무것도 두려워하지 말라. 조금 비장한 투로 한 비스마르크의 이 말은 물론 좋은 말이다. 그러나 실정이 과연 이에일치하는지 어떤지, 바꿔 말하면 이것이 오늘날 독일이나 그 밖의 세계에 적용될지 어떨지는 분명히 별개의 문제이며, 이에 대한 대답에는 그다지 자신감이 없을 것 같다. 나는 훨씬 더 현실적으로 악을 두려워하되, 언제나 악을 이길 수 있는 하느님을 신뢰하라고 말해야 한다고 생각한다. 진정한 위인들은 모두 그렇게 생각했다. 크롬웰, 루터, 츠빙글리, 칼뱅, 브뤼헬, 샤른호르스트, 링컨,골든이 그랬고, 모든 것을 능가하는 위대한 그리스도도 근본적으로는 그렇게생각하고 있었다.

그리스도도 아무런 망설임 없이 이 세상을 위해 죽어간 것은 결코 아니었다(마태복음 26장 37·38절,[*13] 27장 46절,[*14] 히브리서 5장 7·8절). 수많은 싸움터

---

*12 두려워 말라, 내가 너와 함께 함이니라. 놀라지 말라, 나는 네 하느님이 됨이니라 내가 너를 굳세게 하리라. 참으로 너를 도와주리라. 참으로 나의 의로운 오른손으로 너를 붙들리라……

*13 베드로와 세베대의 두 아들을 데리고 가실새 고민하고 슬퍼하사, 이에 말씀하시되 '내 마

에서 늙은 용감한 군인들도 모두 그렇게 생각한다. 그렇게 말고는 생각할 길이 없다. 당신도 나이를 먹을수록, 톨스토이가 그토록 감동적으로 그린 《어둠의 힘》을 뼈저리게 이해할 수 있게 될 것이다. 그리고 하느님의 힘에 대해서도 더욱 깊이 깨닫게 될 것이다. 악은 어차피 하느님의 종이며, 마니교에서 가르치는 하느님의 적대자가 아니다. 우리는 악에 대해 더 이상은 모르지만 그것만은 확실히 알고 있다.

에베소서 6장 12절, 보헤미아 형제단 찬송가 657번, 662번, 670번 참조.

11월 11일

우리는 누군가가 한줌 먼지로 돌아갈 날을 정확하게 미리 알 수 있다면, 그에게 심하게 화를 내는 일은 아마 하지 않을 것이다.

⚜

히브리서 5장 4·12~14절, 6장 1~3절*15을 보라.

하느님의 부름을 받지 않고 스스로 높은 종교적 지위에 오르거나 일반 관청에서 높은 지위에 오른 사람은 결코 '스승'이 되지 못할 뿐 아니라 완성을 향해 정진하지도 못하며, 언제까지나 신앙의 초보 단계에 머물러 있을 것이다. 대개 이런 사람들은 더 위대한 사람들이 닦아놓은 길을 이어받아 교회의 신앙 개조, 이른바 고백문, 신앙 문답서, 교회 기도문, 교회법 등을 고안했

음이 심히 고민하여 죽게 되었으니, 너희는 여기 머물러 나와 함께 깨어 있으라' 하시고.

*14 제 구시 즈음에 예수께서 크게 소리질러 가라사대, '엘리 엘리 라마 사박다니!' 하시니, 이는 곧 '나의 하느님, 나의 하느님, 어찌하여 나를 버리셨나이까?' 하는 뜻이라.

*15 히브리서 5장 4절, 이 존귀는 아무나 스스로 취하지 못하고 오직 아론과 같이 하느님의 부르심을 입은 자라야 할 것이라.

5장 12~14절, 때가 오래므로 너희가 마땅히 선생이 될 터인데, 너희가 다시 하느님의 말씀의 초보가 무엇인지 누구에게 가르침을 받아야 할 것이니, 젖이나 먹고 단단한 식물을 못 먹을 자가 되었도다. 대저 젖을 먹는 자마다 어린아이니 의의 말씀을 경험하지 못한 자요, 단단한 식물은 장성한 자의 것이니, 저희는 지각을 사용하므로 연단을 받아 선악을 분변하는 자들이니라.

6장 1~3절, 그러므로 우리가 그리스도 도의 초보를 버리고, 죽은 행실을 회개함과 하느님께 대한 신앙과 세례들과 안수와 죽은 자의 부활과 영원한 심판에 관한 교훈의 터를 다시 닦지 말고 완전한 데 나아갈지니라…….

다—이것들은 오늘날 크게 개정할 필요가 있다. 같은 히브리서의 제11장에 신앙의 선구자와 이를 끝까지 밀고 나갔던 이들에 대해 나열되어 있지만, 그런 사람들은 언제나 일부분일 뿐이다. 기운이 스러지기 시작한 우리 개혁주의 신앙을 갱신하기 위해서는 이러한 정신적 강자—그들에게 이 세상은 그리 가치 있는 것이 아니지만—가 많이 나와야 한다. 장로회니 위원회, 또는 종무회가 필요한 것이 아니다. 그런 것들은 '단단한 음식'에는 알맞지 않다. 신앙의 용사들이 다시 성장할 수 있는 첫 번째 전제 조건은 일반적인 상식으로 '불행한 시대'라 부르며 가능한 한 그것을 피하도록 노력하는 시대가 오는 것이다.

11월 12일

무기력과 오만—이것은 용솟음치는 것 같은 자부심과 활력감이다—은 모두 악한 영혼에 의한 것이다. 자신의 내부에서 무기력과 오만을 깨닫는다면, 그것이 활개를 치기 전에 단호하게 그것에서 멀어지는 것이 좋다.

하느님으로부터 받은 마음, 그래서 가능한 한 늘 유지하고 있어야 하는 마음은, 자신의 나약함을 자각하면서도 여전히 우리에게 모든 행동과 고난을 참고 견디게 해주는 하느님의 사랑과 힘을 전적으로 믿는 온유한 감정을 가지라고 말한다. 이것이 바로 정신적인 건강이며, 단순한 무기력이나 열병의 흥분과는 반대되는 것이다.

이러한 정신적 건강이 충분치 않을 때는 가능하면 편지를 쓰는 것같은 행동도 삼가는 것이 좋다. 그럴 때는 언제나 만족스럽지 못한 결과나 잘못된 결과밖에 얻을 수 없다. 그런데 특히 열병 상태에 빠지면 뭔가 행동하고 싶은 유혹이 강해지게 마련이다. 언제나 그런 유혹에 저항하라.

⚜

출애굽기 34장 10절*16을 보라. 우리가 하느님의 인도를 받고 있을 때는 늘 자신이 생각하고 있던 것과는 조금 다른 방향으로 나아가는 법이다. 우리 행

---

*16 여호와께서 가라사대, '보라. 내가 언약을 세우나니, 곧 내가 아직 온 땅 아무 국민에게도 행치 아니한 이적을 너희 전체 백성 앞에 행할 것이라. 너의 머무는 나라 백성이 다 여호와의 소위를 보리니, 내가 너를 위하여 행할 일이 두려운 것임이니라.'

위에서 자신에게나 타인에게 좋은 결과가 나타나는 것은 우리의 현명함과 계산 때문이 아니라 하느님의 능력 덕분이며, 따라서 그 성과에 대한 명예는 하느님에게 돌아가야 하는 것임을 우리는 느끼고 있다. 그러므로 당신은 생애에서 행한 아주 훌륭하고 선한 일에 대해서 이웃들로부터 명예를 얻지 못했는데, 타인은 하잘것없는 일로 칭찬을 받았다 해도 이상한 일이 아니다. 오히려 그것을 견디는 것을 배워야 한다.

한 사람의 가장 좋은 영향은 보통 그 사람의 후계자에게서, 때로는 그의 무의식적인 제자들에게서 나타나는 법이다.

11월 13일

마가복음 15장 29절*[17]을 보면, '지나가던 사람들'이 예수를 모욕했다. 이 말은 삶에서 특히 괴로운 시기에 내 마음을 사로잡았는데, '지나가던'이라는 말에 특별히 눈길이 머물러 독특한 느낌을 주었다. 실제로 오늘날에도 예수와 그를 따르는 자를 모욕하는 것은 그저 지나가는 사람들, 즉 그들의 존재와 활동이 일시적이고 또 이내 사라질 사람들이다.

❦

사상이나 일에서 풍요로운 결실을 거두는 시기가 있는가 하면, 때로는 정신이 휴식을 취하며 새로운 힘을 비축하는 겨울 같은 시기도 있다. 당신은 이러한 시기를 하느님이 내려준 휴식시간으로서 감사하는 마음으로 편안하게 받아들이도록 하라. 이 휴식 기간은 인생에서 가끔 주어지는 것으로 죽음으로 나타나는 것이 아니다. 죽음은 오히려 새롭고 더욱 위대한 활동의 시작이다.

요한계시록 2장 10절, 히브리서 4장 9·10절 참조.

11월 14일

결혼은 결코 가볍게 생각해서는 안 되는 참으로 무서운 일이다. 결혼은 개인에게도 전체에게도 축복의 원천이 되는가 하면, 때로는 다시는 일어설 수 없을 만큼 무겁게, 그들을 언제까지나 짓누를 것처럼 보이는 저주의 원천도 된

---

*17 지나가는 자들은 자기 머리를 흔들며 예수를 모욕하여 가로되, '아하, 성전을 헐고 사흘에 짓는 자여, 네가 너를 구원하여 십자가에서 내려오라.'

다. 이것은 개인과 전체에게 자주 볼 수 있는 일이다.

결혼식 날은 생애에서 특히 중요한 날이며, 그것은 비단 여성에게만 해당되는 것은 아니다. 결혼식 당일의 여러 가지 즐거운 행사에는, 흔히 결혼이라는 것의 엄숙한 의미를 당사자와 그 가족에게 조금이나마 덮어 가리려는 은밀한 의도가 들어 있는 것인지도 모른다.

⚜

흔히 가장 좋았던 때로 기억에 남아 있는 것은 처한 상황이 가장 고통스럽게 느껴졌던 시기이다. 아마도 그 시기에 우리가 성장을 했거나, 또는 그 고통이 없었으면 언제까지나 남았을 자신의 결점을 버렸기 때문일 것이다.

디모데후서 3장 11·12절, 히브리서 2장 18절*18 참조.

11월 15일

진정한 지혜가 어디서 오는 것인지 알 길이 없을 때, 요한복음 5장 19·30절*19의 말은 이를 틀림없이 가르쳐줄 것이다. 그리스도도 이 계율에 따랐는데, 우리는 어찌하여 그리스도처럼 지혜의 샘을 찾아가지 않고, 우리 내부에서 지혜를 얻으려 하거나 세상의 학교에서 그것을 배우려는, 말도 안 되는 잘못을 범하는 것일까? 우리는 우리에게도 열려 있는 그 지혜의 샘에 대한 명백한 증거를 그리스도의 말과 행위 속에서 찾아볼 수 있다.

요한복음 7장 15~18절, 6장 63·68절, 마태복음 7장 29절 참조.

---

*18 디모데후서 3장 11~12절, 핍박과 고난과 또한 안디옥과 이고니온과 루스드라에서 당한 일과 어떠한 핍박받은 것을 네가 과연 보고 알았거니와, 주께서 이 모든 것 가운데서 나를 건지셨느니라. 무릇 그리스도 예수 안에서 경건하게 살고자 하는 자는 핍박을 받으리라.
히브리서 2장 18절, 자기가 시험을 받아 고난을 당하셨은즉, 시험 받는 자들을 능히 도우시느니라.

*19 요한복음 5장 19절, 내가 진실로 진실로 너희에게 이르노니, 아들이 아버지의 하시는 일을 보지 않고는 아무것도 스스로 힐 수 없나니, 아버지께서 행하시는 그것을 아들도 그와 같이 행하느니라.
5장 30절, 내가 아무것도 스스로 할 수 없노라. 듣는 대로 심판하노니 나는 나의 원대로 하려 하지 않고 나를 보내신 이의 원대로 하려는 고로 내 심판은 의로우니라.

요한계시록 12장 10절, 19장 6*²⁰·7·9절을 보라.

이 목소리를 언젠가 당신은 자신의 내부에서 똑똑하게 듣지 않으면 안 된다. 그렇지 않으면, 교회의 죄 사면도 당신에게 아무런 의미가 없다. 그러나 그것을 향해 나아가고 있는 사람은 이미 행복한 사람이다.

요한계시록 7장 14~17절, 3장 12·19·20절, 21장 3~6절.

11월 16일

안타깝게도 대개 진정한 성자에 대해서는 그 생애의 마지막 시기의 일이 아주 조금밖에 알려져 있지 않다. 세상에 알려져 있는 그들의 내적 경험은 그 완성단계 이전의 일이다. 다만 때때로 만년에 한 몇 마디 말이 남아 있어, 그것이 그 마음속을 섬광처럼 비춰준다. 바이욘의 엘리자베스(1613년 출생)가 만년에 한 아름다운 말도 그런 것이다. '나는 내가 생명의 숨결처럼 가벼운 것을 느낍니다.' 이것은 올바른 삶을 살았다면, 누구나 생애의 마지막에 당연히 할 수 있는 말이 아니면 안 된다. 그러나 노년에 접어든 현대의 수많은 교양인들은 그들의 철학이 퇴색해버린 지금, 그 성녀와는 전혀 다른 마음 상태에 있는 것은 잘 알려진 사실이다.

✤

사무엘상 7장 12절에 나오는 '에벤에셀(도움의 돌). 여호와께서 여기까지 우리를 도우셨다'는 말은 이제부터는 노력을 그만두고 쉬면서 즐겁게 지내고 싶다는 의미일 뿐 아니라, 그러므로 주는 앞으로도 계속하여 도와주실 거라는 뜻이다.

결국 진정한 그리스도교인의 삶은 확고하게 이어지는—때로는 내적, 때로는 외적인—승리가 아니면 안 된다. 그러나 인생의 마지막 순간이 끝날 때까지 결정적인 승리, 다시 말해 그 뒤에 평화조약이 맺어지는 승리는 결코 없다. 지상의 적인 악을 상대로 해서 그런 승리는 존재하지 않는다. 다만 개개인의 생활에서 삶의 마지막에 최후의 승리가 있을 뿐이다. 그 전에는 영원한 악과의

---

*20 또 내가 들으니 허다한 무리의 음성도 같고 많은 물소리도 같고 큰 뇌성도 같아서 가로되 '할렐루야 주 우리 하느님 곧 전능하신 이가 통치하시도다……'

싸움, 대대손손 이어지는 싸움이 있을 뿐이며 평화는 절대로 없다. 이것은 작은 일이 아니며, 끊임없이 새롭게 다져야 하는 어려운 결의이다. 어렵다는 것은 우리가 만나는 적의 강한 저항 때문이기도 하지만, 자칫하면 우리가 적인 악에게 마음이 끌리거나, 하나의 싸움이 끝나면 이에 부합하는 휴식을 원하는 나약함 때문이기도 하다.

11월 17일

살아오면서 나는 여러 번 인간 혐오자가 될 뻔한 시기가 있었다. 그렇게 되지 않을 수 있었던 것은 분명히 인간 사회의 상류계층 사람들과 알고 지냈기 때문이 아니라, 이름 없는 사람들의 삶과 생각을 깊이 이해한 덕분이다.

세상의 작은 것에 특별한 관심과 사랑을 가지게 되면, 현대의 질병과도 같은 염세주의에 걸리지 않게 된다. 이에 반해 높고 고귀한 것, 겉모습만 화려한 것에 대해 마음속에 은밀하게 선망이 남아 있는 한—현대에는 이른바 교양인 계급에서는 거의 예외 없이 그렇지만—'이 세상의 왕'은 아직도 그들에 대한 권한을 잃은 것이 아니며, 따라서 그들은 흔들림 없는 행복에 다다를 수 없다. 또 덧붙이고 싶은 것은 흔히 작은 것은 깊은 관심을 가지고 보면, 일반적으로 큰 것보다 훨씬 흥미롭고 사랑스럽다. 개미집 속의 개미, 부지런한 꿀벌, 피리새 등은 사자나 독수리, 고래 같은 것보다 훨씬 관찰할 만한 가치가 있고 흥미로운 동물이다. 또 작은 고산식물이 화려한 튤립이나 현대의 관엽 식물보다 훨씬 아름답다. 인간의 경우도 마찬가지다. 작은 것으로 눈길을 돌려라. 그러면 삶이 훨씬 더 풍요롭고 만족스러워질 것이다.

⚜

선악을 알게 하는 나무[21]는 인간에게 위험하다. 하느님 나라를 믿는 자는 어디까지나 선의 영역에 머물러야 하며, 악을 연구해 보고자 하는 마음이 있어서는 안 된다. 그렇지 않으면 악의 손이 빨판처럼 뻗어온다. 이 암초에 부딪혀 난파하는 사람들은 헤아릴 수 없이 많다. 그들은 다른 점에서는 여러 가지로 좋은 뜻을 가지고 있지만, 그들이 읽는 책이나 사회적 관계가 나쁘다는 것

---

[21] 창세기 2장 9·16절, 3장 1절 이하 참조. (역자주)

만으로도 그 암초에 부딪히고 만다.

11월 18일

우리는 내적 생활을 희생하지 않으면 외부의 적으로부터 벗어날 수 없다. 뿐만 아니라 그리스도교회의 활동적인 일원이 되기 시작한 사람에게는 적이 늘어나는 일이 많다. 그래서 우리는 용기와 내적 평화를 기원하지 않으면 안 된다. 그 밖의 것은 우리에게 아무런 도움이 되지 않는다. 이 경우에 커다란 위안이 될 뿐 아니라 보이지 않는 것에 대한 믿음을 더욱더 강화시켜 주는 것은, 용기와 내적 평화를 얻는 힘조차 가끔 우리의 영혼과 전혀 다른 영혼에서 주어진다는 사실이다. 그래서 우리는 때로는 불행의 한복판에 있으면서도 세상에서 일컫는 행복 속에 있는 것보다 오히려 더 기쁘고 행복하다. 이것이 보이지 않는 세계의 실재에 대해 부정할 수 없는 진정한 증명이다.

보헤미아 형제단 찬송가 691번 참조.

⚜

요한복음 15장 2·18~20절에서 보듯 당신은 사람들이 은혜를 잊고 불공평하게 당신을 판단하며 핍박하는 것을 견딜 수 있어야 한다. 사람들이 다른 사람을 판단할 때 두 가지 잣대를 가지고 있는 것은 그리 드문 일이 아니다. 다시 말해 그 사람이 자신의 동료인지 아닌지에 따라 달라지는 잣대와 그 사람에 대한 진정한 견해를 포함하는 절대적인 잣대이다.

그러나 중요한 것은 오직 하느님의 심판뿐이다. 이 점에 대해서는 요한복음 3장 27·36절*22이 세례자 요한의 입을 통해 이를 데 없이 정당한 말을 하고 있다. 진정하고 영속적인 의의는 하느님에게서 주어지는 것이며, 따라서 그것은 그리스도에 대한 인간의 올바른 태도와 관련되어 있다. 이러한 올바른 태도를 가지지 않은 사람들의 머리 위에는 늘 뭔가 형언할 수 없는 것이 맴돌며, 그들이 삶의 목적과 진정한 행복에 다다르는 것을 가로막고 있다.

한편, 그리스도에 대해 올바른 태도를 가지고 있는 사람들은 타고난 재능도

＊22 요한이 대답하여 가로되 '만일 하늘에서 주신 바 아니면 사람이 아무것도 받을 수 없느니라. ……아들을 믿는 자는 영생이 있고, 아들을 순종치 아니하는 자는 영생을 보지 못하고, 도리어 하느님의 진노가 그 위에 머물러 있느니라.

모자라고 많은 결점을 가지고 있으면서도, 삶의 목적과 진정한 행복에 다다를 수 있다. 우리는 이 과정을 아주 또렷하게 추론해 볼 수 있다.

11월 19일

하느님을 섬긴다 함은 자기 삶의 모든 순간에 가지고 있는 능력과 수단을 하느님의 의지를 성취하는 데 사용하는 것을 뜻한다. 이런 삶이, 아니 이런 삶만이 어두운 그림자가 끼는 일 없는 밝은 빛을 우리에게 준다. 우리는 하느님을 섬기는 삶을 통해 이런 기쁨에 다다라야 하는 사명을 부여받았다. 그 밖의 '섬김'—예배라는 의미도 가진다—은 그다지 도움이 되지 않고, 하느님도 틀림없이 기뻐하지 않는다.

✢

출애굽기 33장 12절*[23]은 당신에 대한 하느님의 판결이다. 그런 판결은 언젠가 당신의 삶에서, 또 그저 마음속으로가 아니라 누군가의 입을 통해 확실하게 내려질 것이다. 대개 그 판결을 고하는 사람은 분명히 자신의 생각에 근거하거나 뭔가 외적인 이유에서 그렇게 말하는 것이 아니며, 또 그것을 얘기한 뒤 곧 죽는 경우도 있다. 당신은 일단 그런 판결을 받으면 마음을 굳게 먹고 다른 판결을 내려달라고 하거나, 다른 판결을 찾아다니지 않도록 하라. 왜냐하면 그때 당신은 아브라함과 같은 축복을 받은 것이기 때문이다. 창세기 12장 2*[24]·3절, 15장 1절, 17장 1·2절 참조. 그러나 이에 대해 창세기 15장 6절에 다음과 같은 교훈의 말이 있다. '아브람이 여호와를 믿으니, 여호와께서 이를 그의 의로 여기셨다.'

로마서 4장 18~22절 참고.

---

*23 모세가 여호와께 고하되 '보시옵소서. 주께서 나더러 이 백성을 인도하여 올라가라 하시면서 나와 함께 보낼 사를 내게 지시하시 아니하시나이다. 주께서 견에 말씀하시기를 나는 이름으로도 너를 알고 너도 내 앞에 은총을 입었다 하셨사온즉'

*24 내가 너로 큰 민족을 이루고, 네게 복을 주어 네 이름을 창대케 하리니, 너는 복의 근원이 될지라.

11월 20일

나 또한 생애에 때때로 불길한 영혼의 방문을 받고, 당장이라도 일어날 것 같은 재앙에 대한 공상에서 헤어나지 못하고 끌려 다닌 적이 있지만, 그런 재앙은 실제로는 일어나지 않았거나 일어나더라도 극복하기 힘든 것은 아니었다. 때로는 이러한 재앙을 피하려는 시도가 재앙 그 자체보다 결과적으로 나쁠 때도 있었다. 이에 반해 하느님을 믿고 있으면, 하느님은 언제나 나를 도와주셨다. 무릇 이 신앙이 없으면, 있는 그대로의 이 세상을 사는 것은 쉬운 일이 아니다. 그러나 이 신앙이 있으면, 누구든지 이 세상을 멋지게 살아갈 수 있다.

이런 진정한 신앙이 있다는 것은 그 자체가 이미 하나의 행복이다. 신앙은 영혼을 기쁨과 확신으로 채워주고, 그 확신은 신앙에 의해 주어지는 마지막 선물처럼 마음을 즐겁게 해주기 때문이다. 반대로 염세주의는 불행과 마찬가지이며 사람을 불행하게 하는 감정이다. 당신은 이 가운데 어느 한쪽을 선택해야 한다. 그것을 선택하는 것은 전적으로 당신에게 달려 있다.

적어도 시편 32장 8·9절*[25]의 가르침에 따르겠다는 마음이 있다면, 우리는 삶을 훨씬 쉽게 살아갈 수 있다.

⚜

지상에서의 하느님 나라는 본디 어느 종족의 역사이다. 그 역사가 차츰 온 갖 어려움을 거치면서 특정한 작은 민족과 국토의 국민적 역사가 되었고, 훨씬 뒤에 비로소 완전히 문명화한 모든 민족의 일반역사로 성장한 것이다. 하느님의 나라는 그 점에서 놀라울 만큼 자연스럽고 단순하다. 그 안의 기적적인 일도 단순하고 자연스러운 형식에 싸여 있다. 그래서 하느님의 나라를 이 역사적이고 자연적인 형식 그대로 받아들이는 사람은 그것을 잘 이해할 수 있다. 그러나 그렇게 받아들이는 방법을 오늘날의 교양인들은 거의 잊어버리고 있다.

---

*25 내가 너의 갈 길을 가르쳐 보이고, 너를 주목하여 훈계하리로다. 너희는 무지한 말이나 노새같이 되지 말지어다. 그것들은 자갈과 굴레로 단속하지 아니하면 너희에게 가까이 오지 아니하리로다.

11월 21일

모욕을 두려워하는 마음은 '고귀한' 환경에서 자란 사람들에게 늘 따라다니는 것이어서, 그들이 할 수 있고, 또 해야 하는 많은 일들을 보통 생각하는 것보다 훨씬 심하게 가로막고 있다. 신문의 비난 같은 것은 인생에서 비교적 하찮은 일에 지나지 않는데도, 그들 중에는 어떤 신문의 비난이든 무조건 두려워하는 사람들이 많다. 그런 사람에게 일생에 한 번이라도 굴욕 속에 주저앉았다가 다시 털고 일어서는 일이 있다면, 그것은 하느님의 은총이라 해야 할 것이다. 이것이 이사야 48장 10절*[26]의 의미이다.

이리하여 그 사람에게서 비로소 두려움이 사라지고, 특히 공화국에서는 단순한 정당원이 되는 것보다 훨씬 훌륭한 일에 도움을 줄 수 있는 사람이 된다. 단테 《신곡》 연옥편 제27곡 16~21행, 천국편 제17곡 50~69행, 다니엘 3장 16~30절 참조.

현대를 살고 있는 사람은 사방에서 그의 마음을 유혹하거나 빼앗으려 하는 많은 것에 대해 늘 솔직하게 이렇게 말해야 된다. "나는 그런 것을 얻기 위해 노력하고 있는 것이 아니다. 그중 어느 하나도 내 영혼을 채워줄 수 없다. 내가 원하는 것은 진정한 자애(慈愛)이다"라고.

❦

요한복음 15장 20~25절을 보라. 자신의 내적 생활이 뚜렷하게 진보할수록, 세상 사람들로부터 전보다 더욱 사랑받고 존경받게 될 거라고 생각해서는 안 된다. 그런 경우 원칙적으로 맨 먼저 나타나는 것은 그리스도에 대한 반감이다. 이 반감은 처음에는 보통 철학적인 논리의 형태를 취하며, 신앙과의 일치만은 지키려 하지만, 끝까지 관철하지는 못한다. 그러다가 결국 무신론이나 범신론에 이르고 만다. 개개의 그리스도교인에게는 그가 아무리 좋은 사람이라도 '이유 없는 증오'가 이어진다.

옛날 그리스도에게 향해졌고, 결과적으로 부당하게 단죄를 도왔던 것도 바로 이 이유 없는 증오였다. 만약 그 무렵 여론이나 신문 같은 것이 있어서 조금이나마 그리스도를 위해 변호했더라면, 세상 사람들과 종교계의 권력자들

---

*26 보라, 내가 너를 연단하였으나 은처럼 하지 아니하고, 너를 고난의 풀무에서 택하였노라.

도 그 방해자를 감히 그렇게까지 배척할 수는 없었을 것이다. 왜냐하면 그들은 입으로는 하느님 이외의 그 무엇도 두려워하지 않는다고 말하지만, 사실은 여론과 신문이 그들에게 공포심을 부추기는 신이기 때문이다.

이러한 증오에 대해서는 그 어떤 저항도 소용없다. '이유 없는' 증오는 언제가 되든 어떤 방법으로도 진정되지 않는다. 그 증오가 가능한 한 '이유'를 찾아내지 못하도록 차라리 참을성 있게 견디는 수밖에 없다.

대신 그에게는 그 몇 배나 되는 보상이 주어진다. 더욱이 그것은 외적인 형태로 주어질 때도 있다. 당신은 곧 그것을 겪게 될 것이다. 마가복음 10장 29·30절 참조.

그러나 어느 세상에서든 좀더 고상한 사고방식을 가진 사람들도 있게 마련이어서, 여론 때문에 박해받고 버림받은 사람들을 찾아내거나, 아니면 너무 늦었을 때는 그가 죽은 뒤에 비로소 기념비를 세우고 신문과 책을 통해 찬양함으로써 그들을 존경하고 '구원'하고자 한다. 그때는 세상 사람들의 의견도 달라질 것이다. 요한복음 19장 38·39절 참조.

이유 없는 증오는 본디 양심의 가책을 증명하는 것일 뿐이다.

11월 22일

하느님의 은총으로 높이 올라갈 때는 언제나 인간에 의한 굴욕과 모욕이 그것에 앞선다. 이것은 참으로 확실한 징조이다. 우리는 자신이 지니고 있는 가치가 인간의 선의나 악의에 따라 주어지는 것이 아니라, 하느님의 섭리로 주어지는 것임을 확실히 깨닫고, 그에 따라 행동해야 한다.

따라서 하느님에 의해 높이 올라가는 것은 우리를 겸손하게 만들지언정 오만하게 만들지는 않는다. 또 그런 모욕은 세상의 보편적인 현상과는 반대로 오히려 우리의 마음을 견고하게 하고 확신을 준다.

미가 7장 8~10절, 스바냐 2장 3절, 하박국 2장 4·20절, 3장 16·18·19절, 에스겔 34장 24~27절, 이사야 43장 11~13절, 46장 11절 참조.

⚜

때때로 사람은 종교와 교회와 철학 따위에 대해서는 이제 아무것도 듣고 싶지 않으며, 그보다 단순 솔직하게 '나의 하느님이여, 내가 주의 뜻 행하기를 즐기오니, 주의 법이 나의 심중에 있나이다*²⁷라고 말할 수 있게 되기를 동경할 때가 있다.

나도 골든 장군 같은 그리스도교인이 굳건한 신앙을 가진 이슬람교인을 존경해야 한다고 여기고, 적어도 대부분의 영국인과 마찬가지로 좋은 사람이라고 생각한 것은 이해할 수 있다.

그러나 그래도 하느님이 원하는 길은 오직 한 사람 그리스도를 통해서이며, 이를 회피하는 것은 결코 용납되지 않는다는 것이 진실이다. 이 글의 첫 부분에서 말한 것과 같은 기분이 들 때도, 이 사실을 끊임없이 생생하게 눈앞에 떠올리지 않으면 안 된다.

11월 23일

마음에 깊은 상처를 받았다고 느끼거나, 더 이상 신경을 통제할 수 없을 것 같을 때는 사람을 만나는 것은 삼가는 것이 좋다. 그 고통을 인간이 아니라 하느님에게 호소하라. 그리고 어느 정도 안정을 되찾으면, 그때 사람을 만나라. 그럴 수 없을 때는 동물이 병에 걸렸을 때 본능적으로 그렇듯이 칩거하라. 그런데 현대인들은 오히려 그런 때일수록 남의 집 대문으로 달려간다. 하지만 상대방은 대개 그들을 도와줄 수 없다.

우리가 비교적 건강한 상태에서 그러한 의지가 약해진 병자나 신경이 예민한 사람과 교제해야 할 때는 그들을 호되게 비난하거나 마음을 안정하라고 훈계하고, 그들의 고통을 하찮은 것이라 설득하며 그것을 버리게 하려고 해서는 안 된다. 이런 방법은 그들을 화나게 할 뿐이다. 그들과 따뜻하게 교제하며, 기분을 흥분시키는 것은 없애고, 휴식과 기분전환이 필요하다고 생각되면 그렇게 할 수 있도록 도와주되, 그들이 일시적으로 흥분해서 하는 말에는 너무 무게를 두지 말아야 한다. 이런 태도가 대부분의 경우 가장 효과적인 대책이다. 선량한 사람들은 자신이 약해져 있을 때도 남을 돕지 않으면 안 되는 경우가 생겼을 때, 오히려 그것을 계기로 자신이 구원받는 경우가 흔히 있다. 그들은 이를 계기로 참으로 쉽게 다시 일어설 수 있다.

---

*27 시편 40장 8절.

✤

우리는 처음에는 믿는 자, 다음에는 금욕자, 마지막에 전도자가 된다. 이 모든 경지가 그 시기에 완전히 끝나면, 지울 수 없는 흔적이 그 사람의 성격에 남아 있어야 한다. 어떤 사람이 정신 생활의 이러한 과도적 단계의 한 과정에 멈춰 있는 것은 좋은 일이 아니다. 그것은 활동하지 않는 신앙이나 사랑이 없는 체념에 머무르게 된다.

11월 24일

요한계시록 21장 22절의 말[28]은 교회는 영원한 것이 아니며, 신앙의 길에서 더할 나위 없이 효과적이고 유익하지만, 시간적으로 한정된 지주일 뿐임을 확실하게 보여주고 있다. 무엇이 어디까지 주요한 사항인지 놓치지 않기 위해 늘 이것을 마음에 두는 것은 좋은 일이다.

✤

하느님을 대신해 인간을 지배하는 돈, 명예, 그리고 향락이라는 세 가지 힘과 일단 관계를 끊어버리면, 우리는 분명히 자유를 느끼지만, 그 뒤에 이어지는 최초의 순간에는 환멸을 경험한다. 왜냐하면 자유는 개인적이든 정치적이든 그저 소극적인 것에 지나지 않으며, 그 자체는 아무런 만족도 주지 않기 때문이다. 그것을 위해 인간은—민족도 마찬가지로—어떤 적극적인 사명을 가질 필요가 있다.

11월 25일

전해지는 그리스도의 말에는 더할 나위 없는 '진실'이 있다. 그 말들은 언제나 말 그대로 받아들이지 않으면 안 된다. 이것은 마가복음 16장 17·18절[29]에도 적용된다. 그리스도의 말이 조금도 마음에 와 닿지 않을 경우, 그 사람의

---

[28] 성 안에 성전을 내가 보지 못하였으니, 이는 주 하느님 곧 전능하신 이와 및 어린 양이 그 성전이심이라.

[29] 믿는 자들에게는 이런 표적이 따르리니, 곧 저희가 내 이름으로 귀신을 쫓아내며 새 방언을 말하며, 뱀을 집으며 무슨 독을 마실지라도 해를 받지 아니하며, 병든 사람에게 손을 얹은즉 나으리라.

그리스도교 신앙은 마땅히 그럴 수 있고 또 그래야 하는 모습이 아직 못 된 것이다.

❧

　그리스도교는 놀랄 만큼 적극적이다. 우리는 그리스도교를 단순한 가르침으로 오래도록 가만히 품고 있어서는 안 된다. 반드시 이것을 실제로 적용하고, 또 이 영혼을 좇아 '행해야'*30 한다. 그렇지 않으면, 만족하지 못하고 모든 무익한 의문과 사변에 빠지거나, 다양한 공리(公理), 의식, 집회 등을 도입하지 않을 수 없으며, 그것을 통해 마음의 공허감을 달래려고 한다. 신앙을 재미나 취미로 만드는 것을 조심하라. 가장 기본적인 의무를 다하는 것이 최선이다. 단, 당신이 희망을 걸고 있는 영혼을 통해 모든 것을 이루지 않으면 안 된다.

11월 26일

　어떤 종류의 선전이든 너무 요란하게 할 경우에는 신용해서는 안 된다. 진정 훌륭하고 하느님의 뜻에 합당한 일과 사람은 선전 같은 것은 하지 않아도 남에게 알려지게 마련이다. 반대로 처음에는 정말 좋았던 것도 선전으로 손상되는 경우가 적지 않다. 그리스도교 자체가 그 전형적인 실례이다.

❧

　근대의 한 저술가는 이렇게 말했다. "인간에게 신앙이 시작된 것은 어떤 요구 때문이다." 바꿔 말하면 인식으로부터가 아니라는 것이다. 단, 불행에 대한 인식, 특히 완전히 신앙 없이 인생을 보내는 자신의 불행에 대한 인식은 별개이다. 자기보다 높은 것에 자신의 의지를 바치려 하지 않는 사람은 진심으로 믿음을 가지는 것이 불가능하다. 뿐만 아니라 신앙심이 깊은 사람도 아무리 보잘것없는 것이라 해도 다시 자신의 의지를 가지기 시작하는 순간부터 이상하게 신앙은 당장 멈춰버린다. 그런데 자신의 의지와 생명을 그가 믿고자 하는 하느님에게 바치기로 굳게 결심한 사람은 믿음을 가질 수 있고, 또 그것을 곧바로 경험할 수 있다.

---

*30 갈라디아서 5장 16절, "내가 이르노니 너희는 성령을 좇아 행하라……."

신앙의 시작과 그때 그 사람에게 유일하게 요구되는 것은 의지적인 행위이다. 그 다음 일은 하느님이 이루어줄 것이다.

11월 27일

무슨 일이든 그것을 상세히 잘 알고 정통해지는 것은 결국 좋은 결과를 낳는다. 무지는 그 반대이다. 이 세계도 그 속에 품고 있는 여러 가지 성질과 요소를 가능한 한 완벽하게 앎으로써 우리의 것으로 만들어야 한다.

그러나 나는 행복을 촉진하는 것과 거리가 먼 일에 내 삶을 바치고 싶지는 않다. 어쨌든 향락과 단순한 돈벌이보다 그리 필요하지 않고 유용하지 않더라도, 무언가 학문에 평생을 바치는 것이 훨씬 더 가치가 있다.

특히 수많은 여성들이 날마다 무익한 생활을 보내고 있다는 심각한 갈등에 시달리면서, 진정한 심신의 건강에 이르지 못할 뿐만 아니라, 지금 가지고 있는 건강조차 끊임없이 염려하는 나머지 오히려 해치거나, 완전히 잃어버리게 됨은 아주 당연한 일이다. 그런 여성들에게 의사는 먼저 이렇게 말해야 할 것이다. "일하십시오. 당신들도 다른 사람들과 마찬가지로 일하는 것이 사명이며 의무입니다. 당신들의 보잘것없는 자아보다 더 큰 것에 흥미를 가지도록 하십시오."

그렇게 하지 않으면 어떤 의사의 도움도 효과가 없을 것이다.

⚜

우리가 자신에게나 타인에게 참으로 진실하고 순박한 태도로 대하는 습관을 기르려 노력하고, 또 실제로 그렇게 할 수 있다면, 엄청난 진보를 이룩할 것이다. 그러나 인간은 자신의 힘으로 그렇게 하는 것은 도저히 불가능하다. 먼저 하느님의 학교에서 하느님을 진실하고 성실하게 섬기는 데서 시작하지 않으면 안 된다. 그리하여 진리에 차츰 마음이 끌리게 되고 거기에 몸을 맡기는 것을 배워야 한다.

만약 남이 정직하지 않은 것에 대해 우리가 얼마나 민감한지 안다면—이것은 누구나 쉽게 경험할 수 있는 일이다—우리는 틀림없이 훨씬 더 빨리 정직해질 수 있다. 타인이 정직하지 못한 것에 무척 민감하게 반응한다는 사실만 봐도, 남을 속이는 것은 불가능하다는 걸 알 수 있다. 그러나 타인의 이기주의,

특히 허영심을 이용해 속이는 것은 별개이다. 허영심은 타고난 양식의 모든 경고로부터 그들을 장님으로 만들고 귀머거리로 만들기 때문이다.

11월 28일

뭔가 일을 할 때는 늘 가장 필요한 것을 먼저 하라. 힘차게, 그리고 그 일의 중요한 부분부터 시작하는 것이다. 이것이 많은 일을 하기 위해 시간을 벌 수 있는 방법이다. 이와 마찬가지로 두 번째로 좋은 방법은 불필요한 일과 노동은 모두 피하는 것이다.

그런 다음, 늦기 전에 향락이나 교제의 의무라고 불리는 참으로 쓸데없는 것을 그만둘 수 있다면, 억지로 노력하지 않아도 충분히 건강을 유지하면서, 보통사람의 두 배, 세 배나 많은 일을 할 수 있다.

⚜

모든 것을 하느님에게

때로는 용기가 꺾이더라도
하느님을 굳게, 굳게 의지하라, 내 마음이여.
이룩한 것은 단 한 가지도 없는
나의 용기를 믿어서는 안 된다.
그러면 너의 삶의 길은 바뀌어
은총이 쏟아지기 시작하리라.

그러면 주님의 힘은 더욱더 강해져서
이제 옛날의 네가 아닌
네 모습 안에서 주께서 작용하여
어둠과 빛
인간과 그리스도가
서로 부딪치는 일이 없으리라.

11월 29일

극복, 다시 말해 이 삶에서 나쁜 것과 추한 것을 적대하며 끝까지 승리자가 되는 것이 바로 삶의 진정한 좌우명이다. 그러나 이것은 모든 것을 가볍게 받아들이고, 싸움은 가능한 한 피하거나 속이며, 결국 스토아 식의 무감각하게 적에게 절을 하고 전면적으로 적의 진격을 허락한다는 의미는 아니다. 오히려 하느님이 싸우는 자에게 주시는 힘으로 싸우고, 그 뒤에 '모든 것을 이어가는 것'을 말한다.

요한계시록 3장 12, 21장 7·8절, 보헤미아 형제단 찬송가 384번 참조.

내적 성장, 이것은 말 그대로 성장이므로 거기에는 인내가 필요하다. 그리고 이 성장의 각 단계에도 충분한 시간이 필요하다. 그럼에도 이 싸움은 때때로 상상하는 것만큼 오래 이어지지는 않는다. 히브리인에게 보내는 아름다운 편지*31에서 말한 것처럼, 이미 이 지상에도 '하느님의 백성을 위한 안식'이 남겨져 있으며, '하느님의 안식에 들어간 자는 하느님이 행위를 멈추고 쉬신 것처럼 자신도 행위를 쉰다.'

❧

살아가면서 나에게는 늘 많은 적들이 있었지만, 그들은 나를 조금도 해치지 못했고, 오히려 나에게 적극적인 이익을 가져다주었다. 그런데 이와는 반대로 대체로 친구들에게서 진정한 격려를 받은 일이 그리 많지 않았다. 다음의 조언은 나의 인생 경험으로 받아들이기 바란다. 우정은 정말 고귀한 보물이며 적의를 경험하는 것은 늘 괴로운 일임에 틀림없다. 그러나 진정한 내적, 외적 진보에 비해 우리는 친구를 너무 간절히 구하고, 적을 너무 지나치게, 또 불필요하게 두려워한다.

11월 30일

하느님의 존재에 대한 경험이 없으면, 우리는 마음속으로는 무신론자이다. 아무리 열심히 교회에 다녀도—이것이 반드시 우리를 무신론에서 지켜주는

---

*31 히브리서 4장 9·10절.

것은 아니다—또 아무리 무신론과 불가지론이 진실이 아니라고 생각해도, 역시 우리는 무신론자이다.

하느님에 대한 경험이 없으면, 현대에 사는 사람들은 갈수록 불신앙으로, 그리고 진화론에서 설명하는 것처럼 오직 고등동물로서의 생존을 향해 나아갈 것이다.

그러나 하느님은 자신의 존재를 커다란 전체로서 스스로 증명할 것이다. 다시 말해 먼저 자연과학이 철학에 대해 우위를 차지하게 된 지 불과 3~40년밖에 되지 않았는데도, 이미 철학에 대한 사람들의 깊은 불신이 나타나고 있고, 그 결과로서 '유혹의 힘'*³²과 무서운 운명이 사람들을 덮치고 있는 것에서도 명백하다. 따라서 깊이 생각하는 사람이라면 누구나 이 사실에 눈을 뜨고, '진화론이 말하는 세계는 도저히 존재할 수 없다. 그러므로 실제로 그것은 지난 수천 년 동안—사람들은 물론 그런 학설조차 몰랐다—존재했을 리가 없으며, 다만 학문적 가설에 지나지 않는다'는 것을 깨닫게 될 것이다.

하느님을 믿지 않는 사람이라도 이상주의적 욕구를 가지고 있는 한, 무언가 인간적인 이상을 내세우고—이를테면 괴테처럼—그 완전함의 척도를 축소하고 싶지 않다면, 인공적인 장점을 만들어내어 그 이상상(理想像)을 나타내게 된다.

한편, 그렇게 하기에는 지나치게 영리하고 세속의 경험도 많은 사람들은 절대적인 회의주의에 빠진다. 그리고 이 세상의 모든 선을 의심하며 비웃음으로 경멸하려 들 것이다. 그러나 그렇게 되면, 도대체 인생이란 무슨 가치가 있을 것인가?

그리스도는 이런 위험에서 우리를 구해주었다. 그리고 인류에게 다시 진정한 이상을 심어주었다.

다윈 이후 영국의 과학적 진화론의 주요 대표자가 다음과 같은 주목할 만한 발언을 했다(《토마스 헉슬리*³³의 전기와 서간》 L. 헉슬리 편저).

'인간을 통해 작용하는 '섭리'가 도덕을 낳았다는 것은 아마 옳은 말일 것이다. 그러므로 생물계의 한정된 아주 작은 부분에서 도덕적 섭리가 작용하고

---

*32 데살로니가후서 2장 11절.
*33 토머스 헉슬리(1825~1895). 영국의 생물학자. 런던대학 교수. (역자주)

있다. 우주의 극미한 단편인 이 작은 영역 안에서만 정의를 향해 흐르는 강물이 있다. 그러나 이 강물을 끌어온 에덴동산의 미세한 발아 밖에서는 어떠한 '도덕적' 의도도 발견할 수 없다. 거기에는 주로 '생존경쟁'을 통해 우주의 완성으로 향하는 흐름밖에 찾아볼 수 없으며, 이 흐름은 다른 메커니즘과 마찬가지로 정(正)도 아니요 부정(不正)도 아니다.'

'만약 섭리가 자연의 가장 보잘것없는 한구석에서라도 우연을 완전히 배제한다는 의미라면, 또 이 섭리가 우주는 합리적인 것이고, 모든 시간의 흐름 속에서 흐트러지는 일 없는 질서가 우주를 지배해 왔다는 신념을 의미한다면, 나는 그것을 인정할 뿐만 아니라 모든 진리 중에 가장 중요한 것이라고 생각하고 싶다.'

'영원히 이어지는 진보를 지배하고 있는 조화로운 질서, 다시 말해 우리와 무한 사이에 드리워진 그 베일(자연)을 한 오라기의 실도 끊어지지 않게 천천히 짜나가는 물질과 힘의 씨실과 날실인 우리만이 알 수 있는 이 우주, 이것이 바로 과학이 세계를 향해 그려 보이는 그림이다.'

'나는 사회에서 축복의 원천이 되도록 설립된 교회를 상상할 수 있다. 그 교회에서는 매주 예배가 바쳐지지만, 그것은 신학의 추상적인 테마를 되풀이하기 위해서가 아니라, 사람들의 마음에 진실하고 올바르며 깨끗한 삶의 이상을 심어주기 위한 것이다. 또 하루하루 무거운 마음의 고통에 지친 사람들 누구나 들어갈 수 있도록 허락되어 있는—하지만 실제로는 일부밖에 다다르지 못했다—곳으로, 더 높은 생활을 생각함으로써 한 때의 안식을 찾아낼 수 있는 장소이다. 이렇게 나는 실무가든 생활인이든 그들이 쉬지 않고 추구하고 있는 성과가 평화와 사랑에 비해 얼마나 하찮은 것인지 깊이 생각하고, 반성할 시간과 기회를 가질 수 있는 장소를 생각할 수 있다. 그런 교회가 정말 있다면, 그것을 파괴하려는 사람은 아무도 없을 것이다.'

독자들이여, 당신은 이 말에 대해 다음과 같은 생각을 할 수 있지 않을까?

(1) 그런 교회야말로 우리가 희망하는 것이지만, 단 좀 더 견고하고 근본적으로 만들어져야 한다.

(2) '조화로운 세계질서'는 처음 그것을 창조하고 조화롭게 유지해가는 영혼이 없으면 존재할 수 없다. 그런 질서는 우연히, 그리고 저절로 생기는 것이 아니다.

(3) 이 질서를 주는 영혼이 이 세계를 부분적으로만, 그것도 아주 적은 부분만 지배하고, 그 밖의 대부분을 그 자체의 운명에 맡긴다는 것은 진리일 리가 없다. 겉으로 보기에 하느님에 의해 지배되지 않은 것처럼 생각되는 장소도 조화로운 세계질서의 일부이며, 다만 우리가 그것을 충분히 이해하고 있지 않을 뿐이다. 전능하지 않은 하느님이나 세계를 창조하기는 했지만 통치하려 하지 않는 하느님, 그런 하느님은 아예 하느님이 존재하지 않는다고 말하는 것보다 더 이해할 수 없다.

이런 학자들을 향해 이제 '네가 하느님의 나라에 멀지 않도다'*³⁴라고 말할 수 있으리라. 뿐만 아니라 '당신이 생각하고 있는 것보다 가깝다. 당신의 싸움은 진정으로 실재하는 하느님을 적대하는 것이 아니라 당신이 멋대로 상상한 하느님의 환영을 상대로 하는 싸움이며, '그리스도의 교회'에 대한 것이 아니라 당신이 싫어하는 인간적인 교회제도에 대한 싸움이기 때문이다'라고.

그래도 아직 내면에 이 견해에 거부감을 느낀다면, 그것은 진리에 대한 사랑을 빙자한 학문적인 오만에 지나지 않는다. 그런 오만에서는 완전한 신념도 충분한 만족도 결코 생기지 않는다.

요한복음 4장 13·14절, 7장 37·38·40·46~48절, 이사야 43장 19절 참조.

✤

어떤 사람의 생애에서 최대의 날이라 함은 그 사람의 역사적 사명, 즉 하느님이 이 세상에서 그를 사용하고자 하는 목적을 뚜렷하게 알고, 지금까지 그가 인도되어 온 모든 길이 그곳으로 통하고 있음을 깨달은 날을 말한다.

---

*34 마가복음 12장 34절.

12월

12월 1일

노년기가 시작되는 어느 날, 한 번쯤 자신의 과거를 정리하지 않으면 안 된다. 분노하지 않고 후회하는 마음도 없이, 과거의 장부를 덮고 다시 열어서는 안 된다. 지난날의 모든 좋은 일에 감사하라. 특히 모든 일이 좋은 결과로 끝난 것에 감사하라. 마지막으로 참으로 많은 일들이 더 이상 일어나지 않고 영원히 정리된 것에 감사하라.

그런 다음, 지금까지의 생활과는 전혀 다른 '영원한' 생명을 향해 나아가라. 그곳에 들어갈 수 있는 조건은 요한복음 17장 3절*1과 6장 40절*2에 적혀 있다. 앞날의 전망은 이제부터 무한하다.

> 우리가 걸어가는 순례의 여행길에서
> 더 크고 더 깊은 가르침을 배우며
> 축복의 작용 속에서 조용히
> 결코 지치거나 쉬지 않고
> 언제나 새로운 힘으로
> 성스러운 것과 참된 것에 봉사하라.
>
> —웨스트민스터 대수도원장 스탠리

여기에 또 덧붙이고 싶은 것은 영원한 생명에 이르려면 단순히 '죄의 용서'뿐만 아니라, 그 이상으로 스스로 죄를 잊는 것이 중요하다는 점이다.

로마서 4장 7절과 시편 32편 1절 또한 '사함'과 '가림'이라는 말로 이것을 구

---

*1 영생은 곧 유일하신 참 하느님과 그의 보내신 자 예수 그리스도를 아는 것이니이다.
*2 내 아버지의 뜻은 아들을 보고 믿는 자마다 영생을 얻는 이것이니, 마지막 날에 내가 이를 다시 살리리라.

별하고 있다. 이 둘은 서로 다른 단계이며, 시간적으로도 멀리 간격을 두고 일어날 수 있다. 그러나 하느님의 용서는 인간의 마음에서 악의 기억이 남김없이 씻겨 나갔을 때, 비로소 완성된다. 왜냐하면 대개 악으로의 역행은 바로 그 고통스러운 기억을 통해 막아야 하는 것이지만, 이렇게 되면 더 이상 역행할 염려가 없기 때문이다.

레테의 강물을 마시면, 죄에 대한 모든 기억과 함께 인생의 모든 추하고 고통스러운 것에 대한 기억도 사라지며, 따라서 하느님의 한없는 은총이라는 행복밖에 남지 않게 된다. 이 레테의 강은 단테의 《신곡》에서는 피안, 즉 천국에 있는 것이 아니라 차안인 연옥에 있다. 그러나 이미 이 지상에서 과거의 모든 고통스러운 기억에서 완전히 해방되는 것은, 그 전에 자신의 모든 잘못을 정직하게 인정하고 진심으로 회개한 자뿐이라고 한다.

단테 《신곡》 연옥편 제28곡 127·128행, 제29곡 3·71행, 제30곡 142~145행, 제31곡 40~42, 94~103행 참조.

레테의 강

'사함'이란 은혜로 가득한 말
그러나 마지막 말은 아니다.
우리는 은총의 나라에 들어갔을 때
자신이 저지른 죄를 떠올리고 싶지 않다.

우리의 마음속에도
지난날의 기억을 남기고 싶지 않다.
이제부터 새로운 생명은 오로지
밝은 햇빛 속에서 빛나야 한다.

지난날 우리에게 가해진
타인의 행위도 기억하고 싶지 않다.
그렇지 않으면, 입으로는 '용서한다'고 말해도
마음속으로는 다시 원망하게 될 테니.

우리가 원하는 천국은
지상의 기억이 닿지 않는 곳
어두운 그림자가 조금도 남지 않도록
빛의 강물에 몸을 씻고 싶다.

⚜

당신이 이 세상의 왕인 악과 한번 인연을 끊었다면, 다시는 그의 영역 안에 잡혀가지 않도록 조심하라. 그는 자신의 영역 안에서는 당신을 지배하는 힘을 가지고 있지만, 다른 데서는 아무런 힘이 없다. 그가 인간을 억지로 자신에게 봉사하게 하는 주요 영역은 돈과 명예와 향락이며, 또 그것에 따르기 마련인 거짓말과 근심이다.

12월 2일

우리는 의심 많은 사람과 불행한 사람, 또 고독한 사람들에게 이렇게 호소하고 싶다. '그리스도교를 꼭 한번 시험해보라. 당신은 지금까지 모든 것을 시험해봤을 것이다. 그러니 이번에는 그리스도교를 시험해볼 차례. 그 가르침 쪽에서도 당신이 그렇게 하는 것을 환영할 것이다'라고.

마태복음 11장 28~30절, 19장 29절, 요한복음 1장 12절, 6장 37절, 7장 17절 참조.

그러나 그 시험의 대상은 가장 오류가 적고 단순한 그리스도교가 아니면 안 된다. 그리스도교만이 약속하고 있는 모든 것을 책임질 수 있다. 그것이 복음서에 기록된 그리스도의 말이다. 다른 것은 모두 보충설명일 뿐이다. 분명히 다른 부분도 뛰어나고 유익한 것이기는 하지만 그래도 보충설명일 뿐, 그리스도의 말과 같은 가치를 요구할 수는 없다. 사도들도 그런 당치도 않은 요구를 할 생각은 하지 않았을 것이다. 처음에는 그리스도의 '신성'도 믿을 필요가 없다. 그것은 그리스도가 구도자에게 확실하게 허락한 것이다. 나중에 그리스도의 말과 다른 사람의 말을 받아들인 결과에 따라 그 둘의 차이를 느끼면, 그리스도의 신성은 저절로 이해할 수 있게 된다.

마태복음 12장 32절, 요한복음 6장 68·69절 참조.

지금까지 1900년 이상 흘러오는 사이 다른 모든 것들이 무섭도록 변해버렸음에도, 오직 그리스도교만은 그리스도가 부활한 뒤 제1일과 마찬가지로 오늘날에도 존속하고 있고, 그때와 똑같이 믿음이 강한 신자가 있다. 또 그 오랜 세월 동안 이 진리에 덧붙여진 잘못된 설명과 과장된 견해가 모두 사라지고, 이 진리만이 더욱 뚜렷하고 믿을 만한 것으로 남아 있다는 이 모든 사실로 보아, 이해력이 있는 사람이라면 누구나 마태복음 21장 44절[*3]과 24장 35절[*4]의 말이 진실임을 인정할 것이다.

그리고 이 가르침에 의한 '결실' 또한 고대 그리스 로마의 신화와 불교, 중국 철학, 이슬람교의 가르침의 결실과는 전혀 다른 것이었다. 그리스도교에도 여러 가지 결함이 있다 해도, 그것은 이 가르침을 따르는 것에서 비롯된 것이 아니라, 그것을 따르지 않기 때문에 비롯된 것이다. 그리스도교도가 모두 이슬람교도처럼 충실한 신자들뿐이었다면, 세계의 전반적인 상황은 지금보다 훨씬 나았을 것이다.

✤

모든 존재는 그 특성에 따라 자기를 발전시키고 실현하고자 하는 타고난 충동을 내부에 지니고 있다. 이것은 다른 데는 있을 수 없는 것으로 조금도 잘못된 것이 아니다. 자연스러운 본성을 아무런 이유 없이 '금지하는' 것은 정신적 의미의 자살이나 다름없다.

그러나 우리의 진정한 본질의 발전과 실현은 자신의 지혜보다 뛰어난 하느님의 예지에 따라 하느님의 길에서 실천해야 한다. 하느님의 의지는 일반적으로는 성서를 통해, 개별적으로는 우리 삶의 내적 운명을 통해 계시되는데, 이 하느님의 의지를 아무런 망설임 없이 자신의 의지로 받아들이고 기꺼이 그것과 하나가 되는 것, 그것이 삶의 가장 큰 과제이며, 또 하느님의 뜻에 합당한 공물이기도 하다. 그 밖의 다른 과제는 존재하지 않는다. 이 공물을 나날이 바치는 사람은 하느님의 축복을 받은 사람이며, 또 오늘날 내적 종교관에 의하면, 자신을 위하고 가정을 위하며, 나아가서는 민족을 위하는 하느님의 제사

[*3] 이 돌 위에 떨어지는 자는 깨어지겠고, 이 돌이 사람 위에 떨어지면 저를 가루로 만들어 흩으리라.

[*4] 천지는 없어지겠으나 내 말은 없어지지 아니하리라.

장이다.

12월 3일

언젠가 진지하게 성서를 읽어보고자 하는 마음이 들면—실제로 그리스도교가 무엇인지 알고 그 가치를 배우는 데는 이것이 가장 좋은 방법이며, 이 사실은 영원히 변치 않을 것이다—우선 철저하게 자신의 나약함, 또는 그런 일에 마음이 내키지 않아 하는 '낡은 인간'을 염두에 두어야 한다. 그리고 뭔가 전혀 흥미가 느껴지지 않거나 이해할 수 없을 때는 곧바로 읽는 것을 멈추라.

성서의 명저를 모조리 섭렵하는 것은 확실히 좋은 일이다. 그러나 그 가운데 아주 많은 것들은 이제 막 공부를 시작한 사람에게는 무의미하거나 기이한 인상을 주는 것도 부정할 수 없는 사실—그렇다고 그것들이 없는 게 낫다는 뜻은 아니다—이다. 따라서 먼저 복음서부터 읽는 것이 좋다. 이것은 특히 중요한 사항으로, 그 복음서들은 성실한 사람이라면 누구에게든지 틀림없이 깊은 감명을 줄 것이다. 그 다음에는 역사서—창세기에서 에스더기까지—를 읽는 것이 좋다. 고대의 다른 역사서들 가운데 이에 필적하는 것은 하나도 없다. 그 뒤에 시편과 욥기, 그리고 예언서를 읽도록 하라. 마지막으로 사도들의 편지와 사도행전, 요한계시록을 읽으면 된다. 그즈음부터 우리의 역사가 시작되었다. 구약의 잠언과 전도서와 아가서는 옛날의 시와 격언을 모아놓은 것으로 흥미롭게 읽을 수 있다. 그 말들이 부처한테서 나왔거나 베다*5에 실려 있었다 해도, 변함없이 더할 나위 없는 찬사를 들었을 것이다.

아무튼 성서 가운데 어떤 것을 특별히 좋아하는가는 전적으로 개인적인 문제이다. 시편 제37편과 73편은 '악인의 형통함'*6에 대해 의혹에 빠졌을 때 가장 위로가 되는 노래이다. 유명한 시편 제90편은 가장 오래된 기도이지만, 오늘날에도 그때와 같이 신선하고 아름답다. 마찬가지로 제91편은 옛날부터 모든 전사와 용사들이 애호했던 노래이다. 요한복음은 그리스도교의 내적 본질이 가장 잘 표현되어 있다. 마가복음은 직접적인 증인들의 생생한 기억을 토대로 기록된 것이다. 사실을 근거로 한 가장 오래된 이야기로서 이를 데 없이 간결하게 기록되어 있다. 그러나 이 복음서의 마지막 부분에는 내가 아는 한 비

---

*5 바라문교의 근본성전.

*6 시편 73편 3절.

판을 면치 못할 점이 있는 것 같다. 그래도 이 문서들은 읽는 사람이 성실하다면, 그 사람의 체험으로 증명된 내적 진리가 완전히 믿을 수는 없는 다른 역사적 비판보다 훨씬 중요하다.

어쨌든, 풍요로운 내용과 영혼을 울리는 힘에 있어서 성서에 비할 수 있는 책은 예나 지금이나 존재하지 않는다.

✤

현세의 일에서도 깊은 인식과 예지는 그 사람의 영혼을 끊임없이 향상시켜 초지상적인 것을 향하게 하는 데서 생긴다. 그런데 이와는 반대로 늘 복잡한 세상사에만 몰두하는 것은 그저 마음만 어지럽힐 뿐이다. 이 세상의 현자들에게는 보이지 않는 많은 것들이 마음이 단순한 사람들에게는 오히려 훤히 보이는 것도 바로 그 때문이다.

12월 4일

미래에 대해, 이 세상의 마지막에 대해 생각하는 것은 헛된 일이다. 그것은 어느 누구도 막연한 짐작조차 할 수 없기 때문이다. 그리스도도 그것은 알지 못했다(마태복음 24장 36절[7]). 이와 같이 알 수 없는 일이고, 또 사도 바울의 예언도 틀렸다는 사실은(데살로니가전서 4장 17절[8]) 그에 미치지 못하는 우리에게 하나의 교훈이기도 하다. 우리가 깊이 생각하고 배려해야 할 일은 그것 말고도 얼마든지 있다. 미래에 대한 걱정은 우리에게 주어진 사명이 아니다. 우리에게는 마태복음 28장 18~20절[9]의 예수의 말만으로 충분하다.

✤

하느님에 대한 불성실, 즉 지상의 것에 대한 신뢰와 만족을 경계하라. 그렇

---

[7] 그 날과 그 때는 아무도 모르나니, 하늘의 천사들도 아들도 모르고 오직 아버지만 아시느니라.

[8] 그 후에 우리 살아남은 자도 저희와 함께 구름 속으로 끌어올려 공중에서 주를 영접하게 하시리니, 그리하여 우리가 항상 주와 함께 있으리라.

[9] 예수께서 나아와 일러 가라사대, 히늘과 땅의 모든 권세를 내게 주셨으니, 그러므로 너희는 가서 모든 족속으로 제자를 삼아 아버지와 아들과 성령의 이름으로 세례를 주고, 내가 너희에게 분부한 모든 것을 가르쳐 지키게 하라. 볼지어다! 내가 세상 끝날까지 너희와 항상 함께 있으리라.

지 않으면 천상의 것에 끊임없이 이끌리는 마음을 잃어버리게 된다. 이것이 당신이 주의해야 하는 사항이다. 그 밖의 것은 하느님에게 속한 자의 경우에는 하느님이 배려해주신다. 하느님의 축복이야말로 인간의 진정한 행복의 비결이다.

12월 5일

'여호와께서 그 사랑하시는 자에게는 잠을 주시는도다.'*10 이 말의 의미는 하느님에게 사랑받는 사람들은 필사적으로 노력하고 아부하거나, 좋지 않은 수단을 사용하면서까지 성공과 영달을 도모할 필요가 없으며, 그들에게는 일과 생활비, 좋은 결혼, 친구, 체력, 건강, 필요한 경우의 휴식 등 인생의 중요한 보물이 다 주어진다는 뜻이다. 그러나 그들은 하느님의 명령을 망설임 없이 그 자리에서 충실하게 이행하고, 일을 하며, 하느님의 선물을 정성껏 사용함으로써 이웃을 돕지 않으면 안 된다.

하느님과 그리스도와 함께 사는 것은 세상에서 특별히 쉬운 삶의 방법이다. 그리고 그 삶의 방법에는 천진무구한 가벼움도 태어나는데, 이러한 가벼움은 인간의 삶을 이 세상의 어떤 향락보다 더욱 즐겁게 해줄 수 있다. 또 그렇게 하는 데 돈은 거의, 아니 전혀 필요하지 않다. 그런 삶에 필요한 것은 오로지 하느님과의 흔들림 없는 교제뿐이다. 이러한 삶은 불행한 사람들에게 진정한 구원이 된다. 그들이 이런 구원에 대해 알고 그것을 원한다면, 구원은 반드시 주어지기 때문이다.

마태복음 11장 30절, 14장 30·31절, 19장 29절, 요한복음 15장 7절, 16장 24·33절, 요한1서 5장 3절, 말라기 3장 14~18·20절 참조.

✦

뒤돌아보지 마라
그리운 골짜기를
그 옛날의 기쁨을
지난날의 고통을

---

*10 시편 127장 2절.

하늘에 푸르른
새 나라가 보인다
네 손으로, 저곳에
하느님의 궁전을 지어라.

지금은 결코
키를 놓아서는 안 된다
목표를 잃지 말고
얼굴을 돌리지 마라.

오로지 나아가자
동경의 나라로.
이미 영혼의 눈동자에
보이기 시작하는 뭍.

하느님 나라가 가까워진다—
땅은 이미 사라졌다.

12월 6일

'무릇 사람을 믿으며 혈육으로 그 권력을 삼고, 마음이 여호와에게서 떠난 그 사람은 저주를 받을 것이라. 그러나 무릇 여호와를 의지하며 여호와를 의뢰하는 그 사람은 복을 받을 것이라.

그는 물가에 심기운 나무가 그 뿌리를 강변에 뻗치고 더위가 올지라도 두려워 아니하며, 그 잎이 청청하며 가무는 해에도 걱정이 없고 결실이 그치지 아니함 같으리라.'*11

이 말은 순간적으로 생각하는 것보다 많은 진실을 담고 있으며, 이 말을 믿는 자는 인생의 온갖 슬픈 일을 쉬시 잃아도 된다. 적이도 너는 지금까지 살아

---

*11 예레미야서 17장 5·7·8절.

오면서 인간을 너무 믿으려 할 때마다 이내 그 믿음이 배반당하는 것을 겪었다. 이에 반해 하느님에 대한 믿음이 충분했을 때, 그것이 배반당한 일은 지금까지 한 번도 없었다. 보헤미아 형제단 찬송가 173~176번 참조.

이것을 진심으로 믿을 수 있게 되려면 오랜 시간이 필요하다. 그래서 그것이 가능해지기도 전에 인생은 이미 거의 끝나간다. 그러나 그때야 비로소 인간을 진정으로 사랑하기 시작한다. 그때까지는 정도의 차이는 있을지언정 인간을 두려워할 뿐이다.

⚜

코헤레스,*[12] 즉 전도서 제1장에서 제3장은 인간의 삶과 그 다양한 목적에 대한 올바른 고찰을 담고 있다. 3000년 뒤인 오늘날에도 사람이 오직 '삶의 즐거움을 만끽하는 것'만 원한다면, 분명히 그런 심경*[13]에 빠질 것이다. 칼라일에 의하면, 가장 좋은 것은 '일하되 절망하지 않는' 것이라고 한다. 그러나 그것이 가능한 사람, 또 그것을 원하는 사람은 드물다. 어느 누구도 기쁜 마음으로 그렇게 한 사람은 없었다. '일하되 절망하지 않는' 생활은 인간이 진심으로 원하는 강력한 생활의 보잘것없는 대용품에 지나지 않는다. 그러므로 하느님의 은총 속에서 단순히 '그리스도의 면류관과 거룩한 약속을 위해서'라는 깃발 아래 사는 편이 훨씬 좋다. 이것이야말로 이 지상에서 마음을 채워주는 것이다. '휴식은 다른 곳에'*[14] 있다.

다만 이 고귀한 네덜란드인*[15]의 아름다운 말도 우리가 마음에 강한 힘을 느낄 때는 되뇌이려 하지 않는다. 그보다 오히려 고대 게르만의 발할라*[16]의 관념, 즉 끊임없이 싸움이 벌어지고, 싸움이 없으면 영웅들이 살고 싶어하지 않았다는 천국에 대한 희망을 닮은 것이 우리 정신 속에 눈을 뜰 것이다. 그

---

*12 전도서의 히브리어명. '집회의 지도자'의 뜻으로 알려짐. (역자주)

*13 전도서 제1장. 전도자가 가로되 헛되고 헛되며 헛되고 헛되니 모든 것이 헛되도다. 사람이 해 아래서 수고하는 모든 수고가 자기에게 무엇이 유익하고. ……내가 해 아래서 행하는 모든 일을 본즉 다 헛되어 바람을 잡으려는 것이로다.

*14 네덜란드의 신학자 필립 마르니쿠스(1538~1598)가 한 말로 알려져 있다. (역자주)

*15 일찍이 고매한 기질을 지닌 이 작은 민족의 위대한 시대에 태어난 사람.

*16 북구의 신화. 원래는 전사자의 영혼이 사는 천당, 나중에는 영웅들의 천국, 즉 신 오딘이 전사한 영웅들을 모아 향응을 베푸는 천당이라는 뜻이 된다. (역자주)

리고 완전한 안식과 이슬람교적인 화려한 낙원의 꿈이 마음에 떠오르는 일은 없다.

12월 7일

일의 크고 작음에 상관없이 우리는 절약하지 않으면 안 된다. 사치를 하는 것은 꼭 필요한 물건조차 가지지 못한 많은 사람들에 대한 하나의 부정한 행위라는 이유에서이지만, 또 절약을 통해 충분히 베풀 수 있게 하기 위해서이기도 하다.

그 밖의 이유에서 지나치게 타산적으로 하는 절약은 모두 탐욕이 되기 쉽다. 탐욕이라는 성향은 하느님의 뜻에 가장 합당하지 않고, 하느님이 가장 싫어하는 것이며, 모든 악덕 가운데 하느님의 영혼을 아마 가장 멀리 물리칠 것이다. 따라서 성서는 이것을 모든 악의 뿌리로 규정하고 있다.

누가복음 12장 15~20·29~34절, 디모데전서 6장 6절, 히브리서 13장 5·6절, 단테 《신곡》 지옥편 제1곡 49~60행, 연옥편 제19곡, 역대하 25장 8·9절 참조.

스펄전은 "하느님의 자녀가 하느님이 맡기신 재력으로 의무를 다하지 않을 경우, 하느님은 가끔 그들을 파산 은행의 주주가 되게 하신다"고 말했다. 말 그대로 이런 결과가 초래되는 경우가 참으로 많다. 그러나 이때는 시편 23편·127편·128편의 말들이 마음에 안식을 준다.

그러므로 그래도 한번 사치라는 것을 해보고 싶다면, '능력 이상의 은혜를 베푸는 것'이 가장 훌륭하고 무해한 사치일 것이다.

❉

개인적으로 나는 내세가 존재한다는 것을 굳게 믿고 있다. 그러나 그것을 뚜렷하게 상상하기란 불가능하다. 이것에 대한 영적이고 학문적인 여러 보고서, 이를테면 윌리엄 스테드의 《줄리엣의 편지》 같이 뛰어난 것조차 공상 또는 병적인 신경의 산물이어서 그대로 믿을 수는 없다. 어쨌든 우리의 인격을 정신적, 육체적으로 형성하고 있고, 끝내 죽음으로 벗어나게 되는 어떤 것이 의식과 함께 계속 살아남는 것이 나에게는 진실로 생각된다.

12월 8일

근대의 윤리학, 신학(神學), 또는 심령학 단체는 그리스도교와 문화민족 사이에서 발생한 그 밖의 기성종교에 불만을 느끼고, 그것을 자신들 이론의 공통적인 배경 또는 출발점으로 생각하고 있다.

그들은 기성종교 대신 종교철학을 그보다 뛰어나고 높은 자리에 앉히려 한다. 특히 신학은 고대 인도의 종교철학과 결부시켜 이 철학을 그리스도교보다 훨씬 뛰어난 정신의 소산이라고 말하고 있다.

이러한 평가 방법에 대해 스스로 판단을 내리고 싶으면, 복음서와 바가바드기타를 비교해 보는 것으로 충분하다. 그리스도교에 대해 처음부터 편견을 가지고 있지 않은 사람이라면, 우리에게 전해지고 있는 그리스도의 말이 한없이 강력한 힘으로 가득 차 있고, 일반적으로 위대한 정신적 내용을 지니고 있으며, 더욱이 교육을 받지 못한 사람도 이해하기 쉽다는 사실에 틀림없이 놀라움을 느낄 것이다. 이것을 인정하지 않는다면 할 수 없는 일이다. 그런 사람은 이에 대해 알고 싶지 않거나 판단력이 모자란 것이다. 모든 신학은 교육을 많이 받지 않은 사람들에게는 마취제와 같은 작용을 한다. 그런 사람도 정신적으로 건강하다면, 그 신학을 그리 기분좋게 생각하지 않을 것이다. 그는 신학을 이해하지 못하거나 그렇지 않으면 흥분과 열광에 사로잡힌다. 그러나 교양 있는 사람들은 이 모든 것이 결국 구명하기 어려운 사물에 대한 단순한 사변, 아무런 결실도 없는 사색으로 끝나며, 실생활에 아무런 효과가 없다는 것을 알고 있다. 지난 수백 년 동안 인도의 사정이 이것을 분명히 말해주고 있다. 또 중국의 철학적 윤리학도 예부터 아무런 실효를 미치지 못했다는 실례 또한 보여주고 있다.

이런 일들은 그리스도교의 내면적인 부활을 강력하게 요구하고 있는 현대의 특징적이고 경고적인 현상이다.

마가복음 13장 22·23절, 보헤미아 형제단 574·843·384번 참조.

⚜

자칫 우울한 기분에 빠지는 경향이 있을 때는 작은 것에 눈을 돌리는 것이 좋다.

작은 꽃, 작은 동물, 그리고 건강하고 천진난만한 아기들도 기쁨의 감정을 쉽게 느끼게 해주는 것들이다. 그런데 우리가 만나는 어른들의 눈에서는 가끔 악한 것, 아니면 적어도 삶의 고단함과 고통을 엿볼 수 있다. 그러나 그런 경우에도 다른 이들이 당신의 눈 속에서 상류사회의 사람들에게서 흔히 볼 수 있는 그 싸늘한 무관심을 보지 않고 더 좋은 것을 볼 수 있도록 늘 유념하라.

12월 9일

그리스도가 이해했던 대로, '그리스도의 그리스도교라는 것을 진지하게 생각하며, 소박하고 선량한 인간의 진정한 모범이 되고 싶어하는 사람이 한 사람이라도 있었으면' 하는 생각이 문득 들 때가 있다. 이러한 사람이 되는 것은 오늘날에도, 아니 사실은 옛날보다 지금이 훨씬 더 좋은 일이며, 또한 그렇게 되기도 더 쉬워졌다.

그런 사람이 되는 데 훌륭한 재능과 교양은 필요하지 않으며, 특별한 지위 따위는 더욱 필요하지 않다. 참되고 선한 의지를 가지고 있고, 진리에 대한 끊임없고 성실한 탐구심이 있으면, 나무꾼이든 누구든 특별히 뛰어난 목사와 마찬가지로 그런 사람이 될 수 있으며, 그럼으로써 이웃의 길을 비춰주는 빛이 될 수도 있다.

이보다 더한 진실은 없다. 당신이 진정으로 그렇게 생각한다면, 생애의 결정적인 순간에 다윗 왕에게 일어났던 일이 조금 다른 방식으로 당신에게도 일어날 것이다. 틀림없이 어떤 목소리가 당신 귀에 '당신이 바로 그 사람*[17]이라고 속삭일 것이다. 할 수 있는 일, 그리고 우리 시대와 사람들에게 꼭 필요하다고 생각하는 일을 당신은 반드시 실천해야 한다. 그 밖의 목적은 모두 버리는 것이 좋다. 실제로 그 밖의 목적은 자신에게도 비교적 가치가 없는 것으로 생각될 것이고, 또 다른 사람들에 의해 충분히 처리되기도 하기 때문이다.

그런 인간이 된다는 것이 어떤 의미를 가지는지 알지 못하는 사람이 어떻게 그렇게 할 수 있겠는가? 또 그 의의를 인정하고 있는 당신이 어떻게 그것을 면하고자 하는가? 그래서는 안 된다. 당신의 이 첫 번째 의무를 실천하라. 다른 것들은 아예 돌아보지 않아야 한다. 그리고 오늘부터 당장 시작하라.

---

*17 사무엘하 12장 7절.

오랫동안 서서히 성립된 성모마리아 숭배를 가톨릭교인에게서 다시 빼앗을 수 없는 것처럼, 개신교 신자에게도 강요할 수 없다. 이것이 교황제도와 함께 두 교회의 통합을 방해하고 있는 주된 원인이다. 다른 것은 현대의 진정한 그리스도교도라면 서로 일치할 수 있다. 그리고 오늘날, 두 교회 안에서는 수많은 사람들이 반쯤 무의식적으로 16세기의 종교개혁을 이러한 통합과 개혁의 취지로 수정하려는 생각으로 기울고 있다. 그러나 가톨릭에서 성모 숭배는 개신교의 구세주에 대한 친밀한 관계를 대신하는 대용물이다. 가톨릭 교인에게 구세주는 특별한 인격을 의미하지 않기 때문이다. 따라서 가톨릭 교인은 다른 누군가를 필요로 한다. 왜냐하면 진정으로 친밀한 사랑을 수반하지 않는 신앙은 사람의 마음을 만족시키지 않고, 또 오성(悟性)에서도 언제나 미약한 존재밖에 되지 않기 때문이다.

교황제도는 바로 성 아우구스티누스와 토머스 아퀴나스가 마음에 그렸던 교회, 또 하느님에게 순수하게 개인적인, 즉 집단적이지 않은 관계를 가질 수 없는 수많은 사람들에게 어울리는 교회를 완성한 제도라고 할 수 있다. 그러므로 종교개혁에서 어느 교파도 승리를 거두지 못한 것은 어쩌면 좋은 일일지도 모른다.

12월 10일

하느님의 진실한 종에 대한 그분의 신뢰는 참으로 큰지라, 이러한 인간이 단 한 사람이라도 있으면 한 나라의 불행도 막을 수 있을 정도이다. 불행을 피할 수 없을 때는 이 종은 미리 하느님 곁으로 돌아간다. 이러한 실례는 드문 일이 아니며, 최근의 예로는 보어전쟁(1899~1902)에 앞서 칼라일, 골든, 스펄전, 글래드스턴이 죽었다. 이사야 57장 1절, 열왕기하 22장 20절, 창세기 18장 17절 참조.

그러나 이는 하느님을 사랑하는 나머지 스스로 하느님의 영원한 종으로서 몸을 바친 사람들에 한한다. 출애굽기 21장 5·6절 참조. 그렇지 못한 하느님의 종들은 이런 권위를 결코 얻지 못한다.

꽃 무늬 장식

요한복음 5장 44절, 8장 50절[18]에서 그리스도가 하신 이 두 가지 말은 필연적으로 서로 연관을 가지고 있다. 그도 그럴 것이 하느님이 그 종들을 위해 충분히 명예를 배려한다고 확신하는 사람만이, 정직하고 순수하게 선전을 단념할 수 있기 때문이다. 세상의 명예에 민감한 사람은 그때그때 여론의 노예가 되지 않을 수 없으며, 그래서 오늘날 그들은 아무리 하찮은 신문이라도 두려워한다. 경건한 사람들에게 요한복음 5장 44절의 말은 그들의 신앙이 단순히 형식이 아니라 진정한 신앙인지를 재는 속일 수 없는 잣대이며, 그들의 신앙이 잘못되지 않았음을 이 말을 통해 알 수 있다.

요한복음 12장 19·42·43절, 19장 38·39절 참조.

12월 11일

이 세상의 삶에서 '이탈'할 수 있는 세 가지 방법은 이미 창세기 12장 1·2절,[19] 15장 1절,[20] 17장 1절[21]에서 하느님이 아브라함에게 얘기한 세 마디 말로 제시된 바 있다. 첫 번째 이탈의 길은 정결한 생활로 나아가기 위해 걸림돌이 되는 익숙한 환경과 일에서 탈출하는 것이다. 두 번째는 하느님 외에는 아무것도 두려워하지 않고, 오직 하느님에게만 마음을 보내는 것이다. 세 번째는 오로지 하느님 앞으로 나아가는 것이다. 이것은 오늘날에도 참된 생활에 다다르고 싶어하는 사람이 걸어가는 내적 생활의 경로이다. 진실한 삶에 다다르는 데는 더 이상은 아무것도 필요하지 않다. 그러나 이 세 가지 이탈은 충분하고 완전하지 않으면 안 된다. 단, 각각 적당한 시간 간격을 두어야 한다. 이사야 59~62장 참조.

---

[18] 요한복음 5장 44절, 너희가 서로 영광을 취하고, 유일하신 하느님께로부터 오는 영광은 구하지 아니하니, 어찌 나를 믿을 수 있느냐?
　　8장 50절, 나는 내 영광을 구치 아니하나, 구하고 판단하시는 이가 계시니라.
[19] 너는 너의 본토 친척 아비 집을 떠나 내가 네게 지시할 땅으로 가라, 내가 너로 큰 민족을 이루고 네게 복을 주어 네 이름을 창대케 하리니, 너는 복의 근원이 될지라.
[20] 아브람아, 두려워 말라. 나는 너의 방패요, 너의 지극히 큰 상급이니라.
[21] 나는 전능한 하느님이라. 너는 내 앞에서 행하여 완전하라.

요한복음 10장 1·9·28절[22]은 오늘날을 위해 하신 하느님의 말씀이다. 오늘날 수많은 사람들이 현재의 상태에 대해 더 좋은 진리를 구하고 있지만, 진리에 이르는 역사적인 문으로 들어가려 하지는 않는다. 바울은 디모데후서 2장 23~26절과 3장 1~9절에서, 그 사람들과 또 그것과 대조적으로 진정한 진리 탐구자를 엄격하기는 하지만 더할 수 없이 훌륭하게 그리고 있다. 여기에 기록된 '말세'는 바울이 확고하게 믿었던 것처럼, 당시에 바로 눈앞에 닥쳐와 있었을 뿐 아니라 거의 2000년 뒤인 오늘날 교회에도 혁신이라는 이름으로 다시 맞닥뜨리고 있다. 이 경우, 그리스도교도라고 해서 반드시 좋은 실례를 보여준다고는 할 수 없다.

또한 바울이 많은 신자를 얻은 결과, 초기 그리스도교계가 어떤 실정이었는지 말해주고 있다. 그래서 우리가 교회를 혁신하고자 할 때, 초대 그리스도교계를 무조건 모범으로 삼을 수는 없다.

디도서 1장 10·11·15·16절 참조.

12월 12일

'의의 공효[23]는 화평이요, 의의 결과는 영원한 평안과 안전이라, 내 백성이 화평한 집과 안전한 거처와 종용히 쉬는 곳에 있으려니와'[24]

현대생활이 가져다주는 모든 불안과 동요 대신 위의 성구에서 말하는 상태를 원하지 않을 사람이 어디 있을까? 늘 변함없는 이러한 화평, 기쁨으로 가득한 그 상태가 사실은 바로 지상에서 바람직한 생활이며, 또 천국으로 통하는 유일한 통로이다. 인간이 노년에, 또는 병으로 죽을 때 일반적으로 품는 감정을 그대로 지닌 채 천국에 들어갈 수는 없다. 그러나 이러한 평화와 기쁨에

---

[22] 요한복음 10장 1절, 내가 진실로 진실로 너희에게 이르노니, 양의 우리에 문으로 들어가지 아니하고, 다른 데로 넘어가는 자는 절도며 강도요.
10장 9절, 내가 문이니 누구든지 나로 말미암아 들어가면 구원을 얻고, 또는 들어가며 나오며 꼴을 얻으리라.
10장 28절, 내가 저희에게 영생을 주노니 영원히 멸망치 아니할 터이요, 또 저희를 내 손에서 빼앗을 자가 없느니라.

[23] 열 매.

[24] 이사야 32장 17·18절.

찬 상태는 죽음에 앞서서 일찍부터 인간의 내부에 존재할 수 있다. 그리고 갈수록 쇠약해져가는 육체라는 그 외적인 '장애'는 그저 죽음에 의해 제거되는 것뿐이다.

⚜

미가 7장 8·9절, 나훔 1장 12절, 아모스 3장 7절, 4장 12절, 5장 23절, 8장 11~14절, 요엘 3장 5절, 말라기 2장 17절, 3장 18절을 보라. 이것은 이른바 '소(小)'선지자들이 한 말로 우리 시대에도 적용할 수 있는 것이다. 그것은 인간의 본성이 옛날이나 지금이나 비슷하다는 것을 전제로 한다. 즉 우리가 알고 있는 역사가 시작된 이래, 인간의 본성은 그리 변하지 않았고, 특히 오늘날 자연과학에 대한 지식과 업적이 진보했음에도—아니 오히려 그 점 때문에—인간의 본성은 그리 고상해지지 않은 것이다. 그러나 부분적으로 보아도 이 두 시대—소선지자의 시대와 현대—의 유사점 때문에 실리정책을 취하는 강대국—이들 나라는 사람들을 자신들의 사고방식으로 이끌려고 한다—에 대립되는 이상주의 정신을 가진 소민족에게 위의 소선지자의 말은 특히 잘 적용된다. 강대국은 그 힘에도 불구하고 흔적도 없이 멸망하고 말았지만, 작은 이스라엘 민족에게 이 선지자들의 경고는 현대에 이르기까지 여전히 살아서 작용하고 있다.

12월 13일

그리스도교 신앙의 가장 훌륭한 점은 인간이 자신의 힘을 믿거나 내면 가운데 갈등할 필요 없이 오직 하느님만 상대하면 된다는 점이다. 다음, 하느님의 완전성도 양쪽에 그럴 의지만 있으면 지극히 불완전한 존재인 인간과 친밀한 교제를 맺는 것을 가로막지 않는다는 점이다. 게다가 이 교제는 인간들 사이의 우정보다 훨씬 낫고 영혼에 충분한 만족을 주는 것이다.

악이 실제로 무엇인지 우리는 전혀 알 길이 없다. 또 그것을 아는 것을 감당하지도 못할 것이다. 악은 우리에게 자유의지로 하느님과의 친밀한 교제를 맺지 못하게 한다.

악의 시작은 늘 하느님의 약속과 하느님의 진실된 말을 의심하거나, 또는 하느님의 명령을 실천할 수 있음을 의심하는 것이다. 이따금 그러한 의심은 실제로 모르는 사람의 목소리처럼 우리 마음에 씨앗을 뿌린다. 거기서 불신과 의혹, 마지막으로 신앙에서 멀어지는 일이 일어나고, 그 뒤에 후회가 싹튼다. 그러나 신앙으로 돌아가는 길은 언제나 열려 있음을 잊어서는 안 된다.

⚜

시편 제90편, 제116편, 제118편은 먼 옛날의 시이지만, 수천 년이나 지난 오늘날에도, 인생의 숱한 고난에 단련된 사람이 그 비망록에 바로 어제 기록한 것처럼, 신선함과 진실함으로 넘치고 있다. 마찬가지로 시편 제37편—특히 제25절을 보라—제109편, 제110편은 위의 시편과 보충 관계에 있다. 영속적인 일을 해야 하는 사명을 지닌 사람들은 많든 적든 이러한 인생행로를 더듬어 왔다. 그리고 낡은 건물의 기둥이 되는 대신, 새로운 건물 한귀퉁이의 머릿돌이 되었다.

부스 대장*25이 가장 최근의 실례이다.

12월 14일

사무엘상 7장 3절은 이미 옛날부터 몰락한 일가와, 가치와 존경을 잃은 민족이 다시 일어설 수 있는 근거가 되는 구절이었다. 그 밖의 어떤 분발보다, 또 어떤 군사적인 방법보다 확실한 근거였다. 그러나 거기에는 진지함이 있어야 한다. 단순한 교회의 형식과 종파, 또는 형식뿐인 예배로는 안 된다. 그 결과는 출애굽기 29장 45·46절에서 하느님이 하신 말씀 그대로이다. 이제 모든 문명국, 특히 강대국이 이러한 길을 선택하느냐 마느냐, 그것에 의해 죽느냐 사느냐 하는 문제에 맞닥뜨려 있다. 그 단서는 이미 나타나고 있다. 이것은 우리도 맞닥뜨리지 않을 수 없는 운명이다.

적어도 현재로서는 '대중을 그리스도교로 복귀시키는 것'은 물론 문제가 되지 않는다. 게다가 지금은 조금 전까지 존재했던 신앙에 대한 외적인 강제수단마저 모두 사라졌다.

하지만 우리는 이를 결코 유감으로 생각하지 않는다. 오히려 그리스도교는 이제 그 자신의 힘으로, 즉 내적 탁월성으로 인류의 일부를 새롭게 신자로 얻

---

*25 구세군의 창시자.

을 것이 틀림없다. 그러나 나머지 사람들은 전보다 더 강하게 거부할 것이다. 그렇게 되면, 문명국 국민들의 전체적인 사고방식의 분열이 지금보다 훨씬 크게, 또 공공연히 드러나게 된다. 이러한 자발적인 사고방식이 전보다 훨씬 순수하고 뚜렷하게 표명될 경우, 양쪽 세계관의 결과도 개개의 가족과 민족에서 언젠가 뚜렷이 나타날 것이다.

신명기 30장 2·11~19절, 33장 26~29절, 마태복음 24장 3~14절, 말라기 3장 2·3·17·18절, 예레미야 2장 19절 참조.

❦

야고보서 1장 2절*²⁶에 기록된 사도 야곱의 이 말은 우리로서는 이해하기가 쉽지 않고 결심하기도 어려운 것이지만, 역시 옳은 말이다. 왜냐하면 우리의 두드러진 내적 발달과 진보는 많든 적든 그것에 앞서는 엄격한 시련의 결과이기 때문이다. 따라서 인간은 본디 시련을 기뻐해야 하며, 적어도 시련의 한복판에서도 영혼의 평정한 한 점을 끝까지 잃어서는 안 된다. 시련은 앞으로 우리 위에서 꽃피우려 하는 새롭고 진정한 행복의 예고이기 때문이다.

로마서 5장 3~5절*²⁷ 참조.

12월 15일

이미 성서 속에서 모든 사람에게 주어진 약속은 말할 것도 없고, 우리가 내부에서 깊이 느낀 말씀—그것은 거의 알아들을 수 없는 소리일 때도 있지만, 확실한 언어일 때도 있다—을 통해 얻는 약속이라면 더욱, 인간이 아무것도 하지 않아도 저절로 하느님의 약속이 실현되는 일은 없다. 하느님의 약속은 첫째로, 그것이 확고하고 믿을 수 있는 것임을 굳게 믿고 받아들여야 한다. 다음에는 그것을 실현하는 데 필요한 모든 것이 인간 쪽에서도 이루어지지 않으면 안 된다.

특히 그 경우 인내가 크게 필요할 때가 있다. 우리는 '너희에게 인내가 필요

---

*26 내 형제들아! 너희가 여러 가지 시험을 만나거든 온전히 기쁘게 여기라.
*27 다만 이뿐 아니라 우리가 환난 중에도 즐거워하나니, 이는 환난은 인내를, 인내는 연단을, 연단은 소망을 이루는 줄 앎이로다. 소망이 부끄럽게 아니함은 우리에게 주신 성령으로 말미암아 하느님의 사랑이 우리 마음에 부은 바 됨이니.

함은 너희가 하느님의 뜻을 행한 뒤에 약속을 받기 위함이라[*28]는 목소리를 때때로 생생하게 들을 수 있다. 그럼에도 하느님이 우리에게 정하신 것은—때로는 그것에 어려움과 고통과 곤경이 뒤따르더라도—언제고 반드시 실현된다. 하느님의 약속은 결코 변하지 않지만, 우리의 태도에 따라 그 실현은 쉬워질 수도 어려워질 수도 있다.

민수기 14장, 여호수아 21장 45절, 히브리서 5장 15절, 6장 15절, 10장 32~39절, 12장 11절 참조.

✸

풍요로운 환경에 있는 사람이라도 노년에 들어 생활의 단조로움이 너무 커졌을 때, 종교에서 비롯되는 낙천적인 마음이 없으면 어떻게 그 단조로움을 견딜 수 있는지 궁금하다. 종교가 주는 낙천적인 마음 외에 낙천적이기 위해서는 사물을 있는 그대로 보는 것을 포기하거나, 그 성질상 본디 젊은 시기에 어울리는 일시적인 향락을 끊임없이 되풀이함으로써 억지로 지속하려 하거나, 그것도 아니면 오직 추억 속에서 살지 않으면 안 된다.

그러나 살아 있는 것은 기본적으로 전도서에 얘기되어 있고, 또 하느님 곁에 있는 것을 기본으로 하지 않는 철학적 인생관에 숨어 있듯 염세주의의 경향이 강하다.

"모든 것이 헛되도다."[*29] 그리고 많은 것을 배워도 결국 '몸만 피곤할 뿐', 지금까지 몰랐던 새로운 것으로 이끄는 일은 없다. 오직 하느님과의 굳건한 교제만이 퍼내도 퍼내도 마르지 않는 생명을 지니고 있다.

전도서 12장 1·7·8·9·12,[*30] 14절 참조.

12월 16일
인생의 대부분은 결정적인 작은 행동들로 이루어져 있다. 그리고 그 행동

---

*28 히브리서 10장 36절.

*29 전도서 1장 2·3절, 전도자가 가로되, 헛되고 헛되며 헛되고 헛되니 모든 것이 헛되도다. 사람이 해 아래서 수고하는 모든 수고가 자기에게 무엇이 유익한고.

*30 내 아들아, 또 경계를 받으라. 여러 책을 짓는 것은 끝이 없고, 많이 공부하는 것은 몸을 피곤케 하느니라.

뒤에 다시 평온한 생활이 오랫동안 이어진다. 그동안 우리는 다양한 경험을 쌓아 삶의 원리를 획득하고 또 확립할 필요가 있다. 그러면 행동할 때, 특별히 심사숙고하지 않아도 그 원리에 따라 본능적으로 실천할 수 있다. 행동할 때가 되어서야 비로소 무엇을 할 수 있는지, 또 무엇을 하고 싶은지 생각해야 한다면, 대개 처음부터 실패하기 십상이다.

현대에는 군사적으로도 인정되고 있듯이, 행동으로 옮기는 결정적인 순간에 '심리적 요소'가 매우 큰 역할을 한다. 그때까지 충분히 획득된 힘과 원리로 용감하게 그 일에 임하는 자는 결정적인 승리를 거둘 수 있다. 그리고 이 승리가 그 뒤 오랜 기간에 걸친 그 사람의 운명을 결정한다. 이에 비해 모호한 태도로 싸움에 임하는 자는 항복하거나 물러가며, 앞으로 나아가는 대신 인생의 이 시기와 그 과제를 전부 처음부터 다시 하지 않으면 안 된다.

어떤 결심도, 원리도, 신조도, 그것이 행동하는 데 확고한 것으로 확증되기 전에는 섣불리 믿어서는 안 된다. 또 아직 확립되지 않은 원리로 대처해야만 하는 상황에 몸을 두어서도 안 된다. 이 두 가지 경우에서 생기는 결과는 뼈아픈 패배이며, 때때로 그 고통을 맛보게 하고, 무엇보다 그로 인해 선과 위대함으로 나아가는 용기를 빼앗아간다.

이럴 때 가장 확실하게 도움이 되는 것은 하느님에 대한 굳건한 믿음과 다가올 일에 대해 하느님으로부터 주어지는 경고와 준비를 들을 수 있는 예민한 귀다. 하느님을 믿는 사람은 그 목소리를 듣는 주의력을 위해 인간적인 영리함도 포기한다. 뭔가 중대한 일이 일어날 때는 언제나 하느님의 예고가 있고, 미리 위안과 약속을 통해 충분한 힘을 얻으며, 행동하는 중에도 스스로는 낼 수 없는 큰 용기를 얻는다. 욥기와 그리스도의 수난사가 이를 잘 말해주고 있다.

욥기 33장 14~30절 참조.

❧

사람들의 감사를 기대해서는 안 된다. 대개 인간은 고등동물만큼도 은혜를 모른다.*31 그러므로 당신은 이웃에게 선을 베풀더라도, 그 모든 것은 자신을

---

*31 《잠 못 이루는 밤을 위하여》 2월 26일 참조.

위해, 또 하느님을 위해 한 일로서 끝내고, 곧바로 기억에서 지우는 것이 좋다.

때로는 몇 년 뒤에 그 선행의 결과를 깨닫는 일이 있지만, 그러나 생애에 한 일 대부분은 과거의 드넓은 대양 속에 흔적조차 없이 사라져버린다. 모든 행위에 대한 마지막 심판이 열리고, 그 행위에 합당한 상벌이 주어진다는 생각에 따라 실제로 개심한 사람은 아직 아무도 없지 않을까? 우리는 인간의 본성이 선을 좋아하고 악을 싫어하도록 이끌지 않으면 안 된다. 그렇지 않으면, 교육은 그 목적을 이루었다고 할 수 없다.

12월 17일

불친절한 말과 무익한 말은 절대 하지 마라. 그러나 발언하는 것이 중요하고 또 필요한 경우에는 과감하게 말하라. 냉담하고 오만한, 적어도 그렇게 생각되는 침묵을 고수하지 마라. 이런 태도가 중요하다. 왜냐하면 말은 행위와 마찬가지로 수많은 재앙의 원인이 되기 때문이다. 또 수많은 죄를 속죄하고 그것을 개선하게 하는 하느님의 은혜가 없다면, 한 사람 한 사람의 인간이 '무익한 말'*32로 짓는 죄가 산처럼 높아서, 그 전체 모습을 한눈에 보면 누구나 전율을 느끼지 않을 수 없을 것이다. 그래서 좋은 열매를 거두기 위해서는 그 나무를 잘 가꾸는 수밖에 방법이 없다.

시편 139편 2~5·23~24절, 보헤미아 형제단 찬송가 372번(제3절)·388번 참조.

❖

어쩔 수 없는 일이지만, 타고난 처지를 바꿀 수 없는 경우가 많기 때문에, 환경보다 우리의 견해를 바꾸지 않으면 안 된다. 그렇지 않으면 끝없는 고난 속에 힘을 소모하게 되고, 자신뿐만 아니라 타인의 생활도 불쾌하게 만들어 효과적인 구원을 얻을 수 없게 된다.

대부분은 하느님과 인간에 대한 이러한 부단한 싸움 속에서 희망도 없이 자신을 소모시켜 버린다. 이것은 천국이 아니라 지옥에 다다른 상태이다(단테 《지옥편》 제3곡).

---

*32 마태복음 12장 36절.

12월 18일

참으로 선량한 사람이면서도 아직 공부하면서 내적으로 성장해야 할 때 행동하고 싶어하거나, 반대로 독서와 마음을 다하는 기도를 제쳐두고 행동에 나서야 할 때 안식과 명상을 동경함으로써 일생을 헛되이 하는 사람이 드물지 않다.

'마음을 다하는 기도'는 대체로 위험한 말이다. 그것은 이 세상의 삶에 여전히 파묻혀 있는 영혼의 일시적인 고양에 지나지 않는다. 그러나 인생의 어느 시기가 끝나면, 언제나 한결같이 하느님 곁에 있는 단계에 다다른다. 이 단계는 겉으로는 그리 경건하게 보이지 않지만 내적 생활에서는 훨씬 높은 단계이다.

❦

당신은 특히 나이를 먹으면, 좋은 의미에서 가볍게 살겠다는 마음으로 지내는 것이 좋다. 아침부터 밤까지 하루 종일 주위에서 참으로 많은 요구와 바람이 밀려올 것이다. 당신은 그것에 대해 친절한 미소로 '예스'라고 대답할 수도 있고, 또 정도의 차이는 있어도 무뚝뚝하게 '노'라고 대답할 수도 있다. 어떤 대답을 하든 결국 당신에게는 같은 경우가 많으며, 그것은 그저 습관이 된다. 그러나 미소와 '예스'라고 대답하는 습관이, 드물게 행하는 온갖 선행보다 가족과 그 밖에 당신과 교제하는 사람들에게는 오히려 큰 것이므로 당연히 그들은 감사해야 할 것이다.

인생의 특징을 결정하는 것은 일상의 작은 일들이지, 위대한 행동이 아니다. 본디 위대한 행동은 대다수 사람들에게는 매우 드문 일에 속한다.

당신에게 요구하고 바라는 것에 아직도 '불쾌감'이 남아 있다면, 이것은 말끔하게 지워버려야 하는 결점이다.

12월 19일

이 지상에서는 아무것도 하지 않으면서 내적 진보를 이룩할 수는 없다. 가령 수도원 생활이 단지 명상에 잠기는 것뿐이라면, 그것은 아주 잘못된 것이다. 또 일반적으로 많은 '정적주의파'[*33] 사람들도 잘못이다. 우리는 먼저 그리

[*33] 靜寂主義派. 인간의 자발적·능동적인 의지를 최대로 억제하고, 초인적인 신의 힘에 전적으로 의지하려는 수동적 사상을 지닌 부류. 역자 주.

스도를 통해 하느님과 올바른 관계를 맺음으로써 '지상의 천국'에 다다라야 된다. 그리고 그것이 실현되었으면, 그 뒤에는 타인도 함께 그곳에 다다를 수 있도록 도와주어야 한다. 그것이 곧 인생을 사는 것이다.

그러나 그 도움의 손길을 너무 빨리 내밀어서는 안 된다. 그러면 '장님이 다리가 불편한 사람의 손을 잡고 가다가 둘 다 구덩이에 빠져버리는' 일이 되기 쉽다.

❦

누가복음 21장 5·6절*34을 보라. 우리는 이탈리아의 소(小)전제군주들이 예술의 가장 위대한 장려자이자 유명한 기념물의 건립자이면서, 동시에 그들 궁정에는 야만과 사악이 가득 차 있었다는 그 역사상의 사실을 알게 될 때, 인간의 성격에 미치는 예술의 영향에 대해 어느 정도 회의적이지 않을 수 없다. 또 그리스도가 당시의 장대한 건축물에 거의 아무런 관심도 보여주지 않았던 이유도 이해할 수 있다.

나는 예술에 대한 열정이 진정한 종교에 대한 살아 있는 관심과 반드시 일치하는 것은 아니라고 생각한다. 물론 미에 대한 감각은 특히 젊은 사람들에게는 절대로 빠질 수 없는 교양 가운데 하나인 것은 사실이다. 그러나 어쨌든 선보다 미를 중시해서는 안 되며, 또 미를 선과 혼동해서도 안 된다. 그것은 서로 다른 두 종류의 것으로 구별해야 한다.

12월 20일

신명기 5장 25~30절을 보라. 인생에서 참으로 다양한 불행이 그저 인위적으로 가려져 있을 뿐이다. 그 모든 불행에 대해 신명기의 위의 말과 그것에 이어지는 제6장~제11장에 담겨 있는 내용 이상으로 뚜렷한 도움의 약속을 바랄 수는 없을 것이다. 그러나 그 약속이 오늘날에도 여전히 유효하고 적절한지는 시험해 볼 수 있다. 다만 어떤 사람이 조건부로 약속한 경우, 그 조건 아래에서 시험해야 하는 것과 마찬가지로, 하느님의 약속도 그렇게 시험해 보아야 한다. 그러면 하느님은 까다로운 사람이 조건 이행을 꼼꼼하게 따지는 것처럼 엄

---

*34 어떤 사람들이 성전을 가리켜 그 미석과 헌물로 꾸민 것을 말하매, 예수께서 가라사대, '너희 보는 이것들이 날이 이르면 돌 하나도 돌 위에 남지 않고 다 무너뜨리우리라'

격하게 요구하지는 않는다는 것을 경험할 것이다. 물론 이는 당신의 마음이 늘 성실한 경우에 한하며, 완전한 축복은 그 아득한 옛날의 말씀을 좇아 오로지 선한 행위를 한 결과로서 주어진다. 곧 그 하느님의 말씀을 실천하는 것이 바로 복음이다. 이미 수많은 사람들이 하느님의 말씀을 실천하고자 함으로써 전보다 더욱 행복한 삶에 들어갈 수 있었다.

오늘날 그릇된 길을 가고 있는 사람들의 상당수는 타고난 성향 때문에 그 길에 발을 들여놓은 것이 아니다. 그 길이 아니면 지금 세상을 도저히 살아갈 수 없다는 사람들의 일반적인 생각에 따른 결과일 뿐이다. 이 생각에 대해 이미 여러 번 구약성서에서 그것과 반대되는 뚜렷한 증거들을 얘기한 적이 있다. 그리고 그 증거는 우리가 아는 한, 아직 그 누구도 속인 적이 없었다. 우리는 적어도 무기력하고 성실하지 못한 일시적인 시도가 아니라 아주 오랫동안 쌓아올린 인생경험을 토대로, 자신이 속았다고 주장하는 사람은 한 사람도 본 적이 없다. 이에 반해 '세상 사람들이 가는 길'을 걸어감으로써 인생의 행복을 송두리째 잃어버린 사람들이 얼마나 많은지 모른다.

말라기 3장 13~20절, 예레미야 2장 13·17~19절, 3장 25절, 8장 7·11절, 32장 19·23·38~42절, 이사야 48장 18절, 49장 11~16절 참조.

이미 구약 시대에 유대민족에게 이런 일이 일어났다면, 우리는 도대체 무엇을 위해 그리스도교도가 된 것일까? 또 우리가 오늘날 구약 시대보다 더 나쁜 상황에 놓여 있어야 된다면, '구세주'는 무엇 때문에 우리를 위해 태어난 것일까? 신약성서는 이들의 오랜 약속을 내면적으로 더 깊이 이해했을 뿐, 그것을 버린 것은 아니다.

마태복음 5장 17~20절 참조.

기적의 신앙

하느님 나라에 도달하기를 바라고
그 영광의 十원을 보고 싶은 자는
이 세상의 영혼을 가벼이 여기고
하느님의 말씀을 신뢰해야 하느니.

신비로운 구원의 부름을 받아
내 마음이 흔들리지 않는 것은 오로지 기적의 힘
어둠에서 빛에 이르는 길은
모든 단계가 신비함으로 가득 차 있네.

❦

요한복음 10장 17·18절*35을 보라. 그리스도는 널리 알려져 있듯이 그 공적인 활동의 제2기에 들어서서가 아니라, 매우 이른 시기부터 이미 자신의 이른 죽음과 부활에 대한 내적 확신을 가지고 있었던 것 같다. 그리스도가 겟세마네 언덕과 십자가 위에서 마음이 잠시 흔들린 것은 모두 이 확신이 자신을 저버릴 것 같았기 때문이었다. 그러나 그때 바로 그 확신이 다시 그의 마음속에서 우세를 되찾았다. 그러므로 단지 제자들뿐만 아니라 그리스도 또한, 부활이 없으면 그리스도교의 성립을 심리적으로 설명할 수 없을 것이다. 위대한 일을 위해 자신의 생명을 희생한 것은 그리스도만이 아니지만, 처음부터 그 사실을 뚜렷하게 자각하고 있었던 것은 아마 그리스도뿐이리라.

만약 그리스도교를 통해 누구나 훨씬 행복한 삶에 다다를 수 있다는 걸 알면, 거의 모든 사람이 그리스도교를 믿겠다고 나설 것이다. 그러나 그때 얼마나 많은 것을 감내해야 하는지 그 모든 것을 일시에 알게 되면—더욱이 하느님으로부터 주어지는 힘을 미리 알 수도 짐작할 수도 없으므로—그것을 믿으려는 사람은 거의 아무도 없을 것이다.

12월 21일

그리스도교에 대해 오직 호기심과 천박한 지식욕을 자극하는 것만 찾거나, 그런 것에 대한 '의문'을 가지고 끊임없이 신앙 지도자와 '영혼을 보살피는 사람(목사)', 또는 그 밖의 '권위자'들을 괴롭히지 않도록 하라. 그런 것은 오히려 그리스도를 진리로 파악하는 데 직접적인 방해가 된다. 이 경우를 대비해 시편 18편 26절은 "깨끗한 자에게는 주의 깨끗하심을 보이시며, 사특한 자에게

---

*35 아버지께서 나를 사랑하시는 것은 내가 다시 목숨을 얻기 위하여 목숨을 버림이라. 이를 내게서 빼앗는 자가 있는 것이 아니라, 내가 스스로 버리노라. 나는 버릴 권세도 있고 다시 얻을 권세도 있으니, 이 계명은 내 아버지에게서 받았노라.

는 주의 거스리심을 보이시리니" 하고 말하고 있다. 하느님은 인간이 그저 하느님과 장난치며 노는 것을 허락하지 않는다. 하느님은 진지하게 자신을 구하는 자에게만 대답하신다.

⚜

인간은 이따금 자신이 할 수 있는 이상으로 너무 많은 것을 하려 하고, 또 그것에 대해 많은 감사까지 받기를 원한다. 많은 감사까지 받으려는 사람에게 예레미야의 말(17장 5절*36)은 이를 금지하고 있다. 사람은 자기가 할 수 있는 일을 해야 하며, 그런 다음 타인의 감사를 단념할 줄 알아야 한다. 그렇지 않으면 그 행위 자체는 하나의 향락욕일 것이다. 인간은 상대방이 칭찬을 바라고 있다는 것을 알면 칭찬을 하고 싶지 않고, 오히려 칭찬에 무관심한 사람에게는 칭찬을 하고 싶어한다.

할 수 있는 정도껏 일을 하고, 그 일 속에서 행복을 찾아내는 사람이 세상을 가장 잘사는 사람이다.

12월 22일

"당신이 지닌 마음은 자비라는 이름으로 불리는 위대함의 절정에 있습니다." 미켈란젤로가 비토리아 코론나에게 써 보낸 이 말은 선악이 모두 위대한 것으로 평가되던 르네상스 시대에 살았던 인간의 모습을 보여주고 있다.

지금의 세상은 전체적으로 보면 그 시절보다 훨씬 좋아졌다. 그러나 우리는 그때의 위대함이 오늘날에도 조금은 남아 있었으면 좋을 것이라고 생각한다.

⚜

어느 안식교도*37에게.

당신의 말은 원칙적으로 정당하다. 어쩌면 그리스도교계에서도 안식일(성토요일)을 휴일로 지키는 것이 좋을지도 모른다.

그러나 그리스도교계는 그렇게 하지 않았다. 그 이유는 일요일을 휴일로 함

---

*36 나 여호와가 이같이 말하노라. 무릇 사람을 믿으며 혈육으로 그 권력을 삼고, 마음이 여호와에게서 떠난 그 사람은 저주를 받을 것이라.

*37 토요일을 안식일로 지키는 그리스도교 일파.

으로써 그리스도의 부활을 모든 사고(思考)의 전면에 내세우기 위해서일 뿐만 아니라, 유대교도들과 확실하게 차별화하고 외형적으로도 한계를 짓기 위해서이며, 또 안식일을 고수하는 유대교도의 형식주의에서 근본적으로 떠나기 위해서이기도 했다. 실제로 그리스도가 안식일을 반대했기 때문에, 그것이 그리스도에 대한 유대교도의 증오에 어느 정도 작용했다고 할 수 있다.

나는 또한 이 안식일을 바꿔버린 것 때문에 하느님이 그리스도교도에게 충분한 축복을 보류하고 있다는 말은 믿을 수가 없다. 충분한 축복이 주어지지 않는 것에는 분명히 더 많은, 더 큰 원인이 있을 것이다. 그러나 당신들 안식교도가 세상 사람들을 위해 스스로 실례를 보여주며 그 반대를 증명하려고 한다면, 그것은 참으로 좋은 일이다. 언젠가 안식교도들이 모든 나라에서 의심할 여지없는 '땅의 소금'이 되어 가장 좋은 인간, 가장 훌륭한 시민을 계속 배출하게 된다면, 우리도 그 모범을 따르고 싶지만, 그 전까지는 그럴 수 없다. 마태복음 5장 14~16·20절, 7장 2·16~21절 참조.

그러나 지금은 극심한 노동에 시달리는 계급을 위해, 특히 그들의 부인들을 위해, 적어도 토요일 오후만이라도 노동에서 벗어나, 자신과 가족을 위해 자유로워질 수 있도록 노력하기로 하자. 그렇게 하면, 이제 그날 저녁부터 일하는 날의 고단함에서 벗어나 편안한 마음으로 내일의 성일(聖日)을 기다릴 수 있을 것이다. 그러면 토요일 오후 또한, 적어도 안식일의 일부가 되는 셈이다. 요컨대 안식일은 단순한 시간의 문제만은 아니기 때문이다.

12월 23일

시대마다 학문적 신학과 그리스도가 원했던 진정한 그리스도교 사이에는 언제나 차이가 있었다. 그것을 지적하고 있는 전형적인 대목이 바로 요한복음 제3장이다. 학자인 니고데모는 그리스도를 찾아가 진지하게 '상대방의 호감을 사기 위한 미사여구'를 늘어놓는다. 이를테면, 오늘날처럼 상대방에게 '찬사'를 보내 무학(無學)인 그리스도에게 일단 경의를 표시한 뒤, 뭔가 훈계를 늘어놓자는 속셈이었다. 그렇지만 그리스도는 다음과 같이 대답하여 니고데모의 훈계를 간단히 물리쳤다. "우리는 스스로 보고 들어서 알고 있는 것을 말하는데, 당신은 배우고 연구한 것을 말하고 있다." 이것이 오늘날에도 존재하는 양자의 차이이다.

아무도 그리스도교를 '가르칠' 수 없다. 다만 그리스도교로 이끌어 친절하게 입문을 지도할 수 있을 뿐이다. 그것은 오직 상대방이 스스로 귀로 듣고 눈으로 볼 수 있기 때문이다. 그런 의미에서 그리스도교는 실제로 학문의 성질보다 오히려 비밀스러운 종교의 성질을 더 많이 가지고 있다. 그러나 비밀스런 종교라 해도, 그리스도교는 그 모든 부분이 사람을 향해 열려 있다. 그럼에도 대부분의 사람들은 그것을 제대로 보지도 파악하지도 못한다. 이것은 반드시 배우지 못한 탓이라고는 할 수 없으며, 오히려 그 반대이다. 그러므로 그리스도도 하느님 나라를 갓난아기처럼, 즉 다양한 학문적 연구를 통해서가 아니라, 확고한 신앙으로 받아들이지 않는 자는 무슨 일이 있어도 그곳에 들어갈 수 없다고 말한 것이다.*³⁸

신학은 없어서는 안 되는 학문이다. 아마 그게 없으면 상당한 장애가 초래될 것이다. 그러나 신학은 결코 그리스도교 자체는 아니다.

⚜

비네*³⁹는 어느 날 이렇게 말했다. "그리스도교가 생활 전체에 침투해 있지 않은 곳에서는 그 주위에 공허감이 번져간다. 그리스도교 사회의 품안에 있으면서 그리스도교적이지 않은 사람은 마음속에 사막을 가지고 있다." 이 말에 관한 일반적인 의미에서의 사상에 대해서는 잠시 제쳐두기로 하자.

괴테 숭배자뿐만 아니라 고전적 교양을 갖춘 많은 사람들, 그 중에서도 특히 역사가들은 이 비네 사상의 절대성에 대해 이론(異論)을 주장할지 모른다. 그러나 이 사상은 보여주기 위한 신앙을 가진 그리스도교인에 대해서는 더할 수 없이 적절한 표현이다. 왜냐하면 그 사람의 그리스도교는 그의 삶 전체를 채우지 못하고, 그저 일종의 외적 형식을 지키는 교회주의나 단순히 편협한 그리스도교 단체에 속하는 것에 지나지 않기 때문이다. 그런 경우에는 자연히 사회적 교양이 부족하고, 동시에 깊은 내면적 교양도 부족하다. 정신이 높은 이상과 활발하게 교류하지 않으면, 그 정신에 끊임없이 작용하는 진리의 영혼을 기대할 수 없다. 오늘날에도 단순한 신학적 지식만으로는 그것을 충분히 보완하지 못한다는 것은 쉽게 인정할 수 있는 사실이다.

---

*38 누가복음 18장 17절.
*39 알렉상드르 비네(1794~1847), 스위스의 신교 신학자.

마태복음 23장 13절 참조.

12월 24일

요한복음 제3장에는 두 가지의 주목할 만한 성구가 들어 있다. 제19절[40]과 제21절[41]이 그것이다. 오늘날에도 좋은 교훈은 얼마든지 있고, 또 오늘날에는 사람들의 지성이 더욱 계발되었기 때문에 하느님의 말씀을 이해하지 못하는 것도 아니다. 오히려 사람들은 자신들의 행위가 하느님의 넘치는 빛을 견딜 수 없기에 그 빛을 원하지 않을 뿐이다. 그들이 행위를 개선하고자 한다면, 이 신앙도 훨씬 쉽고 당연한 것으로 느껴질 것이다.

제21절은 진심으로 진리에 봉사하는 자는 이 세상에서 그 의의와 작용에 대해 걱정할 필요가 없다는 의미이다. 진리에 봉사하고 있으면 빛이 그를 비춰주기 때문이다. 그는 더 이상 어둠 속에 갇혀 있을 수 없다.

실제로 인간이라는 존재는 수많은 결점을 가졌음에도 무엇보다 진리를 가장 사랑하고, 그것을 기쁜 마음으로 들을 수 있는 예민한 귀를 가지고 있다. 오늘날에도 진리가 세계의 산간오지에 전해진다면—예를 들어 당시의 문명에서 보아도 '한참 뒤떨어져 있고' 보잘 것 없었던 유대와 갈릴리 같은 곳에도—그 진리는 특별히 선전하지 않아도 금세 세상에 알려져서, 대부분의 사람들의 귀에 들어갈 것이다. 그러나 그 뒤에 진리가 적당한 장소를 찾아 뿌리를 내릴지 어떨지는 별개의 문제이다. 그리스도는 그 문제를 누가복음 8장 5~15절에서 유명한 비유로 설명하고 있다.

⚜

그리스도교가 외적인 방법으로 개혁하려 했던 것, 이를테면 프랑스 혁명과 제정붕괴 뒤에 샤토브리앙,[42] 조세프 드 메스토르,[43] 폰 크뤼데나 부

---

[40] 그 정죄는 이것이니, 곧 빛이 세상에 왔으되 사람들이 자기 행위가 악하므로 빛보다 어두움을 더 사랑한 것이니라.

[41] 진리를 좇는 자는 빛으로 오나니, 이는 그 행위가 하느님 안에서 행한 것임을 나타내려 함이라.

[42] 샤토브리앙(1768~1848). 프랑스의 문학가이자 정치가.

[43] 메스토르(1754~1821). 프랑스의 국가 철학자이자 정치가. 중세 그리스도교에 대한 복귀를 외쳤다.

인[44]들에 의해 프랑스와 유럽 일부에서 시도되었던 일은 아마 두 번 다시 일어나지 않을 것이다. 현재는 교회가 문제가 아니라 살아 있는 진정한 그리스도교가 문제이다. 그러나 이 양자를 떼어놓는 것은 그리 호락호락한 일이 아니다. 또 이 개혁을 실행할 수 있는 사람들은 아직 얼마 동안은 나타날 것 같지 않다.

12월 25일

마태복음 23장 38·39절,[45] 열왕기상 9장 7~9절을 보라.

이것은 당시의 이스라엘 민족에 대한 심판이었다. 하느님은 그들의 민족 성소에서 나가셨다. 하느님이 없는 성소는 어쩔 수 없이 다가오는 심판에 대해 아무런 보호도 할 수 없었다. 영혼의 힘이 사라지기 시작하는 순간부터 종교상의 어떠한 형식도 아무 도움이 되지 않는다.

그러나 또 하나의 예언 부분, 즉 유대교와 그리스도교가 언젠가 다시 하나가 되어, 같은 역사를 가지게 될 거라는 예언 또한 확실히 그 실현에 다가가고 있다. 아마 사람들이 생각하는 것보다 더 빨리. 그때까지는 그리스도가 원한 그리스도교의 완성은 아마 이루어지지 못할 것이다.

신명기 30장 1~7절, 예레미야 24장 6·7절, 29장 11~14절, 마태복음 5장 17·18·23~37절 참조.

따라서 그리스도는 이 민족을 위해—그리스도의 말에 의하면 오로지 이 민족을 위해서만—세상에 보내진 것이므로, 그들에게 경의를 표하라는 명령까지 내리고 있다.[46]

그 옛날 카인이 아우를 살해했기 때문에 하느님으로부터 '표'를 받은 것처럼,[47] 이 오랜 민족 이스라엘도 그 조상 전래의 하느님으로부터 분명히 표를 받았지만, 바로 그것 때문에 하느님의 특별한 비호도 받고 있다. 이 하느님만

---

[44] 크뤼데나 남작부인(1764~1824). 독일의 경건주의자. 저술가.

[45] 보라! 너희 집이 황폐하여 버린 바 되리라. 내가 너희에게 이르노니, 이제부터 너희는 찬송하리로다. 주의 이름으로 오시는 이여, 할 때까지 나를 보지 못하리라 하시니라.

[46] 마태복음 15장 24절. 여사적으로 생각하면 하느님은 우리들, 즉 이스라엘 민족이 아닌 자들을 위해서는 바울을 보내셨다. 사도행전 16장 9·17절, 23장 11절, 로마서 11장 17·18·25·26절.

[47] 창세기 4장 9~16절.

이 심판자이며, 하느님이 아닌 그 누구든 벌을 받지 않고는 이 민족을 박해하거나 모욕할 수 없다. 그들에 대한 축복은 그 민족이 신앙에 충실하는 한 오늘날에도 여전히 특별한 힘을 가지고 있으며, 다른 어떤 축복보다 큰 효과를 나타낸다.

창세기 12장 3절, 갈라디아서 3장 8·9절 참조.

⚜

본디 친근한 사랑은 하느님의 은총과 자비를 나타낸다. 이러한 하느님의 자비는 인간 속에 깃들 수 있고(디도서 3장 4절), 또 인간의 육체까지—특히 그 눈의 표정에서—구석구석 빛나게 하여 누구라도 이 신적인 것의 반영을 알아볼 수 있을 정도이다. 이 일은 모세에게도(출애굽기 34장 29·30절[48]), 그리스도에게도 일어났다. 드문 예이기는 하지만, 나도 이것과 비슷한 것을 두세 명에게서 볼 수 있었다.

이에 비해 그 밖의 친근한 사랑과 정중한 태도는 단지 이를 흉내 내는 데 지나지 않기 때문에 도저히 그와 같은 감명을 주지 못한다.

위에서 말한 자비를 가장 뚜렷하게 볼 수 있는 것은 순수한 어린아이와 아주 늙은 사람들이다. 또 병든 사람 가운데 어떤 사람은 거의 천상의 것과 같은 아름다움을 자아내는 일도 있다. 화가가 사도와 성자를 그릴 때 사용하는 후광은 이 하느님으로부터의 자비를 암시한다. 물론 얼굴 자체에 그런 표정을 그릴 수 있다면 더 좋겠지만, 그런 표정은 거의 그려져 있지 않다.

'산시스토의 성모'[49]와 무리요[50]가 그린 '성모승천'만이 그런 표정을 조금 보여주고 있다. 그러나 그것도 진정한 자비의 표정이라고 할 수는 없다. 왜냐하면 저 위에서 내려오는 빛을 한 번이라도 본 사람은 절대로 잊을 수 없는 그 성화(聖化)의 광채는, 경건한 표정이나 그런 기분을 나타내는 우러러보는 황홀한 눈빛이 아니라, 아직 어떤 화가의 붓도 표현할 수 없었던, 더할 수 없이 따

---

*48 모세가 그 증거의 두 판을 자기 손에 들고 시내산에서 내려오니, 그 산에서 내려올 때에 모세는 자기가 여호와와 말씀하였음을 인하여 얼굴 꺼풀에 광채가 나나 깨닫지 못하였더라. 아론과 온 이스라엘 자손이 모세를 볼 때에, 모세의 얼굴 꺼풀에 광채 남을 보고 그에게 가까이 하기를 두려워하더니.

*49 라파엘로 작.

*50 스페인의 종교화가.

뜻한 빛으로 가득하고 완전한 자비를 띤 자연스러운 표정이기 때문이다. 데프레거*51는 비교적 작은 그림에서 어쩌면 그것을 표현할 수 있었다고 할 수 있을지 모른다. 그 그림 속 한 노파의 눈빛에서 그것을 볼 수 있는데, 아기 예수를 안은 그의 유명한 성모상의 눈빛은 그렇지 않다.

12월 26일

그리스도가 역사에 등장한 이래 인간을 이상으로 생각하거나 절대적인 모범으로 우러러보는 것은 모두 유해하다고 단언할 수 있다. 사람을 이상적인 존재로 마음에 그려서는 안 되지만, 그 사람이 당신을 도와 그리스도에게 이끌어주는 것은 상관없다. 당신은 이 안내자에게 감사하는 마음은 가지되, 그를 '숭배'*52해서는 안 된다. 대부분의 경우, 숭배라는 말은 단순한 상투어에 지나지 않으며, 거기에는 그 평범하기 짝이 없는 '감사'라는 정도의 의미도 들어 있지 않다.

❧

사람에 대한 진정한 정중함은 인간에게 주어진 하느님의 자비가, 같은 인간 동료들에게 나타나는 것이다. 그것과 성질이 다른 정중함, 이를테면 외교관이나 그 밖의 상류계층 사람들이 좋은 교육을 통해 터득한 정중함은, 예의를 모르는 경우와 달리 분명히 기분 좋은 것은 틀림없지만, 아무래도 좀 꾸민 듯한 인상을 주어 가식이나 위선 같은 것에서 느낄 수 있는 불쾌한 느낌이 남게 마련이다. 이러한 정중함은 좋은 대용물일 뿐이다.

진정한 자비는 동물도 느낄 수 있다. 성자의 설교에 귀기울인 새와 물고기에 대한 전설이나, 아시시의 성 프란체스코가 경험했던 '늑대 형제'의 신비한 이야기는 모두 이러한 배경을 가지고 있다.

식물을 재배하는 데도, 어떤 사람들은 세상에서 흔히 말하는 특별한 '행운의 손'을 가지고 있다. 이것도 바로 그 자비의 하나라고 해야 할 것이다.

---

*51 프란츠 폰 데프레거(1835~1921), 오스트리아 화가.
*52 단, 참으로 남용되는 경향이 있는 이 말에 실제로 뭔가 의미가 있다고 한다면.

12월 27일

참으로 바쁘게 돌아가는 삶 속에서도, 우리가 정직한 마음으로 이렇게 말할 수 있다면 얼마나 좋을까. "나의 영혼이 잠잠히 하느님만 바람이여. 나의 구원이 그에게서 나는도다."*53 향락만 탐닉하고 있는 사람은 좀처럼 그렇게 말할 수 없다. 이와는 반대로 그저 조용하고 고독하게 살 뿐, 하느님과 함께 있는 활기찬 삶과 이어져 있지 않으면, 그것은 유혹을 물리치기 위한 부적도, 완성으로 가는 길의 길잡이도 되지 않는다.

이 지상에서 가장 좋은 것은 이 두 가지 상태가 서로 번갈아 일어나는 것이다.

그러므로 수도회 같은 종교 단체는 무언가의 실천적 일을 가지지 않으면 안 되고, 바쁜 활동가는 고요한 시간이 있어야 한다. 하느님은 그들에게 그러한 조용한 시간이 필요하다고 판단하면, 질병을 통해 그 시간을 선물하신다.

진정한 그리스도교는 모든 종교와 철학 가운데 유일하게 정적주의에서도, 세상사에 대한 심취에서도 인간을 지켜준다. 이것을 제대로 이해하는 사람은 이 가르침이 틀림없이 하늘에서 온 것이라고 말할 것이다. 실제로 그것은 이 지상에서 태어나고 자라지 않았다. 완전히 형식주의로 가득한 유대교에서도, 또 당시의 고전적인 그리스 로마의 문화에서도.

⚜

노년에는 대개 육체가 건강하다는 느낌은 일시적인 것으로, 몸이 참으로 편안하고 따뜻할 때—이를테면 아침에 침대 속이나 가을에 툰 호반의 양지바른 곳에 갔을 때—가 찾아오는데, 그런 때는 '이따금 내세에 대한 예감인가?' 하는 미묘한 기분을 느낀다. 우리가 노년에 이런 느낌을 계속 지닐 수 있다면, 원숙함과 고요한 유쾌함의 이 시기—프랑스어의 '세레니테(맑음)'라는 말이 이 느낌을 더욱 잘 표현하고 있다—는 그야말로 인생에서 최상의 시간으로, 청춘의 환락도 장년의 힘도 이것과 도저히 비할 바가 못 된다. 따라서 이 감정은 황혼의 아름다움이 아니며, 오히려 더 나은 존재를 향한 새벽빛에 비길 만하다. 하지만 이윽고 완전히 한낮이 무르익으면, 우리는 이 지상의 생활을 더 이상 견

---

*53 시편 62장 1절.

디지 못하게 될 것이다.

이것이 노년에서 최상의 행복이다. 노년의 행복은 가정의 기쁨이나 추억 속에만 있는 것이 아니며, 그보다 훨씬 더 선한 것일 수도 있다.

12월 28일

가장 확실한 교훈이면서 가장 지키기 힘든 교훈 가운데 하나가 바로 이 말이다. '너는 너의 하느님 여호와의 이름을 망령되이 일컫지 말라. 나 여호와는 나의 이름을 망령되이 일컫는 자를 죄 없다 하지 아니하리라.'*54 이것은 신앙이 없는 사람에게와 마찬가지로 경건한 사람에게도 적용된다. 때때로 경건한 사람은 어떤 일을 '하느님 나라의 일'로서 하는 것이라고 주장하지만, 실은 세상의 칭찬과 명예나 그 일을 할 때의 즐거움과 파벌적인 이해관계 때문에 하기도 한다.*55 그래서 그런지 근대의 한 신학자(요한 벡)의 전기에는 다음과 같이, 때로는 '흐음!' 하며 고개가 끄덕여지는 말이 실려 있다. '상류사회의 신앙심이 깊은 척하는 사람들과는 그들의 노예로 만족하는 자가 아니면 사이좋게 지낼 수 없다.'

⚜

육체가 완전히 쇠잔해졌을 때, 이미 이 지상에서 하느님과 떨어져 살고 있는 영혼이 어떻게 되는지에 대해 자신 있게 상상할 수 있는 사람은 아무도 없을 것이다. 영혼이 육체의 단순한 한 기능에 지나지 않는다면, 틀림없이 영혼도 함께 사라져버림은 물론이다. 어쩌면 이것은 그 영혼에게 그나마 가장 관대한 운명이라고 할 수 있으리라.

그러나 그렇지 않다면—죽은 뒤에 영혼이 남는다면—그 영혼은 반드시 빛의 세계에서 격리되어 복음서 어디에도 기록되어 있지 않는 무서운 공허 상태에 빠질 것이 틀림없다. 이 위안도 희망도 없는 격리에 비하면, 나사로와 부자의 예화(누가복음 제16장)에서 말한 상태는 그나마 높은 단계이다. 왜냐하면 아직 거기에는 비참에 대한 의식과 더 나은 것을 타인을 위해 추구하는 의식이 암시되어 있는 것처럼 보이기 때문이다(누가복음 16장 27·28절 참

---

*54 출애굽기 20장 7절.
*55 요한복음 5장 44절.

430 잠 못 이루는 밤을 위하여

조*[56]). 그러나 이것은 하느님에게 버림받은 사람을 그저 비유적으로 얘기한 것에 지나지 않는다. 복음서에 있는 역사적인 실례를—이것에 대해서는 모든 주석자가 입을 다무는 것이 보통이지만—든다면, 바로 유다의 운명이다. 유다에 대해 그리스도는 생전에도 사후에도 아무 말도 하지 않았다. 이렇게 하느님으로부터도 인간으로부터도 완전히 버림받은 인간이 있을 수 있을까? 그리고 그들의 운명은 어떤 것이란 말인가?

정신이 육체를 떠난 뒤, 허무의 어둠 속에 홀로 서 있는 일이 없도록, 당신은 가족이 어떤 상황에서도 하느님과 마음의 교제를 지속할 수 있도록 노력해야 한다.

12월 29일

'이 세상과 그 다스림'에 대한 불평과 푸념은 세상에서 가장 무익한 것이다. 그렇게 불평하고 푸념하는 사람이 되고 싶지 않은 경건한 사람들이, 그들이 되어야 하고, 또 될 수 있는 인간이 되기만 하면, 사회적 폐해는 저절로 개선될 것이다. 그러나 불평과 설교만으로는 그 폐해는 전혀 개선되지 않는다. 그리스도교가 의도한 것은 언제나 하느님의 돌보심과 주께서 늘 가까이 계시다는 믿음을 바탕으로 안심하고 그 길을 나아가, 가능한 한 많은 선을 실천하고, 또 가르치는 것보다는 실례를 통해 사람들을 격려함으로써 진리를 전하는 사람들의 모임이었다. 우리의 미래에 다가오고 있는 그리스도교의 새로운 개혁도 그런 방향이 아니면 안 된다. 세계는 지금 이미 오래 전부터 볼 수 없었던 이런 경향을 보이기 시작하고 있다. 현재 아직 부족한 점은 오직 우리 자신에게 있다.

✿

당신이 마음으로 추구하고 있는 가장 아름다운 죽음은 아마도 노년에 영혼과 육체의 안식 속에서 육체적 생명만이 평온한 가운데 끝나는 것이리라.

그리하여 심장의 희미한 고동이 거의 아무도 느끼지 못하는 가운데 멈추면, 그것으로 충분하다. 그때, 이 지상에서의 생명을 인간이 가진 유일한 것이라고

---

*56 부자가 가로되, '그러면 구하노니 아버지여, 나사로를 내 아버지의 집에 보내소서. 내 형제 다섯이 있으니, 저희에게 증거하게 하여 저희로 이 고통받는 곳에 오지 않게 하소서'

생각하는 무지한 의사가 인위적인 자극을 주어 심장의 고동을 연장시키려 해서는 안 된다.

마찬가지로, 아름답지만 이것과는 좀 다른 어려운 죽음은 영웅과 순교자의 죽음이다. 그리스도 또한, 나약해지기는커녕 더 높은 정신력으로 충만한 상태에서 그런 어려운 죽음을 맞았다.

하지만 죽음에 대해서는 더 이상 생각하지 않는 것이 좋다. 생각해봤자 어떤 유익한 결과도 나올 수 없다. 차라리 삶에 집착하지 말고, 인생의 사명을 위해 하느님의 뜻에 합당한 한 이대로 계속 사는 것이 좋다. 이것이 바로 조금도 노인티를 내지 않고 나이를 먹는 가장 좋은 방법이다.

그 뒤에는 새로운 청춘을 기다리면 된다.

요한복음 14장 1~6절 참조.

12월 30일

"하느님이 무엇인지 말할 수 없는 것처럼, 하느님 안에 자기를 묻어버림으로써 경험하는 모든 것 또한 표현하기 힘든 것이다." 바이욘의 엘리자베스가 한 이 말은 '신비주의'와 '내적 생활'이 어떤 것인지 가장 잘 표현하고 있다. 그것 자체를 기술하기란 불가능한 일이며, 설령 그것을 기술한다 해도 그런 기술 같은 건 필요하지 않은 사람만이 이해할 수 있다. 우리는 다만, 영혼의 이러한 상태에서 나타나는 개별적인 결과를 일반적으로 밝히려는 시도밖에 할 수 없다. 하지만 그것조차도 늘 착각이나 공상이라는 의심을 받을 수 있다.

평소에 분별력이 있고 세상 경험도 풍부한 사람이라면, 그 삶의 행복을 공상 위에 두기란 쉬운 일이 아니다. 이와는 반대로, 그런 세상 경험이야말로 오히려 보통사람들의 행복이 얼마나 불안하고 공상적인 기초 위에 서 있는지를 날마다 가르쳐준다. 그러므로 이 세상 사람들이야말로 진짜 몽상가이다.

그러나 우리는 다음의 사실도 충분한 확신을 가지고 말할 수 있다. 즉 하느님의 말씀에 따르고, 끊임없이 하느님의 마음을 진지하고 충실하게 수행하는 길만이 인간이 다다를 수 있는 완성으로 이끌며, 이것 외에는 어떠한 길도 없다는 것이다. 이와는 나른 종류의 신비주의는 모두 오류이며, 그것이 수박한 선의에서 비롯된 것이 아니면, 아무래도 영혼을 해치게 된다.

✤

우리는 약간 성가시게 느껴지는 많은 사람들과 언젠가 헤어지게 되고, 그 뒤에는 아마 두 번 다시 만날 일이 없을지도 모른다. 그러므로 하다못해 이 짧은 동안만이라도 그들과 사이좋게 지내자.

그 뒤에도 영원히 그들과 함께 살아가야 한다 해도, 그렇게 하는 편이 훨씬 현명한 일이다.

12월 31일

이제부터는 오로지 정의와 선에만 봉사하라. 그럴 기회가 생기는 대로 그렇게 하겠다고 굳게 결심한다면—분명히 모든 '좋은 계획' 가운데 가장 합리적인 것이다—해와 달도, 계절과 일년도, 아니, 삶의 마지막에 일어나는 대부분의 사건도 더 이상 마음에 걸리지 않게 되고, 달력도 거의 무용지물이 되고 만다.

시간이란 주로 향락만 기대하고 활동은 기대하지 않는 사람에게만 가치와 의미를 지닌다.

이젠 안심하라. 전과는 다른 사람이 되겠다고 진지하게 생각한다면, 인간의 지혜와 가르침 따위는 없어도 되는 시기가 찾아올 것이다. 왜냐하면 당신은 저절로 정화된 본성에서 우러나오는 자연스러운 충동과 성향에서 늘 정의와 선을 생각하고, 또 그것을 실천할 수 있기 때문이다.

단테 《신곡》 연옥편 제27곡 110~142행, 요한복음 14장 16·17절 참조.

그렇게 되면, 하느님이 당신을 위해 하신 수고에 대해, 또 드디어 목표점에 다다른 당신의 삶에 대해 감사의 기도를 올려라.

그럼 그날까지 평안하기를! 또 그렇게 되기 위해 용기를 가지기를!

다만 아그리파 왕처럼, '네가 적은 말로 나를 권하여 그리스도인이 되게 하려 하는도다'*57라고 말해서는 안 된다. 이러한 냉담하고 모호한 동의는 이 아그리파의 예—바울의 예는 이것과 정반대이다—가 보여주듯 확실하게 반발하는 것보다 훨씬 더 절망적이다.

---

*57 사도행전 26장 28절.

같은 학년을 두 번 되풀이해야 할 때처럼 당신이 이 지상의 삶을 한 번 더 되풀이해야 한다면, 어떤 조건에서 살고 싶은가?

지금과 같거나 비슷한 외적 환경에서 살고 싶은가? 그렇다면 그 사실만으로도 지금까지의 삶에 대해 하느님에게 깊이 감사할 만한 충분한 이유가 될 것이다. 어쩌면 같은 아내와 아이들과 함께 살고 싶지만, 다른 사람들과는 함께 살고 싶지 않을지도 모른다. 나라면 그렇게 말할지도 모른다. 그렇다면, 외적 조건에 대해 하느님에게 감사해야 하는 이유가 두 배가 되는 셈이다.

그럼 이번에는 중요한 내적 조건의 문제로 옮겨가 보자. 당신은 어떤 내적 조건을 희망할 것인가? 선을 실천하기 위한 정신과 힘을 더 많이 원할 것인가? 좋은 일이다. 하지만 그것은 틀림없이 위로부터의 영혼과 힘, 즉 진리의 영혼과 하느님의 힘에 대한 것이지 자신의 힘을 말함이 아니리라. 그러나 그거라면 이 세상의 삶에서도 이미 가질 수 있었을 터이다. 아니면 하느님의 은총에 더 많은 믿음을 원하고 모든 것에 더 많은 하느님의 도움을 원할 것인가? 이에 대해서도 앞서 한 말과 거의 같다.

마지막으로, 아마 더 많은 사랑을 원하리라. 진정으로 원하는 것은 이뿐이며, 또 이것이야말로 지상의 삶과 미래의 삶이 크게 다른—육체를 별개로 치면—점이다. 실제로 더 많은 사랑이 있었으면, 당신은 이 지상의 삶에서 모든 고뇌와 어려움을 겪지 않아도 되었을 것이다.

최후의 등산

마지막 폭풍이 몰아쳐도
정상을 향해 힘차게 올라가자.
여기서부터는 영원히 곧은 길
하늘의 사다리가 아득한 꼭대기까지 보이누나.

마침내 밝아오기 시작한 아침 신들비람이
형용할 수 없는 생각으로 내 가슴을 채운다.
하지만 순간순간 풍요로운 은총에

내 마음도 영혼도 꿈결 같네.

높은 영광이여, 마침내 도달했구나
오래전부터 생각했던 것과 이리도 다르다니!
그래도 긴 순례의 불안한 여로에 대비하여
다시 한 번 만반의 준비를 하자.

현실의 위험을 끝내 알지 못했던
나에게 다가온 것은 오직 공포의 그림자뿐
여기까지 친절하게 이끌어주신 주여
당신의 위대한 행위를 이루어주시겠나이까.

GLÜCK
행복론

즐겁게 일하는 방법

1

일을 잘하는 방법은 기술 가운데서도 가장 중요한 기술이다. 그 기술은 한 번 제대로 터득하기만 하면 그 밖의 모든 지적 활동이 매우 쉬워지기 때문이다. 그런데도 올바르게 일하는 방법을 터득한 사람은 그다지 많지 않다. '노동'이라든가 '노동자'에 관해 활발하게 논의되고 있는 오늘날에 이르러서도 실제로 그 기술이 두드러지게 진보하거나 보급된 것 같지는 않다. 도리어 될 수 있는 한 적게 일을 하거나, 혹은 일생 중 짧은 기간만 일을 하고 남은 생은 휴식을 취하면서 보내고 싶어하는 것이 일반적인 경향이다.

그렇게 본다면 일과 휴식은 겉보기에도 양립할 수 없고 대립하는 것처럼 보이는데, 과연 그럴까? 그래서 우선 이것부터 검토해야만 하겠다. 누구나 그렇듯이 부지런히 일한다고 해서 일할 마음이 솟아나는 것은 아니다. 그렇기는커녕 불행하게도 일을 싫어하는 생각이 널리 퍼져 있다. 그래서 대부분의 근대국가 국민은 너도나도 말로는 일을 좋다고 하면서도 실제로는 피하려 한다. 이렇게 되면 사회 개선 같은 것을 아무리 부르짖어 봐야 소용이 없다. 일과 휴식이 서로 대립하는 것이라면 사실 이 사회의 병폐는 도저히 나을 가망이 없는 것이다.

휴식을 취하고 싶은 것은 애초 인간의 본성이다. 아무리 하찮고 정신적으로 빈약한 사람이라도 그런 욕구는 가지고 있으며, 또 아무리 고결한 정신의 소유자라도 끊임없이 힘을 쓰는 것은 바라지 않는다. 아니, 내세의 행복한 삶을 상상하는 경우조차도 우리는 '영원한 안식'이라는 표현 말고 다른 표현을 생각하지 못한다. 일을 피할 수 없으며, 더구나 휴식이 일과 반대되는 것이라면, '네가 얼굴에 땀이 흘러야 식물을 먹고*1'라는 말은 잔혹한 저주의 말일 뿐이며, 이 세상은 눈물바다가 되어 버릴 것이다.

---

*1 창세기 3장 19절.

왜냐하면 그렇게 된다면 어떤 시대에든 '인간다운' 삶을 영위할 수 있는 사람은 극소수에 불과할 것이며, 그리고(사실은 그 점이 저주스런 것이지만) 자기와 똑같은 인간에게 강제로 노동을 시키고, 노예 상태에 매어놓음으로써만 인간다운 생활을 할 수 있기 때문이다. 사실 고대의 저술가들도 그렇게 생각하였다. 즉, 어떤 사람이 정치적으로 완성된 국가의 자유시민으로 살아가기 위해서는 많은 이들의 벅차고 희망 없는 노예적인 노동이 필요했던 것이다. 그뿐만 아니라 19세기에 이르러서도 여전히 어떤 공화국의 시민들, 성서를 손에 든 그리스도교의 성직자마저 앞장서서, '어떤 인종은 영원히 다른 인종을 위해서 일해야만 하는 세습적인 숙명을 짊어졌다'고 주장했다.

문화는 부(富)의 토대 위에서만 번영하며, 부는 자본의 축적에 따라서만 증대되고, 자본은 정당한 보수를 받지 못하는 자의 노동의 축적으로 생겨난다. 그 때문에 문화는 부정에서 생겨난다. 이것이 지금 논쟁의 중심이 되는 명제이다. 그러나 이 문제를 논하는 것이 여기서 말하고자 하는 목적은 아니므로 이 명제가 어디까지 옳으며, 확실하게 옳은 것인지를 지금 검토하지는 않겠다. 다만 진실이라고 여겨지는 점만을 확실하게 말해 두고자 한다.

즉, 모든 사람이 정당하게 일을 하게 된다면 모든 사회문제는 즉각 해결된다. 그 밖의 방법으로는 결코 해결되지 않을 것이다. 그러나 이것은 그저 강제한다고 해서 되는 것이 아니다. 또 비록 모든 사람을 강제할 수 있는 물리적 수단이 있다고 하더라도, 그것이 도움이 되지도 않을 것이다. 따라서 중요한 것은 사람들에게 일하는 즐거움을 고취하는 것이며, 그렇게 해서 우리는 다시 올바른 '교육'이라는 영역으로 되돌아가게 된다.

일하는 즐거움은 스스로 깊이 생각하고, 실제로 경험하는 데서만 생겨난다. 그것은 교훈으로도, 또 유감스럽지만 매일 증명되고 있다시피 실제적인 예에서도 결코 생겨나지 않는다. 그러나 경험은 스스로 시도해 보고자 하는 모든 사람들에게 다음과 같은 것을 가르쳐 준다.

인간이 바라는 휴식은 육체와 정신이 전혀 일하게 하지 않거나 게으름을 피움으로써 얻어지는 것이 아니며, 오히려 몸과 마음의 적절하고도 질서 있는 활동에 의해서만 얻어시는 법이다. 인간은 본래 일을 하도록 만들어졌다. 그러므로 그것을 제멋대로 바꾸려 했다가는 지독한 복수를 당한다. 물론 인간은 아주 옛날에 휴식의 낙원에서 추방을 당했다. 신은 인간에게 일할 것을 명했다. 그러나 또한 싫든 좋든 일에 따라오는 위안도 주셨다.

그러므로 참된 휴식은 오직 일을 함으로써만 존재하는 것이다. 즉, 휴식은 정신적으로는 일이 잘 진척되고, 주어진 임무가 결실을 맺어 가는 것을 봄으로써 얻어지며, 육체적으로는 매일 밤의 잠이라든가 매일의 식사와 같은 자연적으로 짬짬이 주어지는 휴식, 그리고 그 무엇과도 바꾸지 못할 일요일의 휴식 등 사막의 오아시스 속에서 참된 휴식을 얻는 것이다. 이러한 자연적 휴식에 의해서만 중단될 뿐인 끊임없는 유익한 활동 상태야말로 이 땅에서 주어지는 최상의 행복한 상태이다. 인간은 이것 이외의 어떠한 외적인 행복도 바라서는 안 된다. 아니, 우리는 한 걸음 더 나아가서 이렇게 덧붙일 수 있다. 그렇게 된다면 그때는 일의 성격 따위는 그다지 큰 문제가 아니라고.

단순한 놀이가 아니라 진정한 일이라면, 그것이 어떤 일이든 성실하게 몰두한다면 머지않아 흥미를 느끼게 된다. 인간을 행복하게 하는 것은 일의 종류가 아니라 창조와 성공의 기쁨이다. 이 세상에서 가장 커다란 불행은 일이 없고, 따라서 일생을 마칠 때 그 성과를 얻을 수 없는 삶이다. 따라서 노동의 권리라는 것이 있으며, 또 없어서는 안 되는 것이다. 이것은 온갖 인간의 권리 가운데 가장 근본적인 권리이기도 하다.

'할 일이 없는 사람'은 실제로 매우 불행한 사람이지만 이러한 불행한 사람이 세상에는 적지 않다. 더구나 하층계급보다 오히려 상류사회에 훨씬 많다. 하층계급에서는 생활을 유지하기 위한 필요 때문에 일에 쫓기지만, 상류계급에서는 잘못된 교육이나 편견 때문에, 또는 일부 계층에서는 인간다운 진정한 일을 모조리 배척하는 지극히 고루한 인습 때문에 거의 자손 대대로 이러한 불행을 짊어지도록 운명지워져 있다. 그들은 정신적인 황량함과 무료함을 안고 스위스의 산지와 요양소를 찾는 것으로 원기를 회복하려 하지만, 물론 그것은 헛일이다. 전에는 몸을 움직여서 일시적이나마 그들의 병폐인 게으름에서 회복되는 데 여름 한 계절만으로도 충분했다. 그러나 지금은 그러려면 겨울까지 보내야만 하게 되었다. 그래서 우리나라 스위스의 아름다운 계곡들은 병원으로 넘쳐나게 되었지만, 그 많은 병원들도 끝내는 안식을 모르는 수많은 사람들 때문에 1년 내내 문을 열게 될 것이다. 그들은 이리저리 휴식을 찾아서 돌아다니지만 어디서도 참된 휴식을 발견하지 못한다. 왜냐하면 일 가운데서 휴식을 찾지 않기 때문이다.

'너희는 엿새 동안은 일을 해야 한다.'[2] 그보다 많아도 안 되고 모자라도 안 된다. 이 처방대로 한다면 현대의 신경증 대부분은 일을 하지 않았던 부모에게서 받은 유전적 저주의 결과가 아닌 이상 고쳐질 것이다. 그리고 요양원의 의사나 정신과 의사는 대부분 환자를 잃게 될 것이다. 무릇 인생은 '향락'을 위한 것이 아니다. 반드시 결실을 맺도록 일하고자 힘쓰지 않으면 안 되는 것이다. 이것을 깨닫지 못하는 사람은 이미 정신적인 건강을 잃은 것이다. 그런 사람이 육체적 건강을 유지할 수 있으리라 생각하는가? 육체적 건강은 타고난 체질에 따라서 올바른 생활 방식을 취할 때에만 유지될 수 있다. 우리의 수명은 70년, 건강하다 하더라도 80년 정도가 되겠지만, 육체적 건강은 고생하며 부지런히 일한 일생이었다 하더라도 얻기 힘든 존귀한 것이다. 시편의 구절은 이렇게 말하고 있으며[3] 본래의 의미는 어쩌면 그랬는지도 모른다.

여기서 미리 약간의 제한을 덧붙여 두는 것이 좋겠다. 어떤 일이나 다 똑같을 수는 없다. 그저 겉치레뿐인 일도 있다. 즉, 그저 겉치레가 목적인 일, 또는 겉치레에만 도움이 되는 일 따위이다. 예를 들면 '부인들의 수예'의 일부분, 특히 예전에 자주 볼 수 있었던 반쯤은 재미를 위한 무의미한 군인생활, 충분하지 않고 결국 아무 결실이 없는 피아노 교습 같은 '예술' 수업, 사냥이나 그 밖의 '스포츠', 그리고 자기 재산의 단순한 '관리' 등도 요컨대 이에 속한다. 똑똑하고 활동적인 사람이라면 뭔가 좀더 심리적 만족을 얻을 수 있는 일을 찾아야 한다.

또한 대개 기계를 사용하는 일이나 기계적이고 부분적인 일은 사람을 만족시키는 경우가 드물다. 공장 노동자에 비해 기술자나 농부가 훨씬 많은 만족을 느끼는 것도 이런 이유에서이다. 따라서 사회적인 불안은 공장 노동자에 의해서 세상에 모습을 드러낸 것이다. 공장 노동자는 자기 노동의 성과를 보는 경우가 거의 없다. 일을 하는 것은 기계이며, 그는 단지 이것에 종속된 도구에 불과하다. 아니면 언제나 작은 톱니바퀴나 그런 것을 만드는 일을 거들 뿐, 결코 시계 전체를 만들지 않는다. 더구나 시계가 즐거운 예술품이거나, 인간답고 진실된 일의 성과도 아니지 않은가. 이와 같은 기계적인 노동은 아무리 쓸모없는 사람이라도 지니고 있는 '인간 존엄'의 관념에 반하는 것이며, 결코 그 누구

---

*2 출애굽기 35장 2절.
*3 시편 90장 10절.

도 만족시키지 못한다.

이에 반해 자기를 잊을 정도로 일에 완전히 몰두할 수 있는 근로자는 가장 행복하다. 예를 들어 어떤 재료로 그것을 표현하고자 할 때, 정신을 온전히 그 대상에 집중하지 않을 수 없는 예술가라든가, 자기의 전문분야 이외에는 거의 아무것도 거들떠보지도 않는 학자라든가, 때로는 가장 좁은 활동 범위에서 자기의 작은 세계를 구축하고 있는 여러 종류의 '별종'조차도 더없이 행복하다.

그들은 모두 객관적으로 말해(어쩌면 잘못된 표현일지도 모르지만) 일을 하고 있는 것이다. 진실되고 유익하며 사회를 위해 없어서는 안 될 일을 하고 있지, 결코 놀이에 빠져 있는 것은 아니라고 생각한다. 그뿐 아니라 그들 가운데는 이처럼 끊임없이 힘들고, 어쩌면 건강에도 별로 좋지 않은 일을 하면서 상당한 고령에 이르는 사람도 적지 않다. 그러나 한편으로는 아무런 일도 갖지 않는 귀족적인 방탕아나 한가한 부인들(현대사회에서 가장 쓸모없는, 되도록 일을 하지 않으려는 인종 등 가까운 예를 들었지만), 그런 사람들은 늘 건강 유지에 쫓기고 있다.

오늘날과 같은 사회에 가장 필요하고 유익한 것은 모든 사람들의 심신의 건강을 위해, 또 그들의 행복을 위해서 일이 없어서는 안 된다는 인식과 경험이 세상에 널리 보급되는 것이다.

이렇게 볼 때 필연적으로 다음과 같은 결론이 나온다. 즉, 게으른 사람은 이미 우수하고 '높은' 계급으로 인정할 수 없으며, 그들은 올바른 처세의 길을 잃어버렸으므로 정신적으로 불완전하고 건강하지 못한 인간으로 생각해야 한다. 이러한 사고방식이 사회 전체의 흔들림 없는 확신인 관습으로 표현되어 나타난다면, 그때 이 땅에도 좀더 나은 시대가 도래하리라. 그때까지는 세상은 한 쪽 그룹의 과다한 노동과, 다른 쪽 그룹의 지나치게 적은 노동으로 인해 고민하게 될 것이다. 이 두 그룹은 서로 원인과 결과를 이루어 제약하고 있는데, 어느 쪽이 더 불행한지는 의문이다.

게다가 우리를 더욱 의아하게 하는 것은, 이 원칙이 인류의 몇천 년 이래 경험을 바탕으로 한 것이며, 누구나 일하거나 하지 않거나 해서 날마다 그것을 시험해 볼 수 있으며, 또한 모든 종교와 철학이 늘 가르치고 있는데도, 어째서 그것이 널리 세상에 행해지고 있지 않은가 하는 점이다. 예를 들어 성서를 진지하게 받아들이면서도 성서에는 그다지 분명하게 쓰여 있지 않은 사형을 열심히 변호하는 한편, 일주일에 하루만 쉬라는 지극히 명백한 성서의 명령을 어기고, 전혀 일을 하지 않는 것은 아니지만 겨우 하루쯤 일하고는 나머지 엿새는 귀부인인 양 게으름을 피우면서도 이상하리만큼 태연한 '한가한 귀부인들'이 허다한 것은 왜일까. 이것은 주로 노동의 분배와 처리가 적당치 않아서이며, 그 때문에 노동은 때때로 감당하기 힘든 무거운 짐이 되는 것이다. 여기서 우리는 본론의 주제로 돌아오게 된다.

뭔가 일이 반드시 필요하다는 원리를 깊이 납득하였으나 하고자 하면 묘하게 장애가 생기는 사람들, 그것만 없다면 기꺼이 일을 하고 싶은 사람들을 위해 이제야 어떤 교훈을 줄 수 있을 것이다.

2

일에도 기술 분야와 마찬가지로 요령이 있으며, 그것을 터득하면 일은 훨씬 수월해진다. 일을 할 마음이 생길 뿐만 아니라 일을 할 수 있다는 것도 결코 간단한 것은 아닌데, 대부분의 사람들은 그것을 알지 못한다.

(1) 장애를 극복하기 위한 첫걸음은 그 장애를 아는 것이다. 일을 방해하는 것은 주로 게으름이다. 사람은 누구나 게으르게 타고 난다. 감각적으로 수동적인 보통의 상태에서 벗어나려면 꾸준한 노력이 필요하다. 선한 일에 게으르다는 것이 우리 본래의 근본적인 결점이다. 그러므로 천성적으로 일을 좋아하는 사람 따위는 있을 수 없다. 다만 성질이나 기질상 약간 활발한 사람이 있을 따름이다. 아주 활발한 사람이라도 천성에 따른다면 일보다는 다른 것으로 즐기는 방식을 좋아한다. 근면은 감각적인 게으름보다도 한층 강한 동기가 있어야만 생겨난다. 그리고 그 동기에는 늘 두 종류가 있다. 낮은 쪽의 동기는 욕정, 특히 명예욕이나 탐욕, 특히 생계를 위한 필요 등이다. 높은 쪽의 동기는 일 자체에 대한, 혹은 그 사람들을 위해 일을 해야만 하는 사랑이나 책임감이다. 이러한 고상한 동기는 훨씬 오랫동안 지속되기 때문에 결과에 구애되지 않는 특성을 지닌다.

그러므로 실패한다 해도 싫증을 낸다거나, 성공해도 만족하여 열의를 잃거나 하는 일이 없다. 그 때문에 야심가나 탐욕스런 사람은 때때로 매우 근면하지만, 한결같이 규칙적인 일을 해나가는 경우는 드물다. 그들은 대부분 평소 남을 상관하지 않고, 오직 자신이 일한 만큼의 좋은 결과를 얻게 되면, 일의 겉모습만으로도 충분히 만족한다. 상공업의 일부분, 또한 유감스럽지만 학문이나 예술의 일부분도 오늘날 분명히 그런 성격을 띠고 있다. 그러므로 지금 막 사회로 나가려는 청년에게 최초의 조언을 해준다면 먼저 다음과 같이 얘기할 수 있을 것이다.

여러분은 어떤 일, 또는 어떤 특정한 사람들에 대한 애정과 의무감으로 일을 하라. 뭔가 인류사회의 커다란 문제에 참가하는 것이 좋다. 예를 들면 여러 민족의 정치적인 해방, 그리스도교의 전도, 방치되고 있는 하층계급의 생활 향상, 음주 습관의 폐지, 또한 아전인수이기는 하지만 국제간의 영원한 평화의 확립, 사회개혁, 선거법의 개선, 형벌 및 형무소의 개량 등이 있다. 오늘날 이와 같은 목적은 넘칠 만큼 많은데, 여러분도 그 중의 어느 것인가에 참가하는 것이 좋다. 그렇게 하면 여러분은 가장 손쉽게, 끊임없이 외부에서 주어지는 자극을 받게 되며, 또한 처음 한동안은 특히 중요한 일의 동지를 얻게 될 것이다. 오늘날 여러 문명국가의 국민 가운데 이와 같은 진보의 한 진영에 적극적으로 참가하지 않는 청년이 남녀를 불문하고 한 명이라도 있어서는 안 된다. 일찍부터 자신을 초월하고 자기만을 위해 살지 않는 것이 청년을 향상시키고, 강건하게 하며, 일에 굴하지 않는 힘을 주는 유일한 길이다. 이기주의는 언제나 약점이며, 여러 약점을 생산할 따름이다.

(2) 게으름을 억누르고 일을 하게 하는 데 가장 효과적인 수단이며 커다란 힘을 발휘하는 것이 생활습관이다. 평소에는 그저 우리의 육체적 성질에만 도움이 되는 이 커다란 힘을 마찬가지로 정신적인 방면으로도 도움이 되게 한대서 안 될 것이 없지 않은가.

우리는 실제로 태만, 욕망, 낭비, 무절제, 인색 등에 익숙해지는 것과 마찬가지로 또한 근면, 절제, 검약, 정직, 관대함의 습관도 기를 수 있다. 그리고 여기서 덧붙여 둘 것은, 어떠한 인간적인 미덕도 그것이 습관이 되지 않은 한 확실하게 내 것이라고 단언할 수 없다는 것이다. 때문에 서서히 근면의 습관을 기른다면, 나태의 저항은 점점 약해지다가 마침내는 일을 우리 삶에서 뺄 수 없게 된다. 그렇게 되면 이제 우리는 인생에서 대부분의 어려움을 면한 것과 마찬가지이다.

여기서 습관적인 근면을 쉽게 몸에 배게 하는 두세 가지 요령을 소개하면 다음과 같다.

우선 가장 중요한 것은 과감하게 시작하는 것이다. 일이란 책상 앞에 앉아서 마음이 일을 향하도록 하는 결단이 결국 가장 힘든 것이다. 일단 펜을 쥐고 최초의 한 획을 긋는다면, 혹은 괭이를 들고 한 차례 내려친다면 일은 훨씬 쉽게 되어간다. 그러나 어떤 사람들은 시작하기 전부터 늘 뭔가가 부족해서 단지 준비만 하면서(그 뒤에는 그들의 게으름이 감춰져 있는 것이지만) 좀처럼 일에 착수하지 않는다. 그러다가 정작 필요할 때는 시간이 부족하다면서 초조감에 사로잡혀 정신적으로뿐만 아니라 때로는 육체적으로까지 열이 나서 일을 방해하게 된다.

또 어떤 사람들은 특별한 감흥이 일어나기를 기다리는데, 사실 감흥은 일에 열중하고 있을 때 가장 일어나기 쉬운 법이다. 일이란 하는 동안에 미리 생각했던 것과는 달라지는 것이 보통이며, 또 쉬는 때에는 한창 일할 때만큼 충실한, 때로는 전혀 종류가 다른 착상을 얻는 일이 없다. 이것은 적어도 나에게는 경험적인 사실이다. 그러므로 중요한 것은 일을 뒤로 미루지 말 것, 또 신체의 컨디션이나 마음이 내키지 않는다는 등의 핑계를 대지 말고 날마다 일정량의 적당한 시간 동안 일을 해야 한다.

사도 바울의 말을 빌리면, 우리들 내부의 교활한 '옛 사람'이라도 어떻게든 정해진 시간만은 일을 해야 하며 그냥 놀고 있을 수는 없다는 것을 깨닫는다면, 오늘 필요한 일만은 어떻게든 해야겠다는 결심을 비교적 쉽게 하게 된다.

(3) 정신적이고 창조적인 일을 할 때, 일의 내용을 따지는 것이나 일을 시작하기 전의 서론 때문에 시간과 흥미를 잃어버리는 사람이 꽤 많다.

지나치게 응축되고 의미가 깊은, 또 대체적으로 너무 깊숙이 들어간 서론은 대부분 전혀 목적에 도움이 되지 않으며, 오히려 나중에 해도 될 말을 미리 해버리는 잘못을 저지르게 된다. 그러므로 서론이나 표제는 맨 나중에 만드는 것이 좋다. 그렇게 하면 보통 서론이나 표제가 저절로 만들어지는 법이다. 서론적인 것은 모두 나중으로 미루어 놓고, 자기가 실제로 가장 잘 알고 있는 본론부터 시작하면 훨씬 쉽게 일을 시작할 수 있다.

똑같은 이유로 먼저 서문이나, 또는 대부분의 경우 첫 장을 넘겨 버리고 읽는 편이 훨씬 읽기가 수월하다. 적어도 나는 서문을 맨 처음에 읽지 않기로 하는데, 본문을 먼저 읽은 다음에 그것을 훑어보았다고 후회한 적은 아직 한 번도 없었다. 하기야 개중에는 서문이 가장 나은 책도 없는 것은 아니지만, 그런 책은 대체적으로 그다지 읽을 가치가 없다.

우리는 다시 한 걸음 더 나아가서 이렇게 말해도 지장이 없을 것 같다. 즉, 무엇이든 서론과 본론을 구별하지 말고 가장 편한 것부터 시작하라, 여하튼 시작하고 볼 일이라고. 그렇게 하면 완전하고 체계적으로 하지 않았기 때문에 어쩌면 일의 순서로 볼 때 돌아가는 길이 될지도 모르지만, 그러한 단점은 시간을 번다는 점에서 보충하고도 남을 것이다. 유명한 학자 벤겔은 자기의 지식은 공부할 때 언제나 가장 쉬운 것부터 시작하는 습관 덕분이었다고 솔직하게 고백하고 있다.

이와 관련해 다음의 두 가지가 분명해진다.

첫째, '내일 일을 위하여 염려하지 말라. 내일 일은 내일 염려할 것이요, 한날 괴로움은 그날에 족하니라.'[4]

인간은 상상력이라는 위험한 선물을 신에게서 받았는데, 이것은 우리의 실제 힘을 초월해 훨씬 넓은 활동범위를 지니고 있다. 상상력은 우리가 계획하는 일 전부를 반드시 해낼 수 있는 일로써 일시적으로 눈앞에 보여주지만, 인간의 능력은 그것을 차례로 하나씩 해나갈 수밖에 없다. 그래서 그 목적을 위해 언제나 마음을 새로이 다잡지 않으면 안 된다. 그러므로 언제나 오늘을 위해서 일하는 습관을 갖는 것이 좋다. 내일은 저절로 찾아온다. 그리고 그것과 함께 내일의 힘도 오는 것이다.

두 번째는 이러하다. 물론 일은, 특히 정신적인 일은 더더욱 차분하게 해야 한다. 그렇다고 해서 한마디도 빠뜨리지 않고 남김없이 읽겠다며 전부를 다 소화하려 해서는 안 된다. 그런 능력은 아무도 갖고 있지 않다. 가장 좋은 방법은 비교적 좁은 범위를 완전하게 해낸 다음, 그 밖의 넓은 범위에 대해서는 본질적인 요점에만 힘을 쏟는 것이다. 지나치게 많은 것을 바라는 사람은 그다지 성과가 오르지 않는 것이 보통이다.

(4) 일을 잘 해나가려면 원기와 감흥이 식어버렸을 때는 무리하게 계속하지 않는 것이 중요하다. 다만 처음에는 그다지 감흥이 일지 않더라도 시작해야 한다. 그렇지 않으면 아예 시작할 수가 없다. 그러나 일로 인해 어느 정도 피로를 느낀다면 서둘러 멈추어야 한다. 그러나 그 경우라도 결코 일 자체를 그만

---

[4] 마태복음 6장 34절.

둘 필요는 없다. 보통은 그 특정한 일만 멈추면 된다. 왜냐하면 일을 바꿈으로써 필요한 휴식과 비슷한 정도의 기운을 회복하는 법이기 때문이다. 우리에게 그런 적응력이 없었다면 아마 거의 아무것도 할 수 없었을 것이다.

(5) 반대로 많은 일을 하려면 힘을 절약하지 않으면 안 된다. 그리고 힘을 절약하려면 특히 무익한 활동에 시간을 허비하지 않는 마음가짐이 필요하다. 우리가 무익한 활동 때문에 얼마나 많은 흥미와 정력을 없애고 있는지는 말로 다 할 수 없을 정도이다.

우선은 신문을 샅샅이 읽는 것, 두 번째로 불필요한 모임이나 정치활동, 특히 '카페 정담'이라는 이름으로 널리 알려져 있는 쓸모없는 정치활동에 참여하는 것이 그것이다. 실제로 많은 사람들이, 예를 들면 아침에 가장 일하기 좋은 시간에 신문을 읽는 것으로 시작하고, 마찬가지로 밤에는 밤대로 무슨 모임이나 사교클럽, 때로는 도박 테이블에서 그날을 마치고 있다. 그들이 매일 아침에 신문을 구석구석 훑거나 몇 개의 신문을 본다고 해서 다음날까지 대체 어느 정도의 정신적 이익을 지속할 수 있을지는 아무도 정확하게 말하지 못한다. 그러나 그들은 대개 이렇게 신문을 읽은 다음에 왠지 일에 대한 흥미를 잃고, 다른 신문이 눈에 띄면 그것을 다시 집어들 것은 확실하다.

많은 일을 하려는 사람은 정신적인 잡일, 덧붙여도 된다면 육체적인 잡일까지도 조심해서 피하지 않으면 안 된다. 그리고 진짜 해야 하는 일을 위해 정력을 충분히 축적해 두어야만 한다.

(6) 끝으로 정신적인 일(우리는 늘 이것을 첫 번째로 염두에 두어 왔다)을 쉽게 하는 가장 효과적인 방법이 하나 있다. 그것은 되풀이하는 것, 다시 말하면 몇 번이고 되풀이하는 것이다. 정신적인 일은 거의 모두 처음에는 그저 그 윤곽이 잡힐 뿐이며, 두 번째부터 비로소 세부적인 사항이 눈에 들어오며, 이에 대한 이해도 한층 명백하고 정밀해지는 것이 보통이다. 그러므로 진정한 근면은 한 유명한 저술가가 말한 것처럼 '그저 쉼 없이 계속해서 일에 몰두하는 것이 아니라 머릿속의 원형을 눈에 보이는 형태로 완전하게 표현해 내겠다는 열망을 가지고 일에 몰두하는 것이다. 보통 말하는 근면, 즉 상당히 큰 재료를 구해서 일정 기간 내에 눈에 띄게 해내려는 노력은 오히려 일외 전제에 지나지 않으며, 이는 언제나 힘 쏟는 것을 쉴 줄 모르는 좀더 높은 정신적인 근면에 훨씬 미치지 못한다.'

우리는 더 이상 그 개념을 표현할 방법이 없다. 일하는 것을 이렇게 해석한다면 우리가 이 장의 첫머리에서 말했던 최후의 두려움은 사실상 사라질 것이며, 일의 연속성은 필요한 휴식에도 불구하고, 또한 휴식 동안에도 이루어지게 된다. 그리고 실제로 그 연속성이야말로 진정한 일의 흔들림 없는 이상(理想)이다.

일단 일에 몰두하는 진정한 근면을 알게 되면, 인간의 정신은 그치지 않고 일을 계속하는 법이다. 그리고 때때로 너무 길지 않은 이와 같은 휴식 뒤에, 알아채지 못하는 사이에 일이 진척되고 있음을 보는 것은 매우 놀랍다. 모든 것이 마치 저절로 된 것처럼 명료해지기 시작하고, 그 많던 문제들이 돌연 해결된 것처럼 보이기 시작한다. 처음에 머리에 입력해 둔 사상이 저절로 불어나 입체적인 모습을 띠며, 표현력을 얻기 시작한다. 그리고 새롭게 시작하는 일은 그 휴식 동안에 자연스레 성숙된 것을 힘들이지 않고 거둬들이는 것처럼 여겨지는 경우도 드물지 않다.

이것이 바로 일의 대가이다. 그 밖에 정당하게 일했을 때의 또 다른 혜택은 일을 한 사람만이 참된 즐거움과 휴식을 맛볼 수 있다는 것이다. 일하지 않은 뒤의 휴식은 식욕이 없는 식사와 마찬가지로 즐거움이 없는 법이다. 가장 유쾌하고, 그러면서도 가장 대가가 크고 싸게 먹히는 좋은 시간 소비법은 언제나 일이다.

교장 선생님,[*5] 선생님이 마지막에 이와 같은 논문을 특별히 학교 잡지에 기고하는 목적을 물으신다면, 나는 다음과 같이 대답하려 합니다. 교육의 요체는 본래가 학생을 이끄는 한편, 그들이 일(공부)에 대한 애착과 숙련을 얻게 하고, 다른 한편으로는 적당한 시기에 뭔가 위대한 일에 일생을 바칠 결심을 하게 하는 것이라고, 나는 생각합니다.

또한 오늘의 사회 실태를 보면 어떤 사회개혁이 일어나서 현재 일하는 사람들이 지배계급이 될 것이라고 기대하는 것 같습니다. 이것은 마치 지난 19세기 초의 사회혁명으로 근면한 시민이 게으른 귀족과 사제를 누르고 위에 올라선

---

*5 이 논문은 한 사범학교 교장의 의뢰를 받아서 그 학교의 기관지에 내기 위해 쓴 것이다.

것과 같습니다.

그러나 그 시민들도, 그들보다 앞선 사람들과 마찬가지로 다른 사람의 노동으로 안일하게 살려는 게으름뱅이가 되고 만다면, 결국 멸망할 수밖에 없을 것입니다. 미래는 일하는 자의 것이며, 사회의 주인은 시대를 불문하고 언제나 부지런히 일하는 자입니다.

에픽테토스

교장 선생님![1]

이번에 선생님의 청을 받고 고대의 한 스토아 철학자에 관한 논문을 기고합니다만, 저는 평소 그의 가르침에 특별한 교육적 가치가 있다고 인정하고 있으므로 이 글이 학교 기관지의 일반적인 경향과 모순되는 바는 없으리라 믿습니다. 선생님께서도 튜이러의 예를 따라 인간적이고 교육적인 수업에 중점을 두고 있습니다만, 이 철학자도 그 가르침에 주안점[2]을 두고 있습니다. 또한 현재의 교육제도 전반에 관한 저의 의견도 한마디로 말한다면 무엇보다도 교사 및 학생의 개성 육성에 더욱 힘을 쏟아야만 한다는 것입니다.

모든 직업에는 저마다 그 방법이 있으며 또 반드시 있어야 한다는 것은 저도 충분히 인정합니다만, 교사라는 직업에는 특히 최하급에서 최상급에 이르기까지 모두 충분히 개성이 발달된, 생생히 살아 있는 인격이 가장 필요하며, 이것이 다른 미숙한 정신에 감화를 주어서 그러한 인격으로 길러내는 것일 테지요.

자주 독립적인 인격의 심각한 결핍이 차츰 현대의 특징이 되고 있습니다. 자의식이 발달한 사람, 학교 교육을 받은 사람, 또 그런 만큼 어쩌면 생활능력, 또는 적어도 직업능력을 갖춘 사람이 오늘날에는 확실히 과거 어떤 시대보다 많습니다. 그러나 개인의 독창성이 결여되었고, 더구나 그 경향이 차츰 전체로 파급됩니다. 이 독창성이야말로 우리를 다른 국민과 구별하는 것이며, 또한 저의 해석에 따르면 국민적 발전의 주요 조건입니다. 예를 들어 19세기 초에 그

---

[1] 편지의 수신인은 쿨 사범학교의 교장이다. 이 논문은 맨 처음 '뷰도네르 사범학교지'에 게재되었음.

[2] 에픽테토스는 자주 이렇게 말했다. 불결하고 불성실한 사람의 학문은 불결한 통에 든 포도주처럼 쓸모가 없다고.

라우뷘덴주의 '전서'에 쓰인 정치적 및 국민경제적 논문, 또는 그 과도기에 나왔던 정치적 팸플릿류(1887년)나 《정치연감》에 게재된 '평화의 천사', 1814년에 나온 《34인의 농부 대화》를 오늘날의 정기간행물과 비교해 보아야 합니다. 물론 당시에 이것을 쓸 수 있었던 이는 소수에 지나지 않습니다만, 전자 쪽이 형식과 내용 면에서 모두 뛰어나다는 것을 인정하지 않을 수 없습니다. 1800년 무렵에는 그라우뷘덴주의 주민 가운데 학교 교육을 받은 사람이 극히 적었으며, 오히려 실생활을 통해서 교육을 받았습니다. 그렇지만 오늘날 사람들에 비하면 훨씬 독창적이고, 또 많은 점에서 한층 사려가 깊었습니다.

이러한 예는 드물지 않습니다. 스위스의 문고에 기록된 당시의 보고, 제안 등 대부분을 첫 페이지에서 마지막 페이지까지 흥미 깊게 읽어 내려갑니다. 그 안에는 빛나는 정신과 식견으로, 읽는 사람의 가슴을 두근거리게 하지 않는 것이 단 한 편도 없습니다. 오늘날의 주보(州報)가 100년쯤 지나서도 그런 가치가 있을지 나는 지금 묻지 않기로 하겠습니다. 그것은 분명하게 드러낸 개성의 매력이며, 사회는 언제나 싫든 좋든 그것을 승인합니다.

되도록 많은 인격자를 양성하는 것, 이것이 미래 우리들 교직에 있는 자의 본분이리라고 저는 믿습니다. 그것은 어떻게 달성할 수 있을까요. 학교 교육만으로는 물론 안 됩니다. 만일 그렇지 않다면 우리는 현재 그와 같은 인격자를 과거 어떤 시대보다도 훨씬 많이 가졌을 것입니다. 그러나 실제로는 교육이 앞선 대국에서 인격자는 비교적 숫자가 적습니다. 그 이외의 사람은 모두 단순한 '당파'나 '집단'이며, 거기서는 단지 머릿수만이 사물을 대변하게 됩니다.

학교의 입장에서 본다면 저는 어쩌면 역설적인 의견을 가졌습니다. 즉, 인격은 자기 교육과 모범에 따라서 양성되는 것이며, 스스로 획득해야 하는 것이지 가르쳐 전수하는 것이 아니라는 의견입니다. 다만 이때, 학교가 어느 정도의 자극과 길을 제시하지 않으면 안 되는 것은 말할 것도 없습니다. 그리고 자기 교육을 달성할 수 있는 단 두 가지 '방법'은 스토아주의와 그리스도교입니다.

그리스도교는 신학자가 다룰 문제에 속하므로 저는 지금 이것을 상세히 말하고 싶지 않습니다. 다만 제 개인의 의견으로는 골든 파샤 같은 속인이 그 당시 영국의 다른 사제보다도 훨씬 설교를 잘했다고 봅니다. 그의 소책자인 《팔레스티나의 성찰》은 난해한 형식임에도 캘빈의 저서보다도 그리스도교에 대한 한층 더 정확한 이해가 담겼습니다. 그러나 인간 형성을 위한 지극히 좁은, 단 하나의 길은 결코 '만인의 길'은 아닙니다. 오히려 우리는 그 위대한 종교개혁자(캘빈)처럼 '이 길에는 일종의 신의 예정이 필요하다. 적어도 단순한 어린아이처럼 순진하고 소박한, 특별한 천성이 필요하다'고 믿고 싶을 정도입니다. 그러나 그러한 성격은 복잡한 현대인에게는 결여되어 있으며, 더구나 점점 잃어가고 있습니다.

이와는 반대로 스토아주의는 현재의 상태와 매우 닮은 시대의 소산이어서 현세의 행복, 모든 사람의 행복은 과연 가능할 것인가, 또 행복은 어디에서 오는가라는 깊은 사고에서 생겨난 것입니다. 그리고 이 문제는 오늘날 또한 많은 사람들을 고민하게 합니다.*3 스토아주의는 본래 어떤 초자연적인 것을 포

---

*3 여하튼 순전한 동물적 존재의 영역을 넘어선 인간은 대부분 현대에도 고대 말기와 마찬가지이며, 세상에는 어떤 도덕률이 존재하고 그에 따라서 각 개인의 고유한 가치도, 인류의 공동생활 가능성도 성립하며, 또한 이것이 언제나 각 민족의 문화적 가치를 재는 척도가 된다는 생각을 갖고 있다. 그러나 그 도덕의 규칙이 어떤 것인지, 또 그것은 어디서 권위를 인정받을 것인가 하는 문제에는 의견이 분분하다. 더욱 나쁜 것은 현재 도덕률의 일부가 이론적으로는 존경받고 있지만, 실제적으로는 절대로 지켜야 한다고는 생각하지 않는다는 점이다. 그것이 얼마나 심각한지는 가장 널리 알려진 두 가지 도덕률, 곧 모세의 십계 및 그리스도의 산상수훈과 세간의 관습을 비교해 보면 쉽게 알 수 있다.

모세의 제1계와 제10계는 대부분의 사람들이 거의 습관적으로 지키지 않는다. 오늘날 세상 사람들이 대체 어떤 신들을 섬기고 있는가를 말하기는 쉽지 않다. 아니, 오히려 쉬우리라. 경건한 신사숙녀들 대다수는 1주일에 6일의 노동을 하층계급 사람들에게만 적합한 것처럼 생각한다. 산상수훈의 복음도 확신을 가지고 이해하는 그리스도인은 극히 드물다. 또한 그 수훈 가운데 특별히 적극적으로 명령한 것이라도, 국법은 공공연하게 금지하지 않지만 오늘날 일반적인 여론은 태연히 그것을 금하고 있다(마태복음 5장 32·39·42·44절, 6장 19·34절 참조). 더불어 사도 바울이 로마인에게 보낸 편지(로마서) 제12장 16절~21절에 나와 있는 처세의 가르침을 나는 여기에 인용하고 싶지는 않다. 어떤 사람이 교만한 마음을 품지 않을 것이며, 신분이 미천한 사람들과 교제하겠는가. 그런데도 이것이야말로 인간 행복의 근본조건인 것이다.

일반문화와 질서정연한 법치상태에 바탕한 일종의 평균적 도덕이 내면적 윤리를 대신하고 있다. 이것은 마치 로마제국의 초기 몇 세기의 실정과 같으며, 당시와 마찬가지로 오늘날에도 많은 교양 있는 사람들이 일면적인, 혹은 편협된 세계관을 초월한 일반적 문화의 진보가 있다고 믿는다. 다만 유감인 것은 이처럼 인간관계의 기초가 확대되었음에도 불구하고 아직은 그것이 충분하고 확실한 것이 아니기 때문에, 보통 이러한 문화적 시기에 기대할 수 있는 일반적 복지가 개인이나 사회 전체에 주어져 있지 않다는 것이다. 오히려 반대로 대다수의 사람들이 오만과 두려움 사이에서 끊임없이 동요하고 있다. 이런 상황 아래서 성

함하지 않습니다. 또한 아무런 신앙도 요구하지 않으며, 언제나 보통의 상식에 호소할 뿐입니다. 그리고 현대의 우리들과 똑같은 사람들의 욕구에서, 즉 상류사회에서는 단순한 미적 향락, 하층사회에서는 끊임없는 탄식과 마음고생을 수반하는 매일의 '호구지책 문제'보다는 조금은 높은 차원의 것을 바라는 욕구에서 생겨난 것입니다.

스토아철학은 지금 기술한 두 가지 인생관, 세계관(미적 향락과 실리주의)과 대립됩니다. 그리고 그 철학은 생각할 수 있는 범위의 모든 경우에서 그 운명의 변동과 전환으로부터 초연히, 내면적으로 확고하고 훌륭한 인격을 실제로 교육한다는 것을 적어도 두세 명의 인물에게서 실증하였습니다.

그렇게 주목할 만한 인물 가운데 가장 흥미를 끄는 것은 황제 마르쿠스 아우렐리우스와 노예 에픽테토스입니다. 그들이 특히 흥미로운 것은 두 사람이 전혀 다른 처지인데도 이 철학의 효과를 동일하게 나타낼 뿐만 아니라, 그들의 견해를 기술한, 깊이 음미할 만한 독자적 문장을 남겼다는 점입니다. 황제의 저술은 오늘날 '고백록'이라 불리는데, 주로 자기 반성을 위해 쓰인 잠언집으로, 그가 죽은 뒤에 그의 옷소매에서 발견되었습니다.

이 책은 세상에 널리 알려졌으며 쉽게 접할 수 있습니다. 그렇지만 그것은 황제의 바쁜 생활 속에서 우연히 떠오른 생각들을 체계적인 질서 없이, 또한 전혀 교훈의 목적도 없이 써 모은 것에 지나지 않습니다.

그에 반해 노예 에픽테토스의 어록은 그리 널리 알려지지 않았습니다. 독일어로 새로 번역된 책이 과연 있는지조차 저는 모릅니다.[*4] 나의 장서 가운데 있는 것은 기껏해야 융켈의 불완전한 번역본(1826년)과 슐테스가 쓴 심플리키

실한 사람들은 묻혀진 참된 행복의 원천을 다시 발견하려 애쓰고 있다. 그래서 스토아적 경향의 철학과 종교부흥이 모습을 드러내는 것이다.

[*4] 최신 번역 가운데 하나를, 나는 이 논문을 쓴 뒤에 우연히 볼 기회가 있었다. 그것은 1884년에 간행된 H. 슈티히의 번역본으로 이른바 《제요(提要 ; 요점을 간추려 서술한 책)》의 번역 이외에, 에픽테토스가 한 말이라고 전해지는 두세 가지 잠언이 실려 있다. 이것은 다른 고대의 저술가, 특히 스토베우스에 의해 기술된 것이다. 이 잠언은 창의성이 풍부하다. 예를 들면 '포도에는 세 가지 넝쿨이 있다. 첫 번째 넝쿨은 쾌락의 송이를, 두 번째 넝쿨은 술에 취하는 포도송이를, 세 번째 넝쿨은 범적의 송이를 열게 하다' 또는 '세상에서 가장 작은 것은 탐욕, 쾌락욕, 호언장담이며, 가장 커다란 것은 관용, 유화, 자비이다' 등이 그것이다.

특히 다음의 말은 철저하게 진실된 의미를 나타내고 있다. '금전, 쾌락, 혹은 명예를 사랑하는 자는 인간을 사랑하지 않는다.'

오스의 옛 주석서 번역본(1778년), 그리고 슐츠가 쓴 아리아노스의 담화필기 번역(1808년)들입니다. 그래서 저는 오늘날까지 남아 있는 그의 저서 가운데 주요 부분을 선생님의 독자를 위해 쉬운 독일어로 소개하려 합니다.

이 철학가의 삶을 우리가 아는 것 몇 마디로 표현할 수 있습니다. 근대에 작고한 작가의 경우는 그들 내면의 가장 깊은 핵심이나 중요한 발전에 도달하기 위해서 그들이 걸어온 길, 즉 우리가 그들을 알고자 하면 언제나 새로 발간된 전기나 편지, 일기 등을 읽어야 하는데, 에픽테토스의 경우는 그렇게 힘들일 필요가 없습니다.

마찬가지로 오늘날 전해지고 있는 에픽테토스의 철학적 교리 또한 매우 간결합니다. 그리고 그것은 그의 철학의 실천적 효과를 매우 높여 줍니다. 사람은 철학이나 종교에서 많은 지침을 필요로 하지 않는 법입니다. 그보다 참으로 중요한 것은 자기가 지닌 지식을 굳게 믿고 결연하게 실천에 옮기는 것입니다. 걸출한 인물의 내적 삶의 역사를 더 잘 안다면, 그들이 많은 사람들보다 월등하게 인류의 지도자가 될 수 있었던 것은 참된 철학 또는 종교의 극히 적지만 확고한 원리 덕분이며, 또 일부는 유전에 의하며, 일부는 자기반성과 결심으로 얻은 좋은 습관의 선물임을 우리는 분명히 깨닫게 됩니다.

그런데 사람들이 보통 철학이라든가 종교라 부르는 것은 대부분의 사람에게는 장식품일 뿐, 실제 생활에 아무런 영향을 주지 않는 지식에 불과합니다. 만약 그렇지 않다면 가장 박식한 철학자나 신학자는 언제나 가장 우수한 인간이어야 하지 않겠습니까.

에픽테토스는 위에서 말한 유의 인격자였던 것 같습니다. 우리가 그에 대하여 확실하게 아는 것은 다음과 같습니다. 그는 기원 1세기 율리우스가 말기의 황제 시대에 프리기아의 히에라폴리스에서 신분이 낮은 집안에서 태어났습니다. 그는 젊은 시절부터 네로 황제의 피해방자(일설에 따르면 호위병)였던 에바프로디투스의 노예가 되어 때때로 육체적인 학대를 받다가 나중에 해방되었습니다. 그러한 학대의 후유증으로 그는 한쪽 다리를 평생 쓰지 못했습니다. 풀려난 뒤에도 그의 극빈한 생활은 계속되어 재산이라고는 의자 하나와 베개, 램프가 전부였다고 합니다.

그런 까닭으로 그는 꽤 나이가 들어서 결혼을 했는데, 그것도 한 친구가 남기고 죽은 아이를 돌보고 교육할 수 있었기 때문이라고 합니다. 어떤 까닭으로 철학자를 미워했던 도미티아누스 황제 시대에 에픽테토스도 로마에서, 이어 이탈리아 영토에서 추방되었으며, 그 뒤로 에피로스의 니코폴리스에 머물렀는데, 도미티아누스가 죽은 뒤에 비로소 귀국이 허락될 때까지 그곳에 머물렀습니다. 또한 일설에 따르면 그는 하드리아누스 황제의 친구였고, 마르쿠스 아우렐리우스 황제 시대까지 살다가 110살에 죽었다고도 합니다만, 애당초 이 것은 그리 간단히 믿을 수는 없습니다. 그가 죽던 때의 기록은 명확하지 않습니다. 그러나 아리아노스 전기의 표제로 추측해 볼 때, 거기에는 어떤 특별한 사정이 있었던 것 같습니다.

후세의 그리스도교 저술가, 그 중에서도 성 아우구스티누스 등은 세네카, 마르쿠스 아우렐리우스와 함께 에픽테토스를 반쪽짜리 그리스도인이라고 합니다. 그의 주인인 에바프로디투스는 사도 바울이 골로새인과 빌립보인에게 보낸 편지에 등장하는 사람과 동일인이라는 억측마저 나옵니다.[5] 그것을 증명하기가 불가능하다는 것은 잠깐 불문에 붙이고, 스토아 철학의 독자적 정신을 알려면 다음에 번역된 잠언을 한 번쯤 읽어보는 것으로 충분합니다. 그 기품 있는 말씨는 과연 그리스도교의 윤리적 정신에 접근해 있지만, 이 철학은 원래 그리스도교와는 전혀 다른 세계관을 바탕에 깔고 있기 때문에, 그리스도교의 소아적 순수를 기뻐하는 정신은 가지고 있지 않습니다. 두드러진 특색은 여러 대목에 나와 있는 여성에 대한 분명한 멸시인데, 그것은 순수하게 그리스적인 것이지 그리스도교와는 아무 관계도 없습니다. 이런 점을 제외하고 전체적으로 볼 때는 에픽테토스의 《제요》는 그 윤리적인 내용에서 당연히 최고의 지위를 차지할 만하며, 그리스도교의 윤리적 교의에 가장 가까운 고대 저서입니다.

이 때문에 그 책은 현재보다도 한층 널리 읽힐 가치가 있으며, 특히 학교에서 더 많이 읽게 되었으면 합니다. 스토아주의는 향상되고자 수도에 힘쓰는 청년의 영혼과 성격에 굉장한 매력을 주어 고무시킵니다만, 한편으론 그리스도교는 교육을 마친 사람의 꽤 풍부한 인생 경험과 특히 겸허함을 전제로 하기 때문에, 아직 공부 중인 청년에게는 적합하지 않은 점이 있습니다.

에픽테토스는 직접 쓴 책은 한 권도 남기지 않았습니다. 후세에 전해진 것

---

[5] 골로새서 1장 7절, 4장 12절의 에바브라, 빌립보서 2장 25절의 에바브로디도.

은 모두 그의 제자들이 필기한 것입니다. 그 가운데 《강화집》 12권은 지금은 남아 있지 않으며, 다른 《어록(Diatriben)》은 앞에서 말했다시피 겨우 일부만 남아 있을 뿐입니다. 완전하게 보존되어 있는 것은 《제요(Enchiridion Epicteti)》뿐인데, 이것은 그가 제자들을 위해 했던 스토아주의 처세훈에 대한 강의, 즉 일종의 '요강'으로 중요한 대목만 뽑아 기록한 것입니다. 가장 오래된 심플리키오스의 주석에 따르면 이 책은 아리아노스가 집필한 것으로, 그는 '모든 철학 강의 중에서 가장 중요하고 필요한 것, 또는 가장 강렬하게 마음을 울리는 것을 골랐다'고 합니다.

이 소책자는 지금은 남아 있지 않은 헌사를 붙여서 안토니우스 피우스 황제 치하의 집정관 마리우스 발레리우스 멧사리누스에게 바쳤던 것입니다.[*6]

1

이 세상에는 우리의 힘이 미치는 것과 미치지 않는 것이 있다.

우리의 힘이 미치는 것은 판단, 노력, 욕망, 혐오 등 한마디로 말해서 우리 의지의 소산이다.[*7] 우리의 힘이 미치지 않는 것은 육체, 재산, 명예, 관직 등 우리가 한 일이 아닌 모든 것이다. 우리의 힘이 미치는 것은 그 성격상 자유롭고 금지되지도 않고, 방해받는 일도 없다. 그러나 우리의 힘이 미치지 않는 것은 무력하고, 예속적이며, 방해받기 쉽고, 타인의 힘 안에 있는 것이다.

그러므로 본래 예속적인 것을 자유로운 것이라 생각하고 남의 것을 내 것이라 생각한다면, 그대는 장애물에 부딪히고 비애와 불안에 빠져 마침내는 신을 원망하고 남을 탓하게 되리란 사실을 잊지 말라. 이에 반해 그대가 진실로 소유한 것만을 내 것이라 여기고, 타인의 것을 타인의 것으로 인정한다면 아무도 그대를 강제하거나 방해하거나 하지 않으리라. 그대는 아무도 원망하지 않고, 비난하지 않으며, 또한 아무리 사소한 일이라도 그대의 의지에 반하여 할 필요는 없으리라. 아무도 그대를 해하지 않으며, 그대는 한 사람의 적도 가지지 않으리라.[*8] 그리고 그대가 불리해지는 일은 전혀 일어나지 않으리라.

---

*6 이 책의 초판은 1528년에 베네치아에서 간행되었다.

*7 우리가 의지로 관여할 수 있는 모든 것을 가리킨다.

*8 우리에게 해를 가하는 자만이 진짜 적이다. 일반적 의미의 적은 대부분 매우 유익한 자이며, 때로는 없어서는 안 되는 것이기까지 하다. 그런 지혜와 경험은 '적을 사랑하라'는 매우

그러나 이런 높은 경지를 바란다면 어지간한 열성으로 탐구하는 것으로는 부족하며, 많은 것을 깨끗하게 포기하고, 그 밖의 것도 한때 뒤로 미루어야만 한다는 것을 잊지 말라. 만약 이러한 높은 경지에 도달하려 노력함[*9]과 동시에 부귀영화마저 얻기를 바란다면, 어쩌면 그대는 부귀영화에도 쉽게 도달하지 못하리라. 왜냐하면 그대는 또한 높은 경지에 도달하는 것도 열망하기 때문이다.[*10] 그리고 더 확실한 것은 행복과 자유를 얻는 유일한 근원을[*11] 그대는 모조리 잃을 것이라는 점이다.

그러므로 그대는 유쾌하지 못한 사상에 대하여 힘써 이렇게 말해주어야 한다. "너는 네가 지금 있는 것처럼 보이는 것(현실)이 아니라, 단지 생각하는 것(상상)에 불과하다"고. 이어 그대는 스스로 선택한 원칙, 특히 첫 번째 원칙을 좇아서 그것이 우리의 힘이 미치는지 어떤지를 살펴야 한다. 그리고 만약 우리의 힘이 미치지 않는 것이라면 다음의 말을 준비하라. "그것은 나하고는 상관이 없다."

2

욕망은 내가 원하는 것을 얻게 될 것을 약속하며, 혐오는 내가 싫어하는 것

곤란한 율법을 쉽게 받아들이게 한다. 플루타르코스는 그의 저서 《도덕에 있어서의 진보의 징후》에서 다음과 같은 디오게네스의 말을 인용하고 있다. '구원을 필요로 하는 사람은 올바른 친구나 격렬한 적을 찾아야 한다.' 또한 그의 도덕적인 저서 가운데는 '적을 이용하는 법'에 관한 논문마저 있다. 이와는 반대로 조사(弔辭)에서 많이 쓰이는 '그는 적이 없었다'는 문구는 훌륭한 사람에게는 그다지 명예로운 말이 아니다.

[*9] 이 스토아 학자는 참된 생활에 도달하기 위한 요건을 말하는 것이다. 즉, 참된 생활을 할 수 있으려면 먼저 어느 정도의 열성, 바꿔 말하면 신앙이 필요하다는 것, 그리고 사람은 동시에 두 주인을 섬길 수는 없다는 것을 강조하고 있다.

[*10] 유명한 가톨릭의 성녀 제노아의 카타리나 피에스키 아데르노는 이에 관해 말하고 있다. "만약 애초부터 하느님이 선한 사람에게 무엇을 주었는지를 알았더라면 하늘나라의 일만 열심히 들으려 했을 것입니다. 그러나 하느님은 이기심 때문에 선으로 인도되는 것을 기뻐하지 않으시며, 신앙으로 은총에 이르기를 바라십니다." 그 때문에 인간은 일생 동안 늦든 이르든 눈에 보이는 현실의 재물을 버리고 좀더 나은, 다만 지금은 아직 잘 이해할 수 없는 재물과 보화를 얻게 되리라는 올곧은 믿음으로 살아야 한다. 이것이 스토아 철학과 그리스도교에 공통된 피할 수 없는 '좁은 길'이다. 그러나 대다수 사람의 눈에 이는 매우 어리석게 보이는 것이다.

[*11] 바로 끊임없는 영혼의 평정이다. 이것이 스토아주의의 최고 행복이다.

과 마주치지 않기를 바란다. 욕망에 속은 사람은 불행하지만, 참기 힘든 것과 마주친 사람은 더욱 불행하다는 것을 알라.

그저 그대의 힘이 미치는 것 가운데서 마음에 들지 않는 것만을 혐오하는 것이라면, 그대는 결코 혐오하는 것과 마주칠 염려는 없으리라. 그러나 병이나 죽음, 가난을 혐오한다면 그대는 불행해지리라. 그러므로 우리의 힘이 미치지 않는 것에 대하여 혐오의 마음을 품어서는 안 된다. 단지 우리의 힘이 미치는 것 가운데서 그 본성에 어긋나는 것만을 혐오해야 한다.

그러나 욕망은 당장은 피하는 것이 좋다. 만약 우리의 힘이 미치지 않는 것을 바란다면 그대는 기필코 행복을 잃게 될 것이므로. 우리의 능력 안에서, 더구나 우리가 바라기에 적합한 것을 그대는 아직 모르는 것이다.*12 바라고 원하든, 혐오를 하든 그대는 그저 조용히, 차분하게 자신의 태도를 결정하는 것이 좋다.

3

그대에게 기쁨을 주고 이익을 주는 것, 따라서 그대의 사랑을 받는 것에 관해서는 그것이 본래 어떤 성질을 갖는지 밝히기를 게을리해서는 안 된다. 이경우 극히 사소한 것부터 시작하는 것이 좋다. 만약 그대가 항아리를 본다면, 그때 그대가 보는 것은 항아리라고 스스로에게 일러두는 것이 좋다. 그리하면 그것이 깨지더라도 마음의 평정을 깨뜨리는 일은 없으리라. 만약 그대가 처자식을 가슴에 안는다면, 그대가 애무하는 것이 한 인간임을 스스로에게 이르는 것이 좋다. 그리하면 그 사람이 죽더라도 딱한 처지에 이르는 일은 없을 것이다.

4

뭔가를 하려 할 때 먼저 그것이 어떤 종류의 일인지를 세밀하고 확실하게

---

*12 이것은 초심자로서 그렇다는 것이다. 여기서는 굳이 속마음을 감추고 있다. 즉, 수양의 첫걸음은 언제나 사람이 실제로 소유하는 유일한 것, 자기의 의지를 자유롭게 하는 것, 때로는 스스로 섬기려 하는 것을 위해 이 의지를 봉사하게 하는 것 가운데 있다는 생각이 바로 그것이다. 15세기의 한 유명한 성녀는 솔직하게 이렇게 말하고 있다. "자기 의지는 모두 죄악입니다."

생각하라. 만일 그대가 목욕탕에 가려 한다면 목욕탕에서는 보통 어떤 일이 일어나기 쉬운지를 미리 생각해두는 것이 좋다. 남을 미는 사람, 성급하게 뛰어드는 사람, 욕설을 하는 사람, 어쩌면 도둑질을 하는 사람도 있으리라. 그러니 먼저 그런 일들을 머리에 새겨 둔다면 한층 확고한 태도로 대처할 수 있으리라. 즉, "나는 지금 목욕탕에 가려 한다. 그리고 거기서는 끝까지 이성에 적합한 태도를 지니겠다"라고.

어떤 일에 대해서든 이와 같이 처신하는 것이 좋다. 그리하면 목욕 중에 어떤 일이 일어나든 그대는 즉각 이렇게 생각할 것이다. "나는 이 일(예를 들면 목욕)만을 바랐던 것은 아니다. 더불어 자유와 품성을 지키길 바랐다. 그러나 지금 이 사건 때문에 분노를 느낀다면, 나는 그것을 잘 지키지 못하는 것이리라."

5

사람을 불안하게 하는 것은 사건 자체가 아니라 그 사건에 관한 그 사람의 생각이다. 그러므로 죽음이란 원래 그 자체로서 두려운 것은 아니다. 그렇지 않았다면 소크라테스도 죽음을 두려워했을 것이다. 죽음은 두려운 것이라는 선입견이 오히려 두려운 것이다. 따라서 우리는 어떠한 일로 말미암아 방해를 받거나 불안하거나, 혹은 고민을 하게 된다면 결코 남을 탓해서는 안 된다. 오히려 책망해야 할 것은 우리들 자신, 특히 우리의 생각이다. 자기가 불행하다고 해서 남을 책망하는 것은 교양이 없는 사람이나 하는 짓이며, 자신을 책망하는 것은 미숙한 사람이고, 자신도 다른 사람도 책망하지 않는 것이 교양인, 완전하게 교육을 받은 사람이 취할 태도이다.

6

자신의 것이 아닌 아름다움을 자랑해서는 안 된다. 만약 자만해서 '나는 아름답다'고 했다면 그건 그런 대로 보아 넘길 수 있다. 그러나 그대가 '나는 아름다운 말을 가지고 있다'고 자랑한다면, 그대는 말의 아름다움을 자랑하는 것이 된다. 그 경우 도대체 무엇이 그대의 것이란 말인가. 사고방식이 바로 그대의 것이다. 생각하는 방식에서 잘못이 없다면, 그때 비로소 그대는 충분히 과시해도 좋으리라. 왜냐하면 그 경우에 그대는 실제로 자신의 좋은 성질을

자랑하는 것이 되기 때문이다.*13

7

항해를 하다가 배가 가끔 항구에 들어가고 그대는 물을 길러 상륙을 한다면, 도중에 조개껍질이나 알뿌리를 줍는 것은 지장이 없으나, 그런 때에도 생각을 배로 향하고, 조타수가 부르지는 않는지 끊임없이 돌아보지 않으면 안된다. 그리고 만약 그가 부른다면 즉시 모든 것을 팽개쳐야만 한다. 그렇지 않았다가는 순종하지 않는 양이나 도망친 노예처럼 묶여서 배에 내동댕이쳐질테니까.

마찬가지로 인생에서도 그대에게 처자식이 생겼다면 그것을 기꺼워하는 것을 말리지는 않는다. 그러나 조타수가 부를 때는 모든 것을 내던지고 서둘러배로 향해야지, 결코 어떤 것도 돌아보아서는 안 된다.

그대가 이미 노인이라면 이제 배에서 멀리 떨어져 있지 말아야 한다. 조타수가 부를 때 배에 타지 못할 우려가 없도록 말이다.

8

세상 모든 일이 그대가 바라는 대로 되기를 바라서는 안 된다. 오히려 세상일이 일어날 테면 일어나라고 바라는 것이 낫다. 그렇게 하면 그대는 행복하리라.*14

---

*13 이와 같은 외면적이고 우연한 소유물에 대한 과시는 교양이 부족한 사람들의 특징이다. 특히 청년을 교육할 때는 이러한 과시를 철저하게 없애야만 한다. 현대의 한 재치 있는 사제는 다음과 같은 의견을 말하고 있다. '고귀함', 아니 가장 외적인 표현으로, 예를 들면 아름다운 옷 같은 것조차도 쉽사리 사람을 '어리석게 하는' 힘을 갖는 법이라고. 그러므로 정신생활에서는 특별한, 이른바 '상류계급'에 계급적으로 틀어박혀서 생활하기보다는 오히려하층 사람들, 즉 일반민중과 교제하는 편이 훨씬 유익하다. 이러한 교제는 자기 정신의 폐쇄성과 국한성을 어느 정도까지는 막아주기 때문이다. 또 그러한 교제는 애초부터 일정한관용을 조건으로 하기 때문에 정신은 사상의 궁핍에서 벗어날 수 있다. 그러나 그러한 사상의 궁핍은 폭 좁은 교제로는 처음에는 그렇지 않더라도 세대를 거듭하는 동안 반드시나타나는 법이다.
최근에는 국민 일반의 병역의무 덕택에 각 계급간의 접촉이 쉬워졌는데, 이것은 특히 상류계층 사람들에게 유익한 영향을 준다. 예를 들면 지금의 왕실의 인기 등도 주로 이에 밑받침된 결과이다.
*14 이것은 완전히 스토아적인 체념이다. 그러나 이 포기는 종교적인 바탕이 없다면 특별한 경

에픽테토스 461

9

의지가 스스로 질병을 불러들이지 않는 한, 병이 육체에 장애를 일으킨 것이지 의지에 장애를 일으킨 것은 아니다. 절름발이는 다리에 장애가 있는 것이지 의지의 장애는 아니다. 어떤 일이 그대의 몸에 일어날 때마다 반드시 그렇게 스스로에게 이르도록 하라. 그러면 어떠한 일도 그대에게 장애를 가져오지 않음을 알게 되리라.

우를 제외하고는 정신적으로 느슨해지는 일을 피할 수 없을 것이다. 이 가르침은 결과로 본다면 그리스도교와 비슷하지만, 그에 도달하는 과정에서 본다면 다르다. 인생의 진지함에 적합한 두 가지 인생관, 즉 그리스도교와 스토아주의의 차이는 간단히 말하면 이러하다. 스토아주의는 인생의 고난을 부정하고, 항상 훌륭한 정신력으로 그것을 멸시하려 애쓴다. 그러나 그리스도교는 인생의 고난을 현실적인 존재로서 충분히 인정하지만, 또한 어떤 힘을 인간에게 부여해서 좀더 높고 좀더 내적인 행복을 약속하며, 그것에 의해서 그런 고난을 견디기 쉽게 해주는 것이다. 아니, 오히려 그것을 무의미하게도 한다. 대개 개인적인 일들은 그리스도교에서는 주요한 문제가 아니며, 당연히 건설되어야만 하는 영혼의 왕국이야말로 참으로 중요하다. 이 위대한 사업에서 행복 따위는 작은 일에 불과하며, 행복이 희생된다 해도 어쩔 수 없는 일이다. 이 두 가지 구원의 길과 자주 비교되는 불교는 오로지 필연적인 고난을 참아내고, 모든 고통의 감각이 한 번은 반드시 끝나는 날이 온다고 그저 소극적으로 기다리라고 가르치지, 인생에서 즐거운 활동으로 그 고난을 극복하라고 권하지는 않는다. 이러한 길들 가운데 하나로써 자신과 인류를 위해 염세주의와 취생몽사(醉生夢死)에서 벗어나는 길을 연 사람들은 모두 존경받을 만하다. 결국 이상의 다섯 가지 길이 옛날부터 인류가 걸어온 길이다. 그러나 유감스럽게도 이 가운데 마지막인 취생몽사, 즉 아무 뜻 없이 흐리멍덩하게 보내는 생활방식이 가장 많은 사람들이 지나는 길이다.
우리가 구태여 유대교에 대해 여기서 언급하지 않는 것은 유대교를 그리스도교의 자연적, 역사적 근간으로서 존경과 애정으로 바라보기 때문이며, 또한 부자연스럽게 중단된 유대교의 발전이 앞으로 반드시 회복되리라 믿기 때문이다. 친첸도르프 백작의 시에 "오, 유대인이여! 우리는 그대들을 사랑하며, 그대들의 삶을 기뻐한다"고 한 것은 그러한 사상을 표현한 것이다. 그러나 오늘날 그런 사상은 참으로 기묘한, 특히 그리스도교의 입장에서는 전혀 이유가 없는 적대감에 이따금 자리를 내주고 있다. 그런데 옳지 못한 길과 마찬가지로 중도에 그만두는 길 또한 좋지 못하다. 벤겔의 《에스겔서에 관한 단상》 제15장 및 요한복음 15장을 보라.
"마음이 변하지 아니하고 올바른 그리스도교 신자는 포도나무 가지가 사람들에게 커다란 이익을 가져다 주듯이 대단히 유익하다. 그러나 그리스도교 신자이면서 다시 속세로 돌아가는 자는 이미 이 세상에서 아무 쓸모가 없으니, 이는 마치 포도나무를 떠난 가지가 불에 타는 것 이외에 아무 쓸모가 없는 것과 같다."

10

어떤 일이 일어날 때마다 스스로를 돌아보고, 그것에 대항할 만한 얼마만한 힘을 지녔는지를 생각해야 한다. 아름다운 사람을 보면 그대는 이에 대항할 힘으로써 내부에서 자제력을 발견할 것이다. 곤란한 일에 부딪히면 끈기를, 모욕을 받았다면 인내를 발견할 것이다. 이와 같이 스스로를 단련시킨다면 더 이상 여러 가지 생각으로 인해 마음을 어지럽히는 일은 없을 것이다.

11

어떤 일에 대해서는 '나는 잃어버렸다'고 말해서는 안 된다. '나는 돌려주었다'고 말해야 한다. 그대의 아들이 죽었다면 그것은 돌려준 것이다. 그대의 재산을 빼앗겼다면 그것 역시 돌려준 것이다. 그것을 빼앗은 자는 분명 악인이다. 그러나 애당초 준 사람이 누구의 손을 거쳐서 그것을 되찾는다 한들 그대에게 무슨 상관이 있으랴. 그가 그것을 그대에게 허락한 동안은 남의 것으로서 소유해야 한다. 하룻밤 머무는 나그네가 여관을 그렇게 여기듯이.

12

지혜의 올바른 진보를 바란다면 다음과 같은 잘못된 생각을 먼저 버리지 않으면 안 된다. "재산을 부주의하게 다룬다면 마침내는 생계의 방도를 잃을 것이다. 자식을 벌하지 않으면 자식은 악인이 되리라." 불안한 마음으로 사치스럽고 방탕하게 살기보다는 두려움과 근심 없이 죽는 편이 낫다. 내가 불행해지기보다는 자식이 악인이 되는 편이 낫다.*15

---

*15 여기서 분명하게 이와 같은 스토아주의의 견해에 따라다니는 철학적 이기주의가 나타난다. 우리는 단지 자신만을 위해서 사는 것은 아니다. 또한 자기 완성만을 위해서 사는 것도 아니다. 그뿐 아니라 자기 완성이라는 것이 애당초 타인에 대한 배려 없이는 성립되지 않는다.

그러나 고대 철학의 밑바탕에는 대체로 어떻게 하면 최고의 행복을 찾을 수 있을 것인가 하는 문제가 항상 깔려 있다. 개인에게 최고의 완성이라는 문제도 고대 철학으로부터 상당히 멀어진 문제이며, 단순히 행복의 수단으로서만 고찰되어 왔을 뿐이다.

그러나 그리스도교의 사상은 이것과 다르다. 그리스도교는 원래 개인의 행복에는 관심이 없으며, 개인의 완성도 문제시하지 않고, 오히려 이 땅 위의 왕국, 또는 그 재산과 보물과는 전혀 다른 '영혼의 왕국'을 실현하기 위해 일하는 것을 목표로 삼고 있다. 그리고 그것은 인간의 내면을 변화시킴으로써만 달성할 수 있는 것인데다가 그 변화마저도 자기가 할 그러므로 가장 작은 것부터 시작해야 한다. 그대의 기름이 쏟아지거나 포도주를 도둑맞거나 하거든 그때는 이렇게 말해야 한다. 그만한 값으로 마음의 평정을 샀다고. 그만한 값어치로 영혼의 평화를 샀다.[*16]고. 어떤 것도 그냥은 사지 못한다. 만약 그대가 부리는 심부름꾼을 부른다면 또 이렇게 생각해야 한다. 그는 내가 부르는 소리를 듣지 못했는지도 모른다. 또는 들었다 하더라도 그대가 바라는 대로 움직이지 않을지도 모른다고. 이것은 심부름꾼으로서 적합하지 않다(고 그대는 말하리라. 과연 그럴지도 모른다). 그러나 그대는 심부름꾼 때문에 마음을 어지럽히지 않는 것이 합당할 것이다.

일은 아니다.

이에 반해 고대의 철학자는 이성적인 여러 원리의 획득과 그것에 의한 끊임없는 훈련을 통해 모든 것을 자기의 힘으로 이룩하려 했다. 따라서 그들의 행복은 오히려 소극적이며, 인생에 반드시 따르는 재앙을 주관적으로 되도록 적게 하는 것이다. 이는 어떤 위대한 사업에 참가함으로써 얻게 되는 적극적이고 커다란 행복감에 비추어 본다면, 분명히 존재하는 이 세상의 모든 고민도 별것이 아니라고 생각되는 행복감(히브리인에게 보내는 편지, 요한복음 11장 25~27절)은 아니다. 따라서 고대 철학자의 겸손은 일종의 오만이고, 물론 작은 허영보다는 낫겠지만 동포에게 반드시 호감을 주지는 않는다. 소크라테스의 두 차례의 변명 연설 등이 그 좋은 예이다. 따라서 그리스도교의 가르침은 다음과 같은 요구로 시작된다. "때가 찼고, 하느님의 나라가 가까웠으니 회개하고 이 기쁜 소식을 믿으라(마가복음 1장 15절). 그것은 너희를 행복의 땅으로 초대하며, 그럴 자격을 얻게 하고, 그리하여 나날의 삶의 노고도 이제 돌아볼 필요가 없게 되리라."

우리가 결코 지나쳐서는 안 될 것은 그리스도교의 근본적 사상에 따르면 구원은 어떤 교리에 의해 이루어지는 것이 아니라 단 한번 일어난 역사적인 명확한 사실에 기초하여 행해진다는 사실이다. 이것은 요한복음 11장 25~27절, 6장 47절, 고린도전서 15장 17절, 요한복음 5장 1절, 사도행전 16장 31절을 참조하라. 사실에 바탕하지 않는 종교적 견해는 모두가 철학이다. 철학은 약간은 인간이 제멋대로 구성한 것이므로 이것을 인정해도 좋고, 그렇지 않아도 된다. 그리고 인정하지 않을 경우, 그 사람에게 철학은 전혀 존재하지 않는 것과 같다. 그러나 사실, 즉 역사상의 사건은 승인 여부와 상관없이 엄연하게 존재한다.

근대 철학은 행복보다 오히려 힘을 요구한다. 또 힘의 근원인 모든 사물에 대한 이해와 지식에 특히 빨리 도달하기 위한 열쇠(하기야 현대의 어떤 문학사가 말했다시피 그것이 결코 맞는 열쇠는 아니지만)를 찾아내려 애를 쓰고 있다. 추상적 철학은 그 점에서 지금까지 기만적이었음을 스스로 드러내고 말았으므로, 지금은 그 열쇠를 자연과학과 통계학에서 찾으려 하고 있다. 철학에서 위로와 희망을 찾는 일이 무익하다는 것을 현대의 대표적 철학자, 예를 들면 하르트만 등이 선언했다.

[*16] 'apatheia'와 'ataraxia', 즉 '냉정'과 '침착'. 여기에서 스토아철학의 원리를 요약한 다음과 같은 말이 도출된다. 'sustine et abstine'(참으라, 그리고 단념하라)

13

만일 지혜가 자라기를 바란다면, 남이 그대의 외면만 보고 사물을 분별하지 못하는 어리석은 자로 여기는 것을 참을성 있게 견뎌야만 한다. 박식하다는 소리를 듣기 바라서는 안 된다. 설사 남이 그대를 상당한 사람이라 여긴다 해도 그대는 그것을 믿지 말라. 그대는 알아야 한다. 내적인 결의와 외적인 사물, 이 둘을 동시에 얻기는 쉽지 않으며, 어느 한 가지를 열심히 추구하는 자는 반드시 한동안 다른 것은 제쳐놓아야만 한다는 것을.

14

만일 가족이나 친구가 영원히 살기를 바란다면 그대는 어리석은 사람이다. 왜냐하면 자신의 힘이 아닌 것을 자신의 힘이라 생각하며, 자신의 소유가 아닌 것을 소유하고 싶어하기 때문이다. 마찬가지로 자녀가 어떠한 잘못도 저지르지 않기를 바란다면 그대는 어리석기 짝이 없는 사람이다. 그대는 잘못이 실수가 아니라 뭔가 다른 것이기를 바라기 때문이다. 반대로 할 수 있는 것만을 할 때, 그대는 어떠한 잘못도 저지르지 않고 목적을 달성할 수 있다.

만물의 창조주는 바라는 바를 얻고, 바라지 않는 것을 피할 수 있는 사람을 일컫는다. 누구든 자유롭기를 바라는 자는 타인의 힘에 속한 것을 바라서는 안 되며, 겁을 내서도 안 된다. 그렇지 않으면 그는 타인의 노예이다.*¹⁷

15

잊지 말아야 할 것은 인생을 살 때, 잔치 자리에 있는 것처럼 행동해야 한다는 것이다. 진수성찬이 그대 앞으로 오거든 팔을 뻗어서 그 가운데서 조금의 분량을 가져오라. 그대가 좋아하는 것이 한동안 돌아오지 않는다고 해서 억지로 그것을 가지려 해서는 안 된다. 그것이 그대의 자리로 올 때까지 기다려라. 처자식이나 신분이나 부에 관해서도 마찬가지로 처신해야 한다. 그리하면 그대는 언젠가는 신들의 손님이 되리라.

그러나 그대 앞에 나온 것을 아무것도 받지 않고 태연히 흘려 보낸다면, 그대는 곧바로 신들의 손님이 될 뿐만 아니라 오히려 신과 함께 통치하는 자가

---

*17 절대 자유는 오직 하느님만을 섬기고, 다른 어떠한 것도 섬기지 않는 것이다. "Deo servire libertas" "신을 섬기는 것을 자유라 한다."

될 것이다. 그와 같이 행동함으로써 디오게네스, 헤라클레이토스, 그리고 그 밖의 여러 사람들은 그들에게 부여된 신인(神人)이라는 이름에 진정 걸맞게 될 것이다.

16

어떤 사람이 자식을 멀리 여행을 떠나보낸 것 때문에, 또는 재산을 잃은 것 때문에 슬퍼하는 것을 보았을 때, 이 사람이 외적(外的)인 사물을 잃었기 때문에 불행해진 것이라고 멋대로 지레짐작해서는 안 된다. 오히려 그대는 마음속으로 이렇게 말하도록 명심해야 한다. "그를 괴롭히는 것은 그런 불행한 사정이 아니다(왜냐하면 다른 많은 사람들은 그런 일 때문에 괴로워하지 않으니까). 그것에 대해 그가 가진 관념 때문에 괴로워하는 것이다"라고. 비록 그와 함께 울어야 할 때라도 이성 있는 말로써 그를 위로하기를 게을리 하지 말아야 한다. 다만 명심할 것은 그대도 함께 진심어린 탄식을 해서는 안 된다는 것이다.

17

그대는 자신이 한 희곡에서 작가가 등장시켜서 연출하려 하는 일정한 역할을 맡은 등장인물임을 잊지 말아야 한다. 그 역할이 짧으면 짧은 역할을, 그 역할이 길다면 긴 역할을 연기하는 것이다. 작가가 그대에게 가난뱅이의 역을 맡기려 하거든 그것을 훌륭하게 연기해야 한다. 역할이 절름발이, 관리, 또는 보통 시민이었더라도 마찬가지이다. 왜냐하면 주어진 역할을 훌륭하게 연기하는 것이 그대의 할 일이며, 그것을 선택하는 것은 다른 사람의 일이기 때문이다.

18

까마귀가 울어서 불행을 알려주거든 그에 대한 상상으로 스스로를 불안하게 해서는 안 된다. 도리어 잘 분별해서 재빨리 이렇게 믿어야 한다. '나에 대해서는 아무것도 구체적으로 알리는 것이 없다. 다만 나의 보잘것없는 육체나 얼마 되지 않는 재산, 혹은 나의 명예나 아내나 자식에 대해 알리고 있는 것이다. 내가 그렇게 되기를 바란다면 나에게 모든 것은 행복의 예언이 되리라. 왜냐하면 어떤 일이 일어나든 그것에서 유익함을 끌어낼 힘이 나에게는 있기 때

문이다.*18

19

이길 가망이 없는 전쟁을 일으키지 않는다면 질 염려는 없다. 매우 존경을 받는 사람, 대단히 세력이 있는 사람, 혹은 높은 명성을 떨치는 사람을 보았을 때, 그대는 자기의 상상에 속아서 그들을 행복하다고(질투하면서) 생각하지 않도록 조심해야 한다. 진정한 행복은 우리의 힘이 미치는 곳에만 있는 것이므로 질투나 선망은 무의미하다. 그대는 장군이나 시장, 집정관이 되고 싶은 것이 아니라 자유로워지기를 바라는 것이 아닌가. 그러나 자유에 이르는 길은 우리의 힘이 미치지 않는 것을 모두 가볍게 여기는 데에 있다.

20

그대를 학대하는 것은 그대를 매도하거나 때리는 사람이 아니라 그것을 굴욕이라 생각하는 그대의 생각이다. 누군가가 그대를 화나게 했다면 그것은 그대의 생각이 스스로를 자극한 것이다. 그러므로 우선 사건이 일어난 순간에 그 생각 때문에 정신적 혼란을 일으키지 않도록 힘써야 한다. 나중에 깊이 생각할 여유가 생기면 그대는 반드시 자제할 수 있을 것이다.*19

21

죽음이나 추방 같은, 그 외에 두렵게 생각되는 모든 것을 날마다 눈앞에 떠올려야 한다. 그렇게 하면 비천한 생각도 나지 않으며, 격렬한 욕망도 일어나지 않으리라.

---

*18 시에나의 카타리나도 비슷한 말을 하였다. '용기 있는 사람에게 행복과 불행은 오른손과 왼손 같습니다. 그는 양쪽 손을 다 사용합니다.'

*19 이것은 진실이다. 모욕을 당한 순간에 증오심이 영혼까지 침투하게 해서는 안 된다. 나중이 되면 그것을 이겨내기가 쉽다. 그러나 영혼에 일단 증오심을 심게 되면 그것을 뿌리뽑는 데 엄청난 노력이 든다. 무릇 '적'이란 흥분한 순간에 생각하는 것처럼 그렇게 해로운 것이 아니다(친구도 그다지 유익하지 않은 것처럼)라는 말은 약간의 경험을 쌓은 사람이라면 누구든지 증명할 수 있다. 그들은 독립적으로 행동하는 것 같지만 사실상 대개는 단순한 도구(악의 도구)이며, 이쪽에서 그들을 증오의 대상으로 삼지 않는다면 그들은 그 악의를 아주 조금밖에는 실행하지 못하는 법이다.

22

지혜를 배우고자 한다면 남에게 웃음거리가 되리란 것, 특히 많은 사람들이 "저 녀석은 갑자기 철학자가 되어 나타났어. 어째서 우리에게, 그것도 어릴 적부터 저 녀석을 잘 아는 우리에게 잘난 척 으스대는 표정을 짓는 거지?"라는 비웃는 말을 들을 것을 각오해야 한다.

결코 오만한 태도를 보여서는 안 된다. 단지 그대가 최선이라 생각하는 것을, 마치 신이 지령을 내린 그 자리를 찾아가듯이 지켜라. 그리고 그것을 지킨 채 동요하지 않는다면 처음 그대를 비웃던 자도 나중에는 반드시 찬탄을 하리란 것을 확신하라.*20 그러나 그들에게 양보한다면 그들은 그대를 두 배로 비웃을 것이다.

23

그대의 마음이 만일 그대를 떠나서 외부로 향하고, 세간의 분위기에 영합하려고 한다면, 그때 그대는 올바른 마음 상태를 잃어버린 것이다. 늘 철학자인 것에 만족하라. 누군가가 그대를 철학자라 생각하기를 바란다면 먼저 자신이 그렇게 생각하게 해야 한다. 그것으로 충분하다.

24

'나는 명예도 없이, 권력도 없이 평생을 끝마쳐야만 할 것'이라는 생각으로 마음을 어지럽혀서는 안 된다. 명예가 없는 것이 불행이라 하더라도, 아무도 그대를 그 불행으로 몰아넣지 못한다. 이것은 그대가 남의 명예를 욕되게 할 수 없는 것과 마찬가지이다. 명예로운 지위를 얻는다든가 잔치에 초대를 받거나 하는 것이 그대에게 그렇게나 중요한 것인가. 결코 그렇지 않다. 그렇다면 어째서 그것이 그대의 불명예란 말인가. 또 그대가 힘이 미치는 것에 대해서는 세력을 가지며, 최대의 명예를 획득할 수 있는 한, 어찌 그대가 무력하게 산다

---

*20 소리 높은 비난이나 비웃음에는 자기의 마음속 동요를 어물쩍 넘기려는 의도를 숨기는 경우가 종종 있다. 이것은 꽤 나이를 먹으면 자연스럽게 구별하게 되는데, 보통 젊은 사람들은 익히기 힘들다.

번연의 《천로역정》은 제2장에서 '약한 마음'이라 이름한 인물을 빌려서 처음에는 자기를 개선하려는 시도, 다음에는 그에 이어서 일어나는 의기소침이라는 이중의 비웃음을 지극히 해학적으로, 생생하게 묘사했다.

고 할 수 있겠는가.

그러나 내 친구들은 나에게서 도움을 받을 수 없다고 그대는 말하려는가. 그렇다면 도움을 받는다는 것은 대체 무엇을 말하는가. 그들은 그대에게서 돈을 얻지는 못하리라. 또 그대는 그들을 로마 시민이 되게 해줄 수도 없으리라. 그러나 그런 것이 그대의 힘이 미치는 일이며, 타인의 힘에 속하는 일이 아니라고 누가 말했는가. 또 자신이 소유하지 않은 것을 어떻게 남에게 줄 수 있단 말인가. 바로 그 때문에 남에게도 줄 수 있을 만큼 사람은 재산을 가져야 한다고 말할 텐가. 양심이나 정직, 기품을 손상하지 않으면서 재산가가 될 수 있다면 부디 그 길을 가르쳐 달라. 나도 재산가가 되고 싶다. 그러나 진짜 재산이 아닌 것을 얻기 위해서 나에게 진짜 재산을 버리라고 한다면, 그대들은 자신이 얼마나 부조리하고 사려가 없는지 스스로도 알 것이다. 금전과 성실한 친구 중에 그대는 어느 쪽을 택하겠는가. 그러니 나를 도와 친구를 택하는 자가 되라. 그리고 이 특질을 잃을 만한 일을 감히 하라고 나에게 요구하지 말라.

그러나 그렇게 한다면 조국은 나에게서 도움을 받을 수 없게 되리라고 그대는 말하리라. 그에 대한 대답으로 나는 말하겠다. 그대는 어떤 도움을 의미하는 것인가. 과연 조국은 나에게서 전당도, 목욕탕도 얻는 일은 없으리라. 그렇지만 그것이 어쨌다는 것인가. 조국은 대장간에서 신발을 얻을 수는 없으며, 신기료장수에게서 무기를 얻지는 못한다. 그대가 조국을 위해 타인을 충성스런 시민으로 길러낸다면, 그것도 또한 조국에 득이 되는 것이 아니겠는가. 확실히 그렇다. 그렇다면 그대는 조국에 결코 무익하지 않은 것이다. 그러나 나는 조국에서 어떠한 지위를 차지하면 좋겠느냐고 그대는 말할 것이다. 그대가 충성과 양심에 비추어 만족할 수 있는 지위를 차지하면 된다고 나는 대답할 것이다. 그렇지 않고 그대가 철면피이며 충실하지 못하다면 어떻게 조국에 득이 될 수가 있겠는가.*21

＊21 여기서 가볍게 언급하고 있는 사상은 깊은 의미를 지닌다. 실천적으로 보아서 스토아학설 가운데 가장 잘못되어 있다고 생각되는 것은 마음에 끊임없는 평정을 유지하는 방법이다. 그러나 스토아철학이 그 끊임없는 평정심을 최고의 선이라 인정하는 것은 잘못되지 않았다. 스토아학파의 현자들은 그 목적을 이루기 위해 철학적인 자기 향상에 한결같이 노력한다. 그러나 많은 경우, 그것은 거의 오만에 가깝게 보였다. 그렇기 때문에 그들은 고대에도 종종 비난을 받았다. 또한 그들은 자기의 감정을 철저하게 억누르려 애를 썼는데, 그것은 극단적인 경우 시니시즘에 빠져들었다. 또한 세상으로부터 완전히 동떨어짐으로써 그것을

이루려 했다. 그러나 인간의 심리를 아는 사람이라면 누구든 그렇게 해서 얻어진 만족은 모두가 단지 철학적 만족, 즉 끊임없는 반성과 자기 만족이라고 설명하려는 부단한 결심으로 도달할 수 있는 것임을 부정하지 않으리라. 인생의 실제적이고 객관적인 행복과 자연스런 평정심이란, 우리의 견해에 따르면 봉사의 삶, 병역의 의무에 비교할 수 있을 만한 봉사의 삶에 의해서 얻어진다. 즉, 적당한 시기에 일생을 어떤 위대하고 진정한 사업에 바쳐야 한다. 그것은 사람에게 창조적 활동을 불러일으키며, 그러한 활동 없이는 참된 행복은 생각할 수 없다. 그것은 박해에 맞닥뜨린 사람을 침착하게 하고, 혐오에 대항하는 의지력을 주며, 이 세상 최대의 폭군인 공포에 빠뜨리지 않고, 단호하게 자기의 의견을 굽히지 않으며, 고생을 마다 않고, 또한 자기의 잘못(이것은 사람이 자기의 일을 충실히 하는 한, 크게 문제가 되는 것이 아니다)에 강한 인내심을 갖게 한다. 그리하여 또한 사람은 확실하고 전혀 잘못이 없는 자기 판단에 도달하게 되는데, 그 자기비판이야말로 모든 위대한 사업에 따라다니는 광기로부터 사람을 구원해 준다. 그렇게 함으로써 사람은 또한, 자기의 몸을 바치는 일의 적이자 아군인 모든 사람들과, 혹은 사회와의 적당한 접촉을 유지하게 되며, 노년이 되어 대개 어떠한 명백한 성과를 남긴 일생, 따라서 결코 잃은 것이 아닌 일생을 돌아보면서 마음 편하게 노후를 즐길 수 있는 것이다.

러셀은 그의 희곡의 주인공 지킨겐을 통해 이렇게 말한다.

"우리는 인생을 그 위대한 목적에게서 빌리고 있다. 실제로 그 공장에서는 인류는 단지 노동자에 불과하다. 나는 내가 할 수 있는 모든 것을 해왔다. 정직하게 부채를 갚은 사람처럼 몸이 가볍고 자유로움을 느낀다."

이것이 근대 스토아주의의 사고방식이다. 그리스도의 사명을 올바르게 이해한 최초의 인물이 이스라엘의 성직자가 아니라(그렇기는커녕 당시 최고의 성직에 있었던 사람조차도 그를 어떻게 생각해야 좋을지 알지 못했다), 오히려 로마의 장교였다는 것은 결코 우연이 아니다(마태복음 8장 9절, 11장 3절). 근대의 민중 지도자 가운데 가장 힘들고 위험한 처지에 있었던 크롬웰은 1655년 1월 22일 제2 혁명의회에서 이렇게 말하였다.

"비록 어떠한 고난이 있더라도 우리는 신의 힘에 의지해서 대항할 수 있으리라. 나는 신의 덕택으로 어려움에 길들여져 왔다. 신을 믿어 아직 배반당한 적이 없다. 나는 이 사실을 여러분과 그 밖의 사람들에게 말할 때 속으로 웃고, 노래할 수가 있다."

크롬웰의 이 말에는 다른 점에서 주의할 것이 한 가지 있다. 모든 '봉사'는 그 자체로서 엄격한 것이어서 만약 남을 위로하고, 부드럽게 하는 요소가 그것에 더해지지 않으면 실제로 사람을 엄격하게 하는 법이다. 그리고 이 요소야말로 그러한 위인이 모든 어려움 속에서도 속으로 웃고, 노래하게 했다. 반대로 이 요소의 결핍이 지난 18세기 최대의 '국가의 종'(프리드리히 대왕)에게 그 활동적이고도 성공한 삶의 끝에 '짐은 노예들을 지배하느라 지쳤다'는 비통한 절규를 하게 했다. 인류에게만 봉사하는 고귀한 사람들은 모두 심하게 지치는 법이다. 이것이 그 자체로서는 크게 존경할 만하고, 경우에 따라서는 숭고하기까지 한 생각, 이른바 '휴머니즘'의 결점이다. 구약성서의 예언자 몇 사람은 이미 이 사상을 꽤 명백하게 기술하였다(예레미야 17장 5~9절, 이사야 40장 29~31절, 호세아 14장 4절).

크나큰 어려움으로 가득 찬 이 세상에서 활동적이고 공적인 생활에서 흔쾌히 견뎌 나간다는 점에서는 현대 사회 쪽이 전체적으로 고대 사회보다 낫다. 다만 현대의 가장 훌륭한 철학자들은 이미 교수직에 있는 것이 아니라 오히려 대부분이 가버나움의 선조(앞에서 기

잔치 자리나 인사 자리, 또는 상담을 요청받는 경우에 누군가가 그대보다도 먼저 받는 일이 있을 것이다. 그러나 그것이 잘한 일이라면 존경을 받은 사람을 위해 축하의 뜻을 표하는 것이 좋다. 그러나 그것이 잘한 일이 아니라면 그대는 그것을 받지 못한 것을 조금도 슬퍼해서는 안 된다. 어찌됐든 자기 능력에 없는 것을 얻을 때에는 타인이 한 것과 똑같은 것을 하지 않고 타인과 같은 보수를 얻을 수는 없다는 것을 잊지 말라. 바꿔 말하면 지위가 높은 분께 문안드리지 않은 사람이 문안한 사람과 똑같이, 바치지 않은 사람이 바친 사람과 똑같이, 또한 아첨을 하지 않은 자가 아첨을 한 자와 어떻게 똑같이 은총을 받을 수 있겠는가. 대가를 치르지 않고 공짜로 얻으려 한다면 그대는 옳지 못하며, 또한 탐욕스러운 사람이 된다.

샐러드는 얼마 정도에 팔릴 것인가. 아마도 1그로셴쯤이리라. 그런데 지금, 어떤 사람이 자기가 갖고 있는 1그로셴을 내고 그 대가로 샐러드를 받았다고 하자. 그대는 돈을 내지 않고 아무것도 받지 않았다고 치자. 그러나 그대는 그 사람보다도 결코 적게 가진 것이 아니다. 그는 샐러드를 갖고 있고, 그대는 돈을 갖고 있다. 이것은 다른 일에서도 마찬가지이다. 그대가 어떤 사람에게 초대를 받지 않았으나, 초대자가 그것에 대신할 만한 것을 그대 역시 그에게 주지 않았던 것이다. 그는 실제로 찬사에 대해, 애를 쓴 것에 대해 초대를 판 것이다. 그것이 유리한 것 같으면 그대는 그 대가를 지불하면 된다. 그러나 주지 않고 받으려고 한다면 그대는 탐욕스럽고 어리석은 자이다. 그렇다면 그대는 초대받는 것 대신에 아무것도 가진 것이 없는가. 아니, 그대는 분명 칭찬하고 싶지 않은 사람을 칭찬하지 않았다는 사실을 갖고 있다.*22

술했던 장교)의 예를 본받아 군복을 몸에 두르고 있다. 아니면 군복을 몸에 두르고 있기 때문에 그런지도 모른다.

*22 여기에는 다음과 같은 사상이 감춰져 있다. 즉, 보통 사람은 자연스럽게 자기의 이익을 추구하는 법이며, 그들의 사고나 행동도 주로 손해에 대한 공포나 향락에 대한 즐거움으로 결정된다. 그들 행동의 이런 동기가 정신적으로 의식적인지 무의식적인지, 외형적으로 조잡한지 품위 있는지는 큰 문제가 되지 않는다. 그것은 오히려 그들 행동의 비자주성의 정도 차이를 나타내는 것에 불과하다. 가장 성가신 것은 의식적으로 선택된 동기, 즉 철학적 이기주의이다.

진정한 철학이나 종교는 그러한 이기주의로부터 인간을 해방하는 것을 목적으로 한다. 철학은 자기의 힘과 이성적 반성으로, 또한 종교는 다른 이의 힘으로 그것을 하려 한다. 그리

우리는 확실한 일에 대해서는 이성의 목소리를 분명하게 들을 수 있다. 예를 들면 남의 아이가 항아리를 깼다면 누구든지 즉각 속으로 말하리라. 그것은 흔히 있는 일이라고. 그러므로 자신의 항아리가 깨졌을 때에도 남의 항아리가 깨졌을 때 취하는 태도와 똑같은 태도를 취해야 한다. 그리고 더 중대한 일에도 이를 적용해야 한다. 남의 아내나 자식이 죽었다면 누구든지 '그것은 인간의 운명이다'라고 말한다. 그러나 자기 가족 가운데 한 사람이 죽었다면 누구나 '아, 슬프다, 나는 왜 이다지도 불행하단 말인가!'라고 탄식하며 슬퍼한다. 그러나 우리는 이와 똑같은 일이 남에게 일어났을 경우 우리가 어떠한 감정으로 그것을 받아들이는지를 기억해야 한다.

27

과녁이 맞아서 떨어지기 위해 있는 것이 아닌 것처럼 불행도 사람이 그것을 피하기 위해 세상에 존재하는 것은 아니다.*23

고 다른 이의 힘에 대한 신앙은 우선 자기의 의지를 바치고, 신앙을 위해 완전하게 자기의 의지를 멸할 것을 전제로 하는 법이지만, 대부분의 사람은 그 용기와 결과에 대한 믿음이 부족하다. 따라서 복음서는 '신앙을 얻으면 반드시 구원을 받으리라'고 말하고 있다. 대체로 의지를 버리지 않는 신앙은 인간의 완성을 위해 전혀 가치가 없으며, 인간을 자연 그대로의 상태로 남게 한다. 올바르게 신앙이라 불릴 수 있는 것은 원래 하나의 선물이며, 의지적 충성에 대해 계속 주어지는 보수이다. 인간은 아무리 노력을 해도 자신에게 신앙을 부여하지는 못한다. 우리에게 신앙을 '주입하려'는 현대 종교 교사들의 노력이 얼마나 효력이 없는지는 늘 경험한다. 그러나 인간이 신앙을 갖지 않는다는 것은 지식을 갖지 않은 경우보다도 한층 더 각자의 책임이라 해도 과언이 아니다. 왜냐하면 그 사람은 어렵사리 가진 힘을 이용하지 않고 그 대가를 지불하려고도 하지 않기 때문이다. 그런 의미에서 신앙이라는 것은 역시 자신의 행위이며, 올바른 회심은 모두 자기의 행위로 시작되는 것이다. 이것을 명확하게 하는 것이 효과적인 종교 교육의 임무이다. 인간이 의지를 버릴 때는 그때마다 반드시 설명할 수 없는 인간 본성의 이상한 법칙에 따라서 새롭고 한층 명료한 인식과 확신이 저절로 생겨나는 법이다. 이와 같은 방법에 의해서만 진정한 내적 인식이 얻어질 수 있다. 이것이 곧 스웨든 보르크가 말한 '깨달음'이며, '학자가 이해할 수 없는 것이다'. 비슷한 예를 들면 이 과정은 자동저울과 비슷하다. 효과가 나타나게 하려면 반드시 그 한 소쿠리의 사과를(다른 것으로는 절대 안 된다) 먼저 던져 넣지 않으면 안 된다(요한복음 5장 30·44절, 9장 25·39절, 11장 40절, 7장 17절 참조).
*23 이것은 분명 명언이다. 앞에서 말한 시에나의 카타리나의 말과 일치한다. 대부분의 사람은 세상에 불운이나 실패라 불리는 것에 대한 어리석은 공포 속에 살면서, 그것이 얼마나 좋

다른 사람이 그대의 육체를 마음대로 할 수 있는 힘을 멋대로 아무한테나 준다면, 그대는 몹시 화를 낼 것이다. 그러나 그대가 누군가와 엉뚱하게 싸움을 시작해서 그것 때문에 마음이 어지럽고 불안에 빠졌을 때, 그 사람에게 그대 마음을 그의 마음대로 하는 힘을 준 것을 그대는 어째서 꺼리지 않는가.

무슨 일을 하려면 반드시 무엇이 먼저여야 하는지, 또 어떤 일이 일어나는지를 먼저 자세히 살펴야 한다. 그런 다음에 비로소 시작하는 것이 좋다. 그렇게 하지 않고 필연적인 결과를 잘 생각해 두지 않으면, 처음엔 기꺼이 일을 시작하겠지만 어려움이 생기면 부끄럽지만 손을 뗄 수밖에 없을 것이다. 예를 들면 그대는 올림픽 경기에서 상을 받기를 원한다. 나도 어떻게든 그것을 받고 싶다. 뭐니뭐니해도 그것은 명예로운 일이니까.

그러나 그런 일에는 무엇이 먼저고, 이어 무슨 일이 일어날지를 먼저 깊이 생각한 다음에 시작해야 한다. 그대는 혹독한 훈련을 계속하고, 강제적인 규칙에 따라서 식사를 하며, 맛있는 음식을 피하고, 엄중한 명령을 좇아서 일정한 시간 동안 추위와 더위를 무릅쓰고 훈련해야 한다. 차가운 음료를 마셔서는 안 되며, 아무렇게나 포도주를 마시지 않아야 하며, 한마디로 말해 의사에게 몸을 맡기듯이 지도자에게 자신을 맡기지 않으면 안 된다. 그런 다음 그대는 경기장에 나가야만 한다. 경기에 나가게 되면 그대는 손이나 발목을 삐거나 먼지를 많이 마시거나, 어쩌면 잔뜩 얻어터진 다음에 최후의 패배를 당하는 일이 있을지도 모른다. 이런 것들을 깊이 생각해 본 다음에도 여전히 마음이 내킨다면, 그때 비로소 선수가 되는 것이 좋다. 그렇지 않으면 그대는 한 때는 역사(力士)를, 어떤 때는 검투사 흉내를 내고, 어떤 때는 나팔수, 어떤 때는 배우를 연기해 보는 어린아이와 같이 행동하는 것이 되리라. 지금 그대는 힘 센 장

은 것일 수 있는지를 깨닫지 못한다.

대체 무엇이 행복인지, 또한 어떻게 그것을 알 수 있는지에 대해서는 다양한 의견이 있다. 그 가운데 가장 실용적인 것을 들면 다음과 같다.

(1) 날마다 자기의 운명에 흔쾌히 따를 수 있는 사람은 행복하다.

(2) 매일 밤, 잠자리에서 내일 아침에 다시 깨어나는 것을 기뻐할 수 있는 사람은 행복하다.

사인가 싶으면 다음에는 검투사이고, 그 다음에는 연설자이며, 또 다음에는 철학자이지만, 사실은 아무것도 아니며, 단지 원숭이처럼 그때마다 보는 것을 흉내낼 뿐이며, 계속해서 여러 가지가 그대의 마음에 드는 것이다.

즉 그대는 확신과 정확한 전망을 통해 일을 시작한 것이 아니라 경솔함과 쉽게 깨어나는 욕망으로 시작했던 것이다. 만약 23명의 사람이 한 철학자를 만났거나 '유프라테스*24는 굉장한 웅변가로군! 웅변으로는 그를 따를 자가 없다'고 하는 말을 듣거나 한다면, 그들은 자기들도 철학을 연구하려 나설 것이다. 어떤가, 그대, 어떤 일이 무엇을 요구하는지를 먼저 정밀하게 생각하고, 다음에 그대가 과연 그것을 감당할 수 있는지 여부를 관찰해야 한다. 그대가 5종 경기(검술, 달리기, 멀리뛰기, 창던지기, 레슬링)의 선수라든가 역투사(力鬪士)가 되려 한다면 자신의 팔이나 다리, 허리를 잘 살펴보라. 누구나 몸이 모든 일에 적합하게 생기지는 않았다. 어쩌면 그대는 철학자가 되려 하면서 지금까지처럼 마시고 먹거나, 화를 낼 수 있다고 생각하는가. 그보다도 그대는 밤을 새워 공부하고, 친구도 만나지 않고, 노예한테까지도 경멸을 당하며, 모든 것으로부터 즉, 명예, 관직, 법정, 그 밖의 온갖 업무로부터 물러서야 한다. 그것들을 대신해 냉정, 자유, 불굴(스토아학파의 선)을 얻기 바라는지 깊이 생각해 보라. 그렇지 않으면 그대는 어린아이와 마찬가지로 혹은 철학자, 혹은 재무관, 혹은 연설가가 되려고 하며, 마지막에는 로마제국의 총독까지 되고 싶어 할 것이다. 그러나 이러한 것들은 혼자서 다하지는 못한다. 그대는 선한 사람이든 악인이든, 어쨌든 하나의 통일된 인간이 될 수밖에 다른 도리가 없다. 그대는 자아(自我)의 가장 뛰어난 부분(깨달음, 이성, 정신)을 완성하든지, 외적인 면을 완성하든지, 내부를 고려하든지, 외부를 고려하든지, 결국 철학자가 되든지, 속인이 되는 것 외에는 방법이 없다.

30

의무는 사람과 사람의 관계에 의해 정해진다. 사람은 아버지를 공경하며, 모든 일에 있어 아버지에게 양보하고, 아버지가 꾸중하거나 때리거나 하더라도 참아야 한다. 그러나 아버지는 악인이라고 그대는 말하리라. 운명은 그대에게

---

*24 당시 시리아의 스토아학자.

훌륭한 아버지를 주었는가. 아니다. 그저 한 사람의 아버지를 주었을 뿐이다. 그대의 형제가 그대에게 부정한 행동을 했다고 치자. 그때는 그와 그대의 관계를 생각하라. 그가 무엇을 하는지를 보지 말라. 오히려 그대가 어떻게 행동하면 이성적으로 행동할 수 있는지에 마음을 쓰라. 그대가 괴로움을 당하고 싶지 않다고 생각할 때, 아무도 그대를 괴롭히지 못한다. 그대가 스스로 괴로움을 당했다고 생각할 때에만 그대는 괴로움을 당한 것이다. 마찬가지로 이웃, 시민, 지도자 등의 명칭이 무엇을 의미하는지를 생각하는 습관을 들이면, 그대는 이 사람들에 대한 의무를 자각할 것이다.*25

31

종교에 관하여 가장 중요한 것은 신(神)에 대한 정확한 관념을 갖는 것이다. 즉, 신은 존재한다는 것,*26 그리고 세계를 좋게, 나아가 올바르게 지배하고 있다는 것, 그대는 신을 따르도록 정해져 있다는 것, 신의 지도는 최고 결의의 명령이므로 수용하고, 기꺼이 그 명령에 따라야 한다는 것 등이 그것이다. 그리하면 그대는 신에게서 버림을 받은 듯이 신을 탓하거나 원망하거나 하지 않을 것이다. 다만 이것은 그대가 자신의 힘이 미치지 않는 것은 단념하고, 오직 힘이 미치는 것 안에서 선악을 식별할 때에만 가능하다. 왜냐하면 어떤 일에 대하여 선악을 판단한다면, 자기가 바라는 것을 얻을 수 없는 경우, 또는 자기가 바라지 않는 것과 맞닥뜨리는 경우 그대는 반드시 창조자를 비난하고 증

---

*25 다른 사람과 사이좋게 지낼 수 있는 사람은 타인에 대해 무관심할 수 있는 사람이거나, 혹은 복음서에 나왔듯이 7번의 70배만큼 타인을 용서하겠다고 굳게 결심한 사람이다. 첫번째 경우는 두꺼운 갑옷 속에 마음이 갇혀서 사는 사람이다. 두 번째의 경우는 반성을 거듭하는 동안에 차츰 습관이 되어서 마음이 상처받지 않게 되어 있다. 즉 '화를 내보아도 이내 그만두어야 하는데 다시 화를 낸다는 것은 바보짓이다'고 생각한다. 이 두 가지 행동 방식의 중간 길은 모두 어리석다.

*26 우리는 무엇보다도 신이 존재한다는 사실을 실제로 믿기만 하면 된다. 이 사실은 어쩌면 우리가 알 수 없는 것이며, 또한 알아서도 안 되는 것이다. 왜냐하면 신이 존재한다는 것에 대한 증명은 모두 불충분하기 때문이다. 여기서 출발해서 그리스도교나 염세주의, 허무주의로 논리는 필연적으로 나뉘어 간다. 그렇지만 인간 천성의 선량함과 나약함 때문에 대개의 인간은 자연히 이 양극단의 중간 어디쯤에서 일생을 보내게 된다.

에픽테토스도 수많은 사람들이 무엇 때문에 하느님을 믿지 못하는지 그 진정한 이유를 설명하고 있는 것이다.

오할 것이기 때문이다. 모든 생물은 자기에게 해롭다고 생각되는 것, 또 그 원인이 되는 것을 피하고 혐오하는 반면에 자기에게 유리한 것과 그 원인을 탐구해 찬미하는 성질을 갖고 있기 때문이다. 때문에 손해를 입었다고 믿는 자가 그 손해를 입혔다고 생각되는 자에게 만족을 느끼지 않는 것은 손해 자체를 기뻐할 수 없는 것과 같다. 그렇기 때문에 비록 아버지라 하더라도 그가 자식에게 재산이라 생각되는 것을 주기를 거부할 때는 아들에게 원망을 듣는 것이다. 폴리니케스와 에테오클레스가 서로 원수가 된 것도 그들이 독재권을 재물로 생각했기 때문이다.

그러므로 농부나 뱃사공이나 상인, 혹은 처자를 잃은 자가 신에 대하여 불평을 말하게 되는 것이다. 그들에게는 행복과 종교가 함께 있기 때문이다. 올바른 욕구와 올바른 혐오를 지닌 자만이 참된 종교를 가질 수 있다.

그러나 관습에 따라서 제물을 바치는 것은 누구나 해도 되는 일이다. 다만 깨끗한 마음으로 사심 없이 해야지, 게으름을 피우거나 인색하거나 신분에 맞지 않거나 해서는 안 된다.*27

32

그대가 점쟁이에게 점을 치러 간다면 그 사건의 결과가 어떻게 될지를 몰라서 점쟁이에게 물으러 간다고 생각된다. 그러나 그대가 철학자라면 점쟁이에게 가기 전에 사건이 대강 어떠한지를 이미 알고 있을 것이다. 우리의 힘이 미치지 않는 일이라면 그것은 필연적으로 흉한 일도 길한 일도 아닌 것이 된다. 때문에 점쟁이를 찾아가더라도 유쾌해질 것도 불쾌해질 것도 없다. 그렇지 않으면 그대는 점쟁이에게 가는 데 기가 죽을 것이 틀림없다. 오히려 무슨 일이 신상에 일어날 것이라는 예언을 들어도 태연하며, 그것이 어떠하든 그대와는 무관하다는 확신을 가지고 가는 것이 좋다. 그대의 신상에 일어날 일을 바르게 이용하는 것을 아무도 방해할 수 없기 때문이다.*28 조언자를 찾아가듯 서둘러 하느님에게로 가라. 그러나 그때, 그대에게 뭔가 조언이 주어지거든 어떤 조

---

*27 이 마지막 한 구절은 앞의 문장과 잘 연결되지 않는데, 이것은 아마 아리아노스가 자기의 지혜로 덧붙인 것 같다.

*28 "하느님을 사랑하는 자 곧 그 뜻대로 부르심을 입은 자들에게는 모든 것이 합력하여 선을 이루느니라." (로마서 8장 28절)

언자가 그대를 불렀는지를 생각하고, 또한 그 조언에 따르지 않을 때는 누구에게 불복종하게 되는지를 생각해야 한다.

점쟁이에게 가도 되는 경우는 소크라테스의 계명에 따라서 우연이 사건을 지배하고 있고, 앞일을 판단하는 데 이성도 경험도 도움이 되지 않을 경우에 한한다. 따라서 그대가 친구를 위해, 또는 조국을 위해서 위기에 맞서야 하는 때에는 그것을 해야 하는지 여부를 점쟁이에게 물어볼 필요는 없다.*29 왜냐하면 점쟁이가 그대에게 제물에 흉한 조짐이 있다고 한다면 그것은 죽거나 팔다리가 잘리거나 추방을 의미하는 것이지만, 이성은 그런 사정 아래서도 친구를 돕고 조국을 위해 감히 위험을 무릅쓰라고 명령하기 때문이다. 때문에 오히려 더 위대한 예언자인 아폴로를 존경해야 한다. 그는 친구가 죽음을 당했을 때 황급히 도우러 가지 않은 자를 신전에서 쫓아냈다.*30

33

다음의 구절에는 바른 처세훈(處世訓)이 집약되어 있다.

(1) 그대는 모범이 되기에 충분한 인물을 마음에 그리면서 사생활에서나 공적 생활에서도 그를 거울삼아 살아가도록 하라.

(2) 많은 경우에 침묵을 지켜라. 아니면 오직 필요한 것만을 말하라. 그것도 되도록 짧은 말로 하라.*31

---

*29 "조짐은 오직 조국을 구하기 위해서만 존중된다." 분명한 의무가 있는 경우에 여러 사람에게 묻거나 의논하는 것은 도망칠 길을 찾는 거짓된 마음이 있다는 증거이다. 오늘날 그리스도교의 시대에도 자칭 독실한 신자가 많이 있어서 무엇을 해야 하는지 잘 아는 경우에도 여전히 성서를 열어 보거나 목사에게 묻곤 한다.

*30 이와 같은 나쁜 친구가 나중에 델포이에 가서 신탁을 청해 다음과 같은 명령을 받았다. "죄인이여, 그대가 더럽힌 이 성스러운 땅을 떠나라. 그대는 그때, 죽어 가는 친구를 구하지 않았기 때문이다."

*31 모든 종파와 시대를 초월하여 진정한 성자(聖者)는 항상 두 가지의 똑같은 성질을 가지고 있다. 그들은 매우 단순하며, 또한 대단히 친절하다. 성녀 테레사는 자서전에서 성자 한 사람(알칸타라의 페트루스)을 다음과 같은 특색 있는 말로 표현하고 있다.

"내가 그를 알았을 때, 그는 꽤 나이가 들어 있었다. 그리고 마치 나무뿌리가 뒤엉킨 것처럼 야위고 쇠약했다. 아주 성스럽고 거룩한 사람임에도 불구하고 그는 굉장히 친절했다. 그리고 말을 시키지 않는 한 침묵했다. 그는 뛰어난 이성(理性)의 소유자였으므로 그의 이야기는 무척이나 재미있었다."

이 사람은 테레사의 내적 삶이 가장 힘든 시절에 테레사를 깊이 이해해 주었던 유일한 사

(3) 특별히 필요한 경우 말고는 되도록 대화에 참여하지 않는 것이 좋다. 화제도 시사문제, 시합, 경마(競馬), 경기,*³² 음식 등 일반적으로 화제가 되는 것을 피하고, 특히 타인에 대해서는 칭찬도 헐뜯지도, 또는 비교하는 말도 하지 말아야 한다.

(4) 가능하다면 그대의 대화로 동료를 언제나 품위 있는 화제로 이끌어야 한다. 또한 전혀 알지 못하는 사람들 사이에서는 침묵을 지키는 것이 좋다.

(5) 되도록 웃지 말아라. 여러 일로 웃는 것도, 지나치게 웃는 것도 좋지 않다.

(6) 가능하면 맹세는 하지 말아야 한다. 꼭 해야만 한다면 최소한에 머물러야 한다.

(7) 속된 무리나 교양 없는 사람들과의 연회*³³는 피하라. 그러나 도저히 피할 수 없을 경우에는 속된 풍속에 빠지지 않도록 주의하라. 왜냐하면 어떤 사람이 불순할 때, 그와 교제하는 사람은 아무리 순결한 사람이라 해도 반드시 더러워지기 때문이다.

(8) 음식, 의복, 주거, 사용인 등 육체에 관한 모든 것은 꼭 필요하거나 어쩔 수 없을 때에만 이용하라. 사치의 범위에 속하는 것은 모두 피하라.*³⁴

(9) 성교는 될 수 있는 대로 억제하라. 아니면 법률상 허용된 방법에 따라서 행하라. 그러나 이것을 행하는 사람에게 불쾌함을 보이거나 비난하지는 말아야 한다. 또한 그대가 성교를 억제하는 것을 자랑해서도 안 된다.*³⁵

람이다.

그러나 어떤 시대에나 무뚝뚝하고 화를 잘 내는 성자와 화려한 성자가 있었다. 이러한 성자들은 믿지 말아야 한다. 그들은 고작해야 반밖에는 거룩하지 않다. 왜냐하면 그들은 아직 자기가 추구하는 죽음을 완전하게 벗어나 있지 않기 때문이다. 그렇지 않다면 그들은 죽음이 얼마나 어려운지를 알고, 모든 일에 인내심이 강했어야 한다. 그들에게 가장 좋은 것은 언제까지나 세상에 알려지지 않고 침묵하며 사는 것이리라. 그리스도교의 문헌 가운데는 요한계시록 3장 1~2절이 그들에게 해당한다.

*32 오늘날이라면 연극, 정치, 선거, 신문기사 등도 이에 들어갈 것이다.

*33 나는 제례나 축전도 여기에 포함시키고 싶다.

*34 인생의 진정한 쾌락은 이러한 것들과 관련이 없다는 것을 염두에 둔다면 한층 쉬워질 것이다. "우리의 진정한 기쁨은 참으로 필요한 것이 채워졌을 때에만 생겨난다."

*35 이는 분명 이 문제의 중대성에 대하여 정확한 관념을 가지지 못한 이교도의 가르침으로 보인다. 다만 부분적으로는 마태복음 19장 11·12절과 일치한다.

반대로 교회의 독신제는 단지 위선의 위험뿐만 아니라 오만의 위험도 내포하고 있다. 원래

⑽ 누가 그대에게 "누구누구가 네 험담을 하더라"고 하거든 변명을 하지 말고 이렇게 대답해야 한다. "그는 내가 가진 다른 결점을 몰랐던 것이다. 그렇지 않았다면 단지 그 한 가지만을 들었을 리가 없다."*36

⑾ 극장에 자주 가는 것은 필요하지 않다. 따라서 이것 또한 피해야 한다. 그러나 사정이 어쩔 수 없어 가야만 하는 경우에도 특별한 흥미를 보여서는 안 된다. 어느 쪽에도 편들어서는 안 된다.*37 거기서 행해지는 것 이외에 아무 것도 바라지 말며, 실제로 이기는 자가 이기게 놓아두어야 한다. 그리하면 그대는 자신의 철학적 견해에 아무런 지장도 받지 않을 것이다. 배우의 이름을 부르거나, 웃거나 박수갈채를 하거나, 흥분하거나 하는 것은 모두 삼가야 한다. 또한 귀가한 다음에는 수양에 이익이 되지 않는 한, 극장 안에서 일어났던 일에 대하여 많이 이야기해서는 안 된다. 그렇지 않으면 결국 그대는 연극을 찬미하는 것이 되기 때문이다.

⑿ 많은 사람들*38의 강연에 생각 없이 경솔하게 가서는 안 된다. 그러나 그대가 그곳에 간다면 진지하고 품위 있는 태도를 지키고, 언제나 타인에게 폐를 끼치지 않도록 주의하지 않으면 안 된다.

⒀ 어떤 사람, 특히 고귀한 사람과 대화를 하고자 할 때는 소크라테스나 제논이라면 이런 경우에 어떤 태도를 취했을까*39를 생각하라. 그리하면 상황에

중요하지 않은 덕을 매우 커다란 공적인 것처럼 생각하고, 그 밖의 덕이 없는 약점을 임금님의 이 외투로 감춰버리기 때문이다.

*36 이것은 자기도취에 빠져 있지 않은 사람들에게는 험담이나 비난 때문에 괴로워하지 않을 좋은 방법이다. 칼라일은 날카로운 어투로 이렇게 말하고 있다.
"심적 만족을 얻는 가장 좋은 방법은 나는 교수형에 처해 마땅한 사람이라고 스스로 생각하는 것이다. 그리고 이것은 어쩌면 사실일지도 모른다. 그리하면 만족은 극히 자연스럽게 생겨난다."
오늘날 일반에 퍼져 있는 불평불만은 확실히 이와 같은 올바른 자기평가를 하지 못한 데서 비롯된 것이다.

*37 남자 배우나 여자 배우에 대하여 개인적인 흥미를 나타내지 말라는 것이다. 그러나 이것은 오늘날 교양 있는 사람들 사이에서조차 때때로 행해지고 있다.

*38 궤변가나 수사학자를 가리킨다. 그러나 우리는 현대에도 많은 종류의 강연자나 '강단설교자'를 여기에 포함시켜야 한다.

*39 즉 비굴해지지 말며, 사정에 따라서는 더 어려운 일이기는 하지만 걸맞지 않은 오만한 태도에 빠지지 말고, 상대의 신분에 맞는 존경심을 가져야 한다. 제논은 높고 귀한 사람과 교제할 때 언제나 교양 있는 사람다운 기품을 갖추었다고 한다. 그래서 안티그노스 왕은 일

즉각적으로 대처할 때 당황하는 일이 없을 것이다.

(14) 높고 귀한 사람을 방문할 때는 그가 자리에 없을지도 모른다는 것, 면회를 사절할지도 모른다는 것, 그대의 면전에서 문이 닫힐지도 모른다는 것, 또한 그대에게 별로 주의하지 않을지도 모른다는 것을 미리 각오해야 한다. 그래도 여전히 그를 방문하는 것이 그대의 의무라고 생각한다면, 어떠한 대우를 받든 견디지 않으면 안 된다. 그리고 결코 방문한 보람이 없었다는 등의 말을 하지 말아야 한다. 그것은 겉으로 보이는 사실에만 구애받는 교양 없는 사람이나 할 짓이다.

(15) 모임의 자리에서 그대가 한 행동이나 모험에 대해 장황하게 말하지 않도록 주의해야 한다. 왜냐하면 그대가 헤쳐온 위험을 회상하는 것은 그대에게는 유쾌할지 모르지만 남이 듣기에는 그다지 유쾌하지 않기 때문이다.

(16) 남을 웃기는 것도 삼가는 것이 좋다. 그것은 속된 것으로 흐르기 쉬우며, 친구의 존경심을 줄어들게 하는 성가신 성질을 가졌기 때문이다.

(17)고상하지 못한 화제에 열중하는 것도 위험하다. 만약 그대 앞에서 그런 이야기가 나오거든 사정이 허락하는 한 그 이야기의 책임자에게 비난을 퍼부어야 한다. 만일 그렇게 할 수 없다면 침묵하거나 얼굴을 붉히거나, 진지하게 기분이 나쁘다는 내색을 해서 그런 이야기에 대한 불만을 표시하는 것이 좋다.

34

육체적 욕망의 그림자가 마음에 솟아오르거든 다른 육체적 상상의 경우와 마찬가지로 그것에 마음을 빼앗겨서는 안 된다. 오히려 그 실행을 잠시 연기해야만 한다. 그리고 깊이 생각할 시간을 가져서 두 가지 중요한 시기, 즉 쾌락을 즐기는 때와 그 향락 뒤의 후회로 스스로를 격렬하게 비난하게 되는 때를 생각해야 한다. 또 그대가 그 욕망을 잘 억제했을 때 얼마나 기쁨을 느낄 것이며,

---

생에 단 한 번 이 철학자와 대화할 때 낭패했다고 고백했을 정도였다.

제논은 기원전 340년부터 260년경까지 살았던 사람으로 280년 이후 철학 교사로서, 또한 스토아학파의 건설자로서 아테네에 살았는데, 그는 그리스인이 아니라 키프로스섬의 항구 도시 키티온 출신의 페니키아인이었나. 그는 여러 가지 점에서 스토아학파 현자의 모범을 보였으며, 아테네인이 그를 위해 세운 기념비에는 '그의 삶은 그의 가르침과 완전히 일치했다'는 비명이 새겨졌을 정도였다. 그는 자기의 가르침에 따라 고령에 이르러 자살로 삶을 마쳤다고 한다.

스스로를 얼마나 대견하게 여길지를 생각해 보라. 그리고 그렇게 해도 지장이 없겠다고 생각되더라도 그 감미로운 매력에 마음을 빼앗기지 않도록 주의하라. 유혹과 싸워서 이겼다는 자의식 쪽이 훨씬 낫다는 것을 깊이 생각해 보라.

35

반드시 해야 한다는 확고한 신념을 가진 일을 할 때, 비록 대중이 그에 대해 달리 생각하더라도 공공연하게 그 일을 하기를 주저할 필요는 없다. 그대가 올바르게 행동하지 않는다면 그 행동이야말로 주저해야 할 것이며, 올바르게 행동하는 것이라면 그대를 부당하게 비난하는 사람들에 대하여 주저할 것이 무엇이 있겠는가.[*40]

36[*41]

37

만일 그대가 자신에게 적당하지 않은 역할을 맡는다면 그로 인해 불명예를 안게 될 뿐만 아니라, 그대가 명예를 다해 왔을 다른 역할도 소홀히 하게 된다.[*42]

[*40] 특히 공화국 국민에게 이것은 가장 좋은 교훈 가운데 하나이다. 공화국을 정략가들의 수중에 맡기게 되는 가장 큰 원인은 자기들끼리 있을 때는 그들을 비난하면서 감히 공공연하게는 반항하려 하지 않는, 선량한 국민들의 우유부단함이다. 때문에 종종 파렴치한 소수가 다수를 지배하게 되는 것이다.

[*41] 이 구절에는 상당히 복잡한 철학적 삼단논법과 지극히 통속적인 응용이 포함되어 있다. 예를 들면 연회석상에서는 자기의 배만 채우지 말고 주인이나 합석한 손님에 대한 예의도 고려해야 한다는 것 등이다. 그러나 이러한 예를 보더라도 우리는 일반적인 예의범절의 진보를 분명하게 알 수 있다.

[*42] 이 말은 확실히 진리이며 또 자주 일어나는 일이다. 대부분의 사람들이 인생의 적당한 시기에 자기에게 적합한 역할을 발견한다면 분명 도움이 될 것이다. 16세기 프랑스의 한 성직자는 이 점에 관해 많은 사람들의 비슷한 결점을 다음과 같이 표현하고 있다.
"구원은 우리의 일을 변경함으로써 성취되지 않는다. 구원은 지금까지 자신을 위해서만 해 왔던 일을 하느님을 위해 함으로써 이루어진다."

우리는 길을 걸을 때 못을 밟거나 발이 접질리지 않도록 조심하는데, 마찬가지로 자아의 가장 선(善)한 부분*43이 손상되지 않도록 주의해야 한다. 어떤 행동을 하건 그때마다 이를 염두에 둔다면 우리의 행동은 한층 안전할 것이다.

육체가 바라는 것이 소유의 척도(尺度)인 것은 발이 신발의 척도인 것과 마찬가지이다. 여기에 머문다면 그대는 절도(節度)를 지킬 수 있으리라. 그러나 일단 그것을 넘어서면 그대는 반드시 깊은 수렁에 빠질 것이다. 예를 들면 신발에 대해서도 그러하다. 발의 요구를 일단 넘게 되면 우선 도금된 신발, 다음에는 빨갛게 물들인 신발, 이어 수가 놓여진 신발을 원하게 된다. 왜냐하면 물건은 일단 척도를 넘으면 한도가 없기 때문이다.*44

여자는 14살이 되면 남자들에게서 숙녀라 불린다. 여자들은 자기의 아름다움*45 외에는 쓸모가 없다는 것을 알기 때문에 화장에 열중하고 모든 희망을 외부의 매력에 걸기 시작한다. 그러므로 예의범절이나 얌전함 외에는 명예를 얻을 방도가 없다는 것을 자각하게 되는 것은 당연한 일이다.*46

---

*43 "사람이 만일 온 천하를 얻고도 제 목숨을 잃으면 무엇이 유익하리요"(마태복음 16장 26절). 그러나 이만큼 빈번하게 일어나는 일은 없다. 사람들은 대개 영혼의 문제보다도 '배를 채우는 문제'를 더 중요시한다.

*44 그러나 우리는 의식이 만족한 뒤에는 싫증을 낸다. "더 이상의 것은 모두 인위적인 욕구이며, 그것은 원래 척도가 없는 법이며, 한정된 돈으로 터무니 없는 곳까지 올라가려 하는 법이다(바이에른의 왕 루드비히2세)." 이것이 사치의 가장 큰 위험이며, 또한 사치가 사람에게 내면적인 손상을 입히는 이유이기도 하다.

*45 원전에는 좀더 거친 말투로 되어 있다. 여자가 일반적으로 많은 남성의 마음에 들고싶어한다는 생각은 분명 옳다.

*46 중세의 그리스도교적 스토아주의인 토마스 아 켐피스는 그의 저서 《그리스도를 본받아》에서 한 걸음 더 나아가 남자는 여자와의 교제를 피하고 '오직 모든 경건한 부인을 하느님께 인도하라'고 충고하고 있다. 그러나 이것은 그리스도의 가르침에 어긋난다. 다음과 같이 말하는 것이 옳을 것이다. 우리는 타인에게 올바르게 호의를 보이고, 그 사람의 아름다움을 탐구할 때에만 어떤 사람에게도 해를 입히지 않고 교제할 수 있다. 이런 마음이 없으

지나치게 오래 육체적인 일, 예를 들면 음식이나 그 밖의 것*⁴⁷에 구애되는 것은 품성이 비천하다는 증거이다. 이러한 것들은 모두 쓸모없는 것으로 취급해야 한다. 시간과 정력이란 오로지 정신을 위해 쓰지 않으면 안 된다.

42

누가 그대에게 심술궂은 짓을 하거나 험담을 하거든 이렇게 생각하라. 그는 스스로 옳다고 생각하기 때문에 그렇게 행동하거나 말하는 것이라고. 그는 그대의 생각에 따르는 것이 아니라 자신의 생각에 따르는 것이다. 만약 그의 생각이 틀렸다면 그는 스스로를 속임으로써 자기가 손해를 입을 것이다. 왜냐하면 어떤 사람이 옳은 결론을 틀렸다고 생각한다면 그것은 그 추론의 대상을 해하는 것이 아니라 오히려 잘못을 저지른 그 사람을 해하기 때문이다. 이것을 염두에 둔다면, 그대를 모욕하는 사람에게 부드러운 태도를 취할 수 있을 것이다. 그러므로 그 경우에는 언제나 이렇게 말하라. 그는 그렇게 생각한 것이라고. 그는 자기 생각대로 행동하고 말하는 것이라고.*⁴⁸

43

모든 사물은 취할 수 있는 두 가지 측면을 가지고 있다. 한 가지 측면에서 볼 때 그것은 견디기 힘든 것이지만, 다른 측면에서 볼 때는 견딜 수 있는 것이다. 예를 들면 형제가 그대에게 뭔가 좋지 않은 일을 했다면, 그가 그대를 모욕했다는 것으로만 보아서는 안 된다. 그것은 그를 판단하는 기준으로 그대가 붙잡아서는 안 되는 것이다. 오히려 그는 그대의 형제이며 어린 친구라는 측면

면 어떠한 교제도 반드시 자기의 정신에 좋지 않은 결과를 가져올 것이다. 이 전제 아래서는 극히 어린 사람들은 제외하고, 보통의 사교적인 교제에서는 남녀의 성별은 그다지 중요하지 않다. 허영심이 많고, 경박한 사람들과의 교제는 모두 피하도록 평생 노력해야 한다.

*47 에픽테토스는 너무나도 당연하게 여겨지는 어투로 이 점을 상세히 논하고 있다.

*48 그 사람이 확실히 옳거나 아니면 얼마쯤 옳다면(이것은 사람들이 보통 생각하는 것보다도 자주 일어나는 일이다), 그것 때문에 그에게 화를 낼 이유는 없으며, 또한 그의 생각이나 행동이 잘못되었다면 오히려 그를 가여워해야 한다. 그 일로 마음을 어지럽히지 않는 이상 그것은 조금도 그대를 해하지 않는다. 적을 온화하고 정당하게 대함으로써 어제의 적이 종종 오늘의 친구가 되는 예는 많다.

으로 다루어야 한다. 그렇게 하면 그대는 붙잡을 수 있는 곳(손잡이)에서 사태를 파악한 것이 된다.

44

다음과 같은 논리는 잘못되어 있다.

"나는 너보다 부유하다. 따라서 나는 너보다 낫다."

"나는 너보다 달변이다. 그러니 나는 너보다 훌륭하다."

올바른 논리는 다음과 같은 것뿐이다.

"나는 너보다 부유하다. 그렇기 때문에 나의 경제상태는 너보다 낫다. 나는 너보다 달변이다. 그러므로 나의 말솜씨는 너보다 낫다."

그렇지만 그대 자신은 재산도 아니거니와 말솜씨도 아니다.

45

어떤 사람이 평소보다 목욕을 빨리 마쳤다고 하자. 그때 그가 한 행동이 좋지 않다고 해서는 안 된다. 오히려 그는 일찍 목욕을 했다고 말해야 한다. 어떤 사람이 포도주를 많이 마셨다고 하자. 그럴 때 그의 행동이 잘못되었다고 해서는 안 된다. 그는 많이 마셨다고 말해야 한다. 왜냐하면 그가 그렇게 하게 한 이유를 알지 못하면서 그의 행동이 잘못되었음을 어찌 그대가 알 것인가. 그렇게 함으로써 그대는 단지 사물의 일부분에 대해서만 명확한 관념을 가지며, 다른 불명확한 부분에 맹목적으로 따르는 것을 피할 수 있다.*49

46

스스로를 철학자라 칭해서는 안 된다. 또한 속된 무리들 사이에서 철학적인 원리에 관해 말해서도 안 된다. 오히려 그 원리에 따라서 행동해야 한다.*50 예

---

*49 이 마지막 문장의 뜻은 아마 이럴 것이다. 즉, 그렇게 함으로써 그대는 충분히 알지 못하는 일에 대해서 경솔하게 판단을 내리는 일을 피할 수 있다. 어떤 일에 대해 지나치게 많이 재단(裁斷)하면 그것을 당하는 사람뿐만 아니라 재단하는 사람에게도 커다란 화가 될 수 있다. 그러므로 재난하는 사람들은 그들이 외무료 속박당하지 않은 경우는 언제나 마태복음 7장 1절의 글귀(남을 판단하지 말라. 그러면 너희도 판단을 받지 않으리라)를 감사한 면제로서 해석해야 한다.

*50 이것은 종교에서 더 분명하게 적용할 수 있다. 종교에 대해 많이 듣는 대신에 종교를 본다

를 들면 연회석상에서 식사 예법에 관해 말하지 말고 그저 예법에 따라서 식사를 하면 된다. 소크라테스도 그런 방식으로 쓸데없는 말을 삼갔다는 것을 기억하라. 철학자의 집으로 가르침을 받으러 가고 싶어한 사람들이 소크라테스의 집으로 갔다. 그러자 소크라테스는 그들을 집으로 데려가서 자신이 무시당하는 일을 감수했다.

그러므로 속된 인간들 사이에서 대화가 철학의 원리에 이르거든 침묵하라. 왜냐하면 그대가 아직 충분히 소화하지 않은 것을 토해낼지도 모르는 위험이 있기 때문이다. 그때 누군가 그대를 향해 "너는 아무것도 모르는군" 하고 말하더라도 그것을 개의치 않는다면, 그대는 이미 올바른 길에 있다는 것을 알아야 한다. 목장의 양이 어떤 풀을 먹었는지 양치기에게 보이기 위해서 먹은 풀을 토해 내지 않고 그것을 소화해 젖을 만들어내듯이, 마찬가지로 그대는 속된 사람들에게 철학의 이치를 말하지 말고, 그대가 진정으로 소화한 것에 한하여 그 철학의 이치에서 생겨나는 행위를 실제로 보여야 한다.

47

간소한 생활에 익숙하다고 해서 그것을 자랑해서는 안 된다. 그대가 물만 먹는다고 해서 어떠한 경우에도 나는 물만 먹고 산다고 공언해서도 안 된다. 오히려 가난한 사람들이 얼마나 곤궁하게 살아가고 있는지, 그들이 얼마나 많은 것을 참고 견디는지를 생각해야 한다. 그대가 고생과 인내에 익숙하고자 한다면, 홀로 해야지 모두의 앞에서 보여서는 안 된다. 조각상을 안거나 하지 말라.*51 심하게 목이 마르거든 한 모금의 냉수를 물었다가 다시 뱉어내고, 그것을 아무에게도 말하지 말라.

48

속인(俗人 : 철학자가 아닌 사람)은 모든 이해득실이 자기에게서가 아니라 늘 외부에서 생겨난다고 믿는다. 그러나 철학자는 모든 이해(利害)가 자신에게서 출발한다고 믿는다. 어떤 사람이 지혜의 길에서 앞서 있다는 증거는 대체로 이

면, 사람들은 훨씬 커다란 믿음을 보일 것이다.
*51 명성을 바라는 스토아학자는 엄동설한에 조각상을 안고 그들이 얼마나 한기를 견딜 수 있는지를 세상에 보이려 했다.

러하다.*⁵² 즉, 그는 사람들을 비난하지 않으며, 또한 칭찬도 않고 어떤 사람에 대해서든 불평을 하지 않는다. 자기가 어떤 사람이며, 뭔가를 아는 것처럼 남에게 말하지 않는다. 어떠한 장애물에 부딪치거나 저항을 받으면, 그 책임을 자신에게 돌린다. 누군가가 그를 칭찬하면 속으로 그 칭찬한 사람을 비웃는다. 남이 그를 비난해도 자신을 변호하지 않는다. 그는 마치 회복기의 환자가 겨우 회복되기 시작한 신체를 아직 안심할 수 없으므로 다시 악화되지 않도록 조심하는 것처럼 주의 깊게 자기 길을 간다. 그는 모든 욕망(바람)을 버린 것이다. 그리고 단지 우리의 힘이 미치는 것, 더구나 그 본성(本性)으로 돌아가는 경우에만 그것을 혐오한다. 그의 의지활동은 언제나 절도(節度)를 잘 터득하고 있다. 다른 사람이 자신을 어리석고 아무것도 모르는 자로 여기든 말든 전혀 개의치 않는다. 한마디로 말하면 그는 자신에 대해서 마치 적이나 배신자를 대하듯이 끊임없이 경계를 게을리 하지 않는다.

49

크리시포스*⁵³의 저서를 이해하고 해석할 수 있다고 자랑하는 사람이 있다면 이렇게 말하라. 크리시포스의 글이 난해하지 않았다면 그는 아무것도 자랑할 것이 없었으리라고.*⁵⁴ 그러나 나는 무엇을 추구하는 것인가. 자연을 배워

---

*52 내적 진보의 이와 같은 증거를, 플루타르크는 스토아학자를 반박했던 〈사람은 자기의 도덕적 진보를 어떻게 알 수 있는가〉라는 논문에서 기술하고 있다. 또 크롬웰의 종군 설교사인 리처드 벅스터도 여러 나라 말로 번역되어 있는 그의 유명한 저서 《성자의 영원한 평화》(제8장)에서 그것을 말하고 있다. 고대부터 전해오는 메네데무스의 말은 한층 간결하게 그 요점을 기술하고 있다. "아테네의 고등학원에 인생철학을 배우러 오는 풋내기 학자는 스스로를 현자라 여기며, 나중에는 자신을 철학자(지혜를 사랑하는 사람)라 부르고, 다음에는 담론가, 마지막에는 단순한 인간이라 칭하게 된다"는 말은 정곡을 찌르고 있다.
    내적 진보의 실천적인 증거를 처음으로 가르친 사람은 제논이었다. 그의 말로는 꿈이 곧 그것이며, 꿈속에서도 부정한 일을 용서하지 않고 행하지 않으며, 또한 그것을 기뻐하지 않는 사람이 덕이 있는 사람이다. 그런 사람은 상상력도 감각 능력도 이성으로 완전하게 정화되어 있는 것이다.
*53 크리시포스는 난해함으로 알려진 스토아학자 제논과 클레안테스의 제자였다. 그의 저서는 700권에 이른다고 히는데 오늘날에는 단편밖에 남아 있지 않다. 특히 그는 유명한 변증가로서 신이 만약 변증법을 필요로 한다면, 크리시포스의 변증법 외엔 없다고 했을 정도로 뛰어났다.
*54 오늘날의 이른바 '학문적 해설'도 대부분은 다른 사람이 난해한 글을 썼다는 사정에 기초

서 그것에 따라야 한다. 그래서 나는 누가 나에게 자연을 설명해줄 것인지를 묻는다. 크리시포스야말로 적임자라는 말을 듣고 나는 그를 따르기로 한다. 그러나 나에게는 그의 글을 이해할 능력이 없다. 좋다, 그렇다면 나에게 그 글을 해설해 줄 사람을 찾아보자. 여기까지는 아무런 문제가 없다. 그래서 해설자를 찾았다면 나는 그의 해설을 이용해야 한다. 바로 이것이 중요하다. 내가 단지 해설 자체에(그가 해설할 때 보인 박식함에)만 감탄하고 해설의 기술만을 습득한다면, 나는 그저 문법가가 되었을 뿐 결코 철학자가 된 것은 아니다.*55 단지 다른 것은 호메로스 대신에 크리시포스를 해설할 수 있다는 것에 불과하다. 누군가 내게 크리시포스를 강의해 달라고 했을 때, 내가 그의 격언에 가까운, 또한 그에 일치하는 행동을 보이지 못한다면 오히려 낯을 붉히는 편이 나을 것 같다.

50

여기서 논하고 있는 스토아학파의 교리를 법률을 지키듯이 굳게 지켜라. 만약에 이것을 어길 때는 죄를 지은 것처럼 생각하라. 그러므로 남이 어떻게 생각하든 개의치 말라. 그것은 그대와는 아무런 상관도 없는 일이다.

스스로를 최대의 선(善)을 지닐 자격이 있는 자로 생각하라. 더 이상 어떤 것에도 의하지 않고 비이성적으로 행동(이성의 분별을 그르치게 하는)하기를 그만두는 것을 그대는 언제까지 미룰 것인가. 그대는 이미 그것을 좇아서 심신을 수련할 교리를 들었다. 그대는 그것을 승인했다. 그런데 아직도 어떤 스승을 기다리는 것인가. 그리고 그를 만날 때까지 자기 개선을 미루려 하는가. 그대는 이제 청년이 아니라 어엿한 어른이다. 그대가 여전히 자기 일을 제쳐놓고 게으르게 하루를 보내고, 언제나 미루기를 거듭하며 계획에 계획을 쌓고*56 그날부

한 것이다.

*55 '예술이 스러질 때, 학문은 번성한다. 거기서 또한 기술자의 일이 번창한다. 왜냐하면 지식은 예술이 아니기 때문에.'

*56 "마음은 은혜로써 굳게 함이 아름답다(히브리서 13장 9절)." 이 말은 이하의 논의에 승복하지 않는 사람이라도 모두 긍정할 것이다. 여하튼 그처럼 마음을 굳게 정하는 것은 어떤 사람의 인생에서나 단숨에 되는 것이 아니라 단계를 거쳐 그렇게 되어 가는 것이다. 그러나 삶이 가치를 지녀야만 하는 이상, 이것은 언제고 한번은 일어나야 하는 것이다. 그 경우에 중요한 것은 마음이 확고하게 정해지는 것이지 그저 머리로만 이론을 받아들이는 것이 아

터 자신을 소중히 하겠다는 날을 하루하루 미룬다면, 그대는 언제까지고 아무런 진보에 도달하지도 못하고 교양 없는 자로서 일생을 마치게 되리라.

때문에 그대는 스스로 완전한 인간으로서, 또 진보하는 인간으로서 살아갈 자격을 지닌 자라고 생각해야 한다. 그대가 옳다고 생각하는 것은 어겨서는 안 될 법률처럼 지키도록 하라.*57 어려움이나 모욕을 만나거든 지금이야말로 싸울 때이며, 이미 올림픽 경기는 시작되었으므로 1초의 망설임도 허용되지 않는다*58고 생각하라. 패하거나 그만두거나 하면 그대의 진보는 저해되고, 그 반대의 경우에는 점점 촉진된다는 것을 생각하라.

니다. 인간의 가장 깊은 확신은 온전히 그 천성이 되어야 하는 것이므로, 언제까지나 만든 것이어서는 안 된다. 그렇지 않으면 자신에게 만족을 줄 수도, 타인에게 감화를 끼칠 수도 없다. 그러나 이 신앙은 그리스도교의 견해에 따르면 어떠한 논증이나 거기에서 도출된 식견의 결과가 아니라, 우선은 하느님에게로 기울어진 마음이 있고(여호수아 24장 23절), 나아가서는 하느님에 대한 의지의 결정이 있어서 거기에서 자연스레 생겨나는 결과이다. 따라서 그리스도교의 인생관은 적어도 의지를 가진 인간에 대하여 불신앙(不信仰)을 그 사람의 책임으로 돌린다. 의지 없이는 책임문제가 생겨나지 않기 때문이다. 이러한 모든 철학, 모든 종교의 출발점에서 그리스도교와 스토아철학은 완전히 일치한다. 스토아철학도 의지를 우리의 힘이 미치는 것으로 본다. 이것을 부정할 때는 도덕의 모든 관점이 무의미해지며, 그 문제에 관한 모든 논의가 끝나버리기 때문이다. 그에 반해 그리스도교는 거기에 더하여 각자의 자력에 의한 신앙이 아니라 오직 유일한 하느님에게로 '마음을 돌리는 것'만을 요구한다(이사야서 45장 22~24절). 마음을 돌리는 것이 실제로 사람을 이롭게 하려면 어디까지나 정직하고 성실하지 않으면 안 된다. 골든 장군은 이를 수단에서 그가 한창 어려움에 처했을 때 영국노예금지협회의 한 회원에게 보낸 편지에서 쓰고 있다.

"벗이여, 내 삶을 진정으로 그리스도교의 가르침에 합치시켰더라면 그대를 만족시켰을 것이네. 많은 사람들의 그리스도교는 천박하고 무력해서 아무런 도움이 되질 않네. 그들에게는 훌륭한 점심식사가 중요할 것일세…… '오, 불쌍한 노예들이여!'라고 말했던 입으로 '연어 한 조각 더 어떠십니까?'라고 한다네."

*57 요한복음 13장 17절, 7장 17절 참조. "너희가 이것을 알고 행하면 복이 있으리라." "사람이 하느님의 뜻을 행하려 하면 이 교훈이 하느님께로서 왔는지 내가 스스로 말함인지 알리라."

처음에 진리로서 인식한 작은 일을 즉각 실천에 옮기는 것, 이것이 보다 커다란 인식에 도달하는 유일한 길이다. 먼저 모든 것을 이해한 다음에 실행하려는 사람은 결국 시작하지 않은 것이 된다.

*58 아우구스티누스는 그의 《고백록》 제8권 12장에서 이러한 망설임의 모습을 분명하게 묘사하였다. 그 망설임은 마음의 방향을 바꿈으로써만 없앤다고 했다. 따라서 종교의 첫 번째 요구도 '이해하라'거나 '배워라'가 아니라 '의욕을 가져라', '그대의 정신을 지금까지와는 다른 곳으로 향하게 하라'는 것이다. 이사야서 45장 22·55절, 마태복음 3장 2·4·17절.

소크라테스는 이렇게 무슨 일에 대해서나 오직 이성만을 듣고 좇으려 힘썼기 때문에 마침내 완전한 인간이 되었다. 그대 또한 비록 소크라테스가 될 수는 없다 하더라도 소크라테스처럼 되고자 하는 사람으로 살아야 한다.

51

철학의 가장 중요한 제1부분은 처세 규칙이 들어 있는 곳이다. 예를 들면 '거짓말을 해서는 안 된다'는 것이다. 제2부분은 이 규칙의 증명 부분으로 '거짓말을 하면 왜 안 되는가' 하는 것이다. 제3의 부분은 앞의 두 부분을 확증하고 설명하는 부분으로, 예를 들면 왜 이것이 증명이 되는가, 증명이란 대체 어떠한 것인가, 혹은 추론이란 어떠한 것인가, 모순이란 무엇인가, 무엇이 정확한 판단이며 무엇이 잘못된 판단인가 하는 것과 같다. 따라서 제3의 부분은 제2부분을 위해 있고, 제2부분은 제1부분을 위해 있으므로, 가장 중요하고 전체를 요약한 것은 물론 제1부분이다. 그러나 우리는 이것을 거꾸로 하고 있다.*[59] 우리는 보통 제3부분에 머물러 모든 노력을 여기에 집중하며, 제1부분은 완전히 팽개치고 있다. 그래서 거짓말을 해서는 안 된다는 것을 알면서도 거짓말을 하게 되는 것이다.

52

다음과 같은 생각을 우리는 늘 명심하고 있어야 한다.*[60]
(1) 그러면 나를 이끌어라, 오, 제우스여, 오 그대, 운명이여
그대의 눈길을 내게로 향하도록 명령하는 곳으로.
나는 곧장 그것에 따르리라. 만약 따르지 않는다면
나는 비겁한 것이다. 그래도 기필코 이것에 따라야만 하리니.*[61]

---

*[59] 참으로 진실이다. 철학의 모든 연구는 헤겔 이래 이 거꾸로 된 것에 괴로워한다. 따라서 우리 시대는 철학 연구에 싫증이 나서 오히려 이것을 경시하게 되었다. 마찬가지로 법학이나 신학도 이와 같은 형식적인 구성으로 기울어 참된 법률도, 진정한 신학도 손해를 입었다.

*[60] 첫 번째의 것은 제논의 제자이자 크리시포스의 스승인 클레안테스의 시이고, 다음 것은 에우리피데스의 비극 속의 말, 마지막의 것은 유명한 소크라테스의 말이다. 아뉴토스, 멜레토스 및 류콘은 소크라테스를 고소했던 사람들이다.

*[61] 영국의 격언은 이것을 다음과 같이 표현하고 있다.
"독자여, 그대들이 이미 오래된 이야기를 믿고 있는만큼, 명령을 받아 견뎌야만 하는 것을

(2) 필연을 기꺼이 따르는 자,
그 사람이야말로 현자요, 하느님을 아는 자이다.
(3) 크리톤이여, 그것이 만약 하느님의 뜻이라면 그대로 맡겨두어라.
아뉴토스와 멜레토스는 나를 죽일 수 있으리라,
그러나 나를 상하게 하는 일은 그들도 하지 못한다.

* * *

이상과 같은 스토아철학의 여러 원리는 내 생각에는 그다지 설명이 필요치 않다. 적어도 그것을 알 뿐만 아니라 적용하기 위해서 생각해 보려 하는 사람들에게는 더더욱 그러하다. 그의 주요 명제는 처음엔 어쨌든 믿으면 나중에는 반드시 경험으로 증명되겠지만, 주요 명제는 대강 다음과 같다. 즉, 덕은 이 세상에서 유일한 복이며, 악덕은 유일한 재앙이다. 또한 내적 재물은 결코 잃는 일 없이 인간의 능력 안에 있는 것이며, 온갖 우연이 허락되는 외적 재물*62보다 훨씬 낫다. 덕*63은 지혜이고 악덕은 어리석음이며, 둘 사이에는 어떠한 과도적 단계도 존재하지 않는다. 인간에게 최고의 것은 이 도리를 통찰하는 이성(nus)이며, 다음에는 이것을 실행하고 확보하는 의지력(thymos)이고, 마지막으로 이 두 가지 정신력에 의해서 올바른 범위 내에 머무는 욕구의 능력이 생겨나는 것이다.

이처럼 고상하고 자주적인 견해의 약점은 무엇보다도 다음의 점에 있다. 즉, 이 견해를 수용하려면 이미 높은 수준의 이성과 의지력을 필요로 하는데, 그러나 이것을 평생 실행하려면 그것들이 한층 더 필요하다. 더구나 그 힘은 사람이 끊임없이 자신의 내부에서 새롭게 만들어내지 않으면 안 된다. 지금으로 말하자면 기계가 작동하는 데 마찰이 너무 많으면 그것만으로도 이미 효용은 반감되는 것과 같다. 스토아주의는 끊임없이 뼈를 깎는 고통을 수반하는 어려운 작업이며, 인생에 대한 절망에 빠뜨리기 쉽지만, 그래도 스토아주의자는 이

자진해서 받아들이고 견뎌라."

*62 이것은 'Adiaphora', 즉 사소한 일이다. 또 제논은 그 전에 이미 '병은 재앙이 아니라'라고 했던 주상이 반빌을 빚으리린 것을 알았다. 그러나 '굽은 나무를 똑바로 세우려면' 반대쪽으로 강하게 구부려야만 한다고 생각했다.

*63 이 지혜의 덕은 나중에 더 나뉘어 4개의 유명한 철학상의 덕(인내, 절제, 용기, 정의)이 되었다.

절망을 조금도 잘못된 것으로는 생각하지 않는다.

'출구는 열려 있다'(Exitus patet, 자살은 허용된다). 짐이 너무 무겁다고 생각한 다면 언제든 그것을 내버려도 되는 것이다. 이 거친 요구에 대응하는 것으로 서 한편으로는 자기 혼자만 어진 현자라 자만하고, 또한 이 요구에 견디지 못 하는 자(우매한 대중)에 대한 절대적인 경멸과 무시가 있으며, 그 결과로서 남 의 결점이나 의견 차이에 대한 철저하고도 완고한 냉담함과 무관심이 있다. 하 기야 이것은 그렇지 않아도 사람의 정(情)으로서 빠지기 쉬운 법이기는 하지 만. 스토아주의는 마치 하나의 병영과 같아서 거기서는 인류의 뛰어난 몇몇 사람들이 언제나 엄격한 의무를 다함으로써 그에 대한 대가로 다른 사람들에 대한 지배와 높아진 계급의식을 가진다.

반대로 그리스도교는 똑같은 결과에 도달하기 위해서 전혀 다른 길을 간다. 그리스도교는 인간이란 교양의 여부를 불문하고 자기 내부에서 그와 같은 숭 고한 힘을 전개하지는 못한다고 생각하고, 그 힘은 어떤 사실에 대한 신앙의 결과로서 외부에서 직접 주어진다고 약속한다. 구원은 역사적이지 철학적이지 않으며(즉, 사유 과정이 아니며), 다른 역사적 사실과 마찬가지로 단 한번 일어 난 취소할 수 없는, 인간의 의견에서 독립된 순전한 사실에 기초한다. 구원(救 援)은 이 사실의 승인이며 신앙이고, 이것을 달라고 손을 내미는 사람에게는 반드시 주어지는 어떠한 것, 더구나 모든 사람에게 똑같이 즉, 교양이 있는 자 나 없는 자에게도, 현명한 사람이나 어리석은 사람에게도, 상당한 덕이 있는 사람이나 난폭한 죄인들에게도 똑같이 주어지는 것이다.

자기 힘에 의한 덕을 그리스도교는 믿지 않는다. 그리고 하느님의 뜻에 따르 는 삶은 그에 앞서서 본래 이기적으로 태어난 자연적 존재(그것이 고상한지 험 악한지는 실질적 구별이 없다)의 완전한 개조를 요구한다. 그러한 변화에 의해 서 전에는 결실이 없는 노력이었던 것이 지금은 새로운 본성에 순응함으로써 자연스럽고 쉬워지게 된다.*64

이 두 가르침의 결론은 특히 다른 사람들에 대한 태도에서 분명하게 볼 수 있다. 그리스도교의 견해는 주로 성숙한 인생관의 소산이며, 일찍이 '인생의 길

---

*64 예를 들면 이사야서 55장, 갈라디아서 5장, 로마서 3장 및 8장, 특히 요한복음 3장을 참조 하라. 로마교회는 그 점에서 얼마간 떨어져 있다. 그러나 종교 개혁가들은 적어도 이 입장 을 회복하고자 의도했다.

의 한가운데*[65]서 경험한 내적 투쟁의 결과임을 부정하기 힘들 것이다.*[66]

그러나 그 중간 시기에 한편으로는 소년들이 자각 없이 길러 왔던 그리스도교의 전체 분위기가 그들을 이교적이고 야비한 악덕에서 보호해주기는 하지만, 다른 한편으로는 이 시기에 이미 고전 철학, 고전적 학업이나 사고방법이 시작되어 끊임없는 자기 연마와 의지 단련을 목적으로 하는 자기 교육이 시작되는 것이다. 고전 교육을 받지 않은 그리스도교 신자는 때때로 이와 같은 자기 교육이 결여된 탓으로 그리스도교 자체에 연약하고 감정적인, 때로는 참으로 불쌍히 여겨야 할 만한 겉모습을 부여하게 된다. 그리고 그 겉모습 때문에 그리스도교는 자칫 의연하고 남자다운 것, 따라서 한층 자각적인 사람들의 눈에 비난할 만한 것으로 비친다. 그러나 그리스도교의 본래 성질은 결코 그와 같지 않으며, 반대로 다른 어떠한 종교보다도 남자다워야 하는 것이다.*[67]

그리스도교는 또한 인류의 엘리트(선택받은 사람)뿐만 아니라 인류 전체를 동물적 상태에서 안전한 자유와 평등의 좀더 높은 삶으로 높일 것을 약속할 수 있는 유일한 가르침이다. 그리고 이 약속을 고전적 철학보다 한층 높은 차원에서, 또한 한층 넓은 범위로 이행한다.

그리스도교와 스토아철학의 공통점은 이들 가르침이 양쪽 모두 인간의 의지에 높은 가치를 두고 그 의지만이 본래 인간의 참된 소유이며, 따라서 이것은 외부의 강요로는 선으로 향하게 하지 못하는 것*[68]이라는 점, 또한 어떠한 도덕적인 세계질서의 존재에 대한 확고한 신념을 명령하고, 이 세계질서는 그 원리에서 잠시라도 이탈하는 것을 용납하지 않으며, 감히 그렇게 하려는 인간

---

*65 단테의 《신곡》 지옥편 제1장.

*66 주일학교에서 교육을 받은 조숙한 그리스도교 소년은 생활경험으로 인해 신앙이 확고해지기 전에 자칫 의혹이 생기기 쉽다. 또한 고귀하고 거만한 그리스도교 신자라는 것도 비논리적이고 기묘한 현상이다.

*67 예를 들면 자살을 단호히 배척하며, 다른 어떠한 철학보다도 다른 사람을 위해 달갑게 희생할 것을 강하게 권한다.

*68 신명기 5장 29절, 10장 12절, 창세기 4장 7절, 2장 17절, 이사야 44장 22절 참조.
스토아철학과 그리스도교의 차이는 스토아주의에서는 인간의 올바른 의욕은 자신에 대한 끊임없고 엄격한 강제인 데 반해 그리스도교는 인간의 내적인 변화에 따르는 하나의 바람직한 필연이라는 점이다. 이에 관해서는 모세5경에 대한 히르슈의 이스라엘 주석을 지적하지 않으면 안 된다. 이것이 우리 주석보다도 더 훌륭하다.

의 건방짐에 대해서는 확실하고 극복하기 힘든 응징을 한다는 점이다.*69

스토아철학과 그리스도교의 일치점은 위에 기술한 두 가지 점에 기초하지만, 더 많은 결론이 나타나 있다. 특히 위의 두 확신에 공통되는 견해, 즉 선(善)을 이룰 수 있다는 것(이것은 물론 모든 사람들이 바라는 것이다)이 곧 선의 대가이며, 악을 행하지 않을 수 없다는 것(마음속의 반항과 두려움에도 불구하고)이 곧 이 세상에서 악의 징벌이라는 견해 속에 나타나 있다.*70

스토아주의의 도덕은 현대의 많은 사람들에게 종교적 신앙보다 훨씬 친해지기 쉽다. 종교적 신앙은 사람들이 때때로 그러기를 바라는 것처럼 이 땅의 생활은 약간 지나치게 미묘한 빛을 띠어서 본래 말로 나타낼 수가 없으며, 따라서 억지로 말로 나타내는 것(하물며 그것을 체계화하는 것)은 이 종교의 빛을 흐리게 할 위험이 있다.*71 그러나 도덕은 일반적인 상식, 공동생활의 자연

---

*69 이것은 실천적인 견지에서 보아 가장 문제가 되는 점이다. 그러나 다행히도 이 원리는 각 개인의 체험에 의해, 또는 역사상의 민족 경험에 의해 증명된다. 옳지 못한 행동에는 그 본래의 속성으로 벌이 내재하며, 따라서 그 질서를 깨는 자에게는 절대적이고도 틀림없는 벌이 내린다는 확신에 도달할 때는, 어떤 유명한 성서 주석자가 말했다시피 즉각 '하느님의 명령은 부드러운 인상을 띤다'는 것이 된다. 즉 사람은 하느님의 명령을 준엄한 계명으로 보지 않고 그것이, 하느님이 독이 되는 것을 제거해 주는 '진정한 예방처치'로 인정하게 되기 때문이다(베를레부르크판 성서, 누가복음 4장).

이렇게 되면 누구나 자기 일생의 중요한 일이 결정된다. 그는 이미 모든 감정 가운데서 가장 불쾌한 것인 공포와 근심으로 대부분을 점령당하는 일상생활의 '거칠고 음산하며 어두운 숲' 속에 머무르려 하지 않는다. 거기서 빠져나올 힘을 찾을 만한 곳을 탐색한다. 물론 이 힘을 찾아내려면 단테가 《신곡》의 아름다운 제1장에서 노래한 것처럼 자기 내부에서 금전, 명예, 쾌락 등을 즉각 극복하는 시도가 필요하다. 그러나 이것을 인간의 힘으로 이룩해내는 것은 굉장히 어려우며, 현대의 가장 순정한 스토아주의자의 한 사람인 스피노자조차 그의 인식 형성에 관한 논문에서 이렇게 말한다.

"나는 그것을 지극히 명료하게 이해했음에도 불구하고 탐욕, 육욕, 명예심을 완전하게는 버릴 수 없었다." 따라서 "너 자신을 알라"는 유명한 격언은 인생의 행복에 도달하는 방법으로서는 전혀 효과가 없다. 동시에 자기를 개선할 확실한 수단을 찾지 못했는데, 자기 자신을 안 사람은 분명 염세주의에 빠질 것이 틀림없다.

칼라일은 "네 할 일을 알고 그것을 행하라"고 했는데, 이 말이 훨씬 낫다. 만약 자기 개선의 강한 충동을 획득하기 전에 하느님의 은총으로 자기 인식을 빼앗기고, 그 대신에 자기 찬미라는 한 봉지의 약이 주어지지 않는다면, 오늘날의 염세적 세계관은 어쩌면 에픽테토스 시대를 능가하는 것이 되리라.

*70 1740년 4월 프로이센의 프리드리히 빌헬름 1세에게 보냈던 친첸도르프의 편지 참조.

*71 쇼펜하우어는 언젠가 말했다. "우리의 사고가 말을 발견하자마자 그것은 이미 가장 깊은

스런 필요, 또 때로는 인간의 건전한 이기주의에 호소할 수가 있다.*[72]

아니, 그렇기는커녕 우리가 이미 시사했다시피 다음과 같은 의문을 제기해도 부당하지는 않을 것이다. 심신이 급속하게 성장하는 인생의 시기, 즉 온갖 위대한 것, 아름다운 것을 추구하는 뜨거운 노력, 아니, 일종의 야심이 무엇보다도 청년에게 강력한 자극을 주어 물질적이고 동물적인 생존으로 떨어지는 것을 막을 필요가 있을 듯한 과정의 중간에 있는 시기에는 오늘날에도 여전히 종교보다 스토아철학 쪽이 효과적인 교육수단이 아니겠는가.*[73]

이러한 의미로 천사들은 《파우스트》의 마지막 막에서 노래한다.

"영혼의 세계에서 존귀한 한 분이 악에서 구원을 받았습니다. 끊임없이 노력하기를 게을리 하지 않는 사람은 우리가 구원할 수 있습니다."

뿌리에서부터 진실을 잃는다." 이 생각에는 유감스럽게도 상당히 많은 내적 경험이 포함되어 있다.

*[72] 고대 철학에 대해 최후의 의문을 던진 것은 그리스도교의 사도 요한이다. 에픽테토스가 살아 있을 무렵, 그는 첫 번째 편지의 제5장 5절에서 그것을 기술하고 있다.

"세상에서 승리하는 자는 누구인가?" (요한1서 5장 5절)

이 의문의 의미는 그리스도교 신앙의 경향, 이른바 각 개인을 철학자로 교육할 뿐만 아니라 난폭하거나 타락한 민족 전체도, 또한 교양이 있는 사람과 마찬가지로 어리석은 사람도 마찬가지로 최고의 목표에 도달하게 한다는 그 경향을 고려할 때 분명해진다.

고대 철학은 그와 같은 의미의 물음에는 대답하지 않은 채로 끝나 있다. 이 철학에서는 언제나 단지 철학자와 전혀 개선의 여지가 없는 일반민중이 있을 뿐이다. 이와는 반대로 근대의 철학은 대체로 사도 바울이 '세상'이라 부른 것의 정복을 아직 한 번도 추구한 적이 없는 것은 물론, 여전히 일정한 목적을 가지는 세상과 타협하려 애쓴다. 오히려 많은 경우 이 철학은 세상으로부터 정복당하는 것 외에는 아무것도 바라지 않는다고 말해도 과언이 아니다. 하물며 에픽테토스의 힘든 싸움을 따라하거나 하는 경우는 전혀 없다.

*[73] 특히 '학교의 종교 교육'보다도 효과적이지 않겠는가. 다만 우리는 이 종교 교육에 대해서 쿨의 주립학교 이래로 잊기 힘든 기억을 가지기는 했지만, 오늘날의 도덕 교육은 당시의 뛰어난 고전적 교양의 대표자들에게 힘입고 있다.

그러나 가장 가까운 길이 아니란 것은 나도 안다. 친첸도르프는 1788년 제1회 베를린 강연에서 이에 관해 다음과 같은 적절한 인용을 했다. "신앙으로 가는 가장 가까운 길은 그리스도를 받아들이는 일이나"(요한복음 1장 12절). 현대의 교양 있는 사람들 가운데 쉽게 그리스도를 받아들일 수 있는 사람은 그렇게 하는 것이 좋다. 그러나 단순한 교회적 형식으로 그렇게 하지 않도록 주의해야 한다. 마태복음 19장 26절, 16장 17절, 11장 25절, 7장 21~23절, 22장 11~12절 참조.

본래 지니고 있는 자기의 고귀한 천성을 배신하고 비겁하게 사는 사람은 구원하기 힘든 동물의 세계로 타락해서 그것과 멸망의 운명을 함께한다.

고전적 교양이 청년의 고상한 소질 발달에 좋은 자극을 주는 것은 경험에 비추어 보아도 자명한 것인데, 그럼에도 오늘날에는 오히려 그 적합성과 필요성이 지극히 실용적인 이유에서 전에 없이 강하게 부정되고 있다. 그러나 이와 같은 시대에도 여전히 그러한 교양을 추구해 노력하는 사람들 앞에 아직 잘 알려지지 않은 이 철학자의 모습을 드러내는 것은 결코 부적당하지 않다고 생각한다. 왜냐하면,

> "위인의 생애는 우리에게 가르침을 준다,
> 우리도 고귀하게 살 수 있음을.
> 그리고 그가 죽은 뒤에는
> 시간이라는 모래 위에 발자국을 남기는 것을.
> 다른 허약한, 의지할 바 없는 형제는
> 인생의 거친 바다를 건너다가
> 어쩌면 그것을 보고
> 새로이 용기를 불러일으킬 발자국을."

어떻게 책략 없이 악과 싸우면서 세상을 살아갈 수 있을까

오늘날 수많은 사람들, 아주 사려 깊은 사람들조차도 근본적으로 의심할 수 없는 사실이라고 여기는 것이 있다. 바로 이상주의가 존경할 만한 사고방식이며 특히 청년의 교육에는 유익하지만 세상에 나온 뒤의 실생활에는 그다지 도움이 되지 않는다는 것이다. 그들은 이렇게 말한다. "이상주의는 이론으로서는, 또 교육을 위해서는 확실히 많은 장점을 지니고 있겠지만, 실제로는 세상의 모든 일들이 '서로 격렬하게 맞부딪치기' 때문에 이론과는 다르다." 그래서 그들은 인생을 둘로 나누어 그 중 한 부분에서는 아름다운 사상이나 감정에 젖어도 될 뿐만 아니라 오히려 그렇게 하도록 장려할 정도인데, 다른 부분에서는 그 아름다운 꿈에서 돌연 깨어나 되도록 현실과 타협을 해야 한다는 것이다.

그러나 칸트는 이미 100년 전에 그의 짧은 논문에서 당시 널리 행해지고 있던 명제, 즉 '이론상으로는 정당하겠지만, 실제로는 쓸모가 없다'는 명제는 생각이 있는 사람에게는 적합하지 않다는 것과 웃어 마땅한 잘못을 포함한다는 것을 논증했다. 그러나 오늘날의 철저한 '현실주의자'는 이번엔 이러한 생각마저 버리고 '생존경쟁'이라는 야만스런 사고방식에 도달했다. 경쟁의 세계에서는 이기주의와 염치없는 행동이 허용될 뿐만 아니라 현실에 주안점을 두는 합리적인 세계관에 의해서 많든 적든 명령을 받는다. 현대의 현실주의자는 말한다. "따라서 현재 이 세상에 있는 생활물자는 모두를 만족시키기에는 부족하므로 안락하게 생활할 수 있는 사람은 소수에 한하며, 대다수 사람은 싫어도 어쩔 수 없이 불행한 삶을 살아야 한다. 그러므로 이와 같은 세계질서가 모든 사람에게 공평하고 좋은 질서인지 아닌지는 애초부터 문제가 될 수 없다. 그것은 오히려 냉혹하고 불합리한, 옳지 못한 세계질서라고 해야 할 것이다. 그러므로 이것은 자기 의지와는 무관하게 이 세상에 태어난 개인의 능력으로는 변경시키지 못한다. 따라서 개인은 하다못해 자처해서 쇠망치가 될지언정 모루는 되지 않도록 노력하는 길밖에 없다."

이것이 오늘날 교양 있는 많은 사람들이 가진 처세술의 핵심이다.

그렇게 되면 결국 도덕 교육의 필요성은 없어지는 셈이고, 학교에서의 종교나 도덕 수업은 죄다 팽개치고, 생 쥬스트의 독창적인 제안대로 정부의 풍기 단속 명령이나 매일 거리에 내다 붙여 종교나 도덕 교육을 대신해도 좋다는 것이 된다.

그런 방식으로 가다가는 청년들은 대단히 영악해지고 실리적이 되어서 빨리 돈을 벌어 출세하는 것만을 생각할 뿐, 방해가 되기만 하는 고상한 마음 따위는 내다 버리고 되돌아보지 않게 될 것이다. 그러나 실제로는 그 때문에 그들 대다수는 정신적으로나 육체적으로, 또 도덕적으로도 일찍 스스로를 망치고 만다. 또 그 밖의 사람들은 결국 노력할 가치가 없는 것, 즉 잃어버리기 쉬운 재산을 위해 안타깝게도 청춘시절을 잃고 후회하지만 이미 때는 늦다. 재산이란 것은 항상 무한한 경쟁자와 싸워서 지켜야 하며, 더구나 그 경쟁에 성공을 하든 실패를 하든 어차피 회한을 남기는 데 불과하다. 그렇기 때문에 만족하는 사람도, 행복해지는 사람도 없는 것이 당연하다. 오늘날 이미 표면에 나타나 있듯 오로지 '실제적'이기만 한 사고방식의 최종 결말이 바로 이것이다.

우리는 이상주의를 하나의 신앙, 내적 확신과 같다고 생각한다. 즉, 이 신앙과 확신은 이 세계가 성립하기 위해서는 절대적으로 필요함에도 불구하고 증명될 수 없는 것이며, 또한 실제로 이 확신을 가진 사람에게는 애당초 아무런 증명도 필요치 않은 법이다. 게다가 누구든지 배워서, 즉 머리로 이해하는 방법으로는 도저히 그에 도달할 수 없다고 생각한다.

이것은 조금도 이상한 일이 아니다. 우선은 인간 이성의 합리성은 경험이 있어야 비로소 증명될 수 있기 때문이다. 마찬가지로 종교상의 진리도 또한 그 신앙의 결과로 얻어지는 윤리적인 힘이 증거가 되지 않는 한, 우리에게 끝내 증명될 수 없을 것이다. 하나의 힘이 진정한 힘이 되려면 그것은 반드시 실제적인 것이어야 한다. 그것 외에 실재성의 증거가 되는 것은 있을 수 없다. 우리의 감각기관인 지각으로도 무조건은 아니지만, 일정한 정상적 관계의 바탕 위에서는 그것을 신뢰해 착각에 빠질 우려가 없다는 것이 경험으로 확인되어 있지 않다면, 우리는 결코 그것을 믿지 못할 것이다. 남을 믿게 하는 것은 경험이다. 자기도 경험해 보고 싶다는 바람과 기분이 생기게 하는 것은 그 경험을 한 사람들의 증언이다.

'실제생활에서의 이상주의'에 대하여 이와 같은 증언을 짧은 말로 설명하는 것으로, 괴테의 청년시절의 친구 가운데 나중에 러시아의 장군이 된 폰 클링거의 짧은 논문이 있다. 지금은 거의 읽히지 않게 된 그의 저서에 위에서 든 것과 같은 표제로 수록되어 있다. 그것은 짧은 문장에 지나지 않지만 다음과 같은 중요한 내용이 담겨 있다.

"어떻게 하면 책략 없이 악과 싸우면서 세상을 살아갈 수 있을까."

(1) 우선 그(즉 그러한 행동방식을 시도하려 하는 자)는 세상의 온갖 '행복을 만드는' 일을 티끌만큼도 생각해서는 안 된다. 엄격하고 굳세게, 공명정대한 길을 걷고, 두려워 말며, 또한 자신의 처지를 돌아보지 말며 의무를 다하고, 어떠한 행위도 개인적인 욕심으로 더럽혀지는 일이 없도록 마음을 청결히 유지해야 한다.

모름지기 정의와 공정에 관한 한, 일의 크고 작음과 중요도를 따져서는 안 된다.

(2) 두 번째로 청렴결백을 유지하려면 세상에서 빛을 내려는 욕망을 버리고 천박한 허영심과 마음을 어지럽히는 명예욕, 권력욕을 버려야 한다. 사람들은 끊임없이 그러한 욕망에 휩싸여서 사회의 무대 위에서 온갖 어리석은 짓을 하고 있다. 그 때문에 함께 일하는 상대나 동료에게 깊은 상처를 입히고, 가장 강직하고 순결한 덕행, 아니 가장 훌륭한 덕행조차도 다스리지 못하는 심한 욕망에 사로잡히게 된다. ……

(3) 세 번째, 그러한 마음의 소유자는 그저 자기의 의무가 요구하는 경우에만 사회의 무대에 서야 한다. 그 밖의 경우에는 한 사람의 은자로서 가족과 몇몇 친구 속에, 책 속에, 정신의 왕국 속에서 살지 않으면 안 된다.

이렇게 함으로써만 사람들이 그것 때문에 날마다 정력을 쏟아가며 악착을 떨고, 하찮은 일 때문에 타인과 충돌하는 번거로움을 피할 수 있다. 또 이렇게 해야만 그의 독특한 생활방식을 세상이 허락한다. 그는 실제로 사람들 사이에 자리를 차지하지 않으며, 자기의 가치로 세상을 압박하는 일 없이, 의무를 다한 뒤에는 물러나서 다시 조용히 살고 싶다는 염원 이외에 바라는 것이 없기 때문이다.

그런데도 여전히 그가 남에게 질투심을 일으키게 하고 증오심을 부른다면, 그것은 모두 비난자가 스스로 공표하기를 달가워하지 않는 일, 적어도 그의 코 앞에서 드러내놓고 비난할 수 없는 일에 근거한 것이다.

그러므로 이 경지에 도달한 사람은 이 세상에서 많은 것들을 성취할 것이다. 그가 생각지 않았던 것, 목적으로 의도하지 않았던 것도 저절로 성취할 것이며, 마침내는 세상 사람이 넓은 의미에서 행복이라 부르는 것마저 얻기에 이르리라. ……

(4) 다음과 같은 사람의 얘기를 덧붙이고자 한다. 그는 모든 자의적이고 개혁적인 의욕과 그러한 조짐에 대하여 엄격하게 경계해야 한다. 단순히 의견만을 가진 사람들과 의견에 관해 다투어서는 안 된다. 자신의 일을 그저 조용히 마음속으로 깊이 생각하고 반성하지 않으면 안 된다.

나는 내 힘과 소질이 허락하는 한 내 성격과 정신을 펼쳐 왔다. 더구나 그것을 진지하게, 나아가 성실하게 수행했으므로 세상 사람들이 행복이라 부르고 번영이라 일컫는 것을 저절로 얻었다.

나는 자신을 타인보다 훨씬 혹독하고 가차없이 관찰하고 다루어 왔다. …… 나는 결코 연기를 하지 않았다. 또 연기를 하고자 하는 마음도 생기지 않았다. 나는 늘 내가 획득한 성격을 거리낌 없이 드러내 왔기 때문에, 지금은 내가 변하거나 나와 다른 행동을 할지도 모른다는 걱정을 전혀 하지 않게 되었다. 사람은 더 이상 자신을 유혹할 염려가 없어졌을 때에만 타인의 유혹에 대해 안전할 수 있다. 많은 직무가 나에게 맡겨졌다. 그러나 나는 그 직무들을 다한 뒤에는 남은 시간을 깊은 고독과 최대한의 절제 속에서 지냈다.

* * *

특히 정치적 삶을 영위하는 사람에 대해 중요한 체험록을 쓴 저자는 이것에 아무런 철학적 기초도 부여하지 않았다. 그는 단지 자기의 변화무쌍한, 반쯤 모험적이기까지 했던 경력[*1]의 결론으로서 이것을 쓴 것이다. 그래서 이 문

---

*1 프리드리히 막스 폰 클링거는 1752년에 마인 강가에 있는 프랑크푸르트의 한 가난한 가정에서 태어나 기젠에서 가까스로 대학과정을 마친 뒤에 떠돌이 연극단의 전속 작가가 되었다. 그 뒤에 바이에른의 계승전쟁 때 의용군으로 참가했으며, 이어 러시아의 파울 대공(나중의

장은 실생활과는 거의 관계가 없는 철학자나 신학자의 서재에서 나온 것보다도 우리에게 훨씬 큰 가치가 있다.

이 귀중한 체험록을 일부러 추상적인 것으로 바꿔 얕게 해보아도, 달리 우리들의 이해를 깊게 하지는 못할 것이므로 두세 가지의 순수하고 실제적인 주석을 덧붙이는 것으로 그치겠다.

제1절에 대하여— 진정한 의미의 이상주의는 분명 우리가 현실로부터 완전히 멀어져서 몽상의 세계에 틀어박힘으로써 현실을 속이거나, 일부러 현실을 무시하거나 하는 것에 있지 않으며, 오히려 보통 행해지는 것보다 한층 깊게 세계를 파악하고, 그것을 자신의 내부에서 극복한다는 점에 있다. 왜냐하면 우리들이 이미 하나의 작은 세계이고, 확고한 원리와 좋은 습관으로 먼저 이 작은 세계를 극복하지 않는 한, 어쩌면 세계를 극복하는 일은 불가능하기 때문이다.

클링거가 제1절에서 말하려 하는 것은 '성공'에 대해서인데, 성공에 관한 올바른 판단은 이상에서 자연히 생겨난다. 대단한 성공을 거두었다 할 만한 현

황제)의 선생 겸 여행 수행원이 되었고, 알렉산더 1세 밑에서 귀족 유년생도단, 황실시동(侍童)단 및 귀족여학교의 수장이 되었다. 또한 돌퍼트 대학의 관리자가 되었다. 이처럼 다양하고 어려운 지위를 맡아 배우, 왕자, 독재 군주, 귀족의 시동, 신분이 높은 집안의 딸들, 외교관이나 대학교수 등 대하기가 힘든 사람들과 교제하고, 특히 카탈리나 2세의 궁정처럼 완전히 부패하고 성질이 포악한 야심가로 가득 차 있는 궁정에서 늘 공명정대한 성품과 도덕적 용기를 굳게 지켰기 때문에 당시 사람들의 두터운 존경을 받았다.

괴테는 《시와 진실》에서 그에 대해 다음과 같이 말하였다.

"훌륭하고 강한 성품을 굳게 지켜간다는 것도, 그것이 세속적이고 실무적인 삶에서 여전히 지속되고, 많은 사람들의 눈에는 엄격하게, 아니 때로는 무리하게까지 보일 만한 방식으로 관습을 깨어 나가는 조치가 적당한 시기에 일어나 확실하게 그 목적을 달성한다면 그것은 점점 가치 있는 것이 될 터이니 클링거의 경우가 그러했다. 왜냐하면 그는 순종의 덕 없이 (그것은 원래 독일 국민의 타고난 덕목은 아니었다) 높은 지위에 오르고, 그 지위를 잘 지키며, 최고 비호자의 칭찬과 애호를 받아 계속 일할 수 있었다. 더구나 그는 결코 옛 친구들과 자기가 걸어온 길을 잊지 않았다."

또한 괴테는 만년에 클링거의 저술을 연구했다. 그러면서 "그것은 나에게 특이한 인물의 흔들림 없는 활동을 특히 강하게 상기시켰다"고 말하였다. 이와 같은 삶으로 시종일관하여 행복과 명예를 얻게 한 칠힉은 끝없이 존경받아 마땅하다.

독일 시인 가운데 클링거는 슈트룸 운트 드랑(질풍노도) 시대의 한 사람에 속한다. 사실 이 명칭은 그의 희곡 《슈트룸 운트 드랑》에서 유래한다. 그러나 그의 작품은 오늘날 거의 읽히지 않으며, 단지 문학사에 실려 있을 뿐이다.

대인 가운데 한 사람(티에르)은 그의 생애의 어느 시기에는 상당히 열심히 성공을 바라고 노력했지만, 다음과 같은 주목할 만한 말을 했다.

"주의(主義)를 내세우는 사람에게 성공은 아무래도 상관없다. 다만 빈틈없이 살아가려는 사람에게만 성공은 필요한 조건이 된다."

이 말의 의미는 달리 말하면 이러하다. 즉, 무사히 세상을 산다는 것을 보통 '성공'(좀더 적절하게는 프랑스어로 succes, 잘 되어간다는 뜻)이라는 이름으로 많은 사람들이 목표로 하고 있는 것과 혼동해서는 안 된다. 그것은 전혀 다르다. 성공을 목표로 살아가는 사람은 마음의 안정, 나와 타인에 대한 정신적 평화, 또한 많은 경우 자존심도 애초부터 단념하지 않으면 안 될 것이다. 인생에서의 참된 성공, 즉 인간으로서의 최고의 완성과 참으로 쓸모있는 활동에 도달하는 것은 때때로 외면적 실패를 필연적으로 수반하는 법이다.

즉, 클링거가 '세상을 산다'고 한 것은 마지막에는 승리를 거두는, 또는 대체로 승리를 거두었다고 할 만한 평생에 걸친 성실한 활동을 말한다. 이것은 용기 있고 정직한 사람만이 바랄 수 있다. 끊임없이 성공하는 것은 오직 겁쟁이에게만 필요하다. 아니, 우리는 한 걸음 더 나아가 이렇게 말할 수 있다. 즉, 일자체가 중대한 의미가 있는 것일 경우, 성공의 최대 비밀은 실패에 있다고. 커다란 매력을 가지고 오랫동안 국민의 기억에 남을 만한 사람들은 결코 성공을 통해 이와 같은 위대한 인생의 목표에 도달한 것이 아니다.

시저나 나폴레옹만 하더라도 어쩌면 브루투스나 워털루의 패전, 세인트 헬레나섬이 없었더라면 그저 한 폭군으로서 역사에 전해졌을 것이다. 오를레앙의 소녀도 나라를 위해 목숨을 바치지 않았더라면, 활발하지만 흔한 보통 처녀에 불과했을 것이다. 한니발도 카르타고 전쟁에서 이겼더라면 한낱 아니꼬운 인간이었을 것이다. 수라 장군이나 아우구스투스 황제는 로마 역사상 가장 성공한 사람들이지만, 그들의 전기를 읽은 사람은 속으로 혐오의 감정을 억누르지 못한다. 워싱턴은 가장 인기 있는 영웅은 아니었다. 로버트 리 장군*²은 후세의 역사에서 명예의 영광에 싸여 빛나고 있지만, 율리시스 그랜트 장군은 그렇지 못하다. 또한 에이브러햄 링컨이 죽은 뒤에 그처럼 존경과 사랑을 받는 것도 그의 비극적인 최후 때문이다. 영국의 찰스 1세 같은 거짓된 배신자가 오

---

*²미국의 남북전쟁 당시 남군의 장군. 패배해 북군의 그랜트 장군에게 항복했으나, 고결한 인격으로 국민의 존경을 받아서 나중에 워싱턴대학 총장이 되었다.

늘날 많은 사람들에게 존경을 받는 한편, 근대 역사상 가장 영웅적인 인물이었던 크롬웰은 오히려 미움을 받고 있다. 만약 크롬웰이 단두대 위에서 쓰러지고, 찰스 1세가 성공을 거두고 죽었다고 한다면, 그 역할은 반대가 되었으리라. 황제 프리드리히 3세의 일생도 한 예이다. 그리고 앞으로, 현대보다도 좋은 시대가 되었더라면 그것은 더 한층 좋은 예가 되었으리라. 이와 같은 실례 가운데서 가장 확실한 것은 그리스도의 십자가이다. 그리스도의 십자가는 당시의 사형대를 전 세계에 명예의 표시로 만들었고, 세계 제국인 로마마저도 이것 때문에 몰락했다. 그리스도교의 유례 없는 성공은 신학적으로가 아니라 그저 인간적으로 해석하더라도 당시 학자들이 만약 이 교리를 승인했더라면 가능했을 것 같지 않다.

인생의 참된 목적에는 모두 이와 같은 실패가 약간이나마 얽히는 법이다. 그러니 젊은 독자 여러분이여, 그대가 일상의 평범한 삶 속에서 자기의 일생을 잃지 않으려면, 실패를 각오하지 않으면 안 된다. 그러나 이와 같은 불운은 이제 불행이라는 흔한 이름을 지니지 않고 오히려 '십자가'라는 가시관을 쓰고 있는데, 이것은 분명히 관이어서 왕관으로서의 성질을 잃지는 않는다.

제2절에 대해— 여기서 우리는 '야심가'는 모두 그들이 바라는 진정한 목적에 도달하지 못한다는 말을 덧붙여도 될 것이다. 끊임없이 한 점을 향해 쏟아 붓는 인간의 주의와 정력이 이룩해내는 성과는 확실히 경탄할 만하다. 그 실례는 어디서나 눈에 띈다. 그러나 이런 사람들은 원래 부(富)나 명예, 권력이나 학식을 얻으려는 것이 아니라 그러한 자격을 행복을 얻기 위해 없어서는 안 될 전제조건으로 생각한다. 부로 인해 행복해지기는커녕 불행을 느끼게 되리란 것을 누군가가 그들에게 충분히 납득시켰더라면, 그들은 십중팔구 그러한 노력을 하지 않았을 것이다. 그들이 기어오르려는 사다리의 아래 칸에 있을 때는 윗칸에 선 사람에 대한 질투에 휩싸인다. 이 질투는 감정 가운데서 가장 꼴사나운 법이며, 자기 눈에도 자신이 지독히 비열하게 보인다. 또한 그들이 조금 위쪽으로 오른 다음에는 다시 밑에서 뒤따라오는 자에 대한 공포심으로 끊임없이 괴로워한다. 그들은 경쟁자가 생각하는 것, 꾀하는 것을 경험상 잘 알고 있기 때문이다. 당파를 조직해 자기 신변의 안전을 도모하려 해도, 그 사람들 속에서 배신자가 나와서 낙오할 듯한 사람을 떨어뜨

릴지도 모른다.

그래서 그런 계속적인 불안감을 향락으로 얼버무리려 하다가는 그로 인해 자기의 지위를 지키기 위해 가장 필요한 자격을 잃게 된다. 게다가 성공의 기회도 그리 흔할 리는 없다. 10명의 야심가 가운데 기껏해야 하나 정도가 바라던 목적을 이루는 데 불과하다. 더구나 그런 '행운아'도 살아 있는 동안에 그 행복을 누리지 못하는 것이 보통이다. 그러한 예는 날마다 어떤 신문에든 나올 정도로 많기 때문에 구태여 여기에 인용할 필요는 없을 것이다.

이미 고대 이스라엘의 한 예언자는 이러한 보통의 삶과 노력의 결과가 결코 만족을 주지 못한다는 것을 고전적인 말로 기술하고 있다.

"너희가 지금 어떻게 살고 있는지 생각해 보아라. 너희가 농사는 많이 짓지만 거두는 것은 별로 없다. 너희가 먹기는 해도 배부르지 않다. 마셔도 만족하지 못한다. 입어도 따뜻하지 않으며, 많은 임금을 받아도 찢어진 자루에 넣어 두는 것과 같다."[*3]

이기적인 노력보다 더 사람을 지치게 하는 것은 없다. 그때에 나오는 힘이란 병이 났을 때 오르는 열과 다를 바 없으며, 그것은 힘의 원천을 집어삼킨다. 끊임없이 새롭게 하는 건전한 힘은 어떤 크나큰 목적을 위해서 하는 비이기적인 활동에서 생겨나는 법이며, 이러한 경우에만 세상 사람들로부터 정당한 도움을 받을 수 있다. 이것이 어떤 사람들은 줄곧 일하고 몸보신도 않는데 건강을 잘 유지하고 오래 사는 데 반해, 어떤 사람들은 일년 내내, 아니면 반년을 쓸데없이 온천탕에서 살아야만 하는 이유이다. 현대의 많은 '신경증'적 증상은 대부분 이러한 원인에서 생겨난 것이며, 단지 정신과 의지를 건전하게만 하면 낫는다.

제3절에 대해— 어느 정도 고독을 사랑하는 것은 차분한 정신의 발전을 위해서도, 또 참된 행복을 위해서도 절대적으로 필요하다. 인생의 어떠한 우연에도 좌우되지 않고, 실제로 도달할 수 있는 행복은 어떤 커다란 사상으로 살면서 끈질기고 착실하게 일을 계속하는 삶 속에서 발견되는 법이다. 이것은 자연히 무익한 '사교'를 배척하는 것이 된다. '그 밖의 것은 모두 공허하고 무의미하

*3 학개 1장 5·6절 참조.

다.*4 이러한 방식에 의해서만 사람은 차츰 '기분'의 지배에서 벗어나며,*5 이제는 타인을 거의 의식하지 않고, 그들의 의견이나 기호의 변화를 평온한 마음으로 바라볼 수 있게 된다. 그리하여 자기의 기호에 관한 한, 그리고 자기 직업의 의무에 반하지 않는 한, 사람들 사이에서 존중받기를 바라기보다는 오히려 그것을 피할 수 있다.*6

  제4절에 대해─ 이 마지막 절에는 클링거 인생 철학의 개요가 들어 있다.

─────────────

*4 알다시피 괴테는 이 글에서 진실한 것은 '사물에 대한 관심'이며, 그 밖의 것은 '단지 공허하고 무의미하다'고 말하고 있다. 그러나 이 사상이 완전히 옳은 것이려면 '사물'이 의미하는 바를 더 정밀하게 규정할 필요가 있다고 생각한다.

*5 행복하게 살려는 사람은 무엇보다도 자기의 '기분'에서 완전하게 벗어날 필요가 있다. 실제로 인간의 마음이란 자신을 아는 사람이라면 누구나 경험하듯 "어떤 때는 기고만장한가 하면 순식간에 의기소침해지는" 전혀 종잡을 수 없는 것이다. 그래서 금세 변하기 쉬운 마음의 지도(地圖)를 따르기보다는 오히려 우리의 마음 상태가 평정한 때에 자기의 사상과 행동으로 정한 원리원칙을 따르는 편이 좋다. 마찬가지로 타인과 교제할 때에도 그들의 기분을 그다지 높게 평가하지 말고, 계속 지속되는 성격만을 고려하는 편이 진정한 처세술이다. 여하튼 순간적으로 결정했다가는 불행한 결과를 낳을 듯한 지극히 힘든 사건에 맞부딪쳤을 때는 침묵을 지키든지 아니면 '글쎄 어떨까요, 생각 좀 해보겠습니다'라는, 어느 쪽에도 기울어지지 않는 판단 방식으로 부드럽게 말하는 편이 오히려 사건의 해결에 도움이 되는 경우가 많다. 이와 같은 마음의 깊은 고요함, 이른바 표면의 얕은 움직임과 반대되는 깊은 평정함은 경험에 비추어 보아도 분명한 의무가 있는 한 결코 굳센 행동을 방해하지 않고, 변하지 않는 결심의 원천이 되는 법이다.
  이상은 물론 주로 친구끼리의 교제에 관한 것이다. 그러나 적은 어떻게 다루어야 할 것인가(그들의 방식으로 이에는 이를 드러낼 것인지, 아니면 나의 방식으로 적어도 증오나 복수심 없이 이에 대응할 것인지). 이 점에 대해서는 의로운 사람들 사이에서조차 의견이 분분하다. 그러나 대체로 이렇게 말할 수 있다. 즉, 진심으로 하느님을 믿는 사람은 결코 심하게 적을 두려워하는 일이 없지만, 하느님을 믿지 않는 사람은 적을 두려워하는 법이다. 인간에 대한 공포와 신에 대한 외경은 같을 수 없다. 신앙이 없는 모든 사람에게 관용과 단호한 태도로 대하는 것은 불가능하다.

*6 이 마지막 것이 인간의 행복에 있어서 중요한 점이다. 그러나 이것이 올바른 형태로 행해지는 경우는 극히 드물며, 많은 사람들은 무수한 경험에도 불구하고, 또 그리스도의 지극히 명료한, 아니 오히려 엄격하다 해도 좋은 말(누가복음 16장 15절, 12장 29절, 고린도전서 1장 26~28절, 갈라디아서 4장 6절 참조)에도 불구하고 여전히 경건함과 부귀영화의 감정이 연결될 수 있다고 믿는다. 참으로 놀랄 만하다. 성서의 이와 같은 적극적인 말을 완전히 무시하는 사람들이 그리스도가 한마디도 언급하지 않았던 사형이라든지 음주의 절대 금지, 또는 그와 비슷한 중요하지 않은 일에 열중하는 것이다.

사람의 인생 경험은 자세히 들여다보면 각기 다른 것처럼 보이지만 대체적으로는 모두 비슷하다. 일부는 신분의 상하를 불문하고 의식적으로 또는 무의식적으로 동물적 생존을 계속할 뿐, 짧은 일생 동안 생리적 자연이 요구하는 길을 걸으면서 다른 어떤 사명도 자각하지 않는다. 그러나 어떤 사람들은 마음을 채우지 못하는 인생관에서 벗어날 길을 찾는다. 이렇게 뭔가 좀더 나은 것을 추구하는 사람들의 인생 행로를 단테는 《신곡》 제1장에서 아름답게 묘사하고 있는데, 이와 같은 발전은 위대한 사람들의 내적인 삶을 이야기할 때 늘 좋은 화제가 된다. 세속적 삶에 대한 불만, 좀더 나은 것에 대한 동경이 그 출발점이 된다. 여기서 이성이 미로의 출구를 원하며, 마침내는 '바쁘게 다니느라 지쳐서' 평화에 도달하기 위해 어떠한 대가를 치르더라도 세속의 길에서 벗어나려고 결심하게 된다. 그렇게 결심했을 때, 사람은 자기가 구원을 받았다고 생각하고 바른 길에 도달하는 것에 따르는 내면적인 편안함을 느낀다. 그는 분명 진정한 의미에서도 바른 길에 다다른 것이다. 왜냐하면 그가 지금까지 자기의 의지로 거역해 왔던 새로운 정신적인 힘에 대항해, 지금은 순수하게 마음을 열고 그 영향을 수용하게 되었기 때문이다.

그러나 지금, 실제로는 제2의 단계로서 사도 바울이 말하는 옛 사람과 새로운 사람*7과의 사이에 오랜 세력 다툼이 시작되게 된다. 이미 옛 사람과 새 사람 둘 다 사람의 내부에 현존하기 때문에, 새 사람이 어중간하게 끝나지 않도록 충분히 길러낼 필요가 있다. 그러나 좀더 나은 것을 바라고 노력하는 사람들도 대부분 제2의 단계에 머문다. 이것이 곧 인생의 바른 길을 가고자 하면서도 타인에게 감화를 끼치는 일이 충분하지 못하며, 인간관계를 향상시키는 데 그다지 도움되지 않는 이유이다. 하기야 인간관계의 향상 같은 것은 보통 그다지 중요시되지 않기 때문이기도 하지만 말이다. 정신생활의 제3의 단계가 실현되었을 때 비로소 모든 인간관계가 올바른 질서를 찾아낼 것이다.

이 제3의 단계야말로 참된 결실을 맺는 단계이며, 정신적 왕국을 세우는 공동작업이다. 그리고 이 왕국은 어쩌면 광대한 건축물에 비유되거나, 또는 엄격한 군무와 비교되는 것이 보통이다. 개인에게 만족을 주는 상태는 오직 이것뿐이다.

---

*7 에베소서 4장 22·24절.

사람은 단지 자신만을 위해서 살며, 아무리 고상한 의미라 하더라도 자기 수양에만 전력하는 동안에는 얼마간 이전의 이기주의에 쓸쓸함을 떠올리게 되거나, '인간은 노력하는 만큼 방황하는 법'이라고 한 괴테의 말이 의미하는 마음속 어두운 그늘을 느끼는 법이다. 이러한 자신을 위한 노력은 언젠가는 그만두지 않으면 안 된다.

"진리를 추구하는 영원한 노력이 진리를 소유하는 것보다 낫다"고 한 레싱의 유명한 격언보다 더 진실하지 못하고 아무런 위로도 되지 않는 것은 없다. 그것은 마치 영원히 목말라 하거나 영원히 얼어 있는 편이, 갈증을 풀 샘을 찾거나 만물을 길러내는 햇빛을 쬐는 것보다 감사하다고 주장하는 것과 마찬가지로 불합리하다.

이처럼 종교적인, 또는 철학적인 불안과 반대되는 상태는 언제나 심리적 만족을 느끼고 힘이 넘치는 상태이다. 다만 그 힘은 겸허한 마음, 그리고 자기 만족을 완전히 내다버린 마음 상태로 나타나며, 어떠한 자연적 고난에도 견딜 수 있는 법이다. 이것이 어쩌면 인간 존재가 도달할 수 있는 최고의 단계일 것이다. 물론 이 행복을 누구에게나 이해시키는 것은 불가능하다. 늘 자기 일만을 생각하지 않아도(로테가 '내 일에는 마음을 쓰지 않는다'고 한 것처럼) 되며, 꼭 눈에 보이지 않더라도 어떤 효과가 반드시 있다는 확신을 가지고 차분히 자기 일에 정진하는 곳에 이 행복이 있다. 그 길을 벗어나지 않고 계속 걸어갈 용기는 제3단계에서는 이제 예전처럼 열에 들뜬 상태에도 견딜 수 있을 만한, 그리고 두세 경우에는 실제로 발열을 수반한 어떤 흥분상태가 되어서는 나타나지 않는다. 오히려 겉보기에는 아주 냉정한 모습을 보인다. 이것은 마치 움직이지 않는 중심점(나의 길과 운명에 대한 흔들림 없는 신뢰)과도 비교될 수 있으며, 모든 일, 특히 타인의 비평 따위에 조금도 동요하는 경우가 없다.

지금까지 말한 것은 똑같은 경험을 하지 않은 사람에게는 얼마간 공상처럼 들리는 결점이 있다. 그 때문에 청년 교육에 즈음하여 이와 같은 얘기가 나오지 않는다고 해서 심하게 탓할 수는 없다. 왜냐하면 이런 일에는 확실히 공상이 끼어들 소지가 많고, 또한 적어도 불순하다고 하는 것은 매우 잘못된 길로 이끌 우려가 있기 때문이다. 오직 공명정대한 사람에게만 하느님은 허락하신다. 클링거는 확실히 그런 사람 가운데 하나였다.

그러므로 이러한 것들 모두가 '이상주의'라 불리는지 어떤지는(다만 영리한 사람들은 처음부터 그렇게 함으로써 문제를 깨끗하게 정리하지만) 미정으로 놔두자. 어쨌든 이 주의는 굳게 믿어 흔들리지 않는 사람들에게는 세상에서 행해지고 있는 인생관의 어떤 것보다 만족을 주는 것처럼 보인다. 적어도 이것을 확신하려면 많은 역사적 지식도, 또는 인생에 대한 특별한 통찰도 필요치 않다. 그러나 우리가 걱정하는 것은 대다수 독자는 클링거보다 오히려 아그립바 왕*8을 따르고자 하리라는 것이다. 실제적 '성공'은 아그립바에게는 결코 약속되지 않았는데도 말이다.

클링거 같은 사람들의 풍요로운 내적 삶을 독일의 어떤 시인은 다음과 같은 말로 잘 묘사하였다.

빛과 그림자는 항상 함께 있고,
잘못 또한 없지는 않도다.
그러나 안에서 빛나는 광명은
밖의 어둠을 밝게 하나니.

절실하게 완성을 염원하지만
이 세상에서는 끝내 얻지 못하리니.
그런데도 완성만을 구하기를 그치지 않는 자는
그 영혼에 평화를 얻지 못하나니.

---

*8 사도행전 26장 28절.

좋은 습관

신중한 사람이라면 누구든지 자기가 수양을 하거나 남을 교육하는 경우에 늦든 이르든 한 번은 반드시 겪어야 하는 중대한 경험이 있다. 바로 모든 행위, 아니 한 걸음 더 나아가 모든 사상을 떠올렸을 때는 이미 유형적인 인상이 뒤에 남아서 뒤이어 일어날 똑같은 행위나 사상을 쉽게 하며, 만일 같지 않다면 그것을 곤란하게 하는 경향이 있다는 것이다.

"악은 언제나 악을 낳는다. 이것이 바로 악의 저주이다."(실러)

마찬가지로 선행에 반드시 뒤따르는 주된 대가는 선은 언제나 선을 낳으며, 그래서 그 선행자에게 언제까지나 계속해서 이익을 가져다 준다는 것이다.

한번 일어난 일은 더 이상 되돌릴 수 없다는 사실은 참으로 두려운 것이다. 이것은 늘 인간생활의 비극적 배경이 되어 있다. 우리가 아무리 믿지 않고, 또 인정하고 싶지 않아도 한번 일어난 일은 영원히 그대로이다. 그러므로 진실의 역사도 언제나 뚜렷하게 비극적인 성격을 띠지, 결코 축복과 원만으로 끝나는 희극은 아니다.

그러나 일단 인생을 이와 같이 진지하게 생각하기 시작한다면 누구든지 금세 깨닫겠지만, 중요한 문제는 그저 사상이나 신앙이 아니라, 다시 말해 인간의 영혼에는 닿은 적도 없는 외면적인 신앙고백을 하는 것이나 그저 교회에 소속해 있다는 것이 아니라 정말로 중요한 것은 습관의 문제이다.

교육의 목표는 선한 성향을 지닌 인간을 길러내는 것이다. 언제라도 선과 악을 잘 생각해서 선택한다는 것으로는 충분하지 않다. 인간에게 휘몰아치는 감정은 그렇게 할 짬이 없다. 오히려 이것저것 생각하지 않더라도 그 자리에서 선을 실행하는 성향이 있어야 한다.

이상적인 삶이란, 선은 습관적으로 분명히 행하며, 악은 그 사람의 본성에 반하기 때문에 대부분 육체적으로 불쾌하게 느끼는 그런 삶이다. 이렇게 되지 않는 한, 모든 덕이나 신실(信實)한 마음은 아직 좋은 의도에 머물 뿐이며, 실제로는 선의 길로 통하는 것과 마찬가지로 악의 길로도 쉽사리 통한다.

그렇다면 삶의 가장 좋은 습관이란 어떠한 것인가. 그 가운데 두세 가지를 굳이 체계를 세우지 않고 기술하고자 한다. 왜냐하면 오늘날의 사회는 '체계적'인 도덕론에는 얼마간 질려 있으므로 순수하고 실천적인, 그리고 경험적인 말이 오히려 사람들의 주의를 쉽게 끌리라고 생각하기 때문이다.

(1) 가장 중요한 규칙은 소극적으로 나쁜 습관을 버리려 노력하기보다는 평소 좋은 습관을 기르도록 힘써야 한다는 것이다. 왜냐하면 내적 삶에 있어서도 그저 방어적이기보다는 공격적인 편이 정신적으로 훨씬 즐겁기 때문이다. 즉, 공격적이라면 승리할 때마다 기쁨을 느끼지만, 단순한 방어는 쓸데없이 많은 힘을 소모할 뿐이기 때문이다. 이 경우에 중요한 것은 언제든지 행동으로 나설 수 있는 결심이다. 개인의 삶의 행로에 대해서도 볼테르가 국가에 관해 했던 말이 딱 들어맞는다. "내가 보는 바로는 모든 사건은 성패의 한순간에 달려 있다."

(2) 두 번째로 공포심을 갖지 말라는 것이다. 이것을 강한 종교적 근거 없이도 얻을 수 있는지는 여기서 깊이 연구할 생각은 없다. 공포라는 감정은 인간의 감정 가운데서 가장 불쾌한 것이며, 그래서 이 습성에서 벗어나지 않으면 안 될 뿐만 아니라 가장 쓸모없는 감정이기도 하다. 두렵다고 해서 그 두려워하는 일이 일어나는 것을 막지는 못하며, 오히려 그에 대항하는 데 필요한 힘을 미리 써버리게 된다. 우리가 인생에서 마주치는 대부분의 일은 결코 멀리에서 바라보는 것만큼 그렇게 두려운 것이 아니며 견딜 수 있는 일이다. 특히 인간의 상상력이, 고통이 지속되는 것을 실제보다 훨씬 크게 그리고 오래 상상하는 것이다. 뭔가 힘든 일이 일어났을 때는 그것은 3일 동안 계속될 뿐 그 이상 이어지지는 않는다고 미리 생각해 두면, 대개는 그것이 맞아 들어가거니와 어쨌든 한층 침착하게 임할 수 있다.

철학적인 근거에 입각해 가장 좋은 공포 예방법은, 모든 공포는 우리의 내부에 뭔가 옳지 않은 것이 있다는 증거라고 확신하는 것이다. 그것을 찾아내 제거하면 된다. 그렇게 하면 공포는 사라지는 법이다.

(3) 공포의 동기가 되는 것은 일반적으로 인생의 재물(財物) 문제이다. 그러므로 되도록 젊은 시절에 하찮은 것보다는 조금이라도 나은 것을 고르는 습관, 즉 양립하지 않는 두 가지 것을 동시에 바라지 않는 습관을 길러야 한다. 이른바 '실패한 인생'은 모두 이 두 마리 토끼를 동시에 쫓는 어리석음에서 시작된다.

우리의 견해에 따르면 사람은 자유롭게 인생의 목적을 선택할 수 있을 뿐만 아니라, 또한 진지하게 한 길로, 그리고 그것과 양립하지 않는 기타의 모든 노력으로 얻으려 한다면 무엇이든지 얻을 수 있는 법이다. 사려 깊게 행동하면 쉽게 도달할 수 있는 최상의 인생 보물은 견고한 도덕적 확신, 훌륭한 정신적 교양, 사랑, 성실, 일에 대한 능력과 일의 즐거움, 심신의 건강, 그리고 알맞은 정도의 재산이다. 그 밖에는 가치가 없거나 아니면 이러한 것들과는 비교할 만한 가치가 없다. 이것들과 양립할 수 없는 것이 부(富), 커다란 명예와 권력, 그리고 끊임없는 향락이다.

이 세 가지의 것, 즉 금전, 명예 및 향락은 보통 사람이 가장 많이 추구하고 때때로 쉽사리 손에 넣기는 하지만, 언제나 다른 보물을 버림으로써만 얻는 것이 가능하다. 오히려 우리는 신속하게 결단을 내려서 마음속에서 그것들을 물리치고 다른 보석으로 바꿔 놓아야 한다. 그렇지 않는다면 종교적 혹은 철학적 기초에 바탕한 내면적 인간의 교육 따위를 논하는 것은 무의미하다. 모든 것은 겉치레가 되고, 이도 저도 아닌 것이 되며, 위선이 된다. 그러나 가장 우수한 사람들조차도 그들의 결심이란 대개 어쩔 수 없이 그때 그때 하는 단편적인 체념에 불과하다. 한 번은 반드시 그렇게 해야만 한다는 것을 미리 각오하고, 영원히 사라지지 않는 괴로움을 대신해 결연하고도 신속한 결심을 젊은 시절에 하는 현명한 사람은 거의 없다.

(4) 명예나 온갖 향락만을 좇는다면 그 사람은 결국 제3자에게 종속된 노예가 되고 만다. 따라서 우리는 사랑으로 이것을 대신해야만 한다. 사랑은 명예나 향락과는 달리 언제라도 우리가 자유롭게 다룰 수 있는 것이다. 이렇게 대신할 것이 없었다면 마태복음 12장 43~45절에 기록되어 있듯이 두렵고 참기

힘든 공허함만이 남게 될 것이다.

우리는 어떠한 대가를 치르더라도 자신을 위해 습관적으로 모든 사람들을 사랑하도록 노력해야 한다. 사람들이 사랑할 가치가 있는지 없는지를 묻지 말고 말이다. 왜냐하면 그 가치를 정확히 판단하기는 매우 힘들기 때문이다. 뭐니 뭐니 해도 인생은 사랑 없이는, 특히 청년시절이 지난 뒤에는 더욱 비참한 법이다. 냉담함은 쉽사리 증오로 변하고, 이것은 인간의 생존에 심한 독을 끼친다. 또 삶이 죽음보다 못한 것으로 생각된다.

미워해야 할 것은 어디까지나 사물이지 인간이 아니다. 선악을 판단해 공정함을 잃지 않는 것은 너무도 힘든 일이다. 공정하지 못한 판단은 언제나 잘못 판단한 그 사람을 가장 강하게 괴롭히는 법이다.

여러분은 이론적으로든 경험에 의해서든, 무엇에 의해서도 사랑을 등한히 해서는 안 된다. 또한 사랑할 가치가 있는지 어떤지를 문제삼아서도 안 된다. 이것이 늘 마음의 평화를 유지하고, 사람이 보통 싫어하게 되는 사물이나 인간에 대해 줄곧 관심을 갖는 유일한 수단이다.

아울러 사랑은 상당히 영리하다. 사랑은 스스로 욕심내지 않으며, 모든 악인을 속인다. 그러나 친애하는 독자여, 만약 여러분이 시인과 함께 다음과 같이 하고 싶다면 한동안 그렇게 해보는 것이 좋다.

> 나를 사랑하는 사람을 사랑하고
> 나를 미워하는 사람을 미워한다.
> 나는 늘 그렇게 해 왔으니
> 새삼스레 그 길을 버릴 생각은 없다.

백문(百聞)이 불여일행(不如一行)이다. 그러나 여러분은 많은 미움과 만나고, 사랑과는 아주 조금밖에 만나지 못하리라.

(5) 위에서 들었던 것 가운데 특히 마지막의 어중간한 도중하차는 안 된다. 오히려 모든 잔꾀를 버린 전면적인 결심만이 효과가 있다. 그러나 습관은 그와 반대로 커다란 습관을 지탱하는 것이다. 말하자면 그것을 가능하게 하는 자잘한 많은 습관이 있다.

그러한 작은 습관 가운데 하나는 복음서가 이미 권하고 있는 것, 즉 '죽은 이를 장사지내는 것은 죽은 이에게 맡기는 것이 좋다'*¹이다. 매장은 죽은 사람이 가장 잘 할 수 있는 일이며, 우리는 오히려 하찮은 일에 나서거나 악과 싸우는 일을 피한다면, 그저 파괴하는 일 대신에 뭔가를 건설할 수 있다. 파괴는 애초 건설한 자에게만 부여되어야 할 기념비를, 많은 위대한 파괴자가 얻는 것만큼이나 필요한 것이기는 하지만 언제나 종속적이다.

(6) 그러나 우리는 결코 타인에게 속아서는 안 된다. 그것이 비록 겉보기에 그런 것뿐이라 하더라도 안 된다. 오히려 교활한 자들에게 우리가 언제나 그들의 생각을 꿰뚫어보고 있으며, 그들이 애초 무엇을 원하는지를 알고 있다는 것을 보여주어야 한다. 이와 같이 타인의 마음을 읽는 것은, 눈을 멀게 하는 이기주의에 빠져 있지 않다면 누구나 할 수 있는 일이다.

그러나 이런 필요한 방위와는 달리 전체적으로는 타인을 선의로 해석하고 그 사람에게 선이 있음을 가정하고 대하는 편이 훨씬 유리하다. 그러면 그들도 또한 그렇게 되려고 노력하고, 그로 인해 실제로 좋아질 뿐만 아니라 우리도 불쾌함을 느끼지 않아도 된다. 분명히 악인임을 알 수 있는 사람과의 교제는 정신적으로 해로우며, 신경이 날카로운 사람에게는 불쾌함으로 인해 몸에 손상을 가져오기도 한다. 요컨대 그것은 여러 의미에 있어서 건강하지 못하다.

(7) 악을 혹독하게 꾸짖거나 비난할 필요는 없다. 대부분의 경우 악이 폭로되는 것만으로 충분하다. 그렇게 되면 그 사람은 겉으로는 반항을 하더라도 반드시 양심의 가책을 받게 마련이다. 그러므로 우리가 비난해야 할 사람과 이야기할 때는 냉정하게, 감추지 말고, 또한 구태여 부드러운 표정을 보이거나 할 것도 없고, 그저 깨끗하게, 인간적인 노여움 없이 말해야 한다. 분노가 상대를 나아지게 하는 경우는 거의 없기 때문이다.

(8) 깊은 애정 없이는 덕이 있는 사람이라도 무료해지기 십상이다. 신교도에게 자주 있는 타입인데, 예의는 바르너라도 마음속으로는 생각이 다른 사람에

---

*1 누가복음 9장 60절.

대해서는 애정이 없는 사람들이 특히 청년의 마음에 얼마나 강한 혐오감을 일으키는지는 가늠할 수 없을 정도이다. 청년들은 때때로 이와 같은 차가운 도덕의 표본 같은 사람과 사느니 방탕자와 함께 사는 것을 훨씬 좋아한다.

(9) 모든 사람에 대하여 한결같이 친절하기는 불가능한 일이라고 생각할지도 모른다. 좋다. 그렇다면 처음엔 구별해도 상관없다. 그러나 세상의 약자, 즉 가난한 사람, 부족한 사람, 교양이 없는 사람, 어린이(동물이나 식물마저도)를 먼저 생각해야지, 훌륭한 사람들을 앞세워서는 안 된다. 특히 그대의 '겸손한 태도'에 대한 감사 따위를 바라지 말고, 그들의 사랑을 자신의 사랑과 마찬가지로 존중한다면 그대는 행복감을 느낄 것이다.

처음부터 분명하게 냉정한 태도를 취해야 하는 것은, 우선 남을 감복시키고 싶어하는 사람, 다음에는 모두에게 '알고 지내는 사이'가 되고 싶어하지만 자기의 호기심을 채우기는 해도 허영심을 채울 수 없다는 것을 알면 바로 팽개쳐버리는 문명적 식인종 계급이다. 마지막으로는 귀족, 부자, 그리고 '귀부인'에 대해서인데, 이들 세 계급의 사람들은 친절한 사랑을 언제나 오해하기 십상이다.

우리는 이러한 작고 좋은 습관을 좀더 많이 들 수 있을 것이다. 만약 독자가 그러한 것이 좀더 많이 있다고 해도 우리는 그것을 조금도 이상하게 생각하지 않는다. 오히려 위에서 든 여러 항목에 덧붙일 것을 권한다.

여러분도 쉽게 알 수 있듯이 좋은 습관의 완전한 목록을 미리 만드는 것보다 하나의 좋은 습관부터 실제로 시작하는 것이 훨씬 효과적이다.

* * *

좋은 습관을 실천할 때의 어려움은 타고난 욕심을 제거하는 것이다. 지금까지 언급해 왔던 것은 아무도 의심하지 않겠지만, 그럼에도 불구하고 그것들의 실행을 실제로 방해하는 것이 바로 이 욕심이다. 누구든지 자기 자신을 아는 사람은 싸우지 않겠지만……, 누구나 좋고 나쁘다는 점에서 두드러진 편견을 가지는 법이며, 이것은 때때로 글자 그대로 '미치광이 짓거리'에 가까운 데가 있다. 이것은 하나의 힘으로 제거되어야 한다. 그리고 이것이야말로 모든 철학이나 종교의 문제이며, 오래전부터의 숙제이고, 더구나 새로 태어날 인간에 대하여 항상 새롭게 다음과 같은 문제를 던진다. "선과 올바름으로 사람들을 이끌고, 정신적으로 건강하게 하는 힘, 올바른 삶의 길에 반드시 필요한 이 힘을 어디서 찾아내면 좋을까."

그런데 이 점에 관해서는 잘 알려져 있다시피 오늘날에도 많은 다른 의견이 있다. 단테는 《신곡》 연옥편의 유명한 27장에서 올바른 길을 찾는 사람을 사려 깊은 이성을 통해 천국의 문으로 이끌 뿐만 아니라 불의 산꼭대기까지 데려가고 있다. 여기는 이미 지상의 삶에서 마지막 목적인 지상 낙원이 시작되는 곳이며, 그 이상의 탐구는 모두 쓸모없게 되는 장소이다. 그렇지만 이 점에서 우리는 중세의 대시인이자 철학자인 단테의 크나큰 모순을 발견하게 된다. 즉, 천사가 세상의 영혼들을 대양을 넘어서 이 산의 기슭으로 데려올 뿐만 아니라, 다른 천사는 그 영혼들이 이미 '은총의 문'을 지난 다음에도 다시 돌아가려 하는 것을 몇 번이나 말려야 한다. 그리고 그 영혼들은 오직 하느님의 전능한 기적에 의해서만(따라서 안내역을 맡은이의 이성은 여기서는 매우 삼간다 하더라도 쓸데없는 역할을 연기하는 것에 불과하다), 다이아몬드 위에 앉아 있는 제3의 천사가 허락하지 않으면 아무도 그것을 넘지 못하는 지점에 도달한다.

그러나 그러한 윤리적 역학의 문제는 이 논문의 주제가 아니거니와 또한 자신의 경험 이외의 방법으로 근본적으로 이해할 수 있는지 알 수 없다.

자기 교육은 오로지 어떤 중대한 인생목적을 추구하며, 이에 반하는 모든 것을 멀리하려는 의지, 단호한 결심과 함께 시작되는 법이다. 그러면 뒤이어 저절로 능력의 탐구가 시작된다. 주저하지 말고 모든 길에서 이것을 찾고, 뒤이어 얻은 힘을 그 길이 옳다는 유일한 증거로 인정하려 결심한다면, 마침내 그 힘을 찾아낼 수 있다.

지속적이고 평온하며 윤리적 힘을 부여하지 않는 것은 참된 것이 아니다. 이와 같은 힘을 부여하는 것은 적어도 그 안에 어떤 진실을 반드시 간직한다. 이것은 인류를 위해 지금까지의 철학 이상으로 가치가 높은, 미래의 모든 철학의 첫머리를 장식할 명제이다. 이것 이외의 것은 인간을 올바른 길로 이끌지 못한다.

* * *

죽음은 삶의 고통을 끝나게 한다.
그러나 삶은 죽음 앞에서 두려워 떨고 있다.

생은 단지 죽음의 어두운 손을 볼 뿐
자기 앞에 놓인 술잔을 보지 않는다.

그와 같이 마음은 사랑 앞에서 두려워 떤다.
마치 몰락에 떠는 듯이.

그 까닭은 사랑에 눈뜰 때
어두운 폭군인 자아는 죽어야 하기 때문이니.
그대는 그를 밤새 죽게 하여
서광 속으로 자유롭게 걸어가라.

세상의 아들이 빛의 아들보다 지혜롭다

이 말의 진실성을 의심하는 것은 아니지만 이상주의에 대한 비난, 즉 이상주의는 이론으로서는 아름다울지 모르지만 실제로는 좀처럼 실행하기 힘들다는 소리를 자주 듣는 것은 다른 어떠한 것보다 이 말에 근거한 것임을 지적하지 않을 수 없다.

세상을 사는 지혜와 이상주의가 일치하지 않는 법임이 일단 명확해지면, 이 세상에 태어나서 살도록 숙명지워져 있는 사람의 대부분은 이 세상살이의 지혜를 반드시 필요한 것으로 선택할 것이다. 더구나 이상주의를 포기할 때는 유감스럽다는 듯 곁눈질로 그것을 흘겨볼 것이다. 지혜는 세상살이를 위해, 빛은 오직 저 세상을 위해서만 있다! 그래서 향락적 이기주의라는 암초를 원만히 넘긴 사람들이 이 걸림돌에 걸리는 것이다.

분명히 이 위험한 말[1]에 내포되어 있는 것은 이른바 세속적인 아들에 대한 충분한 인정이다. 그리스도의 말씀을 보더라도 그들은 일반적으로 직업적인 성직자나 바리새파 신자처럼 심하게는 다루어지고 있지 않다. 마태복음 21장 31절의 "세리들과 창기들이 너희보다 먼저 하느님의 나라에 들어가리라" 하는 말 같은 것, 즉 성서의 어디에도 세속적인 아들에 대해서는 쓰여 있지 않다. 그들은 대개 자기가 무엇을 추구하는지를 알며, 그 목적을 위해 근면과 인내로써 모든 장애를 극복하고 추구하려는 사람들이다. 이 점에 있어서는 '빛의 아들'은 적어도 초기 단계에는 그들에 미치지 못하는 경우가 많다. 세속적 아들은 또한 좀더 높은 것, 좀더 나은 것을 받아들일 능력이 없는 것이 아니다. 그들은 선한 씨앗을 뿌려도 아무런 소용이 없는 단단한 바위가 아니다. 다만 그 땅에는 다른 잡목이 우거져서 힘들여 씨앗이 싹을 틔워도 잘 자라지 못할 뿐이다. 여하튼 그들은 역사적으로 신리의 신봉사를 십자가에 매달기니, 회

---

*1 누가복음 16장 8절.

형에 처하거나 한 것이 자기들이 아니었다는 것을 정당한 이유를 들어 주장할 수 있다.

그러므로 우리가 세속적 아들이라고 했다 해서 그들을 일률적으로 악인이라거나, 또는 덕이라 불리는 것에 대해 둔감한 사람들이라고 생각해서는 안 된다. 반대로 그들은 대개 겉보기보다 선량하다. 그 중에는 자기의 훌륭한 생각을 일부러 감추고 있는 '역 위선자'도 적지 않다. 그들에게 결여된 것은 선량해지려 하는 용기뿐이다. 즉, 윤리적인 세계질서라는 것이 있어서, 그것을 신뢰하는 자를 도와 '생존경쟁'의 어려움을 확실하게 극복하게 해준다는 굳은 신념이 없는 것이다. 그것을 실제로 보장한다는 것은 눈에 보이는 형태로 존재하는 것이 아니므로 어렵다. 반대로 세속의 길을 버리는 사람은 어쩌면 자기도 세상에게 버림을 받아서 자기가 선택한 길이 과연 좀더 나은 길이었는지 의문스러워하면서 앞으로의 삶을 보내야만 한다는 생각이 있다.

이 길을 단지 듣거나 입으로만 말하거나 하는 것이 아니라 실제로 직접 밟아 왔던 사람들이 모두 그렇게 말하고 있다. 요컨대 세속의 아들이란 그저 보통의 단순한 사람들에 불과하며, 그들은 이론적으로는 대단히 아름답고 숭고해도 실제적으로는 가기 힘들 것 같은 길을 가기보다는 오히려 잘 알려진 보통의 길을 가고 싶어하는 사람들이다.

'빛의 아들들'이 무엇인지를 설명하기는 더 힘들다. 복음서는 그에 관해 두세 가지의 암시를 하고 있다. 예를 들면 요한복음 12장 36절, 17장 3절, 18장 37절이 그것이다. 그러나 그러한 의미의 '빛'이란 대체 무엇인가. 그것의 원천은 어디에 있는가. 또 어째서 그 빛이 인간에게 들어오는 것인가. 여기까지 오면 우리는 이내 '우주의 일곱 가지 수수께끼*² 가운데 가장 커다란 것 앞에 서게 된다. '인간은 어디에서 와서 어디로 가는가. 금빛 별 저편에는 누가 살까.' 일반적으로 알기 쉽게 말하면 그저 이렇게 말할 수 있을 뿐이다. 빛의 아들들이란 심상치 않은 것에 대해 민감하며, 나아가 찾고 구하기를 그치지 않는 사람들이다. 그들은 먹고, 마시고, 내일은 죽는다는 것 이외에 좀더 나은 것이 있기를 바라며, 이 그침 없는 바람과 의지에서 출발해 차츰 신앙으로, 그리고 마지막에는 확신에 도달하는 사람들이다.

---

*2 뒤 부아레몽의 《우주의 일곱 가지 수수께끼》를 보라.

또한 빛으로 가는 길을 시사하는 것은 마태복음 5장 8절이며, 특히 누가복음 11장 36절도 있는데, 이것은 아직 아무도 제대로 해석한 적이 없다. 그러나 보통의 경우 이것 이상으로 논증을 진행시켜서는 곤란하다. 그렇지 않으면 세속의 아들들은 실제로 그것을 들을 용의가 없으며, 적어도 모든 것이 과장이라고 생각하기 때문이다. 쉽게 말해서 총독 펠릭스나 아테네인*3처럼 '다음에 다시 듣도록 합시다'라고 하는 것이 고작일 것이다. 그러나 그들은 선배들처럼 어쩌면 이런 불쾌하고 마음의 평화를 교란할 뿐인 '무엇 한 가지 확실한 결론이 나오지 않는' 논의가 다시 화제로 오르지 않도록 조심할 것이다. 유감스럽지만 종교를 가르친다는 것은 사실상 아무런 효과도 없는 일이다. 세상에서 종교라 불리는 것, 즉 본래 전혀 알기 힘든 것에 대한 믿음과 이 길의 선구자에 대한 사랑과 동경에 기초한 것, 이것은 실제로 가르칠 수 없다. 기껏해야 사람들에게 일종의 기초 지식을 주고, 혐오감과 고집스런 무능력을 없애고 가르침으로 그 기초 지식을 유지할 수 있을 뿐이다. 그러나 이렇게 무능력함이 나타나는 원인은 이상적인 것을 받아들이기를 거부하는 삶의 방식에 있을 뿐만 아니라, 그에 못지않게 종교를 하나의 교리, 아니 강의나 학습으로 배울 수 있는 일종의 과학으로 간주하는 견해이다.

그러나 여러분은 물을 것이다. 그러면 이러한 빛이 세상을 사는 지혜보다 나은 점은 어디에 있느냐, 세상살이의 지혜는 누가 뭐래도 확실하며, 다른 방법으로는 좀처럼 손에 넣지 못하는 인생의 보물을 획득하지 않느냐고 말이다. 대답은 이러하다.

빛이 훌륭한 점은 첫째, 사람은 빛에 의해 진리를 터득하고, 그로 인해 정신의 완전한 평화를 얻는다. 이 행복은 레싱이 "진리는 인간이 바라서는 안 되는 것이다"라고 했던 유명한 말에서 알 수 있다시피, 그러한 인생의 행복과는 거의 정반대이다. 즉, 뭐라고 형언하지 못할 참된 행복이며, 이것을 단 한 조각이라도 소유한 사람은 더 이상 이 땅의 어떠한 보물과도 그것을 바꾸려 하지 않을 만한 것이다. 왜냐하면 결국 중요한 것은 어떤 보물을 소유하느냐가 아니라 이것을 소유함으로써 행복을 느끼느냐의 여부이기 때문이다. 재산을 탐내는 자, 명예를 좋아하는 사, 향락에 빠지는 지도 역시 그들이 추구하는 것을 목적

---

*3 사도행전 24장 25절, 17장 32절.

으로 여겨 바라는 것이 아니라, 그들의 눈으로 보아서 목적을 위해 없어서는 안 될 수단으로서 그것을 바라는 것인데, 그 목적이란 역시 행복이다.

그러나 그들은 이 점에서 잘못 생각하고 있다. 그들은 바라는 것을 실제로 손에 넣더라도 마음의 만족을 얻지 못한다. 이것은 세계질서의 참된 숭고함 때문이며, 바른 눈으로 보는 사람은 반드시 이로써 세계질서라는 존재를 느낄 것이다. 그들이 바라던 것을 얻는 것, 즉 그들의 성공 자체가 그들의 벌인 것이다. 어쩌면 이것은 이해하기 힘들지도 모른다. 그러나 독자여, 다시 한번 이 이치를 깊이 생각해 보라. 이것을 우선 과학적 가설로 가정한 다음, 이것이 과연 참인지 아닌지를 인생에서 실제로 관찰해 보라. 이것이 실제 자연과학에서 가장 쉽게 진리에 도달하는 방법이다.

두 번째 이와 같은 진리의 영(우리는 '빛'의 뜻을 그렇게 해석해도 좋으리라)은 세상의 모든 영리함보다도 훨씬 영리하며, 이 진리의 영혼만이 세계의 진실의 법칙과 일치하기 때문이다. 그래서 이 영을 지닌 사람은 그다지 영리하지 않아도 세상을 잘 살아가며, 대개는 영리한 사람보다도 훨씬 능숙하고 원만하게 살아가는 것이다. 결국 그들은 양심의 불안 없이, 다시 말해 생존의 가장 커다란 기쁨을 괴롭히는 지극히 불쾌한 감정 없이 살아갈 수 있는 것이다. 여하튼 이들은 인간에 대해, 또 일어나는 일에 대해 초조와 공포, 걱정하는 마음을 갖는 경우가 적다. 이러한 종류의 감정은 그 사람들과 같은 마음의 소유 방식이 아니고서는 도저히 피할 수 없는 것이다.

마지막으로, 진리의 영을 가진 이들은 마음의 평화를 가질 뿐만 아니라 타인과도 평화롭게 지내는데, 이것은 인생을 끊임없이 고통스럽게 하는 분노, 증오, 질투하는 마음이 없기 때문이다. 이러한 마음에 따르려 하지 않고, 또한 따를 수 없는 사람들조차 사실은 같은 패거리보다도 이러한 '이상가' 쪽을 사랑하는 법이다. 또한 이상가의 행동이 어디까지나 진지하며, 단지 반대되는 것을 감추고 덮는 외투가 아니고, 남을 모욕하는 오만함을 수반하지 않는다는 것을 알게 된다. 이렇게 해서 플뤼에의 니콜라우스나 아시시의 프란체스코, 시에나의 카타리나, 또 가까이는 골든 파샤 등이 국민에게서 사랑을 받았으며, 그들의 삶을 꿈에도 따르려 하지 않던 수많은 사람들이 그들의 죽음을 깊이 슬퍼하고, 국민의 불행으로 여겼던 것이다. 그에 비하면 현대의 가장 성공한 정치가가 받는 존경 따위는 보잘것없는 것이다. 위에 든 사람들은 이 세상의 보배를 거의 모두 단념하고, 또 그것을 추구하는 경쟁도 버림으로써 그들 국민의 진실한 왕이 되었고, 인류 전체의 영웅이 될 수 있었다.

우리는 공포도 걱정도 없고 진리, 행복, 자기 자신과의 평화 및 모든 사람들과의 평화, 그들에게서 받는 성실한 존경과 친애, 이러한 것들이야말로 이 세상의 참된 보물이라고 생각한다. 이와 같은 보물에 비하면 많은 부나 명예, 외면적인 향락은 너무 가볍다. 설령 위에 든 것들의 효과가 마찬가지로 확실하며, 지금 말했던 공포라든가 걱정, 경쟁 같은 고통스런 첨가물 없이 그것이 실현될 수 있다 하더라도(실제로 그것은 결코 있을 수 없는 일이지만) 역시 마찬가지이다.

또한 이들 이상적인 보물은 확실하며, 누구나 가까이할 수 있다는 장점이 있다. 단지 우리는 그런 의욕을 가지면 되는 것이다. 다만 진지하게, 마음을 다해 이것을 바라지 않으면 안 된다. 섣부르게 이 세상의 지혜를 추구한다든지, 속세의 경쟁에 뛰어들지 말아야 한다. 그리하면 많은 증인이 자기의 체험으로 증언하고 있다시피 그 이상적인 보물들을 틀림없이 획득할 수 있다. 다만 단숨에 얻을 수 있는 것은 아니다. 대개의 경우, 한 번 내지 여러 번 인생 행로의 위기를 넘은 다음에야 비로소 도달할 수 있다. 이 위기는 사실 어떤 것보다도 죽음과 닮아 있으며, 거기서는 지금까지 가슴에 품었던 인생의 희망을 모조리 내던져야만 한다. 이것이 이 길에서 가장 힘든 점이다. 그 밖의 점에서는 이 인생의 길은 어떠한 세속의 길보다 훨씬 편안하고 유쾌하며, 또한 이 길을 가면 반드시 좀더 나은 동료와 만나게 된다. 이 길은 그리스도가 비유한 바와 같이 확실히 일종의 멍에이겠지만, 그러나 비교적 부드럽고 가벼운 멍에임은 직접 그 멍에를 써본 사람들이 예외 없이 증언하는 바이다.

겉으로는 그것이 어떻게 보이더라도, 이러한 삶의 마지막에 후회를 하고, 다른 길이 좀더 낫고 좀더 행복했을 것이라고 말한 사람은 지금까지 단 한 사람도 없다. 반대로 솔로몬 왕의 시대부터 지금까지 얼마나 많은 사람들이 보통의 처세술에서 힘들이지 않고 성공을 거두고, 가장 성공한 삶의 마지막에서 모두 '헛된 꿈'이었다고 한탄하는가! 이 하나의 경험적 사실만으로도 이미 사람들에게 결정적인 영향을 끼칠 것이라고, 우리는 믿고 싶다. 만약 인간의 지혜가 이보다 높은 지혜(그것은 보통의 내기보다도 훨씬 높은 것을 거는 한 단계 큰 내기를 선택한다)에 도달하는 것을 얼마나 방해하는지를 모른다 하더라도 말이다.

우리는 단순히 영리한 사람을 비난할 생각을 갖고 있지는 않다. 오히려 여러분이 위에서 언급한 갖가지 근거를 충분히 음미하고, 또 인간이 생존의 여러 조건에 따라 처해 있는 상황을 관찰한 다음에, 영리함을 선택하든지 아니면 얼마간 고매한 지혜를 채택하든지, 그것은 독자의 자유에 맡기겠다. 70년, 80년의 기나긴 인생을 겪고도, 그러고도 아직 한 번도 이 두 가지 가운데 어느 것을 택할지 정하지 않은 사람은 확실히 가장 어리석은 사람일 것이다. 그러나 기묘하게도 오늘날 '교양 있는' 사회의 사람들 대부분이 이처럼 어디에도 닿지 않는 어리석은 사람들이다.

시간을 만드는 방법

'시간이 없다.' 이 말은 정식으로 정해지지 않은 의무나 일을 하고 싶지 않을 때 사람들이 가장 보편적으로 쓰는 편리한 구실일 뿐만 아니라, 사실상 지극히 타당하고 그럴듯하게 보이는 핑계이다. 시간이 없다는 사실은 확실히 부정할 수가 없다.

그런데도 여전히 이것은 하나의 구실인가? 나는 조건부이기는 하지만 주저 없이 '그렇다'고 대답하고 싶다. 그리고 주로 어떤 이유에서 시간이 없어지는지, 또는 어떠한 방법으로, 적어도 어느 정도까지 필요한 시간을 만들 수 있는지를 보이고자 한다. 그래서 나의 설교는 신학자들의 설교처럼 3단계가 아니라 2단계로 나뉘어 있다. 읽을 시간도 없는 독자를 안심시키기 위해서 미리 한마디 해둔다면 말이다.

일반적으로 누구나 공감하는 시간 부족의 첫 번째 이유는 시간 그 자체의 성격에 있다. 시간에는 뭔가 차분하지 않고 쉼 없는, 끊임없이 안달하는 성질이 있어서 세상을 버린 사람이 아닌 이상 누구라도 시간에서 벗어나지 못한다.

시간과 함께 생활하려는 사람은 시간과 함께 달리지 않으면 안 된다. 만약 우리가 현재의 세계를 적당한 높이에서 내려다보고, 더구나 개별적이고 세밀한 것까지 정밀하게 관찰할 수 있다면, 그것은 정신 없이 돌아다니는 개미떼의 모습일 것이다. 이러한 쉼 없는 운동 속에서는 밤낮을 가리지 않고 질주하는 수많은 열차를 보는 것만으로도 관찰자의 머리는 혼란스러울 것이 틀림없다. 그리고 시간의 움직임에 열심히 참가하는 사람들은 거의 모두 얼마간 이러한 혼란스러움을 경험한다.

그렇지만 자신이 왜 하루종일 바쁜지 전혀 모르는 사람이 상당히 많다. 또 대단히 큰 일이 기다리고 있기라도 한 것처럼 바삐 길을 서두르고, 전철 안이나 극장에서 남을 밀치는 사람들도 많다. 결국 그들은 전체의 흐름에 따르고 있는 것이다. 실제로 시간은 지상에서 가장 고귀하고 얻기 힘든 것이다. 왜냐하면 시간과 자주 비교되는 돈을 많이 가진 사람조차도 오늘날에는 시간을 갖고 있지 않다. 또 사도 바울처럼 돈을 경멸하는 사람들도 언제나 우리에게 '시간을 충분히 이용할' 것을 권하고, 때때로 그 태도에 뭔가 독려하는 데가 있어서 일찍이 소년시절부터 우리를 고민하게 한다.

그런 까닭으로 오늘날의 사회는 일하는 사람들을 무자비하게 대한다. 사람들은 소나 말처럼 쓰러질 때까지 내몰린다. 그러다 쓰러지면 즉각 '다 쓴' 상태가 된다. 뒤를 이을 새것이 얼마든지 대기하고 있기 때문이다!

그런데 이렇게 악착같이 일한 결과는 대단한 것이 못 된다. 인간 활동의 많은 분야에서 오늘날처럼 조급하고 지나친 노동 없이도 오늘날보다 훨씬 많은 일을 이뤘던 시대와 사람들이 있었다. 오늘날 어디에 루터 같은 사람이 있는가. 그는 믿을 수 없을 정도로 짧은 시간에, 지금까지도 그보다 더 우수한 것이 없을 정도로 훌륭하게 성서 번역을 해냈다. 그런데도 그 일을 마치고 나서 그는 조금도 지치지 않았다. 적어도 반년, 1년의 휴식이나 휴양도 필요로 하지 않았던 것이다. 오늘날의 학자 가운데 루터처럼 필생의 저작이 몇백 권의 책을 능가할 만한 업적을 남긴 사람이 있는가. 예술가 중에 그림도 그리고, 건축도 하고, 조각도 하며 시도 지었던 미켈란젤로나 라파엘로 같은 사람이 있는가. 또는 해마다 피서지에도, 온천에도 가지 않고 90세라는 고령에 달해서도 여전히 일할 수 있었던 티치아노 같은 사람이 있는가. 따라서 현대인의 짜증과 신경질의 원인을 현대인이 과거 사람들보다 많이 일을 한다거나, 또는 좀 더 탁월한 업적을 보인다는 데서 찾는 것은 불가능하다. 어쩌면 그다지 많이 쉬지 않더라도, 그리고 안달하지 않고 살아도 뭔가를 이룩해낼 수 있음이 분명하다.

그러기 위해 가장 필요한 것은 자기의 의지 없이 다른 사람들의 흐름에 휩쓸리지 않고, 그 흐름에 저항해 자유인으로 살아가려는 결심이다. 일이든 향락이든 결코 노예가 되어서는 안 되는 것이다.

그런데 현대인에게 분배된 노동과 그에 못지않게 자손을 위해 주의 깊게 돈을 모으려는 '자본가적'인 사고방식이 자유인으로 살아가는 것을 어렵게 하는 것은 부정할 수 없다.

따라서 우리의 문제도 또한 문명에 이른 인류가 다시 평등한 노동과 평등한 소유에 도달하기 전에 반드시 지나지 않으면 안 될 혁명과 밀접한 관련이 있다. 그리고 이것은 이 문제의 커다란 배경이 되어 있는데, 여기서는 더 이상 깊게는 다루지 않겠다.

다만 일을 해야 하는 때에만 일하고, 나와 가족을 무거운 짐으로부터 되도록 빨리 해방시키기 위해서만 일하는 사람들이 특히 교양 있는 계급에 있다. 또 '나는 모자에만 깃털이*¹ 필요한 신분이다'라고 의기양양하게 공언하는 사람들이 있는 한은, 몇 안 되는 사람들이 너무 많은 시간을 가진 때문에 너무나 시간이 없는 많은 사람들이 항상 존재한다.

그러므로 현대를 사는 우리로서는 단지 작은 수단을 취하는 방어적 태도가 특히 문제가 된다. 그것은 다음과 같다.

(1) 시간을 만드는 가장 좋은 방법은 1주일에 6일(5일도 7일도 아닌)간, 일정한 낮(밤이 아니다) 시간에 규칙적으로 일하는 것이다. 밤을 낮 삼고, 일요일을 일하는 날로 하는 것은 시간과 일할 힘을 얻지 못하는 가장 나쁜 방법이다. 또한 몇 주 혹은 몇 달에 걸친 '휴식'도 글자 그대로 완전히 일을 멈추는 의미라면 오히려 생각해 볼 일이다.

규칙적인 일이야말로, 특히 중년 이후에는 정신과 육체의 건강을 유지하기 위한 가장 좋은 방법임이(부인들을 위해 '또한 아름다움도' 유지하는 방법이라고 덧붙여야겠다.*²) 의학적으로도 현재보다 훨씬 명확하게 증명되는 시대가 올 것이라 나는 기대한다. 게으름은 일보다도 더 사람을 따분하게 하고, 신경을 과민하게 하며, 건강의 진정한 기초인 저항력을 약화시킨다.

물론 일을 지나치게 할 경우도 있다. 일을 할 때 얻는 성과, 즉 완성하는 것만을 중시하고 일 자체를 사랑하지 않는 경우가 그러하다. 이런 경우 적당한 선을 유지하기는 매우 힘든데, 옛 선인이 탄식하여 이렇게 말한 바 있다.

"일은 각자의 분에 맞게 주어져 있다. 그러나 그것을 지키지 못하는 것이 사람의 마음이다."

---

*1 깃털 펜, 일이라는 상징적 의미도 들어 있다.
*2 이 논문은 애초 남녀 청중을 대상으로 했던 대학 강연이었다.

그러나 자연은 일에서 생기는 피로를 경고자로서 우리들 옆에 세워놓는다. 항상 적정한 정도를 유지하려면 어렵게 생각할 것 없이 경고자에게 물어보면 되지, 흥분제 따위로 속이거나 해서는 안 된다.

(2) 규칙적인 일을 쉽게 하려면 일정한 직업이 있어야 한다. 직업은 반드시 정해진 일이라는 의무를 수반하기 때문이다. 그러므로 국가소설(슈타츠 로망, 국가를 무대로 한 소설)이나 사회주의적 작가가 일의 일반적인 조직을 군대 형식을 좇아 상상하는 것은 그럴싸하다. 군대에서는 일의 질서나 의무가 가장 까다롭기 때문이다. 직접 경험한 사람이라면 누구나 알겠지만, 병역에 종사할 때만큼(물론 과로의 경우는 별개지만) 신체 상태가 좋을 때는 없다. 군대에서는 하루의 각 시간별로 질서 정연하게 할당된 임무, 따라서 할까 말까 망설이느라 방해를 받을 여지가 없는 임무가 있으며, 또한 아무도 미리 다음날의 일에 대해 생각할 여유가 없다.

현대의 많은 부자들이 불행한 것은 그들이 직업이 없기 때문이다. 흔히 말하듯 그럴 필요가 없다 하더라도 말이다. 안과의사가 된 독일 공작의 실례를 들면, 그들 대부분은 항상 불만을 느끼고 있는 아마추어 학회에서 위로를 받는다. 오늘날 특히 여성을 사로잡고 있는 향학열 중 일부는 직업적 활동을 찾는 인간 본성의 충동 외에 다른 이유가 있다고는 도저히 생각되지 않는다.

(3) 오늘날 자주 거론되는 또 하나의 문제는 일을 위해 하루의 시간을 어떻게 나누는가이다. 많든 적든 기계적인 일에 종사하는 독신자, 혹은 일이 과중하다고 여겨 되도록 빨리 마치고자 애를 써야 하는 사람들에게는 소위 영국식의 그침 없는 방식이 적합할 것이다. 그러나 이런 방식으로는 정오에 충분한 휴식을 취하는 우리 스위스의 방법처럼 정신적인 일을 완수해 내지 못한다. 누구든지 6시간 내지 8시간을 계속 일하거나, 혹은 아주 잠깐 쉬는 것만으로는 정신적으로 능률을 올리지 못한다. 그렇다고 해서 휴식을 1시간, 또는 그 이상으로 늘리면 다음 단계의 근로 시간이 대단히 짧아지므로, 이름만 다를 뿐 실질적으로는 아무것도 달라진 것이 없다. 그러나 현재의 방법으로라면 10시간 내지 11시간, 즉 오전에 4시간, 오후에 4시간, 저녁에 2시간 내지 3시간 일하기는 쉽다. 우리 동료들은 대개 그 평판 좋은 8시간 노동으로는 도저히

해나갈 수 없으니 통상 우리는 '노동자'라 불릴 명예를 갖지 못한 것이지만.

⑷ 그 다음으로 중요한 것은 지나치게 자신을 소중히 여기지 말라는 것이다. 바꿔 말하면 시간, 장소, 위치, 의욕이나 기분 등을 갖추기 위해 오랜 틈을 주지 말라는 것이다.

의욕은 일을 시작하면 저절로 솟아나는 법이어서 초반에 있기 쉬운 권태조차도 그것이 신체적인 원인에서 온 것이 아닌 이상, 일에 대해서 수동적이 아니라 능동적인 태도가 되면 금세 사라진다.

"결심이 섰다면, 당장에 할 수 있을 만한 일의 앞 머리채를 있는 힘껏 움켜잡아야 합니다. 그렇게 하면 결단코 그것을 놓으려 하지 않을 것이므로, 싫어도 앞으로 나아가는 법입니다." (괴테 《파우스트》)

우리가 만약 실생활에서 사도 바울이 말하는 우리 내부의 '옛 사람'에게 지금 무엇을 하고 싶은지 또는 하고 싶지 않은지를 줄곧 묻는다면, '옛 사람'은 항상 성실한 일에는 찬성하지 않고, 종교적인 또는 도덕적인 선량한 원리로 충분하다고 할 것이다.

인간 내부의 악한 부분은 선량한 부분의 최고 명령에 불평 없이 따르도록 길들여져야 한다. 군대와 같은 규율로서 그렇게 해냈을 때, 인간은 비로소 바른 길에 서는 것이다. 그때가 되어야 비로소 자기의 삶을 얻은 것이지, 잃은 것이 아님을 알게 된다.

미리 생각을 정리한다든가, 일에 대해 깊이 생각하거나 하는 것은 대개의 경우, 일을 피하려는 구실이다. 특히 담배 따위에 불을 붙이려 하는 때는 더더욱 그러하다.

가장 좋은 생각은 한창 일할 때, 그것도 전혀 대상이 다른 일을 할 때 떠오르는 경우가 많다. 현대의 어떤 유명한 설교가는 완전한 진리라고는 할 수 없지만 이런 독창적인 말을 했다.

"성서에는 일을 하지 않는 사람에게 천사가 나타난 예가 한 번도 없다."

⑸ 이것과 밀접하게 관련된 것은 자투리 시간의 단편적 이용이다. 사람들

은 대부분 일에 착수하기 전에 어떤 것에도 방해받지 않는 무한히 펼쳐진 시간을 갖기 바라기 때문에 시간이 없다. 여기에는 우선 이중의 자기 기만이 감추어져 있다. 왜냐하면 대부분의 사람의 생활에는 좀처럼 쉽게 정리되지 않는 일이 있을 뿐만 아니라, 일하는 능력에 한계가 있어서 아주 오랜 시간을 틈도 없이 채울 수는 없기 때문이다. 진정으로 뭔가를 해내야 하는 정신적인 일의 경우, 처음 한 시간 혹은 반 시간이 가장 좋은 시간이라고 해도 과언이 아니다.

그러나 아주 커다란 사업은 별개로 치더라도 보통의 일에는 모두 15분이면 충분할 준비나, 정리를 위해 기계적으로 행해지는 무수한 부차적인 일이 있어서 주된 작업 시간과 정력을 빼앗게 된다. 이것을 막으려면 자투리 시간을 이용하는 것이 좋다. 사실 이 자투리 시간의 이용과 '오늘은 이미 시작해도 소용없다'는 생각을 완전히 없애는 것이 일생의 업적을 반쯤 결정짓는다 해도 지나치지 않을 것이다.

(6) 그리고 시간을 절약하는 중요한 방법 중 하나는 일의 대상을 바꾸는 것이다. 일의 변화는 거의 완전한 휴식과 같은 효과를 낳는다. 이 방법에 어느 정도 숙달되면(그것은 깊은 생각보다는 연습에 의해서 얻어진다), 우리는 거의 하루 종일 계속 일을 할 수 있다.

언제나 우선 한 가지 일을 끝낸 다음에 다음 일에 착수하는 것 역시 나의 경험으로는 잘못된 것이다. 반대로 예술가는 때때로 많은 계획과 시작한 일을 신변에 늘어놓고, 그때 그때의 억누르기 힘든 기분에 따라서 이것에 혹은 저것에 매달리는데, 이것은 옳은 방법이다.

아울러 이것은 자기 억제를 위한 훌륭한 방법이기도 하다. 왜냐하면 옛 아담은 종종 우리 내부의 좀더 선한 인간을 설득해, 자기는 원래 게으른 사람이 아닌데 지금은 공교롭게도 어떠어떠한 일에 마음이 내키지 않는다고 말한다. 그럴 때 우리는 스스로를 향해 이렇게 말해야 한다. "좋아, 그렇다면 다른 일을 시작하자." 그러면 마음이 내키지 않는 것이 단지 특정한 일에 대해서인지, 아니면 일 자체에 대해서인지를 금세 알 것이다. 결코 스스로에게 속아서는 안 된다.

(7) 다른 한 가지는 재빨리 일을 할 것. 그리고 단순히 겉모습에 개의치 말고 어디까지나 내용에 무게를 두라는 것이다. 재빨리 완성한 일이 가장 좋으며, 또한 가장 효과적이라는 것이 나의 지론인데, 어쩌면 일을 하는 대부분의 사람들이 자기의 경험상 이 의견에 찬성하리라 생각한다. 나는 호라티우스가 자작시를 퇴고하는 데 9년이나 걸렸음을 안다. 그러나 그것은 자기의 시를 대걸작으로 존중하는 사람이 아니면 불가능한 일이다.

철저하다는 것은 철저하게 규명되어야 할 진리에 관해서는 대단히 좋고 필요한 것이다. 그러나 거짓 철저함도 있다. 이것은 애써 연구할 가치가 없으며 거의 알 수 없는 그다지 중요하지 않은 일, 자잘한 일이 뒤엉킨 것에 말려드는 것이며, 따라서 끝나지 않는 법이다. 그러나 이것이 때로는 박식이라는 위대한 후광을 발하는 경우가 있다. 왜냐하면 많은 사람들의 의견에 따르면, 학문의 대상이 아주 높고 원대해 눈에 보이지 않는 목적을 지니지도, 아무 이익도 바라지도 않으며, 또는 어떤 저자가 일생 동안 단 한 권의 책을 위해 머리를 쥐어짜내는 경우에야말로 비로소 진정으로 학문적인 것이기 때문이다.

진리란 어떤 부문에 있어서든 대체적으로 단순한 법이며, 때로는 전혀 학문적으로 보이지 않으므로, 보기 좋고 아카데믹한 성격을 부여하기 위해서는 필연적으로 여기에 속해 있는 것 위에다 뭔가를 덧붙여야 한다. 학자 집단에 들어가려면 대개 누구나 지금까지 아직 알려지지 않은 어떤 세기의 밑바닥에 숨겨져 있는 사실들을 긁어모으는 일을 해야 한다. 이것은 사실 자기에게나 타인에게 전혀 무익한 일이지만, 그렇게 함으로써 먼저 학자의 주식을 사지 않으면 안 된다. 라자르는 《어둠의 인간》이라는, 헤라클레이토스에 관한 유명한 저술을 완성한 다음에도 일생 동안 지력과 식견을 내내 지녔는데, 이것은 매우 드문 일이며, 누구에게나 주어지는 축복이 아니다. 대부분의 사람들은 그와 반대로 학계의 승인을 바라는 저술에 매달리는 동안에 육안의 시력뿐만 아니라 더 가치 있는 마음의 시력마저 잃어버린다. 그래서 목표에 도달했을 때 그들은 쓸모없는 인간이 되는 것이다.

(8) 한 가지 효과적인 시간 설약법은 모든 일을 '가령'이나 일시적으로가 아니라 곧장 빈틈없이 하는 것이다.

오늘날 이렇게 하는 사람은 극히 드물다. 내 생각으로는 그 잘못은 많은 사람을 피상적으로 훑어보게 하는 데 길들인 신문에 있다. 신문 논설의 끝맺음에는 곧잘 '이 문제는 다른 기회에 언급하겠다'고 한다. 그러나 그것이 일찍이 실행된 예가 없다. 그리고 현대의 독자도 또한 똑같은 행동을 하고 있다. 그래서 그는 전에 읽은 것을 이용하려면 다시 한번 처음부터 읽어야만 한다. 지금은 거의 전문용어가 되다시피 한 성급한 '속독'으로는 아무것도 머리에 남지 않는다. 그러므로 거기에 소비된 시간은 잃어버린 시간이다.

따라서 오늘날 사람들은 근본적으로는 거의 아무것도 알지 못한다. 그리고 일이 있을 때마다 이미 10번이나 읽은 것을 다시 11번째 연구하지 않으면 안 되는 실정이다. 아니, 하다못해 자기가 쓴 것만이라도 다 기억하면 좋겠다는 사람들마저 있을 정도이다.

(9) 이것과 외면적으로 연관되는 것은 질서와 근본을 읽으라는 것이다. 질서가 정연하면 사물을 탐구하는 것에 누구나 경험하다시피 시간뿐만 아니라 일에 대한 흥미를 잃지 않으며, 연구 대상을 차곡차곡 정리해 갈 수 있다. 또 원본을 읽는 가장 큰 이익은 그 논지를 정확히 알고, 그에 대해 자기의 철저한 판단을 내릴 수 있다. 두 번째 이익은 원본은 대개의 경우, 그에 대해 쓴 책보다 훨씬 간결할 뿐만 아니라 한층 흥미진진하고 기억하기 쉽다는 점이다. 주위들은 지식은 원본만큼 진정한 용기와 자신감을 주지 않는다. 현대의 학식이 고대 학문에 비해 크게 뒤떨어지는 점은, 타인이 어떤 문제에 관해 무엇을 알며 무엇을 생각했는지를 아는 데 그친다는 점이다.

* * *

그러나 시간을 만드는 기술의 요점은 위에서 든 것이 다가 아니다. 시간을 만드는 것은 요컨대 모든 무익한 것을 우리 삶에서 몰아내는 것이다. 그런데 현대 문명이 요구하는 많은 일들이 사실은 무익한 일에 속한다. 그래서 지금부터는 독자가 각자 적당히 선택해 채택한다면 나는 그것으로 만족한다. 예를 들면 다음과 같다.

가장 무익한 것은 때와 상관없이 맥주를 마시는 것이다. 비스마르크 덕분에 일반적이 된 아침의 한 잔은 특히 좋지 않다. 맥주 양조가가 어쩌면 오늘날 최대의 시간 도둑일 것이다. 그리고 맥주를 지나치게 마시는 것에 대해서는 이미 다른 알코올에 대해서 행해지다시피 단호하게 배척되는 날이 반드시 올 것이다.

다음으로는 신문을 지나치게 많이 읽는 것이 일반화되어 있다는 점이다. 오늘날 '교양 있는' 사람들이 신문 이외에는 아무것도 읽지 않고, 온갖 장식과 설비를 갖춘 집에 한 질의 양서도 갖지 않은 경우가 있다. 그들은 자기 사상을 오로지 신문과 잡지에 의존하며, 그래서 신문과 잡지는 차츰 이러한 독자를 목표로 편집한다.

이들은 신문을 무턱대고 읽고, 또 신문만을 읽는 것은 정치적 관심이 있기 때문이라고 변명한다. 그러나 이 말이 사실인지 알려면 신문의 어느 면이 가장 많이 읽히는지를 보면 된다. 또 신문을 읽는 시간이 언제가 되든 괜찮을 리 없다. 매일 아침, 가장 좋은 시간을 한두 가지 신문으로 보내 버리는 사람은 그 날 하루의 일에 대한 흥미를 잃게 된다.

거기다가 축제와 모임이 있다. 오늘날 무슨무슨 모임을 주관하는 사람은 제대로 일을 할 시간이 없다. 그들은 실제로 그럴 필요가 없다. 왜냐하면 그들은 대중의 어깨에 올라타 자기의 힘 대신 대중의 힘을 빌리기 때문이다.

또 축제에 대해서는 생각해낼 수 있는 모든 기회를 찾아낼 뿐만 아니라, 축제 그 자체가 시간을 잡아먹는다. 예를 들면 축제를 위해 3, 4일 또는 몇 주를, 그리고 그 준비를 위해 몇 달을 허비하고도 충분치가 않은 것이다. 그러나 그 때문에 필요한 '노동'은 기껏해야 반나절이면 충분하다. 그러므로 유능한 사람은 여기에서 손을 떼고 '반 놀이 삼아 하는 축제꾼'만이 남게 될 것이다. 그들은 시간이 충분하며, 축제는 그들을 위해 행해지는 것이다.

현대의 일부 인사들은 그럴듯한 구실 아래 많은 시간을 낭비하는데, 그 구실이 바로 예술이다. 음악만은 얼마간 별개지만, 예술은 그들이 실제로 하는 예술이 아니라 그저 수동적으로 받아들이는 것에 불과하다. 오늘날 많은 사람들은 그들이 본래 가졌던 이상주의 정신이나 아름다움, 위대성에 대한 감각을 고상한 이 향락에다 모조리 발산시키고 있다.

솔직히 말하면 현대 부인사회의 일부는 예술을 받아들이고 즐길 목적만으로 교육되고 있다. 그리고 이런 교육의 결과로 나중에 정말 필요한 일(오직 그 것만이 사람을 내면적으로 만족시킬 수 있는)에 쓰고자 할 때는 오히려 힘든 싸움과 쓸데없는 우회도로를 거치지 않으면 안 되는 것이다.

게다가 사교와 관련해 아무런 목적 없는 방문 습관이 있다. 이 예의도 옛날에는 실제로 의미가 있었고, 개인적인 교제로 서로간에 정신적 자극과 참된 우정을 얻었지만, 오늘날에는 한낱 허례에 불과하게 되었다.

연극에 대해서는 많은 말을 하고 싶지 않다. 연극이 진정한 목적을 충족시키려면 현재 상태에 머물지 않는 철저한 개혁이 필요하다. 아울러서 현대의 문화적 요소 가운데서 두세 가지를 든다면, 유물론적 철학의 천박하고 대중적인 저서, 프랑스의 속되고 악한 소설이나 희곡 등에 대해서는 오늘날 교양 있는 사람들, 특히 대학 관계자들은 '나는 그러한 것을 모른다'고 공언할 용기를 가져야만 한다.

그렇게 하면 우리는 아마도 뭔가 진지하고 일반적인 교양에 진정으로 도움이 되는 것을 날마다 읽을 수 있는 시간을 가질 수 있을 것이다. 그것은 정신력을 강화하기 위해 필요하며, 그럼으로써 우리는 시대의 정신적인 움직임과 접촉을 유지할 수 있을 것이다.

덧붙여서 여러분이 '시간 때우기 대학 강연'에 대해 불평을 하지 않도록 두 가지만 언급해 두겠다. 하나는 로테가 '개인적인 일을 갖지 않는다는 것은 노력할 가치가 있는 목적이다'라고 했던 것처럼, 우리는 어쨌거나 그렇게 하려고만 한다면 개인적인 관심과 처리를 대폭 줄이는 대신에 좀더 넓은 사상 속에서 살아갈 수 있다. 그리고 그것은 기분 좋은 법이다.

두 번째는 좀더 실리적인 목적을 갖는 것인데, 그것은 '그대가 배운 것, 그대에게 맡겨진 것을 끝까지 지키라'는 것이다. 고대 이스라엘의 잠언은 그것을 한층 소박하게 표현하고 있다. '자기 밭을 가는 사람은 먹을 것이 많거니와 쓸데없는 일을 좇는 자는 지혜가 없다.'*3

우리와 직접 관련이 없는 일이라도 사회적으로 어떤 의미가 있고 조금이라도 문화에 도움이 되는 것이라면, 일생에 한 번은 그것의 본질과 핵심에 대한 명확한 개요를 얻고자 노력해야만 한다. 그런 다음 그것에 깊이 손을 담그지 말고 가만히 내버려두는 것이 좋다.

나는 이 시간 때우기에 대해 다음의 말로 끝맺으려 한다. 우리는 결코 무익

---

*3 잠언 12장 11절 참조.

한 일을 스스로에게 주어서는 안 된다. 그러나 오늘날 그런 경우가 많다. 예를 들면 통신, 위원회, 보고 등의 형태로 무한히 존재한다. 어쩌면 강연도 그러하다. 그것은 시간만 요구하는데다가 아무것도 얻는 것이 없기 마련이다.

사도 바울조차도 아테네 사람들에게 설교할 때, 그들이 단지 뭔가 '신기한 얘기'를 듣고 싶어할 뿐, 진지한 것이나 진정으로 마음을 움직이는 말은 되도록 듣지 않으려는 것을 경험해야 했다. 그리고 그의 설교는 많은 사람들에게서 비웃음을 당했다. 아주 호의적인 사람마저도 '이런 얘기는 다음에 언제 다시 듣기로 하자'고 선심이라도 쓰듯 말했다. 그렇기 때문에 이 사건의 보고자는 사도의 말을 들은 사람들 가운데 그 지방의 한 재판관과 숙녀가 변하지 않는 진리를 얻었다고 특별히 기록했던 것이다.

그럼 여러분에게 묻겠는데, 현대의 강연도 또한 방향이 정해진 영속적인 식견과 결심으로 여러분을 이끌 것인가, 아니면 단순히 '아카데믹'하기만 한 것은 아닌가.

지금까지 언급한 것이 오늘날 응용 가능한 시간절약법이다.

이러한 방법들을 이용하는 사람이 있다면 나는 이렇게 덧붙이려 한다. 시간이 남을 만큼 있지 않다는 것은 우리가 지상에서 도달할 수 있는 행복의 가장 중요한 요소라고. 인간의 행복에서 가장 커다란 부분은 끊임없이 계속되는 일과 그것에 기초한 축복으로 이루어진다. 그리고 이 축복은 마지막으로 일을 기쁨으로 바꾸기 마련이다. 이렇게 바른 일을 발견했을 때보다 유쾌한 기분이 되는 경우는 없다. 행복해지고 싶다면 무엇보다도 바른 일을 찾아야 한다. 실패한 삶은 대개 전혀 일이 없거나 일이 너무 적거나, 아니면 바른 일을 갖지 못한 데에 근본적 원인이 있다. 흥분하기 쉬운 인간의 심장은 활발하며 심적 만족을 주는 자연스러운 운동 속에서 가장 평온하게 고동치는 법이다. 다만, 우리는 일을 자기가 섬기는 우상으로 삼아서는 안 된다. 오히려 일로써 신게 봉사하지 않으면 안 된다. 이것을 명심하지 않는 사람은 노년이 되어서 정신과 육체의 착란에 빠지게 된다.

그러나 보통은 어떤 신앙인에게나 평생 그를 저버리지 않고, 어떤 불행 속에서도 늘 그를 위로해 주는 두 가지의 것이 있다. 바로 일과 사랑이다. 이것을 버리는 사람은 자살보다 더한 행동을 하는 것이다. 그들은 자기가 팽개친 것이 무엇인지를 전혀 모른다. 우리는 일이 없는 휴식의 삶에는 견디지 못한다. 인생의 가장 높은 약속은 아셀에게 주었던 모세의 축복이다.

'네 발자취는 쇠와 구리로 새긴 것처럼 남으며, 네 힘은 너의 나이와 함께 계속되리라.'

사람은 이것 이상 더 바라서는 안 된다. 그러나 이보다 나은 것을 가졌다면 감사해야 한다. 그러나 이와 같은 끊임없는 일 속에서 만족을 찾으려면 야심이 없어야 할 것이다. 야심은 원래 일을 좋아하지 않는 것이 아니라, 되도록 빨리 겉모양일망정 성공을 보고 싶어하는 것이다. 이러한 야심이야말로 자식들을 희생물로 바쳐야만 하는 현대의 몰렉 신(인신 제공을 요구하는 가나안 사람의 신)이며, 다른 모든 원인보다도 훨씬 더 육체적 정신적으로 젊은이의 힘을 소모시킨다. 이것은 보통 물질적인 바탕 위에 세워진 짧은 인생이라는 관념과 결부되어 있다. 이 인생관에 따르면 누구든지 가장 뛰어난 자만이 승리를 거두는 무자비한 생존경쟁 속에서 짧은 세월 동안에 성공을 이루어내야만 하는데, 그렇게 되면 더 이상 안정되고 행복한 일 따위는 거의 문제가 되지 않는다. 실제로 시간은 너무 짧고, 일을 하는 데는 너무 오랜 시간이 걸리게 된다.

하찮은 일이나 쓸데없는 일을 위해서는 시간을 낼 수 없지만, 옳은 일이나 진실한 일을 위해서는 언제든지 충분한 시간이 있다고 말하는 것이 진정한 일이다. 그런 일은, 이 세상의 한정된 삶은 단지 삶의 일부에 불과하기 때문에, 일이 무한히 연속되는 것임을 터득할 만한 세계관의 토대 위에서 가장 빠르게 성장하기 마련이다.

바로 여기에서 최고의 사명을 다할 용기가 생겨나고, 개인적 혹은 현세적인 최대의 어려운 고비나 장애도 견딜 수 있는 인내가 생겨난다. 또한 어떤 세계관으로 볼 때는 지극히 정당하게 보여도 영원한 것 아래서는 곧 모든 가치를 잃을 것을 조용히 거부할 수 있는 것이다.

이것이 또한 괴를리츠의 철학자[4]가 말한 참으로 아름답고, 또 현재와 같은 소란스러운 시대에 사람의 마음을 한층 가라앉히는 구절의 의미이다.

---

[4] 야코프 뵈메. 친구에게 보낸 기념시의 한 구절이다. 이 시는 그의 전집에는 실려 있지 않다. 그의 저서 《역사적 보고》 부록 참조.

지금 이 순간을 영원으로 보며
영원을 지금으로 본다.
그런 사람은
모든 분쟁에서 벗어날 수 있다.

행복

1

철학적인 견해로는 어떻게든 반대가 가능하겠지만, 인간이 의식에 눈뜨는 최초의 순간부터 의식이 사라질 때까지 가장 뜨겁게 바라고, 또 바라기를 그치지 않는 것은 뭐니뭐니해도 역시 행복의 감정이다. 그리고 행복은 이곳 지상에서는 찾지 못한다는 것을 확신하는 순간이야말로 인간에게 가장 뼈아픈 순간이다.

행복이라는 문제는 인류 각 시대에게 근본적인 특성, 이른바 경향을 부여한다. 새로 일어난 젊은 민족이 행복을 희망하던 시대, 혹은 인류 전체가 새로운 철학적·종교적 방식으로, 또는 경제적 방식으로 세계 개선의 비밀을 발견했다고 믿었던 시대는 활기에 넘쳤다. 그러나 현대처럼 이미 자주 응용된 바 있는 방식들이 모두 환상에 불과했다는 경험이 널리 민중의 머리 위를 압박하는 시대는 음울하다. 오늘날에는 사리분별을 할 수 있는 사람들조차도 이렇게 말한다. '행복'이라는 단어에는 '우울한' 여운이 있다고. 그렇게 말할 때 행복은 이미 도망가 버린다. 그러므로 행복은 원래 그저 무의식 속에만 있기 마련이다.

그러나 우리의 생각은 다르다. 행복은 반드시 얻을 수 있다고 믿는다. 그렇지 않다면 행복이라는 말을 함으로써 도리어 불행의 자각을 깊게 하니 그냥 침묵하고 불행을 견디는 편이 나을 것이다. 분명한 것은 행복이 화제가 되는 때면, 늘 과연 행복을 얻을 수 있을까 하는 의구심의 가냘픈 탄식이 동시에 들려오는 것처럼 느껴진다는 것이다. 또한 행복에 관한 잘못된 관념조차도 때로는 필요한 것처럼 느껴지는 것 역시 분명하다. 그렇지 않다면 개인이든 사회든 진정한 행복의 기초로 꼭 필요한 정도의 정신적 및 물질적 발전에 이를 수 없을 것이다.

행복의 문제에서 찾아볼 수 있는 가장 큰 모순은 바로 이 점에 있다. 우리는 경험에 의해서 행복을 가져온 적이 없는 많은 일들을 알아두지 않으면 안 된다. 이른바 저 세상의 최대 시인과 함께 고뇌의 거리를 지나 어두운 오솔길을 걷고, 몸소 정화(淨火)산의 가시밭길을 지나서야 비로소 '그토록 많은 가지로 인해 죽을 고비를 넘겨가며 바라 마지않던 달콤한 과일'이 최후에 '모든 염원을 가라앉혀 주는' 것이다.[*1]

이것은 배워서 알 수 있는 것이 아니지만 도달할 수는 있다. 이 길, 특히 마지막 부분은 누구나 아무런 도움 없이 자기 혼자서 넘어가야만 한다. 어쩌면 가는 도중에 혼자 힘으로는 도저히 극복하지 못할 것 같은 몇 가지 난관에 맞부딪칠 수도 있다. 그런 때는 커다란 내적 위기 끝에 놀랍게도 '금빛 날개를 지닌 독수리'가 나타나서 지친 그를 곤경에서 벗어나게 해 줄 것이다.[*2]

본래 자세히 고찰할 수 있는 것은 그저 수많은 그릇된 행복을 향한 길뿐이

[*1] 단테 《신곡》 연옥편 27장.
"그토록 많은 가지로 인해 죽을 고비를 넘겨가며 바라 마지않던 달콤한 과일은
네가 그토록 바라던 염원을 모두 들어주리라.
············
올라가기 바라는 나의 마음 초조하니
내게는 문득 날개가 돋아 날아가는 심정이 되었노라."

이것이 기나긴 여정의 끝이라는 것, 그리고 참으로 행복한 삶은 단테의 천국과 마찬가지로 삶의 한계 저편에 있다는 것, 이 점에서 우리는 염세주의자에게 양보해도 좋다. 어쩌면 그 염세주의자는 우리의 생각에 반대해서 '바라 마지않던' 마음에도, 또 '영혼에 보랏빛 날개가 달린' 것처럼 느끼는 감정에도 참된 행복이 없다면, 그의 염세관이 옳다는 결론을 이끌어낼지도 모른다. 행복한 상태는 우리가 알 수 있는 것의 저편에 있지만, 우리는 여전히 행복에 도달할 수 있다. 사람들이 일반적으로 '나이를 먹는다'고 하는 말은 끊임없이 진보하는 것이지 퇴보하는 것이 아니다. 이것이 인간에게 허용된 행복이다. 이미 청년기가 지난 사람들은 이것이 어떤 의미를 지니는지 잘 알 것이다.

[*2] 단테 《신곡》 연옥편 9장.
그때 나는 꿈속에서
금빛 날개를 지닌 한 마리 독수리가
날개를 펴고 하늘을 날다가
춤추며 내려오는 것을 보았다.
············
그 독수리는 잠시 선회를 하다가
번개처럼 빠른 기세로 내려와서
나를 붙들어 화염의 세계까지 올라기는 것 같았다.

이 '인생의 단계'에 대해서는 나의 《행복론》 제2권 8장에 플루타르코스와 관련해 서술되어 있다.

다. 그런데 새로운 세대들은 이 길을 늘 반복하면서 채워지지 않는 동경을 안고 헤매는 것이다.

인류가 행복을 추구하는 이 길들은 외적인 것에는 부(富), 명예, 삶의 향락 일반, 건강, 문화, 과학, 예술 등이 있으며, 내적인 것으로는 부끄럽지 않은 양심, 덕(德), 일, 이웃 사랑, 종교, 위대한 사상과 사업에 종사하는 삶 등이 있다. 이들 외적인 수단은 누구나 쉽사리 손에 넣을 수 있는 것이 아니어서 인류의 행복을 구축하지 못하는데다가, 고상한 정신의 소유자에게는 양심의 부끄러움을 수반하는 향락 이외의 어떠한 것도 주지 않는다는 점에서 이미 커다란 결점을 지닌다. 이처럼 날마다 몇백만 명이 자기 주위에서 인생의 재물을 즐기면서 몰락해가고 있다는 생각을 한다면, 마음이 천박한 사람이 아닌 다음에야 누구나 아픔을 느낄 것이다. 그리스도가 '옳지 못한' 재물신(맘몬)에 대해 언급하고, 부자가 천국에 들어가기 힘들다는 것을 알리고, 사람에게서 명예를 받은 자는 신앙에 들어가기 어려우며, 사람들에게서 존경을 받는 사람은 모두 '신 앞에서는 미움을 받는다'고 설파한 것도 요컨대 그러한 감정에서이다. 이것이 아시시의 프란체스코나 그의 앞뒤로 이어지는 많은 사람들을 움직여 온갖 희생을 치르면서 부의 족쇄에서 벗어나고자 결심하게 했던 논리적 사고의 기본 줄기였다. 사실 부(富)라는 족쇄는 정신에 커다란 구속이 되기 마련이고, 이것을 완전하게 벗어날 수 있는 사람은 극히 드물다. 많은 재산의 소유와 관리, 혹은 큰 명예나 권력을 수반하는 지위는 거의 행복과는 반대로 마음을 딱딱하게 굳어지게 한다. 정신의 공허함을 안고 스위스의 산들을 찾고, 적어도 일시적으로라도 그 공허함을 채우려 하는 사람들이 해마다 늘어나는 것을 보면서, 우리는 전율하지 않을 수 없다.

단순한 물질적 향락보다 얼마간 괜찮다는 미적 향락도 위에서 언급했던 '가장 현실적인' 행복의 요소에 비해 크게 다르지 않다. 또 실제로 이 둘 사이에 경계선을 긋는 것은 결코 쉽지 않다. 미적 향락자도 그들의 위대한 모범인 괴테가 자기의 삶과 작품에서 증명했다시피 때로는 다른 생각(물질적 향락에 대한)으로 바뀔 때가 있다.[3] 실제로 그들 새로운 유파는 사실은 미적이지 않은

---

[3] 《파우스트》 참조.

많은 것을 이론상의 억지를 써서 미적이라고 주장하는 위험한 길마저 걷고 있다. 이렇게 행복을 추구하는 사람들에게는 이런 종류의 행복에 대한 모든 조건을 비할 데 없이 훌륭하게 갖춘 그들의 우상(괴테)을 떠올리라는 말만 해두기로 하겠다.

"결국 내 삶은 고생과 일 말고는 아무것도 아니었다. 나의 75년 생애에서 정말로 즐거웠던 것은 4주일도 채 되지 않았다 해도 과언이 아니다. 내 삶은 끊임없이 끌어올리려 애를 써도 영원히 굴러 떨어지는 돌멩이였다."

75년 동안에 겨우 28일의 행복이다! 미적 향락을 즐기는 사람이 볼 때는 빈궁의 연속으로밖에 여겨지지 않는 고백이다. 게다가 고생으로 가득한 삶을 보낸 정직한 날품팔이조차도 생애의 마지막에 이런 슬픈 증언은 하지 않을 것이다.

인간의 본성은 결코 향락을 즐기도록 만들어져 있지 않다. 오히려 늘 일을 하도록 태어났다. 향락은 그것이 가장 높고 좋은 것이라 하더라도 일하는 틈틈이 소량만 복용하는 약이고, 기분 전환용일 뿐이다. 그 약을 지나치게 복용하는 사람은 스스로를 속이다가 결국은 혼이 나고 만다. 인간에게 본성의 기쁨을 주는 것은 모두 인간 천성의 요구에 의한 것이다. 그러나 이 요구는 올바른 계기에 의해서 일깨워지는 법이지, 결코 제멋대로 만들어내지 못한다. 인간 운명의 대부분이 바로 이 점을 뒤덮고 있는데도 오늘날 새시대의 사람들은 이런 생각을 거의 믿지 않게 되었다. 그러나 옛날에는 그 단순하고 자연스런 삶의 기쁨을 다분히 감상적인 의미로 지나치게 찬미하기는 했다. 그뿐만 아니라 현대 문학 및 미술 전체의 미적 수준의 저하는 너무나도 분명해서, 이제 더 이상 오늘날의 문화 국민 가운데 교양 있는 계급을 만족시키지 못한다. 그들은 이러한 과학, 문학, 미술이 '한창 꽃핀' 곳에서 도망치기를 바랄 테고, 그 대신에 건강한 야성미가 넘치는 작품을 기꺼이 받아들이는 시대가 올 것이다. 오스트리아의 시인 로제거는 이에 대해 다음과 같은 미래상을 묘사하고 있는데, 반드시 엉터리라고 할 수는 없다.

"오늘날 해를 거듭하면서 도시에서 시골로, 산지로 한창 사람들이 이동하고 있다. 그러나 산들이 단풍드는 계절이 되면 그 사람들은 다시 도시의 돌담 속으로 돌아간다. 그래도 부유한 도시인이 농부의 땅을 사서 스스로 경작하고, 노동자는 들판을 개간해 경작지로 만드는 때가 올 것이다. 그들은 유식한 척하기를 그만두고 육체 노동에서 기쁨과 건강을 발견할 것이다. 그들은 다시 옛날의 독립되고 명예로운 농민사회의 성립을 인정하도록 법률을 만들 것이다. 그리고 사람들은 더 이상 '무식한 농부'라는 틀에 박힌 말을 듣지 않게 될 것이다."

자연으로 돌아가서 소박함을 사랑하는 취미의 시대가 다시 다가오고 있음은 확실하다. 그것은 18세기 말에도 일어났던 일로 당시의 프랑스 왕비 마리 앙트와네트는 트리아논의 별궁에서 궁정 신하들과 함께 양치기의 흉내를 내기도 했다. 이와 비슷한 일을 오늘날에도 신사 숙녀 사이에서 분명히 찾아볼 수 있다. 그들은 여름에 거친 털옷을 입고, 징이 박힌 등산화를 신고, 자연적인 인생관을 기르려 시도한다. 그리고 실제 이러한 차림으로 농부나 알프스 주민의 생활법을 익혀 권태에 찌든 심신이 허락하는 한도 내의 행복을 느낀다.

걱정 없는 삶이란 것도 엄밀하게 생각하면 결국은 평생 걱정이란 것을 몰랐던 사람의 이상에 불과하다. 적당한 정도의 걱정(이것은 본래 걱정이 아니다), 그리고 거기서 해방되는 것, 이것은 인간의 행복에 있어 극히 중요한 부분을 이룬다. 세상 경험을 쌓은 사람들의 말에 따르면, 인생에 있어서 정말로 참기 힘든 것은 악천후의 연속이 아니라 오히려 구름이 없는 날의 연속이다.

이렇게 물질적으로 나아지는 것으로 행복을 추구하는 사람보다 도리어 의무의 이행, 덕, 부끄럽지 않은 양심, 일, 공공사업, 애국, 넓은 의미의 인간애, 또는 교회적인 사고방식 등에 의해 '파란 꽃'을 찾아다니는 사람들이 훨씬 지혜롭다.

그러나 요즘 염세 사상의 기조는 대부분 그와 같은 방법을 선택해도 행복은 쉽사리 달아나고, 좀처럼 예상했던 대로 행복이 얻어지지 않는다는 경험을 근거로 한다. 실제로 현재 곳곳에 퍼져 있는 거리낌 없는 '현실주의'는 대부분 이것에 의해서 행복해질 수 있다는 확신의 결과가 아니라, 그 밖의 방법에 대한 절망으로 인한 것에 불과하다고 보아도 틀리지 않는다. 왜냐하면 일이나 덕은 영혼의 평화를 가져오지 않으며, 공공사업도, 선행(善行)도, 애국도 결국은 속임수이기 때문이다. 또한 종교도 전혀 헛소리는 아니더라도 대부분 객관적 현실성이 없는 형식에 불과하다면, 그때는 "내일 죽을 터이니 먹고 마시자"*4

---

*4 고린도전서 15장 32절.

가 되는 것이다.

우리는 학자들의 논법과는 달리 위와 같은 사고방식의 결론만을 부정하려는 것이지 현대의 좋은 점을 왜곡할 생각은 없다. 그 좋은 점이란 갖가지 단순한 헛소리에 반대하는 명백한 진리애(眞理愛)이다. 이러한 진리애 역시 행복을 추구한다. 그러나 그 행복은 누구나 반드시 도달할 수 있는 구체적인 사실로서의 객관적인 행복이어야지, 결코 머리로만 생각한 것이어서는 안 된다. 이것은 정당한 생각이며, 2천 년의 역사에도 아직 전례가 없었다. 우리도 또한 이러한 행복을 원한다. 누구든지 인생의 올바른 길을 가려는 사람은 먼저 모든 우상을 가차없이 내던져야 한다. 출신 집안, 환경, 습관 등에 의해 얻은 편견을 모조리 버리고 없애는 것이 참된 행복으로 가는 첫걸음이다. 현대에는 극히 드문 행복한 사람 가운데 한 명인 멕시코의 국왕 막스가, 진리가 아닌 것, 혹은 편견을 버리면 반드시 행복감이 뒤따른다고 한 말은 옳다. 이것 또한 확실히 그 어두운 길의 표지판이며, 이것이 없으면 우리는 어쩌면 올바른 길을 전혀 찾아내지 못할 것이다.

"행복은 세상에 있다. 그러나 우리는 그것을 알지 못한다.
아니, 알고는 있지만 그것을 존중할 줄을 모르는 것이다."

(괴테 《타소》)

덕은 행복이 아니다. 먼저 청렴한 로베스피에르가 기렸던 그 우상을 버려라. 덕이란 인간의 자연스런 마음에 있지 않다. 항상 자신에게 만족하기 위해서는 덕의 관념 따위는 필요치 않거니와 지극히 편협한 두뇌로도 충분하다. 허영심이 아무리 강한 사람이라도 결국은 자신에게 만족하지 않는다. 허영심은 대체로 자기 가치에 대한 판단의 불확실성에서 생기는 법이며, 끊임없이 타인의 확인을 필요로 한다.

항상 의무에 충실한 사람의 부끄럽지 않은 양심은 부드러운 휴식을 주는 베개라는 격언이 있다. 우리는 그런 양심의 소유자에게 축복을 보낼 것이다. 그러나 아직은 그런 이를 만난 적이 없다. 우리의 의견에 따르면 지금까지 단 하루라도 자기의 의무를 완전하게 수행할 수 있었던 사람은 한 사람도 없다. 이에 대해서는 지금은 더 이상 언급하지 않겠다. 독자 가운데 한 사람이 '나는 그런 사람'이라고 한다면 어쩌면 그럴지도 모른다. 그러나 우리는 그와 친해지고 싶지는 않다. 사람은 의무를 이행하는 점에서 진보하면 할수록 점점 더 의무에 대한 감각과 식별력이 날카로워진다. 그뿐 아니라 의무의 범위가 그에게는 객관적으로 넓어진다. 그래서 우리는 자신을 '죄인의 우두머리'라고 했던 사도 바울의 심정도 충분히 이해한다. 그것은 정직한 고백이지 결코 거짓된 겸손이 아니다.

사랑, 그리고 사랑과 관련된 공적·사적인 모든 선행(善行)은 매우 훌륭한 것이다. 우리는 사도 바울이 편지에서 사랑을 모든 진실한 삶의 시작이자 마지막이라고 했던 유명한 말을 잘 알고 있다. 그러나 그는 또 비록 천사 같은 혀로 말하고, 재산을 남김 없이 가난한 사람에게 베풀며, 인류를 위해 자기 몸을 태운다 해도, 여전히 사랑을 갖지 못한다고 생각했는데, 이것은 그 어떠한 설명보다 사랑이 어떤 것인지를 잘 보여준다. 사랑은 원래 신의 성품 가운데 일부라서 인간의 마음에는 생겨날 수가 없는 법이다. 진정으로 사랑을 가진 사람은 그것이 자기 소유가 아님을 분명히 알 것이다. 그러나 인간의 마음에 있는 사랑의 희미한 그림자라도 인간에게 행복을 주기는 한다. 그러나 그것은 단지 어쩌다가이며, 또한 항상 타인의 의지에 기댄 사랑의 갚음이라는 불확실한 전제 아래 존재한다. 그리고 마음과 신뢰 모두를 사랑에 근거하는 것이야말로 언젠가는 유대 예언자의 무서운 말*5을 마음 깊은 곳에서 듣고 사랑에서 미움으로 옮아가는 일이 쉽게 일어나게 한다. 우리가 오늘날 많은 사람들에게서 듣는 증오에 대한 찬미는 날마다 몇백만의 사람들이 반복하는 비통한 사랑 경험의 결과인 것이다.

일도 인간 행복의 커다란 요소 가운데 하나이다. 아니, 일 없이는 단순한 도취가 아닌 진정한 행복감은 절대로 주어지지 않는다는 의미에서 본다면, 가장 커다란 요소이기까지 하다. 사람이 행복하려면 '1주일에 6일은 일을 해야만' 한다. 또한 '자기 이마에 땀 흘려 빵을 먹어야만' 한다. 이러한 두 전제를 피하는 자는 행복을 추구하는 사람 가운데 가장 어리석은 사람이다.

하는 일이 없으면 이 세상에서 실제로 행복은 없다. 소극적으로 받아들이면 이 말은 옳다. 그렇다고 일 그 자체가 행복이며, 모든 일이 반드시 행복을

---

*5 예레미야 17장 5절.

수반한다고 생각한다면 오산이다. 인간의 공상이 다른 이상을 알아서 그렇다는 것이 아니다. 어쩌면 누구나 끊임없는 일로 가득 찬 천국이나 지상낙원을 상상하기는 어려울 것이다. 또한 자기의 일에 만족하는 것은 바보가 아니라면 불가능한 일이다. 사실 이렇게 말해도 될 것이다. "현명한 사람일수록 자기 일의 결점을 잘 알며, 그날의 일을 마치고서 '봐라, 모든 것은 잘 되었다!'고 할 수 있었던 사람은 아직 한 사람도 없었다." 따라서 소리 높여 노동을 찬미하는 뒷면에는 대개 자신이나 타인을 일로 내몰지 않고는 배기지 못하는 채찍 같은 것이 감춰져 있다. 대단한 자부심을 가지고 스스로 '노동자'라 일컫는 사람들도 모두 결국은 되도록 '정규 노동시간'을 줄이고 싶어한다. 만약 일 자체가 행복과 같은 의미라면 그들은 되도록 일하는 시간을 늘리려 애쓸 것이다.

행복을 추구하는 사람들 가운데 가장 묘한 사람은 행복을 염세주의에서 찾으려는 사람들일 것이다. 그런 사람들이 적지 않다. 더구나 그들이 가장 비천한 인간인 것도 아니다. 그러나 대개 여기에는 일종의 과대망상이 있다. 모든 것을 내팽개치고 자기를 포함해 모든 것을 악이라고 선언하는 것은 꽤나 장엄하게 들린다. 그런 악 가운데서도 자기가 악임을 통찰하고 그것을 고백하는 사람이 사실상 최선의 인간이라는 것이다. 실제로 그가 타인에게서 악인 취급을 받는 것에 만족한다면, 그런 대로 그는 어떤 선(善)을 향한 올바른 통로에 있다고 할 수 있겠다. 그러나 영속적 상태로서의 염세주의는 대부분의 경우 철학의 찢어진 외투에 지나지 않으며, 그 찢어진 틈새로 인간의 허영심이 얼굴을 내밀고 있다. 엄청나게 먹어대는 이 괴물을 부양하지 않고는 도저히 행복이라는 목표에 다가갈 수 없는 것이다.

가장 불행한 사람은 그저 어떤 종교에 소속함으로써 행복을 얻으려 하다가 결국은 속았음을 깨닫고 크게 실망하는 사람들이다. 오늘날 그런 사람들은 무척이나 많다. 왜냐하면 모든 종교단체가 실제로 이룰 수 있는 것 이상을 약속하고, 똑같은 그물로 온갖 종류의 물고기를 잡으려 하는 경향을 가지고 있기 때문이다. 지금은 고인이 된 겔쳐 교수는 그의 저서에서 이렇게 말하고 있다.

"교회에 나가는 사람들 대부분은 일주일에 한 차례 최고의 은총을 신께 구걸하러 가는 궁성 근무사와 같다. 인류에 대해서도 이와 똑같은 궁정 근무자가 있다. 이 사람들은 때때로 인류에게 봉사하고, 그들의 표현에 따르자면 사회를 위해 선행을 행하는데, 이것은 남는 시간에 마음 편안하게 이기심을 기르기 위한 것이다."

이 방면에서 이처럼 뛰어난 사람의 풍부한 경험에 우리는 감히 반대할 생각은 없다. 그러나 어떠한 '혼란스러운' 가운데 행하는 것이라 하더라도 사람이 하느님께 봉사하고 하느님을 신뢰하는 한, 하느님도 결코 사람을 외면하지 않으리란 것을 우리는 믿는다. 또한 매우 빈약한, 또는 온갖 불순한 것이 뒤섞인 종교적 노력이라 하더라도, 일시적으로라도 정직하게 이것에 매달리면 역시 그 사람에게 무신론보다는 많은 행복을 주리란 것도 믿는다. 그러나 이와 같은 '하느님의 관용 아래서 사는' 단순한 사람들의 특권은 물론 더 높은 분별력을 갖춘 사람들에게까지는 미치지 않는다. 분별력 있는 사람들은 그리스도교가 이미 2천 년 동안이나 고민하고 있는 철저하지 못한 병으로부터 그리스도교를 해방시킬 의무를 지고 있다. 그리고 교회의 여러 형식이나 예식, 혹은 '종교학' 등에 만족하지 않아야 하는 의무 또한 지고 있다. 특히 종교학은 아직 아무도 행복하게 한 적이 없거니와 그것을 이해하지 못한 민중에게는 빵 대신 돌을 주는 것과 같다.

이와 같은 사정임에랴. 행복으로 가는 이 길도 또한 끝내는 환멸로 가득한 길이 될 것이다. 그런데 이 환멸을 사람이 일반적으로 자신에게나 남에게 감히 고백하지 않기 때문에 좀처럼 가벼워지지 않는다. 왜냐하면 이 지점에서는 더 이상 평화와 행복으로 돌아가는 길을 찾을 수 없기 때문이다.

지금까지 언급한 것은 그렇게까지 중요하지 않은 몇 가지 수정을 가하고, 또 두세 가지를 결합하면 인류가 행복을 추구해 왔던 길이다. 비록 역사 속에서 그 길들을 인정하지 않는다 하더라도 우리는 모두 각자의 인생 경험에 의해서 많든 적든 그것을 알 수 있을 것이다. 그러나 인간은 이 길에서는 끝내 행복을 찾아내지 못했다.

2

절대 제외시킬 수 없는 행복의 첫째 조건은 윤리적 세계질서에 대한 굳은 신앙이다. 이와 같은 질서 없이 세계가 단지 우연에 의해, 또는 약자에 대해서는 거의 잔혹할 정도로까지 혹독한 자연법칙에 의해 지배되거나 인간의 책략과 폭력에 의해 움직이는 것이라면, 개인의 행복 같은 것은 더 이상 문제가 되지 않는다. 또 이런 세계질서 속에서는 사람은 폭력을 휘두르거나, 폭력을 참고 견디든가, 쇠망치나 모루가 되는 것 외에 다른 방법이 없다. 이것은 어느 것이나 고상한 사람과는 어울리지 않는 비참한 상태인 것은 말할 것도 없다. 이러한 인생관은 여러 국가 사이에 벌어지는 끊임없는 전쟁, 혹은 전쟁의 준비로 끝을 맺는다. 그리고 그들의 정치교과서는 마키아벨리의 《군주론》이다. 이 경우 불완전하나마 유일하게 가능한 구제책은 쇠의 폭력으로 지배되는 세계국가의 건설이며, 이것은 전 세계의 이른바 문화국민을 포함하여 적어도 그들 사이의 전쟁을 불가능하게 하는 것이다. 황제시대의 로마제국, 또는 나폴레옹 1세의 주된 생각이 이와 비슷한 것이었다.

인간을 개인적으로는 동물로, 정치적으로는 '노예'로 끌어내리는 이런 인생관의 진리는 조금이라도 고상한 정신을 지닌 사람이라면 부정할 것이 틀림없다. 비록 역사가 늘 반복되고, 그 무가치함과 어리석음을 문자로 확실하게 나타내어 알리지 않더라도 말이다. 그래도 윤리적 세계질서의 존재는 아직 충분히 증명되어 있지 않기 때문에 이러한 인생관을 버릴 수 없다고 생각하는 사람들을 위해서, 우리는 단테의 지옥문에 기록된 글귀를 전한다.

"우리는 슬픔의 거리 입구
우리는 영원한 고뇌로 가는 입구
우리는 멸망의 겨레로 향하는 입구이다. ……
그대들 여기에 들어갈지니, 모든 소망을 버려라."*6

《신곡》지옥편 제3장

이에 반해 윤리적 세계질서를 교리화하는 것은 불가능하다. 고대인의 견해

---

*6 이러한 전제 아래 단테의 지옥에 관한 여러 묘사를 살펴보면, 오늘날의 현실주의적 인간의 삶과 매우 비슷한 데가 있다. 그것은 온통 가이벨(19세기 독일의 시인)의 시에 나타난 대로이다.

"미소를 잊느냐
거기까지 내려갈 것 없다.
내가 노래하는 모든 괴로움, 모든 고민, 공포와 아픔을
나는 이 땅에서, 이곳 플로렌츠에서 찾았노라."

에 따르더라도 하느님은 볼 수가 없다. 또한 그리스도교는 이런 종류의 복잡한 논의를 깨끗하게 물리치고 있다. 다만 하나 열려 있는 길은 산상수훈[7]에 나와 있는 길이다. 이 길을 갈 용기를 자기의 내부에서 느끼는 사람은 시도하는 것이 좋다. 그러나 그저 지식만 바라는 사람은 결코 힘으로 하느님의 베일을 벗기지 못한다.[8]

행복으로 가는 길은 여기서부터 열려 있다.[9] 문은 열려 있어도 '아무도 그것을 닫지 못하리라'[10] 그 이후는 깊은 곳에 어떤 흔들림 없는 한 점이 생겨나 끊임없는 평화와 확신을 얻을 수 있다. 그것들은 폭풍을 만나도 쉽게 사라지지 않으며, 점점 그 힘이 증대된다. 전에는 오만했거나 낙담했던 마음이 이제 강하게 굳어진 것이다. 그 다음은 일상적인 여러 감정과 사건에 그다지 무게를 두지 않도록 조심하기만 하면 된다. 그리고 결연하게 흔들림 없는 신념으로 생활하고, 감정 속에서가 아니라 활동 속에서 행복을 깨닫는 매일의 대가를 바라도록 노력해야 한다. 이렇게 하면 비로소 올바른 일이 생겨나는 것이다. 그것은 이제 사람이 늘 벌벌 떨면서 섬기는 우상이 아니며, 또한 자신을 숭배하는 우상도 아니다. 오히려 인간의 가장 자연스럽고 건전한 생활이며, 이러한 생활은 게으름에서 생겨나는 많은 정신적인 장애로부터 단숨에 구해낼 뿐만 아니라, 또한 게으름이 원인인 수많은 육체적인 병도 고치는 것이다. 이 즐거운 일은 이 세상에 존재하는 것 가운데 가장 건전한 것이며, '이것에 의해 앙상하게 시든 가지에서도 다시 움이 트는' 것이다. 올바르게 일해서 흘리는

---

[7] 마태복음 5~8장.

[8] '신학'이란 것은, 우리의 의견에 따르면 원래가 불가능한 것이다(마태복음 11장 27절). 또 교회에서는 다양한 명칭을 부여하고 있어도 단지 한정된 가치밖에는 지니지 않는다. 사람은 모두 저마다 개인적으로 신과의 끊임없고 직접적인 교통을 가지는 것이 필요하며, 특히 진실한 신 이외의 온갖 신들은 전혀 필요치 않은 법이다. 그 다음부터는 그저 조용히 예언자 미가의 말을 지키는 것으로 만족할 수 있다(미가 6장 8절, 주께서 원하시는 것은 법을 지켜서 실천하고, 변함 없는 사랑을 베풀며, 네 하느님과 맑은 정신으로 동행하는 것 아니냐).

[9] 이것을 시편 119편 45절은 다음과 같은 말로 표현하고 있다.
"주님의 가르침을 따르기에 자유로이 걸어갈 수 있습니다."
요즘에는 개신교보다 가톨릭 쪽이 이러한 즐거운 마음을 훨씬 많이 가진 것 같다. 이러한 즐거운 마음은 본질적으로는 신의 세계 질서에 대한 견고하고 의심의 여지가 없는 확신에 기초한 것이다.

[10] 요한계시록 3장 8절.

땀이야말로 항상 새롭게 태어나는 끊임없는 힘과 쾌활한 정신의 비밀이며, 그것들은 서로 작용하여 진정한 행복감을 만든다. 사실 건강은 최근의 의학 연구에 의해서 알려진 바와 같이, 원래는 피할 수 없는 적에 대한 뛰어나게 강한 저항력이다. 그러나 이 저항력도 순수하게 물질적인 성질은 아니라서 도덕적 성질도 동시에 지닌다. 따라서 다양한 도덕적 속성에 의해 영향을 받는다.

윤리적 세계질서의 존재에 대한 확신, 이 질서 속에서 일하는 것, 이 두 가지는 내적으로 불가분의 관계이다. 여기에 앞으로 언급할 세 번째의 것을 추가하면 이 세 가지 이외의 것은 부차적이어서 그다지 중요하지 않다. 그것들은 진지하기만 하다면 개인의 삶에 있어서 각자의 필요에 따라서 매우 자연스럽게 나오는 법이다.

다음으로 두세 가지 경험에 기초한 것을 언급해 두겠다. 이것은 각자의 생애 대부분에 걸쳐 적용할 수 있는 것이다.

우리는 인생에서 항상 용기와 겸손함을 가져야 한다. 이것이, 이상하게 들리는 사도 바울의 말, "나는 약한 때에 강하다"[11]의 의미이다. 그런데 이 가운데 하나만으로는 사람에게 오히려 불리한 결과를 초래하게 된다.

기쁨은 직접 추구해서는 안 된다. 그것은 생활만 올바르다면 자연스럽게 생겨나는 법이다. 다만 단순하고 돈이 들지 않는, 필요에 의해 얻어지는 기쁨이 최상의 기쁨이다.

무릇 인간은 단 두 가지를 제외하고 모든 것을 견딜 수 있는데, 그 두 가지란 걱정과 죄이다.

참된 선(善)은 모두 작은 일로부터 시작된다. 어떠한 선도 처음부터 가장 좋은 모습을 보이지는 않는다. 바른 길을 가는 사람이 밟아야 할 길은 모두 열린 문 사이를 지난다.

타인과의 교제는 원숙한 사람들에게도 역시 어려운 문제이자, 생각하게 하는 점이 있다. 결코 타인을 미워해서는 안 된다. 또한 숭배해서도 안 된다. 그들의 의견, 요구, 판단 등을 지나치게 중시해서도 안 된다. 그들을 심판해서도 안 되고, 심판당해서도 안 된다. 그들 중에서도 특히 거만한 자, 이니 일반적으로

---

*11 고린도후서 12장 10절.

그렇게 말해도 되겠지만(직업상 그런 것이야 별개로 하고) 신분이 높은 사람, 귀족, 부자, 부인 등과의 교제를 바라서는 안 된다. 오히려 실례가 되지 않는 한 되도록 피하는 것이 좋다. 작은 일에 대한 즐거움, 또한 여러 부류의 평범하고 아무것도 아닌 사람들에 대한 기쁨은 가장 큰 기쁨 가운데 하나이다. 그리고 늘 아래쪽으로 눈을 향하고 있으면 오히려 많은 괴로운 생각을 하지 않아도 된다. 세상에 대해 항상 만족할 수 있는 가장 좋은 방법은 많은 것을 기대하지 말고, 두려워하지 않는 것이다. 그리고 세상에 존재하는 선을 인정하고, 악을 무력한 것, 영속적이지 않은 것, 마침내는 자멸하는 것으로 보는 것이다.

마지막으로 하고 싶은 말은 대체로 이 땅의 일은 그다지 중요하게 여기지 말아야 한다는 것이다. 우리가 '하늘에 머리를 두고'[*12] 살고 있다면 땅 위의 많은 것은 아무래도 상관없는 것이 된다. 중요한 일만 잘 되어 간다면 그 밖의 작은 일에 대해서 크게 신경 쓸 필요는 없다. 작은 일을 중요하게 생각하기 때문에, 특히 사람이나 사람의 판단을 중요시하기 때문에 쓸데없이 마음 아파하는 사람이 훌륭한 사람들 중에도 많다. 그들은 그 때문에 자신의 일상적인 일을 훨씬 어렵게 하고 있다.

이와 같은 '처세훈'은 여기에다 얼마든지 덧붙일 수 있다. 그러나 그것들은 이미 언급했던 것처럼 본래 쓸모없는 것이다. 왜냐하면 위에서 말했던 토대에서 극히 자연스럽게, 더구나 저마다의 필요에 따라서 생겨나기 때문이다. 그러나 이 경우에 중요한 것은 그 토대인데, 이것이 없으면 아무리 귀중한 처세훈이라도 실행하지 못한다. 우리는 세상의 '교훈', 또는 그에 관한 훌륭한 저술을 그다지 존중하지 않는다. 이들 교훈은 어떤 신념으로부터 흘러나왔으며, 이 신념은 또한 어떤 인생관에서 나온 필연적 산물이다. 그러므로 그 인생관이야말로 우선(종종 진정한 죽음을 통해) 획득해야만 하는 것이다. 또는 그러한 교훈은 말이 아름답고, 귀에 잘 들어오며, 일기나 표어로 쓰면 훌륭하게 보이겠지만 사람의 마음을 바꾸지는 못한다.

[*12] 이것은 샤를르 스클레턴의 말이다. 사람은 자신도 스스로 심판해서는 안 된다(고린도전서 4장 3절). 단순히 우리의 지식뿐만 아니라 우리의 존재 자체가 이미 불완전한 조립물이기 때문에, 고대 철학의 '너 자신을 알라'는 위대한 말은 일단 추악한 허영심을 초월한 사람에게는 성가신 짐이기도 하고, 또 실제로 바보 같은 일이기도 하다. 그보다는 자기의 의무를 알고, 그것을 충실하게 해냄으로써 자신을 잊는 것이 좋다. 이러는 편이 훨씬 나으며 인간적 행복을 얻기 위해 꼭 필요한 것이다.

우리는 격언 수집가를 위해서 재료를 제공하는 대신에 독자에게 또 하나의 중요한 진리를 알리고자 한다. 즉, 불행은 인간의 삶에 항상 따라다니기 마련이라는 것이다. 역설적으로 말하면 불행은 행복을 위해 필요하다는 얘기가 된다. 또 한편, 실제적인 경험이 나타내는 바와 같이 불행은 피하고 싶어하기 마련이므로 인간은 무슨 수를 써서든 이것과 타협하지 않으면 안 된다. 삶에서 도달할 수 있는 것은 오직 운명과의 완전한 화해뿐이다. 이것은 그 '흘러넘치는' 것 같은 확실한 마음의 평화이며, 그리스도도 그의 제자들에게 오직 이것만을 약속하고 있다. 사도 바울이 힘들기 짝이 없던 삶의 마지막에 깊은 감정을 담아 토로하는 것도 바로 영혼의 평화이다.

그러므로 참된 행복이란 외부의 형편 따위에 좌우되지 않는다. 스토아 철학은 무감각을 기름으로써 외부 상황의 문제를 해결하려 하다가 이루지 못했지만, 그것은 다른 방법으로 효과적으로 해결할 수 있다. 인간은 이 땅의 삶에서 괴로움과 불행을 피하지 못한다. 반드시 그것들과 타협하지 않으면 안 된다. 그와 같이 하는 데에 먼저 도움이 되는 것이 깊이 생각하는 것이다. 다음은 일시적인 감정을 초월하여 흔들리지 않는 신념을 갖는 것이다. 불행은 세 가지 목적을 지니며, 동시에 3단계로 이루어져 있다. 첫째는 벌인데, 이것은 여러 행위의 자연스런 결과로써 그 행위 자체에 존재한다. 따라서 벌이 행위의 뒤를 따르는 것은 마치 논리적 결론이 논리적으로 확실한 것과 다르지 않다. 두 번째는 정화이다. 이것은 인간이 불행으로 인해 좀더 커다란 진지성과 진리에 대한 좀더 큰 감수성을 얻음으로써 성립한다. 세 번째는 자기 시련과 강화이다. 이것은 자기의 힘과 하느님의 능력을 경험함으로써 이루어진다. 이러한 경험을 여러 번 되풀이함으로써 인간은 자기 안에 올바른 용기가 생겨나게 한다. 그러나 이것은 오만과는 거리가 멀고 오히려 겸손함에 가깝다.

한마디로 말해 인격의 깊이, 또는 우리가 많은 사람들에게서 바로 느낄 수 있는 여유 있는 기질 등은 멋지게 불행을 견뎌온 사람만이 갖는 것이어서, 그렇지 못한 사람들은 아무리 '굽이 높은 신을 신어도' 흉내내지 못한다. '환란을 기뻐한다'[13]는 사도 바울의 말은 그의 다른 많은 말과 마찬가지로 불행 속에 어떤 힘이 감추어져 있으며, 얼마나 깊은 내적 행복이 간추어져 있는지를 직

＊13 로마서 5장 3절.

접 경험하지 않은 사람은 그 참뜻을 이해하지 못한다. 불행 속의 행복은 인간이 그것을 올바르게 느끼고 받아들인다면 일생 동안 잊지 못하는 법이다.

착한 사람에게는 행운이 따라야 한다고 생각하지만 착한 사람이 좀처럼 운좋게 살지 못한다는 것은 분명 인생의 수수께끼이며, 이는 많은 사람을 실망시켜 올바른 길을 버리게 한다.

> "전엔 신앙에 용맹스러웠던
> 예수의 증인
> 가난과 근심과 위험 속을
> 헤매는 것을 사람들은 보았다.
> 세상에는 어울리지 않는 존귀한 사람
> 어려움 속에서 세월을 보냈다.
> 신의 겨레의 왕
> 사람들은 그를 십자가에 못박았다."

(동포교회 찬송가)

실제로 그러하다. 그러나 친애하는 독자여, 여러분은 이것을 좋다고 하고, 이것에 대해 각오해야 한다. 그렇지 않으면 여러분은 평생 행복을 발견하지 못할 것이다. 행복은 '나아갈 길에 가로놓인 사자'이다. 대부분의 사람은 이것을 언뜻 보고는 되돌아가서는 오히려 행복에 못 미치는 뭔가에 만족한다.

그러나 우리는 경험상 이렇게 말할 수 있다. 즉, 향락과 마찬가지로 이 경우도 인간의 상상력은 현실을 훨씬 뛰어넘기 때문에 미리 상상한 것만큼 실제 고통이 큰 경우는 거의 없다. 또한 여러 고통은 '제각기 커다란 행복으로 들어가는 문'이라 해도 과언이 아니다. 스스로를 어느 정도 가차없이 다룰 것, 특히 좋든 싫든 상관없이 너는 해야만 한다고 스스로를 향해 말할 수 있는 용기가 참된 생활에는 꼭 필요하다. 진리에 대한 사랑과 정의에 대한 용기, 이것이 진정한 교육의 바탕이다. 이것이 없으면 교육은 아무 짝에도 쓸모가 없다. 천국에 들어갈 힘만 있으면 되므로 '힘을 쓰는 자, 그런 사람은 들어간다'[14]

*14 마태복음 11장 12절 참조.

행복을 얻기 위해서 인간은 모든 성질 가운데서 용기가 가장 필요하다. 이것은 틀림없는 사실이다.

그래서 우리는 현대의 한 재치 있는 여성이 사후에 출판된 저서[15]에서 했던 말을 최후의 결론으로 인정하려 한다. "행복이란 신과 함께 있는 것이다. 이것에 도달하는 힘은 영혼의 목소리인 용기이다." 지상에는 이것 외의 행복은 없다. 만약 그렇지 않은 행복이 있다 하더라도 우리는 그것을 바라지 않을 것이다.

이러한 행복은 현실이며, 사실이다. 그 밖의 모든 행복에 대한 꿈처럼 상상이 그린 단순한 그림이 아니다. 젊을 때는 몰라도 적어도 나이를 먹으면 누구나 이러한 행복의 꿈에서 깨어나지 않을 수 없는 것이다.

진정한 행복은 우리가 끊임없이 자기의 힘을 분출하고, 늘 자신을 격려하며 강제해야만 하는 것은 아니다. 오히려 우리가 이 인생관을 믿고, 단호하게 실행하며, 우리가 버린 것을 되돌아보지 않는다면, 그때 행복은 저절로 생겨난다. 즉, 내적 평화의 흐름이 행복이며, 이 흐름은 나이를 먹음에 따라서 점차 강해지고, 우리 자신의 정신이 성숙해진 다음에는 다른 사람에게로 쏟을 수 있다.

우리의 삶이 가치가 있다고 하려면 반드시 이 목표에 도달해야 한다. 실제로 우리는 여기에 도달할 수 있다. 뿐만 아니라 한 번 결심해서 최초의 단계를 정복하면, 단테의 말[16]처럼 올라가면서 커다란 기쁨마저 발견하게 된다.

---

*15 기젤라 그림(괴테의 손녀)의 《고대 스코틀랜드》. 이것은 전체적으로 대단히 이색적인 희곡이지만 다음과 같은 섬광으로 가득 차 있다.

"마음으로부터 이기심을 외면하고
영원을 파악하며
사랑에 이끌려서
지상의 것을 수단으로 보고, 그것을 지배한다.
이것만이 세상에 존재할 수 있는 행복의 상태이다."

(겔쳐가 자유롭게 인용한 것임)

*16 《신곡》 연옥편 제4장
"이 산을 오르려 하는 자
그 산기슭에서 커다란 어려움에 마주치리라.
그러나 올라감에 따라 어려움은 사라지고
그대를 힘들고 괴롭게 한 것은 마침내 즐거움이 된다.
이제 올라가기는 매우 수월해서

〈정화의 산〉의 산기슭 초입에선 진정한 행복을 위해서라면 어떠한 대가라도 치르겠다는 굳은 결심과 명백한 선언이 요구된다. 그렇게 하지 않고는 들어가지 못한다. 이보다 편한 길로는 아직 아무도 행복에 도달한 사람이 없다.

　괴테는 다른 방법으로 행복을 추구한 사람들의 스승인데, 그는 75년 영고의 세월 동안에 겨우 4주일밖에 안락함을 발견하지 못했다. 삶의 마지막에 양심 고백을 하라고 했을 때, 이와 같은 빈약한 대답을 해서야 되겠는가.

　그러나 우리는 이렇게 말하리라. 우리의 삶은 잘해야 70년, 또는 건강하다 해도 80년인데, 그 삶은 비록 고생과 노동으로 점철되었다 하더라도 여전히 존귀한 것이었다고.

　이것이 행복인 것이다!

　작은 배로 급류를 타고 내려가는 것처럼 되리라."

인간이란 무엇인가, 어디에서 와서 어디로 가는가
황금빛으로 빛나는 별 저편에는 누가 살까

이것은 온갖 의문 가운데서도 가장 커다란 의문이다. 매우 천박하거나 동물적인 사람이 아닌 이상 누구나 일생에 한 번쯤은 이 의문의 해답을 찾으려 한다. 그리고 벌써부터 이렇게 말해야 하는 것이 유감이지만, 오늘날 대부분의 사람들은 그 해답을 찾지 못한 채 세상을 떠난다.

중세의 한 사상가의 우울한 탐색적 말과 마주치는 경우가 이따금 있을 것이다.

"나는 살고 있다. 언제까지 살지 모른다. 나는 죽는다. 언제 죽을지 모른다. 나는 간다. 그러나 어디로 가는지 모른다. 그런데도 어떻게 아무렇지도 않을 것인가!"

어떤 사람들은 그런 어두운 생각, 즉 '결국 아무것도 되지 않는다'는 생각 따위는 곧 깨끗하게 머릿속에서 걷어치우고는 이렇게 말한다.

"내일 죽으리니 먹고 마시자."[*1]

오늘날 이런 사람들은 대단히 많다. 이른바 교양인 중에도 적지 않다. 그러나 그들은 교육 덕분에 당연히 좀더 깊이 있는 인생관에 대해서 어느 정도의 지식을 지녔을 것이다. 그럼에도 이들은 결국 표면적이고 헛된 자기 구제를 시도한 끝에 슬프게도 생애의 마지막 프로그램에 도착하게 된다.

거기서 그들은 이 프로그램을 되도록 오랫동안 연기(演技)하려 한다. 그러나 시간이 흐름에 따라서 필요한 건강이 허물어지기 시작한다. 그러면 그들은 무리를 지어, 언제나 그렇듯이 부인을 앞세워서 크나이프 목사, 메츠거 박사, 그밖의 현대의 용한 의사를 순례하면서 잃어버린 건강을 되도록 빨리 회복하고, 다시 먹고 마시려 한다.

[*1] 이사야 22장 13절.

다른 사람들은 이러한 생활계획을 실행할 돈이 없다. 이런 사람들은 뭔가 다른 '노력'으로 급속하게 돈을 마련할 수 없음을 깨달으면, 다음에는 '배를 채우는 문제'를 인생의 유일한 '현실적' 문제로 제기하고, 새로운 '사회정책'에 의해서 모든 사람이 만족할 만한 해결책을 내놓아야 한다고 주장한다.

얼마간 깊은 생각을 하는 다른 사상가들은 이런 방법으로는 인간의 괴로움을 해결하는 것이 불가능하다고 깨닫고, 어중간하게 이런저런 시도를 한 끝에 왕 중의 가장 현명한 왕 솔로몬의 '모든 것은 헛되도다'라는 말에 봉착한다. 그러고는 거기서 방향을 바꿔 생존 자체에 대한 절망으로, 무(無)의 숭배로 향한다. 그들에게는 열반, 적멸, 생에 대한 망각이 인생의 목적이 된다. 그리고 이러한 삶의 명백한 부정에 대하여 끊임없이 항의하는 자신의 건전한 상식과 힘든 싸움을 한다. 이런 싸움이 몇 년 계속된 뒤에 마침내 인도 최대 현자인 석가를 따라 다음의 말을 읊조릴 수 있게 된다면, 그들은 뭔가 대단한 일을 해냈다고 믿는다.

> "내가 찾는 목수를 찾지 못한다면
> 끝없는 윤회가 내 앞을 가로막으리라.
> 참으로 끝없는 탄생은 고통이다!
> 목수여, 그대는 쉽게 알아채고
> 그래서 이제 다시는 집을 짓지 않으리.
> 그대의 대들보는 부러지고
> 그대의 지붕은 내려앉았다.
> 죽음으로 들어선 영혼만이
> 그나마 내 번뇌의 갈증을 적셔준다."[*2]

요컨대 이것이 이 철학의 결론이다. 인간의 생존을 위해서는 빛도 희망도 존재하지 않는다. 가장 좋은 것은 그 이치를 빨리 깨닫고 되도록 일찍 이승의 삶을 마치는 것이다.

그러나 인간의 정신은 강한 생활력과 생존욕구를 지니기 마련이어서, 지금

─────────────

[*2] 석가의 감사기도이다. 삶을 사랑했던 그리스인들도 이러한 깊은 고통의 세계에 흔적을 남겼다. '신들에게 사랑받은 자는 일찍 죽는다'는 말 속에 그 흔적이 잘 나타나 있다.

일반에 '세기말'이라 불리는 일시적 쇠약상태는 별개로 하더라도, 이와 같은 전면적인 파산선고에는 만족하지 않는 법이다. 오히려 이러한 어둠 속에 빛을 가져오는 것이 철학의 영원한 사명이라 할 것이다. 물론 철학은 시종일관 그 사명을 다하려 시도했다. 그러나 아무런 진실이 없는 말로 표현했을 뿐, 고통받는 사람의 마음에 실제로는 어떤 위로도 주지 못했다. 때문에 이러한 형식주의적 철학은 헤겔에 이르러 정점에 도달한 이후 현재까지 사람들에게 아무런 만족을 주지 못하고 있다.

철학은 예로부터 주로 세계 그 자체에서 세계를 설명하려 시도해 왔다. 이것이 철학의 필요 전제라는 것은 오늘날에도 여전히 대체로 반대할 수 없는 근본원리의 하나로 간주되고 있다. 논리적으로 말하면 그것은 분명 옳겠지만, 그렇다고 해서 특별히 슬퍼할 것은 없다. 왜냐하면 애당초 인간이 자신을 조명하고, 자기 인생의 목적, 자기의 과거와 미래를 조명할 빛을 바란 것은 어디까지나 자신을 위해서이지 어떠한 학문의 성립을 위해서가 아니기 때문이다. 오히려 그와는 반대로 인간의 생활관계를 설명하고, 이것을 개선한다는 목적을 충족시키지 못하는 학문을 사람들이 경멸하는 것은 정당한 일이다. 그러므로 사람들이 철학에 대해 바라도 되는 것은, 철학이 이 목적에 따르는 것이고, 어느 정도까지 상식적이며, 생존의 가장 큰 문제에 관한 진리와 해명을 바라는 인간 영혼의 굶주림을 단지 공허한 말로, 애매한 말로 얼버무리려 하지 않는 것이다. 그러나 이것이 '신이나 마찬가지인' 플라톤에서 헤겔, 쇼펜하우어나 니체에 이르기까지 철학의 주요한 일이었다. 철학에는 제멋대로 발명한 엄청나게 많은 술어가 있다. 이 술어들은 보통 사람들의 이해력이나 언어능력으로는 빠져나갈 수 없는 울타리처럼 철학을 차단하고 있다. 그렇지만 일상적인 보통 용어법으로는 언어란 어떤 확정된 내용의 기호이지 결코 무(無)의 기호는 아니다. 지금 철학의 술어를 이와 같은 보통의 언어로 번역한다면, 가려져 보이지 않는 여신의 힘과 위엄을 둘러싸고 있는 베일은 벗겨질 것이다.

지금까지 추상적 철학은 실제로 '존재'도, '생성'도 만족스럽게 설명하지 못했다. 그러니 이 두 가지 근본개념을 결부시켜서 하나의 통일적 원리로 해명하지 못한 것이야 말해 무엇하랴. 그 대신에 철학은 언제나 어떠한 진실된 설명을 포함하지 않는 단순한 말로써 바꿔 쓴 것에 불과했다. 그러나 철학은 인간 과학으로서 이미 몇천 년에 걸쳐서 존속해 왔으므로, 그 동안에 이 과제를 해결할 수 있었을 것이다. 아니면 철학은 더 이상 이들 근본개념을 더 해명할 능력이 없으며, 즉 이미 그 능력의 한계에 이르렀으며, 따라서 모든 존재와 생성에 대해 인간 지식이 도저히 근접하지 못하는 근원을 가정하는 것 외에 도리가 없음을 고백해야만 했다.

이러한 설명 대신에 우리가 늘 철학적 사상 계열의 첫머리에서 발견하는 것은, 증명되지 않은, 또한 증명할 수 없는 단순한 가정이다. 예를 들면 어떠한 '살아 있는 실체'가 가정되어 있고, 그것은 유일하고 불변한 것이라든지, 또는 아주 작은 구성요소(원자)의 무한량으로 되어 있다든지 하는 것이다. 그런데 이것은 이해하기도 어렵지만 우리의 의문에 대한 대답도 아니다. 우리가 정말로 알고 싶은 것은 그 물질이 크냐 작으냐 하는 것과 그것이 대체 어디에서 왔는지, 어째서 어떤 물질이 생명을 얻으며, 또한 생명을 낳을 수 있느냐 하는 것이다. 어쨌거나 원자가 단지 운동을 해서 감각이 되고, 사상이나 의지가 된다는 것은 확실히 하나의 비약이다. 그런데, 지금까지 그 누구도 이런 비약을 구체적으로 설명하려 시도한 적이 없다. 그 대신에 가장 유명한 연구자의 저서에는 우울하게도 'ignoramus, ignorabimus'(우리는 모른다, 앞으로도 알지 못하리라)[*3]라고 쓰여 있다. 또 우리는 이미 고대로부터 많은 어마어마한 말들로 유(有)와 무(無) 사이에는 적어도 생각할 수 있었던, 또는 생각할 수 있는 대립이 존재한다고 들어 왔다. 그러나 우리는 그런 말 대신에 우리와 관련이 있는 유일한 존재, 즉 우리의 눈앞에 있는 이 세계가 단순한 겉모양이 아니고 환상이 아니라면, 그것이 어떻게 성립됐는지를 알고 싶은 것이다. 하기야 세계는 우리의 상상 속에서만 존재한다는, 절망적으로 도망갈 길을 실제로 이미 발견해 놓았지만 말이다. 또한 '무'에 대해서는 우리는 이치에 적합한 아무런 관심도 갖고 있지 않다. '무'라는 것은 제대로 파악하는 것조차 불가능한 관념이며, 단순한 대립개념에 불과하다. 우리는 일단 그러한 개념을 세울 수는 있지만 더 깊이 탐구하지는 못하며, 인생을 위해 이 개념을 이용하는 것은 더 불가능하다.

그러나 우리가 늘 주위에서 보지만 그 궁극의 근원을 파악할 수 없는 사물에서 출발하지 않고, 다른 철학자들과 함께 의심할 필요도 없는 우리 자신의

---

*3 뒤 부아레몽의 《우주의 일곱 가지 수수께끼》.

자각적인 자아, 어떤 복잡한 사색도 필요 없을 뿐 아니라 직접 알 수 있을 것 같은 이 자아에서 출발한다면 어떨까? 그럴 때, 이 빈약한 자아는 자의식으로부터 세계로 한 걸음 내디디려 할 것인가? 아니면 스스로 세계의 수수께끼를 풀려 한다면, 즉각 그 자아가 얼마나 열심히 자기 이외의 확실한 설명 근거를 바라는지를 알게 될 것이다.

철학이 순수한 자연과학 앞에 완전히 무릎을 꿇고, 모든 생명을 '발전, 진화, 유전, 자연도태' 등으로 설명하려고 모든 존재는 어떤 원형질에서, 또는 단 하나의 원세포에서 저절로 발생한 것이라고 언명해도, 대체 누가 이 세포를 만들고, 이것에 무한한 생명력과 발전력을 부여했는가 하는 의문은 여전히 남을 것이다.

이것은 늘 정밀하고 실제적으로 사고했던 나폴레옹이 100년 전에 이집트의 별이 빛나는 매혹적인 하늘을 바라보면서 학자 몬쥬에게 '대체 누가 이런 것들을 만들었을까?'라고 물었다는 그 질문이다. 이 물음에 대해서는 추상적인 철학도, 실증적인 박물학도 오늘날까지 한 번도 대답하지 않았거니와 어쩌면 앞으로도 결코 대답하지 않을 것이다.

세계를 그 자체로, 또한 그 자체에 의해 설명하는 것은 도저히 불가능하다. 궁극적인 근거가 끝내 발견되지 않을 것이기 때문이다. 인간이 자신을 숭배하고, 타인에게서 숭배를 받는다는 것은 오늘날의 철학이 당면한 결과인데, 조금만 영리하다면 이 교만에 끊임없이 작용하는 제약을 느낄 것이다. 즉, 첫째로 자기의 힘과 수명이 대단히 제한된 것이라는 고통스런 의식에 의해서, 둘째로 인간 예찬으로는 벗어나지 못할 자신의 불완전성에 대해 도저히 어쩌지 못하는 감정에 의해서, 마지막으로 자기의 생활 내용으로는 자신을 이해하는 것이 불가능하다는 것으로 인해 자기의 제약을 느끼는 것이다.

보통 범신론적이라 일컫는 이 최후의 철학적 인생관은 스피노자 이래 철학계를 지배해, 헤겔, 쇼펜하우어와 괴테 이후로 지식계급이 추상철학에 골몰해 있는 동안은 일반인들을 지배했다. 그러나 이 철학적 인생관은 모든 인생관 가운데서도 도덕적으로 가장 해롭다. 이것은 '윤리적인 힘을 증발시키고', 선을 실현하고 악을 정복할 의지를 잃게 한다. 따라서 이 철학에는 늦든 이르든 어떠한 형태로든 조야(粗野)하지만 강력한 미신이 뒤따른다. 이미 우리는 최면술이나 강신설, 그 밖의 상식을 벗어난 교회 신앙의 형태로 그것이 시작되고 있음을 본다. 그리고 그 미신에서 새로이 철학적 사변의 계열이 시작되고, 몇백 년 뒤에는 다시 완전히 동일한 출발점으로 돌아가는 것이다. 그러므로 진리의 궁극적 형식은 어쩌면 한 개인의 추상철학적 혹은 신학적 사변이 아닐 것이다. 이것은 언제나 기만적이고 불만족스럽기 때문이다. 궁극의 진리는 오히려 많은 민족의 운명 속에 명료하게 나타나 있는 역사적 경험이다. 이와 같은 형태로, 실제로 추상철학보다 나은 철학이 이미 오랜 옛날부터 존재했던 것이다.

＊ ＊ ＊

모든 사물의 근원을 그 자체로 설명하려 하지 않고, 오히려 인생 경험에 의해 설명하고, 세계 전체 및 각 개인의 창조자이고 유지자인 진정한 생명이 있는 영적 존재에게 그 근원을 두고 있는 철학은 이스라엘 철학, 즉 그리스도교의 철학이다. 현재 일반의 견해에 따르면 이것은 확실히 철학적 설명은 아니다. 이것을 철학적 설명으로 하면 그 근저를 다시 설명하지 않으면 안 된다. 특히 스스로 '신의 학문'이라고 대담하게 일컫는 과학도 사실상 신을 증명하는 것이 불가능하기 때문에 막다른 길에 이르렀다. 그것은 마치 철학이 세계와 인간을 그 자체로 설명하려 했다가 실패한 것과 같다. 일반적으로 본체론, 또는 신의 존재에 대한 증명이라 불리는 것도 사실은 아주 빈약해서 이것을 인정하려 하지 않는 사람을 전혀 납득시키지 못한다. 때문에 처음부터 이렇게 말하는 편이 훨씬 자연스러울 것이다. 즉, 설명하지 못하는 것이 신의 본질이다. 그렇지 않으면 신은 신이 아니며, 신을 설명할 수 있는 인간은 인간이 아니라고[4] 말이다.

신을 보는 것이 아니라 이 땅 위의 것과 인간을 올바른 방식으로, 이른바 신의 눈으로 보고 이해하는 것이 우리의 인생 목표이다. 따라서 글자 그대로 과학적 신학이라는 것이 성립할 수 있느냐 없느냐 하는 의문이 예로부터 제기되었던 것이다. 그리스도는 과학적 신학이라는 것이 있을 수 있다는 의견이 아니었다.[5] 또한 실제로 신학적 사변은 원래 그리스도에서 시작된 것이 아니라 바울에서 시작된 것이다. 바울은 특수한 유대적 총명함과 민첩함, 유대교 속에서

---

*4 출애굽기 33장 20절, 요한복음 1장 18절.
*5 마태복음 11장 27절, 요한복음 3장, 누가복음 10장 22절 참조.

이미 완성되어 있었던 교의론을 그리스도교의 논증에 응용했다. 그는 천부적으로 신학적 경향이 강했던 그의 민족을 설복시킬 필요가 있었던 것이다.

모든 존재 및 생성의 근원으로서의 신은 설명할 수도, 증명할 수도 없다. 또한 그래야 하는 것도 아니다. 오히려 우리는 우선 신을 믿고, 그 다음에 몸으로 경험해야 한다. 이것은 거듭 확실하게 말해두지 않으면 안될 명제이다. 그런데 이것은 만물에 대한 좀더 나은 학문적 설명을 바라는 인간들이 대개 여기서 발길을 돌리는 좌절의 돌맹이자 분노의 바위가 되고 있다. 여기서 발길을 돌리는 사람은 이미 어쩔 수가 없다. 물론 이쪽에서 자진해서 환영할 수는 없다. 확실한 무신론자를 우리는 철학적으로는 지나치지 않으면 안 된다. 그러나 이와 같은 요구는 철학적·종교적 영역뿐만 아니라 실제적·정치적 영역에서도 그 안으로 차츰 그림자를 감출 것이다. 다만 종교 문제에서는 믿느냐, 믿지 않느냐 하는 이 한 가지 점에만 초월하지 못할 장벽이 있다. 그리고 같은 국민, 비슷한 정도의 교양, 동시대인들, 나아가서는 같은 가족마저도 이 한 가지 근본적인 견해에 따라 나누어진다. 그 밖의 차이는 모두 화해할 수 있는 것이며, 화해의 길을 발견할 수 있을 것이다.

그러나 신앙에 관한 차이는 인간 의지의 자유라는 천성에 기초한 것이므로 언제까지나 계속되고 사라지지 않는다. '인간의 영혼은 본래 그리스도인이다'라는 테르투리아누스의 말은 글자 그대로 받아들이면 잘못이다. 위인의 삶 모두가 그것을 반증한다. 인간의 영혼은 단순히 그리스도인이도록 소명을 받았으며, 자기의 인생경험에 의해서 그리스도인이 될 수 있다고 하는 것에 불과하다. 테르투리아누스가 한 말의 의미도 어쩌면 이것일 것이다. 인간의 영혼이 본래 무신경한 것이지 결코 무신론을 혐오하는 것은 아니다. 인간이 신을 알수 없듯이, 또 신을 경험할 수 없다면 신앙은 실제 신경계통의 흥분에 의한 일종의 허황된 생각일 것이다. 그리고 이렇게 되면 로마 총독이 바울을 향해 '너는 미쳤다'고 한 것은 정당했을 것이다. 이해할 수 없는 것을 거부하는 것이야말로 이성과 양심의 의무라고 생각했던 여러 시대의, 그 총독의 수많은 후계자들도 또한 마찬가지로 정당했을 것이다. 그러나 신은 그 사람 자신의 경험에 기초한 것 이외의 신앙을 인간에게 요구하지 않는다. 오히려 신은 개인의 경험과 인류의 역사 속에서 자신을 충분히 나타내 보이고 있다. 그러므로 인간은 불신앙의 죄를 스스로 책임져야 한다. 더구나 그 죄는 그 죄인 이외의 어떤 사람도 그 깊이를 알 수 없을 만큼 깊은 죄이다.

그렇기 때문에 자기의 결심을 잘 확인하고, 경우에 따라서는 자기의 경험에 따르는 것이 신앙으로 들어서는 첫걸음이다. 그런데 이것은 원래 인간의 의지 행위이다. 따라서 곁에서 누가 이것을 면제할 수도 없고, 또 말로 당사자가 자기의 체험으로 얻은 것 이상으로 확신을 줌으로써 쉽게 해 줄 수도 없다. 이러한 첫걸음을 이미 이스라엘의 예언은 적절하게도 '회심'이라 표현하고, 사람들에게 이것을 요구하였으며, 나아가 이 회심 직후에 저절로 생겨나는 깊은 내적 만족과 확신을 약속했던 것이다. 그리고 옛날부터 몇천의 사람들이 이 회심을 통하여 몸으로 그 효과를 증명했다. 즉, 정직하게 하느님께 마음을 의탁했는데도 오랫동안 어둠에 둘러싸여 남겨지거나 혹은 완전히 버림을 당한 적은 지금껏 한 번도 없었던 것이다. 이 자유로운 결심 속에 또한 인간의 '의'가 있다. 그리고 그 예언자의 말에 따르면, 사람은 이 의에 의해서만 구원될 수 있다. 이사야 1장 27절, 49장 9·24절, 또 로마서 10장 4절, 야고보서 4장 8절을 참조하라. 그는 또한 그 의 때문에 뭔가를 하지 않으면 안 되거니와, 그렇게 한다면 또 하나의 권리를 얻는다. 더구나 그 권리는 성서의 어디를 보아도 결코 어떤 때는 주고, 어떤 때는 주지 않는 단순한 은총이 아니라 적극적으로 약속되어 있는 것이다. 이사야 28장 16절, 30장 19절, 31장 5절, 40장 31절, 43장 1절, 49장 15절, 65장 24절.

그렇기 때문에 구약성서는 줄곧 이 관계를 쌍방에게 권리가 있는 계약에 비유하고 있다. 자기 쪽에서 이 계약을 정직하게 지키고자 하는 사람은 자기의 권리를 그다지 강하게 주장할 필요가 없다. 오히려 그가 해내야 할 의무는 단지 상대 계약자에 대한 순수하고 흔들림 없는 신뢰에 불과한데도[6] 여전히 자기의 의무 이행 책임을 충분하게 다하지 못하며, 따라서 늘 상대의 순수한 은혜를 필요로 한다는 것을 충분히 자각하는 것이다. 루터는 성서에서 강조하고 있는 이상으로[7] 이 은혜를 강조하고 있는데, 인간은 악으로부터 완전하게 구제되기 위해 필요한 끊임없는 회심의 노력과 자유의지에 따라 그 기반을 유지하는 힘을 때로는 얼마간 약화시켜야 할 때가 있다.

이러한 관점에서 본다면 세상은 개인 생활과 마찬가지로 명료하고 이해할

---

*6 히브리서 11장.
*7 로마서 3장 28절.

수 있는 것이 되어 다가온다. 한편으로는 세상을 창조하고 이것을 지배하며, 더구나 스스로는 '자연법칙' 따위에 결코 속박당하지 않는 자유로운 의지가 있음을 알게 된다. 그러나 그것은 '질서의 신'이자 법칙이지 결코 마음내키는 대로 지배하기를 원치 않는다. 이와는 대조적으로 다른 한편으로는 인간의 자유로운 의지가 있으며, 이것은 신을 따를 수도 따르지 않을 수도 있다. 인간이 악을 추구하는 것, 즉 신을 배신하는 것도 자기 책임 아래 저지를 수 있는 완전한 자유가 주어져 있기 때문인데, 그렇다고 신의 질서를 파괴할 힘까지 지닌 것은 아니다. 신의 질서는 모든 악을 선으로 바꿀 수도 있지만, 고의로 악을 저지르고 뉘우치지 않는 자는 별개이다. 인간의 삶은 올바르게 발전했을 경우, 영원히 변치 않는 신의 법칙에 따르는 자유로운 순종으로 나타나며, 또 신의 법칙에 의해 점차 높아져 가는 정신적인 생활질서를 향한 자기 교육이 된다. 그렇지 않으면 그 능력을 자기 책임 아래 차츰 상실하게 되는데, 이것은 이른바 자기 처벌이다. 인생의 행복은 신의 세계질서와의 내적 합일이며, 또한 신의 가까이에 있다는 감정이다. 그에 반해 불행은 신에게서 등을 돌리는 것이자 끊이지 않는 마음의 불안이며, 생애의 마지막에 아무런 수확도 남기지 않는 것이다.

그런데도 여전히 우리의 마음에 뭔가가 남아서 때때로 이렇게 항의할 것이다. 어쩌면 모든 것은 감각적으로 지각할 수 없는 단순한 '형이상학'이며, 요컨대 인간과 인간 삶의 목적을 위해 공상한 것에 불과하다고 말이다. 그럴 때는 그 반항의 목소리를 조용히 물리치지 않으면 안 된다. 이와 함께 차츰 드물어지고 또한 약해지고는 있지만, 그래도 아직 남아 있는 이기주의와 자잘한 일에 구애되는 생각의 유혹도 물리쳐야 한다. 좀더 높은 세계는 어디까지나 신앙이다. 그것은 차츰 신뢰할 수 있고, 많은 위안이 되는 신앙이 되어 일종의 내적 직관과 비슷한 것이 되기 시작한다. 그러나 한편 단순히 감각적인 것 위에 구축된 좀더 낮은 세계는 최선의 경우에도 완전한 지식을 주지 않으며, 또한 어떠한 경우에도 영혼에 평화를 가져다주고 신뢰할 만한 지식을 주지 않는다. 오히려 고상하고 사색적인 사람들에게는 불안한 의혹과 단단하게 묶어서 풀리지 않는 고통스러운 지식을 줄 뿐이다.

신에 대하여 가장 우수한 인식을 지녔던 원시종교도, 역사가 전하는 바에 따르면 이처럼 단순했다. 그것이 나중에 수많은 형식으로 뒤덮이게 된 것이다.

그러나 처음에는 그 형식마저도 단지 환난을 쉽게 막기 위한 '금지된 규칙'에 지나지 않았고, 본래 어디까지나 자유이며 정신이고 생명이어야만 한다는 것을 기계적으로 강제하는 것을 목적으로 하는 완고한 생활규칙이 아니었다.

이와 같은 형식주의를 탈피하여 신앙의 원시적 본질로 돌아간다는 것이 그리스도교의 역사적 설명이며, 그리스도의 사업이었다. (그 뒤의 모든 개혁도 또한 마찬가지이다) 그러나 유대 민족은 이러한 옛날로 돌아갈 결심을 할 수 없었는데, 만약 그것이 가능했다면 어쩌면 탁월했던 그들의 정신에 의해서 세계를 지배한 최초의 민족이 되어 있었을 것이다. 유대 백성을 위해서 보내졌다고 선언했던 그리스도마저도 점점 발달하던 형식주의로부터 그의 민족을 해방하고, 순수하게 정신적인 신에 대한 봉사로까지 그 민족을 높일 수 없었다는 것은, 어쩌면 세계사 최대의 비극인 동시에 인간의 자유 의지에 대한 가장 커다란 증명이기도 했다고 할 수 있겠다. 인간은 본래 형식주의로 기울어지기 쉬운 법이어서 그러한 경향은 그 뒤에도 점차 강해지기만 할 뿐이었다. "기르던 원목 올리브에 접목시킨 야생의 가지"인 다른 민족도 얼마간 다른 방법이기는 하지만, 역시 형식주의에 빠져들지 않을 수 없었다. 그래서 그들은 오늘날 역사적 토대에 기대어 간신히 그리스도의 가르침을 알게 된 개인의 영혼에게 이러한 형식주의에서 벗어나는 과정을 항상 반복해야 하는 것이다.

그러나 그리스도교의 흔들림 없는 진리와 위대한 생명력의 증거가 직접적인 적대자를 항상 정복해 온 것만은 아니다. 이것은 대단한 일이 아니며, 참된 진리인 이상 당연한 일이다. 그보다는 그것이 금빛 명료함과 마음을 상쾌하게 하는 힘을 지니고 인간적인 설교나 쓸데없는 설명, 불건전한 억지 주장, 그리고 그것들에 기초한 온갖 종류의 인간 예속 등이 쌓여서 토해내는 짙은 안개를 뚫으며, 혹은 진정으로 영속적인 인간 공동사회의 필요조건인 정치적 자유의 가르침으로서, 혹은 인간존재의 모든 문제를 실제로 잘 해결하는 진정한 철학으로서, 혹은 어떤 종류의 인생의 커다란 불행에 맞닥뜨려도 인간의 마음을 떠나지 않게 하고 그 불행에 대항하게 해주는 위안으로서 항상 빛을 발하는 것이야말로 그리스도교의 진리와 힘을 증거하는 것이다.

즉, 여기에 '도와 진리와 생명'이 있으며, 단지 머릿속의 환상이 아니라 역사에 뿌리를 둔 진실한 철학이 있다. 아울러 이 길은 많은 안내자나 동반자가 없는 편이 어쩌면 더 편할 것이다. 영혼은 때때로 너무 번잡한 '인도'가 없을 때

도리어 이 길을 잘 찾는 경우가 있다. 그렇지만 사람은 이미 어린 시절부터 그와 같은 지도를 받고, 오히려 그 지도 때문에 혐오를 느끼는 경우가 많다. 이 길은 무엇보다도 우선 깊은 안심에 이끌리고, 안심은 나아가 스스로 이 길을 찾는 용기와 무슨 일이 있어도 이 삶이 무익하게 끝나지 않으리라는 커다란 확신을 준다. 다음으로 또한 이 길은 정신적인 건강으로, 또한 그에 따라 육체적 건강으로 인도한다. 왜냐하면 육체적 건강은 정신적 건강에 의존하기 때문이다. 이것은 오늘날의 의학이 생각하는 것과는 반대이다. 인간을 건강하게 하고 건강을 유지하는 것이 임무인 의학은, 그저 물질적인 수단만으로는 결코 충분히 그 임무를 달성하지는 못한다.

이 길은 사회의 건강으로도 이어진다. 이것은 어떤 목적 아래 행해지는 대중의 끊임없는 선동에 의해서가 아니라, 대중을 구성하는 각 개개인이 건강해짐으로써 이루어진다. 그럼으로써 비로소 전체의 진정한 '치료'가 이루어진다. 그렇지 않으면 대개의 경우 사람을 속이는 희망에 지나지 않는다.

또한 이 길은 진리를 얻기 바라며, 그리고 모든 대가를 치르면서 성실하게 이것을 추구하는 사람들에게 내적 만족을 통해서 늘 분쟁의 여지가 없을 만큼 명백하게 스스로를 증명한다.

오직 이와 같은 세계관에 의해서만 한층 진보된 대규모의 정의와 평화가 가능하게 된다. 이 세계관이 없으면 사실상 끊임없이 참담한 생존경쟁과 국가적 이기주의의 자연적 횡포를 피하기 힘들어질 것이다. 이렇게 되면 항상 최강자만이 승리를 거두어 한동안 원하는 대로 강력한 지배를 할 것이다. 이것은 가난한 자와 약자의 지옥이다. 그렇지만 반드시 강자의 천국인 것도 아니다. 강자도 끊임없이 그들 세력을 잃을까 두려워하면서 살아야 한다. 만일에 그 힘을 잃을 때는 늑대의 습성대로 즉각 다른 자에게 당하는 것이다.

그러나 실제로 그렇게 되지 않는 것은 세계 역사의 새로운 페이지마다 신이 분명하게 보여주고 있다. 사람은 또한 악인이 결국 그들 자신의 한가운데서 악의 고개(사탄)를 발견하는 한편, '유화적인 사람들은 땅을 차지하고', 신의 축복을 받는다는 것을 일상생활에서 관찰할 수 있다. 인류가 확실히 좀더 좋은 쪽을 향해 끊임없이 진보하고 있다는 것이 신의 존재를 가장 확실하게 증거하고 있다. 신이 없다면 인류는 사실상 조금 선량했던 로마황제가 했던 듯한 현명한 전제정치에 의해 통치되었겠지만, 그 때문에 필연적으로 더 깊이 타락해 갔을 것이 틀림없다.

그렇기 때문에 역사를 배우고 자유를 사랑하면서도 하느님에 대한 신앙을 갖지 않는 사람은 확실히 비논리적인 존재이다. 하느님을 믿어야 비로소 사람은 자유의 길에 있어서 인류의 진보를 굳게 믿을 수 있으며, 새로운 시대가 오는 것을 기쁘게 맞이할 수 있다. 하느님에 대한 신앙이 없으면 결국 민중을 두려워하게 되며, 그 결과 필연적으로 국가 혹은 교회의 인위적 권력에 굴복해 생애를 끝마치게 될 것이다.

독재 군주국가의 한가운데에 오직 한 나라의 민주공화국(스위스)이 존립한다는 것은, 하느님이 없었다면 도저히 불가능한 일이다. 오늘날에는 옛날보다도 더 그러하다. 아우라에서 열린 스위스연방회의의 개회사에 "천지를 창조하신 주의 이름으로 우리는 가호를 받고 있다"고 한 것은 지극히 단순하고 소박하지만 깊은 진실을 담은 말이다.

정치적 자유가 없으면 종교적인 자유 또한 오랫동안 유지될 수 없으며, 결국 인간의 지배 아래 떨어질 것이다. '교회와 국가'의 관계는 풀리지 않는 모순이다. 반대로 교회적인 자유 자치단체와 시민적인 단체와의 병립은 서로가 가장 잘 보합할 수 있는 유일하고 적절한 제도이며, 또한 확실히 그리스도교의 장래 형식이기도 할 것이다.

세계는 여러 방면에서 진정한 자유로 인해 완성의 영역에 도달하지 않으면 안 된다. 어떠한 종류의 강제, 폭력도 가해져서는 안 된다. 숭고한 윤리적 세계질서에 대한 각 개인, 나아가서는 세계 전체 민족의 자유의지에 의한 순종이야말로 세계사의 목적이자 목표이다.

그러나 이러한 인류의 유일하고 진실된 진보는 역사적으로, 즉 생활 속에서 달성될 수 있는 것이지 결코 철학적으로, 즉 단순한 사고에 의해서 가능한 것이 아니다.

친애하는 독자 여러분, 여러분은 이상의 것들이 실현되기까지는 어쨌든 이 모든 길들 가운데서 자신의 길을 선택해야 한다. 진리에 대한 자신의 인식을 위해, 진정한 행복을 위해서, 또는 여러분이 사는 사회의 복지를 위해서 그러하다. 이러한 길들을 사람들은 철학이라 부르고, 종교라 말한다. 그러나 이러한 것들이 진리와 행복으로 인도하지 않는다면 실질적인 가치는 아무것도 없는 것이다. 올바른 길을 찾지 못했기 때문에 심적 평화와 만족을 얻지 못한다고 운명을 탓하면서 세상을 비관할 것은 없다. 여러분은 오히려 현대의 염세주의를 철저하게 경멸하는 것이 바람직하다. 대개의 경우, 염세주의는 윤리적인 결함과 도덕적 약점에 기초한 것이기 때문에 결코 위대한 것이 못된다. 여기서 권한 길을 여러분이 아직 충분히 믿지 못한다고 해도 나는 이해한다. 아마도 여러분은 아직 진지하게 그 길로 갈 것을 시도하고 있지 않기 때문이며, 어쩌면 그 결론을 온전히 받아들이려 결심하지 않았기 때문이다.

때때로 철학적 명상에 빠져 어떠한 철학적 '체계'를 신봉한다거나(이것은 오늘날 아무런 도덕적 의무도 수반하지 않는다), 충분한 건강과 함께 인생을 즐기거나, 또는 오늘날 많은 사람들이 하는 것처럼 표면적으로는 아무런 모순도 없이 단순히 어떤 교회에 소속한다거나 하는 것은, 인생의 커다란 문제에 맞닥뜨려 스스로 깊이 생각하지 않고 독립적으로 확신을 얻는 것보다 확실히 쉽다. 그렇지만 인내심을 갖고 이러한 최후의 길을 걸어온 사람들은 끝내는 그들이 바라던 진실에 대한 기쁨, 죽음과 삶에 대응하는 힘, 자신과의 완전한 조화, 나아가서는 세계 전체에 대한 자기의 올바른 지위를 발견했다고 고백하고 있다. 여러분의 영혼도 의식적 또는 무의식적으로 이것을 바라고 있으며, 이것 없이 그 밖의 이 세상의 재물이나 향락으로는 여러분의 영혼은 결코 만족하지 못한다.

사람은 이미 육체의 건강을 위해서, 이른바 자기의 내적 외적인 행복을 위해서라면 다양한 것을 시도하지 않는가. 맨발로 돌아다닌다든지, 젖은 천을 감고 잔다든지, 혹은 순례, 기도주간, 그 밖에 이와 비슷한 '종교적 고행'을 쉽게 참고 견디지만, 그러한 것들은 단순히 신앙의 사소한 표현에 불과하다. 중요한 것은 그들은 무슨 일이든 하겠다고 각오하고 있다는 것이다. 이미 몇천의 사람들이 그들의 영혼을 구하기 위해서 실제 어떠한 고생이라도, 참으로 바보스럽기 짝이 없는 것도, 정신 및 육체의 극도의 노력도, 또 고문이나 죽음의 위험마저도 마다하지 않았다. 그러나 영혼을 구하는 길은 좀더 가까운 곳에 있고, 훨씬 간단하다.

마지막으로 종교개혁 시대의 어떤 학자가 이것에 대하여 했던 말을 들어보기로 하자. 하기야 그 자신은 이 길을 마지막까지 완전하게 걸었던 것은 아니다. 그는, 결국 중요한 것은 이 길을 아는 것이 아니라 이 길을 걷는 것이라는 훌륭한 증거이자 기념이 되고 있는 셈이다. 그는 그리스도의 입을 빌려서 말하고 있다.

"어찌하여 인간은 그처럼 어리석은가,
하느님의 말씀을 믿지 않다니?
나는 나의 약속을 굳게 지키고
그것을 완수할 힘을 충분히 지니고 있다.
그런데도 얼마나 어리석은 사람들이란 말인가,
언제나 나를 의심하다니?

나는 자애로운 마음을 그대에게 베푼다,
그런데도 왜 나를 찾아오지 않는가,
나야말로 모든 죄를 용서하는
확실하고 자유로운 장소이거늘?

그러므로 오, 인간이여, 부디 나를 잊고
그대의 감은 눈이 그대를 죽음으로 이끌더라도
나를 탓하지 말라, 나에게 하소연도 말라,
그대는 그대가 원하는 대로 처신했으니."

죄와 근심

1

행복에 이르는 길은 모든 사람에게 분명하며 누구에게나 열려 있는 길이다. 그런데도 그 길을 알고 있는 사람이 반드시 그 길을 발견한다고는 할 수 없다. 오히려 존 번연의 《천로역정》에 나오는 가엾은 '겁쟁이'처럼 일단 '무서운 늪'에 들어가면 바로 도망쳐 나오는 것이 보통이다. 인생의 참된 행복에 이르는 좁은 길에 대해서 악평을 하는 것은 주로 그런 사람들이며, 그 길을 실제로 가본 사람들이다. 그들은 이런 점에서도 이른바 현실주의자들과 공통점이 있다.

이와 같이 좋은 재능을 갖고 있고 처음에는 진지한 마음으로 출발하지만 중도에서 도망치는 사람들도, 진리를 깨닫고 진리를 위해 인생의 감미로운 환상을 단념할 만한 용기를 내지 못하는 것은 아니다. 이런 것을 이해하지 못한다면 그들에게 공평하다고 할 수 없다. 그러나 더 좋은 생활, 즉 더없는 행복을 가져다 줄 유일한 생활로 들어가는 진짜 입구에는 두 요괴(妖怪)가 서 있다. 그것은 밀턴이 《실락원》에서 이야기하고 있는 괴물[*1]과 비슷한 것이다. 아무리

---

*1 문 양쪽에 무서운 괴물이 앉아 있다.
　'하나는 허리 부분까지 아름다운 여자의 형상을 하고 있지만
　그 아래 부분은 흉측하며
　죽음의 가시가 난 뱀의 형상이다.
　비늘이 수북이 덮인 몸은 똬리를 틀고 있다.
　그 몸통을 둘러싸고 쉴 새 없이 한 무리의 지옥의 개들이
　체르베루스처럼 짖어 댄다.
　……
　또 다른 요괴는,
　모습도 사지도 없는 것을 그렇게 부를 수 있다면
　또한 그림자처럼 보이서 없는 짓, 또는
　그림자와 형체가 합쳐진 것을
　물체라 부를 수 있다면.
　이 괴물은 밤처럼 어둡고

기가 센 사람이라도 그 앞에 서면 자기도 모르게 떨리는 마음을 가눌 수 없다. 따라서 먼저 이 괴물과 대결하지 않는다면 아무도 그 길을 통과할 수 없다.

누구나 즐겨 글의 소재로 삼고 있듯이 우리의 행복을 방해하는 것 또는 그렇게 보이는 것, 그뿐 아니라 실제로 우리의 행복을 크게 제한하고 언제나 눈앞의 장애가 되는 것은, 무의식적인 유년 시절을 끝내고 이미 철이 든 사람이라면 누구나 알고 있는 무서운 두 가지 현실, 곧 죄와 근심이다. 이 두 가지를 제거하는 일이야말로 행복을 추구하는 인간이 모든 노력을 기울이는 핵심이며, 이것을 추구하지 않는 철학이나 종교, 경제, 정치란 있을 수 없다.

인간은 이 두 가지 커다란 적을 상대로 괴로운 싸움을 해나가야 한다. 첫 번째 적인 죄는 이미 인생의 이른 시기부터 시작되는 것이며 대체로 근심보다 빨리 시작된다. 또한 죄는 사람들이 상투적으로 어린이의 천진함이라고 생각하고 있는 시기보다 더 일찍 시작된다. 원래 이런 상투적인 말은 훗날의 험난한 인생행로를 위해 애써 '어린 날의 낙원'을 조금이나마 보존해 두고 싶다는 기분에서 만들어진 것일 뿐이다. '당신은 우리를 이 세상에 인도하여 이 가없은 자에게 죄를 짊어지게 하고, 그런 다음에는 괴로움을 맛보게 내버려 둔다.'[2]라고 괴테는 '하늘의 힘'에 호소하고 있다. 이때 하늘의 힘이란 괴테의 인생관에 의하면 인간생활을 지배하는 가차 없는 운명을 가리킨다. 프로메테우스와 같은 장엄한 반항아조차 이 운명을 당해낼 수 없었다. 또한 그 후에 현대 여러 나라 국민들 사이에 일어나고 있는, 함부로 죄를 부정하려는 시도 역시 인간의 운명에 대해서는 아무런 효과가 없다. 이미 모든 사람의 마음에 흔들리지 않는 현실로서 하나의 감정이 살아 움직이고 있다. 그것은 의무와 죄가 존재하고 있다는 것에 대한 감정, 즉 죄는 의무를 잊어버릴 때 생길 뿐 아니라 의무의 망각 속에 내재한다는 감정이다. 그리고 이것은 어떠한 수단으로든(그렇다고 해서 단순히 철학적인 고찰만으로는 안 되지만) 막지 않으면 죄의

___

열 명의 복수의 여신처럼 지옥과 같이 무섭게 화를 낸다.
손에는 무시무시한 창을 휘두르고
머리로 짐작되는 곳에
왕관 비슷한 것을 썼다.'
《실낙원》 제2편 648~673)
*2 괴테 《빌헬름 마이스터의 수업시대》 하프 연주자의 노래.

결과는 죄를 지은 사람의 머리 위해 정확히 떨어진다는 감정이기도 하다.

인간 생존의 이 무쇠와 같은 기반에서 그것을 단순히 부정함으로써 탈출할 수 있다고 생각한다면, 용감히 시도해 보는 것도 좋다. 그러나 그러한 결심과는 관계 없이 생활의 모든 행위, 아니 모든 생각에도 하나의 의무이며 옳은 길이 있다. 이 길을 가지 않으면 죄가 된다. 그러므로 차라리 그러한 시도는 하지 않는 것이 좋다. 왜냐하면 이제까지 수백만의 사람들이 그런 사상이나 행위로 인하여 좌절하였으며, 당신 역시 좌절할 것이기 때문이다. '선악의 피안'과 같은 장소는 정신병원을 제외하고는 이 세상 어디에도 존재하지 않는다. 오늘날 재능 있는 많은 사람들이 정신병원에 입원하는 것도 어찌 보면 우연이 아니다. 만일 사람에게 의무와 죄가 있다는 이 진리를 진심으로 부정하려고 한다면, 인간의 정신은 반드시 미치게 된다.

이러한 말로 의무와 죄를 완전히 '설명'할 수 없다는 것은 나도 잘 알고 있다. 게다가 이 감정을 어떻게 설명하든 그것은 인간의 행복에 있어서 그다지 중요하지 않다. 다시 말하면 이 감정을 대대로 이어져 내려오는 미신으로 보든, 합리적인 해석에도 무너지지 않는 신앙으로 보든, 그것은 인간의 행복과는 무관한 일이다. 죄의 감정을 미신으로 본다 해도, 태초부터 인간 세상에 무거운 짐이 되어 온 이 마물로부터 인류를 해방시켜 줄 영웅은 아직 나타나지 않았다. 그와 같은 무력한 계획을 용감히 단행한 사람이 몇몇 있기는 했다. 그렇지만 그러한 시도를 한 사람들은 불행한 결말을 맞이했다. 자유롭고 명랑한 얼굴로 대담하게도 모든 의무와 죄를 부정하고, 원하는 것은 무엇이든 해도 좋다는 신념으로 이와 같은 내적 자각의 투명한 확신을 통해 진심으로 평생을 즐겁게 보낼 수 있는 사람이 있다면, 우리는 그 사람이 하는 말을 믿기 전에 먼저 그 사람을 만나보고 싶다고 생각할 것이다. 만일 그런 사람이 있다면 아마도 그는 고립된 존재일 것이며, 그와 다른 천성을 타고난 사람들에게는 견디기 어려운 존재가 될 것이다.

의무와 죄는 인격적이면서 초세계적인 하느님에 대한 믿음을 통해서만 온전히 이해할 수 있다. 모는 의식석 생물이 지닌 이 내면적인 법칙은 하느님의 의지에서 생기는 것이며, 하느님 '내재(內在)' 사상은 무신론이나 범신론(汎神論)의 별명과 같은 것이다. 물론 초월적인 신을 합리적으로 설명하려는 것은 헛수고이다. 초월적인 모든 것은 그 성질상 우리의 이해를 넘어선 것이다. 따라서 '하느님에 대한 증명'은 인간의 오성(悟性)으로는 결코 납득할 수 없다. 이러한 하느님에 대한 증명을 납득하고 싶어하지 않는 사람에게 하나님의 존재가 납득되지 않았던 것은 당연한 일이다. 따라서 그 문제에 한해서 무신론자들도 아직 납득한 적이 없다는 것은 당연한 일이다. 그런데 무신론자들 역시 스스로 자기의 '체계'를 어떠한 방법에 의해 이성적으로 증명하고 거기에서 발생하는 모든 의문을 해결하는 일이 불가능하다. 그러므로 인류가 존재하는 한 인간은 하느님의 존재를 증명하지도 못할뿐더러, 설령 하느님이 존재한다 해도 그것을 부정함으로써 자신의 생활 때문에 하느님을 배제할 수 없는 사태가 언제까지나 계속 이어질 것이다. 적어도 인간생활의 모든 문제 중에서 결정적인 문제(어쨌든 그것은 하나의 문제임에 틀림없다)는 아마도 다음과 같은 것이리라. 즉, 인간이 자기를 위해 하느님을 부정하려고 시도한다면 그것으로 기대한 대로 마음의 만족을 얻을 수 있는지에 대한 문제이다. 또 가장 오래된 하느님의 계시인 '나는 너를 애굽 땅, 종 되었던 집에서 인도하여 낸 너의 하나님 여호와로라. 너는 나 외에는 다른 신들을 네게 있게 말지니라*3라는 절대적인 요구를 인정하고 받아들이느냐 마느냐의 문제이다.

위에서 논한 요구의 뒷부분에는 온갖 도덕이 포함되어 있다. 자신과 자기 생애의 목적에 대해 완전한 자각에 도달한 사람이 있다고 하자. 그런 사람이 만일 이 요구를 완전히 자유롭게, 또 자유로운 의지로 승인한다면 그것은 자기 생각으로 바꿀 수 없는 신의 질서에 대한 무익한 반항을 멈추고 먼저 자신이나 주위 세계와 조화될 수 있는 상태로 옮겨가게 됨을 의미한다.

그리하여 인류의 역사는 여러 국민의 자유의지가 점차 하느님의 의지와 부합하도록 발전해 가는 과정에 지나지 않는다. 그것을 사실상 부정하는 자는 자기 사명과 행복에 어긋나게 될 뿐 아니라 인류의 행복에도 어긋난다. 이와 같이 자신의 생명에 대해, 또는 하느님이나 인간을 향해 전투상태에 있다는 것이야말로 죄책감을 불러일으키는 것이리라. 죄에 대한 설명은 이 밖의, 또는 이 이상의 것은 없으리라고 생각한다.

---

*3 출애굽기 20장 2~3절.

또한 '악(惡)'이란 대체 무엇일까? 특히 그리스도가 '악에서 구하옵소서'라고 기도할 때, 악을 어떻게 해석했는지는 '신이란 무엇인가' 하는 물음과 마찬가지로 이 세상을 사는 동안에는 명확히 알 수 없을 것이다. 우리가 아는 것은 오직(그것도 단지 경험에 의해서만 아는 것이지만) 악의 힘에 빠지는 경우가 있다는 것이다. 그렇지만 우리를 지배하는 악의 힘은 사실 우리 자신이 악을 허용하는 것에 불과하다. 악이 우리를 지배하는 것은 주로 모든 속임수 또는 감각적·동물적 생활이 정신적인 생활보다 우세하기 때문에 일어난다. 이것은 섬세한 사람이라면 누구나 점차 쌓여가는 육체적 불쾌감에 의해 깨달을 수 있다. 이러한 불쾌감을 피하려면 기분을 전환하는 수밖에 없다. 마찬가지로 진리의 영혼이 어떤 사람 속에, 책 속에, 또는 집 전체에, 나아가 국민 안에 간직되어 있을 때는 기분 좋은 쾌감을 느낀다. 반대로 거짓 영혼 역시 그것에 물들 수 있는데, 그것은 마치 실내의 나쁜 공기처럼 건강에 해롭고 유독한 것으로 느껴진다. 사람은 누구나 사상에서는 그와 같은 모든 악에서 벗어나려고 노력할 수 있고, 또한 완전한 자유의지를 가지고 있다. 그러나 실제로 악이 그를 방면하고 자유롭게 해주는 문제는 전혀 별개의 것이며 대단히 중대한 문제이다. 이제까지 어떤 신학에 의해서도 이것은 명쾌하게 밝혀진 것이 없다.

이와 같은 견해를 훌륭히 표현하는 데 성공한 것은 유명한 자연과학자[4]의 유고(遺稿) 중에 있는 다음과 같은 시 안에서 찾아볼 수 있다.

주님은 다음과 같이 말씀하리라.
밝은 나라로 올라가
영원한 진리에 힘입어 몸을 수양하여라.
영원한 시간의 리듬을 타고
한없는 공간의 넓이를 내다보아라.
그러면 네 영혼의 눈에 있는
이 세상의 어두운 눈가리개가 없어진다.
너는 이미 이 지상에서 예감을 얻었다.
모든 생성(生成)의 근본은

---

[4] 카를 에른스트 폰 베어, 독일 동물학자, 1792~1876.

규제된 물질의 필연이라고
(너희들 지식에서는 그것을 '힘'이라 부른다).
지금이야말로 '필연'과 '당위(當爲)'는
나의 의지가 표현되는 것을 배우는 것이 좋다.
'필연'은 물질에게 주어지고
'당위'는 자유로운 생명에게만 주어진다.
'필연'은 노예의 사슬이며
물질에게 주어진다.
'당위'야말로 생명이 생겨난 그 장소로 돌아가자고
부르짖는 소리이다.

　그러므로 우리는 죄책감을 전혀 갖고 있지 않다고 주장하는 사람들과 이 문제에 대해 논쟁할 수 없으며 또한 원하지도 않는다. 실제로 우리는 그러한 사람의 영혼 속까지 꿰뚫어볼 수는 없다. 그들에 대해서는 다만 이렇게 대답할 수밖에 없다. 가령 죄를 모르는 사람이 있다고 하더라도 그런 사람은 극소수에 지나지 않으며, 사실 동물의 생활 수준에 머물러 있는 사람들이다. 동물에게는 도덕적인 의무감이 없기 때문이다. 따라서 죄라고 말할 것도 없이 자연의 본능이 시키는 대로 행동하는 것일 뿐이다. 이와는 반대로 만일 그 사람들이 한순간이라도 죄책감을 갖는 일이 생긴다면, 그것은 어떻게 된 일일까? 그들 역시 죄책감을 도덕적 세계 질서에서 설명할 수밖에 없을 것이다. 이 도덕적 세계질서는 우리의 힘으로 바꿀 수 없으며, 그것에 반항하는 행동도, 아니 그러한 생각조차도 용서받을 수 없다.

　나는 죄책감을 인정하는 사람들에게 말하고 싶다. 그런 사람들에게 중요한 것은 이 세상의 무거운 짐 가운데 가장 견디기 어려운 짐, 즉 죄의 짐에서 해방되는 방법이다.

　그런 사람들에게 먼저 이런 말을 하고 싶다. 당신의 생활 가운데에서 죄를 범해서는 안 된다. 당신에게는 죄를 범해서는 안 될 의무가 있으며, 또 그렇게 하지 않을 수 있다. 이렇게 말하는 이유는 처음에는 소홀히 여기고 지나치는 일이 훗날에는 대단히 큰일이 되기 때문이다. 이를테면 얼이 빠져 있는 영혼에 어디에선가 화살 하나가 날아들어 꽂히는 것과 같다. 처음 순간에는 저항하기 쉽다. 바로 저항하지 않고 우물쭈물하고 있다가는 금세 욕망이 솟구쳐 오르게 되고, 뒤이어서 도덕적 의식이 흐려지게 되며, 마침내 그것을 행동으로 옮기게 된다. 그 다음에는 반드시 절망이 뒤따르게 된다. 그리고 절망하고 나면 이제는 어떠한 구원도 믿을 수 없게 된다든가, 이미 벌어진 일들을 새삼스럽게 유물론 철학을 끌어다가 애써 변명을 하려고 한다. 어떤 경우가 되든 참된 정신생활은 죽어버리는 것이다.

유감스러운 것은 이 '처음에 저항하여라'는 충고가 몹시 허망한 말이라는 점이다. 왜냐하면 아무리 선을 행하려는 자유의지가 강하고, 언제나 혼자 힘으로 쉽게 저항할 수 있다는 대담한 신념을 가진 사람일지라도, 스스로 인생을 경험하면서 타인을 관찰하고 판단해 나가는 동안 인간에 대한 그런 요구를 점차 대폭적으로 철회하게 될 것이기 때문이다. 특히 이러한 요구야말로 숭고한 칸트 철학이 가진 결점이다. 처음에는 당당하게 고개를 쳐들고 외부의 도움을 전혀 빌리지 않고 '도덕의 오솔길'을 곧장 걸어갈 수 있다고 믿었던 사람들도 '인욕(忍辱)의 골짜기'라는 고통의 길을 통과하지 않을 수 없으며, 도덕적 의식의 감퇴를 경험하지 않을 수 없다.

그러므로 실제로 자연스럽게 사는 인간에게 중요한 것은 두 번째의 충고이다. 즉, '행복에 이르고 싶다면 어떤 대가를 치르더라도 네가 짊어지고 있는 모든 무거운 죄의 짐에서 벗어나라'는 것이다. 그곳을 빠져나가는 것이 분명한 길이다. 번쩍이는 검을 들고 다이아몬드 문지방에 서서 구원의 문 앞을 지키는 엄중한 문지기 옆을 통과하지 않으면 안 된다. 진정 영혼을 해방할 수 있는 길은 그 길뿐이다. 괴테는 《파우스트》 제1부에서 감동적인 진실함으로 죄를 묘사하였으며, 제2부에서는 일종의 자연적인 방법에 의해 죄에서 해방되는 길을 발견하려고 시도하였다. 그리고 이것이야말로 오늘날에도 많은 사람들이 추구하고 있는 길이다. 말하자면 자연의 향락에 의해 양심이 꾸짖는 목소리를 잠시 동안이나마 묵살한다거나, 그 고전적이며 낭만적인 양식의 예술이나 미의 매력 속에 물질적 인간의 완성과 그 속죄를 인정하려 한다거나, 또 문화활동이나 그런 행동에 의해 억압된 마음을 앙양하고 대중의 갈채를 얻어서 한순간이라도 자기 마음을 기반하려고 하는 일들이 그것이다. 그러나 이런 모든 시도에도 불구하고 죄는 어두운 진실이며 완강히 사라지지 않는다. 저 위대한 시인조차도 믿을 만한 방법으로 죄를 없앨 수는 없었다. 회개하지 않는 자, 그러기는커녕 최후의 순간까지 삶을 향락하려고 억지를 부리는 자(파우스트)를 그래도 하느님의 사랑이 안아줄 것이라 믿는 것은 단순한 공상의 소산이며, 제멋대로 만든 시적 허구에 지나지 않는다. 그런 것에 대해서 프로메테우스 같은 영혼은 명예를 걸고 마지막 숨을 거둘 때까지 반항할 것이다.

그러나 또한 뉘우침만으로는 죄에서 해방될 수 없다. 하느님에 대한 믿음으로 가득 찬 영혼만이 죄로부터 해방될 수 있다. 단테의 위대한 시 《신곡》에서 호엔슈타우펜 만프레트의 그림자가 말하듯이 지금의 생애에 이르기까지 언제나 하느님을 생각하고, 교회의 절대명령이라 할지라도 그것을 거절할 수 있는 사람은 모두 하느님의 강력한 은총의 품에 안길 것이다.*5

그리고 이 경우 죄의 크기는 문제되지 않는다(위에 인용한 성서의 은총으로 충만된 부분이 말해주듯이). 인간의 관념이나 형법에 의해 판정되는 것이 아니라 전능하시고 완전한 정의에 따르는 심판자의 눈으로 판단할 때, 대체 인간의 죄의 크고 작음 따위가 무슨 의미가 있겠는가.

---

*5 단테 《신곡》 정죄계(淨罪界) 세 번째 노래 118행.
'적의 칼이 다시 나를 찔렀을 때
나는 울면서 내 영혼을
기꺼이 죄를 용서해 주었던 그 재판관에게 맡겼다.
아아, 내 잘못은 크고 무서웠다.
그러나 하느님만은 은총의 품 넓고
하느님에게 돌아오는 자들을 하나하나 안아 주셨다.
클레멘테의 부추김을 받아 끊임없이
나를 추적했던 코센차의 양치기도
만일 성서의 거룩한 말씀을 깨달았더라면
지금도 내 뼈는 아직
무겁게 쌓아올린 돌의 비석으로 지켜져
베네벤트의 다리 옆에 있었을 것이다.
그러나 그는 불을 끄고
내 뼈를 왕토(王土) 밖 벨데골짜기 근방에 버렸기 때문에
지금은 내 뼈가 비에 젖고 햇볕에 바래고 있다.
그러나 영원한 사랑에 의해 소생된다는
기쁜 희망을 버리지 않는 영혼은
그들의 저주에도 멸망당하지 않을 것이다.'
이사야 55장, 욥기 42장 6~10절, 사무엘하 12장 13절, 누가복음 23장 43절, 요한복음 6장 37절, 시편 51 참조.

언제나 하느님에게 은혜를 바라는 용기를 지닌 사람은 그 은혜의 주요 부분들을 받고 있다. 왜냐하면 하느님의 분노는 주로 '어리석음에 대한 재판'이기 때문이다. 이 재판으로 무법자는 죽기 전까지 마음이 파멸되는 일 없이 계속 반항하면서 하느님에게 은총을 바라는 일조차 가로막히게 된다.

물론 교회는 시간의 경과와 함께 이와 같은 간단하고 명료한 속죄의 길에서 어느 정도 멀어져 버렸다. 그리고 때로는 죄에서 해방되기 위한 훨씬 적극적인 방법이 있다고 주장한다. 또는 외적인 행위로, 또는 적어도 하느님과의 화해에 관한 특정한 교의적 해석으로 속죄가 가능하다는 것이다.

그러나 생각해 보면 첫째로 모든 외적인 속죄 행위가 '선행'과 마찬가지로 마음이 하느님을 향하고 있는 결과로 자연스레 발생하는 것이 아니라면 아무런 가치도 없다. 게다가 마음에서 우러나오는 경우라 할지라도 반드시 보답이 돌아온다고는 할 수 없다. 그것이 유익하고 마음을 안정시켜 주는 것일지라도 말이다. '참회'라는 것은 실로 커다란 일이며 우리는 거의 그 뜻을 잊어버리고 있었지만, 그 본질은 회한의 슬픔 같은 것이 아니다. 그러한 회한의 슬픔은 죄로부터의 해방은커녕 잦은 '죽음을 낳을' 뿐이다. 참회의 본질은 훨씬 어렵고 드문 회심(回心)의 완전한 결의이며, 다른 한편으로는 회심을 위해서 자기 힘 이외의 힘이 필요하다는 확신이다. 그와 같은 다른 힘 없이는 회심의 의지조차도 단순한 '좋은 꾀'에 지나지 않는다.[*6]

그러므로 그리스도의 도움을 바라는 것은 적어도 그리스도 교회와 그 신자에게는 당연한 일이다. 그리스도는 하느님께서 역사적으로 눈에 보이는 방법으로 이 세상에 보내온 구원자이며, 따라서 그리스도를 거치지 않고 지나갈 수는 없다. 그러나 괴로움에 신음하는 영혼이여, 그렇다고 해서 당신이 골치 아픈 '그리스도론'을 읽을 필요는 없다. 또 실제로 믿을 만한 그리스도론은 하나도 없다. 이 구세주의 '본성'과 그에 의한 구원의 신비를 알고 있는 존재는 오직 하느님뿐이다. 이것에 관해 인간이 말로 설명한 것은 수천 년 동안 아무 결실도 맺지 못했다고 알려졌고, 실제로 누구도 당신을 위로할 수 없었다. 그러나 또한 이들 문제에 관한 인간적이며 선의에 바탕을 둔 오류는 그것만으

[*6] 특히 마리아 막달레나 베머의 아름다운 찬송가가 이에 대해 노래한다. '주여, 저의 죄의 깊이를 보여주옵소서. 그러나 주님만의 은총의 깊이도 보여주옵소서'(동포교회 찬송가 526번). 둘 중 한 가지라도 없다면 사람은 절망하거나 경박해질 것이다.

로는 아직 사람을 멸망으로까지는 이끌고 가지 않았다. 그러므로 실천적인 방법을 통해 확실히 다음 일을 경험할 수 있다. 즉, 마음속으로 오로지 '주여, 도와주옵소서' 하고 기도하기만 하면 하나의 길이 열린다는 사실을 말이다. 그런데 이 길은 이제까지의 모든 철학이나 교회의 만능주의, 인간이 한 가장 괴로운 속죄행위에 의해서도 열리지 않고 열 겹의 철문으로 굳게 닫혀 있었던 것이다. 인간을 위해 그 빗장을 열어준 것은 사실 복음서의 위대하고 절대적인 한마디였다. '내게 오는 자는 내가 결코 내쫓지 아니하리라.'*7

인간은 죄에 대해 다른 사람과 이야기해야 하는지, 또 타인에게 어떤 속죄를 해야 하는지의 문제는, 인간이 먼저 그와 같은 구원을 경험하고 끊임없이 파도쳐오는 불안과 공포 사이에서 신앙이라는 확고한 지반으로 옮겨줄 손을 꽉 붙잡은 다음의 일이다. 그 전에 속죄를 문제삼는 것은 무의미한 일이다. 많은 사람들이 제삼자 앞에서 하지 않으면 안 될 참회를 꺼리는 것은 이 점이며, 참회를 한 상대에 대해서 평생 정신적으로 예속되는 것을 두려워하기 때문이다. 그렇지만 고백을 하기 위해 어떤 사람에게 보내지는 일은 있을 수 있다. 말하자면 그리스도교는 그 본질적이고 초감각적인 면 이외에 역시 인간적·동포적인 공동체이기도 하기 때문이다. 즉, 그리스도교는 단순히 일반적인 테두리 안에 많은 영혼이 개별적으로 하느님이나 그리스도와 연결되어 상호간에 내적 유대도 없이 서로 떨어져 있는 것이 아니기 때문이다. 영혼에 교만한 마음이 있을 때에는 고백할 필요가 있다. 그런 경우에는 하느님 앞에서만이 아니라 사람들 앞에서도 교만한 마음을 없애는 일이 심리적으로는 필요한 일이다. 그뿐 아니라 하느님으로부터 고백을 듣는 사명을 받은 사람이 언도하는 용서는 많은 사람들을 안심시키는 힘을 가지고 있다. 단지 머릿속에서 행해지는 죄의 사함으로는(설령 그것이 아무리 진실되게 행해졌다 하더라도) 도저히 얻을 수 없는 깊은 안심을 준다.

그러므로 그런 사람을 알고 그 사람에게 고백하고 싶은 마음을 느낀다면, 그리고 신을 대하듯이 그 사람에게 정직하게 말할 결심이 서고 또 그의 지시를 무조건 받아들일 마음이 있다면, 안심하고 가도 좋다. 그렇게 한다면 고백하지 않은 경우보다 내적 생활에서 더 큰 진보를 좀더 짧은 기간에 이룰 수

---

*7 요한복음 6장 37절.

있을 것이다. 그러나 이들 전제조건 가운데 하나라도 결여되어 있다면, 그런 고백은 아무 도움도 되지 않는다. 하물며 현존하는 교회 형식 때문이나 상대방에게 경의를 표하기 위해 그 참회를 통속적인 것으로 만든다면, 그것은 가장 신성한 것을 모독하는 결과가 될 것이다. 또 이렇게 함으로써 자신이나 존경하는 상대방에게 커다란 손해를 주게 된다. 이와 같은 아주 불순한, 또는 반쯤 불순한 영혼의 교류나 영혼의 지도 관계가 원인이 되어, 뛰어난 재능을 타고났던 성직자나 종교 저술가들이 차마 눈뜨고 못 볼 정도로 타락하는 사태가 때때로 일어나게 되는 것이다.

여기서 결심을 굳혀라. 아직 그럴 여유가 있고, 너를 부르는 소리가 들리기 때문이다. 그 소리가 누구를 통해, 또 어떤 방법으로 들리든 신경 쓸 필요가 없다. 내부에서 들리는 소리든, 외부에서 들리는 소리든, 우연한 것이든, 계획된 것이든, 설교에서 들었든, 책이나 신문에서, 또는 다른 어떤 감명에 의해서든 그것은 문제되지 않는다. 〈욥기〉에서는 이 부르는 소리가 '두 번, 세 번' 모든 사람들에게 들려온다는 것을 경험을 통해 깨달은 사실이라고 말한다. 그러나 이러한 소리는 다른 어떤 소리보다도 특별한 모습이라는 것이 보통이다. 중요한 것은 소리의 형식이나 방법이 아니라 그 소리가 사람의 마음속 심금을 울리느냐에 달려 있다. 즉, 인간의 생활이나 사고의 일상적인 음계와는 다른 음계를 가진 이 소리에 마음이 움직이느냐 마느냐의 문제이다.

따라서 다시 한번 그 부르는 소리를 분명하게 들었다면, 그때야말로 일어서지 않으면 안 된다. 게다가 시간을 두지 말고 곧장 일어서야만 한다. 그때는 네가 어디에서 무엇을 하고 있든지, 작업 중이거나, 길가에 서 있거나, 집회에 있거나, 또는 극장 안에 있거나, 그 밖에 어떤 장소에 있든 간에 곧바로 그 소리를 따라 일어나야 한다. 모든 죄를 생활에서 씻어버릴 결심을 단 한순간이라도 머뭇거려서는 안 된다. 그렇게 하면 모든 것이 더욱 쉽고 분명해질 것이다. 그리고 죄의 직접적인 결과인 어두운 정신과 거짓 관념이 너에게서 떠날 것이다. 그리고는 '그리하여 나는 하느님 앞에서 평화를 얻은 하나의 영혼이 되었다'고 말할 수 있는 날이 올 것이다.

하늘과 땅을 덮으시는 권능의 하느님이시여,

간절히 원컨대 나로 하여금 노하게 마옵시고
격한 노여움으로 나를 벌하지 마옵소서.

나의 주이시며 지배자여,
당신의 날카로운 화살은 이미 내 가슴 깊숙이 관통하였으니
당신이 구원의 손을 내 머리 위에서 가로막아 버렸기 때문입니다.

당신이 성난 눈으로 나를 내려다보시는 것을
내 마음이 깨달았을 때부터
내 뼈와 육체는 건강을 잃어 갔습니다.
그로부터 긴 세월이 흘렀지만
내 가슴에는 평온함이 돌아오지 않았으며
짊어진 짐의 무게가 몸을 죄이 옴을 느낍니다.
지금 내 마음이 얼마나 무거운 짐에 짓눌려 있는지
나와 내 몸을 돌이켜보면
내 무거운 짐이 더욱 나를 짓눌러 가고 있음을 알게 됩니다.

아아, 나도 모르게 그만 잠에 곯아떨어진 모양입니다.
이제야 나의 어리석음이 내 눈을 일깨웁니다.
위험은 피한 것 같지만 악은 쌓여만 갈 뿐입니다.

나는 가엾은 존재가 되어
깊이 머리를 숙이고, 하루 온 종일
슬픈 얼굴을 하고 한탄하며 걸어갑니다.

왜냐하면 항상 나를 에워싸는
악령들의 비웃음과 유혹으로 인해
내 허리는 아파오고
내 육체는 병들었기 때문입니다.
죄에 몹시 얻어맞고 괴로움 속에 잠기면

나는 회한(悔恨)에 괴로워합니다.
이윽고 모든 위로가 사라지면
나는 신음하며 울부짖습니다.
사슬에 매인 사자와 같이.

아아 주여, 눈물로 흐려진 눈동자로
한숨을 쉬며 당신 쪽을 우러러보니
눈물은 마르고 목소리는 쉬어 있습니다.

나를 다스리는 힘을 잃어버리고 나니
내 가슴에는 위안도 솟아나지 않고
내 눈 속에 있던 모든 에너지와 총명함은 사라져 버렸습니다.

과거에는 아첨배로 보이지 않고
참된 벗으로 형제와도 같이 보이던 자들도
지금은 적이 되어 창과 투창을 던지며 공격해 옵니다.
과거에는 나에게 호의를 보였던 자들도
내가 넘어지는 것을 보자
다른 사람들과 똑같이, 아니 그들보다 더 빨리 도망쳐 버렸습니다.

내가 혼자라는 것을 안 적은
지금 부하들을 이끌고
참호를 뛰어넘어 내 보루로 덤벼듭니다.
그러나 성벽이 워낙 높아서
공격이 헛된 일임을 알자
적들은 욕설을 퍼부으며 나를 모욕합니다.
이윽고 나를 죽이려는 꾀를 꾸며
거짓과 배신의 술수로
낮이고 밤이고 성으로 쳐들어오려고 합니다.
그와 같은 살해 음모에 심장이 떨려 올 때

나는 귀머거리나 벙어리처럼 행동했습니다,
마치 공포의 비명조차 지를 수 없는 것처럼.

주여, 나의 모습을 알고 계시는 당신에게
모든 믿음을 바칩니다.
이 믿음이 배반당하지 않을 것을 굳게 믿습니다.
나는 알고 있습니다. 당신 위에 세워진 집은 안전하다는 것을.
당신은 나를 땅바닥에 내동댕이치지 않고
곤경과 공포로부터 해방시켜 준다는 것을.

나는 알고 있습니다. 적은 나의 명예를
위태롭게 할 힘이 없다는 것을, 또한 괴로움을 보고
개선가를 부를 만한 빌미도 찾을 수 없다는 것을.

나는 스스로 완벽한 인간이라는
헛된 환상에 떨어지지는 않을 겁니다.
도리어 나는 죄와 잘못의
노예라고 말하고 싶습니다.
그러므로 당신의 성난 매질이나
모든 고통이나 어려움이나 질책을
너무도 당연한 일로 여기고 참을 수 있음을 믿습니다.
그것을 견뎌낼 힘도 있으며
내 죄를 관대히 봐달라고 기도하길 원하지 않습니다.
오로지 주님이여, 지금의 저보다 앞으로의 저를 지켜주옵소서.

왜냐하면 나는 나쁜 죄로
양심의 가책을 느껴 몸이 찢기기 때문입니다.
그러기에 나는 회개와 참회에 정진하겠습니다.

그러나 내 적들이 그것을 알게 되었을 때

더욱 격렬하게 나에게 덤벼듭니다.
그 세력은 더욱 힘이 세어져 있습니다.

선을 베풀어도 악으로 갚는
그들이기 때문에 나를 비웃습니다.
지금 내가 당신에게 귀의(歸依)하는 것을 알고.

만군의 주시여, 나를 버리지 마옵소서.

바라건대 하느님이시여, 크나큰 은총으로
적으로부터 나를 구하옵소서.
주님으로부터 평화로운 휴식을 얻을 수 있기에.[8]

2

죄와 근심이라는 두 가지 커다란 재난 가운데 어느 쪽을 자신의 생활에서 추방하겠느냐고 묻는다면, 아마 대다수의 사람들이 근심을 없애고 싶다고 대답하지 않을까? 그러나 그것은 잘못된 생각이다. 왜냐하면 죄는 근심의 근본적인 원인일 뿐 아니라 죄를 저질렀다는 느낌이 전혀 없다면 가슴을 짓눌러오는 근심을 견디는 일이 비교적 쉽기 때문이다. 그뿐 아니라 그런 경우에는 괴로움의 한가운데 있으면서도 오히려 마음 깊은 곳에서는 행복이 솟아나오면서 한층 하느님과 가까이 있음을 느끼게 된다. 또 인간의 정신은 우울한 시기에도 쾌활해질 수 있다는 말의 진실을 깨닫게 된다. 그러므로 '가장 커다란 재난'이 죄라는 것은 조금도 의심할 나위가 없다. 또 흔히 놓치고 넘어가기 쉽지만, 죄의 문제에서 부자와 가난한 사람 사이에 어떤 차별도 없다는 점이야말로 모든 인간의 운명에 평등이 존재하고 있다는 것을 보여준다.

그러나 반면에 이 두 가지 재난의 상호관계가 서로 거꾸로 된 경우도 드물지 않다. 즉, 살아갈 수 없다는 절실한 근심이 죄를 범하는 첫 번째 원인이 되는 경우이다. 그것은 나쁜 짓이나 책략을 꾸미지 않고 폭력도 쓰지 않은 채 양

---

[8] 단테의 《7참회죄 시편》(아마 그의 마지막 작품이리라 생각된다), 칸네기서 및 비테 공역 《단테 서정시집(1842)》의 세 번째 노래.

심만 엄격히 지키면서는 도저히 격심한 '생존경쟁'을 이겨낼 수 없을 것이라는 걱정이다. 실제로 이것은 인간사회 현상에 원인이 있는 것이므로 '다른 사람들도 다들 그렇게 살잖아'라고 머리로는 생각한다. 그렇지만 이러한 근심은 기분이 암울해지면 다짜고짜로 사람을 덮쳐 오는 법이다. 또 이러한 생각만 없다면, 자신은 좋은 인간이 될 수 없을 거라고 생각하는 수많은 사람들도 착한 사람이 될 것이다. 이 미신은 오늘날 전보다 더욱 일반인 사이에 만연되어 있다고 생각된다. 이러한 생각을 타파하는 일이 바로 현대 그리스도교의 주요한 사명 가운데 하나라고 할 수 있다. 실제로 그리스도교가 성립된 시대에는 이 문제를 매우 진지하게 생각하고 괜한 근심에 빠지지 말라는 명령조차 했으며, 어떻게 하면 이 명령대로 실천할 수 있느냐에 대해서도 아주 적극적인 지시를 내린다.

그러나 이와 같은 지시는 물론 하느님에 대한 신앙을 전제로 한다. 신앙이 없으면 이러한 지시는 아무 도움도 되지 못한다. 그러므로 극복하기 어려운 근심이 있다는 것은 대부분 다른 사람 모르게 무신론에 빠졌다는 증거이다. 이 세상에 수많은 불가사의한 일 가운데에서도, 특히 신비한 것 가운데 하나는, 현명한 많은 사람들이 좀더 행복한 삶을 살 수 있을 텐데도 한평생 스스로 좋아하며 이러한 벌을 참고 견딘다는 것이다. 왜냐하면 하느님은 성실하며 믿을 수 있는 반석이기 때문이다. 이것이야말로 우리가 하느님에 대해 가장 분명히 아는 사실이며, 또 가장 쉽게 경험할 수 있는 것이다. 단 성실은 말할 것도 없이 상호적인 것이다. 우리의 성실은 어떤 행위나 참회를 하는 것이 아니라, 인생의 여러 어려움이나 부정에 부딪히면서 생기는 의문들을 그때마다 단호히 거부하는 일이다.

이것이 바로 그리스도교나 이스라엘의 계약 관념이 용감한 우리 독일인의 조상들 귀에 들어오기 훨씬 전에, 초감각적인 힘에 대해 그들이 품고 있었던 생각이다. 그리고 게르만 민족이 인간의 덕(德) 가운데 가장 아름다운 것이라고 생각했던 이러한 종족적인 특성을 그리스도교가 충분히 흡수하지 않았더라면, 아마 1500년이 지난 오늘날에도 우리는 옛 게르만의 신들에게로 돌아가고 싶다는 유혹을 느꼈을 것이다. 단지 옛날의 게르만적인 사고방식과 다른 것은 다음과 같은 점이다. 즉, 우리는 이미 이 관계를 하느님과 한 민족 전체의 계약이라고는 생각하지 않는다. 또 중세의 봉건법적인 추측에 의해 생각하려

하지 않고(적어도 개신교에서는) 개인적인 관계로 본다. 그리고 이 관계를 언제나 애매한 것으로 다루기 쉬운, 인간적인 추측을 배척한다. 이와 같은 신과 인간과의 개인적인 관계의 주된 가치는 바로 자기 감정의 완전한 순수함, 성실함, 변함없는 굳건함에 있다. 그 가르침을 믿든 믿지 않든 간에 누구에게나 상식적으로 분별할 수 있는 것, 또는 사변적·철학적으로 정의하기 쉬운 것, 또는 어느 교회의 교리에 따른 적절한 교의적 해석 등에는 그것이 결코 존재하지 않는다. 이런 것들은 모두 상대적인 자질구레한 일에 지나지 않는다. 우리에게 중요한 것은 성실한 하느님을 모시는 것이지 하느님을 설명하는 것이 아니다. 그리고 반대로 하느님 입장에서 보아도 역시 그 이치는 같다는 것을 우리는 믿어 의심치 않는다. 그러므로 인생의 어려움이나 근심에 부딪힐 때마다 절망하는 게르만인은 그 국민성과 역사를 배반하는 것이며, 권총을 손에 쥐지만 않았지 사실은 자살하는 것이나 다름없다.

신앙을 통해 근심에서 해방될 수 있다는 확신은 오직 경험에 의해서만 얻을 수 있다. 그런데 성서 속에서나 그 후에 쓰인 무수한 책이나 전기에서도 확고부동한 확신이나 믿을 만한 제삼자의 경험이 산더미처럼 기록되어 있다. 또 신앙 이외의 방법으로는 절대 근심을 없앨 수 없다는 명백한 실례도 상당수 기록되어 있다. 그렇다면 당연히 다음과 같은 의문이 생긴다. 즉, 신앙을 통해 근심에서 자유로워진 경험은 누구나 분명히 겪어보았을 것이고 또 경험해 보고 싶어서 참을 수가 없을 텐데, 왜 그것을 그토록 꺼려 하는 것일까? 근심 때문에 때로는 절망에 빠질 정도로 괴로운 사람이 왜 죽음 대신 그러한 경험을 시도해보지 않는 것일까? 만에 하나 그것이 잘 되지 않았을 경우 얼마든지 밧줄이나 권총이라는 최후의 도피처를 찾을 수 있을 것이다. 물론 신앙을 통해 근심을 없애는 것이 가능하다는 성서의 약속을 문자 그대로 받아들이는 사람은 신의 약속 외에 다른 부적당한 도움을 바라지 않는 사람이며, 자진해서 타인의 도움을 받으려 하지 않는 사람이다.

그러나 오늘날 그것을 시도하는 사람이 과연 몇 명이나 될까? 행복의 태양이 그들 머리 위로 빛나고 있는 동안에는 웃음이나 나태한 숙명론을 품고 그들의 '행운의 별'을 믿는다. 그렇지만 그런 숙명론을 품고 있으면서도 때로는 은근한 불안이 그들에게 숨어드는 일이 있다. 왜냐하면 '하느님에게 몸을 맡긴 사람은 하나의 받침대밖에 필요 없지만, 속세의 행복은 많은 받침대가 필요하기' 때문이다. 그런데 일단 불행에 떨어지고 이에 대한 아무런 도움도 받지 못하게 되면, 그들은 모든 일에 방황하기 시작하고, 불면증이나 불안감 같은 현대의 온갖 '신경성 질환'에 걸려, 이윽고 여기저기 요양소에 신세를 지게 되지만 결국 헛수고일 뿐이다. 왜냐하면 '이 세상의 슬픔은 죽음을 가져오기'*9 때문이다. 이런 병은 신경과 의사도, 물리치료법도 아무 소용이 없다.

이것으로 끊임없는 근심에서 벗어나는 길이 있다는 것을 알게 되었을 것이다. 동시에 다양하게 일어나는 근심(끊임없이 사람을 괴롭히지만 위로할 도리가 없는 근심은 별도로 치고)은 우리 생활에 필요한 것이라는 사실도 분명히 깨달아야 한다. 근심 없는 인간생활은 있을 수 없다. 때때로 걱정거리와 근심을 갖고 있으면서도 마음속으로는 걱정하지 않고 사는 일, 이것이야말로 진정으로 우리가 습득해야 할 생활의 기술이다. 그러므로 근심거리가 없는 사람들이 일부러 걱정을 사서 하는 것도 흔히 있는 일이다. 특히 일반적인 사람들의 사고방식에 의하면 부(富)는 사람을 근심으로부터 해방시켜 준다고 하지만, 부 자체에는 그런 힘이 없다. 오히려 그리스도가 말했듯이 그것은 하나의 '현혹'이다. 부에 대한 그의 경고를 가볍게 여기고 넘기기 쉽지만, 그것은 단순한 수식어가 아니다.

우리가 걱정거리를 갖고 있어야 하는 까닭은 주로 다음과 같은 세 가지 이유 때문이다. 첫 번째는 교만해지거나 경솔해지지 않기 위해서이다. 근심은 시계추이며 인간이라는 시간 진행 방향을 올바르게 조정해주는 것이다. 두 번째 이유는 타인에 대해 동정을 가질 수 있기 때문이다. 너무도 충족한 생활로 세상의 걱정이란 모르고 사는 사람들은 자칫 이기주의자가 되기 쉽다. 그들은 얼굴빛이 창백한 사람들을 동정하지 않을 뿐만 아니라 그러한 사람들을 버릇없는 사람, 또는 쾌적함을 방해하는 존재로 여기고 진짜로 증오하게 된다. 세 번째 이유는 하느님을 믿고 도움을 구하는 것을 우리에게 확실히 가르쳐 주는 것은 오직 근심뿐이기 때문이다. 우리의 소원을 들어주시고 그 결과 근심에서 풀려나게 되는 일이야말로 하느님의 존재를 확신할 수 있는 유일한 증거인 동시에 그리스도교가 진리라는 실증이며, 그리스도가 그렇게 하도록 권유

*9 고린도후서 7장 10절.

하고 있기 때문이다. 그러므로 나쁜 날이 사실은 좋은 날이다. 나쁜 날이 없다면 대부분의 사람들은 결코 참된 사상에 도달하지 못할 것이다.

게다가 근심에서의 해방, 즉 사람이 산처럼 무거운 짐을 내려놓는 승리의 날은 인생에서 가장 순수한 행복을 느끼는 순간일 것이다. 하느님이 진정으로 하느님을 믿는 자에게 깊은 은혜를 베푼다면, 그처럼 행복한 순간을 내려주실 것이다. 그래서 스펄전이 그의 상당히 아름다운 설교 안에서 이렇게 한 말은 옳다. "만일 하느님을 진심으로 믿는다면 하느님은 처음에 우리가 두려워하고 있었던 것보다 좋은 분이며, 다음에는 우리가 희망했던 것 이상으로 좋은 분이며, 마지막에는 우리가 원하는 그 이상으로 좋은 분이다." 근심은 하느님을 따르는 사람들에게는 그들이 이룩해야 할 사명이 있는 동안에만 지속될 뿐이다.

다소 역설적으로 진리에 대해 이야기하려면 이렇게 말하는 방법도 있을 것이다. 다시 말해 항상 온갖 자질구레한 일로 인한 괴로운 심정을 털어놓고, 날씨나 정치나 사회상태 등 이 세상의 모든 일이 맘에 들지 않는다고 말하는 사람들에게 느닷없이 이렇게 논박할 수도 있을 것이다. '자네에게는 너무 근심거리가 적은 거야. 좀더 근심거리를 만들도록 하게. 근심거리가 너무 많은 사람들에게 동정심을 베풀게. 그러면 자네의 병적인 불평불만은 완전히 사라지게 될 걸세. 적어도 지금 자네를 불행하게 하는 일에 대해 그다지 신경 쓰지 않게 될 것만은 확실하네.'

특히 정신적인 업무를 맡고 있는 사람들은 결코 근심거리가 없는 상태를 바라지 않을 것이다. 근심을 가진 사람들과 효과적으로 이야기를 나눌 수 없을 뿐 아니라, 그러한 사람들의 기분을 제대로 이해할 수도 없기 때문이다.

다시 한번 거듭 말하지만 끝날 줄 모르는 근심은 없으며, 구원은 반드시 존재한다. 만일 구원받고 싶지 않은 사람이 있다면 그는 근심을 벌처럼 견디는 것이 좋다. 그러나 때때로 생기는 근심들은 자신이 당연히 받아들여야 할 몫으로 기꺼이 받아들여 정신력과 의지력으로 극복해야 한다. '시온은 공평하게 죄 값을 받고 회개한 자는 정의롭게 보상받으리라.[10] 이것은 그들이 진정으로 그것을 원하며 마땅히 해야 할 일을 징직하게 완수해냈을 때의 일이다. 그렇

---

*10 이사야 1장 27절 참조.

게 하면 하느님의 도움으로 내적 근심에서 해방되자마자 외부적으로도 근심을 벗어날 수 있게 된다.

'만일 네가 여러 가지 고민들에 대해 마음의 위로가 없는 날에도 마음을 굳게 무장하고 참아낼 수 있다면, 그리고 모든 크고 작은 괴로움이 덮쳐오는 것이 옳지 못하다고 불평하지 않고 어떠한 섭리 속에도 나를 옳다고 인정하고 나를 성스러운 존재라고 존경한다면, 너는 진정 평화에 이르는 큰 길을 걸어가고 있는 것이다. 머지않아 나의 얼굴을 환영하면서 다시 우러러볼 날이 올 것이라고 기대해도 좋다. 그것은 진실이다. 만일 네가 언젠가 자기 자신을 완전히 낮출 수 있을 정도로 수양을 쌓는다면, 그때부터 너는 이 세계의 순례자로서 가장 행복한 사람만이 얻을 수 있는 완전한 평화를 누리게 될 것이다.'*11

다음으로 근심을 이겨내는 인간적인 다양한 보조 방법에 대해 말하고 싶다. 가장 좋은 방법은 인내와 용기이다. '어떤 괴로운 시기라도 하느님에게 의지할 수 있는 사람에게는 또다시 아침 해가 떠오를 것이다. 왜냐하면 하느님에게 자신을 맡기는 것은 새벽이 오는 것을 알리는 수탉의 울음소리와도 같기 때문이다.'*12 사실, 어떠한 고난이라도 우리가 확고하게 자세를 갖추고 정직하게 받아들인다면, 곧 사라져 버리는 경우가 많다. 이것은 생생한 경험으로 터득한 진리이다. 더할 바 없이 소중한 소유물이라도 어쩔 수 없이 그것을 포기해야 할 때 비로소 그것이 자신의 것이 된다. 또 조금만 경험을 쌓아도 알 수 있듯이 우리가 만나는 사건에 대한 판단에서조차 처음에는 자주 잘못을 범하게 마련이다. 얼핏 보기에 자신에게 불리해 보이고 합당하지 못한 것처럼 여겨지는 일이 나중에는 자신의 목적에 딱 맞았다는 것을 알 수 있는

---

*11 토마스 아 켐피스 《그리스도를 본받아》 3장 25절.

*12 주교 자일러(1751~1832, 독일 가톨릭 성직자)가 쓴 《토마스 아 켐피스》(제5판 1817년, 520쪽)에 나오는 말. 토마스 아 켐피스는 다음과 같이 말하고 있다. '내 아들아, 불행한 때의 인내와 겸손은 행복한 때의 위로나 기도보다 나를 기쁘게 한단다. 남에게 난폭한 말을 들었다고 해서 왜 그렇게 네 마음에 상처를 받아야 하는 것이냐. ……불쾌한 일을 겪기 전에 너는 건실한 인간이었으며 남에게 현명한 충고나 격려를 해주곤 했다. 그런데 갑자기 어려움이 네 문 앞을 막아 서자 이제껏 비축해둔 용기와 현명함을 모두 상실해 버렸어. 너는 사소한 일에도 때때로 노출되는 너의 약점을 깨달아야 한단다.' '용기를 잃지 마라. 용감한 사람이 되어라. 적당한 시기에 위로가 널 찾아올 것이니라.'

일도 있다. 반대로 행운처럼 보이던 사건이 시간이 흘러 알고 보면 해롭지는 않더라도 전혀 이익이 되지 않는 일도 있다. 이러한 것은 실제 우리가 수도 없이 경험하는 것이다. 그러므로 근심이 많은 시절에는 이런저런 판단을 미루어 두는 것이 가장 현명하다. 또한 모든 어려움은 잠시 견디다 보면 바로 변화가 일어나거나 적어도 새로운 힘이 생겨나게 된다는 생각은 언제나 마음의 힘이 되어 준다.

그 밖에도 근심에 대한 비교적 사소한 대비책이나 적어도 근심을 완화시키는 방책이 두세 가지 있다. 이런 방법을 한번 침착하게 훑어보는 것도 보람 있는 일일 것이다. 왜냐하면 《파우스트》 제2부(11495~11500행)에서 단지 '근심'의 입김을 맞은 것만으로도 장님이 된다고 한 말은 진실이기 때문이다.

이러한 방법 가운데 가장 효과 있는 것은 일을 하는 것이다. 그것은 단순히 일에서 생기는 직접적인 결과물 때문만이 아니라 정신이 일어나지도 않을 일에 대해 공연히 끙끙 앓지 않도록 해주기 때문이다. 왜냐하면 근심은 대부분 근거 없는 공포로 이루어졌기 때문이다. 일은 용기를 주며 부당하고 해로운 '기분 전환법'이나 음주와는 달리, 올바른 방법으로 즉시 근심을 잊게 해준다. 현대에서 일은 단 하나 허용된, 유익한 '망각의 강'이다.

근심에 대처하는 두 번째 방법은, 하느님을 단순한 관념으로 생각하지 않고*13 살아 있는 인격으로 생각하는 사람에게만 적용되는 방법, 바로 기도이다. 게다가 다른 사람과 이야기하기 전에 먼저 하느님과 이야기하는 일이다. 스펄전*14이 이에 대해 했던 말은 참으로 옳다.

'기도에는 인간 사이에서도 성공을 거두는 비결이 숨어 있다. 이를테면 사람들과 제대로 이야기하는 기술이 바로 그것이다. 그렇게 하면 하느님은 그 사람들을 통해 실제적인 도움을 줄 것이다.'

---

*13 하느님이 존재한다면, 우리는 하느님의 사랑을 절대로 확신해도 좋다. 따라서 하느님의 존재를 의심하지 않는 한 우리의 운명에 절망할 이유는 없다. 그러나 '하느님은 존재하지 않는다고 속으로 말하는' 사람들은 언젠가 자신의 힘과 타인의 힘으로도 도움이 되지 않는 진짜 불행이 닥쳐오면, 불행을 '찌꺼기까지 모두 마셔버리지' 않으면 안 될 것이다. 현대는 이것을 구체적으로 증명해 보이는 특별한 사명을 받은 것이다. 시편 75장 9절, 이사야 51장 22절 참조.

*14 1834~1892, 영국의 개신교 설교자.

어떻든 간에 나는 여기서 기도에 관한 논문을 쓸 생각은 없다. 분명히 말할 수 있는 것은 기도를 하려면 먼저 신앙이 필요하고, 또 인간은 모든 의지와 정신력을 한 점에 집중해 신에게 귀의해야 한다는 점이다.[15] 그렇게 하면 힘을 얻을 수 있다. 그러면 자주 신의 도움을 받는 경험을 하게 될 뿐만 아니라 사도 바울이 도달했던 논리적인 결론에[16] 도달하게 될 것이다. 즉, 신은 인간에게 인생 최대의 보물(신앙)을 주면서 단지 생명을 유지하는 데 도움이 될 정도의 작은 보물을 거절할 리가 없다는 결론이다. 실제로 이제 겨우 진정한 인간이 되기 시작한 사람을 인도한 다음 그를 굶겨 죽인다는 것은 무의미한 일이기 때문이다.

그러나 확실히 우리는 소원이 받아들여질 때까지 기다려야 한다. 그뿐 아니라 때로는 오랫동안 문을 두드려야 하는 경우도 있다. 또는 바라던 것이 전혀 이루어지지 않는 경우조차 자주 있다. 그러나 첫 번째 경우에는 그렇게 기다리는 것도 소원이 정확히 전달되기 위해서 필요할 것이다(물론, 그것을 깨닫게 되는 것은 한참 후의 일이지만). 두 번째 경우에는 아마도 그 사람이 바랐던 것보다도 더 좋은 것을 받게 될 것이다.

근심에 대처하는 세 번째 방법은 경제적인 근심에 대한 것이다. 바로 만족할 줄 알며 검소함을 즐기는 일이다. 우리 현대인은 그런 점에서 멀리 벗어나

---

[15] 야고보서 1장 6·7절, 4장 2·3절. 루터는 이에 대해 다음과 같이 말하고 있다. '내가 열심히 마음으로부터 기도하면 그때마다 기도가 충분히 전달되었다는 것을 알고 있다. 신은 때로는 그것을 늦게 들어주실 때도 있었지만 역시 들어주시는 때가 왔다.'
더 강력한 증언은 크롬웰이 의회 개회식에서 한 말이다. 이것은 《행복론》 제1부에 인용되어 있다.
대부분의 사람들을 기도로부터 멀어지게 하는 것은 단순히 하느님을 믿지 못하기 때문만은 아니다. 기도를 드리기 위한 특별한 형식, 가령 합장이라든가 무릎을 꿇고 앉는다든가 하는 것 때문에, 또는 특별한 기도 분위기가 필요하다는 잘못된 생각 때문에, 아니면 어린 시절 마음에도 없는 기도를 강요당했던 경험 등 기도에 대한 의심을 품게 만든 어리석은 교육 탓이기도 하다. 기도가 실현되기 위한 조건은 요한복음 15장 7절에 나와 있다. 또 시편 127장 2절, 요한1서 3장 22절도 참조하기 바란다. 우리의 기도는 언제나 감사로 시작해야 한다. 기도를 통해 우리가 소유하고 있는 것에 대해 깨달아 마음의 안정을 얻게 될 뿐만 아니라 '감사는 완전한 체험의 증거, 즉 이성으로까지 이행한 신앙의 상징'이기 때문이다.
[16] 로마서 8장 32절 참조.

있다. 많은 사람들은 쾌락을 증대시키는 일이 인생의 참된 목적이라고 생각한다. 또한 어떤 종류의 사치는 교양이 요구하는 것이며 그 표현이라고 생각한다. 그러나 시민계급이 근심이나 그보다 더 좋지 않은 것을 자기 삶에서 없애고 싶다면, 검소한 생활양식으로 돌아가 쾌락의 철학을 스스로 버려야 할 것이다. 전에는 이러한 생활태도가 시민들의 장점이었지만, 지금에 와서 시민들은 사회의 최상층보다 훨씬 어그러진 인생관을 가진 군중이 되어 버렸다. 사실 사치를 위해 아무리 기도해 보았자 아무런 효과가 없다. 하느님은 사치하고 싶은 욕구를 위해 필요한 것이 아니라 그날 그날의 양식을 위해 필요한 것이다.

근심을 피하는 방법에는 앞에서 말한 것 이외에 그것과 직결되어 커다란 도움을 주고 있는 방법이 두 가지 있다. 첫 번째는 올바른 절약이다. 이것은 제대로 된 소유에서만 생겨나는 것이다. 옳지 못한 방법으로 얻은 돈이 제대로 절약되는 경우는 드물다. 또한 핵심을 찌른 격언처럼, 의롭지 못한 재산은 손자에게까지 전해지는 법이 없다. 그러므로 그 경우에 절약이란 아무 소용도 없다. 그러나 이 밖에도 절약이 오히려 해로운 경우도 있다. 돈을 너무 아끼고 살림살이에 인색한 것은 불필요한 근심을 낳는 원인이 되기 때문이다. 이 때문에 정신적으로 망가진 사람들의 수는 아마도 경솔하게 살림을 하다가 신세 망친 사람 수만큼이나 많을 것이다.

다음은 그것 자체로는 설명할 수 없는 축복(어쩌면 반대로 천벌)이다. 이것은 인간의 행위에 바탕을 둔 것이지만 확실히 도덕율법을 따르는 것과 관련이 있다. 이러한 요소를 빼놓는다면 수많은 정직한 사람들이 재산이나 확실한 수입도 없이 오랜 생애를 살아남은 일은 영원히 수수께끼로 남게 될 것이다. 누구보다도 자신의 대답이 궁할 것이 틀림없다.

끝으로 경제적인 근심을 없애는 방법을 한 가지 더 든다면, 불가사의하게도 규칙적으로 남에게 베푸는 일이다. 이것은 이미 고대 이스라엘의 예언자들도 알고 있었던 일이며, 현대에서는 특히 게오르그 밀러*17나 스펄전에 의해 강조되고 있다. 헌금을 위해 저축해 둔 돈이 모든 수입의 10분의 1이 좋은가 어떤가 하는 문제는 아무래도 좋다. 그러나 수입의 일정한 비율을 헌금해야 하는

---

*17 1850~1934, 독일의 심리학자.

데 이것이 단순한 계획으로 그쳐서는 안 된다. 계획 같은 것은 언제나 인간이 타고난 탐욕으로 인해 버려질 수 있기 때문이다. 대체로 인간은 베푸는 일을 통해 가난한 사람들을 배려하게 되며, 동정심의 눈도 열리게 된다. 그렇지 않으면 가난한 사람들은 그에게 법적으로 자기와 가족을 위해 꼭 필요한 재산을 요구하는 귀찮은 존재로밖에 보이지 않게 된다. 반대로 이미 자기 것이 아닌 현금을 준비해 놓은 사람은 그 돈을 적당히 쓸 수 있는 상대를 비교적 쉽게 발견할 수 있을 것이다. 때로는 그 눈 속에 있는 애원의 눈길을 발견하고 상대방이 말을 꺼내기 전에 미리 도움을 줄 수도 있다. 이것은 때때로 커다란 기쁨이 따르는 행운이기도 하다.

이러한 하나의 습관이라도 세상에서 폭넓게 행해지면 오늘날 세상을 시끄럽게 만드는 아무짝에도 쓸모도 없는 요설이나 잡문보다 사회문제를 해결하는 데 훨씬 도움이 될 것이다.

만일을 위해 마지막으로 스토아적인 방법을 들어보겠다. '만일을 위해 마지막'이라고 말한 이유는 지금까지 설명한 모든 방법을 다 실천했다면 이 방법은 필요 없기 때문이다. 스토아적인 방법이라는 것은 앞으로 일어날지도 모르는 최악의 사태를 미리 상상하는 것이다. 그러면 실제로 안심을 할 수 있게 된다. 적어도 에픽테토스*18가 말했던 것처럼 이 방법을 '권하기 적당한' 사람과 실제로 그 방법을 이용할 수 있는 사람에게는 확실히 그렇다. 그러나 다른 사람들은 반대로 이 방법을 통해 공연히 절망으로 이끌려 가게 되는 수도 있다.

그러나 위에서 말한 모든 방법이 반드시 바로 도움을 준다고는 할 수 없다. 오히려 근심의 정령은 때때로(특히 잠 못 이루는 밤에) '무장한 병사'처럼 습격해 저항할 틈도 주지 않을 정도이다. 그러한 경우에는 우선 근심의 원인이 무엇인지 조사해야 한다. 죄가 원인이라면 하루빨리 그 죄를 제거하는 것이 좋다. 뭔가 근거가 있는 원인은 없는가, 아니면 육체적인 성질을 가진 원인의 경우라면 수면이나 신선한 공기와 운동 같은 신체에 좋은 영향을 미치는 방법이나 일을 함으로써 근심을 없애려는 것이 좋다. 그러나 단순한 '기분 전환'에만

---

*18 55?~135?, 그리스 철학자, 스토아학파.

의존해서는 안 된다. 기분 전환 다음에는 근심이 두 배가 되어 돌아올 뿐이다. 때로는 훌륭한 격언, 예를 들면 사도행전 18장 9절, 또는 이사야 28장 16절, 25~29절, 30장 15절, 40장 31절, 49장 15절 등도 우리에게 용기를 준다.

그러나 근심의 원인이 단순히 장래에 일어날 것을 염려하는 괴로움이 아니라 현실로 인한 괴로움일 경우에는 다음과 같은 반성이 도움이 될 것이다. 즉, 우리는 하느님에게서 주어진 것을 짊어져야 한다는 것, 그리고 하느님의 허락 없이는 아무 일도 일어날 수 없으며, 모든 일들이 우리 자신조차 모르고 있는 우리의 진정한 힘에 부응해서 정해져 있다는 확신을 가지고 있어야 한다는 것이다. 근심에 빠졌을 때 이 확신이 우리를 지탱해 주는 힘이 된다. 이 생각을 저버리는 것은 밧줄 하나를 잡고 낭떠러지에서 매달려 있는 사람이 그 밧줄을 놓아버리는 것과 같다. 괴로울 때에 우리는 '하느님'에게 호소를 해도 상관없다. 단, 자신에게 호소하거나 다른 사람에게 장황하게 호소해서는 안 되며, 우리의 이성에 따라 행동해야 한다. 그러나 이성만을 따라서는 좋지 않으며, 또 이성이 흥분 때문에 흐려져 있을 동안은 바로 이성에 따라서는 결코 안 된다. 이러한 전제조건을 따른다면 많은 것을 참아낼 수 있을 것이다.

때로는 지금 말한 방법도 소용이 없을 때가 있다. 그런 때야말로 성격을 강철과 같이 단련해야 할 시기이며, 그 기회는 절대 놓칠 수 없는 인생의 한 시기이다. 이러한 경우는 적어도 짧은 기간, 곧 한 달 동안, 1주일 동안, 사흘 동안, 아니 단 하루라도 좋으니 오로지 참아볼 것을 권한다. 그 기간이 지나고 나면 전보다 한층 강해진 자신을 발견하는 것도 어렵지 않을 것이다. 얼핏 보기에 피할 수 없다고 생각되는 것에 순응하고, 특히 타인의 도움을 구하지 않고 기대도 하지 않게 된 그 순간부터, 이미 상황은 호전되기 시작한다는 것도 우리는 자주 경험한다. 이때 괴로움은 그 목적을 다하게 된다.

끝으로 한 가지만 더 덧붙여 두도록 하겠다. 가혹한 시련 가운데에서는 위로하는 말이 하나같이 의심스럽고 믿음이 가지 않는 것으로 여겨지고, 또는 그런 것은 자기와 같은 고통을 맛보지 못한 사람들의 한가한 소리로 들린다는 것은 우리도 잘 알고 있다. 그것은 사실이기도 하고 그렇지 않은 경우도 있다. 그러나 그렇게 생각될 때에도 역시 자신이나 가족을 위해서라면 참을 마음도 나지 않고 또 참을 수도 없는 일을 다시 하느님의 영광을 위해 참으려 노력해 보아라. '네가 절망에 내몰려 자살을 하든가 아니면 다른 경솔한 죄를 저지르고 싶은 기분에 빠질 경우에는 절대 그런 짓을 하지 말고 하느님에게 의지하라. 그것은 세라핌*19이나 케루빔*20이 하느님에게 드리는 것 이상의 영광을 하느님께 드리는 일이 될 것이다. 네가 병들었을 때, 슬퍼할 때, 또는 죽음에 가까워졌을 때에 하느님의 약속을 믿는 것이 바로 하느님을 찬양하는 일이다'라고 스펄전은 말하고 있다.

'하느님에게 영광을 드린다'거나 '하느님을 찬양한다'거나 '하느님의 이름을 높이 받든다'고 하는 말들은 지금의 우리에게는 이해되지 않으며 공허한 상투어가 되어 버린 성구(聖句)에 불과하다. 순순히 죽고 싶을 때, 더욱 이 세상에 하느님의 영광을 드러내고 하느님을 위해 살아가려고 하는 것은 인생의 사명 중에서도 가장 고귀한 것이다. 그리고 그 사명을 끝까지 위임받은 사람은 그것을 한탄해서는 안 된다. 사명을 받고도 그것을 조금도 기뻐할 수 없다면 스스로를 부끄러워해야 할 것이다. 그러나 이 사명이 천성적으로 영웅적인 성격을 타고난 사람에게 주어졌을 경우, 그는 비로소 성취된 존재가 될 것이다. 이리하여 더욱 확실하게 하느님에게 가까워졌다는 감정은 그 생애의 가장 괴로운 시기에도 용감하게 자신을 극복해 낼 수 있게 한다. 따라서 나중에는 이 어려웠던 때야말로 가장 아름다운 때이며, 참된 행복은 모두 그것의 선물이라고 생각할 정도이다.

* * *

죄와 근심은 인생에서 밀접한 연관성을 갖는다. 그러므로 그것들은 행복의 길을 가로막는 복합적인 장애물로서 여러분 앞에 나타날 것이다.

일반적으로 먼저 죄를 생활에서 없애야 한다. 그런 다음에야 비로소 근심을 추방해버리는 일도 본격적으로 생각할 수 있다. 왜냐하면 진정으로 근심이 없는 상태는 인간이 지닌 자연스러운 성향이 아니며, 또 행운이라는 외적 환경의 산물도 아니다. 그것은 어렵게 얻은 더 나은 행복이다. 욥은 이전의 우연한 행복에서 좀더 나은 행복으로 인도되었던 것이다. 시편 제23장에 아름답게 묘사되어 있는 것처럼, 우리는 그러한 영원히 변치 않는 확실한 행복에 도달해야 할 것이며, 또한 도달할 수 있다. 즉, 죄와 근심이라는 문지기가 서 있는 문

---

*19 seraphim : 치품 천사. 구품천사 가운데 상급 중의 가장 높은 천사..
*20 cherubim : 지식을 맡은 천사. 구품천사 가운데 상급에 속하는 천사..

을 일단 통과하면 바로 행복으로 갈 수 있다.

> 그때 천국은 우리 앞에 열리고
> 지옥은 우리 뒤에 남는다.
> 우리는 믿고, 사랑하고, 희망하는 것을 얻고
> 기쁨과 평화와 안식을 얻게 될지니
> 모든 기도는 이루어지고
> 모자란 것은 가득 채워진다.
> 지금과 영원을 통해 진실한 구원이야말로
> 잃는 일 없이 우리의 소유이다.

나의 백성들을 위로하라

　우리 시대의 여러 가지 해악을 접하면서도 스스로 그다지 괴로워하지 않는 사람들은, 대부분 그런 해악에 대해 고찰을 한 끝에 곧잘 파울 게르하르트[*1]의 유명한 시구를 인용하여 위로로 삼는다. '하느님이 세상을 다스려 모든 것을 행복하게 하시도다.'[*2] 과연 이 시인이 지금 일반적으로 해석되고 있듯이 '모든 것을'이라는 말을 강조했는지 아닌지 우리로서는 알 수 없다. 그러나 그리스도교가 이런 종류의 낙천주의가 옳다고 인정하지 않는 것만은 확실하다.

　인간의 어리석음과 사악함에도 불구하고 결국 모든 것이 잘 될 리가 없다. 아니, 도리어 인간 세상의 모든 것이 끝날 때까지 선과 악, 정의와 부정이 공존해 갈 것이다. 이것은 마태복음 13장 24~30절, 37~42절에서 그리스도가 명확하게 확언하고 있는 부분이다.

　그리스도교의 이상주의는 피상적인 낙천주의와는 다르다. 오히려 그리스도교의 이상주의가 믿는 것은 다음과 같은 점이다. 즉, 이 세상에 있는 모든 참된 선(善)은 그것과 반대의 인생관이 갖고 있는 권력이나 폭력에 비하면 지극히 눈에 띄지 않는 모습으로 존재할 뿐이지만, 그런 대립하는 힘에 눌리지 않고 언제나 모든 적에 대항해 승리한다. 이것이야말로 그리스도교 신자가 받을 수 있는 은혜이며, 설령 그것이 매일 경험하는 현실적인 사실에 의해 부정되더라도 그들은 전혀 염려하지 않는다. 또 성서 안의 수많은 말들은 자칫 이 가르침에 의해 외부적 권력이나 명예를 얻을 수 있을 것처럼 세속적 욕심에 가까운 뜻으로 해석될 수 있다. 그렇지만 성서에 나오는 말의 의미는 원래 앞에서 말한 이상주의이며, 종교개혁의 항전 시기에 만들어진 가장 아름답고 유명한 두세 가지 노래의 의미 역시 그럴 것이다.

---

*1 1607~1676, 독일 종교 시인.
*2 이것은 '너의 길과 너의 마음을 괴롭게 하는 것을 하느님에게 맡겨라'라는 말로 시작되는 빼어난 위로의 노래 가운데 한 구절이다.

그런데 그리스도교가 '이 세상'이라고 부르고 있는 것의 힘은 강력하며, 게다가 위로는 고상한 무신론 철학이 분수를 넘어 활개를 치고, 아래로는 몹시 잔인한 이기주의라는 가장 비천한 본능에 이르기까지 이 세상을 구성하고 있는 모든 요소들이 긴밀하게 결합되어 있다. 또한 인간의 마음은 매우 불안정하며 때로는 잘난 체를 하다가도 때로는 겁을 집어먹고 두려움에 떨기도 한다. 선을 위한 도구로 여러 모로 힘쓰는 사람들의 생애조차 사명이나 사고방식 전반에 있어 절망에 빠질 때가 있다. 그러한 절망에 대해 하느님은 '두려워 마라, 잠자코 있지 마라' 하며 매번 두려움을 없애도록 하는 것이다.

하느님의 뜻에 의하면 하느님은 그의 백성들의 인생에 쉽게 행복을 주려는 생각이 조금도 없다. 우리는 흔히 자기 방식대로 생각하기 쉽지만, 그것을 멈추고 하느님의 생각에 따라 생각하는 것이 허용된다면 그렇게 하는 것이 좋다. 인간은 무엇보다도 두려움을 가져서는 안 된다. 왜냐하면 올바른 인생은 모두 전투이며 언제나 평안하지만은 않기 때문이다. 그러나 인생은 두려움 없는 전투, 선을 위해 신뢰할 만한 지도를 받으며 영웅적인 정신을 갖고 임하는 전투여야 한다. 영웅적 정신이야말로 모든 인간적 성격 가운데 가장 뛰어난 것이며, 이 지상에서 주어지는 가장 커다란 기쁨이다.

그 전투는 선과 악이 겨루는 세계사적인 전투이며, 모든 개개인은 인생에서 그 전투의 완전한 결말을 지어야 한다. 그러나 인류 전체로 생각해 보면, 이 전투는 세상의 종말에 이르러 비로소 우리가 모르는 방법으로 해결이 나게 된다. '나라가 큰 전쟁이 일어났을 때와 마찬가지로 개인적인 인생 경험의 전초전에서 중요한 문제는 하느님에게 뿌리를 내린 신앙이 과연 최고의 도덕적 힘인지, 또 그것은 악의 세계적인 힘, 특히 이기심이라는 근본악의 힘을 정복할 만한 힘을 갖고 있는지에 대한 것이다. 이 점에서 승리할 수 있다면 그 승리는 전체적으로도 유리한 것이 된다.*³ 게다가 이 개인의 승리는 아마도 우리가 알 수 있는 것 이상으로, 또 언젠가 이 세상에서 경험해야 하는 것 이상으로 전체를 위해 유리할 것이다. 하느님과의 결합이 지상 최고의 힘이라는 것, 그것

---

*3 이 말은 그라이프스발트에서 에톨리 교수가 실시한 욥에 대한 강의에서 따온 것인데, 더 이상 함축성 있는 말은 없을 것 같다. 또 춘더의 《사도시대》(취리히 발행, 1886년) 26쪽의 말도 적절하다.

이 인간 생활에서 확증되어야 한다. 그러나 그렇기 때문에 하느님과의 결합을 자유의지를 갖고 추구해야 하며, 또 언제나 자유의지를 유지해야 한다. 이것이 인생에서 중요한 문제이다.

이른바 '자손 대대에 이르기까지의 전투'에서 얻는 기쁨은 현대의 많은 그리스도교인이 품고 있는 불평이나 반쯤 절망스러운 기분과는 뚜렷하게 대조적이지만, 그러한 기쁨에 이르기 위해 가장 손쉬운 외적인 방법은, 이 전투에서 자기 기분에 따라 싸우는 것이 아니라 군대에서와 같이 명령대로 정확하게 행동하는 것이다. 그러나 참된 기쁨은 내적 근거 없이는 영원히 지속될 수 없으며, 그 때문에 인간 안에는 하느님이 머물러 있어야 한다. 하느님은 신성을 해치지 않고 우리에게 다가올 수 있도록 스스로 노력할 수 있을 뿐 아니라 때로는 '애걸'까지 하며 우리를 부끄럽게 만든다. 신성한 것과의 대립이 사라진 곳에 인생의 참된 기쁨이 있고, 이 지상에서 주어진 가장 커다란 위로가 있다. 이러한 '하느님과의 평화'는 결국 변함없이 성실한 우정이 될 수 있으며, 인간의 영혼은 반드시 그러한 평화를 경험해야 한다. 그렇지 않으면 마음의 행복이란 것이 어떠한 것인지 알 수 없다. 외적인 행복도 요컨대 이 내부적 행복의 결과에 지나지 않는다.

일단 하느님은 좋다고 인정하면 곧 기쁘게 그런 사람들에게 호의를 베푼다. 오늘날 많은 청렴한 사람들의 종교가 된 철학적 무신론의 진짜 근거도 사실 이런 데에 있다. 그들은 마음속으로는 그렇게 하고 싶다고 생각하고 있어도 다른 식으로는 생각할 수 없다고 믿어 버린다. 인간의 소박한 자연적 논리로 보더라도, 하느님을 믿으면서도 자기 내부에 머물러 절대적으로 지배받는 것을 거부한다는 것은 부조리라는 것을 잘 알 수 있다. 그러나 많은 회의주의자들은 단지 말로만 하느님에게 봉사하는 것을 부끄러이 여기고, 일단 인생의 계산에 하느님을 넣고 보면 인간 내면에 당연히 버려야 하는, 버리고 싶지 않은 많은 것들을 '모조리 태워 버리는 불'로서 하느님이 존재함을 꿰뚫어보게 된다. 이것은 회의주의자들의 고귀한 성품을 보여주는 실례로 매우 칭찬할 만한 일이다. 그러나 신앙은 분명히 인간의 의지의 문제이지 이성의 문제는 아니다. 이러한 의지와 의지에서 생기는 모든 결과까지 포괄해 결심하는 것은 어려운 일이다. 이런 결심은 인간이 스스로 하지 않으면 안 되는 것이며, 어떠한 은총도 대역(代役)이 있을 수는 없다.

하느님이 인간에게 '깃드는' 것이 가능하기 위해서는 일단 원리적으로 향락과 부(富), 명예 그리고 인간에 대한 의존심을 버려야만 한다. 이것을 일단 버렸을 때 자연스럽게 사람의 마음에서 사라지는 것은 공포와 분노, 고통스러운 무력감과 불안이다. 이러한 것들은 '하느님이 없는 사람들'에게 반드시 주어지는 상속재산이며 그 특징이다. 이것이 진짜 길이며, 그 험악한 길모퉁이를 빈약한 철학적 고찰이나 '주여, 주여라고 외치는 것'으로 피할 수 있다고 생각하는 사람들은 결국 가장 심하게 속은 사람들이다.

공포는 아마도 인간의 감정 중에서도 가장 괴롭고 무가치하면서도 피하기 어려운 감정일 것이다. 왜냐하면 인생의 참모습은 전쟁이며, 전쟁에 대한 본능적인 공포는 누구나 스스로 이겨낼 수 없기 때문이다. 단지 좀더 높은 관점에 서는 것이 마음속에서 공포를 극복할 수 있게 해준다.

공포를 이런 식으로 극복하는 것이 과연 고대 스토아학파나 근대 칸트 철학에서 가능한 일일까 하는 문제는 여기에서 취급하지 않기로 한다. 그런 것에 트집잡을 생각은 없다. 다만 내가 말하고 싶은 것은 공포를 극복하기 위한 확실한 지름길이 있다는 것이다. 게다가 이 길은 그다지 높은 교양이나 강한 성품도 필요 없으며, 또 단순히 철학적 교양을 가진 정신적인 귀족들뿐만 아니라 모든 사람들을 위해 열려 있다고 할 수 있다. 만일 그렇지 않았다면, 그리고 그리스도교가 가난한 사람들이나 낮은 사람들을 속세의 번뇌에서 구원하지 않았더라면, 이른바 '초인(超人)의 도덕'이 이미 이 세상을 지배했을 것이다. 그 당시(니체 시대) 이 도덕은 하마터면 이 세상의 지배권을 장악할 뻔한 정세였기 때문이다.

단지 그리스도와 함께 종교적 감정에 잠기려는 감상적인 어린 양의 행복도, 또는 그리스도교란 끊임없는 괴로움과 전투의 연속이라고 해서 그 눈물의 계곡을 그려보는 것도 모두 과장된 것이다. 그리스도교의 길은 결코 그런 것이 아니다. 도리어 다른 길보다 실제로 훨씬 쉬운 길이다. 왜냐하면 이 길은 단지 용기 있는 사람을 원할 뿐 아니라 용기 있는 사람을 만들기도 하기 때문이다. 그리고 이런 사람들은 가련함도, 또 너무 과도한 향락도(설령 그것이 정당한 것을 즐기는 일일지라도) 멀리하면서 동시에 어떤 경우에도 겁쟁이처럼 속세를 등지는 길을 취하지 않고 이 세상의 한가운데서 선(善)의 깃발을 높이 들고 선의 승리에 절대로 절망하는 일이 없는 사람들이다.

이와 같은 용기는 오늘날 우리에게 가장 필요한 것이며, 그것은 참된 그리스도교 신자임을 보이는 분명한 표지이다. 그 모든 것이 하느님의 높으신 힘에 지배되고 있는 자연의 여러 힘에 대해서도, 또 일상생활의 근심에 대해서도, 나아가 하느님의 허락 없이는 하느님과 적대할 수 없는 인간에 대해서도 우리는 조금도 두려워하지 않는 사람이 될 수 있다. 병이 들었을 때나 어떤 일에 번뇌하며 좋은 결과를 얻을 수 있는 희망이 아예 없어졌을 때도, 자신의 모든 행동을 하느님에게 맡기고 믿을 수 있다는 것, 이것이 '하느님에게 봉사한다'는 뜻이다. 이것에 비하면 그 밖의 '하느님 섬기기'(예배)에 따르는 소란은 단지 제2의적(第二義的)인 가치밖에 없다. 그러므로 이러한 용감함을 다분히 갖추고 있던 루터는 다음과 같이 말했다.

"이 세상에서 줄 수 있는 온갖 재물로도 충당할 수 없는 곤경에 처했을 때, 어떻게 사람의 마음을 만족시키고 위로하면 좋은가 하는 단계가 되면 이성은 대처할 방법을 모른다. 그러나 거기에 그리스도가 나타난다면 외적인 방해물은 그대로 내버려 두고 자신의 힘을 스스로 기르고 겁을 모르는 마음으로 무장하고, 초조함을 대담함으로, 불안정한 양심을 온건하고 조용한 양심으로 바꿀 것이다. 그러므로 이 세상 사람들이 모두 겁을 먹을 것 같은 대상, 예를 들면 죽음이나 죄의 공포, 또는 이 세상의 위로나 재물로도 도저히 감당할 수 없는 곤경에 처한다 해도 이와 같은 사람은 담담히 용기를 잃지 않으며 명랑하다. 이것이야말로 영원히 참된 평화이며, 마음이 그리스도와 굳게 맺어지는 한 영원히 지속되며 파괴되지 않는 평화이다."

더욱이 하느님은 '성실'하시며 어떤 사람에게도 그 사람의 능력 이상의 시련을 겪게 하지는 않는다. 아니 그뿐 아니라 우리의 육체적 또는 도덕적인 생명이 엄청난 위험에 처했을 때는 우리의 눈을 가려주고 그런 위험이 지나간 후에야 우리가 그것을 눈치채게 하는 일이 비일비재하다.

물론 이러한 것을 경험한 적이 없는 사람은, 불행의 캄캄한 어둠에 에워싸여 있음에도 하느님에게 마음을 바치는 사람의 마음은 어찌하여 조용하고 밝으며 기쁨 한 점조차 잃지 않을 수 있는지 도저히 이해하지 못한다. 그러므로 하느님을 사랑하는 사람은 때때로 믿을 수 없을 정도의 고난을 이겨내고 조그만 햇빛만 비쳐도 내면으로부터 몸과 마음이 금방 살아나는 것이다. 그러나 그렇지 않은 사람들은 '재앙에 의해 멸망'하게 된다.

그러나 참된 용기는 서서히, 게다가 괴로운 나날 속에서 배울 수 있는 것이며, 올바른 인생관을 얻거나 인격이 커지는 것도 주로 수난의 선물이다. 그러므로 진정으로 중요한 인물이면서도 많은 어려움을 겪지 않고 인생을 살아온 사람은 없을 것이다. 성서는 때때로 이러한 고난을 용광로의 불에 비유하고 있는데, 참으로 옳은 말이 아닐 수 없다. 그 불은 질 좋은 금속이 많이 함유되어 있는 경우에만 대단히 높은 열까지 오를 수 있으며, 그 불에 의해 어떤 사람의 안에 있는 순금이 남김 없이 모습을 드러내는 것이다. 조그마한 괴로움을 피하고 싶어하는 사람은 하느님의 가장 큰 선물을 버리고, 일부러 가치 없는 일로 만족하는 것과 같다. 왜냐하면 사람은 아무리 큰 어려움에 처해도 두려워할 필요가 없기 때문이다. 두려움을 품고 있는 동안 그 사람 내부에는 쫓아내야 할 부정한 것이 아직도 들어 있는 것이다.

두려움이 사라지는 것과 함께 노여움도 없어진다. 노여움은 대체로 숨은 두려움에 지나지 않기 때문이다. 화를 내는 사람은 용기 있는 사람이 아니라 두려워하고 있는 것이다. 십중팔구 그렇다. 특히 이른바 '화난 성자(聖者)들', 즉 이 세상의 생명을 마치기 전에 그들의 열의와 증오의 힘으로 그리스도교를 구원하지 않으면 안 된다고 생각하고 끊임없이 열광해서 선동을 하는 사람들은, 사실 겁쟁이에다가 안일하며, 만사에 적응해 버리고 특히 세상에서 고귀하다는 것과 언제나 타협해 버리는 인간의 한 변종에 지나지 않는다. 이 두 사람의 태도는 공포라는 동일한 원인에서 생기는 것이다.

그러나 신앙에 정진한 사람들이 아직 자신이 약하다는 감정에 언제나 괴로워하는 경우가 많다. 우리는 이런 기분이 사도들 가운데에서도 가장 용기 있는 사람인 바울의 편지에 기록되어 있다는 것을 알고 있으며, 또 모두 경험을 통해서도 알고 있다. 이 감정은 대체로 다음과 같은 별난 성질을 가지고 있다. 나약한 상태는 불시에, 게다가 최상의 내적 생활이 계속된 뒤에 나타나는 것이 보통이며, 그때 영혼은 짓눌려 절망에 빠지는 경우조차 있다.

이 점에 대해서는 그러한 마음이 짓눌린 사람을 위로하기 위해 먼저 다음과 같은 말을 할 수 있다. 즉, 이 세상에서 강력한 것은 항상 어딘가 거칠고 천하며 신앙심을 갖추고 있지 않다. 그리고 이런 성질은 오늘날에도 여전히 모든 사람의 힘을 지닌 거인과 같은 자신만만한 인물에게서 볼 수 있는 것이지만,

우리는 유감스럽게도 그러한 인물이 하느님의 마음에 들리라고는 도저히 생각할 수 없다. 더구나 그리스도교는 결코 그러한 거인이나 반신(半神)을 만들어 내고자 하는 종교가 아니다.

다음으로 약한 감정이 교육적인 목적을 갖고 있다는 것도 쉽게 인정할 수 있다. 교만, 그리고 교만의 배다른 형제이면서도 훨씬 천한 허영심, 이 두 가지를 뿌리째 근절해 버리려면, 일정 기간 끊임없이 이어지는 곤혹스러운 운명에 압도되어, 그 결과 발생하는 심각하고 지속적인 약한 감정을 이용하는 수밖에 없다. 교만한 사람이나 허영심이 강한 사람은, 제대로 된 인간이 될 운명을 갖고 있다면 평생에 한 번은 철저하게 이러한 연옥(煉獄)의 불 속을 빠져 나와야 한다. '여호와께서는 높이 계셔도 낮은 자를 굽어 살피시며 멀리서도 교만한 자를 아심'*4이기 때문이다.

분명 하느님은 교만한 자를 가까이 하지 않는다. 그러므로 이러한 약한 감정이 내적 진보와 관련이 있는 경우에도 조금도 낙담할 이유는 없다. 사도 바울은 갈라디아인이 훌륭한 내적 생활에서 참으로 천박한 종교관으로 후퇴한 것을 보고서도 '너희가 다 믿음으로 말미암아 그리스도 예수 안에서 하느님의 아들이 되었으니'라고 감히 단언하고 있지만, 이것은 나약한 신앙심으로 인해 그와 같은 의혹에 빠졌을 때 도리어 위로가 된다. 신앙을 완전히 잃지 않는 한 그와 같은 나약함도 그저 일시적 단계에 지나지 않으며, 이 단계가 보통 의미에서의 좋은 시기보다도 도리어 결실이 풍성한 경우가 많다. 약함은 결국 하나의 힘이 될 수 있다. 자기가 강하다고 느끼는 감정은 그런 기분에 도취되고 싶어하는 인간의 오만 탓이며, 진정한 내적 진보를 촉진하기보다는 오히려 방해하는 것이다. 가장 용기 있는 사람이란 가장 자신감 있는 인간이 아니라 이 세상의 모든 힘을 능가하는 위대한 힘을 흔들림 없는 거점으로 삼고 있는 인간이다.

자신의 약함을 아는 사도 바울이 파란만장하면서도 영광과 승리로 가득 찬 생의 마지막에서 그의 신앙의 아들인 디모데에게 이러한 용기를 갖도록 권하고 있는데, 본래 이것은 어떤 자연적인 힘이 필요한 것은 아니다. 충분히 시

---

*4 시편 138장 6절.

련을 겪어 온 사람에게 이러한 마음의 용기가 갖추어진다면, 그때야 비로소 지금까지 때때로 불안의 파도에 흔들리고, 때로는 의기소침해진 영혼에도 성서의 약속대로 평화와 흔들림 없는 행복이 찾아오는 것이다. 가장 먼저(이것이 가장 중요한 것이지만) 내적인 행복이 찾아온다. 그것은 세계의 어떤 문학과도 비교할 수 있을 만큼 아름답고 웅대하게 이사야 제40장(그 첫머리의 한 구절 '너희는 위로하라, 내 백성을 위로하라'에서 나는 이 표제어를 선택했다)에 묘사되고 있는 것과 같은 행복이다. 즉, '내 백성이 화평한 집과 안전한 거처와 조용히 쉬는 곳에 있으려니와', 어미새가 아기새를 지키듯 하느님이 지켜주시고, 길 위에 사자가 기다리고 있지도 않고 어떤 일도 결실 없는 일이 없으며, 지극히 어리석은 자라도 헤매는 일이 없는 그러한 성스러운 진보의 길을 가는 행복이다. 더구나 그 행복과 더불어 그 백성의 자손을 위한 복과 그들이 노년에 이르기까지의 복을 약속받으며, 모든 적에게 가장 공정한 복수를 하시고, 나아가 모든 소원이 언제나 이루어지고, 그리고 마지막으로는 '넘치는 물길'처럼 넘칠 정도의 환희가 주어지고 '어미가 자식을 위로함과 같이' 위로받을 것이다.

그리하여 언제나 슬픔과 기쁨이 엇갈리는 생애의 마지막에 이 '위로받는 사람'에게 주어지는 것은 맑고 흐림 없는 사랑이며, 이것이야말로 모든 인간이 손에 넣을 수 있는 최고의 것이다. 그렇게 되면 어떠한 기쁨도 하느님을 소홀히 할 수 없으며, 어떠한 고뇌도 사람을 초조하게 할 수 없다. 기쁨과 슬픔도 햇빛과 비와 같이 똑같은 존재로부터 주어지는 것으로 받아들일 수 있다. 더구나 그것을 감사하는 마음으로 받아들인다는 것은, 이제는 스스로 타인에게 은혜를 베풀 사람이 된 하나의 생명으로서 슬픔과 기쁨 어느 것 하나도 없어서는 안 되기 때문이다.

그 밖에 또 외적인 행복도 그것이 어떤 의미에서 하느님에게 인도받은 사람의 진정한 행복과 일치할 수 있는 한에서만 받을 수 있다. 게다가 어떤 경우이든지 다른 인생관에서 얻을 수 있는 것보다 훨씬 높고 확고한 지반에 서 있게 된다. 그뿐 아니라 이런 사람들은 그들의 실천이나 사상에서 잘못을 저질렀을 때조차 모든 일이 좋은 방향으로 진행된다.

이러한 것은 실제로 먼 과거 시내의 사람들만을 위해 기록된 것일까? 또 지접 체험하고 경험한 것일까? 그러나 먼 시대라고 해도 그 사건이나 상황이 현대와 비슷할 뿐 아니라 강대국 사이에 에워싸인 약한 민족의 외적인 위험이 현대 못지않다는 것도 나타나 있지 않은가. 그러면 우리는 이것을 오늘날 여전히 우리의 일로 생각해도 좋은가. 당시의 하느님이 오늘날의 하느님이라고 한다면 확실히 그러하다. 그러나 오늘날의 하느님이 옛날 그대로인지 아닌지는 실제로 시험해 볼 수 있다.

우리는 또한 장래에 이것이 지금까지보다 더 일반적으로 시험될 것을 기대한다. 종교적 기반이 아닌 다른 방법으로 인간의 조용한 만족이나 바람직하고 건전한 일을 만들어 내려는 시도가 모두 실패했다는 것을 알고, 게다가 신경증에 걸린 인류가 다시 단순한 유물론적인 세계관이 가져다주는 것 이상의 참다운 안정과 심해지는 염세관에 대한 보호를 절실히 바라기 시작하면, 그러한 종교적인 시험이 일어나게 된다. 그러면 종교는(그것도 모든 압제적인 외적 권위를 버리고 다시는 그것을 받아들이지 않는 종교라야 하는데) 그러한 갱신(更新)의 시대를 위해 이미 구약의 한 예언자가 예고했던 지위를 국민의 생활에서 새롭게 자리매김할 수 있게 될 것이다. 그런데 오늘날 종교는 자주 한가한 사람들이나 세속적인 의미에서 행복한 사람들의 단순한 감정 유희가 되기 쉬우며, 어려움이나 근심으로 괴로워하고 구원의 수단으로서 종교를 필요로 하는 사람들에게는 편견 때문에 그 길이 닫혀 있다.

그러나 이렇게 종교를 필요로 하는 사람들의 대다수는 아마 머지않아 이 낡고, 지금에 와서는 거의 묻혀 버린 샘의 근원에 도달하게 될 것이다. 그러나 그들은 아직 샘에서 멀리 떨어져 있어, 마음을 편안하게 하는 인생관을 갈망하면서도 어디를 찾아가도 그 목마름을 해결하지 못하고 있다. 왜냐하면 '이스라엘에는 참 신이 없고 가르치는 제사장도 없고 율법도 없은 지가 오래였으나' '그때에 온 땅의 모든 주민이 크게 요란하여 사람의 출입이 평안하지 못하며, 이 나라와 저 나라가 서로 치고 이 성읍이 저 성읍과 또한 그러하여 피차 상한 바 되었나니, 이는 하나님이 여러 가지 고난으로 요란하게 하셨음이라.'*5

그러나 구원과 평화에 이르는 확고한 길을 가는 사람들이여, '그런즉 너희는 강하게 하라. 너희의 손이 약하지 않게 하라. 너희 행위에는 상급이 있음이라 하니라.'*6

---

*5 역대하 15장 3·5·6절.
*6 역대하 15장 7절.

우리의 희망인 사랑하는 스승이여, 영혼의 주여,
당신의 은총과 성심이 항상 우리와 백성 위에
모든 가정과 마음 위에 머물러 다스리옵소서.
슬픔의 구름을 뚫고 신앙의 눈길을 향하게 하옵소서.
우리가 멋대로 뛰어다닐 때, 우리는 멸망 속에 떨어지고
심연 속에 잠겼습니다. 주여, 구원은 당신에게만 있사오니
당신에 의해 노예의 몸에서 구출된 영혼은 행복합니다.
그저 당신의 손이 우리 몸에 닿을 때 우리들은 진정으로 자유롭습니다.
우리는 죄의 본능에서 해방되어 단단히 당신의 품안에 안겨
당신이 주신 사랑의 기쁨에 잠겨 어린 아이처럼 고향으로 돌아갑니다.

인간에 대한 지식

　일상생활에서 인간을 이해하고 올바르게 판단하는 것이 과연 중요한가를 진심으로 의심해 본 사람은 아마 단 한 명도 없을 것이다. 그러나 인간을 아는 것이 반드시 인간의 행복과 연결되는가 하는 질문에는 많은 의견들이 있어 왔다.

　어떤 사람은 인간에 대해 잘 모르기 때문에 인간을 사랑할 수 있는 것이라고 주장하는가 하면, 어떤 사람은 괴테의 《타소》에 나오는 인물처럼 인간에 대해 잘 모르기 때문에 인간을 무서워하는 것이라고 말하는 사람도 있다. 그러나 괴테는 조금 다른 생각을 갖고 있는 듯하다. 그는 인간을 아는 것만큼 흥미로운 일도 없지만, 자기 자신을 알려고 할 때는 신중해야 한다고 말한다.

　우리는 인간에 대해서는 자기 자신을 비롯해 대강의 것만을 알 수 있을 따름이라는 믿음을 가지고 있다. 인간의 영혼 깊은 곳에는 선과 악, 둘 모두를 행할 가능성이 존재한다. 그 아슬아슬한 경계점을 완벽하게 알고 있는 존재는 신(神)뿐이다. 초심자에게는 조금 이상하게 들릴지도 모르지만, 인간에 대한 지식은 염세관에 바탕을 둔 것이다. 아니, 오히려 염세관이라는 것은 좀더 깊은 인간애와 연결되어 있다고 할 수 있다.

　인간을 무엇인가 뛰어난 존재, 위대한 존재라고 생각하는 사람, 또 직업이나 소질뿐만 아니라 그가 가진 본래의 능력이나 실천에서 그렇다고 생각하는 사람은, 그 사람이 조금이라도 현명하다면 아마도 그 생애의 경험을 환멸로 차단해 버릴 것이 틀림없다. 그러나 가장 완전하게 인간을 아는 사람들(그리스도가 제일인자이다)은 항상 인간의 벗이라는 것도 역시 경험상 분명한 사실이다. 왜냐하면 이들 인간은 태어날 때부터 자유롭고 고귀한 존재가 아니라고 생각한다. 인간은 고귀한 인생을 만들어가야 할 사명을 가지고 태어났으며 자유를 쟁취해야 한다고 말한다. 그래서 인간이 수많은 결점을 가지고 있음에도 인간을 사랑할 수 있는 것이다. 아니, 오히려 그 결점이야말로 인간을 사랑할 수 있게 해준다. 이러한 사랑, 적어도 이 세상을 위해 존재하는 사랑에는 동정, 구원, 자비의 요구 등이 깃들어 있기 때문이다.

여기에서 인간에 대한 앎의 첫 번째 전제가 생겨난다. 인간을 알기 위해서는 관찰하는 사람이 자주성을 갖고 있어야 하며, 관찰하는 시선에서 이기적인 욕망을 없애야만 한다. 자신의 이익을 위해 다른 사람에게 많은 것을 원하는 사람은 늘 이해타산적인 계산에 눈이 어두워진다. 그리고 타인의 도움을 절실히 필요로 하는 사람은 인간을 두려워하게 될 것이다. 무언가를 받기보다 늘 베푸는 사람만이 공포와 지나친 애정에서 벗어나, 있는 그대로의 인간을 이해할 수 있다. 이러한 태도로 인간을 이해하는 사람은 나쁜 사람과 있어도 결코 인간을 혐오하지 않게 되며 인간을 참아낼 수 있다. 그렇지만 그렇지 않은 보통의 인간은 쉽게 인간 혐오증에 빠져버리고 만다. 만일 애정 없이 인간에 대해 철저하게 파악한 사람이 있다면, 그 사람이야말로 실제로 참을 수 없는 인간일 것이다. 자신은 인간에 대해 모든 것을 알고 있다고 자칭하면서 인간혐오자인 사람을 모두가 싫어하는 것은 너무도 당연한 일이며, 그것은 자기 방어의 권리에서 나오는 것이다. 그러므로 독자들이여, 여러분의 행복의 집을 인간에 대한 지식 위에 세우면 안 된다. 차라리 사람들의 행복을 증진시키기 위해 인간을 올바르게 판단할 수 있는 사람이 되고 싶다고 소망하라. 이러한 마음가짐 없이는 인간을 이해하는 기술에서 결코 큰 성과를 얻지 못할 것이다.

원래 사람은 인간에 대한 지식을 얻을 수 있다고 생각하는데, 그것을 얻는 첫 번째 방법(괴테의 견해와 상반된다)은 자신을 아는 것과 자신을 더 나은 사람으로 만드는 것이다. 두 번째는 자신을 위해서가 아니라 타인을 위해 인간을 이해하려고 결심하는 것이다. 마지막 세 번째는 앞에서도 말했듯이 인간에 대한 완전무결한 지식을 기대하지 말라는 것이다. 왜냐하면 인간은 매우 복잡한 존재이기 때문이다. 인간은 자신에 대해 아는 것이 거의 없으며 노년에 이르러서야 겨우 조금 알게 될 뿐이다. 거기다 개개인은 하나같이 모두 다르기 때문이다. 그러므로 우리가 경험을 통해 서로 다양한 결론들을 많이 얻었다면 오히려 그것에 만족해야 할 것이다. 나중에 그러한 결론 두세 가지를 독자에게 제공하여 자신이 그것에 대해 숙고하고 보충할 수 있게 되기를 바란다.

인간을 아는 진정한 비결은 되도록 허영심을 버리고 순수한 마음을 갖는 것이다. 이런 사람은 차츰 모든 가면을 꿰뚫어보는 예리한 눈을 갖게 될 것이다. 인간에 대한 지식을 얻기 어려운 이유는 '심리학' 같은 학문을 세세하게 습득하기 어렵기 때문이 아니라 오히려 자신의 자아를 버리기 어렵기 때문이다. 만일 우리가 어떤 사람에게 바라는 것이 있다거나 그 사람을 두려워한다면, 그 사람에 대해서는 결코 알 수 없게 될 것이다. 그 사람에 대해 얽매이지 않는 자유로운 태도로 그를 대할 수 없기 때문이다.

또 타고난 예언적인 능력도 결국 인간의 모든 관계와 그 원인 및 결과에 대한 날카로우면서도 정확한 판단력에 지나지 않는다. 이러한 통찰력은 자기 자신으로부터 고도로 벗어난 사람들이라면 누구나 갖고 있는 것이다. 인간의 이기심은 마치 안개의 베일처럼 본래 존재하고 있어야 할 분별력을 가려버리기 때문이다.

그러므로 인간을 정확하게 판단하고 그것을 바탕으로 이루어지는 교제는 많은 사람들이 믿고 있듯이 인간과의 수많은 만남을 통해 배울 수 있는 것이 아니라, 우선 하느님과의 만남을 통해 배울 수 있다. 하느님과의 만남을 통해 처음으로 우리는 선과 악 위에서 빛을 내리비치는 하느님의 올바른 눈으로 선과 악을 제대로 관찰할 수 있게 된다. 그러나 신을 믿지 않으면 늘 인간에게 기대를 걸지 않을 수 없으며, 그렇게 되면 다시금 그들에게 실망을 하지 않을 수 없다.

더구나 인간은, 특히 뛰어난 인간은 누군가를 숭배하고 싶은 욕구를 갖고 있다. 그러한 사람들 중에 감각을 초월하는 존재를 숭배할 수 없는 사람들은 자신의 공상 속에서 위대한 인물을 만들고 끊임없이 자신을 속이려 한다. 그리고 그 때문에 진정한 인간의 모습을 이해하는 데 필요한 감각들을 송두리째 잃어버리게 된다. 그뿐 아니라 숭배를 받는 사람이 살아 있으면서 자신도 인간에 대한 지식이 없는 경우에는 그 역시 피해를 입게 될 것이다. 신을 향한 신앙이 없는 사람은 위인 숭배에 빠지기 쉽다. 그것은 인간성이 가진 내적 및 외적 자유에 여러 가지 불이익을 주게 된다.

아무튼 이것은 누구나 시험해 볼 수 있다. 인간이 신과 평화 관계에 들어가면 흔히 세상에서 가장 존경하는 인간적 측면, 즉 그들에게서 무엇인가 이익을 얻는다는 측면에서, 인간에 대한 존경심은 순식간에 사라져 버린다. 그리고 만일 자신이 그에게 줄 것이 없어지면 그를 향한 존경심을 쉽게 끊어버리게 될 것이다. 그러므로 고대나 중세의 은둔생활이나 근대의 염세주의, 그리고 세계의 고통을 부르짖는 귀족주의에 대해 그 동기를 의심해 볼 만하다. 그 배후에는 대부분 사람들에게서 받지 못한 것에 대한 불만이나 사람들에게 주고 싶지 않다는 생각이 숨어 있을지 모른다. 사람들도 대부분 이것을 쉽게 눈치채므로 아무도 그런 은둔자들에게 그다지 호감을 갖지 않는다.

왜냐하면 인간은 타인의 이기심에 대해 예민한 본능과 내적으로 커다란 혐오감을 갖고 있기 때문이다. 아무리 단순한 사람이나 어린 아이, 하물며 동물조차도 상대방이 겉모습을 꾸미더라도 재빨리 그 속에 있는 이기심을 알아챈다. 그러므로 남에 대해서 좋지 않은(그래서 오래가지 못하는) 동기에서가 아니라, 다만 사람들에게 강한 감화를 주고 싶은 사람은 절대로 자신의 이익만을 생각해서는 안 되며, 또한 자기를 위해서만 요구하는 부분이 있어서는 안 된다. 이것이 자신의 소망을 이루는 가장 확실한 길이다. 아이들이 부모보다 할아버지 할머니를 더 친근하게 생각하는 것은 그들의 애정이 부모보다 이기심이 없기 때문이다. 부모는 아직 자신의 일들로 바쁘다.

아무리 유쾌하지 못한 염세주의자도 다른 사람의 사랑을 바란다. 이기주의자가 이기주의를 찬양하는 것도 결국에는 진심이 아니다. 그들은 자신의 방식을 바꿀 수 없는 것에 절망하고 있으며, 다른 사람들의 행동을 보고 배우며 살아갈 뿐이다. 그들은 사랑에 대한 허무맹랑한 말들에 대해 특히 잘 알고 있으며, 그러한 상투어에 대해서는 자신만의 상식으로 가치를 판단한다. 그러므로 이기주의자들을 상대로 사랑에 대한 이야기를 나누지 않는 것이 좋다. 그것은 오해만 불러올 뿐이기 때문이다. 그들과 이야기를 하려면 차라리 친절이나 일반적인 호의에 대해서만 이야기하는 것이 좋다. 호의라는 것은 언뜻 보면 사소한 것 같지만 알고 보면 매우 소중한 것이다. 호의는 이 세상을 혐오하지 않으며 살아가기 위해 없어서는 안 될 것이다. 그러므로 우리가 반드시 갖고 있어야 할 것이다.

저마다 다른 개인에 대해 그 사람을 알아가는 일에서 한 가지 중요한 것이 바로 그 사람의 태생을 아는 일이다. 특히 여성의 경우, 거의 대부분이라 해도 좋을 만큼 가문의 성격을 이어받게 된다. 아들은 어머니나 할머니의 성격을 물려받고, 딸은 반대로 아버지 쪽 성격을 물려받는다. 그러므로 '피는 물보다 진하다'라는 속담은 이런 점에 대한 정확한 지적이라 할 수 있다. 물론 그 혈통에 대해 자세히 알 수 없는 경우도 있다. 또 좋지 못한 가문이라도 신의 은총으로 그것을 극복할 수도 있다. 더구나 신의 은총이나 인간의 자유 의지가 아무 소용없을 정도로 '악질적인 유전'이 존재하지 않는다는 것도 확실한 사실이다. 이처럼 절대로 변하지 않는 숙명이 존재한다는 것을 인정하는 것은 인간이 범할 수 있는 가장 큰 신성 모독 가운데 하나이다.

이에 반해 위에서 말한 것처럼 제한된 의미에서 귀족적인 사고방식은 옳다. 예를 들어 적절한 자신감과 용기, 천성적으로 사람을 두려워하지 않는 성품이나 우아한 생활태도, 고상한 취미 등 어떤 사람의 개별적으로 뛰어난 특성들은 노예상태나 속박의 족쇄에서 이제 겨우 해방된 초기의 사람들에게는 흔히 생기지 않는 성품이다. 그러한 특성을 갖기 위해서는 반드시 유전적인 요소가 필요하다. 그러므로 정치적 또는 정신적 자유의 위대한 선구자들은 최하층 계급에서 나온 일이 거의 없으며, 대부분 교양 있는 중류층 출신들이다. 그뿐 아니라 귀족 계급 출신에서 나오는 경우도 자주 있다. 그러므로 고상한 교양을 갖춘 사람이 자신보다 낮은 신분의 사람과 결혼한다는 것은 큰 실수인 바, 자신의 자손에게 잘못을 저지른 것이라 해도 좋을 정도이다. 그 사람은 그 결혼을 통해 한 단계 뒤쳐지게 되기 때문이다.

이 경우 자신에 대해서나 타인에 대해서나 적당한 조치를 취할 필요가 있는데도 특히 부모나 교육자들은 이에 대해 곧잘 잊어버리는 경향이 있다. 타고난 성격을 완전히 바꾼다는 것은 누구에게나 불가능하다. 차라리 있는 그대로의 성격을 순화시키는 것이 훨씬 쉽다. 점액질(粘液質)인 사람은 좀더 영리하고 고상한 침착함을 발달시키고, 활발한 사람은 다른 사람을 위한 봉사적인 활동을 하고, 담즙질(膽汁質)인 사람은 위대한 것들을 보호할 수 있도록 한다. 이러한 천성을 잘못 판단하거나 성격을 고쳐보려고 애쓰다가는 도중에 포기해 버리고 결국 불행한 처지에 빠지게 된다. 도중에 포기하지 않았더라면 그와 같은 소질에서 무엇인가 완전한 것이 만들어졌을 테지만 말이다.

누군가의 참모습을 알기 위해서는 그 사람이 일하고 있을 때, 즉 남자라면 직장에서, 여자라면 집 안에서 일할 때 살펴보는 것이 가장 좋다. 또 남녀의 인격은 그들이 어려움에 처하거나 걱정스러운 일에 빠져 있을 때 잘 알 수 있다. 반대로 가장 사람을 알 수 없는 경우는 사교 모임이나 특히 온천이나 피서지 등에서 만났을 때이다. 이러한 장소에서 알게 된 사람은 나중에 사람을 잘못 판단했다는 것을 알게 되는 경우가 많다. 이것이 현대 사회의 불건전한 교제 방법이다. 서로 상대를 잘 알지도 못한 채 같이 살거나 식사를 하는 것만으로 그럭저럭 친구가 된다. 그런데 이 경우 너무 경계를 하면 거만하게 보이기 쉽고, 또 너무 개방적으로 행동하면 평소라면 피했을 관계를 맺게 될 위험이 있다.

사람을 알아가는 가장 쉬운 방법은 그 사람이 생애를 통해 노력하려 하는 진정한 인생 목표에 대해 아는 것이다. 만일 그 목표가 권력이나 향락이라면, 그 사람에게는 전폭적인 신뢰를 보내서는 안 된다.

사람은 노년에 이르면 삶의 모습이 전보다 훨씬 명료해진다. 참으로 경건한 사람은 노년에 찾아오는 온갖 어려움을 꿋꿋이 견뎌낸다. 그러나 거짓으로 경건한 사람은 초조해하거나 점점 형식적으로만 신앙을 나타낸다. 인색함, 질투, 소유욕, 명예욕, 분노, 때로는 숨겨진 관능적 쾌락에 대한 욕망이 이 세상을 지배하는 힘이 되어, 도저히 저항할 수 없는 폭력으로 설치다가, 결국 같은 시대의 사람들 앞에서 자신을 재판하는 난처한 상황에 빠진다. 아우구스투스[1]만큼 마지막까지 그 '역할'에 충실했던 사람도 드물 것이다. 그러나 이 위대한 배우조차 자신의 역할을 완벽하게 소화한 것은 아니었다. 마찬가지로 크롬웰[2]의 마지막 기도문을 읽고 그를 위선자라고 생각하는 사람은 아무도 없을 것이다. 정말로 위선자인 사람을 제외하고는 말이다.

마지막으로 인간을 알기 위해서는 고난이라는 것이 필요하다. 인간은 커다란 괴로움과 어려움을 겪으면 반드시 자신의 사상이 드러나게 된다. 자이라 사제 말처럼 '평소에 굳게 닫혀 있던 마음이 열리게' 된다. 말하자면 타인의 고통을 즐기는 질투심이 드러나거나, 괴로워하는 사람을 돕는 의협심이 나타나

---

[1] 로마 초대 황제, BC 63∼AD 14.
[2] 올리버 크롬웰의 《서간과 연설》 제2권 666쪽.

는가 하면, 다른 한편으로는 다른 사람의 곤경을 보고 그냥 지나쳐 버리는 냉담함이 나타나기도 한다. 이러한 경험을 평생 한 번도 철저하게 겪어 보지 못한 사람은 인간을 이해할 수 없다. 그러므로 아직 인생 경험이 부족한 사람이 인생의 첫 번째 단계에서 맺는 대인관계에서 빠지기 쉬운 가장 큰 위험은 지나치게 인간을 중시하는 일이며, 두 번째 단계에서의 위험은 인간에 대해 너무 무관심해지는 일이다.

끝으로 인간에 대한 지식에는 전혀 다른 원천이 있음이 확실하다. 그러나 이것을 모르는 사람에게는 바람직하지 않은 것, 한마디로 말해 신경과민 상태에서 얻을 수 있는 인간에 대한 지식이다. 사람들이 흔히 말하는 신경과민이 그것이다. 이러한 상태가 되면 다른 사람의 정신 상태를 확실하게 구체적으로 느낄 수 있다. 그 중 어떤 사람은 맑은 물처럼 병자의 마음을 가라앉혀주고 상쾌하게 만들어 준다. 또 어떤 사람은 병자의 마음을 흥분시키거나 불안하게 만들어 버린다. 이것이 바로 성서에 나오는 '신들린 사람*3'의 인간에 대한 지식이다. 이러한 신경 상태는 사람에게는 안 될 병적인 것이며, 어쩔 수 없는 경우를 제외하고는 모르는 것이 좋다.

인간에 대한 지식의 관점에서 경험상의 원칙 두세 가지를 들어보면 다음과 같다.

인간의 진정한 성실함이란 예의 바른 것과 같이 사소한 일에서도 그 사람의 태도로 자연스럽게 드러난다.*4 이것은 도덕적인 성품에서 생겨나는 것이다. 반면에 과장 섞인 성실은 단지 습관적인 성실이거나 한낱 꾀에 지나지 않는 경우가 허다하며, 그것만 가지고는 그의 성격을 밝혀낼 수 없다.

허영심과 명예욕이란 언제나 나쁜 징조이다. 왜냐하면 두 가지 모두 결국 자기 부정이라는 뿌리에서 생겨나는 것이며, 자기 내부의 불만을 겉모습을 치장하는 일이나 다른 사람의 호의적인 판단으로 채우려고 하는 것에 지나지 않기 때문이다. 철두철미한 염세주의자는 언제나 허영심이 강하다. 그들은 이 염세주의에 의해 사람들에게 조금이나마 이해받고 싶어하는 것이다. 이를테면

*3 마가복음 3장 11절, 5장 7절, 사도행전 16장 16~19절.
*4 누가복음 16장 10절.

자신의 방식을 보면 알 수 있듯이 자기는, 천하고 어리석은 민중들과는 원래 근본이 다른 인간이라는 것이다.

겸손이 지나친 사람, 특히 자기를 비웃는 태도는 결코 신뢰할 수 없다. 대체로 그런 사람의 배후에는 매우 강렬한 허영심과 명예욕이 숨어 있는 법이다. 정말로 겸허한 사람은 대부분 자신에 대해서 좋든 나쁘든 말을 많이 하고 싶어하지 않으며, 다른 사람이 염려해 주는 것을 조금도 바라지 않는다. 그와 반대로 자만심이 강한 사람은 자신을 깎아내리는, 언뜻 보기에 겸손한 방법으로 타인의 주의를 모으려고 한다. 그뿐 아니라 감쪽같이 상대방의 칭찬까지 받으려고 한다.

마음씨 좋은 친절은 착한 성격의 틀림없는 표시이며, 이에 반해 동물 학대나 욕지거리를 좋아하는 버릇은 나쁜 성격의 확실한 증거이다.

어떤 사람이 정말로 고귀한 마음을 가졌는지 아닌지를 알아내는 최고의 시금석 가운데 하나는 오랜 세월 동안 불행한 상태에 있거나 아주 절망적인 불행 속에 있는 사람에게 보이는 그 사람의 태도이다. 고귀한 마음을 갖지 못한 사람은 불행한 사람에게 질려버려 곧 그를 운명에 맡겨 버릴 뿐만 아니라 '저런 사람은 하느님과 단 둘에게 맡겨두는 편이 좋다'고 체면치레의 말을 하고 싶어한다. 이에 반해 그러한 불행을 참아내고 한결같이 동정어린 마음을 갖는 사람은 개인적인 욕심을 떠난 인간애의 가장 높은 시련을 이겨낼 수 있다.

이러한 사람들은 대부분 단순하고 가난한 사람들이며, 반대로 교양 있고 부자인 사람 가운데 이 시련을 이겨내는 사람은 거의 없다. 인간의 자연스러운 성품 가운데 가장 존경받는 것은 타고난 고귀함이다. 그런데 이러한 성품은 일반적으로 하층계급 사람들이 많이 갖추고 있으며, 이른바 '국민의 정예(精銳)'는 고귀함이라는 일반적인 어휘에서 생각하기 쉬운 계급에서가 아니라, 도리어 다른 계급에서 찾지 않으면 안 된다.

인간의 가장 나쁜 성실은 타고난 불성실이다. 이런 성질이 있다면 다른 좋은 성질들을 갖고 있더라도 아무 소용이 없으며, 오히려 그 사람을 점점 위험한 사람으로 만들 뿐이다. 한편 성실한 성질이 있으면 더할 바 없이 난처한 성질도 보충해 준다.

또 마음 밑바닥부터 비열한 사람의 가장 뚜렷한 특징은 은혜를 잊어버리는 것이다. 은혜를 모르는 사람은 은혜를 잊지 않는 고등동물 아래에 있는 존재다. 이런 비열한 성질 가운데 특히 보기 흉한 행동은, 처음부터 감사하지 않아도 된다는 듯이 은혜를 입은 것은 입은 쪽에서 달갑지 않은 친절을 참아준 것이기 때문에 친절을 베푼 쪽에게 오히려 명예이며, 그러므로 상대방이 은혜를 입은 것에 대해 감사해야 한다는 식으로 보이게 하는 경우이다. 대부분 은혜를 입고 감사해하는 사람은 고귀한 사람들뿐이다. 그 밖의 사람들은 은혜를 입었다는 무거운 마음에서 도망치기 위한 구실을 찾아내기에 바쁘다. 특히 빌린 돈을 갚는 경우, 비열한 사람은 그것을 마치 갚는 사람의 공훈으로 생각하고 빌려준 사람이 평생 그것을 은혜로 여기고 고맙게 생각해야 한다는 식이다.

사람을 제대로 평가할 때 가장 중요한 점은 그 사람이 가진 기량이다. 기량이라는 것은 좋은 교육이나 최고의 교양을 통해 전달해 줄 수 있는 것이 아니며, 결국 타고난 소질이다. 새끼 고양이는 아무리 사자와 닮았다 해도 결코 사자가 되지는 못한다. 인간에게 갖추어진 기량은 인생의 위대한 운명, 쓰라린 고난, 또는 훌륭한 교제, 특히 성실하고 뛰어난 천성을 가진 친구라든가, 올바른 결혼 등에 의해 그것을 좀더 키워나갈 수 있다. 그러므로 우리는 상대방을 멋대로 과대평가하고, 그 사람에게 지나치게 많은 것을 요구한 나머지 다른 여러 사람들에게 피해가 가지 않도록 조심해야 한다. 그들은 그와 같은 요구를 채워줄 수 없다. 그렇다 해도 그 사람들은 그 사람들 나름대로 선량하고 성실한 사람이며, 어엿한 인간이며, 그들이 실제 이상으로 잘난 듯이 보이려고 허세를 부리지 않는다면, 오히려 많은 일을 해내는 것도 가능할 것이다.

사람은 자신이 무조건 의지하고 싶다고 생각하는 사람, 또는 무조건 반대 입장을 고수하고 싶다고 생각하는 사람을 개인적으로 알려고 해서는 안 된다. 어느 경우이든 미리 품고 있던 생각과 모순된 상대방의 성질을 발견하면 당황하기 쉽기 때문이다. 마찬가지 이유에서 우리는 적을 개인적으로도 알아야만 한다. 동시에 친구와는 자주 만나지 않는 것이 좋다.

세상의 평가는 한 사람을 판단하는 절대적인 기준이 될 수 없다. 특히 유명한 사람은 명성으로 상상하는 것과 다른 경우가 많다. 그러나 대체적으로는 어떤 사람에 대한 세상의 판단은 거의 잘못되는 일이 없으며, 그 판단이 그 사람을 아는 중요한 요소가 된다. 착한 사람이 생애를 마칠 때까지 철저하게 오해를 받은 채 살다가 죽는 일은 있을 수 없다. 그런 오해를 받기 쉬운 사람에 대한 세상의 평가는 마치 수면(水面)과 같은 것이다. 늘 파문이 일기 쉬우며 다시 조용한 상태로 돌아가고자 하는 끊임없는 노력의 표현이다.

선량한 사람은 모두 귀족적인 천성을 갖고 있는 사람이라고 생각해도 좋다. 민주주의는 정치적인 신념에서는 정당한 것이지만, 인간이 타고난 소질로 볼 때는 그다지 유익하지 못하다.

뛰어난 소질을 타고난 사람은 고난에 처했을 때 그 인품을 가장 잘 알 수 있다. 왜냐하면 이때야말로 그의 근본에 있는 다양한 가능성이 한층 뚜렷하게 드러나기 때문이다. 보잘것없는 사람은 행복한 때나 그들이 좋아하는 오락의 종류로 미루어 그의 인품을 알 수 있다.

인간 혐오를 주장하는 사람은 틀림없는 이기주의자이다. 그런데 우리는 어떤 사람에게도, 아니 아무리 뛰어난 사람에게조차도 환멸을 느낄 때가 있다. 게다가 단순한 사람보다 오히려 교양 있는 사람에게 더 환멸을 느끼는 것이 일반적이다. 그러므로 일반적으로 사람을 절대적으로 신뢰해서는 안 된다. 가장 신뢰할 수 있는 우정이란 과거의 적대 관계에서 생긴 우정이나, 한 번(두 번은 안 된다) 깨진 적이 있는 우정뿐이다. 오직 그런 경우에만 친구의 단점을 알게 되고 오래도록 그것을 참을 수 있기 때문이다. 그러나 친구가 되려고 생각했는데 적이 되는 식으로 자주 변하는 것은 한심한 성격을 가진 인간이라는 증거이다.

곤경에 처했을 때 비토소 친구의 진기를 알게 되는 법이며, 또 그때 친구의 고마움을 표현하지 않는 친구와는 말없이 이별해야 한다는 것, 이것은 새삼 말할 필요도 없는 진부한 진리이다.

불행에 빠지자마자 놀랄 정도로 친구가 적어지는 이유는 무엇일까. 이것은 심리적으로 말하면 다음과 같이 설명할 수 있다. 그런 경우가 되면 마음이 비천한 사람은 도움을 주어야 하는 것을 두려워하고, 마음이 고귀한 사람은 그들에게 아무 도움도 주지 못하고 그저 동정할 수밖에 없는 것을 부끄럽게 생각하기 때문이다.

또 매우 호의적인 사람조차도 때때로 욥*5의 친구와 같은 실수를 저지르곤 한다. 즉, 모든 불행은 많든 적든 자기 책임이므로 그것에 대해 비난하거나 훈계하지도 않고 그 사람에게 괜한 동정심을 갖는 것은 적당하지 않다는 식으로 무의식 중에 생각하게 된다. 그러면 버릇없는 사람들은 이런 자기 판단을 말해 버릴 테지만, 세심한 사람은 말도 하지 않기 때문에 도리어 친구에게서 멀어져 버리는 것이다. 이런 모든 것은 특히 친척 사이에서 더 자주 일어나곤 한다.

질투심은 참으로 인생의 나쁜 동반자이며, 대부분 삶의 마지막에 가서야 겨우 사라진다. 그러나 질투란 위대한 사람들에게는 지나친 숭배에서 자기를 지키는 가장 필요한 방어용 무기이다. 지나친 숭배가 질투심 없이 그것으로만 존재한다면 그들에게 많은 피해를 입히게 되며, 또 그러한 숭배는 대부분 가치가 없다. 1그램의 진정한 우정이 마차 한 대만큼의 숭배보다 훨씬 낫다.

다음과 같은 마음가짐도 인간에 대한 지식을 얻기 위한 중요한 규칙 중 하나이다. 즉 당신은 있는 그대로의 자신을 그대로 보여주는 것이 좋다. 특히 악에 대해서는 하나의 주의(主義)로서 공공연히 그것을 증오하고, 그 미움을 표명할 수 있는 기회를 놓치지 마라. 그러면 상대방도 자신이 갖고 있는 예의를 더 확실히 보일 것이다. 특히 공인(公人)은 그 생활 전체가 '투명한 수정'처럼 모든 것이 사람들 눈에 투명하게 비쳐 보이도록 꾸밈없이 처신해야 한다.

인간이란 대체로 자신에게 있지도 않은 좋은 성품에 대해 말하고 싶어한다. 이와는 반대로 나쁜 성품에 대해서는 '마음에 가득한 것을 입으로 말함이

＊5 욥기 6장 21절, 42장 10·11절, 잠언 18장 24절.

라*⁶는 격언이 딱 들어맞는다. 문란한 이야기나 그런 방면에서 세상의 위험에 대해 비난하는 도학자라 할지라도, 자주 그런 화제를 떠들어대기 좋아하는 사람은 언제나 그런 일에 은근히 강한 흥미를 느끼는 것이다. 또 자선이나 선행에 대해 말하는 사람들도 알고 보면 금전욕이나 소유욕의 소질을 갖고 있으며, 그것을 극복할 필요가 있는 사람들이다. 가장 나쁜 사람은 항상 성실이나 충성에 대해 말하는 사람이다.

하나의 전문분야에 열광하는 사람들은 대체로 그들의 감정을 북돋우지 않으면 그 전문분야에서 끝까지 견뎌낼 수 없다는 것을 처음부터 잘 알고 있기 때문에 열광하는 것뿐이다. 그러므로 그들은 대체로 정직하다고는 할 수 없다.

낮은 위치에 있는 사람들, 특히 아이들이나 단순하고 가난한 사람들, 그리고 동물들에게서 사랑받고 신뢰받는 것은 인간이 가진 최상의 징표 가운데 하나이다. 아이들이나 동물들에게서 사랑받지 못하는 사람은 신용할 수 없다. 부인들 또한 좋은 가치판단의 척도가 되지만, 단 여기에는 부인이 좋은 성품의 사람이라는 전제조건이 필요하다. 그렇지 않으면 정반대의 의미를 가진 척도가 되어 버린다. 낮은 위치에 있는 사람들과 늘 교제하는 것은 인생에 만족하는 데 큰 도움을 준다. 심한 염세주의자들은 모두 이와 같은 사람들을 멸시하고, 그들이 교제하기를 원했던 위대한 사람들에 대해서는 조금도 만족할 만한 점을 찾아내지 못했다.

젊은 사람들의 염세주의나 인간 혐오는 그것이 단순히 혀끝으로 하는 말이 아니라면, 그들의 정상이 아닌 품행을 입증하는 것이며, 반대로 순결하게 지켜진 청춘은 인생의 끝없는 기쁨의 원천이 된다.

우리가 올바른 인간인 이유는 사람들이 우리를 칭찬하기 때문이 아니라 '주님이 우리를 칭찬하시기' 때문이다. 이미 이런 일을 전에 경험을 해 본 사람은 다음과 같은 사실도 알고 있을 것이다. 즉, 인간이 하는 칭찬은 믿을 수 없는

---

*6 마태복음 12장 34절.

싸구려이며 언제나 사람을 거만하게 만들고 진리에서 멀어지게 하는 것이지만[7] 하느님의 칭찬은 결코 그렇지 않다는 사실을, 만일 경건하면서도 거만한 사람이 있다면 그를 향해 딱 잘라 말해 주어도 상관없다. "하느님은 결코 너희를 칭찬해주지 않았다. 너희들이 다만 스스로를 칭찬해주거나 다른 사람들에게 칭찬을 받았을 뿐이다."

거만은 어느 정도의 어리석음과 결부되어 있다. 허영심은 우스꽝스럽기는 하지만 밉지 않다. 그러나 거만은 타인에게 경멸 섞인 반항심을 불러일으키게 한다. 흔한 속담처럼 오만은 항상 몰락하기 바로 전에 나온다. 오만한 사람은 이미 승부에서 진 것이다. 이미 파멸을 향해 돌진하고 있다고 생각해도 틀림없다. 하느님에게 버림받자마자 우리의 마음은 잘난 체하고 뽐내는 법이기 때문이다.

스스로의 결점을 확실히 깨달아서 겸허한 마음이 되었을 때, 우리는 그 결점을 타인에게 들키지 않고 지내는 경우가 많다. 분명히 이런 결점은 우리가 깨달으려고 하지 않고 또 깨달을 수 없는 결점만큼 강하게 밖으로 드러날 염려는 없다. 이것이야말로 자신과의 싸움에서 얻은 최초의 보상이다.[8]

적절하고 호의가 담긴 비평은 누구에게나 필요하다. 실패하면 세상에서 가차 없이 비난받거나 질책을 받는 서민 쪽이 학교를 마치면 더 이상 비난을 받지 않는 높은 신분의 사람들보다 오히려 빠르게 향상되는 것도 이 때문이다. 비판을 하는 사람들조차 높은 신분의 사람에게는 중요하며 꼭 필요한 사람이라고 생각하게 하려고 비판하는 것뿐이며, 비판받는 당사자에게 아무런 고통을 느끼지 않는 점에 대해 멋대로 공격한다.

어쩔 수 없이 자신의 업적에 대해 말해야만 하는 경우, 침착하게 있는 그대로의 사실을 이야기할 줄 아는 것은 소중한 마음가짐 중 하나이다. 자신의 업적에 대한 자만이 지나친 나머지 (공개적으로 또는 은근히) 상대방의 반감을

---

[7] 요한복음 5장 44절.
[8] 단테 《신곡》 정죄계 제13곡 118~136.

사는 사람이 있는가 하면, 어떤 사람은 자신의 업적을 일부러 경멸하는 투로 내뱉고, 이런 일은 세상에 얼마든지 있는 흔한 일이며 이런 것이라면 따로 얼마든지 쌓아둔 것이 있는 것처럼 넌지시 암시한다. 가장 좋은 것은 되도록 자신의 업적에 대해 말하지 않을 것, 어떤 식으로도 자신의 업적에 대한 이야기로 화제를 돌리지 않는 것이다. 왜냐하면 허영심이란 금방 사람 눈에 띠는 것이며 아주 단순한 사람조차 그것을 느낄 수 있기 때문이다. 허영심이나 명예욕을 사람들에게 느끼게 하지 않기 위해서는 아예 그러한 성질을 완전히 없애 버리는 것이 확실한 방법이 될 것이다.

겸손하지 못하거나 자신감에 가득 차서 조금도 부끄러움을 느끼지 못하는 젊은이는 성격적으로 결함이 있으며, 실제로 아무짝에도 쓸모가 없는 사람이든가, 아니면 너무 조숙해서 더 이상 발전하지 않는 사람이다. 겸손한 사람은 세상을 살아가기 힘들다는 일반적인 편견은 일시적인 성공을 바라는 것이라면 몰라도 그렇지 않은 경우에는 잘못된 생각이다.

세상에는 나쁜 소식을 전하는 역할을 맡고 싶어하는 사람이 적지 않다. 그것은 정말 괴상하고도 바보 같은 취향이다. 동기는 사람마다 다르겠지만 대부분의 경우 일종의 우월감과 관계가 있다. 그것은 다른 사람이 충격에 휩싸여 낙담하는 모습을 보고 싶다는 기분이며, 다른 사람의 불행에 희열을 느끼는 심술궂음과도 밀접한 관계가 있는 비열한 감정이다. 상대방은 이것을 본능적으로 알아챈다. 그래서 그때의 나쁜 추억은 그 기분을 느끼게 한 사람과 결부되어 오래도록 기억에 남는다.

아직 한 번도 커다란 고통이나 자아의 패배를 맛보지 않고 심하게 깨어져 본 적이 없는 사람은 아무 쓸모도 없다. 그러한 사람들은 어딘가 쩨쩨한 것, 거만하고 독선적인 것, 또는 불친절한 것을 그의 인품에 남겨놓고 있다. 그것 때문에 그들은 여느 때 공정한 정신을 큰 자랑으로 삼고 있음에도 하느님이나 사람들에게 미움을 받는 것이다.

친절한 성품을 가진 사람은 늘 조심하는 것이 좋다. 심술궂은 성품을 극복하는 것은 몹시 어려운 일이기 때문이다. 이러한 기질은 대부분 남을 비웃는 습관을 동반하므로 쉽게 발견할 수 있다.

이에 반해 주위 사람들을 즐겁게 해주는 사람, 언제나 한결같은 사람, 항상 친절하고 사냥한 사람, 결코 초조해하거나 남에게 억지로 강요하지 않는 사람, 타인의 행복을 기뻐하며 불행은 동정하고 위로해주는 사람, 이러한 사람은 대단히 기분 좋은 사람이다. 이런 사람이 되기 위해서는 다재다능할 필요는 없다. 오히려 너무 재능이 풍부한 사람은 공교롭게도 이런 성품이 부족한 경우가 많다. 그러나 이러한 성격이 갖추어져야만 다른 성품들도 유용한 가치를 가진 것이 될 것이다.

진정한 용기를 가지고 있느냐 없느냐는 보통 때에는 대단히 알기 어렵다. 그러나 알 수 있는 방법이 한 가지 있다. 용기 있는 사람이란 결코 오만한 기분으로 싸움에 임하지 않으며, 지고 난 다음보다 이기고 난 다음을 더 두려워한다. 왜냐하면 승리에는 반드시 상대에게 가해진 얼마간의 부정(不正)함이 포함되어 있기 때문이다. 그런데 겁쟁이는 이길 때마다 오만해진다. 사람들은 꿈을 통해 이러한 성격에 대해 알 수 있다. 꿈속에서는 누구나 있는 그대로의 자기 자신을 본다. 꿈속에서는 높은 의지의 지배에서 벗어나 단순히 감각적이고 심적 흥분을 통해 있는 그대로의 자신의 모습이 드러나기 때문이다.

어떤 사람의 교활함은 늘 그 사람에 대한 우리의 존경심을 낮추게 한다. 그 교활함이 우리에게도 쓰일지 모른다고 생각하기 때문이다. 이런 인간을 사랑할 사람은 아무도 없다. 그러므로 전체적으로 보면 그들은 승부에서 지는 것이다.

사람들은 저마다 자신만의 형상을 완성해야 한다. 어느 나라 사람인지 구분이 안 되는 사람은 불쾌한 현상이라 하겠다. 그래서 국경 근처에 사는 주민 가운데는 정체불명의 성질을 가진 사람이 대부분이다. 여러 나라 언어를 구사하는 것도 천재적이라거나 뛰어난 성격을 가진 표시가 아니다. 가장 이상한 사람은 하나의 문장 안에 여러 나라의 단어를 마구 섞어서 말하는 사람이다. 이러한 사람은 교양마저 부족하다.

사람의 외모에 그다지 중요한 의미를 부여해서는 안 된다. 관상학은 대체로 속임수 학문이다. 다만 얼굴의 상반부에 비해 하반부가 두드러지게 발달했다거나, 턱이 빈약하다거나, 표정 없는 눈이라든가, 차분하지 못하고 무엇인가를 찾는 듯한 시선이라든가, 또는 비정상적으로 큰 목소리로 떠드는 여자는 그리 좋은 징조는 아니다. 부인들의 꾸밈없는 표정을 따라 하려야 할 수 없는 것은 다행스러운 일이다.

사진이 크게 보급된 것은 사람을 아는 데 있어 매우 해로운 것이다. 왜냐하면 사람은 보통 사진을 바탕으로 사람들의 잘못된 이미지를 그리고, 이에 따라 선입견에 사로잡히게 되기 때문이다.

누군가의 활동이 쓸모가 있느냐 없느냐는 대부분 동시대 사람들 사이에서 신임을 받고 있느냐 아니냐에 달려 있다. 그런데 이 신임장을 줄 수 있는 것은 하느님뿐이다. 그리고 그것은 일반적으로 뛰어난 사람의 경우에도 노년에 이르러 처음으로 받게 되는 것이다. 모든 '집을 짓는 돌'을 우선 내던져 버리지 않으면 안 된다. 이것이 단 하나의 올바른 길이며 어떤 종류의 야심적인 노력도 이것을 대신할 수 없다.

독창적인 사람과 사귀게 될 때는 보통 세 단계를 겪게 된다. 처음 단계에서는 어느새 자신도 모르게 좋아져 버린다. 두 번째 단계에서는 그 사람의 특이함과 모난 부분에 오히려 반발심을 느끼게 된다. 그러나 세 번째 단계가 되면 그의 인격 전체에 호감을 느끼게 된다. 반면 평범한 사람들과 사귀는 경우에는 첫인상은 미약하지만 두 번째 인상은 개개인의 여러 좋은 성격 때문에 전보다 좋아진다. 그러나 마지막에는 무언가 부족한 느낌이 남는다. 남에게서 받은 첫인상은 이쪽에서 아주 매혹되지 않은 기분으로 보는 한, 정확한 것이라고 하겠다.

특히 어려운 것은 종교에서 보는 인간에 대한 지식이다. 그것을 쉽게 알기 위해서는 요한1서 4장 1~6절과 5장 1~5절을 읽어보면 된다. 그렇다고 해서 철학적인 교양이나 훌륭한 총명함, 또는 인생 경험 등에 기초를 두고 있는 인간적인 아름다움이 전혀 문제되지 않는 것은 아니다. 아무리 경건한 것이라도 사람의 마음을 좀더 친절하게 만들지 못한다면 그것은 진실한 것이 아니다.

경건하지는 않지만 정신력이 강한 사람과 정신력이 강하지는 않지만(적어도 언제나 그런 것은 아니지만) 경건한 사람(정말로 경건한 사람이다, 그런 사람도 있다) 중에서 우리는 어느 쪽을 선택해야 할까? 이것이야말로 인간의 견해와 신의 견해가 일치하지 않는 부분이 아닐까, 나는 두려워진다.*9

때때로 고결한 행동은 의무에 충실한 행동보다 쉬워 보인다. 아직 젊은 사람들에게는 특히 더 그렇게 보인다. 그렇다면 잠시 그렇게 행동하는 것도 좋다. 그러나 한편의 행동을 실천할 수 있게 되면 그 다음에는 다른 한편의 행동을 배우지 않으면 안 된다. 그렇지 않으면 당신의 생활은 그저 중간에서 적당히 끝나고 말 것이다.

죄에 대한 벌이 삼대, 사대에까지 미친다는 것은 하느님의 염려가 아직 그들 세대의 사람들에게 미치고 있다는 의미이기도 한다. 대부분의 인간이 겪게 되는 최악의 일이란 이러한 하느님의 벌이 아니라, 하느님이 그들을 버리고 앞으로는 모든 것을 그들의 본성과 의지에 맡기는 일이다.*10 그래서 천벌이란 악인에게는 언제나 사면령이 되지만 행복의 연속은 영원한 벌이 된다.

기분이 잘 변하지 않고 어느 정도 냉담하며, 그렇다고 이기적인 것은 아니고 오히려 누구에게나 싹싹하고 상냥한 성격은 모두에게 사랑받기에 가장 좋은 성격이다. 이들은 특별히 '사랑받아야 할 사람'으로 통하며 세상 사람들에게 소중한 존재가 된다. 그렇지만 그 사람은 세상의 진보에 이렇다 할 실제적인 공헌을 하는 것은 아니다. 그렇기 때문에 어떤 사람들은 영리하게도 이러한 성격을 몸에 익히려고까지 한다. 그렇지만 이렇게 사랑받는 사람들은 결국 '자신의 재능을 썩혀 버리게' 되는 것은 아닐까? 그러나 그것은 또 다른 문제이다.

*9 누가복음 5장 32절.
*10 출애굽기 20장 5절, 누가복음 13장 8절, 마태복음 24장 38절, 사무엘상 15장 3절.

사람들과의 교제는 중요한 처세술이지만 이것을 이성적으로 만들어 나가려면 아무래도 인간에 대한 올바른 지식이 바탕이 되어야 한다. 왜냐하면 아무리 보아도 나쁜 사람이거나 거짓말쟁이로 보이는 사람과 사귀는 사람은, 아무리 나름대로 인간에 대해 잘 알고 있다 해도 결국 어리석은 사람이며 자기를 죽이는 사람이나 다름없기 때문이다. 이런 점에서 우리는 선조들의 사고방식과 많이 달라졌다. 오늘날의 교제는 100년 전과 비교해 덜 감상적일뿐더러 훨씬 성실해졌다. 이런 면에서 보면 인간의 천성이 선이냐 악이냐 하는 끝없이 되풀이되는 문제는 중요한 것이 아니다. 실제적인 문제로서 인간은 선과 악 어느 방향으로도 갈 수 있는 소질을 갖고 있으며, 우리에게 중요한 것은 사도 바울이 말했듯이, 결국 악과의 접촉이 피할 수 없는 것이라면 악에 정복당하지 않고 선으로 악을 이겨낼 수 있어야 한다는 것이다.

이러한 것을 항상 염두에 두고 원칙으로 삼지 않는다면, 나쁜 사람이나 나약한 사람과의 교제를 피할 수 없는 이상 그들과의 만남은 고결한 사람에게는 재앙이 되며, 그 때문에 결국에는 인간 혐오나 고독벽에 빠지거나 아니면 진리에 무관심해지기 쉽다. 그러나 다행히 여기에는 경험에 바탕을 둔 하나의 원칙이 있으며, 그것을 잘 지키기만 한다면 적어도 교제가 훨씬 편해질 것이다. 그 원칙은 독자 스스로 보충해야 하는 것이지만 그것을 예로 들면 다음과 같은 것이다.

사람과의 가장 좋은 관계는 대부분 만나는 사람에게 소박하면서도 자연스럽고 성실하며 친근한 태도로 대하는 데서 생긴다. 예를 들면 어른의 비열함을 아직 모르는 순수한 아이가 갖고 있는 그런 친근함이다. 우리는 여러 가지 괴로운 경험을 겪은 다음, 적어도 나이를 꽤 많이 먹고 나서야 다시 그와 같은 마음으로 돌아갈 수 있다. 좋은 의미로 말하면 그것은 제2의 유년시절인 것이다. 그러한 마음으로 돌아가면 나쁜 사람이라도 착하게 대할 수 있게 된다. 그러면 실제로 나쁜 사람도 착해질 수 있고, 또한 가장 좋은 시절에는 정말로 그렇게 되고 싶다고 바라게도 된다. 그 결과 나쁜 사람도 잠시 동안 자신의 본성을 잊고 자기를 좀더 선량하고 좀더 행복한 사람이라고 느끼게 된다. 이것이야말로 선이 이 세상에서 거둘 수 있는 최고의 승리이다. 악의 절멸이 승리는 아니다.

그렇기 때문에 인간의 일시적인 행동을 너무 무겁게 보지 않는 것도 중요하다. 왜냐하면 마음이 '은총에 의해 강해지기' 전까지 우리의 기분이 얼마나 변하기 쉬우며, 또 타인에 대한 우리의 판단이 얼마나 동요하기 쉽고 불안정한가는 누구든지 몸으로 경험하는 일이기 때문이다.

오래 지속되는 인간관계는 모두 상호적인 관계에 바탕을 두고 있다. 사람이란 늘 받는 것만 바라서도 안 되며, 또 늘 주는 것만 바라서도 안 된다. 그래서는 언제나 불만스럽게 끝날 수밖에 없다.

세상 사람들을 위해 크게 봉사를 할 수 있는 기회는 그렇게 흔한 것이 아니다. 이에 반해 누군가에게 사소한 즐거움을 주는 것은 언제 어디서나 가능하다. 그것이 단순히 친절한 인사일지라도 말이다. 이러한 행동은 햇빛과도 같이, 고독하고 기쁨이 적은 생활들을 밝게 비추어 준다. 그러므로 이러한 사소한 기회를 이용할 결심 없이는 단 하루도 시작하지 마라. 이러한 친절은 단순한 습관에 지나지 않으며 마음속에는 인도적인 신념을 갖고 있는 사람도 때로는 안타깝게도 이러한 습관을 갖지 못한 경우가 있다.

완전한 속물은 공포만 알고 사랑을 모른다. 그래서 더 이상 두려워할 것이 없어지면 불손해지고 다루기 어려운 인간이 된다. 이 사람들에게는 다음과 같은 격언이 꼭 맞는다. '언제나 선량하게 행동하라. 그러나 지나치게 친절하게 대하지는 마라. 그렇지 않으면 늑대들은 오만해지기 쉽다.' 그러나 이 말은 다른 사람들에게는 맞지 않는다. 오히려 적절한 친절이야말로 훌륭하게 보낸 생애의 가장 잘 익은 열매와 같다.

많은 사람들이 마음씨 좋게 행동하면서 억지로 주위 사람들의 칭찬을 받으려고 애쓴다. 그러나 이것이 잘 되는 일은 거의 없다. 왜냐하면 다른 사람들은 그러한 저의를 눈치채기 때문이다. 보통의 이기주의와 다소 겉모습이 다르더라도 결국 똑같은 이기주의가 그 배후에 있음을 알아채는 것이다. 그보다 눈에 띄지 않는 행동에 의해서도 좀더 공손하게 일관된 행동을 한다면, 그 편이 훨씬 더 그 목적을 이루게 할 것이다.

마음씨가 착한 사람인데도 언제나 비난하거나 반대하는 습관을 가진 사람이 세상에는 많이 있다. 부탁을 들어줄 때도 마찬가지다. 부탁한 사람은 언제나 거절의 대답을 듣게 될 뿐이므로 상대방은 이런 까다로운 사람과 사귀느니 차라리 경박해도 태평한 사교가와 사귀는 편이 훨씬 낫다고 생각하게 된다. 설령 상대방이 틀렸더라도 반드시 반대할 필요는 없다. 때로는 묵묵히 있는 것이 오히려 효과가 있는 경우도 있고, 상대를 화나게 만들지 않고 끝날 수 있다. 또 때로는 자기 주장을 펼치면서도 본심은 별로 그렇지 않은 사람도 있는데, 그의 경우 남들이 반대를 하면 고집불통이 되어 되돌릴 수 없는 말을 내뱉는 경우도 있다. 그러나 진리를 위해 어쩔 수 없이 반대해야 하는 경우에는 한 번 반대하는 것으로 충분하다. 일단 서로의 의견을 명확히 밝히고 확인된 다음에 여전히 논쟁을 되풀이하는 것은 쓸데없는 일이다.

'자신의 생각을 남에게 믿게 하고 싶은 사람은 정열을 배제하고 냉정하게 말하는 것이 좋다.' 나의 기억이 정확하다면 이것은 쇼펜하우어의 말이다. '냉정하게'라는 말은 조금 과장된 것 같다. 그러나 프랑스에서 쓰는 '언성을 높이지 않고 말한다'는 표현을 보면, 최상급이 아니라 보통급으로 말한다는 것은 좋은 습관이다.

'이웃에 대해서는 되도록 화제에 올리지 않는 것이 좋다. 왜냐하면 좋은 소문에서 시작해도 결국 험담으로 끝나게 되기 때문이다. 우리 이웃은 너무 자주 만지면 깨져버리는 유리컵 같은 존재이다'라고 성 마달레 패티는 가르치고 있다.

정중히 반대 의견을 말할 줄 아는 것은 중요한 교제 기술이다. 그러려면 특히 반대하는 이유를 상세히 밝힐 것, 또 편의적으로 '아닙니다'라고 말하지 말고 확실한 논거를 들어 상대방을 납득시키려고 노력하며, 명령하지 않는 것이 중요하다. 이와 같이 자기 이성에 호소하는 논리정연한 말을 들으면 누구든 사신을 존경하고 있는 증거라고 생각해 만족할 것이며, 때로는 상대방의 부정적인 결론에 대해서도 양해할 것이다.

때로는 중립주의가 오히려 원하는 목적에 적합한 경우도 있다. '한 번 생각해 봅시다'나 '그 문제에 대해서는 신중히 고려해 보는 것이 좋겠습니다'라고 호의를 보이면서도 결정을 늦춰두는 동안, 문제가 완전히 해결되는 경우도 흔히 있다. 그 동안에 상대방의 기분이 변하거나 일시적으로는 그러한 뜻이 자신에게는 천국같이 최고의 것이었는데, 이윽고 그 관심이 약해지기도 한다.

다만 부정(不正)한 일에 대해서는 방금 말한 것이 전혀 들어맞지 않는다. 그러한 경우 조금 기다리면 동의해 주겠지, 적어도 그것은 있을 수 있는 일이라고 생각한다든가, 상대방에게 이렇게 해석할 여지를 남겨주어서는 안 된다. 오히려 '처음부터 반대'하지 않으면 안 된다.

가장 좋지 않은 방법은 싫으면서도 어쩔 수 없이 양보하는 일이다. 이것은 이중의 짐이 된다. 그렇지만 나약한 사람은 언제나 이런 방식을 선택한다. 게다가 조금 고함을 질러대며 자신의 나약함을 감추려 한다.

인생에는 아무래도 좋은 일들이 수없이 많이 있지만, 그러한 일에 대해서는 언제나 남의 의견에 따르는 것이 좋다. 그러면 인생을 편하게 보낼 수 있고 좋은 친구도 쉽게 얻을 수 있다.

나이가 어린 사람과 사귈 때는 그들이 자기 지위를 알고 있을 경우에는 툭 털어놓고, 친절하고 정중하게 대하는 것이 가장 좋다. 그렇지 않은 경우에는 라틴 속담처럼 '따르는 사람은 부드럽게, 거만한 사람은 거칠게' 대하는 것이 좋다.

돈 많은 부자나 고귀한 사람들과 사귀는 일은 언제나 무척 어렵다. 왜냐하면 이러한 만남에서 생기는 것은 보호자와 피보호자의 관계이거나, 또는 모든 것이 상대방이 베풀어주는 것에 항상 신경을 쓰는 상태이기 때문이다. 이것은 좋은 친구 관계와는 상반되는 것이다. 우정이란 이해타산을 떠나 기꺼이 주고받는 것에서 성립되는 것이다. 더구나 부귀(富貴)란 것은 인생의 진정한 가치에 대해 사람을 무감각하게 만들며 인생이나 인간에 대한 시야를 좁게 만든다.

스스로 깊이 생각하는 대신 끊임없이 조언을 구하면서도 실제로는 그 조언을 따르지 않는 사람은 불쾌한 인간들이다. 결혼문제에 있어서는 그것이 좋다거나 나쁘다거나 쉽게 조언해서는 안 된다. 또 저술가에게 아직 출판도 하지 않은 책에 대해 자기 의견을 말해서는 안 된다. 그리고 자기 잘못은 전혀 깨닫지 못하고 '운명에게 박해당하고 있다'고 생각하는 사람과 사귀는 것은 좋지 않다. 예수 그리스도조차 그를 '재판관 또는 유산 분배인'으로 만들려 했던 사람들을 가볍게 물리쳐 버렸다.*11.

마찬가지로 언제나 자신의 일과 남의 일을 반성하기만 하는 사람들도 불안정하고 믿음이 안 가는 인간들이다. 그러한 사람들은 언제나 허영심이 강하고 겁쟁이이며, 자기 평가도 타인에 대한 판단도 끝없이 흔들리고 만다. 그들은 아무도 사랑하지 않는다. 자신조차 사랑하지 않는다. 그래서 아무에게도 사랑받지 못한다. 이런 사람들을 피하라.

우직하고 뻔뻔스러운 사람을 대할 때는 세 가지 방어 방법이 있다. 일단 촌스러운 방법이지만, 자신의 품위를 떨어뜨리는 것이다. 그 다음은 냉담하게 행동하는 것인데, 이것은 인간적이지도 않을뿐더러 양심에 가책을 느끼게 한다. 그리고 다음이 유머이다. 이 마지막 방법만이 진정한 정신적 우월함을 나타내는 것이다.

부끄러움을 모르는 이기주의자는 뭔가 상대방에게 바라는 것이 있으면, 그렇게 하는 것이 오히려 상대방에게 이익이 되는 일이라고 은근히 암시하는 수법을 쓴다. 그것은 나중에 감사해야 하는 것이 그 밖에 모든 의무를 피하기 위해서이다. 이러한 수법을 그대로, 암묵적이라고 해도 관대하게 보아 주어서는 안 된다. 또 만일 그들의 요구를 들어주어야 한다면, 그 전에 침착하게 그 일을 정당한 근거 위에 다시 세울 필요가 있다.

거지에게는 언제나 베풀어야만 하는 것일까? 일반적으로 말하자면 그렇다고 생각한다. 이것에 대한 예수의 가르침은 적극적이다. 대부분의 경우 문제가 되는 것은 '어느 정도' 주어야 하느냐이다. 그것은 주는 사람 마음에 맡겨져 있기 때문에 어려운 문제이다. 거절을 할 때에도 가능하면 거지에게 친절하고 상냥한 말을 써야 한다. 부드러운 말씨도 꺽선이며 때로는 돈보다 더 가치가 있

---

*11 누가복음 12장 13~15절.

다. 이것은 배우지 않으면 절대 할 수 없는 중요한 기술이다.

이에 반해 베푸는 것을 즐거워하는 것은 습관이며, 어린 시절부터 이런 버릇을 가르쳐야 한다. 흔히 그렇듯 아이들에게 일방적으로 아껴 쓰는 것만을 가르치는 것은 좋지 않다. 아껴 쓰는 것이란 자신에게 해야 하는 것이지 타인에게 할 것은 못 된다.

이를 위한 한 가지 방법은 지갑을 가지고 다니지 않는 것이다. 지갑보다 주머니 쪽이 손을 넣기가 쉽기 때문이다.

사람과의 교제에서 생기는 많은 문제들은 선(善)에 대해 게으름을 피우거나 안일한 태도를 취하기 때문이다.

세상에서 인정받고 누구에게나 칭찬받는 사람들은 대부분 침착하고 의무감이 충실한 이기주의자들이다. 그들의 전철을 밟아서는 안 된다.

진정으로 고귀한 사람들, 즉 이러한 단순한 부르주아와는 달리 정신적인 귀족들은 항상 적이 있다.

결코 유쾌하지 않은 교제 상대지만 가장 도움이 되는 것이 적이다. 장래에 친구가 될 경우도 어쩌다 있기 때문만은 아니다. 특히 적으로부터 가장 많은 자기 결함을 솔직하게 지적받고, 그것을 고치도록 강한 자극을 받기 때문이다. 또 대부분의 적들은 상대방의 약점에 대해 가장 정확하게 판단하기 때문이다. 결국 우리는 적의 날카로운 감시 아래 살아갈 때야말로 극기, 엄격한 정의감, 자신에 대한 끊임없는 주의 등 중요한 덕목들을 알게 되고 또 실천하는 방법을 배우게 된다.

그러므로 예를 들어 어떤 사람의 추도사에서 칭찬할 생각으로 '고인은 한 사람의 적도 없으셨고'라고 말하는 것은 어리석은 칭찬이 될 것이다. 재능이 있는 인물은 적이 없는 인생을 걸어가는 법이 없다. 그러나 그 사람이 생애의 마지막에 이르러 '이제는 더 이상 단 한 사람의 적도 남지 않았다'라고 말할 수 있다면 훌륭한 일이다.

그렇다고 해서 적과 사귀는 것이 쉽다고 말할 생각은 없다. 오히려 반대로 적과 사귀는 것은 올바르게 인생을 살아가려는 사람에게 주어지는 가장 어려운 과제 가운데 하나이다. 특히 적의 편이 불의(不義)의 성공을 거두는 것을 오랫동안 계속 지켜보며 참는 것은 결코 쉬운 일이 아니다. 그것을 참아내기 위해서는 정의의 하느님을 믿어야 한다. 하느님은 부정한 사람들을 자기 도구로 이용해 그들에게 그러한 행동을 하라고 '명령'하면서, 한편으로는 하느님이 바라는 영역을 넘지 않도록 고삐를 당길 수도 있다. 이 믿음이 없다면 피해의식 없이 그들의 부정을 견뎌낼 수 없다. 그렇지만 자신을 잘 알고 있는 사람이라면 자신이 이미 이 기술을 갖춘 대가라고 주장할 사람은 없을 것이다.

이러한 능력을 습득하기 위한 가장 중요한 보조수단은, 스스로 실행하여 위로를 얻었던 경험은 별도로 치는 외에 불필요한 분노를 버리고 상대방에 대해 불공평한 판단을 내리는 것을 피하면서 어떤 경우든 증오의 뿌리가 마음에 자리잡지 못하게 하겠다는 진지한 결심이다. 이것은 모욕을 당한 처음 순간에는 쉽게 실행할 수 있는 것이지만, 일단 증오가 가슴속에 자리잡게 되면 훨씬 어려워진다. 마음속에 쌓인 증오를 털어내기가 어렵기 때문이다. 그러므로 무슨 일이 있어도(일곱을 일흔 배 할 정도로) 인간을 용서해야 한다고 미리 각오를 해두는 것도 큰 도움이 될 것이다. 이렇게 각오를 해두면 처음부터 용서하려는 마음이 들고, 진짜 증오심으로 상대방을 대하지 않겠다는 결심을 하기가 쉬워진다.

앞에서 말한 능력을 쉽게 습득하게 하는 생각들은 다음과 같다.

이 세상에서는 언제나 진리가 승리하지는 않는다. 특히 어떤 사람의 형상으로 나타나 그 사람의 약점이나 잘못이 마구 섞여 있는 진리는 바로 그것 때문에 절대로 승리할 수 없다. 그러나 하느님은 승리한다. 하느님의 의지를 거슬러서는 아무 일도 일어날 수 없다. 시련이 닥쳐왔을 경우에는 이것만이 진정한 위로가 된다.

하느님이 어떤 사람 주위에 보낸 적은 그들이 목적을 다하고 난 다음에는 반드시 제거된다. '사람의 행위가 여호와를 기쁘시게 하면 그 사람의 원수라도 그로 더불어 화목하게 하시느니라.'*12 이것이야말로 인간이 하느님의 온총 안

---

*12 잠언 16장 7절.

에 있다는 것의 확실한 증거이다.

악과 만났을 때 그것을 용서하는 것보다는 아예 잊어버리는 것이 낫다. 용서에는 얼마간의 괴로운 뒷맛이 남아 있으며, 모욕을 준 사람을 초연히 내려다보려 하는 일종의 오만함이 달라붙기 쉽다.

원망, 한, 비뚤어진 추측 등은 언제나 편협한 마음의 증거이다. 그럴 바에는 차라리 복수를 하는 것이 좋다. 무력한 증오는 비천한 짓이며 적이 아니라 바로 자신을 해칠 뿐이다.

비록 적이 내리는 판단이 지나치게 날카롭고 일방적인 견해라 할지라도 거기에는 대부분 올바른 관찰의 핵심이 담겨 있다. 그러므로 적의 비판에 귀를 기울이는 것은 언제나 도움이 되는 것이다. 그러나 그것을 지나치게 높이 평가하거나 중요하게 생각해서는 안 된다. 특히 적의 판단에 위압당해서는 안 된다. 그것은 언제나 결점이 된다.

사람들의 입에 나쁘게 오르내리는 것은 괴로운 일이다. 그러나 토마스 아 켐피스가 말했듯이 사람의 험담은 '허무한 명예욕의 악마 같은 안개'로부터 우리를 지켜준다. 그러므로 우리의 마음을 속속들이 알고 계신 하느님에게 우리의 증인이자 심판자가 되어 달라고 요구하게 된다. 이렇게 해서 처음으로 하느님은 우리에게 빼놓을 수 없는 존재가 되고, 우리와 굳게 맺어지게 된다.

그러므로 상당한 명예를 얻고도 그 명예가 훼손되지 않는 사람이 되려면, 먼저 이러한 굴욕에서 빠져나오는 일이 특히 필요하다.

적을 미워하지 않게 되려면 하느님에 대한 의지를 통해서 뿐만 아니라 인간의 총명함에 의해서도 이룰 수 있다. 왜냐하면 지금의 적은 앞으로 친구가 될 수 있을 뿐만 아니라 적 덕분에 여러 가지 올바른 견해를 얻을 수 있기 때문이다. 처음에 너무 친절하게 구는 사람은 나중에 전혀 다른 말을 하는 경우가 있다. 특히 중대한 문제를 놓고 반대 의견을 제시하는 사람들은 언제나 부드럽게 다루어야 한다. 왜냐하면 그렇게 진지하게 의문을 갖고 반대하는 사람들은 가르쳐 주면 이해하기 때문이다. 전혀 아무 반대도 하지 않고 의견을 들으려고도 하지 않는 무관심한 사람들이야말로 가장 위험한 적이다.

적을 대하는 올바른 방법은 적을 전멸시키는 것이 아니다. 그런 방법은 대부분의 경우 불가능하다. 올바른 방법이란 적을 어루만져 달래는 일이다. 이것을 잊지 않은 사람은 심하게 남을 미워하지 않고 단지 사태를 악화시킬 뿐인 논쟁에서는 침묵으로 대처할 것이다.

그러므로 최대한 선량하고 침착한 마음으로 적을 대하는 것이 좋다. 마음의 평정을 잃으면 타인에게 호의적이지 못하고 불공평한 판단을 내리기 쉽다. 그렇지만 무리하게 상대방의 환심을 사기 위해 자신을 비하해서도 안 된다. 언제나 지나친 친절은 많은 사람, 많은 국민에게조차도 도저히 견뎌낼 수 없는 일이다.

따라서 인생관이 완전히 상반되는 상대와 불필요하게 자주 동석하지 않는 것이 현명하다. 그렇지 않으면 자신의 성격을 얼마간 잃어버리게 되거나, 아니면 그로 인해 두 사람 사이가 멀어져 버리기 때문이다.

그렇다면 대체 무엇을 증오해야 하는 것일까? 또는 모든 것을 이해하고 납득할 수 있다고 믿어야 하는가? 우리는 도저히 이러한 태도를 권할 수가 없다. 이 세상에는 미워해야 할 것이 굉장히 많다. 우리는 그것과 싸울 수 있어야 하며 싸워야만 한다. 그 첫 번째 대상은 절대적인 악이다. 즉, 하느님의 뜻을 일부러 거역하고 선을 박해하고 그것을 멸망시키려 하는 악령이다. 이러한 악령이 언제 어떤 모습으로 나타나든 그것을 공공연하게 미워하라. 그러한 악령은 인간 속에 들어가더라도 적어도 3대, 4대 안에 멸망한다. 다만 악령이 스스로 모습을 바꿔 인간의 자손에게까지 내려가는 경우는 좀 다른 문제이긴 하다. 그리고 이 경우도 실제로 일어날 수 있는 일이다.

신이 용서할 수 없을 정도의 사악한 사람을 돕는다거나 선과 악의 싸움에서 선한 사람을 도우려 하지 않고 둘 사이에서 어느 쪽도 편들지 않고 있고자 하는 것은 무거운 죄가 된다. 이러한 죄를 저지른 사람은 하나같이 그 보답을 받을 것이다.

여성과의 교제는 매우 번거로운 문제이다. 왜냐하면 여성은 인간 내부에서 성장할 수 있는 가장 선한 것의 도구이기도 하고, 또 가장 악한 것의 도구이기도 하기 때문이다. 여성은 한편으로는 끝없는 향락욕의 도구이며, 또 고귀한 것에서 완전하고도 근본적으로 돌아서게 하는 도구이다. 이러한 모순은 여성

들 중에서도 특히 젊은이들의 마음에서 일어나며 온 국민을 타락시키는 주요한 원인이 된다. 또 한편 여성은 사람이 그 자연적 소질을 뛰어넘어 좀더 자유로운, 좀더 좋은 인생관에까지 향상해 가는 데 가장 효과적인 도구도 된다. 그런데도 여성을 비판하는 대다수의 사람들이 그녀들을 통일된 성격을 가진 존재로 논하는 것은 잘못된 판단이다. 사실은 오히려 그 반대이다. 여성은 남성에 비해 더 뚜렷이 두 종류로 나누어져 있다. 게다가 보통 여자들은 남자에 비해 좋은 성질이나 나쁜 성질들도 거의 변하지 않고 그대로 보존되며 또 유전된다.

구약성서는 굉장히 특이한 장면 가운데에서 인류를 태초에 '하느님의 아들'과 '사람의 딸'로 구별하고 있다.*13 '사람의 딸'은 외적 매력에 부족함이 없으며 그것 때문에 오히려 저주를 받는다.

오늘날에도 이러한 구별은 여전히 존재한다. 따라서 먼저 충고하고 싶은 것은 '사람의 딸'과는 되도록 사귀지 말라는 것이다. 그녀들과는 결코 친밀한 관계를 맺지 않도록 조심하라. 그녀들이 가진 독특한 매력의 노예가 된 시인들이 그것에 대해 무슨 말을 할지라도.

그러나 다른 한편 여성과 남성과의 구별은 오늘날의 정치학이나 교육학이 목표로 삼고 있는 것처럼, 양성(兩性)에 대한 교육이나 특히 법률에서의 지위가 좀더 균등해진다면 그 격차가 매우 작아질 것이다. 그리스도교에서는 남녀 사이에 차별을 두지 않는다. 이미 구약성서의 기록에서도 여성(기혼여성)이 나라의 가장 높은 지위에 올랐음을 말해주고 있다. 그것도 오늘날같이 세습적인 권력에 의해서가 아니라 그 여성이 가진 정신적인 가치와 영혼에 의해 그 지위에 올랐음을 알 수 있다. 의심할 여지없이 '하느님의 영'은 모든 사람 안에 머무를 수 있으며, 이것이야말로 결정적인 것이며 육체적인 성질은 그다지 중요하지 않다.

여성의 성격은 보통 남성의 그것보다 알기 쉽다. 여성의 경우 나쁜 여자가 좋은 여자로 혼동될 정도로 타인을 오래 속일 수는 없다. 단지 남성들 쪽에서도 악이 지닌 사악한 관능적인 매력에 이끌려 선보다도 악을 선택하는 데 지

*13 창세기 6장 2절.

나지 않는다. 그러한 매력이 오래도록 자신을 행복하게 해줄 거라는 잘못된 기대를 갖고서 말이다. 그러므로 여성들이 영원히 스스로 바라는 존재를 언제까지나 볼 수 있는 방법은 단 하나밖에 없다. 실제로 그렇게 되는 것이다. 그러나 총명하고 선량하며 더구나 고귀한 여성이 된다는 것은 여성에게 있어 한층 어려운 일이다. 그 때문에 더욱 대단한 공적이기도 하다. 왜냐하면 여성들은 세상에서 인격으로 칭찬받지 않기 때문이다. 오히려 반대의 것으로 세상에서 더 높이 평가되며, 또 때로는 그것을 요구하고 있다는 것을 보아야 하기 때문이다. 그러므로 진정으로 고귀한 여성은 가장 뛰어난 남자보다도 높은 도덕적 완성의 단계에 서 있다고 할 수 있다.

인간에게 적용되는 일반적인 규칙 가운데 특히 여자들에게 적용할 수 있는 것을 열거한다면, 괴로운 일은 전혀 체험하지 않고 그저 인생을 향락하기 위해 만들어진 인간은 언제까지나 천박하고 평범하다는 것이다. 향락밖에 모르는 것이 많은 여성에게서 보이는 두드러진 특징이다. 오늘날 교양 있는 계층에서의 여성교육 전체의 방침은 한층 더 세련된 생의 향락이야말로 여성들의 생활에서 진정으로 노력해야 할 목표라고 믿게 만들었다. 이러한 인생관을 가진 결과, 세계 전체를 단지 아름다운 초원으로 보고 풀밭의 꽃을 따서 몸을 예쁘게 장식하기만 하면 된다는 소박하고도 무지한 이기주의에 빠지게 된다. 이런 점에서 여성은 자주 남성의 이기주의를 능가한다. 남성들이여, 이와 같은 여성의 순진함과 사랑스러운 외모에 속아서 그 실체를 지나쳐서는 안 된다.

여자의 성격은 꽃을 대하는 태도를 보면 잘 알 수 있다. 산책길에서 꺾을 수 있는 한 많은 꽃을 꺾고, 될 수 있으면 단 한 송이도 남겨두지 않으려는 소녀는 소유욕과 향락욕이 강한 경향이 있다. 한 송이의 아름다운 꽃이나 꽃다발을 화병에 꽂지도 않고, 그것으로 가난한 아이를 기쁘게 해주려 하지도 않고, 그저 한 번 보고 버려두어 말라버리게 하는 것을 아무렇지도 않게 하는 여자는 따뜻한 마음이 전혀 없는 사람이다. 그뿐인가, 꽃을 뜯어 갈기거나 뿌려 버리는 여성은 언젠가 그녀의 보살핌을 받을 사람들한테도 똑같이 이기적으로 대할 것이다.

창가에서 볕을 쬐고 있는 죄 없는 벌레를 손으로 눌러 죽이거나 길에 기어다니는 벌레나 곤충을 일부러 밟아 죽이는 여자의 마음은 더욱 보기 싫다. 그런 여자한테는 처음부터 접근하지 않는 것이 현명하다. 또 옷차림이 요란한 여자도 마찬가지이다. 진정한 숙녀란 복장에서도 너무 눈에 띄어서는 안 된다. 지나치게 화려해도 너무 수수해도 좋지 않다.

감정과 따뜻함을 가지고 대하는 것이 여성을 다루는 옳은 방법이다. 이성 (理性)만 가지고 교제를 할 수 있는 여성은 드물다. 또 그런 여성은 일반적으로 귀염성도 없을뿐더러 내면이 충실하지도 않다. 진짜 재능을 가진 여성은 비슷한 수준의 재능을 가지고 있는 남자를 만나면 그를 아주 행복하게 해 줄 수 있다. 그러나 그녀가 상대방 남자보다 더 우월하다는 기분을 계속 갖고 있으면, 그녀 자신은 결코 행복하지 못하다.

정열적인 여성은 죄를 짓지 않고 교제할 수 있는 남자들에게는 큰 행복이다. 만약 죄를 짓게 된다면, 이러한 여성은 주위 사람들에게 빛과 열을 주긴 하지만 자기 집도 남의 집도 태워버리는 불이 될 수 있다. 반대로 너무 조용한 여성은 갈수록 무미건조한 여성이 되기 쉽다.

여성이 가장 중요하게 여기는 것은 남자의 힘이다. 힘을 전혀 갖지 못한 남자를 여자는 절대 참지 못한다. 그래서 괴테의 《에그몬트》에 나오는 브라켄부르크 같은 숭배자는 여성들에게 인기가 없다. 여성은 자신을 학대하거나 경멸하는 남자조차 나약한 겁쟁이보다 존경할 정도이다.

높은 기품을 가진 여성이 불행하다고 느끼는 경우는 자신의 어리석은 선택 때문에, 또는 주위 사람들의 어리석음 때문에 약한 남자와 결혼해서, 남편이 세상에서 남자답게 행동하지 못하는 분풀이로 집안에서 자기 멋대로 행동할 때이다. 이런 집안의 폭군에 대해서는 뛰어난 여성일수록 자신의 몸을 지킬 줄 모르는 법이다. 오히려 강직하며 이기적인 여자들이 그런 남자를 제대로 통제한다. 단테는 이런 집안의 폭군을 위해 특별히 지옥의 벌을 만들어야 했다.

이렇게 해서 우리는 결혼 문제까지 도달했다. 결혼이란, 자기 집안 사람이 아닌 여성과의 결합이다. 현대가 퇴폐해진 주요 원인 가운데 하나는 여성의 향락욕과 잘못된 교육 때문에 교양 있는 수많은 남성이 결혼 때문에 어려움을 겪으며, 결국 결혼하지 않거나 결혼 적령기에 결혼하지 못하는 일이다. 또 여기에서 이른바 '문명화'된 여러 국민들 사이에서는 여성의 지위가 불리해지는 사태가 일어나게 되었다. 즉, 여성들은 더 이상 인격체로서 존중받지 못하고, 단지 '지참금'을 통해서만 값어치가 정해지게 되었다.

허영심 강하고 사치와 향락을 좋아하는 여성을 부양하기 위해 평생을 아득바득 고생하고 싶어하는 사람이 있을까? 그 돈이라면 얼마든지 쾌적한 생활을 할 수 있는데도 말이다. 이것이 오늘날 희생심 따위는 전혀 지니고 있지 않은 젊은 남자들 사이에 퍼져 있는 생각이다.

오늘날의 남성들은 대부분 결혼으로 자신의 경제 상태를 개선하려고 하며, 더 낮은 계급에서는 결혼으로 월급이 필요 없는 여자 노예를 얻으려고 한다. 반면 여성의 부모는 결혼을 통해 보잘것없는 것이라 할지라도 생명보험에 들어두는 셈으로 치며, 딸은 딸 나름대로 사회적인 출세에 뛸 듯이 기뻐하다가 결혼 후 권리가 없는 가련한 상태에 대해서는 잊고 만다.

이러한 오늘날의 사정을 살펴볼 때면 결혼이 과연 '신성한' 제도라 할 수 있는지 의문이 들 때가 상당히 많다. 교양을 갖춘 품위 있는 여성이 평범한 남자와 결혼해서 끝없는 폭력에 굴복하며 사는 것은 흔히 볼 수 있는 비참한 광경이다. 이것은 현대의 수많은 어머니들이 미혼인 딸을 데리고 있는 것을 수치라고 생각하기 때문이다.

그러므로 우리는 지금까지 몇 번이고 나온 제안에 찬성해야 한다. 그 제안은 다음과 같다. '결혼생활을 7년 동안 해본 다음에도 결혼할 가치가 있다고 생각하면 그때 결혼식을 거행해야 한다.*14 그러나 오늘날은 이러한 제안이 실시되고 있지 않으므로 좀더 진지한 마음으로 결혼생활을 시작하는 것이 좋을 것이다.

대부분의 여성이 결혼하고 싶어한다는 것은 납득할 수 있다. 왜냐하면 좋은 결혼생활을 하는 것은 여성이 내면의 모든 힘을 펼칠 수 있는 기회이기 때문이다. 그런데 여성들 가운데는 재빨리 자기 방어의 확실한 발판을 쌓는 이기적인 여성 쪽이, 한심한 남자를 위해 무한한 애정과 성실, 헌신, 정신과 생명을 낭비하는 선량한 여성보다 행운을 거머쥐는 경우가 오히려 많다. 이러한 사실은 인생의 어두운 경험 가운데 하나이며, 이것이야말로 하느님의 정의로움을 의심하게 만드는 일이다. 그렇기 때문에 여성은 자기보다 신분이 낮은 남자와 결혼하거나 전혀 교양이 없는 사정으로 시집가서는 안 된다. 또 도덕적으로 비

---

*14 그라우빈덴 주에는 '신혼부부의 집 주위에는 7년 동안 악마가 배회한다'는 속담이 있다. 이것은 7년이 되어야 악마가 집 안으로 들어올까 안 들어올까를 알 수 있다는 의미이다.

난받을 여지가 있을 것 같은 남자, 인색하고 이기적인 남자, 성질이 좋지 않은 남자와 결혼해서는 안 된다. 또 다른 지방 남자나 국적이 다른 남자와도 결혼하지 않는 것이 좋다. 반면에 성실하고 좀더 나은 삶을 살고자 하는 남자에게는 신분이 좋은 고상한 여성과 결혼하는 것이 빨리 발전할 수 있는 가장 좋은 방법이다.

결혼생활에서 은근한 존경이나 우정을 바라는 것과 열렬한 애정을 구하는 것, 이 두 가지 중에서 어느 쪽이 더 나은 결혼이라고 할 수 있는가는 논쟁이 끊이지 않는 부분이다. 우리는 일반적인 원칙에서는 전자에 찬성한다. 그렇지만 후자를 모르는 사람은 인생이 무엇인지를 모르는 사람이다.

자신과 가장 가까운 생활권 안에 있는 성실하고 총명한 여성들, 이를테면 아내나 어머니, 자매, 딸, 그 중에서도 할머니나 손녀 등 사심 없는 사람들과의 교제는 인생에서 가장 미묘하고 순수한 기쁨 중 하나이다. 그것은 파묻힌 대로 있게 될 우리 내면의 다양한 성질들을 완성시켜 주는 것이다. 결혼은 언제나 행복하기만 하다고는 할 수 없지만, 늙은 독신자는 결혼하면 인간으로서 성숙했을지도 모르며, 독신인 상태에서는 성숙했어야 할 모습이 아직 되어 있지 않다는 것은 확실하다.

친애하는 독자여, 인간에 대한 지식을 얻기 위해서는 너무 이론적인 방법에만 의지해서는 안 된다. 인간에 대한 지식이란 자신의 (거의 비통한) 경험을 통해서만 얻어지는 것이다. 어떤 일도 두 번 이상 경험하지 않겠다고 결심하라. 그런 사람이 현명한 사람이다. 단 하나의 실수도 저지르지 않는 사람은, 설령 그런 사람이 있다 하더라도 현명하다고는 할 수 없다.

인간에 대한 지식이 단순히 숫양과 양을 구분하고 앞으로는 양만 돌보는 일에 도움을 주어서는 안 된다. 그것은 오히려 남에게 속임당하지 않기 위해, 또 자신을 향상시키기 위해, 운명적으로 자신과 접촉하게 되는 모든 사람의 성격을 이해하고, 그들을 좀더 선하게 만들기 위해서도 도움이 되어야 한다. 왜냐하면 인간의 영혼이란 저마다 무한한 가치를 가진 것이어서, 노력을 아끼지 않고 도움을 주어야 할 가치가 있다는 생각을 버리면 그 사람은 이미 위험한 절벽에 서게 되어 다시 한번 완전한 이기주의로 떨어지고 말기 때문이다.

인간에 대한 지식을 얻는 마지막 방법은 모든 사람에 대한 사랑이어야 한다. 사랑만이 인간을 확실히 알게 하며 또한 인간을 버리지 않게 한다. 사랑이 없는 인간에 대한 지식은 언제나 불행하다. 그것이 시대를 불문하고 수많은 현명한 사람들이 빠졌던 깊은 우울의 원인이었다. 그런 경우 그들은 친구와의 교제를 포기하든가 독선으로 피신할 수밖에 없었다. 왜냐하면 인간을 안 다음 그들과 사귀기 위해서는 결국 두 가지 길밖에 없기 때문이다. 즉, 두려워하든가 사랑하든가이다. 그 중간에 있는 길은 모두 속임수이다.

마지막에 공포에 호소하는 사람, 또는 입으로만 사랑을 말하는 사람은 수도사 야콥스 데 베네딕티스의 말에 귀를 기울여 보라.

'내가 이웃을 사랑한다는 것을 알게 될 때는 그 사람에게 모욕을 받고 난 후에도 전보다 더 그를 사랑하게 되었을 때이다. 왜냐하면 모욕을 받고 나서 그를 전보다 덜 사랑하게 되었다면, 나는 전에 그를 사랑한 것이 아니라, 나를 사랑하고 있었다는 것을 증명하는 것이기 때문이다.'

* * *

의심으로 괴로워할 때
인간의 영혼은 심하게 요동친다.
설령 용기 있는 자라 하더라도.
마음의 색깔은 혼탁하여 사라지지 않고
백과 흑이 교차하여
마치 까치의 양 날개처럼 얼룩진다.
밝은 천국과 어두운 지옥
두 가지 모두 인간의 마음속에 깃든다.
(진정으로) 마음이 성실하지 못한 사람은
완전한 구원을 잃는다.
그의 마음은 시커먼 악으로 가득 찬나.
그러나 성실한 사람의 마음은 하얗게
신앙의 인도를 받으며 하늘로 오른다.

교양이란 무엇인가[1]

이스라엘의 왕정시대 후기 사람이며 그 자신도 독학자였으리라고 생각되는 한 예언자가, 이스라엘 국민을 향해 이제 곧 도래할 새로운 시대를 예언하고 다음과 같이 말했다.

'주님이 말씀하신다. 들어라, 내가 이 나라에 기근을 불러오는 날이 오리라. 그것은 빵의 기근이 아니라 주님의 말씀을 듣는 귀가 부족한 기근이다. 그 날에는 아름다운 여인도 젊은 청년도 갈증 때문에 기력을 잃어버린다. 단의 신이나 벨시바의 길에 의지하는 사람들은 반드시 쓰러진다. 결코 다시 일어날 수 없다.'

그 당시 '단의 신'이나 '벨시바의 길'이 무슨 의미였는지 충분히 조사해 볼 수는 없지만, 여기에서는 그다지 깊이 검토해 볼 필요는 없을 것이다. 다만 그것이 주님의 가르침과 대조적으로 쓰인 부분을 보면 그것들이 그 시대의 교양이었고, 그 후의 적절한 가르침이 아니라는 것이 밝혀지리라는 것만큼은 확실하다. 그리고 이 일은 그리스도교 시대 초기에 실제로 일어난 일이었다.

오늘날 일반적으로 잘 알려진 온갖 현상들은 이런 옛날의, 지금은 반쯤 잊어버린 말을 다시 한 번 떠올리게 한다.

한편에서는 비교적 쉽게 배울 수 있는 교양으로 권력의 지위에 오르고 싶어하는 저돌적인 노력이 온 국민들 사이에 널리 퍼져 있다. 그들의 사고방식에 의하면, 권력은 이러한 교양과 연결되어 있다. 또 대부분 사람들의 견해로는 권력은 어떤 종류의 지식의 획득과 결부되어 있다.

그러나 지금까지 교양 있는 사람들의 상층에서는 반대로 지식이 이렇게까지 발달한 것과, 또 앞으로 발달해 갈 결과에 대해 어떤 절망감이 퍼져 나가

---

[1] 이 논문은 원래 젊은 상인 모임에서 강연하기 위해 썼었다. 오늘날에는 다른 회사보다 오히려 이러한 사람들이 강렬히 교양을 쌓고 싶어한 경우가 많았다. 그러므로 이 논문에도 이러한 특별한 목적으로 쓴 흔적이 얼마간 남아 있다.

고 있다. 이미 유명한 자연과학자 뒤 부아레몽은 '우리는 알지 못한다, 또한 알지 못할 것이다(ignoramus, ignorabimus)'라는 유명한 말로 분명하게 언급하고 있는 부분이며, 또 모든 학문이 점점 전문화되는 경향 속에 그것은 실제로 나타나 있다. 왜냐하면 이 전문화가 의미하는 것은 결국 다음과 같은 것이기 때문이다. 즉, 이제는 보편적인 학문 따위는 있을 수 없다. 더구나 인간의 능력이나 사고를 이해하려고 하는 일반적인 교양이라는 것도 없다. 있는 것은 개인의 전문적인 지식뿐이다. 그리고 그 지식의 저편에는 무지(無知)의 심연이 입을 벌리고 있다. 아무리 깊게 학문을 연구한 전문가라 할지라도 그 역시 지금 막 시작하는 이와 다를 바가 없다.

이러한 시대적 조짐을 바탕으로 성장을 계속해가는 문명국의 젊은 세대 사이에서는 그 이상으로 육체적이며 정신적인 피로가 짙어져 간다. 그것을 보고 있느라면 혹시 근대교육이 잘못된 것은 아닐까 하는 의심조차 일어난다. 근대교육이 평생 학문을 해나갈 수 있을 만한 심신(心身)의 힘이나 기쁨을 만들어 내는 대신, 오히려 처음부터 그 능력을 완전히 무디게 만들고 매장해 버려 너무나도 나약하고 신경질적인 세대를 길러내고 있는 것은 아닌지 의심스럽다. 만일 이러한 세대가 야만적 풍조에 공격을 받는다면, 아예 그것에 대항하지 못할 것이다. 그것은 겉은 번지르르하면서도 더 없이 발달한 문화 때문에 골병이 든 그리스나 로마의 세속적인 교양이 그러했던 것과 같다.

여기에서 우리는 재빨리 우리가 가진 문제의 근원에 대해 생각해 보게 된다. 앞에서 이야기한 것처럼 대체로 지식이 유익하고 바람직한 것이라면 그것은 전문적인 학식 이상의 것, 아니면 개별적으로 결국 해석하지 않을 수 없게 된다. 일반적인 교양의 최대 성과는 개인의 인격을 건전하고 강하게 발달시켜 풍부하게 하고, 정신적으로 충만한 인간생활을 할 수 있도록 만들어 주는 것이어야 된다. 이것이 없는 일반적 교양이란 개인을 위해서도, 국가를 위해서도 크게 가치가 없을 것이다.

만일 그러한 목적을 달성하지 못한다면, 교양은 오랜 기대를 저버리게 된다. 그러면 현대의 유럽인들에게도 이미 인류가 여러 번 겪었던 시대가 닥쳐올 것이다. 그것은 고도로 문명화된 여러 민족이 단순히 체력이나 정신적 활기, 독창력만이 뛰어난 미개인들에게 정복당하는 시대이다. 또는 너무도 세련된 공화국이 어느 개인의 완고한 의지에 의해 행해진 공격의 중압을 이겨내지 못했던 시기이다.

그러므로 '교양이란 무엇인가'라는 문제는 오늘날 우리 모든 세대의 생존이 걸린 문제이며, 특히 우리의 국가 형태나 조국의 중대한 문제이기도 하다.

1

우리는 많은 의미를 갖고 있기 때문에 오해를 사기 쉬운 '교양(Bildung)'이라는 단어를 일단 어원적으로 글자 그대로 해석해야 한다. 교양이란 원래 형상이 있는 그대로의 상태를 가능한 한 최상의 것으로 발전시킨 상태, 또는 적어도 발전을 향해 성장을 계속해가는 상태로 완성하는 것을 말한다.

성장의 첫 출발선에 선 인간은 미숙한 재료에 지나지 않는다. 그 일부는 여러 가지 작용을 하는 생명의 형성력에 의해, 또 일부는 사람의 손이나 지혜에 의해 처음으로 진정한 인간상이나 예술적인 완성품으로까지 만들어내야 한다.

그러나 서툰 조각가는 자신에게 맡겨진 돌을 잘못 쪼아서 예술품이 될 수 없는 돌로 만들어 버린다. 또 돌을 너무 섬세하게 쪼은 나머지, 조각으로서 없어서는 안 될 중량감이나 외부적 영향에 대한 저항력을 잃어버리는 경우가 있다. 그것과 마찬가지로 인간을 형성하는 기술에서도 잘못된 비뚤어진 교양이나 지나치게 세련되어 앞질러간 교양이 자주 문제되는 것은 우리가 평소 경험하는 슬픈 사실이다.

인간에게 해를 끼치지 않는 유익하고 참된 교양에는 근본적으로 세 가지 요소가 필요하다. 첫째로 타고난 관능성(官能性)과 이기주의를 좀더 높은 관심을 기울여 극복할 것, 둘째 육체와 정신의 모든 능력을 건전하고 균형 있게 발달시킬 것, 셋째는 올바른 철학적·종교적 인생관이다. 이 세 가지 가운데 어느 하나만 빠져도 그 사람이 가진 소질은 위축되거나 충분히 발달할 수 없게 된다.

⑴ 참된 교양의 최종적인 목적은 '인간의 내부에 있는 감각의 중력(重力)'과 이기심에서 인간을 해방시키는 것이다. 이기심이란 모든 생물의 자기 보존에 대한 본능에서 시작되지만, 공교롭게도 인생의 목적과는 대립되는 것이다. 인간은 누구나 감각적인 존재로 이 세상의 생활을 시작하지만 그것을 본질적으로, 정신적인 존재로서 마무리해야 한다. 더욱이 바라고 싶은 것은 다른 세계

에서도 혜택받은 조건에서 그것을 추구해 나아가야 한다. 그러므로 인간의 천성에는 이미 모순이 내재되어 있다고 할 수 있다. 즉, 현세에 존재하고 자연 현상에 집착하고 싶어하는 것과 인간의 가장 깊고 뛰어난 감정이 의심 없이 요구하고 또한 요구해야 하는 것, 이 두 가지 사이의 싸움이다.

인간은 현세에 존재하는 것에 뿌리를 내리지 않으면 발밑의 기반을 잃어버리게 될 것 같은 느낌을 받을 때가 있다. 그러나 그것에 뿌리를 내리면 좀더 나은 자아가 끊임없이 자신을 꾸짖으며, '너는 수행을 게을리하고, 네가 이룰 수 있는 일과 이루어야 마땅할 일을 아직도 이루지 못했어'라고 말한다.

이것은 반성을 시작한 사람이라면 누구나 자기를 상대로 시작해야 하는 싸움이며, 게다가 반드시 승리해야만 하는 전투이기도 하다.

내적 불만은 모두 관능 또는 이기심에서 생긴다. 그 불만의 근원을 찾아보면 반드시 이 두 가지가 근본 원인이 된다. 그러므로 인간의 정신적인 본성이 감각적인 본성에 대하여, 또 자유롭고 인간적이며 박애적인 사고방식이 편협하고 이기적인 사고방식에 대하여 결정적인 승리를 마음속에서 거두고, 또한 실천적인 면에서도 매일 새로이 승리를 거두는 것이 아니라면 인간의 진정한 행복이란 있을 수 없다.

이렇게까지 자신을 극복할 수 없었던 사람, 또 할 수 없을 것 같은 사람은 그를 둘러싼 세계에 대해서도 처음부터 참된 승부를 할 수 없다. 세상이란 그와 똑같은 이기주의로, 게다가 수천 배나 강한 힘과 수단으로 공격해 온다. 그렇게 되면 생존을 건 싸움에서 자신을 지킬 수 있는 길은 단 한 가지밖에 없다. 즉, 자신이 항상 다른 사람들을 다치게 하고 넘어뜨리던가, 아니면 다른 사람과 손잡고 이기적인 성격의 이익단체를 만드는 수밖에 없다.

이러한 생존을 위한 싸움이 인간적인 존엄성을 완전히 파괴하고 우리를 맹수로 만들려는 바로 이때에, 이것에 대항해 맞서는 것이야말로 진정으로 교양 있는 사람이 달성해야 할 가장 큰 임무이다.

교양 있는 사람들은 이러한 생존을 위한 싸움이 필요 없다는 것, 그리고 이 미로에서 빠져나오려면, 그때그때 가장 힘센 이기주의자가 선택한 슬픈 길과는 다른 길이 있다는 것을 스스로 실례를 들어 보여주어야 한다. 결국 이기주의자는 이 싸움에서 가장 유리한 경우라도 단순히 많은 동포들의 생존을 압박하고, 게다가 자신의 더 나은 자아를 잃어버리게 될 뿐이다.

그런데 그것을 실천하기 위한 첫 번째 방법은 이기주의적인 인생관을 가진 사람을 교양 있는 사람으로 인정하지 않는 태도이다. 현대의 문명국들 사이에는 이런 시각이 확산되고 있으며, 앞으로도 계속 그렇게 되어야 한다.

  한편에는 이기적인 자기 보존 욕구와 짧은 생애 동안 되도록 관능적 쾌락을 탐하려는 입장이 있고, 다른 한편에는 인간애, 타인에 대한 배려, 정신적인 고양(高揚), 그리고 고귀한 영혼 등 모든 능력의 완성을 추구하는 입장이 있다. 이 두 가지 입장이야말로 이제 곧 전투 준비를 갖추고 맞서려는 두 개의 큰 진영이다. 여러분도 그 중 어느 쪽에든 반드시 참가하지 않을 수 없을 것이다.

  (2) 진정한 교양의 두 번째 요소는 좀더 높은 목적을 따르기 위해 우리의 능력을 육체적으로나 정신적으로 올바르게 하고, 정신적인 능력을 바르고 건전하게 발달시키는 일이다. 우리는 이러한 뛰어난 인생관을 갖고 있으면서도 수도원이나 서재에만 틀어박혀 살아서는 안 된다. 되도록이면 그것을 일상생활이나 직업에서 효과적으로 발휘하도록 해야 한다. 물론 이런 우수한 인생관과 근본적으로 상반되는 직업만은 별개이지만.

  철학이나 종교나 과학에서의 조금은 병적인, 도가 지나친 행동이 자칫하면 진정한 교양에 어긋나는 것도 바로 이러한 점 때문이다.

  현실 생활에서 실증되지도 않고 실행될 것 같지도 않은 철학은 아무 쓸모도 없다. 매주 일요일 교회에서의 행사로 그치고 시장이나 가게에서 그 힘을 발휘하지 못하는 종교도 거의 효과가 없다. 지식 역시 자신이나 타인을 위해 생활을 한층 인간적으로 발달시키는 데 도움이 되지 못한다면 그다지 가치가 없다.

  마찬가지로 병약하고 피로에 지치고 늘 신경이 곤두서 있는 육체는 강한 정신을 담기 어려울 뿐 아니라 지장 없이 일할 수도 없다. 현대 교양의 주요한 결함 가운데 하나는 육체와 정신 사이에 불균형이 발생하여, 그것이 직접적으로는 육체를, 간접적으로는 정신을 해친다는 점이다. 그것과 함께 또 하나의 결점은 현대 교육 전체가 참된 신념이나 참된 지식의 획득을 목적으로 하지 않고, 오히려 기억력의 대상이 되는 것들을 기계적으로 습득하는 것을 지향하고 있다는 점이다.

(3) 그렇지만 위에서 든 이상주의적인 경향이라든가 진정한 지식이라든가 신체의 건강함 등을 아무리 갖추었다 하더라도, 초감각적인 세계의 존재라는 확신에 바탕을 두지 않았다면 그것만으로는 아직 교양을 획득하는 데 아무런 도움이 되지 않는다. 왜냐하면 초감각적인 세계에서 나오는 여러 가지 힘의 도움을 빌리지 않고서는 결코 진정한 교양을 몸에 익힐 수 없기 때문이다. 자기 내부에 있는 관능적인 소질과 타고난 이기심은 만만치 않은 상대이기 때문에, 자신의 외부에 존재하는 힘의 도움 없이 자신만의 능력으로 이것을 정복하는 것은 불가능하다. 더구나 그것만으로는 싸우는 동기가 너무 빈약하다. 만일 이 인생이 단순히 찰나적인 동물적 삶에 불과하고 그 밖에 아무런 사명도 없는 것이라면, 인간은 대체 무엇 때문에 평생에 걸쳐 자신과 주위 세계를 상대로 처음부터 거의 가망 없는 괴로운 투쟁을 굳이 하려는 것일까.

타고난 고귀한 정신력을 가지고서도 일시적으로는 동물적인 존재 이상으로 자기를 높일 수 있다. 그러나 그러한 이상도 없는 인생관에 대항하여 어떠한 상황에서도 끈기 있게 전투를 지속하지 못하고, 계속되는 큰 시련을 만나면 자신에게 절망하기 쉬운 법이다. 그러므로 인간이 타고난 힘보다 뛰어난 어떤 위대한 힘이 인간의 생존에 힘을 줄 필요가 있다. 이 위대한 힘이야말로 인간이 스스로를 극복할 수 있도록 도와준다. 또한 자신의 선량한 자아를 배반하는 해악에 비하면, 어떠한 외적인 재앙도 더 이상 두려워하지 않아도 될 정도의 힘을 준다.

이러한 초자연적인 힘이 존재한다는 것, 그리고 이 힘을 합리적으로 증명할 수는 없지만 그것을 시험해 보고 경험할 수는 있다는 것, 이것을 가르쳐 주는 것이 바로 종교의 신비한 진리이다. 이러한 초자연적인 힘이 정녕 존재하는가를 구태여 시험해 보고자 한다면, 이 종교적 진리는 명백하고도 공공연한 비밀이 될 것이다. 그러나 향락욕이나 이기심을 아직 버릴 생각이 없고, 또한 어떤 값을 지불하더라도 세속적인 생활보다 더 나은 삶을 살고자 하지 않는 사람은 설사 그런 시도를 해 보았다 하더라도 그 힘을 완전히 몸으로 경험하지는 못할 것이다. 특히 그 경우에는 어떤 종교를 믿어도 아무 도움도 되지 않는다. 그런 사람은 매일같이 교회를 다닌다 해도 예전과 차이가 없는 인간이다.

그러나 그것을 시험해 볼 의지를 가진 사람이라면 그 힘에 자신을 맡길 수 있다. 그래서 새로 태어났다고 말해도 좋을 정도로 완전히 다른 인간이 될 수 있다. 그렇게 됨으로써 비로소 그 사람 내부에 있는 천부적인 재능이나 지식이 생생히 살아나 자신과 타인을 구원하는 데 도움을 주는 것이다.

이것이 진정한 교양에 이르는 길이며 인간이라면 누구나 이러한 행동을 시도해 보아야 한다. 그러나 단순히 이러한 길을 지향한다고 해서 교양을 갖출 수 있는 것은 아니다.

참된 교양의 증거는 첫째로 정신의 건강과 힘이 나날이 커져가는 것이며, 다음으로는 더 높은 총명함이 생기는 일이다. 그리고 마지막으로 그 사람의 기량이 독특한 크기를 갖게 된다. 그러한 기량은 다른 방법으로는 기를 수 없으며 섣불리 모방할 수도 없는 것으로, 이것이야말로 교양의 주요 성분을 이룬다.

그러나 이렇게 교양을 충분히 습득한 사람들 역시 여전히 자연 그대로의 인간이지만, 다만 조금도 허식이나 허영심이 없다는 점에서 다르다. 또한 그들은 야심이나 세속적인 재물욕에서도 완전히 벗어나 있다. 재물은 인간의 행복을 위해 중요한 것이 아니라 오히려 인간에게 끊임없이 재물을 추구하게 만들어 인간의 영혼을 잃게 만들 따름이다. 또 진짜로 교양 있는 사람은 염세주의나 수도사적인 은둔에 빠지지 않고 공포나 신경증, 초조감에서도 해방되어 있으며, 자기 본질의 가장 깊은 곳에서 맑고 침착하게 정신 건강을 간직하면서 결국 인간 생활의 최고 목표에 도달할 수 있다. 구약성서가 아름답고 또 바르게 말하고 있듯이 '그들의 날이 계속되는 한 그들의 힘도 그러하리니'인 것이다.

이러한 교양이 생각할 수 있는 가장 높은 경지는 모든 선과 고귀한 것을 향한, 이를테면 어떠한 혼돈에 의해서도 흔들림이 없고 또한 흔들리지 않는 완전한 헌신이다. 이러한 상태는 머리로만 상상이 될 뿐 아주 소수의 사람만이 도달할 수 있는 인간 영혼의 경지이다. 그곳에 도달하면 더 이상 감각적인 것이나 변화와의 싸움은 없어지고, 정신의 법칙에 대한 자연의 저항도 사라지게 된다.

이러한 상태가 완전한 것이 되려면 하느님의 힘을 기다려야 하며, 그것이야말로 '성(聖)스러움'의 경지이다. 그러나 우리 역시 이러한 상태를 추구하고 노력해야 할 사명을 갖고 있다. 인간을 그러한 상태로 인도하고 그 목표를 지향하도록 하는 것이 개체적으로는 참된 교육의 임무이며, 전체적으로는 세계사가 나아가야 할 길이자 목적이기도 하다.

2

그러므로 당연한 말이지만, 진정한 교양은 가짜 교양이나 불충분한 교양과
는 비교할 수도 없는 것이다. 진정한 교양은 언제나 그것을 갖춘 사람의 인격
에서, 그리고 타인과의 교제에서 그 영향이 명확히 드러나는 것이다. 아무리
불리한 환경에 있어도 그러한 교양을 가진 사람은 저절로 우러나오는 어떤 위
대함에 의해 눈에 띄며, 같은 생활권 안에 사는 보통 사람과는 확연히 차이가
난다. 또한 진정한 교양은 자기 자신과, 또는 타인과의 조용한 평화를 이루어
낸다는 점에서도 눈에 띈다. 이러한 평화는 어떤 인생철학으로도 주어질 수
없다. 또한 이러한 평화는 타인에게까지 전염되는 쾌활함을 가지며, 그와 사귀
는 사람이라면 누구나 반드시 그 평화를 느끼게 될 것이다.

따라서 가짜 교양이나 불충분한 교양의 가장 알기 쉬운 특징을 예로 들어
보는 것도 전혀 무익한 일은 아닐 것이다. 우리는 자주 그러한 것들과 마주치
게 될 것이므로 그것을 잘 알아두어야 한다. 특히 다음과 같은 것들이 있다.

(1) 생활방식이 사치스러운 점. 완벽하게 교양을 쌓은 사람들은 겉으로 드러
나는 모습이나 주거와 음식에 큰 가치를 두지 않는다. 따라서 사치는 자신에
게 어울리지 않는 것, 타인에 대해서는 부정(不正)한 것으로서 조심스럽게 피
해야 할 것이다. 도가 지나친 사치나 열 손가락 모두 금반지를 낀다든가, 길게
늘어뜨린 시계 줄을 찬다거나, 빽빽할 정도로 가구를 갖추고 있다거나, 건강을
해칠 정도로 잔치를 벌인다거나 하는 일이 모두 교양 없음을 나타내는 확실한
증거이다. 그러한 증거를 보면 경계해야 한다. 왜냐하면 현명한 사람이라면 그
것을 몰라볼 리 없기 때문이다. 그런 것에 현혹되는 것은 어리석은 사람뿐이
다. 교양 있는 사람의 가장 확실한 외적인 특징은, 이런 의식주의 모든 면에서
전체적인 겉모습이나 생활태도에 일종의 기품과 여유로운 간결함이 드러난다
는 점이다.

(2) 교양이 있는지 없는지를 쉽게 알 수 있는 특징은, 너무 외면적이긴 하지
만 책을 갖고 있느냐 없느냐이다. 마음 편히 책을 살 수 있을 만한 경제력이

있는 사람의 경우는 특히 더 그렇다. 훌륭한 부인이 책 대여점의 더러운 책을 빌려 읽는다면, 교양을 충분히 갖추고 있지 않다고 보아도 틀림없다. 그 책에 수를 놓은 커버를 덮는다 해도 교양의 정도를 속일 수는 없다. 그저 그 부인이 자신의 결함을 의식하고 있다는 것을 나타낼 뿐이다. 호화로운 저택에 살면서 겨우 열두 권의 책을 읽지도 않으면서 아름다운 서가에 꽂아둔 것을 보았다면, 그 집 사람 모두를 교양 없는 사람이라고 생각해도 좋다. 서가의 책들이 모두 흔한 소설책뿐이라면 더욱 그렇다.

책을 많이 읽는 것은 실제로 오늘날 일반적인 교양에 반드시 필요하다. 완전한 교양을 갖춘 사람이 되기 위해서는 다음과 같은 것이 요구된다. 즉, 비교적 긴 생애를 보낸 사람은 우수한 문학작품은 남김없이 읽어야 하며, 그 밖에도 지식의 모든 분야에 대해 조금이나마 일반적인 올바른 개념을 익히고, '인간에 관한 것이라면 거의 모르는 것이 없다'라고 말할 정도가 되어야 한다.

'장사'를 하면서 어떻게 하면 그런 독서시간을 가질 수 있느냐고 묻는 사람이 있다면, 불필요한 일을 하지 말라고 대답하겠다. 예를 들면, 요리집이나 클럽, 사교적인 유흥이나 여러 신문 지면을 거의 모두 읽는 것 같은 시간 낭비, 거의 배울 것이 없는 극장, 너무 많은 음악회, 오후의 긴 시간을 낭비하는 스케이트, 그 밖에 여러 가지가 있다. 이처럼 누구나 자신만의 특별한 시간을 허비하는 듯이 느껴지는 일들을 모두 그만두는 것이 좋다. 광범위한 교양을 쌓으면서 동시에 모든 유흥을 즐기는 것은 처음부터 불가능한 일이다.

필요하다면 장사를 중단해도 무방하다. 그만큼의 이익은 있으며, 장사의 번창이라는 점에서 보아도, 교양을 갖춘 상인과 단순히 집요하기만 하고 속임수를 쓰는 잡상인 사이에 얼마만큼의 차이가 있는지 인생에서 머지않아 깨닫게 될 것이다.

(3) 또 교양이 결여된 사람의 특징은 떠들썩하고 조심성이 없는 태도에서 나타난다. 공공장소, 예를 들면 기차간이나 식당 등에서 큰 소리로 떠들거나 함부로 말하고 방자한 행동을 하거나, 일반적으로 많은 사람들이 모이는 장소에서 무례한 행동을 하는 따위가 그것이다. 이런 점에서 현대는 옛날과 비교해 교양이 모자란다고까지 생각된다.

이와 비슷한 특징으로 들 수 있는 것은 자기 자랑이나 호언장담이라고 생각하게 하는 것, 통틀어 말하자면 모든 허식과 허풍떨기 등이다. 예를 들면 자신의 사업적인 의의를 심하게 부풀려 선전하거나 신문에 과장된 광고를 내는 사업가들, 또는 겉에는 실크로 된 의상을 걸쳤으면서도 그다지 청결하지 않은 속옷을 입고 있는 여자들은 충분한 교양이 있는 사람이라고는 할 수 없다.

(4) 다음으로 교양에 필요한 것은 근면함이다. 근면은 교양을 얻기 위해 반드시 필요한 수단일 뿐 아니라 일하지 않는 나태함은 세상에서 말하듯이 '놀고 먹으며 살 수 있는' 신분의 경우에도 교양과는 정반대의 비열한 마음을 가졌다는 증거이다. 그러한 사람은 다른 뭔가의 품위 없는 일에서 기쁨을 발견하거나 일할 필요가 없다는 것을 어리석게도 자랑할 것이다. 그런 사람은 결국 친구로서도 대체로 마음이 조잡한 패거리이며, 옆에서 타인이 어려움을 겪고 있을 때 자기가 팔을 걷어붙이고 도와주면 되는데도 아무것도 모른다는 얼굴을 하고 있기 일쑤이다.

그러므로 게으름을 일삼는 사람은 겉보기에 아무리 품위 있는 모습을 하고 있더라도 내면은 교양 없는 비천한 인간임이 확실하다. 그런 사람이야말로 속이 빈 허수아비에 지나지 않는다. 뛰어난 교양을 가진 사람은 누구나 그 모습에 속지 않도록 하고, 그러한 인간에게 경의를 표하지 않아야 할 책임이 있다.

(5) 그러나 일에 미친 듯 지나치게 뛰는 것도 게으름과 마찬가지로 교양 없는 사람의 표시이며, 나태 못지않게 해로운 것이다. 그러한 광분이 자발적인 것일 경우, 이것은 진정한 교양의 거대한 두 적인 명예욕과 소유욕에서 생겨나게 된다. 또 이것은 그 사람이 교양이 아닌 다른 것에 최고의 가치를 두고 있다는 사실을 증명하는 것이다. 그러한 초조함이 단순히 나쁜 습관이나 다른 사람을 따라 하는 경우도 있고, 결국 마음의 평안과 침착함이 결여되어 있기 때문인 경우도 있다. 마음의 평안도 침착함도 결국에는 교양의 결과이기 때문이다.

어쩔 수 없는 경우가 아닌데도 휴일에도 평일에도 끊임없이 일하는 사람은 매일 아무 일도 하지 않는 사람과 똑같이 교양 없는 사람이라고 보아도 좋다.

(6) 금전관계에서 절대적으로 신뢰할 수 있는 사람, 금전에 대한 올바른 태도는 교양 있는 사람에게 절대로 빠뜨릴 수 없는 자격조건이다. 돈을 낭비하거

나 금전에 대해 심하게 경멸하는 것은 모두 교양이 없다는 표시이며, 또한 가난한 사람들에 대해 옳지 못한 것이기도 하다. 게다가 그것은 대부분 겉치레에 지나지 않는다. 또 지나치게 절약을 한다거나 사소한 일에서도 부정직한 것은 교양 있는 사람에게는 용서하기 어려운 일이다. 이것에 대해 성서는 이렇게 말하고 있다.

'지극히 작은 것에 충성된 자는 큰 것에도 충성되고 지극히 작은 것에 불의(不義)한 자는 큰 것에도 불의하니라. 너희가 만일 불의한 재물에 충성치 아니하면 누가 참된 것으로 너희에게 맡기겠느냐.[*2]

돈을 인생의 목적으로서 존중하는 것은 아니지만, 좀더 높은 목적을 달성하기 위한 수단으로서 알맞게 평가하면서 엄격한 정직함으로 금전을 올바르게 사용하는 것은, 아마도 깊은 교양을 쌓은 사람이라는 가장 확실한 증거 가운데 하나일 것이다. 마찬가지로 무리하게 이익을 쫓고 부를 숭배하는 것은 틀림없이 교양 없는 인간임을 나타내는 것이다.

(7) 마찬가지로 교양이 없는 사람임을 확실히 보여주는 특징은 낮은 위치의 사람이나 가난한 사람을 대할 때 오만하게 구는 것이다. 이러한 태도는 흔히 자신보다 높은 지위의 사람이나 부자를 대할 때의 비굴함과 연결되어 있다. 이 것은 갑자기 벼락부자가 된 교양 없는 사람 고유의 특징이다. 세련된 교양을 가진 사람은 언제나 예의 바르고 친절하다. 이들은 사귀는 상대가 자신보다 신분이 낮고 자신에게 의지하고 있는 사람, 가난한 사람일수록 더욱 정중하고 친절하게 대한다. 그러나 이것저것 요구하는 것이 많은 사람이나 위에서 내려다보고 싶어하는 사람을 상대할 때는 예의를 잃지 않을 정도로 소홀히 대할 것이다. 또한 상대방이 단지 부자라고 해서 존경하는 것은 앞에서도 말했듯이 자신이 전혀 교양이 없는 인간임을 보여주는 증거이다.

(8) 교양이 없는 것을 보여주는 사소한 특징은 많이 있다. 그러나 그것도 일부는 단지 나쁜 습관에 지나지 않거나, 또는 조금 결함 있는 교육의 결과이며, 반드시 그것이 교양 없는 증거라고 단정할 수는 없다. 따라서 여기에 넣어

[*2] 누가복음 16장 10절.

서 적당하다고 생각되는 것은 다음과 같은 것들이다. 예를 들면, 자신에 대해 함부로 말하는 것, 타인의 개인적인 일을 소문내는 것(험담을 하는 것), 수다를 즐기는 것, 침착하지 못하고 쉽게 흥분하는 태도, 필요하지 않은데도 이미 다 지난 일에 대해 끈덕지게 변명하는 것, 상대방이 아니라고 말해줄 것을 기대하고 스스로를 비난하거나 경멸하는 것, 지나친 친절, 또는 바보스러울 정도로 정중하게 구는 것 등을 들 수 있다.

특히 영국인들이 좋아하는 품위 있고 귀족적인 태도는 알다시피 침착함과 근엄함을 필요로 하는 것이지만, 이것은 무감동이나 냉담함에 빠지기 쉽고, 그렇게 되면 그것도 역시 결함이라고 할 수 있다. 참으로 교양 있는 사람은 늘 선(善)에 대해 감격과 열의를 갖고 있는 법이다. 이러한 마음이 없으면 설령 고상한 외모를 하고 있더라도 진정한 교양이 결여된 사람이다.

그러나 감격이 단순히 꾸민 것이 아니라 진짜일 때, 또는 초심자의 뜨거운 마음의 표현일 때는 감격의 표현 방법도 지나치게 강요적이거나 과장하는 일은 없을 것이라는 것도 확실하다. 일반적으로 너무 과장된 덕성은 역시 어느 정도 의심스러운 것이거나 적어도 유년기를 벗어나지 못한 것이다.

따라서 교양이란 본질적으로 인간의 내면적인 힘을 차츰 올바르고 진실한 것으로 발전시켜 나가는 일이며, 그 목적하는 바는 자신의 정신적인 본질을 향상시키고, 타고난 평범한 동물적 감각의 고삐에서 그것을 해방하는 것이며, 또 몸과 마음의 건강을 지키며 정신적인 본질을 좀더 높은 수준으로까지 육성하는 일이다. 만일 교양이 그러한 역할을 다하지 못한다면, 그것은 낮은 가치밖에 없는 것으로 전락할 것이다. 특히 교양 있는 계급에서는 교양이 반드시 그러한 역할을 다해야만 한다. 그들이야말로 가장 먼저 교양을 쌓을 의무를 갖고 있기 때문이다.

언제나 그저 '하층계급의 향상'을 부르짖는 것만으로는 충분하지 않다. 오늘날에는 진정한 교양으로 볼 때 개별적인 요점에서는 오히려 하층계급 쪽이 때때로 상류계급보다 더 뛰어나기 때문이다. 그러므로 오늘 같은 시대에 주로 필요한 일은 상류계급을 다시 한번 크게 교화시키는 일이다. 그들은 때때로 향락욕과 유물론적인 인생관에 빠져 인생의 좀더 높은 목적에서 시선을 피하고 있다.

그런데 여러분이 이러한 방법으로 진정한 교양에 도달하고자 결심한다면, 마지막에는 자신에 대해서도 인내심을 길러야 한다. 이것은 결코 하루아침에 이루어지거나 한 번의 결심으로 끝나는 것이 아니다. 물론 한번 확고하고 책임 있는 결심이 필요하며, 여러 가지 점에서 이 결심에서 게을러지면 그 때마다 다시 한번 새로이 결심을 다져야 한다.

진정한 교양은 진정한 미덕이 대개 그렇듯이 성장하는 것이다. 진정한 교양은 그 힘과 통찰력을 점차 키워가지만, 그렇다고 뭔가 마법의 힘으로 무리하게 그것들을 손에 넣을 수는 없다. 오히려 한번 교양의 길을 지향했다면 평생 그것을 계속해 나아가야 한다. 또한 진정한 교양이란 언제나 끝이 없으며, 오로지 하나의 올바른 인생 목적이며, 게다가 인생의 단 하나뿐인 바람직한 성과이기도 하다.

교양을 얻기 위해서는 여러 가지 면에서 시작할 수 있다. 순수하게 실천적으로 시작하고자 한다면 먼저 좋은 습관을 익히는 것부터 출발해야 하며, 또 철학적으로 하고자 한다면 생활방식에서 진리와 진리가 아닌 것을 사상적으로 인식하고 구별하는 일부터 시작해야 한다. 또 종교적으로 시작하고자 한다면 무한한 존재 및 그 존재에서 나오는 힘을 직접 구하는 것부터 시작해야 한다. 그 가운데 가장 쉬운 길은 의심할 나위 없이 종교적인 방법이다. 설령 그 밖의 다른 길을 걸으려고 해도 마지막에는 종교적인 길에 다다르게 된다. 왜냐하면 이기주의의 극복, 특히 쾌락의 극복이야말로 진정한 교양을 쌓는 비결이자 출발점이며 그것을 여는 진짜 열쇠이기 때문이다. 그러므로 대단한 지식도 없고 상류층과 사귀는 일도 없는 매우 소박한 사람들이, 신분이 높은 신사나 학자보다도 더 진정한 교양을 갖추고 있는 일도 때때로 일어날 수 있다. 이러한 사람들은 교양의 본질적인 것을 학자나 신사보다 더 우수하게 갖추고 있으며, 그리하여 진정한 교양에 이르는 가장 쉬운 길을 걸어온 사람들이다.

늘 자신의 일에만 얽매이고 자신의 일만 생각하는 상태에서 벗어나야 비로소 인간은 정신의 자유를 얻고, 자신의 정신적인 능력 안에 있는 힘을 충분히 이용할 수 있게 된다. 그런 상태가 되어야 정신은 처음으로 자신에게 맞지 않는 일에서 얼마간 해방되고, 평소에는 근심이나 쾌락 때문에 영원히 감추어져 있을 일을 파악하고, 그것을 마음속에서 조용히 소화시킬 수도 있게 된다.

그러나 이러한 것은(이것은 반드시 말해두어야만 할 것이지만) 몸과 마음이 왕성하게 성장하는 청년 시절에는 확실히 어려운 일이다. 너무 빨리 그 자신을 완성시킨 사람은 오래 살지 못하는 법이다. 그들은 인생의 목표에 너무 빨리 도달해 버린 것이다. 인간도 동물이나 식물과 마찬가지로 결실을 맺기 전에 먼저 충분히 성장하고 힘을 기르기 위해 이기적 본능에 따라 행동하는 기간이 필요하다. 그런데 인간의 경우는 그 기간이 지나면 반드시 자연스럽게 어떤 전환기가 온다. 즉 주로 자신에게 구애되는 일이 더 이상 그만큼 자연스럽게 느껴지지 않게 되고, 더 고상한 성품의 사람이라면 누구나(아니 적어도 인간다운 존재라면 누구나라고 말해도 좋은) 자신에게서 해방되어 어떤 이념을 위해 살아려고 하는 충동을 갖기 시작하는 시기가 오는 것이다.

이것이야말로 인생의 가장 결정적인 순간이다. 이 순간은 어떤 소수의 사람들에게는 생각지도 못하게 죽음을 맞이하고, 다른 생명으로 새롭게 환생하는 것과 비교할 수 있다. 그러나 많은 사람들에게 그것은 도리어 이제까지의 본성이 서서히 소리 없이 잠들면서 새로운 성질이 눈을 떠 형성되어 가는 것과 비슷하다.

그러나 일단 어떠한 방법으로든 이것이 시작되면, 인간 존재의 모든 현실적인 문제는 지금까지와는 다른 관점에서 재조명되면서 명료해지고 해결되는 것이다.

그러나 동물적이지 않은 사람에게 이러한 변화가 나타나지 않는다면, 영원히 치유되지 않는 갈증과 함께 죄의 감정이 남는다. 그리고 이 죄의 감정은 그 사람에게 이렇게 말할 것이다.

'너는 더욱 우수한 존재가 될 수 있었고, 꼭 그렇게 되어야만 했어.' 이 죄의식은 그 사람이 아무리 외적인 성공을 거두었다고 해도 결코 사라지지 않는다.

4

이상 위에서 말했던 부분에서 여러분이 제기할 것 같은 마지막 의문, 즉 '우리는 그 대신 무엇을 얻을 수 있습니까. 도대체 진정한 교양을 쌓으면 무슨 이익이 있습니까' 하는 의문도 해결하기로 한다.

여기에 대해서 이렇게 대답할 수 있다. 인간이 이룩할 수 있는 위대한 정신적인 진보는 우선 하나의 신앙에 바탕을 두고 있다. 인간은 먼저 자신이 알고 있는 것을 버리고 다른 것을 추구해야 한다. 그것도 오직 예감에 의해서만 그곳으로 인도된다. 그것을 깨닫게 해주는 기관이 없기 때문에 아직 충분히 이해할 수 없지만, 그렇다고 해도 그것은 추구하지 않을 수 없는 것이다.

그렇지만 추구하고자 하는 용기만 있다면 그것을 달성할 수 있다. 이 목표에 도달한 사람은 누구나 그것에 대한 대가가 너무 컸다든가 그 때문에 너무 고생을 해서 괴로웠다고 생각한 사람은 없다.

이 세상에서 주어지는 덕(德)의 보상은 덕이 엄연히 존재한다는 것, 그것은 세상의 모든 힘에도 정복당하지 않고 인간생활을 완전히 채워주고 만족시켜 줄 수 있는 유일한 현실적인 힘이라는 것이다.

테니슨은 이것을 다음과 같은 시에서 아름답게 읊고 있다.

〈보상〉
전사의 명예, 웅변가의 명예, 가수의 명예,
그것은 끝없는 바다로 사라져가는 찰나의 목소리들로 보상받는다.
그러나 악과 싸우고, 이것과 다투고, 이것을 바로잡은 덕의 명예
아니, 덕은 명예를 바라지도 좋아하지도 않는다,
그러면 덕에게는 쉼 없는 진보와 흔들림 없는 존재의 명예를 주겠노라.
죄의 보상은 죽음이다. 덕의 보상이 먼지와 같다면
어찌 구더기나 파리의 목숨을 감수할 용기가 있을까.
덕은 더없는 행복의 섬을 바라지 않고, 의인의 조용한 자리도 바라지 않으며
황금의 숲에서 쉬는 것도, 여름 하늘 아래에서 따뜻이 지내는 것도 바라지 않는다.
그러면 덕성에게는 끊임없는 진보와 죽지 않는 보상을 주겠노라.

이렇게 우리 시대의 가장 뛰어난 사람의 판단에 따라서도 진정한 교양을 향해 노력하는 것은 고생한 보람이 있는 일이다. 그것을 실제로 바라는 사람은, 빈부와 학문의 유무를 떠나서 누구나 이 보물을 손에 넣을 수 있다. 분명 그리스도가 그 시대 사람들에게 한 말은 오늘날 우리 시대에도 적용될 수 있

는 말이다.

즉, 단순한 마음이나 겸허함을 가진 사람들은 내적으로 진정한 교양에 더 근접해 있고, 또 그 길의 도중에서도 지혜로운 사람이나 현명한 사람, 특히 부유한 사람들처럼 여러 가지 커다란 어려움에 부딪히는 일이 없다. 이러한 사람들은 진정한 교양과 양립할 수 없는 끝없이 많은 편견과 외적인 사물에 대한 집착을 떨쳐 버려야 한다.

그러므로 진정한 교양에 도달하기 어려운 사람도 있고 쉽지 않은 사람도 있지만, 진정한 교양에 도달하는 것이 전혀 불가능한 사람은 단 한 명도 없다. 다만 그 마음이 오로지 물질적인 재물에 집착하고 겉보기만의 문화에 만족하는 사람들은 예외이다. 그러한 문화는 아무리 내용을 장식하고 가치를 주장해 보았자, 도리어 본질을 잃은 겉모양이나 외형에 지나지 않는다.

이것을 이미 오랜 옛날에 중국의 철학자 공자가 적절하게 말하고 있다. 다음의 시는 그 소박한 번역문이다.

> 일류급 사람은 잠시만 배워도 현명해지고
> 이류급 사람은 현명해지기는 하나 오래 배우지 않으면 안 되고
> 삼류급 사람은 어리석음에 머물러 있고, 배우는 것은—오로지 말뿐이라.
>
> 《논어》계자(季子) 16 참조)

운명이 일찍부터 어떤 사람을 최상석에 예정해 놓았는지는 우리의 의지와는 전혀 상관이 없다. 또 다행스럽게도 그것은 그렇게 중요한 문제가 아니다. 그런 사람은 예외적인 존재이며 인류의 도덕적 천재이다. 그러나 이류의 자리에는 우리들 누구나 초대받고 있으며, 또 한번 그 길이 보이면 우리는 스스로 그 길을 걸어가라는 강력한 격려를 받는다. 사람이 이 인생에서 만나는 가장 비참한 일은 길을 가리켜 주었는데도 언제까지나 삼류의 자리에 머물면서, 그들의 존재가 자신에게나 타인에게 진실한 가치를 주지 못하고 끝나는 경우이다.

> 지혜를 얻은 자와
> 명철을 얻은 자는 복이 있나니

이는 지혜를 얻는 것이

은을 얻는 것보다 낫고

그 이익이 정금보다 나음이니라.

지혜는 진주보다 귀하니

네가 사모하는 모든 것으로도 이에 비교할 수 없도다.

그의 오른손에는 장수가 있고

그의 왼손에는 부귀가 있나니

그 길은 즐거운 길이요

그의 지름길은 다 평강이니라.

(잠언 3장 13~17절)

고귀한 영혼

칸트는 그의 짧은 논문*1에서 다음과 같은 명제를 내세우고 있다. '일반적으로 피조물의 자연적 소질은 모두 완전하고 합목적적으로 발달하도록 정해져 있다. 그럼에도 불구하고 인간(지상의 유일한 이성적 피조물)만큼은 이성의 사용을 지향하는 소질이 개인 각자에게가 아니라 오직 인류로서만 완전하게 발달할 수 있다.'

이런 관점에서 생각한다면 실제로 그 목표가 저절로 실현될 리가 없으므로 필연적으로 다음과 같은 결론이 나오게 된다. 즉, 인류의 각 개인은 항상 인류가 좀더 높은 존재로 발전하는 것을 매개해야 할 사명을 지지 않으면 안 된다. 다만 그에 대한 전제로서 각 개인이 이 목적에 자신을 바치고, 그 대신에 다른 사적인 생활목적을 되돌아보지 않는다는 결의를 품어야만 한다. 나아가서 그러한 목적을 달성하려면 1대에 걸쳐서는 충분하지 않으며, 이 사명을 상속하는 것도 가능할 뿐만 아니라 한층 그 목적에 부합한다는 추론마저도 정당하다고 볼 수 있을 것이다.

그러한 목적을 실현하기 위해 모세의 입법은 실제로 웅대한 계획을 품고 있었다. 즉, 온 겨레의 일상 생활조건 속에서 한 부족*2을 특별하게 들어올려서 그와 같은 가장 고귀한 일에 헌신하게 했던 것이다. 특히 주목할 만한 것은 이 부족이 유독 엄격하게 재산 소유를 금지당했다는 점이다. 그들이 세습하는 것은 오로지 신뿐이었다. 그리고 모든 이스라엘인은 자기 수입의 10분의 1을 갹출해서(자기가 좋아하는 레위족의 누구에게든 그것을 줄 수가 있었다) 전체를 위해 그 부족을 유지하는 의무를 졌다. 과연 이런 제도가 근대국가 어딘가에서 실현될 수 있을지, 그리고 이 점이 중요한데 이 제도가 오랫동안 처음 생길 때의 취지대로 유지될 수 있을지는 의심스럽다. 그러나 어떠한 인간집단이든

---

*1 《세계 시민적 의도에서 본 일반 역사에 대한 이념》 1793년.
*2 레위족. 제사를 주관하는 족속.

그 집단을 유지하려면 소금이 필요하며, 그 소금이 없으면 쉽게 부패하는 것은 시대를 막론하고 변치 않는 진실이다. 이러한 소금이 내가 말하는 '고귀한 영혼'이다.

그리스도교도 어쨌거나 처음에는 모든 신자에게 그와 같은 마음가짐을 요구하려 했음이 확실하다. 그러나 그 뒤로 그리스도 교도 전체에 대한 요구는 계속해서 줄어들어 간다. 그렇더라도 우리는 누구에게나 행해지는 일반적 요구보다도 한층 엄격한 두세 가지 요구가 있다는 것을 강조하지 않으면 안 된다. 그러나 그 요구를 만족시키기 위해서 외적인 계급(카스트)제도라는 것은 결코 필요하지 않다. 필요한 것은 그 요구를 수용할 때 그것이 완전한 자유의 지에서 나온 것이어야 하고, 나아가서는 진심으로 기뻐하는 마음으로 행해야 한다는 점이다. 게다가 그 경우 그러한 요구로부터 생겨나는 특권적 지위를 염두에 둔다거나, 그로 인해 거만해진다거나 하는 것은 엄격하게 금해야 한다.

따라서 이러한 의미의 귀족계급은 그 밖의 다른 귀족계급보다 장점을 지닌다. 즉, 모든 사람들이 그러한 귀족 무리에 힘들이지 않고 들어갈 수 있다는 것, 특히 누구나 그와 같은 고귀한 가족의 창시자가 될 수 있다는 것이다. 또한 그러한 귀족이 되기 위해서 많은 사람들이 동시에 몰려드는 일도 결코 없다. 오히려 누구든지 현대의 레위족에게 언제라도 기꺼이 그 자리를 양보할 것이다. 그들이 그러기 위해 세속적 이익을 둘러싼 열광적인 경쟁을 그만두려 결심하기만 한다면 말이다.

그러므로 고귀한 영혼이란, 인류 전체의 향상에 좀더 효과적으로 헌신하기 위해서 일반 사람들이 흔히 지향하는 삶의 이기적 향락을 근본적으로 단념하는 사람들을 말하는 것이다.

이 경우에 다음 두 가지, 즉 헌신과 향락을 조화시킬 수 있지 않을까 하는 그럴듯한 반론을 인정하지 않을 수 없다. 일부러 사실에 눈을 감지 않는 이상 둘 사이의 조화 같은 것은 경험으로 볼 때에도 있을 수 없는 일이다. 이 점에 관해서는 경험이 뒷받침되지 않은 판정은 남을 결코 납득시키지 못할 것이다. 마찬가지로 우리는 앞으로 그리스도교 전체가 변화하고 향상할 만한 일이 일어나리란 것을 아직은 믿을 수가 없다. 적어도 그리스도교계가 일시적으로나마 다시 젊어질 수 있다면 그것은 다음의 경우뿐이다. 즉, 스스로 신앙의 여러 요구를 진지하게, 글자 그대로 엄격하게 받아들이려 하는 사람들, 더 구체적으로 말한다면 현재의 그리스도교계를 형성하고 있는 대다수의 신자들이 할 수 있는 것 이상의, 적어도 오늘날 기대할 수 있는 것 이상의 진지함으로, 신앙의 여러 요구를 받아들이려 하는 사람들이 그리스도교의 넓은 범위에 걸쳐서 다시 형성되어갈 때이다. 거기서 발견될지도 모를 위험, 즉 거기서 다시 새로운 '바리새주의'가 생겨날지도 모른다는 위험도 없는 것은 아니다. 그렇지만 이 새로운 바리새주의는 완전히 개인적이며, 결코 외부로 드러나지 않는, 또는 결코 조직되지 않는 인생관에 머무를지도 모르므로 그럴 위험도 상당 부분 완화될 것이다. 오늘날 그리스도교의 발전 상황을 살필 때, 전체적으로 외적인 형식의 대대적 개선은 외면하고, 가장 먼저 다시 내면으로부터 출발해서 '눈에 보이지 않는 교회'로, 현실적으로는 이 세상의 것이 아닌 나라로 향하고자 하는 것이 특징인 것처럼 보인다.

그렇지만 이와 같은 교회의 문제를 자세하게 해명하는 것은 이 논문의 목적이 아니다. 그뿐 아니라 이 논문의 주된 취지에도 맞지 않을 것이다. 왜냐하면 자기 내부에서 개혁을 추진해 나아가는 것이야말로 무엇보다도 개개인이 해야 할 일이라는 것이 이 글의 취지이기 때문이다. 그래서 여기서 우리가 문제 삼는 것은 다음과 같은 것이다. 즉, 가장 고귀한 영혼이 갖추지 않으면 안 될 성질이란 어떠한 것인가. 이러한 비범한 정신적 경향을 방해하는 주된 장애물은 무엇인가. 마지막으로 현대에서도 그와 같은 목표를 향해 노력하는 것이 가능한가. 또한 그럴 만한 가치가 있는가. 바꿔 말하면 '그것을 하려는 사람에게 어떠한 대가가 주어지는가' 하는 문제이다.

'고귀함'의 반대는 '불량'이라든가 '악성' 같은 것이 아니다. 물론 그것들은 결코 고귀한 것이 아니지만. 고귀하다는 것의 반대는 '비천하고 작은', '좁은', '소시민적'이라든가 생활의 사소한 목표밖에는 염두에 없으며, 그것도 자신이나 자기의 가까운 주변밖에는 생각하지 않는 것이다. 고귀하다는 것은 넓은 안목, 모든 사람에 대한 넓은 아량, 자신에 대한 무심함, 타인에 대한 배려 등이다. 고귀하려면 두려워하지 않을 것, 어떠한 상황 아래서든 이 세상의 뭔가에 위압당하지 않음이 반드시 필요하다. 하기야 그러한 성질은 참된 고귀함과 거짓 고귀함에 공통된 것이기는 하다(진정한 고귀함은 어딘가 사랑스러운 형식을 갖추고, 참으로 존경할 만한 것에 대해서는 마음에서 우러난 경의를 표하지만, 거짓 고귀함에는 그런 것이 빠져 있다). 더욱이 참된 고귀함에는 일종의 고결함도 없어서는 안 된다. 어떤 방면으로든 이제 동물이 아니라는 것, 단순한 육체적 존재에 이제는 결코 따르지 않는다는 것, 이것이 본래 우리의 사명이며, 이것을 우리는 먼저 이 세상에서 배우고 나중의 생활에서 그것을 완성해야만 한다. 인간이 제1대에서 그런 견고한 신념에 도달하는 것은 경험상 드문 일이지만, 일단 그 단계로 나아가면 고귀한 영혼에게는 비속한 것은 본성에 반하는 것이 되며, 또한 육체적으로도 혐오스런 것으로 느껴지기 시작한다. 그러나 영혼의 성장이 낮은 단계에 머무는 동안은 정신적으로는 비속한 것을 이미 극복했더라도 여전히 그것에 매력을 느끼고 유혹을 당한다.

그러면 고귀하지 않은 것을 하나하나 들어 보겠다. 먼저 허영이 그러하다. 그뿐 아니라 허영이 가득한 영혼은 더 비천하다는 것은 분명한 사실이다. 유독 호언장담을 하는 것이나 일반에게 하는 자화자찬, 또는 관대하게 보아 넘길 정도의 것이라 하더라도 모든 종류의 자기광고 등이 모두 그러하다. 이러한 경우 허영심은 부도덕은 아니라 해도 어쨌든 뛰어난 것은 아니고, 오히려 보잘것없고 속된 것이다.

다음으로 육체적 향락은 아닐지라도 어떠한 향락을 무턱대고 즐기는 것도 모두 고귀함이랄 수 없다. 고상한 인간은 언제나 향락을 초월해 있을 뿐 결코 향락에 빠지는 일이 없다. 비록 때로는 도덕적이고 죄가 없는 지극히 평범한 향락의 즐거움이라도, 그것이 겨우 한 단계만 올라가도 사치의 기쁨이 된다. 사치에는 이미 옳지 못한 더러움이 배어 있다. 왜냐하면 사치는 누군가 타인에게서 그 사람의 몫을 빼앗거나, 애초 사람들 사이에서는 안 될 불화나 분열을 일으키고 그것이 지속되도록 하기 때문이다. 스토아주의자가 극단적인 금욕주의에 빠지지 않고, 나아가 고상하고 간결한 생활방식을 취하는 것은 이미 유전적으로 고귀하게 태어난 영혼의 확고한 증거이다. 반대로 사치에 만족감을 느끼는 것은 벼락부자의 특징이다. 남의 돈을 빌려서, 그 결과 남에게 폐를 끼치면서까지 사치를 하는 것은 더할 나위 없는 비속한 짓일 뿐만 아니라 결국 악의 길로 빠져드는 경우도 드물지 않다.

자기 얘기를 자주 지껄인다든지, 특히 자기의 일*³이나 선행을 자랑하는 것은 결코 고귀하지 않다. 자기의 선행을 자만하는 것은 대개의 경우, 요란하게 떠들어낼 만큼 자격 있는 사람이 거의 없다는 점에서 보더라도 결코 고귀하다고 할 수 없다. 왜냐하면 아직 자기가 충분히 사용할 수 있는 것을 남에게 주는 사람은 드물며, 그저 쓰고 남는 것의 일부를 나누어주는 것에 불과하기 때문이다. 그러므로 그것은 그 사람이 정당하게 소유하고 있다고도 할 수 없을 만한 것이다. 진정으로 훌륭한 방법으로 선행을 하는 것은 대개 가난한 사람들뿐이다. 그들은 자기가 가진 모든 것을 주면서 서로 돕는 것을 당연한 일로 생각할 뿐, 주는 것을 명예라고도 생각지 않으며 받는 것을 수치라고도 생각지 않는다. 그렇지만 상층계급 사람들은 이따금씩 선행을 크게 자랑삼아 내보임으로써 가장 값싼 방법으로 그리스도교와 타협하려 애쓴다.

물론 또한 자기의 선행을 구태여 감추는 방식도 있는데, 이것은 나중에 발견되어 두 배의 칭찬을 받으려는 책략이다. 또 자선 시설에 기부함으로써 가난한 사람들과의 개인적인 접촉을 피하려는 것도 옳지 못한 일이며, 특히 그리스도교적이지 않다. 복음서는 그와 같은 단체에 대해서는 아직 아무것도 모르며(분명하게 그것을 배척하지는 않지만), 그저 간단하게 '원하는 자에게는 주라*⁴'고 할 따름이다. 이 말에 덧붙여서 '상대를 상하게 하지 않는 것이 분명하다면' 정도의 것이라면 허용될 것이다. 실제로 줌으로써 상대에게 상처를 주는 일도 일어나기 때문이다. 굳은살이 박인 손이나 그다지 깨끗하지 않은 손을 잡는 것을 주저해 뒤로 물러서는 행동 따위는 진정한 고귀함과는 거리가 멀다.

또 대체로 변변치 못한 사람들을 경멸하는 것은 고귀하지 않다. 예를 들면 이 세상에서 진정으로 고상하다고 일컬을 만한 사람이 많이 섞여 있는 가난한 사람들이라든지, 어린이라든가, 그 밖의 온갖 핍박을 당하는 사람들, 나아가서는 동물에 대해서조차도 경멸하는 것은 고귀하지 않다. 특히 사냥은 고귀한 사람, 또는 자칭 고귀하다고 하는 사람들의 오락 가운데 하나이지만, 정말로 고귀한 것이라는 생각은 들지 않는다. 특히 전혀 위험하지도 않고, 어떠한 방어력도 없는 생물만을 죽이는 경우는 더더욱 그러하다.

고용된 사람들에 대해서 언제나 진심으로 친절하게, 결코 거만하거나 비굴

---

*3 호세아 14장 4절.
*4 마태복음 5장 42절.

하지 않게, 친절하게 대하며, 또한 허물이 없지도 않지만 그러면서도 늘 아량 있게 배려하는 마음이 있다는 것은 참으로 위대한 기술이고, 더구나 1대에는 결코 습득할 수 없는 법이다. 그러나 이것은 언제나 고귀하다는 확고한 증거이다.

마지막으로 고귀한 영혼은 근본적으로 염세적인 기분에 빠지는 일이 없는 법이다. 염세주의자는 대개 너무 작게 타고난 영혼이며, 인생의 가장 좋은 보물을 얻기 위해 용감하게 분투할 줄도 모르고, 힘과 인내로써 그 보물을 손에 넣을 줄도 모른다. 그것을 얻지 못해 약이 오른 그들은 그런 인생 최고의 보물을 부정하려 하거나, 그것을 단념하는 것이야말로 인간이 도달할 수 있는 가장 높은 경지라고 말한다. 이런 것이 발전의 한 단계라면 모르지만 그렇지 않은 경우라면 그런 사람들은 언제나 생각이 좁고 이기적인 인간에 지나지 않는다. 우리는 이런 사람들에게 감탄과 경의를 보여서는 안 된다. 또한 '불평하는 사람'이나 무슨 일에건 비평하지 않고는 배기지 못하는 사람, 여성학대자, 또는 물건을 깜박했다거나 기차를 놓쳤다고 격분하는 지나치게 꼼꼼한 사람 등, 이런 사람들은 고귀하지 않은 사람이다.

반면에 가장 고귀한 것은 적을 사랑하는 것이다. 자기의 친구에게 잘해주거나 모든 사람에게 친절하고 공정한 것은 시민으로서는 장한 일이지만, 아직 고귀하다고는 할 수 없다. 헐뜯는 말도 태연하게 받아들이고, 적에게도 항상 공평할 수 있는 사람이야말로 순수한 정신을 가진 귀족이다.

고귀함의 완전한 전형은 그리스도이다. 많은 전기 작가들이 그리스도를 너무나도 외형적으로 깎아 내린 측면에서 그려내고, 게다가 유럽의 갖가지 견해를 사고방식이 다른 동양 세계에 들여놓는 것은 확실히 잘못이다. 그리스도가 보였던 고귀함의 전형은 어린 사람이나 가난한 사람, 학대당하는 사람이나 죄 있는 사람에 대한 더없이 부드러운 애정과, 당시의 모든 고위 인사, 부자, 권력자들에 대한 더없이 위대하고 침착한 자신감이 비할 바 없이 바르게 어울려 있었던 것이다. 더구나 이 자존심은 결코 반항적이거나 오만하지 않았다. 이것만으로도 이미 그리스도의 인격에, 순수하게 인간적으로 생각해서는 설명하기 힘든 각인을 새기는 것이다. 그 뒤로 그리스도의 이러한 전형에 따르는 것은 완전함을 추구하는 모든 사람의 과제이고, 이 전형을 원리적으로 거부하는 사람은 언제나 잘못된 이상을 추구하며, 더구나 그 목적을 이룰 수 없는 위험에 빠지는 것이다. 이와 같은 잘못된 이상을 추구한 대표적 인물이 스스로 고백하고 있다시피 모든 사람의 "가슴에는 두 개의 영혼이 살고 있다. 그 하나는 세차게 정욕을 태우며 뒤엉킨 관능으로 이 세상에 집착하고, 다른 하나는 앞뒤 가리지 않고 티끌 세상을 떠나서 고상한 선인의 세계로 오르려 한다"*⁵고 말한 괴테이다.

확실히 고상한 사람의 세계로 오르려면 늘 자신에 대한 강력한 태도와 천상의 세계에 대한 신앙이 필요하다. 마음에 깃든 두 영혼 가운데 비천한 쪽을 충분히 극복하지 못했던 이 위대한 시인은 그의 유명한 작품의 제2부에서 이렇게 말하고 있다. "눈을 깜박이며 하늘을 올려다보고, 구름 위에도 나 같은 사람이 있다고 공상하는 녀석은 바보이다. 그보다 대지에 단단히 발을 딛고 이 땅을 둘러보아야 한다. 이 세상은 할 일이 있는 인간에게는 숨기지 않는다."*⁶ 이 말에 대해서는 다음과 같이 대답해야 한다. '고귀하려면 얼마쯤 어리석은 것도 필요하다. 더구나 이 어리석음은 인간의 그 어떠한 지혜보다도 영리하다'고.

진정한 고귀함을 방해하는 가장 커다란 장애는 참되지 않은 고귀함과 인간에 대한 공포이다.

오래 지속되는 인간의 단체에는 모두 어떤 종류의 '귀족'이 들어가 있게 마련인데, 그것은 그러한 것이 필요하다는 증거이며, 동시에 단체를 부패시키는 주된 원인이기도 하다. 역설적으로 말하면 귀족은 법적으로 그 존재가 인정되지 않는 경우에는 가장 순수하고 훌륭한 것이지만, 법적 권력을 쥘 때는 가장 사악한 것이 된다고 할 수 있겠다. 오늘날 이러한 상층계급에 속하는 사람들은 때때로 자기도취에 빠진 망상을 품고 살고 있는데, 그것은 계통적인 교육이 모든 훌륭한 식견을 가로막고 있기 때문이다. 즉, 그들은 사회에 대한 자기들의 책무는 그저 자기들이 생존하는 것뿐이라거나, 아니면 영국에서 말하는 '상류계급 1만 명' 외에는 자기들에게 사회 같은 것은 존재하지 않는다고까지 생각한다. 또 그들은 전체 삶 속에서 이른바 '아름다움'을 대표하면 그것으

---

*5 괴테 《파우스트》 제1부 1112~1117.
*6 《파우스트》 제2부 11443 이하.

로 충분하다고 생각하는데 그에 대한 구실로, 예를 들면 '장미는 자신을 아름답게 꾸미면 정원을 꾸미는 것이 된다'거나, '신분이 낮은 사람들은 일을 해서 지불하지만 고귀한 사람은 그 존재 자체로 지불한다'는 문구를 갖다 붙인다. 나중의 말은 좀 낫기는 하지만 역시 이따금 잘못 쓰이고 있다. 이 말은 올바른 의미로 해석하면 분명히 진리이다. 왜냐하면 고상한 행위는 고상한 존재에게서 저절로 필연적으로 생겨나는 법이며, 그러한 존재가 배후에 없으면 고상한 행위로 보이는 것도 단순한 위선에 지나지 않기 때문이다. 따라서 고상한 성질을 지닌 사람이 가지고 있는 가장 확실한 표시 가운데 하나는 그들이 행복한 사람들보다도 오히려 불행한 사람들 쪽을 좋아한다는 점이다. 그렇지 않은 경우는 신의 축복을 받은 진정한 귀족적 천성을 가지고 있는 것이 아니며, 비록 외적 지위가 어떠하든 그것은 평범한 것에 불과하다.

어딘가 오만해서 남이 근접하지 못하는 태도는 확실히 스스로를 높게 여기는 인간이 좋아하는 행동이며, 그들은 그것을 고귀하다고 생각한다. 그렇지만 신의 손길이 닿으면 결코 그렇게 되지 않는다. 신은 어떤 사람에게 은혜를 주려 할 때 오만한 태도를 버리지 않을 수 없는 상황으로 그 사람을 몰아간다. 왜냐하면 일반 사람들의 운명으로부터 멀리 떨어져서 그것에 대해 전혀 알지 못하는 반신(半神)들은 아무에게도 사랑을 받지 못하기 때문이다. 그들은 그런 '예외적 지위'를 얻은 대신에 참된 사랑을 알지 못하기 때문에 너무나도 값비싼 쇼핑을 한 셈이다.

그렇지만 참으로 이상한 것이 있다. 그것은 인간 사회의 가장 쓸모없는, 더구나 그 쓸모없음을 자랑하는 극락조와 같은 이들이, 그들의 존재 전체와 세계관 전체가 그리스도교의 기본이 되는 원리와 모순되는데도 여전히 그리스도교의 열성 신자로서 행동하고 있는 것이다.

그러므로 크롬웰의 말 그대로일 것이다. 즉 '그리스도가 염두에 두었던 일은 민중의 일과 일치한다'는 것이다. 그렇지만 통속적 의미의 고귀한 정신은 복음을 즐겨 듣거나, 그렇지 않으면 복음을 본래 정해진 목적과는 다른 목적으로 이용하려 시도하거나 할 뿐 그 이상으로는 나가지 않는다.

물론 이와 같은 타고난 귀족도 내적으로 고귀하지 않는 한 진정으로 고귀할 수는 없겠지만, 그들보다 더 고귀하지 않는 것은 하층 서민계급에서 귀족으로 벼락출세한 사람이다. 이런 사람은 대개 타고난 노예근성에서 아직 벗어나지 못했다. 또한 엄청난 부를 쌓아서 벼락부자가 된 거만한 귀족도 고귀하지 않은 것이 일반적이며, 그들에게는 자기의 재산이 정당한 것인지 아닌지에 대한 감정마저도 결핍되어 있다. 그런 사람에 대해서 데모스테네스는 이런 사람은 틀림없이 노예의 자식과 바뀌치기된 것이며, 자유로운 국가의 조직에는 전혀 맞지 않는 인간이라고 했다.

오만은(비록 재능이나 성공에 관한 오만이라 하더라도) 비천한 영혼을 가지고 있다는 움직일 수 없는 증거이다. 이에 반해 자만에 대해서는 무조건적으로 오만과 똑같다고 말할 수는 없다. 오히려 자만으로부터의 구제, 즉 겸손이 은총의 문 안에서 비로소 모든 잘못을 스스로 정화하는 사람에게만 주어지는 법이라고 한 것은 단테의 위대한 교훈문학의 커다란 사상적 특징이다. 즉, 그 전에는 자만보다도 더욱 영혼의 고귀함에 어긋나는, 그보다 더한 다른 비천한 죄를 막기 위해서 그 사람은 아직 자만이 필요한 것이다.

진정한 귀족은 신의 소명에서 비롯되는 것인데, 이 사실은 언제까지나 변함이 없을 것이다. 하느님은 이 세상에서 오직 하나의 올바른 '주'이고, 이 외에 다른 '주권'은 존재하지 않으며*7 신은 그에 적합한 능력이 있다고 인정하는 자를 직속 신하로 삼는다. 또한 개인주의, 즉 자기의 본성과 자유의지를 지니는 주권은 선하게 적용되는 한 모든 인권 가운데서 절대로 포기할 수 없는 권리이며, 어떠한 정치적 민주제도도 이 권리를 없애지 못하고, 또 없애지 않으리란 것은 확실하다.

이와 같은 개인주의를 배제하고 좀더 저급한 계급의식이나 군집의식을 존중하거나 또는 일반적인 평균 교양을 지향하는 것은 말할 것도 없이 야만을 의미한다. 그러나 개인주의를 획일적이고 이기적으로 단지 자기를 위해서만 널리 펼치는 것은 범죄 아니면 광기를 의미한다. 형식의 아름다움은 그것이 건강한 선(善)의 땅에서 꽃피는 경우는 각 개인 및 모든 세대의 교육에서 그 가치와 권리를 지니기 마련이다. 그렇게 되어야지만 형식의 아름다움은 남자다운, 바꿔 말하면 고대적 의미의 덕이나 중세적 기사도의 완벽한 표현이 된다. 오늘날에는 그런 것은 단지 일반적이고, 세계 시민적인 '신사적'(gentlemanlike)이라는 형태로밖에는 남아 있지 않지만, 그런 형식에 있어서도 여전히 정신적 내용

---

*7 마태복음 23장 9~12절.

이 없는 공허한 틀에 지나지 않는 경우가 적지 않다. '온후함(gentleness)은 남자다움(manfood)과 결혼할 때 인간을 만든다'. 그렇지 않으면 인간은 생겨나지 않는다.

"인간을 두려워하면 덫에 빠진다, 그러나 주를 신뢰하는 자는 평화롭다"고 어떤 현명한 잠언 시인은 말하였다. 이것은 대단히 좋은 경험을 한 것과 비슷한 수준의 말이다. 인간을 두려워하는 것은 언제나 나쁜 길로 이끌게 마련이며, 또한 언제나 사소한 일에 연연하고 비속하다. 그렇지만 올바른 행동을 하는 한 반드시 신이 자신을 지켜준다고 믿어도 된다. 눈에 보이지 않는 신을 위에 모시고 있지 않다면, 물론 아무도 언제나 두려움 없이 지내지는 못한다. 아무리 지위가 높은 사람이든 권세가 지극한 사람이든 모두 그러하다.

인간에 대한 공포와 결부되어 파생하는 갖가지 작은 악덕이 있다. 증오, 질투, 복수심, 원한, 심술, 타인에 대한 옳지 못한 판단 등이 그것이다. 더없이 비속한 이 모든 것들은 공포의 결과이다. 금전이나 재물을 향한 끝없는 추구, 즉 소유욕은 오직 자기 혼자만을 위해서 긁어모으려는 미치광이 같은 성향에서 온다기보다는 때때로 '생존경쟁'에서 한 자리를 차지하고 그것을 유지하려는 (만약 신이 계시지 않는다면) 정당한 필연성에서 생겨난 것이다. 더구나 이 자리는 우연한 사건이나 타인의 행복을 시샘하거나, 또는 증오하는 사람들의 우세한 대군의 공격에 대해서도 충분히 안전하다고는 말할 수 없는 것이다. 만약 그러한 공포가 없었다면, 아니 하다 못해 소유욕에서 오는 공포만이라도 이 세상에 없었다면, 어쩌면 세상에는 완전히 재산이 없는 사람도 없고 사회 문제도 일어나지 않을 것이다.

이와 같은 희망이 끊긴 상태를 개선하고자 한다면, 한편으로는 정당하게 주어진 행복의 몫을 받아보지도 못하고 단 한 번뿐인 짧은 인생을 보내야만 한다는 공포를 안고 있는 사람들을 그 공포에서 해방시켜 주어야만 한다. 그들은 그 공포 때문에 무리하게 행복을 점령하려는 반미치광이 같은 노력에 어쩔 수 없이 내몰릴 것이기 때문이다. 다른 한편으로는 현재 세상에 있는 재물을 모두에게 분배하면 모두가 가난하고 참혹해지지 않을까 걱정하는 사람들을 그런 불안에서 벗어나게 해 주어야 한다. 이 두 견해의 대립을 어떻게든 조정하려는 것에 오늘날의 노력이 모아지고 있으나 애당초 헛수고이다. 그런 사고방식은 원래 어떠한 고귀함도 지니지 않은 것이다.

확고한 신앙의 토대 위에 서서 공포에서 해방되고, 그래서 완전히 고귀해진 영혼은 아름답기는 하지만 오늘날에는 극히 드물다. 오늘날 극히 적은 사람밖에는 이 목표에 도달하지 못한다. 더구나 그것도 심각한 회의에 빠지거나, 커다란 고뇌를 겪거나, 멀리 돌아서 가거나 하지 않으면 그곳에 도달하지 못한다. 몇몇 사람들은 선구자들에 의해서 그 길에 익숙하고, 이미 어떤 단계에서 시작해서 단지 앞으로 나아갈 노력만 하면 되는 경우도 있지만, 그렇더라도 여전히 목표에 도달하는 사람은 적다.

새로 태어나는 아이들은 모두 그러한 높은 사명을 분명하게 지고 있건만, 나이가 들면서 대개 이 사명을 달성하는 것이 차츰 불가능해지는 것은 참으로 슬픈 일이다. 그렇기는 해도 이러한 최고의 목표에 도달해야만 하는 사명을 띤 많은 사람들 가운데 단 한 사람이라도 그 사명에서 벗어나려는 자가 있다면, 그에게는 무서운 저주가 내릴 것이다.

그러나 첫머리에서 언급했다시피 이 세상에는 고귀한 영혼만 있을 수는 없다. 만약 그렇게 된다면 실로 '영원한 평안의 상태'일 테지만 말이다. 고귀한 사람들뿐인, 그리고 '그 밖의 것을 받아들이지 않는' 사회가 있다고 한다면 그것은 내세(來世)일 것이다. 물론 우리가 내세라는 것을 상상할 수 있을 때의 이야기이다. 그러나 시대의 흐름이라는 그때그때의 사악한 신 '바르'에게 무릎을 꿇지 않는 사람, 자기의 자연적 성질에 따라서 '생을 향락으로 일관하는' 것(그것이야말로 야수성이다)을 원치 않는 사람이나 신이 언제까지나 이 땅에 머무르기를 바라 마지않는 사람, 그런 사람들이 적어도 몇 명쯤은 항상 있어야 한다.

모든 사람은 다 고귀한 사람이어야 할 사명을 띠고 있다. 특히 그리스도 교단에 속하는 사람은 더더욱 그러하다. 사실 근면한 사람만이 '선택받은 사람'이 될 수 있다 하더라도 그것은 누구나 될 수 있는 선량한 사람(엘리트)이다. 이러한 종류의 귀족은 항상 존재할 것이며, 여러 국민이 정치생활에서 민주적 체제가 우세해지면 우세해질수록 가까운 장래는 고귀한 사람들의 손에 돌아올 것이다. 만약 이 귀족들이 진정한 사람이라면 늘 신에 의해서 인정되고 수

호될 것이다. 민중 속에 전혀 기반을 갖지 않은 귀족은 분명히 거짓된 또는 퇴화한 귀족이므로 제거당하는 것이 당연한 결과이다.

진정한 귀족계급에게는 일반의 법과는 다른 한결 엄격한 법이 적용된다. 평범한 영혼이 갖는 행복이나 향락에 대한 욕구 이상의 것이 진정한 귀족에게는 요구되는 것이다. 진정한 귀족이 줄곧 고귀한 심성을 갖는 것은 오로지 고뇌에 의해서이므로, 만약 그들이 완전하게 고뇌로부터 해방되거나 속된 동기에서 출발한 어떤 일에 성공하거나, 그것을 관대하게 보아 넘기기라도 한다면 그것은 그들에게 오히려 좋은 일은 아니다. 고뇌의 정화력을 믿고 고뇌의 필연성을 믿는 것은 참된 윤리학의 핵심이자 중심점이다. 비록 그 윤리가 그 밖의 점에서는 철학적 기초 내지는 종교적 기초 위에 서려 한다 해도 그렇다.

운명 가운데 가장 고귀한 운명은 기꺼이 참고 견딘 고뇌이며 거기서 많은 사람들을 위해서 생겨나는 축복이다. 그리고 오늘날 거창하게 신앙을 고백하는 많은 사람들보다도 종교 같은 것은 조금도 알려고 하지 않는 사람들 쪽이 왜 내적으로 종교에 더 가까운가 하는 수수께끼를 푸는 열쇠도 바로 이 점에 있다. 고뇌를 자진해서 받아들이고 그것을 자신보다 나은 본질을 세우기 위해서 이용할 수 있는 사람은 고상하고 패배하지 않는 사람이다. 이런 사람은 설령 그의 지성이 고정적으로 행하는 신앙고백에 반대된다 해도 근본적으로는 역시 종교적 본성의 소유자이다. 어떠한 종파에 속하든지 뛰어난 신앙을 지닌 사람들에게는 실제로 모든 제한을 초월해 암묵적 일치가 존재하는데 그것도 바로 이 한 가지 점에 있어서이다.

그러므로 고귀한 영혼은 엄연히 이 세상에 존재하며, 어쩌면 결코 끊이지 않을 지극히 많은 부정을 견디지 않으면 안 된다. 또한 자기의 운명, 타인의 운명에 있어서 마주치는 부정에 좌절하는 일이 있어서는 안 된다. 그뿐 아니라 어리석은 인간이라는 따위의 평판을 받더라도 그것을 크게 마음에 두지 말아야 한다.

가장 뛰어난 재능을 가진 사람이 반드시 가장 큰 일에 적합하다고 말할 수는 없다. 이스라엘의 대예언자가 신의 이름으로 이렇게 묻고 있는 것은 대단히 의미 있다. "나의 종 이외에 누군가 소경이 있는가. 누군가 내가 보낸 심부름꾼

같은 귀머거리가 있는가."*8

마찬가지로 그리스도도 자주 하느님의 나라에 들어가려면 어린아이 같아야만 한다, 영리한 사람보다 영리하지 않은 사람이 어린아이에 가깝다고 말하고 있다.*9 이와 같은 일이 종교개혁 시대에 대단히 많은 사람들에 의해 실증되었다. 그들은 그 시대의 현명한 사람들이었지만 신앙의 문제에 대해서 '지식인다운' 공정함과 자유로운 입장을 버릴 결심을 하기가 어려웠다. 왜냐하면 학자들은 이 문제는 '다른 관점으로도 고찰할 수 있다'는 것을 분명하게 알았기 때문이다. 이것이야말로 오늘날에도 여전히 많은 지식인들이 꽁무니를 빼는 어려움이다. 그들이 볼 때는 그리스도교가 조금만 시대의 요구에 순응하고, 도덕적인 준엄함을 느슨히 하고, 또한 증명할 수 없는 초감각적 일들에 대한 절대적인 신앙을 요구하는 것을 얼마간이라도 버리려 한다면, 그리스도교는 지식인이 받아들이기에 매우 좋은 상황이 되리라는 것이다.

확실히 그리스도도 당시에 자기의 사명을 실제로 일어난 것과 '다르게 해석할' 수도 있었을 것이다. 또 그가 받은 시련이 하늘의 높은 사명을 띤 사람이라면 누구든지 일생에 한 번은 만나게 되는 일이며, 그 사람은 그것이 일어난 장소와 날짜를 들 수 있을 만한 사건이었다. 이 경우에 그 사람이 올바른 길을 걷고, 그 뒤에 전 세계의 반대에 부딪쳐도 그 길을 고수하고 갈팡질팡하는 일이 없었다면 다행이다. 결국 '전 세계'는 단 한 사람을 상대로 해서라도 역시 굴복시키지 않을 수 없었던 것이다. 오늘날에도 우리는 가장 큰 문제라고 할 만한 것도 못 되는 일에 대해서조차 때때로 다음의 대담한 말이 진실임을 경험한다.

"너의 뜻을 지켜 흔들리지 않는 것이 세상을 만들어낸다."*10

---

*8 테니슨 《성배》.
*9 마태복음 11장 25절, 18장 3절.
*10 동요하는 이 시대에
　　나까지 흔들리는 것은
　　난시 화를 디히게 할 뿐.
　　자기의 뜻을 지켜 흔들리지 않는 자만이
　　세상을 만들어낸다.
　　　　　　　　　—괴테의 시 〈헤르만과 도로테아〉의 마지막 시구

그러므로 이 세상에는 항상 그런 사람들을 위한 좌석과 또한 그들이 있어야 할 필요가 있다. 그래야 그들은 자신에게 어울리는 몫을 맡는 것이다. 물론 그러려면 갖가지 어려움을 겪지 않을 수 없거니와 실제로 어려움을 전혀 겪지 않는 것은 그들에게 필요하지도 않고 또 좋은 것도 아니다.*11

마지막으로 이러한 사람들과는 다른 쪽에 서 있지만, 대단히 총명한 어떤 사람이 한 말은 매우 옳다.

"생존경쟁에서는 가장 위가 항상 여유가 있게 마련이다." 단지 아래쪽의 중간쯤 되는 좌석만이 초만원인 것이다.

그러므로 젊은 독자여, 아니면 지금까지 행복을 찾고 구했으나 채우지 못한 독자 여러분이여. 지금 당장 최고의 것을 향해 노력하라. 첫째, 그것은 가장 확실하고도 최상의 것이다. 왜냐하면 그것은 신의 의지이며, 또한 그대에게 내린 신의 소명이기 때문이다. 둘째, 그것은 모든 목표 가운데 가장 만족을 얻을 수 있는 것이며, 다른 목표는 모두 많은 고통과 환멸을 수반하기 때문이다. 마지막으로 그것은 똑같이 승리의 영예로운 관을 향해 사람들과 경쟁하면서도 우정과 서로 간의 도움이 필요한 유일한 목표이다. 그리고 마침내 그 목표에 도달했을 때, 그대를 맞이하는 것은 선망자나 은밀한 적이 아니라 성실한 친구와 동지, 즉 고귀한 영혼뿐이다. 사람은 그와 같은 사람들과 함께가 아니면 참되고 평안하며 행복하게 살지 못한다.

* * *

행복은 사냥꾼처럼 쫓기만 하면 반드시
잡을 수 있는 것이 아니다.
용기와 체념으로
맞서 싸워야만 한다.

---

*11 욥기 5장 17~26절, 마가복음 19장 28~30절.

초월적 희망

1

이 땅에서 우리의 삶은 더없이 축복을 받은 경우에도 뭔가 수수께끼 같은 부족함을 남기고 끝나는 것이 보통이다. 바꿔 말하면 소질과 그 완성, 사명과 그 달성 사이에 설명하기 힘든 모순을 지닌 채 끝나는 것이다. 그러나 그래서는 안 된다고 한다면 이 땅에서의 삶은 모든 생명의 끝이 아니며, 또한 우리 운명의 결론일 리 없다는 것이 된다. 이것은 이 문제를 깊이 생각하는 사람, 즉 이와 같은 문제를 외면하고 죽음은 엄연히 존재하는 절망적 숙명이라며 쉽사리 이것을 수용하지 않는 사람이라면 누구나 분명하게 알 것이다.

그러므로 사색하는 인간으로서 계속되는 생명을 믿지 않는 자의 삶은 모두 깊은 죄로 끝나는 것이다.*[1] 몸과 마음의 힘의 감퇴는 내세의 희망을 모르

---

*1 아무 희망도 갖지 않은 사람에게서 볼 수 있는 이러한 인생 최후의 모습은 이미 고등동물에게도 나타나고 있다. 늙은 개는 조용하고 신경질적이 되고, 전에는 짜증이 심했던 말도 완전히 풀이 꺾이고, 새도 나이가 들면 더 이상 노래하지 않게 되며, 늙은 암사슴이나 사자는 가련하고 쇠약한 모습이 된다. 교양이 높은 사람의 경우 미래의 생명을 믿을 수 없다면, 그의 만년은 흔히 자연에 묻혀 사는 형태가 되기 십상이지만, 여하튼 이것도 역시 고독한 사색적 존재의 가련한 최후이다. 현대의 어떤 유명한 의사는 만년의 편지에서 그에 대해 다음과 같이 쓰고 있다.

"나는 항상 가족들에게 어떤 편지에나 자신이나 나의 기분에 대해 이리저리 연극을 해 보여야만 합니다. 때문에 언젠가 이런 구속으로부터 벗어날 수가 있다면 즐거우리라 생각합니다. ……인간이란 아무리 좋아하는 상대라도 기껏해야 1시간 가량이지 그 이상은 곁에 없었으면 하고 바랍니다. 그래서 가족에게도 아무도 오지 말라고 당부해 놓습니다. 인생에서 나의 기쁨은 바다나 섬, 하늘이나 월계수 등을 바라보는 것입니다. 하루종일 사랑하는 태양이 내 방과 마음속으로 비쳐듭니다. 그러면 나는 행복합니다. 분명 당신도 대학에서 이루어지는 헤르만 그림의 〈노년에 대하여〉라는 아름다운 강연을 아실 테지요(이것은 야콥 그림을 잘못 안 것이다—여가 주). 이것은 키케로의 《노년론》과 견줄 만한 것입니다. 그 강연에서 그림이 한 말은 모두 내 심정과 정확히 일치합니다. 인간의 세계는 이렇게 해서 차츰차츰 우리의 다리 아래로 가라앉아 가는 것입니다. 우리는 하늘과 땅이 우리와 함께, 우리의 곁에, 우리의 아래와 밑에, 즉 어디에나 있음을 봅니다. 한편 우리는 자기가 바위나 숲,

는 마음을 불쾌함과 때로는 불안감으로 채운다. 이것은 이 세상에서 그 어떤 행복한 경우에 있더라도 벗어나지 못한다. 사람이 한 일은 죽은 뒤에 남는다거나, '육체는 티끌로 돌아가더라도 위대한 이름은 후세에 전해진다'고 생각해 보아도 인생의 무상함은 역시 위로되지 않는다. 그렇게 되면 어떤 사람은 억지로 더욱 열렬하게 활동을 계속해서 꺼져 가는 인생 최후의 몇 분간을 다 이용하려 한다. 그것은 자기를 위해 뭔가 기념될 만한 것을 남기고, 또 자기의 죽음에 대한 세상 사람들의 애도를 한순간이나마 확보해 두려 하기 때문이다. 그런 한편으로 노년에 이르는 사람들 가운데는 이미 잠들어 있던 향락욕이 불가항력적인 힘으로 모든 방면에 눈떠서 얼마 남지 않은 생명의 불꽃을 다시 태우려는 경우도 있다.[2] 그러나 어떤 경우든 생명이 계속될 것이라는 희망을 가질 수 없다면, 결국은 제어하기 힘들게 닥쳐오는 알지 못하는 것 앞에서 주저앉거나, 죽음의 문제 따위는 전혀 생각하지 않으려 애쓰거나, 기껏해야 죽음은 피치 못할 운명이라며 스토아식으로 참고 따르는 것이 고작이다. 다만 그러한 생명 존속의 희망을 가질 수 있는 경우에만 죽음은 친절하고 엄숙한 사자(使者)이며, 지친 나그네에게 여행길이 끝났음을 알리고 한 걸음 한 걸음 힘들

폭풍이나 파란 하늘처럼 자연의 한 조각으로서 모든 것 안에 나뉘어 있음을 느낍니다만, 동시에 그에 의해 우리 자신을 자연 전체로도 느끼는 것입니다. 즉, 대우주의 한 조각으로서가 아니라 우주 전체로서 느끼는 것이지요."

마찬가지로 매우 성공적인 삶을 보낸 현대의 유명한 어느 기술자의 추억담도 다음과 같은 말로 끝나고 있다.

"나의 일생은 아름다웠다. 그것은 주로 풍부한 성공으로 축복을 받은 노력과, 유익한 일의 삶이었기 때문이다. 그런데도 마지막으로 나의 일생이 끝으로 치닫고 있음에 대한 슬픔을 기술하는 것은 내가 사랑하는 사람들과 헤어져야만 하는 고통과, 자연과학 시대의 충분한 발달을 위해서 앞으로는 협력할 수 없다는 고통 때문이다."

월터 폰 데어 포겔와이데가 임종 때 지은 시에 있는 다음과 같은 말을 참조했으면 한다.

"슬프다, 내 모든 세월은 어디로 사라져 가는가."

나이든 시인들이 자기의 삶에 깊은 종교적(어쩌면 그들 스스로가 반드시 충분히 자각하지 않는다 하더라도) 기반을 지니지 않을 때는 종종 슬픈 인상을 주기 마련이다. 대개 노년이란 모든 천박한 인생관에 대해 내려지는 잔혹한 심판이다.

[2] 특히 이와 같은 현상에 대해서 최근에는 'Johannistrieb'(6월의 요하네 축제 무렵에 나오는 두 번째 싹. 늘그막의 사랑이라는 의미)이라는 완곡한 문구가 고안되었는데, 그것은 참으로 한탄스러운 일이다. 스펄전은 그의 설교에서 자기의 교구에서 경험한 커다란 과실은 모두 젊은 사람들이 아니라 오히려 이렇게 이미 노년에 접어든 사람들이 한 것이었다고 술회하고 있다.

여 올라온 정상에서 이제 곧 넓디넓고 새로운 세계를 볼 수 있는 때가 가까웠음을 알려준다. 이와 같은 희망을 갖지 않은 사람들에게 죽음은 중세풍의 죽음의 춤을 연기하는 추악한 해골에 지나지 않는다. 아니면 적어도 클레멘스 브렌타노의 멋지고 아름다운, 그러나 깊은 비애가 감도는 시처럼 가차없이 베어 쓰러뜨려 가는 잔혹한 잔디깎기 기계이다.[*3]

여기서 비로소 인간 사이의 모든 차별 가운데 가장 중요한 것이 확연하게 드러난다. 인생의 끝에 다가가면 '마음이 깨끗한 어리석은 자'가 오히려 당당한 승리를 거두는 것이다. 왜냐하면 다른 사람은 모두 가을 낙엽 하나하나에 희망 없는 멸망의 감정을 느끼는데, 그는 벌거벗은 나무에서도 이미 새롭게 싹이 트는 부드러운 봄을 보기 때문이다. 그리고 생애의 마지막 날에 '너는 흙이니 흙으로 돌아갈 것이다'[*4]라는 도저히 어쩌지 못할 죽음의 선고를 들을 뿐만 아니라, 또한 '일어나서 빛을 비추어라. 구원의 빛이 너에게 비치었으며, 주의 영광이 아침 해처럼 너의 위에 떠올랐다'[*5]라는 생명의 말도 듣는 것이다.

2

죽음의 문제는 인생 문제 가운데서 가장 중요한 것이다. 이에 대한 사람들의 태도는 각자의 성격을 확연하게 드러낸다. 이 문제에 관한 그 사람의 생각을 알아두면, 그의 인생관 전체를 명료하게 짐작해 볼 수 있을 것이다.

또한 죽음에 대한 공포는 모든 철학의 가장 좋은 시금석이다. 죽음의 공포를 극복하지 못하는 철학, 아니면 기껏해야 인생의 무상함에 관한 암울한 고찰로 이끄는 데에 지나지 않는 철학은, 우선 실제적으로도 대단한 가치를 지니지 않으며, 철학으로서의 목적을 충족한다고도 할 수 없다. 그러나 이와 같은 철학은 그 자체로서 이미 이성에 필적하지 못한다. 애당초 죽음이라는 것이 없다면 어떻게 합리적인 인간적·사회적 상태를 생각할 수 있겠는가. 실제로 뛰어난 인물이라도 지나치게 오래 산 까닭에 동시대 사람들에게 분명한 재앙이 되었던 예는 적지 않다. 죽음은 원래 조화(造化)의 조화(調和)를 흩트리는

[*3] '그것은 죽음이라 불리는 잔디깎기 기계이다.'
[*4] 창세기 3장 19절.
[*5] 이사야 60장 1절.

격렬한 불협화음 같은 재앙이 아니라 오히려 행운이기까지 하다. 즉, 선과 악이 싸워야만 하는 이 세상이 어떻게든 존립할 수 있으려면 죽음 없이는 생각할 수 없다.[*6]

어떤 사건이 일어나든 '마음이 흔들리지 않게 된' 사람이라도 그 동안의 실패나 고통이 때로는 무겁게 밀려와서, 이 땅은 그저 스쳐 가는 곳에 불과하며 언젠가는 이런 생활에서 '구출'될 것이 틀림없다고 생각하게 되는 것만은 확실하다. 아무리 행복하게 사는 사람이라도 그런 기분을 모르는 사람은 없다. 비록 자기 운명에 만족하는 사람이라도 자기 민족이나 나아가 몇 백만의 사람들을 생각하면 도저히 만족할 수 없을 것이다. 왜냐하면 사람들의 생활이란 단지 결핍과 자신의 잘못된 모습의 기나긴 연속에 불과하며, 거기에서 구제하려는 모든 시도마저 비웃음을 당하기 때문이다. 이런 심정을 독일의 옛 시인 하인리히 폰 라우헨베르크(1455년)는 다음과 같이 노래하고 있다.

이 세상의 할 일을 끝내고
고향으로 돌아가고 싶다.
고향에는 죽음이 없는 삶이 있고
고뇌가 없는 완전한 기쁨이 있으니.
거기서는 천 년도 하루 같으며
슬픔도 없고 다툼도 없다.
내 마음아, 있는 힘껏 용기를 내어
그 어떤 보배보다 나은 보배를 구하거라.
그러나 이 땅에 머물지는 못하리,
비록 오늘이든 내일이든.
그러면 이 땅에 신의 축복 있으라,
저기 천국으로 나는 여행을 떠나노라.

그러나 이것 역시 올바른 죽음은 아니다. 사람은 '목숨을 다하고 죽을'[*7] 수도 있으며, 노년은 만성적이고 끊임없이 위중해져 가는 불치병 같은 것은 아

---

*6 창세기 3장 22절.
*7 마가복음 15장 39절. 스펄전의 《구약성서 원전에 관한 설교》 참조.

니다. 그렇기는커녕 이 세상에서 가능한 것보다도 한층 고귀하고 순수한 생명을 향한 끊임없는 진보이자 발전일 수도 있다. 이 경우에 죽음이란 단지 현재 생활과 비슷한 내세로 가는 자연스럽고 무리 없는, 또한 어떠한 논리에도 어긋나지 않는 이행에 불과하다. 즉, 이 땅의 생활이 단지 계속 이어지기만 하면 되는 것이다. 과일은 익어서 땅으로 떨어지지만 그것은 유용한 수확을 위해서이지 썩기 위해서가 아니다.

게다가 사후에 다시 깨어나는 일이 없다고 가정하더라도 현세에서 죽은 뒤 부활을 믿었던 사람이 잘못 생각했다고 난처해할 것은 없다. 그들은 그러한 환멸을 의식하지 않고 그저 일반 사람들과 운명을 함께하면서 사라져 갈 따름이다. 그런데 반대로 부활이 실제로 있다고 한다면, 그것을 믿지 않았던 사람에게는 그것이 즐거운 일일 리가 없다.

실리적으로 말한다면 신앙의 이익은 다음과 같은 점에 있다. 즉, 신앙을 가진 사람은 만일 그 신앙이 착각이었다 하더라도 신앙을 갖지 않은 사람보다 현세에서나 죽은 뒤에 불리해지지 않으며, 또한 그 신앙이 올바른 경우에는 더욱 이익을 얻게 된다.

3

여하튼 생명이 지속되는 것에 관한 우리의 희망은 어디까지나 희망이지 증명될 수 있는 확실한 사실은 아니다. 그러나 이것은 물론 근거 있는 생각이다. 첫째, 이것은 다음과 같은 근거에 바탕한다. 즉, 인간에게는 다양한 소질과 능력이 주어져 있건만 그것들을 충분히 펼치기에는 인간의 일생이 너무나도 짧다. 그러므로 그 소질과 능력이 죽은 뒤에 한층 발달하는 것이 아니라면 그 소질과 능력은 목적 없는 것이 될 것이다. 특히 젊어서 죽는 사람들에 대해서는 확실히 그러하다.

두 번째로 우리는 이 확신에 대해 그리스도의 명백한 증언을 가지고 있다. 내세가 없다면 그리스도의 인생관 전체가 커다란 착각 위에 서게 될 것이다. 인격의 부활은 그리스도교가 우리에게 주는 가장 확실한 약속 가운데 하나이다. 이 약속이 없으면 그리스도교는 대단히 의심스런 진리와 인생 가치를 지닌 것에 불과할 것이다. 물론 그것은 그리스도교의 신앙 곳곳에 있는 바와 같이 글자 그대로의 의미로 '육체의 부활'은 아니다. 적어도 많은 사람이 이해하고 있는 그런 의미의 것이 아니라, 그리스도 자신이 가르치고, 사도 바울도 때때로 널리 알렸던 그런 의미의 부활이며, 그것만이 우리를 만족시킨다. 왜냐하면 부활할 때 우리의 개성을 잃고 싶지 않거니와, 욥이나 프로이센의 공주가 말한 것처럼 '전혀 다른 사람'이 되어 부활하고 싶지 않지만, 만약 그렇게 된다면 우리의 이 생명이 존속하는 것이 아니게 되고, 부활의 문제 전체가 무의미해진다. 그렇다고 해서 '우리 육체의 허약함'을 그대로 지닌 채 내세에서 살고 싶지 않은 것도 확실하다. 그러므로 어떤 경우에나 인간의 모든 존재를 깊게 뒤흔들 만한 강렬한 변화가 반드시 필요하다. 이런 변화를 위해 가톨릭 교회에서는 특별한 준비단계를 인정할 정도이다.

이와 같이 변화한 내세의 생활에 대해 우리는 자세한 것은 전혀 알지 못한다. 특히 내세에서 삶을 이어가는 사람들이 어느 정도까지 현세의 상태에 관한 의식을 갖는가 하는 것, 이것은 내세에서 계속 사는 이상 논리적으로 당연하며, 그렇지 않다면 생명의 계속은 아니겠지만, 이것 역시 우리는 알지 못한다. 나아가 내세 사람들이 이 세상에 남아 있는 가족들과 어느 정도로 유대를 유지할 수 있는가 하는 것도 모른다. 그러나 그런 것이 가령 우리에게 계시된 경우가 있다 하더라도*8 현재 우리의 지각기관으로는 포착할 수 없을 것이다. 마찬가지로 내세의 '영원한 영광'에 대해서도 인간은 원하는 대로 즐겨 공상해 왔으나 그에 관한 모든 묘사는 전혀 있을 수 없는 비유, 또는 지극히 불완전한 비유를 빌려서 표현된 공상에 불과하다. 그것은 마치 우리가 현재의 평안에 대해 지닌 관념과는 도저히 맞을 것 같지 않은 '영원한 평안'에 관한 상상과 똑같다. 그러나 내세의 모습은(우리는 그렇게 기대해도 된다) 인간의 모든 이해를 초월해서 위에서 기술한 모든 비유가 묘사하고 있는 것보다도 한층 위대한 것일 수 있다.

그렇지만 내세의 모습을 이해하고 파악할 수 있는 사람은 이미 정신적 본질이 그것에 적합하고, 시간과 함께 멸망해 가는 모든 것에서 충분히 안정되어 있는 사람으로 한정된다는 것은 확실할 것이다. 바꿔 말하면 만약 모든 사람에게 내세가 존재하며, 더구나 이 세상에서 무가치한 것을 위해 살고 자신의 능력을 영원한 것을 파악하기 위해서 충분히 발달시키지 못한 사람들마저도

---

*8 고린도후서 12장 4절.

죽음에 의해 무(無)로 돌아가는 경우가 없다고 한다면, 반드시 저마다 그 사람이 본질적으로 속하는 요소 속에서 계속 살 것이고, 그 요소는 이제 반대 성향에게 방해를 받지 않고 충분히 자신을 펼치게 될 것이다.

그렇다면 지금 기술한 바와 같이 내세의 새로운 상태가 그대로 '영원히 지속'되는지, 아니면 내세에도 현세와 비슷한 각각의 생활단계가 있어서 모든 사람들에 대한 정화, 이른바 '만물경신*9'이 이루어지는지의 여부, 이것은 아무도 대답하지 못하는 문제일 것이다. 특히 악인에 대해서 영원한 벌이 있는지 어떤지는 어쨌든 선한 사람이 영원히 진보한다는 것만큼 우리에게 그다지 중요한 문제인 것 같지는 않다. 또한 그것을 믿고 안 믿고의 차이는 악인의 태도에 그다지 중대한 영향을 미치지 않는다.

악인이 받는 결정적인 벌은 사람들의 눈에는 보이지 않는 법이며, 그렇기 때문에 자칫 이 세상에 신의 정의가 존재하는가마저 의심하기 십상이다. 그러나 그 벌은 시편 37장 73절, 욥기 15장에 나와 있는 것처럼 대개는 즉각 나타나기도 하지만, 오히려 그보다 더 큰 벌은 악인에게도 꽤 착해지는 순간이 있어서 그때만큼은 좀더 나은 인간이 되길 원해도 이미 그렇게 될 수 없다는 것이다. 악인은 언제까지나 열등한 성질의 노예가 되지 않으면 안 되고, 어떤 참된 수확도 없고, 내세에 대한 희망도 없이 생명을 잃어야 한다. 그들에게는 내세에 계속해서 산다는 것이 그저 두렵기만 할 것이다.

그러나 악인이 그 같은 벌을 받는다 하더라도 선인(善人)이 이 세상에서 겪는 고통이나 결핍에 비해 아직 충분히 균형이 맞지 않는다고 생각된다면, 다음과 같은 것도 고려해 봄직하다. 즉, 악인들은 인간의 사랑과 성실성을 경험한 적이 없다. 다시 말해 자기 이외의 최상의 것, 이 세상이 제공하는 최상의 것을 모른다. 만약 이것이 없다면 그 밖의 이 세상에 재물 따위를 산더미처럼 가진 사람조차도 실로 하찮은 것으로 생각될 것이다. 아무도 사랑하지 않고, 아무에게도 사랑받지 않는 자는 세상의 기준으로 보면 비록 행복의 무릎에 안겨 있더라도 버림받은 불쌍한 사람이다. 그뿐 아니라 이런 불행한 사람들은 어쩌면 그들에게도 가끔 주어질 사랑마저도 이해하거나 존중하지 못하고, 자기의 어리석음 때문에 다시 그것을 잃게 되어 있다. 그러므로 인생에 있어 최

*9 사도행전 3장 21절.

고의 보배, 즉 하느님의 곁에 가까이 있는 것과 활기찬 삶을 보내면 반드시 좋은 결과를 얻을 수 있다는 확신, 또 서로 간의 존경 없이는 성립하지 않는 사랑과 성실 같은 보배를 악인은 결코 손에 넣는 일이 없다. 그 이외의 재물은 악인이 부족하다는 생각을 품고 많은 사람들의 질투와 증오를 끊임없이 두려워하면서 향락하는 데 쓰면 된다. 그러는 것도 여전히 향락이라고 부를 수 있다면 말이다. 또한 세상에서 행복이라고 하는 것을 선망해서는 안 된다. 그런 것은 대개 남이 그것을 행복이라고 착각하기 때문에 행복해 보이는 것에 불과하다. "그들에 대해 말하기를 그만두어라, 그냥 보고 지나쳐라."[*10]

현재 생활과 본질상 신앙의 근거로써 필요하고, 따라서 납득할 수 있는 것은 단지 다음의 것뿐이다. 만약 신앙이 없었더라면, 바꿔 말해 우리의 감성적 지각으로는 포착할 수 없는 초감각적인 것에 대한 믿음이 없다면 우리는 인생의 목적을 달성할 수 없다는 것, 또 신앙이 있으면 본래 거기까지 발전할 수 있고, 따라서 거기까지 발전하는 것이 당연한 우리의 사명인 듯한 단계에까지 실제로 향상할 수 없는 것이다.

다음으로는 그런 단계에 도달하려면 좋고 싫음과 같은 인간적인 감정에 기초한 애정보다는 한층 강력한 사랑의 힘이 필요하다는 것, 그리고 이러한 강력한 사랑의 힘이야말로 어쩌면 생명을 창조하고 유지하는 요소이며, 나아가 죽음도 극복하는 요소라는 것이다. 마지막으로 이러한 신앙, 이러한 사랑이 주어졌다 하더라도 여전히 '하느님의 백성에게는 아직 안식이 남겨져 있다'는 즐거운 희망이 없다면, 이 땅의 삶에서 온갖 방향에서 밀려드는 거대한 장애를 견뎌 나갈 수 없으리라는 것이다.

4

죽은 뒤에 생명이 계속 이어지는지에 대해 우리가 아는 것 가운데서 가장 신뢰할 수 있는 증언은 그리스도의 부활이다. 그것은 역사적으로 증명되어 있으며, 더구나 당시의 수많은 '역사적 사실' 이상으로 훌륭하게 증명되어 있는

[*10] 단테 지옥계 제3가 51행. "악인은 신의 호의가 자기에게 주어져 있지 않음을 매일처럼 느끼는 법이다"라고 한 것이야말로 이미 이 세상 자체가 악인에게는 지옥이라는 것을 보여준다. 그러나 '악인의 행복'은 그렇지 않은 사람들에게는 그 행복을 보는 것이 중대한 신앙의 시련이기 때문에, 우리는 그것을 단호하게 극복하지 않으면 안 된다(욥기 21장 참조).

사실일 뿐만 아니라*[11] 철학적으로나 도덕적으로도 요청받는 증언이기도 하다. 만약 그리스도의 부활이 사실이 아니라면 2천 년의 세계 역사 전체가 하나의 착각이다. 게다가 고의적인 속임수에 기초한 것이 될 것이다. 따라서 그리스도 의 부활은 참된 그리스도교의 기초임과 동시에 모든 초월적 희망의 토대이고, 또한 언제까지나 그러할 것이다.

그렇게 추측하면 죽은 뒤에 계속되는 삶은 우리가 흔히 상상하는 것보다 훨씬 현세의 삶과 닮았을 것이다. 따라서 죽음은 우리가 생각하는 것보다 훨씬 사소한 사건이며, 그 올바른 의미를 이해한다면 아무래도 상관없는 일이라고 할 수 있겠다. 어찌 되었든 죽은 뒤에도 진보는 계속 이루어질 것이고, 말 그대로의 의미인 영원한 안식도, 또한 영원한 향락도 아닐 것이다. 영원한 향락이 있다고 한다면 그것은 그다지 고상한 것은 아닐 것이다. 또한 영원한 안식이라는 것도 이미 현세에서도 매우 지친 순간에나 즐겁다고 생각될 뿐, 새로운 힘이 생기면 이제는 필요 없다고 할 수 있는 것이다.

오히려 그 반대이다. 왜냐하면 신에게 인도되는 모든 사람은 생애의 만년에 이르러 모든 향락욕이 사라졌을 때, 그때 비로소 자기가 추구해야 할 인생목표에 대해 올바른 통찰을 얻고 분명한 인식을 갖게 되는데, 이런 인식과 함께 끝없는 활동력과 활동의욕이 솟구치는 것이다. 이것은 생명의 발전 단계에 있어서 생명 그 자체가 돌연 중단하는 따위의 일은 있을 수 없으며, 생명은 반드시 존속한다는 것, 그리고 그 생명의 존속 방식은 단지 현세에 있어서의 최상의 것을 한 단계 강화한 것임을 나타내는 가장 확실한 증거이다. 이것은 때로 우리의 상식에 비추어도 지극히 명백한 사실이다. 그러므로 노년이 되어 점점 더 활기에 넘치기 시작하는 이 활동이 돌연 소멸하는 따위의 일을 생각하는 것은 무의미하며, 세계 질서가 단순한 우연에 기초한 것이 아닌 한 세계 질서에도 어울리지 않는다. 그와 같은 단순한 우연에 기초한 세계 질서가, 그것도 몇천 년 동안 계속되고 있다는 것은 있을 수 없는 일이다.

친애하는 독자여, 그러므로 생명은 미처 어찌할 수도 없이 차츰 소멸해 가는 것이라는 어둡고 어리석은 생각도, 또한 생명을 너무 하찮게 여기는 태도

---

*11 고린도전서 15장 6절 참조.

도 모두 그대의 삶에서 몰아내야 한다. 인생은 될 수 있는 대로 빨리 팽개쳐야 하는 '슬픈 골짜기'가 아니라 우리 모든 존재의 소중한 시기, 어쩌면 가장 소중한 한 시기이며, 그 동안에 우리의 존재 전체가 앞으로 나아가는 삶이 되는지, 아니면 서서히 실현되는 죽음이 되는지 결정되는 것이다. 현대의 많은 마음 약한 자들은 되도록 빨리 죽어서 싸우지 않고 편안하게 '천국으로 가고' 싶어하는데, 가보면 예상이 빗나가서 현세(現世) 이상으로 축복받지 않은 처지에서 새삼 싸움을 시작해야 할지도 모른다.

또 '죄 없는' 어린아이들이나 그리스인의 생각에 따르면, 신들의 특별한 축복으로 일찍 죽은 어린 사람들도 조금도 부러워할 것 없다. 오히려 그들은 처음부터 다시 시작해야 한다. 우리는 이러한 싸움이나 가지각색의 어려움을 극복하고 완성에까지 도달하지 않으면 안 되며, 이러한 완성이야말로 현세에서의 우리의 임무이다. 오직 고난에 의해서만 우리의 굳게 닫힌 마음이 완전히 열려서, 좀더 높은 세계관의 존귀한 씨앗을 받아들이게 된다. 이 씨앗은 우리의 마음속에 뿌려져서 먼저 싹을 틔우고, 그 다음 성장하고 꽃을 피워 마침내는 결실을 맺지 않으면 안 된다.*12 이러한 생명의 과정은 촉진할 수도 없고 피하지도 못하며 반드시 통과해야만 한다. 그러므로 우리는 애초 죽음을 두려워하지도 않지만, 그렇다고 죽음을 열망하는 것도 아니다. 다만 지금까지 수월하게 지나왔고, 이제 영원히 다시는 체험하거나 참고 견딜 필요가 없어진 일을 당연히 기뻐할 뿐이다.

오직 의문과 수수께끼로 가득 찬 현세의 생활에 해결을 준 것은 죽은 뒤의 생명이 존속된다는 사상이다. 그 사상을 굳게 믿게 되면, 전체의 일부에 지나지 않는 이 짧은 기간 동안에 경험하는 즐거움이나 괴로움이 많든 적든 그런 것은 아무래도 좋은 것이 된다. 전에는 너무도 중요했던 많은 일이 마치 허물처럼 우리에게서 떨어져 나가버린다. 이러한 생명존속의 사상 없이 현재 있는 그대로의 부정이나 고뇌, 정열로 가득한 현세에 대해서만 정의롭고 전능한 신을 믿으려 해도 그것은 애초 불가능한 일이다. 그러므로 내세를 믿느냐의 여부로 우리의 인생철학 전체가 좌우되는 것이다.

---

*12 마가복음 4장 28·29절.

나는 내세에서도 생명이 계속될 것이라 확신하지만 그것이 어떤 형태의 것인지는 모른다. 그러나 어쩌면 그것은 현세의 생활 가운데 가장 청순한 순간과 비슷하다는 것, 그리고 전혀 다른 정신상태로 느닷없이 비약하는 것이 아니라 어디까지나 이어진 지속이라는 것만은 확실할 것이다. 거기서는 이미 현세에서 원숙했던 것만을 받을 수 있다. 그러므로 현세와 내세의 차이는 어쩌면 일반적으로 생각하는 것보다도 훨씬 작을지 모른다.

그러나 단순한 과학자들은 육체적 기관의 한 작용에 불과한 듯한 영혼이 불멸할 리 없다고 주장하는데, 옳은 말이다. 우리의 본질 가운데서 자연과학적으로 파악할 수 있는 성질의 것은 불멸일 수가 없어서, 물질적 세계의 다른 성분과 마찬가지로 반드시 사멸로, 즉 해체와 변형으로 향한다. 그러나 인간의 내부에는 뼈와 근육, 힘줄, 혈관, 신경계와는 다른 것이 있고, 이 다른 것이 다시 다른 형태로 몸을 지닌다는 것은 있을 수 있다. 우리의 의견으로는 이러한 사고방식이 정신적 생명이 갑자기, 그것도 완전하게 사멸한다는 것보다 훨씬 납득하기 쉬울 것 같다.

따라서 죽음 그 자체는 두려울 것도 없고, 바람직하지 않은 것도 아니다. 그런데도 죽음을 심하게 두려워하는 사람은 분명 지금껏 올바른 인생길을 걷고 있지 않은 사람이다. 두려운 것은 단지 노년이 되어서 과거를 되돌아보고 자기의 일생이 잘못되었으며 아무런 이로움도 없었음을 깨달을 때, 용서받지 못할 커다란 죄만 쌓았음을 깨달았을 경우뿐이다.

또 멸망하는 것은 우리가 아니다. 멸망하는 것은 이 세상이다.*[13] 이 위대한 사상이야말로 불확실한 미래에 대해 생겨나는 모든 공포를 뛰어넘게 한다. 그저 지적인 견해로는 결코 밝게 할 수 없는 어둠 속에서 찬연하게 빛나는 또 하나는 다음과 같은 사상이다. 즉, 우리가 이미 이 땅에서 신뢰할 만한 친구임을 안 만물의 주는 내세에서도 또한 이 세상에서와 똑같은 분임에 틀림없으며, 다만 우리는 지금보다 더 밀접하게 맺어지고 나아가 밝게 그 모습을 알 수 있다는 사상이 그것이다.

마침내 마지막이 되어 다른 것이 이미 우리의 뒤로 가라앉아 버린 후에도

---

*13 이사야 51장 6절, 요한1서 2장 17절.

우리는 여전히 신의 목소리를 들을 수 있을 것이다. 이것은 이 세상의 어두운 출구에 다가가 본 적이 있는 사람이라면 누구나 아는 일이다.

그 다음부터는 이제 한 발짝에 불과하다. 그리고 '나는 이 항구의 모래사장을 지나면 나의 뱃길 안내자를 만날 수가 있으리라.'*14

* * *

수난일의 깊은 어둠 뒤에 밝은 부활절의 아침이 온다,
고난과 죽음과 울적함과의 싸움에서 찬란한 승리를 거두고서.
묘비는 부서지고 어두운 입구는 크게 열려 있어
그리스도는 죽음에서 다시 살아나 그와 함께 모든 그리스도인의 희망도 되살아났다.

그의 피로 얼룩진 수난 위에서 부활의 증거는 휘황하며
미래의 땅은 열리고 지옥문의 빗장은 부러졌다.
그는 죽음에서 다시 살아난 최초의 사람으로 묘의 문을 빠져나와
잠들어 있는 모든 사람들에게도 깨어나라고 명하셨다.

이제 우리의 신앙은 헛되지 않고 우리는 이제 죄 가운데서 살지 않는다.
지금이야말로 기꺼이 전세계에 이 복음을 알릴 수 있는 때이다.
최초의 분이 살아나셨다. 그래서 다시 만날 날을 고대한다,
편안히 주의 품안에서 죽은 다른 사람들도 다시 살아나리라고.

아담에게서 모든 사람이 죽은 것처럼 그리스도에게서 모든 사람이 살리라.
그리스도와 똑같이 깨끗해진 몸으로 무덤에서 일어나리라.
한 사람에 의해서 죽음이 온 것이라면 한 분에 의해서 생명이 오리라.
전에는 죽어야 했던 인간도 이제 영원한 모습을 나타낼 수 있으리라.

---

*14 테니슨의 서정시.

사는 것에도, 죽는 것에도, 또한 죽은 자를 장사하는 것에도
작은 희망조차 가질 수 없는 사람들은 앞으로 우리와는 다를 것이다.
사랑하는 사람이 죽었을 때, 우리는 슬픔으로 가슴 떨려도
사랑하는 사람을 잃었기 때문에 마음이 떠는 일은 없으리라.

현세에서 신 속에서 자신을 발견한 사람은 저 세상에서도 그러하리라.
진정한 사랑에 의해 맺어진 것은 그로써 영원으로 이어진다.
이승에서 믿었던 것은 반드시 볼 것을 알고, 희망으로 준비한 것은
순간의 이 세상이 지났을 때, 반드시 받게 된다.

(목사 에플러 작)

그리스도교 서설

지난 몇 세기 동안 대대로 이어져 내려온 그리스도교의 근본적인 결함은 어쩌면 그리스도교가 그리스도 교도라고 이름한 사람들에게 이미 오래전에 진정 살아 있는 확신이 되지 못한 것, 바꿔 말하면 '휴머니티'라든지 '문명' 같은 단순한 일반적 개념에 불과해진 것일 것이다. 그렇기 때문에 해마다 많은 사람들이 형식적으로 교인의 숫자 안으로 들어오는데도 평생 그리스도교가 무엇을 요구하는지를 올바르게 이해하지도 못하고, 또 그리스도교가 주는 약속을 확신하지도 못하며, 하물며 그 요구와 약속을 자기의 의무로서 굳게 지킬 결심과 의지를 갖는 따위는 더더욱 하지 못한다. 이른바 여러 '그리스도교' 국민과 비그리스도교 국민과의 차이는 대개는 고대 세계의 '그리스인'과 '미개인'의 차이와 비슷하다.

오늘날 그리스도교 신앙은 그리스도교 내부의 특별한 신조가 되어버렸다. '그리스도교' 국가에서조차도 그리스도 또는 초대 신자들이 품었던 적이 없는 확신이나 세계관이 그리스도교의 참된 신앙과 같이 정당한 것으로 허용되고 있다.

이것이 이른바 '세계종교'로까지 성숙한 모든 종교 앞에 가로놓인 운명인지는 지금 결정하지 않아도 된다. 그렇지만 모든 종교적 요구를 느슨하게 함으로써 세계종교를 만들어낸다는 것이 애당초 그리스도교 본래의 생각이나 사명 속에 있었는지는 확실히 의문이다. 가령 그리스도교가 어떠한 형태로든 역시 문명의 위대한 수단이었고, 지금도 실제로 여전히 그렇다는 것을 인정하더라도 역시 그런 의문을 품지 않을 수 없다.

다만 이러한 발전과정이, 한탄스럽기는 하지만 피하기 어려운 운명으로서 초대 그리스도 교도의 마음속에 있었던 것만은 확실하다. 또한 그리스도교가 로마 제국 내의 여러 이단적인 종교에 대해 형식적으로 승리를 거두고, 그럼으로써 로마의 국가종교로까지 발전했기 때문에, 과거 그리스도가 당시 팔레스티나의 로마 총독 앞에서 단호하게 거부했을 법한 요소*¹가 그리스도교 안에 들어가기에 이른 것도 확실하다. 그 이후로 '교회' 또는 '국가에 대한 교회의 관계'라 불리면서 여러 국민의 사상 속에 커다란 영역을 차지했던 일들은 원시 그리스도교의 원전에 어떠한 적극적인 근거를 지닌 것이 아니다. 오히려 원시 그리스도교는 인간이 발달해서 일정 목표에 이르고, 그 결과 현재 같은 세속 시대가 종말을 고하는 날을 훨씬 가까운 것으로 상상한 듯한 대목이 여럿 있다.*² 그러나 신의 나라는 철저하게 인간 의지의 자유 위에 구축되는 것이며, 따라서 신의 나라가 각 개인, 또는 한 나라의 국민, 또는 한 시대에 얼마나 빠르고 강하게 실현되어야 하는지, 또는 실현할 수 있는가 하는 것도 오직 인간 의지의 자유에 달려 있는 문제이다.

신의 나라가 실현되어야 한다는 것, 그것은 개개인이 이 땅에서 사는 동안에 실현되는 것이지 '교회'에 의해서만 실현될 수 있는 것은 아니라는 것이 특히 프로테스탄트 교회 사람들의 엄숙한 신조이다. 교회는 신의 나라를 언제나 단체로 표현하며, 각 개인을 총 숫자라는 단순한 숫자로서 전체 속에 집어넣고, 그리하여 인간의 모든 행위를 심판하는 최후의 심판을 안전하게 통과시키려 기도(企圖)한다. 그러나 이러한 프로테스탄트의 신조에도 불구하고 많은 그리스도교 단체 가운데는 그저 그 단체에 소속되어 있다는 것만을 중요한 일로 여기거나, 매주 일요일에 2시간의 예배를 염두에 두는 것으로 교단의 기본 조건에 충실하다고 생각하는 사람들로 가득 차 있다.

이렇게 말하면 이제 이 논문 표제의 의미가 뚜렷해질 것이다. 즉, 이것은 교의상(敎義上) 무엇이 그리스도교의 교리에 중요한가를 문제삼는 것은 아니다. 그런 것은 그것을 연구하는 것을 직분으로 하는 사람들에게 기꺼이 맡기고 싶다. 이 논문이 문제삼는 것은 그리스도교의 가르침을 받아들이고 그것을 이해할 수 있으려면 어떤 전제가, 결국은 인간 정신, 특히 인간 의지의 어떠한 성질이 요구되는가 하는 것이다. 이러한 의미에서 이것은 '서설'이라 할 수 있다. 만약 독자 중 누군가가 이것을 읽은 뒤에 저자가 서설이라고 하면서 그리스도교의 본질적 내용 자체를 논하고 있다고 해도, 구태여 그런 견해를 배척할 생각은 없다. 어쨌든 그러한 견해는 이 논문이 다루고 있는 신앙의 여러 전제를 너

---

*1 요한복음 18장 36~38절.
*2 데살로니가전서 4장 17절, 데살로니가후서 2장 7절.

무 어렵다거나 그리스도 교회에 들어가는 데 필요하지 않은 것이라고 공언하는 경우보다는 독자를 상하게 하는 일이 훨씬 적을 것이다.

그리스도교로 들어가기 위한 예비단계는 이러한 짤막한 말로 쉽게 나타낼 수 있다.

(1) 하느님을 단순한 책상 위의 철학적 개념으로 생각지 말고 현실의 존재로 생각할 것. 그리고 그에 따른 당연한 귀결로서 하느님만을 경외하고 하느님에게만 봉사하고, 하느님 이외에 어떠한 우상도 숭배하지 말며, 특히 인간이나 재산, 명예를 숭배하지 말아야 한다.

(2) 주위 사람들을 사랑할 것. 그것도 그리스도가 우리에게 알기 쉽고 매우 실제적으로 말했던 것처럼 '나 자신을 사랑하는 것처럼' 그 사람들을 사랑할 것.*³ 때로는 나 자신보다 더 많이 사랑하는 것처럼 보이면서 실제로는 자기를 더 사랑하는 경우도 있는데, 그래서는 안 된다.

(3) 인생을 향락에 바치지 말 것. 설령 이른바 '가장 고상한' 향락이라 해도 안 된다. 고뇌나 단순한 금욕에도 헌신하지 말고 하느님의 뜻에 맞는 행위에 자신을 바쳐야 한다. 그런 행동은 도덕적인 힘만으로는 불가능하고, 하느님의 도움과 은혜로만 이루어낼 수 있음을 확신하고 행동해야만 한다.

(4) 이러한 모든 것들을 과연 인간이 할 수 있는지 의심스럽게 생각될 경우에는 인간에게 중요한 것은 단지 의지뿐임을 믿어야 한다. 신앙을 얻기 위해서 인간이 바칠 수 있는, 아니 바쳐야 하는 유일한 것은 바로 이 의지임을 믿어야 한다.

우리의 생각에 의하면 지금까지 살펴본 것이 그리스도교의 '서설'이다. 누구나 자각이 있는 나이에 이르렀을 때 길을 선택해야 한다. 이것은 보기보다 넓고 처음엔 즐겁지만 마지막엔 반드시 불만을 느끼는 길 대신, 진정으로 그리스도교로 들어가고자 결심했다면 그전에 먼저 충분하고도 깊게 생각해야 하는 것들이다.

이러한 것을 깊이 생각하지 않는 사람, 또는 인간의 도덕적 향상은 그 본성

---

*3 마태복음 19장 19절, 레위기 19장 18절 참조.

에 기초하는 것이어서 어떤 초감각적 근거가 없어도 가능하다고 믿고 자기 힘에 의존해서만 행동하는 사람, 이런 사람들은 복음서에 나오는 날씨가 좋은 동안에만 쓸 수 있는 집을 나쁜 지반 위에 지은 사람이나, 저택을 짓기 시작했지만 완성할 수 없었던 사람과 같다.*4

이와는 반대로 위에서 언급한 신앙적 요구를 지나치게 성가신 것으로 보는 견해도 있는데, 그런 생각에서 생겨나는 것은 기껏해야 폐병이나 빈혈이라도 걸린 듯 반쯤 맥이 빠진, 늘 자기 양심의 요구를 피하기만 하는 것이다. 또 그렇기 때문에 항상 불만이고 위선적인, 어쨌거나 타인에게 거의 매력 없는 그리스도교이다. 그런 그리스도교를 우리는 많이 알고 있다.

이들 신앙상의 요구를 '설명'하기 위해서 많은 말을 동원할 필요는 없다. 그리스도교는 이 요구들에 대해 명확하게 대답하지 못하는 것이 아니다. 인간의 의지 가운데 그런 요구에 따르려는 결단이 없을 뿐이다. 인간의 의지는 그 요구를 다른 식으로 설명하고 싶어하는 것이다.

물론 신을 믿는 것은 그리스도교의 첫째 가는 가장 중요한 전제조건이며, 이것 없이는 그리스도교는 전혀 성립하지 않거나, 아니면 전혀 별개의 세계관에 따른 공허하고 위선적인 명칭에 불과하게 된다. 나아가 '하느님'이라는 말이 모든 사물의 총괄적 실재 또는 절대적 실재를 나타내는 명칭으로 간주되거나, 아니면 신이란 본래 이 세계의 사물에게 아무런 영향도 미치지 않으며, 이른바 근원적 창조를 담당하는 우주법칙으로서만 절대 불변하게 존재한다는, '이신론(理神論)'의 신봉자가 받아들이는 것처럼 단순한 사실 자체를 가리키는 것에 불과하다고 생각한다. 이 경우에도 마찬가지로 그리스도교는 성립하지 않는다. 이러한 우주법칙 자체가 대체 어디에서 왔는지, 그것이 왜 생생하게 활동을 계속하지 않는지의 의문에 대해서는 아무도 대답할 길을 알지 못한다.

물론 '살아 있는' 신을 설명하는 것도(이미 수도 없이 말한 바와 같이) 불가능하다. 신에 대한 모든 설명, 또는 모든 증명은 긍정적이든 부정적이든 모두 불충분한 것이다. 그런 것에 시간을 들이는 것은 보람 없는 일이다. 그러나 신은 설명할 수 없는 것이기는 하지만 경험할 수 없는 것은 아니다. 오직 신의 '계명'을 지키는 사람들만이 신을 경험할 수 있다. 신이 계명을 지키는 일에 열심이

---

*4 마태복음 7장 26절, 누가복음 14장 28·29절.

지 않은 사람들은, 아무리 신을 믿는다고 단언하더라도 무신론자로 간주하는 것에 아무 문제가 없다. 마찬가지로 우리가 볼 때는 오래전에 신앙을 잃은 것 같은 사람들도 신은 어쩌면 아직 당신을 따르는 것으로 아는 경우도 있을 수 있다.

신을 경험하는 것은 다음과 같은 결과로 나타난다. 우선 그리스도가 든 것처럼 정신의 편안함, 만족스러움, 진리를 향한 목마름이 가라앉는 것, 정신과 내적 생명에 일종의 강화(強化)가 생기는 것 등으로 나타난다. 내적 생명이 이와 같이 강해진다는 것은 다른 어떠한 방법에 의해서도, 예를 들면 철학이라든가 그러한 대상(신)에 대한 추상적 사변 등에 의해서도 이루어질 수 없는 것이다. 다음으로 마음이 쾌활해지는 것으로 나타나게 되는데, 이것 역시 다른 길을 선택해서는 도저히 이처럼 충분하고 지속적으로 달성되는 경우가 없다. 마지막으로 생명 전반이 한층 강해지는 것으로 나타나기 시작한다. 이것은 때때로 육체 및 정신의 건강을 낳는 원인이 되며, 따라서 다양한 축복의 근원이 되기도 한다. 그러한 축복은 개인에게든, 국민 전체에게든 오직 신의 신앙에 기초해서만 부여되는 것이다.

이러한 축복은 특히 다음과 같은 점으로 나타난다. 즉, 모든 상황이 겉으로 볼 때 저절로 그렇게 되어 가는 것처럼 보이지만, 항상 참된 선(善)을 행하고 내적 삶이 촉진되며, 외적 삶이 보호되고 위험을 피하게 되며, 반대로 나쁜 길로 발을 들여놓거나 악한 행동을 하려고 해도 수월하게 되지가 않는다. 악한 행동이 성공한다는 것은 오히려 악인에게 내려지는 가장 흔한 벌이며, 그들은 그 성공 때문에 점점 더 비뚤어지고 회개에 방해를 받게 된다. 또 이 점이 단순한 '행운'과, 겉모습만 비슷한 축복과의 분명한 차이점이다.

매우 영리한 사람도 때로는 이해하기 힘들 정도로 아무 까닭도 없이 행운을 믿으려 하는 경우가 있는데, 그러나 이런 경우 언젠가는 반드시 행운에게 깨끗하게 외면당하게 마련이다. 더구나 그것도 대체로 그들이 결정적으로 행운을 자기 것으로 했다고 믿어 기고만장해진 그 순간에 일어난다. 세상 사람들도 그러한 단순한 '행운아'에게는 진심을 다하지 않으며, 그저 행운 자체에 집중할 뿐이다. 이에 반해 축복을 받고 있는 사람에 대해서는 비록 그에게 거스르고 싶어도 거스르지 못한다.

축복에 대해서는 특히 구약성서에 강한 확약과 본보기가 수도 없이 나와 있다. 그러므로 일반적으로 '신의 계명'을 설명하기에는 신약성서만으로는 충분하지 않고, 또한 성서가 그것을 바라지 않아서 오히려 신약성서는 항상 구약의 지식이 전제되어 있다.

"너희는 내가 세운 규례와 내가 명한 법도를 지켜라. 어떤 사람이든 이것을 지키기만 하면, 그것으로 그 사람이 살 수 있다"[5]는 말은 이러한 약속들의 '총계'이다. 왜냐하면 신의 계명은 모든 생명의 원리 자체이며, 그것을 무시하는 것은 죽음의 영역을 의미하기 때문이다. 이것은 직접 시험해 볼 수 있으며, 시험해 보아도 지장이 없다. 다만 신앙을 원하는 절실한 바람으로 하지 않으면 안 된다. 또한 두세 번 충분하고 확실하게 경험한 뒤에도 거듭 그렇게 해서는 안 된다. 그러나 그것을 시도할 생각조차 하지 않는 사람들은 '그들에게 앞장서서 가는' 다른 신들을 자기들을 위해서 만들 수밖에 다른 도리가 없다.[6]

이와 같은 '우리에게 앞장서서 가는' 다른 신들이란 대개는 인간이다. 아니면 어떤 형태를 취한 인간 정신의 소산[7]이며, 오늘날에는 이른바 르네상스 시대와 마찬가지로 특히 예술의 형태를 취한 인간 정신의 소산이다. 그렇지만 이 예술이라는 특수한 방향에서 가장 세련된 문화는 어떠한 야비한 도덕과도, 아니 모든 도덕관념의 결여와도 맺어질 수 있는 것이라는 점, 따라서 예술이란 결코 인간 최고의 노력이나 성과일 수 없다는 것, 이것을 우리는 다시 한번(확실히 오늘날 자칫하면 그럴 위험이 느껴지지만) 경험해야 하는 것은 아니다.

특히 훌륭한 재능을 타고난 사람이라든가 세속적 의미로 중요한 사람뿐만 아니라 가장 사랑할 만한 사람, 가장 선량한 사람이라 하더라도 그들을 결코 우리의 우상으로 삼아서는 안 된다. 신약성서뿐만 아니라 구약성서도 구별하기 쉬운 올바른 한도를 다음과 같은 명령으로 매우 실제적으로 규정하고 있다. 즉, 우리는 단지 신만을 '모든 것에 우선하여'[8] 사랑해야 하며, 인간은 그러나 '나 자신과 같이' 사랑해야지 그 이상이어서도 이하여서도 안 된다고. 이렇다면 아무리 단순한 사람이라도 손쉽게 가늠할 수가 있다. 긴 생애 가운데

---

[5] 레위기 18장 5절.
[6] 출애굽기 32장 1절.
[7] 호세아 1장 4절.
[8] 신명기 6장 4절, 7장 3·9·16절.

가끔 감격에 넘쳐서 '하늘까지 닿도록 환호성을 지르고 싶은' 순간에는 그런 사랑 방식으로는 너무 모자란다는 느낌이 들 때도 있겠지만, 전 생애에 걸쳐서 생각하면 그런 사랑 방식도 우리들 누구나 하기는 힘든 일이며, 그러는 것이 이웃 사람들에게는 훨씬 고마울 것이 분명하다.

'인간에 대한 신뢰'가 사라지자마자 나타나는 반대 현상은(그렇게 말해도 처음에는 진실인 것처럼 여겨지지 않지만) 자비심이다. 이것은 일반적으로 인간에 대한 '애정'이라 불리는 것과는 다른 것으로 훨씬 우수한 것이다. 또한 우리의 본성에는 전혀 존재하지 않는 것이어서 배우지 않으면 안 되는 것이고, 보통은 상당히 괴로운 과정을 거친 다음에야 비로소 알 수 있다. 그러나 자비심을 지닌 사람은 장래에 '하느님의 나라에 합당한'*⁹ 사람이 될 것은 확실하다.

인간의 영혼과 신의 영혼이 성실하게 결합하는 것이야말로 그리스도교의 기초가 되어야 한다. 이 결합을 가장 방해하는 것이 인간과 그 사업을 우상시하는 것이며, 나아가서는 재산이나 명예, 생활 향락주의이다. 특히 좋지 않은 것은 복음서가 적절하게 지적한 바와 같이 '부(富)에 대한 현혹*¹⁰이다. 즉, 재산과 행복을 동일한 것으로 생각하는 흔한 착각이다. 이러한 착각에서 깨어나는 것은 때로는 몸과 영혼을 모두 희생해서 손안에 넣은 것을 바라볼 때, 또 비교적 수월하게 얻은 경우라도 그것이 그만큼 고생할 가치가 없는 것이었음을 발견하는 때이다.

지금 가령 우리가 현대의 무신론적 사회주의자 가운데 한 사람이라고 한다면, 우리는 가장 위험한 적인 그리스도교의 성실한 신자에게 그들의 주(主)이고 스승인 그리스도의 두 가지 말을 들이대며 비난할 것이다. 바로 마태복음 6장 19·24절, 또 누가복음 14장 33절에도 들어 있는 것으로, 이를 따르기만 하면 그 이상의 수고 없이 사회문제는 저절로 해결되기 때문이다. 그렇지만 똑같은 성서의 말 속에는 그것과 모순되는 관습법이라 할 만한 것으로 거의 효력을 잃은 것이 많으며, 적어도 이곳저곳의 집회 등에서 많은 출석자에게서 '신앙을 위한' 것을 거의 포함하지 않는다는 이유에서 묵살당하는 성구(聖句)가 적지 않다.

---

*9 누가복음 9장 62절.
*10 마태복음 13장 22절.

그리스도의 이와 같은 말은 누구나 당장 도달할 수 있는 것을 가리키는 것이 아니라 우리가 노력해야 하는 목표와 이상을 나타낸 것임을 분명하게 인정하지 않으면 안 된다. 그러나 우리는 항상 눈을 그리로 향하고 그곳에 도달하려는 확고한 의지를 가져야 한다. 그렇지 않으면 복음서의 다른 말도 우리를 유익하게 하지 않고 오히려 전혀 존재하지 않는 것이나 마찬가지가 되기 때문이다.

그러므로 실제적으로 말하면 결코 재산에 '마음을 바쳐'서는 안 된다. 또 재산을 생활의 가장 중요한 것, 노력의 최대 목표로 생각하거나 재산의 많고 적음에 따라 사람이나 신분을 가늠해서는 안 된다. 때로는 하느님을 위해서, 또는 공익을 위해서 재산의 일부를 나누고, 필요하다면 재산의 전부를 내던지는 것을 망설이거나 싫어하거나 해서는 안 된다. 여하튼 그런 요구를 받았을 때 그렇게 해낼 수 있는 사람만이 신의 나라에 적합한 자유로운 인간이라 할 수 있다. 사람은 생애의 여러 시기에 이러한 시련과 마주치게 마련이며, 아직 한 번도 그와 같은 시련을 받은 적이 없다면 그 사람의 내적 삶에서나 또는 신의 은혜라는 점에서 보더라도 결코 좋은 징후랄 수는 없다. 그러한 시련은 때로는 그저 그 사람의 의지를 시험하기 위한 것이어서, 의지의 순종이 나타나면 신은 그에게 굳이 실행까지 요구하지는 않거나, 아니면 일반적으로 그 시련을 한층 견디기 쉽게 끝마치게 한다.*¹¹ 그러나 또 때로는 욥의 경우처럼 재산의 전부를 실제로 잃게 하는 때도 있다. 더구나 그것이 마지막에 배(倍)가 되어서 반드시 보상을 받는 것도 아니다. 그렇기는 하나 만약 그 사람이 어찌할 바를 모르고 끝도 없이 어리석은 짓만 하지 않고 신에게 위로를 청한다면, 항상 그에 대한 완전한 위로만큼은 주어지는 것이다.

끊임없이 그러한 각오를 하고 더구나 스스로 시험해 보려면(아직 그리스도교에 들어갈 결의를 하지 않은 동안이라면) 때로는 이른바 폴리크라테스와 같은 시도를 해보는 것도 적절할지 모르겠다.*¹² 다만 이 시도가 애당초 진지한

---

* 11 고린도전서 6장 7·12절, 20장 13·14절.
* 12 폴리크라테스(실러의 담시 《폴리크라테스의 반지》에 따르면 이 그리스의 전제군주는 자기의 운명을 알기 위해서 가장 아끼는 보석이었던 반지를 바다에 던지지만, 예상과는 어긋나게 그 반지는 다시 그의 손으로 돌아와 불길한 조짐이 된다. 왕은 나중에 비참한 최후를 맞게 되었다.)에게 과연 반지가 그의 소유물 가운데서 가장 소중한 것이었는지 아닌지 나는 이미 학생 시절부터 의혹을 품었다. 반지보다는 오히려 그는 나라의 지배권을 내던져야 했을 것이

것일 때의 이야기지만 말이다. 시험삼아 그대가 특별히 소중하게 생각하는 소유물을 버려 보라. 만약 운명이 그대를 부(富)의 신 맘몬의 노예가 되게 하지 않고 신의 은혜를 입은 자유로운 인간이기를 바란다면, 그와 같은 시련이 저절로 그대에게 찾아올 것이다. 그리고 그 시련이 어떻게 해서 그대에게 왔는가에 연연하지 말고 그대가 과감하게 재물을 포기할 수 있다면, 그때 그대는 이 세상의 영혼이 인간을 옭아매는 가장 강한 형틀로부터 자유로워지는 것이다. 그런 다음에는 그대가 포기하고 남은 재산에 대해서도 전보다 무관심해질 것이다. 물론 이러한 재산 문제에 대해서는 확실히 단순한 행위보다는 정신이나 의지가 더 중요하다. 사람은 '가지지 않은 것처럼 가질' 수도 있다(다만 그 경우에 자기 기만을 할 여지가 상당히 크지만). 만약 인간이 어떠한 것도 자기의 단순한 향락을 위해서나 사치를 위해서 쓰지 않고 모조리 유익한 일에 쓰고, 또 자자손손 먼 미래까지 생각해 그저 무의미하게 재물을 모으지 않는다면, 그리스도가 하신 말씀의 취지에 적합한 사람이라고 믿어도 좋다. 적어도 우리는 그런 태도를 취하는 사람에 대해 돌을 던질 마음은 없다.

사치를 완전히 끊으려면 그렇게 하려는 굳은 결의가 중요하다. 또한 이를 위한 효과적인 수단으로는 이미 다른 논문에서도 설명했다시피 계획을 세워서 남에게 주는 것이다. 또 되도록 금전을 세고 확인하는 것은 하지 말 것, 그리고 대체로 직업이나 생활환경에 필요한 질서를 어지럽히지 않는 한 금전 따위에 마음을 쓰지 않는 것도 한 가지 방법이다. 왜냐하면 돈이란 것은 원래 철학의 그릇된 주장과도 닮은 좋지 않은 매력을 지니고 있기 때문이다. 둘 다 그 매력에 너무 깊게 빠져들면 쉽게 발을 뗄 수가 없게 되는 법이다.

명예는 많은 사람들에게 황금숭배와 마찬가지로 강한 족쇄가 되게 마련이다. 즉, 인간으로서 또 시민으로서의 명예는 결국 언제나 동시대인의, 또 대부분은 후세 사람들의 판단에 맡겨야 하는 법인데, 그런데도 이런 명예를 지나치게 깊이 마음에 두거나 남에게 존경을 받을 만한 높은 지위를 얻고 싶어 안달하는 것은 모두 마음의 자유를 옭아매는 족쇄가 된다. 지금까지 전에 없었을 정도로 심한 모욕을 받은 한 사람으로서 바울은 고린도전서 4장 3절 이하

다. 그랬다면 또 다른 최후를 맞았을지도 모른다.

에서 명예에 관해 매우 좋은 말을 남기고 있다. 또한 실제로 전혀 죄가 없는데 시민들의 존경을 잃는 경우는 흔히 생각하는 것보다도 매우 드문 일이다. 그 와는 반대로 신이 예전의 적들과 화해시켜 친밀한 관계를 맺게 하고, 과거의 모멸 대신에 이사야 60장 14절의 예언과 같은 일이 휘황하게 나타나는 경우도 있다. 그렇지만 그리스도교를 받아들이려 한다면 먼저 참고 견디는 것을 할 수 있어야 한다. 그러므로 자기 쪽에서는 전혀 존중하지도 않는 상대에게까지 존경받기를 바라는, 지나치게 신경이 과민한 그리스도교 신자는 세상과 세상 의 평판에 아직도 완전히 무관심해지지 않았음을 나타내는 것이다.

실제로 명예 있는 지위는 이 세상에 있는 것 가운데 부(富)에 버금갈 정도 로 신앙에 위험한 것이다. 복음서도 이에 대해서는 손톱만큼의 의혹도 남기지 않는다. 완전한 자기 의지로, 더구나 줄곧 안달하며 바라서 일부러 그런 위험 에 다다른 사람이 자기의 가장 좋은 생명, 가장 가치 있는 생명을 잃게 되는 것은 당연한 이치이다. 이에 반하여 직업이나 평생의 운명 때문에 어쩔 수 없 이 그런 명예 있는 지위에 있으면서도 어디까지나 그리스도 교인이 되기를 열 망하는 사람, 또한 언제까지나 신자이기를 바라는 사람은 항상 마음이 해이해 짐을 경계하며, 때에 따라서는 모욕을 받더라도 오히려 그것을 감사하다고 여 길 만한 충분한 까닭이 있다. 다행스럽게도 이 세상에는 그러한 굴욕이 모자 라는 경우는 거의 없다.

보통의 지위에 있는 사람들이 신앙에 들어가려 할 때, 대부분 가장 어려워 하는 것은 향락하던 버릇을 극복하는 일일 것이다. 더구나 부자나 귀족보다는 오히려 신분이 낮은 사람들이 향락 버릇에서 벗어나기가 어렵다. 왜냐하면 신 분이 높은 사람들은 물질적 생활의 향락이 아무런 가치가 없음을 경험으로 쉽게 배우기 때문이다. 특히 현대에는 때때로 하층계급에서 생활의 향락을 추 구하는 방종한 갈망을 발견할 수 있다. 이러한 갈망은 유독 이 계급에서 배양 되는 무신론적인 사고방식과 결부되어서, 이따금 인간성을 야만성으로까지 퇴 화시켜 동물이나 다름없게 한다. 그것도 고등동물이 아니라 글자 그대로 짐승 처럼 되는 것이다.

그러나 유감스럽게도 이 점에서도 사회의 상층부 사람들이 솔선해서 나쁜 실례를 보이는 경우가 있다. 그들은 공인(公人)들의 향락욕과 경솔함을 한탄하 지만, 만약 밑에 있는 사람들이 자기들을 몰아세우는 것과 똑같은 열망에 주인들이 빠져 있는 것을 보지 못한다면, 그 사람들의 경향도 상당히 고쳐질 것이 틀림없다.

향락이 생활의 원리가 되거나 관능(가장 넓은 의미의)이 인생을 지배하게 되는 경우는 초감각적 사물에 대한 모든 신앙은 틀림없이 죽고 만다. 관능의 지배력과 초감각적인 것을 향한 신앙이라는 두 가지 힘은 한 인간 속에서 오래도록 함께 존재하지는 못하며 언젠가는 한 쪽이 자리를 내놓아야 한다. 관능적 요소의 힘에 대항하여 강력하게 이것을 극복해 나아가는 정신적 힘을 지닌 사람은 다행이다. 왜냐하면 향락욕을 극복할 때마다 반드시 바로 그에 대한 대가를 받으며(다른 도덕의 길을 선택했을 경우 반드시 언제나 이렇게 되지는 않지만), 정신적 생명의 힘이 높아지거나 때로는 넓은 의미에서의 정신적 진보가 나타나거나 한다. 우리는 분명 이렇게 말할 수 있을 것이다. 인간의 내적 삶의 커다란 진보는 대개 체념에 의해 시작되며, 체념에 의해 정신적 진보라는 보상이 생겨난다고.

향락욕에는 온갖 종류의 그럴듯한 이름이 붙어 있거나 또는 실제로 고상하거나 조잡한 형태를 띠고 있는데, 이런 것에 속지 말아야 한다. 아무리 생각해도 향락욕이란 것은 우리 성격 속에 있는 요소 가운데 동물성에 가장 가깝다. 더구나 그것이 비천한 성격의 것임은 항상 이기심과 결부되어 우리의 이기적 욕망을 위해 타인을 속여 빼앗는 것과 이어지는 것을 보아도 금방 알 수 있다. 고대 세계의 향락에는 아직 얼마간의 소박함이 있었으나 향락에 눈뜬 현대인에게는 그 소박함마저 결여되어 있다.*13 만약 일반 사람들이 향락욕을 좀더 높은 관심으로 극복하지 못한다면 이제 인류는 과거 시대로 역행하게 될 것이다. 그것은 이제까지 들어본 적이 없는 일이며 도저히 있어서는 안 되는 일이다.

향락욕과 함께 부(富)나 명예에 대한 욕망도 죽어버린다. 부나 명예도 얼마쯤은 향락을 위한 수단일 뿐이며 자기 목적이 아니기 때문이다. 그런 욕망을 대신하는 것으로는 일에 대한 희열이 있다. 일은 모든 악에서 인간을 구원해 주는 가장 좋은 방법이며, 일이 없으면 악은 다양한 방법으로 끊임없이 인간을 둘러싸고 유혹한다. 향락욕을 생활원리로 하지 않는다면 사람은 싫어도 일

---

*13 요한복음 3장 19절.

을 할 수밖에 없다. 그렇지 않으면 이 세상은 너무나 재미가 없기 때문이다. 그러나 향락욕이 행위의 가장 깊은 동기가 된다면, 일은 언제나 그저 향락을 얻기 위한 수단(더구나 매우 혐오스런 수단)으로 간주될 것이다.*14

그러나 향락을 단념하면 우리는 강하게 바라지 않아도 저절로 아름다운 자연과 아침저녁의 상쾌한 변화나 계절의 변화, 가정생활, 참된 우정, 고귀한 예술과 학문, 자국민의 삶과 번영, 나아가서는 순수한 동물의 세계, 특히 인류의 모든 영역에서 행해지는 위대한 활동과 선한 행위 등을 즐기게 되는데*15 이와 같은 발랄한 감수성은 아직 손상되지 않은 감정의 표시이며, 특히 청춘 시절을 맑게 보냈음을 나타낸다. 즉, 인생의 참되고 청순한 희열을 느끼는 감각을 오염된 향락으로 일찍부터 둔하게 해버리지 않았음을 증명하는 것이다.

또한 육체적 생활을 과도하게 억압하는 것도 분명 내적 진보에서는 이롭지 않다. 하물며 그것은 신의 명령도 아니다. 오히려 그런 과도한 억압은 인간이 하는 행위에 불과하며 대단한 가치를 가진 것도 아니다. 이에 대해서는 가장 오래된 성서 원전의 총명한 주해자가 참으로 옳은 말을 하였다. 즉, 인간은 그들의 힘을 깊이 고려한 하느님의 적절한 명령을 늘 과장해서 받아들이는 경향이 있다. 예를 들면 신앙의 복종을 시험하는 최초의 시련에 관한 구약성서의 이야기에서, 하느님은 인간에게 선악을 아는 나무에 손을 대서는 안 된다고 말한 것이 아니라 단지 그 나무의 열매를 먹어서는 안 된다고 명령했다. 그런데 인간은 그 명령에 이른바 '울타리 계명'(나무에도 손대지 말라고 한 명령)을 덧붙임으로써 유혹자 사탄을 위해 그가 원하는 상태를 만들어냈다. 즉, 인간은 단지 그 나무에 손을 댄 것만으로는 죽지 않았으므로 하느님의 말씀이라 칭하는 것이 거짓말임이 사실로 분명해졌다.

실제로 부모가 자녀들에게, 또는 교회가 신자들에게 극단적이고 불필요한 수많은 명령을 내리면서 그것이 실행되지 않아도 가볍게 지나치는 것도 역시 마찬가지이다.

하느님의 명령은 모두 실행 가능한 것이므로 그것을 모두 정확하게, 글자 그대로 순종하여 지킬 것, 그러나 '인간이 만든 계명'은 가벼이 여겨 거부할 것, 그것 외에 현대의 여러 그리스도 교파가 다시 새롭게 되살아나는 길은 없을

*14 히브리서 12장 1절.
*15 빌립보서 4장 4·5절.

것이다.

  또한 고난이나 금욕을 즐기는 마음의 경향도 위험하다. 이것은 때로는 은밀한 명예욕과 결부되는 경우가 있는데, 그러한 때에는 더더욱 위험하다. 그런 경우는 단지 작은 악마가 어쩌면 한층 무서운 악마에 의해 쫓겨나는 것에 불과하다. 인간은 자기의 목숨을 내던져서는 안 된다. 자기 안의 모든 힘을 조금씩 없애거나 죽게 방치하거나 해서도 안 된다. 단지 육체적 쾌감을 지나치게 중시하거나 너무 날뛰게 해서는 안 된다는 것이다.*16

  이 점에서도 그리스도가 간소함과 절도에 있어서 흉내내지 못할 본보기이다. 더구나 사정에 따라서는 사치스러울 정도의 경의마저 고스란히 받았으므로, 확실히 그 때문에 글자 그대로의 금욕을 지키고 싶어하는 사도는 그리스도에 대한 신앙을 잃어버렸을 정도이다.*17 아무리 신앙이 앞선 그리스도 교도라도 어디까지나 자연스럽고 인간다운 생활방식을 가져야지 은둔자나 주행자*18 같은 생활을 해서는 안 된다. 그리고 인생의 가치와 사명을 향락에서도, 고뇌나 금욕에서도 찾지 말고 오로지 신의 의지와 위탁에 따르는 것에서 구해야만 한다. 자주 인용되는 말이지만 브룸하르트*19는 현명하게도 이렇게 말하고 있다. "사람은 두 번 전향하지 않으면 안 된다. 한 번은 자연의 생활에서 종교적 생활로, 다음에는 종교적 생활에서 다시 자연의 생활(그것이 올바른 것일 때)로 돌아가야 한다." 그러나 처음의 종교적 생활이 지나치지 않으면 때로는 한 번으로 끝나는 수도 있을 것이다. 이러한 두 번의 전향에 너무 오래 시간이 걸려서 그 동안 조금도 남에게 유쾌한 느낌을 주지 않는 사람도 적지 않다.

  지금까지 말한 것은 향상시키려 노력하는 인간의 참된 행복을 방해하고, 진정한 그리스도교로 들어가는 것을 가로막는 적이다. 그런데 이 모든 적으로부터 마지막에 그를 자유롭게 할 수 있는 것은 그 사람 자신의 힘이 아니다.*20 이른바 '옛날의 아담'은 이 말이 쓰였던 당시와 마찬가지로 오늘날에도 '젊은

---

*16 로마서 13장 14절.
*17 마가복음 14장 4~10절, 요한복음 12장 4절.
*18 기둥머리에 정좌한 고행자.
*19 1779~1838, 독일의 목사.
*20 신명기 8장 17·18절, 여호수아 24장 19절.

멜란히톤*[21]에게는 너무나도 벅찬' 것이다. 그 사람이 비록 아무리 훌륭한 의도를 가졌다 하더라도 하느님이 그 때문에 보내신 조력자(그리스도)의 도움을 구하려 하지 않는 한, 그러한 의도도 전혀 도움이 되지 않는다. 조력자도 그 사람이 도움을 받기 위해 자기의 의지를 완전하게 다 바치지 않는다면 도와줄 수 없다. 이와 같이 자기의 의지를 다 바치는 것은 자연적, 주아적(主我的)인 존재의 올가미로부터 스스로를 해방시키는 사업에서 인간 스스로 해야 하는 의무인 것이다. 그 밖의 모든 것은 하느님이 그 사람 위에 행하실 것이다.*[22]

이것을 특히 단테는 《신곡》의 정죄계 21곡(58~69행)에서 분명하게 말하고 있다. 그는 한 영혼이 마침내 정죄의 산의 가장 높은 곳에 올라갈 때, 그 산이 기쁨에 떠는 모습을 다음과 같은 시로 나타내고 있다.

> 영혼이 새로운 청순함과 아름다움을 가졌는데
> 더욱 높이고자 하는 의지를 알았을 때, 산은 그렇게 떤다.
> 이 기쁨의 함성은 영혼의 더욱 높은 향상을 촉구하니
> 오직 이 의지만이 청순함의 증거가 된다.
> 의지는 자유롭게 영혼을 재촉해 전진할 준비를 하게 하고
> 영혼에 성장의 확고한 힘을 부여한다.
> 첫 번째 영혼은 그러기를 바라는 마음은 있으나, 죄 있는 자는
> 신의 뜻에 따라 여전히 괴로워해야만 함을 알고
> 오랫동안 기꺼이 고뇌를 바랐다.
> 나는 이 괴로움 속에 있기를 5백 년
> 이제 진정 높은 곳을 향해 나아가려는 의지가
> 드디어 해방되었음을 느낀다.

자기의 내적 삶을 잘 아는 사람이라면 누구든지 자기 안의 온갖 욕망이 당연히 갖가지 고뇌를 초래한다는 것을 충분히 알면서도, 처음 오랫동안은 선(善)을 바라는 일부의 의지가 그러한 욕망과 줄곧 싸워야만 했던 것을 인정할 것이다. 그럼에노 불구하고 영혼이 욕망을 이거내지 못한다면, 영혼은 근본적

---

*21 1497~1560년, 독일의 인문주의자.
*22 신명기 5장 29절, 6장 4절.

으로 지금까지의 상태에 머물기를 희망하고 있는 것이다. 그런데도 여전히 영혼이 자유로워지고 싶은 충동을 가졌다면, 영혼이 전진하려는 의지를 자기 안에서 찾아내는 아름다운 날이 신의 은총으로 오게 된다. 그때 영혼은 자유로워지며, 나중에 생각하면 어째서 그토록 오랫동안 망설일 수 있었는지 이해하지 못할 정도이다.

그렇지만 이러한 충분한 의지가 생겨나기를 무작정 기다리는 것은 잘못이다. 그리스도교도 많은 다른 사물과 마찬가지로 연구에 의해서가 아니라 그것을 시험해 봄으로써 배울 수 있는 것이다. 반대로 그리스도교에 관해 쓸데없는 논의를 거듭하는 것은 그 정신에 가장 크게 위배되는 것이다. 또한 학문적으로 파악하려 해도 그리스도교는 알기 어렵고, 의아한 것이 되기 십상이다. 그것은 다른 학문과 다를 것이 없는 하나의 '학문'으로서 연구를 사명으로 하는 사람들에게 맡겨도 된다. 대체로 그러한 학문은 인간의 내적 진보에 아무런 공헌을 하지 못한다. 의심할 것도 없이 그리스도교는 복음서에 성령이라 불리는 그 영을 통해서만 완전하게 이해되는 것이다. 성령이 어떤 것인지 우리는 알지 못한다. 우리가 알 수 있는 것은 오직 그것이 아주 현실적인 현상이며, 우리의 생활에 그 작용이 다양하게 나타나고 세간에서 가장 중요한 보물로 간주되는 것, 없어서는 안 될 향락으로 생각되는 것에 대하여 차츰차츰 우리를 무관심하게 하는 힘을 지닌 것이라는 점이다. 우리는 이러한 자유에 도달할 소명을 받고 있다. 과연 그것을 달성할 수 있을지 전에는 확실히 의아하게 여겼던 적도 있지만, 지금은 그리스도교의 신앙으로 그것이 가능해졌다. 그렇기는 해도 그리스도교를 단지 '재미있다'고 생각하거나, 이따금 인간과 인간의 타고난 힘에 관한 그리스도교 본래의 냉정한 견해보다 오히려 그 과장된 견해 쪽을 재미있다고 생각하거나 하는 것만으로 끝나지는 않는다. 무엇보다도 그것을 실제로 시작하지 않으면 안 된다. 그러면 신앙의 진보는 저절로 생겨나는 것이다.[*23]

그러므로 영혼이여, 그대는 도저히 만족할 수 없고 가망 없는 흔한 세속적 삶의 미로를 벗어나, 행복을 향한 여러 길 가운데 가장 간단하고 최상의 길

---

*23 이사야 30장 21절, 에스겔 36장 27절.

을 걸고 있다. 그러면서도 여전히 망설이고 그리스도교의 현관으로 실제로 들어가기 힘들어하고 있다. 어쩌면 그것은 그대가 아직 충분히 신뢰를 기울이기 힘든 사람들이 그곳에 와글대고 있는 모습을 보기 때문일 테지만, 그렇더라도 그대는 결심을 굳히고 과감하게 들어가야 한다. 얼마 안 있어 과감히 그렇게 할 만한 가치가 있음을 알게 될 것이다. 이 길에서 다시 되돌아가는 사람은 거의 없으며, 또한 이 길을 끝까지 간 사람으로서 일생을 헛되이 살았다거나, 너무나도 괴롭고 참기 힘든 삶이었다는 등 바보 같은 소리만 하는 사람은 몇천 년 이래로 아직 한 사람도 없었다.

그렇지만 행복에 도달하려고 다른 수많은 길을 걸었던 사람 가운데 오늘날 슬퍼 탄식하지 않는 사람이 대체 얼마나 있는가.

대체로 인간의 영혼에는 이미 초감각적 사실의 신앙으로 확실하게 마음이 향하고 있는 경우에도, 여전히 때로는 자기의 생각이나 희망의 현실성에 대해 진지한 의혹이 솟는 경우가 있다는 것은 진실을 고백하는 사람이라면 누구든지 부정하지 못한다. 또한 타인이 이따금 빠져드는 이러한 의혹을 격렬히 비난하는 사람은 결코 신앙이 견고한 사람이 아니란 것도 사실이다. 그런 사람은 때로 이런 타인을 규탄하는 열의로 도리어 자기 마음에 싹트는 의혹을 애써 억누르려는 것에 불과한 경우도 있다. 그렇지만 그런 회의적 순간에도 여전히 다음의 것만큼은 의심할 수가 없다. 즉, 현세 및 내세에 걸친 커다란 문제에 대해서 그리스도교 이상의 확실성을 가진 것은 어디에도 존재하지 않는다는 것, 그리고 '자연과학'이 아직은 불확실한 개개의 결론에 만족해서 그 이상의 여러 문제, 예를 들면 전체적으로 본 만물의 연관이라든가 인류의 삶과 번영을 크게 좌우하는 도덕적 세계법칙 등에 관한 문제를 인류의 사상으로부터 몰아낸다고 해서 될 일이 아니라는 것은 확실하다. 이런 방법은 결코 오랫동안 성공하지 못한다. 오히려 이러한 변변치 못한 목표에 모든 것을 국한하는 단순한 현실주의 시대 뒤에는, 반드시 아직 천박해지지 않은 사람과 관능적 세계에 완전하게 빠질 수 없는 사람들의 마음에 새삼 그리스도교의 진위를 확실히 하고 싶다는 충동이 억누르기 힘든 강렬한 힘으로 솟아오를 것이다. 즉, 그리스도교야말로 인간을 행복하게 하는 진정하고 유일한 진리라는 그 높은 자부심이 과연 정당한가, 또 그것이 어디까지 정당한 것인가를 검토하려는 것이다.

독자 여러분, 그대들도 이와 같은 충동을 많든 적든 느끼고 있을 것이다. 그렇지 않다면 그러한 충동에서 태어난 이 책을 손에 드는 일은 없었을 것이다. 여하튼 그런 충동을 쉽사리 뿌리쳐서는 안 된다. 그것은 그대의 본질 가운데 좀더 좋은 부분에서 나온 것이기 때문이다.

다음과 같은 조언을 받아들이기 바란다. 먼저 그리스도교의 서설, 즉 그리스도교가 자명하다고 하는 전제조건을 더 면밀하게 검토하라. 그리고 그대가 지닌 능력 안에서 그 조건에 따라서 살고자 결심할 수 있다면, 그 다음에 비로소 그리스도교의 교의를 배워라. 이것과는 반대되는 행동양식이 일반적으로 행해지고 있다. 우리 학교나 교회의 종교 교육에서 일반적으로 지시되는 방법 또한 그러하다. 그러나 그런 길을 걸을 때, 때로는 여전히 '길 위에 사자'가 웅크리고 있는 경우도 있지만 이 논문에서 권하는 좁은 길에는 그런 무서운 것은 나오지 않는다.

말할 것도 없겠지만 그대는 항상 결심할 준비를 게을리 해서는 안 될 것이다. 왜냐하면 오직 '승리를 얻는 자만이 이러한 것들을 계승할 것'이기 때문이다. 결단을 내리지 않는 사람은 완전히 신앙이 없는 사람과 마찬가지로 아무리 형편이 좋게 되는 경우에도 그 인격적 생명의 몰락이 머지않아 확실하게 예기될 뿐이다.[*24]

[*24] 요한계시록 2장 11절, 21장 3~8절, 22장 17절.

인생의 단계

우리의 내적 삶을 몇 가지 단계로 나누어 설명하거나, 수많은 역(驛)이나 체류지를 지나면서 온갖 장애물에 부딪치거나 하는 여행에 비유해서 기술하려는 의도는 옛날부터 있어 왔고 실제로 이치에 맞는 방법이다. 그럼에도 불구하고 그런 글 가운데 현대의 요구, 특히 교양 있는 계급의 요구에 적합한 것은 좀처럼 눈에 띄지 않는다. 또한 전부터 대부분의 설교가 인간 존재가 도달할 수 있는 이상적인 상태를 꽤 상세하게 묘사해 보인 반면, 그곳에 이르는 길은 확실하게 제시하지 못했던 것이 결함이었다. 그러나 본래 이런 일을 하는 것, 그것도 얼마간 개인적인 길 안내를 하는 것이야말로 교회가 현대인들을 위해 해야 하는 사명일 것이다. 이것이 바로 '영혼 돌보기'라는, 우리로서는 좀 받아들이기 어려운 이름으로 불리는 교회의 일이다. 그러한 영혼 돌보기가 아직은 어쨌든 행해지고 있는 경우라도 지금의 교회에서는 그것이 너무나도 영업적으로, 아니 직업적으로 되고 말았다. 자유와 개성이 유달리 중요한 내면적인 일들에 있어서조차 일종의 기술이 만들어져서, 그에 관한 용어도 원래는 좋은 의미를 지녔었는데 지금은 대부분의 사람들에게서 그런 의미는 사라져 버리고 말았다. 아마도 머지않은 장래에 다른 표현으로 바뀔 것이 틀림없다.

마음의 단계적 발전을 기술한 것으로 지금도 남아 있는 것 가운데 고대 때부터 유래하는 것이 하나 있다. 그것은 그리스의 철학 교수(오늘날의 표현방식에 따르자면)인 플루타르코스가 쓴 것이다. 그는 기원 50년 무렵 보이오티아의 카이로네이아에서 태어나 120년부터 130년 사이에 로마에서 생을 마쳤다. 로마에서는 여러 가지 일을 했는데 그 가운데는 황제 하드리아누스의 스승이었다는 사실도 전해지고 있다. 100종이 넘는 크고 작은 그의 저서 가운데 오늘날에는 《영웅전》 정도밖에는 읽히지 않고 있다. 이것마저도 학교 같은 데서 좀 더 많이 읽혔으면 좋으련만 그다지 읽는 것 같지 않다. 그의 다른 저서는 보통 《플루타르코스 도덕론집》이라는 표제 아래 일괄되어 있다. 그 중 가장 읽을 만한 것 가운데 하나는 트라야누스 시대의 집정관 소시우스 세네키오에게 바쳤던 〈도덕적 진보는 어떻게 인정되는가〉라는 논문이다. 스토아학파 사람들은 원칙을 받드는 현자(賢者)와 그 반대인 악덕자(惡德者) 밖에는 인정하지 않는데, 이와 대조적으로 플루타르코스는 그 논문에서도 알 수 있다시피 대체로 키케로파의 절충주의의 의미에서 절충주의자였다. 어떤 독자든 금세 알 수 있듯 이 논문에는 특히 깊이가 빠져 있다. 그러한 깊이라는 것은 당시 아직 거의 세상에 알려져 있지 않았던 그리스도교에 의해 비로소 도덕 속으로 편입되었고, 그 뒤로도 그리스도교에 의해서만 편입되었을 것이다. 그러나 그의 논문에는 인생에서 좀더 고귀한 것을 지향하는 자연적이고 건전한 상식이 풍부하게 들어 있다. 그리고 이러한 건전한 상식을 청년의 가슴속에 키우는 것이 이른바 '고전적 교양'의 무엇과도 바꾸지 못할 주된 목적이었다.

이런 종류의 저서로 비교적 후세의 것으로는 영국의 청교도 시대의 작품인 번연의 《천로역정》과 그보다 약 100년 전에 쓰인 융 슈틸링의 《향수》가 있다. 원래 훌륭한 사람들의 전기는 동시대인이나 후세 사람을 위해 인생의 길 안내 역할을 해야 할 것이다. 그렇지만 유감스럽게도 이런 종류의 저서 가운데 뛰어난 것이나 완전하게 진실된 것은 거의 없다. 왜냐하면 전기 작가는 그들이 묘사하는 인물의 가장 내밀한 체험을 안다고 할 수 없으며, 더구나 그런 체험은 종종 작은 사건인데도 커다란 결과를 수반하기도 하고, 전기 작가가 그 체험의 의미조차 충분하게 이해하지 못하는 경우도 있기 때문이다. 한편, 그러한 것을 이야기할 수 있을, 자서전도 대개는 저자의 허영심에 의해 더럽혀져 있고 때로는 전기 가운데서 가장 진실성이 적은 것이 되고 있다. 따라서 이런 종류의 저서에는 개인적인 성격이 강하게 나타나고, 인생의 올바른 길을 걷는 '방법'이라는 것은 거의 존재하지 않는다고 여겨도 아무런 문제가 없을 것이다. 또한 이 경우에도 가장 도움이 되는 것은 어쩌면 훌륭한 사람들이 가끔 남긴 지극히 실제적인 말일 것이다. 그것은 지금까지 많은 사람이 걸었던 길이면서도 아무도 잘 알지 못하는 인생의 길에서 여행자가 지치면 힘을 북돋워주고, 또 지금의 길을 계속 걷는 것이 불안해지고 예상했던 방향에서 벗어난 것 같을 때의 혼란스러움을 풀어주는 데 그나마 도움이 될 것이다.

이 경우 가장 먼저 말할 수 있는 것은 어떠한 인생 행로에나 모두 단계가 있다는 것, 그리고 가치 있는 일생이라면 목장을 졸졸 흐르는 맑은 개울처럼 전혀 변화가 없는 것이 아니며, 인공의 운하처럼 시작부터 끝까지 일직선으로 달리는 것도 아니라는 사실이다.[*1]

그러나 어떠한 인생 행로도 다른 사람과 완전히 똑같은 과정을 밟지는 않으며, 언뜻 꽤나 자연스럽게 보이는 단계마저도 이따금 순서를 거꾸로 밟는 경우가 있다. 예를 들면 청년시절에는 노숙(老熟)했던 사람이 나이가 들면서 비로소 정신적으로 청춘을 맞는 예도 있다.

하지만 내적으로 건전한 삶이라면 분명하게 인정할 수 있을 만한 어떠한 발전을 반드시 수반할 터이고, 그 발달 도중에 일시적인 비약이나 중단이 일어나는 일도 없다. 그러나 또 매우 모범적으로 보낸 삶도 거의 존재하지 않으며, 어떤 사람의 일생에나 피하면 피할 수 있었던 실수가 있고, 나중에는 이미 메울 수 없는 틈새가 있는 법이다.

왜냐하면 인생의 각 시기가 저마다 목적과 임무를 지니기 때문이다. 나무는 먼저 봄에 성장을 해야 하고 마지막에 꽃을 피워야 한다. 봄이 가기도 전에 벌써부터 열매를 맺어서는 안 된다. 예를 들면 요즘처럼 자연의 성장을 일부러 억제하고 속성으로 많은 수확을 노려 재배된 나무에 열린 과실은, 충분히 자란 과일나무에서 익은 과실만큼 품질이 좋지 않으며 어쩌면 영양가도 떨어질 것이다.

따라서 인생의 각 시기는 그 시대에 고유한 성과를 축적하여 이것을 인격 속에 남기지 않으면 안 된다. 유년기에는 어린아이다운 순수함을 남겨야 하며, 이것 없이는 아무도 타인에게 좋은 영향을 줄 만한 완전한 인간이 되지 못한다. 또한 청년기에는 활동력을 낳는 신선함과 정신의 고양을 남겨야만 한다. 장년에는 남녀 모두 여러 사상과 감정의 원숙함, 일을 하면서 단련된 성격의 견실함을 남겨야 한다. 이러한 경우에만 노년은 단순히 위안이 없는 쇠퇴기가 아니라 오히려 우리 삶의 있는 그대로의 과거를 조용히 긍정하며, 다가올 장래를 달관하고 나아가 앞으로의 위대한 발전을 위해 준비하는 시기가 될 수가 있으며, 이것이 노년에 어울리는 사명이다.

이와 같은 시기 가운데 어느 하나를 뛰어넘거나, 또는 흔한 일이기는 하지

---

*1 신명기 8장 2~5절, 욥기 5장 17절 이하.

만 지나치게 서둘러서 그 시기의 특질을 충분히 이용하지 않은 사람은 나중에 그것을 되돌리려 해도 그것은 거의 불가능하다. 아니 절대로 불가능하다. 그런 사람은 늘 대번에 알 수 있는 결함을 지니고 있게 마련이다.

그것을 방지하는 것이 비교적 젊은 시절에는 교육이 하는 일이지만, 나는 여기서 그에 대해 언급할 마음은 없다. 그러나 나이가 들어가면서 그것은 자기 교육의 주안점의 하나가 된다. 인간은 생애의 참된 성과를 주로 자기 교육에 힘입으며, 타인이 그를 위해 해주는 것도 도저히 그것에는 미치지 못한다.

사람의 일생을 그 일반적인 성격에 따라서 보통 행·불행이라든가 행운·불운이라고 부르는 면에서 본다면, 모든 생애가 대개 세 개의 확실한 시기로 성립되어 있다. 그 가운데 제1기와 제3기는 매우 비슷하지만 중간의 시기만은 다르다. 이것은 경험이 가르치는 것이다. 괴로운 불행을 청년기에 겪은 사람은 비교적 쉽게, 또 비교적 혜택을 받고 성공한 장년기를 맞이하게 마련이지만, 그렇다고 흐리지 않은 만년을 맞기는 어렵다. 그 반대로 황금의 청춘시절은 거의 항상 중년기의 폭풍과 분투의 삶의 전조로 나타나지만 온화한 인생의 석양으로 이어지는 것이 보통이다. 이와 같은 상황은 이들 세 개의 커다란 구분 속의 단계적인 작은 구분에도 역시 들어맞는 경우가 많다.

이 가운데 어느 경우가 좀더 행운인지는 결정하기 힘든 문제일 것 같다. 왕성한 실행력과 활동 욕구를 지닌 사람, 말하자면 '이 세상에서 생활의 흔적을 영원히 없애지 않겠다'*² 고 염원하는 사람은 성공한 장년기에 더 커다란 가치를 두고 싶어할 것이다. 그러나 태양처럼 밝은 성격의 사람에게는 구름 없는 청년기가 필요하지만, 또한 충분히 강력한 사람이 되어야만 한다면 역시 거친 중년기도 필요하다. 그래야 노년기가 되어 인간의 운명이 허락하는 모든 면에서 원숙하고, 완성된 삶의 모습을 보일 수 있는 것이다.

인간은 자기도 올바른 길에 이르고*³ 또한 타인의 무거운 짐에 대해서도 이해할 수 있으려면, 언젠가 일생에 한 번은 충분한 고생을 하지 않으면 안 된다. 그렇게 하는 데 가장 적합한 때는 뭐니뭐니 해도 힘이 있는 시기이다. 유년기를 즐겁게 보내면 그 남은 빛이 평생 꺼지지 않는 법이지만, 그 반대의 경우

---

*2 《파우스트》 제2부 제5막.
*3 베드로전서 4장 12·13·17·19절, 5장 6절.

는 쓰디쓴 불쾌감이 역시 평생을 통해 그림자를 드리운다. 또한 나이가 들어서 처음으로 가장 괴로운 일을 견뎌야만 한다면 이것도 또한 힘든 일임에 틀림없다.

인간은 이러한 운명을 스스로 만들어내지는 못한다. 적어도 이 점에서는 인간이 자기 운명을 갈고 닦는 사람이 아닌 것은 확실하다. 그렇다고 인간이 맹목적으로 지배하는 운명의 뜻대로 무조건 따르는 노예도 아니다. 이것은 힘든 청년기 뒤에 여전히 고생을 피할 수 없는 노년이 온다고 운명적으로 예정되어 있는 경우에도, 사람은 충분히 자각한 체념과 용기 있는 인내심으로 이와 같은 운명 속에서도 가장 좋은 면을 집어 올릴 수 있다는 뜻이다. 또 즐거운 유년기를 보낸 경우는 그것이 언제까지나 계속되지 않았음에 감사하면서 자기의 성격을 단련하는 데 필요한 그 다음의 질풍노도의 시기로 들어갈 수 있다. 이렇게 생각하면 신을 사랑하는 자에게는 어떤 종류의 것이든지 인생의 모든 일들이 득이 될 것임이 틀림없다.*4는 말이 이 운명의 경우에도 완전히 들어맞는 것이다. 그러나 사색하는 사람들의 인생 행로에는 신의 도움을 빌려서 많은 고뇌에 견디느냐, 아니면 그런 도움 없이 찰나적인 향락으로 고뇌를 잊고 지낼 것인가는 스스로 결정할 문제이다. 이러한 인간의 운명에 대한 니체식의 무력한 반항은 아무런 도움도 되지 않는다.

요컨대 인간은 자기가 타고난 소질과 전혀 다른 사람이 되지는 못한다. 한 인간이 모든 것을 두루 갖춘 사람이 될 리도 없거니와, 실제로 다방면에 재능이 있는 사람조차도 그렇게 되려면 대개는 사상의 깊이를 희생하고서야 가능하다. 교육이 인간의 소질을 올바르게 판단하는 경우는 드물다. 그러므로 교육이 저지르기 쉬운 실수를 바로잡기 위해 우리가 몸소 자기의 소질을 적당한 때에 올바르게 판단하는 것이 인생에서 가장 결정적인 시기의 주요 과제이다. 이 시기는 순조롭게 진행될 경우 30대 초반 무렵인데, 대개 이 무렵에 우리는 타인에게서 받은 교육의 최종단계를 마치고, 단테가 말하는 '우리 생애의 나그넷길의 한가운데서*5 선악의 어느 쪽인가를 향해 자기 교육을 시작하는 것이다. 인생의 이 순간에 어떤 사람들은 청년기의 몽상이라느니 본바탕이나 교육에서 오는 편견이라느니 하면서, 자기의 미래 모습을 나앙하게 그려 왔던 깃

---

*4 로마서 8장 28절, 욥기 42장 10절.
*5 《신곡》 지옥편 제1곡 첫머리의 문구.

가운데 어떤 것도 될 수 없음을 깨닫고 마음 깊이 아픔을 느끼고 절망적이 되어 향락이나 겉치레뿐인 것을 좇게 된다. 그런 한편, 다른 사람들은 거기서 출발해 자기 고유의 세계를 정복할 수 있을 만한 근거지를 찾고, 나아가서는 요람에서 들었던 노래처럼 감미로운 것은 아니지만 분명하게 옳은 것임을 아는 사명을 줄곧 추구한다.

그러나 청춘의 꿈을 가벼이 해서는 안 된다. 꿈은 대개 그 사람의 아직 자각되지 않은 소질에 따른 것이며 따라서 그 사람의 사명과도 일치하는 경우가 많다.*6 즉, 인간의 사명도 처음에는 단지 공상적인 미래의 모습으로 나타나게 마련이다. 다만 그런 꿈이 진정으로 그 사람의 내부에서 생겨난 경우에 한하는 것이지, 잘못된 교육의 결과이거나 또는 능력의 유전에 관한 그릇된 믿음의 소산인 경우는 별개이다. 왜냐하면 능력이 유전하는 경우는 극히 드물며, 위인의 자녀가 다시 위인이 되는 경우도 거의 없기 때문이다. 그것은 부모와 비교당하기 때문에 못해 보여서이기도 하지만, 또 정신세계를 대대로 지배하는 왕조라는 것을 좋아하지 않는 세상 사람들의 질투심 때문에 그렇게 되는 경우도 적지 않다. 이 점에서는 모두가 공화주의자인 것이다. 다른 한편으로는 특별히 뛰어난 사람이 되면 자식의 교육에 신경을 쓸 만한 여유가 좀처럼 없기도 하지만, 또 그럴 여유를 만들려고도 하지 않기 때문이다. 그래서 그런 가정에서는 어머니가 그 환경을 잘 이해하고 교육의 책임을 떠맡아서, 대체로 무척이나 주문이 많을 유명한 남편이 이것저것 해달라고 하지 못하게 하지 않으면, 자녀들이 평범한 가정에서보다도 훨씬 팽개쳐지는 경우가 많다.

자녀들, 특히 아들의 교육과 성격 형성에 있어 가정에서는 어머니가 결정적인 요소라는 점, 또한 아들은 일반적으로 아버지보다 어머니를 닮게 마련이라는 것은 새삼스럽게 말할 필요도 없다. 이에 비해 그다지 알려져 있지 않은 것은, 남자아이가 성격이나 소질 면에서 이따금 어머니의 형제와 닮는다는 것, 그리고 자녀들을 기르는 데 어머니 쪽의 할머니가 가장 적임자이지만 경우에 따라서는 가장 위험하게 되기도 한다는 것이다.

몇 대에 걸쳐서 이기주의로 똘똘 뭉쳐온 집에는 천벌이 내린다는 예언은 틀림없이 맞다. 또한 부모에게 냉혹했던 사람은 자기 자식의 불효로 앙갚음을 당

---

*6 창세기 37장 5~9절.

하며, 반대로 부모에게 많은 애정을 바쳤던 사람에게는 평생 특별한 축복이 따른다는 경험도 틀림없는 사실이다.

적당한 시기에 인생의 새로운 단계로 들어가는 것에 대해서는 지금까지의 단계가 올바르게 이용되었다면 그다지 걱정할 필요는 없다. 그 경우 인생의 새로운 단계는 저절로 찾아온다. 다만 그것에는 진심어린 요구와 좀더 앞으로 나아가고 싶다는 명확한 의지가 반드시 필요하다. 이러한 의지가 없으면 비록 앞선 단계로 올라가도 행복해지지는 않는다. 우리는 분에 넘치는 큰 임무를 맡지는 못한다. 만약 그러면 그 임무 자체가 뭔가 공허한 것으로 여겨져서 인생의 뒤떨어진 방면에 동경을 갖거나 한다. 반대로 신에게로 인도되는 사람은 그 다음에 자기가 무엇을 해야 하는지, 어떤 일에 쓰일 것인지 미리 알지 못하는 것이 보통이다. 그것을 미리 안다는 것은 어쩌면 견딜 수 없는 일인지도 모른다. 그러나 그런 온갖 개인적인 생활 방식을 두루 경험한 사람은 인간의 개인적 생활에서도 그와 같은 좀더 높은 인도가 존재한다는 것을 결국 확신하게 된다. 신은 인도할 때 적어도 어떤 사람들은 그 '이름에 의해서 알지만'*7 다른 사람들은(그것도 완전히 자기가 초래한 결과이지만) 개인이 아닌 오직 무리로 다루어질 뿐이다.

마지막으로 인생 전체가 먹고 마시고 다음 날에는 죽는*8 것인 사람들에게는 정신적 단계 같은 것이 애당초 있을 리 없다. 그런 단계는 다른 여러 생물과 마찬가지로 단순한 자연적 존재로부터 탈피해 진정한 정신적 삶에 반드시 도달하고자 결심하는 사람들에게만 존재하는 것이다.

이런 사람들 때문에 토마스 아 켐피스는 그런 정신적 삶에 이르는 가장 확실한 길을 다음과 같은 대화에서 보이고 있다.

"아들아, 너는 자신을 완전히 부정하는 데까지 나아가지 않으면 정신의 완전한 자유를 얻지도, 또 지키지도 못한다. 이기적으로 뭔가에 집착하는 사람, 자기 자신을 사랑하는 사람, 탐욕스럽게, 또는 진기한 듯이 외부 세계에 열중하는 사람, 관능에 매달리기를 원하고, 그리스도의 나라를 넓히기를 바라지 않는 사람, 아직 기초가 없는 것을 줄곧 세우면서 군히려는 사람, 이들은 모두

*7 출애굽기 33장 17절.
*8 고린도전서 15장 32절.

노예의 사슬에 묶인 사람들이다. 왜냐하면 하느님으로부터 태어나지 않은 것은 모두 멸망으로 가기 때문이다. '모든 것을 버려라, 그리하면 모든 것을 얻으리라'는 짧지만 의미심장한 말에 의지해야 한다. 모든 욕망과 이별하라. 그리하면 너는 평안을 얻으리라. 이 말을 잊지 말고 밤낮 가슴에 새겨야 한다. 이 말을 실현할 수 있으면 그때 모든 것을 이해할 것이다."

"주여, 그러나 그것은 하루에 할 수 있는 일이 아닙니다. 또 아이들의 놀이도 아닙니다. 그 말씀의 껍질 속에 하느님을 바라는 자의 완전함의 핵심이 들어가 있습니다."

"아들아, 아까 한 말로 너를 겁먹게 하거나 용기를 꺾거나 할 생각은 없다. 오히려 네가 더욱 높은 목표를 향해 기어오르도록, 또한 진심으로 그것을 바라는 마음을 갖도록 격려하기 위해서이다. 만약 네가 자신에 대한 맹목적인 사랑을 남김없이 버리고 내가 너에게 준 아버지께서 내리신 지시에 바로 따를 준비와 각오가 되었다면, 나는 만족함으로 너를 볼 것이며 네 삶은 평화와 기쁨 속에서 지나게 될 것이다. 왜냐하면 네가 자기도취로 인해 멋대로 이것저것 바라지 않고, 깨끗하고 남긴 바 없이 마음의 저 밑바닥부터 너의 하느님께 의지하고, 너의 모든 바람을 아버지의 손에 맡기면 그 순간부터 네 마음은 편안해지고 너 자신이 하느님과 하나가 되었음을 깨달을 것이기 때문이다. 그것은 하느님의 마음에 드는 것보다 더 맛좋은 것, 더 기분 좋은 것이 아무것도 없음을 알게 할 것이다."

"이와 같이 순수한 마음으로 정신을 하느님에게까지 높이고, 어떠한 피조물도 함부로 사랑하거나 미워하지 않게 된 사람만이 기도의 선물을 받을 힘을 얻으며, 또한 그럴 가치가 있는 사람이 된다. 왜냐하면 빈 그릇을 발견했을 때, 여호와는 그것에 축복을 담아주시기 때문이다. 따라서 자기의 마음을 쓸데없는 것에 대한 애착에서 벗어나게 하고 철저한 거부로 스스로 죽는 것이 완전하면 할수록 더 빨리 이 은혜는 주어진다. 그리고 차츰 깊게 스며서 해방된 마음은 점점 더 높이 끌어올려지는 것이다."

"이때 그 사람의 눈은 뜨이고, 이때 그 사람은 황홀감으로 경탄하며, 그때 그 사람의 온 마음은 넓어진다. 이제 주(主)의 손길은 그 사람과 함께 있으며 그 사람은 완전히, 나아가 영원히 자신을 주의 손길에 맡겼기 때문이다. 보라, 온 마음으로 하느님을 바라고 쓸데없는 것에 집착하지 않는 사람은 이와 같이 행복할 수 있다."

1

이 대화에서 오간 말은 모두 완벽한 진리이다. 다만 그것은 하루의 일도 아닐뿐더러 일생의 한 시기의 일도 아니다. 그것은 어디까지라도 성장해 갈 수 있는 과정이며, 거기서 뭔가 올바른 것과 유익한 것을 탄생시키려 한다면 그 과정을 자기 마음대로 촉진해서는 안 되고, 서서히 네 개의 커다란 단계로 구분되어 가며 각각의 단계에서 충분하게 성숙해 가지 않으면 안 된다. 거기서는 어느 것도 강제되어서는 안 된다. 성장이 촉진되는 것은 오직 고난의 시기를 통해서만이다. 각각의 단계에서 일어나는 그때 그때의 일들은 대개 전반부가 좀더 힘들지만, 그 다음부터는 비교적 쉽고 빠르게 끝을 향해 다가가게 마련이다.

첫 번째 단계는 이른바 철학을 바라는 시기이며, 세상에 흔해 빠진 세계관에 불만을 느끼기 시작하는 때이다. 그것은 결국 예언자 호세아의 말[9] 또는 누가복음 15장 17절에 나와 있는 것 같은 불만으로까지 높아진다. 두 번째 단계는 이사야가 45장 22절에서 바라고 있는 영원한 초자연적 진리로 방향을 바꾸는 시기이다. 세 번째 단계는 새로운 삶의 시기이며, 이것은 많은 작은 시기를 거쳐 서서히 형성되어야 한다. 마지막 단계는 예언자 스가랴[10]의 '해질녘이 되어도 빛이 있다'는 약속이 주어지는 시기이다.

첫 번째 단계를 마쳤을 때 젊은이들은 이상을 바라는 순결한 정신을 가지고, 양심에 부도덕의 낙인을 찍히는 일이 없으며, 근로의 의욕과 직업상의 유용하고 많은 지식을 갖추고 있어야만 한다. 두 번째 단계에서 이것을 올바르게 통과하려면 세 가지 중요한 것의 획득에 노력해야 한다. 즉, 시민으로서의 지위와 품위 있는 결혼, 건전한 종교적·철학적 인생관이 그것이다. 세 번째 단계는 인생이라는 싸움에서 자기의 힘을 실증하는 시기이며, 일생의 진정한 일을 해야 하는 시기이다. 네 번째 단계는 진실한 성과를 거두어 인생의 최후를 장식하는 때이고, 이 세상의 삶으로부터 더욱 광대한 활동권으로 옮겨가는 단계이다.

---

[9] 호세아 2장 7절.
[10] 14장 7절.

이와 같은 정신의 발전과정이 주로 자기 교육에 기초하는 것은 처음부터 분명하다. 그리고 일반적으로 자기 교육이 시작되는 것은 비교적 성실한 사람이라면 누구든지 '이 세상의 거짓'에 질려서, 마치 단테가 그 위대한 시의 첫머리에서 '인생의 길 한가운데서 나는 어두운 숲을 헤맸다'고 한 기분의 상태로 빠져드는 때이다. 아니면 성 테레지아*¹¹가 '내 영혼은 이 세상의 꿈에 빠져 있었습니다. 그러나 이 죽음의 잠에서 나를 흔들어 깨우는 것이 주님이셨습니다. 이제 다시는 그것에 빠지지 않도록 나는 주님께 기도합니다'라고 했던 기분이드는 시기이다. 그 시기까지 교육이 할 수 있는 것은 내적 삶에 관하여는 단지 준비나 예방하는 성격의 것에 불과하다. 즉, 청년을 유물론적 세계관이나 형식적인 종교로부터 떼어놓는 것이다. 이 두 가지는 청년이 나중에 진정한 철학적·종교적 확신에 도달하는 것을 방해하는 것들이다. 오로지 자연과학적인 교육을 받은 아이들이라든가, 또는 너무 어린 시절부터 귀에 못이 박히도록 그리스도교에 대해 듣거나, 그리스도교의 용어나 종교적 의식에 기계적으로, 때로는 지긋지긋해 하면서 따르도록 훈련을 받아온 아이들이 나중에 정신적 평화의 길을 찾아내는 인간이 되는 경우는 극히 드물다.

어린 영혼을 부도덕의 추악함에 물들지 않도록, 그리고 인생을 단순히 감각적으로 해석하지 말고 좀더 순결한 삶에 마음을 향하게 하는 것이 특히 교육의 임무이다. 왜냐하면 나중에 참된 종교라는 귀한 나무가 뿌리를 내리고 번성해야 할 토양을 관능의 힘보다 더 황폐하게 하는 것은 아무것도 없기 때문이다. 영혼의 활력은 관능의 힘 때문에 수그러들어서 어떻게든 회복하려 해도 매우 힘이 들며, 회복되더라도 부분적으로밖에는 하지 못한다. 여기서 우리는 이미 다른 곳에서 언급했던 생각으로 되돌아오게 된다. 즉, 적어도 장래 고등교육을 받고자 하는 청년 남자를 교육하려면(우리의 생각으로는 그들의 어머니나 첫 번째 여교사에게도) 고전적 교양은 없어서는 안 될 뿐만 아니라, 이는 일반적으로 흔한 종교 교육이나 도덕 교육보다도 중요하다는 것이다. 이러한 고전적 철학의 학습단계를 성실하게 보내기만 하면, (이 단계는 마지막이 아니며, 또한 마지막이어서는 안 되므로) 그리스도교는 저절로 수월하게 들어오는 것이다. 또한 그리스도교는 성립 당시의 세계사에도 나타나 있는 바와 같이 고전

─────────

*11 1515~1582년, 스페인의 수녀.

적 토양 위에서 가장 아름다운 결실을 맺는다. 고전적 교양을 갖춘 정신이 단순한 교회주의에 빠지거나, 저속한 무취미나 반 놀이 삼아 하는 신앙에 빠지거나 하는 경우는 결코 없을 것이다. 이와 같은 것은 그리스도교 초기의 위대한 모습과는 심하게 모순되지만, 그럼에도 그리스도교의 통속적인 해석에는 딱 달라붙어서 그리스도교의 신용을 크게 해치고 있다.

한편 그리스도교가 은둔적인 요소를 포함한다는 것은 의심할 바가 없지만, 이 요소는 나중의 자기 교육의 경우에는 어떨지 몰라도 앞으로 여러 정신적 능력을 키우려는 젊은 사람들의 교육에는 그다지 유익하지 않다. 그뿐 아니라 이렇게 말할 수도 있다. 먼저 육체적 쾌감(이것은 결코 최고의 인간적 감정도 사명도 아니지만), 그리고 인간으로서 향상하려는 일종의 충동(이것은 나중에 그리스도교가 가르치는 참된 겸허함에 의해서 억제되지만), 이 두 가지는 청년의 성장에 자연스러운 요소, 아니 필요한 요소이다. 그러므로 이 시기에는 그리스도교 시대의 모범이나 이상보다는 오히려 고전시대의 모범(물론 구약성서의 그것도 포함해서) 쪽이 더 적당하다. 다만 고전적 교육에는 그것을 받는 사람들에게 적합하거나, 아니면 그런 교육을 받으면서 동시에 그들을 높여 가는 어느 쪽인가가 필요하다. 그렇지 않으면 고전적 교육을 받았기 때문에 오히려 때로 자기의 운명에 불만을 품게 되는 경우도 없지 않다. 원로 플라티히가 "젊은 시절에는 실컷 날뛰는 게 좋다. 다만 나쁜 짓은 안 되겠지만"이라고 소박한 말로 표현하고 있는데 이것은 맞는 말이다. 그런 시기를 젊은 시절에 갖지 않은 사람은 종종 너무 늦게 그런 시기가 찾아온다. 그것도 한층 나쁘고 한층 음험한 형태로 말이다.

교육이 젊은이들의 마음에 이상을 추구하는 정신을 심고, 나아가 좋은 생활 습관을 익히게 하며, 모든 속된 것에 대한 혐오감을 기르는 데 성공한다면, 그것으로 교육은 가장 본질적인 임무를 다한 것이 된다. 현대의 교육은 그 이상의 것을 바라고 있지만, 실제로 이루어낸 것은 그것에 한참 모자란다.

특히 인생의 제1기 끝 무렵에 젊은이들은 두 가지를 확실하게 이해해야 한다. 첫째, 인간은 현재의 자연법칙의 범위 안에서 진지하게 바라는 모든 것을 이룩해낼 수는 없다는 것. 다음으로 중요한 것은 그것을 적당한 때에 시작하고 초지일관 계속할 것, 특히 동시에 두 마리 토끼를 잡으려고 해서는 안 된다는 것이다. 부자나 유명 인사, 학자, 또는 덕이 있는 사람이 되려면 어떤 경우든 하나의 목적에 노력을 응집해야 하며, 그에 이은 부차적인 목적은 허용되지 않는다. 그러므로 인간은 우선 자기가 바라는 것이 무엇인지를 알고 되도록 빨리 올바른 것을 선택하지 않으면 안 된다. 그렇게 하면 '인간은 커다란 목적을 지님에 따라서 저절로 성장하는'*12 것이다. 이러한 큰 목적이 없으면 교육이라는 인공적 온상에서 인간을 만들려 해도 소용이 없다.

인생의 초기에는 결코 부당한 것이 아닌 이러한 주관주의가 나중에 어떻게 종말을 알릴지 그 시기에 대해서나, 또 원인에 대해서도 분명하게 결정을 내리기는 힘들다. 그러한 변화는 보통 뭔가 어렴풋한 예감이라든지 문득 떠오른 강한 감명으로부터 시작되기 마련이다. 이따금 그것은 다른 사람이 아무렇지도 않게 말한 것 같은 별것 아닌 말이나, 독서를 하면서 주운 사소한 말 등에 의한 감명에서 시작될 수 있다. 때마침 적당한 시기에 읽는 책은 오늘날에는 대체로 그 사람을 좀더 높은 삶으로 이끌기 위한 도구이다. 이것은 욥기 33장 29·30절에 쓰여 있는 대로이다. 때로는 영혼이 높아진 순간에 현재 살고 있는 단계와는 전혀 다른 단계로 자기가 옮겨가는 것을 생생하게 느끼는 경우도 있다. 마치 나그네가 산 속에서 자주 경험하는 것처럼, 그러한 영혼은 지금까지 본 적도 없는 아름다운 땅을 금세 눈앞에서 바라보게 되는데, 그곳은 지금 서 있는 곳에서 무서우리만큼 깊은 못 너머로 멀리 떨어져 있고, 그곳을 건너려면 계곡 아래의 다리를 건너야만 한다.

또한 그 시기에 이미 색다르고 혹독한 인생경험을 하는 경우도 있는데, 그것이 어떤 것이든 꼭 필요한 경험은 아니다.*13 이에 관해 신비주의 저술가들은 다음과 같이 말하고 있다. 즉, 신과의 친숙한 결합에는 세 가지가 있다. 첫째는 이미 구약성서에도 나와 있는*14 지극히 정상적인 결합으로 귀의와 성실한 사랑을 통한 결합이다. 이러한 결합의 길은 항상 열려 있어서 신의 뜻에 거역하는 자기의 의지 외에는 차단하는 것이 없다. 이 경우에도 신과의 사이에 의지의 일치가 다시 성립되기만 하면 즉각 그 결합은 회복된다. 두 번째는 기도에 의한 이상한 결합이다. 그러나 이 기도는 일부러 바치는 것이어서는 안

---

*12 실러 《발렌슈타인》 가운데의 말.
*13 고린도후서 12장 1~4절.
*14 창세기 4장 7절, 신명기 6장 4~5절.

된다. 그런 것보다 훨씬 크고 올곧은 존경과 사모의 마음으로, 신이 기도에 대하여 주시는 대답을 인내심 있고 겸허하게 기다릴 수 있는 마음이 필요하다. 세 번째의 결합은 한층 감각적이고 대개는 전혀 생각지도 않게 일어나는 신의 접근인데, 이것은 셋 가운데에서도 내적 진보에서 가장 필요하지 않고 또한 중요하지도 않은 것이다.

이 첫 단계의 끝은 사람을 만족시킬 수 없거니와 또한 만족시켜서도 안 된다. 주관주의란 것은 원래가 항상 불만으로 끝나는 것이며, 영혼의 성품이 고귀하면 할수록 그만큼 빠르게, 그만큼 밑바닥에서부터 불만에 빠져드는 것이다. 게다가 거의 수수께끼 같은 외적 실패가 거듭되기 마련인데, 이스라엘의 한 예언자는 그 이유를 구체적으로 들고 있다.*15 어떤 사람이 잘못된 길로 들어서려 할 때, 항상 가시덤불이 방해한다든지 또는 이스라엘의 아름다운 비유 *16를 빌리자면 '가시덤불 속에 피어난 백합꽃'처럼 오직 위로만 똑바르게 뻗을 수밖에 다른 도리가 없다고 한다면, 그것이야말로 신의 진정한 은혜이다. 이것은 청년기의 고뇌이지만 나중에 다시 생각하면 가장 감사할 만한 일이다.

그러나 그러한 불만 때문에 영혼은 일종의 우수에 갇혀버린다. 탁월한 사람들 가운데 청년기에 일시적으로라도 우울하게 고민하지 않았던 사람은 극히 드물 것이다. 괴테마저도 다음과 같이 묘사한 감정을 가지고 살았다.

어째서 그렇게 잠자코 생각에 잠기는 것인가, 무슨 일이 있는가. 망설이지 말고 말하게.
"나는 만족하고 있다. 그런데도 즐겁지가 않다."

괴테 《차메 크세니엔》 중에서 '욥'

용기 있는 청년이라면 누구나 아는 것이지만 인생은 언제나 '조용히 뭔가 생각에 잠겨' 있기 위해서 있는 것이 아니다. 또한 애절한 슬픔이나 영혼의 힘을 마멸시키는 염세주의로 바짝 여위기 위해서 존재하는 것도 아니다. 그런 것은 피하지 못할 과정적 상태이며, 그 속에서 새로운 생명이 태어나야만 한다. 그러나 누구나 느끼다시피 그 사이에는 우선 하나의 죽음이 가로놓여 있다.

*15 호세아 2장 6절.
*16 아가서 2장 2절.

여기서 죽음이란 이기적 삶을 지향하는 자기 의지를 내다버리는 것을 가리킨다. 그러나 자기의 의지를 버린다는 것은 인간에게는 매우 힘든 일이다. 그래서 칼뱅도 이 사실을 근거로 어떤 사람들은 이렇게 참된 존재로 나아갈 수 있지만, 어떤 사람들은 오히려 그것을 잃도록 예정되어 있다는 형식적인 예정설을 세울 수 있었던 것이다. 그렇지만 영원한 생명의 싹을 안에 지닌 사람에게는, 죽음은 목적이 아니라 생명의 새롭고도 좀더 높은 발전을 위한 수단이다. 이 희망을 옛날 욥이 지켜냈듯이 강한 끈기를 가지고[17] 확보할 수 없는 사람, 그것도 감각적인 세계에서는 조금도 만족할 수 없는 사람은 끊임없이 자기의 무덤을 파는 어두운 금욕주의에 빠지거나, 일기나 편지 속에서 자기의 생활고와의 헛된 대화를 계속 쓰거나, 열반을 바라는 불교적인 막연한 동경에 빠지거나, 그 밖에 인간 정신의 다양한 방황의 포로가 되고 만다. 이러한 모든 방황은 올바른 길을 불가능한 것이나 공상적인 것으로 간주한다는 점만으로도 여하튼 일치하는 것이다.

인생의 이 시기의 표어는 여하튼 '돌파하라'이다.

2

인생의 중반 무렵이 되면, 지금까지 이루었던 모든 것에 대하여 불만을 느끼는 순간이 찾아온다. 더구나 그 불만은 이따금 최상의, 가장 성공한 생활과정 가운데 있는 사람들에게 더 일찍 찾아온다. 또한 교양 있는 계급 사람들 쪽이 다른 계급의 사람들보다 그것을 경험하는 경우가 많다. 왜냐하면 다른 계급 사람들은 끊임없는 생존경쟁에 쫓기느라 그런 불만을 느끼지 못하고 지나가며, 또한 불만에서 벗어나는 방법을 오히려 생활고로부터 배우기도 한층 쉽기 때문이다.

또한 이 시기에 한 번 세속적 삶에서 벗어나는 문에 섰던 적이 있는 사람에게는 인간사 모든 것이 글자 그대로 헛된 것으로 여겨진다. 그런 사람은 비록 가장 훌륭한 업적을 올렸더라도 두 번 다시 세속적 삶과 친해질 수는 없을 것이다. 그러므로 그것을 피하려면 이 세상의 지혜에 따라 그와 같은 기분은 단지 병적인 것이므로 씩씩한 생활감정으로 극복해야만 한다는 신념을 다시 가

---

*17 욥기 19장 25절.

질 필요가 있다. 물론 이러한 병적인 기분은 반드시 극복해야겠지만, 그러려면 우선 이기적인 성질이 진정으로 죽지 않으면 안 된다. 이 이기심의 죽음이란 것이야말로 인간생활에 있어서 거의 모든 것을 결정할 만큼 중요한 것인데, 다만 그렇게 되어 가는 과정은 사람에 따라 반드시 똑같다고는 할 수 없다.

그렇지만 고귀한 영혼을 지닌 사람이 모두 똑같이 느끼는 것이 있다. 바로 '좀더 나아지길 원한다'는 마음만으로 진보하는 것은 아니며, 자기 자신의 안에도, 주위의 세계에도 날마다 새로운 장애가 생겨난다는 것, 그리고 자기의 천성에는 인간에게 적합한 삶을 상상할 만한 상상력은 있어도 그것을 달성할 힘은 없다는 감정이 그것이다. 때로는 이러한 정신상태가 몇 년 동안이나 계속되는 경우도 있다. 그 상태의 말기가 되면 다음의 시에서 노래하고 있는 사상이 솟아난다. 이 과정이 등산에 비유되고 있는 것이다.

〈등산〉
주여, 당신의 힘에 기대어 저는 힘껏 했습니다.
제가 받았던 이 세상의 보물을 내던졌습니다.
생명을 다한 나무가 도끼에 잘려 넘어져
이제 삶은 죽음에 집어삼켜져 어쩔 도리도 없는 상황입니다.

주여, 당신의 말씀에 따라 믿고 행했습니다.
신앙이야말로 그 동기이자 보증이었습니다.
봉우리마다 짙은 아침 안개가 덮여서
저 멀리 볼 수가 없나이다.

저는 지금까지 왔습니다—돌아서지 못합니다.
길은 오로지 위로 위로만 올라갑니다.
뒤돌아보면 보이는 것은 오직 어둠뿐
빛과 출구를 찾으려면 전진할 수밖에 없나이다.

제 마음은 한동안 쉬어야 하지만
그러나 지금 뒤로 했던 골짜기를 돌아보아야만 합니다.

하찮은 이 세상의 행운을 버리고
자, 출발합시다, 마침내 마지막 봉우리를 확인하기 위하여!

그렇다고 이런 등산이 다 계획했던 대로 진정한 절정에 도달하는 것은 아니다. 가장 뛰어난 사람들조차도 그렇다. 그러므로 우리는 여기서 다시 예정설을 믿고 싶은 유혹에 휩싸이기 쉽다. 때로는 특히 뛰어난 사람들이 다른 산의 정상에 이르는 경우도 있지만, 그것은 고귀한 회의주의의 경우이다. 예를 들면 고트프리트 켈러*18가 다음과 같은 감동적인 말을 한 것이 그것이다. "우리는 일생에 한 번은 참된 죽음의 사상에 길들여지지 않으면 안 된다. 그러나 정신을 바짝 차리고 있으면 그로 인해 더욱 악한 인간이 되는 경우는 결코 없다." 그 말은 확실히 사실이지만 그것으로 진리와 영원의 생명에 대한 갈증이 풀리고 완전하게 만족한 인간이 될 리는 없다. 아무리 훌륭한 회의철학이라도 거기까지는 도달하지 못하는 것이다. 테니슨의 '성배'에 표현된 회의 사상은 좀 더 강한 것이다.

우리들 대부분이 방황하는 귀신불의 뒤를 따라가다니
그때, 내가 과거 말했던 모든 나쁜 말
내가 전에 품었던 모든 악한 생각
내가 행했던 모든 나쁜 짓들이 깨어나 외치리라,
'성배를 찾는 것은 아직 네 몫이 아니다'라고.

이와 같은 회의 사상은 매우 착실하고 성실한 사람들조차도 극복할 수 없을 것이다. 만약 이 영국 시인이 그의 헤아리기 어려울 정도로 깊이 있는 시에서 부여하고 있는 다음과 같은 해결이 없었더라면 말이다.

밤의 환영도, 낮의 환영도
꿈꾸는 대로 무수하게 찾아오리라.
마침내는 그가 딛는 대지도 대지로 보이지 않고

---

*18 1819~1890년, 스위스의 작가.

그의 눈에 비쳐드는 빛도 빛이 아니며
그의 이마에 부는 바람도 바람은 아니며
환영이 된다. 아니, 그의 팔다리조차도 환영이 된다.
그때, 그는 자신이 죽지 않았음을 느끼고
자신이 환영이 아님을 깨닫고
더욱 고귀한 신도, 되살려 내시는 분도
모두 환영이 아님을 깨닫는다.

거의 2천 년을 계속해서 이미 몇백만이나 되는 교사와 저술가의 정신을 움직여 왔던 것, 그리고 지금도 여전히 막대한 돈과 노력을 아끼지 않고 해외로 전하며, 아직 그것을 모르는 여러 민족에게 널리 설파하고 있는 것이 오히려 그 본고장에서, 더구나 세계에서 가장 교양이 높은 여러 국민에게 알려지지 않았다는 것은 참으로 기묘한 일이다. 그렇지 않으면 우리는 과연 그리스도교의 정신, 아니 그 의의가 유럽 여러 나라에서 점차 널리 알려지고, 나아가 속속 승인되고 있다고 주장할 수 있을 것인가, 또한 주장하려 할 것인가.

아니, 그렇지 않다. 어떤 사람은 그리스도교 세계의 한가운데에 있으면서 마치 옛날 로마 총독처럼, 그리스도교라는 것은 '이미 죽었건만 살아 있다고, 바울이 주장하는 예수라는 사람'에 대한 그다지 해롭지 않은 미신이라고 생각한다. 또 어떤 사람들은 그것을 사교단체로 여기고 사회생활을 하려면 속하지 않으면 안 되지만, 그 이상의 관심을 기울일 필요는 없다고 생각한다. 또 다른 사람들은 그것을 종교가의 정치 정도로 여기고, 대개는 외적인 이유에서 경의를 표하거나 혐오하기도 한다. 또 어떤 사람들은 그리스도교는 신학이라 불리는 학문이며, 이것에 정통하려면 매우 오랜 기간의 연구와 많은 시험을 필요로 한다고 생각한다.

그런데 정작 '교의 체계'의 세부 목록 문제가 되면 학자 사이에서도 의견이 나뉘어 신앙이란 무엇인가, 은총이란 무엇인가, '그리스도의 희생'의 의의는 무엇인가, 구원의 예정이라든가 영겁의 벌이나 '만물경신*19' 같은 것이 있느냐 없느냐, 구원에 이르는 사다리란 어떤 것인가 하는 문제로 의견이 좀처럼 일치하

---

*19 사도행전 3장 21절.

지 않는다. 최고의 진리를 추구하겠다는 결연한 정진과 동시에 지극히 건전한 상식 없이 이러한 신학적이고 철학적인 사색의 미궁으로 뛰어드는 사람은, 누구든지 그 가운데 어떤 한 가지를 잃는 분명한 위험을 저지르는 것이 된다. 그러므로 현대에도 수많은 교양 있는 사람들이 그리스도교를 더욱 깊게 파고들어 검토하기를 그만두어 버린다. 왜냐하면 그런 것을 해보았자 쓸데없는 수고와 논쟁, 그리고 회의를 낳아 자연스런 인생 향락의 염원을 어쩔 수 없이 잃게 될 것처럼 생각하고, 결국은 전보다 나은 확신을 얻지도 못한 채 그저 어떤 인간적 예속에 이를 뿐이라고 보기 때문이다.

지금 그리스도교는 신자 대부분에게 단순한 교회의 가르침이고, 학교의 가르침이며, 어쩔 수 없는 동안에만 그것을 귀에 담는 것이다. 교양이 있는 사람들은 여하튼 겉으로는 세계사가 된 사회생활의 이 형식에 순응해 나가려 하지만, 내면적으로는 가능한 한 빨리 이 가르침에서 벗어나려 한다.

이에 대한 간단한 대답은 이러하다. 즉, 우리는 그리스도교 없이 지나갈 수도, 또한 다른 것으로 대체할 수도 없다는 것이다. 만약 그리스도교가 그 시대에 세상에 출현하지 않았더라면 문명세계는 어떻게 되었을까. 그것은 알 수 없는 일이며 그런 것에 집착하는 것은 쓸데없는 일일 것이다. 그렇지만 현재는 그리스도교를 문명세계에서 떼어내는 것도 무시하는 것도 불가능하며, 현재 존재하는 것, 더구나 학문적으로 완전하게는 해명하기 힘들지만 고려하지 않을 수 없다는 것만은 확실하다.

물론 알 수 있는 모든 것을 정밀하게 탐구하면서 알 수 있는 것의 범위를 되도록 넓히는 것을 과학에 맞서서 거부할 수는 없다. 그것은 과학의 권리이자 의무이다. 그뿐 아니라 학자 가운데는 인간에 관한 모든 것을 알아낼 수 있으며, 언젠가는 세월과 함께 모든 것이 밝혀지리라는 추정을 학문적으로 당연하게 여기는 사람이 있다. 학문 연구의 용기와 인내는 주로 이 추정을 바탕으로 생겨나는 것이다. 그렇지만 인간의 본성을 실재하는 모든 것과의 관계에서, 또 모든 사물과의 관련에서 과연 완전하게 규명할 수 있는지를 의심하는 것도 역시 금지해서는 안 된다. 아니, 오히려 이 점에서 확고한 입장을 지키고, 특히 과학의 결점 많은 지식과 단지 가설을 가지고 초감각적인 일들에 관한 내적 확신을 대신하려는 오만을 거부하는 것이 교양 있는 사람들의 의무이다.

인류가 과학과 과학의 부단한 진보를 높이 평가하는 것은 당연하지만, 그렇다고 해서 인류의 생활영역에서, 또한 우리 행위의 동기에서 과학적으로 증명할 수 없는 것을 남김없이 배제하게 된다면, 인류는 반드시 크게 퇴보할 것이 틀림없다. 현대의 많은 지식인이 안고 있는 이와 같은 이상은 잘못된 것이며 모두가 너무도 빈약한 이상이다.

우리의 지식은 나무토막을 짜맞춘 것이며, 앞으로도 영원히 그러할 것이다.[20] 우리는 단지 자신에 관한 것만도 다 알기는 어려우며, 마찬가지로 최선의 행위 가운데 가장 강한 동기조차도 결코 우리의 지식 영역에서는 생겨나지 않는다. 그렇지 않다면 가장 지식이 있는 사람이 항상 가장 완전한 인간이어야 할 텐데, 사실은 그렇지가 않다. 우리의 정신적 자아는 오히려 설명할 수 없는 것에 근거하고 있다. 그러므로 신앙에 관해서, 만약 설명할 수 없는 것을 정신적 자아로부터 빼앗기게 되면 그 결함을 어떻게든 미신으로 채우려 하는 것은 자주 경험하는 것이다.

그러나 그리스도에 대한 신앙은 신앙의 모든 대상 가운데서 역사적으로 가장 확실한 근거를 가지고 있으며, 인간적으로 가장 이해하기 쉽고, 또한 진리로서 개인적으로 가장 손쉽게 경험할 수 있는 신앙이다. 만약 그리스도에 대한 신앙이 어떤 사람에게는 오랫동안 지금 말했던 것 같은 장점을 조금도 보이지 않는다면, 그 원인은 그 사람이 신앙을 바라지 않는 데에 있는 것이다. 이에 대해 요한복음은 적절한 표현을 주고 있다.[21] 그러므로 루터가 다음과 같이 말한 것도 지극히 당연하다. "하느님을 믿고 하느님을 섬긴다는 말도 각자 제각기 자기의 생각에 기초하여 제멋대로 해석을 내리므로 자연히 그 의미가 애매해지지 않을 수 없다. 그래서 하느님은 인간이 하느님을 오해하는 일이 없도록 일정한 장소, 일정한 사람에게 자신을 고착시켜 그곳에서 인간은 하느님을 발견하고, 하느님을 만날 수 있게 해 주셨던 것이다." 따라서 신앙 그 자체는 물론 어떠한 힘도 권능도 아니다. 그렇지 않다면 미신도 역시 힘과 권능을 지녔을 터이다. 그게 아니라 영적인 일에서 참된 힘은 모두 신의 것이다. 그러나 신앙은 이 하느님의 힘에게 부름을 받아 그 힘이 지상에 나타날 수 있게 하는 것이다.

---

[20] 고린도전서 13장 9절.
[21] 요한복음 1장 5·12절, 3장 18~20절.

그리스도교가 부서지지 않는 마음의 소유자, 마음으로부터 겸허해지지 않는 사람에 대해서는 아무런 작용도 미치지 않으며, 고작해야 공허한 형식에 머무는 것 또한 사실이다. 한편, 그리스도교가 교직이라든가 그 밖의 특별한 지위나 영예를 얻으려는 꿈과 이어질 때, 그 사람을 타락시키는 것도 확실하다. 외적인 생활에 있어서는 엄청난 손실로 간주되는 것, 즉 '파멸한 존재'라든가 일생의 설계 전체에 걸친 틈새는, 내적 생활에서 보면 결코 손실이 아니다. 오히려 그것은 그리스도에 대한 신앙의 가장 굳은 지반(地盤)이다. 이와 같은 상태인데도 절망하고 자기가 얼마나 구원에 가까이 있는지를 깨닫지 못하는 사람들이야말로 모든 인간 가운데서 가장 불쌍한 사람이다.

이러한 상태에서 진정으로 선(善)을 행하는 능력이 인간에게 생겨나기 시작한다. 즉, 그것은 신의 앞에서도 통용되는 참된 '정의*²²'에서 생겨나는 선이며, 앞에서 인용했던 그 시인이 다른 시에서 그것을 다음과 같이 노래하고 있다.

〈아침바람〉
이제 새로운 생명의 말씀이
이 성스러운 책에서 내 마음으로 부어졌다.
오만한 자존의 나무는 시들어
저주의 팔을 내젓는다.

높은 산에서 바람은 산들산들 불어오고
골짜기의 물 흐르는 소리도 들려온다.
동쪽 하늘은 벌써 새벽빛으로 밝아오니
오, 주여, 저도 이제 믿는 자가 되었나이다.

성스러운 군대에 들어가
허름한 한 졸개라도 되리라.
인생의 수수께끼는 어느새 풀리고
하늘은 이 땅으로 내려온다.

---

*22 창세기 15장 6절, 로마서 5장 1절.

신의 빛과 이슬을 받아서
새싹은 줄기가 되고, 줄기는 이삭이 되어
마침내 맑게 개인 파란 하늘 속에
황금빛으로 빛나는 묵직한 이삭을 드리우니.

무수한 전투 속에서 지냈던
나의 일생도 허무하지는 않으리.
내가 가는 길의 끝은 밝고
유쾌한 성공의 관으로 장식되리.

위로, 위로, 더욱 더 밝은 정상으로
수많은 진리는 나를 인도하리니.
이제 갈 길이 보이기 시작한다.
길은 한가로운 방황—더 이상 모험이 아니리.

그 다음의 길은 사람들이 보통 말하는 것보다도 훨씬 쉽다. 왜냐하면 이제 인간은 스스로 그것을 해낼 만한 힘과 지식을 충분히 가지고 있지 않은 일을 요구당하는 경우가 없기 때문이다. 게다가, 이제는 구름 한 점 없는 희망의 기쁨과 무슨 일이든 쉽게 할 듯한 특별한 개인적 인도가 부여되기 때문이다. 그러나 반면에 이 길은 처음에 생각했던 것보다도 훨씬 힘든 길이기도 하다. 왜냐하면 인생이 그렇게 쉽게 끝날 리도 없고, 아니 오히려 이제 겨우 시작되었을 뿐, 앞으로 점점 더 많은 사건이 끝도 없이 밀려들 것이기 때문이다. 더구나 이들 사건은 모두 그 당사자에게 전 같으면 도저히 견디지 못했을 정도로 분명하게 자신의 본성을 드러내 보이며, 지금까지 관대하게 보아 왔던 자기의 실수를 일일이 날카롭게 지적하게 하는 목적을 지니고 있다. 왜냐하면 '정의를 실천해야 시온은 살아 남으며, 회개하는 자가 정의를 실천할' 것이기 때문이다. 그러나 이러한 것들은 모두 다음에 올 인생의 시기에, 아니 때로는 인생의 마지막 시기가 되어야 비로소 일어난다. 그 전에는 생기려 해도 결코 생길 수 없는 일이다.

단테가 '새로 태어남'이라고 했던 이 단계와 그 이전의 생활과의 차이는 처음에는 그다지 크지 않은 것처럼 느껴진다. 특히 늘 현실보다 높은 곳으로 비약하기 쉬운 공상이나 큰 결의에 반드시 따라붙는 열광이 기대하는 만큼 그 차이는 크지 않다. 게다가 이기심의 노예로부터 해방된 영혼조차도 때로는 옛날 생활을 되돌아보면서 '이집트의 고기 솥'*23을 동경하는 마음이 되는 것도 있을 수 있는 일이다. 왜냐하면 실제로는 지금까지 맛보아 왔던 '인생 향락'은 천천히 조금씩 빛이 바래는 것에 불과하기 때문이다.*24

그렇더라도 여전히 본질적인 차이가 있다. 우선 불안정한 미래에 대한 두려움이나 우울한 마음이 엷어지며, 또 자만심과 의기소침 사이에서 끊임없이 동요하는 것도 차츰 적어지게 된다. 이런 심리적 상태에 있는 동안은 결코 안정된 마음은 생겨나지 않는다. 그러나 이제는 마음속에 항상 평안하고 흔들리지 않는 확고한 점 하나가 존재한다. 마음의 깊은 바닥이 견고해지고 지금까지처럼 만족을 추구하는 끊임없는 갈망은 이제 사라져버린다. 그 결과, 나와 타인에 대한 인내력이 저절로 강해지고, 타인에게 의존하는 일도 적어지게 된다. 또한 모든 사물의 본질을 꿰뚫는 안목이 한층 확실해지고, 거기에서 또한 진정한 인생의 지혜도 생겨난다. 마지막으로 이것이 주안점인데, 지속적인 죄의 감정이 없어진다. 왜냐하면 그러한 감정이 마음에 생겨도 언제라도 즉각 제거할 수 있기 때문이다. 그리고 자기가 올바른 길을 걷고 있으며, 끊임없는 전진을 계속하고, 그리하여 모든 생애를 훌륭하게 마칠 수 있다는 확신을 가질 수 있다. '올바른 자의 길은 새벽녘의 빛과 같다. 차츰 빛을 더하여 한낮이 되는*25 것이다.

또한 인생의 이 단계 초기는 보통 다양한 시련으로 가득 차 있으며, 이로써 끊임없이 그 기반을 굳히거나 확고하게 할 기회가 주어진다. 싫어도 시련은 곧 멈추지 않는다. 왜냐하면 신앙이라는 것은 지금 한 말에도 불구하고 일단 성립하면 영속하여 변하지 않는 전통적인 것이 아니라, 매일 매시간 새롭게 창조

---

*23 출애굽기 16장 3절.
*24 민수기 11장 5·6절.
*25 잠언 4장 18절.

해 나가야 하는 것이기 때문이다. 늘 발랄하게 현존하는 신앙이 아니면 '마왕 아폴리온*26이 자기를 배반한 부하를 다시 빼앗아 올 때, 그 공격에 저항해 승리를 거둘 수는 없었을 것이다.

이와 같은 '이 세상 영혼'의 힘은 매우 강대하다. 다행스럽게도 우리는 이것을 실생활에서 천천히 조금씩 경험해 가는데, 만약 그렇지 않았다면 누구든지 이 영혼과 맞서 싸울 용기를 잃을 것이다. 그러나 그보다 더 강대한 힘이 있다. 그것은 신의 힘이며, 곧 진정한 그리스도교에 의해 인간의 마음속에 살면서 작용하는 힘이다. 대개 가장 오랜 기간에 걸쳐서 계속되는 이 기간에서 중요한 것은 굳은 인내와 용기이다. '그대의 관을 아무에게도 빼앗기지 않도록 그대가 가진 것을 굳게 지켜야 한다.*27 그리고 일단 쟁기를 들었다면 뒤를 돌아보아서는 안 된다.*28

이 시기에 가장 주목해야 할 것은 신의 지배와 자유가 인간에게 합치하는 것이다. 신은 바라는 바를 인간에게서 이룩해 낸다. 만약 인간의 의지가 함께 한다면 그 일은 쉽게 이루어지지만, 반항하거나 다른 길을 가려 하거나 하면 그 일은 어려워져서 고난을 통해 이루어지게 된다. 그러나 이 세상의 어떠한 힘도 이제 그것을 방해하지는 못한다. 그러나 그럼에도 인생의 이 단계에서는 모든 원칙도 교의도 전혀 도움이 되지 않으며, 모든 초감각적인 일들이 단순한 꿈이나 공상의 장난인 것처럼 보이기 시작하는 긴 기간이 있게 마련이다. 이것은 위험한 시기이며, 그러한 때에는 마음을 다해 평정을 유지하고, 적극적인 행동은 모두 삼가야 한다. 그런데도 여전히 어쩔 수 없이 행동하는 경우에는 저 스페인의 시인과 함께 이렇게 말하는 것이 좋다. '인생이 진실이든 꿈이든 나는 올바르게 행동하지 않으면 안 된다'라고 말이다.*29

특히 이 신념은 인간의 영혼 속에서 다음과 같은 완전한 확신이 있어야 한다. 곧 신의 영원한 질서라는 것이 존재하며, 인간이 (행동의 자유는 허락되어

---

*26 요한계시록 9장 11절.

*27 요한계시록 3장 11절.

*28 누가복음 9장 62절 참조.

*29 칼데론 작 《인생은 꿈》. 프랑스의 훌륭한 격언도 이와 똑같이 말한다. '어떤 일이 있어도 할 일을 해라.' 인생에서는 이러한 변하지 않는 철칙이 유일한 구원인 것 같은 순간이 있게 마련이다. 암흑은 대개 단호한 저항에 부딪치자마자 물러나는 법이다. 미가 7장 8절, 야고보서 4장 7절, 에베소서 6장 12·13절, 베드로전서 5장 8·9절.

있으므로) 모든 힘을 기울여서 이 질서에 도전해 보아도 전혀 소용이 없다는 것, 다음에는 모든 실제적 성공이나 진정한 행복도 오직 인간의 자유로운 의지와 이 신의 질서와의 자유로운 합치에서만 성립한다는 것, 또한 이것과는 반대로 신의 질서를 어기는 경우 그때마다 반드시 벌이 뒤따라오지는 않는다 하더라도 벌은 그 행위 자체 속에 있기 때문에 신의 은총을 기다리지 않으면 결코 제거되지 않는다는 것 등에 대한 확신이다. 이 확신에 이르면 베를레부르크 성전이 말하는 것처럼 '신의 계명도 부드러운 얼굴을 하고, 우리는 계명의 친구가 되어서 그것을 신의 적절한 보조수단이나 예방조치로 여기게 된다. 신은 그러한 것으로 우리와 신과의 교제나 결합에 방해가 되는 것을 없애시는 것이다.'

이와 같은 신념이 굳어졌을 때, 그것을 기반으로 비로소 외부를 향해 효과적인 활동을 시작할 수 있다. 그 전에는 너무 일러서, 그때문에 대개는 잘 되지 않게 마련이다.*30 단순한 교의는 구원이 아니다. 그 가르침에 따르는데도 인간적으로 어떤 변화도 일어나지 않고, '주여, 주여' 말하면서도 신에게서 멀리 떨어져 있는 듯한 가르침은 결코 구원이 아니다. 구원이란 우리가 신에게 의지를 바칠 때 우리에게 생겨나는 어떤 사실적인 일이다.

그러나 그와 같은 사실적인 구원이 일어날 수 있으려면 우선 우리는 자신의 것에서, 즉 여러 형태를 띤 이기심에서 벗어나야 한다. 이것은 여러 단계를 거치고 수많은 십자가를 지면서 서서히 이루어지는 힘든 작업이다. 왜냐하면 지성이나 정조를 기르는 데 필요한 여러 가지를 수용할 수 있으려면, 우리는 자기를 버리고 완전히 비워야 하기 때문이다. 그러나 온갖 것을 수용한다 해도 구약성서에서 말하는 만나*31처럼 정확히 하루치씩만 받을 수 있지, 한 번에 다 주어지는 것은 아니다. 새로운 삶을 경험하지 않은 교활한 '옛 사람'*32이라면 날마다 주어지는 신의 축복으로부터 되도록 벗어나기 위해 오히려 한 번에 다 받기를 바랄 것이다. 그러나 그것이야말로 '전보다 더 심하게 속는'*33 일이 될 것이다.

---

*30 요한복음 14장 12절.
*31 출애굽기 16장 15절. 이스라엘 백성들이 사막을 유랑할 때 하늘에서 내리신 음식.
*32 로마서 6장 6절.
*33 마태복음 27장 64절.

올바른 선물을 충분하게 받을 수 있도록 우리를 교육하는 것이 신에 의한 지금까지 생활지도의 의의이다.*34 그렇게 되어 비로소 행위는 축복으로 가득 차게 되는 것이지 그 전에는 아니다. 그렇게 되면 또한 이른바 '사회문제'라는 것이 그 사람이 소홀히 할 수 없는 과제가 된다. 이것은 단순히 우리 시대만이 아니라 모든 시대의 인간의 문제이기도 하기 때문에, 지금까지 항상 존재했고 또 인간과 함께 영원히 존재하며 없어지지 않는 문제이다. 그러나 이 문제의 해결은 교회나 국가에 의해서 가능한 것이 아니며, 한없는 개인의 도덕적 힘과 개인적 사랑에 의해서만 이루어질 수 있다. 각자가 정해진 활동 범위에서, 특히 자기에게 부과된 임무를 다해야 하며, 맡김 받은 소질을 땅속에 묻거나 바꾸거나 해서는 안 된다.*35 이것이 그 사람 일생의 외적 임무로서 결코 그것을 회피하거나 게을리 해서는 안 된다. 그 임무를 다했을 때, 또 다한 뒤에야 비로소 그것을 타인에게도 가르치고 일생에 걸쳐서 이 사랑의 가르침이 지상에서 유지될 수 있도록 협력해야 한다. 사람은 일단 금전이나 명예, 향락에 이미 커다란 의미를 인정하지 않게 되면 많은 여가가 생기므로, 그것을 채우기 위해 진심으로 할 일을 추구하게 된다. 그렇지 않으면 따분한 나머지 뒤로 돌아갈 위험에 빠지기 때문이다.*36

요컨대 이 시기는 주로 일과 싸움의 시기인데, 순조롭게 가면 일은 어려움 없이, 차츰 즐겁게 저절로 진행되는 한편, 자기 안에도 또 다른 사람의 안에도 기세를 떨치고 있는 반신적(反神的)인 것과의 싸움에서도 점점 안전하고 여유 있게 승리하게 되며, 결국 이 시기에도 '안식일의 휴식이 신의 백성을 위해 아직 남겨져 있는'*37 것이다. 신은 그들이 바라 마지않는 마지막 날을 줄 것이다. 그러나 그것은 이것과 다른 인생목표를 품었던 많은 거만한 사람들의 마지막처럼 슬픈 종말은 아니다.

'젊은 시절에 1,000개의 돛을 올리고 배가 떠났던 항구에, 간신히 남아서 돛단배에 늙은 몸을 싣고 지금 조용히 돌아오는'*38 것이어서는 안 된다. 오히려

---

*34 시편 81장 1절.
*35 마태복음 25장 24·25절.
*36 〈그리스도교 시설〉 및 미태복음 1장 13~15절 참조.
*37 히브리서 4장 9절, 로마서 6장 14절.
*38 실러의 짧은 시 〈기대와 실현〉. 그의 고상한 인간주의가 이와 같이 '파산'한 것은 그것이 인생의 가장 좋은 길 안내가 아니었음을 모든 사람들에게 확실하게 보여주고 있다. 실제로

내가 한 일, 괴로웠던 일을 모두 감사하고, 신의 은총에 의해서 도달할 수 있었던 것에 만족하며, 앞으로 한층 커다란, 한층 훌륭한 활동을 편안한 마음으로 전망하면서 임종의 침상에 닿기 전에 지금 미리 일생의 청산을 마치고, 그에게 아직은 그다지 중요하지 않은 내세에 대한 이행을 어느 노 시인의 말처럼 차분하게 기다려야 한다.

나의 길은 지금 끝나려 한다. 오, 현세여, 너는 이제 개의치 않는다.
천국이야말로 더욱 그리우며, 노력하여 그곳으로 들어가지 않으면 안된다.
나그넷길을 이미 마쳤으므로 내가 진 짐은 그리 무겁지는 않다.
신의 평화와 은총에 감싸여 기쁨 가운데 나아간다.

4

노년은 대개 갑자기 시작되기 마련이다. 그것도 뭔가 특별한 사건, 예를 들면 병 같은 것과 함께 찾아오는 경우가 많다. 이것은 군대에서 '전초'라 부르는 것과 똑같은 역할을 한다. 또한 노년이 되면 지금까지 감추어져 있었던 여러 인간 사이의 다른 점과 그들 삶의 결과의 차이 등도 역시 갑자기 나타나는 경우가 많다. 어떤 사람은 전보다 더한 탐욕으로 인생의 가을에 나머지 과실을 향락하려고 노년의 비참한 모습을 속속들이 드러내는 일도 적지 않다. 또 어떤 사람은 뜬세상의 일 모두를 헛되다면서 염세적 절망에 몸을 맡기는 경우도 있는데, 이와 같은 절망은 항상 인류의 대환락 시대 말기에 찾아오는 법이다. 그렇지만 좀더 성실한 사람들은 나이든 지금에야 비로소 다음과 같이 말한다.

나는 어디로 가야 하는 것일까,
내 마음속 깊이

모든 철학은 지키지도 못할 것을 약속한다. 오직 참된 그리스도교만이 약속하는 것을 글자 그대로 다하는 것이다. 그리스도교는 언제까지나 그대에게 다음과 같은 말을 들려주지만은 않을 것이다.
"저녁이 되고 아침이 되었다. 나는 단 한 번도 멈추어 서지는 않는다,
그러나 내가 바라는 것, 원하는 것은 언제까지나 감추어져 나타나지 않는다."

영원히 변치 않는 자 나타난 뒤에
이 세상의 쾌락은 모두 하찮게 보인다.
나는 하얗게 칠해진 거짓에도
세상의 맛없는 음식에도 질렸다.
나의 텅 빈 물독을 안고
신의 도시여, 당신의 샘으로 가기를 원하노라.

　세상에는 온 종일 빈둥거리면서 보내는 사람이 있는가 하면 쓸데없는 일에
정성을 쏟는 사람도 있다. 이런 사람도 고용되어 그날의 일이 끝나면 먼저 와
서 일한 사람들과 똑같은 임금을 받게 된다. 이것은 일을 주는 주인의 자비 덕
분인데, 그러나 이에 대해 오늘날에도 여전히 많은 사람들이 불만을 토하고
있다.[39]

　이에 대한 반성이 일찍 이루어져서 제3기가 정신의 방향 전환이 아니라 단
지 제2기 삶의 자연적 결과이고, 그의 완성이라면 더욱 좋을 것이다. 왜냐하면
참된 인생의 단계에는 원래 단테의 천국과 비슷한 데가 있어서 어느 단계에나,
심지어는 가장 아래 단계에조차도 최고의 단계에 속하는 것이 어느 정도 포함
되어 있으므로, 좀더 많은 것을 갈망하지 않아도 그것에 희망을 걸고 있는 것
만으로 영혼이 만족하기 때문이다.

　나이든 사람들의 생활에는 보통 세 가지의 사고방식이 나타나기 시작한다.
외적으로 축복받은 경우 노인의 보편적인 생각은 생활 향락자의 생각과 같다.
등급이 좋고 나쁜 차이는 있어도 여생을 될 수 있는 한 향락하려 하고, 때로
는 우스꽝스러운 청춘으로 추락하는 경우마저 있다. 그런 성향의 뿌리는 이기
주의이며, 그것은 아무리 품위 있는 모습을 보이려 해도 결국은 만나는 사람
누구에게나 불쾌한 느낌을 준다. 신분이 높고 하는 일도 없이 사는 사람들은
대개 이와 같은 만년을 맞이하는 법이다.

　다음으로 그보다 상당히 나은 인생의 종말은 일생의 중요한 시기를 바쁜
가운데서 보낸 사람들이 맛보는 한가한 시간이다. 비록 그것이 월계관의 칭찬
위에서 누리는 편안함이든, 또는 한층 흔한 경우로 빚아놓은 재산 위에서의

---

[39] 마태복음 20장 1~16절.

휴식이든 말이다. 특히 상황이 잘 된 경우는 별장이나 은둔처에서 모든 집안 식구들의 존경을 받고 융숭한 시중을 받으면서 만년을 고상하고 한가로운 가운데서 보내고, 청년기나 대학시절, 여행이나 종군(從軍) 등의 추억에 빠지거나 때로는 회상록을 쓰기도 하고, 또는 기념축하연을 받거나 하는 유유자적한 노인 등이다. 이런 생활은 항상 결부되기 쉬운 다소의 허영심과 좀스러움을 빼면 죄가 없는 노년이라 할 수 있겠다. 이런 노인은 남을 방해하지 않는다는 이유에서도 일반적으로 세상 사람들은 그런 삶에 가장 많은 이해심을 보인다. 그러므로 그런 사람을 위해서는 세상도 기꺼이 훌륭한 장례를 치러 주고, 매장 당일의 신문에는 두셋의 합당한 추도사가 실린다. 그러나 그것으로 모든 일은 깨끗하게 끝난 것이다.

제3의 만년은 좀더 높은 생명으로의 전진이다. 늘 쟁기에서 손을 떼지 말고 결코 뒤를 돌아보지 말며*40 끊임없이 앞으로 도달해야 할 곳으로 눈을 향하는 생활이다. 본래 이런 인생관은 내세를 믿는 사람들만이 가질 수 있는 법이다. 다만 내세를 믿지 않아도 성실하게 일하는 사람들 중에도 그러한 인생관을 갖는 사람이 있기는 한데, 이런 사람들의 경우는 자기의 힘이 줄곧 쇠약해져 가는 것에 대한 슬픔에 휘감겨 있다. 어쨌든 이런 종류의 인생의 종말은 가장 가치 있는, 아니 사실은 이것만이 가치 있는 것이다. 때로는 여전히 어떤 고난을 수반하는 경우도 있는데, 그것은 싸울 힘을 유지하기 위한 것이다.

이상의 3가지 인생의 종말은 셰익스피어의 연극(베니스의 상인)에 나오는 3개의 작은 상자와 비슷하다. 첫 번째의 종말은 금으로 된 작은 상자에 들어 있는데, 겉은 가장 훌륭하지만 속은 비어서 결국은 내려오지 않는다. 은 상자에 들어 있는 두 번째의 것은 가치가 없지는 않으나 좀 '평범'하다. 세 번째의 종말은 대개 눈에 띄지 않는 모습을 하고 있으나, 인생의 의의를 잘 이해하고, 잘 활용한 생애의 최후를 장식하는 참된 관(冠)이며, 내세에서도 그 생명은 한층 훌륭하게 계속된다는 보장을 띠고 있는 것이다.

여하튼 인생의 마지막 단계에서 이루어야 하는 특별한 사명은 신의 가까이에서 완전하게 올바른 삶을 영위하는 것이다. 이것은 머리로 생각하기는 쉽지만 막상 글로 나타내려면 굉장히 어렵다. 그것을 직접 체험한 사람들이 써놓

*40 누가복음 9장 6절.

은 글도 여기에 이르면 갑자기 우리를 외면해 버린다. 그것은 그들이 쓰기 위해서 살지 않고, 행하기 위해서 살았던 사람들이기 때문일 것이다. 아니면 그런 생활은 그들의 단계에서는 당연한 것이며, 공적도 아니고, 끊임없이 주어지는 것을 겸허하게 받았을 뿐이라고 여겨지는 일들에 대해 직접 퍼뜨리기를 싫어했기 때문이리라. 이 시기의 목표는 자신을 위해서 뭔가를 더 받는 것이 아니라 이미 닦은 덕의 하나인 겸허한 마음으로 타인을 위해 축복을 가져오는 자가 되는 것이다.

이 마지막 단계가 시작될 때 일반적으로 최후의 큰 시련이 나타난다. 왜냐하면 신이 정말로 관심을 가질(이렇게 말해도 된다면) 만한 사람들은 그들 생애의 여러 단계에서 거듭 반복해서 새롭게 일종의 용광로 불을 빠져나가야 하기 때문이다. 그런 작열하는 불(火)만이 단테도 말한 것처럼 '영혼을 깨끗하게 씻어내는' 것이며, 아래 단계에서는 어쩌면 아직 필요할 듯한 가치 없는 성분을 그의 본질로부터 제거하는 것이다. 신을 향한 확고한 믿음은 인생의 이 마지막 단계에서는 이미 당연한 것이지만, 만일 그러한 믿음이 없었다면 때로는 이 마지막 시련에 도저히 견디지 못하는 경우도 있을 것이다. 그러나 이 시련은 이제 혹독한 일격의 10배의 효과를 지니게 된다. 만약 영혼이 제 발로 이러한 고난을 원하고, 신의 손이 그 고난을 이제 쓸모없다면서 제거할 때까지 권태를 느끼는 일이 없을 정도의 축복을 받았다면, 그것은 영혼이 진보했다는 더 없는 증거이다. 폴리니의 성 안젤라가 '인간은 이 단계에서 전에 자유의지로 자기 안에 기른 것이나 다름없는 결점을 지금은 죄의 대가 때문에 원치 않아도 한동안 자기 안에 갖고 있어야 한다'고 한 것은 심리적으로 정당하다.

이와 같은 시련으로부터 우선 철저하게 겸손하고, 이제 조금도 자만하지 않는 인간이 태어난다. 예를 들면 무엇이든 자기에게 주어진 것으로 만족하는 사람, 또는 자기는 더 이상의 것을 받을 가치가 없다고 여기고, 현재 상태보다 한층 나쁜 것도 정당하게만 일어난다면 그것도 자기에게 적합하다고 생각하는 사람, 나아가서는 신의 뜻이라면 어떤 일이든 달게 받을 수 있을 듯한 사람이 되는 것이다. 그러나 그런 섯은(만약 그것이 모두 진심이고, 단지 입으로만 외치는 신심이 아니라면) 매우 힘든 일이며, 완전하게 그렇게 할 수 있게 되는 것은 잘해야 생애의 마지막 무렵이다. 왜냐하면 그 전에 이기심이 철저하게 다

타서 없어져야 하고, 또한 그 사람의 능력에 따라서 가장 가혹한 시련이 실제로 주어지거나, 적어도 그것에 무서워 떨게 할 필요가 있기 때문이다. 그때, 그가 신에 대한 신뢰를 잃지 않고 그 시련을 이겨낸다면, 다른 어떠한 방법으로도 도달하지 못할 정도로 신에게 가까이 갈 수 있다. 우리 현대인도 동감하고 이해할 수 있을 듯한 영혼 세계의 삶이 존재한다면, 그 사람은 그와 같은 심경에 의해 영혼들의 삶에 매우 가까이 있고, 죽은 뒤에 그곳으로 옮겨가는 것도 생각할 수 있으며, 또한 그것이 가능한 일로 여겨진다.

그러나 지상의 삶에서 이 마지막 어려움에도 불구하고 시련을 받는 사람을 위해서 이 세상에 이별을 고하는 그들의 고통을 가볍게 해줄 목적이 있는 것은 분명하다. 실제로 노인이 여전히 생에 강하게 집착하는 것을 보는 것만큼 불쾌한 느낌을 주는 것은 없으며, 또한 그보다 더 '범속'한 인상을 주는 것도 없다.

이런 경우에 주로 도움이 되는 방법은 결코 뒤를 돌아보지 않는 것이다. 왜냐하면 정죄계(淨罪界)에서는 '뒤를 돌아보는 사람은 뒤로 돌아가야만 하기' 때문이다. 또 일생의 한순간도 헛되이 보내지 않고 마지막 순간까지 힘차게 활동을 지속하는 것도 중요하다. 왜냐하면 노년기의 생활 목적은 열매를 맺는 것이지 휴식하는 것이 아니며, 또한 앞으로도 해야 할 일이 남아 있는 한 이미 끝마친 것은 무가치하다고 간주해야 하기 때문이다.

이와 같은 노년의 특징은 원숙함이다. 그것은 결코 우쭐해서 '거룩하고 성스러운' 체하는 것이 아니다. 우리가 이 땅에서 도달할 수 있는 성스러운 경지란 오직 신의 의지와 완전하게 일치하고, 신의 의지에 따르는 완전한 마음가짐이 되어 있는 상태이다. 따라서 우리들 자신 속에는 이미 선과 악의 승부는 존재하지 않는 상태이다. 또한 중세의 어떤 성녀는 성스러운 경지가 진짜라면 그 사람의 외부도 가지런한 법이라고 말하고 있는데, 그 말은 맞는 말이다. 왜냐하면 신은 '질서의 신'*41이며, 변화하는 자를 좋아하지 않기 때문이다. 특히 외적인 사항이 유별난 것에 대해 그러하다. 그러한 기이함을 자랑하는 '성자'는 완전한 가짜는 아니더라도 아직은 미숙한 성자임이 확실하며, 그러므로 그런

---

*41 고린도전서 14장 33절.

사람들과 함께 지내는 것은 반드시 쉽지는 않다. 그렇지만 노년의 이 마지막 단계가 되어서도 그 사람의 종교가 하다못해 남과 즐겁게 지내는 데 도움도 되지 않고, 변함 없이 주위에 대해 불쾌하고 까다로우며 방자함을 고치지 않는다면, 그런 종교는 결코 큰 가치가 없는 것이다.

또 노년의 원숙함을 나타내는 주된 특징은, 인생에 있어서 보통이라면 서로 배척하고 받아들이지 않을 것 같은 다양한 성질, 예를 들면 소박함과 총명함, 위엄과 순진한 쾌활함, 세련된 취미와 매우 간소한 것, 엄숙함과 온화함, 명쾌한 지성과 감수성 등이 하나로 융합되어 있는 것이다. 이러한 조화야말로 그 사람이 이 땅에서 가능한 한도의 완성에 이르렀다는 인상을 주는 것이다.

어쩌면 독자 중에는 어떻게 하면 나이가 들어도 여전히 젊음을 잃지 않을 수 있느냐고 묻는 사람이 있을지도 모른다. 이에 대한 정신적 방법으로 가장 중요한 것은 '항상 새로운 것을 배우는', 특히 뭔가에 흥미를 가지고 끊임없이 앞날의 계획을 세우는 일일 것이다. 그러므로 그리스도 교계의 대사도(大使徒) 바울도 죽기 바로 전에 이렇게 말한다. '나는 뒤엣것을 잊고 앞의 것을 향해 줄곧 몸을 뻗고, 목표를 향해 달리고, 그리스도 예수의 위로 내려주시는 하느님의 상여(賞與)를 받고자 노력하고 있다. 그러므로 우리 가운데서 완전한 사람들은 그와 같이 생각한다. 그러나 여러분이 다른 생각을 가졌다면 신은 그것도 보여 주실 것이다.'*42 때문에 그 다음은 단순한 길이다. 인생의 마지막 표어인 순종이라는 것도 이미 그것에 포함되어 있다. 비록 가장 좋은 의미로 행해진다 해도 어쩌면 자신을 위해, 자기의 향상을 위해 하는 것은 모두 조금은 이기심의 뒷맛이 남기 마련이다.

노년이 되면 생활이 마침내 완전히 일종의 군대 근무가 되고, '신(神)의 수확', 즉 우리의 수확물이 아니라 신의 수확물이 되는 것이 아니라면 마지막 순간까지 그런 생활을 정신적으로 건전하게 유지하기는 어려울 것이다. 종교의 비밀은 인생의 모든 단계에 있어서 신의 곁에 있는 것이다. 그러나 그러려면 우선 우리는 신이 다가오는 것에 인내하는 것(도망치지 않고)을 배워야 하며, 다음에는 신의 곁에 가까이 있기를 바라고, 마지막에는 실제도 그렇게 할 수 있

---

*42 빌립보서 3장 13~15절 참조.

어서 '영원히 타오르는 불 속에서도 견디는'[43] 것을 배우지 않으면 안 된다.

이와 같이 신의 가까이에 있는 것은 이 세상에서는 최후의 최후까지 고통 없이는 일어나지 않는 일이지만, 일의 성질상 당연한 것이고, 많은 훌륭했던 사람들의 생애가 그것을 보여주고 있다. 그들은 마지막 날에 늙은 시메온과 함께 다음과 같이 말했던 것이다. '지배자여, 이제야 겨우 당신은 종의 임무를 풀어 주시는군요.'

이 경우 앞에서도 암시한 바와 같이 가족에게 둘러싸여 시민들의 칭찬을 받으면서 세상을 떠나는 이른바 '행복한 죽음'은 결코 최상의 운명이 아니며, 또한 신이 보내는 최고의 칭찬을 의미하는 것도 아니다. 오히려 죽음 자체가 국민이나 인류를 위한 마지막 행위인 듯한 죽음만을 하느님은 가상히 여기실 것이다. 그러나 현대는 그리스도교의 정신이 대단히 쇠약하기 때문에 지금은 대다수의 사람들이, 아니 가장 경건한 사람들마저도 그런 것을 전혀 되돌아보지 않는다. 그러나 어떤 죽음 방법을 취할 것인가 하는 것은 그 전에 어떤 삶의 방식을 가질 것인가와 마찬가지로 뜻대로 되는 것은 아니다. 그러므로 모든 '인생문제' 가운데 이 마지막 문제에 대해서도 미리 하느님과 평화조약을 체결해 두지 않으면 안 된다.

인생의 최종점에 이르러서 이제 거의 다 걸어온 인생 행로의 전체를 되돌아볼 때의 영혼의 기분을 가장 잘 나타낸 것은 파울 게르하르트의 다음의 말일 것이다.

"오로지 야곱의 하느님(여호와)과 그 구원을 앙망하는 자는 행복하다.
하느님께 몸을 의지하는 자는 다시 없는 몫을 얻어
최고의 선을 선택하며, 가장 아름다운 보물을 사랑한 것이다.
그 사람의 마음도, 그의 모든 본질도 영원히 흐려지는 일은 없다."

완성에 근접한 일생의 이 엄청난 아름다움은 영혼의 평안, 이제 어떠한 것에도 흔들리지 않는 평화이며, 신과 인간의 전투 끝에 마침내 '이긴'[44] 평화이다.

---

[43] 이사야 33장 14절.
[44] 창세기 32장 28절.

여기까지 이르는 데 필요한 모든 종교의 요점은 아주 단순하다. 그것은 지금은 이미 일반에게 이해되지 않는 다음의 말에 잘 나타나 있다. 즉, 종교의 요점은 우리가 항상 주의 깊게 신과의 결합을 향해 문을 열어두는 것에 있다. 우리 쪽에서 말하면 신과의 결합을 방해하는 모든 것을 내버려 없애고, 신과의 결합에 대해서 끊임없는 선의를 가짐으로써 가능하다. 이것을 성서는 '신을 바란다'*45고 표현한다. 그렇게 하면 신도 또한 '생각지도 않게' 다가오셔서 '많은 선(善)한 일을 해주시는' 것이다. 성실하게 신을 바라는 마음만 있으면 비록 불완전하게밖에는 신을 알지 못하는 사람들에게도(대개 모든 사람들이 그렇지만) 신은 와 주시는 것이다.

만약 신이 와 주시지 않고, 또 옛날의 표현방식을 빌리자면 '우리와 하나가 되시는'(이것은 어떤 방법으로도 강요할 수는 없다) 일이 없다면, 모든 현존하는 형식, 또는 앞으로 생각할 수 있는 형식의 종교적 실천도 모두 사산(死産)으로 끝나고 말 인간의 재앙에 불과하다. 그리고 우리들 모두가 종교에 의해서 추구하고 있는 것, 곧 행복을 주지 않는 것이다.

* * *

"아멘, 하느님은 찬미해야만 하리,
우리의 영혼을 그리스도에게 향하게 하시니.
원하면 우리들 모두를 도우시고
다 함께 영원한 생명으로 들어가게 하소서, 아멘."

(동포교회 찬송가 제1212번)

---

*45 히브리서 11장 6절.

두 종류의 행복

　인간은 누구를 막론하고 행복(幸福)을 추구한다. 행복 이상으로 청년과 노인, 뛰어난 사람과 하찮은 사람의 구별 없이 모든 사람들에게 공통되는 바람은 없다. 다만, 행복의 내용이 어떤 것인가, 또 과연 이 세상에서 행복을 발견할 수 있는가 하는 점에서 사람들의 생각이 일치하지 않을 뿐이다.

　이 문제에 관심을 두고 있는 교양인들 중에는 동서고금을 막론하고, 우선 행복이란 과연 이 세상에서 실현할 수 있는 것인가 하고 의심하는 자가 적지 않다. 그들은 철저한 반항심을 품고, 적어도 생각할 줄 아는 인간은 인생에 대해 높은 요구를 가지기 때문에 오히려 행복한 생활을 영위할 수 없다고 주장한다. 이러한 철저한 염세관이 사상 생활을 압도적인 힘으로 지배하게 될 때, 한마디로 광기가 시작되는 것이다.

　이러한 사고방식은 인간의 본성에 행복을 추구하는 욕망이 존재한다는 것을 인정하면서도, 그것이 채워질 가능성을 부정한다. 만약 어떤 일이 인간이 가진 소망의 최종목표인 동시에 거기에 도달할 수 없는 것이 확실하다고 한다면, 인간이라는 존재는 더 이상 합리적인 의의를 가지지 않게 된다. 이런 사실을 확신을 가지고 진심으로 믿는다면, 그것은 이미 광기(狂氣)의 발단이다. 그렇게 되면, 문제는 그 상태가 그대로 계속 진행될 것인가, 아니면 방향 전환의 가능성이 있는가, 둘 중의 하나이다.

　반대로 그러한 염세관이 그저 일시적인 것이거나, 인생의 의의와 목적에 대해 아무런 확신을 가지고 있지 않은 것을 숨기기 위한 구실에 지나지 않을 때는 "우리는 어리석어서 올바른 길을 잃어버렸다"고 하는, 참으로 서글픈 진실을 뒷받침하는 것이 된다. 또 만약 염세관을 품고 있는 것을 은근히 자랑으로 생각하거나 그런 자신을 우월하다고 생각한다면, 그 오해는 더욱 더 절망적인 것이 된다.

　이러한 두 가지 정신적 방향에 대해 더 이상 고찰하는 것은 지금으로서는 아무런 이익이 없다. 그 어느 방향도 행복을 추구하려 하지 않거나, 적어도 행복을 원래 발견할 수 있는 곳에서 구하려 하지 않기 때문이다. 그들 스스로 '맘껏 삶을 즐긴다'고 하면서 실제로 요구하고 있는 대로, 생활의 개별적인 점에서나 전체에서나, 하고 싶은 대로 하게 내버려두는 수밖에 없다. 세계사도 역시 성공과 실패의 실례를 통해서만 사람을 교육하는 것이며, 이미 수많은 시대, 수많은 민족들이 실제로 자신들이 품었던 인생관의 결과를 역사상에 낱낱이 그대로 드러내어, 다른 사람들의 교훈이 되어 왔던 것이다.

이에 비해 훨씬 중요하게 여겨야 할 종류의 사람들이 있다. 그들은 더 뛰어난 것을 추구하기 위해, 또는 추구한다고 믿기 때문에, 이른바 '행복'을 너무나 하찮은 것으로 보고 있다. 하지만 이 견해는 겉으로만 그럴듯하게 보일 뿐, 조금만 깊이 생각해보면 다른 사실을 쉽게 알 수 있다. 바로 이들이 추구하는 것 역시 행복이지만, 다만 대다수 사람들이 간절히 바라는 것과는 다른 행복이다. 예를 들면 일반 사람들과 다른 인생의 목적과 활동 속에서 행복을 추구하거나, 행복을 대체로 이 세상의 삶의 저편, 즉 내세로 옮겨놓고 추구하는 것이다. 그것을 현세에서 추구하든 내세에서 추구하든, 이들이 원하는 것도 역시 행복이라는 사실에는 변함이 없다. 그들은 잘하면 얻을 수 있을지도 모르는 하찮은 행복을, 자신에게 있어 더 확실하고 더 큰 행복을 위해 희생시킨다는 점에서 다를 뿐이다. 이런 사람들을 위해, 오늘날 자주 이름이 거론되는 중세 그리스도교의 한 저술가가, 그들에게는 물론이고 아마 자신에게도 완전히 명확하다고는 할 수 없겠지만, 그 사상의 진정한 의미를 다음과 같은 말로 표현했다. "Duplex est beatitudo ; una imperfecta·quae habetur in hac vita, et alia, perfecta, quae in visione Dei consistit."

이 문장을, 그 정확한 핵심에 따라 해석한다면 이렇게 될 것이다. "행복의 종류에는 두 가지가 있다. 그 하나는 항상 불완전한 것으로, 이 세상의 온갖 보물을 그 대용품으로 한다. 또 하나의 행복은 완전한 것으로, 하느님 곁에 가까이 있는 것이 바로 그것이다." 이렇게 해석해야 비로소 이 문장은 완전한 진실이 되고, 또 거기에 입각하여 이 세상에서 실현될 수 있는 행복에 대해 합리적인 논의를 시작할 수 있다.

가치가 낮은 행복에 이르는 길은 이미 오래전부터 수없이 얘기되어 왔다. 더욱이 그러한 행복의 불확실성과 불완전성에 대해서는 거의 수수께끼처럼 모든 고찰을 기울여 왔다. 그러나 그 효과는 고작 후대 사람들에게 이미 환멸을 맛본 선인들의 교훈에 따르지 않는 것이 현명하다고 생각하게 하는 정도일 뿐이다. 그렇게 되는 원인의 하나는 교훈을 주는 사람들이 이 문제를 너무나 당연한 것으로 다루기 때문일 것이다.

재물을 가지는 것이 행복하다고 하는데 과연 사실일까? 그런데 그 재물을 적당히 관리할 수 없거나 올바르게 사용할 수 없을 때, 또는 재물이 올바르게 획득된 것이 아닐 경우, 게다가 그 재물을 잃어버릴까봐 끊임없이 전전긍긍하지 않으면 안 될 경우에는 분명히 재물은 행복이 아니다. 또 재물이 큰 경우 자칫하면 그렇게 되기 쉽지만, 재물 때문에 오만해지거나 게을러지고 아무 일도 하지 않고 탐욕과 인색에 빠진다면, 그야말로 불행해질 것이다. 이에 반해 재물이 모든 능력을 정상적으로 발달시키는 데 확실한 기초가 되고, 제대로 된 교육을 받을 수 있는 보장도 되며, 인간에 대한 공포와 종속에 빠지지 않게 하는 버팀목이 되고, 또 인간의 가장 고상한 성질인 친절과 동정심을 어려움 없이 발전시키며, 끊임없는 수련으로만 얻을 수 있는 어떤 완성에 도달하게 하는 수단이 되는 경우, 재물은 이른바 상대적인 행복이 된다. 이 말의 의미는 재물 자체는 더없는 행복도 아니고, 충분하고 확실한 행복도 아니라는 것이다.

명성은 행복일까? 고대의 사고방식에 의하면 명성은 행복이었고, 그보다 더 큰 행복은 없었다. 그러나 다음과 같은 경우에는 확실히 행복이라고 할 수 없다. 즉, 명성이 잃어버리기 쉬운 것이어서 끊임없는 불안이 뒤따를 때, 또는 그 소유자를 끊임없이 새로운 열병적 긴장상태로 내몰 때, 또 명성이 좋지 않은 길동무로서 질투심을 동반할 때, 혹은 그 명성이 의문의 여지가 없을 만큼 정당한 것이라고 할 수 없을 때, 따라서 그 사람이 뛰어나게 현명하고 자기에 대한 올바른 판단을 아울러 가지고 있는 한, 명성의 즐거움을 부당하게 얻었다는 감정으로 인해 모조리 또는 거의 사라져버리는 경우 등이다.

일과 활동은 파우스트가 제2부에서 말한 것처럼 과연 행복일까?[1] 아마 이

---

[1] 제4막, 10181장 8행.

것은 일반적인 행복으로 가는 길 가운데 가장 좋은 지름길일 것이다. 단, 사람이 자신의 일을 올바르게 이해하고, 그 일 자체가 뛰어나게 선(善)한 것이며, 그것을 할 만한 힘과 기회가 늘 주어져 있는 경우에 한한다. 그런 경우에는 이스라엘의 잠언 시인[2]이 말한 것처럼, 사람이 일을 통해 즐기는 것보다 더 좋은 것은 아마 이 세상에 없을 거라고 한 말이 대체로 맞을 것이다. 그러나 오늘날, 일하는 사람의 대다수가 과연 유쾌하고 행복할까? 반드시 그렇다고는 할 수 없다. 그러므로 일 자체가 그것만으로 사람을 행복하게 해주지는 않으며, 다른 것과 결부되어야 비로소 사람을 행복하게 해준다. 가장 성공을 거둔 행복한 활동가조차도 때때로 일이 끝나 휴식이 허락되는 날을 기다리는 것을 부정할 수 없을 것이다.

그럼 휴식이 행복일까? 그것이 일을 동반하지 않는 경우, 또 휴식하면서 그저 흔해 빠진 휴식의 욕구를 뛰어넘어 드높은 사상으로 마음을 기르는 것이 아닌 경우에는, 휴식도 결코 행복이 아니다. 그렇지 않다면 휴식은 청춘을 좀먹을 뿐 노화를 방지해 주지도 못한다. 뿐만 아니라 노년에도 건강을 유지하는 원칙은 가능한 한 안정적이고 적당하고 유익한 일을 계속하는 것 외에는 없다.

예술과 학문은 행복일까? 만약 자신이 원하는 대로 모든 것을 할 수 있는 힘을 가지고 있고, 또 그 지식을 가진 자(무릇 그런 일이 실제로 있을 수 있다고 한다면), 그러한 사람에게는 예술과 학문은 행복일 것이다. 그러나 예술과 학문의 광대한 영역에서 감정적으로 자신이야말로 가장 행복한 사람이라고 생각하고 있는 이는 실제로는 자기를 속이고 있는 포로일 뿐이다.

힘, 건강, 또는 개인적인 권력이 행복일까? 이 중에서는 힘이 가장 행복에 가깝다. 따라서 힘에 대한 간절한 욕구에 기초하여 새로운 철학이 확고한 힘의 도덕, 지배자의 도덕을 내세우는 것은 무리가 아니다. 그런데 힘과 건강을 실제로 가지고 있는 자가 그것을 가장 중요하게 여기는 일은 거의 없다. 오히려 힘에 대한 숭배는 자신의 무력감에 의해 좌절되어 스스로 비굴해진 영혼의 외침인 것이 보통이다. 또 더할 나위 없는 건강은 어떤 의미에서는 정신적으로 평범한 것과 이어지는 일이 드물지 않다. 이에 반해 인간의 마음에 깃드는 가상 심원한 사상과 감정은 고난 속에서 태어난다. 그 위에 힘과 건강이리

---

[2] 전도서 제3장 13절.

는 이 두 가지 보물은 그야말로 간단하게 사라지는 것일 뿐만 아니라 절대적으로 스러질 운명에 있다.

권력은 페르디난트 라쌀레[3]의 견해에 의하면, "그것이 고상한 목적을 위해 사용된다면 하늘이 내린 최고의 보물"이다. 따라서 자신의 힘을 가장 잘 자각하고 있는 사람에게도 힘은 항상 무언가의 조건에 얽매이는 보물이다. 그렇지만 그러한 고상한 목적은 무제한의 권력에 의해 지탱되는 것으로 보이는 경우에도, 아무런 장애 없이 달성될 수 있는 것일까? 또 권력에는 독재자적인 광기로 불리는 무서운 질병이나, 적어도 인간 경시 같은 것이 불가피하게 수반되는 것은 아닐까? 일찍이 권력을 장악한 사람들 중에서 가장 총명한 사람 가운데 한 명이었던 프리드리히 대왕은, 수많은 공적으로 장식된 생애의 마지막 순간에 임하여, "나는 노예들을 지배하는 것에 질려버렸다"고 술회했다.

고귀한 출신, 또는 비교적 상류층의 교양 있는 가정에 태어난 것도, 그 전통을 물려받기에 걸맞다고 생각되는 경우에 한하여 행복이라 할 수 있다. 그렇지 않으면, 그것은 오히려 끊임없이 쓰디쓴 자기비판의 근원이 된다. 또 그런 사람이 어쩔 수 없이 하층 계급으로 전락하거나 하층 계급의 사람과 결혼하지 않으면 안 될 경우, 대개 그 출생이 도덕적인 타락의 원인이 된다.

마지막으로 사랑은 행복일까? 그렇기도 하고 그렇지 않기도 하다. 왜냐하면 세상에서 가장 고상한 마음을 지닌 사람이라도 오로지 사랑에만 몸을 맡긴다면 그것 때문에 반드시 파멸하기 때문이다. 사랑은 그야말로 동서고금을 통해 수많은 비극의 주제가 되어왔다. 사랑은 정말 위대한 진실이기는 하지만 진실하지 않은 것으로 변할 수도 있고, 또 마음속에 깊이 스며드는 행복이기는 하지만 모든 것을 파괴하는 불행이 될 수도 있다. 이 사랑의 행복에 완전히 몸을 맡기는 사람의 심정이 깊고 순수할수록, 그 사람은 확실히, 그리고 완전하게 불행해질 것이다. 죽음에 의해 이 괴로운 경험에서 벗어나지 않는 한은 말이다. 이것은 결코 비관론이 아니며, 마음이 따뜻하고 뛰어난 재능을 가지고 태어난 무수한 사람들이 경험한 인생의 진실이다.

지금까지 말한 여러 가지 종류의 행복에 반드시 따라다니는 결함은, 이들

---

[3] 1825~64년, 독일 사회민주주의의 창시자.

행복에는 항상 무언가가 부족하다는 것, 또는 쉽게 채울 수 없는 조건이 수반된다는 것, 적어도 그 행복들은 모두 너무 불안정하여 자칫하면 잃어버리기 쉬운 위험이 있기 때문에, 때때로 행복을 손에 넣어도 그 매력이 깎여버린다는 것이다. 또 진정으로 마음이 고상한 사람들에게 이런 종류의 행복을 맛보는 데 장애물이 되는 것은, 그것이 모든 사람에게 똑같이 주어지는 것이 아니라, 항상 우연하게 행운을 얻은 극소수의 사람들에게만 주어진다는 점이다. 이 사실 때문에 이런 종류의 행복에는 부정(不正)하다는 낙인이 찍히고, 그것 때문에 고상한 성품의 사람들은 그런 행복을 누리는 것을 싫어하게 되는 것이다.

그래서 대부분의 사람들은 더 이상 자신의 행복에 기대를 걸지 않고, 그저 타인의 행복에만 주목하며, 공상을 통해 그것을 과장되게 생각한다. "그 맹목의 생명은 점점 더 눈이 어두워져서, 타인의 운명은 모두 행복으로 생각하며 질투한다. ……그러나 그들에 대해 얘기하는 것은 그만두고, 다만 보고 지나쳐라."[*4]

이것은 인생의 고난 속에서 마음이 좁게 위축된 사람들의 슬픈 운명이다. 그러나 '마음이 넓은 사람들'[*5]도, 아니 특별히 그런 사람들이야말로 행복을 향한 올바른 길을 찾아내지 못한 경우, 역시 다음과 같이 고백하지 않을 수 없다.

"나는 어두운 이마를 숙인다,
눈앞에 죄악이 떠들썩하게 지나갈 때.
대부분의 사람들은 내가 혐오에 사로잡힐 거라고 생각하고
더욱더 나를 가엾게 여긴다.

그러나 이것은 나의 지나간 삶이
불길하게도 다시 되살아난 것이다.
아, 암흑의 힘이 아직 파괴되지 않은 것을 느끼고

---

*4 《신곡》 지옥편 제3곡 47·48·51행.
*5 '마음이 넓은 사람'이란, 아리스토텔레스가 《니코마코스 윤리학》 4권 7, 8장에서 애착을 담아 그렸던 이상적인 인간을 가리킨다.

두려움에 떤 적이 몇 번이던가!"*6

2

반드시 행복을 얻기를 원한다면, 먼저 암흑의 힘이 확실하고도 영원히 타파되지 않으면 안 된다. 그리하여 나와는 다른 견해를 가진, 최근에 사망한 한 독일 저술가가 말한 "인생은 보강 공사를 필요로 한다"는 말이 극히 올바른 것이 된다. 다만 그는 그 보강을 잘못된 곳에서, 즉 인간의 생활 속에서 구하고 있다. 그러나 그러한 보강력은 항상 발견되는 것이 아니어서, 노년과 질병, 고독과 곤궁에 처했을 때 힘이 주어지지 않을 뿐만 아니라, 어려운 상황은 서로 합세하여 몰려오기도 하는데, 그런 경우에는 원래 가장 강한 정신조차 완전히 굴복할 때가 있다. 우리는 모든 어려움에 대해 항상 철저하게 준비되어 있는 도움을 필요로 한다. 우리는 자신의 행복을 언제든지 얻을 수 있고, 또 누구나 얻을 수 있는 것 위에 쌓아가지 않으면 안 된다. 우리가 필요로 하는 것은 자기 속에서 나오는 힘이 아니다. 자신의 힘으로 충분하다면 힘의 부족을 그렇게 통감하지 않을 것이다.

인생에 있어 진정한 보강 공사는 하느님 가까이 있는 것과 일이다. 그리고 그 결과로 자연히 모든 피조물에 대한 사랑이 생긴다. 다만 이것은 처음부터 손쉽게 얻을 수 있는 것은 아니다. 또 그 밖의 것은 모두 인간의 마음을 완전히 만족시키기에는 너무나 하잘것없다. 실제로 옛날부터 대부분의 사람들이 그러한 하찮은 것으로 인생을 헤쳐 나가려고 시도해 왔다. 인생의 길을 걸어가면서, 처음부터 그 행복을 쌓는 데 도움이 되지 않는 기초를 한 번도 구하지 않았던 사람은 아마 드물 것이다. 오히려 대부분의 사람들은 차례차례 그러한 시도를 거듭한다. 그리고 어느 것이나 불충분하다는 것을 알면 우울증에 걸리게 된다. 그들에게는 생애의 마지막 갈림길에 서서, 다시 한번 완전히 다른 기초 위에서 시도해보려는 용기가 없는 것이다.

---

*6 아네테 폰 드로스테의 시집에서. 죄를 각각 파악하여, 이것에 도전하면 죄는 오히려 힘이 커질 뿐이다. 죄의 영역 안에서 싸운다면, 죄는 바로 그리스 신화의 거인 안타이오스처럼 이길 수 없는 것으로 보일 것이다. 죄를 이기려면 먼저 인간의 존재와 정신의 방향 전체가 바뀌지 않으면 안 된다. 이 점에 참으로 쓸데없이 많은 노력이 이루어지는 원인이 있고, 또 그러한 경험 속에서 우리에게 얘기되는 것이 과장되는 이유이기도 하다.

그런데 하느님을 진심으로 믿는 것은 원래 결코 쉬운 일이 아니다. 인류는 하느님을 믿는 것을 항상 어려운 일로 생각해 왔다. 또는 그것을 쉽게 하기 위해 기이한 수단을 생각하기도 했다. 우선 소극적으로 말할 수 있는 것은, 어쨌든 그러한 믿음 없이 해나가는 것은 곤란하다는 것이다. 지극히 질서정연하게 만들어져 있는 우주 전체를 생각해봐도, 우주를 창조하고, 또 언제 어느 때라도 다시 해체되어 혼돈으로 돌아갈 위험으로부터 우주를 지키고 있는 영(靈)이 존재하지 않는다면, 우주의 질서를 설명하기 어렵다. 그러나 우주에 존재하는 모든 것의 궁극적인 근본을 '우주법칙'이나 '자연법칙', 또는 그 밖에 무언가의 비인격적인 명칭으로 표현하려 할 때도, 이들 '법칙'은 어떤 정신적인 요소, 일종의 뛰어난 지혜의 의미로 이해되지 않으면 안 된다. 그렇지 않으면 그 명칭들은 완전히 무의미한 것이 되고 말 것이다.

그러나 그렇게 생각해도 여전히 자연의 영은 인간의 혼과 혼의 깊은 곳에서 나오는 요구를 만족시키는 것은 아니다. 범신론적인 하느님, 정확하게 말하면 존재하는 모든 사물의 총체인 자연에는, 우리가 가장 이해하기 쉽고 필요로 하는 하느님의 속성이 하나도 들어 있지 않다. 정의와 인내와 동정과 사랑이 자연의 어디에 깃드는 것일까? 자연은 동정을 모른다. 자연은 강자를 보호하고 약자를 멸하며, 약자에게는 죽은 뒤의 생명 존속의 희망조차 허용하지 않는다. 우리가 인간의 가장 좋은 성질로 간주하고 있는 희생심과 고결과 동정에 대해서도, 자연은 아무런 이해도 하지 않고 존중도 하지 않는다. 그러한 하느님보다는 있는 그대로의 인간 쪽이 훨씬 나을 것이다. 어떠한 형태의 것이든 범신론은 그 필연적인 결론으로서 힘의 예찬, 즉 도덕성에 관계 없이 강자를 무조건적으로 숭배하는 사고방식의 원천이다. 그러한 사고방식은 개인생활에서는 이기주의를, 국가에서는 독재정치를, 국제법의 세계에서는 기회 있을 때마다 불합리한 전쟁을, 학문에서는 경제적인 약자를 착취하는 학설을, 법률에서는 냉혹하고 무정한 이기주의를, 예술에서는 끝없는 관능의 지배를 이끌어낸다. 만약 인생이 이러한 기초 위에 서는 수밖에 없다고 한다면, 굳이 힘들게 살 필요가 없는 것일지도 모른다.

이와 같은 범신론적인 사고방식이 내리는 필연적 결론으로 볼 때, 이는 견딜 수 없는 것임을 인간다운 마음을 지닌 사람이라면 누구라도 알 수 있다. 살아 있는 하느님에 대한 적극적인 신앙에 도달하기 위해서는 더욱 크게 한 걸음 전진하지 않으면 안 된다. 그러기 위해서는 인생에 미치는 살아 있는 하느님의 작용을 실감하고 경험하는 것이 필요하다. 그런데 이 실제적 감각은 하나의 새로운 감각, 즉 순수하게 영적인 사물에 대한 정밀하고 묘한 지각력에 의해 비로소 얻을 수 있다. 그러한 능력이 없으면, 하느님에 대한 신앙은 연약하고 흔들리기 쉬운 감정에 지나지 않거나, 배워서 익힌 이론만 고집하는 설교에 지나지 않을 것이다.

또 하느님은 명백하게 우리 인간의 사고력으로 완전히 이해할 수 있거나 언어로 표현할 수 있는 것이 아니며, 어느 쪽이든 그보다 훨씬 위대하다. 인간의 이해력 속에서 하느님은 참으로 다양한 모습으로 나타난다. 그러므로 성서는 이에 대해, "두 마음을 품지 않고 당신을 받들면, 당신께서도 두 마음을 품지 않고 붙들어 주십니다. 그러나 당신을 속이려 드는 자는 꾀어 넘기시고"*7 라는 대담한 말까지 사용하고 있을 정도이다. 인간이 더욱 선량해지고 순수해짐에 따라, 하느님의 존재에 대한 확신과 하느님에 대한 표상은 더욱 흔들림 없는 것이 된다. 이러한 확신을 얻기 위해서도 단호한 이상(理想)의 유지와 명확한 의지의 행위가 필요하다. 그러나 일단 그러한 확신을 획득할 수 있다면, 한없이 깊어질 수 있다. 하느님에 대해 일찍이 이야기된 말, 그리고 아마 앞으로도 이야기될 말 중에서 가장 명료하고 뛰어난 것은 출애굽기 제33장, 34장에 있는 것일 게다. 그 뒤에 타락하여 단순한 형식주의에 빠지고 만 인류에게 그리스도가 오심으로써 하느님의 본질이 다시 명확해졌다. 그러나 그리스도도 요한복음 제4장 24절 이상으로 하느님을 설명할 수는 없었고, 또 설명하려고 생각하지도 않았다. 오늘날 교리문답서의 저자들은 모두, 나야말로 교리를 공식화하는 사명과 능력을 가지고 있다고 믿고 있지만, 그리스도는 그러한 공식화를 피했던 것이다.

대부분의 실제적인 경험에 비추어 보더라도 그리스도교 신앙은 없어도 철학이나 좋은 소질과 교육에 의해, 또 그 위에 환경의 혜택까지 주어진다면 더욱 뛰어난 인간이 태어나는 것은 충분히 있을 수 있는 일이라고 생각된다. 성 아우구스티누스는 이교도의 미덕을 화려한 악덕이라고 불렀는데, 이것은 그의 말에 자주 보이는 과장 가운데 하나이다. 대부분의 경우 이 말은 사실이기

---

*7 시편 18장 26절.

도 하지만, 반드시 그렇다고는 할 수 없다. 그러나 가장 어려운 역경에서도 결코 잃어버리는 일이 없는 흔들리지 않는 행복감, 이것이야말로 오직 그리스도교에 의해서만 얻을 수 있다고 믿는다.

특히 철학은 '인생의 뛰어난 지혜에 대한 사랑이며, 뛰어난 지혜에 대한 끊임없는 성실한 노력'이라고 하는 그 본래의 의의를 오래전에 잃어버리고, 대신 교양이 높은 사람들을 위한 학문적 사색의 수련장이 되고 말았다. 그리스도교도의 '무리'는 있을 수 있고, 있어야 하며, 또 실제로 이미 수없이 있었지만, 철학은 결코 철학자의 '무리'를 낳지 않을 거라는 것은 철학의 약점 가운데 하나이다. 그리고 또 하나의 약점은, 철학은 최상의 애호자에게도 실제로 지극히 건전하고 균형잡힌 정신을 낳는 것이 아니라, 오히려 그것을 전제로 하고 있다는 사실이다. 그래서 늙음이나 질병이 인간의 정신을 공격하여 그 일부를 파괴해버리면, 그것과 함께 철학도 힘을 발휘할 수 없게 된다. 따라서 철학에 의지하는 사람들에게서 마르지 않고 새롭게 생겨나는 샘이 되는, 영원히 변하지 않고 영원히 멸하지 않는 영적 존재에 의한 버팀목은 발견할 수 없다.

인간은 이 영을 현실의 작용 속에서 경험할 수 있고, 원래 그것은 경험할 수밖에 없다. 그리고 이 영이 일찍이 그런 경험을 가진 사람들에게, 자신의 존재와 그 접근을 부정할 수 없을 만큼 명백하게 나타내 보여주는 방법이 바로 비할 데 없는 행복감이다. 행복감은 이렇게 하느님 가까이 있는 것과 불가분의 관계에 있으며, 따라서 행복에 대해 실제적으로 느끼는 것은 현세에서 당연히 있을 뿐만 아니라, 하느님의 존재에 대한 가장 좋은 증명으로서 없어서는 안 되는 것이다.

"하느님 곁에 가까이 있는" 것은 성서의 수많은 대목에서만 가능한 일로 보장되어 있는 것이 아니다. 그것은 이미 수많은 사람들이 인생 행로에서 은혜로운 경험을 했으며, 오늘날에도 그것을 경험하고 싶어하는 한 사람 한 사람에게 증명되고 있는 일이다.

우선 소극적인 의미에서 하느님의 존재를 증명하는 것은, 하느님에게서 멀어진 인간의 생활은 언제나 불만을 동반한다는 사실이다. 인간의 생활은 상류사회는 말할 것도 없고 일반 계층에서도 너무나 복잡하고 번거로워졌다. 많은 요소로 구성되어 있는 행복한 생활이라는 이 훌륭한 건물(더욱이 그것은 끊임없이 어딘가가 위험에 노출되어 있다)을 전 생애에 걸쳐, 나아가 가능하면 자손의 대에까지 안전하게 유지하기 위해서는 얼마나 많은 것을 깊이 생각하고, 기억하고, 계산하고, 미리 조심하지 않으면 안 되는 것일까? 또 얼마나 많은 것을 배우고, 보고 듣고, 고려하고, 나아가서 향락까지 하지 않으면 안 되는 것일까? 안락을 얻기 위해 이러한 생활을 끊는 자와 재력이 없어서 어쩔 수 없이 그것에서 떠나는 자는 당장 다른 사회계층으로 전락한다. 그러나 교육을 받은 자나 얼마간 제멋대로 자란 자가 거기서 반감을 느끼지 않고 사는 것은 거의 불가능하다. 또는 마음속으로 반항심을 품고 있으면서도, 자기보다 부자라는 이유만으로 교양도 없는 사람들을 어쩔 수 없이 섬기게 된다.

그러나 비교적 좋은 처지를 타고난 사람들에게도 체력이 약해지고 감각이 쇠퇴하기 시작하면, 저마다 정도는 달라도 인생의 마지막 절망이 갑자기 위협의 그림자를 드리우면서 엄습해온다. 그렇게 되면, 거의 항상 같은 비극이 되풀이된다. 즉, 어떤 사람들은 남겨진 마지막 향락에 체면도 돌아보지 않고 매달려, 카드클럽과 매일 마시는 맥주와 무언가의 즐거움에서 위안을 찾는다. 또는 일기와 편지와 생애의 회상기 등을 통해 젊은 날의 감상적인 추억에 빠진다.

그러나 만약 인생이 어떤 의의와 목적을 가진다면 청년 시절만 특별히 인생의 이상일 리는 없다. 그 중에는 늘 분노와 불쾌감의 포로가 되어, 가족과 아랫사람들에게 무거운 짐이 되고 있는 자도 적지 않다. 하기는 그들도 그것을 괴롭게 느끼고, 그것 때문에 더욱 마음의 평화를 잃는다. 늙은 몸에 그나마 남아 있는 힘을 '무리하게 짜내는' 것은 무익하며, 그만큼 힘을 일찍 다 써버리는 것일 뿐이다. 힘은 밖에서 주어져야 하는 것이지, 메말라가는 자신의 몸에 비축된 것에서 솟아나는 것이 아니다. 결국 피할 수 없는 운명으로서 어리석게도 퇴폐에 몸을 맡기는 사람들은 가장 불행한 사람들이다. 물론 그들도 때로는 좀더 나은 것을 추구하지 '않으면 안 된다'는 걸 느끼고 성서나 이런 종류의 책을 읽으려고 시도하지만 이미 힘이 없다. 아마 이것이 현대의 '교양 있는' 사람들 대다수의 모습일 것이다.

어느 누구도 하느님으로부터 주어지는 힘이 없으면 위에서 말한 어려움에서 완전히 벗어나는 것은 불가능하다. 이 힘은 육체가 스러졌을 때와 노년기에 전보다 더욱 강하게 발휘되어, 마지막 숨을 거둘 때까지 활력과 기운을 주며 항상 기쁨과 희망으로 마음을 채워준다.

이 기쁘고 강한 영을 굳이 우리 자신 속에서 낳을 필요가 없고, 그것이 밖에서 주어진다는 것은 멋진 일이다. 물론 그저 편리하고 일시적인 소원이나 불성실한 마음의 소원에 대해서는 이 힘이 주어지지 않는다. 그러나 진리를 찾아내어 그것에 따르려 하는 진지한 열망과 진실한 결의가 있는 경우에는 어떠한 공물(供物)이나 제사도 필요하지 않다. 오로지 하느님에게 '마음을 향하는' 것 외의 어떠한 행위도 필요하지 않다. 그러면 적어도 어느 정도 마음의 평화가 주어질 것이고, 또 그것을 점점 더 늘려가는 것도 가능하다.[8]

"다만 그들이 항상 이 같은 마음을 품어 나를 경외하며 내 모든 명령을 지켜서 그들과 그 자손이 영원히 복받기를 원하노라"[9] 하고 하느님은 한 사람의 입을 통해 말씀하셨다. 하느님은 그것을 강제할 수는 없다. 외적 또는 내적인 사건을 통해 이루어지는 하느님의 격려는, 때로는 온화한 강제의 일보 직전까지 가는 일도 있지만 그래도 전혀 저항할 수 없는 것은 아니다. 하물며 우리가 인간을 강제하는 것이 가능할 리가 있겠는가. 그렇지만 우리가 사랑하는 사람들을 위해 인생이 줄 수 있는 최상의 것, 즉 하느님 곁에 있으며 하느님과 평화 속에 있다고 하는 것을 느끼지 못하고 이 세상을 떠나는 일이 결코 없게 해달라고 간절하게 원하지 않을 수 없다.

한 번이라도 하느님 가까이 있는 것을 경험한다면 다시는 그것을 잊지 못할 것이다. 그리고 그때 중요한 것은 그 경험에서 마음을 떼어놓지 않는 것, 바꿔 말하면 그 영이 다시 떠나버리는 일이 없도록 몸을 유지하는 일이다. 영이 떠나는 것은 쉽게 일어나는 일이 아니지만 그렇다고 있을 수 없는 일도 아니다. 그런 경우, 일반적으로 설명할 수 없는 현상이 나타난다. 바로 암흑과 공포, 모든 기쁨이 사라지는 것이다. 더욱이 혼이 그러한 변화를 거스른다면 정신 생활 전체가 자주 어둠에 싸여 마침내 광기에 이르는 수도 있다.

더 나은 목소리에 따르는 사람들에게는 그 이후의 인생은 지극히 간단한 3단 논법으로 진행된다. 종종 무의식 중에 어쩌다가 마음이 하느님에게서 떠나면 당장 행복을 잃게 된다. 이것은 그들이 뭔가에 방해를 받아 하느님에게 가까이 있을 수 없기 때문으로, 그 방해물을 제거하지 않으면 안 된다. 그러나 그들이 기쁨의 영 곁에 있다면, 자신이 올바른 길을 나아가고 있다는 것, 그리

*8 이사야 45장 22절, 59장 1·2절.
*9 신명기 5장 29절.

고 그 길에서는 결코 나쁜 일을 만나지 않는다는 것을 깨달을 것이다.*10

그리하여 어두운 인생에도 태양의 빛이 비쳐든다. 인생이라는 연극이 끝날 때까지 겉으로만 밝은 가면을 쓰고 마음은 끊임없는 슬픔에 잠겨 있는 대신, 기쁨의 영이 태어난다. 이 기쁨의 영이 깃들인 사람은 그때부터 가벼운 발걸음으로 인생의 모든 어려움을 헤쳐 나간다. 먼저 그 사람에게 주어진 '이 세상에서의 직분'*11인 자신의 일에 대한 흥미가 솟아난다. 나아가서 전에는 많은 불안과 걱정 속에서 획득하고 취하려고 노력하지 않으면 안 되었던 그 밖의 모든 것이, 수고하지 않아도 하느님의 선물로서 주어지며, 더욱이 그것을 참으로 당당하고 여유로운 마음으로 즐길 수 있는 권위와 힘이 함께 주어진다.*12 이리하여 모든 소유가 정당한 것이 되고, 인간은 소유물의 노예가 아니라 그 주인이 된다. 또 대부분의 사람들이 헛되이 마음을 괴롭히기 쉬운, 이른바 '정당한 인생의 즐거움'도 없어지는 것이 아니다. 다만 더욱 뛰어나고 확실한 것, 공포와 양심의 거리낌이 전혀 없는 것이 될 뿐이다. 마태복음 제6장 32, 33절의 말이 그때부터 지극히 간단하고 명료하게 인생의 지혜가 되어 행복한 생활로 인도해준다.

그러나 그것을 위해서는 하느님에 대한 확고한 신앙을 지니고 언제나 하느님 가까이 있는 것이 중요하다. 그렇지 않으면, 마음을 괴롭히지 않는다는 것은 다만 어리석다는 것을 알려주는 것에 지나지 않을 것이다. 그래서 신앙을 가지지 않은, 지극히 정상적인 상식을 갖춘 사람들은 고민하지 말라는 계명에 반대한다. 또 신앙을 가지고 있다고 믿고 있는 자도, 그 신앙이 단지 겉으로의 신조에 지나지 않는 경우에는 역시 마찬가지이다. 하느님에 대한 진정한 신앙을 가지고 실제로 하느님 가까이 있지 않으면 이 계명에 따르는 것은 불가능하다.

하느님 가까이 있을 때는 어떠한 인간 숭배도 허용되지 않는다. 인간 숭배에 대한 어떠한 싹도 자랄 수 없다. 그런 조짐이 시작되려고 하면, 즉시 방해와 오해, 때로는 소외와 죽음까지 그것을 저지한다. 그렇지 않으면 마음의 기쁨이 감퇴해버린다. 하느님의 '질투'라는 구약성서의 해석은 의심할 나위없는 진리

---

*10 시편 119장 45절.

*11 전도서 3장 22절.

*12 역대상 29장 9절.

를 지극히 인간적으로 표현한 말이다. 인생에 있어 최고의 것은 두 마음을 허락하지 않고 절대적인 신봉자가 되기를 요구한다.

이상의 것을 다시 한번 종합하여 생각해보면, 이 세상에서 얻을 수 있는 영속적인 행복은 끊임없이 하느님 가까이 있는 것과 연관된 것이며, 마찬가지로 끊임없는 유익한 일에 있다. 독자 여러분 중에 하느님 가까이에 있다는 것이 '신비적'인 것에 지나지 않는다고 생각하는 사람이 있다면, '위대하고 진실한 사상에 산다'고 하는 표현으로 잠시 대체해도 무방하다. 다만 그러한 사상을 근원인 자기 이외의 샘에서 퍼내지 않고도 항상 계속 가지고 있는 것은 아마 어려워질 것이다.

이 두 가지의 중요한 요소가 함께 갖추어져 있으면, 어떠한 종류의 인간 생활이든 반드시 좋아진다. 그 조건이 완전히 채워지면 그만큼 더욱 좋아지고, 이 조건에서 생활이 멀어질수록 점점 나빠진다. 역사를 고찰함으로써, 또 사람과의 일상적인 교제에서 누구든지 그것을 실험할 수 있다.

그 밖의 모든 행복은 본질상 일시적인 것이거나 착각에 의한 것이다. 물론 그런 행복도 진정한 행복을 위해 보조적인 작용을 하여, 내적으로 존재하는 것을 외적으로도 완성하는 일이 있을 수 있지만, 내적 행복을 대신할 수는 없으며 또 외적 행복이 사라졌다고 해서 내적 행복까지 무너지는 일은 없다.

이것은 누구나 잘 알고 있는 사실이지만, 그것을 확실하게 인정하고 현실생활의 견고한 지반에 발을 들여놓을 수 있는 용기를 지닌 사람은 많지 않다. 대부분의 사람들은 오히려 이 세상의 슬픔으로 가득한 삶의 모습을 시와 산문으로 탄식하거나 찰나적인 향락으로 잠시 잊으려 하며, 오직 공상과 추억 속에서 살거나, 하다못해 남보다 혜택을 입은 '특별한' 계급이라는 오만한 의식에 도취하려 한다. 그러나 우리가 논하는 행복은 행복을 얻고 싶어하는 모든 사람에게 허락되는 것이며 '이 세상이 가져다 줄 수 없는 평화'이다.

3

"정말 저런 교회만 없으면─교회의 형식주의와 인간에 대한 예속, 반쯤 또는 완전한 위선과 정치적 야심, 신학상의 논쟁과 우리에게는 더 이상 너무나 무의미한 공리(空理)를 늘어놓는 그리스어의 나열만 없다면."

그렇게 생각한다면 교회를 떠나는 것이 좋다. 잠시 교회 없이 하느님에게 다가가는 것을 시도해보라. 하느님은 어떤 교회제도나 일정한 학문 안에만 한정되어 있지 않다. 그런 것이 없어도 하느님은 자신을 알게 해주신다. 하느님은 우리의 진지함과 성실한 소망을 아시면, 또 우리가 평소 익숙하게 걸어가던 길의 어려움이 이따금 너무나 커지고, 게다가 그것이 단순히 공상이 아니면, 그때 우리 곁에 오실 것이다. 그러므로 시험해 보라. 오직 하느님에게 '마음을 향하라.' 그 옛날 가장 위대했던 예언자도 오로지 마음을 향하는 것만 원했다. 그 밖의 것은 단순히 그 지속에 지나지 않는다. 그리스도를 믿는 것도 마찬가지이다. 그리스도를 믿는 것은 대부분의 사람들에게는 하느님을 믿는 것보다 훨씬 어려운 일이다. 그러므로 그들이 아직 그리스도를 믿고 있지 않는다 해도 그것 때문에 버림받는 일은 없다.

그리고 모든 외형적인 '예배'는 인간이 만든 것이다. 유대교의 희생에 의한 예배도, 또 그것을 대신한 그리스도교의 더욱 간단한 예배 방법도 마찬가지이다. 만약 예배에 지나치게 무게를 둔다면, 그것은 오늘날에도 역시 방해가 될 수 있다. 순수하게 역사적으로 말하면, 그리스도가 십자가에 달린 것도 인간을 형식적인 예배제도에 대한 지나친 존중에서 해방시키려 했기 때문이다. 하느님은 오직 인간의 마음만을 원하신다. 또는 구약성서의 감동적인 표현을 빌리면 '그것을 바라신다'. 외형적인 예배는 이 세상의 무거운 짐에 의해 너무나 심하게 짓눌려 그러한 버팀목이 일어설 수 없는 혼을 일으키기 위한 편의적인 수단이며, 또 그 자체로서는 표현할 수 없는 것의 상징이다. 하느님은 완전한 신뢰와 충실한 사랑 이외의 것을 원하지 않으신다. 그 밖의 모든 것은 하느님이 주시는 것이다.

복음 설교자들은 종교회의와 교회 당국이 정한 모든 종류의 의례나 그 밖의 인간의 머리로 생각해낸 것으로써 이러한 행복에의 길을 더욱 가기 힘든 것으로 만들고 있다. 고뇌하며 구원을 바라는 사람들이 더 나은 미래에 대해 극히 작은 희망조차 가지지 못하고 있는데도, 그것에는 아랑곳하지 않는 설교자들은 그저 성실하게 "하느님에게 마음을 향하라"고 말하는 대신, 이들에게 맹세와 감사, 또는 그 밖의 입장료를 요구한다. 이러한 복음 설교자에 대해 교회의 우두머리인 그리스도는 마태복음 23장 2~39절의 엄숙한 계명을 잇따라 보여주고 있다. 그러나 지금까지의 교회사를 보아도 알 수 있듯이, 설교자들은 때때로 이 계명을 불문에 부치거나, 그것을 자신들에게 적용하지 않는 것이 상책이라고 생각해왔다.

그러므로 자신이 지금까지 걸어온 길이 '평화의 길'이 아니었음을 깨닫고, '그 발길을 평화의 길로 향하려' 하고 있는 현대의 우리는, 그러한 설교자들에게 이렇게 말하고 싶다. 진정으로 위대한 하느님의 나라 대신 편협하고 새로운 바리새주의만 태어나는 일이 없도록 주의하라고. 이 바리새주의의 말로도 아마 옛날과 조금도 다르지 않을 것이다. '하느님의 집에서 시작되는 심판'의 징조는 이미 나타나고 있다.

그렇지만 옛날부터 인간은 하느님과 하느님의 존재에 대해 알 수 있는 것, 경험할 수 있는 것으로는 만족하지 않고, 뭔가 특별한 방법으로 더욱 하느님에게 다가가고자 하는 간절한 소망을 품어왔다. 이것에 대해 우선 말할 수 있는 것은, 그 목적을 위해 사용되는 모든 외적 수단은 완전히 미신적이라고는 할 수 없어도 지극히 위험하며, 특히 신경을 착란시키는 것이라는 사실이다. 또 대부분의 성도전(聖徒傳)에도 전해지고 있으며, 분명한 사실로 믿어지고 있는 황홀 상태에 대해서도 같은 말을 할 수 있다. 이러한 상태는 인간의 육체에 해를 주지 않을 리 없다.

아무런 위험도 손실도 없이 실제로 더욱더 하느님에게 다가가기 위해서는, 즉 그러한 상태에 대한 명료하고 실제적인 느낌과 하느님의 영원한 존재에 대한 투철한 통찰에 도달하기 위해서는 단 한 가지 방법이 있다. 그것은 마태복음 5장 8절에 얘기되어 있는 방법이다. 여기에서 하느님을 볼 것이라고 한 것은 단순히 내세에서만의 일은 아니며, 의심할 여지없이 이 세상에서도 가능하다는 의미이다. 따라서 내적 생활에서(또한 때로는 외적생활에서도) 뭔가 특별한 것, 굉장한 것을 경험하고 싶다면, 안심하고 이 방법을 시험해 보라. 이것은 허락된 방법이며, 또한 유감이지만 다른 모든 능력 또는 실제 기적을 행하는 타고난 재능이나 능력보다 훨씬 비범한 것이다.

4

또 다음과 같은 의문이 지극히 그럴듯한 이유에서 나올 것이다. 한 번도 거짓 행복의 환상을 좇은 적이 없고, 처음부터 진정한 행복을 발견하여 성장하면서 저절로 행복을 체득해 가는 것이 과연 인간에게 허용될까? 바꿔 말하면,

인간은 행복을 얻기 전에 반드시 착오와 후회와 회심을 경험해야 하는 것이 아닐까 하는 문제이다.

행복의 정상을 향해 올라가는 길은 모든 사람에게 동일하다거나, 그 길은 반드시 계통적이고 정연한 방법으로 걸어가지 않으면 안 된다는 의견(이것은 그 방법 때문에 '메서디즘'이라는 명칭을 얻고 있다)은 어떠한 경우에도 인정될 수 없다. 아마 독자 여러분은 각자 어릴 때부터 그 본성이 어떠한 방황에도 흐려지지 않고 순수한 통일을 계속 유지하고 있는 것처럼 보이는 사람을 몇 사람 알고 있을 것이다. 바로 그들이야말로 이 세상에서 평범한 사람이 보통 도달할 수 있는 것 이상의, 뛰어나게 진실한 인간성의 구체적인 계시이자, 이 세상에서는 예외로 보이는 것이 다른 세상에서는 일반적인 것이 될 수 있다는 증거이다. 우리는 그런 사람들을 감사하는 마음으로 맞이해야 한다. 그렇지만 이미 행복을 찾아낸 사람들도 적어도 한때는 그 행복에 희미한 애수의 기분이 함께 하기 쉽다. 이 기분이 항상 위태로운 지상의 '승리'로부터 사람들을 지켜준다. 안겔루스 질레지우스[13]의 아름다운 시는 이 기분을 다음과 같이 노래하고 있다.

"아, 명예로운 미(美)여,
이리도 늦게 너를 알았다니.
지극히 아름다운 행복, 진정한 평안이여,
너를 진작 내 것이라 부르지 않았다니.
내 마음은 아프고 또한 슬프구나,
너를, 아! 이리도 늦게 사랑한 것을.

모든 사람의 인생 행로에는 실러가 당시의 표현법으로 말한 것처럼[14] 평소보다 훨씬 진리에 다가가서 운명을 향해 자유롭게 질문을 던질 수 있는 순간이 있다. 그런데 이 순간을 무의미하게 경험해버리면, 그 순간은 점점 빠르게 지나가고 그 자극도 점차 약해진다. 그때 사람들은 반신반의하는 사람들에게 더욱 강렬한 수단을 사용하여 어떠한 대가를 치르더라도 승리를 거두려

---

*13 1624~77년, 독일의 종교 시인.
*14 《발렌슈타인의 죽음》 제2막 3장.

고 노력하지만, 하느님의 영은 끝까지 그런 인간 정신의 실례에 따른다고는 할 수 없다. 그리스도 교회는 거의 2천 년 동안, '빛나는 각성'의 폭풍이 지나간 지 10년도 되지 않아 또다시 새로운 각성을 필요로 하는 상태를 거듭해 왔다. 그런데, 이렇게 교회가 부진했던 원인 가운데 하나는 그러한 강제적인 태도에 있다.

그러나 행복으로 가는 길을 발견하는 것은 내면적인 사건이며, 그 계기는 물론 인간(또는 현대에서는 특히 책)에 의해 주어지는 경우도 있지만, 실제로는 어디까지나 혼이 하느님만을 상대로 은밀하게 이루는 사항이다. 그리고 그 일이 엄숙하게 이루어진 경우, 그 사람은 나중에라도 결코 그것을 즐겨 얘기하려 하지 않는다. 때로는 외적인 커다란 사건 또는 혹독한 운명이 밖에서 충격을 가하여, 은근한 시사에 귀를 기울이지 않았던 사람들에게 무엇이 행복이고 무엇이 그렇지 않은지 확실하게 가르쳐주는 일도 있다. 그러나 그런 것도 인간을 강제적으로 행복으로 이끌지는 않는다. 일생 동안 그러한 계기를 몇 번이나 경험하면서도 대부분의 사람들은 그것에 따라 인도되는 일 없이, 행복에 대한 아무런 희망도 없는 어두운 미래의 나라로 옮겨가는 것이다.

더 나은 생활을 향한 길에 발을 들여놓은 뒤, 보통 맨 먼저 맞이하는 단계는 올바른 것, 선한 것을 진지하게 추구하며, 모든 종류의 향락 이상으로 그것들을 애호하는 방법을 배워가는 상태이다. 이것은 거짓 행복과 진짜 행복을 구별하는 일이다. 그때부터 우리가 받는 시련과 훈련은, 우리의 의지가 일단 확실하게 선으로 향해졌다면 그 결의를 자신의 감각적 부분에서, 나아가서는 다른 인간과 환경으로부터 완전히 독립시키기 위한 것이다. 그것은 오랜 기간을 요하는 것으로, 특히 친구를 좋아하는 감상적인 사람에게는 실생활의 길에서 만나는 위험보다 이 고독한 걸음이 더 견디기 힘들 정도이다.

그래서 마지막에 찾아오는 시련은 노년에 찾아오는 감각적 힘의 쇠퇴이다. 이것은 자연 그대로의 인간을 슬픔으로 채우고, 강한 성격의 사람도 종종 깊은 절망에 빠뜨리는 일이 있다. 그러나 성서에서 말한 대로 '육체를 위하여 심는' 일을 하지 않았던 사람은 체력의 쇠약, 시력과 청력의 감퇴, 일상의 사물에 대한 기억과 흥미의 감소 등과 함께 도덕적인 힘, 나아가서는 더욱 높고 뛰어난 영적 생명이 스러지는 것은 결코 아니라는 것을 바로 깨달을 것이다. 그뿐 아니라 이 불멸의 영은 한번 인간의 내부에 들어가면 최후까지 쉬지 않고 그 힘을 키워가는 법이다. 다만 인간 가운데 죽어야 할 부분만이 그 본성대로 쇠약해질 뿐이다. 이것을 직접 경험한 사람은 거기서 노년기의 쇠퇴에 대한 더할 나위 없는 위안과 영적 존재에 대한 흔들림 없는 확신을 얻을 수 있다.

따라서 당신과 하느님의 힘 사이에 있는 장애물을 먼저 제거하지 않으면 안 된다. 그것이 있는 한, 하느님은 뜻하는 대로 당신에게 다가갈 수 없다. 그리고 이것이야말로 당신이 자신의 의지로 스스로 하지 않으면 안 되는 일이다. 이것은 대신 해주는 것이 허용되지 않는다. 자신의 경우 특히 어떤 장애가 있는지 알고 싶다면, 스스로 확실하게 깨달을 일이다. 가장 일반적인 장애는 다음과 같다. 걱정, 탐욕, 허영심, 명예욕, 향락욕, 사람에 대한 공포심, 증오, 또는 적절하지 않은 애정, 그 밖에 맹목적인 이기심의 다양한 형태 등이다. 이기심은 이 모든 장애를 낳는 공통된 뿌리이기도 하다.

따라서 그것은 제거하지 않으면 안 된다. 자신은 그렇게 하고 싶지만 불가능하다고 말해서는 안 된다. 사실 불가능하다는 것이 그 자체로서는 아마 옳을지 모른다. 만약 우리가 위에서 말한 모든 장애에서 자신을 해방시킬 수 있다면, 종교 따위는 필요하지 않게 된다. 이성적 철학만 있으면 된다. 이러한 사고방식이 '윤리학자'의 견해인데, 그것은 실천적인 면에서 중대한 오류를 보인다.

문제는 가능한가 불가능한가가 아니라 원하는가 원하지 않는가이다. 16세기의 한 유명한 성녀(聖女)가, 우리가 자신의 의지를 하느님에게 바치는 순간 하느님은 모든 것을 이루신다고 한 것은 참으로 옳은 말이다. 자신의 의지를 바치는 것에서 더 나은 길이 시작된다. 그런 다음, 필요하다면 신앙도 그야말로 저절로 찾아온다.

당신의 경우, 과연 실제로 그런 상태에 있는지, 즉 하느님이 한층 더 다가가시는 것을 방해하는 모든 것에서 자유롭고, 그런 힘을 가진 누군가에 의해 당신이 해방되기를 정말 원하고 있는지, 한번 진심으로 자문해 보기 바란다. 그러면 바로 당신이 얼마나 성실한지 알 수 있고, 또 당신이 가장 괴로운 죽음을 두려워하고 있듯이, 여전히 하느님이 다가오는 것을 두려워하고 있음을 깨달을 것이다.

당신은 살아 있는 상태에서의 그러한 죽음을 언젠가 한번은 돌파하지 않으면 안 된다. 그렇지 않으면 구원받을 수 없다. 만약 돌파하고 싶지 않다면, 평범한 인생보다 훨씬 좋은 행복한 인생을 향해 열린 문 앞에서 서성거리는 것을 그만두는 것이 좋다. 당신은 그 문 안에 들어가기를 소망하면서도, 또 그곳에 가지고 들어가는 데 걸맞지 않은 것을 잘 알고 있으면서도 문 밖에서 그것들을 버릴 결심이 서지 않은 것이다.*15 그렇다면 수많은 선조들과 마찬가지로 벗어날 수 없는 이 세상의 비참함을 탄식하고, 그때까지 원했던 이상을 하다 못해 잠시라도 잊기 위해 또다시 향락 속으로 뛰어드는 것이 좋다. 그러나 스스로 자신의 의지를 더 나은 것에 바치는 사람들에게는 이미 고대 이스라엘의 예언자가 말한 것처럼, 슬픔의 영 대신 머지않아 혼의 기쁨이 주어지고, 또 그들이 버린 모든 것에 대해 풍요로운 보상이 주어진다. "다시는 네 해가 지지 아니하며 네 달이 물러가지 아니할 것은 여호와가 네 영원한 빛이 되고 네 슬픔의 날이 끝날 것임이라."*16

마지막으로, 다음과 같은 것은 주의해야 한다.

뛰어난 그리스도교 신자조차 자신의 신앙에 대해 충분한 자신감을 가질 수 없게 되고, 일찍이 경험한 혼의 고양을 모두 공상(오늘날의 표현을 빌리면 자기암시)이라고 해석하지 않을 수 없는 기분이, 세월이 지나도 여전히 가끔 나타나는 경우가 있다. 어디서 그런 기분이 일어나는지 하나하나 자세하게 알 수는 없다. 그러나 일반적으로는 자신의 생활 원칙을 무언가의 의미에서 어긴 결과이거나, 아니면 완전히 자신과 다른 생활을 하고 있는 사람들과 너무 깊게 교제한 결과이다. 어느 누구도 그런 기분에 절대 빠지지 않을 거라는 보장은 없다. 사도들에게도 그런 보장은 없었고, 그리스도의 생애에도 유혹의 사건이 있었으며 또 외적인 파국이 다가오기 직전에 지레 항복하는 일도 있었다. 이 항복은 분명히 일반적인 죽음의 공포로는 설명할 수 없다. 오히려 자신의 사명은 이제 이렇게 끝나지 않을 수 없지만, 그에 대한 자신의 신뢰는 과연 진실한 근거를 가지고 있는 것인가 하는 의문이 싹트기 시작했다고 해석해야 할 것이다.

이러한 때, 흔들리는 혼을 그 위기에서 구원해주는 것은 누구일까? 아마 사람들은 이렇게 말하리라. "그것은 하느님의 말씀과 약속이다. 이것이야말로 변하기 쉬운 자신의 삼성보다 너욱 믿을 만한 것이다"라고. 분명히 그깃은 사실

---

*15 마태복음 7장 13·14절, 창세기 35장 2절.
*16 이사야서 60장 20절, 61장 1~3절.

이다. 그러나 하느님의 말씀을 이해하려면 어떤 힘이 필요한데, 바로 현재 그것이 빠져 있는 것이다. 이러한 때 도움이 되는 것은 혼이 일찍이 맛보았고, 지금도 여전히 똑똑히 느끼고 있는 행복감과 현재 통감하고 있는 불만스러운 상태의 감정을 비교해보는 것이다. 그렇게 하면, '마음의 방향이 바뀌어', 이윽고 "주여 영생의 말씀이 주께 있사오니 우리가 누구에게로 가오리이까"[*17]라는 말, 또는 그것과 비슷한 말이 저절로 새어나올 것이다. 이 세상의 어떠한 '현실'이 이 힘과 기쁨과 행복의 깊은 실감보다 나을 것인가? 힘보다 더 '실재적'인 것이 과연 있을까? 그리고 인간이 힘을 필요로 할 때 주지 않고, 오히려 인간을 저버리고 절망으로 내모는 이론적 사상체계에 어떤 가치가 있단 말인가?[*18]

이상의 사실은 철저한 속인이 이러한 힘을 직접 경험한 경우에 느끼는 일이 종종 있다. 그러나 그들은 역시 그 자리에서 결단을 내려 그 번거로운 실제적 느낌을 뿌리치고, 자신의 길을 계속 걸어간다. 왜냐하면 그들은 무엇보다 자신이 지금까지 살아온 세계와 전혀 다른 세계에 실제로 자신을 맞추지 않으면 안 된다는 것을 잘 알고 있기 때문이다. 게다가 그것은 그들에게 가장 어려운 '마음의 겸허'라는 문을 들어가야 비로소 실현할 수 있는 일이다.[*19] 왜냐하면 누가 뭐라 해도 보통 그 문이 진정한 행복에 도달하는 출발점이기 때문이다.

* * *

"내 가슴에는 끊임없이
악마가 태어나, 교란하고 미쳐 날뛰고 있나이다—
은혜로우신 주여, 저희를 당신의 길로 인도하시고
아, '용서한다'는 말씀을 내려주소서.

교만한 자에게 귀 기울이지 마옵소서,
주께서는 다만 인간의 나약함만을 아십니다.
회개한 사람의 무리는 기다리나이다,
자애로우신 주여, '용서한다'는 사랑의 목소리를.

---

*17 요한복음 6장 68절, 누가복음 7장 24~26절.
*18 시편 18장 30~32절.
*19 《신곡》 연옥편 제9곡.

불쾌한 자여, 침묵하라.
죄악에서 구원하는 자, 그 비원을 걸어,
사람의 영을 지배하시는 자께서
'용서한다'는 은혜의 말씀을 내리시려 하나니.

근원의 힘이여, 줄기에서 가지로 오르소서,
그러면 아름다운 꽃 피리니.
죄악이여, 사라져라. 아득히 높은 하늘에서
용서의 가락 감미롭게 울려 퍼져라.

오, 은혜를 주고 죄를 용서하시는 자여,
저희의 노래는 당신 곁으로
높이 올라가나이다. 기도의 합창에 화답하여
'용서한다'는 말씀을 내려주소서.

불타오르는 우리의 정염을
성난 폭포 속 깊이 던져 넣어
그 불꽃이 사라지게 하소서.
'용서한다'는 사랑의 말 한마디 내려주소서.

그 옛날의 백성 가운데
당신은 가난한 자들을 지켜주셨나이다.
그 백성은 고난에 지쳐
찢어질 듯 고통스러운 마음으로 용서를 기도하나이다.

저희는 소리 높이 기도하지 않고
겁에 질린 고백도 즐기지 않고
남몰래 탄식하노니―용서하소서,
이처럼 상처 입은 마음에, 용서를 내려주소서, 하고.

헤아려주소서, 저희의 공포를
저희의 얼굴에 타오르는 후회와 수치.
죄를 보지 않으시고 비통을 위로하신다면, 자비롭게
'용서한다'는 말씀을 내려주소서.

저희를 구원하여 소망을 이뤄주시고
젖은 눈의 눈물을 보시옵소서.
끝없이 계속되는 이 무거운 짐.
아, 저주의 운명을 제거하고, —용서를.

흘러가는 구름처럼 재빨리
당신의 백성으로부터 제거하소서.
죄악과 불행을. 새로운 생명을 주시고,
내려주소서, 용서를."[20]

---

[20] 12세기 유대교의 '성자' 욤토프 벤 이자크의 회개의 기도. 그는 가장 이름 높은 토세피스트
《탈무드》의 주석자로 자신의 주석을 '부록'이라 부르는 사람들)의 한 사람이다. 요크의 유대
인 박해에 의해 1190년에 사망한 것으로 추정된다. 그의 작품으로 7편의 시가 알려져 있
다. 여기에 인용한 독어역은 헬라 편(編)《진정한 히브리 노래의 가락》(트릴, 1893년)에서 발
췌했다.

신앙이란 무엇인가

이것은 오늘날 다시 진지하게 문제가 되고 있다.[*1] 그것은 나면서부터 좋은 성질을 가지고 태어난 수많은 사람들이 신앙에 대해 잘못된 관념을 품고, 그로 인해 그들의 가장 깊은 요구에 응해줄 종교로부터 멀어졌기 때문만은 아니다. 수많은 사람들이 오로지 그들이 제멋대로 이해한 신앙 때문에 진정한 신앙에서 멀리 떠났으며, 더욱이 신앙을 가지고 싶어도 그것을 올바르게 파악할 수 없는 사람들의 경우보다 더 멀어진 실정 때문이기도 하다.

1

우선, 이런 말을 하는 사람들이 있다. 우리는 믿음이라는 것을 가질 수 없다. 현대인, 적어도 지식인과 학자에게 더 이상 그런 요구는 도저히 할 수 없다. 납득이 가는 합리적인 근거를 가지고, 이를테면 하느님이 존재한다는 것과 그리스도가 평범한 인간이 아니었다는 것을 증명해야 한다. 그렇게 하면 믿을지 모르지만 그렇지 않으면 믿을 수 없다는 것이다.

그런 말에 대해서 만약 믿음이 자연과학적 또는 철학적으로 증명될 수 있는 것이라면, 굳이 믿을 필요가 없다고 대답할 수 있다. 사실 그러한 증명은 이미 수없이 시도되었지만 끝내 결실을 거두지 못했다. 그런 일을 한다 해도 설득당하고 싶어하지 않는 자는 설득할 수가 없는 것이다.

이에 반해, 어떤 학문이라도 그것이 성실하다면 적어도 다음과 같은 가능성은 인정하지 않을 수 없을 것이다. 즉, 우리의 시간과 공간의 표상도 단순한 표

[*1] 이 논문은 원래 교양 있는 남녀들의 작은 모임에서 이루어진 강연 내용이며, 그 덕택에 여기에 그 형태가 남아 있다. 이 실교투의 강연의 근거가 된 성구(聖句)는 고린도전서 2장 5~14절이다. 그러나 그것과 관련하여 사도 바울이 같은 편지의 뒤쪽(15장 19절)에서 한 말을 문자 그대로 받아들여서는 안 된다. 또한 에스겔서 18장 31, 32절 및 로버트슨의 《설교집》(원서 제2권 97쪽)도 참조하기 바란다.

상에 지나지 않으며, 그 표상 외에 뭔가 존재할 수 있다는 사실이다. 즉, 그것은 인간의 정신이 보통의 인식 과정으로는 파악할 수 없는 것이다. 바꿔 말하면, 그것은 과학에 있어서 인식할 수 있는 것, 증명할 수 있는 것으로는 존재할 수 없지만 그럼에도 실제로는 존재할 수 있다. 한쪽이 다른 한쪽을 절대로 배제하는 것은 아니다.

그러나 문제의 어려움은 거기에만 있지 않다. 이 세상에 신앙이 부족한 것은 아니다. 세상 사람들은 자신에게 유리하거나 믿기 쉬운 핑계거리만 있으면 어떤 공상가의 말도 쉽사리 믿어버린다. 극히 최근까지 현세기의 가장 높은 교육을 받은 수많은 남녀들이 스스로는 음미할 수도 없으면서 소수 자연과학자들의 단순한 단언을 토대로 이렇게 믿고 있었다. 우리 인간은 모두 원숭이에서 유래했으며, 현재 원숭이와 인간 사이의 중간종은 멸종해버렸다고 말이다.

또 오늘날에도 역시 많은 사람들이 광기에 빠진 한 남자(니체)의 갈피를 잡을 수 없는 신의 계시를 믿고 있다. 그의 사상의 기괴한 비약을 보면, 그가 병적 소질을 가지고 있었다는 것을 이성이 있는 사람이라면 누구라도 추측할 수 있을 것이다.

그런데 세상 사람들은 어떤 말이라도 그 결론이 자신들에게 유리한 것이면 뭐든지 닥치는 대로 새로운 설을 믿는다.

그러므로 우선 중요한 것은 믿고자 하는 의지이다. 거기서부터 신앙이 시작된다.[2] 그런 의지가 있으면 신앙은 쉽게, 그리고 저절로 성장한다. 그렇지 않으면 신앙은 찾아내기 어렵고, 또 거의 가르칠 수도 없다.

그래서 그리스도도 확실히 이렇게 말했다. "사람이 하느님의 뜻을 행하려 하면 이 교훈이 하느님께로부터 왔는지 내가 스스로 말함인지 알리라."[3]

실제로 시험해 봐도 좋다(이해하고 싶어하는 사람에게는, 그렇게 말하지 않으면 안 된다). 잠시 정말이라고 생각하고 실천해 보라고. 지금까지 참으로 많은 진리가 오로지 이러한 가설의 설정과 실험 방법에 의해 발견되었다.

그러나 다른 모든 영역에서 적절한 방법으로 인정받고 있는 것을 이 종교의 영역에서는 실천하고 싶지 않다고 한다면, 그것은 당신에게 믿는 능력이 부족한 것이 아니라 믿고 싶은 의지가 없는 것이다. 당신과 더 이상 신앙에 대해 얘

---

[2] 마가복음 9장 23·24절.
[3] 요한복음 7장 17절, 9장 25절.

기하는 것은 쓸데없는 일이다. 그럴 마음이 없는 자의 마음을 바꾸려고 하는 헛된 수고를 나에게 요구하지 말기 바란다.

그렇지 않아도 그리스도교는 이미 오래전에 너무나 단순한 '교의(教義)'로 타락해버려, 많은 사람들이 그리스도교의 참 능력을 보지 못했기 때문에, 더 이상 교의에 귀를 기울이려고 하지도 않는다. 인간은 귀에 들리는 것보다 눈에 보이는 것을 믿기 때문이다.

그러나 다행히도 이제 또 다시 이 문제가 전과는 다르게 다루어지고 있어, 다음과 같이 말할 수 있는 시대가 찾아올지도 모른다. 즉, 당신들은 불신(不信)의 결과를 매일같이 생생하게 목격하고 있지만, 이제부터는 신앙의 성과도 보여주고 싶다고 말이다.

바로 이러한 신앙의 성과가 고대와 그 멸망한 신화에 대해 그리스도교가 승리한 원인이고, 후세에서는 세속화한 교회에 대해 '하느님의 친구'나 종교개혁, 그리고 원래의 경건주의, 동포교단, 퀘이커, 나아가 현재에는 구세군이 성공을 거둔 이유이기도 하다. 이들은 말하자면 역이용 전법을 취했다. 즉, 교의가 아니라 실천으로 시작한 것이다. 그리하여 세상 사람들은 그리스도교를 다시 믿게 되었다.

이 사실은 세상이 지속되는 한 영원히 변하지 않을 것이다. 실천적 그리스도교는 말한다. '올바르게 실천하라. 그러면 머지않아 신앙을 얻을 수 있을 것이다. 먼저 듣고 따르라, 그러면 볼 것이다.' 이에 반해 교리적 신학은 이렇게 말한다. '먼저 올바른 교의를 믿어라. 그러면 그것을 따라 실천할 수 있을 것이다.' 그리고 합리주의자는 이렇게 말한다. '먼저 이성적으로 이해하라. 그러면 믿고 그것에 따라 실천할 것이다. 만약 그것이 자신의 성향에 맞으면.'

행복에 도달하는 이 세 길 가운데, 당신은 시험삼아 자신이 걸어가고 싶은 길을 선택하면 된다. 그러나 내 생각으로는 첫 번째 길을 선택하는 경우에만 신속하게 목적지에 도달할 수 있을 것이다. 먼저 당신이 믿을 수 있는 것을 실천하는 것이 좋다. 그것도 어디까지나 빈틈없이 성실하게. 그런 다음 가끔씩 앞으로 작은 한 걸음을 내딛도록 하라. 단 그 경우, 전보다 상태가 좋든 나쁘든 상관하지 말고 행동으로 시험하라. 그러면 머지않아 신앙에 도달할 수 있지만, 그렇지 않으면 끝내 신앙은 얻을 수 없다.

이와 같이 신앙은 인생에서 한순간에 얻을 수 있는 것이 아니다. 신앙의 시작은 갑자스럽게 찾아올 수 있지만, 그것을 완전히 내 것으로 하는 것은 갑자기 되지 않는다.

신앙은 상속할 수 없고, 대학에서의 연구로 습득할 수도 없다. 또 어릴 때부터 학교에서 신앙문답으로 가르칠 수 있는 것도 아니다. 신앙은 오히려 인간의 입장에서 말한다면, 신앙이든 불신이든 어느 한 쪽으로 실제로 겪은 경험의 순수한 성과이다.

인간은 신앙을 가지는 것이 옳다는 것, 그리고 불신보다 신앙을 가지는 편이 행복하다는 것을 스스로 경험을 통해 알지 않으면 안 된다. 그것도 오랫동안에 걸쳐 고통을 겪으면서 말이다. 이러한 경험을 통해서만 단순히 표면적인 신앙 고백이 아니라 확고한 신앙과 진정한 확신이 태어난다.

이렇게 자신의 인생경험을 통해 신앙으로 인도된 자는 역사 속에도 다음과 같은 사실이 있는 것을 쉽게 발견할 수 있을 것이다. 인류에게 영속적인 영향을 미친 위대한 영웅은 대개 눈에 보이지 않는 무언가를 굳게 믿었던 사람들이며, 이에 반해 다른 사람들은 그들과 비슷하거나 그 이상의 재능을 가지고도 그다지 영속적인 의의를 가질 수 없었음을 말이다. 그것은 누가 뭐라 해도 신앙은 항상 하나의 힘이었고, 또 앞으로도 그러할 것이기 때문이다.

모세, 바울, 아시시의 프란체스코, 루터, 웨슬리 등(원한다면, 굉장히 독특하고 비판의 여지가 큰 신앙인, 이를테면 마호메트와 이그나티우스 로욜라도 거기에 넣어도 무방하다) 이들은 하나의 힘이며 영속적인 것을 창조한 인물들이다. 그들은 수백 년이 지나도 잊혀지지 않을 것이지만, 그때쯤이면 샤프츠베리, 볼테르, 포이어바흐, 니체 같은 사람들은 문학사 밖에서는 아무도 관심을 기울이지 않을 것이다.

실제로 신앙의 종류와 단계는 현재로서는 문제가 되지 않는다. 현대의 무신앙의 대표자와 우리가 근본적으로 다른 점은, 다음과 같은 우리의 주장에 있다. 즉, 인간이 일반적으로 인간적인 이기주의밖에 모르고, 특히 자기 자신의 동물적인 천성밖에 모르는 경우보다, 설사 대상을 잘못 이해한 신앙이나 극히 저급한 종류의 신앙이라도 역시 신앙을 가지는 편이 인간에게는 더 좋으며,

그 정신적 발달을 통해 많은 희망을 가질 수 있다는 것이다.

이 수수께끼 같은 인생을 헤쳐 나가는 데 길은 네 가지밖에 없다. 바로 숙명론, 극기주의, 이기주의, 신앙이 그것이다.

우리는 모두(혹은 의식하면서, 혹은 자신도 모르는 사이에) 위의 네 길 중 어느 한 길을 걸어가지만 그 결과는 각각 다르다.

첫 번째 길은 사람을 둔감하게 만들고, 두 번째 길은 냉혹하게 만들며, 세 번째 길은 사악하게 만든다. 오직 네 번째 길만이 사람을 가능한 한 선량하게 하고 또 행복하게 해줄 수 있다.

그렇지만 그것을 충분히 알고 있는 경우에도 올바른 신앙을 붙들고 언제나 굳게 지키는 것은 쉽지 않다. 그렇지 않다고 말할 수 있는 사람은 아무도 없을 것이다. 신앙에 있어 내적 모순도 없고, 인위적인 버팀목도 필요 없을 정도로 진정한 확신에 도달한 사람들도, 역시 그렇게 느낄 것이다.

3

'그렇다면 도대체 무엇을 믿으란 말인가' 하고 당신은 물을 것이다.

먼저 선을 믿어야 한다. 이 세상에는 선한 것이 존재한다는 것, 그리고 그것은 악에 대해 승리를 거두는 힘을 가지고 있다는 것을 믿어야 한다. 악의 힘과 영향은 항상 한정되어 있고 극복될 수 있는 것, 아니 원리적으로는 이미 극복된 것이라는 사실을 믿지 않으면 안 된다. 따라서 악(惡)이 아니라 선(善)에 봉사하려고 결심해야 하며 거기서 진정한 신앙은 시작된다.

신앙이 거기서 출발하지 않는 경우는 단순한 교의 형태의 신앙에 머물기 쉬우며, 실생활에서 진정한 의의를 가지지 않는다. 그러한 신앙을 가지고 있으면서도 한편으로 이 세상의 영에 충성을 바치는 것도 가능하다.

이와 같이 '선을 믿는 사람들'이야말로, 단적으로 말해 현대의 큰 교회이며, 이들이 굳게 단결하여 악에 봉사하는 자들에게 대항해야 할 것이다. 또, 설사 이러한 신앙의 제1단계에 머무른다 해도, 그 때문에 이 사람이 구원받지 못할 거라고는 말할 수 없다.[4] 물론 이렇게 말했다 해서 우리가 이제부터 말하려 하는 것과 모순되는 것은 아니다.

---

[4] 누가복음 9장 50절.

그러나 이 단계에 머무르는 것은 자연스럽지 않다. 오히려 그것을 진지하게 생각하고 또 자신에 대해 진지하게 생각하는 사람이라면, 괴로운 경험을 수 없이 거친 뒤 자신의 내부에는 그것을 실천할 힘이 부족하다는 것을 느끼게 된다.

그렇게 되면 아마 그는 선을 실천하는 힘을 기르기 위해 여러 가지 조치를 취할 것이다. 유명한 철학서와 윤리서를 읽고 도덕적인 단체나 인도주의적 또는 사회적인 결사를 만들어 뜻을 같이하는 사람을 찾는다. 그러나 동료들도 자신과 같은 단계에 있다면 아무도 그에게 힘을 빌려 줄 수 없을 것이다. 왜냐하면 힘이 없는 자들뿐이라면 아무리 수가 많다 해도 거기서는 결코 힘이 나오지 않기 때문이다.

그 다음에 오는 것이 영웅숭배이다. 이것은 자기보다 위대한 사람들에게 의지하는 것으로, 근대에서는 특히 칼라일이 이를 주창했다. 영웅숭배는 분명히 신앙의 길에서 진보를 보여주는 것이기는 하지만, 그것도 충분한 힘을 주지는 않는다. 왜냐하면 스스로 정신적으로 뛰어난 인간이 될 소질을 내면에 갖추고 있는 경우, 그러한 반신(半神)들인 영웅은 언제까지나 그에게 만족을 주지는 못할 것이고, 그렇지 않으면 끝내 영웅들을 따라가지 못하기 때문에 점차 숭배할 기력을 잃어버리기 때문이다. 따라서 영웅숭배는 회의주의로 끝나거나 아니면 완전히 제자리로 돌아갈 확률이 높은 길이다.

만약 순조롭게 나아간다면 이윽고 신에 대한 신앙에 도달하고 마지막에는 그리스도에 대한 신앙을 얻을 수 있다. 때때로 우리의 종교 교육은 먼저 그리스도를 믿어야 한다는, 원래와는 반대되는 길을 취하기 쉬운데, 그리스도는 그렇게 가르치지 않았다. 그리스도는 누군가가 아직 그리스도를 믿지 않는다고 말해도 한동안은 용서할 수 있는 것으로 했다. 그러나 선을 근본원리로, 즉 선의 성령 자체를 사실로, 또 힘으로 믿으려 하지 않는 사람, 나아가서 이 성령에 대해 원리적으로 반항하는 사람은, 그리스도의 말에 의하면 영원히 용서받을 수 없다.

위에서 말한 것에 비하면, 그 밖의 것은 그다지 중요하지 않다. 우리는 안심하고 이렇게 말할 수 있다. 그리스도 교회의 엄숙한 신앙개조 자체(모든 신도를 이어주는 유일한 것)도 설사 우리의 비난과 공격을 받는 정도는 아니라 하더라도, 일부를 삭제한다고 그리스도교가 멸망하는 일은 없을 것이라고 말이다.

그리스도교 신앙의 중심은 그리스도의 부활이다. 하느님을 믿는 것은 그나마 비교적 쉬운 편이다. 하느님은 근본적으로 전혀 파악할 수 없는 것, 생각할 수 없는 것이므로 여러 가지로 상상할 수 있다. 그리스도가 말한 것처럼 하나의 '영'이며, 어떠한 방법으로도 결코 정의할 수 없는 것이다.

이에 반해 그리스도는 의심할 여지없는 역사상의 인물이며, 영이 아니다. 또 이 인물은 다른 역사적 인격과 인간의 본성에 대한 우리의 일반적인 관념과는 일치하지 않는 비범한 존재이다.

당시의 유대인뿐만 아니라 현대인들 역시 벽에 부딪치게 되는 것이 바로 이 점이다. 또 대부분의 그리스도교 신자와 설교자조차 이른바 '그리스도론'이라는, 듣기에 그럴듯한 모든 학문적 언어를 구사하여 발뺌하려 해도, 매끄럽게 돌아가기 어려운 급격한 전환점이다.

그리고 이 경우(더욱 자세히 관찰하면) 그들이 피하고 싶어하는 것은 '하느님의 아들 그리스도'가 아니다. 이 말도 경우에 따라서는 여러 가지 해석을 내릴 수 있는 표현에 지나지 않는다. 특히 하느님이 영인 이상, 이 영이 깃든 자(이것은 있을 수 있고, 또 없어서는 안 된다)는 누구든지 당연히 하느님의 아들, 또는 오늘날의 더 겸손한 표현을 빌리면, '하느님의 자녀'로 불려도 상관없다. 더욱이 그리스도도 어떤 때는 구약성서 속에서 믿음 깊은 사람들이 '신'으로 불리고 있는 부분을 인용하기도 했다.*5

그러나 부활이라는 명백한 역사적 사실, 처음에는 일정한 수의 사람들이, 아니 5백 명이 넘는 사람들이 동시에 보았다고 주장하는*6 이 사실은 후세 사람들의 신앙에 부여된 지극히 엄중한 요구로, 아무리 머리를 굴려 해석의 수단을 준비해도 회피할 수는 없다. 따라서 오늘날에도 그리스도를 믿는다고 주장하는 대부분의 사람들이 이 문제에서 못마땅한 얼굴을 하며 신앙의 걸음을 멈춘 뒤 결국 원래의 자리로 돌아가는 것이다.

더욱이 이 역사적 사실이 원래 그리스도교의 모든 것이었다. 사도들에게 있어 그리스도가 십자가에 못 박혀 무덤에 묻힌 채 끝났다면, 그들은 그리스도교를 세상에 전할 용기를 가지지 못했을 것이다.

사도행전의 노입부에서 명료하게 엿볼 수 있듯이, 완전히 비현실적인 이 사

---

*5 요한복음 10장 34~36절.
*6 고린도전서 15장 6절.

실을 직접 가까이에서 경험한 것이 사도들에게 유대교의 사제제도에 대항하여 일어설 용기를 주었던 것이다. 또 처음에는 그들의 독특한 가르침이라는 것도 사실 이 부활을 전하는 것 말고는 없었고, 그 밖의 면에서는 그들도 단순히 유대교도로 있고 싶어했다.

부활에 대한 문제를 접어두고 생각한다면, 십자가에 못 박혀 죽고 그냥 묻혔을 뿐인 '하느님의 아들'이 우리에게 무슨 도움이 될 것인가? 그런 것이라면 아무도 믿지 않을 것이다. 반대로 부활이라는 사실에서 그리스도를 하느님의 아들로 결론짓는 것은 논리적으로 아주 일관된 추리이다. 만약 부활이 진실이 아니라면, 그리스도교는 오류나 착각(5백 명 이상의 사람들에게 동시에 그런 착각이 일어난다는 건 도저히 생각할 수 없는 일이다)을 근거로 한 것일 뿐만 아니라, 그야말로 거짓 위에 서게 된다. 왜냐하면 제자들 가운데 누군가가 그리스도의 시신이 어디로 운반되었는지 알고 있으면서 비밀로 한 것이 틀림없기 때문이다. 그러한 종교라면 나도 버리고 말 것이다. 또 이 세상에서 진리를 지키시는 하느님에 대한 신앙도 당연히 버리게 된다. 만약 그리스도가 굴욕에 찬 죽음을 당한 데다 올바른 심판을 내리는 하느님의 힘이 전혀 나타나지 않고 끝났다면, 누구도 그리스도와 같은 길을 걷고, 또 모든 것에 그리스도를 모범으로 삼을(이것만이 그리스도교이며, 그리스도를 모방하는 의미이다) 용기를 잃을 것이다. 그렇게 되면, 악이 승리를 거두어 이 세상에서 최고의 힘이 악이라는 것을 증명하게 된다. 인간은 악의 힘과 순순히 타협하고, 하느님을 해고하지 않을 수 없다.

따라서 부활이야말로 오늘날에도 진심으로 그리스도를 인식하고 안 하고를 판별하는 기준이며, 요한일서 4장의 "그리스도께서 육체로 오신 것"이 그 판별 기준이 아니다. 이것은 참으로 여러 가지 의미로 이해하고 해석할 수 있는 말이다. 그리고 개인적인 생각을 말한다면, 때때로 감탄의 대상이 된 요한복음의 서두 부분도 나에게는 결코 객관적인 진리라는 인상을 주지 않는다. 나의 견해로는 객관적인 진리는 언제나 역사적인 것이다.

하느님을 믿고, 그리스도를 믿고, 눈에 보이는 세계와 그 질서 밖에 존재하는 눈에 보이지 않는 세계와 그 질서를 믿는 것은, 처음에는 언제나 하나의 결의(決意)에서 시작된다. 그것은 사람에 따라서는 거의 절망적인 행위인 경우도 드물지 않다. 그러한 경탄할 만한 일의 진실성과 필연성에 대해 철학적으로 납득할 수 있을 때까지 기다릴 생각이라면, 결코 신앙에 도달할 수 없다. 그보다 오히려 단순한 우연에 지배되는 세계가 무(無)에서 현재의 완전(完全)에 이르기까지 발전해왔다는 것의 불가능성에 대해, 또 마찬가지로 인간처럼 높은 재능을 부여받은 자가 본래 무의미한 존재를 잠시 계속하기 위해 창조되었다가 영원한 허무 속에 구원도 없이 가라앉아버린다는 것의 모순에 대해 부정적인 신념에 도달하는 편이 쉬울 것이다. 이미 수십억에 이르는 이성을 가진 인간이 한순간의 기쁨도 경험하지 못한 채 절망 속에 멸망해 버렸지만, 이러한 세계의 불쾌함은 누구의 마음에도 강하게 남아 있을 것이 틀림없다. 이러한 사실로부터 눈을 가리고 어깨를 한번 으쓱한 뒤 못 본 척 지나치면서, 한순간의 짧은 생명을, 하다못해 세상에서 말하는 것처럼 가능한 한 향락함으로써 만족하고 있는 사람이 아닌 한 말이다. 또 마찬가지로 하느님 질서의 신앙을 토대로 하는 이상주의적 세계관과는 반대로, 이 순전한 유물주의적 세계관이 지상의 모든 민족에게 어떠한 결과를 가져다 주었는지는, 역사에 조금만 밝은 사람이라면 쉽게 이해할 수 있을 것이다.

특별히 좋은 환경과 풍부한 소질을 가진 소수의 사람만이 유년시절의 신앙을 그대로 유지하며, 자신도 모르는 사이에 성인의 굳은 신앙으로 자라간다. 그러나 이러한 사람들도 먼 훗날 그때까지 안락했던 인생 행로에서 갑자기 사자(獅子)를 만나는 일이 종종 있다. 그런 일이 일어나지 않는 경우는 그들이 그 시련을 견딜 수 없을 거라는 이유에서, 하느님이 은총을 베풀어 위험에서 구해주신 것에 지나지 않는다. 그러나 그 사람들이 '어린이의 천국' 이외의 곳에 갈 수 있을 거라고는 도저히 상상할 수 없다. 다시 말해 그들은 자주적인 신앙에 도달하기 위해 반드시 필요한 시련을 나중에라도 받지 않으면 안 되는 것이다.

여기에 부언해 두고 싶은 것은 부활하여 계속 살아가는 그리스도에 대한 신앙도, 개인적으로는 행복을 주고 구원으로 이끄는 것이지만, 반드시 더 나은 신앙은 아니라는 점이다.

그리스도가 가지고 있었던 신앙, 즉 그리스도가 산도 옮길 수 있고 어떤 일도 할 수 있다고 믿었던 강한 신앙은 나면서부터 가지고 있던 이기심을 버리고, 자신의 의지를 남김없이 하느님께 맡김으로써만 얻을 수 있다. 이것이 강한 신앙에 도달할 수 있는 유일한 길이다. 이 점에 대해 오해가 있어서는 안 된다.

이러한 신앙에 도달하는 것은 그리스도와 그 행위를 역사적으로 믿는 것보다 훨씬 어려운 일이다. 그 전에 먼저 진정한 죽음(자아의 죽음)이 없어서는 안 된다. 근대의 한 철학자(키에르케고르)가 참으로 적절한 말을 했다. 그리스도교는 분명히 나중에는 지극히 아름답고 부드럽지만, 그러한 진정한 죽음 직전에는 그렇지 않았다고. 거기서는 오히려 괴롭고 엄격하며, 많은 용기가 필요하다. 스스로 그리스도 교도로 자칭하고, 또 실제로 그렇게 자칭해도 무방한 많은 사람들이 하느님의 인도로 이러한 더 나은 신앙에 도달하는 것을 허락받지 못하고, 이 세상에서 한번도 그런 신앙을 모르는 채 끝나는 일이 있다. 그런 사람들은 언젠가 나중의 세상에서 거꾸로 돌아와 현재 가지고 있는 신앙마저 잃을 것이다.

4

신앙의 문제에 대한 얘기는 여기서 끝내고, 신앙이 진보하는 각 단계에서 그것을 방해하는 몇 가지 장애에 대해 얘기해보자.

우선, 신앙을 방해하는 것은 앞에서도 말했듯이 신앙을 가지지 않은 사람들의 뛰어난 지성이 아니다. 그런 이유만이라면 사람들은 얼마든지 신앙을 가질 수 있다.

또, 신앙의 대상이 단순히 믿기 어렵다는 점에만 있는 것도 아니다. 사람들은 그리스도교의 진리보다 더 알지 못하며 진실 같지 않은 것을 수없이 믿고 있다. 뭔가를, 아니 많은 것을 믿지 않으면 살아가기 힘들고, 사람들과 교제하고 인간사를 처리하는 것도 불가능할 것이다.

오히려 신앙의 첫 번째 장애는 보통 불합리한 교육에 있다. 교사들은 어린이들이 아직 스스로 경험하기도 전에, 그럴듯한 말만 들려주고 신앙을 가질 것을 요구한다. 더욱이 교사들 자신은 신앙을 가지고 있지 않거나 진정한 신앙심이 없기 때문에, 어린이들로부터 진정한 신뢰를 전혀 받지 못하고 있다. 어린이들은 그러한 거짓을 느낄 수 있는 어떤 본능적인 직감력을 가지고 있다. 그 경험이 세월이 흘러도 계속 신앙을 방해하는 경우가 많다.

두 번째로 큰 장애는 신앙에 걸맞지 않은 생활이다. 만약 생활이 그리스도교의 가르침에 합당한 것이라면, 설사 그것이 의지뿐이고 아직 여러 가지 취

약점이 남아 있다 해도, 보통의 생활에서는 참으로 어려운 신앙이 저절로 성장해 간다.

생활이 수반되지 않은 신앙이 진짜가 아니라는 것은 신앙을 부정하는 사람도 인정하고 있다. 그들은 신앙에 합당한 생활을 하고 싶지 않기 때문에, 또는 그러한 생활이 불가능하다고 생각하기 때문에 차라리 신앙 자체를 버리는 것이다. 이것이 그들이 믿지 못하는 주요 원인이다.

왜냐하면 신앙이라는 것은(이 점에 유의해주기 바라는데) 한편으로는 스스로 시험하여 그 진리를 점차 경험할 수 있고 또 그것이 필요하기도 하지만, 다른 한편으로는 처음부터 무조건적이 아니면 안 되기 때문이다. 즉, 신앙에 대해 이른바 타협을 하거나 시험까지 하면서 만약 이러이러한 것을 성취해 보이면 믿겠다고 해서는 안 된다.

대부분의 사람들은 자신이 기대하는 하느님의 도움에 대해서도 참으로 명확한 형태로 공상을 한다. 그리고 하느님의 도움이 자기가 예상한 대로 나타나지 않을 때는 아무런 이유도 없이 절망에 빠진다. 때로는 그 도움이 이미 주어져 있는데도 절망하는 사람도 있다.

한 점의 흐림도 없는 진정한 신앙은 불이 타오르고 있는 화로 속에 내던져진 다니엘을 비롯한 세 사람의 신앙 외에는 없다. 그들은 이렇게 말했다. "하느님은 어떠한 방식으로든 우리를 구원하실 수 있습니다. 설령 하느님이 그렇게 하지 않으신다 해도 우리는 이 세상의 황금상을 숭배하지 않겠습니다."

이러한 신앙을 얻을 수 있다면(분명 이렇게 말할 수 있다) 어떠한 생활이든, 이를테면 가장 단순한 생활 속에서도 놀라운 일을 수없이 체험하게 되어, 머지않아 눈에 보이지 않는 세계도 의심할 여지없이 확고한 것이 된다.

신앙의 장애 가운데 가장 흔하게 볼 수 있는 것은 탐욕과 일반적인 고민, 소유욕, 명예심이다. 이 모든 것이 전능한 하느님과 하느님의 수호를 믿는 진정한 신앙과는 거의 정반대의 성향에서 나오는 것이기 때문이다. 그러므로 어떤 종교가 금전과 재물과 명성을 지나치게 중시하는 것을 보면, 그 사람이 아무리 그와 반대되는 내용의 설교를 하더라도, 그 신앙이 아직 허약하고 불확실한 것으로 난성해노 좋나.

때때로 불신은 인간이 알 수 없고 또 알아서는 안 되는 사항, 이를테면 세상의 종말이나 내세(來世)의 모습, 만물의 부활 등에 대해 무턱대고 연구와 집착을 거듭하기 때문에 생기는 수도 있다. 이것은 종교상의 안일로 신앙의 영역에서도 역시 '안일은 모든 악덕의 시작'이다.

또는 종교적 향락벽에서 불신이 일어나는 경우도 있다. 이를테면 곳곳에 있는 온갖 종류의 교회와 집회에 시험 삼아 참석하며, 끊임없이 '믿음에 대한 위안'을 받으려고 한다. 처음부터 일에 대한 것은 안중에도 없다. 그러나 그리스도교 신앙은 오로지 활동적인 사람들을 위한 것이다. 늘 깊은 믿음에 잠기기 위해 모임을 찾아다니는 신사 숙녀를 만나더라도, 당신은 그런 사람들을 신뢰하지 않는 것이 좋다. 어떤 사람이라도 그런 생활을 오래 계속하면, 허식에 빠져 점차 정신생활의 알맹이를 잃게 되기 때문이다.

마찬가지로 어른이 되어서도 여전히 '어린아이 같은 신앙'을 가지고 있는 경우에도 나는 언제나 어떤 의혹을 느낀다. 지극히 뛰어난 사람들이 오히려 그 본질에서는 어린아이 같은 면을 계속 지니고 있기 쉽고, 또 신앙상의 사항에서는 현세의 우리는 어떤 의미에서 아직 어린아이이며, 내세에서 비로소 성년(成年)에 달한다는 것은 분명히 진실이다. 그럼에도 신앙은 원래 지극히 용감한 것이며, 그 용감함이 진짜라면 자연히 세상 사람들을 감탄시킬 것이고, 또 감탄시키지 않으면 안 된다. 결코 어린아이 같은 유치함이나 응석에 빠져서는 안 된다.

어떤 경우에는 학식도 신앙의 장애가 되는 수가 있다. 왜냐하면 학식은 인생의 중대한 문제를 단순히 학문적 연구대상으로 생각하기 때문이다. 그런 의미에서 그리스도도 하느님은 진리를 학문을 하는 자들에게는 숨기고 단순한 자들에게 밝혔다고 말했다. 이것은 학문을 하는 사람이 진정한 의미에서 단순해질 수 없다는 의미가 아니다. 오히려 어쭙잖은 학식을 가진 자가 완전한 학식을 갖춘 사람보다 훨씬 더 자신의 '학문'을 코에 걸고, 학문이라는 그럴듯한 말을 틈만 나면 함부로 입에 올리고 싶어하는 법이다. 현대에는 흔해 빠진 평범한 지식인보다 뛰어나게 총명한 사람들이 신앙에 접근하고 있다. 그래도 괴테가 《파우스트》에서 적절하게 말했듯이, 특히 신학에는 "숨겨진 독이 너무 많아서 대개 좋은 약과 구별하기가 어렵다."[*7]

학문적으로 연구한다는 의미에서 하느님을 '인식하는' 것은 도저히 불가능

[*7] 제1부, 1986~7행.

하다. 그러한 시도는 모두 공허한 공식으로 끝나고, 스스로 그것을 믿지 않으면 믿지 않을수록 더욱 기를 쓰고 남을 위압하려 한다. 그렇지 않으면 지나친 공상 때문에 자기 기만에 빠지기도 한다. 그러나 사람은 하느님을 사랑할 수는 있다. 그럼으로써 점차 하느님에 대해 완전한 확신을 얻고, 자신을 위해서는 더 이상의 확신은 필요하지 않게 된다. 그렇지만 원래 이것도 남이 가르쳐 줄 수 없는 것으로, 각자 스스로 시험하여 체득(體得)하지 않으면 안 된다.

또 마지막으로 그리스도교 신앙을 단지 당파적 문제로만 생각하고, 모든 수단을 통해 이를 옹호하지 않으면 안 된다고 생각하고 있는 사람들이 있다. 그렇다고 해서, 이 사람들이 일반 세상 사람들보다 그리스도교를 더욱 엄밀하게 생각하고 있는 것은 아니다. 이와 같은 예는 오늘날에도 종종 볼 수 있으며, 또 우리 모두 이미 그러한 실례를 접하고 있다. 아마 이 종파(宗派) 근성이야말로 현대의 다수 사람들에게 신앙의 가장 큰 장애가 되고 있을 것이다.

진정한 그리스도교에 가장 적합한 자연적 성향은 태어나면서 갖추어진 건전한 양식이며, 그것이 다시 좋은 도덕교육에 의해 육성된 경우이다.

물론 그러한 성향과 교육과 아울러 생애의 어떤 단계에서, 사람에 따라서는 거의 느낄 수 없을 정도로 서서히, 또 다른 사람의 경우에는 놀랄 만큼 갑작스럽게 어떤 설명하기 힘든 현상이 일어나지 않으면 안 된다. 그것은 하느님의 은총, 소명, 구원, 성령의 부음이라고 부를 수 있는 것으로, 이것이 없으면 인간의 미덕과 지혜에도 항상 어딘가 변변치 못한 것이 따라다니고, 그것을 실제 이용할 때도 불안정을 면할 수 없다.

그러나 그것은 당신에게 그것을 원하는 의지가 있고, 또 그 의지를 하느님에게 맡긴다면 반드시 찾아오게 마련이다. 이것은 확신해도 좋다. 그 뒤에는 하느님이 지극히 개성적인 인간의 정신을 참으로 세세한 점에 이르기까지, 바로 그 사람의 올바른 진보에 가장 도움이 되는 길을 선택하여 이끌어주신다. 어떠한 총명함도 이보다 나은 길을 찾아낼 수는 없다.

만약 그러한 은총이 없을 경우, 그리스도 교도라 해도 실생활에서는 세속 사람들과 전혀 다르지 않다는 것은 우리가 매일 보고 있는 그대로이다. 그뿐 아니라 세속 사람들 중에는 훨씬 솔직하고 친절한 사람이 많이 있어, 오히려 그들과 교제하고 싶을 정도이다.

더욱이 그러한 그리스도 교도는 살아 있는 동안은 항상 그저 '가련한 죄인'

으로 지내다가 죽음에 의해 처음으로 그들의 전 존재가 갑자기 변화하여 더 나은 존재로 다시 태어나기만을 기대하려고 한다. 그렇지만 그러한 변화가 이 세상에서 확실하게 시작되지 않으면, 그 소망이 이루어질 거라고 믿기는 어려운 일이다.

현대의 그리스도 교도들은 대부분 현세의 생활에서 다른 사람들과 마찬가지로 실제 아무런 희망도 없이 살고 있다. 그들은 이 세상에서 좋은 인간이 되겠다는 소망은 품지 않고 그저 내세만 믿고 있으며, 그래서 그런 전망이 없는 길에 타인을 움직여서 끌어넣으려 해도 쉽게 될 리가 없다. 내세에 대한 기대만으로는 교회는 아무런 공헌도 할 수 없다. 교회는 지금 바로 여기에서 인간을 바꿀 수 있는 힘을 가지지 않으면 안 된다.

우선 세상에서 일반적으로 일어나고 있는 이익과 향락의 추구보다, 더 높고 행복한 삶을 살 수 있다는 신앙을 사람들의 마음에 다시 한번 일깨워야 한다. 그러면 사람들은 자연히 그것을 원하게 될 것이다. 현재 흔히 볼 수 있는 유물주의에는 사실 누구나 싫증을 내고 있고, 또 행복을 약속하는 것으로 알려진 미래의 무신론적 사회주의도 의식 있는 사람들 가운데 극소수가 믿고 있을 뿐이기 때문이다. 실제로 이러한 사회주의가 실현된다 해도 현재의 이기주의 사회제도보다 고작해야 나쁘지 않은 정도일 것이다. 가장 잘 되는 경우에도 그저 외부의 소유제도가 바뀔 뿐, 그것만으로 행복해지는 것은 결코 아니다.

그러나 완전히 건강하고 강력한, 그리고 기쁨으로 넘치는 그리스도교를 사람들 앞에 보여줄 수 있다면, 내가 보기에는 50년이나 100년 전보다 지금의 세계가 그것을 훨씬 더 받아들이기 쉽다고 생각된다.

이에 비하면 어떤 점으로 보아도 그때그때 교회의 종파와 형식과 조직 문제는 흔히 얘기되는 것처럼 그리 중요한 것은 아니다. 그렇다 해도 이들은 원래 단순히 형식적인 것이어서는 안 되며, 진실이 아니면 안 된다. 그러나 우리 프로테스탄트 교회도 역시 형식주의에 조금은 고민하고 있다. 그 장황한 데다 단조롭게 울리기 쉬운 교회의 기도(그것은 청중의 마음에 생생한 공감을 일으키지 못하고 허무하게 교회의 둥근 천장으로 사라질 뿐이다), 지루하게 이어지며 전혀 마음을 고양시켜 주지 못하는 찬송가, 또 지금은 대부분의 사람들이 이해하지 못하게 된 전례용어 등은, 교회가 새로운 생명을 얻고자 한다면 분명히 어떻게든 바꾸지 않으면 안 되는 시기에 와 있다. 그러나(또 한번 되풀이해 말하면) 그런 것이 중요한 문제는 아니다.

오늘날, 모든 종교적 또는 철학적 문제의 핵심은 눈에 보이는 세계 외에 눈에 보이지 않는 세계를 믿는가 믿지 않는가 하는 문제로 좁힐 수 있다. 왜냐하면 학문적 인식이라는 의미에서는 눈에 보이지 않는 세계를 아는 것이 불가능하기 때문이다. 원래 신학은 그저 학문으로만 생각하면 결실이 없는 것이다. 엄밀하게 말하면 다른 학문적 지식과 같은 의미에서는 하느님에 대한 '지식'은 거의 존재하지 않기 때문이다.

만약 눈에 보이지 않는 세계를 믿지 않는다면, 우리는 용의주도한 노력과 동시에 타인에 대한 많은 공포와 냉혹함으로, 이렇다 할 마지막 목표도 없는 인생을 살아가려고 힘겹게 시도하지 않으면 안 된다. 그리고 그때, 온갖 어려움을 일시적으로나마 보상하기 위해 뭔가 향락이 필요해진다.

이 경우 향락보다 나은 것은 없는데, 그나마 노령이나 병약함, 역경 등의 방해물이 끼어들면 그것조차 불안해진다.

반대로 눈에 보이지 않는 세계를 믿는 경우, 이미 현세에서 자기 존재의 일부를 가지고 더 나은 세계 질서 속에 살 수 있고, 지상의 모든 결함에 견디는 것을 배운다. 그것은 눈에 보이지 않는 이 세계에 의해 끊임없이 파멸에서 구원을 받고, 또 그 세계의 힘을 현재에 더욱 강하게 경험하기 때문이다. 그렇지만 우리는 이 길을 한결같이 나아가지 않으면 안 된다. 이 길을 걸으면서 동시에 다른 세계의 향락과 이익을 원해서는 안 된다. 그렇게 해야만 이 길의 경탄할 만한 축복을 가까이 경험할 수 있고, 그때부터는 더 이상 의심이 생기지도 않을 것이다.

그리스도교의 의의를 간단명료하게 말하자면, 요한복음 1장 9~12절에 이미 기록되어 있는 대로이다. 즉, 이 초현실적 관계를 비추어내는 비할 데 없이 완전한 빛이 일찍이 역사적 사실로서 이 세상에 나타난 일이다. 이 빛을 직접적으로, 또 그 이후 전승을 통해 받아들인 사람들이 다른 사람들은 겪어보지 못한 더 높고 기쁜 생명의 힘을 얻어왔다. 그러나 이 빛을 자신의 삶에 도입하고 안 하고는 사람들의 완전한 자유 선택에 맡겨져 있다. 그 누구도 교인이 될 것을 강요당하거나 기계적으로 교인이 될 수는 없디. 그런 일은 잘못된 것이다. 그 빛을 받아들이려 하지 않는 경우, 그들은 인생의 도덕적 요구와 임무를 다할 수 있는 진정한 힘을 가지지 못하고, 또 진정한 기쁨도 모른 채 삶을 끝낼 것이다. 그렇게 된다 해도 이 세상에서의 비참함을 탄식하는 것은 그만두는 것이 좋다. 그들 스스로 자신과 가족을 위해 그 비참함으로부터의 구원을 원하지 않았기 때문이다.

5

그러므로 마음이 기쁘다는 것은 항상 신앙이 참되다는 것을 증명한다.*8

마음에 기쁨이 없는 경우 신앙은 아직 초보단계이다.

인간 본성의 죄 많은 면과 나약함의 감정이 한 구석에 있다 해도, 그것은 이 마음의 기쁨과 완전히 양립할 수 있다. 또 한편으로 이미 오래전에 하느님의 도움이 주어졌을 뿐만 아니라 하느님의 도움은 항상 준비되어 있으며, 강한 것이라는 것, 또 자신이 끊임없이 확실하게 진보하고 있다는 것도 알고 있다. 이 모든 것들이 사람의 혼을 더욱더 용감하고, 기쁘고, 자신감에 찬 것으로 만든다.

신앙은 그 어느 단계에서도 결코 안전하고 확실한 소유는 아니다. 오히려 신앙은 혼의 깊은 내부에 있는 편안한 한 점으로 안팎의 수많은 어려움을 극복해 가는 하나의 습관이다.

따라서 다가오는 세기에서의 그리스도교의 존속에 대해서는 결코 절망할 필요가 없다. 설사 온갖 종류의 적들이 제아무리 단결하여 그리스도교에 대항하는 것처럼 보이더라도 말이다. 적은 100년 전 또는 그 전에 때때로 나타난 것 이상으로 그 수가 늘어나거나 위험해지고 있는 것은 아니다. 오히려 그 반대이다. 그러나 종교를 유지하기 위해 더 이상 고압적인 수단을 사용할 수 없는 20세기에는 단순히 말이나 형식만의 그리스도교는 그다지 존경받지 못할 것이라는 것만은 분명하다. 원래 우리는 언어와 형식만의 것을 미국에 철도가 있고 이 세계에는 어떤 외국이 있다는 것 등 보지 않아도 그 존재를 완전히 믿고 있는 것처럼 그렇게 믿는 것은 아니다. 눈에 보이는 후자의 경우를 진실로 믿는다.

마찬가지로 '하느님은 존재하는가? 그리스도는 부활했는가? 부활했다면 복음서와 초대 신자들이 말한 그대로 부활했는가?' 하는 물음에 대해 솔직하게

---

*8 시편 119장 45절.

대답하지 않으면 안 된다는 것도 명백하다. 그 대답 여부에 따라 그리스도교는 영원한 진리인지, 아니면 한 시대의 견해이며 인류의 교육을 위해 그 시기를 담당했다가 끝나면 다른 견해에 자리를 내주어야 하는 것인지 판명될 것이다. 다음 세기의 세계는 어떤 대가를 치르더라도 이 문제에 대해 진실을 확인하려 할 것이다. 그에 대한 각오를 미리 해두어야 한다.

따라서 이 논문 서두의 '신앙이란 무엇인가'라는 문제로 돌아가, 그것을 신학이나 너무나 잘 알려져 있는 신학적 공식의 담담한 말로 한마디로 대답하라고 한다면, 나는 이렇게 말할 것이다. "신앙이란 하느님에 대한 순종을 본체로하는 이상적인 삶에 대한 용기(勇氣)이다." 원래 이 말은 최초이자 최고(最古)의, 또 그것만으로도 충분한 계율에서 이미 언명되었다. "너는 나 이외의 다른 신을 섬기지 말라."*9

언제나 불완전한 정의를 규정하는 시도를 그만두고 순수하게 실천적으로 생각한다면, 신앙이란 건전한 양식과 눈에 보이지 않는 것을 신뢰하는 용기, 그리고 실천력과 귀의의 올바른 혼합과 융화로 성립된다고 해야 할 것이다. 그러나 이것은 인생에서 스스로 경험한 사람만이 이해할 수 있다. 그리스도가 살아 있던 당시의 바리새인들은 교의적 신앙을 넘치도록 가지고 있었음에도 불구하고, 위의 것은 전혀 가지고 있지 않았다. 오늘날에도 바리새적인 생각이 조금이라도 나타날 경우, 그 생각을 하는 사람들 역시 그런 실천적 신앙을 가지고 있지 않다. 그러므로 그들에게는 자신의 마음과 생활을 채우는 기쁨이 언제나 결여되어 있고, 또 거기서 태어나는 인내가 부족하다. 즉, 올바른 길을 아직 확실하게 찾아내지 못한 사람들과 자신과 같은 단계에 있지 않은 사람들에 대한 인내가 부족한 것이다. 초심자(初心者)에 대해 너그럽지 못한 것도 언제나 신앙에 결함이 있다는 증거이다.

마지막으로 한 가지 확실하게 알아두어야 할 것이 있다. 무릇 현대인들은 자신의 모든 능력을 동원하여 이 세상을 위해 열심히 봉사하고, 이 세상의 사고방식에 순응하며 살아가거나, 아니면 하느님에 대한 흔들림 없는 신뢰를 바탕으로 한 강한 신앙을 가지거나, 둘 중의 하나를 선택해야 한다는 것이다. 그런데 현대의 대다수 사람들이 이 두 가지 입상의 중간에 서서 어쩔 줄 몰라

---

*9 모세 십계명의 첫 번째.

하며, 생의 절반 또는 일생을 허비하면서 꿈결처럼 지내고 있는 것은 모든 부조리 중에서 가장 끔찍한 것 가운데 하나이다. 왜냐하면 이러한 생활은 최대의 갈등을 낳을지언정 마음을 만족시키는 결과는 가져다주지 않기 때문이다.

그리스도교 신앙은 간단하게 다음과 같은 복음서의 네 마디 말을 토대로 설명할 수 있다. 이 말들의 진실성은 누구나 시험해볼 수 있기 때문에 결코 글자의 뜻 그대로 '믿지' 않으면 안 되는 것이다.

1. "너희는 먼저 그의 나라와 그의 의를 구하라. 그리하면 이 모든 것을 너희에게 더하시리라." 이것은 일의 성취를 바란다면 그것을 올바른 장소에서 시작해야 한다는 뜻이다.

2. "수고하고 무거운 짐 진 자들아 다 내게로 오라. 내가 너희를 쉬게 하리라." 이것은 이 세상에서 모든 사람이 혼의 휴식과 평안을 얻을 수 있지만, 그것을 올바른 장소에서 구해야 한다는 뜻이다.

3. "사람이 하느님의 뜻을 실천하려 하면 누구라도 내가 말하는 이 교훈이 영원한 진리인지, 아니면 다른 많은 교훈과 마찬가지로 인간의 그때그때의 생각이나 '주의'인지 알리라." 그러므로 그리스도교는 시험해 보는 것을 꺼리지 않는다. 먼저 시험해 보고, 그런 다음 판단해도 좋다. 다만 마음으로 진지하게 시험하고 그것이 진리임을 알게 되면, 그것에 따를 선의를 가지고 할 필요가 있다.

4. "내게 오는 자는 내가 결코 내쫓지 아니하리라, 그 사람은 영원히 진리에 목마르지 아니하리라." 이것은 이 세상에는 인간의 마음을 완전히 만족시키는 진리의 인식이 있고, 마찬가지로 행복한 인생도 있을 수 있다는 것, 또 어느 누구도 거기서 제외되지 않으며, 죄에 의해서도, 정신의 빈곤함에 의해서도, 또 물질적인 가난함에 의해서도 거부되지 않는다는 것을 뜻한다.

이와 같이 그리스도교는 이해하기 어려운 철학도 아니고, 우리의 손길이 미치지 않는 아주 높고 먼 곳에 있는 윤리(倫理)도 아니다. 그리스도교는 모든 사람들에게 인생의 행복에 도달하는 것을 가능하게 해주는 길이다. 이로 인해 현재 수많은 사람들의 짐이 되고 있는 인간생활이 새롭고 훨씬 쾌적한 것이 될 수 있다.

물론(쉽게 알 수 있듯이) 여기서는 '종교문제'가 이른바 '사회문제'보다 우위에 놓여져 있다. 이 때문에 그리스도교를 시험해 보고 싶지 않다는 사람이 있으면, 그만두는 것이 좋다. 오늘날에는 누구에게든 더 이상 종교가 강제되어서는 안 된다. 현대의 모든 문명국에서 신앙은 각 개인의 자유로운 의지에 의한 문제가 되어 있다. 앞으로 지상(地上)에 역사가 있는 한 이것은 영원히 변하지 않을 것이다. 그래서 인간의 자유 의지와 다가오는 세기의 중심 문제, 즉 '앞으로의 진보는 하느님과 함께할 것인가, 아니면 하느님을 버리고 할 것인가'는 서로 떼어놓을 수 없는 문제가 된다.

사도 바울은 자신의 평범하고 단순하고 형식적인 신앙에서 출발해 생애의 가장 신비로운 사건을 거치고 더 낮은 신앙에 도달한 뒤에 이렇게 말했다. "그러므로 내 사랑하는 형제들아, 견실하며 흔들리지 말고, 항상 주의 일에 더욱 힘쓰는 자들이 되라. 이는 너희 수고가 주 안에서 헛되지 않은 줄 앎이라"[10] 이와 같이 현대의 교양 있는 대부분의 사람들에게도 부디 하느님이 행복(幸福)에 도달하고 싶다는 소망을 불어넣어주시어, 그들 생애의 사업 역시 헛된 것이 되지 않게 해주시기를.

* * *

"언제나 주의 병사들의 견고한 성채가 되어주소서.
그러면 어떠한 적의 대군(大軍)도 주의 무리에게 대적하지 못할 것입니다.
세상의 모든 사람이 알게 하소서, 우리 하느님의 나라야말로
더 강한 힘과 영과 생명을 가지는 것임을.

자, 서둘러라, 모든 이여, 주께 영과 힘을 바치고
주의 화살통의 깨끗한 화살이 되기 위해.
주의 포고자로 저를 선택하셨다면
제 손과 목을 강하게 하고, 마음과 귀를 열어주소서.

이와 같이 아멘, 참된 증거여, 말씀을 드높이 울려라,

---

[10] 고린도전서 15장 58절, 독일어역에 의함.

은혜와 진리, 널리 사람의 마음을 복종시킨 것을.

그 올바른 증거에 저희를 맡기소서.

저희가 침묵하면, 반드시 돌도 소리치지 않으리니."

(동포교단 찬송가 177번)

놀라운 인도

"내가 너를 위하여 행할 일이 두려운 것임이니라."

(출애굽기 34장 10절, 독일어역에 의함)

    19세기 말기에 세계적으로 팽배했던 분위기의 특징을 나타내기 위해 특히 '세기말'이라는 말이 나왔는데, 그 특징은 전염병처럼 퍼진 공포와 권태와 불쾌감이었다. 이러한 분위기는 증대한 삶의 향락 추구가 똑같이 일반화한 동시에, 또한 이 세기의 비할 데 없는 위업이 찬미된 뒤 탁한 앙금처럼 남은 것이다. 한편 새로 나온 여러 종파만이 여전히 대부분의 사람들을 구제하는 것이 분명히 가능하다고 믿고, 비교적 발랄하게 삶의 기쁨에 찬 모습을 보여주고 있다. 그것이 이들 종파에 매력을 느끼게 하는 주요 원인이다. 인간은 보통 누구나 희망과 용기를 마음에 지니고 싶어하지, 절망에만 빠져 있고 싶어하지 않기 때문이다.

    이 상태는 이른바 고전적 고대의 말기, 즉 로마 제정시대의 최초의 2세기에 대해 알려져 있는 것과 비슷하다.[1] 당시에 젊었던 그리스도교는 얼핏 절망적일 정도로 노쇠하여 거의 죽어가고 있는 것처럼 보였던 세계에 새로운 생명력을 쏟아 부었고, 또 관능미와 인간적인 지혜에 의한 즐거움보다 더 뛰어난 인생의 목적을 부여한다는 사명이 있었다. 이것은 어려운 과제였지만, 그럼에도 해결되었다. 이 세계는 다시 예상하지 못했던 정신력과 생명의 충만함을 되찾을 수 있었다. 이것은 몇몇 초기 신자들을 눈앞에서 본 당시 사람들 중 아무

---

[1] 마르크스 아우렐리우스 황제의 일기(《명상록》)는 당시의 사회상을 뚜렷이 보여주고 있는데, 현대의 상황을 그대로 상기시켜 주는 내용이 적지 않다. 거기에는, 그리스도교를 이해하지 못했던 뛰어난 사람들이, 세계를 근본적으로 개선할 가능성이 없다는 것에 대해 얼마나 절망했는지 잘 나타나 있다. 그러나 그러한 시대는 그때까지도 수없이 있었다. 창세기 6장 3절에도 이미 그러한 시대가 그려져 있고, 동시에 그 타락의 원인도 설명되어 있는데, 그것은 모든 시대에 적용되는 것으로 현재, 특히 타락에 빠져 있는 모든 나라들에 존재하고 있다.

도 상상하지 못한 일이었다.

지금도 똑같은 과제가 다시 해결을 기다리고 있다. 게다가 이번에는 생명력과 용기를 크게 잃어버린 그리스도교 세계의 한복판에서다. 현대에 사는 모든 사람을 향해 다음과 같은 질문이 던져진다. 그것은 여러 종류의 질문자한테서 나오지만, 실제로는 똑같은 질문이다. 즉, 당신은 세계를 혁신하는 일에 참여할 생각인가, 아니면 방관자적 입장에 서서 거의 병적일 정도의 향락주의와 교대로 나타나는 '세기말'의 염세주의에 몸을 맡기는 사람들의 대열에 설 생각인가?

이것은 진정한 그리스도교도에게는 문제가 되지 않는 것이다. 그러나 복음서가 그리스도가 말한 것으로 보존하고 있는 최후의 말이 엄숙한 이정표처럼 길 입구에 세워져 있다.*² 그곳은 그리스도의 뒤를 따르는 자들의 수도원이 아니라 그들이 일하기 위해 파견되는 세계의 입구이다.

이 말은 복음서 중에서도 '위로'의 분위기보다는 격려하는 듯한, 더욱이 위협하는 듯한 울림을 가진 말 가운데 하나이다. 이러한 말을 이해하고 받아들이기 위해서는 그리스도교는 '견딜 수 있는 것'이라는 경험을 쌓아둘 필요가 있다. 그렇지만 이 말도 '이끈다'*³는 점에 역점을 두고 읽으면 그 불안한 느낌은 거의 사라져버린다.

'인도(引導)'의 정반대는 '출세주의'이다. 이것은 신앙도 사랑도 평화도 없이 다른 출세주의자가 자신에게 어떤 이익을 주고 어떤 손해를 가져다줄지 두려워하면서, 현기증이 날 정도로 험준한 길을 더듬어간다. 그 길의 끝에 이르러 설사 목적을 달성했다 해도, 결국 지칠 대로 지치고 환멸에 빠져 일찍이 인생의 길에서 만났던 사람들과 또 자신이 자주 방해를 한 사람들한테서 동정을 받지도 못하고 절망의 어둠 속에 빠져드는 것이다.

그러나 설령 이러한 절망적인 인생관을 품지 않는 경우에도, 인도함의 이념을 사실 이해할 수 없는 위험이 있다. 인도함은 항상 놀라운 것을 동반하기 때문이다. 실제로 현대의 인간은 가장 좋은 순간에도 항상 자신의 길을 가려 하며, 그가 믿는 하느님이 조언과 보호를 하면서 자신과 동행할 것임을 알고 있다. 현대인은 하느님을 언제나 그 자리에 붙잡아두고, 자기 마음대로 행동하는

*2 요한복음 21장 18절.
*3 우리말로 번역하면 '데려간다'.

것을 친절하게 도와주는 조수로 삼고 싶어한다. 자신이 하느님의 종이 아니라 오히려 하느님을 인간의 의지와 그 대단히 선하고 도덕적인 결의(그렇게 해석하고 싶지만)의 하인으로 생각하려 한다. 그뿐 아니라 가능하다면 매일, 아니 더 자주 하느님을 생각하거나 황야를 여행하는 이스라엘 민족처럼[4] 나날의 양식을 거둘 필요가 없도록, 차라리 곡창을 크게 새로 지었다가 그날 밤 안에 죽어버린 어리석은 자처럼 한꺼번에 평생 동안 쓸 수 있는, 아니면 하다못해 반생 동안 쓰기에 충분한 행복을 쌓아두는 것을 보장해주기를 바랄 것이다.[5] 그 표면적인 구실은 이제부터는 '하찮은' 생각에 번민할 필요 없이 이 세상에서 하느님의 행위에 헌신하기 위해라는 것이다. 그러나 실제로는 '자본'을 소유하기 위해서이다. 그것만 있으면 더 이상 하느님의 도움을 필요로 하지 않게 되어 기도도 점차 형식만의 것으로 바뀌거나, 자신뿐만 아니라 자손의 대까지 절대로 '걱정할 일이 없는' 사람들의 대열에 들어간 것에 대한 감사의 기도로 바뀔 수 있다. 수없이 많은 그리스도교도가 이런 종류의 정신적 '자본주의' 때문에 멸망하거나, 그로 인해 적어도 그들이 가질 수 있고, 또 가져야 할 생명력과 그 작용을 발휘할 수 없는 상태에 빠지기도 한다.

그런데 앞에 나온 작별의 말[6]에서 그리스도가 말하고자 한 것은, 사람이 내적 진보의 어느 단계에 도달하여 진실로 자각하고 그리스도의 뒤를 따라 걷기 시작하면, 그때부터 위에서 말한 것과 같은 잘못된 생각은 모두 불가능하게 된다는 것이다. 그 사람은 자신이 마음대로 선택한 것을 모두 버리고, 하느님의 인도와 명령 아래 들어가게 된다.

인간이 쉽게 포기하기 힘든 자립성이 이렇게 정지해버리면, 그 대신 인생에서의 공포가 사라지고 설명할 수조차 없는 내적인 안정감이 찾아온다. 이 감정은 경험해 보지 않으면 알 수 없지만, 일단 경험하면 영원히 잊어버릴 수 없다. 왜냐하면 그것은 혼을 힘과 용기로 채워서, 전에는 말할 수 없이 크게 느껴졌던 어려움을 작게 느끼게 해주고, 또 전에는 거의 절망에 사로잡힐 정도였던 자신의 나약함도 견딜 수 있게 해주기 때문이다.

---

[4] 출애굽기 16장 1~4절.
[5] 누가복음 12장 16절 이하.
[6] 요한복음 21장 18절.

어떤 사람의 삶이든 자각이 시작되는 순간부터 사라지는 순간까지 공포에 시달리는 것은 당연한 일이다. 소년은 학교 과제가 갈수록 어려워지는 것을 두려워하고, 청년과 장년은 생존을 위해 필요한 것이 점점 많아지는 것을 두려워하며, 노년은 힘의 쇠약을 걱정하고, 더욱이 죽음을 두려워하는 사람이 매우 많다. 그것은 죽음이 어쩌면 알지 못하는 새로운 불길함으로 가는 입구에 지나지 않을지도 모르기 때문이다. 다만 맨 처음의 유년기만이 당연히 두려움을 모르며, 그렇기 때문에 때때로 행복한 시절로 찬양된다.

원래 모든 감정 가운데 인간이 가장 두려워하는 것은 바로 공포이다.

그래서 성서 속에 '두려워하지 말라'는 말만큼 자주 등장하는 말이 없다. 그러나 이 말은 하느님의 인도를 받아들이지 않는 사람에게는 한 번도 전해진 적이 없다.

모든 경우에 공포의 직접적인 원인이 무엇인지 간단하게 말할 수는 없다. 그렇지만 적어도 개별적 경우의 사정을 잘 알고 있는 사람은 다음과 같은 몇 가지 암시를 통해 대체적인 단서를 얻을 수 있을 것이다. 대개의 경우, 그 원인은 '모든 악의 뿌리'인 허영심으로, 이 허영심이 하느님 가까이 있는 것을 불가능하게 한다. 때로는 탐욕이 공포의 원인이 되기도 하는데, 성서도 탐욕에 대해 역시 그런 견해에서 말하고 있다. 또 때때로 걱정이나 많은 가지를 뻗고 있는 이기심이라는 나무의 완전히 제거할 수 없는 뿌리, 또는 향락욕(때때로 극히 고상하고 종교적인 것도 있다), 그리고 행위의 어딘가에 숨어 있는 불순과 허위 등도 그 원인이 된다. 이 불순과 허위는 인간의 눈에는 보이지 않지만, 그 사람에게 평온함이 사라지고 공포가 나타난다는 사실을 통해, 주의 깊은 사람들에게는 하느님이 틀림없이 보여주고 있다.

이와 같이 공포심이 일어난 경우, 스스로를 검토하거나 일기를 쓰고, 남에게 조언을 구하며, 게다가 여러 교회와 그 밖의 '하느님 나라의 소재지'를 순례하며 시간을 들여 철저하게 그 원인을 파헤치려고 하는 것은 쓸데없는 일이다. 그렇게 해도 마음이 불안한 상태에서는 잘 되지 않는다. 설사 할 수 있다 해도 충분하지 않아, 자칫 어떤 형태로 인간에게 예속되는 결과를 빚기도 한다. 오히려 원인 같은 것에 오래 구애받지 말고 순순히 마음을 바꾸는 것이 좋다. 그것은 자신의 의지를 버림으로써 가능한 일이다. 이것이야말로 짙은 안개로 차단된 것처럼 인간에게서 멀어진 하느님이 다시 인간에게 다가오도록 강요하기

(만약 이런 말이 허용된다면) 위한 유일한 길이다. 그러면 자아를 버리고 비운 마음이 하느님과 함께 있음으로써 채워져, 더 이상의 슬픔이나 공포가 끼어들 여지가 없게 된다.

인간은 무엇인가에서 살아갈 용기의 버팀목을 구하지 않으면 안 된다. 그것은 도대체 무엇일까? 젊음일까? 그것은 금방 지나가버린다. 자신의 마음일까, 자신의 힘일까? 힘은 질병, 노령, 인생의 고통스러운 경험에 의해 맥없이 부서지는 것이며, 마음은 어떤 때는 흥분하고 어떤 때는 겁을 먹기 쉽다.*7 다른 사람이 버팀목이 되어줄 수 있을까? 예레미야서 17장 5절은 그것을 경계하고 있다. 그렇다면 돈일까? 돈은 현대에서는 참으로 흔들리기 쉬운 버팀목으로, 돈과 함께 따로 뭔가가 없으면 충분한 것이 될 수 없다. 거기에 남는 것은 미신, 운세, 행복, 아니면 하느님이다. 그러나 진정한 의지처는 오직 하느님이 진실로 하느님을 믿는 자에게 주시는 것 외에는 없다.

괴테의 시대 이후 인간의 생활은 더욱 복잡해졌다. 그래서 대부분의 현대인들에게는 어떤 인도함의 손길에 자신을 맡기거나, 아니면 심혈을 짜내는 듯한 생각 속에서 살거나 둘 중의 하나를 선택하는 길밖에 없다.

하느님을 믿는 사람들에게는 모든 근심이 점차 사라지고, 그 대신 어떤 확실한 신념이 태어난다. 즉, 모든 것은 반드시 좋아질 것이고, 또 어떤 일도, 이를테면 불행이나 남의 악의와 태만, 자신의 잘못도 진정한 재앙을 가져다주지는 않는다는 신념이 솟아난다. 이것이 사도 바울이 이미 몇 세기에 걸친 동안 번민하는 수많은 사람들에게 마음으로부터의 위안을 주었던 그 유명한 말을 통해, 얘기하려 했던 것이다. "하느님을 사랑하는 자, 곧 그의 뜻대로 부르심을 입은 자들에게는 모든 것이 합력하여 선을 이루느니라."*8 이 말을 자신의 인생설계 속에 도입하여 무슨 일이 있어도 이 신앙을 버리지 않는 자는, 토마스 아 켐피스가 한 말처럼 '그 발을 평화와 안식의 땅에 들여놓은 것'이다.

1

사실 '인노'라는 것은 뭔가 신비스러운 것으로, 대부분의 독자들은 이 논문

---

*7 예레미야 17장 9절.
*8 로마서 8장 28절.

전체를 현대적인 것과는 거리가 멀다고 생각할지도 모른다. 나는 그런 사람들을 나쁘게 생각할 마음은 없다. 그러나 개개의 체험에서도 어떤 경이의 감정을 느끼는 일이 전혀 없다고는 할 수 없다. 그렇지만 인생의 다른 여러 가지 매력을 맛보지 못한 채 끝내야 하는 신앙생활에 있어서는, 그렇기 때문에 더더욱 이 인도의 경이로움이 주된 매력이 된다. 낭만주의는 인간의 마음속 깊은 곳에서의 요구이며, 이 생활 속에서는 경이가 그 낭만주의이다. 물론 '놀라운' 사건*9이라 해도 겉으로는 종종 단순한 모습을 하고 있어 우연의 일치처럼 보이기도 한다. 그러나 체험하는 자는 그것이 우연이 아니라는 것을 알고, 그 속에서 하느님에 대한 깊은 확신을 갖게 된다.

그 인도함에 있어 특히 눈에 띄는 점을 들면 다음과 같은 것이 있다. 때때로 꼭 필요한 시기에 책에서나 어떤 말을(때로는 사람도) 만날 때가 있다. 또 공포심을 조장하거나 그릇된 길로 유혹하는 많은 일들이 스치고 지나가버릴 때까지 모를 경우가 있어, 마치 눈가리개를 하고 있었던 것처럼 큰 위기를 모면할 때도 있다. 그런 일은 특히 허영심이나 관능의 유혹에 대해 일어나기 쉽다. 또 나아가서는 안 되는 길이 마치 가시나무 울타리를 둘러친 것처럼 닫혀 있는 일도 있고*10 그 반대로 큰 어려움이 불현듯 없어지는 일도 있다. 또 무언가를 이루어야 할 때가 오면, 전에는 없었던 용기가 불끈 솟아나거나 전에는 숨어 있었던 문제의 핵심이 눈에 보이고, 어디서 오는 것인지 설명할 수는 없지만, 사상과 능력, 때로는 지식과 통찰력까지 자신 속에서 발견되기도 한다. 마지막으로, 당사자들은 전혀 의도하지 않았는데도 저절로 이쪽을 돕거나 혹은 돕지 않고, 호의를 보내거나 적의를 품지 않을 수 없게 되어, 결과적으로는 원래 무관심한 사람과 적대자조차 이쪽에 크게 도움이 되고, 또 그것을 촉진하는 경우가 있다.

인도에 대해서는 그 밖에도 언어로는 쉽게 얘기할 수 없는 신비로운 일들이 많이 일어난다. 그러나 인도함에 따르고 있으면, 언제든지 '열린 문'을 통해 가장 쉬운 길을 가장 적은 근심밖에 모르며 나아갈 수 있는 것만은 확실하다.

다음에는 일을 하는 데 있어서 지나치게 서두르거나, 또는 지나치게 늦장부

---

*9 이것이 19세기의 독일 저술가 훈케가 '하느님의 발자취'라고 부른 것이다. 사도행전 26장 24
　　~26절.
*10 호세아 2장 8절.

리는 일이 없어진다. 시기를 놓치면 아무리 모든 준비가 되어 있어도 흔히 일을 망치게 되는 경우가 있다.

또 모든 일을 전보다 훨씬 더 침착한 기분으로 할 수 있게 된다. 마치 자신과는 아무런 상관도 없는 일을 제3자에게 부탁을 받아 하는 것처럼 할 수 있다. 이럴 때 사람은 자신의 일을 할 때보다 대체로 훨씬 더 평온한 상태에서 행동할 수 있다.*11

그리고 또 모든 일에서 기다릴 줄 알게 된다. 이것은 처세의 큰 비결이다. 또 사물은 언제나 하나하나 순서를 좇아 찾아오는 것임을 알고, 그래서 먼저 한 가지 일에 발판을 튼튼하게 굳힐 수 있는 여유를 얻는 경험도 소중하게 여기게 된다.

또, 해야 할 일이 언제나 꼭 필요한 때 생각난다. 그것도 때때로 마치 잊어버리고 있었던 것을 제3자가 적당한 때 상기시켜 주는 것처럼, 너무나 신기한 형태로 떠오른다.

때때로 정확한 시기에 사람을 보내주기도 한다. 이것은 꼭 해야만 하는 일인데도 스스로 할 용기도 결심도 전혀 하지 못하고 있을 때, 그 일을 요구하거나 명령하기 위해서 말이다.

이러한 경험을 거듭함으로써 우리는 어떤 인간이든, 이를테면 싫어하는 사람이나 변변치 못한 사람, 그리고 악한 사람도 참을성 있게 견딜 수 있다. 왜냐하면 그런 사람들도 하느님의 선을 이루기 위한 그릇이며, 때때로 가장 효과적인 그릇일 수 있기 때문이다. 이러한 생각이 없으면, 항상 일정한 침착함을 유지하는 것은 아주 선한 사람들에게도 어려운 일일 것이다. 인도를 일단 염두에 두고 자신의 인생을 돌아보면, 많은 것들이 사람의 힘에 의한 것이라고는 생각할 수 없을 만큼 완전히 달라 보이는 법이다.

지금까지 말한 것은 그런 경험을 조금이라도 해본 사람이라면 누구나 알 수 있는 일이고, 유용한 실례를 들 수도 있다. 사람은 스스로는 아무리 현명하게 행동하려 해도, 인도함으로 저절로 주어지는 성과를 모두 얻을 수는 없다. 고대의 한 예언자는 인도함을 "사랑의 줄로 이끈다"*12는 말로 아름답게 표현했다. 또 다른 예언자는 덧붙여서 이렇게 말했다. "내가 이 성읍에 베푼 모든 목

---

*11 요한복음 5장 30절.
*12 호세아 11장 3·4절.

과 모든 평안으로 말미암아 두려워하며 떨리라."*13

그런데 먼저 주의해야 할 것이 다음과 같은 여러 가지 점이다.

이와 같은 인도는 만약 당신이 그것을 원한다면, 당신의 능력에 걸맞은 어엿한 일을 당장 부여할 것이다. 이와는 반대로 고상하고 종교적인 오락이나 평범한 게으름은 허용되지 않는다. 마찬가지로 지나치게 섬세한 감정, 인간 혐오와 실천 기피, 또는 병약함, 신경질, 그 밖의 이와 비슷한 갖가지 '사정'을 구실로 삼는 것, 나아가서 냉정하게 존엄을 가장하는 일 등도 물론 허용되지 않는다. 이렇게 존엄한 척하는 태도 때문에 수많은 사람들이 세상의 일반적인 견해와 그 시대의 유행에 맞지 않는 것에서 멀어지는 것이다.*14

이 시기는 완전히 옳고, 따라서 완전한 기쁨의 삶으로 나아가는 길에 있는 '가파른 전환점'이기 때문에 그곳을 넘지 못하는 사람이 많다. 냉혹한 세상과 끊임없이 접촉하기 위해 자칫 모든 사람의 마음 주위에 얼어붙기 쉬운 얼음 알갱이가 그대로 점점 더 두꺼워지지 않도록, 더욱 쉬지 않고 시련이나 때로는 비방, 그리고 모든 종류의 고뇌로 인한 동결을 방지하지 않으면 안 된다. 그렇지 않으면, 하느님의 진리의 빛이 충분히 비쳐들 수 없기 때문이다. 많은 사람들이 고귀한 소질을 지니고 최상의 교육을 받고서도 언제까지나 뭔가 평범하고 천박한 점을 지니고 있어 깊은 통찰력이 너무 부족한데, 그것은 적당한 시기에 '연단'에 의하여 변화되지 않았기 때문이다.

또 마찬가지로 다른 많은 사람들은 일을 가지지 않아서, 또는 너무 적은 사랑밖에 주어지지 않거나 스스로 사랑을 가지지 않았기 때문에 정신적으로나 도덕적으로 멸망해간다. 이 두 가지 원인이 결부되어 있는 경우도 많다.

이러한 사실은 오래전부터 누구나 알고 있었고, 특히 그리스도교가 세상에 등장한 뒤로는 진부할 정도가 된 진리이다. 그런데도 그것을 실천적인 진리로 삼으려고 진지하게 노력하는 것은 개인은 물론 그런 의지를 가진 모임에서도 기적이라 할 수 있을 만큼 드문 일이다.

특별히 '조용한' 사람은 분명히 있다. 그들은 그러한 삶의 욕구 때문에 적극적인 활동에 순응할 수 없거나, 어느 한계 이상은 무리인 것 같다. 이러한 사

*13 예레미야서 33장 9절, 독일어역에 의함.
*14 열왕기상 19장 13·15절.

람들에게는 내면적인 기쁨을 향한 길이 열려 있다. 그것은 일반적으로 '신비주의'(진정한 그리스도교적 의미에서의)라고 불리는 것으로, 이것 또한 하느님의 인도이다. 물론 그 길은 중세의 세계관에 의해 찬미되고 두세 개의 교회에서 적어도 이론상 견지되어 온 유일하고 가장 좋은 길은 아니다. 그리고 그것이 진실이라면 쉽지 않은 길이기도 하다. 공상이나 종교적 오만, 때로는 광기를 건전한 양식에 의지하여 극복해가기 위해서는 가장 복잡한 외적인 인생 행로로 나아가는 경우보다, 오히려 더욱 끊임없는 인도가 필요하다. 우선 편하고 보자는 심정으로 이 길을 선택하는 사람이 있다면, 그것은 큰 착각이다. 인생을 잘 헤쳐 나갈 수 있는 가장 쉬운 길은 풍요로운 인도를 받으면서 열심히 일하는 것이다. 당신이 지금 그 길에 있다면 불평을 하지 않는 것이 좋다.

또 덧붙여 두고 싶은 것은, '놀라운 인도'를 행하시는 하느님 쪽에서 본 의도와 직접적인 목적이, 우리를 일반적으로 비슷한 의미에서 행복하게 하는 일이 아니라는 것이다. 오히려 두려움을 모르며 스스로 모든 선한 행위를 하려는 사람, 한마디로 말해 영웅적인 사람으로 만들기 위해서이다. 동시에 그것이 가장 큰 행복이기도 한 것은 이 일의 이차적인 면이다. 보통 인도함을 믿는 것은 행운이나 별에 대한 미신적인 신뢰, 또는 숙명론 같은 온갖 형태를 취하여 나타나는 일도 있지만, 어쨌든 무언가의 인도를 믿는 신앙이 없으면 이 세상에 놀랄 만한 일은 결코 일어나지 않는다. 그런 신앙을 가진 사람만이 동시대인을 적으로 돌리고 저항을 계속하다가, 결국 그 시대에 자신의 각인을 찍는 것이다. 또 그 사람은 자발적으로 그것을 하는 것이 아니며, 대개의 경우 고통스러운 강제에 따르기도 한다. 왜냐하면 "어쩔 수 없이 하는 자만이 큰일을 이루기" 때문이다. 그러나 그저 이해할 수 없는 숙명의 가차 없는 명령에 무조건 복종하는 것이 아니라, 우리도 잘 이해할 수 있고 구석구석 미치는 은혜로운 영의 눈길에 애정을 가지고 기꺼이 따르는 것이다(게다가, 행복과 의무가 항상 일치하는 것을 확신하면서). 그리고 바로 그것을 위해 그리스도교적 인생관이 필요하다.

그래서 오늘날 약간이나마 이상주의적인 생각과 교양을 지니고 있는 사람들에게 가장 중요한 문제는, 그들이 수없이 신봉하고 있는 불가지론으로 살기보다는 인도함을 믿고 사는 쪽이 실제로 더 기쁜 인생이 아닌가 하는 것이다. 우리는 그것을 확인해 보아야 하고, 또 그렇게 해도 괜찮다. 그것을 확인해보지 않는 사람은 알 수 없다. 그러나 지금 어떤 사람에게 '당신의 눈에는 바다 밖에 보이지 않지만, 바다 저편에는 육지가 있다'고 수많은 사람들이 증언해도, 그 사람은 육지가 눈에 보이지 않기 때문에 믿지 않는다. 또 그것을 확인하러 나갈 생각도 없다고 대답한다면, 어떨까? 그 사람은 어리석은 사람이고, 더 나은 생활을 할 수 있는데도 그 기회를 놓치는 것이다.

신앙이 지극히 어려운 시련 앞에 섰을 때, 덮쳐오는 절망에 저항하는 데는 끝까지 버티는 것 외에 아무것도 할 수 없는 순간이 누구의 인생에나 있기 마련이다. 그리스도조차 십자가 위에서 그런 순간을 맞이했고, 아마 그 전에도 같은 일이 있었을 것이다. 엘리야는 한 여자[*15]의 분노 때문에 그의 사명을 완전히 포기해야 했다. 사보나롤라는 죽기 직전에 깊은 슬픔에 사로잡혀 자신의 영감의 진실성을 의심했다. 또 잔 다르크는 그것을 부정하기까지 했다. 그러나 그들은 모두 굳게 신앙에 매달리거나, 한순간 주춤한 뒤에 다시 신앙으로 돌아감으로써 신앙을 지켜냈고, 또 그렇게 함으로써 이 세상의 출구를 영광의 빛을 받으며 빠져나갈 수 있었다. 신앙으로 사는 것은 다른 위험이 많은 큰 사업과 같다. 종종 위기일발의 순간에 더 이상 물러서지 않는다는 의식이 가장 큰 용기와 이론적으로 완전한 확신보다 훨씬 강하고, 또 사람을 강인하게 만드는 것임을 알 수 있다.

오늘날과 같은 관용의 시대에 그리스도교 신앙을 특히 동요시킨 것은, 큰 싸움의 장에서 신앙을 외부로 향해 증명할 기회를 찾을 수 없다는 사실이었다. 그 결과, 싸움은 오직 내면으로 옮겨져 이론적 고찰의 영역에서 이루어지게 되었지만, 이론의 영역에서는 신앙과 불신 가운데 어느 것을 선택할 것인가 하는 문제에 대한 충분한 확신을 얻을 수 없다. 왜냐하면 인간이 정말 믿을 수 있는 것은 오로지 행위를 통해 경험한 것에 한하기 때문이다. 행위가 되어 나타나지 않는 신앙은 신앙이 아니거나, 단순한 신앙의 시작에 지나지 않는다. 그러나 사람이 일단 하느님과 계약 관계에 서면, (그 계약은 우리 쪽에서가 아니라 하느님 쪽에서 제안하여 우리가 받아들이는 형태의 것으로, 현재 인간의 진보 단계에서는 하느님에 대한 인간의 혼의 관계를 아버지와 아들의 관계로 비교하는 것은 지나친 비유이며, 오히려 계약이라고 하는 편이 적절한 설명일 것이다)

---

*15 다른 신을 섬긴 왕비 이세벨. 열왕기상 19장 참조.

안심하고 모든 것을 그냥 내버려두어도 상관없다. 또한 때때로 겉으로 보아 가장 위험하고 꺼림칙한 것이 놀라운 방식으로, 그야말로 우리에게 최선의 것으로 변할 것이다.

상당한 분별력과 아울러 이러한 인생관을 지니고 있는 노인 가운데, 흘러간 일들을 마치 흥미로운 소설이라도 읽는 듯한 감흥으로 회상하지 않는 이는 아마 없을 것이다. 또 인생 이야기가 전개되는 도중에, 마지막 장이 아직 공개되지 않았는데도 미리(독서를 애호하는 젊은 세대처럼 참을 수 없는 호기심에 사로잡혀) 그것을 다 읽은 것처럼 결말을 확신하고 있을 수도 있다.

그러나 개개의 경우에 인도함은 언제나 각자 신앙의 정도에 좌우된다. "네 소원대로 되리라"*16 즉 당신이 원하는 대로 큰일이든 작은 일이든 이루어지는 것이다. 신앙이 없으면 그런 인도함은 도저히 기대할 수 없다. 또 신앙이 부족한 경우는 언제나 인간적인 수단, 그것도 흔히 수상한 성격의 수단을 사용하여 보충하고 싶은 유혹을 느낄 것이다. 또 인도에 대한 감수성도 점점 예민해지지 않으면 안 된다. 그러면 하느님도 그런 사람을 점점 엄격하게 다루게 되어, 결국 그 사람의 아주 사소한 부정도 벌하지 않을 수 없게 되며, 하물며 신앙이 부족한 것은 더욱 더 용납할 수 없게 된다. 그래서 나중에는 이러한 인도를 받은 사람은 누구나 자신의 생애를 돌아보며, 일생 동안 만난 모든 불행이 결국 신앙이 너무 부족했던 탓이라고 인정하지 않을 수 없게 된다. 어쩌면 그런 경험을 한 사람은 이따금 오히려 이렇게 말하고 싶을 때도 있을지 모른다. 모든 불행이 사실은 자신의 생애에서 진정한 행복이었다고.

항상 어떤 독자적인 것을 지니는 이 인생관은 누구에게나 태어나면서부터 주어지는 것이 아니고, 또 이른 시기에 한꺼번에 얻어지는 것도 아니다(분명히 나이가 들어서보다 유년시절에 더 얻기 쉽지만). 따라서 이 길에는 필연적으로 다양한 단계가 생긴다. 가장 높은 단계는 자신의 운명을 탓하지 않고 수동적인 인내심을 가지고 받아들일 뿐만 아니라, 그것이 올바른 운명이라는 기쁜 확신으로 맞이할 수 있는 경지이다. 그렇게 할 수 있는 사람은 그리스도와 함께 말할 수 있다. "이 세상에서는 고뇌가 있다. 그러나 나는 이미 세상을 이겼노라"고 말이다.

---

*16 마태복음 15장 28절 참조.

이러한 가장 단순한 인생이야말로 경탄할 만한 것이다. 만약 언제라도 자신도 그런 인생을 살고 싶어하고, 또 그렇게 해주기를 바라는 용기가 있다면, 이 세상의 어떤 예술품과도 비견할 수 없는 인생을 얻을 수 있을 것이다. 그러나 이 인생은 자신의 완전한 동의 없이는 이루어지지 않는 일이다. 당신이 나중에 결코 낙담하는 일이 없도록 평생 다음과 같은 것을 마음에 새겨두는 것이 좋을 것이다. 즉, 하느님에게 몸을 맡기는 사람들에게 하느님은 일반적인 행복, 다시 말해 부와 명예와 모든 종류의 향락을 보장하는 것은 아니다. 하기는 현세 생활에서의 가장 좋은 보물에 대해서도, 자신의 힘과 타인의 도움, 또는 어떤 재산에 의지하는 것보다, 하느님과 함께 있으며 하느님의 보호를 받는 편이 더 나은 결과를 얻을 수 있는 것은 물론이다.

또한 하느님은 이들에게 훨씬 신뢰할 수 있고, 또한 만족을 주는 행복을 내리며, 더욱이 그 행복이 내세까지 이어질 것이라는 희망도 주신다.

이 길을 선택하는 일은 스스로 하지 않으면 안 된다. 물론 그것은 대개 신앙에 기초하여 이루어지지만, 성실한 마음과 상당히 강한 인내심을 가질 수 있다면 시도해보는 것도 허용된다. 그런데도 많은 사람들이 그런 시도조차 해보려 하지 않는 것은 참으로 놀라운 일이 아닐 수 없다. 어쨌든 그것을 시도한다고 손해를 보는 것은 아니고, 고작 전과 다름없는 불만에 머무를 뿐이다.

이 세상에서 진정한 행복을 향해 길을 가는 것은 위험한 등산과 같다. 안내인을 두고도 반쯤 자기 멋대로 길을 가려 하거나, 자신과 똑같이 경험이 없는 사람의 조언에 귀를 기울이는 것은 아무런 도움도 되지 않는다. 안내를 받아가거나 스스로 위험을 무릅쓰고 나아가거나, 둘 중의 하나이다. 그러나 안내인 없이 이 여행길에 나서면 정상에 도달할 가능성은 거의 없다.

적어도 다음의 것은 충분히, 그리고 확실하게 자각하고 있는 것이 좋다. 자신을 잘 알고 인도해주는 하느님을 가지지 않는 한, 모든 것에 영향을 주는 이 가장 위대한 사실이 당신에게는 빛바랜 '개념'으로 변해버릴 위험에 늘 노출되어 있다는 사실이다. 그러한 개념이라면 사람이 멋대로 만들거나 바꿀 수 있고, 인생에 있어 진정한 영향을 전혀 미치지 못한다. 그렇지 않으면 거기서 공포를 부추기는 괴물이 태어나 권력을 쥔 인간과 사회계층이 그 괴물을 이용하여, 우리를 그들의 의지에 복종하게 하는 위험이 끊이지 않는다. 그러므로 자유를 갈망하는 계몽된 정신은 어떤 대가를 치르더라도 그 괴물로부터 벗어나도록 노력할 것이다.

온유와 은총과 사랑으로 가득하고, 우리를 잘 이해해 주시는 하느님을 경험할 수 있는 것은, 오직 우리 자신의 생활을 통해서이다. 그것도 모든 인간적 명령과는 아무 상관 없이 우리에게 직접 개인적으로 주어지는 하느님의 끊임없는 도움이라는, 의심할 여지없는 수많은 사실을 통해서이다. 이리하여 이 사실은 세계도 더 이상 뒤흔들 수 없는 확고한 것이 된다. 그리스도는 이 사실을 다음과 같은 말로 얘기하려 했다. "너희가 환난을 당하나 담대하라, 내가 세상을 이기었노라."*17

스스로 이 세계의 한 조각에 지나지 않는 인간이 자연 그대로의 정신만으로 세계의 모든 영과 그것에 지배당하는 물질적 총력을 거스르려 하는 것은 확실히 어리석은 행위이다. 그러한 태도에 세계가 항의하고, 무수한 실례를 들어 그 '이상주의'가 아무런 효과가 없다는 것을 지적하는 것은 참으로 당연한 것이다.

그러나 개개의 인간 속에 깃들어 인간을 통해 작용할 수 있는 하느님의 영이 세계를 지배하는 힘으로도 존재한다면, 하느님의 의지에 의존하고 있는 세계가 반항까지는 아니더라도 하느님을 무시하려 하는 것 역시 마찬가지로 어리석은 짓이다. 그렇다면, 그나마 지력(知力)만이라도 충분히 갖춘 사람이 모두 진정한 힘 쪽에 서지 않으면 안 된다. 그 힘만이 그들의 인생행로를 행복하게도 불행하게도 할 수 있기 때문이다.

* * *

"오, 나의 사랑하는 그리스도인이여,
네가 언제까지나 자아를 버리지 못한다면
비록 겉으로는 하느님에게 영광을
바치는 일에 종사하더라도

---

*17 요한복음 16장 33절.

하느님의 뜻에 따르지 않는 한
네 자아는 바로 파멸의 씨앗이다.

사소한 일도 그때마다
너의 나약한 마음을 할퀴고
뜻대로 되지 않는 일이
너를 초조하고 화나게 한다면
말하라, 어떻게 하여 네가 염원하는
혼의 평안에 도달하려고 하는지를.

하느님은 자신에게 걸맞게
이미 오랫동안 지배하셨다.
그렇다면 너도 자신의 모든 것을
바쳐 창조주에게 맡기는 것이 좋으리라.
마침내 너도 깊이 돌이켜보며 말할 것이다,
하느님이 모든 것을 좋게 해주셨다고."

(동포교단 찬송가 제178번)

'참을 줄 아는 자가 용기 있는 자이다'
(Qui peut souffrir, peut oser.)

세상에는 왜 이렇게도 많은 고통이 있는 것일까? 이 지상은 그곳에 사는 대다수 사람에게 기쁘고 즐거운 장소이기보다 오히려 눈물의 골짜기인 것처럼 보이는데, 과연 그런 것일까?

지금도 대부분의 슬퍼하는 사람들, 또는 때때로 단순히 불쾌한 사람들이나 성격이 급한 사람들이 같은 물음을 던지고 있다. 그들에게는 자신의 운명이 수수께끼처럼 이해할 수 없거나 부당한 것으로 생각된다. 만약 자신이 그렇지 않았다면, 그들은 인류의 고통도 어쩌면 무관심하게 보고 지나치지 않았을까?

사실이 그러하며, 아마 앞으로도 그럴 것임은 더 이상 논하지 않더라도 수긍할 수 있는 일이다. 따라서 여기서는 논외에 두기로 한다. 마찬가지로 응보에 대한 문제도 제외하고, 독자 여러분이 이 세상에서의 어떤 죄에도 반드시 정의의 법칙대로 고통이 수반한다는 것에 진심으로 동의해 줄 것으로 기대한다. 이렇게 생각하면, 이 세상의 대부분의 고통과 어쩌면 우리 자신이 받은 고통도 왜 설명이 되지 않는가 하는 문제도 불문에 부치기로 한다. 그럼에도 불구하고 대부분의 경우, 어떤 사람에게 주어지는 고통이 그 사람의 죄에 의한 것이 아니거나, 적어도 죄와 정확하게 비례하지 않는 것처럼 여겨지는 것도 틀림없는 사실이다. 그렇다면 결국 다음과 같이 문제를 한정하여 제시하는 것이 정당할 것이다. "왜 이 세상에는 선한 사람들도 수많은 고통을 겪지 않으면 안 되는 것인가?" 하고.

이 문제에 대해 자세한 고찰이 중요한 것은, 실제 인생 문제가 어떻게 하면 행복을 가장 빨리 찾아낼 수 있을까 하는 것뿐만 아니라, 어떻게 하면 고통을 가장 잘 짊어지고 나아갈 수 있을까 하는 것이기도 하기 때문이다. 그것은 앞에서도 말했듯이 지상의 어떠한 삶에도, 설령 가장 행복한 삶에서도 의심할 여지없이 수많은 고통이 있기 때문이다. 만약 그 많은 고통이 강제적으로, 또는 자발적인 침묵의 덮개로 가려져 있지 않다면(더구나 그 덮개의 표면은 때때로 말할 수 없이 밝고 화려한 색으로 채색되어 있다), 우리는 인생에 얼마나 많은 고통이 있는지 더욱 깊이 확신할 수 있을 테지만 말이다.

어른의 경우에는 이 세상에서의 기분전환, 특히 쾌락의 대부분은 그렇게라도 하지 않으면 도저히 견딜 수 없는 것을 그저 몇 시간 동안 잊는 데 도움이 될 뿐이다. 그렇지 않으면, 그 외의 시간에는 무언가의 불행이 그들의 마음을 절망에 가까운 깊은 슬픔으로 채우는 일도 있기 때문이다. 그것을 위해 연극과 연주회, 그 밖의 오락이 만들어지고 있다. 그러한 것이 만들어지고 유지되는 것은 단순히 향락욕과 예술 취미에서만은 아니다. 또 여러 가지 사교와 클럽 활동, 즉 끊임없이 사람을 만나고 싶어하는 욕구의 진정한 동기도, 사실은 혼자가 되어 생각하지 않아도 되기 때문이다. 술도 그런 이유에서 어쨌든 이길 수 없는 힘을 가지고 있다. 그것은 술이 향락의 수단이며, 많은 사람들에게 향락이 인생의 목적이기 때문만은 아니다. 오히려 술이 시름을 잊게 해주는 현대의 레테의 강(망각의 강)이라는 것이 훨씬 큰 이유이다. 따라서 술이 해롭다는 것을 아무리 과학적으로 증명해 보여줘도 주당들에게는 효과가 없다. 설령 술이 널리 알려진 독이라 해도 그들은 마시지 않고는 견딜 수 없다. 그것은 단순히 술이 맛있는 독이어서가 아니라 모든 것을 잊을 수 있는 도취를 수반하기 때문이다.

그래서 문제는 결국 어떻게 하면 고통을 피할 수 있는가, 또는 어떻게 고통을 없앨 수 있는가 하는 것이 아니다. 그것은 단지 어느 정도까지밖에 할 수 없거나 이상한 수단을 사용하지 않으면 불가능하기 때문이다. 오히려 어떻게 하여 고통을 극복할까, 또 고통은 왜 선한 인간에게 좋은 것인가 하는 것이 문제가 된다. 왜냐하면 악한 인간은 스스로 선해지려고 하지도 않는데도 그들한테서 고통을 제거해 주는 것은 불가능하며, 또 그렇게 해야 할 의무가 누구에게도 없기 때문이다.

1

이미 고대 세계에서도 이 문제에 마음을 기울이고 있었다. 특히 성서의 욥기에서 이에 대해 여러 가지 인간적인 견해가 흥미롭게 교환된 뒤, 최후에 하느님의 심판이 내려짐으로써 이 문제에 대한 종교성 풍부한 해답이 주어졌다. 최후의 결말은 이러하다. 욥은 그때까지 매우 경건하기는 했지만 독선적이어서, 충분한 행복을 누리면서도 그 불안정과 남용의 가능(적어도 어린이들에 의한)을 두려워하며 항상 괴로워하고 있었다. 그 욥이 이제 행복을 초월한 인간이 된 것이다. 또 하느님은 그때부터는 넘칠 것 같은 축복을 그가 감당할 수 없을 거라는 걱정을 하지 않고 내려줄 수 있었다. 이리하여 하느님은 욥으로 인해 이 세상의 영에 대해 영원하고 결정적인 승리를 거두셨다. 그리고 그 승리는 슬픔에 잠긴 무수한 마음들을 다시 일으켜 세우고 격려해 온 것이다.

선한 사람의 고통을 인정하기 위해 할 수 있는 가장 간단하고 올바른 말은, 선한 사람은 고통으로 더욱 뛰어난 자가 된다는 것이다. 이들은 고통을 통해 행복한 사람들을 끊임없이 저속하게 만들기 쉬운 사물에 대한 집착에서 한층 자유로워지고, 또 좋지 않거나 아무래도 상관없는 다양한 교제와 일에서 벗어나 진정으로 확실한 보물을 더욱 소중히 하게 된다. 마찬가지로 고통을 받고 있는 타인에 대한 동정심을 키우며, 자신의 재물과 생명을 잃는 것도 두려워하지 않게 된다. 따라서 그들만이 이 세상에 이상주의의 깃발을 높이 치켜들고, 자신이 믿는 하느님을 위해 '모든 백성의 위에 깃발을 세우는'[1] 데 어울리는 자가 된다.

한 번도 고통을 느낀 적이 없어 고통을 이해하지 못하는 사람은 결코 그런 일을 할 수 없다. 그런 사람들은 평범하고 보잘것없는 모습에서 벗어나지 못하고, 하느님을 완전하게 알 수도 없으며, 이 세상에서의 선에 대한 가장 큰 장애물인, 고통에 대한 공포에서 벗어날 수도 없다.

그래서 표제인 '참을 줄 아는 자가 용기 있는 자이다'라는 프랑스 격언은 진실이 된다. 그 밖의 사람들은 용감하게 일하는 데는 적합하지 않다. 복음서가 '이 세상의 왕'이라고 부르는 영으로부터 자신의 혼에 대한 지배력만이라도 빼앗는 것은 용감한 행위이다. 이 용감한 행위를 모르는 자는 이 세상에서 가장 큰 행복도 모른다. 즉, 사람을 용감한 이가 되게 하는 영도, 위대한 사업 때문에 고통스러워하는 영광도 모르는 것이다.

그러한 사람은 하느님의 의지도 모른다. 하느님은 우리를 단순히 향락적인

---

[1] 시편 20장 6절, 이사야서 5장 26절.

인간으로 만들어 그저 '삶을 맘껏 향락하게' 하시려는 것이 아니다. 또 눈물이 많은 감상적인 인간이 모든 것을 힘겹고 고통스럽게 느끼며 늘 고개를 늘어뜨리고, 최선을 다해 악을 개선하기 위해 힘차게 손을 내밀려고 노력하지는 않고, 하릴없이 악의 존재만 탄식하게 하시려는 것도 아니다. 악을 개선하는 일에 참여하기 위해서는 가능한 한 엄격한 시련을 받지 않으면 안 된다. 왜냐하면 우리는 자신의 강한 면(이것만이 영원한 세계에 도움이 된다)을 이 세상의 삶에서 끝내지 않으면 안 되기 때문이다. 그것은 내세에서는 대부분의 사람들이 믿는 것보다 훨씬 과감한 일이 실행되고, 그것에 비해 쓸데없이 종교적인 담화에 빠지거나 하프 소리를 들으며 시간을 보내는 일은 아마 없을 것이기 때문이다.

고대 독일의 발할라(북구의 신화에서 전사한 영웅의 영이 사는 천국)는, 비록 사고방식은 무척 조악해도, 천국에 대한 단 하나의 올바른 상상이다. 아마 그곳에는 영웅만이 살고 있을 것이다. 그렇지 않은 자는 들어갈 수 없고, 들어가더라도 즐거움을 느끼지 못한다. 그리스도교의 가장 깊은 의미는 인간의 본성에 깃드는 강한 것(이것이 있기 때문에 인간은 고귀하다)을 강화하고 완성하는 것, 그리고 단순히 귀족계급뿐만 아니라 인간사회의 모든 계급에게 있어서 그것을 이룩하는 데 있다. 그리고 그리스도교는 이 목적을 달성할 수 있었다. 즉, 현대에서는 아득한 옛날의 영웅시대보다 더 많은 영웅적 정신을 보잘것없는 삶 속에서 볼 수 있는 것이다.

페스탈로치는 이에 대해 다음과 같이 말했다.

"부유한 자도 가난한 자도 행복하기 위해서는 마음이 정상적이어야 한다. 대부분의 사람들은 안식의 기쁨이 아니라 어려움과 근심에 의해 이 목표에 도달한다. 그러나 인간은 그 마음이 모든 것을 극복할 수 있도록 단련되어, 견고하고 강하고 인내력도 있고 총명해져야 비로소 행복과 안식과 기쁨을 얻을 수 있기 때문에, 이 세상에 많은 어려움과 고생이 있는 것은 틀림없이 필요한 일이다. 그렇지 않으면 사람의 마음이 정상적으로 평안을 유지하는 것은 지극히 어려운 일이기 때문이다. 그리고 그런 심경에 있지 않으면, 사람이 일을 가지고 있든 없든, 넘칠 정도로 재물을 가지고 있든 없든 같은 일이다."[2]

─────────

*2 이사야 45장 3·7절 참조.

따라서 욥의 사건과 마찬가지로 누가복음 제4장의 그리스도에 대한 악마의 시험 사건은 오늘날에도 경험할 수 있는 일이다. 그리고 세상에서 영속적인 영향력을 가지는 사람은 누구나 그 힘을 얻기 전에 이와 비슷한 것을 내면적으로 경험한다. 이 세상의 영은 그를 시험하고, 무기인 재물로 유혹하여 자기편에 붙는 자에게는 그것을 나눠준다. 그러나 자신의 왕국을 분열시키려 하는 자에게는 위험으로 위협하는 것도 마음대로 할 수 있다.

하느님은 변함없이 하느님의 종에 대해 내기를 하신다. 때로는 적이 그 힘을 넓은 범위에 걸쳐 휘두르며 종의 생명까지 지배하는 것도 허용하신다. 하느님이 굳이 그렇게 하시는 것은 선량하고 용감한 사람이 하느님의 도움으로 어려움을 얼마나 이겨낼 수 있는지 실례를 통해 세상에 보여주지 않으면 안 되는 경우, 또는 선한 사람들이 시대정신을 좇을 우려가 보이는 경우, 또 그런 사람들이 자신의 사명과 천직에서 벗어나 적의 세력 범위 안에 떨어질 경우 등이다.

고난이라는 면에서는 풍부한 경험을 가지고 있었던 사도 바울은 선한 사람들의 고통에 대해 적절한 이유를 두 가지 더 들고 있다. 하느님이 선인에게 환난과 위안을 보내고 고통의 경험과 도움을 보내시는 것은, '우리 자신도 하느님에게서 받은 그 위안으로 환난 속에 있는 사람들을 위로할 수 있게 하기' 위해서이다. '위로의 아들'*3이 되는 것, 이 명예로운 칭호를 받는 것은 오늘날에도 여전히 고통을 겪으며 하느님의 힘과 도움을 경험해야만 가능하다. 고통을 받고 있는 사람들은 대개 그들을 위로하고 안심시키려는 사람이 그것을 경험하고 그 경험을 통해 그들의 고통을 진정으로 이해해 줄 수 있는지, 또 그들이 하기를 원하는 것을 그 사람 자신도 실천할 수 있는지 간파할 줄 아는 지극히 섬세한 감각을 가지고 있다. 만약 상대가 그렇지 않으면, 아무리 믿음이 깊은 말도 그들의 슬퍼하는 혼에는 전혀 와 닿지 않을 것이다.

다윗의 시편이 오늘날 우리의 마음에 공감을 불러일으키는 이유는 그것이 실제로 체험된 것이기 때문이다. 파울 게르하르트와 루터의 노래, 구스타프 아돌프의 전쟁의 노래도 마찬가지다. 이에 반해 다른 많은 종교시와 수없이 많은 '아름다운' 설교와 신앙서는 곧 사라져서, 아마 그 학식이 풍부한 저자들을 매

---

*3 사도행전 4장 36절.

우 의심스러워하게 만들 것이다. 실생활은 사람을 가르치는 힘, 나아가서 하느님의 소명과 그 신분 증명을 얻기 위한 학교이다. 그것을 거치지 않고 그저 자기의 힘으로 해보려 해도 남들은 결코 신뢰하지 않는다.[*4]

　바울은 선한 사람이 괴로워하는 이유로 또 한 가지를 들고 있다. 그가 그것을 배운 것은 '견딜 수 없을 정도로 극도의 압박을 받으며 살아갈 희망을 잃고 마음속으로 죽음을 각오했을' 때였다. 그것은 '자기를 의지하지 말고 오직 죽은 자를 다시 살리시는 하느님만 의지하게 하심이다. 그가 이같이 큰 사망에서 우리를 건지셨고 또 건지실 것이며 이 후에도 건지시기를 그에게 바라고 있다[*5] 인간은 태어나면서부터 겁쟁이이다. 건강과 체력에서 나오는 동물적인 기운만으로는 매우 큰 위험이나 오랜 기간에 걸친 위험은 도저히 견딜 수 없다. 자기 직업의 위험을 이해하고 있는 노병 가운데 자신의 힘만 신뢰하고 있는 사람은 아무도 없을 것이다. 만약 하느님을 의지하지 않으면, 어떤 숙명관이나 자기 군의 대장의 확실한 행운, 또는 때때로 재난을 물리쳐주는 미신적인 부적에 의지한다. 겉모습도 결코 힘이 세 보이지 않고, 분명히 선병의 경향이 있는 약한 체질이었던 바울은 오로지 하느님의 도움을 끝없이 경험함으로써 영웅이 되었다. 그러고 보면, 그가 만났던 생명이 위태로울 정도의 위험은 대부분 그의 편지 가운데 적힌 우연한 말을 통해 알려졌을 뿐, 그 상세한 사정을 알 길이 없는 것도 이상한 일은 아니다.[*6]

　고통은 인간을 강하게 하거나 망쳐버린다. 어느 쪽이 될지는 그 사람이 자기 속에 가지고 있는 소질에 달려 있다. 행복할 때는 고통을 얼마나 견딜 수 있을지 전혀 자신이 없다. 고통을 겪고 나서야 비로소 자신을 아는 것이다. 그러므로 한 나라의 국민 가운데 교양인들의 의무는 인류를 위협하는 모든 고뇌에서, 그들이 현재 그렇게 하고 있는 것처럼 가능한 한 멀리 물러나서 특권계급을 형성하는 것이 아니다. 오히려 사람들과 함께 그 고뇌를 충분히 이해하고, 자신들의 교양의 힘으로 그 고뇌를 극복하여 다른 사람들에게도 그 길을 보여주어야 한다. 그들이 그런 자세를 가지지 않는다면, 아무리 교양이 높

[*4] 여호수아 1장 7·9·17절.
[*5] 고린도후서 1장 8~10절, 독일어역에서.
[*6] 고린도후서 11장 23~26절.

아도 세상에 쓸모있는 사람이 되지 못하며, 자기 보존 이외에 어떤 삶의 목적도 없는, 말하자면 귀족계급과 마찬가지로 언젠가는 없어질 운명에 있다고 할 수 있다.

2

고통으로 인해 얻을 수 있는 실제적 경험은 특히 다음과 같은 것이다. 누구든지 한번 그것을 얻으면 언제까지나 마음에 새겨두지 않으면 안 된다.

고통을 도저히 견딜 수 없을 것 같은 지극히 괴로운 기간은 대개 그리 길지 않다. 경험에서 말하면 사흘째에는 고통은 끝나거나 적어도 줄어들기 시작한다.

그러므로 그 생각을 처음부터 기대해도 좋을 뿐만 아니라, 실제로 고통은 결코 영원히 계속되는 것이 아닌데도 마치 그런 것처럼 느끼게 하는 자신의 공상을 가능한 한 없애지 않으면 안 된다. 하느님은 또 현실적으로 존재하는 고통만 도와주시지, 공상이 뻗어가는 대로 깊어지는 고통에서 구원해 주시지는 않기 때문이다.

괴로울 때는 자신과 얘기하거나 강박관념에 몸을 맡기지 말고, 하느님과 얘기를 나누어야 한다. 그것은 자신의 마음에도, 또 고통 자체에도 전혀 다른 작용을 미친다.

결코 인간을 두려워해서는 안 된다. 또 증오와 분노를 발산해서도 안 된다. 그것은 고통을 더욱 늘릴 뿐, 아무런 유익이 없기 때문이다.

더욱이 다음과 같은 경험도 일반적으로 흔한 일이다. 고통은 일단 정점을 넘어선 뒤에는 한꺼번에 사라지지 않고 서서히 물러간다. 그 뒤에 다시 한번 돌아와 잠시 동안 괴롭힐 때도 있는데, 그것은 사악함의 뿌리를 완전히 뽑아버리기 위한 것이다. 고통의 정점에서는 하느님의 의지에 귀의하게 된다. 이 경우, 특별히 힘을 얻은 마음은 오랫동안 영혼의 성실하고 은혜로운 길동무로서 익숙해진 십자가에서 떠나는 데 어떤 슬픔을 느끼는 일도 있다. 이와 같은 감사하는 마음이 있는 경우, 고통은 그 의무를 충분히 한 것이며, 확실히 그 끝에 가까이 나아와 있는 것이다.*7

---

*7 누가복음 18장 8·42절.

하느님과 함께 있으며 고통 속에 사는 것이 하느님 없이 살고, 하물며 하느님 없이 고통 속에 사는 것보다 항상 나은 운명이라는 것을 끊임없이 확실하게 인식하지 않으면 안 된다.

만약 고통이 자신의 죄에서 나온 것이라면, 모든 것을 제쳐두고 먼저 그 원인이 된 죄를 멀리 할 필요가 있다. 그렇게 하지 않으면 구원과 위안을 찾아낼 수 없기 때문이다.

이에 반해 그 고통을 하느님이 내리신 것인 경우, 그것은 틀림없이 다음과 같은 좋은 특성을 가지고 있다. 먼저 그 고통은 이쪽의 능력으로 충분히 감당할 수 있는 것이다. 또한 그 고통이 유익한 것이라는 확신에 근거한, 어떤 즐거운 기분까지 동반하는 경우가 있다.*8 다음에 그러한 고통은 결심(즉 실천과 귀의의 결의)으로 극복될 수 있으며, 올바른 결심이 이루어지면 고통은 물러가기 시작한다. 마지막으로 고통은 정신에 대해 전에는 갇혀 있었던 통찰을 새롭게 열어주고, 또 전에는 가지지 못했던 새로운 힘을 준다. 그것과 아울러 바르게 극복된 고통은 그 방향에서 장래에 주어져야 하는 행복의 가장 확실한 보장이며, 진정한 확약이 된다. 그러나 어떠한 고통도, 이를테면 자신의 죄에 의한 것이라도, 그 고통을 하느님의 손에서 나온 정당한 대가라고 인정함으로써, 위에서 말한 것과 같은 좋은 특성을 남김없이 갖추고 있는 '하느님이 내려주신' 고통으로 바꿀 수 있다.

인간에게 있어 큰 진보는 언제나 고통에 의해 그 길이 열린다. 그것과 마찬가지로 보통 다가올 고통에 앞서서 특별히 고양된 기분이 찾아와 정신을 강화해 준다. 그래서 이러한 경험을 거듭함으로써 마침내 가장 행복한 순간에는,

---

*8 베드로전서 3장 14절. 이런 의미에서 베르니에 루비니는 고통 속에서의 '즐거움'에 대해 말했다. 이 표현은 너무나 강렬하고, 그리스도의 수난 사건과도 모순된다. 그러나 고통 속에도 기쁨은 있을 수 있다. 시편 88장도 그 끝(19절)에서 이리저리 방황한 끝에 하느님이 그 고통을 만드신 것에서 기쁨을 찾아내고 있다. 셰익스피어도 세속적인 입장에서 이에 대해 다음과 같이 말했다.
"나쁜 일 속에도 약간의 선한 영혼이 들어 있다.
사람이 주의 깊게 그것을 찾아낸다면."
그러므로, 어떤 광신자들처럼 '고통을 동경할 필요'는 없다. 하느님이 보내시는 고통을 용감하게 견디면 그것으로 충분하다. 그러나 고통을 인생의 지극히 본질적이고 필수적인 부분으로 생각하고 이 확신과 함께 그것을 받아들이기 전까지는, 인간의 성격은 아직 충분히 성숙하지 않았음이 확실하다.

조용하고 엄숙한 마음으로 시련이 바로 눈앞에 다가와 있음을 생각하면서 지극히 겸손하고 신중하게 행동하고, 반대로 고통 속에 있을 때는 머지않아 인생의 새로운 통찰과 단계가 주어진다는 걸 확신하며 진심으로 기쁨을 느끼는 경지에 도달한다. 이렇듯 고통은 인간에게 절도를 가르쳐준다.

일반적으로 "고통(Leiden)"이란 말은 원래(지금은 완전히 사라지고 말았지만) '시험하는 것', 즉 적재력(積載力) 시험을 의미한다. 이것에 의해 시험 받는 자의 진정한 내적 가치가 드러나고, 단계를 더 나아가도 되는지 어떤지 그 힘이 밝혀진다. 따라서 시련이 찾아와도 '이제 좋은 시절은 지나가고 괴로운 시절이 도래한 것'이 아니며, 또 '조용히, 바꿀 수 없는 숙명을 용감하게 견뎌라' 라는 것도 아니다. 오히려 '굳게 버티고 서라, 그렇게 하면 큰 보물이 주어지지만, 그렇지 않으면 주어지지 않는' 것을 의미한다. 그래서 진정으로 뛰어난 사람의 생애는 시련의 연속이며, 그 마지막 시련은 부활에 대한 믿음을 가지고 죽음을 이기는 것이다. 생각을 하는 사람에게는 이러한 계통적인 인간 교육 이상으로 하느님의 존재를 증명해주는 것은 없다. 그런데 안타깝게도 사람이 이 교육을 깨닫는 것은 아주 늦을 뿐만 아니라 그것에 몸을 맡기려 하지 않고 오히려 반발한다.

3

지금까지 말한 것이 '선한 사람'이 받는 고통에 대한 주된 설명이다. 그리고 진정으로 선한 사람에게는, 다시 말해 이 세상에서의 자신의 안락한 생활이 모든 것의 주안점이라고 생각하지 않는 사람에게는 이 설명으로 충분할 것이다. 믿음은 깊으나 부와 가족의 애정에 젖어 있는 많은 사람들은 이런 말을 진정으로 이해하지 못하고, 더욱이 일종의 이기주의라고 약간 에두른 암시라도 받으면 몹시 화를 내기도 한다. 유감이지만 이것은 사실이다. 게다가 그들에게는 세상에 의의를 가진 것은 아무것도 없기 때문에 때때로 불행하고, 또 하느님이 그들에게 고통을 줌으로써 내리려 했던 최대, 최고의 일과 의의도 제멋대로 거부하고 있다는 것을 깨닫지 못한다.

더 이상 고뇌에 대해 말하는 것은 그리 중요하지 않고 또 모든 경우에 적용되는 것도 아니다. 어쨌든 다음과 같은 말을 할 수는 있을 것이다. 타인에 대해 충분히 동정을 느낄 수 있는 마음과 이 세상의 행복이 단지 혜택 받은 소수를 위한 것만은 아니라는 것을 통찰할 줄 아는 건전한 양식을 가진 사람들에게는, 타인의 고통(이것은 멀리서 찾을 것도 없다)에서 받는 강한 인상 하나만으로도 자신의 처지가 훨씬 더 견디기 쉽다고 납득하기에 충분한 경우가 많다.

고통스러울 때 가장 힘든 것은 하느님과 운명에 대해서이든, 또는 고통의 간접적인 원인인 인간에 대해서이든, 마음속으로 끊임없이 분노를 느끼는 일이다. 그것 때문에 흔히 사소한 고통도 견딜 수 없을 만큼 확대되는 일이 있다. 이에 반해 큰 고통도 완전한 불행으로 우연히 찾아온 것이 아니라, 어떤 목적에 의해 자비로운 손이 내린 것이라고 생각하면 훨씬 견디기 쉬워진다. 그것에 대해 깊이 생각하고, 목적을 물으며 이해하려고 시도하는 것 자체가 이미 고통을 가볍게 하는 효과를 가진다. 마찬가지로 만년이 되어서는 지금까지 이겨온 온갖 고통을 떠올리는 것이 현재의 고통을 줄여주는 작용을 한다. 과거의 고통들이 어떤 좋은 목적을 가지는 것이었고, 결국은 이겨낼 수 있었을 뿐만 아니라 그것이 인생의 큰 전환기가 되었음을 깨닫기 때문이다.

때로는 어느 쪽을 보아도 올바른 행동을 할 수 없게 되어 오직 고통스러워하는 것만이, 아니 때로는 죽는 것만이 할 수 있는 유일한 행위가 되는 상황도 물론 없는 것은 아니다. 그러나 그런 경우에도 내세를 믿는 자에게는 죽음은 그리 큰 재앙이 아니며, 오히려 더 이상 고통이 없고 훨씬 나은 존재로 향하는 입구에 지나지 않는다.[9]

고통은 사람의 마음에 분노를 불러일으키거나 무감각하게 하지 않는 한, 인간을 깊어지게 하여 투철한 인품을 만든다. 이는 다음과 같은 인간 심리를 잘 관찰한 사람이라면 누구나 알 수 있는 일이다. 즉, 인간의 정신은 평상시에는 보통 천박한 생각과 호기심의 두꺼운 베일에 싸여 있지만, 고통스러울 때는 그 베일이 모두 제거되고, 그 대신 순수하게 정신적인 것을 쉽게 이해할 수 있고, 모든 인간관계를 올바르게 평가하며, 또한 감정이 진실해진다. 이것들은 전에는 아무리 노력해도 얻을 수 없었던 것이다. 이 점에 있어서 고통은 다른 좋은 행위보다 낫다고까지 말할 수 있다. 겨우 며칠 동안의 고통스러운 날과 잠 못 드는 밤에, 타고난 소질에서 보면 도저히 넘을 수 없는 내적 진보의 한계를

---

*9 요한계시록 21장 4·7·8절.

극복하고*10 결코 사라지지 않을 것 같았던 온갖 굳어진 성질들이 작열하는 고뇌 속에 녹아 사라진다.*11

"탄식은 하늘의 노래가 되지 않으리라, 너의 생명이 끝나기 전에.

성취한 모든 것은 아름답고, 선으로 끝나는 모든 것은 좋은 것."

그러나 고통스러울 때는 가능한 구원을 청하지 않으면 안 된다. 인내와 귀의는 아주 바람직하다. 하지만 "주여, 구원해주소서"라는 말(오만한 인간의 마음에는 약간 어울리지 않지만) 또한 좋다. 의사나 종교적인, 또는 세속적인 적절한 조언자도 괜찮다. 바꿀 수 있는 것은 바꿔라. 바꿀 수 없는 것은 참고 견뎌야 한다. 그 이상의 것은 우리의 이해가 미치지 않는 영역이며, 또 하느님이 원하시는 것도 아니다. 고통은 감수하지 않으면 안 된다. 그렇지 않으면 아무런 도움도 되지 않기 때문이다.

그러나 또 고통은 극복되고 활용되지 않으면 안 된다. 적어도 내면적으로는 완전히 처리되어야 한다. 그것이 고통의 목적이기 때문이다. 그리스도교에 비해 스토아주의의 큰 결함은 고통이 재앙이 아니라는 진실에 어긋나는 주장을 극단적으로까지 내세우거나, 아니면 '마지막 수단'으로서 '출구가 열려 있다'(자살은 허락되어 있다는 의미)는 것밖에 모르는 점이다. 더욱이 이것은 이 주의의 뛰어난 대표자들에 의해 이미 수없이 실천되었다.

그러므로 오직 고통만이 진정한 의미에서 사람을 겸손하게 만든다.*12 성녀 힐데가르트*13는 '하느님의 은총을 받은 사람들'에 대해 말하고 있다. 때때로 이들은 하느님으로부터 버림받아 그들에게 전혀 구원이 없는 것처럼 보이는 일이 있다. 그러나 "내(하느님)가 그렇게 하는 것은 그들의 외적 인간이 자만심 때문에 성장하지 않기 때문이다. 그러나 나는 강한 손으로 그들을 지탱해주며, 참으로 괴로워할 때 그들의 내면에 많은 결실을 맺게 해준다. 나는 가끔 그들이 악마적인 망상과 유혹에 사로잡히는 것을 허락하는데, 그것은 그들이 뛰어난 선교자가 되게 하기 위해서이다."

아무리 최고의 소질을 가진 사람도 고통이 없는 인생은 알맹이가 빠진 보잘

---

*10 고통만이 복음이 좋은 씨앗을 뿌릴 수 있는 밭을 만든다. 고린도전서 11장 30~32절.

*11 말라기 3장 1~3절.

*12 이사야 38장 15절.

*13 1098~1178년, 루페르츠 베르크 수도원의 창립자.

것없는 것이 된다는 것, 따라서 하느님이 사랑하는 자에게 적지 않은 고통을 '맡기시는'(고통은 그야말로 맡겨진다고 표현해야 하는 것이다) 것은 그들에 대한 순수한 은총이라는 것, 이것을 진정으로 깊이 깨닫는다면, 그는 인생에서 놀라온 진보를 이룩할 것이다.

그러나 이 세상에서 하느님의 행위가 손상되어서는 안 된다는 이유로, 왜 '하느님의 종'인 사람들이 남몰래 많은 고통을 받는 것만으로는 부족하단 말인가? 이것에 대해 가장 좋은 대답은 이사야서 48장 10, 11절이다. 고통은 그 사람들에게는 선택받았다는 증거이며, 그들의 사명에 대한 신분증일 뿐만 아니라, 또 지상에서 하느님의 행위가 너무나 불완전한 대리인(이것이야말로 주지하듯이 하느님의 행위를 가장 크게 손상시키는 것이다)에게 맡겨지는 일이 없도록 하기 위한 조치이기도 하다. 그래서 하느님의 행위에 실제로 약간이나마 도움이 될 만한 사람은 모두 용감하게 그 일에 임하는 자가 아니면 안 된다. 또 때로는 세상 전체가 한 목소리로, "우리의 신을 숭배하지 않을 뿐만 아니라 신을 공공연히 공격하는 당치 않은 짓을 하지 말라"고 하며 그 사람을 위협하는 것처럼 보이는 경우에도 '철의 이마'를 가지지 않으면 안 된다. 그렇게 되기 위해서는 오직 고통을 통해서만 교육을 받아야 한다. 그래서 한 나라에 대한 하느님의 심판도 언제나 악인이 아니라 먼저 선인에게서 시작된다.*14

마지막으로, 슬픔과 시련 속에 있을 때 위에서 주어지는 위안은 여러 가지 유익한 인생경험 가운데 가장 훌륭하고 좋은 것 가운데 하나이다. 그런 경험을 한 적이 없는 사람은 인간의 영혼이 얼마나 높아지고, 또 얼마나 넓어질 수 있는지 알지 못한다. 그러므로 이미 말한 것처럼, 이런 사람들은 결코 타인을 힘차게 격려하여 평범한 인생을 넘어서도록 향상시킬 수가 없다.

경험에 비추어, 사람은 대체로 행복할 때보다 괴로울 때 하느님 가까이에 있는 법이다. 하느님 가까이에 있는 것은 사람의 마음을 그 속에 완전히 잠기게 할 수 있는 풍요로운 행복을 낳아, 어떤 고통도 적어도 일시적으로는 견딜 수 있게 해준다. 이러한 경험은 우리가 체험할 수 있는 최선, 최고의 것에 속하며, 그 밖의 행복감은 이것에 비할 바가 못 된다. 그런데 '이 세상의 슬픔'은 죽음

---

*14 베드로전서 4장 17절.

외에 어떤 것도 낳지 않는다.

인류가 출현한 이래, 그 중심 문제가 되어온 이 고통으로부터의 구원이라는 문제를 해결하여 고통 속에 있는 모든 사람들에게 도움이 되고자 한다면, 이렇게 말하지 않을 수 없다. "무엇보다 슬픔을 추방하라, 슬픔은 먼저 마음과 신경을, 다음에는 정신을 해치고, 다른 어떤 재앙보다 확실하게 죽음을 초래하기 때문이다." 그러나 슬픔은 물질적 수단으로는 추방할 수 없다. 이 방법으로는 한 개인의 고통도 모두 제거하는 것이 불가능하다. 고통은 인간 존재에게 있어 필연적인 부분이며, 모든 인생은 고통으로 시작되어 고통으로 끝난다. 대부분의 사람들의 삶은 거의 끊임없는 고통으로 가득 차 있다. 이 사실을 바꾸려 하거나 자기 혼자 이 법칙에서 예외가 되려 하는 것은 헛일이다. 뭐니 뭐니 해도 결국 문제는 오직 행복이라는 것에 귀착하지만, 행복은 고통의 한복판에서도 느낄 수 있다. 그리고 그것은 오로지 하느님과 함께 있음으로써 존재한다. 격노한 군주의 명령으로 몇 년 동안 삼엄한 요새에 갇혀 있어야 했던 뷔르템베르크 주의 법률고문 모젤은 그것에 대해 이렇게 말했다. "독방문이 내 등 뒤에서 닫혔을 때, 참으로 생생하게 느껴지는 그 무언가가 동시에 숨어들어 왔다. 그것은 한 번도 내 곁을 떠나지 않은 채 모든 일을 쉽게 견딜 수 있도록 도와주었다. 그것은 바로 '하느님의 평안'이었다."

이미 무수한 사람들이 극도로 불행한 외적 환경 속에서 이와 비슷한 일을 경험했고, 오늘날에도 많은 사람들이 나날이 그것을 체험하고 있다. 인간생활의 비참함에 있어서 일반적으로 가능하고 또 확실한 구원은 하느님이 주시는 평안 외에는 존재하지 않는다. 또 가장 넓은 범위에 걸친 사회개혁이 성공한 경우에도, 그 개혁은 다만 인류의 비교적 작은 부분에 대한, 그것도 그 고통 전체의 극히 작은 부분에 대한 완화책에 지나지 않는다. 그것으로 완전히 만족하고 싶은 자, 즉 주로 공상으로 만족하고 싶은 자(왜냐하면 현실에는 극히 적은 만족밖에 경험할 수 없을 테니까)는 그렇게 하라. 그러나 우리는 모든 사람을 위해 훨씬 빠른 구원을 원하고 있다. 그리고 그 구원은 고통과 함께, 또 고통 속에서 행복감이 높아지며, 쉬지 않고 지속되는 것으로 바로 위에서 말한 길에서만 빌견될 수 있다. 이것은 어떤 사람의 힘으로도 이룩할 수 없는 일이다. 따라서 '죽음을 낳는' 위안 없는 슬픔은 고통일 뿐만 아니라 항상 죄악이기도 하다.

그래서 고통의 문제를 푸는 비결을 다시 한번 간단하게 말하면, 하느님과 함께 있으면서 고통을 받는 것, 이것밖에 없다. 즉, 우리 내부의 비천하고 왜소한 것을 모조리 '삼켜버리는 불'로 없애버리시는 하느님 곁에 있는 것을 견딜 수 있도록 하기 위해 우리는 고통을 받는 것이다. 그러나 또 하느님과 함께 있으면, 다른 사람은 견디지 못할 것 같은 고통도, 그리고 자신의 비겁한 공상이 끊임없이 자신을 두려움에 떨게 하는 고통도 견뎌낼 수 있다.*15 그래서 이 길을 진지하게 가고 싶은 사람에게 끊임없이 이정표가 되는 말은, "두려워하지 말고 오직 믿으라"*16이다. 그렇지 않은 사람들에게 나타나는 현대인 전체의 특징인 고난 공포증은 하느님에 대한 불신에 따른 논리적 결과로 지극히 당연한 일이다.

그러므로 이 점에 대해서 우리는 결코 그들과 일치할 수 없을 것이다. 왜냐하면 우리는 때때로 자신의 생활 속에서 도움을 경험해 왔지만, 그들은 그런 도움을 알지 못하고, 따라서 그것을 믿을 수 없기 때문이다. 그런 의미에서도 항상 "십자가의 도가 멸망하는 자들에게는 미련한 것이요, 구원을 받는 우리에게는 하느님의 능력이다."*17

---

*15 시편 34장 19~22절.
*16 마가복음 5장 36절.
*17 고린도전서 1장 18절, 예레미야 1장 19절, 3장 25절, 6장 29절, 괴테는 이것에 대한 예감을 《파우스트》 제2부(11954~65행, 승천의 장, 천사의 노래)에서 다음과 같은 노래로 얘기했다.

"지상의 찌꺼기를 나르는 것은
언제나 고통스러운 일입니다.
아무리 그것이 석면으로 되어 있어도
결코 깨끗하다고는 할 수 없으니까요.
강한 정신의 힘이
모든 원소들을
내 몸에 끌어 모았을 때,
영혼과 육체가 밀접하게 합일을 이룬
이 이중의 존재는
어떤 천사도 분리할 수 없습니다.
오직 영원한 사랑만이
그것을 갈라놓을 수 있지요.

그것을 하는 것은 영원한 사랑이기는 하지만, 바로 이 세상에서, 게다가 고통을 통해서가 그러나 '고통의 이익'에 대한 아무리 훌륭한 생각도 실제로 고통을 절실히 느끼고 있는 순간에는 전혀 도움이 되지 않는다는 것도 우리는 경험을 통해 잘 알고 있다. 그 대신 고통의 전후, 즉 고통에 대한 준비 자세와 그 뒤의 회복을 위해서는 이 생각은 그만큼 더 도움이 된다. 고통의 한복판에서는 정의와 은총의 하느님에 대한 신앙을 무슨 일이 있어도 절대로 버리지 않는다는 결심을 영혼의 마지막 힘을 기울여 견지하는 것만이 도움이 될 때가 많다.

그러한 결심을 하고도 때로는 절체절명의 위기에 빠질 때가 있다. 이 세상의 영은 무너진 영혼에게 권고한다. "자, 네 생애의 가장 큰 방황(신앙)과도 작별을 고하고 죽는 것이 좋다"고. 만약 이런 말이 다른 역할을 할 가까운 사람들의 입에서도 새어나온다면, 그것은 한층 더 냉혹하게 들릴 것이다. 그러나 그것에 대한 대답은 욥 또는 그리스도의 말이 아니면 안 된다.*18 그러면 위험한 순간은 지나가고 승리는 쟁취되어 있을 것이다. 어쩌면 그것은 생명 자체를 대가로 한 것일지도 모른다. 그것은 결코 있을 수 없는 일은 아니다. 그러나 그 경우에도 그냥 '생명이 끝난' 것이 아니라 '성취한' 것이다.

따라서 고통 속에 있을 때도, 적어도 마음 깊은 곳에서는 항상 가능한 한 자신감을 가지고, 또 어떤 경우에도 용기를 내야 한다. 그렇게 하면, 경험에 비추어보아도 언젠가 하느님이 구원해주실 날이 찾아온다. 만일 하느님의 손길이 전혀 나타나지 않고, 우리를 압박하고 불안하게 하는 악조건이 제거되지 않는다 해도(특히 괴로울 때는 거의 이상할 정도의 설득력으로 그렇게 생각하지 않을 수 없게 마련이지만), 그래도 우리는 '기분전환'의 향락과 염세관, 분노와 무기력에 빠지기보다 자신의 용기와 선량함으로 싸우는 편이 훨씬 훌륭하게 극복해 갈 수 있을 것이다. 왜냐하면 우리는 결국 끊임없이(그리고 아마 영원히) 오직 자신으로 살지 않으면 안 되며, 타인이 아니라 바로 우리 자신이 어떤 인간인가 하는 그 모습이 결국 우리의 행복을 결정하기 때문이다.

아니면 불가능한 일이다. 따라서 고통 속에 있는 자 가운데 한 사람인 것은 위안이며, 또 그것이 진보될 수 있는 유일한 방법이다. 아모스 3장 2절, 4장 12절, 예레미야 1장 10절, 요엘 4장 21절, 이사야 28장 24~29절, 38장 15절, 사무엘하 24장 13~17절, 잠언 16장 4·7절 참조.

*18 욥기 2장 9·10절, 마태복음 4장 10절, 16장 23절.

* * *

"자, 네가 오래 사로잡혀 있던
슬픔과 고뇌에서 벗어나, 크게 숨을 내쉬어라.
네 위를 덮고 있던
어두운 시련의 시간은 지나갔다.
이윽고 어둠의 밤은 지나간다,
그 불안한 세월과 함께.
너는 그 고통을 통해
네 하느님의 진실을 알았다.

일찍이 네가 맹세한 것을 잊지 말고,
지금 행복에 안겨 용감하게 실천하라.
너와 함께 많은 것을 견디며
진가를 발휘한 사람들을 잊지 마라.
너의 적이 되어 맴돌면서
너를 괴롭힌 사람들을 잊어버려라.
그들이 그것을 선택한 것이 아니며,
더욱이 하느님을 위해 일한 자들이다.

인생의 최고 보물은 행복이 아니다,
맑고 조촐한 행복을 입는 일이다.
행복은 이내 지나가고
우리와 함께 묻혀 사라진다.
맑고 조촐한 행복은 영원한 피안에서
울려오는 하나의 아름다운 음악.
영원한 나라에 살기 위해
우리는 이승에서 준비하자."

〈부록〉 병자의 구원

1

질병은 유일한 고통은 아니다. 또 가장 괴로운 고통도 아니다. 그 대신 특히 자주 찾아오는 것으로, 때때로 가장 오래 지속되는 고통이기도 하다. 어쨌든 누구나 가능한 한 빨리 이 고통에서 구원받고 싶어한다.

그러나 인간에 의한 구원은 질병과는 거리가 먼, 비교적 가벼운 경우에만 가능하며, 그것도 극히 가까이 있는 병의 원인을 그저 물질적으로 제거할 수 있을 뿐이다. 중병에 걸린 경우, 우리 생명력의 완전한 조화를 수수께끼처럼 공격하는 것(이것이야말로 질병이라고 부를 수 있는 것이다)을 이기기 위해서는 모든 정신적인 힘이 함께 협력하는 것이 반드시 필요하다.

따라서 병자가 그렇게 할 수 없을 때 의사가 해야 할 첫 번째 의무는, 병자를 조용하고 안정된 기분이 되게 해주는 것이다. 그렇지 않으면, 물질적 치료 수단도 원래의 효과를 충분히 나타내지 못한다. 물론 그러기 위해서는 의사가 인간을 단순한 동물로 생각하지 않고, 인간에게는 동물에게는 없는 힘이 작용할 수 있음을 믿지 않으면 안 된다. 이러한 생각이 순수한 유물주의적 견해에 대해 확실한 승리를 거두지 않는 한(우리가 보는 바로는 아직 거기에서 상당히 먼 상태에 있지만), 훌륭한 의술도 최상의 성과는 올리지 못할 것이다. 그러나 그 승리를 얻는다면, 의료는 단순한 직업(사실 지금은 매우 광범위한 물질적 전문지식을 토대로 하고 있는 직업이기는 하지만)에 머무르는 대신 예술로까지 높아질 것이다.

그러나 모든 병자를 전혀 차별하지 않고 오로지 정신적이고 종교적인 방법만으로 살리는 것도, 순수한 유물적인 방식과 마찬가지로 불가능한 일이다. 그러기 위해서는 오히려 신중함과 특히 정확한 인간에 대한 지식이 중요하다. 질병은 그야말로 정신과 마음의 병일 때가 많고, 그 경우 건강한 정신이 작용하면 병든 정신은 그것에 저항하려는 경향이 있다. 명백하게 저항하지 않을 때도, 반쯤 또는 완전히 자신을 계속 속이는 무리가 마찬가지로 치유를 방해한다. 이러한 것이 병사 속에 작용하고 있는 경우에는 치료와 간호에 임하는 사람들의 사랑과 가능한 한 완전히 이기심을 버린 태도(이것에 대해 병자는 비정상적으로 날카로운 눈, 아니 오히려 본능적인 감각마저 지니고 있다)가 가장 효과적이다.

오직 위와 같은 경우에만 성서는 '질병의 영'에 대해 말하고 있다. 이런 때는 몸과 마음이 모두 완전히 건강한 사람과 교제함으로써 질병의 영으로부터 해방될 수도 있다. 또는 질병이 그 당사자가 지닌 하느님에 대한 옳지 않은 마음가짐과 알면서도 굳이 죄를 고집하는 것, 그리고 도덕적 세계질서에 대한 반항심 때문인 경우, 성서는 '죄의 용서'에서 치유가 시작된다고 말하고 있다.*19 그러나 이러한 일은 오늘날에도 자주 일어나고 있다.

그런데 현대의 자연주의적 세계관은 질병을 순전히 유물적으로 설명하는 것이 완전히 불가능한데도 불구하고 이 사실을 인정하려 하지 않는다. 미신적인 수단은 예외 없이 해롭다. 그것은 일시적이며, 이를테면 같은 종류의 치료법으로 병을 가볍게 할 수는 있지만, 그렇게 계속하다가는 신경계통, 또는 더 자주 정신생활 전체의 착란을 불러일으키는 일도 있다. 하느님을 그 영과 진리를 통해 파악하는 것, 죄라고 인정하면 그것을 그만두는 것, 자신과 관계있는 모든 부정을 버리는 것, 또 신뢰할 수 있는 사람에게 이따금 성실하게 고백하는 것, 다음에는 가능한 한 자신을 유익한 존재로 만드는 일을 하는 것, 아무것도 하지 않는 것, 또 이와 비슷한 단순한 독서와 설교 듣기를 그만두는 것, 남을 사랑하고 남으로부터 사랑받는 것. 이러한 것들이 건강을 얻는 데 필요한 올바른 마음가짐이며, 어떤 보양(保養)보다 더 효과적이다. 어떠한 보양도 그것만으로는 질병의 치료와 예방에 충분한 도움이 되지 못하기 때문이다.

이윽고 질병임이 확실해지면, 그 사람은 병을 앓는 동안 언제나 다음의 두 가지를 염두에 두지 않으면 안 된다. 첫째, 건강은 분명히 소중한 보물이며, 더욱이 그것을 잃고 나서야 비로소 그 진가를 실감하게 되지만, 그렇다고 건강을 잃으면 반드시 불행해진다고는 할 수 없다. 왜냐하면 모든 사람이 때로는 건강하지 않을 때가 있고, 또 질병 가운데 생애의 대부분을 보내는 사람도 적지 않기 때문이다. 만약 건강하지 않으면 행복할 수 없다고 한다면 참으로 슬픈 일일 것이다. 그러나 다행히도 그것은 진실이 아니다. 불행한 병자가 있는 것과 마찬가지로 행복한 병자도 있다. 질병과 행복은 결코 양립할 수 없는 것

---

*19 마가복음 2장 5절, 요한복음 5장 14절.

은 아니다. 둘째, 어떤 질병도 반드시 합리적인 목적을 가지고 있다. 깊이 생각하여 그 목적을 발견하고, 그것이 자신에게 부여된 의무인 한 그것을 촉진하지 않으면 안 된다. 다만 건강해지기 위해서 뿐만이 아니라 회복을 방해하고 있는 특수한 장애를 없애기 위해서도 이러한 의지의 협력이 필요하다. 그렇지 않으면 질병을 일으키는 정신적 요소는 물러가지 않는다.

이와는 반대로 의지의 협력이 있으면, 먼저 질병은 견딜 만한 정도로 좋아지고, 마지막으로 그 사람에 대한 목적이 달성되면 갑자기 낫는 경우도 드물지 않다. 우리는 위의 두 가지를 생각하며 확신을 얻기 위해 시험해 볼 수도 있다. 그러한 진지한 시도가 이루어질 때마다 먼저 내적인 인간의 힘이 커지고, 그로 인해 병고가 어느 정도 경감되는 효과를 얻을 수 있을 것이다. 반대로 그렇게 하지 않으면 비관적인 생각이 갈수록 강해지고, 가차 없는 운명에 대한 분노가 높아져서, 결국 질병 자체보다 더 큰 재앙이 될 수도 있다.

질병의 '이점'으로는 다음과 같은 것을 들 수 있다. 물론 그것은 나중이 되어야 비로소 깨닫게 되는 경우도 드물지 않지만.

너무나 바쁘게 사는 대부분의 현대인들에게는 아주 필요한 여가, 완전한 휴식, 과거와 미래를 침착하게 바라보는 것, 인생의 진정한 보물에 대한 올바른 인식, 여러 가지 좋은 사상들, 자신이 가지고 있는 모든 좋은 것에 대한 감사 등은 오직 질병에 걸려 있을 때만 주어진다. 이것들은 대체로 언제나 건강하면, 반듯하고 훌륭한 사람들한테서도 자칫 사라지기 쉽다.

질병 덕택에 인생 최대의 기쁨 가운데 하나인 질병의 쾌유와 생명의 새로운 충만함에 대한 만족감을 맛볼 수 있다. 고대인은 텔레스포루스라는 독특한 쾌유의 신을 가지고 있었는데, 이 신은 로마의 키아라몬티 박물관과 빌라 보르게제 공원에서 볼 수 있듯이, 만족스러운 듯이 미소 짓는 소년의 모습을 하고 있다.

이렇게 질병은 인간의 발전을 방해하는 경우도 있을 수 있지만, 마찬가지로 건강 또한 때때로 방해가 된다. 먼저 건강을 얻고, 그런 다음 비로소 올바른 생활과 일을 하려는 사람들은 대부분 잘못 생각하고 있는 것이다. 정신적인 해방을 수반하지 않고 신체만 질병에서 해방되는 것은, 그들에게 큰 장애가 될 수도 있다.

분명히 질병의 예방과 치료에 대해서는 앞으로도 수많은 업적이 나타날 것이고, 그런 종류의 지식과 설비가 진보하는 것은 모두 크게 환영할 만한 일이다. 그러나 우리 현대인들에게 중요한 문제는 그런 것이 아니다. 오히려 건강하지 않으면 아무것도 할 수 없고 의무도 다할 수 없다는 식의 나약하고 편협한 사고방식을 버릴 것, 두 번째로는 건강은 단순히 자연의 것일 뿐만 아니라 하느님의 선물이며, 따라서 하느님의 계율에 따르는 생활을 하지 않으면 오래 유지할 수 없다는 확신을(이것은 일반적으로 거의 잃어버리고 말았지만) 새롭게 다지는 것이 중요하다. 특히 이 두 번째는 문명국의 국민들이 향후 몇 세대에 걸쳐 점점 더 절실히 통감하다가, 결국 건전하게 번영하는 삶에 반드시 필요한 이 원리들을(이것은 거의 잊혀지고 있지만 확고부동한 원리이다) 다시 검토하고, 그것에 따라 살려고 결심하게 될 것이다.

현대에서 정말로 질병을 촉진하고 있는 것은 사치와 거기서 나오는 부자연스러운 생활방식이다. 그것은 하느님의 축복을 받지 못하고, 의사의 손으로도 살릴 수가 없다. 다음에는 한번 질병에 걸리면 다시 한번 '사는' 것이 불가능하기 때문에 오직 건강의 회복만을 원하는 태도이다. 현대인은(이것이 그들의 기본적인 생각이지만) 풍요로운 삶을 무한하게 향락하고 싶어하고, 그것 때문에 무한히 많은 힘을 얻고 싶어한다. 그러나 이 두 가지는 아무리 해도 일치할 수 없는 대립물이다. 그것은 누가 뭐라 해도 하느님의 세계질서로, 그것에 대한 어떠한 반항도 결코 성공하지 못하고 무력한 시도로 허무하게 끝날 뿐이다.

그러나 어쨌든 '자신의 건강을 위해 산다'는 것은 너무나 하잘것없는 인생목표이다. 우리는 진지하게 이렇게 묻지 않을 수 없다. 건강은 진정 사람이 그것을 위해 다른 것을 희생하고, 자신의 주변마저 모두 불행하게 만들면서까지 추구할 만한 가치가 있는 것일까? 그리고 그것은 도대체 어떤 목적을 위해서인가? 보통은 오직 삶의 향락을 더욱 누리기 위해서이지, 유익한 행위를 더 잘 하기 위해서가 아니다. 후자를 주장하는 것은 대개 스스로를 속이고 있는 것이다. 이미 수많은 사람들이 비참한 건강상태에 있으면서도, 더할 나위 없이 건강한 다른 수많은 사람들보다 세상을 위해 많은 일을 이룩해 왔다. 그들은, 단지 병으로 인한 괴로움 속에서의 인내력과 기쁨의 실례를 보여주고, 그러한 처지에서도 인간은 행복해질 수 있다는 것을 실증한 것만으로도, 대부분의 건강한 사람들보다 훌륭하다고 할 수 있다. 더욱이 이 건강한 사람들 중에는 건강을 누구에게도 감사할 필요가 없는 지극히 당연한 자신의 소유물로 생각하고, 건강을 누리는 데 누구의 방해도 받고 싶어하지 않으며, 병고에 시달리는 사람들의 모습은 보는 것조차 싫어하는 자들이 참으로 많다.

어쨌든 병으로 인한 괴로움 속에 있으면서 그것을(먼저 내면적으로) 극복할 수 있는 가장 확실한 방법은, 그 고통을 하느님의 섭리라고 생각하고, 거기서의 윤리적 귀결로서 그 고통이 언제든지 하느님의 힘에 의해 변할 수 있거나, 적어도 자신의 힘으로 견딜 수 있다는 확신을 가지는 것이다. 마구 날뛰는 고통의 큰 물결에 영혼이 뒤흔들려, 인간의 눈에 그 고통이 언제 끝날지 보이지도 않을 때, 이 확신이 끊임없이 등대불이 되어 영혼 속을 비춰준다면, 이보다 더 안도감을 주는 것은 없다.

어쨌든 적어도 다음 세 가지는 언제나 확실하다. 즉, 고통에는 반드시 끝이 있다는 것, 다만 조금 빨리 끝나고 조금 늦게 끝나는 차이가 있을 뿐이라는 것, 아무리 애태워도 소용없고, 그것은 오히려 자신에게나 타인에게도 그 고통을 더욱 견딜 수 없게 할 뿐이라는 것, 하느님의 힘은 강한 사람이 아니라 오히려 약한 사람에게 강하게 나타난다는 것 등이다. 그러므로 바울은 자신의 경험을 통해 "내가 약한 그때에 강함이라"라고 말했는데, 이 말은 자신의 무력함을 통감하고, 현재 반쯤 또는 완전히 절망하고 있는 수많은 사람들을 위로해 줄 수 있을 것이다.

자연 상태의 인간은 실제로 점차 약해지지 않을 수 없다. 그것은 피할 수 없는 자연스러운 과정이다. 그러나 인간 속에 깃들 수 있는 영원한 영은 이 법칙에 속박되지 않는다. 이미 수많은 병자들이 이 영이 신체도 건강하게 해줄 수 있다는 것을 체험해 왔다. 많은 사람들에게 괴로운 질병의 시기야말로 구원(치유)의 시작이고, 정화의 불이며, 그들은 그 불을 헤치고 지나가 지상의 낙원으로 나아갔다. 뿐만 아니라 무릇 살아있는 모든 자에게 질병은 대체로 더 나은 삶으로 향하는 통로이다.

2

만약 '병자의 구원'에 대해 말하고자 한다면, 지금까지 말한 생각, 또는 그것과 비슷한 생각에서 출발하시지 않으면 안 된다. 오늘날에도 질병에 걸렸을 때 오직 '의사만 찾는다'면 구원의 길을 발견할 수 없다. 그렇지만 다른 재앙과 마찬가지로 질병에 대해서도, 모든 합리적이고 가능한 수단을 다하는 것이 확실히 우리가 해야 하는 의무이다. 반대로 의사와 약을 구할 수 있는데도 그것을 이용하려 하지 않는 지나치게 정적주의(靜寂主義)적인 사고방식은, 하느님에 대한 망은이요 하느님의 질서에 대한 반항이다. 일반적으로 하느님의 질서는 기적에 의하지 않고 오히려 인간적인 수단으로 돕는 것을 원하기 때문이다. 전체적으로는 정적주의적인 경향이 강하지만 충분히 신뢰할 수 있는 사람이, 이에 대해 다음과 같이 증언한 적이 있다.[*20]

"하느님은 분명히 육체적 질병의 경우에도, 우리가 그 고통 속에서 유화와 평화와 사랑으로 그 고통에 순순히 동의하기를 원하신다. 그러나 하느님은 대부분의 경우, 단순히 우리가 고통스러워하는 것을 원하실 뿐 죽기를 원하시는 것은 아니기 때문에, 약을 사용하기를 바라신다. 그것은 우리가 고통에서 벗어나기 위해서라기보다 오히려 죽음에서 우리를 구원하려는 하느님의 뜻에 따르기 위해서이다. 왜냐하면 우리의 영혼은 하느님이 원하시는 것 외에는 그 무엇도 원해서는 안 된다는 것이 중요한 법칙이기 때문이다. 그래서 우리는 먼저 이 법칙에 따라 영혼을 다스리고, 그 뒤에 의술과 자신의 경험이 가르쳐주는 합리적인 수단을 사용해야 한다."

그러나 그 경우, 유감이지만 문제는 병자 자신에게만 있는 것이 아니다. 배려심이 있는 좋은 주변 사람과 간호는 치료에 매우 유익하지만, 그 반대는 아주 해롭다. 배려할 줄 모르고 불평이 많은 데다 질이 좋지 않은 심술궂은 간호인이나 간호사는 가끔 병자의 완쾌를 방해하는 경우가 있다. 그렇다고 너무 고지식한 간호인도 마찬가지로 좋지 않다. 또 병의 회복에 좋지 않은 것은 병자 가까이에 있는 융통성이 없는 사람, 진심어린 동정심을 가지지 않은 외골수 신앙인, 타고난 까다로운 사람 등이다. 이런 사람들은 자칫 그렇지 않아도 그런 것에 더 민감한 병자에게, 그를 위해 해주는 일 하나하나가 자신들에게 얼마나 큰 고통인지, 또 자신들의 수고가 병자에게 또는 간접적으로 하느님에게 얼마나 큰 희생을 바치는 것인지 암시하게 마련이다.

때로는 그러한 주위 사람들이 선의는 가지고 있지만, 유익한 교훈과 격려를 적절한 형태로 전하는 방법을 모르는 경우도 있다. 병자는 건강할 때와 달리 흔히 그런 것을 더 받아들이기 어려운 게 보통이다. 그런 경우에 억지로 설득

[*20] 베르니에 루비니 《그리스도와 함께 하느님 안에 사는 평안한 생명》.

하려 하거나 기도와 찬송가 등으로 무리하게 압박을 가하는 것은 병자의 반감만 불러일으킬 뿐이다. 때로는 뭔가 악령 같은 것이 병자에게 깃들어 초인적인 날카로운 시력을 줌으로써, 종교적 방법을 시도할 것을 권하는 사람들의 개인적인 결함을 간파할 수 있게 하는 것처럼 보이는 일도 있다. 따라서 목사의 방문도 그리 유익하지 않을 때가 간혹 있다. 특히 목사의 신앙의 힘이 강하지 않은 경우에는 가장 효과가 약하다. 하지만 다른 사람들도 '위안의 선물(카리스마)'을 받지 않았다면 병자를 방문해도 아무 소용이 없다. 이 선물은 결코 누구에게나 주어져 있는 것은 아니다.

종교도 건강 증진이라는 점에서는 그 밖의 훨씬 가치가 적은 수단, 이를테면 술을 비롯하여 예술, 자연, 산속의 공기, 여행 등과 매우 닮은 데가 있다. 즉, 종교가 지금까지 향락 수단으로 사용되었거나, 어릴 때부터 교육을 받아 깊은 실제적 느낌이 수반되지 않은 단순한 습관적 행사가 되어 있는 경우, 종교를 아무리 치료수단으로 사용하려고 해도 거의 또는 전혀 효과가 없다.

병자에게는 종교와 철학에 대해서도 다만 짧은 금언풍의 얘기를 들려주는 것이 적당하다. 고난의 격랑이 그들의 영혼을 덮칠 때 단단히 매달릴 수 있는 단 하나의 사상이면 충분하다. 때로는 한 장의 아름다운 그림을 보거나 조촐한 음악을 듣는 것이 책을 읽거나 듣는 것보다 나을 때가 있다. 병자는 대개 낭독 같은 것을 끈기 있게 듣고 있을 수 없기 때문이다. 점점 병이 나아 체력이 어느 정도 회복된 경우에 비로소 책과 설교 속에서 발췌한 사상이 적당해진다. 그러나 그때도 아직은 대체로 너무 긴 설교 형식의 얘기는 반드시 최상이라고는 할 수 없다.

3

이 주제에 대해, 두서없는 생각을 몇 가지 더 얘기하고자 한다.

건강은 귀중한 보물이다. 건강한 사람은 그것에 대해 감사하고, 가능한 한 오랫동안 건강을 유지하도록 노력해야 한다. 그러나 질병도 또한 큰 행복이 될 수 있다. 즉, 질병은 일종의 정화작용(카타르시스)이며, 건강할 때는 불가능한 것으로 생각되는 더 높은 인생관으로의 돌파구가 될 수 있다.

자신의 건강 문제를 지나치게 걱정해서는 안 된다. 인간의 몸처럼 복잡한 유기체는 어딘가에 고장이 생기기 쉬운 것이 당연하다. 우리 몸의 자연스러운 작용이 손상되거나 너무 약해져 있지만 않다면, 인간의 몸은 대부분 자신의 힘만으로, 아니면 약간의 인간적인 치료의 힘을 빌림으로써 치유되도록 만들어져 있다.

치료 수단으로 해로운 것은 지나치게 강한 약, 특히 광물성의 것, 모든 미신적인 것(여기에는 암시와 최면술도 포함된다), 반드시 필요하다고 할 수 없는 경우의 기계적 '수술' 등이다. 또 의술에 있어서 각 전문분야의 고립주의도 역시 잘못된 것이라고 생각한다. 인간은 유기체이며, 서로 아무 관련이 없는 각 부분으로 구성되어 있는 것이 아니다. 병자에게 관심을 가지고, 모든 일에 예방적 배려도 게을리 하지 않는 옛날의 주치의 제도가 훨씬 뛰어났다. 물론 지금처럼 깊은 학식을 갖추고 있지는 않았지만, 병자에 대한 훨씬 큰 관심과 병상을 낱낱이 숙지하고 있음으로써 그것을 충분히 보완하고 있었다.

질병 치료의 정신적 수단 중에서는 '주여, 구원해 주소서'라는 짤막한 기도(그렇게 할 수 있는 신앙이 영혼 속에 있다면)가 가장 좋다. 스토아학파의 극기주의도 힘이 되어 주지만, 그다지 쉬운 방법은 아니고, 또 모든 경우에 효과가 있는 것도 아니다. 위안을 주는 책 중에서는 성서, 그 중에서도 특히 복음서, 욥기, 이사야, 시편이 최고이고, 그것만으로도 충분하다. 이에 반해 의학서를 읽는 것은 거의 언제나 유해하다.[21]

거기에 덧붙이고 싶은 것은 '참고 견딘다'는 것이 반드시 단순히 수동적인 인내(이것도 때로는 배울 필요가 있지만)를 의미하는 것은 아니라는 점이다. 그러한 인내에 의해 하느님과의 끊임없는 유대에서 멀어진다고 생각하는 것은

---

[21] 의학서를 읽는 것은 질병을 더욱 악화시키고, 건강한 사람도 상상으로 병에 걸리게 만든다. 의학서에는 대개 병의 진단밖에 적혀 있지 않고, 더욱이 문외한은 그것을 오해하기도 한다. 의학서에는 치료법이 들어 있지 않고, 없어서는 안 되는 정신적 치료 수단 같은 것은 더 말할 것도 없다. 또 앞에서 말한 것처럼, 각 전문 분야의 고립화는 오늘날 의술의 결정적인 결함이다. 개개 기관의 병은 대부분 신체조직 전체를 강화함으로써 물리칠 수 있다. 적어도 그렇게 하지 않으면 완전하게 낫지는 않는다.

커다란 자기 기만이다. 하느님과의 유대도, 고난 속에서는 주로 기원(祈願)을 그 내용으로 하기 때문이다. 인내는 기도와 병행해야만 좋은 것이며, 그때 인내는 기도에 없어서는 안 되는 보완이 된다. 우리는 하느님이 과연 구원을 내려주실지, 또 언제 어떻게 내려주실지에 대해 기다리는 힘과 의지를 가지지 않으면 안 된다. 그러나 그 힘이 주어지는 것은 우리가 그것을 위해 자신이 해야 할 일을 다한 경우에 한해서이다.

인간의 신체와 정신 건강에 가장 해로운 것은 도덕적 결함이다. 건강한 생활과 장수, 질병에 걸렸을 때 자연적인 회복을 원한다면, 그러한 결함은 반드시 제거되어야 한다. 그 밖에 질병의 가장 큰 원인은 술(적정한 양이 넘지 않는 경우와 약용으로는 무방하다), 과식, 공기가 나쁘고 운동이 부족해지기 쉬운 도시생활, 잠자는 시간까지 빼앗아가는 철야, 재물만 열심히 추구하는 것(만약 그것 때문에 돌이킬 수 없이 건강을 해치면, 어차피 사용하지도 못할 것을) 등이다.

세상에서 가장 건강한 삶은 깨끗한 마음과 뛰어난 사상을 가지고, 쉬지 않고 유익한 일을 하면서 단순한 생활을 하는 것이다. 다른 어떤 건강유지법도 효과 면에서는 이보다 나은 것이 없다. 노령으로 생명력이 자연스럽게 고갈되어 갈 때도 여전히 변함없이 커지는 영적인 힘은 노년기도 거의 깨닫지 못하는 사이에 넘기고, 마침내 새로운 생명에 들어갈 때까지 사람을 높여준다.

합리적인 의술의 주안점은 저항력을 높이는 것이다. 병균의 침입을 완전히 막는 것은 불가능하다고 한 것은 현대 세균학설의 장점이다. 단 한 가지 할 수 있는 일은 병균을 자연의 건전한 저항력으로 끊임없이 정복하는 일이다. 그것을 위해서는 신체가 스스로를 도와 어딘가에 위험이 있으면, 그것을 즉시 밖으로 나타내도록 길들여야 한다. 그러면 대부분의 경우, 그런 위험에 대해서는 휴식, 수면, 바깥공기, 운동, 보온, 충분한 영양, 또는 단식 등의 지극히 온화한 수단으로 저항할 수 있다.

이때 특히 다음을 잊어서는 안 된다. 적어도 우리 대부분은 혈통과 교육과 습관 때문에, 이미 완전한 자연 그대로의 인간이 아니게 되었다는 것, 따라서 자연 그대로의 인간으로서 극히 자연과 가까운 시골 사람들에게도 어울리지 않는 방법을 자신에게 적용해서는 안 된다는 것이다.*22 그래서 지나치게 잦은 냉수욕, 너무 힘든 등산, 과도한 운동, 수영, 승마 등은 그 이익과 마찬가지로 해로운 점도 매우 많다.

단련은 대체로 젊을 때가 적당하다. 반대로 노년에는 신중함과 조심성이 필요하다. 왜냐하면 노년은 그 자체가 일종의 만성적 질병이기 때문이다.

중년에는 훈련도 매우 효과가 있다. 그래서 '은퇴'하거나, 평생 몸에 밴 일을 완전히 그만두는 것만으로도 대단히 위험하다. 그로 인해 나타나는 결과를 현대의학은 '동맥경화'나 '뇌의 경화'라고 부르고 있다. 그러나 더 단순한 시각으로 보면, 그 징후들은 단순히 여러 기관의 적당한 훈련과 활동의 부족에 지나지 않는다. 그래서 어느 모로 보나 '일하다가 쓰러지는 것'이 가장 바람직하다.

노년의 큰 결점이자 다양한 쇠약의 원인이 되는 것은, 과거를 돌아보는 것이다. 설령 그것이 단순히 자신의 머릿속에서든, 타인과의 추억담이든, 일기와 회상록, 또는 그것과 비슷한 더욱 세상을 겨냥한 시도에서이든 다를 바가 없다. 성실한 마음과 그 위에 명석한 두뇌의 소유자라면, 그러한 회상은 단지 슬픈 기분만 자아낼 뿐이다. 왜냐하면 어떤 사람의 생애이든 수많은 실수를 범하고, 귀중한 시간을 허비하고, 선을 베풀 수 있는 재능과 기회를 이용하지 않은 채 남긴 경험이 없다고 말할 수 있는 자는 아무도 없기 때문이다. 노년기에 과거를 돌아볼 때는 다만 개괄적으로, 그리고 하느님에 대한 감사의 마음으로 하지 않으면 안 된다. 하느님은 우리를 수많은 불행과 부정에서 지켜주고, 허영심과 향락욕의 덫에서 해방시키고, 스스로는 도저히 이룰 수 없는 모든 일을 좋게 이루어주셨기 때문이다. 이러한 마음으로 임하는 것이 과거에 대한 올바른

---

*22 이것은 특히 크나이프 식의 수치료법(水治療法)에 대해 말하는 것이다. 이 방법은 오버바이에른의 농민을 대상으로 한 것으로, 처음부터 그들만 염두에 둔 것이었다. 이 문제에 대해, 역시 고대의 가장 뛰어난 의사 가운데 한 사람인 페르가몬의 클라우디우스 갈레누스가 이렇게 말한 적이 있다. 자신은 게르만인이나 곰이나 멧돼지를 위해 이 책을 쓰는 것이 아니며, 그리스인적 체질을 가진 사람들을 위해 쓰는 것이라고 말이다. 따라서 그는 양생법에 있어서도 일반적으로 통용되는 규칙을 믿지 않고, 나이, 기질, 풍토, 습관 등을 고려할 것을 주장했다. 그래서 루소 식의 '자연으로 돌아가라'는 주의 역시 문제 삼기에는 부족하다. 사람은 결국 상당히 건강하게 살고 있다면(특히 노년에는), 더 건강해지고 싶어하거나 다시 한번 젊음을 되찾고 싶어해서는 안 된다.

태도이다.

노년에는 전보다 더욱 나날의 생각과 행위가 현재와 미래를 향하고 있지 않으면 안 된다. 현재에도 할 수 있는 모든 선한 일을 이루고, 내세에서의 더 나은 활동을(그것이 어떠한 성질의 것인지에 대해서는 그리 집착하지 않고) 기쁨으로 믿으며, 과거에 집착하는 것도 죽음을 두려워하는 것과 마찬가지로 자유로운 인간에게는 어울리지 않는 것으로서 배척해야 한다. 이러한 태도는 나이를 먹는 것 자체는 막을 수 없어도(그것은 다른 여러 가지 사정에 좌우되기 때문에), 가능한 한 건강하고 정신적으로 발랄한 노년을 맞이할 수 있는 최상의 처방일 것이다.

신체의 모든 기능은 상당히 규칙적으로 움직인다. 따라서 손상되지 않은 신체라면 어렵지 않게 단련할 수 있을 것이다.

모든 휴식 가운데 가장 좋은 것은 수면이다. 이것은 오직 인간과 고등동물에게만 허락된 특징으로, 하등동물은 이따금 일종의 무감각 상태에 빠질 뿐인 것 같다. 어쨌든 수면에 대한 생리학적 연구는 아직 완성되어 있지 않다. 현재 확실한 것은 어떤 독일 시인이 노래한 것뿐이다.

"밤은 숭고한 하느님의 기적이다.

그러나 수면 속에 지나가는 밤은 더할 수 없이 즐겁다."

불면은 경우에 따라서는 무서운 고통이며, 오래 계속되면 정신 건강도 해칠 수 있다. 그러나 불면은 사람에게 반성을 촉구하는 무언가의 의미를 가지는 경우가 종종 있다. 잠자리에 들기 전에 좋은 생각을 하는 것, 하느님과 인간에 대한 평화를 마음속에 유지하는 것, 또 잠들기 직전에는 마음을 흥분시키는 모임이나 일, 독서, 더더욱 극장 등은 피하는 것 등으로 어느 정도 불면을 막을 수 있다. 그래도 잠을 이룰 수 없을 때는 불을 켜거나 일어나 뭔가를 보는 것이 좋다(다만 잠을 이룰 수 없을 만큼 내일을 걱정하고 있을 때는 아무 소용없다). 또 평소에 품고 있는 하느님에 대한 신뢰도 이용하는 것이 좋다. 인공적인 수면제는 언제나 위험하다. 습관적으로 술을 마시지 않는 사람에게는 좋은 포도주 한 모금으로 충분히 잠을 유도할 수 있을 때도 있다. 자리에 눕기 바로 전에 사과를 먹으면 좋다거나, 꿀을 먹으면 효과가 있다는 사람도 있다(어쨌든 해는 전혀 없다).

수면과 함께 일요일은 하느님의 뜻에 합당한 휴식 시간이다. 이것을 규칙적으로, 또 효과적으로 이용하는 사람은 휴가나 '잠시 휴식'은 반드시 필요한 것은 아닐 것이다. 어쩔 수 없는 경우는 1년을 통해 '주 6일 일하는 것'도 가능하다. 만약 하느님이 먼 옛날에 주신 율법의 진실성을 현대의 상류계급 사람들한테 다시 한번 명백하게 보여준다고 하면, 바로 이것에 대해서일 것이다. 이 평상시의 정해진 휴식을 올바르게 이용하면, 병을 앓고 난 후를 제외하고는 특별한 휴식을 필요로 하지 않는다. 그렇게만 하면, 언제나 건강한 수면 뒤에, 또는 합리적으로 보낸 1주일마다 체력은 저절로 완벽하게 회복된다. 이따금 그 이상의 휴식이 필요한 것처럼 느끼는 것은 잠시도 쉬지 않고 계속 일하는 공상 때문일 것이다. 그렇지 않으면 일에 대한 지나친 긴장이나 잘못된 생활방식에서 나오는 과로 때문이다.

수면이나 일요일의 휴식과 함께(너무 역설적으로 들릴지 모르지만) 일(즉 일 가운데의 기분전환)이 최상의 휴식이 된다. 일은 인간의 의무이자 사명이며, 그것을 완수하지 않으면 이 세상에서 정신적으로나 육체적으로 건강한 삶을 영위할 수 없다. 일을 피하고 그저 아무것도 하지 않고 한가한 생활을 보내려 하거나, 적어도 가능한 한 빨리 '은퇴'하고 싶어하는 사람은 가장 어리석은 자이다. 그것은 어처구니없는 착각이다. 적당한 일은 '우리에게 주어진 몫'이며, 아무것도 안하고 있는 것보다 건강을 훨씬 오래 유지할 수 있게 해준다.

다음의 여러 조건을 지키면 참으로 많은 일을 고령에 이르기까지 꾸준히 계속할 수 있다.

일찍 일어날 것, 단 해뜨기 전에는 안 된다. 오전을 하나의 통합된 중요한 일에 할애할 것. 언제나 중심이 되는 생업으로서 일을 준비하고, 그것을 완성하는 데 적당한(너무 장기에 걸치지 않는) 기간을 설정할 것. 그것과 함께 다른 일도 준비하여 기분 전환에 도움이 되게 할 것. 밤에는 집에서 시간을 보내고 일찌감치 잠자리에 들 것. 일요일은 휴식하는 데 이용할 것. 피곤할 때까지 너무 오랜 시간 일하지 않고, 약간의 운동을 하거나 신선한 공기를 마시면서 일 중간 중간에 휴식을 취할 것. 어떤 일이든 작은 부분으로 나눌 것. 그렇게 하면 전체적인 상황을 한 눈에 볼 수 있어서, 너무 큰 과제를 앞에 두고 질리는 기분 없이 일을 시작할 수 있다. 일을 일 자체를 위해, 그리고 의무감에서 할 것. 단순히 외적인 목적 때문에, 특히 명예욕과 공명심을 위해 일해서는 안 된다. 모든 불필요하고 무익한 일, 단순한 향락, 무의미한 사교와 통신, 단체와 당파 활동, 나아가서 극장과 술집 등을 자신의 생활에서 단연코 추방할 것. 특히 새벽까지 이어지는 밤의 사교는 건강과 활동력의 중요한 버팀목인 수면을 쫓는 최대의 방해물이라고 할 수 있다.

그러나 이 조건들이 도저히 불가능한 일이라고, 아마 대부분의 독자들은 말할 것이다. 그렇다면 좋다. 지금 말한 것은 단지 호의적인 조언을 벗어나지 못한다고 치자. 그렇다면 '일이 만족스럽지 못한 결과로 끝나지 않을까. 끝까지 완수할 수 있을까' 하고 끊임없이 노심초사하면서 제대로 일도 하지 못하다가, 결국 그럴 나이도 아닌데 겉늙어버리거나 병에 걸리는 것이 좋다. 참으로 많은 사람들이 실제로 그런 생활을 하고 있다. 그러나 분명히 알아두어야 할 것은 그런 생활을 하고 있는 것은 가혹한 운명 탓이 아니라, 자신의 의지가 부족하거나 통찰력이 모자라기 때문이라는 점이다. 적당한 시기에 건강을 증진하고 그것을 오래도록 유지하기 위해서는, 가능한 한 규칙적으로 지속할 수 있고, 충분한 힘을 낼 수 있게 해주는 유익한 일을 하는 것보다 더 좋은 방법은 없다.

마지막으로, 기쁨은 때때로 신체에 새로운 활력을 주고, 저절로 활동하고 싶어지도록 촉구하는 특효약이다. 마찬가지로 모든 사물과 인간을 끊임없이 조용한 기쁨으로 받아들이는 것도 건강한 태도이며, 그 효과는 즉각적이지 않더라도 아마 훨씬 더 오래 계속될 것이다. 기쁨은 건강이 밖으로 드러나는 것이다. 실제로 그 점에 있어서는 의사도 문외한도, 건강한 사람도 병자도 모두 의견이 일치하고 있다.[23] 그러나 사람에 따라서는 이렇게 말할지도 모른다. "사실 그 점에는 조금의 의문도 없다. 기쁨은 확실히 좋은 것이다. 하지만 그것은

---

[23] 이사야 66장 10~14절.

여간해서 우리의 손에 들어오지 않는다"고 말이다. 이에 대해 사람은 언제나 위를 보지 말고 아래를, 즉 더 불행한 사람들을 보지 않으면 안 된다고 하는 극히 상투적인 이야기를 할 생각은 없다. 그것은 인간성의 가장 비천한 성질을 이용한 서글픈 위안에 지나지 않는다. 또 고상한 마음에 호소하는 데가 없고, 또 그 밖의 사람에게도 거의 위안을 주지 않는 것이다. 오히려 그것 때문에 한 층 더 비관적이 될 뿐이다.

그러한 사람들에게는 오히려 다음과 같이 말하고 싶다. 즉, 기쁨은 어느 정도는 노력하여 만들어 낼 수 있다. 그것도 지극히 간단한 방법으로. 맨 먼저 자신이 가지고 있는 좋은 것으로 눈을 돌리고, 그 가치를 인정하고 감사하는 마음을 가지는 것이다. 감사는 기쁨과 아주 가까운 감정이다. 다음에는 타인에게 기쁨을 주는 일이다. 이것은 누구라도, 병자조차 할 수 있는 일이며, 남에게 친절을 베풀 기회는 언제 어디에나 있다. 그러므로 그것을 일부러 원할 필요는 거의 없고, 그쪽에서 먼저 다가오게 마련이다.

특히 유복한 사람들이 때때로 그저 스스로 그렇게 믿고, 또 대개 자신의 죄에서 비롯된 병의 괴로움을 피하기 위해 일년 내내 전 세계의 휴양지를 무거운 발걸음으로 돌아다니고 있는데, 만약 그 비용의 일부를 병으로 고통당하고 시달리는 다른 사람들을 위해 보탠다면, 약값에 사용하는 것보다 훨씬 좋은 결과를 얻을 수 있을 것이다. 그러나 "과연 맞는 말이기는 하지만, 그렇다면 어디서부터 시작하면 좋을 것인가? 그런 일에는 전혀 익숙하지 않아서"라고 말하는 사람이 있을 수 있다. 이 말의 뒷부분이 진실이라고 한다면, 확실히 좋지 않은 것이다. 이에 반해 앞부분은 '자신의 입장을 변호할' 생각으로 예수에게 물었던 그 율법학자의 말과 같다. 그리고 그것에 대한 대답도 항상 같다. 즉, 무조건 이웃에서부터 시작하라고. 만약 그럴 대상이 한 사람도 없다면(그런 경우는 좀처럼 없지만), 불쌍한 동물이나 식물에서 시작해도 좋다. 마음에 마르지 않는 사랑의 샘을 가지고 있으면, 이와 같은 생물에게도 그것을 부어줄 수 있고, 또 실제로 그렇게 할 것이다. 어쨌든 누구라도, 특히 어떤 병자라도 말 그대로 '이웃'을 얼마든지 가지고 있다. 자신이 병고를 견디는 그 인내력만으로도 이 이웃들에게 기쁨이 될 수 있는 것이다.

대부분의 사람들에게는 이것이 건강해질 수 있는 유일한 방법이다.

이상의 것과 직접적으로 관계가 있는 것은 오늘날 '신경의 힘'으로 불리고 있는 것과 그 반대인 '신경쇠약'이다. 현재 매우 확대된 이 신경계의 질병도 수면, 바깥 공기, 운동, 건전하고 합리적인 생활방식, 일 같은 자연적인 방법을 통해 완전히 나을 수 있지만, 건전한 철학 또는 종교의 힘이 그것에 작용한 경우에 한한다. 왜냐하면 신경쇠약은 단순한 육체의 질병이 아니며, 또 대개 육체적 원인만으로 일어나는 것이 아니어서, 오직 그 방면의 수단만으로는 결코 치유할 수 없기 때문이다.

특히 해로운 것은 아무것도 하지 않는 것, 따분함, 거기서 생기는 무력감과 무익한 생활을 하고 있다는 감정, 또 그 당연한 결과인 염세적인 인생관 등이다. 마찬가지로 대규모 신경병 요양소의 적절하지 못한 환경은 아무리 치료수단이 갖춰져 있어도 그것만으로는 보상할 수 없을 정도로 해롭다.*²⁴ 물론 이 질병이 진행되면, 제대로 설명할 수 없는, 거의 불길한 광기에 가까운 불안과 나약함이 나타나고, 거기에 '감금'이라는 피해망상까지 가해지는 경우도 있다. 이 감정은 이미 많은 사람들, 특히 참으로 위대한 사람조차 가졌던 것으로, 다른 모든 증상과 마찬가지로 이에 대한 위안도 구원도 분명히 존재한다.

심하게 손상된 신경조직에 과도한 노력을 기울여서는 안 된다. 그런 것은 너무 큰 손실을 부를 수 있다. 쇠약해진 신경에 무리를 가하는 것은 안 된다. 그러나 그래도 여전히 뭔가(그것도 가능한 한 많이) 하지 않으면 안 된다.*²⁵ 결코 병을 앓는 신경이 인간을 지배하게 해서는 안 된다. 신경은 인간에게 봉사하는 것이 되어야 한다.

---

*24 이러한 병자들이 많이 모여 있으면, 그것 때문에 병적인 분위기에서 빠져나오지 못하고, 또 건전한 삶을 눈앞에서 보지 못하기 때문에 자주적으로 일어서서 하느님의 도움을 청할 용기를 점점 잃어버리고, 그 대신 개개의 인간에게 의지하기 쉽다. 그 결과, 이런 병자들은 일종의 종교적 또는 의학적인 최면상태를 떠나서는 살 수 없는 것으로 잘못 생각한다. 그런데 그것은 신경 치유와는 거의 반대되는 것이다.

*25 신경은 훈련이 필요하다. 장애를 극복할 때마다 그 승리가 신경을 강화하는 결과를 가져다준다. 그러므로 신경쇠약은 일 같은 것은 '할 필요가 없다'고 오해하고, 삶을 그저 '향락'하려고민 하는 부지들에 대한 현대의 형벌이다. 일하는 계급의 사람들 중에는 신경쇠약 환자가 적으며, 설령 있다 해도 간단한 치료로 쉽게 낫는다. 원래 신경은 저절로 회복되는 것 외에 방법이 없는 것으로, 그것을 재생시키기 위한 인위적인 방법은 존재하지 않는다. 다만 신경이 스스로 회복되어 힘을 키울 수 있는 자연적 조건을 도와줄 수 있을 뿐이다.

신경계통이 단지 일시적으로 침울 상태에 빠졌을 뿐인 경우, 즉 아직 진짜 병이 아니고 한때의 과로와 슬픔에 빠져 있는 경우, 그러나 대개 정신적 및 육체적인 원인이 결부되어 일어난 경우에 유일하게 효과가 있는 방법은, 다음과 같이 육체적이고 정신적인 치료수단을 병행하는 것이다. 심신의 휴식(억지로라도 휴식을 취할 것), 수면, 식사(술이 없는), 바깥 공기, 또 가끔의 환기, 평소 이상의 운동, 또 마음을 강하게 하느님에게 보내고, 하느님의 도움에 끊임없이 새로운 신뢰를 보내는 것, 가능한 한 많은 기회에 정의와 선을 실천하려는 새로운 결의를 굳히고, 그 실천을 위해 누구나 스스로 숙지하고 있는 몇 가지의 특별한 장애를 제거하는 것. 이것이 유일하게 효과적인 방법으로, 어떤 치료법도 이것을 대신할 수는 없다.*26

가장 해로운 방법은 완전히 아무 일도 하지 않는 것, 또는 심령술과 최면술, 그 밖에 이와 비슷한 치료적 실험이다. 그 실험들은 전혀 효과가 없거나, 어쨌든 뭔가 실재하는 것이라면, 그것에 몸을 맡기는 사람들을 명백하게 하느님 이외의 어떤 영적인 힘으로 인도하는 것이 된다. 하느님을 믿는 자가 하느님이 적당하다고 생각할 때, 적어도 이 모든 실험수단에 못지않을 만큼 충분히 그 사람의 건강을 회복시킬 수 있다는 것을 믿지 않는 것은, 단적으로 말해 '하느님을 저주하는' 것에 해당한다. 병고의 시련을 받고 있는 마음이 그러한 유혹 속에서 남아있는 마지막 힘을 다해야 할 올바른 말은, 다니엘서에 적혀 있는 그 세 남자의 용감한 대답 외에는 없다. 당분간 적극적 행동에 나설 만한 용기가 전혀 없는 신경병자의 경우에도, 그런 수동적인 용기라면 낼 수 있을 터이고, 이것이 바로 한마디로 말해 이 무서운 병(그렇지 않으면 때로는 광기로까지 발전할 수 있다)에 대항할 수 있는 가장 좋은 수단이다.

그 밖의 여러 가지 질병의 큰 부분은 신경계보다 기후의 변화에 대한 민감한 피부 반응이나 소화 작용과 관련이 있다. 기후의 영향은 완전히 벗어날 수 없다. 나이를 먹을수록 기후의 변화에 대한 반응이 눈에 띄게 예민해진다. 계절 중에서는 겨울보다 여름이 영향을 받기 쉬운데, 특히 환절기가 그러하다. 그렇다 해도 심각한 질병의 경우가 아니라면, 나쁜 날씨를 피해 방 안에 틀어

---

*26 남에게 무엇을 주는 것만으로도 기쁨을 느끼고, 그것이 침울한 마음에 가장 직접적인 효과가 있는 치료수단이 된다(역대상 29장 9절). 누군가에게 진정한 기쁨을 주려고 한번 시도해 보라.

박혀 있거나, 심지어 추위를 피해 남쪽으로 옮기는 것은 결코 옳은 방법이 아닙니다. 계절의 자연스러운 변화는 부득이한 경우가 아니면 함부로 피해서는 안 된다.

대부분의 경우 별다른 의미도 없는 생명을 그저 몇 달이나 몇 년 연장하기 위해, 그러한 이기적이고 인색한 경계심에서 자신의 민족과 태어난 환경을 떠나는 것은, 대개 그 사람의 성격에도 좋지 않은 결과를 초래할 수 있다. 오히려 충분한 바깥 공기(단, 바람과 먼지는 해롭다), 따뜻한 모직옷, 특히 발의 보온, 규칙적으로 냉수로 몸을 깨끗이 하는 것, 적당한 시간에 따뜻한 잠자리에 드는 것 등과 같은 자세로 기후에 대한 과민성을 방지할 수 있다.

또 많은 질병이 소화불량에 그 원인이 있다. 건강한 위장은 질병에 있어 가장 좋은 울타리이며, 체력 유지에 가장 좋은 수단이라고 할 수 있다. 많은 유물론자들은 위장을 구별하고 깨닫는 자리라고도 부르고 있다. 또 볼테르 같은 사람은 만약 살아있는 동안 튼튼한 위를 유지할 수 있다면, 그 대신 그의 '불멸'의 이름(아마 그는 이것을 너무 높이 평가하고 있었던 것 같다)을 붙인 1세기를 주어도 좋다고까지 말했다. 건강한 위를 유지하는 가장 좋은, 아니 유일한 방법은 절도 있고 규칙적인 생활태도이다. 그 밖의 모든 '위 약'은 그다지 효과가 없다.

위의 치료에는 우유요법을 철저하게 하는 것이 가장 빠른 길이다. 식욕이 없을 때는 아주 얇게 저민 햄을 소량의 포도주에 절인 것이나 잘 익은 양질의 과일이 보통 가장 먹기 쉽다. 육식을 완전히 피하는 것은 우리의 풍토에서는 아마 좋은 방법이 아닐 것이다. 그렇다 해도 현대의 교양인들은 지나치게 고기를 많이 먹고 있고, 또 그런 과식은 약간은 음주 습관에 의한 것임은 의심할 여지가 없다. 음주는 아무런 유익이 없고 불결한 야만민족의 흉내를 낸 끽연과 마찬가지로 완전히 끊어도 아무런 해가 없는 것이다.

게다가 피부를 잘 손질하는 것은 신체의 건강과 미용을 위해 필요한 일이다. 가장 좋은 방법은 차가운 물과 순수한 화장수 오드콜로뉴(극히 적량)을 사용하는 것이다. 그밖의 화장품은 습관적으로 사용하면 많든 적든 해롭

다.*27

바깥 공기 속에서 적당하게 운동하는 것은 소화를 위해서나 피부의 건강을 위해서도 필요한 것이지만, 현대의 생활습관에서는 매일 실천하기가 상당히 어려워졌다. 그러나 앉아서 생활하는 사람들에게는 하루에 몇 번 잠깐씩 운동을 하는 것이 한 번에 오래 운동하는 것보다 낫고, 또 실천하기도 쉽다. 먼지와 바람은 해롭다. 그러므로 자전거를 타고 달리는 것은 건강에 좋다고 생각되지 않는다. 마사지는 운동 부족을 보충하고, 운동 부족 때문에 생긴 국소적인 고장을 해결할 수 있는 한 수단이다. 그러한 것은 스스로도 충분히 처리할 수 있다.

현대에는 심장병이 매우 많아졌다. 이 병은 조금 과감하게 말하면 완전히 불치의 병이다. 그러나 적당한 시기를 택하여 다음과 같은 방법을 사용하면 이 병에 가장 좋은 효과를 얻을 수 있다. 즉, 신선한 바깥 공기를 충분히 마신다(단, 산의 공기는 오히려 흥분시키기 때문에 좋지 않다), 자주 옆으로 누워 있는다, 천천히 오르막길을 걷는다(특히 숲 속의 길이 좋다), 따뜻한 정도의 온탕에 들어간 뒤 적당히 휴식을 취한다, 격렬한 흥분을 피한다 등이다. 이러한 방법으로 심장병이 있는 사람도 상당히 장수할 수 있고, 완벽하게 일할 수도 있다. 술과 커피는 완전히 끊는 것이 좋다. 흥분제로라면 엷은 차 정도는 마실 수 있다. 심장협착이나 심계증은 가끔 변비와 관련이 있을 수 있다. 변비에 대해서는 운동 외에 어릴 때부터 우리의 오랜 친구인 사과를 자주 먹는 것이 가장 좋다.

완전히 위생학 논문이 되어버리기 전에, 나머지는 아주 간단하게 얘기하기로 하자. 진통제는 유해한 것이다. 통증은 우리 몸에 대한 경고이고, 나아가서는 인간의 가장 고상한 성질인 의지력과 용기를 강화하는 것이며, 또한 질병을 제거하는 데 없어서는 안 되는 치유자인 것은 아마 틀림없을 것 같다. 따라서 고통은 몸과 마음 어느 면으로 봐도 선을 이끌어내기 위한 고상한 안내자이다.

그런데 현대의학에 특히 바라고 싶은 것은 병든 사람을 위해 조그마한 이기

─────────

*27 고대에는 향유를 피부에 바르는 것이 중시되었다. 요한복음 12장 3~8절은 유명한 예이다. 어쨌든 천연의 좋은 향기, 특히 장미향기는 말할 것도 없이 건강에 좋다.

적 자아 이외의 것에 대한 관심과 기쁨을 크게 환기시키고, 실제로 응용하는 일이다. 육체적이고 정신적으로 건강하지 못한 모습을 초래하는 가장 불행한 요인은 이기심이다. 이기심은 '순진무구한' 자(유아)에게조차 도저히 손쓸 방도가 없을 정도로 활개를 치고 있는 경우가 흔히 있다.*28 그것과는 반대로 가능한 한 질병의 침해를 받지 않고 살고 싶어하는 사람들을 위해, 지금까지 말한 좋은 규칙을 모두 다음의 셋으로 정리할 수 있을 것이다. 1. 모든 일에 절도를 지킬 것, 2. 종교적이거나 엄정하게 철학적인 견해를 토대로 마음의 평안을 얻을 것, 3. 일상생활 이상의, 아니 궁극적으로 생명 그 자체 이상에 대한 위대한 관심을 품을 것.

신체와 건강을 무엇보다 소중히 여기는 사람은 그 배려에 대해, 마치 제멋대로 자란 어린아이처럼 한없이 커지는 육체의 욕망으로 보상받는다. 육체를 소중한 하인으로 다루는 사람에게는 육체는 기꺼이 복종할 것이다. 이 세상의 생명보다 더 높은 것에 대한 인간의 사명이 육체를 필요로 하는 한, 또 그동안.

* * *

---

*28 특히 중증의 신경쇠약은 모두 그렇다고 해도 좋을 정도로, 마음대로 활개치는 이기심과 결부되어 있다. 이것을 한번 확실하게 입 밖에 내어 말해 보라. 만약 이 마신이 깃들어 있다면 당장 정체를 드러낼 것이다.

우리는 여기서 다시 한번, 특히 만성병 환자와 그 가족들이 빠지기 쉬운 이론상의 딜레마(그것이 양쪽에 다 곤란한 결과를 수반한다)와 마주치지 않을 수 없다. 장기적인 질병은 이기주의에 대한 큰 유혹이다. 질병에 대항해 자신을 지키고 또한 주장하기 위해서는 모든 생명력과 의지력을 투입하지 않으면 안 된다. 따라서 질병은 때때로 병자를 타인에게 친절하고 동정심 많은 사람이 아니라 완고하고 이기적인 인간으로 만들어 버린다. 그러나 그런 사정 하에서도 이기주의는 인생에 가장 큰 어리석음인 것에는 변함이 없다. 왜냐하면 그 이기주의보다 더, 아니 실제로 그것 말고는 인간의 내면을 손상시키는 것이 없기 때문이다. 그 해결은 다음과 같다. 이기심은 사랑으로는 극복할 수 없다. 이 점에 대해 종교 교사들이 가르친 것은 심리적으로 옳지 않았다. 왜냐하면 인간은 누구나 반드시 사랑할 만한 가치가 있다고는 할 수 없고, 또 사랑을 받아들이는 것도 아니다. 오히려 이기심은 동정에 의해서만 극복할 수 있다. 동정은 모든 사람이 원하는 것이고, 모든 사람이 예외 없이 그만한 가치가 있다. 이 생각(동정)이라면, 절망적인 병에 걸려 세상에서 외면당하고 있고, 또 이미 타인을 사랑할 힘도 없는 사람도 끌어안을 수 있고, 그것으로 그는 광기에 빠지는 것에서 보호받고 행복해질 수 있는 것이다.

"주여, 당신은 사랑하는 자에게 벌을 주십니다.
누가 그것을 고통으로 음미하지 않았나요?
또 누가 폭풍 속에서 아늑한 항구를 그리워하며,
신경 한 가닥 한 가닥을 떨지 않았나요?

치유되는 것만으로는 믿는 자에게 무슨 득이 될까요?
무엇보다 당신만 옆에 계시는 것이 중요합니다.
위대한 구원에 도달하기를 원하는 자는,
이따금 고통을 안내자로 삼지 않으면 안 됩니다."

현대의 성도(聖徒)

1

일반인들이 성도가 될 수 있는가, 특히 현대에 있어서 그것이 가능한가 하는 질문을, 모든 훌륭한 권위에 반대하여 말도 안 되는 질문이라고 우리는 감히 선언한다. 왜냐하면 그리스도는 자신을 '따르라'고 촉구하고 있는데, 그것은 바로 성도가 되는 것이기 때문이다. 또 어떤 주목할 만한 대목*¹에서 이와 같이 그리스도를 따르는 자들에게 그들이 그리스도와 같은 일, 아니 더 나아가서 더 큰일도 이룰 수 있을 것이라고 약속하고, 또 때로는 그들에게 '하늘의 아버지처럼 완전'할 것을 요구하고 있다. 이 말에 대해서는 물론 어떤 '조건'이나 '반대'는 허락되지 않는다. 또 한편으로는 현대의 인간에게는 옛날과 변함없는 능력이 주어져 있다. 소질도 교육도 처지도 특별히 나은 것도 없었던 고대와 중세 초기의 남녀들에게도 가능했던 일들을 훨씬 진보한 현대인들이 할 수 없을 리가 없다. 어쨌든 진보라는 말이, 진(眞)과 선(善)을 향해 인간의 힘을 높이는 것(이것이 바로 그 유일한 진실의 의미이다)을 의미한다면 말이다.

그러므로 '지상에서의 하느님 나라', 즉 그리스도 교회의 이상적인 모습인 '성도의 교제'는 1800년 전, 1000년 전, 또는 500년 전, 400년 전에는 오늘날 실현할 수 있는 것과는 완전히 달랐다거나, 성도가 되는 것은 테바이스 사막과 중세 수도원의 수도사나 수녀의 특권이었다고 믿어야 할 이유는 전혀 없다. 그러한 '겸손'에 빠지지 않도록 항상 하느님이 우리를 지켜주시기를! 오히려 이를 대신하여 위대한 목표에 도달하는 데 필요한 모험을 감행할 만한 적극적인 마음을 내려주시기를! 그리하여 우리는 이 점에서는 그 능력에 대해서나 의무에 대해 명백하다.

---

*1 요한복음 14장 12절.

이것과는 약간 방향이 다르고 훨씬 대답하기 어려운 문제는, 성도란 본래 무엇인가, 오늘날에는 어떤 모습으로 나타나는가, 또 도대체 '하느님의 나라'란 어떤 의미로 이해해야 하는가이다. 우리는 이 하느님 나라의 '도래'를 유감스럽게도 아직도 수백 가지의 언어로 계속 기도하고 있다. 그 나라는 이 세상의 것이어서는 안 되지만, 이 세상에서 실현되어야 한다. 그렇지 않으면 그것은 단순한 공상의 나라에 지나지 않게 될 것이다.

가장 확실한 것은 하느님의 나라는 존재하는 모든 것에 대한 하느님의 자연적인 지배는 아니라는 것이다. 그리스도 역시 그렇게 생각하지는 않았다. 그리스도는 수없이 되풀이하여 '이 세상의 왕'과 다른 영에 대해 얘기하며, 어떤 주목할 만한 비유 이야기 속에서 인간 세상의 모습은 어떤 시대가 되어도 변하지 않을 것임을 참으로 명료하게 묘사하고 있다. 그러므로 설령 그리스도교와 그것에 의해 일어난 문명이 언젠가 이 지구상의 모든 민족에게 널리 퍼지는 날이 온다 해도(그것은 가능한 일이고 또 진실이라고도 생각된다), 이 지상을 선만이 지배할 것이라고 그리스도는 말하지 않았다. '그리스도 교계'조차 아직 하느님의 나라가 되는 것과는 거리가 먼 점이 있다. 그리스도 교계는 자기들의 내부에 본질상 당연히 하느님의 나라를 내포하고 있다고 옛날부터 주장했고, 지금도 주장하고 있지만, 어떤 시대에도 그랬던 적이 없다.

오히려 하느님의 나라는 다음과 같은 사람들로만 성립된다. 즉, 가장 오래된 첫 번째 계율이 무조건적으로 요구하고 있는 대로, 오로지 하느님만 섬기고, 하느님을 진심으로 사랑하기(이러한 감정이 없으면 그렇게 섬길 수가 없다) 위해 자유로운 의지와 결심으로 일어선 사람들이다. 이러한 사람들은 어떤 외적인 단체에 의해 결속되어 있거나, 서로 개인적으로 알고 있을 필요는 없다. 그러나 그렇게 흩어져 있어도 그들은 하나의 인간 종류를 형성하고 있고, 그들로 인해 하느님이 이 세상에 '깃드실' 수 있는 것이다. 하느님은 그 신성함 때문에 전혀 종류가 다른 사람들 곁에서는 아마 살 수 없는 것 같다.

이렇게 하느님만 섬기는 사람들은 국가와 교회 안에서 결코 저명하지 않고, 표면적으로는 눈에 띄게 활동하지 않아도, 국가와 교회를 실제로 지탱하고 있다. 그들은 유명하기는커녕 오히려 그 반대인 경우가 훨씬 많다. 이러한 사람들은 어느 시대에나 있었다. 구약시대에도, 신약시대에도, 어떤 때는 한 사람씩, 또 어떤 때는 약간 많이, 최악의 시대에도 보통 사람들의 눈에 비친 것보다 많이 있었다. 오늘날에도 마찬가지이다. 이런 사람과 알고 지내는 것은 특별한 은총을 받은 경우이다. 남에게 알려지는 것이 이들에게는 행복이 아니며, 알려지기를 원하는 자는 이미 그 특성을 잃을 위험을 안고 있는 것이다.

그러나 이러한 사람들은 어떠한 시대에도 외부적으로 눈에 보이는, 자신들의 동료만으로 한정된 단체를 형성하는 일은 없을 것이다. 오히려 주의 말씀에 있는 것처럼, 언제나 누룩으로서 국가와 교회의 민중 속에 섞여들어 결실이 풍부하고 또 지주가 되는 요소를 이루고 있다.

2

하느님의 나라가 싸우는 나라인 한, 성도가 되려면 특별한 '부르심'이 필요하며, 우리의 생각에 의하면 이 사실은 의심할 여지가 없다. 또 그리스도의 유명한 말*2도 이런 의미로 해석되어야 한다. 그런데 이것을 오해했기 때문에, 특히 프로테스탄트 교회에서는 참으로 많은 재앙이 일어났다. 만약 이 그리스도의 말이 어떤 사람들이 구원을 받기 위한 일반적 규정이나 다른 사람들이 영원한 멸망에 이르는 선고를 의미한다면(칼뱅은 성 아우구스티누스의 선례를 본받아 그렇게 이해했고, 도르트레히트의 교회회의는 결국 그것을 명백한 부조리로까지 발전시키고 말았지만*3), 이것은 그야말로 생각할 수 있는 가장 자기위주의, 또 가장 무서운 세계질서이다. 그리고 구원받을 권리가 없다고 규정된 사람들이 이에 대해 분개하는 것은 충분히 용납될 수 있는 일이다.

또한 이 일에 대해서는 사안의 성질상 풀기 어려운 수수께끼가 많이 남아있다. 예를 들면 카르타고의 성자(아우구스티누스)와 제네바의 종교개혁자(칼뱅)에게 '은총의 선택'이라는 교리에 대해 그토록 지나친 행위를 하게 한 것은, 실제로는 그들의 독자적인 인생경험 탓이었는지도 모른다. 그러나 오늘날의 그리스도교계에는 어떤 사람의 영혼이 태어나기 전부터 구원받을 가능성

＊2 마태복음 20장 16절.

＊3 도르트레히트 교회회의(1618~19년)는 더할 수 없이 엄격한 예정설을 표명했다. 그뿐 아니라 '타죄(墮罪) 이전이 예정'이라는 견해는 선택되느냐 멸망하느냐가 인류의 타죄 이전에 정해져 있는 것이라고 주장하기에 이르렀다. 이들 신학자가 그러한 것을 어떻게 알 수 있었는지 묻고 싶을 정도이다(하우크 헤르초크 편 《프로테스탄트 신학과 교회의 사전(事典)》(제3판) 제4권 798쪽 참조). 현재로서는 이슬람교가 가장 강력하게 예정설을 표명하고 있다.

도 없이 영원한 멸망으로 정해져 있다는 것을 그대로 받아들이는 자는 아무도 없다. 아니, 모든 사람이 진리를 따라 영원한 생명에 이르도록 부르심을 받고 있다. 그러나 물론 진리를 더욱 깊이 인식하는 것은 적어도 이 지상에서는 누구나 다 할 수 있는 일은 아니다. 그것은 무엇 때문일까? 우리로서는 그 대답을 알 수 없다.

이 '더 높은 부르심'(가령 이렇게 명명한다면)은 사람이 스스로 손에 넣을 수는 없지만, 그것을 얻고자 하는 용기를 마음속에 느끼면 성실하게 기도할 수 있다. 그리고 그 부르심이 누군가에게 주어진다면 반드시 받지 않으면 안 되며, 인간 세계의 군대에서 일반적으로 이루어지는 것과 상당히 닮았다. 이러한 부르심을 우리는 '성도가 되는 것'이라고 부른다.

하느님은 어떤 경우에 우리를 부르시는가 하는, 결코 완전하게 구명할 수 없는 신학상의 수수께끼를 푸는 것보다 더 중요한 것은, 현대에서 성도가 되려면 우리 안에 무엇이 없어서는 안 되는지, 또 어떻게 하면 성도임을 확실하게 구별할 수 있는지 아는 것이다.

성도에게 반드시 없어서는 안 되는 것은 먼저 성서에서 말하는 '열린 눈과 귀'이다. 그리고 그 뒤부터는 이미 구약의 거의 모든 부분에 나와 있는 대로 일은 간단하다. 열린 눈과 귀를 위해서는 하느님을 사랑하는 것 외에는 원래 아무것도 필요하지 않다. 하느님을 사랑하면 그 이상의 일은 모두 그 결과로서 저절로 찾아온다. 왜냐하면 이 사랑의 영은 평소에 보이지 않는 모든 것을 인간에게 가르쳐주기 때문이다. 그러나 유일한 이 조건은 다른 어떠한 것으로도 대신할 수 없으며, 또 종교적 교의와 예배의 의무, 일종의 자선사업을 통해 계획적으로 불러일으킬 수도 없다. 이미 고대 이스라엘인들은 끊임없는 '예배'를 통해 그것을 시험하고자 했다. 즉, 그것을 통해 모든 행위, 아니 거의 모든 생각을 하느님의 봉사에 바치려 한 것이다. 정통파 유대교는 오늘날에도 그것을 위해 고심을 거듭하고 있다.

그리스도 교회는 성립된 이래 한편으로는 신앙의 개념을 규정하기 위해 미세한 부분까지 검토하는 데 힘쓰며, 또 한편으로는 신앙 사업에 매진했다. 또 현대의 여러 교회도 신앙 사업이라는 점에서는, 과거의 어떤 시대보다 더욱 노력하고 있다. 그럼에도 불구하고 그 신앙생활에는 진정한 만족이 부족하여, 그들은 신앙의 쇠퇴를 끊임없이 두려워하면서 살고 있다.

현대의 성도(聖徒) 825

이 점에서는 복음서도 너무 높게 평가되어서는 안 된다. 뭐니뭐니해도 복음서는 하느님의 영이 특별히 나타난 것에 대한 충실한 보고 외에 아무것도 아니다. 그러나 그 단순하고 사람의 마음을 움직이는, 각각이 다르면서도 서로 보완하는 어법은 참으로 경탄할 만하다. 복음서를 모르는 자는 지금까지 존재하는 인류의 문헌 가운데 최고의 것을 모르는 것이다. 그러나 복음서가 그대로 그리스도교라고는 할 수 없다. 설령 그것을 암기할 정도로 알고 있다 해도 그리스도교를 아는 것은 아니다. 하물며 그 상세한 지식이 성도가 되는 전제 조건도 아니다.

성도가 되는 것은 글을 읽을 줄도 들을 줄도 모르고, 또 어쩌면 복음서에서 깊이 있는 것을 배운 적이 없는 사람이라도 충분히 가능하다. 하느님은 그 사람에게 하느님에 대한 사랑(그것은 동시에 하느님의 존재를 더욱 깊이 인식하는 유일한 길이기도 하다)을 더욱 직접적인 방법으로 주실 것이다. 사도 바울은 이러한 더 높은 하느님의 인식에 대해 명확한 관념을 가지고 있었음을 그의 저작 속에서 보여주고 있다. 그것은 고린도전서 제13장(이 장이 유명한 것은 당연하다)으로, 이 대목은 신학적 논의의 한가운데 마치 딴 세상에서 온 한 편의 시처럼 돋보인다. 또 예레미야도 유대교의 예배 전체가 사람에 의한 창조물이며, 이 '선택받은' 백성에 대해 처음 의도된 다른 것의 대용물에 지나지 않음을 잘 알고 있었다.

그러나 현대의 가장 뛰어난 종교서에도 그러한 것은 그 옛날 하느님이 더욱 가까이 있었을 때의 희미한 추억으로밖에 적혀 있지 않거나(참으로 하느님 가까이 있는 것이 바로 모든 종교, 또 모든 행복에 있어 단 하나의 중대한 일임에도), 그렇지 않으면 훨씬 나은 내세의 꿈으로밖에 얘기되어 있지 않다. 이러한 통찰은 가련한 인류로부터 수없이 사라져버린 것이다. 그것은 인류가 이 통찰을 양립할 수 없는 형식에 의하지 않고서는 파악할 수도, 하물며 가르치거나 전할 수도 없기 때문이다. 만약 새롭게 태어나는 모든 아기가 언제나 하느님의 새로운 창조물이고, 그 생명이 어떤 가치를 지니고 있어야 한다면, 그 생명 속에서 언젠가는 하느님의 영과 하느님의 사랑이 저절로 눈을 뜨고 작용하지 않으면 안 된다. 이 중대한 사항에 있어서도 부모가 애써 얻은 성질이 약간은 아이들의 소질이 될 수 있다는 연속과 소질의 유전을 우리는 분명히 믿는다. 하지만 그것은 기계적으로 이루어지는 것은 아니다. 오히려 그 반대의 일이 무서운 형태로 일어나는 경우도 있다.

따라서 성도가 되는 것은 요컨대 하느님에 대한 사랑이 현저하게 높아지고, 인간의 다른 모든 감정을 능가하기에 이른 상태를 말한다. 참고로 하느님에 대한 사랑은 이 세상의 생명을 초월하여 무한하게 높아질 수 있는 것이다. 현대에서 성도가 되는 것은 오로지 이러한 사랑을 지니는 것이고, 그것은 지나간 시대의 모든 형식에서 떠나고 모든 형식 자체에서 가능한 한 떠나는 것이다. 그러나 그것은 형식에 대한 혐오와 반발에서가 아니라, 그 모든 형식이 각 시대의 하느님에 대한 사랑의 표현으로서 존경할 만한 것이고, 어느 정도까지 존속할 것이라는 인식을 가지는 가운데 하는 것이다. 다음에 올 세상에 가서야 비로소 성소(聖所)가 더 이상 존재하지 않게 될 것이라고 요한계시록 21장 22절도 말하고 있다.

어쨌든 모든 성도들은 항상 이러한 상태에 있었다. 죽은 형식을 없앨 사명을 지고 있었던 신앙과 예배의 열렬한 개혁자들은, 완전히 이런 부류에 속하는 사람들은 아니었다. 또 그들은 이것을 그들의 아류보다 아마 확실하게 자각하고 있었을 것이다.[4]

현대에 있어서도 하느님에 대한 사랑이 크게 증대되지 않으면, 개혁, 특히 오늘날의 프로테스탄트 교회의 개혁은 그저 낡은 형식을 대신하여 새삼스럽게 새로운 형식을 만드는 것으로 끝나거나, 16세기 종교개혁의 형식 속에서는 그래도 많은 사람들에게 활발하게 작용한 그 영을 희박한 것으로 만드는 결과로 이끌 뿐이다. 교회가 현재 필요로 하는 것(그리고 국가에도 마찬가지로 크게 필요한 것은)은 마음속에 하느님의 사랑이 빛을 발하는 사람, 복음서의 표현을 빌리면 땅의 소금인 사람이 더욱 늘어나는 것이다. 이 소금이 없으면 어떤 사회개혁도 축복과 힘이 빠진 죽은 행위가 된다.

또 모든 그리스도교 종파가, 아니 일반적으로 모든 종교가 내면적으로 서

---

*4 루터와 츠빙글리는 교제하기 좋은 사람들은 아니었을 것이다. 칼뱅과 파렐(1489~1565년, 스위스 종교개혁자)과 녹스(1505~72년, 스코틀랜드의 종교개혁자)는 더 말할 것도 없다. 아시시의 프란체스코와 성녀 카타리나, 현대에는 골든과 블룸하르트가 확실히 훨씬 편한 교제 상대일 것이다. 이것이 지극히 많은 호의적인 사람들이 그리스도교에 진정으로 다가갈 수 없는 이유이다. 그들에게는 이미 집과 학교에서, 또는 견진성사 교육 때, 그리스도교의 사랑할 만한 면이 올바르게 제시되지 않았던 것이다. 실제로 특히 심하게 교회적인 사람들 중에는 그 방면의 대표자가 많지 않고, 오히려 그렇지 않은 사람이 많다.

로 유대를 가지는 것은 하느님에 대한 사랑에 의해서이며, 그것 말고는 아무런 이유가 없다. 오로지 이 사랑 속에서 프로테스탄트 교도와 가톨릭 교도, 유대 교도와 이슬람 교도가 서로 어느 정도의 유대를 느끼게 된다. 그들의 이 막연한 신에 대한 공경의 감각에 의해 종교 속의 가장 불완전한 것도 존경할 가치가 있게 되고, 또 발전하는 힘을 가지게 된다. 마찬가지로 이 사랑만이 모든 신분의 사람들을 신분상의 차별을 넘어 이어주고, 가장 비천한 사람을 가장 고귀한 태생의 사람과 진정으로 평등하게 해준다. 이 사랑이 현대의 권리 평등과 진정한 인도(人道)의 바탕인 것이다. 또 그것은 사랑을 모르는 이기주의, 당파 근성, 향락욕의 정신에 대한 유일하고 효과적으로 대항하는 힘이다. 하느님은 이러한 정신을 경멸할 수 있는 새로운 인간을 끊임없이 창조함으로써, 쉬지 않고 그것과 싸운다.

오늘날 이와 같은 사람들은 아마 수없이 많을 것이다. 어쨌든 100년 전, 그리고 50년 전보다는 많을 것이다. 다만 전보다 구별하기가 어려워졌을 뿐이다. 분명히 그들은 어떤 특징을 가지고 있다. 그것은 하느님에 대한 사랑이 많든 적든 사실이 되어 나타나기 때문이다. 다만 그것을 설명하기 어려울 뿐이다. 왜냐하면 설명은 대개 인간관계와 관련된 비유를 통해 이루어질 수밖에 없는데, 반드시 실상에 적용되지는 않기 때문이다. 단테는 《신곡》의 '천국편'에서 내세에서 지배하고 있을 것으로 생각되는 사랑의 일반적인 모습을 그려내려고 시도했다. 그러나 일찍이 이 작품을 읽은 적이 있는 사람은 누구라도, 이 '천국편'이 극도로 아름다운 몇 군데를 제외하면, 《신곡》 중에서 가장 감명이 적은 부분이라는 것을 인정할 것이다. 그것은 바로 인간의 말이 비물질적인 것을 표현하는 데 적합하지 않기 때문이다. 또 고상한 성질을 가지고 최선의 것을 동경하고 추구하는 많은 사람들이, 오늘날의 교회에 대해 망설이는 것도 역시 이 때문이다.

그러나 어쨌든 하느님에 대한 사랑을 더 많이 지니게 되면, 그들도 교회를 존중하게 될 것이다. 마치 하느님도 우리가 보는 것 이상으로 교회를 불완전한 것으로 보고 계시는 것이 틀림없는데도, 여전히 교회를 존중하시는 것처럼 말이나. 왜냐하면 모든 교회에는 여진히 축복이 주어지고 있고, 만약 교회기 완전히 생명을 잃고 축복을 잃었다면 저절로 멸망하고 없을 테니까.

만약 당신이 운 좋게 현대의 성도를 만나 그의 마음속 방황을 묻는다면, 그는 아마 그저 이렇게 대답할 것이다. "나는 분에 넘치는 하느님의 은총에 인도되어 무엇보다 더 하느님을 사랑하고, 하느님을 완전히 신뢰하게 되었다. 그리고 하느님과 다른 것을 같은 정도로 존중하거나 하느님의 뜻에 반하여 행동하는 것은 이제 전혀 생각하지 않게 되었다. 이것이 나에게 평화와 확신과 기쁨을 주어, 모든 사람들에게 친애하는 마음을 품고, 현세보다 한없이 나은 내세에 대한 확신을 가지게 해준다. 하느님이 우리에게 원하시는 것은 우리와 함께 있는 것, 하느님에게 마음을 보내는 자를 발견하여 그 마음을 하느님의 영으로 더욱 키우고 생기를 주는 것, 이것 말고는 없다. 그러기 위해서는 우리의 자유로운 내적 의지를 남김없이 바치지 않으면 안 된다. 그러한 의지가 도대체 있는지, 또 얼마나 있는지 헤아리는 것은 필요하지 않다. 그러면 하느님은 우리를 위해 그밖의 모든 것을 이루어 주신다. 그것은 차례차례 넘칠 듯한 선물이 되어 나타날 것이다."*5

그리스도 이래 참으로 많은 예민한 정신들을 집중시키고 이미 여러 번 피비린내 나는 종교전쟁도 일으킨 신학상의 여러 문제에 대해, 하느님을 사랑하는 사람들이 관심을 가질 것 같지는 않다. 하느님을 사랑하는 사람들은 그리스도의 '선재(先在)'(창조 이전의 존재)와 그 '신인양성(神人兩性)'의 비밀스런 의의, 그리고 그리스도의 '희생의 죽음'에 대한 해명과 그 효과에 대해, 또는 그 피가 가지는 정화의 힘에 대한 생각을 숨길 리가 없다. 오히려 다음과 같은 단순한 사실을 마음의 의지로 삼을 것이다. 즉, 지상에 그러한 놀라운 분이 출현함으로써 구약의 모든 예언이 성취되고, 악의 힘이 전체에서나 개개인에게 있어 경험상 명백하게 구축되었다는 사실, 그리고 하느님의 영이 이 어둠의 골짜기인 지상에, 또 사람들 각자의 마음속에 자유롭게 들어갈 수 있는 확실한 길이 열리고, 나아가서는 인간 존재의 가장 불가해한 수수께끼인 죽음까지 극복할 수 있음을 보여주었다는 사실이다.

---

*5 시편 81장 11절, 로마서 4장 5·8절, 6장 14, 22절.
  "대부분의 사람은 영적인 삶, 즉 천국에 도달하는 삶을 사는 것은 경건과 밖으로 드러난 거룩함, 세속의 단념이라고 믿고 있다. 그러나 사랑의 행위를 수반하지 않는 경건, 내적인 거룩함을 동반하지 않는 외적인 거룩함, 세상에서의 생활을 수반하지 않는 세속의 단념은 영적인 삶이 아니다. 이와는 반대로, 사랑의 행위에서 나오는 경건, 내적인 거룩함이 나타난 외적인 거룩함, 이 세상에서의 생활과 결부된 세속의 단념이야말로 영적인 삶이다." 스웨덴보르그 《새로운 예루살렘에 대하여》(라틴어판, 1758년)에서.

하느님을 사랑하는 사람은 또 말할 것이다. 이 종교는 이렇게 하여 인간의 정신이 일반적으로는 가질 수 없고, 자신에게서도, 또 세상 속에서 가장 광범위한 지식에서도 퍼 올릴 수 없는 어떤 깊이를 준다고 말이다. 자신의 지혜와 넓은 세상 가운데에서 얻은 지식의 무력함은 역시 현대의 대부분의 유명한 사람들에게서도 볼 수 있다. 그들에게는 중요한 뭔가가 빠져 있다. 더 높은 의미에서는 무엇보다도 천박함을 벗어날 수 없다. 이 하나의 것만 채워졌으면, 그들의 내적인 모습은 비로소 완전한 것이 되었을 텐데.

이러한 완성은 오늘날에도 가능하다. 하느님의 영은 그것을 방해하는 모든 것으로부터 사람들을 해방할 수 있고*6 또 끊임없이 그것을 위해 준비한다. 그렇게 하면 그 사람은 마치 오랜 감금에서 풀려난 것처럼 되살아나서, 모든 인간에 대해, 아니 모든 피조물, 즉 생명 있는 것뿐 아니라 생명 없는 것(아마 우리의 이해력으로 그렇게 보일 뿐일 것이다)의 세계에 대해서도 완전히 새로운 관계에 들어가, 이 세계에서 다시 기쁨을 발견해 낼 것이다. 이러한 실감을 모를 때는 어쨌든 아직 성도(聖徒)가 되지 못한 것이다.

3

오늘날 성도의 여러 특성을 일단 나누어 생각해 본다면, 책이나 관찰을 통해 확인할 수 있는 한 다음과 같다. 물론 그 특성들은 실제로는 완전히 나눌 수 없는 전체이며, 또 일반적으로 인간이 그러하듯이 참으로 개성적으로 되어 있다. 따라서 이 경우 '모방(模倣)'은 문제가 되지 않는다. 그것은 어느 누구도 결코 잘할 수 없는 것이다. 사람들 각자가 자신이 가지고 태어난 본성(本性)을 훌륭하게 완성하지 않으면 안 되며, 설령 전체적으로 인간을 다시 만들 필요가 있는 경우에도(언제나 어느 정도까지는 그렇지만), 자신과 다른 본성을 습득하려고 해서는 안 된다. 만약 각각의 문제에서 어떤 모범을 따르는 것이 필요한 경우, 그 모범으로 삼아야 하는 것은 오직 그리스도 한 사람이며, 다른 모범은 위험하다.

진정한 그리스도교(종종 볼 수 있는 것과 같은 것이 아니라)가 우리에게 상당한 호감을 주고 깊은 만족을 느끼게 하는 것은, 그것이(영국의 종교개혁지 존

---

*6 시편 130장 8절.

웨슬리의 경우를 제외하고) 조금도 틀에 박힌 성질을 가지고 있지 않고, 또 사람을 사로잡고, 지도하고, 교육하고, 나아가서 타인도 그 길로 끌어들이기 위해 훈련하는 방법이 아니라는 점이다.

모든 나라와 시대, 계급, 또는 교양의 수준 등의 차별 없이, 언제 어디서나 볼 수 있는 성도들의 공통적인 특징을 든다면 다음과 같다.

1. 겸손. 이것은 자기 비하를 의미하는 것은 아니다. 자기 비하는 일시적으로 성실한 경우에도 거의 숨겨진 허영심의 표시이며, 자기 비하의 방법으로 거꾸로 그것을 자극하려는 것이다. 겸손은 인간의 왜소한 힘과 하느님의 위대한 힘에 대한 올바르고 깊은 인식이며, 이 인식은 정신의 기쁨과 잘 이어질 수 있지만, 어떤 인간의 신격화, 특히 자아의 신격화는 결코 용납하지 않는다. 자기 경멸, 이른바 '세상을 경시하고 자신을 경시하는 것'은 과도적인 단계일 뿐이다. 또, 금욕이라는 것도 그리스도교의 가르침이 아니며, 그리스도에 의해 실천된 것도 아니었다. 금욕을 지키는 참회 수행자가 우리에게, 또 그 자신에게 무슨 도움을 줄 수 있을 것인가? 수행에서는 그들을 훨씬 능가하는 인도의 탁발승도 마찬가지로 아무런 유익이 없다. 그래도 그들의 내적 생명이 지극히 강하게 불타올라 어떤 순간에는 생생하게 하느님 가까이 있는 기분이 들고, 그것 때문에 모든 지상의 일이 꿈처럼 느껴지다가, 그 꿈에서 깨어나는 것이 사람의 사명이라는 걸 깨닫는 경지에 도달할 수는 있다. 그러나 그런 상태를 외적 수단을 통해 불러들이려 하거나, 오래 지속시키려 하는 것은 지극히 위험한 일이다. 그런 것은 육체의 장애를 수반할 뿐 아니라 하느님과의 영적 관계를 저해하기 쉽다.

2. 늘 변함없는 친애(親愛). 이것은 올바른 자에게도 그렇지 않은 자에게도 똑같이 태양의 빛을 비추고, 인간 가운데 있는 미약한 장점에도 눈을 돌려 격려하시는 하느님의 반영이다. 실제적으로 생각하면, 이 특질이 어쩌면 성도가 되는 가장 중요한 자격이라고까지 할 수 있을 것이다. 왜냐하면 그리스도교를 더욱 가까이 하고 싶어하는 지극히 많은 사람들이 그리스도교가 진정으로 요구하는 사항보다 오히려 그 표면적인 것과 신자들의 분별없는 행위에 반발을 느끼기 때문일 것이다. 특히 이미 사도 바울이 "신심에서 이득을 얻으려 한

다"*7고 한 행동이나, 그리스도의 명백한 계율에 어긋남에도 불구하고 수많은 종교가 '존경'을 받고 싶어할 뿐 아니라 요구하기까지 하는 태도가 사람들의 반감을 불러일으키기 때문이다. 또 융 슈틸링과 라바터에게서 볼 수 있는 감상적 태도와 미국식의 '신앙 부활파'의 이름을 파는 방식은 결코 영속성 있는 선전은 되지 못했다.

모든 그리스도교 신자가 그리스도와 마찬가지로, 지상에서 하느님의 자애를 인간적으로 구현했더라면(그러나 이미 사도들부터 그렇지 않았던 것 같다), 세계는 오래전에 그리스도교에 의해 정복되었을 것이다. 현재 무거운 짐을 지고 있는 자, 끊임없이 정열에 시달리고 있는 자가 그리스도교도 곁에서 즐거움을 느낀다면, 신자들은 교회가 쇠퇴하는 것을 한탄할 필요는 없을 것이다. 그래서 인도의 어떤 시는 단적으로 이렇게 말하고 있다. "그는 살아 있는 모든 것을 동정한다. 그러기에 성스러운 자로 불리고 있다."

3. 두려워하지 않는 것. 우리로서는 '분노하는 성도'라는 것을 결코 믿지 않는다. 분노는 두려움에서 오기 때문이다.*8 성도가 되는 것의 가장 확실한 표시는 두려움이 없다는 것이다. 왜냐하면 두려움이 없는 것은 하느님에 대한 완전한 신뢰의 결과이며, 더욱이 그 신뢰는 인간이 스스로 하느님과 끊임없이 직접적으로 이어져 있는 경우에만 있을 수 있기 때문이다. 이 경우, 그 사람은 자신에게 다가오는 모든 고난과 위험이 자신에게 가장 큰 이익이 되는 것을 확신하고 있다. 30년 전쟁 당시 스웨덴군의 기병이 가죽 속옷 속에 부적(符籍)으로 몸에 지니고 있었다고 하는 저 멋진 시편 제91장은, 그것이 더욱 깊은 곳, 즉 마음속에 간직되어 있었더라면 정말 그러한 부적 역할을 했을 것이다. 성서 속에는(이미 앞의 논문에서 상세하게 설명한 것처럼) '두려워하지 말라'는 말 이상으로 자주 나오는 것은 없다. 그러나 이 말 이상으로 지켜지지 않고, 또 지키기 어려운 말도 없을 것이다. 왜냐하면 그것은 용감한 성격을 전제로 하는데, 그러한 성격은 확고한 신앙이라는 기반 위에서만 성장할 수 있기 때문이다.

4. 마지막으로는 일이다. 일하지 않는 성도는 있을 수 없다. 또 '끊임없는 기

---

*7 디모데전서 6장 5절.
*8 시편 37장 8절.

도'도 겉으로만의 행위라면 역시 자기 기만이라고 생각한다. 티베트 사람들이 사용하는 기도바퀴*9와 조금도 다를 바가 없다. 그리스도의 모습을 접하고 특히 호감을 느끼는 것은 한편으로는 완전한 안정감을 지니고 있었던 일이다. 거기에는 서두르거나 거칠게 돌진하는 일이 없고, 현대의 포교자들이 말하는 '영혼의 굶주림'이 거의 보이지 않는다. 그리스도는 우물 옆에서 모르는 여인과 천천히 얘기를 나누거나 자연을 자주 관찰하고, 때로는 혼자 조용한 곳으로 가기도 하며, 신앙을 가지지 않은 사람들의 집에도 손님으로 머무는 여유를 언제나 잃지 않고 있었다. 게다가 자신이 일할 기간이 짧게 한정되어 있다는 것에 대해(완전히 인간적으로 말해도) 조금도 의심을 품지 않았다. 그런데도 그리스도에게서는 현대의 선교운동과 그 성급함을 떠올리게 하는 것이 전혀 없었다. 그러한 성급한 선교는 초대 사도들의 시대에도 아직 시작되지 않았고, 바울에 이르러 처음으로 볼 수 있다. 그러한 성급함과 마찬가지로 그리스도에게는 아무것도 하지 않는 '명상벽(瞑想癖)' 같은 것도 전혀 느낄 수 없었다. 그리스도가 산이나 쓸쓸한 곳으로 물러간 것은 언제나 새로운 활동에 대비한다는 목적이 있었기 때문이지, 혼자만의 조용함을 즐기기 위해서는 아니었다. 그런 만큼 우리는 늘 명상에 잠겨 실천을 하지 않는 자를 성도라고 믿어서는 안 된다.

17세기의 프랑스의 성녀 엘리자벳 드 바이온은 내적 생활에서의 심경 변화를 다음과 같이 말했다. "하느님 안에서 나가는 일이 있으면, 다시 하느님 안으로 들어가지 않으면 안 된다. 그러면 언젠가는 틀림없이 하느님 안에 매우 깊이 들어가 두 번 다시 거기서 나오는 일이 없게 된다." 그러나 그것을 외적 수단을 통해 구해서는 안 된다. 이 말 앞부분은 대다수의 사람들이 경험하는 내적 세계의 역사이다. 그리고 뒷부분에서 시작되는 영혼의 상태가 시대에 따라 다양한 이름으로 불리면서 그리스도교적 신비사상의 본질을 이루고 있다. 그러한 상태의 영혼은 마치 성 안에 있으면서 주위의 미쳐 날뛰는 세계를 바라보며, 사자를 통해 외부 세계와 교섭을 유지하는 것과 같다. 향락(享樂)은 바로 성 밖에 있는 적이다. 영혼이 유혹당해 그것에 굴복할 때는 자신을 지켜주는

*9 입으로 경문을 읽는 대신 기도 문구를 적어 넣고 돌리는 바퀴.(역자)

성벽을 버리고 적의 세력 안에 들어가게 되며, 영혼은 즉시 고통을 느끼고 다시 거기에서 돌아오지 않을 수 없게 된다. 이에 반해 성 안에서 끊임없이 싸우지 않으면 안 되는 적은, 오직 휴식과 '명상(瞑想)'만을 원하는 게으름이다. 단하나의 유익하고 결실 있는 명상은, 경험으로 쉽게 알 수 있듯이, 일하는 동안이나 그 뒤에 저절로 솟아나는 법이다. 일은 하지 않고 일부러 시도하는 명상은 향기 없는 조화(造花)와 같다. 진짜 꽃과 겉모습은 닮았지만 아무런 가치도 없으며, 영혼에게 자신을 극복하게 할 수 있는 힘도 없다.

일에 힘쓰고 항상 직접 하느님 곁에 있으며, 단순한 향락은 모두 배척하거나 피하는 것, 이것이 햇빛과 생명의 빛이 우리 위에서 빛나는 한 하루의 의무이다. 휴식이 허락되는 것은 잠자는 동안과 일요일이다. 잠자는 동안에도 반드시 하느님이 우리를 계속 인도하며, 그 사이에도 쉬는 일이 없는 적의 공격으로부터 우리를 지켜주실 것이다. 또 일요일만은 일을 떠나 단순한 명상에 잠겨도 아무런 해가 없다. 오히려 필요하지도 급하지도 않은 일을 하는 것은 해롭다.

어떤 인간의 중개도 거치지 않고 직접 하느님의 인도와 가르침 안에서 그런 삶을 사는 기쁨보다 나은 것은 이 세상에 없다. 한번 그것을 진실로 경험한 사람은 마음을 채워주는 일이 없는 이 세상의 기쁨과 근심의 혼란 속에서, 또 단순한 교회주의의 기계적인 생활에서 떠나, 한없이 단순하고 진실한 이 생활로 돌아올 것이다. 그러나 진정으로 현명해진 사람이라면, 이 생활에서 완전히 떠나는 일은 더 이상 하지 않게 될 것이다.

4

이와 같은 점에서 다시 신비사상에 대한 문제, 즉 더욱 어려운 문제 가운데 하나와 부딪힌다. 어렵다고 하는 것은 이 사상이 건전한 양식에 대한 피할 수 없는 모순을 내부에 숨기고 있다고 생각되기 때문이다. 여기서도 또한 그리스도의 실례를 눈앞에 보지 않으면, 그러한 모순이 실제로 존재한다고 인정하지 않을 수 없을 것이다. 그러나 그리스도는 불건전한 의미에서의 신비가도 아니요*10 또 단순한 양식(良識)가도 아니었다. 따라서 신비사상의 어떤 점을 비난

---

*10 누가복음 7장 34절.

해야 할지는 언제나 그리스도를 기준으로 하여 헤아리지 않으면 안 된다. 또, 영적으로 어린 사람들과 그들이 아직 이해할 수 없는(대체로 경험하지 않은 것은 아무도 이해할 수 없다) 사항에 대해 얘기해서는 안 된다. 이들을 위해서는 오히려 삶을 사는 보람을 찾을 수 있는 유일한 것을 더욱 깊이 이해할 수 있도록 길을 열어주는 것이 필요하다.*11

  '신비사상'은 원래 약간 높은 단계에 서서 이해된 그리스도교에 지나지 않지만, 이 사상에 들어 있는 가장 큰 문제는 하느님이 인간과 직접적으로 교류하는 것을 믿을 수 있는가 하는 점에 있다. 만약 그러한 신앙을 오늘날 대부분의 상식인이 그렇듯이 '미치광이'로 선고하지 않는다면, 다음의 문제가 일어난다. 즉 이러한 교류는 예외적인 상태이며, 어쨌든 '부자연스러운 것', 이상한 것, 오직 황홀 상태에 의해서만 도달할 수 있는 것, 아니, 개개의 경우에는 거의 정신장애와 가까운 것이 아닌가? 그렇지 않으면 정말 자연스러운 것이고, 하느님이 원하시는 것이며, 그러므로 끊임없이 또 모든 인간의 내부에 그야말로 없어서는 안 되는 것이며, 따라서 이따금 그것에 어울리고 스스로도 기꺼이 그것에 따르는 개인이 발견될 때는 항상 그것을 계시하려고 하느님 스스로 노력하신다는 것이 하느님의 뜻에 합당한가 하는 문제가 그것이다.

  인간의 '내적 생활'이 항상 뭔가 '신비적인 것'을 내포하고 있는 것은 분명하다. 그것은 생리학이나 심리학의 일반적 견해에 따라 자연과학적으로 설명할 수는 없으며, 그것을 직접 경험한 적이 없는 사람들에게 이해시키는 것은 더더욱 불가능하다. 그들은 언제나 "바울이여, 너는 미쳤다"거나 고작해야 "너는 좀 더 나를 설득할 수 있을 것을"이라고 할 것이다. 그래도 만약 그 내적 생활이 진실이라면, 조금도 불건전한 것이 아니라 오히려 인간의 정신력을 총체적으로 강화하는 효과를 가지며, 그것을 흐리게 하는 일은 없으리라. 언제나 우리에게 깊은 안도감을 주는 것은 바로 이 사실이다. 또 한편으로 철학과 자연과학적인 박식함조차도 '물자체(物自體)'를 무언가의 방법으로 충분히 설명하는 데는 전혀 적합하지 않고, 커다란 시련을 맞이했을 때 인간을 지탱해 주는 힘은 아무것도 없다는 확신이 또한 이것을 돕는다. 그 중에서도 효과적인 그리스도교

---

*11 요한복음 16장 12~13절, 21장 18절.

신앙 가운데 뭔가 신비적인 것을 수반하지 않는 것은 생각할 수 없다.

원래 그리스도교는 단순한 교의인가, 아니면 흔들림 없는 사실에 기초한 것인가? 그리스도교는 누군가 뛰어난 인간 정신, 즉 처음에는 아브라함과 모세, 나중에는 다윗, 이사야, 그리스도, 바울 등에 의해 창안된 것, 또는 그 전부터 있었던 싹에서 발전된 교의에 지나지 않는 것인가? 만약 그렇다면 그것은 시대의 소산이라는 얘기가 된다. 그리고 각각의 시대가, 아니 각각의 생각하는 인간이 그리스도교를 천명하고, 인간에 의해 만들어진 이 교리를 자신의 요구에 따라 수용하든지 거부하든지, 아니면 새로운 형식으로 다시 만드는 권리와 의무를 가지는 것이다. 결과적으로 모든 시대에 각각의 뛰어난 신학자에 의해 새로운 그리스도교가 태어나게 된다.

이에 반해 그렇지 않다고 한다면, 그리스도교는 그 본질상 사실로 이루어진 것이다. 즉 그 시대 시대의 인간의 의지와 견해에 좌우되지 않고, 그렇게밖에 일어날 수 없었던 것, 다른 어디에도, 다른 어떤 방법으로도 일어날 수 없었던 사실이며, 그것을 본 사람들에 의해 단순히 증거의 형태로 보고된 것에 지나지 않는 사실이다. 이것이 초대 그리스도교였다는 것은 이 최초 시대의 확실한 증거인 사도행전과 사도들의 편지를 훑어보는 것만으로 충분하다. 모든 신학 체계에 싫증이 난 현대의 세계가 목마르게 원하고 있는 것은 실제로 일어난 일, 그리고 앞으로 일어날 일이지 새로운 교의의 체계나 철학이 아니다.

신비사상(神秘思想) 없이 성립될 수 있는 보통의 그리스도교적 경건과 신비사상(신비적 그리스도교)의 차이는 이런 것이다. 전자가 그리스도교를 원하는 것은 그 힘을 빌려 다른 길에서는 얻을 수 없는 행복하고 만족할 만한, 그리고 존경할 가치가 있는 삶에 도달하기 위해서이다. 이에 비해 신비사상에서는 하느님 곁에 있는 것 그 자체가 행복이다. 이 두 가지 그리스도교 신자 가운데 한쪽은 필요한 만큼 하느님을 원하지만, 다른 쪽은 가능한 한 하느님을 구하는 것이다. 이것은 큰 차이이며, 특히 실제에 있어서는 더 그러하다. 왜냐하면 결국은 완전히 하느님 안에서 사는 것이 아니면, 자연 그대로의 본성에 깃드는 관능성(官能性)을 모두 극복할 수는 없고, 또 인간과 사물에 대해 진정으로 올바르고 확고한 관계에 도달할 수도 없기 때문이다.

완전히 하느님 안에서 사는 것은 신비사상이다. 하느님은 실제로 체험하는 것 외에는 파악할 방법이 없기 때문이다. '설명된' 하느님은 언제나 인간의 단순한 관념에 머무른다. 그런 관념에서 말하면 인간이 하느님을 만드는 것이며, 하느님이 인간을 만드는 것이 아니라는 것이 진실이다. 그런 관념의 하느님은 우리에게 유익한 점이 조금도 없다. 실제로 예언자 이사야가 확실하게 얘기한 것처럼, 그것은 우상보다 나은 데가 조금도 없다. 우상에도 뭔가의 관념을 부여할 수 있기 때문이다. 이렇게 다양하게 하느님의 개념을 만들어내는 것은 사실 우상숭배에 비해 그리 고상하다고 할 수도 없다.*12 우상 숭배의 경우에도 교육을 받은 그 대표자들은 외형과 그 저편에 있는 관념을 충분히 구별할 줄 알기 때문이다.

이러한 그릇된 길에서 인간을 지키는 것은 그러한 인간의 사변과 공상의 산물로서의 하느님이 아니라, 사실로서의 하느님, 진정으로 살아서 작용하는 하느님*13을 실제로 경험하는 것 말고는 없다.

높은 교양을 가진 사람들은 그 생애 가운데 다음의 두 가지 가운데 어느 한 가지에 도달하게 된다. 어떤 사람은 종교적 회의론(레싱은 진리를 소유하는 것보다 진리에 대한 영원한 탐구를 존중한다는 말을 남겼다) 또는 기껏해야 불가지론에 도달한다. 그들은 연구를 통해 인식할 수 없고, 오히려 '인식할 수 없는 것으로서 침묵 속에 존경해야' 하는 것이 '하늘과 땅 사이'에 과연 존재하는가에 대한 문제는 그대로 '미결정인 채로 두자'(괴테)는 생각에서 끝나버린다. 한편 다른 사람들은, 거짓 없는 자신의 인생 경험에 의지하며, 그 밖의 것은 그것과 동등한 의의를 가지지 않는 것으로 간주하는 일종의 신비사상에 도달하는 것이다.

인간은 신비사상을 통해서만 점점 하느님에게 다가갈 수 있다. 따라서 신비사상은 인간을 철저히 선(善)해지게 할 수 있는 유일한 사고방식이다. 왜냐하면 그 경우 더욱 뛰어난 하느님에 대한 인식과 하느님 가까이 있는 것에서, 무엇이 자신을 가로막고 있는지 점차 확실하게 깨닫고, 그것을 제거하려고 노력하기 때문이다. 그것과 달리 단지 철학적 또는 신비학적 개념을 규정하는 것만으로는 우리의 생활에 아무런 영향도 미치지 않고, 하물며 불가지론에 이르러서는 더 그 힘을 가지지 못한다.

---

*12 이사야 44장 9~20절.
*13 예레미야 10장 6절.

그러므로 그리스도교적인 사고를 할 경우, 신비사상을 완전히 빼고는 아무런 성과도 얻을 수 없다. 하물며 진정으로 발랄하고 활동력 있는 그리스도교는 신비적 요소를 상당히 강하게 띠지 않고는 생각할 수 없다.

"이런 것을 다 이해할 수는 없는 사람은 그 중에서 자신이 인정하는 것만 남겨두는 것이 좋다. 이런 것들이 전혀 마음에 들지 않는 사람은 그것을 애호하는 사람에게 맡기도록 하라. 그리고 자신이 아무것도 알지 못하는 일에 대해 감히 모독하지 않도록 조심해야 한다"고, 베르니에르 루비니는 그 설명의 끝에서 말했다.

5

이 신비사상의 문제는, 우리가 또는 그리스도가 가졌던 것과는 다른 더 복잡한 '하느님의 개념'을 내세우려 하지 않고, 오히려 그리스도와 그의 범례에 훨씬 많이 의지한다면, 더 간단하게 보일 것이다. 특히 상식적인 사람들이 실제로 신비적인 사고방식 이상으로 두려워하고 있는 '신비적 상태'(황홀 상태)는 그리스도교와 필연적으로 결부되는 것은 아니며, 또 결코 그런 상태가 성도(聖徒)가 되었다는 증명도 아니다. 만약 그런 상태가 성도가 되었음을 증명하는 것이라면, 그리스도도 이 상태를 그런 의미로 언급했을 것이다. 그 반대로 이 상태는 자의적(恣意的)인 것으로, 식사와 수면을 무리하게 억제함으로써 불러일으킬 수 있다. 만약 이 상태가 이렇듯 하느님의 행위가 아니라면, 그것은 죄를 수반한다고 할 수 있다. 그런 경우에는 보통 격렬한 반동이 나타나는데, 심지어 신앙 자체마저 잃을 정도의 극한까지 나아가는 광인(狂人)들이 많이 있다. 이러한 사태에 이르면, 그때부터 불건전한 영역에 발을 들여놓게 된다. 실은 이러한 불건전함은 다른 어떤 것보다, 대부분의 양식 있는 사람들이 신비사상과 그리스도교 자체에 대해 불신을 품게 되는 큰 이유로 작용했다.

그러므로 성도가 되는 것은 위와 같은 신비적 상태에 있는 것은 결코 아니다. 또, 보통 이상으로 하느님에 대한 훌륭한 인식을 가지는 것도 아니다. 성도가 되는 것은 오로지 하느님에 대한 더 큰 순종, 더 높고 순수한 내적 생활에 있다. 그 내적 생활은 사소한 점에 이르기까지 하느님의 엄격한 보호를 빌게 된다. 한마디로 말하면, 우리의 유일한 모범인 그리스도를 한층 더 닮게 되는 일이다. 분명히 성도에게는 신비한 인도가 주어지고*14 수많은 위험에서 보호받는다. 그래서 그러한 위험을 전혀 깨닫지 못하거나, 그 위험이 지나가 버린 뒤에 비로소 깨닫기도 한다. 그렇다고 해서 성도는 유혹에, 하물며 죄에 빠지지 않도록 보호받는 것은 결코 아니다. 다만 그것이 유혹과 죄라는 것을 바로 알고, 하느님에게 더 강하게 의지함으로써 즉시 다시 일어서는 것이다. 따라서 하느님의 '선택'은 그저 의지의 방향에 대해서만 인간에게 많은 것을 요구하고, 게다가 갈수록 많이 또 최후까지 요구한다.

그러나 하느님은 이미 거의 완전에 가까운 인간이나, 적어도 그렇다고 잘못 생각하고 있는, 이른바 '완성된' 인간을 요구하시는 것이 아니라 그저 일반적이 아닌 방법으로 보통 이상의 사명에 인도되고, 또 사용되기를 스스로 원하는 사람들을 요구하시는 것이다. 그러나 그것을 스스로 원하는 것은 사실 위험하다. 이것은 미리 충분히 숙고해야 할 일이다. 그뿐 아니라 부르시지도 않는데 강요하듯이 나서는 것은 더더욱 위험하며 그런 사람들과 교제하는 것도 위험하다.

성도가 되는 것은 참으로 큰 요청이며(아마 이 세상에서 가장 큰 요청일 것이다), 달리 비견할 데가 없는 '예외적인 지위'일 것이다. 그러나 그것은 중세나 고대와 마찬가지로 오늘날에도 그렇게 될 수 있고, 소아시아와 이집트와 마찬가지로 독일에서도 역시 그렇게 될 수 있다. '근대적 세계관'이라 해도 이 사실은 털끝만큼도 바꿀 수가 없다. 근대적 세계관은 이러한 것들을 결코 이해할 수 없을 것이고, 하물며 이 예외적인 지위를 제거하는 것은 더더욱 어렵다.

지금까지 말한 것에는 성도가 되는 것이 본래 달리 찾아볼 수 없는 헤로이즘(영웅주의)이라는 것이 내포되어 있다. 성도가 되는 것은 당연히 쉽지 않은 그림자의 얼굴을 가지는데, 특히 그런 사람들에게는 아무도 그다지 동정하지 않는다는 것도 그 그림자의 얼굴 가운데 하나이다. 성도가 사람들의 도움이나 동정을 받지 못하고 고통을 극복해야 하는 것은, 그 사명으로 보아 당연한 일이다. 바로 그것 때문에 그들은 '성도'이기 때문이다.*15

또한 그 위에 때로는 고통스러운 최후까지 더해지는 일이 있다. 그리스도도

---

*14 시편 4장 3절.
*15 시편 22장 8절.

그러한 최후를 마쳤다. 그의 선구자인 세례자 요한도 마찬가지이고, 야고보도, 또 베드로와 바울 등 그리스도를 직접 따른 제자들도 역시 그러했다. 아시시의 프란체스코와 시에나의 카타리나도 정도는 약간 가벼웠지만 마찬가지였고, 나아가서 잔 다르크, 지롤라모 사보나롤라, 존 브라운, 골든 파샤, 그 밖에 일찍이 이 세상에 나타난 뛰어난 사람들의 대부분도 모두 같았다. 앞에서도 말했듯이 스스로 그 부르심을 받고 싶어하는 사람들에게, 성도가 되는 것이 얼마나 어려운 일인지 보여주는 것도 이들 사명 가운데 하나였다.

"성배를 찾으러 떠나는 사람들에게
그들 대부분이 도깨비불을 뒤쫓는 거라고 말했을 때
나는 너무나 어두운 예언자였던가?"[*16]

오늘날의 자연과학적, 유물주의적 세계관이, 성장하고 있는 세대의 개인 생활 및 민족 생활에 대해 그 영향력을 충분히 발휘하게 된다면, 극히 가까운 장래에 참으로 많은 사람들이 도깨비불을 뒤쫓을 것이다. 그렇게 되면, 우선 언제나 변함없는 대립과 요구의 법칙에 따라 이미 현실주의와 이기주의, 감정적으로 조악한 '초인주의(超人主義)'와는 다른 것을 갈망하기 시작한 세계 속으로, 그것들 못지않게 불건전한 심령술과 모든 종류의 미신의 시대가 찾아올 것이다. 그러나 최후에는 모든 것을 극복하는 진정한 현대적인 성도가 나타나리라. 그와 함께, 인류의 위대한 날의 새로운 서광이 비치기 시작할 것이다. 오늘날의 우리는 아직 그 최초의 희미한 빛을 보고 있을 뿐이지만.

* * *

"당신만이 은총으로 다가오소서,
당신의 자애, 남김없이 우리 위에 빛나기를.
당신의 성스러운 영혼, 우리를 이끌고
영원하고 덧없는 행복의 길을 가르쳐 주시기를."

[*16] 테니슨의 〈성배〉.

우리는 무엇을 해야 하는가

  사람들이 내적 또는 외적 생활 속에서 뭔가 중대한 사건을 만나고, 평범한 이 세상 삶의 게으른 잠에서 깜짝 놀라 눈을 떴을 때, 또는 더욱 진지한 삶이 가능하고 그것이 바람직하다는 감명을 받았을 때, 그들이 맨 먼저 던지는 질문은(그것을 분명하게 입 밖에 내든 안 내든) 언제나 "무엇을 해야 하는가?"이다. 그리고 모든 종류의 '방법주의'에 대한 답은 보통 다음과 같다. 즉, 그런 사람들의 말꼬리를 잽싸게 누르고 그들을 부추겨 어느 한 단체에 가입하게 하는, 더 이상 뒤로 물러날 수 없는 한 걸음을 실제로 힘차게 내딛게 한 뒤, 끊임없이 다른 사람들에게도 권하게 하여 집단적으로 활동하게 하는 방법이다. 그 덕분에 그런 사람들이 즉시 전과는 전혀 다른 생활태도에 도달할 수 있거나 자신에게 없었던 평화를 얻을 수 있다면, 아마 그들은 더 어려운 일도 마다하지 않을 테지만.

  그러나 그리스도교의 복음은 인간이 자신에 대해 아는 것 이상으로 인간을 잘 알고 있어서, 새로운 신자에게 처음부터 어떤 행위나 상태의 큰 변화를 요구하지는 않는다. 다만 선을 향한 자유로운 결심만을 바라며, 거기에 계속적인 좋은 의지, 그리고 마지막으로 신앙을 구하는 것이다. 이때가 되어서야 비로소 복음은 그에게 위로부터의 힘과 촉구를 약속한다. 이 힘과 촉구만이 하느님이 기뻐하시는 좋은 행위를 낳을 수 있다.

  이에 반해, 자신의 힘으로 자발적으로 하는 일은 그들의 뿌리인 자아성(自我性)을 새로운 생활 속에서도 계속 지니는 것으로, 실제로 역사 속에서 하느님이 원하는 최선의 일을 부분적으로 자주 파괴해 왔다. 그것은 하느님의 가장 위대하고 또한 더할 나위 없이 명백한 사업도 저절로 유지되는 것이 아니며, 각 세대의, 아니 한 사람 한 사람의 끊임없이 새롭고 자유로운 의지와 헌신을 필요로 하기 때문이다. 실제로 이러한 정신에서 이루어지는 일이 아니면 하느님의 사업을 지키는 데 아무런 도움이 되지 않는다.

그러나 결코 실천에 옮기는 일이 없는 단순한 신앙은, 흔히 주해(註解)되어 있는 사도 야고보의 말을 빌리면 죽은 것이 확실하다. 그리고 루터가 이 야고보의 편지를 그 시대의 요구에 적합하지 않다며 '지푸라기 편지'라고 부른 것에, 나는 동의하기 어렵다. 야고보의 편지는 바울의 편지 못지않게 좋은 것이며, 루터가(바울이 아니라) 로마서 3장 28절에 삽입한 '기도'는 오늘날의 모든 성서에서는 원래 괄호 안에 들어가야 할 것이다.

인생에는 그야말로 신앙과 행위의 두 가지가 함께하지 않으면 안 된다. 그러나 행위에는 사명의 지시가 필요하다. 극히 사소한 점에까지 미치는 끊임없는 지시가 필요하다고 말하고 싶을 정도이다.

그러므로 산상수훈에서 그리스도의 제자로, 또 그 나라의 적극적인 백성으로 걸맞는 마음자세가 설교된 바로 뒤에, 마태복음 제10장에서 그 같은 자세를 토대로 실천적인 생활을 영위하기 위한 일반적 훈령이 제시되는데, 그것은 분명히 군대의 일반적인 훈령과 똑같은 특징을 가진 것이다.

이 일반적인 훈령은 위안의 말로 시작되어 위안의 말로 끝난다. 행위를 명령받은 사람들이 세상에 나가는 것은 자신의 의지에서가 아니며, 마찬가지로 자신의 부담에 의해서도 아니다. 그들은 주의 이름과 명령에 의해, 또 틀림없이 주어지는 주의 보상을 얻어서 그 의무로 나아가는 것이다. 그 의무는 자신의 힘으로 하는 것이 아니며, 그들에게는 사람의 영혼이 무엇보다 추구하는 것, 즉 모든 영을 지배하는 힘이 주어진다. 그뿐 아니라 자연의 힘이 그들을 방해한다면, 그것을 이길 수 있는 힘도 주어진다. 마지막으로 그들은 친구와 제자들을 찾아내어, 이 사람들이 그들을 자신의 마음속에도 집에도 맞아들이며, 그것에 대해 이 사람들에게도 마찬가지로 큰 보상이 약속되는 것이다.

그러므로 이 세상 모든 인간의 진실한 요구는(또한 마찬가지로 영혼의 요구도) 이러한 의무 속에서 채워진다. 그것도 이 세상과 그 주인들에 대한 의무 속에서 좀더 훌륭하고 더 확실하게 채워지는 것이다. 그러므로 이상의 것을 먼저 터득한 뒤 귀를 기울이고 마음을 열어 다음의 지시를 듣기 바란다.

우선 여러분이 속해 있는 나라의 사람들 곁에 가는 것이 좋다. 왜냐하면 하느님은 '질서의 하느님'이고, 사람이 한 나라, 한 민족에 속하는 것은 하느님의 질서이며, 그 질서를 완전히 무시하려는 국제적인 것, 인도주의적인 것, 또는 사회주의적인 것은 진정한 성공의 유일한 원천인 하느님의 축복을 받을 수 없기 때문이다.

하느님의 나라를 권장하라. 치유하고, 정화(淨化)하고, 자각시키고, 모든 악을 정면으로 공공연히 반대하는 것이 좋다. 이것이 여러분이 매일 해야 하는 일이자 의무이며, 여러분은 그것을 완수하기 위해 부르심을 받은 것이다.

여러분의 활동 속에서 이득을 구하지 말고, 그것을 부수적인 것으로 마음에 깊이 두지도 말며, 필요한 것만으로 만족하라. 그것은 남는 것이 짐이 되거나 번거로움이 되어, 여러분이 모처럼 얻은 더 나은 사상을 방해하는 일이 없도록 하기 위해서이다. 또는 유약함과 지나친 편안함이 여러분에게 행위를 꺼리게 하지 않기 위해서이다. 그러나 필요한 것은 항상 얻을 수 있을 것이다.

비교적 좁은 범위에서 먼저 가까이 교제할 만한 사람들을 선택하여 그들과 교제하라. 그 밖의 사람들과는 다투지 않는 것이 좋다. 그들이 여러분의 말에 귀를 기울일 수도 없고 그것을 이해할 수도 없다는 것에, 이미 그들이 받아야 할 심판이 들어 있다.

성실에 반하지 않는 한 현명하라. 다툼이나 위험을 멋대로 구해서는 안 된다. 그러나 반대에 부딪쳤을 경우, 게다가 그 반대가 가까운 쪽에서 나타나더라도 그리 놀랄 것은 없다. 또 그것에 어떻게 대항할지 걱정하지 않는 것이 좋다. 그리스도교는 최후까지 미움을 받지 않고는 끝날 수 없다. 그러나 그리스도교는 결국 모든 것을 이기고 또 그것에 편드는 자도 이기게 됨으로써, 이 신앙에서 자신의 생명의 진수를 발견해낼 것이다. 여러분의 주(主)께서 받으신 것 이상의 것, 더 나은 것을 구해서는 안 된다. 그 사실을 여러분은 극복하지 않으면 안 된다. 그렇지만 싸움은 결코 오래 계속되지는 않을 것이다.

그러므로 두려워하지 말라(세 번 거듭하여 말해둔다). 두려움은 항상 죄이거나 죄의 결과이다. 여러분의 내부에 있는 죄를 경계하라. 분명히 여러분에 대해 입으로는 이러쿵저러쿵 말들이 많겠지만, 여러분에게 적대하는 행동은 그리 많지 않을 것이다. 하느님의 허락 없이는 극히 사소한 일도 여러분에게 일어나지 않는다. 여러분의 적은 스스로 깨닫지는 못해도 모두 하느님의 그릇이며, 만약 여러분이 증오와 복수심을 품지 않고 그들을 볼 수 있다면, 그들은 여러분을 위해 가장 유익하게 일하게 된다. 증오와 복수심은 오히려 여러분을 손상시킬 수 있다.

그러나 하느님은 두려워하라. 하느님을 두려워해야 할 많은 이유가 있다. 말에서나 행위에서나 하느님을 결코 거부해서는 안 된다.

또 결코 끊임없는 평화와 안식을 기대해서는 안 된다. 그것은 인생 본연의 모습도, 법칙도 아니다. 오히려 인생의 의무를 결연히 받아들이는 것이 좋다. 만약 여러분이 이 세상에서 안락한 삶을 구한다면(이 세상의 영은 여러분이 이제라도 돌아와서 이 세상의 영을 주인으로 승인한다면, 그러한 삶을 쉽게 약속할 것이다), 그것으로 인해 틀림없이 영원하고 진실한 생명을 잃게 될 것이다.[1] 그러나 여러분이 눈에 보이지 않는 것과 그 지시를 믿고 용기를 내어 눈에 보이는 많은 것을 버린다면, 그리고 인간이 생애에 이룩할 수 있는 이 최대의 약진을 날마다 그리고 모든 기회에 조용한 결심으로 새롭게 이행한다면, 그렇게 할 수 있는 힘이 주어질 뿐만 아니라 여러분이 버린 모든 것이(그것이 높은 가치를 가지는 한) 백 배나 되어 다시 돌아오고[2] 그와 아울러 영원한 생명도 얻을 것이다. 그때, 아니 그때라야 비로소 여러분의 인생은 진정한 내용과 영속적인 가치를 지니게 된다.

지금까지 말한 것은 올바른 인생의 모든 조건을 간단하게 표현한 것이다.

우리는 이 조건을 변경할 수는 없다. 그것을 감히 프로메테우스적인 반항심으로 시험한 사람들은 그들의 철학적 또는 사회적 이론과 실천으로도 늘 좌절하고 말았다. 주는 '그들을 비웃으신다'[3] 또 그들의 반항이 극단적인 정도에 이르면, 그들은 그 때문에 건전한 양식(良識)을 잃게 된다. 양식은 오직 하느님의 세계질서와만 일치할 수 있고, 그 이외의 세계질서는 전혀 수용하지 않기 때문이다.

그런데 우리는 이러한 조건을 수용할 수 있거나 없거나 둘 중의 하나를 선택해야 한다. 왜냐하면 인간의 생활은 자유로운 의지를 토대로 하고, 더욱이 하느님은 자유로운 인간과 스스로 나아가 일하는 종을 원하고 계시기 때문이다. 하느님은, 사람들이 자신은 자유 의지를 가지고 있지 않다고 주장하거나

---

*1 누가복음 4장 6절. 존 번연 《천로역정》.
*2 마태복음 19장 29절, 마가복음 10장 29·30절, 욥기 42장.
*3 시편 2장 1~4절, 9장 15·16절.

그것을 포기하고 싶어해도 인정하지 않으신다. 이들도 올바른 길을 알고 있었을 텐데 단지 '그 길을 잘못 들어섰을' 뿐이다. 그것은 그들도 자의식의 바닥에서는 이 길을 똑똑히 느끼고 있었기 때문이다.

이 올바른 길은 실제로 큰 심연(深淵) 사이를 누비며 나아가는 것으로, 오늘에서 내일로 가는 길조차 확인할 수 없는 일도 있어서, 먼 미래의 거울에 비추어 볼 때는 누구나 불안에 떨지 않을 수 없다. 그러나 처음에는 그저 무서워서 떨면서도 이 좁고 올바른 길로 들어서는 사람들을, 그 지시를 내리신 주께서 동정과 관용으로 지켜보신다. 그리고 필요할 때마다 내려주시는 무수한 조언을 통해, 또 가능한 한 고통을 줄이는 모든 방법을 통해, 그리고 일찍이 이 길을 따라가서 결코 헤매는 일이 없었고, 더욱이 그 인생의 마지막에 특별히 염세주의자가 되지 않았던 참으로 많은 사람들의 실례를 통해, 그들에게 용기를 주신다. 지금까지 세상에 있었던 어떤 철학, 어떤 다른 종교, 또는 과학에 대해서도 그들이 이러한 일을 이룩했다고는 행여라도 주장할 수 없을 것이다. 그래도 회의적인 사람들은 풍요롭게 번영하는 인생에 도달하는 길이 그 밖에도 있지 않을까 하고 때때로 의심을 품을지도 모르지만, 가장 확실하고도 가장 쉬운 길, 또 과거에도 미래에도 최상의 동행자를 얻을 수 있는 길은 어쨌든 이 길밖에 없다.

자, 이 논문의 서두를 읽고 "나는 무엇을 해야 하는가?" 하고 물었을 독자 여러분은 이상과 같은 일을 하면 된다. 이 길을 걸으며 이 일반적인 훈령에 따르는 것이 좋다. 그러면 앞으로 당신은 하느님의 통치 아래에서 어떠한 인간의 지도와도 다른 인도를 경험하게 된다. 그리고 하루의 명령은 그날그날 주어지며, 그 싸움 전체에 대한 명령이 미리 주어지는 일은 없다. 아마 여러분은 그러한 전체적 명령은 감당하지 못할 것이다. 왜냐하면 뭔가 큰 일이 전체로서 여러분의 마음을 차지해 버리면, 자신이 얼마만한 일을 할 수 있을지 또 그것을 견딜 수 있을지, 전혀 알 수 없게 되기 때문이다.

그러므로 이상은 누구에게나 적용되는 일반적인 훈령(訓令)이다. 그 밖의 점에서는 지상에서의 하느님 나라에 속한 모든 사람이 동일한 의무를 부여받은 것이 아니라는 것만 말할 수 있다. 이것은 어떤 군대에 속하는 모든 군인이나 시민, 또 직업적으로 일을 하는 모든 사람들에 대해서도 같은 말을 할 수 있으며, 그들은 뭔가 진정으로 쓸모있는 일을 할 수 있는 올바른 부서를 찾기 위해 특별한 임무를 지시받는 것이 가장 좋다.[4] 왜냐하면 사람들의 영혼, 특히 젊은 사람의 영혼은 '지극히 다양한 소질에서 싹터서 자라나는' 것이며, 그 중에는 자신의 진정한 천직을 끝내 깨닫지 못하거나 생애의 마지막에 가서야 간신히 깨닫는 사람들, 또 타인에 의해 잘못된 방향으로 인도되는 사람들도 무수하게 많지만, 성실하게 하느님의 인도에 몸을 맡기는 자라면 누구에게도 그런 일은 일어나지 않기 때문이다. 올바른 항로(港路)로 들어가는 것은 그것만으로도 이미 중대한 일이다. 칼라일은 일찍이 자신의 모든 처세훈(處世訓)을 다음의 한마디로 정리했는데, 그것이 틀린 말이 아닌 것은 분명하다. "자신의 일을 알고, 그것을 하라."

이 일반적인 훈령에 대한 몇 가지 특별한 주의 사항을 든다면, 대략 다음과 같다.

우리가 학교에서 받는 일반적인 종교 교육은 고작해야 다른 수많은 공포에 다가 하느님에 대한 공포를 덧붙여 주입하는 것뿐이다. 그러나 이 공포도 살아가는 동안 곧 더 흔하고 확실한 생활에서의 걱정거리 때문에 멀리 밀려나고 만다. 그리고 지극히 많은 사람들에게는 인생의 한낮에 이르기 전에 하느님이 그저 단순한 환상에 지나지 않게 된다. 그것은 어두운 미신시대가 인간과 자연적인 욕구 사이에 설정한 환상으로, 이제 '계몽의 태양' 앞에 흩어지지 않을 수 없게 되는 것이다. 현대의 문명인은 이제 공포의 길을 지나 하느님에게 도달하지는 않는다.

오늘날 하느님을 믿는 것은 오직 하느님을 사랑하고 하느님의 사랑을 실감하는 자뿐이다. 이 사랑의 실감은 결코 환상이 아니며, 이 세상에 존재하는 것 가운데 가장 확실한 것이다. 언젠가 여러분이 하느님의 영에 재촉되어, 성실하게 "주여, 나는 그 무엇보다 당신을 사랑합니다"라고 말할 수 있는 날이 온다면, 그때 여러분은 이 인생의 목적을 달성한 것이며, 어떤 영원한 것도 이것을 능가하는 것은 줄 수 없을 것이다. 그때야말로 '하느님과 함께 있는 것'이 실현되는 것이다. 그 진에는 여러분의 그리스도교도, 행복의 영속성도 그리 대

---

[4] 창세기 6장 22절.

단한 것이 아니다. 오히려 뭔가 올바른 것을 실천하고 있지 않은 게 아닌가, 또 굳게 결의한 사항을 중요한 순간에 잊어버린 것은 아닌가 하는 공포가 사라지지 않는다. 또 그것은 전혀 근거가 없는 것은 아니다. 누구나 기억력만으로 자신이 완수해야 할 모든 의무를 기억하고 있을 수는 없고, 더욱이 모든 순간에 그것을 실천할 수 있는 충분한 의지를 가지고 있는 것도 아니다. 그러나 사랑은 결코 사랑하는 것을 잊게 하지 않으며, 또 사랑이 있는 사람을 일깨워 사랑에 걸맞고 그 사람에게도 필요한 것을 실천하게 하는 장점을 갖추고 있다. 그러므로 누군가 아주 간단한 처세훈(處世訓) 가운데 모든 경우에 잘 들어맞고, 각자의 요구대로 개성이 풍부한 활동을 허락하고, 또 확고하게 행복으로 인도하는 것을 찾는다면, 다음과 같이 말할 수 있을 것이다. "마음을 다하여 하느님을 사랑하라. 그리고 당신이 원하는 것을 하라."[5]

그것이 과연 가능한지 한번 시험해 보라. 그렇게 하면 그 이상 어떤 규칙도 (교회의 것이든 시민의 것이든) 필요하지 않다는 것을 알게 되리라. 그러나 하느님을 사랑하는 것은 단순한 말만으로 되는 것이 아니며, 다른 모든 감정을 능가하는 뿌리 깊고 완전히 진실한 감정이 아니면 안 된다. 그러나 그 감정이 없을 때는 아직 버팀목이 필요하고 그 버팀목은 이 경우에는 가볍게 여겨서는 안 된다.

설교와 전도는, 아니 그런 방면의 강연과 집필만 해도 누구에게나 어울리는 직무는 아니다. 이러한 일에 의해 자기 내부의 가장 좋은 것을 잃는 사람과 자기 생명의 나무에서 나중에 더욱 맛이 들 과실을 채 익기도 전에 그대로 떨어뜨리는 사람들이 많다.[6] 그러한 일에 부름을 받은 다른 사람들도 청중에게 강요당하거나 자신의 포교열에 사로잡혀, 무리한 노력을 거듭하다가 육체와 정신의 힘을 빼앗겨버린다. 외적인 사업에서는 그런 사태가 더욱 자주 일어난다. 그 사업은 점차 그들의 힘을 훨씬 넘어서는 것이 되고, 때로는 더 이상 깨끗하

---

[5] 신명기 10장 22절.
[6] 웨슬리는 이에 관해 좋은 충고를 주고 있다. 그것은 설교와 지도 교육에 부름을 받은 사람들에게도 유익하다. "당신이 영(靈)의 금화를 적절한 목적에 사용할 때는 자만심 강한 사람들의 허영심을 흉내내지 않도록 조심하라. 그들은 사소한 물건 값을 치를 때도 오로지 자신의 부(富)를 과시하기 위해 금화를 한 줌이나 꺼낸다."

다고 할 수 없는 모금(募金)을 끊임없이 함으로써만 간신히 유지되는 수도 있다. 이 점에 있어서도 바울(그리스도가 아니다)은 그 최초의 실례이다. 헌금을 모금하여 그것을 직접 예루살렘으로 가져가는 것이 반드시 바울의 사명은 아니었다는 것, 또 아테네 사람들 앞에서 펼친 철학적인 설교도 실패했다는 것을 지금 의심하는 자는 아무도 없다. 또 그가 처음 쓴 것으로 추정되는 데살로니가 사람에게 보낸 편지와 그 밖의 편지 속의 각 부분은 그가 마지막에 뜻밖의 여가를 보내던 중에 로마에서 써 보낸 편지처럼 깊은 내용을 가진 것이 아니었다. 오늘날의 우리는 바울이 몇 장의 편지를 쓰는 데 더 여유를 가졌더라면 하고 아쉬워하지 않을 수 없다.

이에 반해 그리스도의 경우 호감을 갖게 되는 것은, 그리스도나 제자들이나 모두 성급한 포교에서 벗어나 있었다는 것이며, 또 모든 '거창한 등장', '사람에게 알려지는 것', '전도 여행*7 '대규모 활동', 그 밖의 영혼을 해치는 말로 표현되는 모든 것을 모조리 거절한 일이다. 더욱이 그리스도가 보여준 행위는 한 구석에 숨겨진 채 남아 있지 않고, 다른 어떤 것보다 더욱 전 세계를 채우게 되었다. 이것은 하느님의 배려에 의한 것이다. 스스로 그것을 위해 배려한 적이 없는 사람들을 대신하여.*8

지금으로서는 그리스도 교회의 모든 제도와 예배, 그 관리, 국가와의 관계는 오히려 그냥 그대로 두는 것이 낫다. 그 대신 강한 신앙이 새롭게, 또 많은 사람들의 내부에 태어나도록, 여러분이 놓여 있는 지위에서 배려하는 것이 좋다. 그러면 나머지는 저절로 되어 간다. 그리스도도 당시 예배의 모든 제도에 대해서, 그것이 부도덕하지 않은 한 거의 문제삼지 않았다. 그리스도는 그 제도를 지배하고 있는 단순한 형식주의를 결코 간과한 것은 아닌데도 오히려 그 제도에 따랐다. 인간은 무엇보다 그런 외적인 사물에 집착하는 일이 많은 법인데, 그것을 제거하거나 본질적으로 변혁하면 동시에 신앙 자체도 상당 부분 잃지 않을 수 없다. 그래서 그런 경우에는 "그것을 상하지 마라, 거기 복이 있느니라"*9고 말하게 된다. 또 외적인 개혁에 손을 대거나 그 일에 지나치게 무

---

*7 요한복음 7장 3~8절 참조.

*8 마가복음 4장 21절, 요한복음 8장 50절.

*9 이사야 65장 8절.

게를 두는 사람들은 모두 야심가이며, 나중에는 자신의 신앙조차 잃어버린 경우를 역사에서 그리 어렵지 않게 볼 수 있다. 왜냐하면 이런 종류의 개혁에는 축복이 전혀 없기 때문이다. 어떤 교회에도 있게 마련인 말라죽는 것은 분명히 때가 오면 묻힌다. 그러나 그 매장(埋藏)의 의무를 완수하기 위해 부름을 받는 자는 대개 살아 있는 사람이 아니라 죽은 사람이다.*10

그러나 당신의 생활에서는 그만큼 더 확고하게 신앙에 합치하지 않는 것과 하느님과의 내적인 결합을 아직도 어딘가에서 방해하고 있는 것은 모조리 고치는 것이 좋다. 사실 교회의 외적 제도의 가치를 재는 경우보다, 자신의 생활에서는 잘못을 범하는 일이 적을 것이다. 제도가 존재하는 이유와 그 수명에 대한 문제는 무언가의 주관적인 요구와 혐오와는 다른 척도로 재지 않으면 안 된다. 일반적인 외적 의미에서의 종교개혁자와 종교개혁의 시대는 매일처럼 나타나는 것이 아니다. 그리고 그 시기도 아니고 그런 임무에 부름을 받은 것도 아닌데, 스스로 그것을 자청하고 나서는 사람들은 위험한 길을 걷는 것이다.

좋은 행위를 방해하는 가장 흔하고 뿌리 깊은 두 가지 장애물은 허영심(虛榮心)과 탐욕(貪慾)이다. 이 두 가지는 모두 자기밖에 염두에 두지 않는 습관을 원천으로 하는 점에서 내적으로 서로 연결되어 있다. 그러나 어쨌든 이 두 가지는 모든 미묘한 색조를 띨 수 있어서, 하느님의 나라에 속하는 사람들에게도 그 모습을 드러낸다. 허영심의 경우에는 특히 종교적 이기심이 생긴다. 즉, 언제나 오직 자신만의 신앙을 높이고, 강화하고, 위안받기를 원할 뿐, 그러한 개인적인 구원 외에는 전혀 관심을 가지지 않는 것이다. 마찬가지로 탐욕에 대해서도 남에게 무엇을 주는 데 그저 마지못해, 말하자면(이 문제에 대해 얘기한 어느 책 속의 지당한 말을 빌리면) '신념을 굽히고' 주거나, 팔 사람의 사정은 아랑곳하지 않고 물건 값을 싸게 후려서 산 것을 자랑하고, 또 절약해서는 안 될 것을 절약하고 싶어하는 동안은 여전히 이 욕구가 뿌리를 내리고 있는 것이다.

인간의 행복을 깨는 이 두 가지 큰 적으로부터 벗어나려면, 이에 가장 도움이 되는 하느님의 은총을 제외하면, 자신만 생각하기보다 더욱 위대한 사상을

---

*10 누가복음 9장 60절.

우리는 무엇을 해야 하는가 849

품는 것 말고는 달리 길이 없다. 또 허영심에서 벗어나기 위해서는, 결국 이쪽의 기대와는 달리 타인에게 역효과밖에 주지 않기 때문에 항상 어리석은 일이라는 이성적이고 깊이 있는 생각 또한 하나의 방법이다. 탐욕에 있어서는 더 많은 것을 얻기 위한 최상의 수단은 오히려 기꺼이 주는 것이라는 경험이 가장 확실한 효과가 있다.*11 그러나 이것은 세상의 일반적인 현명함과는 일치하지 않는, 더 높은 세계질서에 속하는 축복의 법칙 가운데 하나이다. 이 법칙은 직접 시험한 뒤에야 비로소 알 수 있는 것으로, 스스로 시험해보지 않은 자는 믿을 수 없다.

현대의 설교자들 가운데 어떤 사람들은 그리스도를 언제나 '가난한 목수'로 설명하고 싶어하는데, 그 그리스도가 지상의 재물을 다룰 때의 그 관대하고 풍요롭고 권위에 찬 태도는 직접적으로 그를 따른 모든 사람들에게 아주 확실한 기준이었다. 이와는 반대로 진정으로 믿음 깊은 사람들에게도 배어 있는 옹졸한 소시민적인 태도는, 무엇보다 '밖에 있는 사람들에게' 그리스도교를 완전히 하찮은 것으로 생각하게 하는 원인이 되고 있다.

그리스도교는 그 본성과 의도에서 말하면 가장 넓은 사상을 지닌 웅대한 인생관이다. 그 사상은 일상의 번잡함과 비참함을 완전히 극복한 것이면서도, 또한 그 불행들을 이해하고 단숨에 극복할 수 있는 힘을 가지고 있다. 만약 그리스도교가 진정으로 그런 것이었다면, 그리고 흔히 볼 수 있는 편협하고 인색하며 타인을 엄격하게 심판하는 신자의 모임이라는 희화적 존재나 단순한 구호시설의 일종이 아니었다면, 다시 말해 그리스도교가 주의 영을 항상 간직하고 있었다면*12 그것은 이미 아주 오래전에 웅대한 정신을 가진 모든 사람들을 자기 편으로 삼았을 것이다. 그런데 실제로는 그들은 그리스도교가 그들의 고매한 요구에 맞지 않거나, 더 이상 맞지 않게 되었다고 생각하고 그리스도교에서 멀어졌다.

따라서 현대의 혼란을 보통 이상으로 깊이 통감하고 있는 사람들은 종종 다음과 같은 선택밖에 남아 있지 않다고 생각한다. 즉, 그 프룬 바가드*13의 방식으로, 현재 아무런 만족도 주지 않는 '근대적 생활'에서 적당한 때 완전히 빠

---

*11 역대하 25장 8·9절.
*12 사도행전 5장 1~11절, 6장 1·2절.
*13 키플링 《정글북》의 등장인물.

져나와 오직 자신과 하느님만의 생활로 돌아가거나, 아니면 카르두치*14처럼 '사탄의 찬가'를 노래하면서 근대 생활의 논리적 과정을 철저하게 더듬어가거나 둘 중의 하나이다.

한편, 시대의 요구를 너무 이해하지 못한 교회는 불안에 차서 마음의 평화를 애타게 구하는 사람들의 구원을, 다만 상투적인 몇 가지 선에서 끝내려 한다는 점에서 잘못을 범하고 있다. 단지 이 세 길 가운데 어느 한 가지를 선택할 수밖에 없다면, 우리로서는 어찌 되었든 걸어갈 수 있는 첫 번째의 금욕적인 길을 선택할 것이다. 그런데, 현대의 르네상스적인(향락주의적) 인생관은 대부분의 지식인이 지닌 사상의 배경을 이루고 있지만, 대다수 사람들을 위한 인생관이 아닐 뿐만 아니라, 모든 사람들에게 절망적인 결말을 가져다주는 것이다. 그렇지만 그리스도교의 진정한 모습인 단순한 복음의 밝은 빛과 우리의 힘이 아닌 영의 힘의 도움이 있으면, 내적 파산을 초래하지 않고 근대 생활을 잘 극복해낼 수 있다고 믿는다. 물론 그것은 사도 바울이 '끊임없이 기도하라'는 말로 표현하고자 한 경지로, 평범한 교회주의에 의해 거기까지 완전히 도달하는 것은 좀처럼 불가능할 것이다. 그러기 위해서는 단순한 '옛날부터'의 신앙으로는 부족하다. 어떤 시대에도 신앙은 초기 신자들이 가지고 있었던 것처럼 신선하고 자연스러운 것이 아니면 안 된다. 하느님 앞에 가치 있는 것은 명백하게 이러한 신선함과 진실함이며, 신앙의 방식이나 특정한 교회적인 교제에 소속하는 것 따위가 아니다. 살아 있는 신앙은 완전히 그 선언대로 작용하는 것이며, 우리가 이 신앙에 의해 얻고 싶어하는 인생의 행복을 틀림없이 우리에게 주는 것이다.

선한 행위를 방해하는 또 다른 큰 장애물은 우상이다. 한 성서 주석자는 야고보의 가정에서 일어난 수많은 악(惡)은 '드라빔'이라는 작은 우상(偶像) 때문이라고 했다. 이것은 야고보의 아내 가운데 한 사람이 메소포타미아를 출발할 때 훔친 것으로, 훨씬 나중에 가나안의 테레빈나무 밑에 묻혔다. 의심할 것도 없이 이러한 외적인 사물과 미개한 민족들에게 항상 따라다니는 자연숭배를 특별히 고려하여, 모세 십계명의 첫 번째 계명은 그토록 단호하게 '나' 이외

---

*14 1835~1907년, 이탈리아의 서정시인.

의 우상을 배격한 것이다. 게다가 유대 교도와 이슬람 교도도 그리스도교에 반대하는 데 항상 이 점을 효과적으로 이용하려 했다. 그것은 그들에게는 그리스도교가 다른 신들도 믿는 종교로 생각되었기 때문이다. 이 첫 번째 계명은 오늘날에도 변함없이 사용되고 있는데, 이에 따라 가장 먼저 모든 종류의 '영교술(靈交術)', 즉 강령술과 심령술 등이 금지의 영역으로 쫓겨 간다.

그러나 그 밖에도 아직 여러 가지 우상이 있다. 고귀, 부유, 교양에 대한 자만, 학문, 예술(특히 음악), 때로는 자식, 부모, 배우자, 성직자, 지배적 인물, 역사상의 위인 또는 현대의 위인 등이다. 그러나 이 모든 것들이 하느님이나 그리스도와 나란히 서는 것은 결코 허용되지 않는다. 이따금 이것을 떠올리며 마음속에 깊이 새겨둘 필요가 있다. 인간의 마음은 단순히 '아무것이나 숭배하지 않는다'(nil admirari)는 것만으로 만족할 수 있다고 생각하거나, 모든 우상 가운데 가장 크고 또 가장 위험한 자아가 하느님을 진정으로 지극히 사랑하는 일 없이 그 우상의 왕좌에서 자아를 떨어뜨릴 수 있다고 믿어서는 안 된다. 이미 다른 데서도 말한 것처럼, 참으로 심각한 문제는 모두 이 점에 있다. 모든 인간이 우상이나 하느님 가운데 어느 한 쪽을 사랑하고 있고, 또 대부분의 사람들이(그리스도 교도도 포함하여) 둘 다 함께 사랑하고 있다. 그것으로 인해 수많은 불화와 다툼과 당파가 생기는 것이며, 이들은 그리스도 교도 속에도 존재하고 있다. 이러한 것은 우상이 사라지면서 동시에 남김없이 자취를 감출 것이다.

인간에 대한, 또 일반적으로 우리 주위의 세계에 대한, 나아가서는 동물과 식물에 대한 올바른 관계(이것은 우리의 행복감을 실제로 크게 좌우하는 것이다)는 끊임없이 선한 행위를 함으로써만 얻을 수 있다. 이와 같은 올바른 관계를 소홀히 하는 경우, 우리는 항상 인간을 과대평가하거나 경멸하며, 자신의 행복에 있어 타인의 영향을 너무 강하게 받게 된다. 또 인간에 대한 지식을 얻을 수 있는 것도 타인을 자신의 행복을 위해 반드시 필요로 하지 않고, 또 경멸도 하지 않는 경우에 한한다. 그렇지 않을 때는 모든 것이 인간에 대한 지식을 얻는 것을 방해하게 된다. 실제로 끊임없이 선한 행위를 함으로써 하느님과의 결합이 견고해졌을 때, 그때야말로 저절로 마음의 눈이 열려 같은 인간 형제의 마음속을 꿰뚫어보고, 하느님에게 적의를 품는 해로운 모든 것에 대해 지극히 확실한 경고를 받을 수 있다. 그렇게 되면 더 이상 착각하는 일도 없고, 또 심하게 속아 넘어가는 일도 없게 된다. 물론 그러한 관찰력은 동시에 뭔가 조금이라도 좋은 점을 가진 것을 허락하려는 인내심, 또는 모든 일을 견디기 쉽게 해주는 동정심이 갖춰져 있지 않으면, 위험한 성질의 것이 될 수도 있다.

인간에 대해 참으로 견딜 수 없는 느낌이 드는 것은(더 이상 속지 않게 된 사람들에게 그것은 아마 그런 종류의 것 가운데 가장 괴로운 일일 것이다) 인간이 대체적으로 타인의 친절을 전혀 이해하지 못하는 것이다. 인간에게는 고등동물에게만큼도 친절이 통하지 않는다. 친절을 이해하고 그것에 감사하는 점은 오히려 고등동물이 인간보다 낫다.

인간은 남의 친절을 믿지 않고, 상대의 행위 뒤에 (자신들의 사고방식에 일치하는) 비열한 동기가 숨어 있지 않은지 끊임없이 의심하거나, 상대의 친절을 그 사람의 나약함 탓으로 해석하고 그것을 때때로 야비하게 이용하기도 한다. 직업상 많은 사람과 교제하지 않으면 안 되는 사람들이 대개 마지막에는 냉혹한 폭군이 되는 것도 이런 면에서 충분히 이해할 수 있는 일이다. 이러한 폭군만이 살아 있는 동안 그에 상당하는 존경을 받고, 죽은 뒤에는 폭군이었기 때문에 많은 사람들로부터(교육을 받지 못한 사람뿐만 아니라 교육을 받은 사람으로부터도) 찬양받으며 영웅으로 숭배된다. 이 어려운 점에 있어서의 올바른 처세술은 다음과 같은 것이다. 즉, 상대로부터 어리석은 자라거나 나약한 자라고 멸시당하지 않도록 하고, 오히려 자신의 사고방식과 행위의 토대를 이루고 있는 전혀 다른 입장을 태연하고 명확하게 유지하며, 더욱이 스스로 친절한 마음을 잃지 않고 '훌륭함'을 중요하게 여기지 않는 것이다. 그러나 이것은 특별한 천재적 능력을 부여받은 사람 외에는 극히 만년(晩年)에 가서야 배울 수 있는 처세술이다.

또 많은 사람, 특히 여성들은 항상 누군가에게 '괜찮은 인물'이 되고 싶은 나머지 자신의 생명을 잃고, 온갖 노력을 다해 애쓰고 일하면서도 오히려 자신과 다른 사람을 함께 불행하게 만드는 일이 있다. 그들은 자신의 성실한 노력을 상대가 일종의 방자함으로 해석하고 불쾌하게 여기는 것을 도저히 이해하지 못한다. 그러나 만약 그가 실제로 괜찮은 사람이라면, 일부러 애쓰지 않아도 저절로 그 진가가 나타난다. 그리고 더 뛰어난 다른 성질은 부족하지만, 적어도 타인에게 기분 좋은 존재라는 타고난 장점이 있으면, 그것만으로도 크게 존중해야 한다. 왜냐하면 상대가 이쪽이 용인할 수 있는 한계를 넘지 않도록 끊임없이 주의하고 조심하지 않으면 안 되는 불쾌함은, 커다란 결점보다 더욱 남들이 싫어하는 성질이기 때문이다. 또 이웃의 친절과 신뢰감도 그러한 미덕이 허황되거나 번거로움을 수반하고 있는 한, 사람들은 그것을 신용하지는 않는다. 물론 기분 좋은 사람이라는 것은 선(善)으로 나아가는 최초의 조그마한 단서에 지나지 않지만, 그렇다 해도 거기서 출발하는 것이 좋다. 그렇지 않으면, 당신이 단순히 좋은 인간이 되고 싶어 할 뿐 아니라 정말로 그렇게 될 수 있다는 것을 남에게 납득시키는 것은 결코 불가능할 것이다. 왜냐하면 좋은 의지는 당신에게도, 또 그것을 보고 올바르게 심판하시는 하느님에게도 '최상의 것'임이 틀림없지만, 인간은 그 의지의 작용을 보고 싶어하여, 그 효과가 보이지 않으면 그 의지를 믿지 않기 때문이다. 그러나 어쨌든 사람은 항상 불쾌한 인간으로부터 가능한 한 빨리 벗어나려고 노력하며, 그들이 가진 미덕(美德)조차 멀리서 칭찬한다.

하느님의 의지에 따르는 행위의 가장 확실한 결과는 그것으로 인한 기쁨이다. 그것은 눈이 부시는 듯한 밝음(그것은 흔히 단순한 신경의 흥분에 지나지 않으며, 뒤에 애수를 남기기 쉽다)이 아니라 조용하고 밝은 쾌활함과 힘찬 기쁨이며, 그것도 예외적인 기분이 아니라 평상적인 마음의 상태이다. 이것은 사람의 마음이 본래 가장 강하게 동경하고 추구하는 것으로, 한번 그것을 실감했다가 다시 잃어버리면 견딜 수 없이 애석한 감정을 느낄 정도이다. 이 감정을 구약의 많은 시편이 참으로 감동적으로 표현하고 있다. 이에 반해 근대 문학은 정열적인 흥분이나 비애의 정서밖에 이해하지 못하고, 어쩌다가 조용한 기쁨을 얘기할 때도 뭔가 너무나 허술하게 표현해버린다.

우리가 진정한 '노래'를 더 이상 가지지 못하게 된 것은 현대 시 전체의 커다란 결함이다. 그런데 오늘날에도 여전히 어두운 인생을 햇빛처럼 걸으며, 자신이 들어가는 모든 방을 환하게 밝히는 사람들이 있다. 만약 그런 사람이 지상의 존재를 끝내고 다른 존재(우리의 상상에 의하면 그곳에는 영원한 쾌활함이 지배한다)로 옮겨가 버리면, 그들을 아는 모는 사람들에게 무엇과노 바꿀 수 없는 손실일 것이다. 도대체 그들은 타인에게도 나눠줄 수 있는 그런 끝없는 쾌활함을 어디서 얻었을까? 그것은 결코 정신적으로 특별한 재능을 타고났기 때문도 아니고, 특히 안정되고 높은 세속적 지위 때문도 아니며, 또 인생의 모든 어려움과 일반적인 슬픔을 모르기 때문도 아니다. 하물며 완성된 철학적 또는 윤리적인 인생관에 의한 것도 아니고, 각별히 교회에 열심이거나, 특히 널리 알려질 만한 신앙 때문도 아니다. 오히려 진실하고 단순한 마음에서 나오는 경건함 때문으로, 하느님은 바로 그런 경건함 옆에 다른 어떤 정신과 마음의 방향에 대해서보다 가까이 가시는 것이다. 그러나 동시에 이러한 경건한 마음은 반드시 실천을 수반하지 않으면 안 되며, 하느님으로부터 나오는 이 햇빛을 자신을 위해서만 저장해두고, 그것에 의해 자신만 끊임없이 신앙을 '고무'받고 싶어하지 않고, 자신에게 다가오는 모든 사람에게 요구받지 않아도 그 빛을 나누어주어야 한다. 그것이 이들을 현대에서도 여전히 그리스도교의 살아 있는 상징이 되게 한다. 현대에 있어서 가장 부족한 것은 그러한 살아 있는 표명이다. 이 순수한 경건함은 요컨대 아무런 반성도 기다리지 않고 저절로 넘쳐나는 마음의 친절인데, 이것을 낳는 것은 어떤 종류의 철학이나 교양이 아니다. 하물며 모든 사람의 마음속에, 모든 사정 아래에서 그것을 낳는 것은 도저히 불가능한 일이다. 그것을 할 수 있는 것이 그리스도교만이 가지는 부정할 수 없는 특권이며, 그리스도교가 존속했던 모든 세기를 통해 그 원천이 하느님에 있음을 실제로 보여준 살아 있는 증거이다. 무언가의 방법으로 그리스도교를 대신하려는 어떠한 시도도 이 같은 쾌활함과 친절을 낳는 힘이 없기 때문에, 지금까지 수없이 실패를 거듭해 왔으며, 오늘날에도 역시 실패하는 것이다.

그러므로 당신은 이와 같은 진정한 그리스도교의 살아 있는 화신이 되겠다고 마음먹어야 한다. 그 밖의 일은 모두 지나치게 마음에 두지 않는 것이 좋다. '두려워하지 말고 오직 믿으라. 항상 선량하라, 그리고 일하라. 인생에 있어서는 용감하라. 죽음에 임해서는 기쁜 희망을 품어라.' 이것이 잘못된 것 없는 유일한 인생 설계이다.

그러나 여전히 다음과 같이 말하는 자도 있을 것이다.

"지금까지 말한 것은 모두 참으로 좋은 말이다. 그러나 그것을 우리가 어떻게 실천할 수 있겠는가? 우리는 이미 그것을 시험해보았고 그러한 의도를 품은 적도 있지만 달성할 수는 없었다. 그리고 지금은 그것을 할 수 있는 사람이 아무도 없다. 그것에 대해 말한 것은 모두 사실 그저 '위선적인 구실'에 지나지 않는다고 믿게 되었다."

이 말은 모두 진실이지만, 마지막 결론만은 다르다. 이 말에 대한 우리의 대답은 이런 것이다. 하느님 쪽에 서려고 결심하는 것이 좋다. 다음에는 당신의 능력과 개성에 맞춰 당신에게 개인적으로 내려지는 하느님의 명령에 따르라. 그러면 모든 것이 저절로 생기고 전보다 더 큰 힘이 주어진다. 그러나 물론 이 길 외에서는 그렇게 되지 않는다. 하느님의 영은 단순히 건강한 자뿐만 아니라 약한 자, 병든 자도 강해지게 만든다. 이것이 철학과의 차이점이다. 가장 뛰어나고 고상한 철학도 마찬가지이다. 철학은 언제나 어느 정도 현명한 자와 비교적 선량한 사람을 상대로 하는 것으로, 그 밖의 사람들에게는 별다른 도움이 되지 않는다.

당신이 해야 하는 의무는 길을 선택하는 것이다. 먼저 마태복음 6장 33절과 요한복음 7장 17절, 또는 이사야서 45장 22절 같은 간단한 말에 따라, 그것을 시험해 보는 것이 좋다. 아니면 사람은 오직 하느님에게 자신의 의지를 바치기만 하면 된다고 말한 제노아의 성녀 카타리나의 말에 따르도록 하라. "하느님이 한번 인간의 의지를 소유하면, 하느님은 그 사람 속에서 스스로 모든 것을 행하여, 그를 완성으로 인도하신다." 그렇게 되면 한 불행한 예언자(그는 진리를 충분히 알면서도 그것을 따르지 않았다)[15]가 말한 것이 점차 실현되기 시작할 것이다. "아무도 야고보 안의 재앙을 보지 않는다. 또 이스라엘 안의 고뇌를 보지 않는다. 그들의 하느님 여호와가 함께 계시니 왕의 기쁨이 그 속에 들려오도다."(이 경우 세상의 칭찬을 구하지 말고 요한일서 4장 4~6절을 의지해야 한다)

모든 일이 하느님을 떠나서는 곤란하고, 하느님과 함께 있으면 가능하다. 이 원칙은 어떠한 사회주의 국가나 노동과 임금에 대한 개혁도 바꾸지 못할 것이다.

———————

그리고 다음과 같은 질문을 받았다고 치자. 만약 우리가 그러한 가르침을 모두 그때그때 힘을 다해 충실하게 지킨다면, 그것에 대해 무엇이 주어질 것인

———————
*15 민수기 23장 19~24절.

가? 이것은 널리 알려진 바와 같이 이미 그리스도의 제자들이 했던 질문이다. 그런데 의외로 그들은 그 질문으로 인해 그리스도의 질책을 받지는 않았다. 이것은 우리에게도 교훈이 된다. 왜냐하면 이치에 있어서 우리는 언제나 과장하기 쉽고, 선에 있어서도 역시 그러하다. 이에 반해 그리스도교는 여기서도 또한 의기양양한 철학적 극기주의와는 먼 거리를 유지하고 있다. 이 주의는 고통을 재앙이 아니라고 말하고, 어떤 보상을 바라고 하는 행위는 고상한 인간에게는 어울리지 않는다고 선언한다. 그러나 그리스도교는 언제나 인간을 있는 그대로 받아들이며, 그들이 할 수 없는 일은 요구하지 않는다. 따라서 선한 사람에 대해서는 그 보상이 이미 이 세상에 존재하고, 외적인 보상도 주어진다. 게다가 복음은 그 보상이 어떤 내용의 것인지 아주 명료하게 말한다. 어쨌든 그것을 한마디로 더욱 분명하게 이렇게 말할 수 있을 것이다. 이 세상에서의 선에 대한 보상은 축복(祝福)이고, 악에 대한 보상은 저주(詛呪)라고. 그리스도교적으로 말하면 행복과 불행이 원래 어떠한 의미를 가지는지, 이 말 안에 고스란히 들어 있다. 그리고 역사에 대서특필된 무수한 실례뿐만 아니라, 누구나 가까이 알고 있는 많은 예가 실제로 그러하다는 것을 매일 끊임없이 증명하고 있다.

이를테면 대가족이 약간의 수입으로 연명하고, 가난한 과부들이 일정한 수입도 없으면서 구걸도 하지 않고, 해마다 무사히 생계를 꾸리며 자식도 훌륭하게 교육시키고 있는데, 이에 반해 어떤 사람들은 많은 소득을 올리면서도 조금도 윤택하지 않을 뿐만 아니라, 평생을 악착같이 일하다가 결국 걱정과 빚에 파묻혀 죽어가고, 자식들에게는 모든 갈등과 불만과 불행 말고는 아무것도 남기지 못하는 것은 그야말로 일상적으로 흔히 볼 수 있는 현상이다. 마찬가지로 자식과 손자들의 육체와 정신의 뛰어난 힘은 부모와 조부모의 도덕적으로 순결한 삶의 선물이며, 반대로 오늘날 신경병의 대부분, 나아가서는 광기와 범죄의 소질에 이르기까지 그 진정한 원인이 이 하느님의 질서를 경시하는 데 있다는 것은, 적어도 일반 의사와 정신과 의사들은 잘 알고 있는 사실이다.

그리고 진정으로 정직한 사람들은 신앙이 없어도 경제적으로 좀처럼 줄어들지 않는다는 것도, 분명히 수많은 경험을 통해 알고 있다. 또한 수천 년 전과 마찬가지로 오늘날에도 장수한 사람은 누구나 주저 없이 다음과 같이 말할 것이다. 나는 옛날 젊었을 때부터 늙은 지금에 이르기까지, 올바른 사람(성서적인 의미의)이 몰락하여 그 자식들이 걸식을 하지 않으면 안 되었던 경우를 한 번도 본 적이 없다고*16 반대로 부자의 자손이 축복을 물려받는 대신 오로지 재물만 물려받은 경우에는 당장 몰락해 버리는 것을 우리는 수없이 경험해 왔다.

또 다음과 같은 사실도 쉽게 관찰할 수 있다. 악인들은 그 사악한 의지에서 상상되는 것만큼 위험한 존재는 아니라는 것이다. 왜냐하면 그들은 언젠가는 타락하여, 그 결과 어이없을 정도로 갑자기 파멸해버리기 때문이다. 하느님의 의지에 반하는 일이 많이 일어나는 것은 사실이다. 그것은 세계의 질서가 의지의 자유를 토대로 하고 있기 때문이다. 그러나 하느님의 의지에 반하는 것은 오래가지 않는다. 하느님을 모르는 자가 세우는 모든 것은 이내 다시 무너지고 만다. 그뿐 아니라 그것은 민족 전체에도 적용된다. 민족도 하느님의 축복이 없으면 저주 아래 놓이는 것은 지극히 명백하며, 이것을 거스르고는 국가의 어떤 정책도 효과가 없다.

지금까지 말한 모든 문제에 대한 올바른 인식의 근원은 신약성서보다 오히려 구약성서이지만, 이 성서는 오늘날 너무나 존중받지 못하고 있다. 게다가 구약이 덕행에 대해 이 세상의 보상을 약속한다는 바로 그 이유에서, 구약에는 고상함이 부족하다고 생각하는 사람들도 있다. 그러나 그들은 사람은 오직 '선 자체를 위해' 선을 행해야 한다고 주장할 뿐, 결국 그 이치에만 만족하고 실천은 남에게 맡기고 있다.

우리로서는 이 구약의 약속을 기쁜 마음으로 받아들이고 싶다. 특히 그 약속 가운데 하느님으로부터 특별한 보호와 감독을 받고 있는 사람들의 친구와 자손, 나아가서 그 민족에게까지 축복이 주어진다는 부분도 감사하게 받아들이고 싶다.*17 왜냐하면 가장 중요한 것은 자신이 축복을 얻는 것이 아니라, 스스로 남에게 축복이 되고 싶은 것이기 때문이다. 이것이야말로 진정한 인간적 위대함이며, 그것에 비견할 수 있는 것은 아무것도 없다. 이른바 '영웅'이란, 바로 그 사람이 그 민족, 그 시대, 아니 어쩌면 모든 시대에 축복이 되었는지 아닌지에 따라 판단되어야 할 것이다. 그러므로 구약성서에서는 하느님의 심판

---

*16 시편 37장 25절.
*17 창세기 12장 2·3절, 26장 4절.

이 어떤 민족에게 내려지기 전에 축복 받은 사람들이 항상 먼저 제거되었다. 또 그러한 민족에게는 단 한 사람의 인간이 그 삶을 끝내는 것과 동시에 그 민족의 힘도 줄어들 거라고 확실하게 예감한 적도 드물지 않았다.

그래서 당신이 스스로 쓸모없는 인간이라고 생각하거나, 충분히 활동하고 있지 않다고 느낄 때는 위에서 말한 사상을 가지도록 노력하라. 그러한 감정에는 오직 논리적인 모순만 있는 것은 아니다. 왜냐하면 일단 살아서 작용하시는 하느님을 믿는다면, 당연한 귀결로서 그 종들에게 일을 나누어주는 하느님의 지혜도 믿어야 하기 때문이다. 그러나 그것은 제쳐두고, 언제나 겉모습은 가장 비천하게 보이는 사람이 모든 불순한 것을 태워버리는 불길인 하느님 바로 곁에 있는 것을 견딜 수 있는 자가 되고, 또 그것에 의해 주위 사람들, 또는 넓은 범위의 사람들을 위해 영원히 살아 있는 축복의 샘이 될 수 있다. 이와 같은 위대함은 누구나 달성할 수 있다. 설령 오랫동안 병상에 누워 있어서 자신은 아무것도 할 수 없다고 말하는 사람이 있다면, 그 사람은 아직 행위가 원래 무엇인지에 대해 올바른 견해를 가지고 있지 않다고 말할 수 있다.

모든 외적인 행복은 우리 노력의 결과, 즉 성공이라고 부르는 것, 또는 맹목적인 우연, 즉 도박자들이 말하는 행운, 그것도 아니면 하느님의 선물로서의 축복이다. 하느님의 세계질서를 믿을 때, 오직 마지막에 든 것만이 확실한 행복이 될 수 있다는 것은 분명하다. 이 축복을 우리에게 부르는 힘과 방법은 단순한 신앙고백이나 신앙을 수반하지 않는 행위, 심지어 무언가의 의식(일반적인 의미에서의 예배)이나 고행과 희생 등에 있는 것이 아니다. 오히려 오직 하느님을 현실적으로 자기 곁에 불러들이는 데 있다. 그러나 그것은(우리가 이해할 수 있는 한) 사람을 진심으로 자기 쪽으로 끌어당기는 것과 마찬가지로, 사랑과 성실과 상호 신뢰를 통해 가능한 일이다. 이에 반해 다른 모든 '종교적인 것'은 결코 영원하지 않으며, 하느님의 의지를 인간적으로 성취한 것으로, 그 속에 진정한 진리의 핵심이 내포되어 있는 동안만 아주 조금 '하느님의 허락' 아래 존재할 수 있을 뿐이다.

* * *

"하늘의 행복, 축복의 샘이여,

당신이 위에서 아래로 내려주시고
마르지 않는 샘에서 솟아나게 하시니
끝없이 물결치며 흐르도다.

당신이 만약 안 계시다면, 이 세상은 오직
두려움으로 가득한 아수라장
풍요롭게 내려주소서. '이루어질지어다'는 말씀을
기뻐하는 모든 신도에게 이르소서."

*

"기꺼이 당신의 뜻에 따라 살아가려는 마음을
저에게 내려주신 하느님이시여, 당신에게 감사하나이다.
제 마음을 지배하시며 아침에도 저녁에도 제 곁에 임하소서.
저의 행위에 언제나 당신의 조언과 행위를 곁들여주소서."

더 높은 곳을 향하여

더 높은 곳을 향하여! 부스 부인의 소론에 이런 얘기가 실려 있다.

런던 거리에서 한 낯선 여성이 부인에게 갑자기 말을 걸더니, 어떻게 하면 '더 높은 곳을 향하는 신앙'에 도달할 수 있느냐고 물었다고 한다. 아마도 그 낯선 여성은 그리스도 교도의 상투적인 태도에 진력이 나서, 복음서의 다음과 같은 이색적인 말에 깊이 감명을 받은 자 가운데 한 사람일 것이다. "천국은 침노를 당하나니 침노하는 자는 빼앗느니라."[*1]

두말할 필요도 없는 일이지만, 인생의 행복에 도달할 수 있는 가장 좋고 빠른 길을 가고 있으면서도 역시 불안과 공포에 사로잡힐 때가 있으며, 평소에는 참으로 확실한 모든 것에 또다시 회의가 들 때도 있다. 때때로 지금의 모습 그대로의 그리스도교 전체가 꺼림칙하게 느껴질 수도 있다. 그리고 인생에서는 영혼이 열망하는 대로는 전혀 되지 않고, 곳곳에서 끊임없이 새로운 장애에 부딪히기 때문에, 거기서 벗어나고 싶어지기도 한다. 이와 같은 심경에서 '더 높은 곳을 향하는' 동경이 태어나거나, 반대로(이 또한 쉽게 있을 수 있는 일이지만) '낮은 곳으로 내려가는' 기분이 된다. 즉, 교회의 최면상태에 빠지거나, 오직 개개의 '목적'을 위한 사업 활동, 그리고 비밀스러운 작은 모임과 분파적 생활에 들어가고 싶은 마음에, 옛날에는 훨씬 뛰어난 삶을 향한 힘찬 약속으로 영혼을 채웠던 자주적인 사상을 포기해버린다. 이 상태야말로 사도 바울이 갈라디아와 고린도의 교인들을 보며 통감했던 깊은 고통의 원인이었던 것으로, 이는 현재 남아 있는 그의 편지에 참으로 적나라하게 표현되어 있다. 따라서 오늘날에도 이 편지들은 그들 개개의 그리스도교회에 보내져도 조금도 이상하지 않을 정도이다. 그들은 바울의 언어를 문자적인 의미로는 잘 알고 있지만 현상에 적용하지는 않는다.

[*1] 마태복음 11장 12절.

자연 그대로의 인간은 결코 변하지 않는다. 언제까지나 이기주의자이며 향락주의자 그대로이다. 이런 점에서는 유물론이나 비관론의 주장은 확실히 옳은 것이다. 인간은 교양을 얻더라도 그저 훨씬 세련될 뿐, 더 선해지지는 않는다. 그러나 이러한 자연적인 인간과 함께 하느님의 힘에 의해 다른 인간이 성장하고 강해져 가는 것은 가능하다. 이 새로운 인간이 끊임없이 자연적인 인간과 싸워 굴복시키고, 점차 사멸시켜 가는 것이다. 한편 이 새로운 인간은 점점 힘과 기쁨에 넘쳐 하느님과 하나를 이루는 삶에 들어간다.

이것이 인간이 더욱 선해지는 진정한 순서이며, 그리스도교의 교과서도 그렇게 가르치고 있다. 그러나 우리는 대개, 어린 시절 종교 교사에게서 아주 그릇된 방식으로 배웠고, 또 현대 교육은 그리스도교의 가르침과 근본적으로 상반되는 것이기 때문에, 보통 우리는 수많은 경험을 거듭하고 훨씬 뒤에 가서야 가까스로 그리스도교의 진리를 새롭고 신기한 것으로 배우게 된다. 그뿐 아니라 더 염려되는 것은, 오늘날의 교양 있는 사람들은 이 진리를 확실하게 깨닫지도 못한 채 인생을 마감하게 될지도 모른다는 점이다.

그러나 '더 높은 곳을 향하는' 길에서 큰 장애가 되는 것은 자기를 질책하는 버릇이다. 이것은 노력가 대부분이 자신에 대해 인내심을 가질 수 없는 경우에 이따금씩 찾아오게 마련이다. 이 자기 가책 때문에 그들은 자신에게도 타인에게도 거추장스러운 짐이 된다. 특히 그들이 간절히 환심을 사고 싶은 사람들에게 더욱 그러하다. 이러한 결점의 원인은 허영이나 유용한 일이 부족해서가 아니며, 또 신경쇠약(이것은 일반적으로 자기 가책과 결부된다) 때문만도 아니다. 그것은 오히려 일종의 자제력, 즉 도덕적 완성을 향한 공명심이라는 고상한 야심을 통제할 수 있는 자제심이 부족하기 때문이다. 또 때때로 지도자들의 저작이 오해받거나 잘못 적용되고, 아니면 그 적용에 과장이 있는 것 등에도 약간의 책임이 있다고 할 수 있다. 이 점에서 토마스 아 켐피스나 웨슬리가 대부분의 사람들에게 항상 적합한 안내자라고는 할 수 없다. 만약 최고의 목표를 향한 성과 있는 노력과 일반적으로 달성할 수 있는 인생의 여러 목적에 대한 노력을 어떤 점에서 비교할 수 있다면, 그것은 다음과 같은 점일 것이나. '균형이 잘 잡힌' 정신, 즉 건전한 양식과 의지력, 인내, 감격, 모든 비속한 것에 대한 자연적인 혐오 등을 균형 있게 갖추고 있는 정신은 '하느님의 나라'에서도 가장 좋고 진실한 진보를 이룩할 것이라는 점이다.

쓸데없이 인간성의 비참함에만 사로잡혀 있기보다 오히려 인간성은 선(善)한 것이며, 신성한 삶을 보내도록 정해져 있다고 생각하고, 그것을 그렇게 형성하려고 노력함으로써 내적 생활의 어느 단계에서는 훨씬 크게 전진할 수 있다. 인간성은 근본적으로 부패해 있어, 하느님의 은총에 의해서만 구원받을 수 있는 것인지도 모른다. 우리 자신도 그것을 믿고 있다. 이 점에서 인도주의자와 도덕가들과는 반대 의견을 제시한다. 그들은 그것을 믿지 않기 때문에, 자신의 일이든 타인의 일이든 아무것도 성취하지 못한다. 그러나 훨씬 높은 단계로 진보하면, 당연히 자신에 대해 신뢰를 가지게 되어, 이렇게 말하지 않을 수 없을 것이다. 자, 전진*²하는 거야, 단호하게 '더 높은 곳을 향해' 라고.

1

'더 높은 곳을 향하는' 길은 존재하고, 또 그것을 발견할 수도 있다. 그러나 그 길은 황홀 상태가 신경의 흥분 같은 것이 아니며, 단식과 과도한 기도, '영지' 순례(진정한 하느님의 나라에는 그런 특별한 장소는 없다), 또는 양심의 지도자에 대한 참배 같은 외형적인 것도 아니다. 그 길은 맨 먼저 그리스도교의 간단한 가르침과 명백한 명령을 어느 누구보다 성실하게 지키는 것, 다음에는 일반적으로 그리스도 교회 안에서 볼 수 있는 것 이상의 사랑을 지니는 것, 마지막으로 완전한 침착을 유지하는 것이다.

이에 대해 베르니에 루비니*³는 이렇게 말했다.

"인생은 비참하고 고통스럽다. 우리는 하느님의 모습을 장막 저편에서만 볼 수 있다. 우리의 진정한 삶은 눈앞에 계시는 하느님과의 성스러운 교류에 있다. 이것을 통해 영혼은 쾌적한 평안 속에서 강화되고, 깊은 평화로 가득 찬다. 하느님의 소명을 받지 않고는, 또는 하느님의 재촉이 없는, 설사 좋은 행위라 해도 무슨 일이든 시도해서는 안 된다. 그러므로 우리는 하느님의 마음을 깨달을 수 있기를 기원하며, 자신의 의지를 버리고 하느님의 명령을 기다려야

---

*2 히브리서 5장 12~14절, 8장 10~13절.

*3 장 드 베르니에 루비니는 노르망디 출신의 프랑스 귀족으로, 1602년에 태어났다. 그는 한동안 칸에서 왕실의 세수장(稅收長)이라는 관직을 지낸 뒤, 명상과 자선 가운데 조용한 생활을 보냈다. 그의 사상 가운데 인쇄된 것은 대부분 편지에서 발췌한 것으로, 17세기 프랑스에서 상당히 널리 읽혔다. 독일에서는 주로 테르슈테겐의 소개로 알려졌지만, 지금은 그리 읽히지 않는 저술가 가운데 한 사람이다.

한다. 그것은 영혼 속에 아무런 그림자도 남기지 않는다."

"사람은 일 속에서 고독과 기도 속에서 느끼는 평안을 얻으려고 노력한다. 즉, 마리아와 마르다를 결합하려는 것이다. 그러나 우리의 나약함으로는 그것을 그렇게 성급하게 달성할 수는 없다. 상당히 오랫동안 충성에 힘쓴 뒤에야 하느님은 비로소 영혼에 그러한 자기 초월의 힘을 주신다. 그리하여 바쁜 일에 몰두하면서도 정신의 독립과 평화와 자유를 유지할 수 있다."

또 다른 대목에서 루비니는 이렇게도 말했다.

"사람은 피조물 안에서 이상적인 모습의 하느님을 발견할 수는 없다. 분명히 하느님은 그 피조물 안에도 깃들어 계시고, 영혼은 하느님을 그곳에서 발견할 수 있지만, 하느님은 우리의 정신과 의지의 깊은 곳에 더욱 잘 나타나신다."

"우리가 잘못 때문에 하느님과 하나되는 것을 잃었을 때는, 즉시 하느님 곁으로 돌아가지 않으면 안 된다. 불안한 마음속에서 오랫동안 그 고통을 견뎌서는 안 된다."

이 교훈은 오직 '더 높은 곳을 향하는 종교'에만 적용된다. 그리고 그 경우 이 교훈은 더할 나위 없이 올바른 것이다.

"나는 이따금 내가 너무 게으르고, 행동하지 않는 게 아닌가 하고 걱정한다. 그러나 내가 생각하지 않아도 하느님이 모든 일을 배려해 주심을 언제나 경험한다."

"하느님에게 몸을 맡기는 즐거움이여. 그것을 체득한 자는 영(靈)의 위대한 자유에 대해 미칠 듯한 기쁨을 느낀다. 이것이야말로 가장 좋은 마음의 경지이다. 이것으로 마음속에 얼마나 위대한 것이 태어나는지, 언어로 표현할 수 있는 사람은 아무도 없으리라."

침착한 영혼을 향해 주님은 때때로 말씀하신다(시에나의 성녀 카타리나에게 말씀하신 것처럼). "나를 위해 생각하라, 나는 너를 위해 생각하리니."

"영혼이 하느님 이외의 모든 것을 버리려고 결심할 때까지는 끊임없이 불안을 느낀다. 그리스도교도가 창끝과 같은 십자가와 고난 속에서도 확고하고 온화하게 하느님의 의지를 따르는 모습은 얼마나 멋진 광경인가!"

"기도는 성도가 되는 길의 발걸음을 재촉하지만, 성도가 완성되는 것은 십자가이다. 분명히 우리는 기도를 하고, 명상의 쾌감을 경험하는 것을 좋아하지만, 고통스러운 것은 원하지 않는다. 그것은 속임수이다."

"암흑 속에 있을 때, 영혼은 자신의 모습을 거의 볼 수 없다. 영혼은 순종하는데도 스스로는 그것을 모른다. 왜냐하면 영혼은 그 깊은 곳의 의지가 하느님과 완전히 일치하는 것을 보지 못하고, 다만 자연의 본성과 관능이 하느님을 거스르고 반항하는 것만 보기 때문이다. 그리하여 영혼은 자신의 상태에 대해 회의에 빠져 자신을 혐오하게 되어버린다. 사실은 그 영혼은 하느님을 매우 기쁘게 하고 있는데도 말이다. 왜냐하면 이러한 암흑 속에서 영혼은 빛에 싸여 있었던 때보다 더 큰 성실을 증명하기 때문이다."

우리가 살아 있는 한, 우리의 영혼 속에서 틀림없이 빛과 기쁨에 찬 상태와 어둠과 자기 파괴의 상태가 서로 번갈아 나타난다는 것, 그리고 어느 한쪽만이 너무 오래 지배하고 있을 때 우리의 내적 생활은 건전하게 성장하지 않고 착각에 사로잡히기 쉽다는 것, 이것은 틀림없는 사실이다. 그럼에도 불구하고 하느님에게 향하는 의지와 영혼의 밑바닥에 튼튼하게 뿌리내린 하느님과의 결합은 인간이 도달할 수 있는 일종의 완전함이며, 거기서 점차 정신의 평화도 태어난다. 이 경지는 예언자 이사야가 '혼인의 땅'이라 불렀던 것으로, 영혼은 오랫동안 황야를 방황한 뒤 결국 영원히 그곳에 들어간다. 이것은 점차 정화되는 인간이 지상생활의 마지막 단계에서 도달할 수 있는 경지이며, 더 높은 곳에 준비된 내세의 존재에 대한 자연스러운 과도기를 이룬다. 이 경지에서는 이미 선(善)과 진(眞)에 대한 저항은 그 사람의 내부에서 완전히 사라지고, 모든 반항은 단지 외부로부터만 온다. 마음의 내부에서는 이미 하느님과의 사이에 완전한 평화가 이어지며, 따라서 자신과의 사이에서도 평화가 태어난다. 이것은 '믿지 않는 사람들'은 이해할 수 없고 경험할 수도 없는 경지이다. 이것에 도달하는 것은 불행과 시련이 '타오르는 용광로' 속에서 마지막으로 철저하게 용해가 된 뒤의 일이다. 즉, 그것은 먼저 이 시련이 하느님에 대한 신앙에 의해 극복되고, 인간의 '이기성(利己性)'의 모든 요소가 이 세상에서 가능한 한 완전히 제거되어 없어진 뒤에 일어난다.[*4]

[*4] 이사야 48장 22절, 62장 3~5절, 예레미야 33장 3절, 로마서 6장 22절. "아, 나의 영혼이여. 하느님이 기뻐하시는 일 외에 어떤 일에도 마음을 두지 말라. 하느님이 원하시는 것을 행하라. 그 밖의 것은 모두 경시하라. 네 방식이 아니라 하느님의 방식에 따라 하느님에게 봉사하라"(루비니). 그러면 당신은 '더 높은 곳을 향해' 오를 수 있다. 그렇지 않으면, 평범한 종교심이라는 골짜기의 밑바닥에 머무르게 된다. 이미 2천 년 동안 그리스도 교도들은 그들의 시조가 죽음을 무릅쓰면서까지 보여준 구원에 도달하지 못한 채 이 골짜기를 방황하고 있다. 오

예언자가 불라(배필)의 땅이라고 불렀고[5] 존 번연이 《천로역정》 제16장에서 그리운 듯이 그렸던 이 경지는 어쨌든 실재하는 것으로, 참으로 독특한 성격을 가지고 있다. 그리고 이 경지에 대해 얘기하는 지극히 많은 사람들이, 과연 자신의 경험에서 얘기하고 있는 것인지 자못 의심스럽다. 왜냐하면 그 경지에 도달하려면 중세의 신비가가 '멸망의 황야'라고 이름붙인 지극히 암담한 시기를 거치지 않으면 안 되며, 또한 그곳에 머무는 것은 보통 극히 짧은 기간으로, 머지않아 그 뒤에 이 인생에서의 완전한 이별이 찾아오기 때문에, 그곳에 들어갈 수 있었던 자도 대개 그 체험을 상세하게 기록할 시간이 없기 때문이다.[6] 오직 확실하게 말할 수 있는 것은 첫째 그러한 경지가 존재한다는 것, 다음에는 그곳에 도달하는 길에서는 미세한 점까지 오로지 하느님에게 순종하지 않으면 안 된다는 것, 특히 모든 이기심과 향락욕을 내적으로 완전히 극복하는 것이 필요하다는 것 등이다. 그러나 인간성을 다소나마 알고 있는 대부분의 사람들은 그 말을 듣기만 해도 진저리를 치며 그 이상 도무지 귀를 기울이려 하지 않고, 이러한 말을 어둡고 불가능하며(위선이라고까지는 하지 않더라도) 바른길을 벗어난 종교적 공상이라고 비난한다. 실제로 그러한 위험은 아주 가까운 곳에 있다. 왜냐하면 '옛 사람'은 자신에게 주어지는 요구(그것은 결국

늘날 일반적으로 볼 수 있는 믿음과 행위에 의한 의(義) 정도만이라면, 당시의 바리새인도 마음에 들어 했을 것이다. 또 우리 상류계급이 신봉하는 차갑고 완전히 형식적인 그리스도교에 대해서라면, 사두개인도 로마인도 아무런 이론(異論)이 없었을 것이다. 또한 미래의 이론적 신학에서는 그리스도를 인류에게서 완전히 떼어내어, 그 독특한 인품으로 인해 가까이 다가가기 어려운 높은 곳으로 옮겨놓고, 반대로 모든 인간은 오직 그리스도의 '공훈'에 의해 기계적으로 구원받을 수 있는 것처럼, 오직 그리스도에 의지하라고 가르치는 것은 더 이상 중요하지 않게 된다. 그리스도에 의한 하느님과의 유화(宥和) 사상과 동포교단의 '그리스도의 피에 의한 의(義)'에 대한 생각도 내면적으로 해석하면 진실하지만, 그것에 대한 표면적인 신앙고백과 안이하게 의지하는 것 때문에, 그들의 사상은 오히려 교회의 침체를 초래하는 중대한 원인이 되고 있다. 그리스도가 악의 가장 깊은 원리를 파헤치며, 인류를 위해 생애를 건 활동을 통해 악을 극복한 것(이것은 그의 고난과 죽음이 없었으면 완전히 불가능했을 것이다), 또 우리가 그리스도의 행위를 더욱 발전시키는 의미에서의 그의 후계자가 아니라, 오직 그의 발걸음을 뒤따르는 자가 아니면 안 되는 것도 진실이다. 그러나 또한 우리는 그리스도의 후계자가 될 수도 있고, 현대 인간에게는 사도 시대 이래 일찍이 없었을 정도로도 큰 힘이 갖추어져, 하느님과 함께 있을 수도 있을 것이다(동포교단 찬송가 제534번 2절).

*5 이사야 62장 4절.
*6 누가복음 9장 11절, 마가복음 4장 29절.

면할 수 없는 요구이기는 하지만, 결코 내 몸의 완전한 파멸을 의미하는 것은 아니다)를 어떤 방법으로든 벗어나려고 항상 새로운 구실과 속임수를 생각해낸다. 또는 '옛 사람'이 그 중에서도 예수회 교단을 무서운 자기 기만의 그릇으로 만든 수단과 방법을 사용하여 어떤 '환상'을 만들어낸다. 그것은 이 교단이 비슷한 방법으로 겉으로는 완전히 똑같은 것(최고의 경지의 유사품)에 도달할 수 있고, 이 교단 사람들 중에 자신의 영혼이 진정한 평화에 도달할 수 있는 유일하고 올바른 지름길을 걷고 있다고 진심으로 믿고 있는 자가 적지 않은 것 같기 때문이다. 그리고 또 실제로 "자유로운 인간의 자유로운 결사"로 자처하는, 이 소문이 자자한 교단의 진상을 그곳에 소속되지 않은 채 완전히 이해할 수 있는 사람은 아마 많지 않을 것이다.

바로 여기에 최고의 경지를 추구하여 노력하는 사람이 그 생애의 마지막 길에서 부딪히는 위험이 있다. 이 위험을 면하고 싶으면, 무조건적으로 단호하게 '하느님의 말씀'에 의지하지 않으면 안 된다. 우리가 인간의 중재를 통해서만 하느님의 말씀을 접할 수 있다는 것은 분명한 사실이며, 또 그때그때의 사정에 따라 하느님의 말씀을 현명하게 적용하는 사명을 받는 것도 언제나 인간이다. 이것은 베드로를 불렀을 때 예수가 했던 생각으로, 베드로뿐만 아니라 그당시의(또는 미래의) 모든 제자들이 이 역할을 위해 부름을 받는 경우도 역시 그러하며, 그때는 아무래도 인간적인 잘못을 면할 수가 없다. 그러나 하느님의 말씀을 진지하게 알기 위한 노력을 아끼지 않는 자라면, 누구나 다음과 같은 감명을 받지 않을 수 없을 것이다. 즉, 이 기록된 말에는 영혼 속의 영의 성장을 방해하는 것은 없지만, 그 성장을 통제하는 것은 분명히 존재한다는 것, 또 교회와 학교와 비슷한 다른 어떤 인간적 제도로도 대신할 수 없는 것이 존재한다는 것을 인간이 알고 있다는 것이다. 하느님의 영은 모든 시대에 똑같이 모든 사람에게 임하며, 또 현대인의 생활에도 깃들어 그 사람을 필요한 모든 진리로 인도하려 하고, 또한 인도할 수 있으며, 이러한 성령과 역사상 하느님의 말씀의 결합에 그리스도 교회 및 개인적인 그리스도교 생활의 '구조'가 존재한다. 이 중 어느 한쪽만으로는 광신에 빠지거나 신앙의 정체를 초래하는데, 어느 쪽이든 '더 높은 곳을 향하는' 길이 아니다. 그러나 이 높은 곳을 향하는 길이야말로 현대 세계가 한층 진지하게 추구하고 있는 것이다. 현대의 세계가 원하는 것은 뭔가 새로운 형식으로 장식된 교회주의도, 새 것과 헌 것을 불문하고 재기에 넘치는 교의도, 또 일반적으로 학문으로 여겨지던 새로운 '신학'도 아니다. 반대로 오직 선하고 행복한 생활에 도달하는 길과 힘이다.

우리에게 주어진 하느님의 말씀에는 하느님의 영(靈)이 함께 있지 않으면 안되는데, 그 영이 선물인 것은 분명하다. 사람은 자신의 내부에서 이 영을 낳을 수 없고, 또 델포이의 권좌에 앉은 여사제 퓨티아처럼 외적 수단이나 강령(降靈)의 주문에 의해 억지로 신의 영을 부를 수도 없으며, 하물며 그것을 누구나 '받을' 수는 더더욱 없다. 이 영은 사람을 지배하는 힘이지만, 사람은 그 힘을 다른 방법으로는 얻을 수 없고, 또 학식이나 웅변으로 그 힘을 휘두를 수도 없다. 그 영은 진리가 아니며 진리의 완전한 확신도 아니다.*[7] 그 영이 확신이라면, 사도들은 이미 오래전부터 가지고 있을 것이다. 또 그 영은 충분한 진보를 이룩한 신앙도 아니다. 그것은 선에 대한 강한 힘이다. 어떻게 하면 그러한 힘이 솟아나느냐고 물어도 우리는 대답할 수 없다. 이 힘은 갑자기 나타나고, 마찬가지로 갑자기 사라지기도 한다. 그리고 그 힘을 얻기 위한 준비와 자격에 대해 우리가 알고 있는 것은, 오직 그 힘이 자신 외에 우리 인간을 지배하는 어떠한 다른 힘도 허용하지 않는다는 것뿐이다. 자신이 이 영을 지니고 있는지 어떤지에 대해서는 누구도 의문의 여지가 없다. 이 영을 지니고 있는 것은 그 힘을 느끼는 타인의 태도로 알 수 있을 뿐만 아니라, 인간이나 사물의 진상을 간파하는 완전히 다른 힘이 주어지는 것으로도 알 수 있다. 마찬가지로 정신은 물론 육체의 모든 조직도(더욱이 가끔 심각한 침체기 직후에도) 기쁨과 강함으로 한순간에 채울 수 있는 것으로도 그것을 알 수 있다. 두말할 것 없이 이러한 생명을 낳는 영은 우리 안에 깃들어 죽음을 극복하고 새로운 생명을 가능하게 한다. 더 분명하게 말하면, 원래 이 새로운 생명은 지금까지의 생명에는 속해 있지 않기 때문에, 이미 있던 오랜 생명과 함께 죽는 일은 있을 수 없다. 그것은 영생(永生)에 대해 줄 수 있는 유일한 '설명'이며, 이 영을 가진 자는 이 세상의 생명을 의심하지 않는 것과 마찬가지로 영생도 의심할 수 없을 것이다.*[8]

---

*[7] 마태복음 16장 17절, 요한복음 6장 69절.
*[8] 고린도후서 5장 1~5절.

그러한 것은 원래 이미 믿는 것이 아니라, 이 세상의 짧게 한정된 생명과 존재를 초월한 어떤 것을 살짝 들여다보고, 적어도 그것을 생생하게 체험하고 실감하는 일이다.*9 이것이 그리스도가 가지고 있었던 신앙이며, 또 그리스도가 세상을 이기고, 그것만이 하느님과 하나*10라고 선언할 수 있었던 바로 그 신앙이다. 오늘날 우리는 대부분, 당시의 그리스도의 말을 믿지 못하고 그것을 단순히 터무니없는 자만이나 자기 기만이라고 생각했던 유대인의 죄를 용서하고 싶은 유혹을 느끼고 있다. 그때 처음으로 그 시대의 저급하고 평범한 종교와 독창적인 '더 높은 곳을 향하는' 종교 사이의 싸움이 표면화되었고, 그 후 이 싸움은 교회사 전체를 지배해 왔다. 그러나 그 유대인들의 죄는 용서할 수 없는 것이다. 왜냐하면 이 영은 결코 잘못 보는 일이 없으며, 잘못된 것에 대해서는 오직 저항하는 수밖에 없기 때문이다. 그러나 이 경우, 자신의 모든 정신생활의 위험을 걸게 된다. 그 저항은 그 속에 숨어 있는 모독을 의식하고, 그것을 원하면서도 감연히 행해지기 때문이다.*11

---

*9　단테 《신곡》 천국편 제1곡 67~72행(포흐해머의 번역에 의함)
　　"글라우코스도 바다 속에 가라앉았을 때,
　　그가 신이 된 경위를 밝히지 않았다.
　　그렇게 내 몸에 일어난 일도,
　　같은 은혜를 입은 사람만이 이해할 수 있으리라."
　　또한 천국편 제7곡 58~66행, 동포교단 찬송가 138번 참조. 이에 반해 신학이 '종말론'이라고 명명한 것은 이해할 수 없고, 또 이해해야 하는 것도 아닌 사항에 대한 쓸데없는 사변의 혼합물이다. 살아 있는 인간 가운데 종말에 대해 객관적이고 확실한 것을 조금이나마 얘기할 수 있는 자는 아무도 없다. 다만 복음서는 이것에 대해 너무 많은 말을 했다고 덧붙이고 싶을 정도이다.

*10　요한복음 10장 30절, 골로새서 2장 8·9절. 사람은 자신의 경험을 통해 어떤 고통에도 언제나 위로와 도움이 있다는 것을 아는 순간, 이 불완전한 세계에서도 다시 더 많은 만족을 느끼게 될 것이다. 이것이 욥기 19장 25절(루터에 의해 잘못 번역되었지만)의 의미일 것이다.

*11　마태복음 12장 30~32절, 18장 7절, 에스겔 13장 22, 23절. 다시 한번 여기서 강조해 두고 싶은 것은, 이 영은 '양심'과는 전혀 다른 것이라는 점이다. 우리는 어렸을 때, 어중간한 신앙밖에 가지지 않은 종교 교사로부터 양심은 우리의 행위에 대한 정확한 지침이라고 배웠다. 수없이 많은 사람들이 '자신의 가슴의 목소리', 또는 '마음의 목소리는 운명의 목소리'(독일 속담)라고 한 그 '마음의 목소리'에 따르다가 정신적으로도 육체적으로도 파멸하고 만다. 특히 여성의 경우에 그러한데, 여성들은 그것 때문에 생각지도 않던 잘못에 빠지기 쉽다. 우리는 '더 나은 자아'나 그것과 비슷한 표현을 알고 있지만, 그것은 흥분과 격정에 사로잡힌 순간에는 당장 무력함을 폭로한다. 단순히 그러한 공허한 말뿐만 아니라 우리한테서 완전히 독립한, 속임수가 통하지 않는 영이 존재한다는 것을 알지 않으면 안 된다. 이 영은

이것은 오늘날에도 마찬가지이다. 그러한 저항에서 개인의 경우에는 먼저 선에 대한 증오가, 다음에는 확실한 형태, 또는 눈에 띄지 않는 형태의 광기가 태어난다.[*12] 이에 반해 민족의 경우는 뭐라 설명할 수 없고 피할 수 없는 불행이 일어난다. 이 불행은 그 민족들이 진리의 영에 정면으로 저항하며, 그 증인들을 십자가에 걸어 불태워 죽인 이후, 저주처럼 그들의 머리 위를 무겁게 내리덮고 있다.

이러한 영의 힘은, 예기치 않게 저절로 사람들에게 미치는 감화(이것이야말로 인간의 진정한 위대함의 표시이다)를 제외하면, 기도의 힘으로 발휘된다. 기도가 우리 자신의 정신에서 나오는 것이 아니라 이 영에서 나올 경우에만, 그 기도가 진실한 힘이 되어 '자연적'인 과정에서는 바뀔 리가 없는 사물을 바꿀 수 있다. 이것을 한번 경험한 적이 있는 사람이라면 누구나 자신의 생애에서 분명한 실례를 들 수 있다. 더욱이 이것은 성서의 가르침과도 일치하고 구약의 사고방식에도 들어맞는다.

성서 속에서는 하느님의 영을 지니고 있는 사람들의 기도에, 때로는 하느님 쪽이 어떤 의미에서 따르고 계시는 것처럼 보이는 일도 있다. 또 하느님이 사람들에게 그 소원을 들어줄 수 없거나 들어주고 싶지 않다면, 먼저 그들에게

사탕발림에 넘어가지 않고, 우리에게 강하게 경고하여 붙잡아주고 의연하게 해주는데, 그 것도 생애의 가장 좋은 때뿐만 아니라 가장 나쁜 때에도 그러하며, 또 우리가 애초에 원하지 않았던 것도 거의 강제적으로 하게 할 수 있다. 자신과 자신의 나쁜 의지 사이에, 이 영에서 나오는 어떤 말이든 행동이든 즉시 끼어들게 하는 것이 상책이다. 그렇게 하면 이 영이 그 자리에서 나쁜 의지의 승리를 불가능하게 만들어버린다. 다른 방법은 모두 비참한 무능함을 드러낼 뿐으로, 특히 애정의 경우가 그러하다. 사랑의 비극은 테니슨의 《국왕목가》(특히 '에레인' 편과 '기네비아' 편)에 가장 훌륭하게, 오히려 《파우스트》보다 더 감동적으로 그려져 있다.

[*12] 이러한 예는 유다와 율리아누스(로마 황제, 그리스도교 박해자)에서 니체에 이르기까지 과거와 현재를 막론하고 많다. 또 누구나 주위에서 많든 적든 그러한 실례를 알고 있다. 이것을 이해할 정도로 현명한 사람이라면 누구든지, 확실하게 입 밖에 내든 안 내든, "갈라디아인이여(그리스도), 네가 이겼다"(율리아누스의 임종의 말로 전해지고 있다)라는 말이면 끝날 것이다. 어떤 사람도 그리스도교의 영에 대해 의식적인 싸움을 붙여 이길 수는 없다. 일반적으로 대부분의 사람들, 특히 학자들은 그리스도교에 대해 잘못된 관념을 만들어낸 뒤 그것을 이길 수 있다고 생각하고, 평생 오직 그 거짓 그리스도교를 상대로 싸우고 있다.

명하여 더 이상 원하지 않게 하신다. 이른바 '중재(仲裁)의 기도'의 가치와 의미도 거기에 있다. 신자들 중에는 간혹 다른 도움보다 이 기도를 훨씬 더 흔쾌하게 맡는 자가 있다. 물론 자신의 기도가 하느님에게 닿지 않는 사람들에게는 이 중재 기도를 해 줘도 아무 소용이 없다. 이 경우, "하늘은 스스로 돕는 자를 돕는다"는 속담이 진리이다.

당신은 스스로 하느님과의 솔직한 교류와 접근을 원해야 한다. 그러면 하느님이 종들에게, 또 당신에게 일러야 할 것과 해야 할 것을 명할 것이다. 당신이 그들에게 특별히 그렇게 해달라고 부탁할 필요가 없다.

진정한 기도는 '이루어질 수 있는 것'을 그 속에 내포하고 있지만, 먼저 인간의 마음이 하느님에게 완전히 자신을 맡기고자 하는 의지 행위이다. 거기서 상황에 따라 하느님의 의지와 정화된 인간의 의지에 정확하게 합치하는 기도가 저절로 나온다. 그러한 기도는 이 땅의 가장 위대한 두 가지 힘을 처음부터 내편으로 끌어들이며, 그렇기 때문에 스스로 실현의 보장을 가지는 것이다.

그리스도가 이루어지는 기도에 대해 얘기한 것도 위와 같은 것을 의미하고 있다. 그리스도의 기도로서, 그 말 그대로 전해지고 있는 기도도 그런 성질의 것이다. 마찬가지로 바울이 데살로니가 사람에게 '끊임없이 기도하라'고 한 말의 의미도 그러하다. 그렇지 않으면, 이 말은 쉽게 마음이 들어 있지 않은 기도로 이끌 것이고, 또 이미 때때로 그래 왔다.

하느님의 의지와 인간의 의지가 그 사람의 내부에서 완전히 하나가 되었을 때, 이 지상생활의 목적은 달성된 것이다. 그리고 그리스도를 닮는 것, 또 거기서 저절로 나오는 그리스도를 '따르는 것'(이것이 인간의 최고 이상이다)이 실현된다. 그렇게 되면 이러한 사람의 기도가 모두 이루어질 확률은, 오늘날에도 그리스도가 나자로의 무덤 옆에서 경험한 것에 가까워질 것이다. 또 그렇게 되면 하느님의 교훈은 어렵지 않다고 말한 요한의 말(이것은 신앙의 초보자에게는 지극히 의심스럽게 생각되는 모양이지만)도 마찬가지로 옳은 것이 된다. 그 경우, 하느님의 교훈이 그대로 인간의 의지가 되기 때문에 이를 따르는 것은 결코 어렵지 않다. 그러나 거기에 도달할 때까지의 전제는 쉽지 않아서, 여전히 엇갈리는 하느님의 의지와 오랫동안 싸우게 된다. 이 싸움은 적어도 그 사람이 인생에서 진정한 목적과 내용을 가지고 싶다면, 반드시 하느님의 의지의 완전한 승리로 끝나지 않으면 안 된다.

끝으로 한 가지 더, 친애하는 독자여, 우리가 (이번에는 영원히) 작별하기 전에 말씀드리고 싶은 것이 있다. 앞으로 나아가는 데에는 불쾌한 것이 따르게 마련이다. 만약 당신이 많은 사람들보다 더 높은 곳을 지향한다면 고통을 각오해야 한다. 이것은 "나를 따르려는 사람은 누구든지 자기를 버리고 제 십자가를 지고 따라야 한다"는 그리스도의 비장한 말을, 무뚝뚝하고 약간 차가운 표현으로 바꾼 것이다. 우리는 이 말을 어릴 때부터 질릴 정도로 수없이 듣고, 또 그 뒤에도 자주 읽어왔지만, 성서의 말 가운데 단순한 신학이 되어버린 다른 말과 마찬가지로, 이 성구도 일상의 말로 되돌리지 않는 한, 더 이상 올바른 감명을 주지 않게 되었다. 따라서 '십자가'니 '배움'이니 하는 교의적 용어는 모조리 집어치우고, 간단하게 다음과 같이 말하면 아마 훨씬 이해하기 쉬울 것이다. 만약 당신이 지금까지보다, 또 대다수의 일반인들보다 높은 곳을 향해 전진하고자 한다면, 다른 일과 함께 그것보다 훨씬 더 불쾌한 일도 경험하지 않으면 안 된다. 불쾌한 일이 실제로 찾아왔을 때, 그것을 피할 것이 아니라 이치에 따라 그것을 활용하고 극복하지 않으면 안 된다. 하느님은 그 일을 당신에게 보내지 않을 수 없었던 것이다. 그렇게 하지 않으면 하느님은 당신을 정신적으로 더 높은 사람으로 키울 수 없기 때문이다.

따라서 고통을 만나면 먼저 감사하라. 그런 다음, 그 고통이 무엇에 쓰이는지 물어보라. 고통을 그저 피하려 하지 않고 그 의미를 진심으로 이해하기를 원한다면, 언젠가 반드시 그것을 발견하게 될 것이다. 그리고 변명이나 불평을 늘어놓지 말고 그 길을 나아가라. 그러면 틀림없이 다른 연구와 수양보다 당신을 훨씬 더 앞으로, 훨씬 더 빨리 인도해줄 것이다.

이것이 바로 높은 곳을 향하는 최고의 지름길이다. 이 경우, 하느님의 인도를 신뢰하는 것 외에는 아무것도 필요하지 않다. 그리고 좁은 '덕행(德行)의 오솔길'과 그것에 인접한 세속의 미궁 사이에 경계를 정하기 위한 수많은 규칙을 복잡하게 검토하는 것은 아무런 소용이 없다. 하느님을 굳게 믿는 것, 그리고 그 신앙이 단순한 장식물이 될 염려가 없도록 나날이 신앙을 사용하지 않을 수 없도록 하는 것, 이것이 높은 곳에 가장 빨리 도달할 수 있는 길이다.

철학적으로 표현한다면, 의지가 그 목적에 완전히 도달하여 거기서 충분한 만족을 느끼는 것이 곧 행복이다. 그러나 이 의지는 막스 슈티르나와 입센, 니체 같은 이들이 말하는 이기적인 의지는 아니다. 이러한 의지는 이길 수 없는 세계질서에 의해 오히려 방해받기 때문이다. 반대로 여기서 말하는 의지는 사랑에 찬 세계질서(이것은 스피노자와 괴테의 범신론적 사상에서는 발견할 수 없다. 그들의 사상은 가혹하게도 인간에게 자신과는 이질적인 맹목적 우주법칙에 굴복하기를 요구한다)와 완전히 내적으로 일치하며, 인격적인 하느님과 친밀한 우애 관계에 서는 것이다. 복잡하기 이를 데 없는 학문의 길(이것이 바로 수천 년 동안 학문적 의미에서의 종교학의 본질을 이루고 있다)을 통해 모든 지상의 것에 대한 승리를 추구해온 가장 교양 있는 사람들에게도, 어린 시절부터 외운 단순한 언어(성구)가 갑자기 도움이 되는 일이 자주 있다. 지금까지의 모든 사색과 지식보다 이러한 단순한 언어가, 그들에게 모든 악과 보잘것없이 작음을 끊임없이 극복할 수 있는 힘을 준다. 그리고 더 높은 곳으로 가기를 원하는 모든 인생에는 본래 이것만이 중요하다.

"오로지 하느님의 뜻에 따라
어떠한 때라도 하느님에게 희망을 거는 자,
모든 고뇌와 슬픔에 부딪쳐도
하느님은 그 사람을 신비하게도 지켜주시네.
참으로 지고한 하느님을 의지하는 사람은
모래 위에 그 집을 짓지 않네."

(동포교단 찬송가 제172번)

그러므로 인생의 모든 뛰어난 지혜가 도달할 수 있는 마지막 단계는 '하느님과 함께 있는가, 아니면 하느님으로부터 떨어져 있는가'가 인생에서 유일하고 중요한 문제임을 통찰하는 경지이다. 이에 따라 선과 악, 좋은 보상과 벌, 시간과 영원(永遠) 등 일반적으로 거의 해결할 수 없는 모든 문제가 올바르게 해명된다. 이론적 인식으로는 누구도 그 이상 도달할 수 없다. 그러나 실제로는 우리가 이 땅에 있는 한 하느님 곁에 있는 것은 언제나 한결같이 계속되는 상태가 아니며, 햇빛처럼 구름이나 적어도 안개 같은 것에 방해를 받을 때마다 그것에 따라 밝아지거나 어두워질 수도 있다. 단, 어디까지나 확고한 진리는 바로 이 영(靈)의 태양이 실재하고 있고, 만약 태양과 우리 사이에 방해물이 없으면 그것은 언제나 빛나고 있다는 것, 또 그 방해물이란 하느님의 의지를 거스르는 우리의 의지 외에 아무것도 아니라는 사실이다.

이것은 종래의 신학에 의해 '죄'라는 이름으로 불려왔다.*13 이 근본적인 진리는 얼마나 단순하단 말인가! 그런데도 이 진리에 도달하는 것은 또 얼마나 더딘 것인가! 더욱이 그것은 학식이 부족해서가 아니라 오히려 아는 것이 너무 많기 때문이다. 그리하여 과학만능의 유물주의(唯物主義) 시대가 찾아와, 먼저 생명을 잃은 교의(敎義)에서 어느 정도 해방시키고, 대부분의 영혼 속에 하느님과의 진정한 합일을 추구하는 염원을 새롭게 자각시키지 않으면 안 되었다. 대

＊13 죄에 대해, 또 죄를 없애거나 가능하면 잊기 위한 방법에 대해 헤아릴 수 없이 많은 문헌이 등장했다. 죄의 문제에는 수천 년 동안 가장 가혹했던 인간의 예속상태에 대한 문제가 결부되기 때문에, 이 말 자체까지 무수한 사람들에게 꺼림칙한 것, 증오해야 하는 것이 되고 말았다.

그러나 이 문제는 사실은 참으로 간단하다. 인간이 하느님보다 다른 무언가를 더 바람직하다고 생각할 때 죄는 성립된다. 하느님의 세계질서를 어기는 행위를 실제로 의식적으로 감행하면서 생활하는 것만이 죄가 아니다. 다만, 죄가 실행에 옮겨져서 사실이 되어버린 경우에는, 거기서 돌아서는 것이 단순히 머릿속의 죄에서 돌아서는 것보다 훨씬 더 어려운 일인 것만은 확실하다. 그러나 죄에서 돌아서는 것은 언제 어떤 상황에서도 쉽게 실천할 수 있다. 그리고 하느님에게 돌아가는 사람은 누구나 반드시 받아들여진다. 아니, 믿고 이렇게 덧붙일 수도 있다. 인간의 정신은 오직 유혹의 시련을 통해서만 점차 자연적인 부분에 대한 지배력을 획득하는 것이라고. 이것을 달성하는 데는 도덕적 세계질서가 엄존하며, 그것에 반하는 모든 행위는 반드시 외적인 불행이나 내적인 불만으로 끝난다는 것을 스스로 경험을 거듭하여 깨닫는 것 외에는 길이 없다. 그러나 어려운 것은 인간의 내부에는 선과 악이 강하게 얽혀 있다는 것, 특히 완전히 똑같은 힘과 충동이 최고의 정점으로도, 최저의 바닥으로도 인도할 수 있다는 점이다. 인간에 대한 애정, 명예욕과 충성심, 자부심, 지식욕, 진실에 대한 욕구, 미적 감정, 또는 신앙도 그러하다. 그래서 하느님이 끊임없이 보호하며 곁에서 인도해주지 않으면, 올바른 길을 찾지 못하는 경우가 많다. 거기서 인생의 비극적인 상황과 갈등이 시작된다. 이것이 바로 《파우스트》 속에서 그레트헨이 감옥에서 비탄했던 일이며, 또 테니슨이 랜슬로트와 기네비아의 '불의(不義) 속의 진심'의 관계에서 지극히 감동적이고 박진감 있게 묘사했던 것이다. 마찬가지로 니벨룽겐의 노래의 여러 대목에도 그것이 표현되어 있다. 이리하여 한 시대의 도덕관념 전체가 큰 혼란에 빠져, 불의가 정의로 보이고 죄가 아름답고 예술적이고 위대하게 느껴지는 경우도 일어난다. 그러한 상황에서 개개의 인간을, 특히 교양 있는 사람들을 지키기 위해서는 '하느님의 개인적인 은총'이라는 것에 의지하는 수밖에 없다. 어떤 국가와 교회제도도, 또 어떤 인간적인 덕성도 이것을 완전히 이룩할 수는 없다. 그럴 수 있다고 주장하는 자가 있다면, 그것은 아직 그러한 갈등을 겪어본 적이 없기 때문이며, 이 문제에 대해 함께 논할 상대가 못되는 것이다.

부분의 사람들에게 하느님은 이제 틀에 박힌 공허한 이름이거나, 아니면 사랑은커녕 오히려 두려워해야 하는 존재, 결국 미워해야 하는 존재가 되어버렸기 때문이다.*14

위와 같은 통찰을 얻은 뒤에 인간이(그리고 예외 없이 한 사람 한 사람이) 할 수 있는 가장 소중한 체험은, 다시 찾아낸 이 하느님이 자신을 기쁘게 여기신다는 분명한 느낌이다. 인간이 하느님을 기뻐하는 것이 아니라 하느님이 인간 자신의 있는 모습 그대로를 기뻐하고 또 기뻐해줄 수 있는 것, 이것이 바로 훌륭하게 성취된 인생의 올바른 완결이다. 더욱이 이것은 오직 그리스도교에서만 완전하게 도달할 수 있는 경지이다. 이에 반해, 다른 모든 유신론적 인생관은 어떤 특정한 문화 단계와 불가분의 관계에 있거나, 노쇠 또는 질병에 의해 자연의 정신적 능력이 쇠퇴하면 소멸해버릴 위험이 항상 있다. 이것이 그리스도교의 장점으로, 단순한 철학 가운데 이에 필적할 수 있는 것은 아마 없을 것이다.

오직 도덕적 생활로 자신을 만족시키거나 타인의 갈채를 얻거나, 아니면 하느님을 기쁘게 해드리는 이 세 가지 길은, 실제 생활에서 큰 차이가 있다. 어느 정도라도 현명한 사람이라면, 괴로운 경험을 통해 비로소 다음과 같은 것을 배울 것이다. 즉, 위에서 든 세 번째 길만이 자신 속에 변하지 않는 기준을 두어 사람의 마음을 진정으로 만족시키며, 끊임없이 환멸에 빠지는 것을 피하는 데 필요한 힘을 준다는 사실이다. 그런데 이와는 정반대되는 것도 주장할 수 있고, 또 실제로 그런 일이 일어날 수 있다는 것 역시 우리는 잘 알고 있다. 이 사실을 전면적으로 부정하기 위해서는 역사에 대해 거의 무지하지 않으면 안 된다. 그러나 그러한 일이 일어나는 것도, 그 근저에 가로놓여 있는 하느님에 대한 견해가 올바르지 않았기 때문이다. 요컨대 종교에서는 모든 것이 바로 하느님에 대한 견해에 달려 있다.

---

*14 현대의 유명한 은자인 가브리엘 드 보몽의 비망록이 최근에 출판되었는데, 그 속에 다음과 같은 말이 있다. "많은 사람들은 하느님에게도 자신이 상처를 준 사람을 대할 때와 똑같은 태도를 취한다. 즉 상대와 부딪치면 피하려고 고개를 돌리는 것이다." ……"세상에는 일단 해버리면 그만인 일이 많이 있다. 그러나 기도는 그렇게 생각해서는 안 된다."
하느님과 진정으로 친밀한 관계 속에 있지 않으면, 기도하는 것은 전혀 무의미하다.

따라서 친애하는 독자들이여, 만약 언젠가 하느님이 당신에게 무엇을 줄까 하고 물으신다면(이것은 오늘날에도 여러 가지 방법으로 일어날 수 있는 일이다), 당신이 대부분의 사람들보다 '더 높은 곳을 향해' 나아가기를 원하는 한, 오로지 하느님이 당신을 가상히 여기시는 것과 그것을 방해하는 모든 것으로부터의 '하느님의 아들로서의 존엄한 자유' 외에는 아무것도 원해서는 안 된다.

그러나 이 경우, 그것에 필요한 것도 당연한 일로서 기쁜 마음으로 받아들이는 것이 좋다. 그리고 이 말을 거의 '행복'에 대한 우리의 결론으로 들어주기 바란다. 이것을 능가하는 행복은 이 세상에도, 또 상상할 수 있는 한의 어떤 미래 세계에도 존재하지 않는다. 그래서 진실하고 신뢰할 수 있는 행복에 대한 길 안내는 이 말이면 충분하다.

"이 말을 받을 만한 자는 받을지어다."*15

2

노년이 되기 전에 '더 높은 곳을 향하는' 경지에 도달하는 것은 아무래도 대부분의 사람들에게는 가능할 것 같지 않다. 그것은 원래 백발을 이고 있는 사람들의 특권이다.*16 젊은 시절에는 단테의 이른바 '날렵한 표범'*17(정욕의 상징)을 상대하느라 바쁘고, 장년 시절에는 최고의 것을 향해 노력하지만 명예심과 활동욕이라는 사자가 이따금 '머리를 쳐들고' 방해한다.

그러나 틀림없는 노년이라는 실제적인 느낌이 찾아온다면 지금까지의 수많은 일들과 결별하고, 그 대신 이 인생의 마지막 시기에 어울리는 단 한 가지 새롭고 위대한 목표를 향해 간절한 눈길을 보내야 할 것이다. 그렇지 않으면 화를 잘 내거나 염세주의(이것은 인간과 사물에 대한 올바른 판단력의 쇠퇴를 동반

---

*15 마태복음 19장 12절.

*16 따라서 이 마지막 장은 모든 것을 이미 내적으로 경험한 뒤인 노년층을 위해 쓴 것이다. 물론 예외도 있을 수 있다. '몸은 여자지만 성격은 남자'라는 말을 들었던 시에나의 성녀 카타리나는 29세에 사망했고, 그리스도는 33세에 세상을 떠났다. 이렇게 특별한 은총을 받은 사람들은 보통 사람과는 다른 인생의 시계를 가지고 있어, 그들의 성숙은 다른 사람들보다 훨씬 빠르고, 또 그 내적 진보의 자연적인 단계도 보통보다 빠르게 나아간다. 같은 이유에서 고령이 반드시 특별한 은총의 표시는 아니다. 그뿐 아니라 오히려 하느님의 인내의 표시, 즉 결실을 느긋하게 기다리면서 그것을 위해 시간을 주는 것이다. 모든 백발이 '명예와 함께' 얻어져서 머리 위에 얹혀 있는 것은 아니다. 하물며 대머리는 더더욱 그렇지 않다.

*17 《신곡》 지옥편 제1곡 32행. 특히 진지한 청년은 반대로 인간 경멸로 기운다.

한다)에 빠지고, 아니면 마지막 남은 생명력을 더욱더 삶의 향락에 쏟아 부으려 하는 혐오스러운 시도의 포로가 되어 구제받을 수 없는 지경에 빠진다.

물론 노년이 되어서도 여전히 제대로 전진할 수 없는 시기가 찾아오는 경우도 때로는 있다. 단지 더 높이 올라가지 못하는 정도가 아니라 전혀 진보하지 않는다. 그런 때에는 사상도 완전히 사라진 것이나 다름없고, 가장 뛰어난 책에도, 마찬가지로 남의 말과 설교와 기도 같은 것에도 완전히 흥미를 잃게 된다. 이러한 마음이 어디서 오는 것인지는 확실하게 알 수 없다. 그것은 흔히 우연한 육체적 원인 때문일 수도 있기 때문에 휴식을 취하거나 신선한 공기를 접하고 적당한 치료를 받음으로써 원인을 제거하면, 그런 기분이 사라지는 경우도 있다. 그러나 언제나 그렇게 되는 것은 아니다. 그런 경우에는 억지로 책을 읽고, 기도를 하고, 사람들과 종교적인 교류를 나눈다 해도 그다지 효과가 없을 것이다. "마음을 하느님에게 향하여 열심히 기도하라"는 교회의 기도문도 오히려 그 책을 편찬한 사람의 지극히 빈약한 인간에 대한 지식을 증명할 뿐이다. 의기소침 속에서 유혹에 시달리는 사람들은 바로 그 일을 할 수 없는 것이다.

그런 때의 단 하나의 방법은 선한 행위를 하는 것인데, 그것이 단순한 결의나 단념, 또는 남을 용서하는 일이라도 상관없다. 그렇지만 실제상의 행위가 아니면 안 된다. 그럼으로써 냉담하고 무기력하며 때로는 고통스러운 기분이, 마치 햇살 앞에 안개가 걷히는 것처럼 사라져버린다. 마음은 다시 넓어지고, 더 높은 것, 더 선한 것에 대한 흥미가 되살아나, 조금 전까지는 읽지 못했고 읽고 싶지도 않았던 것이 다시 우리의 마음에 감명을 주게 된다. 무엇보다 가장 좋은 것은 늘 가까이 있는 수단이다. 왜냐하면 선한 행위를 할 기회는 언제 어디에나 충분히 있고, 또 누구든지 극히 가까운 주위에 그 기회를 가지고 있기 때문이다. 그리고 또 이렇게 말할 수도 있다. 달리 도저히 설명할 길 없는 이 불쾌한 기분에도 불구하고 우리가 쉬지 않고 빛나는 전진을 계속하고 있었을 때는, 전혀 생각지도 않았던 것을 통해 우리의 주의를 촉구하는 의미와 사명이 있었다.*18고.

＊18 변함없이 우리에게 그 힘을 발휘하고 싶어하는 악에 대해서는 당당하게 정식으로 절교를 선언해야 할 것이다. 더욱이 그것은 실제적인 행위를 통해서 해야 하며, 단순한 '계획'만으로는 안 된다. 계획은 쉽게 취소하거나 피할 수 있기 때문이다. 일반적으로 우리는 이러한

그러나 그 뒤에는 오로지 앞쪽만 보도록 유의하고 뒤돌아봐서는 안 된다.[19] 나이를 먹은 뒤에 과거를 돌아보는 것은 타인에게는 번거롭고 자신에게

'시험'을 통해서 항상 진보한다. 시험에 합격할 때마다 다음의 새로운 내적 단계로 나아가는 것이다. 그렇지 않고, 단순한 공부만으로는 다음 단계로 올라갈 수 없다. 이것을 위해서는 또한 다음과 같은 주의가 필요하므로, 여기서 그것을 다시 한번 일러두고자 한다.

악에 대한 '증오의 힘'이 없으면 가장 좋은 소질을 가진 사람들도 아무것도 할 수 없다. 모든 것이 계획과 고상한 감동, 원망, '숭고한 동경'에 머무를 뿐, 거기서 아무런 행위도 나오지 않는다. 이러한 증오의 힘은 아무도 남에게 줄 수 없다. 사랑은 (위에서) 주어지지만, 증오는 스스로 품지 않으면 안 된다. 증오는 지상의 존재에서 태어나는 지상의 힘이다.

살아 있는 자라면 누구를 막론하고 마음이 약해지는 순간을 겪지 않는 자는 없을 것이다. 진정으로 고상하고 의기왕성하며 인류에게 소중한 인간은 그러한 약해지는 순간을 전혀, 또는 거의 가지지 않은(이것은 보통 우둔한 기질과 관계가 있다) 사람이 아니다. 오히려 그러한 순간을 훌륭하게 극복한 사람들이었다. 그 싸움에서 승리를 거둘 때마다 그들은 점점 성숙해갔고, 그래서 그들의 국민 전체와 지상에서의 모든 선한 일도 그 덕을 입게 되었던 것이다.

지상에서의, 그리고 인간 내부에서의 선과 악은 따로따로 나타나는 것이 아니라 반드시 유기적으로, 때로는 믿을 수 없을 만큼 굳게 결합하여 나타난다. 그러나 언젠가는 하느님의 은총에 힘입은 커다란 결의에 의해 그것을 분리하는 데 착수하지 않으면 안 된다. 그러기 위해서는 보통 고통스럽고 강렬한 분리의 불이 필요해진다.

이러한 선악의 순수한 분리와 효과적인 향상의 모든 노력은 하느님에 대한 신앙에서 시작된다. 그러나 이 신앙은 사람이 그것에 따라 살려고 결심하지 않으면 실제로 얻을 수 있는 것이 아니다. 따라서 모든 것은 본래 이 의지 행위에 달려 있다. 만약 어떤 사람이 처음에는 아주 작은 목소리로 조심스럽게, 그것도 가장 깊은 내적 생활의 극히 은밀한 곳에서, "주여, 이제 제 마음을 가져가십시오" 하고 중얼거리거나 그렇게 생각하는 것만으로도, 그 뒤의 모든 것이 저절로 찾아온다. 그 사람은 결코 발견할 수도 선택할 수도 없지만, 그 사람에게 가장 어울리는 방법으로 모든 것이 주어지는 것이다.

그때부터 그는 느리기는 하지만 꾸준히 향상의 길을 걸어가며, 결국 자신뿐만 아니라 타인도 도와줄 수 있다. 왜냐하면 이제 그는 로엔그린(독일 서사시의 영웅, 고통스러워하는 자를 돕는 백조의 기사)과 마찬가지로, "나는 암흑과 번민 속에서 온 것이 아니다. 광명과 환희 속에서 찾아왔다"고 말할 수 있다(그것은 상대에게도 느껴진다). 설교하는 사람도 그런 말을 할 수 있게 될 때까지는 힘이 약하여 어떤 설교와 지도도 거의 효과를 거두지 못한다.

이 단계에 도달한 사람들에게는 한 영국 저술가가 다음과 같이 술회한 심정이 찾아온다(바울도 같은 말을 했지만, 현대인에게는 이 편이 알기 쉽다). "악의 하향(下向)으로 율법을 무시하는 것과 마찬가지로, 선의 상향(上向)으로 율법 초월이 있다. 모든 율법을 초월한 생명과 사랑을 열렬하게 추구함으로써, 우리는 대부분의 율법을 초월할 수 있다." 그러나 이와 같은 경지에 도달했다고 성급하게 판단하지 않도록 주의해야 한다.

[19] 생각을 하는 사람들의 경우, 인생이란 힘찬 진보, 즉 자신의 본질적 변화를 필연적으로 수반해야 한다. 그러므로 과거를 회고하는 것은 거의 언제나 퇴보를 의미한다. 단 하나 유익

는 슬픈 일이 될 뿐이다.

마지막 숨을 거둘 때까지 정신적으로 활발하게 활동하면서, 결국 하느님의 완성된 그릇이 되어 '열심히 일하다가' 쓰러지는 것, 이것이야말로 정상적인 노년의 올바른 과정이며, 또한 인생의 가장 바람직한 종결이다.

이러한 노년을 맞이하면, 전에는 참으로 어렵게 보였던 대부분의 일들이 지극히 쉬워진다. 정신은 더욱 자유로워져서 육체에 좌우되지 않고 투명할 정도로 맑아지며(바로 저녁놀 속에서 모든 모습이 선명하게 떠오르는 것처럼) 많은 경험을 축적하여 더욱 원숙해진다. 한편, 육체는 점차 힘과 영향력을 잃어간다. 이것은 인간의 정신적인 부분이 신체의 단순한 기능이 아님을 '인간적인 방법으로' 증명하기 위한 것인 듯하다. 무릇 즐거운 일을 좋아하는 노년보다 더 나은 유물론의 반증은 없다. 물론 그 반대의 경우도 있을 수 있다. 그런 경우에는(대부분 인생의 마지막이 되어서야 비로소) 인생 전체의 설계가 옳았는지 분명해진다.

특별한 외적 원인 때문에 죽는 것이 아니라 노쇠하여 자연사할 경우, 순수하게 육체적인 힘과 기능이 쇠퇴하는 것을 피할 수 있는 사람은 아무도 없다. 그러나 정신력의 쇠퇴는 절대로 피할 수 없는 것은 아니다. 인생의 전성기를 넘기면 체력은 증진할 수 없지만, 정신력은 무제한으로 증진할 수 있기 때문이다. 이것이 노년을 맞이하는 자에게 진정한 위안이 된다.

사도 바울은 어떤 사람들에게 "멸망하는 것이 아니라 멸망하지 않는 것으로 눈을 돌리는 사람들은, 육체는 점차 늙어가도(해체되어도) 정신은 날마다 새로워진다"고 말하고, 또 다른 사람에게는 이렇게 말했다. "자기의 육체에 심는 자는 (마지막에) 육체에서 멸망을 거두고, 성령에 심는 자는 성령에서 영원한 생명을 거둘 것이다." 현대에도 우리 모두가 많든 적든 목격해 온 많은 사람들의 노경(老境)과 병력(病歷)은 바울의 말이 진실이라는 것을 증명해준다. 또

한 회고는 하느님에 대한, 그리고 우리를 위해 선을 행한 모든 사람에 대한 감사이다. 그것 외에는 눈길을 미래로 향하는 것이 노년기에 정신을 발랄하게 유지하고 싶은 한, 전보다 더욱 필요하다. 그러므로 저술가와 예술가들이 지난날의 작품을 이래저래 회상하는 것은 언제나 병적인 징후이거나 이미 노쇠한 징조이다. 나무는 튼튼한 동안에는 그 해의 결실을 끝내면, 즉시 새싹을 피울 준비를 시작한다.

아름다운 맺음말(에필로그)에 속아, 사실 그들도 가능하면 삶을 바꾸고 싶었지만 그렇게 하지 못했던 것을 간과해서는 안 된다.

이리하여 마지막으로 죽음이 찾아오는 거라면, 어째서 죽음은 누구에게나 '공포의 왕'이 아니면 안 된단 말인가? 아니면, 그 죽음의 춤에 나타나는 꺼림칙한 해골이란 말인가? 오히려 죽음은 대부분의 사람들에게 고대의 아름다운 표현처럼, 오직 경건하고 조용한 젊은이의 모습으로 나타나, 부드러운 손으로 영혼과 육체의 이음매를 풀고, 해방된 영혼을 수면을 통해 피안의 존재로 인도하는 것이리라. 만약 '더 높은 곳을 향하는' 길을 아는 자라면, 이 새로운 존재는 오래 전부터 '미지의 나라'[20]가 아니라, 이미 생각 속에서 수없이 머문 장소이다. 그뿐 아니라 상당히 신뢰할 수 있는 증언에 의하면, 선한 사람들의 경우에 때로는 이 세상에서, 즉 죽기 전에 거의 눈앞에서 보는 것처럼 내세의 상태를 확실하게 통찰할 수도 있다고 한다.

죽은 뒤에 사람들이 어떻게 되는지 우리는 알 수 없다. 성서에서도 이것에 대해서는 많은 말을 하지 않았고, 게다가 모순이 없는 것도 아니다. 어쨌든 좋

---

[20] 잘리스(1762~1834년, 스위스의 시인)의 아름다운 노래 '분묘'에 나오는 말이다. 이 노래는 노년의 올바른 정신을 표현한 것은 아니다. 이보다 훨씬 아름다운 말은 이사야 55장 12, 13절과 동포교단 찬송가 1152번이다. 이것은 융 슈틸링의 첫 번째 부인이었던 크리스티네가 임종 때 남긴 노래이다. 또 널리 알려진 마이파르트(1642년 사망) 작 동포교단 찬송가 1198번과 17세기에 만들어진 자케르(1635~95년, 독일 시인)의 다음의 시도 아름답다.

"방황으로 가득한 이 세상을 아직도 걷고 있는 자는
영원한 기쁨을 흥얼거릴 수도 없네.
평화로운 죽음은 이 세상의 삶보다 훨씬 나으리니.
나를 에워싸고 있던 나약함도 마침내 물러갔도다.

그러기에 눈앞이 흐려져도 나는 두렵지 않네,
내 곁에 서 계신 분을 아직도 볼 수 있으니.
머지않아 당신은 내 무덤을 덮는 돌을 제거해 주시리니,
그날에야말로 나를 소생시키신 분을 우러러볼 수 있으리라."

그러나 우리는 모든 죽은 자가 나중에 한결같이 부활할 거라고 믿지는 않는다. 그것으로는 충분한 위안이 되지 않는다. 오히려 그리스도의 부활과 십자가 위의 죄인에게 분명하게 한 말(누가복음 23장 43절)에서 생각하건대, 죽음 직후나 적어도 극히 가까운 시간 안에 개인으로서 부활하는 것으로 보인다.

은 일은 하나도 없는 게 분명하다. 왜냐하면 그들이 지상에서 최후까지 계속해 온, 그리고 그들에게 가능했던 유일한 삶의 방식을 내세에서도 계속할 수 없는 것이 당연하기 때문이다. 그리고 실제로 그런 것을 믿고 있는 사람은 아무도 없다. 대부분의 사람들은 그런 생각과 화제를 애써 피하는 것으로 만족한다. 그러나 그러한 태도를 취해도(언젠가는 나타나는 죽음이라는 피할 수 없는 사실에 직면해서는) 속담에서 말하는 '타조의 지혜'(위험을 보지 않으려고 모래 속에 머리를 숨기는 것)와 마찬가지로 아무런 효과가 없다. 이들에게 죽음이란, 말하자면 함정에 빠져 절망적으로 몸부림치고 있는 사냥감을 향해 비정한 눈길로 다가가는 사냥꾼*21이나, 홀바인의 명화(名畵) '죽음의 춤'에 그려져 있는, 사람들을 재촉하여 전혀 내키지 않는 춤을 억지로 추게 하는 추악한 광대 같은 것이다.

더 높은 교양을 갖추고도 신앙과 희망을 가지지 않은 자의 경우에는 죽음이 지극히 슬픈 것이다. 죽음은 구원받을 길도 없이 서서히 나락으로 떨어지는 일이다. 능력은 하나하나 사라지고 결국 흔적도 없이 심연에 빨려들고 만다. 그런 다음 약간의 꽃으로 장식되지만 그것으로도 재능 풍부한 일생이 이러한 최후를 마친 것에 대한 전율을 숨길 수는 없다. 이에 반해 재능이 훨씬 부족한 사람들이 깊은 감사 속에서 시편 31장 6절의 말로 삶을 마칠 수도 있다. 동포교단 찬송가 1159번 4절 및 제 138번 5절을 참조할 것. 스웨덴의 여류 가수 예니 린트는 이러한 올바른 삶을 보낸 사람에 대해 깊은 진실이 담긴 말을 했다. "그 사람의 얼굴에는 마치 전혀 딴사람 같은 표정이 나타납니다. 그리스도의 그림자가 그 사람에게 비쳐든 것입니다."

또 '불멸'이라는 것도, 이를테면 그것이 어떤 사람의 '위대한 명성',*22 또는

---

*21 테니슨의 《국왕목가》 '이너드' 편.
"그때 이너드는 극도의 곤혹에 빠져
갑자기 날카롭고 격렬한 소리를 질렀다.
그것은 함정에 빠진 야수가
숲을 헤치고 다가오는 사냥꾼을 보았을 때와 흡사했다."
*22 이것은 실러가 네오프톨레모스의 입을 통해 한 말이다(시 '승리의 잔치'). 아킬레우스는 《오디세이아》에서 자신은 저승에서 영웅이나 왕으로 찬양받기보다는, 빛이 비치는 나라에서 거지로 사는 편이 낫다고 단언하며, 이 네오프톨레모스의 말과 그와 같은 종류의 현대의

그 사람의 무언가의 업적이 계속 살아 있을 뿐, 그 명성의 소유자는 그것을 조금도 모르고 있다면 당사자에게는 아무런 가치도 없다. 설령 가치가 있다 해도 그것은 기껏 그 사람이 살아 있는 동안 앞일을 예상하며, 즉 공상에서 그러한 미래의 명예를 맛보는 정도이지 그다지 큰 만족을 주는 것은 아니다. 이것은 고대의, 또 우리 시대의 실례가 충분하고도 남을 정도로 보여주고 있는 바와 같다.*23

더욱이 그것은 정치와 예술, 실업, 과학의 영역에서 평생을 명성이라는 환상에 바친 수많은 유명인들의 서글픈 위안이다. 그들은 그런 것을 극복하고 미래의 존재를 응시하려 하지 않는다. 거기서는 그들의 것은 아무런 가치도 인정할 수 없고 오직 다른 자격만이 문제가 되고 있다.

죽은 뒤에는 생명이 존속하거나 멸망하거나 둘 중의 하나로 제3의 경우는 존재하지 않는다. 그러나 생명의 존속은 지상의 존재를 토대로 해야만 가능하다. 현세의 존재가 이미 내세의 영적 내용과 그 이상적인 모습을 싹의 형태로 잉태하고 있기 때문이다. 멸망하는 경우에는 단숨에 멸망하든 서서히 멸망하든, 아무런 '희망도 없이' 사는 사람이 노경에 다가가는 것보다 훨씬 더 암담한 상태*24에 빠져드는 것이다.

따라서 뛰어난 지혜가 노년의 가장 존엄한 특질이며 선물인 것이 사실이라면, 그 뛰어난 지혜는 생명력의 부족에서 어쩔 수 없이 품는 체념에 있는 것이 아니며, 또 돌이킬 수 없는 과거에 대한 쓸데없는 회고에 있는 것도 아니다. 하물며 그저 수고만 많고 목적이 없는 인생에 대한 무력한 반항과 불평에 있는

수많은 명성 애호가들의 생각에 반대했다. 구약은 아직 개인으로서의 영생에 대한 사상을 모른다는 주장을 이따금 듣지만, 그건 타당한 설이 아니다. 특히 전도서 12장 7절, 욥기 19장 25~27절을 참조하기 바란다. 이미 그리스도부터 그런 설에 반대하고 있다. 마가복음 12장 26, 27절 참조.

*23 이를테면 빌로트(1829~94년, 독일 의학자)의 서간집 마지막 부분과 페텐코퍼(1818~1901년, 독일 위생학자)의 자살 사건을 참조하기 바란다.

*24 이것은 서사시 '헬리안트'에 나오는 '통한의 영들의 고향'이다. 이 세상에 부활하여 위를 향해 노력하는 것이 가능한지 어떤지를 우리는 모른다. 그러나 그 노력 자체가 이미 돌아감을 의미하고 있어, 확실한 희망에 대한 근거가 될 것이다. 왜냐하면 아직은 희미하지만 하느님을 동경하고 원하는 마음을 하느님은 결코 외면하지 않으시기 때문이다. 이와 같은 전제에 서면, 이른바 '영겁의 벌'이라는 말은 하느님에 대한 모독이다. 이것은 오늘날에도 많은 사람들에게 위안이 될 수 있다. 물론 편한 잠을 위한 베개는 아니지만.

것은 더더욱 아니다. 이것은 무자비한 신들이 죽어야 하는 자인 인간에게 그러한 무의미한 존재를 짐 지워 놓고, 한편으로 신들은 마찬가지로 무의미한 영원의 영광에 에워싸여 '황금 탁자'에서 잔치를 벌이며 지상의 벌레들을 냉담하게 내려다보고 있다는 생각이다. 그러나 이와 같은 견해는 모두 불합리한 것이다. 그리스도교가 행한 가장 큰 해방은 죄와 근심을 없앤 것 외에 이러한 고대의 신들을 영원히 그 왕좌에서 추방하고, 그 대신 사랑을 주는 것, 즉 완전히 정의롭고 완전히 자비로운 세계의 주인을 오직 한 분뿐인 진실한 신으로 선포해 알린 것이다.

만약 인생이 반드시 어떤 의미를 가져야 한다면, 우리 지상생활의 마지막 시기는 내리막길이 아니라, 훨씬 높은 존재의 가능성을 지향하는 오르막길이 아니면 안 된다. 이것이야말로 인생에 대한 실수도 속임수도 없는 심판이다. 그리고 이 심판은 노년에 달한 모든 자가 스스로 내리지 않으면 안 되는 것이며 그것에 대한 재심리는 없다.*25

그러나 지금까지 말한 것이 진실이라면 노년기가 시작되는 데는 합리적인 하나의 사상, 인간에게 어울리는 단 하나의 결의, 행복에 도달하는 단 하나의 길이 있을 뿐이다. 그것은 바로 '더 높은 곳을 향하여' 나아가는 것이다.

＊ ＊ ＊

더 높이, 더 높이, 오로지 오를지어다.

---

*25 이 한 가지 사실, 즉 최후의 심판이 인생의 내적 가치를 가장 올바르게 통찰하게 한다. 이에 반해 추도문의 고인 약력이나 전기 같은 것은 때때로 그런 통찰을 오히려 방해한다. 그런 이유로 전기 등의 마지막 장은 대개 몹시 격조가 낮아지거나(당연한 이유에서) 간략하게 정리된다. 끝까지 외관을 꾸미고, 그것을 사후까지 고수하려는 것이다. 아마 《파우스트》의 가장 심각한 사상도(작자의 뜻에 반해) 그 점에 있을 것이다. 파우스트는 결코 살아 있는 동안에는 신성한 세계에 전면적으로 가까이 갈 수 없었다. "나는 '은혜로운 방문'의 소리가 들려오는 그 세계를 향해 굳이 노력할 생각은 없다"(767~8행). 삶의 향락도 단순한 사업의 성공도, 그의 모든 동경을 만족시키지는 못한다. "나는 오로지 열망하고, 오로지 이룩하고, 또 희망을 품으며 강인하게 인생을 달려왔을 뿐이다"(1437~9행). 이리하여 그는 마지막으로 '근심'의 영에 의해 장님이 되어, 진정한 만족을 알지 못한 채 의지할 데 없이 죽고 만다. "세상 사람들은 평생을 장님으로 살아간다. 자, 파우스트여, 너도 마지막으로 장님이 되어라"(11497~8행). 앞에서도 말했듯이, 파우스트의 사후에 이루어지는 구원은 이 위대한 극시 전체의 단순히 기계적인 결말일 뿐, 심리적으로도 도덕적으로도 결코 올바른 결말은 아니다.

언젠가 땅은 그림자를 모두 거두고
올라간 하늘의 사다리 끝에서
영혼의 동경이 남김 없이 채워질 때까지
이미 시야는 널찍하게 트이고
사람들이 가벼운 발걸음으로 그대를 이끈다.
이제 마지막 한 걸음을 남겨두었을 뿐
그렇다면 그대, 이승의 모든 근심을 웃어주어라.
고통은 모두 안개 저편에 있고
그 옛날의 태양도 지금은 지상의 작디작은 별이 된다.
성령은 가로막는 것 없이 모든 시간을 꿰뚫어보고
어둠은 남김없이 밝게 비춰지리니.
정화의 시간에 우러러보는 빛은 일상의 것이 되어
옛날에 예감한 것, 이제 실감이 된다.
이 땅의 재물 가운데 순금만 남아
앙금은 작열하는 불길에 태워지지 않으니.
유혹은 이제부터 그대에게 다가가는 것을 허락하지 않고
사랑의 힘 앞에 모든 것은 물러나지 않을 수 없다.
병든 자는 영원히 건강해져서
잃어버린 것을 새롭게 발견한다.
지상의 짐에서 해방되어
승리자로서 이기시는 분을 찬양한다.
은빛 갑옷은 하늘의 날개옷으로 변한다.
고통은 짧고, 기쁨은 영원하리라.

손자들에게 행복 있으라

우리는 자신의 행복에 대해서도 항상 어느 정도 희망에 의지하고 있다. 또 평생을 건 의의 있는 일을 확실하게 눈앞에 그리고 있는 사람은, 때때로 재치 있는 표현을 잘하는 프랑스어가 '후세에 대한 기대'(l'appel a la posterite)라고 부르고 있는 기분을 완전히 포기하지는 않는다. 오직 현대를 위해서만 일을 해왔다고 명료하게 자각하고 있는 사람은 너무나 사소한 종류의 의미 없는 일을 시도한 사람이다.

그러므로 중요한 모든 사항은 희망을 토대로 이루어진다. 그리고 이것에 대해 경험상 널리 알려져 있는 것은 그 일을 가장 잘 이해할 수 있는 것이 보통 같은 세대도 다음 세대도 아니라 그 다음 세대라는 것이다. 같은 세대에 대해서는 오직 진리만을 말씀하시는 입을 통해 생각할 수 있는 한 최악의 증언이 이루어져 있다. 즉, 예언자는 자신의 조국이나 집에서는 환영받지 못한다고[1] 그러나 자식이 부모가 하는 일의 후계자가 되는 것도 사실은 극히 드문 일이다. 이에 반해 손자들은 다르다. 이미 구약성서에서도 그러한 후계자로 찬양되어 있고, 또 일상의 경험에서 보아도 조부모와 손자들의 관계는 그 친밀함과 상호 이해라는 점에서, 아버지와 자식의 관계보다 훨씬 나은 경우가 참으로 많다. 이러한 사실에 대해서는 딸은 아버지를 닮고, 아들은 어머니나 어머니쪽 조부를 닮는다는 법칙과 마찬가지로 어떤 자연법칙을 인용할 수 있는 것인지, 아니면 어떤 위대한 일은 필연적으로 되풀이되며, 정체는 물론 때로는 후퇴의 단계까지 거쳐 다시 많은 싸움을 수반하는 발전단계를 지나고, 마지막으로 간신히 그 성과를 이성적으로 확인할 수 있는 단계에 도달하는데, 그리하여 비로소 그 위대한 일이 인류의 확실한 수확이 된다는 법칙에 기초하는 것인지, 우리로서는 알 수 없다. 인류가 대대로 물려받은 사상(思想)도 때로 근본적으

---

[1] 마태복음 12장 48절, 13장 57절.

로 재검토될 필요가 있다.*² 특히 그러한 시기에는 한 세대는 단지 물려받은 성스러운 유산을 지키는 사명을 띠고 있다. 또 다른 세대는 그 유산을 단순한 시대적인 것에서, 아니 어쩌면 이미 죽은 것이 되어버린 것에서 정화(淨化)한다는 사명을 지니고 있기 때문에, 이 두 세대의 견해가 완전히 일치하는 것은 도저히 기대할 수 없는 일이다.

국가와 교회와 인도와 교육에 관한 우리의 위대한 근본 사상은 어느 것을 보든 새롭게 검토하고 수정*³함으로써 그러한 갱신(更新)을 도모할 필요가 없는 것은 단 하나도 없다. 그리고 그 재검토는 우선 이 사상들이 최근에 완성한 결론에 대한 반발의 형태로 나타난다.

따라서 그리스도교에 대해서도, 오래도록 변하지 않는 고유한 이해 외에 시대적 이해 방법이 있다는 것도 부정할 수 없을 것이다. 그리고 그리스도교를 그 원전에서, 또 충분한 주의를 기울여 알아보고자 하는 노력을 하지 않는 사람들은 대부분 그러한 시대적 이해를 부당하게도 그리스도교 자체로 믿고 있다.

오늘날 기대할 수 있는 것은 다음과 같은 것이리라. 즉, 자연과학적인 무신앙의 시대 바로 뒤에 심령주의적 또는 상징주의적 미신의 시대*⁴가 찾아와서 미미하나마 사람들에게 활기를 불어넣을 것이다. 그러나 그것이 지나간 뒤에는 양식적이고 건전하며, 역사적 기초를 충분히 갖추고 확고한 신앙을 가진 용감한 그리스도교가 20세기 후반에 진정으로 교양 있는 사람들을 지배하는 종교가 될 것이다. 물론 이 신앙은 하느님과 그리스도를 '설명'할 수 있다거나, 그것을 '현대의 교양'을 통해 뜻대로 다룰 수 있다고 자만하지는 않는다. 또한 그리스도교는 이것에 의해 현재의 국가 이상에 대한 정당성을 가지고 '하느님의 나라'로 불릴 수 있는 국가의 기초가 될 것이다.

---

*2 시편 145장 4절, 잠언 17장 6절.

*3 이것은 현대에서는 그리스도교적 세계관과 완전히 이교적인 문화(이를테면 르네상스 시대에 전쟁을 일으킨 문화)의 싸움이라는 형태로 이미 일어나고 있다. 오늘날에도 이 싸움은 주로 이탈리아에서 일어나고 있는데, 그것은 이 나라의 문화가 민중들 사이에서나 지식계급 사이에서 그리스도교 이전의 요소를 줄곧 유지해 왔기 때문이다. 이러한 경향을 가진 현대의 가장 재능 있는 예언자는 카르두치이다. 예를 들면 클리툼누스 강(고대의 성역)에 바친 그의 송시(頌詩. 이것은 시 자체로는 아름답다)에서 볼 수 있는 바와 같다.

*4 데살로니가후서 2장 11·12절, 3장 2·3절.

공동의 교회생활을 특히 어느 방향으로 쌓아올리는 것이 바람직한가는 쉽게 결정하기 어려운 문제이다. 특히 그리스도가 이 문제를 더 면밀하게 고려했다면, 진정한 조직을 어떻게 생각했을지 우리는 전혀 알지 못하기 때문에 더욱 그렇게 생각되는 건지도 모른다.

그리스도는 하느님과 그 자신에 대한 신앙을 중요한 것으로 생각했다. 그리고 이러한 신앙을 가지고 사고방식이 다른 세계를 완전히 정복해야 하는 사명을 띤 제자들에게, 인간적이고 자연과학적인 관념을 초월한 진리의 영을 통해 끊임없는 도움을 약속했다. 이 영은 그들을 한 사람 한 사람, 또 전체로서 친절하게 이끌며, 그들이 그때는 아직 이해하지 못했던 진리까지, 모든 진리를 깨닫게 할 거라고 계시했다. 오늘날에도 그리스도 교회의 기초는 오로지 이 약속에 있지, 제자들 자신의 힘이나 지혜, 또 그들의 현명한 조직에 있는 것이 아니다. 이 약속이 실현되지 않았더라면, 그리스도 교회는 이미 그 최초의 시대에 살아남지 못했을 것이다. 그리고 그 종교적 지도자들의 배려는 자유롭고 정묘하며 민감하기까지 한 하느님의 영을 쫓아내는 일 없이, 오히려 더 가까이 불러들이는 것에 기울어져야 했을 것이다. 이것은 다른 모든 신학과 교회법에 대한 문제보다 중요하다고 할 수 있다. 이 점에서 우리가 알고 있는 것(그것은 다만 개인적인 경험에서만 알 수 있으며, 경험이 없는 자는 아무리 설명해도 납득하지 못하고, 페스트 식의 비판을 받을 뿐이다)은 다음과 같은 것이다.

먼저, 사람은 이 영을 스스로 획득할 수 없다. 또 이 영은 타고난 재능이 아니며, 인간적인 전승에 의해 도달할 수 있는 것도 아니다. 그것은 밖에서 찾아오는 사실이며, 그 자체로는 설명하기 어려운 것이다. 그러나 이 영이 주어질 때, 그것은 그리스도교의 가장 중요하고 유일하며 완전한 증거가 된다. 이 영을 지닌 자는 더 이상 그리스도교의 진리성을 의심하는 일이 없다.

사람은 이 영이 찾아오기를 기다리지 않으면 안 된다. 그것은 1800년 전과 같다. 인간 마음의 상태가 그것을 맞이할 수 있을 만큼 성숙하고 그것을 원하는 기분이 간절하다면, 이 영은 바로 찾아올 것이다. 그러나 어쨌든 이 영은 순수하게 하느님의 선물이다. 학문이 있든 없든, 노인이든 젊은이든, 남자든 여자든, 모든 사람이 이 영을 받을 수 있다. 이 영은 인간 사이에 외적인 차별을 조금도 두지 않는다.

그러나 이 영은 인간을 잘 알고 있어 속는 일이 없다. 단순히 기적을 행하거나 화려한 일을 하고 싶어서 이 영을 얻고 싶어하는 자를 능히 꿰뚫어보고, 그러한 사람에게는 찾아가지 않는다. 또 이 영을 받기에는 아직 너무 약하거나 다시 배반할 수 있는 자에게도 주어지지 않는다. 왜냐하면 이 영을 두 번 다시 받는 것은 어렵기 때문이다.

마지막으로 이 영(靈)은 영생(永生)에 대한 유일하고 완전하며 확실한 보장이기도 하다.[*5]

또 이 영을 받기 위해 우리 쪽에서 필요한 것은 다음과 같다.

일반적으로 하느님과 그 영이 존재하며, 하느님은 그 영을 통해 지상의 우리에게 깃들 수 있다는 확고한 믿음이 있어야 한다. 이 믿음이 없으면 영을 기다려도 아무 소용이 없다. 처음부터 그런 믿음을 가질 수는 없다고 사람들은 말할 것이다. 그것은 어느 정도 진실이다. 성령(聖靈)에 의하지 않으면, 누구도 진정으로 믿을 수 없기 때문이다. 그래도 당신은 믿으려고 마음먹고, 그것을 간구하며, 그것을 위해 다른 모든 것을 희생할 각오를 하지 않으면 안 된다. 당신이 만약 그렇게 하고 싶다면, 지금 당신의 신앙을 방해하고 있는 장애물을 제거하라. 그것은 남은 알 수 없어도 자신은 충분하고 확실하게 알고 있을 것이다.

또한, 하느님의 영을 받기 위해 필요한 것은 겸손이다. 사람은 있는 그대로의 자신을 똑바로 바라보고, 더 이상 자신의 힘에 의지하지 않으며, 나아가서 다른 것으로부터의 힘을 받아들일 마음의 자세를 갖추지 않으면 안 된다.[*6]

그 다음에, 사람이 하느님의 힘을 무턱대고 받아들이는 것은 아니다. 그저 명상을 위해, 조용한 성자로서 온화한 은둔생활을 보내기 위해 그것을 받는 것이 아니고, 일하기 위해 받는 것이다.[*7] 그런데 많은 사람들이, 더욱이 뛰어난 사람들조차 사실은 아직도 하느님의 힘을 원하지 않고 있다. 그들은 자신의 일이나 타인과 관련된 일을 지금까지 자신의 힘으로 해 왔고, 당연한 결과로 그것에 지칠 대로 지쳐 있다. 그런 일은 사람을 죽을 만큼 피곤하게 하는 법이다. 그러나 하느님의 힘에 의한 일은 그렇지 않다. 그것은 사람에게 활기를

---

*5 갈라디아서 6장 8절 참조.
*6 야고보서 4장 10절, 로마서 8장 2·7·14~16절.
*7 시편 107장 28~32절.

불어넣고 힘을 강화한다. 그러므로 당신은 일하는 것을 두려워해서는 안 된다. 다만 자신의 힘으로 사는 것을 두려워해야 한다.

사람은 하느님의 영에 스스로 복종할 마음자세를 갖추지 않으면 안 된다. 이 영은 인간에게 많은 것을 허용하지만, 반역이나 의식적 또는 고의적인 불복종과 비겁함, 또 그 일을 할 수 있는 힘을 가지고 있으면서도(그러므로 성령은 그것을 요구한다) 그것을 원하지 않는 것은 용납하지 않는다. 이 영의 지휘 아래 들어갈 때는 적이나 아군의 정황을 돌아보지 않는 군대식의 무조건적인 복종이 필요하다. 성령이 명령을 내릴 때, 그것을 방해하는 '사정' 따위는 생각하지 않는다. 성공할 가능성이 불투명한 경우에도, 그 명령에 따를 수 있는 용기와 결의를 충분히 가지고 있어야 한다.

하느님의 영에 따르면 도대체 무엇이 주어질까? 우선 정신의 건강은 물론이고, 때때로(항상 그렇다고는 할 수 없지만) 신체의 건강까지 얻을 수 있다. 그리고 어쨌든 다음의 세 가지는 주어진다. 첫째로, 뭐라 형용할 수 없는 삶의 기쁨, 즉 인간과 사물에 대한 공포로부터의 해방(보통 이것은 아무나 얻을 수 있는 것이 아니다)이나, 이 땅에서의 행복의 대부분을 이루고 있는 근심 없는 경지이다. 두 번째로, 흥분을 수반하지 않는 일종의 불같은 정열과 생기로, 이 또한 다른 길에서는 찾아도 구할 수 없는 것이다. 세 번째는 인간에 대한 힘이다. 세상에서 특별한 지위에 서지 않아도 개인으로서 권위를 가진 자가 어느 시대에나 있었던 것처럼 현대에도 역시 있다. 그런 사람에게서는 뭔가 생기가 넘쳐 흘러, 다른 어느 누구도 따르지 않는 사람들마저도 이 사람은 기꺼이 따르는 법이다.

그러나 성령은 외면적인 기괴함이나 무언가 지나친 행위와는 무릇 인연이 먼 법이다. 이러한 성질을 특히 좋아하는 자 쪽에서 보면, 이 영을 지닌 사람은 오히려 '평범'하거나 열정이 없는 사람으로 보일 수도 있다. 교회생활에서 사람들의 눈에 띄는 화려한 인물 가운데 오히려 성령을 받지 못한 경우가 많은 것은 이 때문이다.

성령이 무엇보다 원하는 것은 의도의 완전한 순수함과 조심성이다. 성령을 가장 확실하게 쫓아내는 것은 허영심, 향락욕, 탐욕, 허위, 투쟁심, 또는 참된 진지성이 결여된 경우이다.

성령이 없으면, 교회생활에 대해, 나아가서 교회의 혁신에 대해 아무리 논한다 해도 결국 헛된 일이다. 이 영을 지니면 교회생활의 확실한 진보, 또 그것에 필요한 모든 통찰력의 끊임없고 확실한 증진 및 모든 반대세력에 대해 극복할 수 있는 힘이 틀림없이 주어지며, 그것에 의해 모든 '문제'의 해결이 가능해진다.

> "불타오르는 성령이여, 피곤을 모르고
> 때와 장소에 구애받지 않는 성령이여,
> 모든 부유한 자, 만족하는 자에게
> 다시 한번 이르소서, 불의 말씀을.
>
> 깊이 잠든 자를 일깨우고
> 고민하는 자를 데려가며
> 안심하는 자를 항구에서 쫓아내고
> 구하는 자를 항구로 인도하소서.
>
> 작열을 견디는 자를 지키고
> 우상을 다시 불태우고
> 생명을 잃은 차가운 그리스도교를
> 다시 뜨겁게 달궈주소서."

하느님의 나라에 닿는 길은 결코 멈추는 일 없는 전진이다. 전에는 그저 믿고 예감하고 있었을 뿐인 일이 단계적으로 점차 눈에 보이기 시작하고, 또 몰랐던 것도 새롭게 발견하게 된다. 신앙과 용기가 없으면 어느 단계도 통과할 수 없지만, 쉬지 않고 앞으로 나아가지 않으면 안 된다. 정지는 항상 후퇴이다. 또 이 진보가 노령과 질병 때문에 실제로 쇠퇴하는 일이 있으면, 그것은 원래부터 확실하게 손재하고 있지 않았던 것이다. 그리스도교의 역사는 지금까지 위대한 행위의 연속이었다. 처음에는 오직 개인의 자유롭고 순수한 의지를 토대로 하는 것으로 인습적으로, 다시 말해 그저 자연적으로 되풀이해온 관습

에 반발하는 것이었다. 그래서 그리스도교가 세상 사람들에게 천박하게 받아들여지는 인습적 궤도에 빠져들 위험이 있을 때마다, 끊임없이 그 위대한 행위가 되풀이되지 않으면 안 된다.

그리스도교의 역사는 보통 사람들보다 비범한 사람들이 좋아하는 거창한 요소를 이 세상이 끝날 때까지 계속 가질 것이다. 그러나 동시에 이 역사를 더욱 깊이 이해한다면, 그것으로 인해 일반 민중들도 점차 높은 도덕적 수준으로 높아질 것이다. 이에 반해 단순한 '교회사'보다 더 무서운 것은 없다. 그리고 유감스럽게도 우리 게르만 민족에게 그리스도교는 하나의 공식으로, 또 기성의 고정된 교회의 형태로 전해졌다. 억지로 강요되었다고는 할 수 없어도, 더 깊은 심정을 가진 독일정신은 오랜 노력 끝에 가까스로 이러한 그리스 로마식의 이론만 내세우는 공식적 껍질 속에서, 자신들도 완전히 공감할 수 있는 그리스도교의 영원한 진리를 서서히 발견하는 데 성공했다. 그리고 오늘날에도 여전히 이러한 껍질을 깨고 내부의 진리를 발견하는 일이 계속되고 있다. 사실 이 일은 종종 오랜 기간에 걸쳐 수없이 중단되지 않을 수 없었지만(바로 지금이 그러하듯이), "주께서는 그 부드러운 손을 언젠가 다시 모든 국민 위에 내밀 것이다."[8]

또한 하느님의 말씀도 성장하지 않으면 안 된다.[9] 그 성장은 단순히 신학적 연구의 진보와 교회 예배의 개선에 의해서가 아니라, 하느님의 말씀의 진리에 대한 내용과 축복(그것은 오직 하느님의 말씀에 따라 사는 것을 통해서만 주어진다)을 더욱 깊이 인식함으로써 이룩할 수 있다. 단, '하느님의 말씀'이라는 것은 우리가 외적으로 손에 잡히는 활자로 인쇄된 성서에 한하는 것은 아니다. 종교개혁 시대에는 당시의 모든 전통이 위기에 처한 것을 보고, 그것을 두려워한 나머지 성서를 지나치게 강조했다고 할 수 있다. 몇 세기라는 오랫동안 그리스도 교도 가운데 많은 사람들은 그것을 하느님의 말씀을 기록한 것으로서 읽을 수 없었다. 그래도 하느님의 말씀은 분명히 존재했고, 더욱이 원전의 말을 이해한 사람들에게만 존재했던 것도 아니었다. 특히 그리스도는 오직 현재의 성서 속에서 볼 수 있는 형태만으로 그의 말을 전하는 것은 추호도 생각하지 않았다. 오히려 미래의 세대마다 각각 성령으로 채워진 사람들에 의해

---

[8] 블룸하르트의 마지막 말.
[9] 사도행전 6장 7절, 12장 24절.

자신의 말이 개인적으로 대신 진술되는 것을 훨씬 더 염두에 두고 있었다. 그리고(이것은 우리 프로테스탄트의 사고방식에 약간 어긋나지만) 만약 모든 시대에 여론과 시대정신과 신학보다 신뢰할 수 있는, 거기에 걸맞게 하느님의 인증을 얻은 진리의 대변자가 발견된다면, 그것은 은총으로 인정하지 않으면 안 된다. 어쨌든 하느님은 언제나 그렇게 배려하셨다.*10 지금은 하느님의 말씀이 그러한 사람들에 의해 명료하게 대변되는 것이 다시 '귀중하게', 즉 드물게 되었지만, 그런 사태는 언제 어느 때라도 쉽게 바뀔 수 있는 것이다. 지금보다 훨씬 절망적인 시대에, 오직 독생자의 탄생으로 크나큰 변화가 일어난 것과 마찬가지로. 그러한 변화가 일어나기 위한 전제는 언제나 같다. 이 진정한 이상주의의 대변자가 앞으로도 계속 출현하는 것이 수많은 성실한 마음들이 한결같이 열망하는 일이다.

이상이 교회, 즉 모든 진실된 신자들로 이루어진, 겉으로는 보이지 않는 모임인 진정한 교회의 미래이다. 이런 신자들은 지금도 많이 있다. 어쨌든 7천 명*11보다 훨씬 많다. 알아야 할 그 옛날 구약의 예언자들이 그랬던 것처럼*12 우리도 그들을 모두 다 알아야 할 필요는 없다. 서로 알게 되면, 거기서 무익한 인간 숭배와 각 파의 집회제도가 생기기 쉽다. 그러나 갈수록 성장하며 내적으로 고상함을 더해가는 미래의 교회는 어떠한 영적 내용을 가질 것인가? 이것을 고대 세계의 또 한 사람의 예언자가 처음으로 파괴된 예루살렘의 폐허 위에 앉았을 때, 예견적인 힘으로 꿰뚫어보았다. 우리는 다른 일은 모두 내던지고 오로지 그것을 기다리지 않으면 안 된다. 이제 문제는 다시 그리스도교 각 종파간의 차이를 어떻게 하느냐보다 훨씬 깊은 곳에 숨어 있다.

만약 우리에게 미래를 한번 들여다보는 것이 허락된다면, 눈앞에 불안을 느끼게 하는 문제가 언제나 한없이 있음에도 불구하고(이를테면 100년 전에는 지금보다 그래도 적었다), 오히려 이렇게 말하지 않으면 안 될 것이다. 당장 다시 수많은 사람들을 위해 문호를 활짝 열어라! 왜냐하면 머지않아 '놋문이 깨지고 쇠빗장이 꺾어질 것'*13이기 때문이다. 귀머거리는 다시 듣고, 불행한 자는

---

* 10 사도행선 20상 28설.
* 11 열왕기상 19장 8절.
* 12 열왕기상 19장 18절.
* 13 시편 24장 7절, 107장 16절, 이사야 45장 2절, 17장 11~14절, 29장 18~24절, 동포교단 찬송

다시 기쁨을 얻으리라. 또 '마음이 그릇된 자도 깨달음을 얻을 것'이다. 요컨대 그들도 결국은 어떤 인생 행로를 밟으면 훨씬 많은 확신과 행복을 얻을 수 있는지 깨달을 것이 틀림없기 때문이다. 그러나 문을 열어주지 않는 한, 그들은 다시 이 길로 돌아가지 않을 거라는 것도 확실하다.

교회와 그 미래의 발전의 길에 대한 그리스도의 생각보다, 국가에 관한 그리스도 본래의 사상이 더욱 더 이해되지 않고 있다. 분명히 그리스도는 당시의 국가, 즉 세계적인 로마제국의 통치권 반을 나누어받은 봉건영주의 치하에 있었던 특수한 유대 나라에 대해서도, 또 로마제국에 대해서도 그다지 호의적인 의견은 가질 수 없었을 것이다.[*14] 이러한 혐오는 그 뒤에도 종교개혁 이전의 교의(教義)에 조금은 그대로 남아 있었다. 이윽고 종교개혁이 국가를 교회의 수장(首長) 및 통치자로서 받듦으로써 그것과 화해한 것은 반드시 교회의 명예라고는 할 수 없다. 칼뱅과 크롬웰조차 이 견해를 신약성서에 의해 이론화하는 것은 불가능했다. 신약에는 그러한 사상이 전혀 포함되어 있지 않기 때문이다. 오히려 그들의 국가제도는 구약의 하느님에 의한 통치를 의식적으로 모방한 것이었다. 그것은 단명하기는 했지만, 그 영향은 먼 장래에까지 미치고 있다.

가 제968번. 그러나 현재는 더 이상 '행복한 작은 무리'가 아니라 하나의 커다란 운동이 중요하다. 시편 75장 4·9절, 135장 14절, 아모스 9장 11절. 전 시대가 하나의 틀에 박힌 신학 사상에 따라 생활을 형성하려고 수없이 어리석은 시도를 하다가 실패한 뒤, 오늘날 우리 생활은 이제 실제적 무신론에 따라 이루어지고 있다. 그러나 '계몽주의'만으로는 기대한 만큼 복지에서 좋은 결과를 얻을 수 없었다. 지금 그것에 대한 반동이 나타나는데, 이것 때문에 다시 수많은 잘못이 일어날 것이다. 그러나 마지막으로 진리가 '봇물 터지듯' 밀려와 모든 인위적인 장애물을 제거하고, 메말라버린 밭을 다시 결실이 풍부한 토지로 바꿀 것이다. 이것을 체험하는 자는 행복하다. 그것을 억지로 달성하는 것은 불가능하며, 모든 무리한 선교는 거꾸로 그것을 방해할 뿐이다. 이사야 59장 19절, 35장 5~10절, 예레미야 50장 4~7절, 51장 6·7절.

[*14] 그리스도의 고려 안에는 의심의 여지없이 로마 대제국이 있었다. 적어도 그 황야의 유혹에 대한 이야기(마태복음 4장 1~10절)를 현실 사건으로 해석하는 한은 그러하다. 순수한 로마인이 아닌 지배자라도 세계를 통치하는 것은 로마제국의 성질상 그 당시에도 불가능하지는 않았다. 동시에 그리스도는 나중의 유대인 반란, 즉 티투스의 예루살렘 공략과 발코호바의 하드리아누스 황제에 대한 최후의 반란도 예견하였다. 그의 나라의 특수한 '장관'을 그리스도는 경시했다(누가복음 7장 25절, 13장 32절, 21장 12절, 23장 9절). 이것은 때때로 인용되는 사도 바울의 가르침(로마서 13장 1~7절)과 완전히 일치한다고는 말할 수 없다.

어쨌든 국가의 미래는 분명히 이러한 방향(그러나 더 자유롭게, 더 정신적으로 해석하여)에 있다. 무릇 국가보다 더 나은 미래를 원한다면, 그것은 '하느님의 나라', 즉 하느님이 끊임없이 '머무는' 공동체가 되지 않으면 안 된다. 원래 의미의 '그리스도교적 국가'는 항상 사명(使命)만 지나치게 크고, 약간 불완전한 것에 머물 것이다. 그러나 그리스도교 정신에 의해 자유롭게 침투된 공동체는 실현 가능하며, 실제로 서서히 나타나기 시작하고 있다. 만약 '행복'에 대한 올바른 관념이 실제로 존재하고, 세상 사람들에게 널리 퍼져 있다면, 틀림없이 많은 일들이 모든 사람을 위해 훨씬 더 선(善)하고 아름다워질 수 있을 것이다.

그러나 현재의 세계는 역사상 어떤 세계(모든 것을 통틀어)보다 뛰어난 것도 사실이다. 바로 이 점에, 교회와 국가의 제각각 정당한 요구의 대립을 해소할 수 있는 가능성이 있다. 현재 그리스도교 국가의 국민들은 이 두 가지 공동체 속에서 살고 있으며, 그들의 감정 생활은 이따금 이 두 가지 사이에서 더할 수 없는 고통과 손실을 입고 있다. 이 대립의 해소는 다가올 세대(바로 다음 대는 아니다)의 훨씬 높은 진정한 문화에서 구하는 수밖에 없다. 만에 하나, 현존하는 이 두 공동체 가운데 어느 하나가 완전하고 일방적인 승리를 거둔다면(도저히 생각조차 할 수 없는 일이지만), 진정한 문화 발전에 회복할 수 없는 손실을 초래할 것이다.

본래 그리스도교는 '국가 관념'을 전혀 가지지 않으며, 그 창시자가 되풀이하여 충분히 언명한 것처럼 완전히 영적인 나라이다. 이 영적인 나라는 모든 인간관계, 따라서 국가적 관계도 그 영으로 채우고 침투해야 하며, 그 관계를 외적으로 지배해야 하는 것은 아니다. 이러한 것이 시도된 경우, 교회는 언제나 '이 세상의' 나라, 즉 일종의 경쟁국가가 되어버렸다. 이것은 교회의 영적 내용을 피상적인 것으로 타락시키는 결과 외에, 교회가 자유의 적이 되는 훨씬 나쁜 결과까지 초래했다. 왜냐하면 신정제도(神政制度)는 그 본질상 절대주의적이어서 어떠한 반대나 진보도 허용하지 않기 때문이다. 그러나 진보는 모든 생명의 근본법칙이다.

하나의 '도덕적 세계질서'가 엄존하고 있고, 그 밑에 개인은 물론 인간생활의 영위 전체가 종속되어 있다는 것은 명백하게 알 수 있는 사실이다. 왜냐하면 이것은 직접적인 경험에 기초하는 것으로, 이 질서와 반대로 행동하면 누구나 그것을 경험할 수 있고, 또 반드시 경험할 것이기 때문이다.

이와 같은 도덕적 세계를 관리하는 상세한 구조에 대해 우리는 아무것도 모르고 있고, 또 알아야 하는 것도 아니다.*15 이것에 대해 설명하고 기록한 것은 모두 공상을 토대로 한 것이다. 마찬가지로 이 세계의 관리에 대해 신뢰가 가도록 전달할 수 있는 지상의 대리자가 임명된 적도 없다. 오히려 개개의 영혼이 가능한 한, 또 필요한 한 이 일에 대해 자주적으로 알지 않으면 안 된다.*16 이것이 바로 모든 종교적 권위에 대항하는 우리 근대 사상의 핵심이다. 현실의 도덕적 세계질서에 관한 이러한 사상이 국가와 법률뿐만 아니라 가정과 그 밖의 모든 종류의 사회 집단에 침투하여, 자연 그대로의 결합에서 하느님의 영으로 채워진 결합으로 끊임없이 개선되는 것만이, 현대에서 '하느님의 나라'를 실현하는 길이다. 물론 이것은 오로지 하느님의 뜻에 의한 것이며, 다른 방법(단순히 외적인 방법)으로는 불가능한 일이다.

이것은 또 '민주주의의 이상화(理想化)'를 위한 유일한 길이기도 하다. 이와 같은 민주주의가 바로 현대에서의 올바른 '국가의 이상'이다. 왜냐하면 하느님은 자신의 의지가 지상에서 인간의 자유로운 의지의 기초가 되어 최대한 널리, 또 모든 사람들에게 균등하고 동일한 권리로 성취되기를 원하시기 때문이다. 만약 비인격적으로 생각된 '세계법'이라는 것이 실제로 존재한다면, 그것은 '선과 정의를 추구하는 모든 사람의 자유로운 지성'이라는 것 말고는 부를 이름이 없을 것이다. 이것이 오늘날 각 민족에 대한 하느님의 뜻으로, 민족의 '행, 불행'은 주로 여기에 달려 있다. 현대는 민족의 행복을 특히 그 계몽과 개화의 정도로만 판단하는 관점을 이제 포기하지 않을 수 없게 되었거나 적어도 포기하려 하고 있다. 일반적인 의미에서의 계몽은 어느 시대나 민족의 극히 적절하게 요약된 단순한 시대적 요구에 지나지 않는 것으로, 결코 최고의 세계법은 아니다.

마찬가지로 현대의 우리는 프랑스 혁명 사상도 포기한다. 이 사상은 국가는 오직 개인만으로 구성되며, 단순히 개인을 총괄하는 권능을 가질 뿐이라는 사고방식이었다. 그러나 인간의 '자연적인 조직'은 가족이다. 그뿐 아니라 개인의 생명은 너무 짧아서, 가족이라는 형태 또는 자신의 인격을 확대할 수도,

---

*15 출애굽기 33장 18~20절.
*16 신명기 4장 29절.

또 이미 계승한 소질을 토대로 그것을 더욱 쌓아올려 인간의 사명인 완성(完成)에 도달할 수도 없다. 사물은 항상 최초부터 시작되어야 하는 것은 아니며, 주어진 것을 계승해갈 수도 있어야 한다. 그런 의미에서는 세계사는 분명히 약간 '귀족주의적'이다. 이러한 요소는 인간의 피 속에 깊이 숨어 있어, 결코 완전히 근절되는 일은 없을 것이다. 그러나 어떠한 귀족계급도 인위적으로 옹호하는 것은 좋지 않다. 이것은 현재 실제로 지배하고 있는 '교양 있는 귀족'에 대해서도(그 전의 어떤 귀족과 마찬가지로) 말할 수 있다. 오히려 귀족계급은 끊임없이 진리에 기초를 두어야 한다. 다시 말하면 그 속에 국민 가운데 가장 뛰어난 사람들을 실제로 포함하고 있지 않으면 안 된다.

또 각 세대도 항상 상승이나 하강의 선을 더듬어간다. 몇 세대를 거쳐 인간의 완성이 일정한 높이에 도달하면, 그 가계는 자식이 없는 자나 어리석은 개인으로 인해 멸망해버린다. 그렇지 않으면 다시 넓은 서민계급의 '젊어진 샘'으로 전락하여, 다시금 상승의 길을 밟기 시작하지 않으면 안 된다. 훌륭한 귀족의 가계는 예외로서 인위적으로 유지되고 있지만, 그것도 다만 겉모습일 뿐이다. 그것이 그 가계에 있어서 정말로 유익한지 어떤지는 또 다른 문제이다.

개인의 교육에는 이러한 연속의 법칙이(그것과 마찬가지로 깊은 근거를 가진 대립과 그것에 의한 발전의 법칙에 비해) 훨씬 큰 비중을 차지하게 된다. 그리고 교육에 있어서도 그 모든 원칙과 방법이 앞으로 크게 수정될 것이다. 또 아마 현대 학교제도의 이상인 교육의 평등(그것은 부분적으로만 옳다)을 대신하여 교육의 개성화라는 노선을 택할 것이다.

모든 교육의 목적은 다음의 세 가지밖에 없다. 첫째로 정신이 발랄하게 유지되고 지식을 받아들일 준비가 되어 있는 동안 유익한 지식을 얻는 것. 두 번째로는 빠르고 훌륭하게, 또 기꺼이 일하는 법을 배울 것. 그리고 마지막으로 언제나 고귀한 것을 지향하며 전체적으로 균형이 잘 맞는 성격을 기르는 것이다.

이 목적의 어느 한 가지를 보아도, 교육을 받는 모든 사람이 한결같이 완벽하게 달성할 수 있는 것은 아니다. 첫 번째 목적조차 그러하다. 왜냐하면 그 경우 이미 일찍부터 장래의 사회적 지위를 고려하지 않으면 안 되기 때문이다. 마지막 목적에 대해서는 학생의 개성을 충분하고도 명확하게 검토하는 것이 필요하다. 그러나 그렇게 하기에는 현재의 학급은 너무 규모가 크고, 또 교사들의 진용도 충분히 갖춰져 있지 않다. 자신의 성격이 학교에서 완성되었다고 주장하는 사람은 거의 없다. 오히려 학교에서 성격이 좋아진 경우보다 나빠진 경우가 더 많을 것이다. 인간 교육의 이상은 완전히 똑같은 인간을 만들어내는 것이 아니다. 오히려 독자적인 인간을 만드는 것, 그러나 이기주의를 버리고 항상 선을 지향하는 인간을 만드는 일이다.

　유익한 지식만 해도 무책임하고 획일적인 순서로 그저 암기식으로 집어넣기만 한다고 손쉽게 자기 것이 되는 것이 아니다. 그것을 소화함으로써 자신의 정신적 소유로 만들어야 한다. 최고학부에 이르기까지 현대의 학교는 그러한 기대와는 대체로 거리가 먼 느낌이 있다. 오늘날 자신의 학교 시절을 회상하며 유감으로 생각하지 않는 사람은 아마 한 사람도 없을 것이다. 학교 시절에 배운 것은, 곧 잊어버려도 자신의 인생에 아무 지장이 없는 사항이나 그저 이론일 뿐인, 잠시 동안 머리를 스쳐 지나가는 지식에 불과하기 때문이다. 지금 성장 중인 세대에게서 늘어가는 경향을 보이고 있는 신경쇠약과, 그럼에도 불구하고 어쩔 수 없이 그들에게 부과되는 커다란 과제는, 언젠가는 교육의 개혁을 촉구하게 될 것이 분명하다. 그러나 그것은 이미 인생의 반이 지난 사람들의 아들 대가 아니라 손자 대가 되어서야 가까스로 실현될 것이다.

　미래의 교육이 무엇을 목표로 하고 있는지 가장 잘 보여주는 것은 한 세대의 이론적 이상이다. 100년 전의 이상은 자유와 평등, 또는 인도(人道)였고, 종교개혁 시대의 이상은 진리(眞理)였다. 현대의 이상은 힘이다. 이상은 실제로 소유하고 있는 것의 표현이 아니라, 지금 당장 부족한 것에 대한 동경의 표현이다. 따라서 이상이란 그 시대의 모든 견해가 오직 그 한 점에서는 완전하게 일치하는 그 문제를 가리킨다.

　그러나 인류는 위대한 발전의 시기에 임할 때마다 자신이 필요로 하는 것을 가장 먼저 다양한 길을 통해 탐구할 것이다. 그리고 그것을 얻을 수 있는 유일한 원천을 새롭게 발견한다. 그래서 우리의 손자들 또한 그 힘을 맨 먼저 그 책(성서) 속에서 찾을 것이다. 이 책은 끊임없이 논란의 대상이 되어 의심받으면서도 빛나는 승리 속에 계속 엄존하며, 이미 대부분의 세대 사람들에게 가장 위대한 업적을 이룩할 수 있는 능력을 주어왔다.

그런 일이 당연히 일어난다고 하면, 이미 성서는 학교나 교회의 책일 뿐만 아니라, 문명으로 개화한 인류에게 다시금 인생의 책이 될 것이 틀림없다.

* * *

"이 책이야말로 읽는 게 아니라 먹어야 하는 것.

단지 읽기만 하는 자는 귀에 들어온 것을 너무나 빨리 잊어버린다.

그러나 하느님의 말씀이 나의 피와 살이 되는 사람은

그것에 의해 힘을 얻어 하느님과 하나가 된다.

거기에 적힌 역사상의 일들을 아무리 암기해도

오직 겉모습뿐, 오히려 마음에 깊이 새기지 않으면 안 되리라.

정신이고 또한 생명인 것이야말로 성령의 본성을 갖추어

골수를 관통하며 살아 있는 실재를 낳는다.

그것은 언어 없이도 얘기하고, 병든 자를 치유한다.

그것에 의해 예언자의 안광과 이지와 밝은 정신이 태어나

깨끗한 그릇을 통해 타인에게도 깨끗하게 흘러들어간다."

카를 힐티의 생애와 사상

생활의 발견

힐티는 자신의 마음을 상세히 살펴 개인적인 수양에 노력을 기울였던 사람입니다. 또한 사회문제도 언제나 주시하고 있었습니다. 힐티는 그즈음 유럽에서 신장하고 있던 사회주의에 대해서는 '결국 사회주의는 질투이다'라고 말했습니다.

제2차세계대전 이후 대학의 철학이나 사회과학계열의 교수는 대부분 마르크스주의자(Marxist)가 많았고 '사회주의는 질투이다'라고 한 힐티는 대학과는 맞지 않게 되었다고 할 수 있겠지요. 그러나 힐티가 남긴 영향력이 컸던지라 스위스는 유럽국가 중에서는 드물게 오늘날까지 거의 사회주의의 영향을 받지 않은 나라이며 어느 나라보다도 앞선 풍요로운 국가입니다. 스위스에는 상속세라는 것이 거의 없습니다. 부모가 계속 세금을 내다가 죽었을 때 재산이 남아 있으면 '그런 건 모두 국가가 징수하여라'라고 주장하는 것은 질투심입니다. 사회주의적이라는 것은 아무리 훌륭한 말을 할지라도 결국에는 질투심이라는 것을 힐티는 꿰뚫어보고 있었습니다.

네덜란드 헤이그는 국제법의 중심지로, 힐티는 스위스를 대표해서 이곳에 나가 있었습니다. 그가 가 있었던 때는 러일전쟁이 끝날 즈음인데 그때 '나라와 나라의 전쟁도 질투이다'라고 그는 지적했습니다.

그즈음 유럽에서 가장 위험한 존재는 카이저 빌헬름 2세라는 독일 황제였습니다. 독일 육군은 세계최강이며 비스마르크가 만든 제국은 굳건하였지만 황제는 영국 같은 해군도 갖고 싶은 마음에 영국 해군에게 질투심을 일으켰던 것입니다. 그것이 제1차 세계대전을 일으킨 간접적인 원인이 된 것입니다. 정치학자나 역사학자는 제1차 세계대전에 대해 이런저런 이유를 붙이지만 힐티는 이전부터 계속 '독일 황제의 질투심이 가는 곳에는 대단한 사건이 일어나기 쉽다'는 것을 지적하고 있었습니다. 확실히 그 말을 듣고 보면 매우 알기 쉬운 일입니다. 황제가 질투심을 일으키지 않았더라면 독일은 해군을 만들지 않았을 것입니다. 그러면 영국과 사이가 벌어지지도 않았을 테고 전쟁은 일어나지 않았을 것입니다.

이런 점은 역사학자도 사회학자도 국제관계자 또한 말하지 않습니다. 인간의 마음, 또 자신의 마음을 줄곧 지켜보고 있고 사회적으로 중요한 역할을 했던 힐티만이 잘라 말할 수 있었던 것이라 생각합니다.

마지막까지 말과 행동이 일치한 힐티의 생애

《잠 못 이루는 밤을 위하여》는 성서를 많이 인용하고 있으므로 성경 대신 읽으면 잠이 잘 오리라는 용도로 읽혔으리라 생각합니다. 하지만 이른바 청년 교육의 현장에서 힐티는 거의 멀어져 버리고 말았습니다.

나는 세상에는 참고가 될 만한 두 종류의 사람이 있다고 생각합니다. 하나는 매우 훌륭한 말을 했지만 자신의 인생은 그다지 행복하지 않았던 사람입니다. 예를 들어 공자는 《논어》와 같은 최고의 고전을 남겼지만 그 자신은 어디에서도 일자리를 가질 수 없었고 직업을 얻어도 삼일 안에 해고를 당해 마지막까지 방랑을 하며 살았습니다. 소크라테스도 매우 훌륭한 인물이지만 최후에 독배를 마시고 죽었습니다. 그리스도는 신이라고 말하는 사람도 있지만 십자가에 못 박혀 죽었습니다. 이들은 굉장히 훌륭한 말을 남겼습니다. 그 가치는 지금까지도 빛나지만 그 말을 한 그들은 그다지 행복하지 않았다고 생각합니다.

그런데 훌륭한 말을 남기고 본인도 죽을 때까지 훌륭한 생활을 한 사람도 있습니다. 손자가 바로 그런 사람입니다. 손자의 장점은 전쟁에서 지지 않았다는 것입니다. 손자는 전쟁에 대한 고전 중의 고전을 썼습니다. 훌륭한 책을 써도 전쟁에 지면 소용없겠지만 그 자신 또한 승리한 사람입니다.

그리고 힐티도 그렇습니다. 대대로 의사 집안에서 태어난 풍요로운 중산계급 출신입니다. 아버지는 의사로 꽤 크게 성공해서 그즈음 낡아서 아무도 사지 않던 성을 사서 꾸미고 그곳으로 이사했습니다. 그 성의 산기슭에 저택이 있었지만 성도 사들여 그곳으로 옮겨가 살았습니다.

힐티는 청년시절 그 성에서 여름휴가를 보냈고 책을 읽으며 명상에 빠져 지냈던 것 같습니다. 힐티는 변호사로 성공해 그 뒤 베른 대학 교수로 일하면서 스위스 군의 최고재판소 소장이 되었고 스위스를 대표해서 국제회의에 나가는 자격도 갖게 되었습니다. 외면적으로는 매우 평온하며 아무 일도 일어나지 않은 채 아이들에게 둘러싸여 지냈으며, 만년에는 하이델베르크 대학과 제네바 대학으로부터 명예박사를 받고 학자로서 마지막까지 영예로운 삶을 살았습니다.

카를 힐티(1833~1909)

만년의 힐티는 딸들과 제네바 호수 별장에서 살았습니다. 어느날 아침, 77세의 힐티는 언제나처럼 일을 마치고 산책을 하고 돌아와 딸에게 '조금 피곤하니 따뜻한 우유를 가져다 주렴'하고 말했습니다. 딸이 우유를 데워 가지고 와서 보니 힐티는 잠이 든 것처럼 죽어 있었습니다. 그리고 책상 위에는 〈평화론〉이라는 그날 아침에 작성한 원고가 남겨져 있었습니다.

힐티는 손자와 같은 인물로 자신이 했던 훌륭한 말과 함께 그 생애 또한 매우 성공적이었던 사람입니다.

모범적인 어린시절

이 책에서 처음으로 힐티를 접한 독자도 있을 것이라 생각합니다. 여기에서 힐티의 생애를 좀 더 자세히 소개해 보겠습니다. 카를 힐티(Carl Hilty)는 1833년 2월 28일 스위스의 장크트갈렌(프랑스어로는 생갈이라고 합니다) 주의 작은 도시 베르덴베르크에서 태어났습니다. 아버지 요한 울리히 힐티는 교양 있는 유명한 의사였는데, 안타깝게도 1858년 힐티가 25세가 되던 해 세상을 떠났습니다. 어머니 엘리자베스 칼리아스는 킬 시의 유서 깊은 집안 출신으로 재능이 풍부하며 신앙심이 깊은 현명한 여성이었습니다. 그녀의 전기를 쓴 전기 작가는 이렇게 말하고 있습니다. '그녀의 얼굴은 투명한 마음의 창문과 같이, 창을 통해 그녀의 고상한 정신이 은은히 비쳐 나왔다. 그리고 그녀의 맑고 푸른 눈동자는 자애와 평화로 반짝이고 있었다.'

이런 간단한 사실만으로도 부모의 인품이나 자질이 힐티에게 큰 영향을 주었을 것이라는 점을 미루어 짐작할 수 있습니다. 힐티의 신비적인 경향, 고상한 근면성, 순수한 사랑, 역경에 처했을 때 굽힐 줄 모르는 정신력, 쾌활함, 질박함, 풍부한 재능 등 그의 뛰어난 자질은 모두 어머니로부터 물려받거나 감화받은 것입니다. 특히 그는 유년시절 어머니로부터 커다란 영향을 받았습니다. 그 또한 태어나서 여섯 살이 되던 해까지가 그의 생애를 결정지었다고 고백하고 있습니다. 하지만 불행히도 그는 14세의 나이에 어머니를 저세상으로 떠나보냈습니다.

그는 또한 외할머니에게 적지 않은 영향을 받았습니다. 외할아버지가 프랑스 군 연대의 군의관이었기 때문에 외할머니는 프랑스혁명시대부터 나폴레옹 몰락시대까지의 전란의 고통을 온몸으로 버텨온 현실적이고도 훌륭한 인격을 가진 여성이었습니다.

힐티는 6세에 킬의 초등학교에 입학했습니다. 이곳에서는 그는 최초로 인생의 소중한 경험을 합니다. 즉, 그는 가난한 집 아이들과 사귀면서, 자기 몫에 만족하며 성실하고 근면한 빈곤한 가정의 생활 방식을 볼 수 있었습니다. 이때 그는 그의 생애를 걸쳐 단 한 번도 흔들림이 없었던 민주주의에 대한 신념, 소외당한 계층에 대한 따뜻한 동정과 이해심을 길렀습니다.

그는 11세에 김나지움에 입학해 주로 고전학을 공부하고, 영문학과 불문학도 틈틈이 배웠습니다. 이 무렵부터 힐티는 열렬한 학구파로 마지막 3, 4학년이 되어서는 밤 12시나 1시가 되기 전에는 결코 침대에 눕지 않았을 만큼 학업에 열중했습니다. 그럼에도 건강을 해치지 않았던 것은 뛰어난 두뇌를 타고난 데다가 청년다운 건강함을 지니고 있던 덕분이었습니다. 또한 그는 산천의 공기를 마음껏 마실 수 있었으며 술과 담배를 멀리했습니다. 그러나 무엇보다도 고전의 위대함과 강건함에 감화받고, 고상한 독일문학을 연구하면서 정신력을 길렀기 때문이라고 힐티는 말합니다. 또한 이때의 경험으로 힐티는 뒷날 교양

카를 힐티의 생가

에 대해 논했을 때, 청년시절에 너무 일찍부터 신앙 서적의 영향을 받기 보다는 도리어 고전들을 읽고 자유롭게 자기 자신을 키우는 기간이 필요하다고 지적합니다.

김나지움 7학년, 18세에 학교를 졸업하고 독일 괴팅겐 대학에 입학해 법률학을 전공하였는데, 철학이나 역사 강의를 듣기도 하였습니다. 그러나 그 무렵 세력 있던 헤겔철학에는 그다지 공감하지 못하고 오히려 칸트에 깊은 흥미를 느꼈습니다. 그는 뒷날 칸트의 《순수이성비판》을 가리켜 진정 기초적인 지식을 가르쳐 주는 단 한 권의 철학서라고 말합니다.《행복론》제1부)

이 시기에는 그 또한 보통 쾌활한 학생들과 마찬가지로 자유분방한 생활 속에서 술도 마시고 결투를 하기도 하면서 방학에는 국내 도보여행을 즐기며 견문을 넓히기도 했습니다. 그러나 다음해 하이델베르크 대학으로 옮긴 다음부터는 학생의 향락적인 생활방식을 버리고 법률 연구에 전념하면서 오로지 독서에만 파묻혀 지냈습니다. 그리하여 1854년 4월, 21세의 나이로 학업을 마치고 박사학위를 취득하였고, 나아가 런던, 파리 유학길에 올랐습니다.

존경받는 법률가·학자·정치가로

다음해 그는 킬 시로 돌아와 곧바로 변호사 일을 시작하고 18년간 줄곧 그 직업에 종사하였습니다. 그는 변호사라는 직업의 사회적인 의의를 매우 높게 평가하고 '어느 국가의 일반적인 도덕 상태는 그 나라 대다수의 법률가의 수준을 통해 측정할 수 있다'고 말합니다. 직무에서 그가 주안점을 둔 것은 착하고 정직한 사람의 권리가 교활하고 부정한 사람들 손에 놀아나다가 그들의 희생양이 되지 않도록 있는 힘을 다해 그들을 정당히 보호하는 일이었습니다. 그리고 그러기 위해서는 법의 본질에 대한 보다 높고, 올바른 견해를 가진 법률가, 일반대중보다 높은 도덕적 정신과 교양이 몸에 밴 법률가가 모든 나라에 셀 수 없이 많아야 한다고 생각했습니다. 그가 바쁜 업무 속에서도 시간을 쪼개어 열심히 독서하고 공부에 매달리며 인격을 갈고 닦는 것을 게을리하지 않았던 것도 첫째로는 이러한 이유에서였습니다. 그는 또 불쌍한 사람들이나 공익단체를 위해서는 무보수나 아주 적은 보수로만 일하면서도 비도덕적인 사건은 절대로 받지 않는 것을 신조로 삼았습니다.

이러한 사상을 갖고 뛰어난 재능과 학식으로 성심성의껏 열심히 자신의 직무를 다한 그는 이윽고 킬 시에서 꽤 유명해졌으며 여러 사람에게서 신임과 존경을 받게 되었습니다. 그는 본디 매우 유능했으며 이해력과 기억력이 뛰어났으므로 서기나 사자생(寫字生 : 글씨를 베껴 써 주는 일을 업으로 삼는 사람)을 고용할 필요가 없었습니다. 그들의 굼뜬 일처리와는 속도가 맞지 않았기 때문입니다. 그러나 그를 만족시킨 단 한 사람의 예외가 있었습니다. 그의 친구들은 때때로 그의 서류에 적힌 수려하고 또렷한 필적을 보고 남몰래 그를 부러워했지만, 그 서기를 넘겨받을 수는 없었습니다. 그 사람은 바로 그의 부인이었기 때문입니다.

힐티는 1857년 요한나 게르트나와 결혼했습니다. 그녀는 힐티와 40년간 행복한 결혼생활을 한 다음 남편보다 12년 일찍 먼저 세상을 떠났습니다. 부인이 얼마나 재덕을 겸비한 훌륭한 여성이었는지, 또 힐티가 얼마나 이 부인을 사랑하고 존경하였는지는 다음과 같은 그의 말을 통해 확실히 느낄 수 있습니다. '만약 내세라는 것이 있다면 나는 나의 반쪽이었던 단 한 명의 여성 말고는 과거 지상에서 알던 그 누구와도 무조건적으로, 그리고 절실히 재회하고 싶다는 생각을 하지 않는다. 이것은 그녀가 나의 가장 좋은 본질의 일부를 형성하고 있었다는 증거이며, 그녀가 죽음으로서 이 본질은 더 이상 완전

괴팅겐 대학교 카를 힐티는 이 대학에서 법률학을 전공했다.

하지 않다.' 또 여성해방의 가능성을 믿는 용기를 얻고 여성참정권운동에 온힘을 다했던 것도 이 뛰어난 여성의 생활을 너무도 잘 알고 있었던 것이 주원인이었다고 그는 고백합니다.

힐티는 스위스 관습에 따라 일찍이 군대에 몸을 담고 죽기 전까지 이 지위에서 활동했습니다. 1856년 보병장교로 법에 관한 업무를 맡았고, 차츰 승진하여 1892년에는 스위스 육군 재판장이 되었습니다. 그 이후 17년간 모범적인 용의주도함, 성실함으로 육군사법의 지도자로서 바쁘게 일에 몰두하여 모든 재판관들로부터 큰 존경을 받았습니다. 더구나 재직 중에는 마지막 3주를 제외하고는 단 한 시간의 휴가도 받지 않았다고 합니다.

그는 바쁜 생활을 보내는 가운데에서도 독서와 연구를 게을리하지 않았습니다. 1868년에는 〈민주정치의 이론가와 이상가〉라는 논문을 발표하고 스위스 민주정치의 개선을 논했습니다. 그런데 이 논문이 학계의 이목을 끌어 1873년에 수도 베른 대학의 정교수로 초청받게 되었습니다.

처음에는 스위스 국법을 강의했지만 나중에는 일반 국법학이나 국제법 강의도 하게 되었습니다. 그는 대학은 학문의 불씨가 그 시대 상황에 이리저리 이끌려 다니지 않는, 늘 은근히 타오르는 아궁이이어야 하며, 그 불씨는 단순히 향상해 나가는 청년들뿐만 아니라 모든 사람의 마음을 따뜻하게 비춰주어야 하는 것이라 생각했습니다. 단순히 과학이나 기술, 직업상의 지식이라면 다른 곳에서도 얼마든지 배울 수 있습니다. 그러나 대학은 본래의 존재의의에 따라 실제로 유익한 기능을 하지 않으면 안 된다는 것이었습니다. 즉, 학생들에게 대학(大學)다운 폭넓은 교양을 물려주고 시대의 문화 전체와 정신적 접촉을 하도록 만들어 주는 것이 그 자신의 임무라고 믿었습니다. 그러나 이것은 보통의 흔해빠진 강의만으로는 이룰 수 없었습니다.

그는 학자라는 직업은 하늘이 주신 직업이라고 생각했습니다. 이 천직을 완성하기 위해서는 투명한 양심에서 생기는 용기가 필요하며, 원대한 근면과 강한 극기심을 갖고 스토아주의적인 또는 종교적인 인생관을 기본으로 삼아 세속적인 향락과 사회생활로부터 자기를 분리해 낼 줄 알아야 한다고 믿었습니다. 더구나 학자다운 학자는 자기의 전문분야에만 외곬으로 파묻혀 다른 것에 대한 감각을 잃어버려서는 안 되며, 또 세속적인 마음에 학문을 장식용으로 과시하거나 단순히 화려한 강의로 지식의 부족함을 속여서는 안 된다고 생각했습니다. 진정한 학자는 반드시 한 시대의 스승의 표본이 되어야만 한다는 것입니다.

대학 및 학자에 대한 이러한 생각은 그의 의견이었을 뿐만 아니라 동시에 그의 행동의 기록이기도 했습니다. 그는 교수의 직분과 교육가의 직분을 구분하려고 하지 않았습니다. 무미건조한 법률학적 재료조차 청년들에게 고상한 인생의 진리를 가르쳐주는 교재였습니다. 그는 타고난 총명함과 오랜 세월의 실무경험에서 얻은 풍부한 인간지식, 거기에 시대와 세속에서 초연함으로써 얻은 우수한 견식과 흔들림 없는 신념으로 세상을 이끌었습니다. 또 깊은 학식, 동서고금의 문학에 걸친 박식한 지식, 어학에 대한 조예, 이 모든 것으로 청강자들을 경탄하게 만들었습니다. 본디 법률가적인 명석한 이론에 천성적인 웅변력이 더해져 학생들은 넋을 잃고 강의에 빠져들었으며, 강의실은 언제나 사람들로 가득찼다고 합니다.

1890년 힐티는 고향 선거구에서 대의원으로 선출되었고, 1909년에는 국제법의 대가로서 헤이그 국제중재재판소 스위스위원으로 임명되었습니다. 그는 죽기 얼마 전에 이 평화회의를 이렇게 말했습니다. '이 회의는 매우 규모가 커서 둔중하므로 민활한 활동이 불가능하다. 영국과 독일 사이의 경제경쟁이나 일본과 미국 사이의 야심이나 세력의식의 대립에서 오는 깊은 틈새는 어떤 평화회의를 개최한다 해도 도저히 제거할 수 없다. 평화는 우선 마음으로부터 평화를 사랑하고 평화롭게 살 수 있는 개개인들 사이에서 성립되어야만 한다. 그러면서 점차 국민 사이에 평화가 실현되는 것이다. 그러기 전까지는 절대 평화는 성립되지 않는다.'

1909년 10월 12일 힐티는 향년 76세의 나이에 심장마비로 세상을 떠났습니다. 그의 유해는 베른으로 옮겨지고 국민들의 애도를 받으며 사랑하는 부인 곁에 묻혔습니다. 힐티의 묘비에는 '사랑은 모든 것을 이긴다'라는 구절이 라틴어로 새겨졌습니다.

칸트(1724~1804)
카를 힐티는 칸트철학에 심취하여 《순수이성비판》이 기초적인 지식을 가르쳐주는 단 한 권의 철학서라고 말했다.

실천하는 자세로 쓴 힐티의 저작들

힐티는 노년에 이르기까지 활발한 활동력을 유지했고 매우 부지런했습니다. 대학 강의도 아침 시간을 택해 겨울에는 8시, 여름에는 7시에 시작했습니다. 대학에서 그의 75세 생일을 축하해 주기 위해 좋은 시간을 묻자 '아침 7시가 가장 좋다'고 대답한 일화는 유명합니다. 극기심이 강하고 성실하며 규칙적인 생활을 했으며 무익한 오락행위는 아예 삼가고 시간을 아껴 끊임없이 독서에 매달렸습니다. '오늘날처럼 양서를 싼 가격으로 구할 수 있는 시대에, 누구에게나 공개되는 이 최상의 쾌락을 제쳐두고, 생애의 단 한 시간이라 하더라도 헛되게 써버리고 정신적으로 무가치한 기분전환만을 추구하는 것은 어리석고 게으른 사람이나 하는 짓이다.'

하이델베르크 대학교 카를 힐티는 이 대학에서 법률연구에 전념하고 박사학위를 취득했다(1854).

그는 좋은 책을 골랐고 그것의 원전을 일정하게 정독해 나갔습니다. 특히 그리스·로마고전을 좋아하고 스토아 철학 최고의 대표자로서 에픽테토스와 마르쿠스 아우렐리우스를 즐겨 읽었습니다. 특히 에픽테토스의 어록은 스스로 새롭게 번역하고 세상에 널리 추천했을 만큼 좋아했습니다.《행복론》제1부, 에픽테토스) 그러나 무엇보다도 그가 가장 열심히 정독하고 깊은 감화를 받은 책은《성서》이며, 그 다음으로 단테, 타울러, 스펄전의 저작 등이었습니다. 프랑스어로는 많은 백과사전파 철학자들의 글을 읽고, 영어로는 칼라일이나 테니슨을 애독했습니다. '산 사람보다 죽은 사람과 정신적 교제를 했으며 현재 생존하는 사람보다도 수백 년 전에 살던 인물들을 더 깊이 이해했다. 내가 가장 깊이 이해한 사람들은 그리스도, 요한, 단테, 토마스 아 켐피스, 타울러, 크롬웰, 또 최근 사람은 칼라일, 블룸하르트, 부스부인, 똘스또이다.'(《잠 못 이루는 밤을 위하여》제1부) 그가 그토록 여러 방면에 걸친 활동과 봉사를 한 것도, 첫째는 이러한 다양한 독서 덕분이었습니다.

그러나 그는 물론 서재 안에 틀어박혀있기는커녕 오히려 실천가였습니다. 학자일 뿐 아니라 정치가였으며 역사가이기도 했습니다.《스위스 연방정치에 관한 강의》(1875)에서는 스위스 건국 이래 이 나라를 지배해 온 다양한 정치사

베른 대학교　1873년 카를 힐티는 이 대학의 정교수로 취임했다.

상을 소개하고, 가장 마지막에 장래의 올바른 정치는 어떠해야 하는가에 대해 구체적으로 시사해 주고 있습니다. 이어서 1878년에 공개된 《스위스에 관한 공개강연》은 스위스 연방성립의 특수적인 시기(1798년 프랑스신공화국의 무력간섭시대부터 스위스국민의 저항에 대해 1803년 나폴레옹이 조정적 헌법을 공포하기에 이르는 시기)에 관한 획기적이며 새로운 연구였습니다. 그는 이 정치적 조건이야말로 과거의 스위스 정치는 오래 이어지지 않았다는 것, 국가는 그 이상을 외국에서 빌려와서는 안 된다는 것, 또 추상적인 사변으로 그것을 결론지어서는 안 된다는 것의 증거로 들고 있습니다. 특히 이 연구는 역사가로서의 그의 의견에 귀 기울이게 만든 명저로 인정받고 있습니다.

그의 저술 가운데 정치적으로 가장 중요한 것은 《스위스연방정치연감》입니다. 1886년 이후 매년 그의 편집 아래 규칙적으로 발행된 6～700쪽 가량의 광범위하고도 정밀한 연보입니다. 이것은 국가에서 어떠한 원조도 받지 않았음에도 진정한 의미의 국민적 사업이었습니다. 그 내용은 정치, 법률, 사회문제는 물론 종교, 철학, 문학, 예술 등 사회 및 문화 각 부문에 걸친 연구·보고이자 특특한 비평이었으며, 대부분의 집필이 그의 손을 거쳐 이루어졌습니다.

그는 또 대학교수와 육군법무관의 공직 외에 여러 종류의 공익사업에도 최선을 다했습니다. 여성참정권운동에 참가하여 일반 여성문제에도 관여하고, 나아가 부녀자매매방지를 위해 싸우고 논문을 쓰면서(《백인노예매매》) 국민의 각성을 촉구하였습니다. 또 자주 금연의 필요성을 설파해(《금연운동에 대한 대학생의 사명》〈금연운동에서의 주된 장애에 대하여〉), 1908년 스위스 국회 대다수가 압생트금주령을 가결한 것에도 크게 영향을 미쳤다고 합니다. 그는 또 구세군에 깊은 애정을 품었으며, 이 운동에 대한 세상의 조롱과 박해에 맞서 공공연히 이것을 변호하고(《최선의 길》), 이를 위해 여러 모로 애썼습니다.

힐티가 세계적인 명성을 얻고 스위스 성자, 현대의 예언자로 널리 추앙받게 된 것은 주로 그 종교적이며 윤리적인 저작에 의해서였습니다. 그중에서도 가장 널리 읽힌 것은 《행복론》(3권, 1891~1899)이었으며, 이것은 일찍이 프러시아, 프랑스, 영국 그 밖에 여러 나라말로 번역되었습니다. 그 외 《잠 못 이루는 밤을 위하여》(2부, 1901~1919), 《서간집》(1903), 《신서간집》(1906)(교육의 기술, 우정, 단테, 신의 나라는 어떻게 도래하는가—정의인가 동정인가, 불행에 있어서의 행복, 부인의 찬부론, 보다 강한 그리스도교, 낙원 등의 주제를 다룬 논문집), 《독서와 연설》(1895), 《신경쇠약에 대하여》(1897), 《병든 정신》(1907)(모두 신에 대한 신앙에 의한 영혼의 평화와 정신의 강건함을 장려하고 있으며, 그것과 병행하여 주로 섭생적인 생활법을 설명한 특색 있는 요양서), 《영원한 생명》(1908), 《힘의 비밀》(1909), 《그리스도의 복음》(1910) 등이 주요저서입니다.

그 외에도 정치, 법률 또는 사회 문제를 매우 다방면에 걸쳐 다룬 서적이나 논문도 꽤 많습니다. 그러나 그들의 근본은 모두 일관적으로 그리스도교의 신앙에 바탕을 둔 이상주의적, 도덕주의적, 사회개선주의적인 색채가 깊이 흐르고 있습니다.

힐티의 깨달음

종교적이며 윤리적인 저술을 쓴 것은 비교적 말년의 일이었습니다. 오랜 세월 매진해온 독서로 기른 깊은 학식, 풍부한 인간지식, 점점 깊고 확고해진 신앙, 그 깊고도 높은, 그리고 건전하고 원숙한 사상을 힐티는 절대로 학문적으로 엉클싯지 않았습니다. 오히려 수필식으로 자유롭고 간결하며 시원스러운 필치로 힘차게 써내려 가고 있습니다. '힐티 저서의 어느 부분, 어떤 책, 어떤 페이지를 펼쳐도 우리는 명석하고 단순하게 결연한 논의를 하고 있는 탁월한

▲카를 힐티 기념우표

▶군복차림의 카를 힐티(우편엽서)
1856년 스위스 보병 법무장교로 임
관하여 1892년 육군 재판관이 되었
으며, 죽기 전까지 이 지위에서 활동
했다.

사상가와 만나게 된다'고 케벨 박사는 《속소품집》에서 말합니다. 그의 사상은
물론 단순한 연구나 사색의 성과가 아니라 타고난 지혜로움과 성실한 체험에
의해 그의 전인격이 직접 분출된 것입니다. 따라서 그의 설명과 주장은 그대
로 그의 행위이며, 생활이고 그 사이에는 한 치의 틈도 없었습니다. 그러므로
그의 모든 저서는 모두 확신과 진실로 가득 차 강렬하게 독자의 마음을 뒤흔
드는 것입니다.

　그는 세상의 사교나 오락 등은 모두 단념하고 〈시간을 얻는 기술〉을 연구했
으며, 전공 공부 이외에는 독서와 사색에 열중하고 내적 생활의 길을 여는 데
힘을 쏟았습니다. 이리하여 그의 진리를 향한 열성과 노력이 드디어 열매를 맺
을 때가 찾아왔습니다. F. 제바스의 저서 《카를 힐티》에 따르면 힐티는 1863년
무렵 중대한 신앙상의 깨달음을 경험했다고 합니다. 그리하여 1866년의 일기
에서 힐티는 '그리스도와 그의 가르침에서 반가운 믿음을 발견했다'고 했으며,

이윽고 '새 생명'으로 소생했다고 합니다. 그 이후로 그의 정신적 발전은 새로운 단계에 접어듭니다.

힐티는 그의 전문분야보다도 그의 인생론적·종교적 저술로써 많은 독자에게 친숙해졌습니다. 그 까닭은 한마디로 말해서 그의 저서 곳곳에 풍부한 인생의 지혜가 담겨져 있기 때문입니다. 그의 지혜는 날카롭지만, 냉철하지만은 않으며 도리어 사랑과 선의에 차 있습니다. 세속적인 얕은 현명함이 아닌, 구체적이고 실제적인 고상한 영혼에서 나온 지혜입니다. 그의 말은 얼핏 보기에 일상적인 흔한 지혜로 생각하기 쉬우나 실은 확고한 신앙의 깊이에서 솟아나온 것입니다.

앞에서도 말했듯이 젊은 시절의 그는 그 왕성한 진리 탐구심으로 많은 책을 탐독했습니다. 철학·문학·종교·역사, 나중에는 특히 그리스도교 신학이나 신앙서 등 많은 것들을 읽었으나 그의 영혼의 목마름을 축여 주지는 못했습니다. 얼핏 보기에 심원하고 위대한 것 같은 철학이론도 삶과 죽음의 큰 문제를 어떻게 풀 것인가 하는 저울에 얹어 놓으면 허무하게 흔들려 떨어지고 말았던 겁니다. 진리를 추구하여 이렇게 먼 길을 찾아다닌 끝에 힐티는 30여 세가 된 무렵 진리의 샘에 이르렀습니다. 그것은 예수 그리스도의 복음을 믿고 사는 기쁨이었습니다. 이 옛 가르침은 더없이 간명하고 한없는 생명을 주는 것임을 깨달았습니다. 힐티는 그 자신이 신앙을 얻은 경험을 바탕으로 하여 옳은 길을 찾아 헤매는 사람들이 괜한 헛수고를 하지 않고 옆길로 잘못 들거나, 막다른 골목에 들지 않도록 어떻게 조언할 수 있는가를 생각했습니다.

일반적으로 교회 등에서는 예로부터의 교리, 그것도 이성으로서는 이해하기 어려운 교리를 처음부터 다짜고짜로 믿게 하려고 하므로 고지식한 많은 신자를 좌절시킵니다. 그래서 스스로 진리를 찾고자 하는 구도자들은 깊은 신학 속으로 들어가 헤매기도 합니다. 이것에 대해 힐티는 복음서의 예수의 가르침을 솔직히 받아들여 실행해 보라고 말합니다. 그 진실을 시험하고 그것으로써 마음에 기쁨이 주어지는 것을 경험하거든 그 가르침을 믿으라고 힐티는 권합니다. 이와 같이 신앙에 대해 경험이나 사실을 중요시하는 힐티의 태도는 현대인에게도 시사하는 바가 큽니다.

실제로 힐티 자신의 정신생활·종교생활을 보면 그는 처음부터 늘 생활과 실행에 의한 경험을 쌓은 다음 차츰 내적 진보의 단계를 밟고 올라간 사람임을

국제중재재판소 네덜란드의 수도 헤이그 소재. 1909년 힐티는 국제중재재판소 스위스 위원으로 임명되었으나, 그해 10월 76세로 생을 마쳤다.

알 수 있습니다. 그러므로 그의 정신생활이나 신앙에 대해 이야기한 말은 조금 도 공리공론이 아니라, 모든 것이 아주 실제적이며 간명하고 정확한 것입니다. 진실되고 살아 있는 신앙을 파악한 힐티는 주위의 그리스도 교회나 많은 신자 들의 신앙생활의 실체를 살펴볼 때 그들에게 고언을 하지 않을 수 없었습니다.

교회가 과거에 이룩한 역할과 그 큰 공적은 높이 평가하면서도 현재의 상 황은 너무도 마땅히 있어야할 모습과는 멀리 떨어져 있다고 힐티는 생각했습 니다. 그래서 그는 교회가 다시금 근본적인 개혁이 필요하다는 것을 주장하고 그것에 대해 제언을 합니다.

힐티와《잠 못 이루는 밤을 위하여》

1909년 힐티는 거의 완성단계에 이르렀던《잠 못 이루는 밤을 위하여》제2 부 초고를 끝맺지 못하고 생을 마감했습니다. 조금 모자랐던 부분은 딸 멘타 힐티가 아버지의 저서 가운데에서 채워 이 책을 완성하였습니다. 그러나 제1 차 세계대전과 전후의 혼란 때문에 이 명작은 1919년에야 빛을 보게 됩니다.

《잠 못 이루는 밤을 위하여》(1901~1919) 표지

《잠 못 이루는 밤을 위하여》제 2부는《행복론》제3권이나, 힐티 가 죽은 뒤 발표된《그리스도의 복음》의 상세한 주와 마찬가지로 만년의 힐티가 마지막에 다다른 사상을 이해하는 데 빼놓을 수 없을 만큼 중요합니다. 그리고 이 책을 읽은 사람은 누구나 힐티가 여기에서 사랑에 대해 많은 것을 이야기하고 있다는 점을 알게 될 것입니다.

힐티는 사랑이라는 말이 세상 에서 흔히 남용되고 있기 때문에 그 말을 피하고, 도리어 선을 행 한다는 표현을 쓰고 싶다고 말한 적이 있습니다. 그랬던 힐티가 이 책에서는 이전까지의 조심성을 버 리고 사랑의 문제에 대해 되풀이해서 말합니다. 참사랑은 하느님으로부터 오 는 것이며, 그릇된 행동도 그것이 사랑에서 생긴 것이라면 하느님의 용서를 받을 수 있다는 것, 이 모든 주장에 그의 깊은 통찰이 드러나 있습니다. 여기 서도 그는 사랑의 이론을 펼치는 것이 아니라 단지 구체적인 조언을 할 뿐입 니다.

또 하나 제2부에서 그가 다룬 주제는 죽음과 죽음 뒤의 문제입니다. 힐티 자신도 많은 나이가 든 이상 마음 깊이 이 문제를 생각했을 겁니다. 그리하여 사색을 거듭하다가 얻은 확신을 남겼습니다. 그것은 내세에 관한 장밋빛 미래 를 그린 동화가 아니라, 양식 있는 사람이라면 거의 이해할 수 있는 온당한 사 상입니다. 누구나 맞닥뜨리고 있는 죽음의 문제를 회피만 하고 있어서는 불만 을 극복할 수 없습니다. 어떻게 해서든 어떤 해결책이 주어져야 합니다. 이 책 에서 이야기하고 있는 힐티의 사상은 우리가 겸허하게 귀를 기울일 만한 가치 가 있습니다. 이 책을 읽는 독자는 늘 성서를 옆에 놓고 저자의 인용부분을 참조하기를 권합니다.

일이란 '하면 할수록 재미있어지는' 것

이제 힐티가 주장하는 것을 좀 더 구체적으로 알아보도록 하겠습니다. 힐티가 하고 있는 말에는 여러 가지 중요한 것이 있습니다. 먼저 첫 번째로는 노동에 대한 생각입니다. 이것은 〈일하는 기술〉이라는 부분에서 매우 자세히 다루고 있습니다.

거기에서 힐티는 우선 '일과 일이 아닌 것과의 구별'을 간결하게 가르치고 있습니다. 즉, 열심히 하다보면 갈수록 재미있어지는 것이 일이며 그렇지 않은 것은 참된 일이 아니라는 것입니다.

일이란 오래 해도 질리지 않는 것입니다. 영화도 보면 즐겁습니다. 하지만 세 편쯤 보면 더 이상 한동안은 보고 싶어지지 않게 됩니다. 그런데 전문 서적은 한 권 읽으면 또 보고 싶고 전혀 질리지 않습니다. 더욱 보고 싶어지고 전혀 질리지 않습니다. 과연 이것이 일의 본질이구나 하는 것을 깨닫게 됩니다.

빨리 시작하면 문제점이 눈에 들어오기 시작한다

다음은 '일을 시작할 때는 너무 세세하게 준비만 하지 말라'라고 말하고 있습니다. '어느 정도 준비했으면 일단 시작해 보라. 시작하지 않으면 모른다'라는 것입니다. 이것은 그가 책을 쓸 때의 요령이므로 모든 경우에 맞아 떨어질는지는 알 수 없지만 나에게는 뼈저린 충고입니다.

결국 준비만 하고 있으면 안 된다는 것입니다. 그는 농사의 예를 들어 싫어도 가래로 한 번 밭을 갈지 않으면 안 되며 어찌 되었든 시작하지 않으면 안 된다고 쓰고 있습니다.

힐티는 '준비에만 너무 힘을 들이지 말라'고 충고하는 것입니다. 그리고 '책도 서문만 정성들여 쓰면 내용이 부실하다'는 등 재미난 예도 여럿 들고 있습니다.

'계속해 나가다' 보면 결과가 나온다

힐티는 또 '실제로 일을 하고 있을 때 가장 좋은 아이디어가 떠오른다'라는 것도 지적하고 있습니다. 성경 속에는 천사가 나타나 여러 가지 좋은 말을 해주는 장면이 있는데, 천사가 나타나 좋은 말을 해주는 장면에 나오는 사람은 모두 일하고 있는 사람뿐이었다고 합니다.

확실히 생각을 하다보면 여러 영감이 떠오르는데, 이것은 꿈속에서 하는 생각과 그다지 다르지 않습니다. 실제로 일을 하고 있을 때 떠오르는 생각은 바로 현실화될 수 있는 발상이 많습니다. 공상가와 실무가가 다른 점은 이런 부분에 있지 않나 싶습니다.

에디슨은 잇따라 여러 가지 발명을 했지만 그것은 생각을 하고 발명한 것은 아니었습니다. 예를 들어 전등의 경우 거듭해서 무엇을 써야 필라멘트가 타서 끊어져 버리지 않을까 하는 것을 실험해본 결과 선물로 받은 부채에 있는 대나무를 쓰면 좋다는 것을 발견한 것입니다. 그것도 수십 개의 대나무를 시험해 보고 나서야 영감이 떠오른 것입니다.

노벨상을 받은 분들도 일단 언제나 실험을 하고 있습니다. 그러는 동안 생각이 나오는 것입니다. 머리만으로는 노벨상을 받을 수 있을 만한 생각이 절대 나오지 않습니다. 아침부터 밤까지 평범하다고 할 수 있는, 지루하기 짝이 없는 것을 반복하다보면 언젠가 영감이 번뜩 떠오르는 경우도 있습니다. 그렇게 하지 않으면 절대 나오지 않는 것이므로 계속 반복하는 수밖에 없습니다.

풍요로워질수록 '좋은 습관'이 중요해진다

'인간은 본디 나태한 존재이므로 내버려두면 끝도 없이 나태해진다'고 힐티는 말하고 있습니다.

아침에는 일찍 일어나야 합니다. 그러나 너무 일찍 일어나도 안 됩니다. 해가 뜨기 전이 아니라 해가 뜰 때 해와 같이 일어나야 합니다. 그리고 일요일은 반드시 쉬도록 합니다. 일하는 것도 좋지만 엿새 일하고 하루 쉬어야 합니다. 이것이 첫번째 지혜이며 그 이상 쉴 필요가 없다고 그는 말합니다. 서유럽이 빠르게 번영한 것도 이 가르침을 지켰기 때문이라고 그는 지적합니다.

여기에서 중요한 것은 '습관'이라고 합니다. 습관론은 요즈음 그다지 활발히 논해지지는 않지만, 이것은 힐티만이 아니라 18세기 무렵부터 19세기, 20세기 첫무렵까지 영국과 미국, 스위스와 독일 어디에서나 매우 중요하게 여겨졌습니다. '어떤 습관을 붙이느냐가 중요하다'라는 말처럼 교육의 목적은 좋은 습관을 어떻게 붙여주느냐는 것에 한정되어 있습니다.

이것은 그즈음 유럽에 중산계급을 포함해 풍요로운 계급이 출현했다는 것과도 관계가 있습니다. 풍요로운 계급이 나타나자 아이들 교육이 얼마나 어려운 것인지를 알게 되었습니다. 몹시 가난해서 일해도 먹고 살기 어려울 때는 의외로 아이들 교육에 골치를 썩지 않습니다. 아이들은 부모의 고생을 지켜보므로 그다지 나쁜 짓을 하지 않게 됩니다.

풍요로워지면 아이들에 대한 교육의 힘이 사회에서 사라져 버립니다. 부모가 일로 집을 비웁니다. 아이들에게는 돈을 주고 편의점에서 사 먹으라고 말합니다. 사회가 가난할 때는 편의점도 없었습니다. 좋아하는 것을 먹으라고 해도 주변에 있는 떫은 감이라도 따든가, 아니면 밤이라도 주어오는 정도였습니다. 그래서 가난해도 아이들은 부모와 끈끈하게 이어져 있었습니다.

그런데 풍요로워지면 굶어죽지는 않기 때문에 부모의 관심도 해이해지고 아이들도 어떻게 해서든 먹고 살 수 있다는 생각이 듭니다. 오늘날 비행청소년들의 마음속에는 여러 생각들이 있겠지만, 그 가운데에는 '어차피 굶어죽지는 않는다'라는 생각도 있을 것입니다.

그러한 상황이 유럽에서는 한국보다 200년 정도 앞서 일어나지 않았나 싶습니다. 어떻게 교육할 것인가는 매우 중요한 문제입니다. 참된 교육은 지식을 가르치기 이전에 먼저 좋은 습관을 붙여주는 것이라 할 수 있습니다.

오늘날 한국에는 기숙학교가 필요하다

습관론의 결론은 '풍요로운 사회에서는 아이들을 부모 곁에 두면 제대로 길들이지 못한다'입니다. 그리하여 경제적으로 여유로운 계급은 아이들을 기숙사학교에 입학시키게 되었습니다. 그렇기 때문에 기숙학교는 공부도 시키면서 좋은 습관을 길들이는 것 또한 중요시합니다. 영국에서는 퍼블릭 스쿨이 그것입니다.

힐티 또한 기숙학교에 들어갔습니다. 기숙학교는 아침 일찍 일어나 공부하는 좋은 습관을 들이게 합니다. 이러한 습관이 없을 때는 사는 게 괴롭습니다. 하지만 익숙해지기만 하면 아무것도 아닙니다. 이것은 정말 그렇습니다.

앞으로 자녀 교육이 어떻게 될지 알 수 없지만 이렇게 윤택해지면 아무래도 기숙사가 좋은 학교가 필요할 것 같은 생각이 듭니다. 밥을 굶을 걱정이 없으니 부모는 좋은 생활 습관을 길러줄 수 없게 됩니다. 부모는 부모대로 마음대로 행동하기 때문에 죄의식이 들어 아이들에게 용돈을 조금 많이 줍니다. 이것은 '불량아가 되어라'고 말하는 것과 같은 짓입니다.

교육의 본질은 좋은 습관을 붙이는 데에 있다

아침 일찍 일어나는 것은 특히 청년에게 매우 중요한 미덕입니다.

습관의 힘은 무서운 것입니다. 교육이란 습관임을 다같이 생각해 보아야 하는 시대가 왔습니다. 가난한 시절에는 그런 생각을 하지 않아도 괜찮았습니다. 풍요로워졌기 때문에 습관이 중요해진 것입니다.

아침 일찍 일어나 여유를 갖고 아버지 어머니에게 '안녕히 주무셨어요' 하고 말하는 습관, 다같이 모여 아침식사를 하며 '잘 먹겠습니다'고 말하는 습관, 이것을 하지 않으면 기분이 개운치 않아 하루를 시작할 수 없을 것 같을 정도가 되지 않으면 습관이라 할 수 없습니다. 또 집에 돌아오면 공부할 시간을 어떻게 할까 하는 것도 습관의 문제입니다. 습관이 되면 편하겠지만 그렇지 않으면 엄청난 노력을 기울이지 않으면 안 됩니다. 결국 귀찮아서 그만두어 버립니다. 그래서 해이한 생활을 하게 되는 것입니다.

어떤 분야에서 남달리 뛰어난 사람은 그 직업에 맞는 습관을 갖고 있을 것입니다. 그렇지 않으면 성공할 수 없습니다. 그 습관이 무엇인가, 아이들을 위해서는 어떤 습관이 중요한가를 생각해 그 습관을 길러주는 학교를 다같이 만들어 나가야 한다고 생각합니다. 그러한 풍조가 만들어지기를 바랍니다.

풍요로운 시절 유럽과 미국에서는 그것이 잘 이루어지고 있었습니다. 오늘날은 그것이 대부분 무너져 내리고 있기는 하지만 그래도 여전히 조금 좋은 점이 남아 있어 엘리트 교육을 받은 사람은 특수한 습관을 교육받은 사람이라는 느낌을 받습니다. 그래서 예의도 바르고 신체도 튼튼하고 공부도 잘합니다 이 '좋은 습관'에 대한 통찰은 힐티가 거듭 말하고 있는 요점입니다.

에너지를 쓸데없는 일에 낭비하지 마라

힐티는 '일을 하기 위해서는 에너지가 필요하므로 에너지를 쓸데없는 일에 쓰지 않는 것이 현명하다' 말하고 있습니다.

우리는 하고 싶은 일이 있습니다. 그것과 집안일을 동시에 할 수는 없습니다. 하고 싶은 것이 있으면 에너지를 다른 일에 빼앗겨서는 안 됩니다.

예전과 비교해 보면 지금은 인터넷도 있겠다, 책도 비교적 싸겠다, 연구 설비까지 갖추어져 있습니다. 그런데도 기대하는 만큼의 뛰어난 인물이 나오지 않고 있습니다. 인문계열 젊은 세대에서 특히 그렇습니다.

왜 그럴까요? 이공계열 사람은 집에서 일을 할 수 없으므로 반드시 연구실에 갑니다. 따라서 집안일을 하지 않습니다. 그런데 인문계열 사람은 많은 시간을 집에 있게 됩니다. 책만 읽고 있으니까 그가 무엇을 하고 있는지 다른 사람들은 알 수 없습니다. 그러니 가족이 '이것 좀 해 주세요' 하고 말하면 나가서 하게 됩니다.

이공계 사람들이 갈수록 업적을 쌓아가는 것도 집에 있지 않기 때문입니다. 회사 사람이 업적을 올리는 것은 회사에 있기 때문입니다. 회사에 있으면 일에만 열중할 수 있습니다. 집에 있는 사람이 잡일까지 한다면 모든 것을 망치게 됩니다. 그러니 회사라는 조직에 있는 사람은 매우 덕을 보는 셈입니다. 조직에 들어가 있지 않은 사람의 잡무 정리라는 것은 하지 않는 것보다는 하는 것이 낫지만 비서나 조수가 있다면 할 필요가 없는 것이라고 나는 생각합니다.

평등주의의 밑바닥에는 질투심이 있다

평등주의의 근본에는 질투가 있다고 생각하며 높은 사람은 평등하게 할 수 없기 때문에 낮은 사람만이 평등하지 않다고 생각하는 것이라 생각합니다.

오늘날 학교에서도 가장 문제가 되는 것이 평등주의입니다. 모두를 깨우치게 하려면 모르는 학생에게 수준을 맞출 수밖에 없습니다.

달리기도 마찬가지입니다. 똑같이 달리기 시작해 결승점 바로 앞에서 멈추어 기다리다가 뒤에 오는 사람의 손을 잡고 같이 들어가는 학교조차 있습니다. 느린 아이가 발 빠른 아이에게 맞추는 것은 불가능합니다. 그래서 두 사람을 평등하게 맞추려면 빠른 아이를 제자리걸음을 하도록 할 수밖에 없는 것입니다.

결국 노동의 질에는 차이가 있는 것입니다. 차이는 좋은 것이라고 인정하지 않으면 안 될 것 같습니다. 하지만 차별을 받는 쪽이 비인간적인 상황까지 가지 않도록 사회나 국가가 보호해주어야만 할 것입니다. 그것은 마땅한 일입니다. 그러나 모든 것을 평등하게 만들어 버리면 뛰어난 학자나 위대한 예술가도 없어져 버리는 것을 아닐까 하는 생각이 듭니다.

재간 있는 사람은 대성하지 못한다는 말이 있습니다. 아주 재간 있는 사람은 모든 일을 스스로 처리합니다.

공자라는 사람은 모든 일을 잘하는 사람이었던 것 같습니다. 그의 제자가 '어째서 스승님은 모든 일을 그렇게 잘하십니까'라고 묻자 '나는 젊은 시절 신분이 비천했기 때문에 여러 가지 일을 해야만 했다. 하지만 이것은 너희들에게 자랑할 만한 것은 못 된다'라는 말을 하고 있습니다. 이것을 근대적으로 말하면 힐티와 똑같은 충고가 되지 않을까요?

지치면 다른 일을 하는 것이 좋다

힐티 가르침의 중요한 하나의 기둥은 일하는 기술, 습관론입니다. 그리고 노동에 대한 깊은 통찰입니다. 그는 이렇게 말했습니다.

'노동은 피곤한 것이다. 피곤할 때 쉬는 것보다 더 빨리 피로를 회복시켜 주는 것이 있다. 그것은 다른 노동을 하는 것이다.'

즉, 노동의 종류를 바꾸어 보는 것, 여러 가지 일을 많이 해보는 것입니다. 화가는 하나의 그림만을 줄곧 그려 작품을 완성시키지는 않습니다. 화폭을 여러 개 세워놓고 한쪽에는 풍경화를 그리다 지치면 다른 쪽에 누드화를 그립니다. 그러면 계속 그림을 그려 나갈 수 있습니다.

미켈란젤로도 그렇지만 티치아노도 여든이 넘어서까지 계속 그림을 그렸습니다. 피곤해지면 다른 소재의 그림을 그렸기 때문입니다. 일을 할 때 시선을 조금 바꾸어 보는 것은 완전한 휴식을 취하는 것보다 더 빨리 피로를 회복시켜 줍니다.

그래서 '노동도 하지 않고 휴식을 취하는 것은 배가 고프지 않은데도 식사를 하려는 것과 같으며 전혀 즐거울 리가 없다'는 것도 지적하고 있습니다. 힐티는 노동에 대한 통찰이 매우 깊었던 것 같습니다. 《성지순례》라는 책을 읽고 과연 그렇다고 동감했습니다. 순례라는 것은 90%는 유희라고도 할 수 있는데 신에 대한 경배심이 들어 있으면 더욱 즐거워집니다. 그래서 그곳은 모두 유람지입니다. 단순히 놀기 위한 장소라고 하면 섭섭하게 여길 사람이 많을지 모르지만, 고생하며 걸어가 예배를 드린 다음 즐기는 오락은 더욱 재미있습니다. 중세시대의 순례는 그러한 것이었다고 합니다.

힐티 가르침의 커다란 기둥은 습관을 중심으로 한 노동이라는 것에 대한 본질적인 통찰입니다. 가장 불행한 사람은 자기가 좋아하는 일을 발견하지 못한 사람입니다. 하지만 힐티는 '열심히 하기만 하면 대부분의 일은 모두 재미있어진다. 이것이 일의 본질이다' 말합니다.

자유로워질 수 있는 일과 자유로워질 수 없는 일을 구별한다

또 하나 힐티가 크게 영향력을 준 것은 에픽테토스의 재발견입니다. 에픽테토스는 그리스 철학자지만 노예였습니다. 주인은 매우 난폭한 남자로 에픽테토스의 팔을 비틀었습니다. 에픽테토스는 '그런 짓을 하면 팔이 부러집니다. 보세요, 부러졌지요' 대답했다고 합니다. 에픽테토스는 철저한 스토아학파였던지라 '이것은 나의 팔이지, 나 자신은 아니다' 태연히 말했다고 합니다.

에픽테토스의 가르침 가운데 가장 핵심이 되는 것은 '자신의 힘으로 자유롭게 할 수 있는 일과 자유롭게 할 수 없는 일을 끊임없이 구별하라'는 말입니다. 예를 들어 남에게 칭찬을 받으려고 해도 남이 칭찬해 주느냐 안 해주느냐는 자기 마음대로 할 수 있는 일이 아닙니다. 그러므로 칭찬을 받으려고 또는 받지 않으려고 머리를 써보았자 아무 소용이 없습니다.

결국 문제는 자신이 무엇을 할 수 있느냐 입니다. 예를 들어 자기 일을 어떻게 하면 보다 훌륭하게 해낼 수 있는가 하는 궁리는 자기 힘으로 자유롭게 할 수 있는 것입니다. 그리고 그것을 해낸 결과 칭찬을 받는다면 그것은 그것대로 좋은 일이고, 칭찬을 받지 못한다 하더라도 그것은 자기 힘으로 어떻게 할 수 있는 일이 아닙니다. 그는 이것을 확실히 구별하라고 말했습니다.

인간에게는 여러 고민이 있지만 분명한 것은 자유로이 할 수 없는 일과 할 수 있는 일이 있다는 점입니다. 그것을 확실히 구분하면 구체적인 삶의 방식들에 화가 나게 되더라도 해결책을 제대로 발견해나갈 수 있습니다.

요컨대 자신의 자유대로 할 수 있는 일과 할 수 없는 일을 구별해서 자유롭게 할 수 없는 일은 체념하라는 것입니다.

이 가르침을 현대적으로 철저하게 실천한 사람은 미국의 웨인 다이어라는 심리분석자입니다. 그는 여러 가지 심리분석의 예에서 '자신이 할 수 있는 일과 할 수 없는 일을 명확히 구분하라' 말했습니다. 그는 철학은 잘 몰랐지만 정신분석으로 수많은 환자를 다루는 가운데 그러한 결론에 이르렀던 것 같습니다.

'체념한다'는 것은 '도리를 깨닫는' 것이므로 상황을 분명히 분별하게 될 때 가능한 것입니다. '꽃은 붉고 버드나무는 푸르다'라는 명제는 참입니다. 그러므로 버드나무가 빨갛게 되는 것은 말도 안 되고 벚꽃에게 '파랗게 되라'고 하는 것도 불가능합니다. 그렇게 생각하면 있는 그대로 받아들여야 합니다. '있는 그대로 받아들이는 것이 가장 중요하다'라는 것을 웨인 다이어는 말합니다.

자기의 힘이 미치지 않는 것을 고민할 필요는 없다

자기가 무엇을 할 수 있고 무엇을 할 수 없는지를 계속 물어보는 마음의 자세와, 그렇지 않고 발끈 화를 내거나 고민하는 것에는 매우 커다란 차이가 있습니다. 나 자신도 언제나 그런 것을 잊고 살지만 가끔 생각해 내서 실천해 보았을 때는 매우 좋은 성과가 있었습니다. 지금 나에게 무엇이 가능할까를 물어보고 불가능한 것은 포기하는 것입니다. 이것은 어떤 일에나 통한다고 생각합니다. 중요한 것은 '명확히 판별하는' 일입니다. 끊임없이 자기가 할 수 없는 일과 할 수 있는 일을 확실히 구별해야 합니다.

힐티는 만년에 이르기까지 늘 윤택한 환경에서 풍요롭게 살았기 때문에 자선사업을 하려고 생각했습니다. 자선사업에 손을 대면 본업인 베를린 대학 법률학 교수나 정부 일, 스위스 육군의 업무를 볼 수 없게 됩니다. 그래서 그는 어느 특정한 나라에 자선사업을 실시하기로 결심했습니다.

그래서 그는 아르메니아를 돕기로 했습니다. 그는 아르메니아의 고아원에 사는 고아에게 상당한 액수의 돈을 지원했습니다. 그 아이가 한 사람의 성인이 되어 취직할 수 있을 때까지 지원했습니다. 한 사람뿐입니다. 그 아이가 취직하면 이번에는 다른 고아 한 명을 지원했습니다. 한 사람당 십몇 년 동안 돈이 나가게 되어 있지만 그는 그것을 죽을 때까지 계속했습니다. 사람 수는 적었지만 개인이 한 자선이니 그 정도로도 충분할 것입니다.

자기의 일을 계속하면서 자선을 한다는 건 좋다고 생각합니다. 자신이 할 수 있는 이상의 것을 하려고 하면 그것은 비현실적인 것이 됩니다.

로버트 오언이라는 이름을 들어보았을지 모르겠습니다. 그는 지금으로부터 200년쯤 전에 세계에서 가장 존경받는 인물 가운데 한 사람이었습니다. 그는 실업가로 섬유공장을 운영하고 있었고 꽤 큰 성공을 거두고 있었습니다. 공장 직원들을 위해 학교를 짓고 온갖 복지시설을 세웠기 때문에 그의 공장은 교통이 불편한 스코틀랜드 시골에 있었음에도 세계적으로 유명졌습니다. 온 세계에서 왕족이나 귀족, 학자들이 견학을 하러 찾아와 모두들 깜짝 놀랐습니다.

그즈음 빈민계급은 모두 공장 및 그 주변 마을 사람은 모두 로버트 오언의 학교에서 공부하고 로버트 오언의 병원에 다녀서 혈색이 좋았습니다. 무례하고 교양이 없다는 통념이 있었던 노동자의 아이들도 모두 반듯한 모습으로 인사도 예의바르게 잘하고 말도 곱게 썼습니다. '영국의 명문학교 학생과 똑같다' 다들 경탄하고 스코틀랜드의 시골까지 온 세계에 사는 수천 명의 사람들이 견학을 하러 몰려오게 되었습니다. 거기까지는 좋았습니다. 대성공이었습니다.

그런데 로버트 오언은 이어서 사업 성공에서 번 돈으로 미국에 큰 대지를 사들여 자신이 생각한 유토피아를 만들기 위해 이주민을 모집했습니다. 그는 농장을 하거나 공동작업을 하리라는 이상에 불타오르고 있었지만 곧바로 실패로 돌아가 모든 것이 끝나 버리게 되었습니다.

로버트 오언이 자신의 공장을 번성케 하면서 그 수익으로 그러한 사업을 실시했으니 그렇게 성공적으로 일할 수 있었던 것입니다. 그런데 그것을 팔고 이상을 좇아가자마자 더 이상 이상은 이상이 아니게 된 것입니다. 마침내 3년 안에 모든 것이 흔적도 없이 사라져 버리게 되었습니다. 이것은 우리가 좋은 일을 할 때 무엇을 기준으로 삼아야 하는가라는 것을 생각해 보게 하는 하나의 교훈입니다. 힐티의 방법은 자신의 생활을 망가뜨리지 않고 조금이나마 좋은 일을 한다는 점에 있어 다른 사람의 모범이 될 만하다고 생각합니다.

개인의 재산 용도는 개인의 재량에 맡기는 것이 좋다

다시 한번 세금 이야기를 하겠습니다. 어째서 세금을 내려야만 하느냐 하면 돈을 개개인의 주머니에 두고 싶기 때문입니다. 그래서 힐티처럼 자기가 할 수 있는 일을 조금씩 해야 합니다. 그러는 편이 좋다고 생각합니다.

국가가 권력으로(즉 세금으로) 돈을 모아 함부로 쓰는 것은 좋을 것 같기는 해도 그건 잘못된 일입니다. 아마 그런 조직을 생각한 사람은 스스로 좋은 일을 해본 적이 없는 사람일 것입니다. 스스로 좋은 일을 한 적이 있는 사람이라면 모든 것을 관료들이 모아 관료 손으로 마구 써 버리는 것이 얼마나 낭비가 많은지 알고 있을 것입니다. '이만큼 거둔 세금을 내가 생각하는 대로 쓰게 해주면 잘 쓸 수 있을 것 같다'고 생각하는 사람이 많을 것입니다. 그러므로 되도록 국민의 재산은 국민이 갖고 국민이 쓰게 한다면 좋은 일을 생각해 낼 수 있는 사람이 많이 나올 것입니다.

힐티처럼 언제나 한 명의 고아만을 도와준다거나 자이르에 여행가서 우연히 비참한 광경에 마음이 움직여 자이르 아이 한 명을, 아니면 태국이 좋아서 태국 학생을 한 사람 유학시켜 석사가 될 때까지 보조해 준다든가 하는 식으로 쓰는 것입니다. 한 사람이라도 좋습니다. 졸업해서 돌아가면 또 한 사람을 도와줍니다. 그런 사람이 한국에서 십만 명, 이십만 명, 오십만 명 나오면 단기적인 외교정책보다 훨씬 외국과 한국과의 연대를 강하게 만들어 주는 방향이 될 것이라 생각합니다.

생로병사란 '하늘이 주는 충격'

마지막으로 힐티의 《병 치료법》이라는 책이 있습니다. 그는 따로 의학 공부를 한 것은 아니었지만 이 책은 그즈음 전문가도 주목했습니다.

이것에도 매우 상식적인 것이 쓰여 있습니다. 예를 들어 잠을 못 이루는 사람은 어떻게 하면 좋으냐에 대해선 '늘 술을 마시지 않으면 잠이 오지 않을 때 아주 조금만 마셔도 잠이 잘 옵니다. 그러므로 날마다 마시면서 잠이 오지 않는 사람은 금주해야 합니다. 그러다가 잠이 안 올 때 술을 마시면 반드시 잠이 옵니다'라는 태어나서 살며 늙으며 병들어 죽는 '생로병사'를 말하고 있습니다.

그리고 '아침에 너무 일찍 일어나서는 안 됩니다. 저녁에도 너무 늦게 자서는 안 된다는 것을 반드시 지키세요' 말하고 있는데 그것은 모두 체험에서 우러나온 말이라고 생각합니다. 그러므로 구체적입니다. 그리고 잠이 오지 않을 때는 따뜻한 우유에 꿀을 조금 타서 마시라고 말합니다.

그 무렵 스트레스라는 개념이 없었지만 힐티는 쓸데없는 스트레스가 쌓이지 않도록 해주는 생활법을 구체적으로 가르쳐주고 있습니다. 그리고 만일 병이 났을 경우의 마음 자세도 가르쳐줍니다.

병은 이런 바쁜 세상에서 조용히 자신의 인생을 돌아보고 지금까지 잊고 지냈던 가치 등을 다시 생각해 보는 데 매우 좋은 기회입니다. 그것이야말로 하나의 축복으로 받아들여도 좋습니다. '병은 하늘이 주는 충격과도 같은 것으로 그것을 원망하거나 당황하면 끝이 없지만, 받아들이는 방법을 통해 평소에는 절대 할 수 없을 것 같은 조용한 반성이나 안정하는 시간을 받았다고 생각하고 그것에 응답하라'고 구체적으로 쓰고 있습니다.

그리고 나이가 들어 죽을 때의 일입니다. 그때에도 수명 연장책이 있었던 것 같지만 힐티는 이에 부정적이었습니다. 그래서 나이가 들어 죽을 때 무리하게 한 달이나 두 달을 연장하기 위해 막대한 비용을 들여 자손을 괴롭히지 말라고 했으며 존엄한 죽음을 권유하였습니다. 하지만 존엄한 죽음도 모든 근대적인 방법은 쓰지 않습니다. 죽음은 옛날부터 누구도 피해갈 수 없는 것입니다. 요컨대 자신의 힘이 미치는 범위에 있지 않습니다. 보통 건강을 지키기 위해서는 여러 시도를 해볼 수 있지만 어느 정도 나이가 되면 모든 것이 효과가 없어지는 시기가 옵니다. 그때는 분명히 무리한 행동을 하지 말라는 것입니다.

어느 모로 보나 구체적인 가르침입니다. 그것은 힐티 자신이 평생 성공을 거듭한 사람이며 매우 반성적인 인물이었기 때문일 것입니다. 사회적인 반성도 합니다.

이러한 책이 차츰 읽히지 않게 된 것은 매우 안타까운 일입니다. 읽어보면 사람에 따라 와닿는 부분이 저마다 다르겠지만 반드시 도움이 되는 부분을 발견할 것입니다.

힐티는 이런 말도 하였습니다. '그리스도교 신학서는 수없이 많지만 그러한 것은 현실과 관계가 없다. 실제로 그리스도가 말한 것은 매우 간단하며 신약성서는 쉽다. 덧붙여 말하자면 신약성서 안에서도 그리스도가 말하는 부분만은 알아두는 것이 좋다.'

힐티는 매우 신앙심이 깊은 사람으로 그리스도 신자가 아니면 이해할 수 없는 부분도 있는데 그런 부분은 일반 독자는 그냥 넘겨도 상관없습니다. 그런 부분은 모두 빼고 정수만 읽으면 됩니다. 잠깐이라도 좋습니다. 힐티 자신도 '책은 읽기 시작해서 맨 처음 30분쯤만 집중할 수 있는 것이다' 말하고 있습니다. 시간이 비었을 때 10분이나 5분이라도 이 책을 읽으면 훌륭한 가르침을 얻을 수 있을 것입니다.

카를 힐티 연보

1833년 스위스 장크트갈렌의 베르덴베르크에서 태어나다.

1844년(11세) 주립 김나지움 입학. 종교교육을 받으며 고전학, 영문학, 불문학을 배우다.

1851년(18세) 독일 괴팅겐 대학교에 입학. 법률학, 철학, 역사를 배우다.

1852년(19세) 하이델베르크 대학교에서 법률 연구에 전념하다.

1854년(22세) 박사 과정을 마친 뒤 런던, 파리로 유학하다.

1855년(23세) 킬 시에서 변호사 개업하다.

1856년 (24세) 보병장교로 법무에 종사하다.

1857년(25세) 요한나 게르트나와 결혼하다.

1873년(40세) 베른 대학교 교수가 되어 스위스 국법, 국법학, 국제법을 강의하다.

1890년(57세) 베르덴베르크 구 대의원으로 선출되다.

1892년(59세) 스위스 육군 재판장이 되다.

1909년(76세) 헤이그 국제중재재판소 스위스 위원으로 임명되다. 그해 10월 12일 심장마비로 숨을 거두다.

곽복록(郭福祿)

일본 조치(上智) 대학교 독문학과 수학. 서울대학교 독문학과 졸업. 미국 시카고 대학교 대학원 독문학과 졸업(석사). 독일 뷔르츠부르크 대학교 독문학과 졸업(독문학 박사). 서울대학교·서강대학교 독문학과 교수 역임. 한국독어독문학회 회장. 한국괴테학회 초대회장. 서강대학교 명예교수 역임. 지은책《독일문학의 사상과 배경》옮긴책 에커먼《괴테와의 대화》프리덴탈《괴테 생애와 시대》요한 볼프강 괴테《파우스트》《젊은 베르테르의 슬픔》《빌헬름 마이스터의 수업시대·편력시대》《친화력》《헤르만과 도로테아》《이탈리아 기행》《시와 진실》《괴테시집》《괴테전집(12권)》토마스 만《마의 산》카를 힐티《행복론》니체《차라투스트라는 이렇게 말했다》《비극의 탄생》《즐거운 지식》《권력에의 의지》안데르센《안데르센 동화전집》등이 있다.

World Book 34
Carl Hilty
FÜR SCHLAFLOSE NÄCHTE/GLÜCK
잠 못 이루는 밤을 위하여/행복론
카를 힐티 지음/곽복록 옮김

1판 1쇄 발행/2005. 1. 15
2판 1쇄 발행/2007. 9. 20
3판 1쇄 발행/2021. 3. 1
발행인 고정일
발행처 동서문화사

창업 1956. 12. 12. 등록 16-3799
서울 중구 마른내로 144(쌍림동)
☎ 546-0331~6 Fax. 545-0331
www.dongsuhbook.com
잘못 만들어진 책은 바꾸어 드립니다.

✱
이 책의 출판권은 동서문화사가 소유합니다.
의장권 제호권 편집권은 저작권 법에 의해 보호를 받는 출판물이므로 무단전재와 무단복제를 금합니다
사업자등록번호 211-87-75330

ISBN 978-89-497-1796-8 04080
ISBN 978-89-497-0382-4 (세트)